中国图书馆年鉴 2019

ZHONGGUO TUSHUGUANNIANJIAN

中国图书馆学会
国家图书馆 编

国家图书馆出版社

图书在版编目(CIP)数据

中国图书馆年鉴.2019 / 中国图书馆学会，国家图书馆编. —北京：国家图书馆出版社，2020.12
ISBN 978-7-5013-6508-1

Ⅰ.①中… Ⅱ.①中… ②国… Ⅲ.①图书馆事业—中国—2019—年鉴 Ⅳ.①G259.2—54

中国版本图书馆 CIP 数据核字(2020)第 060149 号

书　　名　中国图书馆年鉴 2019
著　　者　中国图书馆学会　国家图书馆　编
责任编辑　高　爽　张　颀　王炳乾　唐　澈
封面设计　耕者设计工作室

出版发行　国家图书馆出版社(北京市西城区文津街 7 号　100034)
(原书目文献出版社　北京图书馆出版社)
010—66114536　63802249　nlcpress@nlc.cn(邮购)
网　　址　http://www.nlcpress.com
排　　版　北京金书堂文化发展有限公司
印　　装　北京华艺斋古籍印务有限责任公司
版次印次　2020 年 12 月第 1 版　2020 年 12 月第 1 次印刷

开　　本　889×1194　1/16
印　　张　45.5　彩插：2.25
字　　数　1412 千字
书　　号　ISBN 978-7-5013-6508-1
定　　价　450.00 元

编 辑 说 明

1.《中国图书馆年鉴》是反映中国图书馆事业年度发展状况的大型资料工具书。首卷出版于 1996 年，反映 1990 年至 1995 年间的情况。自 1999 年始，编辑出版周期为隔年一卷，包括 1999 年卷、2001 年卷、2003 年卷以及 2005 年卷。自 2006 年卷起，改为每年编辑出版一卷。

2.《中国图书馆年鉴》自 2007 年卷起，由中国图书馆学会、国家图书馆联合主办，编纂工作由国家图书馆研究院《中国图书馆年鉴》编辑部主持。

3.《中国图书馆年鉴 2019》反映 2018 年中国图书馆界的发展状况。

4.《中国图书馆年鉴 2019》的动态性信息由全国各省、自治区、直辖市图书馆学会，中国图书馆学会各分支机构及所属各专业委员会以及相关专业机构或教学研究机构提供。年鉴的统计资料来自文化和旅游部、地方文化行政部门、专业协作组织、中国图书馆学会高校图书馆分会以及有关专业机构。年鉴的参考性、指南性资料，由年鉴编辑部组织整理编辑，并得到中国图书馆学会编译出版委员会图书馆学期刊与年鉴编辑出版专业委员会的指导。专文由年鉴编纂工作委员会确定选题、特邀作者撰写。

5.《中国图书馆年鉴 2019》正文采用分类编辑法。全文由图书馆活动图辑、纪事、专文、图书馆事业、学术研究与活动、法律法规与政策性文件、专业文献、统计资料、年度大事记、综合索引等几大部分构成。

《中国图书馆年鉴》主办与编纂单位

主　　办　中国图书馆学会　国家图书馆

编　　纂　国家图书馆研究院《中国图书馆年鉴》编辑部

《中国图书馆年鉴》编纂工作委员会

《中国图书馆年鉴》编辑部

编辑部联系方式：

地　　址：北京中关村南大街 33 号　国家图书馆研究院《中国图书馆年鉴》编辑部

邮　　编：100081

电　　话：(010)88544057

电子邮箱：zgtsgnj@nlc.cn

联 系 人：程　鹏　王旭东

本卷特约专文作者（按姓氏笔画排序）

卢晓彤　肖　雪　范兴坤　胡　娟　柯　平

本卷撰稿人（按姓氏笔画排序）

丁来军　万　乔　万行明　马　丽　马　骏　马兰芳　马秀峰　马咏欣　马俊武
马祥涛　马婷婷　王　阳　王　钊　王　玮　王　玥　王　波　王　茜　王　莉
王　莹　王　彬　王　慧　王　鑫　王凤莲　王玉宝　王亚峰　王会玲　王旭东
王秀香　王伯秋　王英华　王国强　王昕晗　王诗婧　王春生　王晓芳　王梦莹
王媛媛　韦绍芬　牛雪晖　乌兰格日勒　文　尕　文　周　方　顺　尹　强
尹志忠　孔祥宁　孔繁青　邓　婕　邓小姣　邓文池　邓范娟　艾　珍　石永琼
卡罗加　申国敏　田　颖　付建华　冯　杰　冯占英　兰　晓　永青拉措
尕藏才让　匡籽衡　吕红娇　吕晓佩　朱　欢　朱本军　朱东良　朱明松
朱隽嘉　任春梅　伦　宏　多杰当知　刘　芳　刘　青　刘　洋　刘　莉　刘拥涛
刘洁萍　刘晓兰　刘海迪　刘梦雪　刘韩萍　次旦普赤　闫国伟　江才卓玛
安永秀　许志云　许静华　许黎黎　孙　诗　孙　喜　孙小满　孙丹霞　孙雯雯
孙慧明　严　真　苏文帆　杜　敏　杜小溪　杜丽莎　杜福增　李　伟　李　莉
李　莎　李　浩　李　梅　李　婷　李木子　李月丽　李文清　李玉红　李叶霞
李志新　李凯翔　李春兰　李家敏　李望博　李维杰　李彭元　李景贤　杨　凡
杨　波　杨　萍　杨　琳　杨　雁　杨庆怀　杨粒彬　肖更浩　吴　荇　吴　楠
吴才唤　吴汉华　吴钗芸　吴晓玲　吴健涛　吴梦琳　何志俊　何应尧　何杰锋
何润楠　余　眈　邹双林　辛　娜　汪　维　汪　滨　汪彦良　沈　华　沈小尉
沈亚萍　沈毅秦　宋　扬　宋姬芳　宋福燕　张　妍　张　英　张　明　张　虹
张　莉　张　悦　张　爽　张　甜　张小云　张小野　张世彤　张东明　张吉祥
张亚军　张成英　张伟云　张红琼　张丽霞　张明华　张建荣　张娜娜　张绚丽
张艳红　张桂玲　张晓庆　张晓莹　张继军　张维军　张惠君　张潇雨　张毅宏
阿依努尔　陈　峥　陈　鸿　陈　颖　陈　瑶　陈　慧　陈　熹　陈　攀
陈大武　陈亚泽　陈有志　陈丽琴　陈型颖　陈思文　陈思彤　陈敏仪　陈婷婷
陈韶华　武　霞　武锦丽　武巍泓　苗　苗　范华秀　范志国　林小娟　林秀敏
卓　尉　易　静　罗　欢　罗杰慧　岳倩倩　金仙花　金美丽　金晓明　周　未
周　莹　周莹洁　周晓蓉　庞　红　庞兴梅　郑　蜀　孟子祎　孟家如　赵　晋
赵　宴　赵　楠　赵　燕　赵一帆　赵子龙　赵东升　赵冬梅　赵庆秋　赵树宜
赵香梅　胡　欢　胡　萍　柏建平　钟海珍　段蓓虹　侯国柱　施　静　施贵竹
施衍如　姜　华　姜　进　姜　晓　费希娟　姚晓笛　姚晓霞　秦江月　秦晓婕
袁　园　袁　祥　袁文坤　袁志强　耿　卫　莫均超　索　帅　贾　玲　贾　蔷
夏品华　徐　志　徐　凯　徐汉云　徐钰钦　徐海燕　高　屹　高红燕　高秀玲
郭　毅　郭立光　郭华丽　唐　璐　唐天红　涂运祥　朗杰卓玛　陶　玲　黄　艳
黄　校　黄子宏　菅晓睿　梅　瑾　曹　阳　曹　禹　曹　静　曹子珏　梁　平
梁　宜　梁　雪　梁小丽　梁晓瑾　彭　燕　彭仁耀　董　莹　董璐璐　韩　冰
韩　玲　韩川平　程文艺　储　兰　储　鑫　曾大军　曾万明　谢丰山　谢书达
谢永强　谢丽娟　鄢　常　靳艺星　雷兰芳　解　琳　解学术　蔡丹阳　蔡雪梅
蔡淑敏　谭文韬　谭黎绮珊　熊　蕊　熊明芳　樊曌华　颜　胜　潘雅茵　薛　蓉
薛晓虹　霍晓焰　操咏梅　魏　巍　魏家涛

◆ 2018 年中国图书馆年会开幕活动之颁奖仪式

◆ 4 月 23 日，第十三届文津图书奖颁奖活动在国家图书馆举办

◆ 5 月 28 日，由中国国家图书馆、中国图书馆学会、四川省委宣传部主办的丝绸之路国际图书馆联盟成立仪式在四川省图书馆举办

◆ 6 月 26 日，“书卷为媒　友谊长青——日本永青文库捐赠汉籍入藏中国国家图书馆展”在国家图书馆开展

◆ 9 月 28 日，“旷世宏编　文献大成——国家图书馆藏《永乐大典》文献展”在国家典籍博物馆开展

◆ 9 月 7 日，刘季平与中国图书馆事业改革发展座谈会在国家图书馆召开

◆ 9 月 28 日，国家图书馆（国家古籍保护中心）联合 14 家单位在线发布古籍数字资源

◆ 10 月 24 日，首届“一带一路”非中艺术交流展暨非中文化论坛在国家典籍博物馆举办

◆ 6 月 27 日，中国图书馆学会 2018 年秘书长联席会议暨《中国图书馆年鉴》编纂工作会议在吉林延吉召开

◆ 9 月 18 日，学习贯彻《中华人民共和国公共图书馆法》培训班暨中国图书馆学会第六届百县馆长论坛在浙江德清召开

◆ 3 月 11 日，“播撒幸福的种子”第九期学员毕业暨第十期培训开班仪式在首都图书馆举行

◆ 5 月 4 日，“首都市民音乐厅”2018 年开幕音乐会在首都图书馆举行

◆ 3 月 29 日，北京市公共图书馆文化志愿服务与青少年阅读推广活动启动大会在首都图书馆举行

◆ 8 月 20—27 日，首都图书馆开展“书香智远　志爱无疆”文化志愿服务公益活动

◆ 9 月 17—24 日，“京籍渊薮　甲子回眸——首都图书馆北京地方文献中心成立六十周年纪念展”举办

◆ 9 月 19—21 日，国际“城市记忆”学术研讨会在首都图书馆召开

◆ 11 月 28 日，2018 首都市民系列文化活动年度盛典——“阅读北京”在首都图书馆举办

◆ 4 月 23 日，东城区第二图书馆联手北京必胜客有限公司共同打造的“书香东城 · 智阅必胜”社区智能阅读空间亮相必胜客（南锣鼓巷）餐厅

◆ 5 月 10 日，大兴区 24 小时城市书房（智能图书馆）作为北京展团的参展单位之一亮相第十四届中国（深圳）国际文化产业博览交易会

◆ 7 月 2 日，东城区第一图书馆与北京新华书店王府井书店合作开办的王府井书店分馆正式开馆接待读者

◆ 8 月 15 日，房山区文化馆图书馆总分馆制暨文化活动中心第一届理事会成立仪式举行

◆ 9 月 28 日，怀柔区庆祝改革开放 40 周年诵读活动暨“书香怀柔”第十一届怀柔区全民阅读活动颁奖仪式在怀柔区图书馆举办

◆ 4 月 24 日，“依法办馆　创新服务”——新时代公共图书馆建设与服务知识竞赛（天津地区选拔赛）在天津图书馆举办

◆ 10 月 29 日，第二届京津冀图书馆“守望青春　我与图书馆的故事”阅读推广交流展示活动在天津图书馆举行

◆ 11 月 12 日，《中华古籍总目 · 分省卷》编纂研修班在天津图书馆举办

◆ 10 月 21 日，2018 年天津市中小学生“好书伴我成长”读书系列活动总结表彰大会在天津市少年儿童图书馆举办

◆ 2 月 9 日，河北省图书馆、河北省饭店烹饪餐饮行业协会联合主办的“最美家乡味”石家庄美食图片展在河北省图书馆展出

◆ 10 月 9 日，河北省图书馆组织召开京津冀图书馆联盟文化帮扶对接会

◆ 10 月 30 日，由河北省图书馆学会承办的川吉苏冀桂五省（区）图书馆学会第十六届学术研讨会在河北邢台召开

◆ 11 月 4 日，河北省图书馆学会在武汉大学举办 2018 年河北省公共图书馆馆员专业素养提升研修班开班典礼

◆ 4 月 23 日，石家庄市图书馆与市轨道交通建设办公室共建的石家庄地铁图书馆正式开放，市民在查看电子阅读机、扫码下载图书

◆ 12 月 7 日，唐山市图书馆首个中心城区城市书房正式对市民免费开放

◆ 1 月 30 日，山西省图书馆学会在推进《公共图书馆法》实施暨新时代公共图书馆阅读推广经验交流会上为获得全民阅读先进单位代表颁奖

◆ 9 月 4—6 日，山西省图书馆学会在大同市图书馆召开新时代图书馆服务创新——智慧图书馆建设研讨会

◆ 4 月 23 日，山西省图书馆毛里求斯中国文化中心分馆正式成立

◆ 12 月，山西省图书馆 24 小时书房建成并投入使用

◆ 5月10日，太原市图书馆创办的“马克思书房”正式开放并接待团体参观

◆ 9月7日，太原市图书馆设立的“太原书院”正式开放

◆ 2月1日，朔州市图书馆少儿馆正式对外开放

◆ 4月23日，朔州市图书馆开展“一路有你　醉美悦读”阅读宣传推广活动

◆ 4月23日，介休市图书馆开展世界读书日暨“书香定阳　文化介休”全民阅读活动

◆ 1月，内蒙古图书馆为参加自治区“两会”的代表、委员提供专题服务

◆ 4月23日，巴林左旗图书馆举办第二届“超星杯”幼儿经典朗诵大赛活动

◆ 7月25日，乌海市图书馆举行“图书馆进军营”志愿服务活动

◆ 12月，鄂尔多斯市图书馆举办“鄂尔多斯我的家”第三届诗歌那达慕诗歌朗诵大赛

◆ 2月4日，辽宁省图书馆举办“辽图家文化·中国最美故事——剪出你的中国年”主题活动

◆ 7月20日，辽宁省图书馆举办“弘扬辽宁精神 坚定文化自信”经典诗文诵读会暨辽宁省公共图书馆第七届全民读书节闭幕式

◆ 8 月 25 日，辽宁省图书馆举办“奇思童年　妙享阅读”2018 辽宁省图书馆奇妙夜活动

◆ 12 月 22 日，足球评论家张路在辽宁省图书馆辽图讲坛主讲“足球杂谈”

◆ 10 月 11 日，区域协作与图书馆可持续发展研讨会暨辽宁省图书馆学会 2018 年学术年会在沈阳召开

◆ 4 月 23 日世界读书日期间，吉林市图书馆举办“2018 换书大集”

◆ 7 月 9 日，桦甸市图书馆举办 2018 第二届儿童阅读季暨少儿诗词大会启动仪式

◆ 5 月 15 日，黑龙江省图书馆学会举办“依法办馆　创新发展”2018 年全省公共图书馆业务大赛决赛

◆ 12 月 3 日，黑龙江省图书馆举办全省残疾人诵读比赛

◆ 12 月 6—7 日，黑龙江省图书馆学会第十一次会员代表大会召开

◆ 12 月 10 日，黑龙江省图书馆举办 2018"我最喜欢的童书"（黑龙江区）颁奖典礼

◆ 11 月 13 日，市民在齐齐哈尔市图书馆参观习近平总书记视察黑龙江图片展

◆ 9月15日，2018长三角地区阅读马拉松大赛在上海、浙江、安徽等地同时开赛

◆ 11月1日，“缥缃流彩——中国古代书籍装潢艺术馆藏精品文献展”在上海图书馆开幕

◆ 10月17—19日，第九届上海国际图书馆论坛（SILF 2018）在上海图书馆召开

◆ 11月9日，上海图书馆（上海科学技术情报研究所）馆（所）长陈超等6位专家被聘为第12批“上海会议大使”

◆ 11月26日，上海图书馆（上海科学技术情报研究所）“国际大都市科技创新评价中心”揭牌

◆ 11 月 30 日，第五届“相聚上海”国际读书征文活动颁奖典礼在上海报业大楼举行

◆ 3 月 18 日，嘉定区举行公共图书资源村居配送启动仪式暨“我嘉书房”（安亭·安亭新镇）开馆仪式

◆ 9 月 28 日，南京图书馆与沪浙皖省馆签订长三角图情战略合作协议

◆ 11 月 6 日，南京图书馆推出“南图荐读台”项目

◆ 11 月 22 日，南京图书馆举办“册府千华——2018 江苏省藏国家珍贵古籍特展”开幕式等系列活动

◆ 10 月 13 日，“书香金陵”首届南京市公共图书馆读者节启动

◆4月20日，苏州市吴中区图书馆举办“有书童享　农民工子女关爱行动”之“播种吴文化”公益讲座

◆4月23日，苏州图书馆潼泾分馆为外来务工人员子女举办“小候鸟”阅读节活动

◆4月22日，连云港市图书馆开展“苍梧绿园图书漂流活动”

◆4月23日，“盐渎风”盐城市第六届读书节启动仪式在盐城市图书馆举行

◆8月3日，张家港市文化扶贫项目——贵州省沿河土家族自治县土家书房正式对外开放

◆ 12 月 28 日，泰州市图书馆创意短片获得“‘苏’说四十载——庆祝改革开放 40 周年网络微视频大赛”优秀短片奖

◆ 4 月 22 日，浙江省第二届公共图书馆“阅读马拉松挑战赛”浙江图书馆赛场

◆ 5 月 18—20 日，第十四届浙江省未成年人读书节暨浙江省未成年人课本剧大赛决赛在台州举行

◆ 11 月 1—2 日，浙江省图书馆学会第九次会员代表大会在乐清召开

◆ 12 月 18—21 日，“楮墨浙韵——浙江印刷文化展”在巴黎中国文化中心开展

◆ 4 月 18 日，湖州市首家城市书房——小西街城市书房正式开放

◆ 10 月 19—22 日，首届中国—中东欧国家图书馆联盟馆长论坛在杭州图书馆举办

◆ 12 月 17 日，杭州图书馆举办“砥砺时光　书香致远”庆祝建馆 60 周年暨大型音诗画朗诵会

◆ 12 月 28 日，宁波图书馆新馆开馆仪式举行

◆丽水市莲都区图书馆新馆外景

◆ 4 月 12 日，安徽省图书馆在希望小学举办“爱心快乐图书室”捐赠仪式

◆ 4 月 21 日，安徽省公共图书馆联盟 2018 阅读推广系列活动启动仪式在青阳举行

◆ 6 月 1 日，安徽省图书馆学会组队参加中国图书馆学会举办的“依法办馆　创新发展——新时代公共图书馆建设与服务知识学习竞赛”总决赛并荣获团体二等奖

◆ 10 月 26 日，“‘徽’煌 40 年——庆祝改革开放四十周年大型摄影图片展全省联展”在安徽省图书馆开展

◆ 11 月 12 日，安徽省图书馆举办助残志愿服务项目——盲人读者法律知识竞赛

◆ 9 月 3 日，“枞阳县图书馆藏珍贵古籍修复项目”通过专家验收

◆ 4 月 29 日，福建省图书馆举办 2018 年世界读书日主题活动

◆ 6 月 11 日，第二届海峡两岸书院交流与发展论坛在福建省图书馆正谊书院开幕

◆ 2 月 8 日，福州市图书馆理事会成立大会暨第一次工作会议召开

◆ 6 月 8—10 日，晋江市图书馆在三明市开展第四届“人文之旅·非遗之光”少儿夏令营活动，小读者现场体验三明市插花剪纸艺术

◆厦门市图书馆集美新馆外景

◆莆田市图书馆新馆外景

◆1月23日，江西省图书馆学会第六次会员代表大会在南昌召开

◆9月26日，江西省图书馆理事会成立大会举行

◆8月30日，由江西省图书馆学会主办的2018年全省“我荐赣版书”读书演讲比赛总决赛在赣州市图书馆举行

◆ 1 月 6 日，九江市图书馆 5727 志愿者服务点开放

◆ 2 月 10 日，九江市图书馆开展第二届“港赣之夜”少儿春晚活动

◆ 5 月 4 日，青年创业图书馆开馆仪式在赣州市图书馆举行

◆ 10 月 27 日，赣州市南康区图书馆“诗词书香进书屋”活动走进大坪乡上洛村

◆ 11 月 6 日，南昌市图书馆图书大篷车来到青云谱区熊坊小学开展科普进校园宣传活动

◆ 12 月 26 日，定南县图书馆举办 2019 年元旦迎新年画祝福活动

◆婺源图书馆新馆外景

◆ 4 月 22 日，山东省图书馆举办第十三届全省读书朗诵大赛颁奖典礼暨汇报演出

◆ 5 月 19 日，山东省图书馆举行“助力鲁图服务宣传周　书润童心送书到家”暨鲁网小记者团成立仪式

◆ 9 月 4 日，山东省《中华人民共和国公共图书馆法》知识竞赛决赛暨颁奖仪式在山东烟台举行

◆ 10 月 28 日，山东省盲人数字阅读推广工程启动暨“光明使者”志愿者团队成立仪式在山东省图书馆举行

◆11月3日，山东省图书馆首届文创大赛颁奖典礼在山东省图书馆举行

◆1月1日，河南省《公共图书馆法》宣传周活动启动仪式在河南省图书馆举行

◆7月9—20日，第四期全国传拓技术培训班在河南郑州国家级古籍保护修复中心——李仁清传习所举办

◆4月21—22日，河南省高校图书馆2018年工作会议暨学术年会在河南师范大学图书馆召开

◆5月11—14日，由中国图书馆学会学术研究委员会主办的第三届图书馆史学术研讨会在河南师范大学举行

◆ 10 月 21 日，第三届长江读书节之十佳演诵之星决赛在湖北省图书馆举行

◆ 2 月 1 日，恩施土家族苗族自治州图书馆组建的“红色文艺轻骑兵”文化小分队到建始县花坪镇村坊村开展馆外服务

◆ 2 月 2 日，仙桃市图书馆流动图书车开进张沟镇旭光村，开展荆楚“红色文艺轻骑兵”文化扶贫乡村行活动

◆ 4 月 23 日，2018 年十堰市全民阅读月启动仪式暨“千人广场诵读”活动在六堰人民广场举行

◆ 4 月 23 日，孝昌县全民阅读月活动启动仪式暨第八届“中华经典”演诵比赛决赛在孝昌会堂举行

◆ “4·23”世界读书日期间，大悟县图书馆开展“同心幼儿园户外大课堂”等系列阅读推广活动

◆ 8 月 11 日，恩施市图书馆举办首期“土家娃”亲子读书会

◆ 4 月 4 日，“阅时尚 · 湖湘阅读新主张”——湖南 2018 年世界读书日系列活动启动仪式在湖南图书馆举行

◆ 4 月 19 日，3 位长江学者受聘为湖南图书馆事业发展顾问

◆ 4 月 22 日，2018 年湖南阅读大数据发布会暨“阅读 · 阅时尚”颁奖仪式在湖南图书馆举行

◆ 5月4—12日，2018年全国文化干部素质提升工程——湖南省公共图书馆发展趋势及管理实务研修班在中央文化管理干部学院举办

◆ 5月15—16日，“公共图书馆　法制新时代——湖南省学习《公共图书馆法》知识竞赛”在郴州市举行

◆ 1月25日，广东图书馆学会未成年人图书馆服务专业委员会成立大会在深圳少年儿童图书馆召开

◆ 4月22日，由中共广东省委宣传部等全省全民阅读成员单位联合举办的2018年“书香岭南”全民阅读活动在广东省立中山图书馆拉开帷幕

◆ 12 月 6—8 日，第一届全国灰色文献年会在东莞召开，东莞图书馆馆长李东来宣读《灰色文献开发利用东莞宣言》

◆ 6 月 1 日，潮州市图书馆新馆正式对外开放

◆ 3 月 30 日，第四届海峡两岸古籍保护论坛在中山大学图书馆举行

◆ 11 月 17 日，第二十届中国国际高新技术成果交易会“科技创新与知识产权保护国际论坛”在深圳举办，广东省科技图书馆（广东省科技信息与发展战略研究所）馆（所）长魏东原应邀做主题报告

◆ 12 月 6 日，广西壮族自治区图书馆地方民族文献中心启用

◆ 2 月 2 日，百色市图书馆举办迎新春诵读会暨优秀员工、读者、志愿者年度表彰晚会

◆ 3 月 16 日，泰国程逸皇家大学附属学校代表团到百色市图书馆参观考察

◆ 12 月 18 日，南宁市图书馆新馆正式启用

◆ 11 月 8—10 日，2018 年广西高校图书馆工作与学术年会在广西大学图书馆召开

◆ 11 月，广西大学图书馆南楼正式启用

◆ 3 月 9 日，2018 年重庆市公共图书馆业务技能大赛决赛在重庆图书馆举行

◆ 3 月 21 日，重庆图书馆“书香筑梦乡村行”走进开州区大进镇开展文化扶贫活动

◆ 4 月 21 日，2018 年全民阅读暨第十一届重庆读书月活动在重庆市解放碑步行街举办

◆ 7 月 21—29 日，重庆图书馆主办第二届重庆青少年模拟联合国大会

◆ 10 月 19 日，阅读之星——重庆市民诵读大赛在重庆图书馆举办

◆ 6 月 9 日，首届“图书馆杯四川全民英语口语大赛”总决赛在四川省图书馆举行

◆ 10 月 12 日，中国图书馆学会主办、四川省图书馆等承办的西部公共图书馆 2018 年学术研讨会在达州市达川区开幕

◆ 12 月 28—29 日，“回眸 40 年　拥抱新时代”庆祝改革开放 40 周年全省诗歌朗诵集中展演活动在四川省图书馆举办

◆ 5 月 17 日，2018 年四川省高校图书馆建设发展研讨会在四川理工学院举行

◆ 12 月 13 日，在四川省高校图书馆贯彻全国教育大会精神暨 2018 年度工作总结大会上，与会领导为“校园最美读书人”颁奖

◆ 7 月 26 日，2018 年河口中越文化交流暨双方图书馆交流合作赠书仪式在云南河口举行

◆ 9 月 29 日，“不忘初心·影记书香”云南省公共图书馆纪念改革开放 40 周年摄影图片展在云南省图书馆开展

◆ 5 月 18 日，陕西省图书馆学会召开第八次会员代表大会暨换届大会

◆ 6 月 20 日，陕西省图书馆学会向咸阳清渭楼图书馆捐赠图书

◆ 10 月 21 日，第六届陕西省全民在线英语口语大赛颁奖典礼在陕西省图书馆举行

◆ 10 月 26 日，陕西省图书馆学会协作协调委员会赴大荔县图书馆开展结对帮扶调研活动

◆ 12 月 22—23 日，陕西省图书馆学会编辑出版委员会在安康地区调研期间召开 2018 年度工作会议，同时举办《陕西省公共图书馆条例（草案）》起草调研座谈会

◆ 5 月 9—11 日，甘肃省学习贯彻《中华人民共和国公共图书馆法》第二期培训班在甘肃金昌举行

◆ 8月9日，甘肃省图书馆学会地方文献专业委员会在省图书馆举办"河图绵邈 有典有册——'西北地方文献'专藏70周年"主题纪念活动

◆ 5月26日，兰州市图书馆承办的2018年"书香兰州"全民阅读启动仪式暨第十四届兰州读书节开幕

◆ 4月18日，嘉峪关市2018年全民阅读月系列活动在嘉峪关市图书馆启动

◆ 4月21日，平凉市图书馆举行第二十三个"世界读书日"暨2018年全民阅读活动启动仪式

◆ 4月24日，民乐县举办"书香民乐"全民阅读活动启动仪式暨民乐县4·23世界读书日系列活动

◆ 2 月 1 日，“同筑中国梦　共度书香年”宁夏回族自治区图书馆 2019 年春节主题活动启动

◆ 3 月 2 日，宁夏回族自治区图书馆在宁红阳光家园残疾人托养服务中心开展 2018 年学雷锋志愿服务活动

◆ 8 月 29—30 日，西北五省（区）图书馆第十四次科学讨论会在宁夏银川召开

◆ 9 月 2 日，宁夏回族自治区图书馆举办鲁迅文学奖获得者马金莲获奖作品——《1987 年的浆水和酸菜》读者分享会

◆ 10 月 9 日，“册府千华——宁夏回族自治区珍贵古籍特展暨庆祝宁夏回族自治区图书馆成立 60 周年”系列活动在宁夏回族自治区图书馆启动

◆ 12 月 14 日，在 2018 年宁夏图书馆学会年会召开期间，举办“建设美丽新宁夏　共圆伟大中国梦”全区图书馆员知识竞赛

◆ 12 月 22 日，宁夏回族自治区图书馆举办“童阅汇——青少年阅读推广计划”年终阅读大赛

◆ 9 月 8—17 日，以“宁夏文化精准扶贫　共享工程助力发展”为主题的文化精准扶贫系列活动在固原市彭阳县图书馆举办

◆ 4 月 25 日，新疆图书馆开展“春暖花开　书香心间——为府友路社区弱势群体免费送书上门”活动

◆ 7 月 22—31 日，2018 年“春雨工程”新疆暨兵团部分基层公共文化业务骨干培训班在山东大学即墨校区举办

◆ 2月13日，伊犁州图书馆“第五届天山南北贺新春——非物质文化遗产春节习俗展”走进莫依克社区

◆ 4月22日，尼勒克县图书馆开展第二十三个“世界读书日”暨“书香尼勒克”全民阅读活动

◆ 9月20日，阿克苏地区图书馆承办的第二届浙阿“同心杯”——“浙阿同心 携手圆梦”诗词朗诵（演讲）大赛决赛在阿克苏地区塔里木歌舞团剧场举行

◆ 4月23日，塔城地区图书馆等单位联合开展世界读书日系列活动之“书香塔城 传承经典”朗诵比赛

◆ 4月29日，库尔勒市图书馆首届诗词大赛颁奖典礼举行

◆ 9月30日，奎屯市图书馆与市第三中学联合举办以“创新引领时代　智慧点亮生活”为主题的科普知识演讲比赛

◆ 4月3日，国家科技图书文献中心理事会换届暨第四届理事会第一次会议召开

◆ 12月14日，2018年全国知识组织与知识链接学术交流会议在中国科学技术信息研究所召开

◆ 4月23日，中国计量科学研究院举办“传承与发展　一路书香——NSTL与科研同行”世界读书日主题活动

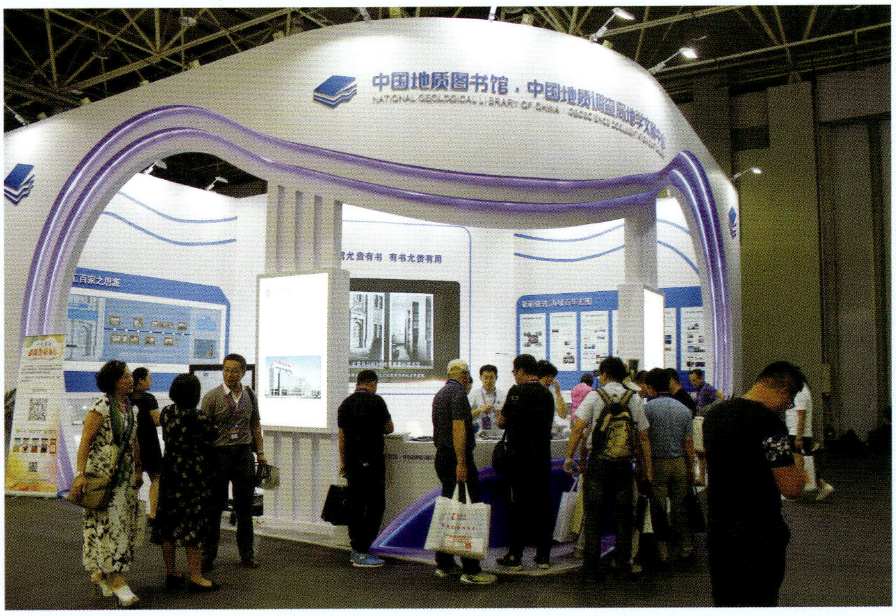

◆ 5月31日—6月1日，中国地质图书馆参加2018年中国图书馆年会·中国图书馆学会年会·中国图书馆展览会

China
Library Yearbook

中国图书馆 年鉴 2019

目 录

纪 事

专 文

图书馆事业

学术研究与活动

法律法规与政策性文件

专业文献

统计资料

年度大事记

纪事

《中华人民共和国公共图书馆法》正式施行 图书馆界开展学习宣传贯彻活动

站在新起点推进图书馆事业新发展
——各地积极学习宣传贯彻落实《公共图书馆法》

新年伊始，《中华人民共和国公共图书馆法》（以下简称《公共图书馆法》）正式施行。它是党的十九大之后出台的首部文化法律。全国文化系统连日来以振奋的精神和饱满的热情掀起了学习宣传《公共图书馆法》的热潮，并以贯彻落实为契机，扎实推进各项工作的开展。

发挥阵地作用　开展学习讨论和普法宣传

十九大报告提出，要完善公共文化服务体系，深入实施文化惠民工程，丰富群众性文化活动。《公共图书馆法》的施行体现了以法治思维、法律手段来推动公共图书馆实现和保障人民群众基本文化权益，提高人民群众的文化获得感的理念。近段时间以来，全国图书馆界围绕《公共图书馆法》的学习宣传贯彻落实，开展了全面自查和多种形式的普法宣传工作。

国家图书馆通过开展精彩的读者活动，深化对《公共图书馆法》的宣传和落实。在1月1日的“馆长带您走进国家图书馆”直播互动活动中，国家图书馆馆长韩永进通过网络直播邀请读者亲近《四库全书》，感受国家宝藏；在国家图书馆的稽古厅内，读者可现场体验临摹高仿复制的《四库全书》本的《论语·学而》等经典段落。国家图书馆的微信公众号以微信有奖问答的方式，邀请广大读者通过互动答题了解《公共图书馆法》的详细内容。韩永进表示：“《公共图书馆法》首次以法律形式明确了国家图书馆在国家文献战略保存、国家书目和联合目录编制等多个方面的职能，体现了党和政府支持和保障国家图书馆建设的战略意识，为国家图书馆在新时代继续秉承‘传承文明，服务社会’的宗旨奋勇前行提供了坚强保障。未来，我们将进一步强化国家图书馆的核心职能，提升公共文化服务效能，为建设学习大国做出新的贡献。”

《公共图书馆法》颁布后，内蒙古自治区图书馆迅速开展学习宣传和贯彻落实工作。内蒙古自治区文化厅副厅长、内蒙古自治区图书馆馆长李晓秋介绍：“我们把深入学习宣传贯彻十九大精神与学习宣传贯彻落实《公共图书馆法》有机结合起来，使全体职工学有方向、做有目标、干有底气。”内蒙古自治区图书馆不仅创新宣传手段和工作方式，利用图书馆官网、微信、微博公众平台和LED显示大屏集中向社会公众广泛宣传《公共图书馆法》的有关内容，还把宣传普法工作融入各类读者服务活动中，寓法于乐，帮助社会公众加深对这一法律的认知理解。

湖北省文化厅党组高度重视，积极组织了专题学习并部署将《公共图书馆法》的贯彻落实与文化小康指标、文明城市创建、市州党政领导班子考核挂钩，对照条款找差距、补短板，进一步推动公共图书馆事业发展。“下一步，我们将联合湖北省委组织部、省司法厅，将《公共图书馆法》纳入各级党校培训和普法内容；通过市县文化局长培训班等形式，组织文化行政工作者和图书馆员学习把握精神内涵；充分利用新闻媒体，采取多种形式，向全省广泛宣传。”湖北省文化厅副厅长李耀华说。

完善法律体系　扎实做好制度设计衔接

党的十九大报告指出，全面依法治国是国家治理的一场深刻革命，必须坚持厉行法治，推进科学立法、严格执法、公正司法、全民守法。近两年来，《中华人民共和国公共文化服务保障法》（以下简称“《公共文化服务保障法》”）和《公共图书馆法》相继出台，实现了我国文化立法的重大突破，基本完成了文化法律制度的顶层设计，夯实了文化领域立法的基础，极大地推动了我国的文化改革创新，对于坚定文化自信，推动社会主义文化繁荣兴盛，更好地满足人民对美好生活的新期待具有重大而深远的意义。

全国人大教科文卫委员会文化室主任朱兵认为，《公共文化服务保障法》从顶层设计上确定了公共文化服务的基本原则，是一部保障人民基本文化权益的基本法。《公共图书馆法》则是一部推进公共图书馆事业发展的专门法。两部法律的衔接体现了三个方面的特点：一是都充分体现了习近平新时代中国特色社会主义思想，明确提出坚持社会主义先进文化前进方向，坚持以人民为中心，坚持以社会主义核心价值观为引领的要求；二是都充分体现了以人民为中心的工作导向，强调要发挥公共文化服务功能，认真研究新时期人民群众多样化的文化需求，通过建立群众评价和反馈机制，引导公共文化机构建立以群众需求为导向的公共文化服务模式；三是《公共图书馆法》是对公共文化服务保障法基本要求的专门化和具体化，不仅对公共文化服务保障法做了回应，而且根据公共图书馆的工作特点和规律，做了进一步细化完善，使之更有针对性和可操作性。

广东、内蒙古、湖北、四川等地是启动地方性公共图书馆立法较早的地区。这些地方性的立法实践不仅对地方公共图书馆的设立、管理和服务做出了规范，指导并推动了地方公共图书馆事业的发展，而且为国家立法积累了经验、奠定了基础。湖北省人大连续两年对省政府推进公共文化服务体系建设情况进行审议督办，将《湖北省公共文化服务保障条例》列入立法计划，预计2018年正式出台；目前《湖北省公共图书馆条例》的修订工作也在积极有序开展。四川省文化厅厅长周思源介绍，四川省将认真贯彻执行《公共图书馆法》，启动《四川省公共图书馆条例》的修订，制定实施细则，把法律的贯彻落实与公共图书馆改革创新、效能提升紧密结合起来，实施全省公共图书馆效能提升行动，不断满足新时代人民群众的阅读需求。

将贯彻落实工作与重点改革任务紧密结合

党的十九大报告指出，要深化文化体制改革，完善文化管理体制，加快构建把社会效益放在首位、社会效益和经济效益相统一的体制机制。

谈到《公共图书馆法》的改革创新之处，文化部公共文化司司长张永新介绍，近年来，文化部贯彻落实中央关于深化文化体制改革的要求，取得了较好效果。《公共图书馆法》在将这些改革成果于法律上予以明确的同时，要求建立健全以理事会为主要形式的法人治理结构，吸纳公众参与，健全决策、执行和监督机制；要求行业组织在服务行业发展、开展行业自律等方面发挥积极作用；要求建立县级图书馆总分馆制，整合县域内的公共阅读资源，实现优质资源和服务向基层农村延伸；要求采取政府购买、税收优惠、开展志愿服务等措施，引导和鼓励社会力量参与公共图书馆建设。

对于这些重点改革任务，各地在学习宣传贯彻《公共图书馆法》的过程中也做了着重强调和落实。

浙江省嘉兴市图书馆馆长沈红梅表示：“目前，嘉兴市图书馆已上报成为第二批国家公共文化机构法人治理结构改革的试点单位。我们将按照中宣部、文化部等七部委实施方案的要求，建立以理事会为主要形式的法人治理结构，力争在人事管理自主权、收入分配自主权等配套制度改革上取得新的突破。此外，我们推出了‘图书馆第一课’阅读推广项目，进一步加强了与学校、科研机构、企业等领域的交流与合作，加大对社会阅读组织的培育力度，积极推进公共图书馆志愿服务。”

2016年广东省广州市就启动了图书馆总分馆制试点工作。截至2017年11月，广州纳入服务体系且对公众免费开放的图书馆（分馆）已达145座，基本实现了常住人口每10万人拥有一座图书馆的目标。广州市文化广电新闻出版局局长陆志强说：“下一步，我们将以广州市政府的名义出台《广州市公共图书馆总分馆制建设实施意见》，将总分馆制向纵深推进，搭建全方位、立体性的服务网络。”（《中国文化报》2018年1月3日1版报道，记者王学思）

图书馆界举办纪念改革开放40周年活动

“刘季平与中国图书馆事业改革发展”系列纪念活动在国家图书馆举行

2018年是我国改革开放40周年，也是国家图书馆建馆109周年，恰逢刘季平同志110周年诞辰，国家图书馆以“刘季平与中国图书馆事业改革发展”为主题，组织召开座谈会、纪念展、讲座、征文等系列纪念活动。

9月7日，“刘季平与中国图书馆事业改革发展座谈会”在国家图书馆召开。文化和旅游部公共文化司副司长陈彬斌，国家图书馆馆长、党委书记韩永进，副馆长张志清、李虹霖、孙一钢、陈樱、汪东波，业界及专家代表，刘季平馆长家属代表，在职和离退休员工代表等参加会议。副馆长、党委副书记魏大威主持会议。

陈彬斌在致辞中回顾改革开放40年来中国图书馆事业的光辉历程与非凡成就。对刘季平馆长在改革开放国策确立前后，带领一代中国图书馆人积极解放思想、引领业界逐步走上适应中国特色社会主义发展道路的历史贡献予以充分肯定。希望在进入新时代之际，图书馆界继续弘扬改革创新精神，团结奋斗、与时俱进，开启中国图书馆事业改革发展的新篇章。

韩永进在讲话中回顾了40年来中国图书馆事业所走过的不平凡发展道路，以刘季平同志为代表的老一辈图书馆人围绕图书馆事业发展的诸多重要领域所进行的一系列改革创新和所做出的历史性贡献，对中国图书馆事业改革先锋们所具有的非凡勇气、魄力、智慧和牺牲精神及其取得的辉煌成就表示由衷敬佩。他希望图书馆界同人借助《中华人民共和国公共图书馆法》颁布实施的东风，推动中国图书馆事业更上层楼。

原文化部副部长、国家图书馆原馆长周和平发来书面讲话，高度赞扬刘季平同志对国家图书馆和中国图书馆事业做出的卓越贡献，认为刘季平同志的精神已成为激励图书馆人不断进取的精神财富，希望图书馆人要以刘季平同志等老一辈先贤为榜样，继续改革创新，在中国图书馆事业中发挥好引领作用，完成新时期的责任和使命。

上海图书馆馆长陈超，中山大学资讯管理学院教授、国家图书馆原副馆长谭祥金，广东省立中山图书馆馆长刘洪辉，上海社会科学院信息研究所研究员王世伟，中山大学文献与文化遗产管理部主任、资讯管理学院教授程焕文，西北大学公共管理学院教授杨玉麟，南开大学商学院教授柯平，作为业界和专家代表，从不同方面讲述了刘季平等老一代改革先锋在改革开放初期，带领中国图书馆界所开创出的翻天覆地的全新局面以及他们的历史性贡献，老一辈图书馆人的探索和努力为我国图书馆现代化事业发展奠定了基础，成就了改革开放40年来我国图书馆事业的巨大发展。

刘季平馆长之子刘鲁作为家属代表发言，并代表母亲——年近105岁高龄的吴瀚女士向国家图书馆捐赠刘季平馆长的部分珍贵手稿，包括《图书馆界代表团访美情况汇报要点》《在国务院系统有关古籍善本工作各单位的座谈会上的发言要点》、致李一氓的信等共计13件。

国家图书馆总馆北区二层大厅同期举办“天禄惟新　绍熙文脉——刘季平与中国图书馆事业改革发展”纪念展。展览分三个单元介绍了刘季平同志一生的光辉历程和对图书馆事业发展的贡献，以及改革开放40年来中国图书馆事业取得的成就和对未来的展望。该展览展期两个月。

此前，国家图书馆以“刘季平与中国图书馆事业改革发展”为主题，面向全社会开展征文活动，得到了业界同人的积极响应，经专家评审后结集出版，共收录论文20篇。其中，既有对刘季平同志等一代改革开放先驱所做贡献的追忆，也有对改革开放初期中国图书馆事业发展历程的研究，更有对40年来中国图书馆事业发展成就的总结梳理。论文集的出版，为业界同人和读者朋友进一步了解和研究那一段历史提供了丰富的档案资料。

国家图书馆举办的系列纪念活动，不仅是对刘季平同志等一代改革开放先驱的追忆，也是站在改革开放40年这个历史性的节点，总结和回顾那段激动人心的历史，继承和弘扬开拓进取、甘为人梯的图书馆职业精神，为推动中国图书馆事业的蓬勃发展贡献力量。（国家图书馆网站报道）

“北京记忆——纪念改革开放四十周年”主题图片展在首都图书馆举办

由北京市文联、北京摄影家协会主办的北京专题摄影展览、“北京记忆——纪念改革开放四十周年”主题图片展9月28日在首都图书馆举办，展出作品700余幅。

北京“一核一城三带两区”专题摄影展览的作品来自北京市文联摄影家协会自2017年秋季开始的专题摄影创作和作品征集工作。创作活动以历史文化名城保护为根基，精心打磨每个历史文化街区，在展现大运河文化带、长城文化带、西山永定河文化带悠久深厚的历史文化底蕴和优美独特自然风光的同时，通过摄影作品，向社会公众展示首都北京文化底蕴厚重、艺术繁荣发展、社会风气高尚的时代风貌，展示新时期下北京百姓和谐宜居美好生活的场景。

与前者展现现代北京不同，“北京记忆——纪念改革开放四十周年”主题图片展所展出的则是自20世纪80年代以来反映北京城历史留痕的摄影作品，均精选于改革开放以来北京摄影家协会举办的多项摄影展览。展览通过大量不同时期的艺术图片，回顾首都人民走过的四十年发展历程，展示北京改革开放取得的巨大成就。（《北京晚报》报道　记者成长）

纪念改革开放40周年主题书展在天津图书馆展出

为了展示我国改革开放40年来取得的伟大成就，鼓舞全党全国各族人民紧密团结在以习近平同志为核心的党中央周围，早日实现十九大确立的各项奋斗目标，由天津图书馆主办的“砥砺前行　再续新篇——纪念改革开放40周年主题书展”在天津图书馆文化中心馆区一楼展厅开展，本次展览于9月29日开始，10月29日结束。

回首1978年，党的十一届三中全会胜利召开，中国共产党团结带领全国各族人民，对内改革、对外开放、解放思想、与时俱进、众志成城、开拓进取，经济和社会发展取得了举世瞩目的伟大成就。

2018年，是我国改革开放40周年，也恰逢天津图书馆建馆110周年，为全面回顾我国改革开放40年来波澜壮阔的伟大历史进程，深入总结社会主义现代化建设新时期的实践经验与理论创新成果，以崭新的风貌站在新的时代起点，更好迎接未来的机遇和挑战，天津图书馆精选百余册优秀书籍，以图片展的形式将我国改革开放以来取得的众多成就呈现给广大读者，与广大读者共同见证历史，庆祝和纪念改革开放40周年这一伟大的历史时刻，砥砺前行，再续新篇！（天津图书馆网站报道）

北京师范大学图书馆、中国人民大学图书馆举办“改革开放40年图书馆事业回顾与展望”研讨会

12月7日，北京师范大学图书馆党委联合中国人民大学图书馆党委举办“改革开放40年图书馆事业回顾与展望”研讨会，回顾改革开放40年来图书馆事业的发展成就，述往思来、不忘初心，知往鉴今、砥砺前行，纪念改革开放40周年。图书馆全体在职党员和业界代表计200余人参会。

教育部高教司教学条件处原处长李晓明，华东师范大学图书馆原常务副馆长余海宪，中国科学院文献情报中心原学术委员会主任、NSTL原数据库部主任孟连生，首都图书馆原馆长倪晓建分别以“服务高校图书馆的那些年”“我国图书情报事业四十年发展之回顾”“我们共同走过——中国图书馆四十年”等为题，回顾改革开放40年来图书馆在馆舍、资源、服务方式、规章制度、人才培养、对外合作等各方面的发展变迁，深入探讨图书馆发展面临的机遇和挑战。

（北京师范大学网站报道）

第四批国家公共文化服务体系示范区（项目）创建资格名单公布

2018 年 4 月 12 日，文化和旅游部、财政部公布了第四批国家公共文化服务体系示范区（项目）创建资格名单。共有 27 个地区入选第四批国家公共文化服务体系示范区创建资格名单，其中东部地区 8 家，中部地区 10 家，西部地区 9 家，有 47 个项目入选第四批国家公共文化服务体系示范项目创建资格。

2017 年 8 月 10 日，原文化部、财政部印发了《关于开展第四批国家公共文化服务体系示范区（项目）创建工作的通知》（文公共发〔2017〕25 号），启动了第四批国家公共文化服务体系示范区（项目）创建工作。经过各地申报、专家集中评审、公示等环节，产生了第四批国家公共文化服务体系示范区（项目）创建资格名单。

第四批国家公共文化服务体系示范区创建资格名单

序号	地区	创建示范区
1	东部地区	北京市石景山区
2		天津市滨海新区
3		上海市长宁区
4		江苏省镇江市
5		浙江省温州市
6		福建省泉州市
7		山东省威海市
8		广东省中山市
1	中部地区	河北省唐山市
2		山西省晋城市
3		吉林省辽源市
4		黑龙江省大庆市
5		安徽省蚌埠市
6		江西省萍乡市
7		河南省许昌市
8		湖北省黄冈市
9		湖南省永州市
10		海南省三亚市

续表

序号	地区	创建示范区
1	西部地区	重庆市南岸区
2		四川省攀枝花市
3		贵州省六盘水市
4		云南省昆明市
5		西藏自治区日喀则市
6		陕西省安康市
7		宁夏回族自治区固原市
8		新疆维吾尔自治区伊犁哈萨克自治州
9		新疆生产建设兵团阿拉尔市

第四批国家公共文化服务体系示范项目创建资格名单

序号	申报单位	创建示范项目
1	北京市门头沟区	公共文化服务配送机制建设
2	北京市西城区	公共文化服务设施社会化运营——特色阅读空间运营模式
3	天津市河东区	以家庭文化建设推动公共文化服务发展
4	河北省邯郸市	文化队伍城乡联动建设
5	河北省承德市	健康快乐大家舞活动
6	山西省吕梁市	贫困村综合文化服务中心建设
7	辽宁省鞍山市	鞍山地区公共图书馆联合借阅
8	辽宁省锦州市	群星大课堂
9	吉林省通化市	公共文化“悦空间”——“图书馆＋艺术馆”总分馆制共建
10	黑龙江省大兴安岭地区	大兴安岭版画带动公共文化服务效能提升
11	上海市黄浦区	城市草坪音乐会
12	上海市金山区	城市化背景下的乡村文脉传承
13	江苏省盐城市	“天天悦读 1+X”全民阅读服务
14	江苏省昆山市	以昆曲普及带动公共文化服务效能全面提升
15	浙江省杭州市下城区	社区公共文化服务动态评估体系建设
16	浙江省杭州市萧山区	引导社会多元投入提升公共文化服务效能
17	安徽省滁州市	探索社会力量参与公共文化服务新路径
18	安徽省黄山市	徽州民俗表演示范工程建设
19	江西省景德镇市	群众歌咏月活动
20	江西省吉安市安福县	“激情泸潇·最美樟乡”广场文化活动
21	山东省淄博市	“淄川文化云”公共数字文化服务
22	山东省临沂市郯城县	“多彩文化·魅力郯城”群众文化品牌活动
23	河南省焦作市	百姓文化超市

续表

序号	申报单位	创建示范项目
24	河南省鹤壁市	淇水亲子故事乐园
25	湖北省咸宁市	香城大舞台
26	湖北省鄂州市	雕花剪纸公益培训与传承传播
27	湖南省张家界市	打造地域特色多民族民俗文化新名片
28	湖南省邵阳市	以民族节庆助推公共文化建设
29	广东省深圳市盐田区	智慧图书馆服务平台建设
30	广东省东莞市	塘厦打工歌曲创作与推广
31	广西壮族自治区北海市	北部湾经济区图书馆服务联盟
32	重庆市忠县	基层小区文化工程精准服务社区群众
33	重庆市丰都县	“巾帼夜校”助推全民艺术普及
34	四川省巴中市	文化智慧服务管理平台建设
35	四川省阿坝藏族羌族自治州	藏羌戏曲进校园
36	云南省红河哈尼族彝族自治州	国门文化形象工程建设
37	云南省昭通市	深度贫困地区基层文化能人培养
38	西藏自治区林芝市	边境县、乡(镇)、村公共文化建设
39	西藏自治区那曲地区	嘉黎县乡(镇)文艺队标准化建设
40	陕西省韩城市	欢乐送基层
41	陕西省延安市	“延安过大年”系列文化活动
42	甘肃省武威市	农村(社区)“一站式”阅览服务
43	甘肃省甘南藏族自治州	民族特色数字图书馆建设
44	青海省海东市	互助土族自治县文化人才下沉支援基层服务
45	宁夏回族自治区银川市	广场民族健身舞创作与推广
46	新疆生产建设兵团第三师图木舒克市	传承军垦文化内涵,弘扬中华优秀文化
47	新疆生产建设兵团第十二师	主题文化社区建设

(文化和旅游部网站报道)

第六次全国县级以上公共图书馆评估定级工作完成

为加快构建现代公共文化服务体系，促进全国公共图书馆事业健康发展，2017 年 3 月至 2018 年 6 月，文化和旅游部开展第六次全国县级以上公共图书馆评估定级工作。本次评估定级工作由文化和旅游部统筹负责，中国图书馆学会配合文化和旅游部负责具体组织实施。在各级文化和旅游行政主管部门的精心组织与各级公共图书馆的共同努力下，评估工作圆满完成。

2018 年 8 月 13 日，《文化和旅游部关于公布第六次全国县级以上公共图书馆评估定级上等级图书馆名单的通知》（文旅公共发〔2018〕49 号）发布，依据第六次全国县级以上公共图书馆评估标准和定级必备条件，经过评估、公示等环节，确定全国 2522 个公共图书馆达到三级以上公共图书馆标准。首都图书馆等 969 个公共图书馆被评为“一级图书馆”；天津市红桥区图书馆等 519 个公共图书馆被评为“二级图书馆”；天津市南开区图书馆等 1034 个公共图书馆被评为“三级图书馆”。

公共图书馆评估定级是文化和旅游行政主管部门管理公共图书馆事业的重要手段。在国家鼓励社会组织有序承接政府转移职能的背景下，在文化和旅游部、中国科协的大力支持和积极推动下，自 2014 年底开始，中国图书馆学会先后开展第六次全国县级以上公共图书馆评估定级的筹备和实施工作。在整个过程中，学会充分发挥社会组织的专业优势，研制评估标准与细则，研发信息化平台，探索试评估，组织大规模系列培训，指导地市级与县级图书馆评估，组织实施副省级以上图书馆评估，开展定级和复核工作等。第六次全国县级以上公共图书馆评估定级工作的顺利实施和圆满完成，对我国公共图书馆事业发展发挥重要的推动作用，为中国科协所属全国学会有序承接政府转移职能提供可推广可复制的经验，做出积极贡献。（摘编自文化和旅游部网站、中国图书馆学会网站）

中国高等教育文献保障系统(CALIS)成立20周年

从1998年到2018年，中国高等教育文献保障系统（China Academic Library & Information System，CALIS）作为我国高等教育“211工程”总体规划中的3个公共服务体系之一，已经走过20年的风雨历程。为纪念CALIS项目启动建设20周年，12月4—5日，CALIS成立20周年暨“从共建共享走向融合开放”2018年CALIS年会在北京大学举行。来自政府机构、高校图书馆、学术界、出版界、信息化技术企业的专家学者、行业代表400余人齐聚燕园，探讨新时代高校图书馆建设理念和发展战略。本次大会全面回顾、总结CALIS走过的20年建设历程及建设所取得的成绩，对20年来在中心建设中做出贡献的单位进行表彰。

此次会议以“新时代高校图书馆可持续发展的全局性问题”为核心，参会专家学者围绕升级资源建设、提升新型服务能力建设、新一代图书馆平台建设等方面，交流新思路、探索新方法，对新时代高校图书馆的基础业务升级与创新服务发展给出有指导性和建设性的应对策略与解决方案。同时，CALIS管理中心还详细介绍新型图书馆联盟、产业融合联盟、开发者联盟的战略实施情况，CALIS各位同人将始终致力于促进高校图书馆新生态、新业态的成型，推动高校图书馆的整体快速发展。

会上，北京大学副校长王博总结了CALIS项目20年的发展历程，并就CALIS未来发展道路，指出CALIS要始终不忘教育部的重托，始终关注新时代高等教育和信息服务领域的前沿，促进全国高校图书馆整体、协同、科学发展，走出一条具有中国特色的新时代图书馆建设发展之路。清华大学图书馆馆长王有强，CALIS管理中心副主任、北京大学图书馆副馆长、教育部高校图工委秘书长陈凌，CALIS管理中心副主任、北京大学图书馆馆长陈建龙，国家科技图书文献中心（NSTL）副主任吴波尔，国家图书馆副馆长陈樱，中国农业科学院农业信息研究所所长孙坦，中国科学院文献情报中心副主任刘细文，上海图书馆副馆长刘炜，CALIS北京市文献信息服务中心、中国人民大学图书馆常务副馆长宋姬芳等专家学者分别做会议主旨报告。（中国教育新闻网报道）

纪念中国学科馆员制度创立20周年“学科服务创新与深化”高层论坛召开

12月21日，为纪念中国学科馆员制度创立20周年，由清华大学图书馆、中国科学院文献情报中心《图书情报工作》杂志社共同主办，中文在线、方正Apabi协办的“学科服务创新与深化”高层论坛（2018）在图书馆报告厅召开。来自全国各地的图书馆界代表近140人齐聚一堂，总结中国学科馆员制度的发展历程，探讨图书馆学科服务的未来创新与深化之路。

1998年，清华大学图书馆在国内率先创立学科馆员制度，这既是图书馆服务专业化、个性化、知识化的创新举措，也是从传统图书馆走向现代图书馆转型变革的重要标志。2008年10月，为纪念学科馆员制度创立10周年，清华大学图书馆曾与中国科学院文献情报中心联合主办“学科服务创新与深化”高级论坛（2008）。2018年，中国图书馆学科服务又走过了10年，从最初10年的试验模仿，到后10年的创新探索，中国图书馆的学科服务已经成功创立具有中国特色的学科馆员制度和学科服务模式与机制。

论坛由开幕式、专家报告、互动交流和总结4部分组成。开幕式由清华大学图书馆副馆长邵敏主持。清华大学党委副书记向波涛、清华大学图书馆馆长王有强、《图书情报工作》杂志社社长兼主编初景利分别致辞。

向波涛在致辞中指出，一流大学需要有一流图书馆，一流图书馆不仅要有海量的信息资源，更要有专业的信息服务。希望通过本次“学科服务创新与深化”高层论坛，能够对学科馆员制度建立20年来的图书馆学科服务工作进行系统总结回顾，面向未来进一步推动构建学科服务的新模式、新机制，实现图书馆服务能力的新提升，为高校“双一流”建设提供坚实保障并做出更大的贡献。

王有强在致辞中表示，图书馆已经进入历史发展的机遇期和关键期，对图书馆学科服务而言，只有进行时，没有完成时。他表示，图书馆学科服务的本源是专业馆员以技术和资源为抓手提供的有组织的信息服务，并呼吁全国图书馆同人共同努力，把书库变智库，把大学图书馆变成开放式、社会性、智慧型系统。

初景利在致辞中表示，到2018年中国图书馆学科服务就走过了20年，已经成功创立具有中国特色的学科馆员制度和学科服务模式与机制。他认为，学科服务能走多远，图书馆就能走多远；得学科服务者，得图书馆事业的天下。

接下来的专家报告环节共有北京大学、上海交通大学等9所高校和科研机构图书馆的业界专家进行分享。

12月22日上午，与会代表还参观了清华大学图书馆特藏精品展、音乐图书馆和人文社科图书馆。（清华大学网站报道）

国家图书馆联合 14 家单位在线发布古籍数字资源

9 月 28 日，国家图书馆（国家古籍保护中心）联合天津图书馆、上海图书馆、山东省图书馆、黑龙江省图书馆、南京图书馆、广东省立中山图书馆、四川省图书馆、云南省图书馆、中国科学院上海生命科学研究院图书馆、洛阳市图书馆、苏州图书馆、镇江市图书馆、泰州市图书馆、苏州市吴江区图书馆等 14 家单位在线发布古籍数字资源，免费服务大众阅览和学术研究。

此次国家图书馆（国家古籍保护中心）联合 14 家单位共同发布的古籍数字资源超过 1 万部（种），其中：国家图书馆发布古籍影像资源 3100 余部，上海图书馆发布地方特色古籍资源 400 余部，天津图书馆在线发布馆藏明清刻本 490 余部，广东省立中山图书馆等单位发布“广州大典”数据库（收录文献 4064 种），山东省图书馆发布馆藏《永乐南藏》1600 余部，黑龙江省图书馆发布馆藏特色古籍 58 部，南京图书馆发布馆藏稀见方志 20 部，四川省图书馆发布地方特色古籍资源 16 种，云南省图书馆发布馆藏特色古籍 152 部，中国科学院上海生命科学研究院图书馆发布馆藏珍贵古籍 61 部，洛阳市图书馆发布馆藏珍贵古籍 60 部，苏州图书馆发布地方文献与珍贵古籍 608 部，镇江市图书馆发布古籍资源 20 部，泰州市图书馆发布馆藏特色古籍文献 149 部，苏州市吴江区图书馆发布馆藏县志及乡镇志 24 部。15 家图书馆用实际行动不断践行守护、传播和弘扬中华优秀传统文化的职责。

在发布古籍数字资源的同时，全国古籍普查也取得重要进展，“全国古籍普查登记基本数据库”累计发布 169 家单位古籍普查数据 672467 条 6541261 册。随着古籍普查登记工作的不断推进，古籍普查登记数据将在该数据库中陆续发布更新。同时，“国家珍贵古籍名录数据库”正式上线，公布五批《国家珍贵古籍名录》，收录全国 457 家单位收藏的 12274 部古籍信息。

古籍数字资源的在线发布与共建共享，开创古籍服务新模式，极大地促进古籍传播，对于揭示和坚守中华民族的文化基因，坚定和增强文化自信，传承和发展中华优秀传统文化有着至关重要的作用。以国家图书馆（国家古籍保护中心）为代表的各级公共图书馆将在习近平新时代中国特色社会主义思想指引下，按照《中华人民共和国公共图书馆法》《中华人民共和国公共文化服务保障法》《关于实施中华优秀传统文化传承发展工程的意见》的要求，继续秉承“保护古籍、传承文明、服务社会”的宗旨，积极落实《“十三五”时期全国古籍保护工作规划》，在坚持公益性基础上，不断加大古籍数字资源建设和整合力度，更多更快发布古籍数字资源，努力完善古籍品种和版本，免费为社会公众提供服务，使古籍里的文字真正“活”起来，为保障国家文化资源安全、传承和发展中华优秀传统文化做出新的、更大的贡献。（国家图书馆网站报道）

丝绸之路国际图书馆联盟成立

5月28日，由中国国家图书馆、中国图书馆学会、四川省委宣传部主办的丝绸之路国际图书馆联盟成立暨“阅读·城市·文化”学术研讨会在四川省图书馆举办。文化和旅游部党组成员于群，四川省人民政府副省长杨兴平，中国国家图书馆馆长、中国图书馆学会理事长韩永进，文化和旅游部公共文化司司长张永新、外联局副局长朱琦，中国国家图书馆常务副馆长、中国图书馆学会副理事长陈力，中国国家图书馆副馆长孙一钢，以及来自哈萨克斯坦等国家的20余名联盟成员馆馆长、文化官员、专家出席活动。

于群在丝绸之路国际图书馆联盟成立仪式上致辞。他说，民心相通是“一带一路”建设的人文基础，推进文明交流互鉴、加强同沿线国家和地区的文化往来是实现民心相通的重要内容。丝绸之路国际图书馆联盟的成立，是“一带一路”倡议在文化领域实践的最新成果，也是各国图书馆界协同合作、携手共进、共谋发展的重要举措。联盟的成立将为各国图书馆事业协同发展提供新动力，引领图书馆领域国际交流与合作再上新台阶。期待未来各成员馆不断扩大合作规模、创新发展模式，构建长期战略合作关系和定期交流互访机制，在人才培养、业务发展等方面联合策划合作项目，推动图书馆领域合作深化升级，为推动构建人类命运共同体做出积极贡献。

韩永进在致辞中指出，丝绸之路国际图书馆联盟是对“丝绸之路”精神遗产的继承和发扬。中国国家图书馆在推动业内共建共享中做了很多积极探索，愿利用已有经验带动联盟发展，也期待与联盟内其他图书馆互相学习、开展合作，促进共同进步。大会发布《丝绸之路国际图书馆联盟成都倡议》，并签署《图书馆、书店融合发展合作协议》。联盟成立的同时，中国国家图书馆主持召开丝绸之路国际图书馆联盟主题论坛。与会代表踊跃发言，白俄罗斯代表建议在联盟的基础之上继续双方互访，相互学习，加强经验交流，开展有关数字图书馆的业务交流。哈萨克斯坦代表表示本次联盟建立了一个很好的平台，建议联盟可以开展资源共享，制定青年培养计划。马来西亚代表希望本联盟的成立可以帮助各国新建图书馆的发展。蒙古国代表表示全力支持联盟工作，希望在文献保护、数字化方面开展工作，建议在联盟框架下开展专业论坛。孟加拉代表希望通过信息化建设的共建共享提升资源分享能力，加强文献共享。缅甸代表希望在文献保护方面开展合作。卡塔尔代表希望在图书馆管理工作方面开展合作。斯里兰卡代表表示非常需要在资源支持与人才培养方面获得联盟支持。泰国代表表示希望通过联盟开展文献分享。

此外，大会发布《图书馆、书店融合发展联盟宣言》。“阅读·城市·文化”图书馆、书店融合发展学术研讨会同期举行，重点就如何在国家“全民阅读”战略指导下，将图书馆、书店与城市文化发展特点相结合，优化城市阅读文化生活，提升市民素质，促进产业发展和事业繁荣等议题进行研讨。来自美国、英国、澳大利亚等国家的图书馆界代表、驻华使节以及国内专家学者共计300余人出席研讨会。（国家图书馆网站报道）

2018 年中国图书馆年会在河北廊坊召开

5 月 31 日上午 9 时，2018 年中国图书馆年会——中国图书馆学会年会·中国图书馆展览会在河北省廊坊市召开。本次年会由文化和旅游部指导，中国图书馆学会和廊坊市人民政府主办，国家图书馆（国家古籍保护中心）、文化部全国公共文化发展中心、中国古籍保护协会和河北省文化厅协办，主题为“图书馆与社会：共享　效能　法治”，包括开闭幕活动、主题论坛、学术分会场、展览会、“图书馆人之夜”等重要内容。文化和旅游部副部长项兆伦，河北省人民政府副省长徐建培，国际图联主席歌莉娅·佩雷兹·萨尔梅隆等领导和嘉宾出席年会。全国各级各类图书馆工作者和有关专家学者等 3000 余人通过中国图书馆学会会员管理与服务平台注册参会。

开幕式上，河北省廊坊市人民政府副市长张春燕，河北省文化厅党组书记王离湘，国际图联主席歌莉娅·佩雷兹·萨尔梅隆先后致辞，中国图书馆学会理事长、国家图书馆馆长韩永进致辞并宣布年会开幕。中国图书馆学会副理事长、国家图书馆常务副馆长陈力主持嘉宾致辞。

韩永进在致辞中指出，2018 年是深入学习贯彻党的十九大和十九届三中全会精神的重要一年，是改革开放 40 周年。图书馆是公共文化服务体系的重要组成部分，是推动全民阅读和全民信息素养提升的重要力量，在“坚定文化自信，推动社会主义文化繁荣兴盛”战略部署中发挥着重要作用。本次年会是中国特色社会主义进入新时代和《中华人民共和国公共图书馆法》颁行以来，全国图书馆界召开的一次十分重要的会议。年会将主题确定为“图书馆与社会：共享　效能　法治”，紧扣新时代发展脉搏，符合我国图书馆学术理论与事业发展实际，具有较强的前瞻性和引领性。全国各级各类图书馆应以此为契机，不断强化依法办馆理念，加强资源建设，提升藏书质量，促进新理念、新技术与图书馆传统业务的深度融合，促进资源、技术、信息在行业内外的共享共知，不断提升服务效能，更好地满足新时代人民群众日益增长的文化生活需要，彰显图书馆作为社会发展引擎与助推器的价值所在。

本次年会呈现 4 个方面的亮点：

一是紧紧围绕主题，彰显图书馆在社会发展中的价值。年会设立 23 个征文分主题，征集论文 1170 篇。举办“学习贯彻落实《公共图书馆法》论坛”“提升图书馆藏书质量论坛”“公共图书馆评估定级论坛”“儿童阅读论坛”等 4 场主题论坛；设立“图书馆学教育和全民信息素养”“现代图书馆管理与事业发展”“图书馆技术应用与创新”“图书馆服务创新和实践”“图书馆和全民阅读”“图书馆工作与社会发展”等 6 个学术分会场，约 200 名专家学者重点围绕 24 项核心话题做主旨报告、交流发言、经验分享等；另外还举办 3 个卫星会议（2 个会前会和 1 个会后会），搭建多层次、多维度的交流体系。顺应“会展一体”的国际化办展理念举办展览会，充分整合各方信息与资源，展示内容和手段更加多样，全面提升观展感受，全方位展现近年来全国图书馆行业的发展成就和未来前景。通过有关活动，进一步倡导全国各级各类图书馆推动社会共享，提升服务效能，加强法治建设，在公共文化服务体系建设中发挥更加积极的作用，更好地满足新时代人民群众日益增长的文化生活需要，彰显图书馆作为社会发展引擎与助推器的价值所在。

二是紧贴行业特点，展示图书馆和图书馆人的风采。在总结历届中国图书馆年会成功经验的基础上，为展现图书馆的风采、宣传图书馆人的职业精神与道德风范，推动图书馆事业发展，经文化和旅游部同意，中国图书馆学会组织开展“中国图书馆最美故事”风采展示活动。经推荐、资格审查、专家研议和公示，“促进军民融合　携手共建书香　谱写知识拥军新篇章——和龙市图书馆党支部书记、馆长何淑梅事迹”等 7 件事迹进入“中国图书馆最美故事”系列风采展示活动之感人事迹名单，“文化志愿服务助推公共图书馆服务功能完善——首都图书馆文化志愿服务展优秀风采”等18项服务入选“中国图书馆最美故事”系列风采展示活动之优秀服务名单，“童阅乌托邦”少儿公益阅读活动等14个案例入选“中国图书馆最美故事”系列风采展示活动之创新案例名单。开幕活动现场，采访了黑龙江省图书馆王雪松、安徽省合肥市图书馆李永钢和甘肃省肃南裕固族自治县图书馆马雪梅，他们与参会代表共同分享自己的感人事迹以及本馆的优秀服务和创新案例，引发广大图书馆工作者的强烈共鸣。

三是体现文化惠民，配套活动丰富多彩。年会不仅是行业的盛会，还突出文化惠民，打造“群众的文化盛宴”。年会期间，组织开展“图书馆人之夜”音乐会、“首届京津冀图书展览会暨全民阅读文化节”和“阅读在身边”工程等一系列配套活动，不断丰富人民群众的文化活动。以廊坊本土企业原创出品的《红楼梦》及河北民歌钢琴协奏曲为主要内容的“图书馆人之夜”音乐会受到参会嘉宾的一致赞赏。“首届京津冀图书展览会暨全民阅读文化节”集中展销京津冀三地出版的图书读物，同时举办经典诵读、读书分享、作家签赠等活动，烘托年会阅读氛围，鼓励广大市民多读书、读好书，深化京津冀区域文化协同发展和交流。此外，组织开展的“阅读在身边”工程，是在充分整合24小时自助图书馆、流动图书车等设施设备的基础上扩容升级，以设施网点为基础，以信息网络为平台，以扫码推广为载体，以阅读活动为纽带，打造“十分钟阅读圈”，实现阅读资源在应用端的整合，打通公共文化服务“最后一公里”，营造全民阅读氛围，让广大市民随手就能读、移步就能看。

四是坚持开放办会的理念，注重吸引国内外各界人士参与年会。本次年会邀请国际图联主席和秘书长及13个国家与地区的29名代表参会，美国图书馆协会在展览会专门设置展位，美国华人图书馆员协会围绕“图书馆创新服务与新兴技术教学”的话题组织专门的学术研讨。此外，开闭幕活动中均设置嘉宾演讲环节，分别邀请喜马拉雅联合创始人、联席CEO余建军和河北省作家协会主席关仁山以“有声阅读与新出版”和“谈阅读的魅力”为题，为参会代表做精彩演讲。与此同时，新华社、中央电视台、《人民日报》、《光明日报》、《中国文化报》、人民网、新华网等各类中央媒体及河北和廊坊本地媒体的新闻记者全程参与年会报道，年会开闭幕活动通过央视网、中国图书馆年会官方网站和中国图书馆学会官方微信等平台同步直播，向国内外图书馆界及社会各界展示我国图书馆事业发展成就和图书馆工作者的文化自信，共同推动社会主义文化繁荣兴盛。（中国图书馆学会网站报道）

2018 年中国图书馆所获国际奖项

重庆图书馆和广州图书馆荣获 2018 年 IFLA-BibLibre 国际图书馆营销奖

3 月 16 日，国际图书馆协会和机构联合会（IFLA，中文简称“国际图联”）管理与营销组公布 2018 年 IFLA-BibLibre 国际图书馆营销奖评选结果，重庆图书馆大型亲子阅读推广活动“格林童话之夜”、广州图书馆“广州新年诗会”入选 10 个最富于启发性的项目。在此次营销奖评选中，国际图联共收到来自 20 个国家的 56 份申请。

重庆图书馆与格林童话具有深厚的文化渊源。新中国成立后，杨武能先生是《格林童话》第一个全新中文译本的译者，为我国少年儿童讲述德国童话故事。2015 年，杨武能先生——这位“德语界的傅雷”将他的译著作品、手稿、书信等珍贵资料捐赠给重庆图书馆，重庆图书馆在此基础上设立图书馆“馆中馆”——杨武能著译文献馆，《格林童话》就是其中最珍贵的馆藏。“格林童话之夜”旨在创新利用馆藏资源，还原书中的童话情景，让孩子们以“多元的方式感知童话的立体美”，以亲子阅读带动全民阅读，将全民阅读理念贯穿于阅读体验中。该活动自 2017 年起在重庆图书馆举办以来，受到媒体和市民的广泛关注，千余人共享阅读盛宴。

“广州新年诗会”是由广州图书馆联合具有“中国第一民刊”之称的《诗歌与人》杂志（由广州著名诗人黄礼孩独立主编）共同打造的一个以诗歌为主的大型阅读推广活动，是文学与图书馆公共空间在美学上践行的新鲜个案，举办至今已产生广泛影响。媒体报道称“广州新年诗会”已经成为广州迎接新年、体现城市文化品位的标志性活动。“广州新年诗会”是诗歌与多种艺术方式发生关联的创意呈现，每年围绕一个主题，以“诗”为轴心，邀请国内外诗人、导演、艺术家、文学家、音乐家、舞蹈家、设计师加盟创作，利用广州图书馆的建筑特点，配合光影搭建艺术舞台，将诗会主题与空间设计融为一体，以不同艺术表演，如诗歌朗诵、舞蹈、沙画、音乐、对话、多媒体欣赏等，多种形式展现诗歌的魅力，呈现出具有层次美感的艺术现场。该活动自 2014 年起在广州图书馆举办，每年一次，时间在元旦前后，至今已举办 5 场。2018 年诗会主题是“无限的凝视”。每场诗会活动都受到媒体和市民的广泛关注，现场参加人数在 1000 人次左右，每次网络直播受众人数达 10 万人以上。

（重庆图书馆网站、广州图书馆网站报道）

佛山市图书馆荣获国际图联全球 2018 年绿色图书馆大奖

在 7 月 19 日揭晓的第三届国际图书馆协会和机构联合会（IFLA）全球 2018 年绿色图书馆大奖评选中，广东省佛山市图书馆从来自全球 32 个国家的参评图书馆中脱颖而出，获得第一名。这是我国图书馆历年来在该评选活动中获得的最好名次。

绿色图书馆大奖的宗旨是通过奖励与环境持续性对话的最佳绿色图书馆，增强图书馆的社会责任及引领环境教育的意识。此次大奖共收到 32 份来自全球的参评申请，包括中国、美国、法国、印度等国家。最终，有 5 个图书馆获得并列第二名，分别来自匈牙利、罗马尼亚、克罗地亚、伊朗、肯尼亚。评委们认为，佛山市图书馆拥有一个重要的文化建筑，其与周围的环境保持和谐，且有着引人注目的建筑设想。图书馆建筑及其服务在可持续发展理念下得到更好的应用，该理念延伸到建筑设计、图书馆内部管理、读者环保教育等方面，为市民提供令人印象深刻的阅读体验。

佛山市图书馆定位于集阅读推广、社会教育、信息共享、文化休闲为一体的城市文化客厅，坚持以贯彻落实“创新、协调、绿色、开放、共享”的发展理念为引领，以“建设读者满意的图书馆”为目标，以阅读推广为业务核心，通过阅读引领社会风气，营造文明和谐、创新发展的城市氛围。（《中国文化报》报道）

苏州图书馆和内蒙古自治区图书馆荣获 2018 年 ALA 国际图书馆创新项目主席奖

6 月 21—26 日，美国图书馆协会（American Library Association，ALA）在新奥尔良市召开 2018 年年会暨展览会。6 月 25 日，在国际关系圆桌会议（International Relations Round Table，IRRT）国际图书馆人欢迎会上，美国图书馆协会主席揭晓荣获“2018 年 ALA 国际图书馆创新项目主席奖”（2018 American Library Association Presidential Citation for Innovative International Library Projects）的 4 个项目。该奖项主要表彰图书馆提供的服务或开展的项目，要求这些服务或项目必须有一定的影响力，能让公民注意到图书馆服务在引领积极变革、重视可持续性、树立榜样方面的发展潜力。这些获奖项目分别来自加拿大、危地马拉、中国，其中中国获奖项目分别是：苏州图书馆“小候鸟”服务项目（Little Migratory Birds Project）、内蒙古自治区图书馆“数字文化走进蒙古包工程”（Digital Culture Enters Mongolian Yurts）。

苏州图书馆“小候鸟”服务项目由苏州图书馆与潼泾镇于 2010 年合作开展，是一项针对外来务工人员子女的服务项目，通过为外来务工人员子女营造一个可以阅读、学习并能感受到人文关怀的环境，以帮助外来务工子女。该项目获奖原因：成为中国公共图书馆扩大服务并为弱势群体提供服务的一个典范；了解外来务工人员子女及家庭的特殊文化需求，并为流动人口提供文化服务；与社会组织开展战略合作，为务工人员子女提供文教服务。

内蒙古自治区图书馆“数字文化走进蒙古包工程”是该图书馆结合自治区特殊的人文地理环境，针对生活在边远农村牧区、无法获取网络数字信息服务的基层农牧民，为解决公共数字文化服务“末梢梗阻”而实施的一项服务创新工程。工程充分利用互联网、无线 Wi-Fi 网络，通过智能手机、平板电脑、笔记本电脑等移动服务终端，为基层农牧民提供不受时空制约的 24 小时全天候蒙汉双语公共数字文化服务，有效破解基层尤其是偏远农牧区共享文化资源受限的难题，打通农村牧区公共文化服务的“最后一公里”。截至 2018 年 6 月，已在全区 11 个盟市中的 35 个旗县共建设 242 个一级数字加油站、2 个二级数字加油站、1650 个移动数字加油站，服务地域面积达 40 余万平方公里，服务农牧民达 200 余万人。（苏州图书馆网站、内蒙古自治区图书馆网站报道）

专　文

改革开放40年我国图书馆事业发展述评

范兴坤(广东药科大学图书馆)

1978年12月18—22日召开的中国共产党十一届三中全会开启我国“改革开放”的历史新时期，为各项社会事业发展提供新的政策环境。图书馆作为我国文化、教育、科技事业重要组成部分，在改革开放40年的发展中创造了发展的奇迹、实现空前的繁荣。

一、而今迈步从头越——“改革开放”之初

1. 改革开放初期我国图书馆事业发展状况

改革开放之初的1979年，我国共有国家图书馆1个，藏书1020万册；省级图书馆30个，藏书5600万册；地、市、县图书馆1620个，藏书12000万册。总计：图书馆1651个，藏书18360万册[1]。1979年中国总人口97542万人，平均59万人拥有1个图书馆，人均图书量0.188册，人均不过5分钱的公共图书馆经费（一些县人均只有1分钱）；在职图书馆专业毕业生（包括函授生）总数不过3500人，只占全部工作人员的3%[2]。图书馆馆舍问题尤为严重，当时县区级公共图书馆利用过去的旧宅大院、学堂庙宇和废旧厂房办馆的比比皆是，长期居无定所、空间逼仄、时开时闭的县级图书馆极为平常。我国图书馆无论数量、建设水平还是服务能力都不堪社会发展需要，与发达国家的图书馆差距更大。

1979年7月9日，中国图书馆学会成立，这是我国图书馆界的一件大事，让我国图书馆人“清楚地听到了向新长征进军的雄伟号角声”，“它号召人们、催促人们从四面八方奔向一个共同目标——解放思想、开动机器，为推进社会主义图书馆事业和图书馆学的大发展而做出应有贡献，以适应社会主义现代化建设的需要”[3]。但面对当时我国图书馆事业发展的现实，要改变图书馆面貌，就有必要将事业发展的客观状况“上达天听”，获得中央重视和支持。

1980年5月26日，在中央书记处第23次会议上，北京图书馆馆长刘季平代表国家文物事业管理局党委做关于我国图书馆事业发展整体状况的工作汇报，该报告经中央书记处讨论通过，由中央有关部门以《中央会议决定事项通知》和《图书馆工作汇报提纲》向全国印发。《提纲》回顾新中国图书馆事业30年历程，归纳出我国图书馆事业规模亟须发展、物质条件困难、图书馆之间缺乏必要的协作和协调、专业干部缺乏、有些主管部门不重视图书馆工作[4]等5个方面的主要问题，总体上较为全面客观。但受汇报时间和篇幅的限制，图书馆实践中的一些问题难以充分反馈，事业发展状况之艰困和问题之严重还没能全面反映。当时环境下“《提纲》更重要的意义，是它保证了在各种资源极度匮乏的改革开放之初，我国图书馆事业能基本上与其他社会事业同步增长，使我国能赶上先进国家主要在80年代后开始的计算机化、网络化、数字化改造的图书馆事业进步，奠定了今天我国图书馆事业的繁荣”[5]。

2. 直面与发达国家图书馆事业的差距

新中国成立后我国图书馆界一直保持对外交流学习，但在“文革”中基本中断。1977年起，我国向西方发达国家和地区派出大量考察团。1977年10月31日至11月22日，中国图书馆建筑和现代化设备考察团对日本32个各类型图书情报单位进行专业考察，看到日本在图书馆干部培养、电子计算机应用、缩微复制和静电复印技术应用、视听设备使用、藏书保护工作等方面的成就，发现我国图书馆与日本图书馆的巨大差距，而“日本图书馆事业的发展与欧美一些资本主义国家相比，无论是在图书馆事业的普及程度方面，还是在应用现代化设备方面，都有不少差距”[6]。通过出访和收集资料工作，鲍振西等撰文对国外在图书馆立法和图书馆标准、图书馆目录的发展与变化、学术情报工作与分科开架阅览室设置、电子计算机在图书馆中的应用、文献复制技术与视听设备的广泛应用、图书馆工作人员的培养与提高、国际协作等方面的全面情况进行介绍[7]。这些关于美、欧、日及苏联、东欧等国家和地区图书馆发展情况介绍的公开发表，使我国图书馆人了解到“目前国外图书馆事业正处于

一个以手工操作为主的传统的服务方式和管理方式，逐步过渡到以利用电子计算机和以复制技术和视听设备为标志的现代化的服务管理方式的一个变革时期”[8]。认识到“从总的发展水平来看，在图书馆事业理论、传统的管理方法和组织领导方面的水平，我们不比他们要低多少，但还是有一些差距。在事业发展上，在有效的组织协调、文献利用、现代化手段研究和使用、图书馆队伍的培养和提高等，存在着一定的差距，或者说是不小的差距。因此，我们对国外图书馆事业要有所了解，有所研究，吸收借鉴他们有益的经验，但要从我国的实际情况出发，走我们国家自己的道路”[9]。这些调研与考察引导和开启图书馆人的“民智”，帮助大家看清我国图书馆发展的方向。

改革开放之初，恰逢世界图书馆学界争论“未来图书馆”问题，从美国兰开斯特的未来图书馆“消亡论”，英国汤普森提出的“图书馆的结果可能是采取博物馆的形式并告别印刷时代”，到英国阿姆斯说 21 世纪将不会再建新的图书馆[10]，高论迭出，引发我国图书馆人的思考讨论，逐渐形成“21 世纪的图书馆不是虚拟图书馆代替传统图书馆，当然也不可能是传统图书馆一统天下，而是两种图书馆共存互补，共创 21 世纪图书馆的新时代”[11-12]的主流认识，在立足中国国情的务实思想指导下，在探索中走中国自己的路，“中国特色公共图书馆发展道路的制度设计是在中国改革开放的进程中逐步完善的”[13]。

3. 图书馆人对事业发展的热烈渴望

认识到“文革”中“我国的图书馆事业受到很大破坏，拉长我国图书馆与先进国家图书馆的差距，如果不急起直追，全力以赴，这种局面，绝非短期所能改观”[14]。《图书馆工作汇报提纲》在第三部分“对今后工作的几点意见”提出针对性的发展规划，要求将图书馆事业列入计划预算项目，各地将图书馆的分布设置列入城市建设规划，加大投入、改善办馆条件，加速北京图书馆新馆建设，发展图书馆教育和科研事业，加强和改善对图书馆事业的领导，解决管理体制问题，促进全国图书馆网络化、现代化的实现等。

《图书馆工作汇报提纲》的通过颁布激发全国关注图书馆事业发展的热潮。1980 年 6 月 27 日—7 月 6 日，国家文物局召开的全国文物工作会议对新时期图书馆的发展环境、任务、发展策略进行全面研讨部署，提出制定图书馆法的工作建议。中共中央宣传部副部长黄镇在会议上肯定我国图书馆工作的成就，提出“要实现四个现代化，图书馆至少有 2 方面的作用是任何其他部门所不能代替的：第一是能够为科学研究和生产建设提供丰富的书刊资料；第二是对广大群众，能够起着有力的普及科学文化知识的作用”[15]。图书馆界则从专业视角向社会呼吁“图书情报工作不搞好，势必拖‘四化’建设的后腿”[16]。《江苏图书馆工作》杂志从 1981 年第 1 期开辟“大家都来关心图书馆工作”专栏，希望社会听到“我们呼吁，借以引起人们的注意和重视”[17]。当时有图书馆人记述“在 1980 年七月底召开的江苏省图书馆学会年会上，传达中央书记处对图书馆工作指示及其讨论通过的《图书馆工作汇报提纲》。广大图书馆工作者群情振奋，欢呼图书馆春天的到来……一面学习讨论，一面起草《关于在我省贯彻中央书记处对图书馆工作指示的建议》”[18]，并疾呼“我们热烈希望我省党政领导把图书馆事业建设，列入工作日程。我们这样请求，是为了图书馆事业，是为了‘四化’建设”[19]。署名“邱克勤”的图书馆工作者注意到全国各地报纸都在 1980 年 7 月 16 日左右刊登了新华社发布的中共中央书记处通过《图书馆工作汇报提纲》这一消息，唯独《人民日报》没有报道，就在 7 月 20 日给《人民日报》编辑部写信说：“作为党报的《人民日报》不报道中共中央书记处听取《图书馆工作汇报提纲》，是这件事不重要吗?我认为，除了报道以外，还应该发表社论或短评，为发展我国图书馆事业造舆论。”[20]反映了当时图书馆人的热切关注和急迫之心。

4. 社会各界对图书馆事业发展的期望及政策保障

1977 年，国务院副总理方毅在全国科学大会上指出：“随着科学技术的发展，科学技术文献资料的数量正急剧增长。目前全世界每年发表的科学技术文献资料有几百万篇。如果我们闭目塞听，不了解国际上科学技术发展的动向、趋势和水平，以可贵的人力物力重复他人已经做过的工作，走人家已经走过的弯路，赶超就无从谈起。”《红旗》杂志 1979 年 4 期一篇《试论社会的科学能力》的文章，提出要把“图书情报系统的效率同科学家队伍的集团研究能力”“实验技术装备”看得差不多同样重要，认为它是“社会的科学力量”中的第三个“基本内容”[21]；社会上“有的人已在广为介绍最近国外某些盛行的看法，如认为图书资料是一种国家资源，是无形的财富；认为图书资料（或信息）同材料，能源一样，是科学技术的3大支柱之一”[22]。

面对当时我国图书馆发展“少、小、散、差、慢、乱”的状况，无论是国家管理部门、图书馆界还是社会人士，无不是看在眼里、急在心上。在1979年中国图书馆学会成立大会上，国家科委副主任、中国社会科学院副院长于光远讲话中激动地向与会者发问“我们的图书馆水平跟那些发达的国家来比，大家可以研究一下，到底是哪一年代的水平。别的工作我们问它相当于先进国家60年代还是50年代水平，图书馆工作可能要问它相当于哪一世纪的水平?! 是20世纪的还是19世纪的?”[23]忧愤之声，振聋发聩！刘季平谈到在1979年召开的五届全国人大二次会议和全国政协五届二次会议期间，“在好多小组会上，都有不少人谈到图书馆，而且都是善意的批评与建议，一面讲到图书馆查找书刊资料如何困难，批评图书馆状况太落后，一面要求图书馆赶快现代化，希望各有关领导支持和关心图书馆，使能赶快搞上去”[24]，人大会议上为图书馆提出呼吁的1个代表提案有22人联署，政协会议上的2个提案都有59人联署。

为了认真贯彻党的十二大“全面开创社会主义现代化建设新局面”的精神，加速发展我国图书馆事业以适应我国两个文明建设的需要，文化部图书馆事业管理局于1982年11月在湖南长沙召开“开创图书馆事业新局面规划座谈会”，讨论并起草《图书馆事业发展规划（征求意见稿）》，初步计划我国图书馆事业在“六五”“七五”期间及到20世纪末的发展目标。1982年全国人大通过的《关于第六个五年计划的报告》提出在“六五”期间“要基本上做到县县有图书馆”的要求，虽脱离实际，但“时不我待”的急迫之情我们今天仍可理解。

社会对图书馆服务需求的压力，也成为图书馆发展的动力，各级政府这一时期出台大量图书馆相关政策，其中具有代表性的是1985年由中共中央宣传部、文化部联合召开的第二次全国图书馆工作会议形成的《关于改进和加强图书馆工作的报告》，这是继《图书馆工作汇报提纲》之后，又一个指导图书馆事业发展的重要文件，对其后的图书馆事业发展起到重大推动作用。

二、轻舟已过万重山——谱写辉煌40年

1. 立足国情，全面提升图书馆事业发展水平

改革开放之初，我国将实现经济增长“翻两番”作为中心任务，但百废待兴、处处缺钱，只能将有限的资金优先投入到经济和基础民生保障部门，军队尚且要“过苦日子”，图书馆显然不属于优先发展部门，图书馆事业长期呈现出存量政策增长快、财政投入增长慢的状况，图书馆既要接受现实，也要通过各种途径反映意见、积极创造条件争取投入。“我们图书馆事业在国民经济中的比例，可以算一笔账，从建国以来，花了国家多少钱?当然不能说图书馆事业一点没有花钱，但是所占的比例实在是太小，这说明文化的落后，也说明我们对文化认识的落后”[25]。根本的问题在于“社会物质条件薄弱”，图书馆投入欠缺的问题只能在发展中逐步解决。

基于20世纪80年代我国平均每年超过8%的GDP增长、1995年提前实现GDP总量翻两番，所带来的是每年图书馆事业经费投入的绝对数量实现大幅增长，《图书馆工作汇报提纲》所提到的事业发展各领域都有非常明显的提升和改善，因此在当时的20世纪80年代被誉为“公共图书馆事业发展的最好时期”[26]，图书馆数量快速增加，业务建设得到加强，人力资源建设和管理实现正规化，工作手段实现现代化，服务水平不断提高，国内外交流增多。

在国家对图书馆事业投入上，虽然长期以来社会和图书馆界一直存在一种认为“图书馆因为不能直接创造GDP而被有意无意地忽视”的观点，但国家对图书馆的财政拨款40年来一直随着社会经济发展水平的提高而快速增长：1979年拨款数为5040万元、2000年为139321万元、2018年为1754512万元；如果以1979年为基数1，那么2000年则是1979年的27.64倍，2018年达到348倍。从图1中所示意的1979—2018年我国图书馆财政拨款数量增长趋势，能更直观地理解图书馆事业发展这一历程。

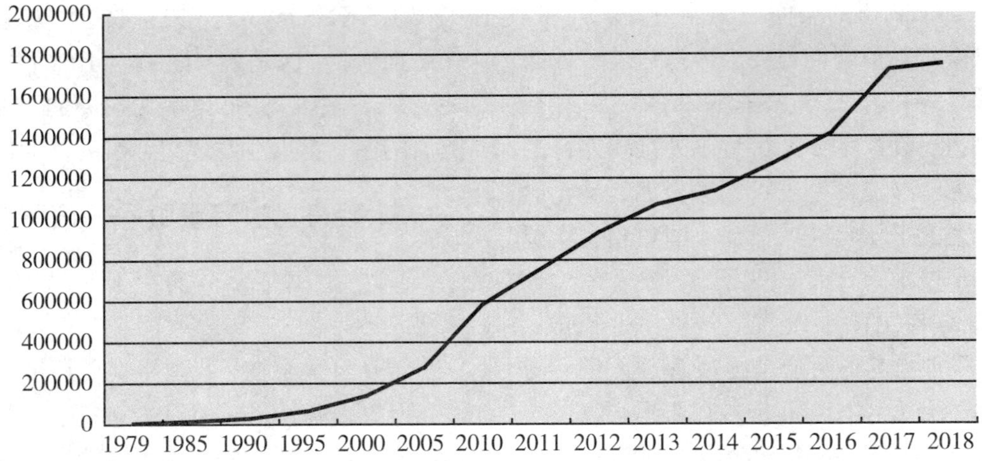

图 1　1979—2018 年我国图书馆财政拨款数量增长趋势示意图（单位：万元）

从馆舍建设来看，1979 年全国公共图书馆馆舍面积总计有 86.6 万平方米，至 1989 年增加到 301.9 万平方米，1999 年为 506 万平方米，2009 年为 850.3 万平方米，到 2018 年增加到 1595.98 万平方米[27]。第 1 个 10 年增长 2.49 倍，其后 3 个 10 年分别增长 67.6%、68%、87.7%。办馆条件普遍得到改善与我国城市化水平迅速提高直接相关，1978 年我国的城市化水平是 17.9%，2018 年底我国城市化水平为 59.6%，城镇化快速发展同步带动图书馆建筑面积的快速增加。

我国图书馆事业自身的“改革开放”体现在“资源建设从恢复到发展，管理规范从回归到新建，业务工作从变革到超越，发展阶段从传统到现代，图书馆学专业教育从普及到提高，图书馆学学术研究从引进到创新，图书馆事业合作交流从偶然走向常态，图书馆事业发展反思从感性迈向理性”[28]。1990 年起至进入 21 世纪之初，从重视数量外延增长转向服务内涵提升型发展，经过强调服务经济发展和科技进步的阶段后，开始关注“弱势群体”的基本文化需求、注重大众文化需求，探求“图书馆精神”，从“图书馆核心价值观”的角度探求“图书馆权利”。特别是在“三个代表”重要思想、“科学发展观”重要理论、习近平新时代中国特色社会主义思想的指导下，服务于“文化强国”战略，积极参与建设公共文化服务体系。《中共中央关于制定国民经济和社会发展的第十一个五年规划的建议》（2005）、十届全国人大四次会议通过的《政府工作报告》（2006）、《国家“十一五”时期文化发展规划纲要》（2006）及《文化部、财政部关于推进全国美术馆公共图书馆文化馆（站）免费开放工作的意见》（2011）等重要文件，对公共文化服务体系建设提供强有力的政策支持。2011 年 10 月，党的十七届六中全会通过《中共中央关于深化文化体制改革推动社会主义文化大发展大繁荣若干重大问题的决定》提出“培养高度的文化自觉和文化自信，提高全民族文明素质，增强国家文化软实力”的新要求，图书馆作为我国公共文化服务体系建设主体之一，《全国公共图书馆事业发展“十二五”规划》（2013）、《关于加快构建现代公共文化服务体系的意见》（2015）、《国家基本公共文化服务指导标准（2015—2020 年）》等发展规划推动我国图书馆进入发展的快车道，不断增加的投入保证图书馆建设经费，对外开放和自主创新提升图书馆的科学管理水平，图书馆协作和总分馆制建设快速推进。2013 年党的十八届三中全会通过《中共中央关于全面深化改革若干重大问题的决定》后，我国各级图书馆开始探索实施理事会制度。2012 年 11 月，党的十八大报告中历史性地写入“开展全民阅读活动”，全民阅读上升为国家文化发展战略，2014—2016 连续 3 年将“全民阅读”写入国务院《政府工作报告》，“我们国家全民的阅读量能够逐年增加，这也是我们社会进步、文明程度提高的十分重要的标志”[29]。做好全民阅读推广活动，“既是‘十三五’期间公共图书馆的战略重点，也是公共图书馆获得健康发展的新契机”[30]。通过全国性的“阅读点亮中国梦”活动，推动图书馆服务向基层推进，重视县级图书馆建设，农村和街道图书馆（文化室）开始成为国家扶贫与提升城镇化水平战略的重要组成内容，私立图书馆发展受到鼓励和保护，全社会的图书馆服务保障能力得以更快地提升。

到“十二五”规划完成时，我国图书馆事业已经实现“图书馆体系更加完备、资源经费人才等保障更加有力、法律制度及标准规范体系更加健全、传承弘扬优秀传统文化成效显著、图书馆服务功能进一步拓展、数字化网络化服务能力显著增强、体制机制改革有序推进、国际交流与合作继续加强”[31]。到2018年末，全国共有公共图书馆3176个，从业人员57602人，实际使用房屋建筑面积1595.98万平方米，图书总藏量103716万册，阅览室座席数111.68万个；全国平均每万人公共图书馆建筑面积114.4平方米，人均图书藏量0.74册，人均购书费1.77元[32]，图书馆事业的发展给改革开放40年庆典呈上一份合格的成绩单。

2. 国家图书馆建设

“中国国家图书馆是国家总书库，国家书目中心，国家古籍保护中心，国家典籍博物馆”[33]，是全国最重要的具有中心作用的图书馆。

新中国成立后，作为中国国家图书馆的北京图书馆长期使用的是1931年在北海西侧文津街建成的馆舍，“解放后到现在（注：1979年），藏书已增加了六倍多，而书库由原有的四千二百多平方米，只扩建了八千平方米，增加不到两倍；不足之数只有到处分散利用其他陈旧建筑。阅览室由原有的一千平方米，只扩建三百平方米，尚不足原来的三分之一；不足之数则由原建筑中拆补调剂或利用其他旧房开放，这样才比解放前增加了5个阅览室，使座位总数勉强增加了将近一倍。总之，空间条件已处于十分困难和极不相称的严重局面”[34]。因此在《图书馆工作汇报提纲》中将北京图书馆建设专列为一项，中央书记处指示“关于新建北京图书馆问题，会议决定按原来周恩来总理批准的方案，列入国家计划，由北京市负责筹建，由万里同志抓这件事”，反映了党中央高度重视国家图书馆在社会发展、两个文明建设、科技进步中的重要作用和价值。在中央大力支持下，北京图书馆新馆建设被列为全国重点工程，于1983年9月奠基兴建，1987年竣工。新建馆舍14万平方米，可容纳2000万册藏书，可设3000个阅览座位。邓小平同志为新馆题写馆名。“这不仅是图书馆界、文化界的大喜事，也是我国四化建设中的大喜事”[35]。

1998年12月12日，北京图书馆正式更名为“中国国家图书馆”。1998年12月22日，江泽民总书记视察国家图书馆并做出“大兴勤奋学习之风”的重要指示，极大地鼓励和激发广大图书馆人的工作热情。从1999年起实现365天全天候开馆，推出扩大办证范围、简化入馆手续、增加服务网点等多项服务新举措，全面实现现代化技术改造，逐步形成面向中央国家机关、重点教育科研企事业单位、社会公众、全国图书馆的分层服务体系。2004—2008年，在新馆北侧预留用地上建设起了“国家图书馆二期工程暨国家数字图书馆工程”，加上文津街的古籍馆，中国国家图书馆总建筑面积达28万平方米，居世界国家图书馆第三位。

中国国家图书馆馆藏宏富、撷英集萃，继承了南宋以来历代皇家藏书，最早的馆藏可远溯到3000多年前的殷墟甲骨。“敦煌遗书”、“赵城金藏”、《永乐大典》和文津阁《四库全书》四大镇馆之宝为世界瞩目。截至2018年底，馆藏文献总量超过3900万册（件），是中国最大的外文文献收藏馆，数字资源存储总量超过1900TB，是全世界中文文献收藏最多的图书馆[36]。

在1982年北京图书馆建馆70周年时，北京图书馆人说“我们相信，在中央正确路线的指引下，在全体同志的共同努力下，建设一个现代化的国家图书馆的既定目标一定能够实现。”[37]今天，在改革开放40周年时，中国国家图书馆卓立于世界各国图书馆之林，已实现国人对“大国之馆”的瞩望和期盼，与今日中国的世界大国地位堪当其匹。

3. 图书馆法制化建设

改革开放前，我国图书馆法制化建设主要有1955年《文化部关于加强与改进公共图书馆工作的指示》、1978年国家文物事业管理局发《省、市、自治区图书馆工作条例（试行草案）》等行政法规，辅之以国家政治、经济、文化、教育、科技诸领域的一些政策文件。由于在数量、覆盖面、时效性、权威性、系统性方面的不足，远不能满足图书馆事业稳定健康发展的法制化需求。

十一届三中全会提出“加强社会主义法制”后，我国法制化建设开始快速“补课”，图书馆事业相应行政条例、规范大量出台，其中影响较大的是1982年推出的《省（自治区、市）图书馆工作条例》，1987年中共中央宣传部、文化部等单位又联合发布《关于改进和加强图书馆工作的报告》。这类行政规章和部门条例对图书馆发展起到直接的推动作用，成为我国图书馆事业政策体系的主要构成内容。

我国改革开放后图书馆法立法首倡于1980年，深圳（1996）、内蒙古（2000）、湖北（2001）、北京（2002）先后颁布地方性图书馆条例，起到图书馆立法探索拓荒的作用。《中华人民共和国公共图书馆法》（以下简称《公共图书馆法》）立法工作于2008年11月正式启动，2017年11月4日十二届全国人大常委会第三十次会议通过，2018年1月1日正式实施，这是党的十九大后出台的第一部文化方面的法律。“该法形成了中国特色的公共图书馆法律界定，强化了政府设立和保障公共图书馆的责任，推动了公共图书馆体制机制的改革，促进了《公共图书馆法》服务和现代科技融合发展，鼓励了社会力量参与公共图书馆事业建设，建立了公共图书馆提供服务的法律规范，明确了国家图书馆的性质功能，完善了出版物的交存制度”[38]“以《公共图书馆法》的实施为标志，中国公共图书馆已经迈入前所未有的黄金时代”[39]。

《公共图书馆法》和已于2017年3月1日开始实施的《中华人民共和国公共文化服务保障法》两部重要法律的相继出台，为我国图书馆健康发展提供坚实的法制化保障。

4. 图书馆标准化建设

标准化是图书馆专业化的要求。1979年12月，中国成立与国际标准化组织46文献工作技术委员会对应的ISO/TC 46中国委员会、全国文献工作标准化委员会及9个分委员会，监管制订文献工作中各种著录标准和代码代号标准；文化部主持制订中国机读目录格式、中国规范机读格式等行业标准，对中国书目信息资源共享、机读目录编制、书目网络建设等起了基础作用。由国家图书馆等单位研制完成的《中国图书馆图书分类法》《汉语主题词表》《中国机读目录格式》等文化行业标准就是这些标准中的代表，多次获得国家和部级科研奖励。

在我国图书馆现代化众多标准类型中，数字化标准制定一枝独秀。1996年，国家图书馆申请立项“数字式图书馆实验项目”，开始研究各类相关标准；《文化事业发展“九五”计划和2010年远景目标纲要》（1997）提出要加快文献资源数字化的进程并对数字化图书馆进行研究；2001年立项的中国国家数字图书馆工程建设的重要内容之一就是标准规范建设。2004年《CADLIS技术标准与规范》形成大量的数字资源数据标准、元数据标准、组织管理标准、长期保存标准，数字图书馆服务标准、系统平台建设标准、管理与评价标准[40]。据不完全统计，截至2018年，有包括全国信息与文献标准化技术委员会（TC4）、全国信息技术标准化技术委员会（TC28）、全国文献影像技术标准化技术委员会（TC86）、全国图书馆标准化技术委员会（TC389）以及我国数字图书馆标准规范建设的现行标准总计1660条[41]。

在其他领域，馆舍建筑领域先后制订《图书馆建筑设计规范》（JGJ 38－87）、《图书馆建筑设计规范》（GBJ 38－99）、《公共图书馆建设用地指标》（建标〔2008〕74号）和《公共图书馆建设标准》（建标108－2008）；服务领域有2012年由国家质量监督检验检疫总局、国家标准化管理委员会批准发布的我国第一部《公共图书馆服务规范》（GB/T 28220－2011）。自1994年文化部开展第一次全国性公共图书馆评估定级工作时发布《全国公共图书馆评估标准》，至2017年第六次评估定级工作，每次都进行相应的修订、完善。此外，各行政层级、各系统、图书馆行业协会（如中国图书馆学会及地方图书馆学会）也分别制订有大量的针对性的管理标准，如《安徽省公共图书馆服务标准（试行）》等，这些标准的制订在改革开放以来一直在快速增长。从表1可以看出改革开放40年来我国对图书馆事业标准制定的高度重视及不凡成就。

表1 1949—2018年我国国家及省（市、自治区）级以上公共图书馆标准发布情况汇总表[42]

时间（年）	1949—1980	1981—1990	1991—2000	2001—2010	2011—2014	2015—2018	总计
数量（个）	2	8	10	16	12	14	62
百分比（%）	3.23	12.90	16.13	25.81	19.35	22.58	100

注：2015—2018年补充数据来源于历年《中国图书馆年鉴》统计

5. 图书馆技术现代化建设

20 世纪 70 年代的信息化浪潮引领起世界范围内的新技术革命，美国苹果公司 1977 年 4 月推出真正意义上的“首款消费级个人电脑”Apple II，1978 年召开的全国科学大会上把“努力实现实验手段和情报图书工作的现代化”作为我国向科学技术现代化进军的十大措施之一。对外开放后，我国图书馆人看到“美国、英国、法国、西德、加拿大、日本、苏联等国的大型图书馆和主要情报机构，基本上都已使用了电子计算机”[43]。但因条件局限，我国“图书馆工作的现代化，在目前来说，只能是重点试验，积累经验，培养干部。也就是说首先着手重点图书馆，尽早采用电子检索和电传装置，逐步建立电子检索网络”[44]。

当时西方发达国家图书馆的自动化和计算机应用其实也是处于起步阶段，我们要与国外同行同步实现现代化是可能的。“受管理观念和技术发展特点的影响，我国图书馆事业现代化的发展虽然不可能有一个纲领性的指导计划，但在历史的实践过程中却始终贯穿着一个比较清晰连贯的技术政策思路”[45]，即在国家信息化建设“统筹规划，国家主导，统一标准，联合建设，互联互通，资源共享”24 字方针指导下发展。我国图书馆界采取“小步快跑”“分步走”的方式，在信息技术应用上主动追赶，以“国内向美、日等技术先进国家和我国港澳台发达地区学习，国内较不发达地区向发达地区同行学习，由先进馆带动和引导后进馆的模式”[46]，引进和自研信息检索系统、引进国外数据库、研发应用馆藏 MARC 目录，20 世纪 80 年代时就有上百个 DIALOG、ORBIT 等国际联机终端和几十个情报检索系统开始在中国各系统大型图书馆和科研情报机构应用，各种信息技术装备大量应用于图书馆工作。《文化科技“九五”计划及 2010 年长远规划（草案）》（1995）规定：“我国图书馆在自动化网络建设方面首先抓中南、华东、华北沿海地区，然后扩大到其他三大区，建立以省馆为中心的计算机网络，实现联机检索、联机编目，使文献信息网成为国际信息高速公路的组成部分。到 2000 年，国家图书馆及上海、广东、天津、辽宁各省市区馆，通过国家信息网络实现书目数据共享及电子文献传输——到 2010 年争取实现全国 100 个图书馆进入国家信息网。”通过推动图书馆自动化、网络化、数字化建设，声像技术、复印技术、计算机技术、网络技术、大容量存储技术、多媒体技术在我国图书馆工作领域普遍推广。2000 年前后，“到美国图书馆参观考察的同行们有一个共同的感觉：美国许多图书馆的计算机设备并没有我们的先进，包括上述 Ohio LINK 的主要图书馆，有些我们认为应该淘汰的设备仍在使用”[47]。我国图书馆在现代化装备水平上已逐步赶上发达国家。21 世纪以来，“数字图书馆实验研究、自动化网络研究、自动标引技术、自动语言规范技术、自动分类、检索方法学、知识库建设、智能检索系统、参考咨询系统、智能机器翻译、自然语言处理等技术手段也成为图书情报工作过程中的重要研究课题”[48]。我国图书馆“跟踪和赶超世界先进水平的发展基本上是与我国的改革开放同步的”[49]。

我国在数字图书馆领域和发达国家同步发展。1996 年初，国家图书馆向文化部申请立项“数字式图书馆试验项目”；2000 年 4 月，成立以文化部为召集单位、22 个相关部委单位组成的“中国数字图书馆工程建设联席会议”，在“统筹规划、需求牵引、科技创新、滚动发展”的建设思想指导下实施“中国数字图书馆工程建设”。国家图书馆倡议成立涵盖三大系统图书馆以及数字图书馆技术相关企业的“中国数字图书馆联盟”，使中国数字图书馆工程有规划、有组织、科学有序地进行，在数字图书馆技术研发、数字资源建设以及标准规范研制、知识产权探索等方面组织有关活动与研讨，为联盟成员单位在数字图书馆建设过程中提供帮助和指导[50]。在服务上“统筹推进国家重大数字文化惠民工程，实现文化共享工程、数字图书馆推广工程、公共电子阅览室建设计划、数字农家书屋等数字文化工程资源建设和服务在基层的融合发展”[51]。数字图书馆资源总量快速增长，“2016 年，我国数字图书馆资源建设总量首次突破 2000TB，2018 年，数字图书馆资源建设总量达到 2610TB”[52]，并同步培育发展起我国的数字图书馆产业。

6. 图书馆协作

1957 年国务院批准通过《全国图书协调方

案》，其政策目标是实现“图书馆协作”的全国一盘棋，虽然受政治运动的影响没有妥善实施，但其政策思想却深深植入图书馆人心中。

1978年10月12日至11月5日，以北京图书馆馆长刘季平为团长的中国图书馆代表团访问英国，看到英国图书馆从中央到地方、从市（县）到基层形成了一个“组织严密，分布合理，分工明确”的“图书馆网”，“一些原来网络协作较好的地区，现在又协作搞电子计算机化，搞集中编目，从各个地区设备共享、资源共享，到将来实现全国性的设备共享、资源共享。按联合国教科文组织、情报规划组的倡议，要求达到全世界设备共享、资源共享”[53]；1979年7月，刘季平在中国图书馆学会成立大会上谈到当前我国图书馆事业发展时，提出的“三项要求”之一就是要抓紧建设图书馆协作网；在1980年《图书馆工作汇报提纲》中，将“图书馆之间缺乏必要的协作和协调”列为主要问题之一，中央决定在文化部设立图书馆事业管理局，统一协调管理全国图书馆事业，要“建设全国性的图书馆网，把图书馆办成一个社会事业”，通过协作解决我国一直存在的图书馆单打独斗、自成一体的“散”的局面，实现各种图书馆资源的共建共享，提高个体图书馆的资源保障和服务能力，提高资源的利用效率和效益。中国图书馆学会和各地图书馆学会的相继成立，助力图书馆合作的开展。

在国家政策指导下，全国图书馆间积极开展馆际互借、地区联机编目、全城借书证一卡通等工作，实现网络信息发布、信息咨询、信息传递。上海市在1980年就成立了上海图书馆协作委员会，1993年上海地区公共、科研、高校、情报四大系统19家图书馆成立“上海市文献资源共建共享协作网”，后来在协作网基础上建设起了上海市中心图书馆，1995年上海图书馆和上海科技情报研究所合并，对全国的区域图书馆协作起到示范引领作用。

我国开展图书馆自动化建设是以“资源共享、馆际合作，整体化建设，坚持标准化”[54]为指导思想的。20世纪90年代始，倚靠国家信息化基础设施，我国建设多个全国性的图书馆资源共享项目，图书馆的区域内协作、系统内协作、跨系统跨区域协作、各种图书馆联盟及图情一体化服务模式百花竞放。如1999年1月由国家图书馆牵头，联合全国各系统124家图书情报单位成立“文献信息资源共建共享协调委员会”，签署《全国文献信息资源共建共享倡议书》，这种跨系统跨区域协作打破了单位身份边界。作为一种图书馆协作的独特形式，“全国十五城市公共图书馆工作研讨会”在1987—2018年间已连续举办30届，共同探讨城市公共图书馆事业现状与发展趋势。

我国内地（大陆）的图书馆也与港澳台地区图书馆之间开展协作，特别是广东借地利之便，与港澳图书馆界合作较多。2018年由广州地区高校图书馆联盟倡议的“粤港澳大湾区图书馆科技文献协作联盟”[55]，将这种协作向前不断推动并扩展至公共图书馆服务领域。

改革开放后，我国图书馆界国际交流实现正常化。1981年5月，中国图书馆学会恢复在国际图书馆协会联合会（IFLA）中的国家协会会员身份，1996年在北京举行第62届国际图联大会，从2006年第72届国际图联大会开始将中文作为国际图联工作语言。交流内容除国际书刊交换、互借、展览外，还开展互派专家讲学、交换馆员、定期互访、参加国际性学术会议、出任IFLA管理委员会委员等。与各国图书馆界的合作，如2000年创设的“中文文献资源共建共享合作会议”就是一项旨在推动全球中文图书馆和中文资源收藏机构的交流与合作机制。

7. 公共图书馆服务体系建设

我国的公共图书馆是按行政区域和层级布局建设的，其中“县级公共图书馆是连接我国图书馆服务系统的枢纽”[56]。但改革开放之初我国尚有近半的县没有公共图书馆，甚至有的省级行政单位（如西藏自治区）也没有建立省级图书馆，乡镇图书馆（室）则干脆不具统计价值。

我国县级以上公共图书馆，1979年为1651个，到2000年增加到2675个，到2016年底，绝大多数县市级行政区都有了公共图书馆，总数达3153个，虽然“2016年全国还有12%的县（区）没有公共图书馆，已设立的县级公共图书馆中，新增藏量购置费少于1万元的有459个，约占16.7%，馆舍面积小于800平方米的有490个，约占17.9%”[57]，县级公共图书馆设置还需继续填补空白、提高建设水平和服务能力，但总体上“制约我国图书馆事业进一步发展的瓶颈是县级图书馆”[58]这一现实矛盾已得以极大缓解，未来需要将更多注意力放在“推进乡镇（街道）、村（社区）图书室建设”上，以解决全覆盖公共图书馆服务体系建设的基层瓶颈。

单馆服务能力和服务质量提升是服务体系建设的基础，我国专业图书馆率先探索通过体制突破提升服务能力，“90年代起，中国科学院、中国社会科学院系统以及国内部分大学开始相继探索实施图情一体化改革，建立图情合一的文献情报中心，其中如上海图书馆和上海科技情报研究所在1995年的合并就较具代表性。”[59]一些县市级城镇从投资效能考虑，在规划建设中实行“文化单位一体化”建设探索，将文化馆、图书馆、博物馆、美术馆、档案馆、科技馆、情报所等单位整合进一个城市综合文化中心，形成一种新的城市规划建设模式。体系化的服务模式探索创新，影响较大的有深圳的“图书馆之城”建设、广东的“流动图书馆”模式和“城市街区图书馆”模式、首都图书馆的“流动图书车”模式、嘉兴图书馆的“市－镇－村城乡一体化”模式、佛山的“联合图书馆”模式、北京市东城区第一图书馆王府井书店分馆的“馆店结合”模式等。

总分馆制是国际上公共图书馆发展较成熟的组织形式和服务模式，自2000年12月“上海中心图书馆一卡通”项目将这种模式引入我国后，得以在全国推广。2016年12月，文化部等单位印发《关于推进县级文化馆图书馆总分馆制建设的指导意见》，总分馆制借以“通过职业创新、探索实践和学术研究，不断总结，不断完善，不断宣传，实现了由图书馆界的推动而上升为国家政策”[60]，成为当前我国图书馆服务体系建设的主流模式。

8. 中国古籍文献整理

古籍整理是周恩来总理生前关心的一项重要工作。1981年9月17日，中共中央发布《关于整理我国古籍的指示》，指出“整理古籍，把祖国宝贵的文化遗产继承下来，是一项十分重要的、关系到子孙后代的工作”，“整理古籍是一件大事，得搞上百年”，对古籍整理与研究及出版工作、对古文献学学科建设和人才培养做了统一部署。国务院古籍整理出版规划小组1982年初恢复工作，北京大学古典文献专业恢复招生，陷于停顿的国家古籍整理事业存亡继绝、起死回生。1983年2月，教育部召开全国高等院校古籍整理研究规划会议。1983年9月，全国高等院校古籍整理研究工作委员会成立。2007年5月，国家古籍保护中心在国家图书馆挂牌。以此形成“收藏古籍的图书馆有国家古籍保护中心协调工作，整理研究项目和人才培养工作主要在高校，有高校古委会协调工作，古籍的出版有古籍小组领导和协调”[61]的新局面。

1982年8月，《古籍整理出版规划（1982—1990）》经国务院批准颁布实施，其后《中国古籍整理出版十年规划和“八五”计划》（1991—2000年）、《中国古籍整理出版“九五”重点规划》次第制订，国家在古籍整理出版的组织规划、人才培养和出版等方面的工作进一步加强。“20世纪80年代以来，古籍影印出现前所未有的持续繁荣，数以万计的中国古代典籍因‘化身千百’而获保存并流传”[62]。组织编纂出版国家古籍目录，代表性的有《中国古籍善本书目》《中国丛书综录》《中国地方志联合目录》等，另外还有大量的地区古籍目录、单位古籍目录、私家古籍藏书目录、专科古籍目录等编纂出版。进入新世纪以来，先后颁布实施《国家古籍整理出版“十五”（2001—2005）重点规划》《国家古籍整理出版“十一五”（2006—2010）重点规划》《2011—2020年国家古籍整理出版规划》。古籍出版工作具有代表性的《中华再造善本》是为保护古籍善本、同时为学术界提供更方便地利用善本机会而实施的国家级文化建设工程，自唐迄清分为《唐宋编》《金元编》《明代编》《清代编》《少数民族文字文献编》，每编下分经、史、子、集、丛，选录范围以我国内地收藏为主，并陆续扩展至香港、澳门、台湾地区，最大范围涵盖中华文化典籍的精髓，逐次出版，已经成为学者钟爱的参考文献。2018年，全球汉籍合璧工程、《中华医藏》、《中华续道藏》确认立项并启动实施。

古籍工作的另一项重要内容是古籍保护和利用的现代化。20世纪80年代初，我国的古籍资源电子化和数字化工作开始起步，解决了汉字字符集、古籍原文输入、数字化古籍的“保真原则”和“整理原则”及古籍研究支持系统[63]，经过了20世纪90年代中期以降的古籍数据库检索系统、光盘版古籍、古籍数字化网络化应用等几个发展阶段。2007年，国务院《关于进一步加强古籍保护工作的意见》中提出要“制订古籍数字化体系标准，规范古籍数字化工作流程，建立古籍数字化资源数据库”，国内对于古籍数字化的标准化、规范化研究展现相当强劲的势头，在实现大规模总结性古籍检索工具的数字化，总结性书目数据库的建立，类书资源的数字化，普及性作品的多媒体化，计算机古籍整理通用系统的研制开发等方面都取得长足进展。下一步的工作是“要通过政策引导和资金支持，有效盘活古籍整理出版资源，推进跨地区、跨产业链、跨集团、跨企业的资源重组，在‘十三五’期间内基本建成整合30亿字规模的国家级古籍整理出版数字平台，实现规模化、集约化和专业化运营”[64]。

《关于进一步加强古籍保护工作的意见》提出要在“十一五”期间大力实施“中华古籍保护计划”。在“保护为主、抢救第一、合理利用、加强管理”的方针指导下，国务院已公布五批《国家珍贵古籍名录》（12274部）和“全国古籍重点保护单位”（180家），带动全国1000多家古籍收藏单位新建、改善库房，超过2000万册古籍得到妥善保护[65]。第六批《国家珍贵古籍名录》和“全国古籍重点保护单位”的申报评审工作正在进行中。

河南、江苏、浙江、山东、广东等省也实施了省级“珍贵古籍名录”和“古籍重点保护单位”评估认定工作。

在古籍保护人才队伍建设上，改革开放以来，已通过学历教育、在职培训、集中式短训班、师徒传承等方式逐渐建立起一支相当规模的修复队伍。2003年，教育部办公厅、文化部办公厅联合下发《关于开展培养古籍修复人才试点工作的通知》。2007年国务院办公厅下发《关于进一步加强古籍保护工作的意见》后，国家图书馆（国家古籍保护中心）于2013年成立“国家级古籍修复技艺传习中心”，国家图书馆（国家古籍保护中心）在有条件的古籍保藏和修复单位相继设立传习所，为专门的古籍修复保护人才养成探索出一条新路。

2017年，文化部印发《“十三五”时期全国古籍保护工作规划》，更好地推动我国古籍学术研究、发现挖潜、庋藏保护、开发利用工作，使我国图书馆事业的这一特色领域在世界学术之林创造全新的成就。

三、好风送我上青云——筑造图书馆强国梦

1. 大国盛世，是我国图书馆事业繁盛之根本

1982年党的十二大确立“建设有中国特色的社会主义”战略和到2000年GDP“翻两番”的发展规划。整个20世纪80年代，我国国民生产总值年均增长9%以上，图书馆事业因之获迅速发展，1980年全国县以上公共图书馆有1732个，到1989年达到2512个，净增45%。在“翻两番”计划到1995年提前完成后，2002年党的十六大提出GDP到2020年比2000年“翻两番”的目标，2016年又提前完成。至2018年，我国GDP总量突破90万亿元，稳居世界第二。综合国力快速提升，对图书馆建设不断地增大投入，成为我国图书馆事业得以快速发展的“源头之水”。

“当代的文明是以科学为中心的文明”[66]，在大众记忆中，1978年全国科学大会上邓小平提出“尊重知识，尊重人才”和“科学技术是生产力”，全国掀起攀登科学高峰、学习科技文化知识的高潮，但当时我国的图书馆却是低效孤立的“储书之馆”。40年发展后的今天，伴随我国改革开放40年来的经济、科技、文化的综合发展，便捷的图书馆服务已与人们工作、生活、学习、休闲娱乐密不可分，我国图书馆事业建设也开始从主要解决“吃得饱”问题转向追求“吃得好”。1994—2018年间，文化部实施六次全国县级以上公共图书馆评估定级工作。从第六次评估通知的文件中就可以看出评估思想已经由建设导向型向效能导向型转变，即在“保障条件、业务建设、服务效能”的指标框架下，通过分值设定，特别突出了“服务效能”：1000分的基本分值，服务效能就独占400分；500分的加分分值，服务效能独占200分，综合占比由第五次的22%上升到40%[67]，图书馆建设已更多地从硬件建设转向软件建设，将提高服务质量和社会综合效益放到更重要的地位。

在图书馆发展思想上，随着社会主义先进文化建设上升到党的执政理念之一，图书馆自觉地重视在先进文化保护、发展、推广中的作用和价值，自觉地向“社会化”转型。从2001年起，服务“弱势群体”成为图书馆界热门话题[68]，“公平、均等”文化服务理念成为2005年后走入大众视野的公共文化服务体系建设的重要部分，并在其后国家文化和图书馆发展改革规划中得到充分体现。

进入“十三五”时期，国家对公共文化服务体系建设提出更高的要求，包括全面推进基本公共文化服务标准化均等化，完善公共文化设施网络，加大贫困地区公共文化服务体系建设力度，提高公共文化服务效能，推动公共文化服务社会化发展，全面加强边境地区文化建设[69]。2017年7月文化部印发的《“十三五”时期全国公共图书馆事业发展规划》提出“按照公益性、基本性、均等性和便利性要求”，“到2020年，全国公共图书馆设施网络进一步完善，文献资源保障能力明显增强，县级图书馆总分馆制基本建立，公共图书馆服务标准化、均等化水平显著提高，信息网络等新技术应用更加普及，法人治理结构建设积极推进，人才队伍建设有效加强，政策法律保障更加有力，社会力量广泛参与，公众对公共图书馆服务的满意度持续提升”[70]，特别是通过“确立政府为主导、多级、多源的投入保障机制；建立读者反馈、需求等沟通、调研机制”[71]，实现我国图书馆的更快发展，这是在国家经济繁荣前提下行业发展的高度自信。

2. 科技进步，是图书馆发展的核心推动力

改革开放40年图书馆现代化发展的主要内容是信息技术装备的广泛应用。复印机、计算机及外围设备、光笔及扫描仪、局域网及互联网、多媒体及海量数据存储、多种架构的自动化系统已实现普遍应用，图书馆联盟的数据整合、深度的数据挖掘和个性定制的数据推送、以任务和需求导向模式建构的网络读者服务系统、高速连接的读者数据终端等已相继应用于实践，语义网和深链接、云计算、大数据、区块链、5G、AI、物联网等技术也逐渐应用到图书馆。深度信息化的结果是“图书馆的形态将从物理图书馆逐渐转变为虚拟、泛在图书馆，在这种背景下图书馆的功能也将重新定位，即由‘文化传承中心’转向‘学习交流中心’和‘知识加工中心’”[72]。尤其是近年来我国科技进步和信息化快速发展，包括数字经济等新兴产业开始进入世界先进水平、多个科技领域获得突破性进展，为图书馆发展提供更广泛的应用需求和高水平的信息化技术工具，促使图书馆建设外延扩张和内涵提升双轨并行，业务建设从扩大规模、填补空白转向提升综合功效和读者满意度。在继续争取图书馆可持续发展的“硬件”建设投入的同时，强化管理和服务、资源共享、法制化、标准化、人性化等“软件”领域建设。

“内容为王的时代过去了，服务为王的时代已经来临”[73]。这个时代的王者再也不是图书馆，而是用户！我们正在经历传统图书馆向现代图书馆的嬗变，图书馆服务模式不再是以图书馆为中心，而是以用户为中心。我们看到各类图书馆图书外借量减少，同时人们的阅读量明显提升，电子阅读不断地改变人们的“读书”习惯，2018年我国数字阅读用户总量达4.32亿人，人均数字阅读量达12.4本[74]。读者需求的改变驱使图书馆更深入地深度整合嵌入社会信息资源服务体系中，与其他信息资源提供者协同完成全社会文献信息服务任务。图书馆在经历从信息时代、数据时代到计算时代的变革，图书馆自身也要转型为面向大众的知识服务平台（KaaS平台），积极推动知识服务的供给侧结构性改革，“图书馆的历史就是一个充分利用技术发展、不断提升服务能力和贡献的历史，新的技术变革只是给我们提供了更多的发展潜力和发展资源，我们理应成功”[75]。

3. 成就卓著，仍需正视发展中的不平衡

改革开放40年后的中国，一方面是已成为世界第二大规模的单一经济体、世界最大的贸易大国，城市化水平接近60%，人民生活不断改善，生态文明建设成效显著，但同时仍然存在着严重的发展不平衡、不充分，到2018年11月全国还有679个国家级贫困县及1800多万未脱贫人口[76]。党的十九大报告指出“我国社会主要矛盾已经转化为人民日益增长的美好生活需要和不平衡不充分的发展之间的矛盾”，与社会综合发展同步，我国“图书馆的主要矛盾也已经转化为用户日益增长的对文献信息资源和服务的多样性需要与图书馆服务能力发展不平衡不充分之间

的矛盾”[77]。

目前我国图书馆发展不平衡在中西部老少边穷地区特别突出，即使经文化部多次评估，仍然差距悬殊，如贵州省的兴仁、望漠、晴隆3个县图书馆，到2017年时还存在馆舍陈旧狭小（如兴仁县图书馆，新馆未建，只有临时借用的馆舍；望谟县图书馆只有200平方米的书库）、人员编制数量不达标（如兴仁县图书馆工作人员至少需20人，但实际只有5人）等问题，“有的图书馆还沿用传统手工方式完成图书管理和服务，而有的图书馆虽然添置了现代化设备设施，但由于现有管理人员缺乏相应的应用能力跟不上现代化管理步伐，还在用老式手工管理模式，导致现代化设备设施空置”[78]。“十二五”以来甚至出现“中部洼地”现象[79]，部分中部地区县市级图书馆“纸质图书藏量普遍较少、馆藏图书老化严重、图书种类不全、建设经费不足、馆员队伍素能整体偏低、馆舍场馆建设整体不够合理规范”[80]。这种改革开放之初普遍存在的问题今天仍然存在。数字化建设方面，“我国数字图书馆推广建设中，东部地区位列第一，占比达到42.33%，其次是西部的33.86%，中部地区最少，占比仅为23.81%”[81]。

即使是在我国经济最发达的东南部省份，也有着国家级贫困县、省级重点扶贫的特困县。如国家级贫困县广东陆河县2018年人口约35.5万人，县图书馆图书总藏量18万册，人均图书0.5册[82]；阳山县总人口为56.9万人，县图书馆是国家三级图书馆，目前只有纸质图书8.2万多册、电子文献藏量17.8万册[83]，人均藏书量更不乐观。

另一种不平衡是城乡不平衡。在县以下的农村地区图书馆建设领域，“近年通过农家书屋工程、文化信息资源共享工程、万村书库工程、知识工程等的建设和推动，我国大多数农村图书馆目前已经拥有了一些基本的文献信息资源，但是在这些文献信息资源的管理和利用上还存在许多问题”[84]。设点布局总数少且分布不均，“广大农村图书馆的资源建设仍然难以满足农村居住人口的实际需要，其根本原因还是政府层面的投入严重不足，社会力量的投入十分有限”[85]。民间图书馆也只能起到部分辅助作用。

《国家“十三五”时期文化发展改革规划纲要》《文化部“十三五”时期文化发展改革规划》等政策文件要求“构建现代公共文化服务体系。推进基本公共文化服务标准化、均等化。完善公共文化设施网络，加强基层文化服务能力建设。加大对老少边穷地区文化建设帮扶力度……加强老年人、未成年人、农民工、残疾人等群体的文化权益保障”。国家会继续加大投入推动区域和城乡图书馆的发展，但根本扭转“平衡增长”的问题需要较长时期的努力。

4. 不忘初心，方能不惑于途

肇兴于工农又以动员教育工农为革命依靠力量的中国共产党人，从创业甫始就高度重视工农的文化教育，在战争时期极端困难的条件下就注重利用识字班、夜校、俱乐部、书报阅览室等方式对工农兵群众进行文化教育。新中国成立后，国家更是一直重视图书馆群众教育职能的发挥，在20世纪50年代建立起遍及全国的图书馆服务体系，确立基于“两为”思想的服务大众服务科技的图书馆事业方针。虽然在1966年后图书馆事业受到较严重的冲击破坏，但在“文革”结束后，1978—1979两年《政府工作报告》先后提出“要发展各种类型的图书馆，组成为科学研究和广大群众服务的图书馆网”[86]，图书馆等公共服务部门要“适应形势的需要和根据国家财力和物力的可能，统筹安排，有一个新的发展”[87]。“改革开放前的社会主义实践探索为改革开放后的社会主义实践探索积累了条件，改革开放后的社会主义实践探索是对前一个时期的坚持、改革、发展”[88]，前30年图书馆事业的曲折前进是在党领导下的发展探索，改革开放40年图书馆事业发展成就是在吸取经验教训的基础上取得的。

改革开放40年我国图书馆事业的迅速发展，是坚持文化“两为”方针、坚持“三个面向”、坚持图书馆服务大众服务科技进步的成果。“新时代的图书馆事业要有新的使命、新的目标和新的担当”[89]，“服务、效能、法制”是对新时期图书馆的新要求，运筹未来须不忘初心，才能在总结改革开放40年我国图书馆事业发展成就的同时吸收经验教训，在新时代新任务新环境中不断开拓创新。

结　语

作为世界上的图书馆事业大国，我国改革开

放之初对图书馆事业先进国家多的是仰望，学习追赶40年后，我们正在走上图书馆事业强国之路，已可以和图书馆事业做得最好的国家在各个领域自信地对视和平等地交流。虽然单纯从某些数字上（如我国2018年人均图书藏量为0.74册，而发达国家人均超过1.5册）我们还有较大差距，但这种数字差距受国家的疆域大小、人口数量及分布、经济布局、城市化水平、图书馆体系等因素影响，不能简单化比对。从事业制度上考量，我国图书馆事业建基并维系于我国独特的政治经济和文化事业体制，用异国制度为尺度机械地考量我国图书馆事业，无疑是缺乏科学精神的。中国图书馆之路，是适应我国国情特点、发展阶段、经济水平、技术力量、发展目标、社会任务、服务对象所形成的特色化办馆之路，也符合改革开放40年来对图书馆社会职能、图书馆法制化、图书馆核心价值观、图书馆理念等关涉国家政治制度、民族文化传统、国家发展战略方向等领域的探索认知。我国今天的图书馆事业成就是以建设“中国特色社会主义”原则为指导取得的，所形成的我国图书馆事业政策环境将继续支持我国图书馆事业走向未来更高的发展目标。

参考文献

[1] 图书馆工作汇报提纲[G]//张白影，荀昌荣，沈继武. 中国图书馆事业十年(1978—1987). 长沙：湖南大学出版社，1989：59－65.

[2] 潘铉. 从思想上、理论上找根源——再谈我国图书馆事业发展缓慢的原因[J]. 四川图书馆学报，1982(3)：11－15.

[3] 来新夏. 喜迎图书馆事业的春天[J]. 图书馆学通讯，1979(2)：34.

[4] 图书馆工作汇报提纲[G]//张白影，荀昌荣，沈继武. 中国图书馆事业十年(1978—1987). 长沙：湖南大学出版社，1989：59－65.

[5] 范兴坤. 沉舟侧畔千帆过　病树前头万木春——纪念《图书馆工作汇报提纲》通过三十周年[J]. 山东图书馆学刊，2010(4)：12－19.

[6] 丁志刚，鲍振西，金凤吉. 日本图书馆现代化设备情况考察见闻[J]. 北图通讯，1978(1)：32－41.

[7] 鲍振西，李哲民. 国外图书馆事业现状与发展浅谈[J]. 图书馆学通讯，1979(1)：66－74.

[8][9] 鲍振西. 48届国际图联大会及美、加图书馆概况[J]. 图书馆，1983(1)：7－14.

[10] 初景利. 从传统图书馆到数字图书馆：趋势与变革[G]//中国图书馆学会. 世纪之交图书馆事业回顾与展望. 北京：北京图书馆出版社，1999：42－47.

[11] 黄宗忠. 论21世纪的虚拟图书馆与传统图书馆：上[J]. 图书馆理论与实践，1998(1)：3－5.

[12] 黄宗忠. 论21世纪的虚拟图书馆与传统图书馆：下[J]. 图书馆理论与实践，1998(2)：3－5.

[13] 王世伟. 中国特色公共图书馆发展道路初探：上[J]. 图书馆杂志，2013(5)：4－9.

[14][44] 国家文物事业管理局副局长齐光同志讲话[G]//中国图书馆学会. 中国图书馆学会成立大会专集. 北京：中国图书馆学会，1979：4.

[15] 曾祥集. 图书馆事业发展的新起点——记全国文物工作会议[J]. 图书馆学通讯，1980(3)：2－3.

[16][17] 编者的话[J]. 江苏图书馆工作. 1981(1)：82.

[18][19] 裔建. 省委应该把图书馆事业提到议事日程[J]. 江苏图书馆工作. 1981(1)：82.

[20] 邱克勤. 从《人民日报》不刊登《图书馆工作汇报提纲》的消息说起[J]. 江苏图书馆工作，1981(1)：83－84.

[21] 赵红州. 试论社会的科学能力[J]. 红旗，1979(4)：64－72.

[22] 中国图书馆学会理事长、北京图书馆馆长刘季平同志的发言[G]//中国图书馆学会. 中国图书馆学会成立大会专集. 北京：中国图书馆学会，1979：15.

[23][25] 国家科委副主任、中国社会科学院副院长于光远同志报告(摘要)[G]//中国图书馆学会. 中国图书馆学会成立大会专集. 北京：中国图书馆学会，1979：9.

[24] 中国图书馆学会理事长、北京图书馆馆长刘季平同志的发言[G]//中国图书馆学会. 中国图书馆学会成立大会专集. 北京：中国图书馆学会，1979：13.

[26] 鲍振西. 公共图书馆事业发展的最好时期——对我国八十年代公共图书馆事业发展的简要回顾：上[J]. 图书馆工作与研究，1991(4)：1－7，22.

[27] 按年份全国公共图书馆主要业务活动情况[M]//中国图书馆学会，国家图书馆. 中国图书馆年鉴2017. 北京：国家图书馆出版社，2018：420.

[28] 龚蛟腾. 改革开放后图书馆事业的复兴与开拓[J]. 图书馆，2015(2)：32－40.

[29] 李克强答连续两年把“全民阅读”写入《政府工作报告》原因[EB/OL]. [2018－11－16]. http://news.ifeng.com/a/20150315/43343614_0.shtml.

[30] 2018年公共图书馆行业市场现状与发展前景分析[EB/OL]. [2019－06－20]. http://dy.163.com/v2/article/detail/E5FM9H4T051480KF.html.

[31] 韩永进. 中国图书馆事业发展报告(“十二五”时期图书馆事业发展卷)[M]. 北京：国家图书馆出版社，2018：6－18.
[32] 中华人民共和国文化和旅游部 2018 年文化和旅游发展统计公报[EB/OL]. [2019－06－20]. http://zwgk. mct. gov. cn/auto255/201905/t20190530_844003. html? keywords=.
[33] 中国国家图书馆. 国图概况[EB/OL]. [2018－11－16]. http://www. nlc. cn/dsb_footer/gygt/lsyg/.
[34] 丁志刚. 北京图书馆的历史和发展[J]. 北图通讯，1980(3)：1－6.
[35] 沅汀. 北京图书馆新馆工程奠基兴建[J]. 图书馆通讯，1983(4)：17.
[36] 国家图书馆[EB/OL]. [2019－03－20]. https://www. mct. gov. cn/gywhb/jgsz/zsdw_jgsz/201903/t20190315_837801. htm.
[37] 李竞. 珍惜过去，抓好现在，规划未来——纪念北京图书馆开馆七十周年[J]. 国家图书馆学刊，1982(3)：32－35.
[38]《公共图书馆法》的颁布有何意义？文化部专家李国新湘图开讲[EB/OL]. [2019－03－20]. http://news. 163. com/18/0112/21/D7VU86U0000 187VG. html.
[39] 程焕文，高雅，刘佳亲. 理念的力量：中国公共图书馆迈入黄金时代——纪念《公共图书馆宣言》颁布 25 周年[J]. 图书馆建设，2019(3)：14－19.
[40] 韩永进. 中国图书馆事业发展报告：数字图书馆卷[M]. 北京：国家图书馆出版社，2017：372－381.
[41] 张文亮，敦楚男. 我国数字图书馆标准规范内容体系构建[J]. 图书馆，2019(1)：30－34.
[42] 曹娟. 我国大陆地区公共图书馆标准体系研究——基于层次与维度的解构[J]. 图书馆，2016(4)：38－43.
[43] 张琪玉，卢子博. 图书馆与科学技术现代化[J]. 四川图书馆学报，1979(2)：70－80.
[45][46] 郑建明，范兴坤. 中国大陆地区图书馆技术现代化政策思路研究[J]. 图书与情报，2009(5)：32－38.
[47] 沈迪飞. 论当前我国图书馆自动化的发展路向[M]//中国图书馆学会，国家图书馆. 中国图书馆年鉴 2001. 北京：北京图书馆出版社，2001：15.
[48] 中国图书馆学会. 中国图书馆学学科史[M]. 北京：中国科学技术出版社，2014：191.
[49] 郑建明，范兴坤. 中国大陆地区图书馆技术现代化政策思路研究[J]. 图书与情报，2009(5)：32－38.
[50] 中国数字图书馆工程[EB/OL]. [2018－11－16]. http://www. nlc. gov. cn/old/old/dloff/organise2/org_2. htm.
[51] 李国新. 公共图书馆事业发展思考[J]. 国家图书馆学刊，2015(5)：3－6.
[52] 2018 年公共图书馆行业数字化发展现状与市场趋势分析[EB/OL]. [2019－06－20]. https://www. qianzhan. com/analyst/detail/220/190 424-41c2f21e. html.
[53] 关懿娴. 英国图书馆工作考察报告[J]. 图书馆工作，1978(6)：1－3，5.
[54] 范兴坤. 中国图书馆事业政策研究(1978－2008)[M]. 北京：红旗出版社，2011：159.
[55] 共建共享促发展，粤港澳大湾区图书馆科技文献协作联盟筹建[EB/OL]. [2019－06－20]. http://news. scut. edu. cn/2018/0921/ c41a38463/page. htm.
[56] 姜源. 论培育和提升县级公共图书馆的自强、自励精神——中国图书馆学会首届百县馆长论坛札记[J]. 图书馆建设，2006(1)：84－86.
[57] 韩永进. 新时代的公共图书馆服务要满足人民日益增长的美好生活需要[J]. 美术观察，2018(3)：5－6.
[58] 首届“百县馆长论坛”召开，达成“林州共识”[J]. 当代图书馆，2006(1)：75.
[59] 范兴坤. 中国图书馆事业政策研究(1978—2008)[M]. 北京：红旗出版社，2011：97.
[60] 邱冠华. 新世纪以来国内公共图书馆总分馆建设回顾与思考[J]. 中国图书馆学报，2017(7)：18－31.
[61] 杨忠. 古文献专业与新中国古籍整理事业 60 年[N]. 中华读书报，2018－09－19(13).
[62] 吴格.《新中国古籍影印丛书总目》(全三册)前言[EB/OL]. [2018－11－16]. http://blog. sina. com. cn//s/blog_d717c5900102x8gg. html.
[63] 李国新. 中国古籍资源数字化的进展与任务[M]//中国图书馆学会，国家图书馆. 中国图书馆年鉴 2001. 北京：北京图书馆出版社，2001：17－24.
[64] 吴娜.“十三五”古籍整理出版工作确立五大重点[N]. 光明日报，2016－03－24.
[65] 2019 年全国古籍评审工作会议在京召开[EB/OL]. [2019－03－20]. http://www. nlc. cn/dsb_zx/gtxw/201903/t20190318_176814. htm.
[66] 于光远. 当代的文明是以科学为中心的文明(代序)[M]//张文德. 信息高速公路与信息市场. 武汉：湖北教育出版社，1999：1.
[67] 从第六次公共图书馆评估标准看地市级公共图书馆未来努力方向[EB/OL]. [2019－03－20]. https://wenku. baidu. com/view/dc55f412b8d528ea81c758f5f61fb7360b4c2be5. html.
[68] 肖永英，何兰满. 我国公共图书馆弱势群体信息服务文献综述(2001—2010)[J]. 图书馆论坛，2011(10)：1－5.

[69] 文化部"十三五"时期文化发展改革规划[EB/OL]. [2018-11-16]. http://culture.people.com.cn/n1/2017/0223/c172318-29103554.html.

[70] 文化部关于印发《"十三五"时期全国公共图书馆事业发展规划》的通知[EB/OL]. [2018-11-16]. https://www.mct.gov.cn/whzx/bnsj/ggwhs/201712/t20171204_829824.htm.

[71] 2018年公共图书馆运营现状与发展趋势分析服务水平进一步提升[EB/OL]. [2018-11-16]. https://bg.qianzhan.com/trends/detail/506/180126-6667c18c.html.

[72] 从第六次评估定级看图书馆未来发展方向[EB/OL]. [2018-11-16]. http://www.sohu.com/a/157151011_669468.

[73] 周宁. 内容为王的时代过去了，服务为王的时代已经来临[EB/OL]. [2018-11-16]. https://cloud.tencent.com/info/44665b9dfc498e7ded023f325f0e73df.html.

[74] 2018年中国数字阅读白皮书发布权威展现数字阅读行业新发展[EB/OL]. [2019-03-20]. http://www.sohu.com/a/307785380_120047614.

[75] 张晓林. 颠覆性变革与后图书馆时代——推动知识服务的供给侧结构性改革[J]. 中国图书馆学报，2018(1)：4-16.

[76] 全国832个贫困县已有153个摘帽剩余贫困县如何摘？[EB/OL]. [2019-03-20]. http://www.sino-agri.com/html/2018/xingyezixun_1107/10869.html.

[77] 叶继元. 论我国图书馆事业发展的八大问题[J]. 中国图书馆学报，2018(5)：20-33.

[78] 邱启兰. 制约西部贫困地区县级图书馆的现状及发展思考——以黔西南州为例[J]. 贵图学苑，2018(2)：47-48，56.

[79] 李国新，张勇. 推动公共图书馆事业"中部崛起"[J]. 中国图书馆学报，2016(6)：4-12.

[80] 付克顶. 贫困地区图书馆现状及发展思路——以河南省商丘地区为例[J]. 河南工业大学学报(社会科学版)，2019(3)：83-89.

[81] 2018年公共图书馆行业数字化发展现状与市场趋势分析[EB/OL]. [2019-06-20]. https://www.qianzhan.com/analyst/detail/220/190424-41c2f21e.html.

[82] 2018年陆河县国民经济和社会发展统计公报[EB/OL]. [2019-06-20]. http://www.luhe.gov.cn/swlhtjj/gkmlpt/content/0/309/post_309517.html? jump=false? imohdjmgdjecbimo? lfcbaiecjmohdbie#2626.

[83] 阳山概况[EB/OL]. [2019-06-20]. http://www.yangshan.gov.cn/yangshanzhengfumenhuwz/zjys/ljys/xqgk/4000042393.

[84][85] 刘亮. 我国农村图书馆资源建设的困境和出路[J]. 图书馆研究，2017(1)：57-62.

[86] 1978年政府工作报告[EB/OL]. [2018-11-16]. http://www.gov.cn/premier/2006-02/16/content_200704.htm.

[87] 1979年政府工作报告[EB/OL]. [2018-11-16]. http://www.gov.cn/test/2006-02/16/content_200759.htm.

[88] 中共中央宣传部. 习近平总书记系列重要讲话读本(2016)[M]. 北京：学习出版社，2016：32.

[89] 图书馆事业发展南京宣言(2018)[J]. 图书情报工作，2018(18)：33.

改革开放 40 年我国图书馆学教育发展综述

柯 平 卢晓彤 胡 娟
（南开大学商学院信息资源管理系）

我国图书馆学教育如果从 1913 年美国图书馆学家克乃文（Harry Clemens）在金陵大学开设图书馆学课程[1]算起，已有 100 余年的历史。虽然早期有武昌文华图书馆学专科学校创办与发展，也有各类暑期讲习班以及广州市立第一职业学校图书管理科（该科于 1937 年停办）[2]等多种办学形式，开启我国现代图书馆学教育，但是，当时整个图书馆学教育处于初创探索阶段，形不成体系，且带有鲜明地效仿美国图书馆学教育的特征。在新中国成立以后的 30 年里，以北京大学、武汉大学图书馆学系为主体，图书馆学教育有了新的发展。限于当时的社会条件与影响，图书馆学教育一度效仿苏联，未能形成符合我国实际情况的图书馆学教育体系，加上“文革”十年动乱，图书馆学教育受到全面打击，近于停滞。直到 1978 年改革开放迎来我国图书馆学教育的春天，图书馆学教育不仅仅以高起点谋求新发展，逐步形成独具特色的中国图书馆学教育体系，而且经历各种机遇与挑战，不断开拓创新，使中国图书馆学教育站到世界图书馆学教育的前沿。

一、图书馆学教育的恢复重建

1. 图书馆学教育恢复重建的标志

1978 年我国实行改革开放，图书馆事业借助改革的春风迅速发展，图书馆专业人才需求大幅上升，图书馆学教育开始恢复。

改革开放之初，图书馆学教育百废待兴，并不是简单地恢复，而是着力于重建。图书馆学教育的恢复重建有 4 个重要标志。第一，专业招生正常化。1978 年春，北京大学、武汉大学图书馆学专业 77 级本科生入学，同年武汉大学等率先开始招收硕士研究生，这是我国图书馆学教育经历“文革”挫折后重启的重要标志。第二，图书馆学教材列入规划。1978 年 6 月，在全国高等学校文科教学工作座谈会上，北京大学和武汉大学共同确定图书馆学专业教学方案，并决定协作编写教材[3]。图书馆学教材列入高等学校文科教材规划（1978—1983 年）的有 8 种，列入高等学校文科教材编选计划（1985—1990 年）的有 60 种。第三，图书馆学教育发展政策出台。1980 年 5 月 26 日，中共中央书记处第 23 次会议通过的《图书馆工作汇报提纲》提出要发展图书馆教育和科研事业，加速图书馆专业人才的培养，并建议教育部同图书馆事业主管部门密切合作，共同办好现有高等学校的图书馆专业和情报专业，有条件的省、市亦应设立图书馆中等专业学校，为省级以下图书馆培养合格人才。1983 年 4 月，教育部在武汉召开全国图书馆学情报学教育座谈会；同年 9 月，教育部印发《关于发展和改革图书馆学情报学教育的几点意见》，提出大力发展高等教育、加速发展中等职业技术教育、积极发展在职教育的策略，要求每个省、市、自治区至少有一个专业点，到 20 世纪末，将主要依靠全日制大学的这些专业点，扩大招生规模，培养专业人才，有条件的省筹办中专和加强干部管理的培养与教育。第四，图书馆学教育共同体形成。1985 年 7 月，首届全国图书馆学情报学教育学术讨论会和经验交流会重点讨论图书情报学专业的课程设置、教学内容、教学大纲，并确立图书馆学原理、文献编目、文献检索等共 10 门核心课程。

2. 图书馆学教育初具规模

20 世纪 80 年代，我国的图书馆学办学点迅速增加，见表 1。

表 1　1978—1991 年我国新建图书馆学系一览表

年份	新建图书馆学办学点	改名图书情报系
1978	北京大学分校图书馆学系，复旦大学分校图书馆学系	
1979	华东师范大学图书馆学系	
1980	东北师范大学图书馆学系，北京师范大学图书馆学系	
1983	西北大学图书馆学专修科，华南师范大学图书馆学专科	
1984	南开大学图书馆学系，中山大学图书馆学系，四川大学图书馆及情报科学系，河北大学图书馆学系，湘潭大学图书情报学系，黑龙江大学图书情报学系	武汉大学图书馆学系改名图书情报学院，华东师范大学图书馆学系改名图书馆学情报学系，复旦大学分校图书馆学系改名文献信息管理系
1985	南京大学图书馆学系，山西大学图书馆学系，郑州大学图书馆学系，安徽大学图书馆学系，华中师范大学图书情报学系	北京大学分校图书馆学系改名图书情报学系，东北师范大学图书馆学系改名图书情报系
1986	山东大学图书馆学系，空军政治学院图书档案系	
1987	江西大学图书情报学系，南京农业大学农业图书情报系，西南师范大学图书情报学系，湖南医科大学医学图书情报系	北京大学图书馆学系改名图书馆学情报学系，南开大学图书馆学系改名图书馆学情报学系
1988		北京师范大学图书馆学系改名图书馆情报学系，中山大学图书馆学系改名图书情报学系，南京大学图书馆学系改名文献情报学系，四川大学图书馆及情报科学系改名图书情报学系，西北大学图书馆学专修科改名图书馆学情报学系，河北大学图书馆学系改名图书情报学系
1989	辽宁师范大学图书情报学系	
1990		山西大学图书馆学系改名图书情报学系，华南师范大学图书馆学专科改名图书情报学专科
1991		郑州大学图书馆学系改名图书情报学系，安徽大学图书馆学系改名图书情报学系

1983 年初，全国有 12 所院校设置图书馆学系或专业，在校学生 1700 余人，占高校在校生总数的 0.15%；教师 200 余人，其中副教授以上 20 余人[4]。1985 年我国已有 49 所高校设置图书馆学情报学专业，截至 1987 年，开办正规图书馆学专业教育的学院、系、科共有 48 个，到 1990 年则达到 55 个[5]，每年毕业生达 3000—4000 人；中专和职业高中班近 30 个，每年毕业生近 500 人。图书馆学成人教育也得以恢复，各种形式的成人教育相继开展，如函授、广播电视大学、夜大、短训班、进修班、自学考试等，图书馆学教育一时间炙手可热，办学建设达到高峰。

改革开放前 20 年，图书馆学教育快速发展，适应各类型图书馆紧迫的专业人才需要。据统计，前 20 年共培养大学本科生约 3 万人、专科生近 5 万人（主要是电大和各类函授），还培养硕士研究生 1000 余人、博士研究生 30 余人[6]。有了这个基础和规模，图书馆学教育开始受到教育界的重视并被纳入国家教育体系之中。

二、具有中国特色的图书馆学教育体系

改革开放 40 年来，我国逐步形成本科和研究生教育为主、专科教育与成人教育为辅的多层

次多结构的中国特色图书馆学教育体系，较好地满足快速发展的图书馆事业实践需要以及图书馆学教育与科研的需求。

1. “专科—本科—研究生—博士后”教育

（1）中专和专科教育

1980 年《图书馆工作汇报提纲》发布，提纲指出要“设立图书馆学中等专业学校，对图书馆现有工作人员进行业余培训或短期训练，是发展图书馆教育和科研事业的最主要形式之一”。中国第一所独立的中等图书情报学校——湖南省图书情报学校于 1983 年 10 月在长沙开学，标志着中等专业教育正式成为图书情报学教育的一部分[7]。随后，北京海淀中学图书情报班、上海市图书馆职工中等专业学校、天津市图书馆中专班等诸多中等专科班相继开办。图书馆学的中专教育能够为各类型、各层级的图书馆培养所需的初级馆员，满足图书馆对不同馆员知识结构分级的需求。

（2）本科教育

在 1978 年之前，一直坚持图书馆学本科教育的只有北京大学和武汉大学。1978 年至 1979 年，山西大学、湖南大学、复旦大学分校、华东师范大学、安徽大学、南开大学分校等先后成立图书馆学系[8]，中山大学、华中师范大学、河北大学等则在专修科基础上开办本科教育[9]。在各大高校设立图书馆学系的同时，也开始了本科教育模式的探索，有试行文理分科，如 1979 年起北京大学图书馆学招生不仅分文理招生，且按 10 人一组，先到中文、历史、经济、物理、生物、计算机等系学习 2 年专业课，第三年回到本系系统学习图书馆学和情报专业的课程，这样的教学方案保证学生既掌握学科知识也掌握图书馆学专业知识，但后因管理问题暂停[10]；也有试行双学士教育，即图书馆学专业的学生可以在学习本专业的同时，选修其他专业，满足学分要求后可以获得双学士学位[11]，此类探索性尝试能够更好地培养社会所需的图书馆学专业人才。

（3）研究生教育

研究生教育是我国图书馆学的高层次教育，对于我国丰富图书馆学教学与科研队伍、提高科研与教学水平至关重要。

改革开放初期，我国图书馆学研究生招生制度开始恢复。1978 年，武汉大学和南京图书馆等单位招收改革开放以来首届“目录学研究方向”的硕士研究生。1981 年《中华人民共和国学位条例》的实施以及国务院批准的《中华人民共和国学位条例暂行实施办法》，确立我国学士、硕士、博士三级学位的学术制度[12]。同年 11 月，北京大学、武汉大学获得国务院学位委员会的批准，建立首批图书馆学硕士学位授权点，我国进入图书馆学研究生学位授权的新时期[13]。1984 年华东师范大学，1986 年南京大学、南开大学与中国科学院文献情报中心，1990 年中山大学等分别获批建立图书馆学硕士学位授权点。截至 1990 年底，我国建设有 7 个图书馆学硕士点。截至 1998 年底，我国国内培养图书馆学情报学硕士 1465 名，为我国图书馆学、情报学教育、科研和图书情报机构输送大批高层次专门人才[14]。

20 世纪 90 年代，我国图书馆学博士教育开启。1990 年，北京大学和武汉大学获批建立第一个图书馆学博士学位授权点，1991 年开始招生[15]。截至 2000 年，我国共建立图书馆学博士点 3 个。

20 世纪末，我国图书馆学教育初步形成“本科—硕士—博士”三级正规学位教育，不断向高层次学术教育迈进，提升图书馆学的学科学术地位。

（4）博士后教育

2003 年，我国只有北京大学、武汉大学和中国人民大学 3 个图书馆、情报与档案管理博士后科研流动站，至 2018 年达到 10 个（见表 2）。博士后流动站的建立有利于吸纳国内外图书情报领域的优秀博士，为其进一步提升学术层次，加强科学研究深度，深入开展高质量图书馆学科学研究提供良好的平台，对于培养和利用高级图书馆学人才有着重要作用，也进一步完善我国图书馆学教育体系。

表 2　1978—2018 年我国图书馆学专业教育点发展情况　单位：个

图书馆学专业教育办学层次	1978 年	1981 年	1991 年	2001 年	2003 年	2006 年	2009 年	2011 年	2018 年
大学本科	2	2	52	22	25	28	26	21	25
硕士点	1	2	7	18	21	40	42	55	58
博士点	0	0	1	3	6	8	8	9	13
一级学科博士点	0	0	0	2	2	5	5	7	13
一级学科博士后流动站	0	0	0	0	3	3	5	5	10

2. 多类型的成人继续教育

20 世纪 80 年代繁荣发展的图书馆事业对于专业人才的需求迫切，仅凭大学的学历教育已无法满足，因此催生各种形式的成人教育。1986 年召开的全国成人教育工作会议提出成人教育的重点是开展岗位培训[16]。我国图书馆员素质显著提升，很好的补充正规教育培养人才数量不足的问题。我国的图书馆学成人教育形式多样，主要有函授、广播电视大学、夜大、短训班、进修班、自学考试等。

（1）函授与专修教育

图书馆学函授教育分为高等函授教育和中等函授教育，是主要面向图书馆在职干部开展的多层次与多规格的学历教育。1980 至 1985 年是图书馆学函授教育发展的高峰期。1980 年，北京大学、武汉大学恢复图书馆学函授专修科的招生，北京大学和武汉大学的函授招生数量大，仅这两所高校函授生就有 4500 多人。1982 年，教育部下发《关于举办高等学校图书馆专业干部进修班的暂行规定》，委托部分院校图书馆学系（专业）或图书馆举办高校图书馆专业干部进修班，进行在职干部专修或业余教育。据不完全统计，1980 年至 1990 年 10 年间，我国函授生人数超过 6000 人[17]。

（2）培训进修

培训进修主要针对广大图书馆在职人员开展短期培训。如 1982 年 2 月武汉大学图书馆学系开办图书馆学短训班，1983 年开办在职科技情报人员进修班以及开展针对偏远地区的新疆班、内蒙班等短期培训[18]。又如 1980 年至 1986 年，文化部图书馆事业管理局举办 3 次"全国省、市、自治区图书馆馆长研讨班"和 2 次"全国少年儿童图书馆业务人员训练班"，中国科学院 1980 年至 1988 年举办 8 期"图书情报干部培训班"[19]。截至 1987 年，全国约 16 家单位举办过 1—3 年的图书情报干部进修班，学员 2000 多人[20]。

（3）电大教育

1985 年中央广播电视大学开办图书馆学专业，招生近 2 万余人[21]。同年召开中央广播电视大学图书馆学专业教育工作会议，成人教育的发展达到高峰[22]。电大教育招生数量大，针对人群范围广，相对其他成人教育方式入学条件较为宽松，对于 20 世纪 80 年代更大范围的图书馆学知识与技能的传播具有深远意义。

20 世纪 80 年代图书馆学成人教育发展势头迅猛，在培养专业人员缓解图书馆行业人才短缺上发挥很大作用。但由于宏观管理和统筹规划没有到位，教学内容与方法存在不足，导致图书馆学成人教育的火热局面未能持续[23]。

3. 中国特色图书馆学教育体系形成

20 世纪 90 年代，我国已经形成普通高等教育（大专与本科）和高等专门教育（硕士和博士）以及成人继续教育相结合的，层次清晰、结构合理、完善的具有中国特色的图书馆学专业教育体系。这不仅能够为图书馆事业实践发展输送拥有各层次知识与技术能力的专门实践人才，也为图书馆学教育与科研事业培养所需的高精尖人才。

进入 21 世纪后，图书馆学科教育以及图书馆事业发展面临着各项挑战，符合中国国情的图书馆学教育体系的形成对于新世纪我国图书馆学及图书馆事业的可持续发展具有重大意义，成为解决信息技术高度发展带来的图书馆危机的坚实后盾。

三、信息化推进图书馆学教育大变革

1. 图书馆学教育危机

20 世纪 80 年代，信息化浪潮席卷全球，信息资源作为战略资源在经济竞争与发展中发挥前所未有的作用。信息化的发展推动图书馆教育不得不做出大变革。其一，信息技术发展突飞猛进，各类信息产业涌现，信息服务类型丰富多样，信息领域出现激烈竞争，用户有了更多的信息产品选择。在信息化社会背景下，图书馆的用户数量骤减，图书馆信息服务地位动摇，图书馆事业发展遭遇挑战。其二，由于 20 世纪 90 年代我国从计划经济向市场经济转变，图书馆等文化事业单位被迫“以文养文”，图书馆在经费不足的情况下，无力吸纳大量的图书馆学毕业生。其三，包括视听文献、缩微文献、机读文献、电子文献等各类新型载体出现以及数字化、网络化大趋势冲击着传统图书馆的根本，图书馆迫切需要引进最新的计算机网络技术和多媒体技术，实现图书馆的现代化转型[24]。然而，传统的图书馆学教育核心内容主要是图书馆管理学、图书分类、图书编目、目录学、图书选择与订购等，培养的毕业生的知识结构难以满足图书馆信息化的迫切需求。其四，高等教育改革特别是招生制度改革导致报考图书馆学的生源下滑。信息化带来的众多因素造成图书馆学的招生与就业出现困难。

2. 图书馆学系改名潮

1992 年 9 月，国家科委决定把“科技情报”一词更名为“科技信息”，中国科技情报研究所改名中国科学技术信息研究所[25]，从而掀起全国的改名潮。1992 年 11 月，在武汉召开首届全国图书馆学系主任联席会议，会议鼓励各专业教学点拓宽专业面，强化计算机技术教育，确定 12 门图书馆学专业核心课程，提出创建“信息管理专业”的问题，讨论系名问题等，此次会议对于图书馆学教育改革产生重大影响。在国家科委改名的背景下以及武汉会议的推动下，各地图书馆学系迎来一次重大的改名调整。北京大学率先于 1992 年将图书馆学情报学系改名为信息管理系，之后全国 50 余所高校图书馆学系（图书情报学系）陆续改名为“信息管理系”或“信息资源管理系”或“信息技术与管理系”等，见表 3。

表 3　1992—2001 年我国图书馆学系改名情况

年份	改名信息管理系
1992	北京大学图书馆学情报学系改名信息管理系，中山大学图书情报学系改名信息管理系，山东大学图书馆学系改名图书情报系
1993	华东师范大学图书情报学系改名信息学系，北京联合大学图书情报学系改名信息技术与管理系，北京师范大学图书馆情报学系改名信息技术与管理学系，山西大学图书情报学系改名信息管理系，华南师范大学图书情报学专科改名信息管理学系，安徽大学图书情报学系改名信息管理系，山东大学图书情报系改名信息管理系，华中师范大学图书情报学系改名信息管理系，南京农业大学农业图书情报系改名信息管理系，辽宁师范大学图书情报学系改名信息管理系
1994	南开大学图书馆学情报学系改名信息资源管理系，南京大学文献情报学系改名信息管理系，四川大学图书情报学系改名信息管理系，河北大学图书情报学系改名信息管理系，郑州大学图书情报学系改名信息管理系，空军政治学院图书档案系改名信息管理系，西南师范大学图书情报学系改名信息管理系，湘潭大学图书情报学系改名信息管理系，黑龙江大学图书情报学系改名信息管理系
1995	东北师范大学图书情报系改名信息管理系，湖南医科大学医学图书情报系改名医药信息系
2001	武汉大学图书情报学院改名信息管理学院

与以前图书馆学系改名图书情报学系不同，此次改名对图书馆学专业建设和学科建设产生重大影响，也引发学界改革大讨论。一方面图书馆学院系更名是顺应信息化时代的必然，在某种程度上促进图书馆学教育与信息化技术的结合，较好地将新技术与新理论融入学科之中，扩大和增加毕业生的就业机会与范围，但也带来争议与弊端，本科阶段在招生、教学组织、课程设置、教

学内容等方面与传统图书馆学教育相去甚远。课程设置出现失衡，许多高校对专业课程的名称与内容进行革新，文献、分类、编目等传统核心课程被代之以“信息组织”“信息检索”等课程，旨在匹配信息时代的特征[26]；或者将传统核心图书馆学课程压缩，大量计算机和网络技术的相关课程则被引入，核心课程的缺失以及大量信息类、经济类课程的引入导致图书馆学教育走向大而不精。教学方式上，更名后的图书馆学教育注重课堂讲授却忽视图书馆业务培训，使得教育与图书馆的实际需求产生较大脱节。在高考恢复之时曾热极一时的“图书馆学”在这次改名中悄然消失，院系改名以及课程大调整带来图书馆学专业形象受损、学科地位降低、学术研究自尊受挫，图书馆学教师改行、图书馆职业吸引力受创等诸多负面影响，无疑给图书馆学教育带来深重打击[27]。从 2001 至 2012 年，武汉大学、黑龙江大学、中国人民大学、中山大学、南京大学、华中师范大学 6 所大学相继成立信息管理学院，一些学科在学校的地位开始提升，图书馆学教育受挫的局面有所好转。

3. 图书馆学学科地位重塑

20 世纪 90 年代，在信息化和各种复杂环境的影响下，图书馆学教育向何处去成为关注的重点。1993 年 12 月，在上海举办首届海峡两岸图书资讯学学术研讨会，至 2018 年已举办 14 届，探讨图书馆学教育面临信息化机遇与挑战的一系列问题，成为促进与交流两岸图书馆学教育的重要学术平台。

自从社会环境、教育环境以及图书情报行业环境综合影响图书馆学教育开始，人们就对专业名称甚至一级学科名称进行反思。然而，即使有教育部专业目录的规定，仍然没有解决图书馆学教育的科学定位和学科地位提升问题。

1997 年 6 月，国务院学位委员会颁布修订的研究生专业目录，把图书馆学、情报学和档案学归入新设立的管理学学科门类，由此重新确立图书馆学情报学的学科地位。1998 年 7 月，教育部颁布新修订的普通高等学校本科专业目录，把图书馆学专业和档案学专业作为一级学科“图书档案学类”下属的二级学科，归入新增设的管理学学科门类；将原来的信息学、科技信息与经济信息管理、管理信息系统、林业信息管理共 5 个专业合并为“信息管理与信息系统”专业，将该专业归为一级学科“管理科学与工程类”下属的二级学科[28]。这两次本科专业目录与研究生专业目录的修订，导致本科情报学专业地位的丧失，图书馆学保住了已有的专业地位，但也存在着被一级学科弱化或与其他二级学科合并的风险。

在信息化潮流中，图书馆学教育危机和变革此起彼伏，消极情绪和积极态度同时影响着各办学单位。在这一系列突变之后，人们从多年来盲目改名合并重组的专业动荡中清醒地认识到面向职业培养目标的重要性，无论是面向图书馆职业还是面向更宽广的信息职业，寻找专业基点和专业的核心竞争力成为共识[29]。因此，我们既要鼓励图书馆学专业教育紧跟信息管理和计算机化的发展趋势，积极提升自身学科与学术地位，又要坚守自己的核心内容，发展原有特色，保证本专业的独立性不能丢失；图书馆学教学既要明确自己的教学边界，切不可大而杂，又要努力将传统专业课程与现代信息化、网络化技术课程整合，丰富教学内容，提升学生信息化意识与技术运用能力，真正培养出能够满足图书馆事业转型各项需求的专门化人才。

四、图书馆学教育面对国际化与 iSchool 运动的选择

1. 图书馆学教育走向国际化

进入 21 世纪以来，随着国际化趋势的深入影响，我国图书馆学教育逐渐开始注重吸收国外先进教育理念与教育模式。国内高等教育机构开始重视师资的引进，包括引入国外图书馆学的经典教材、重设专业课程等，越来越多的院校鼓励教师出国讲学、留学或访学，积极参与国际学术交流活动。图书馆学教育模式从最初的“引进来”转向“走出去”，从多层面进行教育转型与改革。

图书馆学教育在面向国际化的进程中，从被动转向主动，积极参与国际图书馆学教育的重要事务，积极组织图书馆学教育问题的国际研讨。

2000年11月、2006年10月、2010年10月、2015年10月[30]，武汉大学与匹兹堡大学联合举办四届中美数字时代图书馆学情报学教育国际研讨会，研讨主题广泛而深入。

21世纪初，传统的图书馆学教育受到信息社会转型的冲击，开始发生重大的改变，新技术的发展扩展学科外延，只局限在原先的研究范围内必然会逐渐失去学科话语权。面对这样的危机，图书馆学科教育面临着重要抉择，是坚守阵地还是向外围拓展并采取新的措施争取其在信息领域的地位，是以图书馆职业为核心还是放弃图书馆行业以信息或信息资源为核心，成为图书馆学教育者争论的焦点。与此同时，国际上出现“去图书馆化”的倾向，据2006年的调查数据，美国全部49所图书馆情报学科（Library & Information Science，简称LIS）院系名称中，无Library字眼的有12所，占24.5%；英国17所LIS院系名称中，有16所都去掉了Library字眼；澳大利亚11所LIS院系名称中，全部去掉了Library字眼[31]。这对于我国图书馆学教育产生一定影响。

2. iSchool运动影响图书馆学教育改革

图书馆学教育国际化的结果是国际上兴起的iSchool运动对我国图书馆学教育产生了较大影响。iSchool运动始于2003年，旨在提升21世纪信息领域研究与教育改革，希望将原先的LIS发展成跨学科的信息学教育。2005年由美国的部分信息学院正式组建成有规模的联盟组织iSchool，很快吸收许多国家的图书情报办学机构参加，这本身就反映信息教育正在吞食图书馆学教育。目前全球已有107个iSchool成员，分布在多个国家和地区，中国加入到iSchool联盟的高等院校已有12所，其中，内地（大陆）有9所：武汉大学、南京大学、华中师范大学、吉林大学、南京理工大学、北京大学、中国人民大学、上海大学、中山大学；港澳台地区有3所：香港大学、台湾政治大学、台湾师范大学。

iSchool自2005年举办第一届iconference会议，目前已经举办过13届年会，多数在北美地区召开，2017年首次在中国由武汉大学主办，这次大会主题围绕“影响·拓展·提升：跨越信息社区的全球合作”展开，新增的中文分论坛和iSchool最佳实践（iSchool best practice）成为此次会议的一大亮点。会议上，来自国内外的学者围绕图书馆情报学的课程体系设计、教师职业发展和学生就业辅导等主题进行深入探讨。此外，亚太iSchool联盟CiSAP于2008年成立，2011年10月28日该联盟委员会会议在北京大学信息管理系召开[32]。

我国图书馆学教育面临iSchool运动的影响，有两种不同的态度和对策，一种是积极加盟，参与相关活动，以扩大我国图书馆学教育的国际影响，认为这种做法有利于引进外籍教师，扩大我国LIS专业的留学生规模，促进学生与国际化接轨。另一种是反对、质疑或持审慎观望的态度，认为“iSchool运动在图书馆情报学科的重组过程中，LIS被严重曲解，LIS社群（LIS as a community）最大的问题是将‘图’‘情’分立”[33]，“学科教育人员应对iSchool运动中的‘去图书馆化’倾向保持警惕的态度”[34]，主张在适应信息社会的发展，追求教育改革的同时要保留学科的核心内容，这些对于学科融合的反思和对于学科教育人员的警醒是有益的。

3. 面向国际化的三大工程推动图书馆学学科建设

从更大的教育背景来看，我国高等教育在面向国际化趋势下所提出的“985工程”“211工程”“双一流”工程对形成中国特色的图书馆学教育体系也产生重要影响。1995年启动的“211工程”是指面向21世纪、重点建设100所高等学校和一批重点学科的建设工程，在112所211高校中，34所高校有图书馆学专业；1999年启动的“985工程”提出“为了实现教育现代化，建设我国若干所具有世界先进水平的一流大学”，注重学科导向，引入竞争机制，实施“985工程优势学科创新平台”，在39所985高校中，16所高校有图书馆学专业；2015启动的“双一流”工程是指建设世界一流大学和一流学科，这是继“211”“985”工程之后的又一大国家战略，它的提出和实施有利于提升中国高等教育的综合实力和国际竞争力，其中武汉大学、南京大学和中国人民大学3校的图书情报与档案管理一级学科被纳入重点建设的一流学科行列，在国家层面有了重大的发展支持。这三大工程对于我国图书馆学科教育跻身世界一流水平，顺应国际化融合发展起到促进作用。

国际化背景推动图书馆学教育的国内外交流和质量提升。全国图书馆学博士生学术论坛和暑期学校成为近10年来图书馆学教育质量提升的新举措，北京大学、武汉大学、南京大学等校率先举办相关活动。北京大学自2006年获得“研究生教育创新计划”项目资助创办论坛，至2018年已举办12届全国图书馆学博士生学术论坛。这些论坛和暑期学校成为全国图书馆学博士生进行学术交流的重要平台，为促进博士生学术创新和图书馆学学科发展发挥较好作用。

在图书馆学教育面对国际化转型的过程中，我国的学科教育改革坚持避免同质化，努力体现自身特色的态度。“培养什么人、怎样培养人、为谁培养人”是新时代高等教育的根本问题，在面对建设我国公共文化服务体系、提倡全民阅读、实施中华古籍保护计划等时代要求下，图书馆学科教育也自觉承担起它的使命，如中山大学“面向国家文化传承与发展的图书馆学四位一体创新人才培养体系”，从教学、科研、实践和服务四个层面创新专业教育体系。

五、图书馆学教育进入面向职业的转型期

1. 面向图书馆事业的应用型人才培养

改革开放以来，我国图书馆学教育定位始终是培养高层次专业人才，而研究生教育定位于培养研究型人才，培养方向全部是学术学位研究生。随着图书馆数字化，社会经济趋于信息化主导等因素的影响，传统的学科人才培养模式已经难以适应信息职业的需求。一方面，随着学术人才培养数量的增多，许多毕业生在就业上难以找到合适的职业和岗位，出现研究型人才趋于饱和并难以就业的局面；另一方面，图书馆迫切需要实践能力强的应用型人才，要求图书馆学教育机构面向职业，改变原有的人才培养定位。如何解决人才培养学术化与社会需求职业化的矛盾成为20世纪90年代末至21世纪初的突出问题。

为了改善上述问题，我国图书馆学本科教育做出面向图书馆事业，从培养学术型人才转向重点培养复合型应用型人才的较大调整，重点发展实践教学，主要体现在两个方面：

（1）课程体系改革

图书馆学教育在课程设置上逐渐以信息行业转型需求为参考，反映其对专业人才培养的要求。随着数字图书馆、智慧图书馆等新概念的提出，课程的关键内容也在不断更新换代，在2003年湘潭会议上将数字图书馆列为图书馆学专业本科的核心课程之一。

（2）教学方法和手段的改革

这一改革的重点是建设现代化的教学平台。精品课建设是早期本科专业建设的抓手。2003年4月8日，教育部颁布《关于启动高等学校教学质量与教学改革工程精品课程建设工作的通知》，开始国家精品课程建设。从2004年至2010年，列入国家精品课程的图书馆学课程共有10门，其中武汉大学获得5门，即“目录学概论”（2004年）、“信息管理学基础”（2005年）、“信息服务与用户”（2007年）、“信息资源建设”（2008年）、“信息检索”（2010年），其他学校有北京大学“图书馆学概论”（2005年）、中山大学“信息资源共享”（2007年）、山东理工大学“信息检索与利用”（2007年）、中南大学“文献信息检索”（2009年）、西南交通大学“信息检索”（2010年）。国家级精品课程评审工作至2011年告一段落，教育部转向启动国家级视频公开课建设，计划用5年时间打造1000门精品视频公开课[35]。

慕课（MOOC）的运用也成为专业教育平台建设的一大亮点。目前在中国大学MOOC[36]中图书馆学MOOC上线10门，包括武汉大学的“信息检索”“信息组织原理与利用”“信息素养与实践——给你一双学术慧眼”，北京师范大学的“网络信息计量与评价”，中山大学的“信息素养通识教程：数字化生存的必修课”，中国科技大学的“文献管理与信息分析”，华东理工大学的“文献检索”，华南师范大学的“信息素养：开启学术研究之门”，华北电力大学的“相约图书馆”，四川师范大学的“信息素养：效率提升与终身学习的新引擎”。其课程大纲设置兼顾理论与实践相结合，其高自由度和自主性的学习方式更

有利于提升学生的思考能力与实践能力。

2. 图书情报专业学位教育开启

研究生教育制度改革是21世纪改革的重点，针对我国长期以来只有科学学位的单一培养制度以及无法适应现代产业和新型行业的人才需要这一问题，最有效的解决路径是发展专业学位、实施面向职业的专业教育。

图书情报专业学位教育在国外发达国家非常普遍，但在我国，2010年才正式建立图书情报专业学位教育制度，改变了我国原先的图书情报教育体系结构。我国的专业学位教育始于1991年，但只有少数几种专业学位。2010年是一个重要时间节点，教育部启动硕士专业学位教育大发展工作。2010年5月，国务院学位办发布《关于开展新增硕士专业学位授权点审核工作的通知》（学位〔2010〕20号），确定35种硕士专业学位，图书馆学硕士专业学位列于其中，当时的名称为“图书信息管理”。在随后的文件中，该专业学位被定名为图书情报专业硕士（Master of Library and Information Studies，简称MLIS）。当年全国有18所院校获得首批图书情报硕士专业学位授权点，这18所院校分布于12个省和3个直辖市。

MLIS设置后发展快速，受到图书情报用户单位的欢迎。2011年首届只有15所院校招生182人[37]。2017年，全国MLIS共招生1100余人，当年新增18所院校图书情报硕士专业学位授权点。截至2018年底，全国图书情报硕士专业学位授权点分3批总数达到49所。

MLIS教育开始以来，许多学校进行人才培养模式的探索，借鉴美国MLIS办学经验和我国MBA教育成功的启示[38]，大量开展案例教学，通过情景再现的形式将学科理论知识与实践问题相结合。在2016年的全国图书情报专业硕士教学案例大赛中，共有23个优秀教学案例入围获奖，并被收入教学案例库[39]。

MLIS教育的迅速发展，对于适应并促进图书馆转型具有重要意义。然而，随着MLIS教育的不断增多，许多培养单位并没有将学术学位培养与专业学位培养区分开来，而是采取两种学位学生共同上课、共同培养的方法以节省成本。这显然与建立专业学位的初衷相悖，专业学位不同于学术学位强调学术研究能力，它更加强调的是图书情报职业者的业务管理能力[40]。如中国图书情报硕士专业学位设置方案中就提出：“MLIS培养过程应该突出实践导向，加强实践教学的时间（不少于半年）；鼓励使用团队学习、案例分析、现场研究、模拟训练等方法进行教学”，旨在更好地加强图书馆学教育与实践的对接，但目前在实际教学过程中仍有许多规范与标准值得探讨。

简而言之，MLIS教育在适应图书馆新业态、面临信息化职业转型以及培养社会需求的专业化人才道路上，需要进行长期建设与发展。

六、构建图书馆学人才培养的质量保障系统

1. 图书馆学专业学科评估

改革开放40年我国图书馆学教育得到全方位的发展是与国家政策支持和各方面的重视分不开的。曾任中共中央政治局常委的李长春在国家图书馆建馆100周年大会上的讲话强调：“要进一步办好高等学校的图书馆专业，培养更多高层次人才”[41]。

学科评估对于高校教学水平具有重要的促进作用。图书馆学本科教育在对人才培养过程中的价值体现在为实践领域提供专业人才，以及为高端教育层次提供研究人才2大方面[42]。国际上已有针对图书馆学本科教育的专门评估标准，如英国高等教育质量保证署标准（QAA）。我国的本科教学评估自1985年开始，一些省市开展高校办学水平、专业、课程的评估试点工作；1994年，国家教委开始有计划地实施针对普通高等学校的本科教学工作评估，图书馆学科教育也积极参与到评估工作中来，对提升图书馆本科教学水平起到积极促进的作用。

在研究生阶段的学科评估工作上，我国自2004年以来，已经开展4次专门针对图书情报与档案管理研究生教育的一级学科评估，排名前10名的学校情况见表4。通过科学客观的评估指标，使自身学科找准在教学中的优势与劣势，进而推动图书馆学科建设，提升研究生人才培养的质量。

表 4 历次图书情报与档案管理研究生教育一级学科评估

第一次评估 2004 年 2 月公布	第二次评估 2007 年 3 月公布	第三次评估 2013 年 1 月公布	第四次评估 2017 年 12 月公布
全国 42 个一级学科评估	全国 81 个一级学科评估（两轮公布：第一批 31 个；第二批 50 个）	全国 95 个一级学科评估，391 个单位的 4235 个学科参评	全国 95 个一级学科评估，513 个单位的 7449 个学科参评
本一级学科参评高校 6 所	本一级学科参评高校 16 所	本一级学科参评高校 28 所	本一级学科参评高校 39 所，其中具有博士授权的高校 10 所
武汉大学(88.75) 北京大学(79.37) 南京大学(77.00) 南开大学(70.99) 中山大学(65.90) 吉林大学(61.50)	武汉大学(100) 中国人民大学(87) 北京大学(85) 华中师范大学(80) 南京大学(79) 南开大学(71) 北京师范大学(70) 河北大学(69) 郑州大学(69) 四川大学(68)	武汉大学(96) 南京大学(86) 中国人民大学(85) 北京大学(79) 华中师范大学(76) 中山大学(76) 南开大学(74) 吉林大学(74) 华东师范大学(70) 上海大学(70) 四川大学(70)	武汉大学 A[+] 南京大学 A[+] 中国人民大学 A[-] 北京大学 B[+] 南开大学 B[+] 中山大学 B[+] 华中师范大学 B[+] 吉林大学 B 云南大学 B 南京政治学院 B

注：表中括号内数字为得分。

2018 年，根据国务院学位办、教育部工作部署，MLIS 教指委组织图书情报专业学位的专项评估，评估范围为 2014 年获得授权且未调整的 12 个 MLIS 授权点，即：天津师范大学、山西医科大学、辽宁大学、东北师范大学、复旦大学、南京农业大学、福建师范大学、景德镇陶瓷大学、华中科技大学、华中师范大学、湘潭大学、中南大学。此次专项评估主要是检查学位授权点研究生培养体系的完备性，包括对师资队伍建设、培养方案与课程建设、培养制度建设、培养基地建设、实训条件以及培养效果的评估。目的在于确保图书情报专业学位研究生的教育培养质量，提升图书情报专业学位高层次应用人才的培养能力。

2. 图书馆学教育管理与指导

改革开放 40 年来，国家逐渐重视图书馆学教育管理和指导，成立专门的咨询组织。1997 年，国务院学位委员会成立“图书馆、情报与档案管理”学科评议组；2002 年，教育部成立高等学校图书馆学学科教学指导委员会；2011 年，国务院学位委员会、教育部、人力资源和社会保障部成立全国图书情报专业学位研究生教育指导委员会。这 3 个国家级委员会积极进行图书馆学教育专业规范、指南编制与相关研究，在图书馆学人才培养、专业建设和学科建设指导等方面起到不容忽视的作用。

质量是 21 世纪图书馆学教育的生命线。提高课堂“含金量”，是为图书馆学教育能够培养高质量、多元化人才打下基础。图书馆学科在未来发展过程中，除了要面临外部环境的影响，更要关注学科自身质量的提升。

结　语

纵观我国图书馆学教育的百年史，从社会环境特别是教育环境对图书馆学教育的影响看，没有改革开放 40 年我国经济与社会发展的巨大进步，就没有教育的大发展，图书馆学教育迎来从未有过的有利的发展环境。从图书馆事业对图书馆学教育的影响看，在欧美发达国家图书馆事业处于低迷的背景下，改革开放 40 年我国图书馆事业的快速发展并取得翻天覆地的巨变令世界瞩目，这对我国图书馆学教育超越式发展起到促进作用。因此，我国图书馆学教育百年，最辉煌的是改革开放 40 年。这 40 年，经过图书馆学教育界的努力，去除图书馆学教育受到“文革”破坏和极左思想伤害的阴影，脱离旧式图书馆学美式教育和苏式教育的桎梏，摘掉我国图书馆学教育落后于西方发达国家的帽子。图书馆学教育不仅仅在国家乃至世界教育体系中占有一席之地，而且为满足社会急需的人才需求，为图书情报事业和信息产业发展做出无可比拟的卓越贡献。在新时代，图书馆学人反思教育的历史，总结经验教训，全面发展面向国际化、具有鲜明中国特色的图书馆学教育，有着更为广阔更为壮丽的发展前景。

参考文献

[1] 王子舟.中国图书馆学教育九十年回望与反思[J].中国图书馆学报,2009(6):70－78,96.

[2] 马家伟,杨晓莉,姜洋.图书馆与图书馆学概论[M].长春:吉林科学技术出版社,2015:370.

[3] 陈传夫,吴钢,唐琼,等.改革开放三十年我国图书情报学教育的发展[J].图书情报知识,2008(5):5－14.

[4] 国家图书馆研究院.我国图书馆事业发展政策文件选编(1949－2012)[M].北京:国家图书馆出版社,2014:96.

[5] 倪波,郑建明.图书馆学信息学教育的发展与成就[M]//《中国图书馆年鉴》编委会.中国图书馆年鉴1996.北京:北京图书馆出版社,1997:342－346.

[6] 吴慰慈.中国图书馆学情报学教育的现状[C]//武汉大学信息管理学院.首届中美数字时代图书馆学情报学教育国际研讨会论文集.武汉:武汉大学,2000:100－104.

[7] 文化部图书馆事业管理局.图书馆工作汇报提纲[G]//文化部图书馆事业管理局.图书馆工作文件选编.北京:文化部图书馆事业管理局,1983:2－11.

[8] 王子舟.中国图书馆学教育九十年回望与反思[J].中国图书馆学报,2009(6):70－78.

[9][22] 肖希明,温阳.改革开放以来我国多层次图书馆学教育体系的建立与发展[J].图书馆,2019(1):1－8.

[10] 肖东发.拓展教学研究空间培养社会急需人才迎接时代挑战谱写教育新篇——北京大学图书馆学情报学系成立45周年改名为信息管理系[J].图书馆学研究,1993(1):3－7,14.

[11] 肖东发.中国图书馆学情报学教育40年(1949～1989)[J].图书馆学通讯,1989(1):3－10,89.

[12][14] 彭斐章.迈向21世纪的我国图书馆学情报学研究生教育[J].中国图书馆学报,2000(1):32－36.

[13][15] 陈传夫,陈一,司莉,等.我国图书情报研究生学位授权“四个十年”研究[J].中国图书馆学报,2017(1):17－28.

[16] 李清江.加强以岗位培训为主的图书馆学成人教育[J].高校图书馆工作,2001(6):84－86.

[17] 中国图书馆年鉴编委会.中国图书馆年鉴1996[M].北京:北京图书馆出版社,1997:359.

[18] 邹华享.中国图书馆事业1983年大事记[J].图书情报知识,1984(3):53－56.

[19] 汪金蕊.我国当代图书馆学成人教育发展概览[J].中国成人教育,1999(5):23.

[20] 邹华享.中国图书馆事业1987年大事记(下)[J].图书情报知识,1988(3):49－51.

[21] 鲁海.由“电大”图书馆学专业的开办所想起的[J].图书馆工作与研究,1985(4):6－17.

[23] 肖希明.对图书馆学成人教育现状与发展的思考[J].图书情报知识,1989(4):40－42.

[24] 时保吉.信息化对图书馆学研究的冲击与刷新[J].安阳师范学院学报,2002(3):82－84.

[25] 郑金帆.试论图书馆学系改名[J].津图学刊,2004(3):20－21.

[26] 徐跃权,陈璐,邱丰.我国图书馆学本科教育的发展方向与趋势[J].图书馆学研究,2015(23):2－6,14.

[27] 于鸣镝,初景利.试评图书馆学系更名[J].图书情报工作,1998(7):49－52.

[28] 王知津.90年代后期我国图书馆学情报学专业教育[J].情报资料工作,2002(1):73－75,72.

[29] 柯平.2012年中国图书馆学教育情况综述[M]//《中国图书馆年鉴》编委会.中国图书馆年鉴2013.北京:北京图书馆出版社,2013:49－60.

[30] 本刊编辑部.第四届中美数字时代图书馆学情报学教育国际研讨会在武汉大学隆重召开[J].图书情报知识,2015(6):封底.

[31] 孟广均.国外图书馆与资讯学教育:调研与思考[M]//武汉大学信息管理学院.变革·发展·前瞻:第二届中美数字时代图书馆学情报学教育国际研讨会论文集.武汉:武汉大学出版社,2007:1－7.

[32][35][37] 周和平.中国图书馆事业发展报告2012[M].北京:国家图书馆出版社,2013:472－495.

[33] 于良芝,梁司晨.iSchool的迷思:对iSchool运动有关LIS、iField及其关系的认知的反思[J].中国图书馆学报,2017(3):18－33.

[34] 肖希明,李琪,刘巧园.iSchools“去图书馆化”的倾向值得警惕[J].图书情报知识,2017(1):19－25.

[36] 中国大学MOOC.图书情报课程[EB/OL].[2019－09－27].https://www.icourse163.org/category/Library%20Infor mation.

[38] 李月琳,闫慧,柯平.打造LIS领域的MBA:关于图

书情报专业硕士(MLIS)学位教育的思考[J]. 图书情报工作,2011(13):24 - 27,120.

[39] 全国图书情报硕士(MLIS)专业学位研究生教育指导委员会. 关于公布图书情报专业硕士教学案例大赛获奖结果的通知[EB/OL]. [2019 - 09 - 27]. http://mlis. whu. edu. cn/news. jsp?id=106.

[40] 柯平,张文亮,何颖芳. 对我国图书情报专业学位教育若干问题的思考[J]. 情报资料工作,2012(6):91 - 96.

[41] 李长春. 在国家图书馆建馆 100 周年庆祝大会上的讲话. [J]. 中国图书馆学报,2009(5):4 - 7.

[42] 李月琳,梁娜. 使命导向的教育质量管理:AACSB 认证与我国的图书馆学本科教育[J]. 图书情报知识,2014(6):5 -11.

改革开放40年我国图书馆学基础理论研究综述

肖　雪（南开大学商学院信息资源管理系）

2018年是改革开放40年。在这40年里，我国社会思想解放、开放包容、锐意创新，经济、文化从复苏走向繁荣，图书馆学学科和图书馆事业与社会发展谐生共振，走过一条曲折探索的复兴之路，图书馆学基础理论也在其中经历复苏、迷茫、转向、深化和勃兴的过程，取得令人瞩目的研究成果，培育一代又一代的图书馆学人。一个时代有一个时代的使命，但过去时代遗留下的印记为现在和未来的研究确立精神基调，也留下持续追问、继续探求的问题域，值得我们在前行的途中回望、梳理和思考。

图书馆学基础理论致力于从研究对象、理论基础、学科体系、学科科学性、研究范式等方面回答学科基本原理问题，提供学科发展的思想导引。纵观过去40年的发展历程，社会经济技术动向、图书馆事业进展、学科发展变革、学人思想解放、国外先进学术成果引进等因素影响着基础理论的回答，展现出研究的动态性。结合这些影响因素和基础理论研究路向的变化，将改革开放40年划分为1978—1990年、1991—2000年、2001—2008年、2009—2018年四个阶段逐一解读。

一、1978—1990年：基础理论的复苏与重构

1978年党的十一届三中全会之后，在解放思想、改革开放、拨乱反正、肃清极“左”思想影响的推动下，停滞10年的图书馆学开始复苏，图书馆学的学术组织、学术期刊、学科教育、基础理论教材、业界发展都呈现出一派苏醒后的勃勃生机。1979年，中国图书馆学会成立并召开第一次全国科学讨论会；同年，学会会刊《图书馆学通讯》复刊（后于1991年更名为《中国图书馆学报》），并带动一大批专业期刊复刊或创刊；1977年，北京大学、武汉大学恢复招收图书馆学本科生，合编教材，带动全国图书馆学教育事业发展；1980年，中共中央书记处通过《图书馆工作汇报提纲》，图书馆事业受到高度重视，在其快速发展的过程中，摆脱“图书馆是阶级斗争的工具”的意识，构建对图书馆性质与职能的新认识，也激发着对理论的渴求。在开放的氛围中，国外先进的图书馆学研究成果被大规模引入，美国图书馆学芝加哥学派代表人物谢拉的《关于图书馆学的基本原理》、印度著名图书馆学家阮冈纳赞的《图书馆学五法则》《美国及世界其他地区图书馆事业》、苏联著名图书馆学家丘巴梁的《普通图书馆学》均被译介进入国内，学者的视野打开。

这一切因素的累积为基础理论的春芽绽放既提供了孕育的土壤，也洒播下厚重的期盼，10年的空白留下历史性的断层，新的图书馆学基础理论体系亟待重建。北京大学、武汉大学合编的《图书馆学基础》正是呼应着这样的期盼出现。该书正式出版于1981年，从学术立场出发澄清对图书馆的性质与职能、图书馆的服务对象等的理论是非[1]，提出图书馆学研究对象“规律论”，加入图书馆现代化、图书馆网、图书馆管理等新内容，初步构建出符合我国实际的图书馆学基础理论的体系框架[2]，从而以其突出的成就被誉为“新旧图书馆学变更的历史见证”[3]。

不过这部著作对理论的高度概括与深度阐释不足也引发诟病[4-6]，显示出人们对当时基础理论普遍存在的事实描述型特征的不满，随后，超越图书馆表象，进行理论抽象，探求本质性原理的理念图书馆学开始兴起。1981年彭修义的《关于开展“知识学”的研究的建议》一文可谓开其先声，文中指出图书是知识的载体，知识是图书馆学的研究对象之一[7]，此观点一出即引发强烈关注和广泛支持。与此同时，电子计算机、信息通信技术的发展，信息论、控制论和系统论成为“新三论”激发了从信息观上认识图书馆学的思想，图书馆学研究开始从“书”深入到

知识、信息的内核层次[8-9]；谢拉、巴特勒等从社会认识论角度探究图书馆和图书馆学本质的思想[10]，波普尔"世界3"理论[11]及库恩的科学革命结构图式[12]的引介开阔了学者视野；1984年在杭州召开的基础理论探讨会（史称"杭州会议"）作为新中国成立后首次全国性的基础理论探讨会，集中体现新旧理论的碰撞，带来从经验图书馆学向多元化理论建设的转型，引发对图书馆学研究对象、理论基础、体系结构、学科性质的新认识。

在研究对象上，周文骏的"情报交流论"[13]、宓浩的"知识交流论"[14]虽然一论情报、一论知识，但都将图书馆界定为社会知识信息交流通道的中介机构，将图书馆学研究对象立足于知识信息交流的本质之上，产生很大影响；在理论基础方面，刘迅基于波普尔的"世界3"理论，将"客观知识世界"确立为图书馆学情报学的共同理论基础，引发与坚持"辩证唯物主义和历史唯物主义"是理论基础的学者之间的争辩；在学科体系结构上，周文骏将图书馆学体系结构划分为理论图书馆学、专门图书馆学和应用图书馆学[15]，张欣毅认为可从本体、时间、空间3大范畴和经验阶段、理论阶段、预测阶段3个学科结构发展阶段来进行划分，包括基本理论、分支理论、方法技术3个层次[16-17]，沈继武从学科研究内容角度划分的理论图书馆学、应用图书馆学、专门图书馆学、比较图书馆学[18]是比较有代表性的观点；在学科性质上观点各异，主要有信息科学[19]、应用社会科学[20]、综合性学科[21]等。

总体而言，这一阶段的基础理论研究异彩纷呈，展现理论研究从封闭走向开放、从立于图书馆工作表象向知识信息内核深入、从经验描述走向认识论思索、从直观思维走向逻辑思维的变化，对研究方法[22]、学科思想史[23-24]也有自觉意识，显露出新时期图书馆学基础理论的新气象。不过这一时期观点林立、"实用""经验"的旧有思维依然顽固，新学说有些过于玄虚，也显现出理论重建时期的混乱状态，因而转变研究风气、研究方向、研究方法的呼声高涨，张晓林《应该转变图书馆学研究的方向》[25]一文最为突出，其从理论本质深刻揭示传统图书馆学基础理论的弊病，呼吁将研究从图书馆及其业务中解放出来，这些呼吁促成图书馆学基础理论向科学、理性、多元方向深入迈进。在研究主题上，1986年后兴起的图书馆事业发展战略研究显现出一种新的路向，即运用图书馆学原理和方法，去研究解决图书馆事业和图书馆活动中的宏观现实问题[26]，它可以说是在20世纪80年代后期图书馆事业陷入低谷后的自然应对，尽管它一度以"发展图书馆学"之名被希冀成为新的图书馆理论形态[27-28]，但当时的研究成果并不理想，也受到很多质疑。客观地说，在80年代后期一直到90年代初，图书馆学基础理论进入平缓发展阶段，新的激活需要新的契机，90年代技术和社会环境的变化才又一次激发理论探讨的活力。

二、1991—2000年：世纪之交的转型、回眸与展望

这一时期国内外出现的新事物、新情况和新思潮极大影响图书馆面临的信息环境、职业环境和教育环境，也对图书馆学基础理论带来强烈冲击。1996年，国际图联大会首次在中国召开。这次盛会以"变革的挑战：图书馆与经济发展"为主题，恰当地概括出这一时期的特点即变革和挑战，会议中的主要议题如确认图书馆是获取信息的必由之路、图书馆网络化、图书馆通过信息提供为经济发展服务、图书馆有效开发经济资源、正确处理图书馆经费与信息服务的关系等，可谓是对这一时期重要议题的一次集中反映。

第一，新时期中最受瞩目的当数信息化浪潮。1993年，美国提出"国家信息基础设施建设"（俗称"信息高速公路"）计划；1994年，中国实现与Internet的全功能连接，开启我国互联网发展之路；1998年，"中国试验型数字式图书馆"建设立项，我国的信息化进入从基础设施到信息资源建设时期，信息技术、信息资源、信息管理、电子图书馆、虚拟图书馆、数字图书馆成为研究热词，汪冰的《电子图书馆理论与实践研究》是国内第一本系统论述电子图书馆的专著。而兰卡斯特在80年代关于"无纸化社会""图书馆消亡"的预言引发业界对图书馆未来的思考。1995—1996年间，《图书馆杂志》新视野栏目陆续刊载一组由时任上海图书馆馆长吴建中与国内

外图书馆馆长、图书馆学家的访谈实录，这组13期“关于图书馆未来的对话”包括信息革命与图书馆、图书馆与社区、图书馆与文化保存、图书馆员职业化、图书馆教育、图书馆发展前景等多个主题[29]，视野国际化，内容鲜活、思想先进，引起强烈反响。

第二，是建立市场经济体制的变革。1993年，中国共产党第十四届三中全会审议通过《中共中央关于建立社会主义市场经济体制若干问题的决定》，从此市场经济浪潮席卷全国，一时之间“图书馆与市场经济”成为热门讨论话题，引发对图书馆产业、图书馆管理、图书馆宏观战略的研究，从现在来看，其中对图书馆经营创收、商业化的一些论述颇多谬误，但好在斯时仍有学者坚持冷静思考，重申图书馆的人文传统和图书馆精神。卢泰宏阐明图书馆学的人文传统，指出将人和书结合起来是图书馆学最基本的哲学思想[30]；蒋永福也指出技术传统与人文传统应走向互补与整合[31]，提出“人文图书馆学”，认为图书馆学也是一种人学[32]，呼吁转变图书馆学的理论中心，建构以用户为核心的图书馆学[33]；程焕文提出“图书馆精神”一词，并将其概括为爱国、爱馆、爱人和爱书[34]。

第三，国内图书馆学情报学系掀起改名热潮。从1992年北京大学起，到2001年武汉大学止，国内图情院系均改为信息/信息资源管理学院（系）。这一改名潮的背后很大一部分原因是国外图情学院倒闭潮、国内图书馆“低谷”形势让我国图情学院深感危机临近，国外一些院系依靠向“信息资源管理”转型转危为安[35]，也提供了借鉴范本，再加之信息化的普及，改名成为大势所趋。改名潮映射出图书馆学从图书馆一隅向更深层次的信息知识本质和更广视野的信息领域进发的步伐加快，但也引来对研究对象和学科未来的迷茫与论争。就相关研究而言，刘洪波在1991—1992年间，针对“知识交流说”仅面向图书馆活动外部的不足，提出“知识组织说”，认为图书馆内部活动的实质是知识组织[36]；王知津从研究范围和发展策略角度对知识组织进行完善[37]。20世纪80年代末到90年代初期出现的文献信息学[38]、文献社会学[39]等学说虽颇有见地，但在大信息观的冲击下，很快成为明日黄花，让位于信息资源管理学说。1992年，《国外图书情报工作》推出《信息资源管理专集》，引发信息资源管理研究热潮；徐引篪、霍国庆于1998年提出“信息资源管理说”，认为图书馆的实质是一种动态的信息资源体系，图书馆学的研究对象就是信息资源体系及过程[40]。倪晓健《大学信息管理专业培养目标的思考》，李颖、钟守真《面向21世纪的信息管理专业课程设置探讨》，彭斐章《迈向21世纪的我国图书馆学情报学研究生教育》为面向信息管理的图书馆学教育提供具体思路。

第四，“知识经济”的提出。1996年，世界经济合作与发展组织（OFCD）率先提出“以知识为基础的经济”概念，“知识经济”广为人知。从1998年起，图书馆学界就知识经济与图书馆的关系进行热烈探讨，知识管理逐步成为一个新的研究热点乃至研究域，持续至今。张晓林在分析知识经济对图书情报工作的冲击之后，将知识服务，即以信息知识的搜寻、组织、分析、重组的知识和能力为基础，根据用户的问题和环境，融入用户解决问题的过程之中，提供能够有效支持知识应用和知识创新的服务，确定为新世纪图书情报工作的生长点[41]。

第五，这一时期恰逢建国50周年、改革开放20年、中国图书馆学会成立20周年和世纪之交等重要节点，因而历史回顾和未来展望的鸿篇巨作不少，大家之书颇多，所论皆视野开阔、大气磅礴。如黄宗忠《20世纪100年图书馆学基础理论的研究与进展及其评价（上、下）》《概论改革开放以来的图书馆学基础理论研究》，吴慰慈《回顾过去展望未来开拓前进——建设面向21世纪的图书馆学学科体系》《1990年以来的中国图书馆学基础理论研究》，邱五芳《扩张与虚化——图书馆学理论研究50年反思》，霍国庆《百年沧桑　三次高潮　四代学人——20世纪中国大陆和台湾地区图书馆学史总评》及续文等，视野跨越百年，视域扩展至英美、苏联、我国大陆及台湾地区，内容涉及研究主题、学史分期、学人断代、经验总结与未来展望，其中霍文中总结的“三次高潮”“四代学人”获得普遍认同。对西方图书馆学流派的梳理中，霍国庆等的《西方图书馆学流派论评》（一、二）和黄纯元《论芝加哥学派》(上、中、下)可谓集大成者，其间所渗透的学理思维和分析深度令人叹服。

总体而言，这一时期研究热点频出，理论研究分支细化，多元化已成蔚然之势。“乱花渐欲迷人眼”，在热点频出的情形下对图书馆现象的本质观照需要更本原的形而上的思考，周文骏先生遂于1996年倡议研究“图书馆哲学”，认为它一方面是图书馆和图书馆学理论研究的总结、概括和升华；另一方面也是一般哲学原理在图书馆领域的应用[42]，开启一个新的学术命题。蒋永福[43]、周庆山[44]、吕斌[45]等人的思考有一定价值，但更多的思考则留给后来者。在这一时期，基础理论研究成果蓬勃而厚实，其间散发的国际视野、理性思维、人文思想、科学方法之光映射出从传统图书馆学向现代图书馆学转型的剪影，这种过渡进程并未完成，现实对基础理论抛出来的许多问题还需要延续到下一时期乃至我们所处的当下来探寻。

三、2001—2008年:现代图书馆理念的醒觉与倡扬

21世纪伊始，既延续深化着上一时期的思想，又有新的命题出现。王子舟的一系列发文继续阐发其“知识集合论”思想[46]，从基本概念与核心概念[47]、内容体系[48]、理论[49]与实践基础[50]、学科范式[51]、学科性质[52]、学科宗旨[53]、知识受众[54]、知识组分[55]、专门方法[56]、学科地位[57]、学科发展阶段[58]、相关学科[59]等方面构筑完整而自洽的理论体系，后集结成《图书馆学基础教程》一书于2003年出版。同年，于良芝在北部发力，《图书馆学导论》一书集中体现她的思想，以职业哲学认识图书馆和图书馆学，将知识与信息的整理技术、理论及通过图书馆实现知识信息传递的原理确定为图书馆学的核心内容[60]，其对职业精神的倡导对于推动专业的图书馆职业建设和开展“图书馆精神”的讨论均有显著影响。2部著作各有特色，分别展示着本质主义和职业主义对图书馆学基础理论的构建，堪称一时瑜亮，影响一代人。立于知识基点之上，柯平提出将知识资源论作为图书馆学的研究对象，并构筑其基础理论体系[61—62]；梁灿兴将文献群中知识单元的可获得性作为图书馆学的研究对象[63]，在2001—2004年间以《图书馆》为主要阵地发表系列论文，阐述其“可获得性论”理论，有一定影响，但也引来不少商榷之语。

新的世纪激发着人们新的憧憬，《图书馆》组织“新世纪新观点三人谈”专题，《图书情报工作》组织“21世纪图书馆学情报学的研究方向”专题，均引发人们对新时期图书馆学研究取向探讨的兴趣。2003年，范并思发文提问“新世纪，图书馆学基础研究什么?”在他的回答里，研究观念而非概念、研究制度而非机构[64]似乎为之后的理论研究风向写下注脚，他率先指出“公共图书馆代表的是一种社会用以调节知识或信息分配，以实现社会知识或信息保障的制度”[65]，获得普遍认同，蒋永福在其基础上提出以制度范式为核心的图书馆学研究，即制度图书馆学[66]。围绕这一制度，上一时期图书馆产业化、有偿服务的观念被批驳并开始从基本价值层面的反思，之前未被充分讨论的人文关怀在步入新世纪后得到大力倡扬和拓展研究，以中国图书馆学会为主导，范并思、吴建中、程焕文、李国新、于良芝、蒋永福等学者为代表，学术期刊和项目为依托，图书馆权利、图书馆法、图书馆精神、核心价值等成为主要的研究话题。

2002年，中国图书馆学会第六届学术研究委员会图书馆法与知识产权研究专业委员会成立，在当年年会中主办“中国图书馆立法进程——与政府官员对话”专题论坛，李国新《关于中国图书馆立法的若干问题》甫一刊出就引来较多关注，文中指出我国制定图书馆法应该规范的内容，也很现实地指出一些长期制约事业发展的经费、人员待遇、呈缴本等很难通过目前的立法予以根本解决[67]，这在某种程度上回应图书馆权利是谁的权利的问题，使得“图书馆权利”成为不可回避的议题。2005年1月，中国图书馆学会首次新年峰会将“图书馆权利”设置为首个议题，同年，《图书馆建设》开辟“走向权利时代”专栏，“图书馆权利研究”成为国家社科基金项目。“图书馆权利”一词源于《图书馆权利法案》(Library Bill of Rights)，但在我国的认识却有不同观点：李国新认为图书馆权利从根本上说是利用者的权利，对图书馆权利形成集团性

共识并加以成文化确认就是图书馆的权力规范，其维护应该组织化，行业协会承担着义不容辞的责任[68]；程焕文认为图书馆权利是民众利用图书馆的自由、平等权利[69]；范并思认为图书馆权利包括社会立场和馆员立场2种图书馆权利，两者是统一的，即以保障公民信息权利为目标维护图书馆人的职业权利[70]；程亚男从图书馆服务角度坚持读者权利是一个不容忽视的问题[71]。

中国图书馆学会2004年年会以“百年的图书馆精神”为主题，2005年《图书馆》打出“21世纪新图书馆运动”旗号，以延续民国“图书馆运动”之精神，倡扬现代图书馆理念。范并思以历史梳理为基础追溯图书馆精神由来，指出图书馆人文精神的科学内涵表现为敬畏图书馆制度、维护图书馆权利、对弱势人群的知识关怀和坚持图书馆职业精神[72]，它在图书馆实践中的要求是公共图书馆应成为社区的实际存在、弥合信息鸿沟、成为信息门户[73]；程焕文认为公共、公开、共享就足以概括公共图书馆的历史精神[74]；杨文祥从跨学科历史思考的角度对图书馆精神的基本问题[75]、社会载体系统[76]、历史阶段性[77]和当代精神[78]进行系统论述；王宗义指出要解决崇高的“公共图书馆精神”与“实践的社会认同”背离的矛盾，就要将图书馆精神放在社会现实的相互关系中进行思考和落地[79]；吴建中在与范并思的通信中谈及图书馆和图书馆员存在的价值、图书馆员的核心能力和图书馆员的职业精神3个问题[80]，提示图书馆精神可以深入思索的方向，为此，《图书馆杂志》开展为期10个月的“图书馆员职业精神与核心能力”专栏研讨，吸引于良芝[81]、李超平[82]等理论研究者和以代根兴[83]为代表的实践者的共同加入，深化对图书馆精神的职业认识。

“核心价值”的探讨动力一是源于国际图联和欧美主要国家的图书馆协会确立核心价值（core values）的现实，二是源自2006年“社会主义核心价值观”的政策导引。2006年12月提前召开的中国图书馆学会2007年新年峰会就出现“图书馆核心价值的再认识”议题，它也成为2007年年会中位列第一的分主题，当年召开的第五次全国图书馆学基础理论研讨会也把图书馆核心价值作为主要议题之一，“中国图书馆的核心价值与《图书馆服务宣言》研究”获批中国图书馆学会专项资金项目[84]，引发核心价值研究热。蒋永福认为维护知识自由是图书馆职业的核心价值[85]，结合中国语境的表述可概括为“1+4”模型，即以文化权利为主范畴，保存与共享、促进阅读、平等服务、包容与民主为辅助范畴的核心价值体系[86]；王知津、樊振佳认为保证知识自由和促进个人、社会发展是中国语境下图书馆的核心价值[87]；黄俊贵指出图书馆的核心价值在于实现公共知识服务效益[88]；于良芝通过分析国内外公共图书馆使命的有关陈述，指出教育、信息服务、文化传播、促进社会和谐、培育信息素养、培养阅读兴趣、扫盲是作为公共图书馆存在理由的有效性[89]，但也发现我国公共图书馆界更多地是从国外公共图书馆使命中借鉴发展方向和指导思想，但这些并没有影响到图书馆服务内容的设计[90]，值得警醒；俞传正梳理核心价值的探索过程，发现国内外核心价值的认定存在差异，政治与经济、文化与传统、图书馆的角色定位与服务功能的差异都会导致核心价值的不同认定和诸多争议[91]。这在一定程度上也说明寻求关于图书馆核心价值的公认结论的难度，尽管如此，这场讨论却有力地推进对图书馆职业价值中立论、维护知识自由权利、提供公共知识服务的认识。

2005年底发布的《国家“十一五”文化发展纲要》中，提出要“完善公共文化服务网络”“建立健全文化援助机制”，并明确指出应坚持普遍均等、维护低收入和特殊群体的基本文化权益的原则及采取分馆制、延伸服务等方式，既是对图书馆精神、价值、权利等现代图书馆理念的一次政策确立，也规划图书馆事业和理论发展的一系列重要问题，对已经开展的服务网络建设理论和实践都发挥显著的推动作用。中国图书馆学会2007年新年峰会将“图书馆服务网络模式构建”作为重要议题，并设立“图书馆服务网络构建模式研究”专项资金项目；2008年，文化部“《公共图书馆法》立法支撑研究”项目中也分设“公共图书馆服务体系设置”子课题，于良芝、邱冠华、许晓霞主导研究，开展大量卓有成效的工作，对国内已有的实践进行细致调查和梳理，总结归纳服务网络构建模式及其适用条件、实现方式、效果与局限等[92]，研究农村信息服务体系建设问题[93]，指出需要对公共图书馆的建设主体和管理进行重新界定，做出进一步的体制变革[94]，将公共图书馆服务网络构建的研究引向深入，其建议也被后续苏州图书馆服务体系设计和《公共图书馆法》、总分馆制建设制度所吸收，显示理论研究对现实的指导价值。在弱势群体与图书馆服务方面，则以国家社科基金项目“弱势群体知识援助的图书馆新制度建设”为代表，王子舟从理论阐述角度指出弱势群体也是知识贫困群体，图书馆知识援助是自身价值体现，而制度层次的建设则使这种援助从道德责任、职业责任上升为法律责任；从实践调研角度则是在全国范围面向老年人、残疾人、农民工、农村贫困人口等人群开展广泛调查分析，发表一系列论文，后于2010年以专著形式出版[95]。

总体而言，这一时期基础理论研究展现很多新时期的新特点和新成果，最突出的是图书馆权利、精神、核心价值讨论所带动的现代图书馆理念和职业观探索，并以2002年《中国图书馆员职业道德准则》、2008年《图书馆服务宣言》作为相应的制度成果，以2006年开始的基层图书馆馆长培训志愿者行动作为实践贯彻。图书馆学理论体系因此渲染了越来越多从面向学科向面向职业转变的色彩，但是否因此构建“面向职业的图书馆学理论体系”[96]还是个有争议的问题，在2011年第六次全国图书馆学基础理论研讨会上这也是一个讨论焦点[97—98]；第二，理论与实践紧密联系的公共图书馆研究，在图书馆服务体系、弱势群体知识援助、图书馆立法研究等方面体现得尤为突出；第三，在图书馆学研究对象的知识化转向已深入人心，面向知识的理论体系已见雏形，但在学科教育体制和图书馆实践层面仍有距离[99]；第四，在基础理论的研究中实证研究方法的运用改变经验图书馆学、理论图书馆学的纯思辨风气，《20世纪西方与中国的图书馆学——基于德尔斐法测评的理论史纲》采用与众不同的方法来研究图书馆史，给人以新鲜之感，其他学者的研究中问卷、深度访谈、实地考察等方式也都显示着新的态度和思路；第五，中国图书馆学会通过议题设置和项目支持对基础理论研究发挥重要的推动作用，专业学会的存在感加强，国家政策对研究主题的扩展也显现显著的指导作用。新时代有新气象，而新探索并未结束，服务体系建设还有待深入、社会力量参助图书馆还刚起步、公共图书馆立法工作于2008年再次启动，为下一时期理论研究留下大量可拓展的空间。

四、2009—2018年：后现代时期的理论研究

这一时期在后现代主义思潮影响下，差异、多元、不确定被认为是世界的特征，关于知识、本质、客观、真实的传统思维受到极大冲击，以刘国钧“什么是图书馆学”、黄纯元“追问图书馆的本质”为代表的本质主义被后现代的建构主义、解构主义所质疑、批判和消解，两者的冲突带动基础理论的新争论，涉及图书馆学的本质观、学科范式、方法论等领域。在本质观上，马恒通、刘君等认为“图书馆学研究对象”必须是对图书馆本质的准确揭示，而图书馆的本质是一种客观的实在[100—101]；傅荣贤则认为应彻底摒弃本质观，颠覆对广泛的一致性话语的追求，将图书馆小文本置于社会大文本的框架内研究，运用多元并存的思维方式寻求对图书馆学现象的创造性解释[102]。在学科范式上，挑战同样存在，尹鸿博认为库恩所说的“范式”仅存在于自然科学之中，社会科学多范式之说，已经变换了范式的概念，图书馆学不存在统一的范式，只存在不同的观点和学派[103]；白卉、蒋永福则认为只要存在不同的价值取向、不同的话语群像，就可以认为存在范式，并划分为技术范式、人文范式、知识范式、认知范式、信息资源范式和制度范式6大类型[104]；傅荣贤认为本质主义对“知识真理”和价值论范式对“应然理想”的追求都未能回答如何处理和协调人与文献信息的关系问题，因而应转向实践论范式[105—106]。在方法论上，2008年李林华、金明生的《理性与我国科学图书馆学的构建》论文诟病实证缺失的图书馆学，认为图书馆学长期为一种经验之学，其研究方法的非理性（即诉诸直觉、顿悟等）使我国图书馆学错过科学化的机会，而唯一通向科学化的道路就

是采用当前社会科学的研究规范阐述图书馆学的命题，从而构建图书馆学的理论体系[107]。这篇论文引发围绕实证方法之于图书馆学科学性的论争，徐建华、叶继元等与该篇论文观点相同，认为图书馆学的实践性决定图书馆学研究的主流范式应是实证研究[108]，需要的是规范性操作[109]；刘兹恒认为实证方法是重要的，但它带来的是形成科学结论的知识而非理论，理论的形成还需进一步主观建构[110]；傅荣贤则进一步指出主客二分思维认为图书馆学研究者是以外在于图书馆活动过程的方式从事研究的，其要害是技术分析掩盖了价值判断和价值取向，为此，要充分承认心灵体验和创造性想象在图书馆学研究工作中的重要地位，从而散发出在线性模式那儿被纯粹客观和逻辑压抑着的人性成分[111]；葛园园认为一切经验事实都受到理论的“污染”，根本就不会有事实与理论的分明界限，因此力图把图书馆学改造在完全实证意义上的社会科学也就不可能[112]。这些论争都是非常有意义的，它们打破一些固化的认识，为理论发展提供新鲜思路，不过走向后现代的图书馆学在新理论的建设上后劲不足，对图书馆学基础问题的问答上还需继续。

图书馆社会责任承继上一时期图书馆精神、权利的思考而来，研究主要聚焦于什么是图书馆社会责任，它是图书馆的分内之事还是分外之事，学者们的观点莫衷一是。而在回顾国外图书馆社会责任之争的背景、原因、焦点、结果等的基础上，于良芝指出图书馆社会责任之争是关于图书馆职业与社会问题关系的争论，蒋永福[113]、范并思[114]的观点与其相同。在2010年中国图书馆学会年会之后，学者的认识趋于一致，均认为社会责任是图书馆对社会问题的责任。在此基础上，社会责任的讨论进一步深入到其内涵和研究内容[115]以及社会责任与职业使命、社会责任与图书馆权利、图书馆自由之间的矛盾与权衡[116]等问题。

2009年是中国图书馆学会的换届年，实现新旧理事会的交接，也调整和新增部分专业委员会，其中，2005年成立的科普与阅读指导委员会改名为阅读推广委员会，下设15个专业委员会，这种行业学会层面的变化预示着研究体系和重心的转变。阅读推广成为一个新的研究领域，从2008年起，与阅读相关的国家社科基金课题逐渐增多，阅读史、经典阅读、阅读疗法、不同人群的阅读行为和服务、新媒体与阅读推广、阅读推广效果评估等主题研究全面开花，阅读研究成为基础理论研究的新生长点，至今方兴未艾。从指导到推广的名称变化预示着看待阅读推广的认识变化，彭斐章认为阅读兼具时代性和个性，阅读推广要弘扬阅读个性，重树经典阅读精神[117]；范并思认为阅读推广是一种新型的、介入式的图书馆服务，目标可概括为引导、训练、帮助和服务，面向全体公民，重点是特殊群体[118]；于良芝则指出阅读推广的本质是图书馆职业对其用户的阅读行为或潜在用户的非阅读行为进行专业化干预的过程，其试图影响的通常是休闲阅读行为[119]；谢蓉、刘炜等人则认为专业阅读与休闲阅读的界限很难截然区分，馆藏推介和读者发展是图书馆阅读推广的目标[120]。存在争鸣的主题还有阅读概念和阅读推广的价值观[121—122]，阅读概念的界定与辨析成果较多[123—125]，可大致划分为使命说、实践说、休闲说和学科类等类别[126]。这些观点差异实际上要为图书馆确立在阅读推广中的立场，尽管没有达成共识，但阅读推广的理论问题被提出。在理论体系的构建中，范并思致力甚多，在阅读推广的理论自觉[127]、管理自觉[128]、服务自觉[129]、合理性[130]、发展趋势[131]、理论体系[132]、理论流派[133]等方面都进行充分的展开；并称阅读推广“北王南徐”的王余光和徐雁深耕阅读学多年，成果集中于经典阅读和阅读史方面，主要有《全民阅读书香文丛》《全民阅读参考读本》《中国阅读通史》《图书馆阅读推广研究》等。在分主题的研究中，王波、宫梅玲在阅读疗法，李武、袁曦临在新媒体阅读，李桂华、向勤建在读书会和阅读社群，李常庆等对动漫阅读推广服务、束漫对阅读障碍症群体，肖雪对老年群体，岳修志、夏立新在阅读推广效果评估等各方面的研究都具有一定的体系性。伴随着对全民阅读立法的热烈探讨和各种实践行动，研究者对阅读立法的由来、进展[134]、法规条文[135]、立法得失反思[136]、对阅读推广的影响[137]等均进行探讨。在研究方法上，实证色彩愈加浓厚，案例研究法、问卷调查法、深入访谈法、实验法、社会网络分析、眼动研究、数据挖掘等均有利用。

2009年，国家图书馆及多个省、市图书馆喜迎百年华诞，我国最早的图书馆学教育机构——文华图书馆专科学校走过90年，图书馆学界、业界与新中国一起见证60年的风雨历程，我国图书馆行业组织——中国图书馆学会成立30年，一系列的庆典重燃对图书馆史和图书馆学史的研究热情，在国家社科基金后期资助项目“中国图书馆史”、国家社科基金重大项目“中国图书馆学史”的推动下，相关成果丰厚。在图书馆史的理论研究上，肖希明探讨“国史”与“图书馆史”融合的历史分期方式[138]；韩永进指出应将古代藏书史纳入中国图书馆史研究的范畴，编制我国图书馆通史[139]。在断代史研究上，吴稌年、顾烨青研究成果丰硕，在《高校图书馆工作》期刊上以系列文章的形式对20世纪10年代至60年代的中国图书馆事业进行全景式扫描。在个体学人的研究上，包括沈祖荣、吴光清、徐夒元、沈宝环和北平图书馆学人等，及对图书馆学有贡献的业外人士王云五、张舜徽、钱稻孙等均有涉及。在学科发展史研究上，王余光提出需要关注和解决“古代图书馆学”的称谓、中国图书馆学史的分期和写法问题[140]；傅荣贤提出要同时注重历史史实描述与当代价值揭示[141]；中国图书馆学会组织编写《中国图书馆学学科史》，《中国图书馆学报》精选《创刊六十周年文选（1957—2017）》（上、下）两卷是对过去优秀研究成果的再现。

在这一时期，图书馆法、图书馆规划的研究与实践进展引人瞩目。《中华人民共和国公共图书馆法》经过数年的艰辛历程，2015年进入到“征求意见”阶段[142]，成为当年中国图书馆学会年会的重要议题，多家专业期刊开辟专题研讨，对完善该法提出多条有建设性的意见，颇具启发性，最终该法于2017年11月出台，取得图书馆立法的重大突破，后续的研究则主要围绕该法的落实而开展。这一时期是从“十二五”向“十三五”时期的过渡阶段，科学规划意识的提高促进了相关研究。柯平所领导的课题组在此方面着力甚多，研究非常深入，对图书馆“十三五”战略规划的必要性、制定原则、规划编制、战略管理工具、实践案例、科学性评价[143—147]都有探讨。其他研究者对规划背景[148]、编制维度[149]、规划文本[150]、不同图书馆的规划文本解读[151—154]、规划效用[155]等的研究也很有见地。对于“十三五”时期的图书馆事业发展，李国新提出公共图书馆在此期间应完成的重要任务[156]；刘炜从技术变革的角度指出“下一代图书馆系统”应能应对从资源到空间、从业务到服务的各种挑战[157]；王世伟重点探讨图书馆标准化工作的三个着力点[158]；陈传夫认为图书馆应围绕“全面建成小康社会”目标调整发展方式，提出2016—2020年图书馆事业常态化转型发展理念[159]。

总的来说，这一时期图书馆学基础理论在后现代主义思潮和公共文化服务大发展大繁荣的背景中，呈现出两个向度的研究方向，一是理论底层的思辨，后现代主义思潮打破本质主义思维的束缚，图书馆学基础理论的底层出现松动，新的认知思维带来新的气息，引发对图书馆学研究科学化的更多思考；二是理论与职业实践的联系愈加紧密，阅读推广、图书馆法、图书馆规划均体现科学研究与职业实践结合的特点，其态势还有愈来愈强之趋势。两个向度也在一定程度上显现面向学科与面向职业的理论体系之异同。

五、改革开放40年的研究反思与展望

回顾改革开放40年的研究历程，我国图书馆学基础理论取得突出成就。从研究导向来看，40年的发展表现为从破除政治“左”倾思想的桎梏，重回学科视域；从经验图书馆学走向探问研究对象本质之路，建构基于知识基点的理论体系；从功利主义的迷茫中走向对图书馆价值、精神、权利、责任的矢志追求，确立人文图书馆学范式和现代职业理念；从依从直觉、顿悟的经验思考式研究走向基于实证的科学化；从理论的高蹈走向理论与实践的紧密结合。从研究群体来看，学人各有特点，他们各擅胜场，为推动基础理论和实践发展做出重要贡献。从研究内容来看，一直在不断丰富，从研究对象、理论基础、图书馆史扩展到图书馆哲学、服务体系、弱势群体知识援助、阅读推广、图书馆法、图书馆规划等多方面。从研究方法来看，

多种研究方法并重，促进理论研究的科学化。

但在欣喜的同时，我们也要认识到理论研究的追问虽然从未停歇，但其波峰波谷式、热点漂移性的问题仍普遍存在，研究者在不断追逐热点而缺乏稳定、深入和独立的思索，在面向学科还是面向职业、面向政策的研究导向上仍有争议，对学科边界、对象的认识仍不清晰；理论观点林立但立论逻辑与论据不足，研究的系统性不强，擅于外引其他学科理论而疏于学科自身的内部观照；研究学派并未形成，后继蓄力不足。总体而言，基础理论研究的科学化仍在路上，新一代的研究队伍也有待形成，但对于未来，我们仍充满希望。

参考文献

[1] 汪家熔. 教育部召开《图书馆学基础》审稿会[J]. 图书馆学通讯，1980(1)：73－74，54.

[2] 王子舟. 中国图书馆学基础理论的艰难重建——纪念《图书馆学基础》出版 20 周年[J]. 图书馆，2001(3)：1－6，20.

[3] 范并思. 新旧图书馆学变更的历史见证[J]. 图书馆，1991(5)：5－7.

[4] 宓浩. 良好的开端更高的期望——评《图书馆学基础》[J]. 图书馆学研究，1983(1)：26－29，144.

[5] 黄旭朗. 对图书馆学内容体系的一些意见——与《图书馆学基础》编者商榷[J]. 江苏图书馆工作，1982(4)：1－4.

[6] 金恩晖. 金恩晖同志致彭修义同志信[J]. 图书馆学研究，1982(5)：122－123.

[7] 彭修义. 关于开展"知识学"的研究的建议[J]. 图书馆学通讯，1981(3)：85－88.

[8] 黄宗忠. 信息、知识、图书与图书馆[J]. 武汉大学学报(社会科学版)，1984(5)：87－95.

[9] 宓浩. 也谈图书馆学基础理论研究的方向问题[J]. 图书馆学研究，1983(3)：19－20.

[10] 刘迅. 西方图书馆学流派及其影响——兼论中国图书馆学的发展道路[J]. 图书馆学刊，1983(4)：1－12.

[11] 刘迅. 论图书馆学情报学理论的共同基础——关于波普尔世界 3 理论的思考[J]. 情报科学，1982(1)：13－20.

[12] 邱昶，黄昕. 论我国新时期的图书馆学研究[J]. 图书馆学通讯，1982(1)：31－39.

[13][15] 周文骏. 概论图书馆学[J]. 图书馆学研究，1983(3)：10－18.

[14] 宓浩. 知识、知识材料和知识交流——图书馆情报学引论（纲要）之一[J]. 图书馆学研究，1983(6)：28－35.

[16] 张欣毅，刘迅. 理性的思考——图书馆学结构问题探索(续一)[J]. 图书与情报，1983(4)：15－18.

[17] 张欣毅，刘迅. 理性的思考——图书馆学结构问题探索(续二)[J]. 图书与情报，1984(Z1)：62－64.

[18][20] 沈继武. 关于图书馆学若干理论问题的思考[J]. 图书情报知识，1985(1)：21－26.

[19] 吕斌. 从信息和信息科学看图书馆学情报学的学科性质[J]. 图书与情报，1983(3)：17－22.

[21] 黄宗忠. 略论图书馆学是一门综合性学科[J]. 图书情报知识，1985(1)：16－20.

[22] 乔好勤. 试论图书馆学研究中的方法论问题[J]. 图书馆学通讯，1983(1)：54－62，94.

[23] 况能富. 中国十五至十八世纪图书馆学思想论要[J]. 武汉大学学报(社会科学版)，1984(4)：90－96.

[24] 况能富. 中国图书馆学思想发展及其影响初探[J]. 中国图书馆学报，1985(1)：39－50.

[25] 张晓林. 应该转变图书馆研究的方向[J]. 中国图书馆学报，1985(3)：57－64.

[26] 肖希明. 1979—1990：浴火重生铸辉煌[G]//中国图书馆学报创刊六十周年文选(1957—2017)上册. 北京：国家图书馆出版社，2018：148－151.

[27] 范并思. 论"发展图书馆学"[J]. 图书馆理论与实践，1990(2)：3－6.

[28] 范并思. 新时期的三种图书馆学理论形态[J]. 中国图书馆学报，1988(2)：47－51.

[29] 吴建中. 关于图书馆未来的对话系列[J]. 图书馆杂志，1995－1996.

[30] 卢泰宏. 图书馆学的人文传统与情报科学的技术传统[J]. 中国图书馆学报，1992(3)：4－10.

[31] 蒋永福. 在技术传统与人文传统之间保持必要的张力——对图书馆学理论传统的批判评价[J]. 图书馆建设，1993(4)：12－15，24.

[32] 蒋永福. 图书馆学也是一种人学——图书馆哲学思考之三[J]. 黑龙江图书馆，1991(6)：7－10，41.

[33] 蒋永福. 图书馆学的理论重心的演变及其走向[J]. 中国图书馆学报，1993(3)：49－53.

[34] 程焕文. 图书馆人与图书馆精神[J]. 中国图书馆学报，1992(2)：35－42，93.

[35] 王子舟. 中国图书馆学基础理论的艰难重建(续)——纪念《图书馆学基础》出版 20 周年[J]. 图书馆，2001

(4):1－7.

[36] 刘洪波. 知识组织论——关于图书馆内部活动的一种说明[J]. 图书馆,1991(2):13－18,48.

[37] 王知津. 知识组织的研究范围及发展策略[J]. 中国图书馆学报,1998(4):3－8.

[38] 黄宗忠. 文献信息学[M]. 北京:科学技术文献出版社,1992.

[39] 卿家康. 文献社会学[M]. 武汉:武汉大学出版社,1994.

[40] 徐引篪. 图书馆学研究对象的认识过程——兼论资源说[J]. 中国图书馆学报,1998(3):3－13.

[41] 张晓林. 走向知识服务:寻找新世纪图书情报工作的生长点[J]. 中国图书馆学报,2000(5):30－35.

[42] 于鸣镝. 图书馆哲学研究述评[J]. 图书馆工作与研究,2005(2):2－5.

[43] 蒋永福. 图书馆哲学散思[J]. 图书情报工作,1998(9):14－18.

[44] 周庆山. 关于"图书馆哲学"的思考[J]. 图书情报工作,1997(11):7－9,64.

[45] 吕斌,李国秋. 关于图书馆哲学的思考[J]. 图书与情报,1997(1):7－11.

[46] 王子舟. 知识集合初论——对图书馆学研究对象的探索[J]. 中国图书馆学报,2000(4):7－12.

[47] 王子舟. 图书馆学的基本概念与核心概念[J]. 中国图书馆学报,2001(3):7－11.

[48] 王子舟. 关于图书馆学内容体系的探讨[J]. 图书情报知识,2002(2):2－8.

[49] 王子舟. 论图书馆学的理论基础[J]. 图书情报工作,2001(1):28－33.

[50] 王子舟. 论图书馆学的实践基础[J]. 图书馆杂志,2000(12):1－4.

[51] 王子舟. 图书馆学研究对象的认识过程及范式特征[J]. 江西图书馆学刊,2002(3):4－8.

[52] 王子舟. 图书馆学的学科性质[J]. 图书馆学研究,2003(1):5－10.

[53] 王子舟. 图书馆学的宗旨是什么[J]. 图书馆,2001(1):10－14.

[54] 王子舟. 论知识受众及其合法权益[J]. 图书情报知识,2003(3):2－6.

[55] 王子舟,王碧滢. 知识的基本组分——文献单元和知识单元[J]. 中国图书馆学报,2003(1):4－10.

[56] 王子舟. 图书馆学专门方法论纲[J]. 图书与情报,2001(4):10－16.

[57] 王子舟,姚学斌. 从公认度与生长度看图书馆学学科地位[J]. 图书与情报,2003(1):2－6.

[58] 王子舟."图书馆学是一门前科学"质疑——与马恒通先生商榷[J]. 四川图书馆学报,2000(4):11－15.

[59] 王子舟. 论图书馆学的相关学科[J]. 图书馆建设,2003(5):1－5,46.

[60] 于良芝. 图书馆学导论[M]. 北京:科学出版社,2003.

[61] 柯平. 知识资源论——关于知识资源管理与图书馆学的研究对象[J]. 图书馆论坛,2004(6):58－63,113.

[62] 柯平,王平. 基于知识资源论的图书馆学基础理论体系研究[J]. 中国图书馆学报,2006(2):9－14.

[63] 梁灿兴. 图书馆学的核心问题和研究对象新见[J]. 图书馆,1998(5):13－14,21.

[64] 范并思. 新世纪,图书馆学基础研究什么?[J]. 图书馆,2003(1):14－15,4.

[65] 范并思. 维护公共图书馆的基础体制与核心能力—纪念曼彻斯特公共图书馆创建150周年[J]. 图书馆杂志,2002,21(11):3－8.

[66] 蒋永福. 知识权利与图书馆制度——制度图书馆学研究[J]. 中国图书馆学报,2005(1):10－14.

[67] 李国新. 关于中国图书馆立法的若干问题[J]. 中国图书馆学报,2002(1):15－19.

[68] 李国新. 图书馆权利的定位、实现与维护[J]. 图书馆建设,2005(1):1－4.

[69] 程焕文. 图书馆权利的界定[J]. 中国图书馆学报,2010(2):38－45.

[70] 范并思. 论图书馆人的权利意识[J]. 图书馆建设,2005(2):1－5.

[71] 程亚男. 读者权利:图书馆服务中一个不容忽视的问题[J]. 图书馆论坛,2004(6):226－229.

[72] 范并思,兰小媛. 信息技术冲击下的图书馆人文思潮[J]. 高校图书馆工作,2005(5):5－10.

[73] 范并思. 公共图书馆精神如是说[J]. 图书情报知识,2005(1):12－15.

[74] 程焕文. 权利与道德——关于公共图书馆精神的阐释[J]. 图书馆建设,2005(4):1－4,42.

[75] 杨文祥,付鹏. 图书馆精神研究综论与若干基本问题的思考——《图书馆精神跨学科历史思考》系列论文之一[J]. 图书馆,2005(3):31－37.

[76] 杨文祥. 图书馆精神的社会载体系统——《图书馆精神跨学科历史思考》系列论文之二[J]. 图书馆,2005(4):32－35.

[77] 杨文祥. 图书馆精神的历史阶段性——《图书馆精神跨学科历史思考》系列论文之三(1—2)[J]. 图书馆,2005(5):30－33.

[77] 杨文祥. 论当代图书馆与当代图书馆精神——《图书馆精神跨学科历史思考》系列论文之四[J]. 图书馆，2006(1)：39－43.
[79] 王宗义. “公共图书馆精神”的科学解读[J]. 中国图书馆学报，2004(5)：29－32.
[80] 吴建中，范并思. 关于图书馆员职业精神等问题的学术通信[J]. 图书馆杂志，2005(3)：3－4.
[81] 于良芝. 未完成的现代性：谈信息时代的图书馆职业精神[J]. 图书馆杂志，2005(4)：3－7，20.
[82] 李超平. 建立什么样的图书馆职业精神[J]. 图书馆杂志，2005(5)：3－7.
[83] 代根兴. 一个图书馆管理者视野中的图书馆精神[J]. 图书馆杂志，2005(6)：3－4.
[84] 范并思，倪晓健. 图书馆核心价值：理念、历史、现状和愿景——写在中国图书馆界正式启动图书馆核心价值研究之际[J]. 图书与情报，2007(3)：1.
[85] 蒋永福. 维护知识自由：图书馆职业的核心价值[J]. 图书馆，2003(6)：1－4.
[86] 蒋永福. 图书馆核心价值及其中国语境表述[J]. 国家图书馆学刊，2008(2)：21－25.
[87] 王知津，樊振佳. 当代中国语境下的图书馆核心价值[J]. 中国图书馆学报，2007(5)：53－58.
[88] 黄俊贵. 图书馆核心价值及其实现[J]. 中国图书馆学报，2008(5)：14－19.
[89] 于良芝. 公共图书馆存在的理由——来自图书馆使命的注解[J]. 图书与情报，2007(1)：1－9.
[90] 于良芝，李晓新，朱艳华. 公共图书馆的使命与服务——基于内容分析法的国内外比较研究[J]. 图书馆论坛，2007(6)：21－28.
[91] 俞传正. 图书馆核心价值的历史解读[J]. 图书与情报，2007(3)：10－14.
[92] 邱冠华. 人民的图书馆：公共图书馆向基层延伸的模式研究[J]. 图书馆建设，2007(6)：19－24，28.
[93] 于良芝，罗润东，郎永清，等. 建立面向新农民的农村信息服务体系：天津农村信息服务现状及对策研究[J]. 中国图书馆学报，2007(6)：30－35，40.
[94] 于良芝. 走进普遍均等服务时代：近年来我国公共图书馆服务体系构建研究[J]. 中国图书馆学报，2008(3)：31－40.
[95] 王子舟，肖雪. 弱势群体知识援助的图书馆新制度建设[M]. 北京：国家图书馆出版社，2010.
[96] 范并思. 论重构图书馆学基础理论的体系[J]. 图书馆论坛，2007(6)：43－48.
[97] 刘兹恒. 图书馆学理论的使命与担当——在第六次全国图书馆学基础理论研讨会上的发言[J]. 公共图书馆，2012(1)：3－6.
[98] 黄红华，周佳贵. 图书馆学理论的使命与担当——第六次全国图书馆学基础理论研讨会综述[J]. 中国图书馆学报，2012(3)：51－56.
[99] 王子舟. 面向知识的图书馆学发展新趋势[J]. 中国图书馆学报，2007(1)：5－10.
[100] 刘君. 图书馆本质：“实存”还是“虚构”?——图书馆本质研究之一[J]. 图书馆杂志，2012(4)：2－6.
[101] 马恒通. “研究对象”之争源于仍未准确揭示其“本质”——与周久凤先生商榷[J]. 图书馆，2009(6)：63－64，76.
[102] 傅荣贤. 论当代图书馆学研究范式的转变[J]. 大学图书馆学报，2009(1)：23－29，42.
[103] 尹鸿博. 库恩范式学说与图书馆学发展状态探究[J]. 图书馆杂志，2012(7)：2－6.
[104] 白卉，蒋永福. 图书馆学范式初论[J]. 图书情报工作，2009(1)：34－37，88.
[105] 傅荣贤. 对图书馆学研究中两个基本范式的反思[J]. 中国图书馆学报，2009(1)：42－46，85.
[106] 傅荣贤，马海群. 论图书馆学研究范式的历史演进及其当代建构[J]. 情报资料工作，2010(1)：11－15.
[107] 李林华，金明生. 理性与我国科学图书馆学的构建[J]. 中国图书馆学报，2008(4)：14－18.
[108] 刘宇，叶继元，袁曦临. 实证缺失的中国图书馆学研究[J]. 中国图书馆学报，2009(4)：20－24，30.
[109] 赵微，徐建华，俞碧飏. 近五年来图书馆学实证研究的回顾与分析[J]. 图书与情报，2009(6)：45－50.
[110] 刘兹恒，周佳贵. 论图书馆学理论研究的科学化[J]. 图书馆论坛，2011(6)：38－44.
[111] 傅荣贤. 论当代图书馆学研究范式的转变[J]. 大学图书馆学报，2009(1)：23－29，42.
[112] 葛园园. 当代图书情报学理论研究的知识论视角探析[J]. 图书馆杂志，2009(11)：2－6，27.
[113] 蒋永福. 社会包容：现代公共图书馆的使命[J]. 中国图书馆学报，2009(11)：9.
[114] 范并思. 如何理解“图书馆社会责任研究”[J]. 图书馆建设，2010(7)：2.
[115] 白君礼. 论图书馆社会责任的研究内容[J]. 中国图书馆学报，2012(3)：117－127.
[116] 牟妍. 图书馆知识自由与其社会责任之间的冲突研究[J]. 图书馆，2012(4)：32－34，45.
[117] 彭斐章，费巍. 阅读的时代性与个性[J]. 中国图书馆学报，2008(2)：9－15，23.
[118] 范并思. 阅读推广与图书馆学：基础理论问题分析[J]. 中国图书馆学报，2014(5)：4－13.

[119] 于良芝,于斌斌.图书馆阅读推广——循证图书馆学(EBL)的典型领域[J].国家图书馆学刊,2014(6):9-16.
[120] 谢蓉,刘炜,赵珊珊.试论图书馆阅读推广理论的构建[J].中国图书馆学报,2015(5):87-98.
[121] 田磊.关于图书馆阅读推广几个问题的思考[J].国家图书馆学刊,2016(2):96-101.
[122] 王波.图书馆阅读推广亟待研究的若干问题[J].图书与情报,2011(5):32-35,45.
[123] 王波.阅读推广、图书馆阅读推广的定义——兼论如何认识和学习图书馆时尚阅读推广案例[J].图书馆论坛,2015(10):1-7.
[124] 凌美秀.伽达默尔哲学诠释学视野中的"阅读"[J].图书馆杂志,2014(11):4-8,41.
[125] 肖雪.阅读认知:多学科视野的观照与启迪[J].图书馆,2016(6):1-8.
[126][133] 王丹,范并思.图书馆阅读推广基础理论流派及其分析[J].大学图书馆学报,2016(4):23-29.
[127] 范并思.阅读推广的理论自觉[J].国家图书馆学刊,2014(6):3-8.
[128] 范并思,王巧丽.阅读推广的管理自觉[J].图书馆论坛,2015(10):8-14.
[129] 范并思.阅读推广的服务自觉[J].图书与情报,2016(6):72-76.
[130] 范并思.图书馆阅读推广的合理性审视[J].图书情报工作,2017(23):34-39.
[131] 范并思.公共图书馆阅读推广的发展趋势[J].图书馆杂志,2015(4):11-15.
[132] 范并思.论图书馆阅读推广的理论体系[J].图书馆建设,2018(4):53-56.
[134] 肖容梅.我国阅读立法的由来、进展及分析[J].国家图书馆学刊,2016(1):16-23.
[135] 韩彬.阅读立法中的公共图书馆阅读推广[J].图书馆论坛,2016(12):66-69.
[136] 付伟棠.我国阅读立法的得失与展望——以《深圳特区全民阅读促进条例》的两个文本为例[J].图书馆,2015(6):24-27.
[137] 张麒麟.国外阅读立法对阅读推广的影响研究[J].图书情报工作,2015(23):11-16.
[138] 肖希明."国史"与"图书馆史"融合的历史分期——现当代中国图书馆史分期探讨[J].中国图书馆学报,2015(3):13-21.
[139] 韩永进.关于中国图书馆史研究的几点思考[J].中国图书馆学报,2015(4):4-13.
[140] 王余光.试论中国图书馆学史研究中的几个问题[J].图书馆论坛,2015(4):9-12.
[141] 傅荣贤.史实描述和价值揭示:中国古代图书馆学思想史研究的两个维度[J].图书情报知识,2015(3):62-65.
[142] 刘小琴.《公共图书馆法》立法进程[J].图书馆建设,2016(1):13-15.
[143] 柯平.从发展规划到战略规划——图书馆"十三五"规划的战略性[J].晋图学刊,2016(1):1-8.
[144] 贾东琴,柯平,邹金汇.我国公共图书馆"十三五"规划的战略思考[J].图书馆,2015(10):1-8.
[145] 柯平,邹金汇,宫平.战略管理工具在公共图书馆"十三五"规划中的应用[J].图书馆,2015(10):9-14.
[146] 李东来,柯平,冯玲,等.我国公共图书馆"十三五"战略规划的实践论析——以东莞图书馆为例[J].图书馆,2015(10):15-19.
[147] 柯平.图书馆规划制订的科学性评价[J].国家图书馆学刊,2016(1):6-9.
[148] 刘芳.公共图书馆"十三五"发展的战略思考[J].图书与情报,2015(6):68-74.
[149] 王世伟.公共图书馆"十三五"规划编制的多维度思考[J].图书馆杂志,2014(8):4-10,64.
[150] 张若冰,李丹,王秀香.我国图书馆中长期战略规划文本研究[J].国家图书馆学刊,2016(1):11-15.
[151] 申晓娟.国家图书馆"十三五"发展规划概要[J].数字图书馆论坛,2016(11):2-11.
[152] 曲蕴,金晓明,宾锋,等.上海图书馆"十三五"发展战略规划解读[J].图书馆杂志,2016(1):26-30,41.
[153] 陈有志,杨西美.从"十二五"发展到"十三五"规划——以湖南省普通高校图书馆为例[J].图书馆,2016(8):36-41.
[154] 魏大威.数字图书馆推广工程"十三五"规划思考[J].图书馆杂志,2015(6):4-10.
[155] 方家忠.图书馆发展规划的效用问题[J].国家图书馆学刊,2016(1):3-5.
[156] 李国新.公共图书馆事业发展思考[J].国家图书馆学刊,2015(5):3-6.
[157] 刘炜.关于"下一代图书馆系统"的思考[J].国家图书馆学刊,2015(5):7-10.
[158] 王世伟.图书馆标准化工作的三个着力点[J].国家图书馆学刊,2015(5):10-12.
[159] 陈传夫,冯昌扬,陈一.面向全面小康的图书馆常态化转型发展模式探索[J].中国图书馆学报,2016(1):4-20.

图书馆事业

国家图书馆

综述

2018年是贯彻落实党的十九大精神的开局之年，是改革开放40周年，也是决胜全面建成小康社会、实施“十三五”规划承上启下的关键一年。国家图书馆圆满完成全年各项工作任务，为促进现代公共文化服务体系建设，传承弘扬中华优秀传统文化做出新贡献。主要工作有：

党组织建设扎实有力。通过集体学习、辅导讲座、主题活动、组织征文等形式，深入学习党的十九大精神和习近平新时代中国特色社会主义思想；发挥党委理论中心组的学习带动作用，组织全馆党员干部深入学习党章党规党纪，结合馆内实际学习全国宣传思想工作会议精神；对全馆意识形态工作风险点进行系统排查，制定《国家图书馆意识形态工作责任制实施方案》，逐级落实意识形态工作责任制，确保各项业务、服务工作始终坚持正确政治方向；深入推进“两学一做”常态化制度化；根据中央和文化和旅游部党组（以下简称“部党组”）统一部署，成立领导小组，党政主要领导牵头负责，制定专门方案，通过学习原著、观看教育片、参观廉政教育基地、召开专题组织生活会、开展廉政风险点和党建薄弱点排查等多种形式，广泛开展警示教育月活动；坚持党政同责、一岗双责、齐抓共管，顺利完成支部调整及改选，基层党组织战斗堡垒作用日益增强。

国家立法与决策服务成效凸显。人大代表服务平台和政协委员服务平台改版上线，点击量快速增长，达过去5年累计点击量的3倍；创新推出政协委员阅览卡，受到广泛欢迎；“人工智能的发展与对策”参阅资料被编入全国政协双周会会议资料；与全国人大信息中心合作建设国家法律法规数据库；大力支持最高人民法院数字图书馆建设，海关总署、军事科学院分馆筹建工作有序推进；全年12场部级领导干部历史文化讲座均受到好评；举办立法决策服务20周年成果展，全面展示20年来的发展成绩和服务成果；为党政军重要机关提供咨询服务1814件，编制信息专报824期，获有关部门专门致函表扬。

到馆服务与网络服务融合发展。全年共接待到馆读者545.85万人次，文献流通2549.95万册次，解答各类咨询112.57万件，举办公益性展览、讲座、培训、演出2406场次，惠及129.90万人次。其中，开展“儿童阅读推广进校园”系列活动，全年接待少年儿童读者33.95万人次，举办周末故事会、低幼悦读会、“文津少儿讲坛”讲座等活动，5000余人次参与；举办老年课堂30场，培训老年读者2500余人次。同时，积极利用互联网、移动通信网、广播电视网开展全媒体多终端服务，网站访问量达7.85亿次，手机门户点击量近1.3亿次，国家数字图书馆实名注册用户超过1194万个，互联网电视用户覆盖全国26个省市1.1亿个用户，以及190个国家地区的600万个用户，国家图书馆官方微信订阅号、国家数字图书馆客户端分别荣获2017年度“微信贡献力十佳账号”与“APP用户服务十佳账号”。

特色服务品牌社会效益凸显。国图公开课平台点击量7159.70万次，约为前三年总和的3倍；在人民网公开课频道开设专区，为全国110万注册学生提供优质资源；“汉字与中国文化”“丝绸之路与丝路之绸”等系列课程入选第八届北京市中小学阅读指导活动推荐书目及视频。第十三届文津图书奖评选获奖图书9种、推荐图书51种，出版历届获奖作者讲座集萃，联合盲文出版社推出“文津听书”。“M地铁·图书馆”项目推出“听见童年”等专题资源，在地铁站举办专题展览和微信互动活动。中国记忆项目采集少数民族影像资料、当代重要学者口述历史资料等528小时。文津经典诵读项目开展“致敬经典·古韵弥新”五周年展览、古诗词原创作品征集等系列活动。

国家典籍博物馆发展持续向好。结合重大活动、重要时间节点，举办“旷世宏编　文献大成——国家图书馆藏《永乐大典》文献展”“书卷为媒　友谊长青——日本永青文库捐赠汉籍入藏中国国家图书馆展”“问祖寻根——姓氏文化主题展”“器用为尚——文房艺术与文人生活特展”等专题展览24场，交流展9场，大中小学巡展14场，接待参观79.78万人次；《永乐大典》专题展览在新闻联播头条播报，社会反响热烈。开展“悦读之旅”品牌活动，推出3条特色路线；策划开展首届“海淀区研学旅游季系列活动”，入选“全国中小学生研学实践教育基地”。举办首届全国图书馆文化创意产品开发联盟年会，联盟成员达116家；试运行全国图书馆文化创意产品开发一体化平台，全年开发文创产品超过100种，并获第十届中国国际旅游商品博览会“博物馆文创系列产品推介奖”和第八届中国博物馆及相关产品与技术博览会“弘博奖·最佳展示奖”。

科技创新服务能力不断增强。国家图书馆科学评价中心为多家科研机构提供科学评价报告，使用大数据分析、可视化手段，呈现效果良好。制作完成1000余个动漫数字文化创意素材资源，国家动漫公共素材库资源平台年均访问量超过20万人次。全年完成重点科研教育单位信息咨询10162件；接受文献传递、馆际互借、国际互借请求43110件，满足率82.44%。

文化扶贫工作深入开展。组织召开全国图书馆文化帮扶工作会议，紧密结合贫困地区文化需求，精心筹划项目，开展文化精准扶贫。面向67家贫困县图书馆提供援建资源72万册(件)；通过基层数字图书馆提供约1.5TB数字资源；通过数字图书馆推广工程专网，向西藏和四川、云南、甘肃、青海四省藏区以及新疆各级图书馆提供16万种中文图书、1.23万种中文期刊等资源；以选派优秀干部挂职锻炼、“订单式”人才援藏、基层馆员培训等形式，为西藏和新疆地区图书馆提供专业指导和技术支持。

文献资源保障能力显著提升。国家文献信息资源总库规模不断增长，载体日益多样，通过积极宣讲《公共图书馆法》加大催交力度，中文图书、期刊、报纸交存率均比2017年有所提升；接受日本前首相细川护熙捐赠汉籍36种4175册，入藏杨献珍、刘季平等一批珍贵名人手稿；全年入藏文献约132.57万册(件)，馆藏总量达3901.19万册(件)。完成馆藏文献数字化超过6万种、视频资源数字化近1300小时，采集网站近2.6万个，数字资源存储总量达1960.91TB。文献信息资源整合揭示不断深入，全年制作书目数据超过68万条；文津搜索系统整合元数据实现翻番，达3.6亿条；通过元数据仓储系统实现约647万条元数据的统一管理；受邀担任RDA理事会亚洲地区国家机构代表；开发基于互联网环境的《中国图书馆分类法》与《中国分类主题词表》修订维护系统。文献信息保存保护水平稳步提升，总体规划部署图书、期刊、报纸、数字资源、缩微制品等各类型文献保存保护工作，全年修复纸质文献1109册(件)，修复缩微胶片1250卷，民国图书、期刊缩微复制工作基本完成；实现近140TB数字资源的长期保存；古籍保护科技重点实验室试运行；通过配备装具、改造库房、调整布局及开展文献数字化、缩微复制等方式，整体提升文献保存保护水平。国家图书馆国家文献战略储备库项目可行性研究报告获国家发展改革委批复，开工前准备工作全部完成；原天竺库房6.7万箱共计600余万册文献安全搬迁至承德周转库房。

中华古籍保护计划进展顺利。24省古籍普查工作基本完成，出版《全国古籍普查登记目录》19部22册；组织第六批《国家珍贵古籍名录》和全国古籍重点保护单位申报工作；“国家珍贵古籍名录数据库”正式上线，联合14家图书馆发布中华古籍资源1万部，加工海外藏中华古籍书目数据17.6万条；全球汉籍合璧、《中华续道藏》《韩国藏中国古籍总目》等项目正式启动；新增中华优秀传统文化实践基地4家，国家级古籍修复技艺传习中心新设传习所2家，举办古籍保护培训班24期，培训学员851人次。

革命文献和民国时期文献保护计划稳步实施。新增书目数据和馆藏数据1.3万余条，出版《民国时期图书总目》哲学卷；征集海外藏抗战史料和涉华调查档案2.4万页；评审立项文献整理项目37项，影印出版1639册；民国时期文献脱酸研究与脱酸设备研制获国家发明专利1项。

数字图书馆推广工程不断推进。升级运行管理平台，通过可视化手段展示和分析全国数字图书馆建设与服务情况；继续开展政府信息数据、元数据仓储数据等资源联合建设；加强唯一标识符系统管理，唯一标识符系统注册总量达265万条，部署网络书香资源检索平台和统一用户管理系统；联合700多家图书馆开展“网络书香过大年”活动，线上活动访问量超过37万次；联合437家图书馆举办全国少儿诗词在线诵读活动，超过145万人次参与；移动阅读平台分站达到394家；举办专题培训16期，培训1500人次，网络书香讲坛培训超过12万人次；贯彻落实部党组部署，加强领导协作，有效推进公共数字文化工程的融合创新发展。

典籍整理出版项目成果丰硕。《中华传统文化百部经典》编纂项目收到书稿23部，出版5部，首批10部图书入选第十三届文津图书奖、2017年度全国古籍图书奖(普及读物奖)。《中华传统文化百部经典》网络出版工程被纳入2018年度新闻出版改革发展项目库。《鲁迅手稿全集》编辑出版项目完成存藏情况统计,扫描资料17766拍,基本编辑完成文稿编、译稿编、书信编和日记编。国家传统文化典籍整理工程首批项目成果《丝绸之路研究论著叙录》《中国海疆珍贵历史文献丛刊·第一卷》《辛亥革命武昌起义报刊资料选编》等交付出版,海疆文献、石刻文献、"一带一路"文献、武昌首义文献整理与研究子项目进展顺利。出版《集部辑佚文献汇编》等"十二五"国家重点图书出版规划项目成果3种、《国家图书馆藏样式雷图档·颐和园卷》等国家古籍整理出版资助项目成果4种,《中国历史编纂学史》等3个项目获批国家出版基金资助项目,《汉魏六朝集部珍本丛刊》等8个项目获批国家古籍整理出版资助项目。

全国图书馆业务指导职能充分发挥。组织全国图书馆文献采访、联合编目、馆际互借、文献传递、参考咨询、缩微技术、古籍修复与鉴定、数字图书馆创新服务等业务交流与培训68场,培训12.3万人次;举办2018年中国图书馆年会、第四届海峡两岸古籍保护论坛、第二届中国记忆项目资源共建共享研讨会等学术会议,充分发挥行业示范引领作用。全国联合编目中心新增成员馆140家,上传数据70余万条,下载数据近1200万条,对业界编目数据的共建共享做出积极贡献。编制《全国少年儿童基本藏书目录(2018)》,举办"2018全国少年儿童阅读年"等活动。支持中国图书馆学会承接第六次全国县以上公共图书馆评估定级工作,开展全国县级图书馆馆长培训和阅读推广人培育行动,入选"世界一流学会建设项目"。中华古籍普查文化志愿服务行动获全国学雷锋志愿服务"四个100"先进典型项目,云南、新疆古籍普查志愿服务被列入"春雨工程——全国文化志愿者边疆行"重点需求项目。

国际及台港澳交流合作不断深化。倡导成立丝绸之路国际图书馆联盟,与丝绸之路沿线24个国家和地区联合签署《丝绸之路国际图书馆联盟成都倡议》;举办首届"一带一路"非中艺术交流展暨非中文化论坛、第六届中美图书馆合作会议;参加第二届金砖国家图书馆会议、第84届国际图联大会、第26届亚洲及大洋洲地区国家图书馆馆长会议、第十二次中文文献资源共建共享合作会议等国际性会议11次,台港澳学术会议3次;与英国、卡塔尔签署合作谅解备忘录,与新加坡、韩国、捷克等国家图书馆确立合作意向;中阿电子图书馆门户网站正式上线;完成海外中国文化中心数字图书馆系统平台开发和英文网站建设;全年接待来访59批次513人次,组织出国(境)访问22批次65人次。

综合研究能力持续增强。组织编纂《公共图书馆法》解读与学习问答,为制订公共图书馆馆藏文献信息处置、年报编制等法律配套制度提供支撑研究;围绕音像资料编目、古籍特藏采访登记、数字资源全流程管理等开展调查研究;古籍文创产品开发等调研报告获文化和旅游系统2017年度十佳调研报告1项、优秀调研报告2项;围绕南区夜景照明、后勤保障调度中心控制系统改造等开展技术攻关;举办刘季平与中国图书馆事业改革发展座谈会、国家图书馆第三届青年学术论坛;主办的《中国图书馆学报》《文献》《国家图书馆学刊》等学术刊物在促进业界学术和实践研究方面发挥积极作用;依托全国图书馆标准化技术委员会、全国文献影像技术标准化技术委员会,申请立项国家标准和行业标准4项,制定发布标准3项;国家科技支撑计划项目"公共文化数字资源传播服务关键技术研发与示范"通过验收;获批立项省部级以上科研项目3项,立项资助馆级科研项目24项、文津出版基金项目8项;组织编纂《中国图书馆年鉴》《中国图书馆事业发展报告》;一批中青年员工撰写的学术研究专著在馆外获奖。

法人治理结构改革有序推进。作为部党组确立的公共文化机构法人治理结构改革首批国家级试点单位,于2018年4月启动改革试点工作。在部党组及有关司局指导下,按照中宣部等七部委文件要求,立足实际,研制《国家图书馆法人治理结构改革实施方案》《国家图书馆章程(草案)》;配合文化和旅游部有关司局,筹备召开理事会成立大会和第一届理事会第一次全体会议。(国家图书馆研究院)

年度工作

【国家图书馆开展“文艺小分队”下基层活动】 1月10—11日，国家图书馆2018年元旦春节期间“文艺小分队下基层”活动在江西省赣州市兴国县举办。国家图书馆副馆长、党委副书记魏大威带领文艺小分队队员，开展了一系列文化惠民活动。国家图书馆专门定制的兴国县基层数字图书馆平台和移动数字图书馆平台正式开通，两个平台共整合5万余册优质电子图书、300余种电子期刊、1.8万余集听书资源，资源针对性强，可满足不同群体的阅读需求；同时，遴选5000册图书与《中华传统文化百部经典》1套赠予兴国县图书馆，使其能更好地充实基层馆藏，为基层群众提供优质服务。活动期间，国家图书馆在兴国县图书馆举办“新时代·新数图”体验展，通过互动游戏和生动活泼的图文内容引导读者了解、利用数字图书馆开展阅读、获取信息与知识，培养公众阅读习惯。国家图书馆还邀请阅读推广领域的资深专家开展讲座，鼓励公众享受数字阅读。（国家图书馆办公室）

【国家图书馆荣获“两微一端”百佳评选“微信贡献力十佳账号”“APP用户服务十佳账号”】 2月6日，由国家互联网信息办公室、教育部、工业和信息化部、文化部、国家新闻出版广电总局指导，中国互联网发展基金会主办的2017年度“两微一端”百佳评选榜单揭晓仪式在人民日报社举行。国家图书馆微信订阅号、国家数字图书馆客户端分别荣获“微信贡献力十佳账号”与“APP用户服务十佳账号”。（国家图书馆办公室）

【法藏敦煌遗书数字资源正式在中国国家图书馆网站发布】 3月5日，法国国家图书馆藏敦煌遗书数字资源正式在中国国家图书馆网站“中华古籍资源库”发布。该批资源共计5300余号31000余拍。法国国家图书馆藏敦煌遗书包括汉文文献2700余号、藏文文献4000余号，此外有梵文、回鹘文、于阗文、粟特文、希伯来文等文种的珍贵文献，总数达7000余号。此次发布的资源，如存世最早的拓本文献唐太宗《温泉铭》、欧阳询《化度寺故僧邕禅师舍利塔铭》《沙州都督府图经》等，历来备受敦煌学研究的重视。在双方共同努力下，历经两年时间，实现5300余号敦煌遗书的数字化回归和在线发布。（国家图书馆办公室）

【民国时期文献保护工作座谈会在国家图书馆举行】 3月29日，民国时期文献保护工作座谈会在国家图书馆举行。民国时期文献保护计划自2012年正式启动以来，在各地图书馆积极参与下，在专家全力配合下，各方面工作都取得阶段性成果：保护工作机制逐步建立；文献普查工作渐次展开；海外文献征集成果显著；文献整理出版规模显现；国家社科基金抗战研究专项工程获批立项，原生性保护工作稳步推进；宣传推广效果显著，民国文献保护氛围渐浓。会议期间，与会人员对《民国时期连续出版物普查数据标准》（征求意见稿）和《图书馆民国时期文献书库建设标准》（征求意见稿）展开讨论，并就促进民国时期文献保护工作，建立相关工作机制等方面积极建言献策。（国家图书馆办公室）

【第六届古籍保护与流传学术研讨会在台北举办】 4月16—20日，中国国家图书馆副馆长、国家古籍保护中心副主任、中国古籍保护协会常务副会长张志清一行2人应台湾古籍保护学会的邀请，赴台北参加由台湾古籍保护学会主办的第六届古籍保护与流传学术研讨会。此次会议是六届会议中规模最大的一次，大陆和台湾从事古籍保护、整理与研究的专家学者70余人与会，宣讲论文和报告49篇，交流研讨古籍保护人才培养、学科建设、专业技术、文献整理与揭示、数字服务等论题。近年，海峡两岸在古籍保护方面交流日渐深入，中国古籍保护协会和台湾古籍保护学会建立了良好的合作关系，双方联合编纂的《海峡两岸中华古籍保护论著提要（2011—2015）》已由国家图书馆出版社正式出版。（国家图书馆办公室）

【“京剧电影工程”系列影片公益展映在国家图书馆启动】 4月22日，由国家图书馆与首都京胡艺术研究会共同主办的“京剧电影工程”系列影片公益展映启动仪式在国图艺术中心举行。北京市人大常委会原副主任、“京剧电影工程”领导小组副组长刘晓晨，国家图书馆馆长、党委书记韩永进，中央文史馆馆员、国家京剧院原院长吴江等近千人出席活动。刘晓晨代表“京剧电影工程”领导小组向国家图书馆捐赠“京剧电影工程”首批10部影片的光盘和系列丛书，韩永进代表国家图书馆接受捐赠。（国家图书馆办公室）

【第十三届文津图书奖发布暨国图公开课特别活动在国家图书馆举行】 4月23日，第十三届文津图书奖发布暨国图公开课特别活动在国家图书馆举行。国家图书馆馆长、党委书记韩永进，文化和旅游部公共文化司副司长陈彬斌，国家图书馆常务副馆长陈力等领导出席颁奖仪式。此次文津图书奖收到有效参评图书1874种，最终评选出获奖图书9种、推荐图书51种。活动现场，“国图公开课”系列丛书的首本图书《汉字与中华文化十讲》正式发布；语言文字学家、北京师范大学终身教授王宁先生作为该书作者和“国图公开课”首讲老师，做题为“读书日谈读书”的主题演讲。作为“国图公开课”的特别活动，哲学家、北京大学哲学系人文讲座教授陈鼓应先生做题为“传统文化与现代生活”的主题演讲。（国家图书馆办公室）

【“点亮少年梦想，振兴乡村教育”扶智公益系列活动在国家图书馆举办】 5月9日，“点亮少年梦想，振兴乡村教育”扶智公益系列活动在国家图书馆举办，来自湖北恩施的40余名贫困山区初中生首次走进国图，开启品味书香的寻梦之旅。国家图书馆副馆长陈樱出席活动。青少年们在工作人员的带领下参观了正在国家典籍博物馆举办的“甲骨文记忆”“国家图书馆馆藏革命文献展”等展览，并走进国图总馆北区和国图少儿馆。近年来，国家图书馆积极拓展社会教育职能，依托国家典籍博物馆、国图艺术中心等平台，通过举办公益展览、讲座、演出等形式，服务社会大众，特别是青少年群体，先后被授予“青少年中华传统文化教育基地”“海淀区青少年学生校外活动基地”等称号，成为传承和弘扬优秀传统文化的重要平台。（国家图书馆办公室）

【国家图书馆联合全国十八家图书馆共同开展移动阅读推广活动】 5月19—31日，国家图书馆发起以“科技创新　强国富民”为主题的移动阅读推广活动。活动内容包括推送线上专题公益阅读和互动闯关，线下扫码读书、读书问答等。浙江、河南、新疆、云南等18家省市区公共图书馆的移动阅读分站共同参与，线上参与人数达到3万人。移动阅读平台是国家图书馆依托数字图书馆推广工程联合各级公共图书馆，以服务公众阅读为目的共同建设的移动端阅读网站。国家图书馆将充分考虑虚拟环境下人们的信息行为和信息需求，不断通过移动终端的数字化服务打破传统图书馆服务的时空限制和地域限制，跟上信息化的发展趋势，进一步提升国家图书馆的公共数字文化服务水平和服务质量，增强移动互联网服务能力，更好地服务社会公众。（国家图书馆办公室）

【数字图书馆推广工程2018年文化扶贫工作会议在北京召开】 5月24日，数字图书馆推广工程文化扶贫工作会议在国家图书馆召开。国家图书馆馆长、党委书记韩永进，副馆长、党委副书记魏大威，文化和旅游部财务司规划统计处处长杨雪出席会议。全国30家省级公共图书馆馆长及陕西省丹凤县、四川省汶川县馆长参加会议。数字图书馆推广工程积极响应中央“打赢脱贫攻坚战”“文化精准扶贫”的战略部署，于2016年启动“网络书香基层图书馆帮扶计划”。截至2018年5月，数字图书馆推广工程已完成首批6个省11家试点图书馆的文化帮扶工作，开展文化帮扶活动32场，培训基层文化干部500余人，累积发放数字阅读卡2万余张。（国家图书馆办公室）

【国家图书馆与上海自贸区管委会签订战略合作协议】 6月7日，国家图书馆与上海自贸区管委会签订战略合作协议，正式建立合作伙伴关系。文化和旅游部艺术司司长、上海市浦东新区副区长诸迪，国家图书馆馆长、党委书记韩永进，副馆长孙一钢、陈樱，上海自贸区管委会副主任李兆杰，上海自贸区国际文化投资发展有限公司董事长胡环中等领导出席签约仪式。双方建立合作伙伴关系后，将共同依托上海自贸区政策优势、文化投资公司雄厚的产业发展基础以及国家图书馆丰富的典籍馆藏资源和文献挖掘能力，在IP研发授权、艺术品国际通道、文创产品开发、线上线下运营等多个方面开展合作。在此基础上，上海自贸区逐步将合作范围扩大至国家图书馆牵头成立的“全国图书馆文化创意产品开发联盟”，在馆藏资源的创造性开发与文化创意产品的线上经营等方面为“联盟”提供助力。（国家图书馆办公室）

【日本永青文库汉籍捐赠仪式在中国国家图书馆举行】 6月26日，日本永青文库汉籍捐赠仪式在中国国家图书馆举行，这是中日和平友好条约缔结40周年的重要纪念活动。日本前首相、永青文库理事长细川护熙，文化和旅游部部长雒树刚、党组成员于群，中国驻日本大使馆大使程永华，日本驻华大使馆大使横井裕，中国国家图书馆馆长韩永进，以及日本永青文库、驻华使馆、文化和旅游部、外交部、中国国家图书馆有关领导和嘉宾，古籍版本专家等出席仪式。细川护熙长期以来致力于中日友好事业，在中日和平友好条约缔结40周年之际，代表永青文库将细川家族数代人收藏的36部4175册珍贵汉籍捐赠中国国家图书馆。为配合此次捐赠，中国国家图书馆专门策划的“书卷为媒　友谊长青——日本永青文库捐赠汉籍入藏中国国家图书馆展”同时开展。（国家图书馆办公室）

【国家图书馆获批国家级专业技术人员继续教育基地】 7月6日，经文化和旅游部推荐，人力资源社会保障部评议，国家图书馆获批为第八批“国家级专业技术人员继续教育基地”。此次成功获批，标志着国家图书馆能够承办国家级专业技术人员继续教育基地重大专项工程项目；举办政府部门、行业协会、企事业单位委托的培训班、研修班或进修班等；协助开展专业技术人员公需科目或专业科目的培训、考核和管理；开展继续教育理论研究，开发有针对性和实效性的培训项目与培训课程；举办继续教育交流服务活动等。国家图书馆是全国图书馆界首家正式获批的单位，也是2018年文化和旅游部系统内唯一一家获批单位。（国家图书馆办公室）

【中阿电子图书馆门户网站项目启动】 7月10日，中阿合作论坛第八届部长级会议在北京举行，作为中阿合作论坛机制性活动——中阿图书馆和信息领域合作机制成果的中阿电子图书馆门户项目正式启动。国务委员兼外交部部长王毅、阿盟秘书长盖特和沙特外交大臣朱拜尔出席启动仪式并共同点击启动按钮，中阿电子图书馆门户网站（http://chn-las.nlc.cn/）正式上线发布。文化和旅游部党组成员杜江、中国国家图书馆副馆长魏大威、阿盟秘书处信息文献部主任贾德和沙特阿拉伯阿卜杜拉·阿齐兹国王公共图书馆执行总监载德等出席启动仪式。中阿电子图书馆门户网站项目于2015年开始筹划，由中国国家图书馆、阿盟秘书处和沙特阿拉伯阿卜杜拉·阿齐兹国王公共图书馆组成的项目委员会负责实施。门户网站设中文与阿拉伯文两种语言版本，内容包含中阿文明发展的代表性图书、手稿和音视频等资源，具有内容检索、在线浏览等功能。网站上线后，还将持续更新内容、完善功能。（国家图书馆办公室）

【第六届中美图书馆合作会议在美国召开】 7月31—8月1日，由中国国家图书馆、中国图书馆学会、美国图书馆协会、美国研究图书馆协会联合举办的中美文化论坛——第六届中美图书馆合作会议在美国都柏林市联机计算机图书馆中心（OCLC）举行。中国驻美大使馆公使衔文化参赞李鸿，中国国家图书馆副馆长孙一钢等10名中国代表参加会议。会议主题为“合作与创新：构建图书馆命运共同体”，下设“全球背景下的图书馆领导力发展”“图书馆与其他机构间的合作与创新”“原生数字资源的保护”和“数字人文”4个分主题。来自中国国家图书馆、首都图书馆、中山大学图书馆、吉林大学图书馆、吉林市图书馆的中方代表和来自美国图书馆学会、联机计算机图书馆中心、加拿大国家图书与档案馆、维多利亚大学图书馆、辛辛那提大学图书馆以及知名数据库的外方代表就上述主题分别做专题报告。（国家图书馆办公室）

【国家图书馆启动首届海淀区研学旅游季系列活动】 8月3日，由国家图书馆（国家典籍博物馆）主办，北京市海淀区旅游发展委员会支持的“文旅·融合·创新——首届海淀区研学旅游季”系列活动启动仪式及研学旅游推介会在国家图书馆举办。国家图书馆副馆长陈樱出席活动，来自文化、教育、旅游及研学旅游相关领域专业人士100余人参加活动。会上，与会人员围绕研学旅游相关政策解读、研学旅游设计、师资培训等内容展开交流讨论，共同探索研学旅游创新发展道路。（国家图书馆办公室）

【国家图书馆展出“镇馆之宝”《永乐大典》】 9月28日，由国家图书馆（国家典籍博物馆）主办的“旷世宏编　文献大成——国家图书馆藏《永乐大典》文献展”在国家典籍博物馆第一展厅正式开展。此次展览分为5个单元，展出《永乐大典》12册，贯穿国家图书馆入藏《永乐大典》的主要过程，同时展出相关珍贵善本古籍、金石拓片、名家手稿和舆图，以及各个时期《永乐大典》入藏国家图书馆的档案，不同时期出版的《永乐大典》影印本及海外收藏《永乐大典》影印本等多种类型文献，为公众勾勒出《永乐大典》飘摇多舛的命运，展现出这部宏编巨著的不朽光辉。（国家图书馆办公室）

【首届“一带一路”非中艺术交流展暨非中文化论坛在中国国家图书馆举行】 10月24日，首届“一带一路”非中艺术交流展暨非中文化论坛在中国国家图书馆举行。肯尼亚体育与文化遗产部文化理事齐普洛普·拉贾特、肯尼亚驻华大使馆代办奥迪波、津巴布韦国家艺术管理委员会副主任尼古拉斯·摩尤、国家图书馆馆长饶权等出席艺术交流展开幕式。随后，领导和嘉宾参观展览并出席首届“一带一路”非中文化论坛。此次艺术交流展以“走进肯尼亚·感知新非洲”为主题，参展的110余幅作品中有近一半出自肯尼亚、卢旺达、乌干达、津巴布韦、坦桑尼亚等非洲国家的40余位艺术家之手，其中既有反映非洲人民日常生活、民俗类的油画、粉笔画、雕塑作品，也有当代艺术表现的作品，主题丰富，形式多样，基本反映出当代非洲艺术作品的现状和特色。中国有30余位著名艺术家的40余幅作品参展，包括油画、国画、版画及雕塑等反映“一带一路”建设、非洲风土人情以及当代生活的艺术作品。（国家图书馆办公室）

【国家图书馆总馆南区入选第三批中国20世纪建筑遗产项目】 11月24日，由中国文物学会、中国建筑学会联合主办的第三批中国20世纪建筑遗产项目公布学术活动在南京举行。国家图书馆总馆南区被评为“中国20世纪建筑遗产”。国家图书馆副馆长陈樱作为入选项目单位代表接受主办方颁发的项目铭牌和荣誉证书。国家图书馆总馆南区建设工程是周恩来总理提议，于1975年3月经国务院批准兴建的，周恩来总理在病中亲自审定建设方案。工程于1983年9月奠基，1987年10月6日举行开馆典礼，10月15日向社会开放。这项工程是党的十一届三中全会以后，在改革开放新的历史征程中，党和国家推进社会主义文化事业全面走向现代化的重要战略举措。国家图书馆总馆南区的规划建设及开放服务，还得到李先念、万里、谷牧、习仲勋等多位中央领导同志的殷切关怀与直接指导，得到首都及全国有关单位的大力支持和无私帮助，充分展现了一代中国人团结奋进、担当有为、甘于奉献的精神风貌。（国家图书馆办公室）

【“中国历代绘画大系”之《先秦汉唐画全集》《明画全集》《清画全集》首发式暨捐赠仪式在国家图书馆举行】 12月12日，“中国历代绘画大系”之《先秦汉唐画全集》《明画全集》《清画全集》首发式暨捐赠仪式在国家图书馆举行。中共中央宣传部常务副部长王晓晖，教育部副部长杜占元，文化和旅游部副部长张旭，浙江省委常委、宣传部长朱国贤，浙江大学党委书记邹晓东，浙江大学发展委员会主席、“中国历代绘画大系”总主编张曦，国家图书馆馆长饶权，副馆长张志清、汪东波以及文化界、教育界、出版界的多位领导和嘉宾出席活动。饶权代表国家图书馆接受赠书，并向浙江大学、浙江省文物局颁发捐赠证书。“中国历代绘画大系”项目于2005年启动，是习近平总书记亲自批准，高度重视的一项国家级重大文化工程，共拟编纂出版62卷200余册，收录绘画作品12250余件（套），许多作品都是长期深藏于海内外文博机构的国宝级文物。“中国历代绘画大系”图书采用世界最先进的出版印刷工艺，最大限度地还原中国古代绘画的笔墨神韵。此前已出版的《宋画全集》《元画全集》，受到海内外专家学者和读者的广泛好评。今天首发的《先秦汉唐画全集》《明画全集》《清画全集》是“中国历代绘画大系”项目第二批出版成果。（国家图书馆办公室）

【纪念郑振铎诞辰一百二十周年系列活动在国家图书馆举行】 12月19日，“高文有典　美行如圭——郑振铎诞辰一百二十周年纪念展”在国家典籍博物馆开展。国家图书馆馆长、国家古籍保护中心主任、国家典籍博物馆馆长饶权，国家文物局办公室主任解冰，中国社会科学院文学研究所所长刘跃进，国家图书馆副馆长、国家古籍保护中心副主任张志清，中华书局总编辑顾青，郑振铎先生家属代表以及相关专家学者等80余人出席展览开幕式。展览分为“力挽狂澜铸书魂”“保护征献张书韵”“嘉惠学林振书香”“化私为公续书脉”4个单元，通过70余件展品，生动展示这位文化巨匠爱书、护书、献书而殚精竭虑、亲力躬行的壮阔一生。同日，《国家图书馆西谛藏书善本图录》首发式及出版座谈会举行，国家图书馆副馆长汪东波致辞。郑振铎先生去世后，家属秉承遗志，将其生平藏书全部捐赠给国家图书馆，国家图书馆特设立“西谛专藏”，供社会各界使用。此次出版的《图录》从“西谛专藏”中精选善本书2300余部，按照经、史、子、集分类分卷，不仅有图书的基本信息，还收录彩版书影5000余幅，是第一次对郑振铎藏善本书进行比较完整、全面的整理和出版。来自文博界、文献学界专家学者畅所欲言，从各自角度表达对郑振铎先生一生学高德范的仰慕与追思。（国家图书馆办公室）

公共图书馆

综述

2018年是改革开放40周年，也是决胜全面建成小康社会、实施“十三五”规划承上启下的关键一年。这一年，公共图书馆坚持以习近平新时代中国特色社会主义思想为指引，全面落实党的十九大、十九届二中、三中全会精神，学习宣传《中华人民共和国公共图书馆法》(以下简称《公共图书馆法》)，贯彻落实国家关于加快构建现代公共文化服务体系的决策部署，坚持依法办馆增强可持续发展能力，继续完善设施网络和公共数字文化工程建设，依托图书馆的优质资源、服务和活动，构建覆盖城乡、服务高效、惠及全民的公共图书馆服务网络，为彰显文化自信、决胜全面建成小康社会贡献力量。

一、坚持依法办馆，各地积极学习宣传贯彻《中华人民共和国公共图书馆法》

2018年1月1日，《中华人民共和国公共图书馆法》正式施行。1月10日，《文化部办公厅关于学习贯彻〈中华人民共和国公共图书馆法〉的通知》下发，要求各级文化行政部门高度重视，把学习宣传贯彻《公共图书馆法》作为2018年的一项重要任务，列入重要议事日程。各地公共图书馆纷纷结合实际，采取报告会、讲座培训、专题研讨、基层宣讲、知识竞答、主题征文、普法展览、张贴海报、发放传单等形式，切实提高馆员学法用法普法和读者知法懂法的意识与水平。

中国图书馆学会组织《公共图书馆法》研修班，各级各类公共图书馆积极参与。福建省图书馆和浙江图书馆合作举办以“《公共图书馆法》的贯彻与实施”为主题的第四届闽浙论坛，两省代表就贯彻与实施过程中各自的疑惑及认知发表意见。湖南图书馆举办《公共图书馆法》专题讲座并通过国家公共文化云和中国文化网络电视面向全国全程直播。厦门市图书馆、龙岩图书馆等先后设立“《公共图书馆法》宣传月”，结合线上线下多种形式扩大宣传，提高学法参与度。河南省启动“《公共图书馆法》宣传周”；晋江市图书馆举办的“千人记忆大比拼　公共图书馆法在身边”活动吸引4.3万人次参与。广西壮族自治区桂林图书馆开展“馆长带您走进图书馆”系列活动，馆长、副馆长与来自各行各业的读者共同朗读，引导读者阅读《公共图书馆法》全文。吉林省图书馆馆长带领班子成员向到馆读者赠送《公共图书馆法》单行本，并和读者就他们对条文的看法和观点进行现场交流。西藏自治区图书馆完成《公共文化服务保障法》和《公共图书馆法》的翻译工作，组织4场专题培训。安徽省图书馆通过中国质量认证中心安徽分中心质量认证审核，拟结合ISO9001：2015版引入风险管理和战略管理理念精修体系文件，以《公共图书馆法》的贯彻落实为契机，做到依法立馆。陕西省则通过推进地方立法贯彻落实《公共图书馆法》，召开《陕西省公共图书馆条例(初拟稿)》结构框架讨论会，推进该省公共文化法制化进程。

二、加大基础设施投入，进一步提升综合服务效能

截至2018年底，全国共有公共图书馆3176① 个，比上年增加10个。全国公共图书馆从业人员57602人，比上年增加35人。其中，具有高级职称的人员6632人，占11.5%；具有中级职称的人员18622人，占32.3%。2018年，全国公共图书馆获得财政拨款1754512万元，比上年增加1.84%。全国公共图书馆实际使用建筑面积1595.98万平方米，比上年增加5.3%；图书总藏量103716万册，比上年增加7.0%；阅览座席111.68万个，比上年增加4.9%；计算机22.35万台，其中供读者使用的电子阅览室终端14.63万台，均与上年基本持平。全国平均每万人公共图书馆建筑面积114.4平方米，比上年增加5.4平方米；人均藏书量0.74册，比上年增加0.04册；年人均购书费1.77元，比上年增加0.07元。

---

① 数据源自《中华人民共和国文化和旅游部2018年文化和旅游发展统计公报》。

全国公共图书馆共发放借书证7263万个，比上年增加7.8%；总流通82032万人次，比上年增加10.2%。书刊文献外借58010万册次，比上年增加5.3%；外借25814万人次，比上年增加1.2%。全年举办各种读者活动179043个(次)，比上年增加15.1%；参加10648万人次，比上年增加20.2%。

在新馆设施建设方面，宁波市图书馆新馆、厦门市图书馆集美新馆、莆田市图书馆新馆、潮州市图书馆新馆、南宁市图书馆新馆、三沙市图书馆暨海南省图书馆三沙分馆、衡水市图书馆新馆、开封市图书馆新馆、孝感市图书馆新馆、日喀则市图书馆、那曲市图书馆、抚顺市图书馆新馆等市馆陆续开馆运行。受《公共图书馆法》颁布施行以及示范区建设、评估等工作的促进作用，区县级图书馆建设如火如荼，如浙江省衢州市柯城区图书馆、丽水市莲都区图书馆新馆、遂昌县图书馆新馆开馆；嘉兴市图书馆二期(古籍善本藏书楼)、台州市黄岩区图书馆新馆、玉环市图书馆新馆、青田县图书馆新馆等在建；陕西省府谷县图书馆新馆以及咸阳市渭城区、合阳县、白水县、镇坪县图书馆投入使用，渭南市临渭区、华阴市、洛川县、洋县、石泉县等地图书馆在建；四川省遂宁市安居区、射洪县、大英县，内江市隆昌市、资中县等地图书馆新馆建成。

此外，福建省图书馆外迁服务场地开放，改扩建工程项目开工仪式在福建省图书馆湖东馆举行；新疆图书馆二期扩建工程自2013年项目立项以来进展顺利，苏州第二图书馆基础工程建设基本完成，江西省图书馆准备闭馆搬迁，青海省贵德县图书馆搬迁至新馆、门源县图书馆正在筹备数字化信息系统；陕西省图书馆新馆开展外立面幕墙工程，榆林市图书馆正式动工，宝鸡市图书馆配合新馆改扩建工程提前完成系统管理软件政府招标工作，吕梁市图书馆暨文化广场建设项目完成主体结构验收；贵州省图书馆异地改扩建项目暨贵阳市少儿图书馆建设项目正式启动，湖南图书馆新馆建设协调会召开，首都图书馆东馆(暂定名)建设项目、云南省图书馆新馆暨分馆建设项目完成专家论证。

三、推进县级图书馆总分馆制，完善现代公共服务体系建设

现行各项相关法律法规和政策文件都将推进落实县级图书馆总分馆制作为解决区域资源服务不平衡不充分问题的重要抓手，2018年该项工作进展迅速。广东省研发“广东公共图书馆用户中心平台”，解决总分馆制度下由于系统原因造成的读者数据不能互通，以致数字资源无法共享的问题；福建省确定闽侯县图书馆、思明区图书馆、湖里区图书馆等11个图书馆作为2018年县级图书馆总分馆建设试点单位，并稳步推进“福建省公共图书馆总分馆通借通还平台”试点建设；四川省制定《四川省图书馆关于整合公共图书馆与农家书屋资源实现大数据管理的实施方案》，确立全省统一数据信息建设思路；海南省实现全省市县图书馆和乡镇文化站的数据传输专网的贯通；北京市完成4家少年儿童图书馆的系统切换工作。

除了在公共图书馆系统内部推进省市区县图书馆上下联通，各级总馆还吸纳各种力量建设特别分馆以实现有效覆盖，目前分馆已开至海外中国文化中心、机关部队、警局监狱、银行、医院、商场、书店、大中小学、景区公园、酒店、寺庙、地铁和火车站以及读者家里等各类场所，城市书房、24小时自助图书馆、自助网投社区服务点、邻里图书馆、流动图书车等各种形式的分馆也都纳入统一管理体系。截至2018年底，仅浙江全省就已建成2150个图书馆分馆，而上海市“一卡通”的文献流通借还量则达到6017万册次。

为达到优质服务效果，各地对总分馆建设的标准化、规范化问题非常重视。浙江省质量技术监督局发布《城市书房服务规范》，规定城市书房的设施设备、服务资源、服务内容、管理要求、监督与考核等内容；嘉兴市图书馆制定的地方标准《公共图书馆中心馆—总分馆服务体系建设管理规范》(DB3304/T 032—2017)列入浙江省地方标准项目清单；温州市图书馆“城市书房”项目列为浙江省省级标准化试点项目。广东省佛山市正式发布实施《佛山市联合图书馆标准体系》。吉林省长春市图书馆召开研讨会，对《长春地区公共图书馆中心馆—总分馆管理规范》等多份文件深入讨论。北京市朝阳区图书馆则与北京大学联合启动“朝阳区公共文化服务体系建设准入机制”课题研究，对准入机制框架设计、制度安排、准入程序、准入方式、监督方式和相关政策建议等内容开展研究。

在区域合作方面，京津冀图书馆联盟吸纳天津市少年儿童图书馆加入，各方对古籍修复、阅读推广、

文化扶贫和青少年服务方面的合作达成共识；“云南省图书馆联盟”建设项目正式启动，拟打破省内公共图书馆、高校图书馆和专业图书馆之间的信息资源壁垒，促进云南省基本公共文化服务标准化、均等化、一体化；上海图书馆(上海科学技术情报研究所)、南京图书馆、浙江图书馆、安徽省图书馆签订战略合作协议，共同加强长三角公共图书馆的跨区域合作与交流；上海市文献资源共建共享协作网完成“华东地区外国和港台期刊预定联合目录”的组织、协调和出版等工作，网上联合知识导航站新加盟7个图书馆、4位咨询专家；广西公共图书馆参考咨询联盟正式成立。

四、把握时代脉搏，依托工程推进公共数字文化建设和推广

公共数字文化建设是加快构建现代公共文化服务体系的重要任务。在2017年国家公共文化云正式推出后，各省节点的建设实施加快，陆续完成大数据采集、数字资源统一云目录建设、应用服务对接。依托文化信息资源共享工程和数字图书馆推广工程，推进国家公共文化数字支撑平台与国家数字图书馆推广工程平台之间互联互通融合发展；中西部贫困地区公共数字文化服务提档升级项目为各贫困地区带去公共数字文化服务设施设备和技术支持，为下一步公共数字文化服务奠定基础。在建设成效方面，重庆图书馆加强协作共建，与重庆有线、市群艺馆协作，共同推进“重庆群众文化云”“巴渝文化云”及“重庆科普文化云”建设，实现市级公共数字文化平台、资源、服务整合，打造融合式服务平台。贵州数字电视图书馆正式开通，拥有贵州民族文化视频、地方文献全文浏览、电子图书、电子期刊、儿童动漫、公开课视频、新三农视频、微学习视频、广播剧等数字资源。“浙江文化通”客户端年下载安装2.07万个，安装总量达17余万个；年用户访问464.92万余次，访问总量1565万余次。“浙江网络图书馆”年访问1530.76万次，文献传递33.62万次，电子图书阅读79.07万册，期刊下载576.73万篇。

在重视建设工作的同时，培养一批精通业务、富有创新精神的基层公共文化骨干必不可少。文化和旅游部全国公共文化发展中心、国家图书馆、文化共享工程各分中心陆续指导召开多个内容丰富的培训班，分别就基层公共文化建设、互联互通数字图书馆建设、国家公共文化云、公共数字文化“最后一公里”服务、管理系统和数字平台使用、地方文献数字化、网络学习和资源推广、网络信息安全、文化志愿服务与品牌建设等诸多内容开展培训。“网络书香基层图书馆帮扶计划”启动，各地面向欠发达地区图书馆开展帮扶工作，提升当地图书馆的数字文化服务能力；2018“春雨工程——边境地区基层公共文化骨干培训班”在云南保山举行，来自内蒙古、辽宁、吉林、黑龙江、广西、云南、甘肃等7个边境省(区)的92名基层公共文化业务骨干参加培训；上海图书馆“数字图书馆推广工程2018年人才培训计划”推进实施，为夯实人才储备、深化创新探索奠定基础。

公共数字文化资源的推广活动同步举行。“春雨工程·网络书香”数字图书馆阅读推广活动继续在边疆地区、革命老区、民族地区开展；文化共享工程陕西省分中心开展包括2018年全国文化科技卫生“三下乡”示范活动、“陕西文化助力扶贫·共享工程精准施策”文化精准扶贫直播活动、2018“暑期送电影进扶贫村——电影展播”活动、“2018陕西京剧数字资源进校园活动”(与腾讯·大秦网合办)等全省基层服务活动7次，线上线下累计服务超过1800万人次；广西分中心主办2018年度“广图筋斗云”公共数字文化服务推广系列活动之“画出我的‘三月三’”主题亲子活动，帮助家长和孩子体验数字阅读，更近距离地了解、认识和利用该馆数字资源。

五、深耕文献资源保护和开发利用，服务传统文化和地域文化发展

在弘扬中华优秀传统文化思想的指引下，古籍保护和开发利用工作成效显著。2018年，国家图书馆(国家古籍保护中心)继续推进中华古籍保护计划的实施，古籍普查登记全力推进，《全国古籍普查登记目录》大规模出版；人才培训基地、传习所、高等院校“三位一体”的人才培养模式继续深化；设立国家珍贵古籍修复项目，举办系列培训活动，一批重要珍贵古籍得到修复；“全国古籍普查登记基本数据库”及时发布普查数据，“中华古籍资源库”免费发布；西藏、新疆等偏远地区普查工作取得进展，西藏自治区图书馆协助西藏电视台《西藏诱惑》栏目拍摄古籍保护专题片；少数民族文字古籍普查工作有序开展，中国古籍保护协会少数民族古籍保护专业委员会正式成立。“文化和自然遗产日”系列宣传展示、金石传

拓技艺读者体验、古籍修复技艺进校园等活动，“册府千华”系列展览以及“缥缃流彩——中国古代书籍装潢艺术馆藏精品文献展”“圣贤的足迹　智者的启迪——孔府珍藏文献展”等特色展览引起社会关注。《长春市图书馆藏古籍善本图录》《林则徐云左山房二种》《广东省立中山图书馆藏黄牧甫印谱九种》《沈燮元文集》《南京图书馆藏稀见书目书志丛刊》《江苏第五批国家珍贵古籍名录图录》《晚清廉吏阎敬铭手札》《孙诒让稿抄本丛刊》《北京市朝阳区图书馆馆藏石刻拓片汇编》等图书正式出版。“2018年中华古籍普查文化志愿服务行动”的志愿者们帮助多家单位摸清家底、发掘馆藏，挖掘珍贵古籍的价值。

民国文献的整理和研究受到学术界和出版界重视，各图书馆在“革命文献与民国时期文献保护计划”项目带动下，继续挖掘馆藏民国时期文献价值。2018年，国家图书馆继续面向全国开展民国时期文献整理出版项目的申报立项工作，在选题上特别加强革命历史文献、对华调查文献等内容，云南省图书馆“西南联大专题资料”等项目入选。3月，民国时期文献保护工作座谈会在国家图书馆举行，对《民国时期连续出版物普查数据标准》（征求意见稿）和《图书馆民国时期文献书库建设标准》（征求意见稿）展开讨论。6月，“回眸与展望：2018民国时期文献整理与研究国际研讨会”在上海举行，《民国时期图书总目·哲学》新书发布。7—10月，“民国时期文献保护计划宣传推广活动”相继在太原市图书馆、烟台图书馆、福州市图书馆举行。宁夏回族自治区图书馆成立民国期刊创刊号工作小组，筛选出民国期刊创刊号1250种并完成编目分类；广东省立中山图书馆《民国稿抄本（第二辑）》《近代华侨报刊大系（第二辑）》出版；重庆图书馆撰写完成《近代重庆期刊提要》，编辑整理《抗战时期英国驻华大使馆档案资料汇编》，整理《四川省政府公报》、《重庆市政府公报》、《重庆大轰炸档案汇编》（英国档案），完成民保项目《抗战时期画报资料选编》《国民参政会资料汇编》的资料编撰，申报《抗战大后方医疗卫生类期刊史料选编》项目并获批准。

地方文献整理开发与城市文化、旅游业发展结合日益紧密，工作成效突出。全国文化信息资源共享工程2018年度地方资源建设项目继续推进，《国韵京剧——服饰之美》专题片等续建项目、《津门传统手工艺》等新建项目共计119个图书馆项目获得立项。湖南图书馆推出《湘图典藏》系列广播节目推广湖湘文化；西藏自治区图书馆组织的《天籁之音——藏北格萨尔艺人说唱音频》节目在西藏人民广播电台开播；广西壮族自治区图书馆启用地方民族文献中心弘扬传承八桂文化；通辽市图书馆开启科尔沁记忆工程，截至2018年底共收录多种载体地方文献近2万册（件）；云南省图书馆召开“普洱茶文化图书馆”分馆建设暨《中国茶文化资料集成》编纂会议；菏泽市图书馆整合资源商议建设牡丹特色文化专题资源库；湖北省五峰土家族自治县图书馆创立“茶乡领读”品牌。太原市图书馆创立“马克思书房”特色空间，打造“太原书院”；河北省图书馆于2018年新春举办地方特色文化展“最美家乡味”，呈现石家庄“美食地图”；“不忘初心·牢记使命——内蒙古乌兰牧骑60年历史照片展”则让大众读者重温乌兰牧骑的光辉历程；西安图书馆征集本地地方文献，在杭州世界城市博物馆设立“西安书房”；贵州、江西、浙江三地的9家图书馆在浙江绍兴组建成立王阳明之路图书馆联盟，携手共建王阳明专题文献数据库。甘肃省图书馆举办“西北地方文献”专藏创建70年纪念活动；首都图书馆召开国际“城市记忆”学术研讨会，共话新技术、新视角下的地方文献工作。

2018年，更多图书馆意识到文创产品开发在弘扬文化、开发资源中的重要作用。南京图书馆建成“南图文创艺术中心”，集文化创意开发、销售、体验和休闲为一体。西藏自治区图书馆加入全国图书馆文化创意产品开发联盟，设计具有浓郁藏民族文化元素的“梵夹U盘”等产品投入市场，同时开办西藏图书馆文创微店。陕西省图书馆成立文创工作专门机构，设立文创产品展示区。湖南图书馆启动IP创意征集活动，发布文创商标“难得湖图”和图书馆动漫形象“湘湘”“图图”，其开发的“儿时玩具系列”文创产品、“莲说系列——泥塑周敦颐像”分别荣获湖南文化创意产品成果展创意产品一等奖、三等奖。长沙市图书馆举办“2018东亚手作文化交流节”，邀请来自国内外优秀手作匠人交流，吸引28000余名市民参与。山东省图书馆启动文创开发工作，举办首届文创大赛，共收到来自省内外高校、设计公司的文创设计方案1451件。河北省图书馆参加特色文化产品博览交易会，现场展示自主研发的馆藏古籍元素文创产品、戏曲动漫作品及衍生品，获得好评。

六、着力提升服务和活动品质，普遍均等丰富读者精神文化生活

受人工智能、大数据、新型智库建设等因素影响，2018年，全国副省级以上公共图书馆加强高层次信息服务和立法决策服务。全国省级及副省级市公共图书馆参考咨询工作培训、全国图书馆参考咨询协作网业务培训、全国副省级以上公共图书馆决策咨询服务培训班相继召开，把握立法决策工作发展环境和新需求特点。在“两会”服务方面，云南省图书馆应用“云图参考系统”，与该省省委宣传部舆情信息处合作研发“云南省委宣传部舆情信息报送系统”提升服务品质；湖南图书馆尝试移动端文献信息服务，开创党政决策“移动互联网+服务”的全新服务模式；吉林省图书馆精选十大民生热点问题汇编成册；江西省图书馆策划《信息与咨询——2018年“两会”信息参考资料专辑》与《信息与咨询——智库报告》专题资料；陕西省图书馆根据社会热点及各地经济特色，联合全省21家成员馆共同编辑“两会”服务专题资料。

特殊群体服务依然是各级公共图书馆重要服务内容。在视障服务方面，配合全国“盲人数字阅读推广工程”的实施，各地普遍提供盲人智能听书机外借和无障碍电影助读服务。长三角地区公共图书馆视障文化服务案例培训班在杭州召开，西藏自治区图书馆组织举办首届盲文摸读比赛，天津图书馆承办第二届“天津市视障人士百科知识竞赛”决赛，广东省第八届盲人诗歌散文朗诵大赛决赛暨第四届盲人散文创作大赛颁奖典礼举办，“声音的力量——贵州省全民阅读推广系列助残活动”举行。在其他特殊群体服务方面，苏州图书馆针对外来务工人员子女的“小候鸟”服务项目、内蒙古自治区图书馆针对偏远地区牧民实施的“数字文化走进蒙古包工程”荣获美国图书馆协会（ALA）主席国际创新大奖；陕西省澄城县图书馆邀请绘画教师为阳光学校聋哑儿童举办绘画技艺讲座10期；西藏自治区图书馆开展“阿佳讲故事”走进驻村点活动共17期；连云港市为农村留守儿童和贫困家庭学生结对共建“春风少年读书会”；湖北省南漳县图书馆联合县妇联，举办“暑期关爱留守儿童·呵护七彩童年”活动，30名来自该县长坪镇的留守儿童走进图书馆进行游学之旅；云南省图书馆设立“进城务工人员专架”“进城务工人员服务岗”，对进城务工人员进行阅读指导及培训；重庆图书馆则通过设立以农民工为服务对象的“重庆市文化共享工程农民工服务联盟”、以乡村留守儿童为服务对象的“蒲公英梦想书屋”，带动全市公共文化单位开展文化惠民服务活动，形成“1+N”品牌效应。

在阵地服务方面，各图书馆继续加强阅读推广活动节庆化、系统化、品牌化建设，纪念改革开放40周年书画展、文献资料展、主题书展、诗歌朗诵、诵读大赛等展览活动大量推出。世界读书日系列活动精彩纷呈：“阅天下·邂逅图书馆之美活动”全国共有108家图书馆参与；浙江图书馆联动全省75家公共图书馆共同举办第二届阅读马拉松，线上开展“浙图阅读锦鲤”活动，微信用户突破130万个；杭州图书馆首推“YUE杭图”品牌，下设5个公众服务子品牌及3个支持保障管理子品牌开展阅读推广活动；广西壮族自治区桂林图书馆情景舞台剧《书魂》在桂林大剧院首次演出；宁波市图书馆打造“外文俱乐部”品牌，在南塘外语角举办德语、法语、西班牙语微课堂；山西省图书馆举办“图书馆之夜嘉年华”，让300余名读者“夜游”图书馆，参加书林寻宝、报海谜侦、数图遨游、“爸爸去哪儿”亲子阅读营和顺架体验等阅读互动体验活动。2018年，云南省公共图书馆展览联盟正式运行，北京市东城区阅读推广联盟开始启动，长三角有声阅读联盟成立，“吉林省图书馆阅读推广研究中心”“吉林省图书捐赠交换中心”揭牌。

少儿阅读推广活动同样重视系统化、品牌化发展。2018“我最喜爱的童书”阅读推广活动有35个省、市图书馆联动，吸引310所学校小学生参与；全国少年儿童“我的藏书票”设计大赛收到9省市27个图书馆报送的429幅作品；山东省图书馆联合各市公共图书馆开展“讲好山东故事　传承优秀文化”全省首届青少年读书故事会活动；大连市少年儿童图书馆联合各区市县图书馆承办“与书为伴·共创明天”大型读书系列活动。在特色活动和服务方面，湖南图书馆举行2018亲子阅读节暨首届亲子文创嘉年华活动；吉林省图书馆开展益智类趣味竞技活动“一战到底”，鼓励小读者从小了解科学、发现科学、爱上科学；天津市和平区少年儿童图书馆举办“读书”漫画大赛和连环画创作大赛；广西壮族自治区图书馆和广西壮族自治区少年儿童图书馆联合承办第十一届广西中小学生“勤为本”网页和电脑小报制作大赛；广西壮族自治区桂林图书馆承办2017年桂林市“悦动·科学”青少年优秀原创科幻作品大赛。此

外,"爱上母语　爱上表达"2018全国少年儿童母语教学高峰论坛在马鞍山市图书馆举行;2018浙江省少儿阅读推广志愿者培训班在温州召开;烟台市举办首批初级儿童阅读推广人认证考试。

在运用新技术开展服务方面,芝麻信用免押金借书、人脸识别、身份证借阅、二维码电子借阅、扫码支付、"你选书、我买单"、网上读书会等智能新服务广泛推开。浙江省推进信用服务规模化发展,正式开通浙江省公共图书馆信用服务平台,在全省公共图书馆范围内推行统一的身份证认证方式,全省任何公共图书馆的用户只要凭身份证就能在任何图书馆享受同等的图书馆服务,以信用为手段推动全省免证、免押金借阅图书,并以此为基础,共同构建以按需采购(也称"信阅")快递借还和通借通还为核心的文献流通共享体系。辽宁省图书馆"辽图约书"、宁波市图书馆"天一约书"、金陵图书馆"书服到家"、贵州省图书馆"阅享黔图"、重庆图书馆"重图到家"等信用网借平台只需在网上完成借阅操作,快递公司就可以把书籍送到读者手中。

七、深化管理体制机制改革,广泛吸纳社会力量参与图书馆建设

法人治理改革稳步推进,各地有条件的地区继续因地制宜开展改革试点工作。新成立理事会的有:福州市图书馆、四川省图书馆、北京市海淀区图书馆、晋中市图书馆、北京市房山区文化活动中心、江西省图书馆、海南省图书馆、云南省图书馆以及浙江省的张元济图书馆、新昌县图书馆、浦江县图书馆等。截至2018年底,浙江省已有67个公共图书馆成立理事会,福建省地市级图书馆的法人治理结构改革完成率达到45.5%。在换届方面,鄂尔多斯市图书馆理事会换届选举,成员由15人减至13人,并成立鄂尔多斯市图书馆法人治理结构理事会监督委员会;北京市东城区图书馆理事会换届则新增2名理事,并通过《关于建立东城区图书馆理事会专家委员会的建议》,拟借助图书馆领域专家的力量帮助图书馆理事会进行科学的指导和决策。

除运用理事会搭建合作平台,各图书馆也在广泛吸纳其他社会力量参与图书馆建设。在与市民读者合作方面,佛山市图书馆推出"千家万户"阅暖工程——邻里图书馆项目,将图书馆开到市民家里,第200家邻里图书馆已诞生;广西壮族自治区图书馆依托读者协会,全年完成读者活动16项210场次,参与读者人数近百万;江西省首家公共图书馆志愿者服务点——九江市图书馆5727志愿者基层服务点正式对外开放;天津市少年儿童图书馆"梦娃绘本馆"开馆,通过"委托运营+志愿服务"的方式实现基础服务和日常管理。在与企事业单位合作方面,山西省图书馆首次与银行系统合作建立光大银行分馆,海南省图书馆首家馆企合作分馆——绿地分馆正式对外开放;贵阳市南明区图书馆成为贵州省首个采取社会化运营模式进行管理的公共图书馆,衡水市图书馆新馆则将读者服务及阅读推广采用社会化运营;北京市西城区开启红楼公共藏书楼,集私人藏书楼、公共图书馆、实体书店于一体,以"众藏、共阅、分享"为核心理念;延边朝鲜族自治州图书馆、梅河口市图书馆,海西蒙古族自治州图书馆等陆续与当地大学签订地校共建共享协议。

八、助力国家重要方针政策实施,积极承担图书馆社会使命

当前国家正实施打赢脱贫攻坚战、乡村振兴战略,以及统筹推动文化事业、文化产业和旅游业融合发展等重大决策部署,2018年,公共图书馆在这些领域积极作为,强化使命担当。四川省图书馆响应精准扶贫号召,在革命老区、边远地区设立微图书馆31个。山西省图书馆承办山西省文化和旅游厅精准扶贫公共数字文化服务设备配送活动。云南省举办滇东、滇西片区两期县级图书馆总分馆制建设暨文化精准扶贫论坛;开展"云南图书馆人扶贫之路"活动,反映战斗在扶贫第一线的广大图书馆人的心声。重庆图书馆开展2018年全国图书馆文化扶贫乡村振兴案例征集活动;发起"书香筑梦乡村行"活动;组织承办"精准文化扶贫　志愿者在行动"——重庆图书馆、首都图书馆赴云阳县开展文化扶贫活动。首都图书馆与北京市扶贫协作和支援合作工作领导小组办公室共同建立"北京市扶贫协作和支援合作文化交流中心"并开展对口帮扶,派出文化志愿者38人,先后在新疆和田地区多个图书馆开展为期8天的文化援疆志愿服务活动。广西壮族自治区桂林图书馆贯彻党中央和上级机关单位关于扶贫工作的要求,全年协助脱贫38户153人、易地扶贫搬迁户14户50人。河南省首家村级图书馆——桐柏县图书

馆栗园分馆在桐柏县新集乡栗园村落地开馆，重点服务该贫困村的留守儿童，为斩断贫困代际遗传进行有益探索。江苏省张家港市文化扶贫项目土家书房建成开放，天津图书馆甘南州分馆正式建成并投入使用，天津市河东区图书馆宁县太昌镇分馆、迭部县分馆揭牌成立，天津市少年儿童图书馆承德县分馆建成，浙江绍兴图书馆与新疆阿瓦提县图书馆合作共建的绍兴图书馆阿瓦提县少儿分馆正式开放。

2018 年 4 月，文化和旅游部揭牌仪式举行，推动文化建设和旅游发展开创新局面。福建省以"清新书苑"为统一标识，打造面向景区和景点百姓及游客开放的文献阅读场所，讲好"诗与远方"的福建故事，塑造好"清新福建"的文旅品牌，第一家"清新书苑"在福州植物园(福州国家森林公园)揭牌。重庆图书馆两江国际影视城分馆正式对外开放，它是依托重庆两江国际影视城，以重庆图书馆的前身——国立罗斯福图书馆为原型，并联合重庆御临旅游纪念品博物馆倾力打造的文旅融合项目。北京市丰台区宛平城地区成立宛平记忆图书馆，让游客与城内群众感受卢沟文化新内涵，体验宛平人文新风貌。新疆图书馆召开"推进文化和旅游深度融合"专家讨论会，探讨以丰富的文化体验打造新疆文化旅游名片。四川省图书馆正式开放李一氓李劼人文库，以"文库＋展览＋阅览"为一体，创新展藏和文旅融合实践形式，与"名人大讲堂"一起上榜"名人堂·2018 四川十大年度文化事件"，引起社会关注。广西壮族自治区图书馆开展 2018 年文化与自然遗产日系列活动，以"古籍中的广西山水"为主题举办展览，从诗文入手，重点介绍广西的 25 处景致，通过古籍书影、诗文、风光图片、景致介绍、诗文欣赏等多角度、全方位的展示，让诗和远方融合在一起。

九、广泛参与国际交流与合作，持续增强国际影响力

2018 年，"一带一路"国际文化交流合作继续推进。首都图书馆新建"阅读北京"图书专区 3 个，分别设在丹麦哥本哈根中心图书馆、俄罗斯莫斯科博戈柳博夫艺术图书馆以及圣彼得堡国立图书馆，并与丹麦国家图书馆等多个图书馆建立业务合作联系。"上海之窗"新增 16 家合作伙伴，截至 2018 年底，上海图书馆在全球 6 大洲 72 个国家和地区的 168 家机构开设"上海之窗"，共计捐赠纸质图书近 12 万册，"上海之窗"网站上线电子图书近 3 万种以及多个上海图书馆自建数据库。重庆图书馆第 11 家"重庆之窗——中国图书角"在毛里求斯国家图书馆落成，赴白俄罗斯参加 2018 重庆文化旅游日现场展示古籍传拓和雕版印刷，与牛津大学中国中心历时三年共同策划制作的"共度时艰：伦敦·重庆大轰炸展览"开幕，"2018 重庆高中生英语现场写作竞赛暨 EducaitonUSA 美国大学申请文书指导"举行，美国驻成都总领事馆颁发参赛证书以资鼓励。山西省第一个海外分馆——毛里求斯中国文化中心分馆建成开放；长春市图书馆在日本仙台建立"遇见长春"文化交流图书角；长沙市图书馆与韩国龟尾市图书馆缔结友好馆；厦门市图书馆与美国华盛顿州温哥华堡地区图书馆签订合作协议并开展馆员交流活动；浙江省内所有省、市图书馆全部加入 OCLC，在通过 OCLC 资源平台获取全球文献信息资源的同时，浙江优秀本土文献及特色区域文化走出国门供全球用户使用。

举办首届中国—中东欧国家图书馆联盟馆长论坛，通过《中国—中东欧国家图书馆联盟成立宣言》和《中国—中东欧国家图书馆联盟 2019—2020 年行动计划》，中国—中东欧国家图书馆联盟正式成立，秘书处设在杭州图书馆。四川省图书馆承办"丝绸之路国际图书馆联盟成立暨'阅读·城市·文化'图书馆、书店融合发展学术研讨会"。

在展览和参观交流方面，国内外依然互动频繁。四川省图书馆先后与以色列驻成都总领事馆、加拿大驻重庆总领事馆、加拿大艾伯塔省政府等合作举办包括摄影展、图片展等形式多样的文化交流活动，参观读者达 17 万余人次；浙江图书馆承办的"楮墨浙韵——浙江印刷文化展"在法国巴黎中国文化中心开展，"一山一水一圣人——山东省图书馆珍贵文献展"在澳大利亚南澳大利亚州州立图书馆开展，蒙古娃少儿美术作品展在俄罗斯国家少儿图书馆开幕。湖北省图书馆举办中国湖北与意大利莫里塞、匈牙利杰尔"放飞梦想"国际少儿画展和"极目楚天舒"图片展；犹太难民与上海史料展、朝鲜民主主义人民共和国图书展、"遇见——余杭、韦尔特艺术家眼中的中国大运河"展览分别在黑龙江省图书馆、延边朝鲜族自治州图书馆、杭州市余杭区图书馆举行。2018 年，国内公共图书馆分别接待来自美国、德国、俄罗斯、日本、韩国、新加坡、墨西哥、泰国、蒙古、老挝等国的同行友人参观交流。(首都图书馆　孙慧明)

年度工作

北京市

【首都图书馆概况】 2018年，首都图书馆坚定把握首都城市战略定位，稳中求进，开拓创新。截至2018年底，馆藏总量达880万册（件），可供读者使用的电子文献藏量622TB，数据库113个。2018年新入藏文献约34.7万册（件），采购数据库55种，新增数字资源29.11TB，总流通508.5万人次，文献外借208.7万册次，数字资源总使用量2956万次。举办各类读者活动1193场，吸引75.8万人次参加。通过网站、微信等多种方式定期向读者推荐图书，全年推荐纸质图书和电子图书1500种。推进官方微博、微信的运营工作，发布阅读推广和资源推广原创信息700余篇，微信公众号用户达到13万人。挖掘空间潜力，优化读者阅读环境和体验，增加阅览座席300余个，使用面积扩大1800平方米。在研国家社会科学基金项目5项、省部级科研项目5项；完成北京市社会科学基金项目——“北京市古籍藏书历史与现状研究”的结题工作，结题报告《北京市古籍藏书历史与现状研究》通过北京市哲学社会科学规划办公室2018年课题结题评审工作。

重视自建资源建设，持续资源建设工作。“北京记忆”完成3200拍拓片数据制作，完成近17万字口述历史采访稿。“首图动漫在线”完成《京味儿趣玩》26集、时长156分钟的动画系列短片制作。

深化品牌建设，扩大影响力和号召力。策划开展“阅读北京——2018年度首都市民阅读系列文化活动”，依托阵地资源推广全民阅读。以“纪念改革开放40周年”为主题，通过举办“改革成就未来　诵读放飞梦想”诵读大赛、“阅读伴我成长”主题活动、第五届“阅读之城——市民读书计划”图书评选活动、第三届“十佳优读空间——百姓身边的基层图书室”推优活动，以及第三届“最美书评”征集评选活动，发挥文化传播的重要职能，推广全民阅读。积极拓展活动内容和形式，提升活动吸引力。结合社会热点和馆内资源，推出四大名著插画展、“这一年北京全国文化中心建设壮美画卷徐徐展开”专题展、“百名摄影师聚焦中国改革开放四十年”图片展、“悦读阅美——2018年请读书目”展等展览，并以线上展览和巡展的方式扩大展览的文化覆盖范围。探索馆社合作模式，与海燕出版社和常青藤爸爸（北京）教育科技有限公司共同创办唱诵国学经典系列活动。增设北京市青少年经典导读线下图书馆阅读课，邀请金牌讲师现场向学生导读经典书籍。积极探索公共文化服务新模式，“首都市民音乐厅”同步通过首都图书馆公共文化云进行高清直播。

发挥中心馆职能，积极推进公共文化服务体系建设。起草《北京市文化局关于进一步推进北京市公共图书馆“一卡通”建设工作的通知》、基层图书馆考核办法与考核标准，制定《北京联合编目中心书目质量控制管理制度》，指导各区图书馆实施总分馆制建设和基层图书资源整合工作。全年发展“一卡通”成员馆28个，开展业务培训6次500人次。推进全市13个图书馆开通图书预约服务，部署完成4个少儿图书馆系统切换工作并加入全市“一卡通”系统。

坚持合作共享，推动京津冀图书馆联盟持续发展。京津冀三地四馆签订《京津冀图书馆合作协议》（2018年修订版），共同举办第一期京津冀古籍修复技术培训班，第二届京津冀“守望青春，我与图书馆的故事”阅读推广交流展示活动，京津冀三地少年儿童图书馆、中小学图书馆学术暨工作研讨会以及京津冀三地地方文献资源建设发展论坛等活动。

借力国家重点文化工程，挖掘和完善馆藏资源，拓展公共服务范围。完成公共文化服务云平台建设的数字资源加载、大数据采集等工作，实现与国家公共文化云的对接。完成《典藏北京》系列专题片之《国韵京剧——梨园弟子》《舞韵——京津冀“非遗”舞蹈的魅力》的拍摄和制作，利用多渠道多平台开展专题片展演。数字图书馆推广工程完成地方图书1.5万页、地方报纸1.5万版的数字化和全文识别，制作公开课视频140节，整合政府公开信息近6万条，开展成果宣传推广展览。帮助市属古籍藏书单位开展破损古籍抢救性修复，完成馆藏2—5级破损古籍、日文图书和民国图书修复，举办网上“古代北京的书籍刊印”展和实体“历代名媛佳作展”等多个展览。

以会议、展览、出版物、文创产品相结合的方式，举办国际“城市记忆”学术研讨会和地方文献工作学术研讨会。举办“京籍渊薮　甲子回眸——首都图书馆北京地方文献中心成立六十周年纪念展”，展品甄选自北京地方文献中心专藏，涵盖方志、舆图、拓片、照片、戏单等文献种类，图文并茂并辅以实物档案，全面展示60年来地方文献工作走过的历程。

着力打造海内外“阅读北京”图书专区，推进“一带一路”国际文化交流合作。新建“阅读北京”图书专区3个，分别设在丹麦哥本哈根中心图书馆、俄罗斯莫斯科博戈柳博夫艺术图书馆以及圣彼得堡国立图书馆。与丹麦国家图书馆等多个图书馆建立业务合作联系。

大力推进城市副中心城市绿心起步区图书馆项目，组建首图东馆（暂定名）建设专项工作组，围绕城市副中心定位规划深入研究两馆关系和新馆功能，完成设计任务书的编写与专家论证。

创建文化扶贫和交流基地，对口援建，精准扶贫。与北京市扶贫协作和支援合作工作领导小组办公室合作，建立“北京市扶贫协作和支援合作文化交流中心”，制定文化扶贫方案，组织文化交流演出，帮扶对口支援合作文献资源建设，举办文化推介展览、阅读推广活动和业务培训。（首都图书馆　贾蔷）

【北京市公共图书馆计算机信息服务网络“少儿一卡通”系统启动切换工作】 2018年1月，北京市公共图书馆计算机信息服务网络“少儿一卡通”系统切换工作正式启动。此次系统切换涉及5家少年儿童图书馆，分别是首都图书馆少年儿童图书馆、石景山区图书馆（少儿馆）、西城区青少年儿童图书馆、丰台区青少年儿童图书馆、朝阳区少年儿童图书馆。首都图书馆与这5家少儿馆围绕技术保障与升级、数据核查汇总、媒体宣传等方面开展各项工作，互相配合推进，确保系统切换各项实施要求。4月21日，首都图书馆少年儿童图书馆完成系统切换，西城区青少年儿童图书馆、石景山区图书馆（少儿馆）、丰台区青少年儿童图书馆先后于年内完成系统切换。（首都图书馆　贾蔷）

【北京市公共图书馆文化志愿服务与青少年阅读推广活动启动大会举行】 3月29日，北京市公共图书馆文化志愿服务与青少年阅读推广活动启动大会在首都图书馆举行。会上为2017年青少年经典导读“书香少年”和“书香校园”的获得者颁发荣誉证书，启动2018年红领巾读书活动，北京教育学院人文社会科学学院院长吴欣歆做关于“红领巾阅读活动的课程设计”主题讲座。会后举办2018年北京市红领巾读书活动工作会，北京市少先队总辅导员、北京市少工委、北京科普发展中心、北京市文化局公共文化处等单位相关领导及各区图书馆相关负责人出席会议。（首都图书馆　贾蔷）

【首都图书馆开展“书香‘智’远，‘志’爱无疆”文化支援志愿公益活动】 8月20—27日，首都图书馆组织文化志愿者赴新疆和田地区开展“书香‘智’远，‘志’爱无疆”文化支援志愿公益活动。文化志愿者一行38人先后在和田地区图书馆、和田市图书馆、墨玉县图书馆、洛浦县图书馆、和田县图书馆开展为期8天的文化援疆志愿服务活动。此次公益活动为和田地区图书馆捐赠多种类图书、期刊31072册；进行图书加工、排架等累计12570册次；举办读者活动10场，服务读者近2000人次；举办面向和田地区图书馆员工培训10场，培训馆员近800人次。累计服务时长达2304小时。同时，与和田地区图书馆就数据库建设项目进行研讨并制定合作方案。（首都图书馆　贾蔷）

【国际“城市记忆”学术研讨会召开】 9月19—21日，国际“城市记忆”学术研讨会在首都图书馆召开。会议由首都图书馆与中国图书馆学会学术研究委员会地方文献研究专业委员会联合主办。会议邀请来自新加坡、美国、韩国等国家的专家学者，国内各省市图书馆及台湾地区图书馆同人，以及国内外关于城市记忆、口述历史、地方文献各领域的嘉宾，就“‘城市记忆’在不同文化背景下的建设与发展”和“口述历史与城市记忆”主题展开交流和讨论。北京市文化局副局长李芳芳、新加坡国家图书馆馆长伍慧贤、中国图书馆学会地方文献研究专业委员会副主任雷树德、首都图书馆党委书记肖维平等领导出席会议并致辞。（首都图书馆　贾蔷）

【京津冀图书馆联盟文化帮扶对接会在河北省图书馆召开】 10月9日，京津冀图书馆联盟文化帮扶对接会在河北省图书馆召开。首都图书馆与河北省张北县图书馆、阳原县图书馆签署文化帮扶协议。首都图书馆在国家级贫困县建立张北分馆和阳原分馆，捐赠图书4000余册，办理20张读者卡共享"一卡通"数字资源，赠送"首图动漫在线"1400集动漫片，为青少年开展经典导读活动，并邀请工作人员来京培训基础业务。（首都图书馆 贾蔷）

【"2018全国少年儿童阅读年"系列活动之全国少年儿童"我的藏书票"设计大赛评审会召开】 10月14日，"2018全国少年儿童阅读年"系列活动之全国少年儿童"我的藏书票"设计大赛评审会在首都图书馆召开，对来自9省市27家图书馆报送的429幅作品进行投票和评选，最终共124幅作品获奖。中国图书馆学会未成年人分会副主任、国家图书馆少年儿童馆馆长王志庚，北京海淀教师进修学校美术教研员相泽民，北京教育科学研究院基础教研原艺术室主任祝庆武，中国戏曲学院副教授迟雪峰，中国美术家协会藏书票研究会常务理事、北京印刷学院讲师牛明明担任评审专家。（首都图书馆 贾蔷）

【北京市第六届"我的藏书票"设计大赛评审会召开】 10月28日，北京市第六届"我的藏书票"设计大赛评审会在首都图书馆召开，对来自全市15个区16家图书馆报送的156幅作品进行投票和评选，共60幅作品获奖。北京教育科学研究院基础教研原艺术室主任祝庆武，中国戏曲学院副教授迟雪峰，北京教育学院丰台分院美术教研员高英，首都师范大学附属丽泽中学教科研主任孙晨，中国美术家协会藏书票研究会常务理事、北京印刷学院讲师牛明明担任评审专家。（首都图书馆 贾蔷）

【第五届"阅读之城——市民读书计划"终评会召开】 11月14日，第五届"阅读之城——市民读书计划"终评会在首都图书馆召开。共有25家图书馆承办并参与活动推广、读者投票、图书推介等工作。活动组委会将200种"城市荐读书目"分主题在微信平台进行推送，初评阶段收到有效投票共计185133条。"图书认领"活动邀请读者为105种图书撰写书评，共316名读者参加，发放图书165册，上交书评139篇。经由读者投票、北京市各区图书馆推荐、专家评选，形成66种终评入围书目。最后，专家评审团从中筛选出30种"年度请读书目"。此外，还继续向读者推荐新近出版的党政类重要图书《习近平的七年知青岁月》等6种。"悦读阅美——2018年请读书目主题展"于12月13日在首都图书馆引航厅展出。（首都图书馆 贾蔷）

【首期"新蕊计划"家庭·家教·家风讲坛在北京开讲】 11月18日，由北京市妇联、北京市教委主办，北京市家庭教育研究会、首都图书馆承办的首期"新蕊计划"家庭·家教·家风讲坛在北京开讲。北京市妇联现场授予首都图书馆"北京市家庭文明建设示范基地"。此次活动邀请教育专家兰海做关于"孩子的教育与规划，父母如何做"为主题的讲座。北京市妇联副主席马红萍，首都图书馆副馆长陈坚，北京市妇联家庭儿童部部长尤筠，北京市家庭教育研究会秘书长、《父母必读》杂志主编恽梅，以及来自家庭建设领域的专家学者、从业人员，关注家庭建设的家长等200余人参加活动。（首都图书馆 贾蔷）

【芬兰赫尔辛基市文化和休闲部访问团参访首都图书馆】 11月20日，芬兰赫尔辛基市文化和休闲部执行部长托米·莱蒂奥率该部高级顾问塞拉·马切丽、该部凯撒文化中心主任卡蒂娅·索马莱宁·佩德罗萨等一行6人参访首都图书馆，商谈未来相互合作事宜。首都图书馆党委书记肖维平接待来访并向来宾介绍首都图书馆近年业务发展情况。随后，访问团参观首图公共服务空间设施并观看即将于2019年初赴芬兰演出的"欢乐春节"节目预演。（首都图书馆 贾蔷）

【2018年首都市民系列文化活动——"阅读北京"年度盛典举办】 11月28日，2018年首都市民系列文化活动——"阅读北京"年度盛典在首都图书馆举办，盛典对2018年"阅读北京"5项系列活动进行成果展示和表彰颁奖，发布《重读八十年代》等36本2018年阅读之城请读书目和东城区第一图书馆王府井书店分馆等十佳优读空间，为北京市红领巾读书活动第十九届"读书小状元"和全市诵读大赛获奖者颁奖，向读者推

介 2018 年度最美书评结集《含英咀华》。盛典通过首都图书馆公共文化云微信公众号等 5 大平台同步直播，并于 12 月 7 日 19 时 30 分在北京电视台生活频道播出。（首都图书馆　贾蔷）

【“首图动漫在线”持续建设非遗主题系列动画短片】 根据党中央、北京市有关未成年人思想道德教育工作精神，2018 年“首图动漫在线”以传承传统文化为焦点，继续以“北京的非物质文化遗产”为主题，制作完成《京味儿趣玩 4》二维高清动画系列短片，共计 26 集 156 分钟。通过借助动画短片，使未成年人了解北京的非物质文化遗产，树立对非遗、传统文化传承保护的意识，起到认知传统、陶冶情操的作用。登录 http: //www. childlib. org/anime，或下载“首图动漫在线”APP 即可观看。（首都图书馆　贾蔷）

【“聆听经典　品味书香”诵读会暨东城区阅读推广联盟启动仪式在东城区第一图书馆举行】 4 月 23 日，东城区阅读推广联盟启动仪式在东城区第一图书馆举行。东城区人大常委会副主任王中华、东城区文化委员会党委书记张恩东出席活动。东城区阅读推广联盟是在东城区委宣传部署和领导下，由东城区文化委牵头，联合教育、文化、出版行业的知名单位、企业和个人成立的，全区各级各类图书馆、文化园区、文化空间、各企事业单位读书会、民间读书会自愿参与，目前已有近 50 家机构申请加入成员单位。在此次启动仪式上，中国古籍保护协会副会长、首都图书馆原馆长倪晓建作为联盟名誉理事长发表致辞。启动仪式后，举行由北京阅读季领导小组办公室、东城区委宣传部指导，东城区文化委员会主办，东城区第一图书馆和中文在线共同承办的东城区 2018 年“聆听经典　品味书香”诵读会。出席活动的领导与东城区学校师生、诵读爱好者共 500 余人一起参与此次世界读书日朗诵活动。（东城区第一图书馆）

【东城区第一图书馆王府井书店分馆开馆接待读者】 7 月 2 日，东城区第一图书馆与北京新华书店王府井书店合作开办的王府井书店分馆正式开馆接待读者。王府井书店分馆由东城区政府、北京发行集团主办，东城区文化委员会、王府井新华书店、东城区图书馆理事会、东城区阅读推广联盟共同承办，是响应《全民阅读“十三五”时期发展规划》，落实北京市关于建设全国文化中心，振兴实体书店的有关精神，提升国民素质和社会文明程度，共同建设书香社会，努力实现“书香北京　香满京城”发展战略的一项重要举措。作为东城区第一图书馆在实体书店内开设的首家分馆，王府井书店分馆让书店成为图书馆的延伸，深度融合图书馆借阅群体，发挥合作双方的品牌优势、区域优势和文化资源优势，进一步扩大公共文化服务的辐射和关联效应，推动书店与图书馆融合发展。（东城区第一图书馆）

【中宣部文艺局副局长王强一行到东城区第二图书馆分馆——角楼图书馆参观调研】 3 月 20 日，中宣部文艺局副局长王强、北京市委宣传部副部长赵佳琛等到东城区第二图书馆分馆——角楼图书馆参观调研。调研组一行参观在图书馆一层举办的“春润京华　马海方北京风情人物画展”，观看非遗文化传承手工活动“兔儿爷”，并亲身体验为老年、残障人士提供的专用电梯设施。另外，调研组还到二层图书阅览区域和三层的室外平台进行参观，了解角楼图书馆的藏书量、开展的活动及服务对象等情况。东城区第二图书馆馆长左堃介绍角楼图书馆自开馆以来在老北京特色文化建设方面所做的工作及举办的阅读推广活动。调研组对角楼图书馆让阅读与传承老北京文化相叠加，让传统文化与现代文化相融合，打造聚集老北京文化特色的图书馆的做法给予肯定。（东城区第二图书馆）

【东城区第二图书馆联手北京必胜客打造社区智能阅读空间】 4 月 23 日，东城区第二图书馆联手东城区图书馆理事会、北京必胜客有限公司共同打造的“书香东城·智阅必胜”社区智能阅读空间亮相北京必胜客（南锣鼓巷）餐厅。东城区第二图书馆把优质的图书资源和智能阅读设备带到必胜客门店，让更多的社区居民在品尝美食的同时，能够享受阅读的乐趣。此社区智能阅读空间是基于“书香中国”建设推出的创新思路，也是合作双方对公共阅读资源走进社区方式的探索性尝试，目的是为东城区各项建设营造浓厚的文化氛围，推动社会主义核心价值观的培育和践行，进一步提高居民文化素质。（东城区第二图书馆）

【东城区图书馆理事会召开换届及增补理事工作会议】 12月11日，东城区图书馆理事会召开工作会议，13名理事、东城区文化委员会和图书馆相关人员参加会议。会议提请理事会通过《关于修改〈东城区图书馆章程〉的建议》并审议通过《东城区图书馆章程（修改稿）》。根据修改后的章程，提名并表决通过新增1名内部理事和1名外部理事。会议听取并审议东城区第一、第二图书馆2018年工作报告，听取第一届理事会工作报告，就报告中的相关事项进行讨论。会议还通过《关于建立东城区图书馆理事会专家委员会的建议》，旨在借助图书馆领域专家的力量，帮助图书馆理事会进行科学的指导和决策。理事会还讨论2019年理事会工作计划及推进东城区阅读推广联盟工作相关事项。（东城区第一图书馆、东城区第二图书馆）

【红楼公共藏书楼开启入藏模式】 4月23日，历时4年多创意、策划、改造，全国首创的互联网+新型公共文化服务设施——红楼公共藏书楼开启入藏模式。藏书楼的前身为红楼电影院，西城区从2014年开始谋划对红楼进行改造提升，由政府提供公共空间，委托社会机构运营，让沉睡于民间的个人藏书重新进入社会流通，激活藏书背后隐藏的人文价值，让老红楼电影院重新焕发文化活力。红楼公共藏书楼集私人藏书楼、公共图书馆、实体书店于一体，以“众藏、共阅、分享”为核心理念。主要设有3个功能区：主体藏书区、休闲阅读区、后台研究区。入藏图书方式分托管、捐赠和合作3种。（西城区第一图书馆）

【西城区第一图书馆举办“影像见证四十年”——纪念改革开放40周年摄影展】 11月5日，为纪念改革开放40周年，由西城区第一图书馆主办的“影像见证四十年”——纪念改革开放40周年摄影展在图书馆一层大厅开展。近100幅摄影作品，以镜头光影展现祖国改革开放以来各行各业走过的光辉历程。摄影展展出的所有作品均出自北京各行各业的摄影爱好者们，内容涉及党的建设、社会事业、城乡面貌、民主法制、百姓生活等方面，这些作品以歌颂改革开放为主题，从不同角度展现40年来祖国波澜壮阔的历史进程，集中展示改革开放和社会主义现代化建设新时期的辉煌成果。（西城区第一图书馆）

【西城区第二图书馆举办第四届“海棠树下 为你读诗”世界读书日主题活动】 4月23日，由西城区第二图书馆主办的第四届“海棠树下 为你读诗”世界读书日主题活动在万寿公园举行。西城区第二图书馆党委书记于燕君、副馆长姜楠、宣传辅导部主任王莹、万寿公园管理处的秦书记及周边社区居民共计200余人参与此次活动。“海棠树下 为你读诗”是由北京市西城区第二图书馆和北京子言传统文化发展有限公司共同主办，在万寿公园管理处大力支持下，于2015年开始打造的世界读书日主题活动。活动旨在以读诗的形式，传承中华传统文化经典，感受“花之美，诗之真，书之香，人之和”。此次活动正值改革开放40周年，特别以“弘扬传统文化”及“纪念改革开放40周年”两个主题展开。专家学者和阅读爱好者共同参与，向社会传递阅读之美。（西城区第二图书馆）

【西城区青少年儿童图书馆参加第四届中国童书博览会】 7月13—22日，第四届中国童书博览会在北京展览馆举行。西城区青少年儿童图书馆在开馆20周年之际，以“科技与阅读”为主旨，亮相此次博览会，吸引众多家长和青少年的关注。坐落于大门左侧的该馆展位最吸引孩子的是VR虚拟现实阅读体验区，小读者只要戴上VR眼镜就可以身临其境地在虚拟场景中体验“VR消防安全”“海底世界”“VR绘本故事：艾鲁美”“VR国学”4个主题的场景式教育。在展位中，家长还可以免费在该馆提供的自助办证机上为孩子办理北京市“一卡通”读者证，现场就可将孩子喜爱的图书借回家，看完后可以在所有“一卡通”联网馆及该馆的24小时还书机上归还。此外，在现场活动区，该馆举办的3场特色绘本阅读推广活动吸引上百名小读者热情参与。展会期间，多国友人光顾该馆展位。（西城区青少年儿童图书馆）

【朝阳区图书馆与北京大学联合启动“朝阳区公共文化服务体系建设准入机制”课题研究】 5月23日，朝阳区图书馆党支部书记韩卫勃、馆长李凯带领图书馆课题组成员一行10人来到北京大学信息管理系，召开“北京市朝阳区公共文化服务体系建设准入机制”课题启动会。北京大学信息管理系教授王子舟、全国中小型公共图书馆联合会会长郭斌、北京市社科院经济研究所副所长杨松、北京大学信息管理系党支部书记张久珍等专家出席启动会。朝阳区图书馆与北京大学信息管理系签署“北京市朝阳区公共文化服务体系建设准入机制”课题研究合作协议书。会上，李凯向各位专家介绍朝阳区公共阅读服务体系建设的现状、存在的主要问题及朝阳区构建公共文化服务准入机制的重要性等背景资料。各位专家就朝阳区公共文化服务体系建设现状以及该课题研究，提出课题研究提纲、研究的基本思路和发展目标。与会人员以英、美、日等国家公共文化服务准入机制和上海市、成都市等国内优化文化市场准入政策经验为借鉴，共同探讨构建公共文化服务准入机制框架设计、制度安排、准入程序、准入方式、监督方式和相关政策建议等。（朝阳区图书馆）

【朝阳城市书屋·三里屯馆优化升级　开展建党 97 周年特别活动】 7 月 2 日，“不忘初心，牢记使命——庆祝建党 97 周年特别活动”在优化升级后重新开放的朝阳城市书屋·三里屯馆举行。此次活动由朝阳区文化委员会、三里屯街道办事处、朝阳区图书馆、宸冰阅读传媒联合举办，旨在将朝阳区的党组织建设成先进的学习型组织，引导党员们积极参加阅读活动。活动现场布置红色主题展览，展示优秀共产党员照片、故事，以及经典的红色影片。活动中，党员们朗读红色家书，面对党徽重温入党誓词，并共同观看由中央党校剪辑、展示共产党员形象的宣传片。该书屋自 2017 年 11 月建成后，受到周边群众欢迎。根据群众希望城市书屋与隔壁的三联书店实现错位运营、突出特色并完善服务设施的意见，书屋进行了为期两个月的优化升级工作，以更好地满足读者多样化的阅读需求。（朝阳区图书馆）

【朝阳区图书馆举办“书香朝阳”公共阅读发展智库成立暨《北京市朝阳区图书馆馆藏石刻拓片汇编》新书发布会】 11 月 22 日，朝阳区图书馆举办“书香朝阳”公共阅读发展智库成立暨《北京市朝阳区图书馆馆藏石刻拓片汇编》新书发布会。石刻专家、北京史研究专家等多位专家及朝阳区图书馆多家合作单位代表出席发布会。活动中，朝阳区文化委员会主任向智库专家颁发聘书，并向致力于朝阳文化建设的相关单位（国家图书馆、首都图书馆、北京市社科院、北京市档案馆、石刻博物馆、北京史研究会、北京联合大学北京学研究所、首都师范大学历史学院、朝阳区档案馆等）赠书。朝阳区图书馆邀请各界嘉宾观看朝阳区地方文献成果展示和朝阳区石刻拓片精选展示。北京史研究会常务理事、北京学研究基地主任、教授张宝秀做“大运河文化带与朝阳区历史文化遗产保护”主题讲座。（朝阳区图书馆）

【海淀区启动 30 秒下单送书上门模式】 2018 年 4 月，海淀区图书馆启动预约借阅柜与支付宝预约借书两项服务。市民只要持有北京市公共图书馆联合读者卡，就可通过手机下单完成借书的步骤。读者只需打开支付宝，关注“借书”生活号，点击“我要借书”，即可进入借书大厅。读者使用读者卡账号登录，并在线下单后，可以选择将所借图书投递到周边的预约借书柜，或者支付一定的快递费用，享受送书上门服务。（海淀区图书馆）

【海淀区文化委员会召开图书馆理事会成立大会】 5 月 26 日，为完善文化事业单位法人治理结构，海淀区文化委员会召开海淀区图书馆理事会成立大会。海淀区文化委员会主任陈静、副主任柳阑，及首都图书馆原馆长倪晓建为代表的 11 名理事会成员出席。会议由柳阑主持。会上，首先由海淀区图书馆馆长姚光丽汇报海淀区图书馆理事会成立情况。随后，柳阑宣读理事聘任文件，并由陈静向理事会成员颁发聘书。经过提名和举手表决，理事会选举倪晓建担任海淀区图书馆理事会理事长，柳阑担任理事会副理事长，姚光丽担任秘书长。作为海淀区图书馆的议事和决策机构，理事会将依照法律法规、国家有关政策和《海淀区图书馆章程》开展工作，接受政府监管和社会监督，负责审定图书馆的发展规划、财务预决算、单位内部主要管理制度与章程拟订和修订等事项，促进海淀区图书馆与政府、社会公众的沟通，并依照有关规定履行其他管理监督职责。（海淀区图书馆）

【丰台区宛平城地区成立宛平记忆图书馆】 6月16日，宛平记忆图书馆在宛平城地区正式成立，成为全市首家实现与首都图书馆联网的社区级图书室。宛平记忆图书馆打造了多功能生活阅读空间，让游客与城内居民在古城内一品书香文化，感受卢沟文化新内涵，体验宛平人文新风貌，呼吁更多青年人铭记红色历史、感念中华民族英勇抗争的抗战精神。图书馆是兼具活动服务、辅导培训、党员教育、校外教育、休闲生活、艺术展览、文化影片放映等多种功能于一体的生活阅读空间，是地区居民学习、休闲的新园地。读者在图书馆内可阅览抗战书籍、观看影片资料，参加丰富多样的主题活动，进一步弘扬、传承抗战精神。（丰台区图书馆）

【石景山区召开创建国家公共文化服务体系示范区动员部署会】 7月12日，石景山区召开创建国家公共文化服务体系示范区动员部署会，宣告将在2018年至2020年间举全区之力，创建第四批国家公共文化服务体系示范区。文化和旅游部公共服务司副司长白雪华，北京市文化和旅游局副局长庞微，中共石景山区委副书记、代区长陈之常等领导出席会议。会议对石景山区创建首都公共文化服务示范区工作进行总结，并具体部署国家公共文化服务体系示范区创建任务；区政府与示范区创建工作领导小组成员单位签订责任书。创建期间，石景山区将投入7亿元资金，通过推出一系列文化惠民举措，切实提高百姓的文化获得感和幸福感，全面提升公共文化服务体系建设水平。部署会前，与会领导还召开现场工作会，视察区文化中心、全民畅读书吧、八角街道杨中社区文体活动中心以及24小时智能书店网点建设运行情况。（石景山区图书馆）

【北京市"公共文化服务社会化"现场推进会在门头沟区召开】 12月19日，北京市"公共文化服务社会化"现场推进会在门头沟区召开。市委常委、宣传部长杜飞进出席会议并讲话，市文化和旅游局党组书记陈冬主持会议，门头沟区委书记张力兵出席会议。会上，门头沟、东城、西城等6个区和首都图书馆代表分别就公共文化服务社会化建设工作进行交流发言，市文化和旅游局局长宋宇汇报全市公共文化服务社会化总体情况。门头沟区领导张金玲、庆兆珅参加会议。与会领导还到门头沟区城子街道文化中心进行实地参观。（门头沟区图书馆）

【房山区举办文化馆图书馆总分馆制暨文化活动中心理事会启动仪式】 8月15日，为贯彻落实党的十九大精神和《公共文化服务保障法》，围绕北京全国文化中心和西山永定河文化带建设，按照房山区委区政府统一部署强化全区总分馆制和区文化活动中心建设，全力推进首都公共文化服务示范区创建工作，在房山区文化活动中心举办房山区文化馆图书馆总分馆制暨文化活动中心理事会启动仪式。市文化局副局长李芳芳、房山区副区长齐文东、市文化艺术活动中心副书记许博、首都图书馆副馆长陈坚、房山区人大教科文卫体委员会主任委员杜国栓、房山区政协教文卫体委主任刘清生以及房山区创建公共文化示范区领导小组成员单位领导出席。会上，在观看完总分馆制工作短片《聚焦效能 承启未来》后，房山区文化委员会党组书记、主任冀显江做动员部署。与会领导为各位理事颁发聘书，正式启动总分馆制建设和第一届理事会。房山区副区长齐文东讲话。（房山区文化活动中心图书服务部）

【"通图故事人"志愿服务项目荣获第四届中国青年志愿服务项目大赛银奖】 11月29日—12月2日，第四届中国青年志愿服务项目大赛暨志愿服务交流会在四川德阳召开。通州区图书馆的"通图故事人"志愿服务项目，作为从北京市200个项目选拔出的21个项目之一，在全国近600个志愿服务项目大赛中脱颖而出，荣获此次大赛银奖。"通图故事人"志愿服务项目旨在为2—6岁的儿童提供讲故事服务，让儿童爱上阅读、享受阅读。项目通过绘本和游戏、手工、舞蹈、音乐结合，绘本和戏曲、动画片赏析结合，绘本和情景剧表演结合等多种新颖的阅读形式和丰富多彩的延伸活动，让家长找到更多和儿童一起阅读的方法，同时引导儿童爱上读书、爱上思考、快乐成长。"通图故事人"团队的志愿者来自教师、媒体从业者、计算机从业者、企业管理人员、公司职员和全职妈妈等多种行业。项目自2014年开展以来，走进乡镇街道、学校、商场、福利院等多种社会机构，至今已拥有36名核心志愿者，开展儿童故事会161场，受益群

众 7000 余人次，参与项目的志愿者累计达到 500 余人次。(通州区图书馆)

【顺义区首家 24 小时自助图书馆——“潮白书苑”开放】 2 月 24 日，顺义区首家 24 小时全自助智能型影视文学主题图书馆——“潮白书苑”开始试运营，凡持有北京市公共图书馆“一卡通”的读者，都可以享受到图书馆 24 小时不打烊的服务。该图书馆馆藏影视文学类书籍 10000 余册、超星电子书 12 万册、龙源期刊 230 种、报纸 100 余种，都可供读者借阅或下载。读者在“潮白书苑”不仅可以自助办证、借阅纸质书籍，还可以阅读和下载电子书籍，将闲置图书放在这里与读者共享。“‘潮白书苑’24 小时自助图书馆 + 创意方案”在上海图书馆会展中心举办的中国图书馆学会“创新引领未来——第一届公共图书馆创新创意作品征集推广活动”中荣获优秀创意奖。(顺义区图书馆)

【大兴区 24 小时城市书房亮相深圳国际文博会】 5 月 10 日，第十四届中国（深圳）国际文化产业博览交易会开幕。大兴区 24 小时城市书房（智能图书馆）作为北京展团的参展单位之一亮相此次展会。中共中央政治局委员、中宣部部长黄坤明，北京市委常委、宣传部部长杜飞进等领导出席展会并参观大兴区展位。博览会期间，大兴区图书馆围绕公共文化服务创新，重点展示 24 小时城市书房和智能图书馆的建设情况，突出自助化、智能化、全天候的特色服务，并推介“悦读大兴”APP 中“动动手指　图书到家”的创新功能。(大兴区图书馆)

【首都图书馆助力昌平区回龙观天通苑地区文化建设】 9 月 15 日，为落实《优化提升回龙观天通苑地区公共服务和基础设施三年行动计划（2018—2020 年）》，在北京市文化和旅游局组织下，首都图书馆在“回天有我”系列活动中，为回龙观镇北店嘉园社区居民赠送千册图书，现场为读者办理借书证、设置共享工程数字资源阅读机。首都图书馆还在昌平区图书馆回龙观镇第一分馆举办“童沐书香”志愿者讲故事活动及“北京城故事”等系列讲座。此外，北京市文化和旅游局及首都图书馆对昌平区基层图书馆建设提出统筹规划、市区联动、切实办实事促发展、做好优秀文化传播、提升回龙观天通苑地区文化氛围等要求，并制定将条件成熟的图书室逐步纳入“一卡通”体系、开通通借通还服务等计划。(昌平区图书馆)

【平谷区盲人数字阅读推广工程正式启动】 10 月 15 日“国际盲人节”当天，由平谷区文化委员会主办，平谷区图书馆承办的“书香平谷·悦听阅美”盲人数字阅读推广工程启动仪式在平谷区文化大厦举行。中国盲文图书馆，平谷区残联、盲协等有关单位领导，以及视障读者 100 余人参加活动。启动仪式上，平谷区图书馆首批下发 50 台智能听书机，同时推出为本区范围内的盲人读者提供在线办证和听书机免费快递借还服务。平谷区图书馆还将进一步发挥盲人协会和助残志愿者的作用，加大与区残联的协作协调，宣传、动员和组织更多盲人走进图书馆，通过聆听认识事物、学习知识，通过触摸了解社会、感受文明。(平谷区图书馆)

【怀柔区庆祝改革开放 40 周年诵读活动暨“书香怀柔”第十一届全民阅读活动颁奖典礼举办】 4 月起，为深入贯彻落实习近平新时代中国特色社会主义思想和党的十九大精神，庆祝改革开放 40 周年，怀柔区委宣传部、怀柔区委网信办、怀柔区文化委员会在全区范围内广泛开展了“书香怀柔”第十一届全民阅读活动。9 月 28 日，“初心逐梦颂改革　砥砺谱写新华章”——怀柔区庆祝改革开放 40 周年诵读活动暨“书香怀柔”第十一届全民阅读活动颁奖典礼在怀柔区图书馆报告厅举办。怀柔区人大常委会副主任郝秀海、怀柔区人民政府副区长焦宝军、北京市新闻出版广电局公共服务处副处长谭素云等领导，及“书香怀柔”全民阅读活动各成员单位的主管领导，各乡镇、街道主管文化工作的领导与全区 300 余名观众观看演出。此次活动邀请数位怀柔区文化名人和诵读、演讲比赛中涌现出的优秀选手表演他们的原创作品。出席此次活动的领导们为“书香怀柔”第十一届全民阅读活动系列比赛的获奖选手、单位颁奖。(怀柔区图书馆)

天津市

【概况】 2018 年，天津市共有市级公共图书馆 2 个，区级公共图书馆 27 个，公共图书馆建立分馆536个。馆舍面积40.52万平方米，阅览座席1.90万个，文献总藏量1867.29万册，其中图书1662.13万册、古籍58.89万册、报刊81.45万件、视听文献27.51万件（套）、缩微制品1.24万件（套），拥有电子图书2039.57万册。2018年文献购置费7726.70万元，新增文献222.74万册，新增电子图书286.99万册，接待读者1226.49万人次，书刊文献外借1136.61万册次。

2018年，市区两级公共图书馆为读者举办讲座、展览、培训班等各种活动3089场次，参与220.20万人次，其中讲座1869场，17.79万人次；展览646场，198.74万人次；读者培训574次，3.67万人次。各图书馆通过官方网站、微博、微信等方式向读者提供服务，年网站访问量总计933.17万页/人次，志愿者服务队伍79个，共计5361人。流动图书馆全年书刊借阅13.89万人次，21.46万册次。

推进京津冀协同发展。天津图书馆举办京津冀图书馆联盟工作会议，天津市少年儿童图书馆加入京津冀图书馆联盟，天津图书馆、首都图书馆、河北省图书馆、天津市少年儿童图书馆对共同举办京津冀古籍修复技术培训班、京津冀图书馆联盟文化扶贫行动和京津冀三地少年儿童图书馆、中小学图书馆学术暨工作研讨会达成共识；天津图书馆与首都图书馆、河北省图书馆、天津市少年儿童图书馆共同承办第二届京津冀图书馆“守望青春，我与图书馆的故事”阅读推广交流展示活动，京津冀三地图书馆通过多种渠道面向社会公开征集素材，分享京津冀三地的读者与图书馆的故事。天津市少年儿童图书馆主办“新时代少年朗读者——京津冀百校学生朗诵大赛”和“新时代少年朗读者——京津冀百校学生朗诵大赛”等。

着力总分馆制建设。天津图书馆联合天津市图书馆学会、数字图书馆推广工程天津分中心举办“天津市区级图书馆总分馆制建设专题培训班”，邀请专家结合《中华人民共和国公共图书馆法》，围绕总分馆制与公共图书馆服务体系建设主题，从公共图书馆事业发展的背景出发，分析总分馆制实施背景和原因，从实践和理论两个层面阐述公共图书馆服务体系与总分馆制的关系，以及总分馆制建设中需关注的问题。各区图书馆纷纷开展总分馆制建设培训。

深化读者服务工作。天津图书馆盲人数字阅读推广工程——智能听书机免费借阅服务工作正式启动；承办第二届“天津市视障人士百科知识竞赛”决赛；主办“砥砺前行　再续新篇——纪念改革开放40周年主题书展”。天津市少年儿童图书馆“梦娃绘本馆”开馆；举办2018年天津市中小学生“好书伴我成长”读书系列活动；承办“绿书签行动”2018年中小学生系列活动。河东区图书馆举办2018年河东区“文化+”系列讲堂活动。武清区图书馆举办第三届群众文化艺术节“与改革开放同成长—纪念改革开放40周年”演讲比赛。和平区少年儿童图书馆举办“和平杯”第六届全国“读书”漫画大赛和第十二届“和平杯”全国连环画创作大赛等。读者服务范围不断扩大，促进全市公共文化服务均等化的发展。

参与文化扶贫工作。天津图书馆甘南州分馆正式建成并投入使用；河东区图书馆宁县太昌镇分馆、迭部县分馆揭牌成立；天津市少年儿童图书馆启动“京津冀图书馆联盟文化帮扶项目”，建立天津市少年儿童图书馆承德县分馆，开展对口帮扶工作。（天津市图书馆学会）

【文化和旅游部科技创新项目“数字图书馆知识发现系统研究”通过验收】 1月30日，天津图书馆承担的文化和旅游部科技创新项目“数字图书馆知识发现系统研究”通过验收。“数字图书馆知识发现模型”是数字图书馆知识发现系统研究的核心研究成果，它以用户知识行为数据库为核心研究对象，就知识发现系统的结构模型、运行原理、数据流程和功能模块设计开展研究，并结合用户行为规律和知识发现规律最终设计而成。（天津图书馆）

【2018京津冀展览联盟之天津图书馆大型原创展览“天津人过年的那些事儿”在天津图书馆举办】 2月1日—3月22日，由天津图书馆主办的“天津人过年的那些事儿”年俗展览在该馆文化中心馆区展出。展览通过查阅馆藏资料、采访市民、网上征集等方式搜集大量关于天津传统年俗资料，全方位介绍从腊月初八（腊八节）到二月初二（龙抬头）的津味年俗文化，充分呈现传统朴素、热爱美好事物的老天津卫人有趣鲜活的生活场景，讲述“天津人过年的那些事儿”。约

7 万余名读者到馆参观。（天津图书馆）

【京津冀图书馆联盟工作会议在天津图书馆召开】 6 月 2 日，京津冀图书馆联盟工作会议在天津图书馆文化中心馆区举行。天津市文化广播影视局、首都图书馆、河北省图书馆、天津图书馆、天津市少年儿童图书馆相关领导参加会议。会议决定吸纳天津市少年儿童图书馆加入京津冀图书馆联盟，并对共同举办第一期京津冀古籍修复技术培训班、第二届京津冀“守望青春，我与图书馆的故事”阅读推广交流展示活动、京津冀图书馆联盟文化扶贫行动和京津冀三地少年儿童图书馆、中小学图书馆学术暨工作研讨会达成共识。（天津图书馆）

【天津图书馆甘南州分馆正式建成并投入使用】 根据《天津市文化广播影视局－甘肃省文化厅扶贫协作框架协议》和《天津市文化广播影视局－甘南藏族自治州人民政府文化交流战略合作框架协议》，2018 年天津图书馆对口帮扶甘南州图书馆，建立天津图书馆甘南州分馆，开展精准的实物帮扶和“互联网＋”帮扶。一是为甘南分馆配送图书 6000 余册；二是将天津图书馆的数字资源向甘南藏族自治州的读者开放；三是通过举办培训班、发放数字图书馆使用指南等手段帮助分馆培养参考咨询馆员；四是首次向藏族读者开放微信阅读资源；五是两馆共同签署对口帮扶合作协议。（天津图书馆）

【盲人数字阅读推广工程——智能听书机免费借阅服务工作在天津图书馆正式启动】 9 月 28 日，天津图书馆盲人数字阅读推广工程——智能听书机免费借阅服务工作正式启动。天津图书馆、天津市少年儿童图书馆、和平区图书馆、河西区图书馆、河东区图书馆完成 3000 台智能听书机的配置工作，10 月中旬起陆续面向全市视障读者提供实名制免费出借服务。（天津图书馆）

【第二届京津冀“守望青春，我与图书馆的故事”阅读推广交流展示活动在天津图书馆举行】 10 月 29 日，由北京市、河北省、天津市三地文化行政主管部门联合主办，首都图书馆、河北省图书馆、天津图书馆、天津市少年儿童图书馆共同承办的第二届京津冀图书馆“守望青春，我与图书馆的故事”阅读推广交流展示活动在天津图书馆文化中心馆举办。三地文化行政主管部门、公共图书馆及高校图书馆负责同志、三地阅读推广人和百余名读者代表共同参加活动。京津冀三地图书馆通过微信公众平台，以及报刊、广播电视台、网络、微博等多种渠道，面向全社会公开征集大量与图书馆相关的感人故事、珍贵照片和手稿作品。活动现场通过读书故事分享、基层图书馆工作人员访谈、小电影呈现、情景剧演出和经典诵读等多种形式，分享京津冀三地的读者与图书馆的故事。（天津图书馆）

【天津图书馆古籍修复技艺参展 2018 中国旅游产业博览会】 11 月 9—11 日，由文化和旅游部、天津市政府共同主办，联合国世界旅游组织特别支持的 2018 中国旅游产业博览会在天津梅江会展中心举办。天津图书馆古籍修复技艺作为市级非物质文化遗产代表性项目成为博览会的“特邀嘉宾”。该馆工作人员现场向观众展示古籍修复工具、古籍修复流程及古籍修复用纸、锦绫图册等，向观众演示古籍线装书装订、书页修复等技艺，并与观众互动交流、介绍古籍修复与保护技艺。（天津图书馆）

【《中华古籍总目·分省卷》编纂研修班在天津图书馆举办】 11 月 12—16 日，由国家古籍保护中心主办，天津图书馆（天津古籍保护中心）承办的《中华古籍总目·分省卷》编纂研修班在天津图书馆举行。国家图书馆（国家古籍保护中心）、天津图书馆（天津市古籍保护中心）相关领导同志及专家出席会议并致辞。来自全国 30 个省市 38 家图书馆共 70 余人参加培训。（天津图书馆）

【天津市少年儿童图书馆承办“绿书签行动”2018 年中小学生系列活动】 2018 年，天津市少年儿童图书馆及各区图书馆承办天津市中小学生“绿书签行动”系列活动，这是一项倡导未成年人绿色阅读、文明上网，自觉远离非法出版物及网上有害信息，助推中小学生思想道德建设的公益活动。天津市少年儿童图书馆参与活动的组织策划，根据活动主题精选 41 种图书作为活动推荐用书，并在馆内设置“绿书签行动”读书专柜，供中小学生参与阅读；组织专家对全市16个区上报的793篇读后感和525篇黑板报进行评选，共选出优秀黑板报50篇，读后感优秀奖40篇、参与奖120篇。（天津市少年儿童图书馆）

【天津市少年儿童图书馆承办2018年天津市中小学生“好书伴我成长”读书系列活动】 3月，天津市少年儿童图书馆承办由天津市精神文明建设委员会办公室、天津市教育委员会、天津市文化广播影视局、天津市关心下一代工作委员会主办，新蕾出版社（天津）有限公司协办的2018年天津市中小学生“好书伴我成长”读书系列活动。活动得到天津市各基层图书馆、中小学校及有关单位的响应和支持，共有16个区及经济技术开发区的1202所中小学校、总计76.4万中小学生参与，覆盖全市范围。收录征文、绘画及剪纸3项比赛的部分获奖作品，出版《2018年天津市中小学生好书伴我快乐成长（十一）——读书活动获奖作品集》。（天津市少年儿童图书馆）

【天津市少年儿童图书馆“梦娃绘本馆”开馆】 3月10日，天津市少年儿童图书馆“梦娃绘本馆”开馆试运行，6月1日正式开馆。天津市少年儿童图书馆在对贵州路馆区的修缮改造和基础设施改建基础上，开设专题绘本馆。通过“委托运营+志愿服务”的方式实现基础服务和日常管理。截至2018年底读者借还量达40906册，到馆读者37294人次，发放读者证2500个。组织开展包含“梦想剧场”主题展览、少儿培训、科普系列、阅读推广、特殊群体专题活动等项目的少儿活动200余场，举办包括“改革开放四十周年展”等主题展览5期。（天津市少年儿童图书馆）

【天津市少年儿童图书馆举办“新时代少年朗读者——京津冀百校学生朗诵大赛”】 11月20日，天津市少年儿童图书馆主办“新时代少年朗读者——京津冀百校学生朗诵大赛”。大赛主题为“扣好人生的第一粒扣子”，口号是“让朗诵成为一种习惯”。邀请播音界前辈、天津电视台主持人、天津人民艺术剧院一级演员、天津人民广播电台主播作为指导专家。所有推荐作品由大赛组织机构组织专家进行评审，评选出一、二、三等奖。（天津市少年儿童图书馆）

【和平区图书馆参加“书香城市(区县级)”授牌仪式】 12月28日，和平区图书馆一行3人代表和平区参加由中国图书馆学会、宁波市人民政府主办的2018年“书香城市（区县级）”论坛。和平区图书馆根据该区地域特点，上报特色读书活动，经中国图书馆学会专家考核，天津市和平区荣获“书香城市（区县级）”殊荣。（和平区图书馆）

【河西区图书馆荣获公共图书馆创新创意奖项】 5月31日，中国图书馆学会“创新引领未来——第一届公共图书馆创新创意作品征集推广活动”获奖名单揭晓。天津市河西区图书馆共有4个作品进入终评，分获1项“最佳青年创新奖”与3项“创新创意优秀奖”。刘晓柯、刘姗姗提交的创新案例“西岸真人图书荟——阅读不一样的声音　让生活多一些色彩”获得“最佳青年创新奖”；范颖提交的创新方案“飞阅图书馆”，刘晓柯、刘姗姗提交的创新案例“河西区图书馆将有声阅读融入‘图书馆+’模式”，邢珊珊提交的创新案例“创新服务模式，探索总分馆建设”3个作品获得“创新创意优秀奖”。（河西区图书馆）

【河东区图书馆举办2018年河东区“文化+”系列讲堂活动】 6月23日，河东区图书馆在河东区102中学报告厅举办2018年河东区“文化+”系列讲堂活动。活动由河东区文化和旅游局、共青团天津市河东区委员会主办，河东区图书馆、河东区102中学团委承办，以“纪念改革开放四十周年，弘扬优秀传统文化”为主题。参与活动人员有学生、教师、社区居民等，共计400余人。（河东区图书馆）

【河东区图书馆宁县太昌镇分馆、迭部县分馆揭牌成立】 11月1日，河东区图书馆宁县太昌镇分馆、迭部县分馆成立，揭牌仪式暨图书捐赠活动分别在甘肃省庆阳市宁县和甘南藏族自治州迭部县举办，当地县委县政府、天津市河东区文化和旅游局领导出席揭牌仪式。河东区图书馆向分馆送书共6000余册，并加强与太昌镇分馆、

迭部县分馆的联系，做好分馆管理运行维护指导工作，积极宣传好两个分馆的阅读推广活动。（河东区图书馆）

【河北区图书馆"中国传统书画经典图录收藏项目"进展】 2018年7月，河北区图书馆特藏专题室建成。该馆的"中国传统书画经典图录收藏项目"聘请相关专家学者，遴选、购买、收藏具有专业水准、精选精印精装帧、具有阅读与收藏价值的画册逸品，形成特色专题馆藏资源。截至12月31日，购买画册1000余种、4337册。完成29757页、36222张图片的数字化加工工作。（河北区图书馆）

【河北区数字图书馆建设完成并正式投入使用】 10月，河北区数字图书馆建设完成并正式投入使用。数字图书馆包括硬件与软件建设，硬件部分包括中心机房建设、图书馆监控设备提升和整体网络改造；软件部分包括"河北区图书馆公众号"开发、数字资源采购及图书馆和总分馆建设大数据分析平台建设。11月，完成河北区图书馆微信公众号的建立，实现由远距离变零距离服务的延伸，公众号实现32万册电子图书免费借阅、数字资源免费使用、馆内重要活动通知、图书借阅、延期等服务。截至2018年底，完成河北区数字图书馆推广活动3场，受众1100人次，完成馆内监控设备和Wi-Fi设备的升级并正常对外服务。（河北区图书馆）

【红桥区图书馆总分馆制运营模式基本建成】 2018年，红桥区图书馆继续推进图书馆总分馆制建设工作。新建4个街道分馆、49个基层服务点。为分馆和基层服务点配送图书9.6万册，并为街道分馆配置自助借还书机、馆员工作站、门禁系统；为基层服务点配置电子书借阅机等设备。截至2018年底，红桥区所辖街道分馆覆盖率达80%，社区基层服务点覆盖率达45%，基本建成总分馆制运营模式。（红桥区图书馆）

【东丽区图书馆军粮城养老服务中心分馆揭牌赠书仪式举行】 1月31日，东丽区图书馆军粮城养老服务中心分馆举行揭牌赠书仪式，东丽区图书馆工作人员、养老中心管理人员及老年读者出席仪式。揭牌仪式后，东丽区图书馆向养老中心赠送有关养生保健、文学艺术、历史科技类等书刊400册，并就分馆书刊管理、流通、读书活动开展等工作提出相关要求。（东丽区图书馆）

【津南区图书馆举办南开大学志愿服务基地授牌仪式】 3月13日，南开大学志愿服务基地授牌仪式在津南区图书馆举办。南开大学电子信息与光学工程学院团委书记、津南区图书馆馆长、副馆长及4名志愿者代表和图书馆全体职工20人参加。授牌仪式上，南开大学向津南区图书馆授予"南开大学志愿服务基地"牌匾，津南区图书馆馆长安秀丽向志愿者代表颁发"津南区图书馆2017年优秀志愿服务团队"荣誉证书。双方确定2018年志愿服务工作的合作重点是阅读推广和读者活动，打造少儿读者服务品牌"智慧书屋"、成人读书活动品牌"上书会"以及协助组织分馆读者活动。（津南区图书馆）

【泰达图书馆获评天津市科普教育基地】 2018年，在天津市科委、市教委和市科协举办的科普基地认定工作中，泰达图书馆被评为天津市科普教育基地。该馆发挥自身优势，围绕创新、协调、绿色、开放、共享发展理念，面向公众开展特色化科普活动。借助全民读书月、世界读书日、图书馆服务宣传周、"好书伴我成长"、"六一"儿童节、寒暑假读书营及各类专题书展等大型读者活动，加大科普阅读成果推广力度。运用新技术手段，创新活动形式，拓展服务空间，依托微信平台、移动客户端、移动网站等新媒体平台，围绕开发区科普基地和科技型企业开展系列科普宣传活动。同时，面向企业、科研机构及高校推出"科技文献服务季"活动，吸引企业、科研机构及高校近千人参与，宣传推介馆藏科技文献资源，帮助科研人员提高外文科技文献检索与利用效率，为区内科技型企业、创新团队、高等院校等单位提供重要的科技文献信息支撑。（泰达图书馆）

【和平区少年儿童图书馆举办"和平杯"第六届全国"读书"漫画大赛和第十二届"和平杯"全国连环画创作大赛】 7月，"和平杯"第六届全国"读书"漫画大赛和第十二届"和平杯"全国连环画创作大赛启动，面向全国各地连环画家、漫画家征集漫画作品 530 余幅、连环画作品 700 余幅。在和平区公证处现场公证下，连环画大赛评选出一等奖 3 名，二等奖 6 名，三等奖 10 名，优秀奖 18 名；读书漫画大赛评选出一等奖 4 名，二等奖 6 名，三等奖 10 名，优秀奖 20 名。“和平杯”第六届全国“读书”漫画大赛和第十二届“和平杯”全国连环画创作大赛是 2018“和平杯”首届文化阅读之旅重要项目，也是书香和平、书香天津的重要组成部分。（和平区少年儿童图书馆）

河北省

【概况】 2018 年，河北省公共文化服务体系建设取得长足发展，文化设施体系、文化惠民体系初步形成。截至 2018 年底，全省共有各级公共图书馆 173 个，各级分馆 424 个。覆盖城乡的省、市、县、乡、村五级公共文化服务设施网络已基本建成。各级公共文化服务设施服务人次明显增长，服务内容明显丰富。

全省公共图书馆从业人员 1921 人，其中高级职称 240 人，中级职称 602 人。图书总藏量 2717.5 万册（件），其中古籍善本 25976 册。电子图书总藏量 2033.7 万册（件）。全年总流通 2371.15 万人次，书刊文献外借 1412.8 万册次。各级公共图书馆组织各类讲座 3593 次，参加 43.93 万人次；举办展览 1014 个，参观 302.04 万人次；举办读者培训班 1644 个，培训 9.37 万人次。各馆共拥有计算机 8052 台，其中电子阅览室终端 5639 台。公共图书馆建筑面积 54 余万平方米，阅览室面积 17.3 万平方米，其中阅览室座席 42995 个。各类志愿者服务队伍 364 个，流动图书车 80 辆，文创产品种类 143 个。坚持“政府主导、群众主体、社会参与”原则，举办“燕赵少年读书系列活动”等富有特色的品牌文化活动。国家级示范创建工作持续推进。建设完成 300 个公共数字文化“进村入户”服务点和 70 个“提档升级”服务点。沧州市入选第三批国家公共文化服务体系示范区名单。（河北省图书馆）

【原创“最美家乡味”石家庄美食图片展在河北省图书馆展出】 2 月 9 日，由河北省图书馆、河北省饭店烹饪餐饮行业协会联合主办的“最美家乡味”石家庄美食图片展在河北省图书馆展出。该展览内容由河北省图书馆原创，是 2018 京津冀展览联盟巡展活动之一。石家庄有“天下第一庄”的美称，餐饮文化的历史更是源远流长。蕴藏在民间的地方特产、风味美食和小吃种类繁多。展览采用图片加文字注释的形式，内容分为“食海钩沉”“特产名品”“传统美食”“四方美食”“食俗风情”5 部分，呈现出一个基本完整的石家庄“美食地图”，为读者进一步了解石家庄、认识石家庄提供美食指南。（河北省图书馆）

【河北省珍贵古籍书影展、河北省图书馆藏捐赠手稿图影展举办】 2 月 12 日—3 月 12 日，河北省图书馆（河北省古籍保护中心）在其官网展出河北省珍贵古籍书影展和河北省图书馆藏捐赠手稿图影展。珍贵古籍书影展以书影配文字形式展出 50 部古籍，其中 37 部古籍以实物方式在河北省图书馆古籍阅览室展出。这些古籍均来自馆藏文献或省内珍贵古籍文献，全部收录于由省古籍保护中心组织评审、省人民政府公布的《河北省珍贵古籍名录》。河北省图书馆藏捐赠手稿图影展的展品均选自特藏部珍藏文献，主要为 15 位现当代河北籍作者的手稿，他们中有诗人、作家、方志学家、新闻记者和老红军等。手稿图影展不仅是展示文字作品的原始记录，也让读者直观感受到作者的个性风格和治学态度。展览自展出之日起便吸引大批古籍爱好者点击参观。（河北省图书馆）

【2018 年河北省公共数字文化创新服务暨数图推广工程创新服务培训班举办】 8 月 28—30 日，由河北省图书馆主办，保定市图书馆承办的河北省公共数字文化创新服务暨数图推广工程创新服务培训班举办，来自全省各市、县图书馆公共数字文化从业人员 120 余人参加培训。培训班邀请江阴市图书馆馆长宫昌俊、文化部全国公共文化发展中心培训保障部原处长刘刚、国家图书馆信息技术部数据中心管理组组长钟晶晶为学员授课。同时邀请唐山市、沧州市、涿州市图书馆代表进行工作经验分享。 河北省图书馆数字图书馆工作部副主任余兵对 2019 年度数字资源联建项目的申报和管理办法进行解读。培训采用案例教学与理论教学相结合的方式，针对各级公共

图书馆现阶段发展状况，课程包括地级市图书馆创新服务案例介绍、数字图书馆推广工程的软件系统建设及创新服务、资源联建项目申报与管理。（河北省图书馆）

【京津冀图书馆联盟文化帮扶对接会在河北省图书馆召开】 按照京津冀图书馆联盟制定的《文化帮扶行动实施方案》，首都图书馆、天津图书馆、天津少儿图书馆、河北省图书馆各自选定2家县级图书馆作为帮扶对象。为便于方案实施，10月9日，河北省图书馆组织召开京津冀图书馆联盟文化帮扶对接会。首都图书馆、天津图书馆、天津少儿图书馆主要负责人及相关人员，河北省文化厅公共文化处相关负责人，河北省8家接受帮扶的县级图书馆馆长以及河北省图书馆领导班子成员和相关部室主任共计30人出席会议。河北省接受帮扶的8个县级图书馆馆长介绍基本情况，提出帮扶需求。京津冀4个省级图书馆主要负责人依次介绍帮扶计划，从免费为帮扶馆调拨配送图书、开通数字图书馆、开展专业人员培训、指导和协助帮扶馆开展文化活动等方面给予帮扶。协商一致后，京津冀4个省级图书馆先后与帮扶馆签署《京津冀图书馆联盟文化帮扶协议》。（河北省图书馆）

【河北省图书馆参加特色文化产品博览交易会】 12月21—24日，以“京津冀域协同发展 聚精会神 文化产业创造价值相得益彰”为主题的第七届河北省特色文化产品博览交易会在石家庄国际博览中心举办。河北省图书馆积极组织参加此次博览会，面向公众宣传展示该馆在文创产品开发、数字动漫和数字阅读推广等方面取得的成果。现场展示自主研发的馆藏古籍元素文创产品、戏曲动漫作品及衍生品等；展出该馆编辑出版的《雄安新区历代方志丛编》；开展数字阅读推广活动。（河北省图书馆）

【石家庄地铁图书馆正式开放】 在河北省文明办、石家庄市文化广电和旅游局的领导下，石家庄市图书馆、石家庄市轨道办经过半年多的策划和筹备，总投资50万元，试点建成的8个地铁图书馆于2018年“4·23”世界读书日当天正式向读者开放。8个地铁图书馆分别设置在留村站、谈固站、北宋站、北国商城站、新百站、西王站、石家庄火车站、二中站。为便于管理，地铁图书馆采用数字图书馆方式，每个站点配置1台电子图书期刊借阅机、1台报纸期刊阅读机。电子图书期刊借阅机内设有经典名著、小说传记、生活保健、人文社科、人生哲学等电子图书12类3000种、期刊100种，电子图书每月更新300种，期刊自动更新，市民可以通过扫描二维码的方式，将图书和期刊下载到手机或平板电脑上进行阅读，方便快捷；报纸期刊阅读机提供50种常用报纸、200种期刊，每日更新，市民可以实时翻阅。两台设备均可为读者提供石家庄市图书馆纸质图书的检索查询服务，提供每日天气预报、时政新闻和公益广告等信息服务。（河北省图书馆）

【唐山市图书馆新设3个“城市书房”分馆】 2018年，唐山市图书馆在市区共开设3个城市书房作为分馆，城市书房与市馆统一借阅规则，统一书目管理，完全实现通借通还服务。12月7日，首个中心城区城市书房正式对市民免费开放。书房建筑面积256平方米，阅览座席50余个，内设儿童文献借阅区和成人文献借阅区，书房内配有自助借还机、自助办证机、电子书借阅机、电子读报屏等设备和近万册纸质图书，其中含儿童图书3000余册。12月14日，银泰城市书房和创新小镇城市书房也正式开馆。银泰城市书房建筑面积960平方米，藏书1.6万余册，书房内设有成人借阅区和儿童借阅区，同时配备自助办证机、自助借还机等设备。创新小镇城市书房建筑面积530多平方米，藏书2000册，目前仅提供成人借阅卡办理及成人图书借还服务。（河北省图书馆）

【衡水市图书馆新馆正式开放】 7月26日，衡水市图书馆新馆开馆试运行，10月1日正式开馆。该馆始建于1998年，20年来几经搬迁。新馆坐落在滏阳生态文化公园内，是衡水市文化艺术中心的重要组成部分。新馆建筑外形风格独特、简洁优雅，整个建筑以“书”为原形，形似一本即将展开的书。它的建成使用结束衡水市没有大型图书馆的历史。新馆最大的亮点和特色之一在于创新管理模式，引入社会化运营，将读者服务及阅读推广工作交由北京艾迪讯智慧科技有限公司运作。新馆总建筑面积1.6万余平方米，共有大型专题图书阅览室 19 个，敞开式电子阅览室 300 平方米。其中开放面积 1.3 万平方米，现有上架图书 10 万余册，阅览座席 1500 个，供读者使用的计算机 100 余台。馆内应用 RFID 技术和无线网络全覆盖，为读者提供文献查询、数字阅览、自助借还等智能服务，以及信息开发、远程阅读、自助复印、教育培训、休闲交流等全方位服务。据不完全统计，开馆以来日均接待读者 1300 人左右，其中未成年人占 65% 以上，图书浏览量占总馆藏 40% 以上，每周开馆 72 小时。（河北省图书馆）

山西省

【山西省图书馆概况】 2018 年，山西省图书馆接待读者 120.86 万人次，借还书刊 148.92 万册次，办理读者证 22523 个；新建光大银行分馆、毛里求斯分馆 2 个，66389 部队流通站、太原市第三看守所流通站 2 个分馆的图书流通量 30000 余册；举办公益讲座 186 场，累计服务约 3.4 万人次；举办公益展览 61 场，共计接待观众 15 万余人次；举办社会教育活动 2 场；举办新年古琴音乐会、图书馆之夜嘉年华、世界读书日朗诵会、端午诵读会等专题文化活动 9 场，累计服务 7000 余人次；开展书刊推介、长风读书会、桐叶故事会等阅读推广活动 300 余次，累计参与 80000 余人次。

工作方式不断创新。推广信用借还，凭借芝麻信用积分实现信用办证、信用借还、费用缴纳功能。完善微信支付功能，完成微信服务大厅版本全面升级，推进微信咨询平台建设。完成人脸识别借还业务推广，推进大数据智慧墙分析平台建设。创新文献资源建设方式，举办“你选书，我买单”活动。创新数字文化资源服务推广模式。

工程建设稳步推进。2018 年成立“山西省图书馆旧馆修缮改造工程推进组”，主要围绕手续办理、推进施工两个方面积极推进工程建设。

法人治理结构改革稳步推进，成立理事会并聘任 13 名理事，为实现图书馆民主决策、科学决策和规范管理创造条件。

品牌效应继续放大。文源讲坛系列讲座内容和形式不断创新，新策划“法律系列·法眼看水浒”系列讲座，与山西省社会科学界联合会合作推出“不忘初心　牢记使命——中国共产党历史系列讲座”，推出“家在山西家乡好·文源讲坛繁荣群众文化系列讲座”；文源视界系列展览效益和影响不断扩大，开设“灵性的回归”——中国当代诗人绘画巡回展（太原站）；在宁夏回族自治区图书馆举办“新时代新征程新面貌——山西古村落摄影展”；结合“三区”人才工作，举办“绿色宜居·生态五寨”摄影展、“人文柳林　多彩家园”文化艺术展；“阅读推广活动”初具品牌效应，面向少儿读者，举办全省群众文化活动季省级示范项目“童心筑梦新时代”少儿粉笔画大赛，开展“阅读进校园”馆校合作等活动，举办大型传统文化活动和多种形式的小读者阅读活动；面向视障读者，利用专项资金加强视障阅览室建设（智能听书机、盲人象棋、照相机、投影仪等）提升视障读者阅读服务，开设“我是你的眼—阅享人生”读书栏目，为盲人读者在微信群推荐朗读优秀文章 132 篇，分享音频 168 篇；面向普通读者，开设长风读书会活动，举办 15 场，参与人数 1000 余人。

总分馆建设延伸海外。4 月 23 日，山西省图书馆第一个海外分馆——毛里求斯中国文化交流中心图书馆正式对外开放。

国际交流取得突破。作为主办单位之一，举办 2018 年数字出版与数字图书馆融合发展国际研讨会；作为联盟成员馆，推动“中国—中东欧国家图书馆联盟”正式成立，加快联盟合作进程。

文化扶贫彰显特色。在完成神池县虎鼻乡上、下山口村率先整体脱贫的基础上，着力升级山西省公共数字文化扶贫项目试点建设，实现移动局域网络全覆盖，公共文化数字资源无缝对接村民。为扶贫点配置公共文化一体机 24 套，为帮扶村捐赠翻斗车和装载车各 1 台；完成 3 个乡镇级、20 个村街道数字驿站级、2 个县图书馆设备配送共计 37 台，另外向山西省 17 个贫困县的 85 个乡镇综合文化站、90 个村街道数字驿站配送各类设备共计 785 台，完成培训 18 场；开展“三区”人才讲座及培训 10 余场，展览 3 次，朗诵会 1 次，约 600 人次受益。

能力素质得到提升。组织开展全体馆员能力提升培训 13 期、青年馆员培训 4 期；“山西省县级图书馆总分馆制探讨与对策研究”同时申报并入选山西省科技厅 2018 年度山西省软科学研究

计划项目和山西省社会科学界联合会重点项目。（山西省图书馆　李望博）

【举办“图书馆之夜”嘉年华活动】 4月22日，第24个世界读书日来临之际，为贯彻落实《中华人民共和国公共图书馆法》，山西省图书馆举办“图书馆之夜嘉年华”阅读推广系列活动。此次嘉年华活动的主题为“与法同行　悦读越美”。300余名读者“夜游”图书馆，参加书林寻宝、报海谜侦、数图遨游、“爸爸去哪儿”亲子阅读营和顺架体验等阅读互动体验活动。通过芝麻信用免押金借书、人脸识别和身份证借阅、二维码电子借阅、扫码支付等智能新服务，让读者体验新技术带来的便捷服务。（山西省图书馆　王莉）

【山西省文化助盲志愿者骨干培训班在太原举行】 5月9—11日，由中国盲文图书馆主办、山西省图书馆承办的山西省文化助盲志愿者骨干培训班在太原举办。中国志愿服务联合会联络部部长代恒猛、中国盲文图书馆王静怡、张蕊分别为学员讲授业务知识。全国自强模范王志华为学员讲解助盲服务技能与实践经验。培训期间还召开“盲人数字阅读推广工程”项目推进会，中国盲文图书馆馆长朱兵做项目解读，山西省图书馆馆长王建军就省馆项目推进做经验介绍，13位市、县级图书馆代表就本馆视障服务及项目进展情况做汇报。（山西省图书馆　王莉）

【“册府千华　妙手匠心——山西省古籍保护成果展”开幕】 5月18日，由国家图书馆（国家古籍保护中心）、山西省文化厅主办，山西省图书馆承办的2018年群众文化活动季省级示范项目“册府千华　妙手匠心——山西省古籍保护成果展”在山西省图书馆开幕。此次展览旨在深入学习贯彻习近平新时代中国特色社会主义思想和党的十九大精神，进一步落实《关于实施中华优秀传统文化传承发展工程的意见》要求，保护文化遗产，弘扬传统文化，全方位展示近年来山西省在古籍保护和文化传承方面做出的努力和取得的成果。展览当天还召开全国古籍修复工作研讨会。国家图书馆副馆长张志清、国家图书馆研究馆员李际宁分别做专题讲座。（山西省图书馆　王莉）

【“走近通儒大家，感受国学魅力——姚奠中先生专题图书展”在山西省图书馆开展】 6月10日，“走近通儒大家，感受国学魅力——姚奠中先生专题图书展”系列活动开幕式在山西省图书馆举行。为配合专题书展，山西省图书馆陆续推出4场以姚奠中先生为主题的专题讲座。省人大、省政协、省委宣传部、省文化厅、山西大学、中华文化促进会、九三学社、三晋文化研究会等相关机构和团体的领导和代表莅临祝贺。来自文化界、教育界和书画界的嘉宾及媒体记者近300人参加开幕式。姚奠中国学教育基金会向山西省图书馆捐赠姚奠中先生的图书，山西省图书馆馆长王建军代表省馆为其颁发捐赠证书。“姚奠中先生专题图书展”共展出图书近200本，分收藏类（主要为工具书和文史哲类）、著作类（含主编）、书艺册页类等3大类，其中有珍贵的线装书和姚先生的手稿，均系首次公开展出。（山西省图书馆　彭燕）

【“2018年中华古籍普查文化志愿服务行动·山西行”活动完成】 7月16日，“中华古籍普查文化志愿服务行动·山西行”活动在兴县关向应图书馆展开。2名山西省图书馆古籍部业务骨干带领古典文献学或历史学专业的10名硕士志愿者经过16天的普查工作，帮助关向应图书馆普查古籍及民国线装书1690种9888册，整合晋绥根据地时期图书目录4000余种。自2016年山西省图书馆连续3年承办中华古籍普查文化志愿服务活动，帮助20多家单位摸清家底、发掘馆藏，挖掘珍贵古籍的价值，提高山西省古籍普查工作的整体水平和普查效率。（山西省图书馆　彭燕）

【2018数字出版与数字图书馆融合发展国际研讨会召开】 8月16—17日，2018数字出版与数字图书馆融合发展国际研讨会（CDPDL）在太原召开。此次会议由山西省图书馆、山西大学图书馆、清华大学图书馆、香港大学图书馆、《中国学术期刊（光盘版）》电子杂志社有限公司联合主办，同方知网（北京）技术有限公司、山西同方知网数字出版技术有限公司承办。研讨会围绕“协同创新　融合发展”主题，分7个专题论坛，从知识服务产业链供需两侧融合发展存

在的问题、实现路径与对策等方面，深入探讨出版与图书馆融合发展的新模式、新业态与新路径。来自25个国家和地区的1000多位出版界与图书情报界专家学者参加会议。8月17日上午，山西省图书馆承办此次研讨会“新时代公共图书馆创新与发展融合”主题论坛。（山西省图书馆　彭燕）

【文化和旅游部调研组调研指导山西省图书馆文化志愿者工作】 8月26日上午，文化和旅游部公共服务司调研组就山西省馆文化志愿服务相关工作进行调研指导。调研组一行参观山西省图书馆，详细了解志愿服务队伍建设情况和志愿服务活动开展情况，并观看山西省图书馆志愿者视频集锦，听取副馆长王开学关于山西省文化志愿者工作开展的整体情况。调研组希望今后山西省图书馆能够进一步完善志愿者服务保障体系，加强志愿服务与队伍建设，让已有的服务项目感动自己、感动他人、感动上级，争取更多的支持，形成常态长效的支撑体系。（山西省图书馆　彭燕）

【“春雨工程”全国文化志愿者边疆行“魅力山西·宁风晋韵”系列活动】 9月25—28日，在文化和旅游部公共服务司指导下，山西省文化和旅游厅联合宁夏回族自治区文化厅在银川市、彭阳县举办2018年“春雨工程”全国文化志愿者边疆行“魅力山西·宁风晋韵”——山西省文化志愿者文化交流宁夏行系列活动。此次系列活动由山西省图书馆、宁夏回族自治区图书馆承办。活动围绕各民族“共同团结奋斗、共同繁荣发展”主题，运用“大展台”“大舞台”“大讲堂”活动形式，精心组织策划2个展览、1场演出及2个培训。活动期间，山西省图书馆还分别与宁夏回族自治区图书馆、彭阳县图书馆签订《晋宁文化交流合作框架协议》和《2018年“春雨工程”全国文化志愿者边疆行“魅力山西·宁风晋韵”——山西省文化志愿者文化交流宁夏行活动协议》。（山西省图书馆　彭燕）

【太原市图书馆概况】 太原市图书馆馆舍面积56066平方米，地上6层，地下2层。馆内设有社科借阅区、自科借阅区、数字阅览区、亲子阅读馆等60个服务区域，阅览座席3816个，供读者使用的计算机300余台，应用RFID技术和无线网络全覆盖。2018年，在传统图书采购方式的基础上，开通“图书荐购”等读者需求平台，加快新书入库，缩短分类、整架、修补、上架等工作环节。全年完成馆藏12万余册过报过刊整理、入库上架工作；开展对保存本阅览区2011年以前图书书目数据的录入和修改工作。完成普通古籍、特藏文献回迁和整理上架工作。馆藏文献总量153.56万册，其中图书126.70万册，古籍9.39万册，报刊12.73万册，视听文献4.73万册，数字资源304.88TB。2018年新增馆藏10.93万册件。正式编制人员设定97人。2018年在岗员工总数176人，包括正式在编人员87人、劳务派遣人员79人、公益岗人员10人。其中，在编专业技术人员70人，中级职称以上58人，大专以上学历68人。全年共开展业务培训23场次，参与人数约3910人次。组织开展学会工作，建立健全服务体系。组织县区图书馆赴温州、宁波等地学习法人治理、城市书房建设、总分馆建设先进经验等。全年共接待读者406万人次，日均接待读者11123人次，累计新增读者证82941个，书刊外借202.09万册。24小时图书馆全年无休，自修室、茶书吧、读者餐厅延时开放，在闭馆日仍向有需求的读者开放，每周累计开放时间达108.5小时。全年共举办展览25场，观众112万人次。开展主题讲座、市民课堂等98场，开展太图讲坛、太原文化大讲堂等品牌活动63场，参加各类阅读推广活动42305人次。2018年获得首届公共图书馆创新创意大赛最佳创新奖、最佳创意大奖、第三届“水滴奖”全国科幻作品征集大赛优秀组织奖等国家级奖项4项。开展2018年资源联建政府公开信息项目信息报备、资源加工；开展推广工程“网络书香过大年”系列活动；做好数字资源库的采购建设及读者推荐等相关工作。不断加强网站及微信公众平台创新建设。2018年底新版网站访问量达124万人次，官方微信开设微信办电子证件、人脸识别的借阅功能，微信关注人数已达12万余人次。太原市图书馆微信公众号荣获2018年度太原市融媒体协同平台工作优秀账号三等奖。2018年共有馆外流通分馆21个，电子图书借阅机服务点6个，筹建太原警备区图书室、中国人民解放军海军某部图书室。全年为17个分馆配送图书6673册，调拨图书3000余册，捐赠图书3200余册。4月23日世界读书日期间，与太原新华书店跨界合作推出“你选书、我买单”之馆中店活动，与京东商城跨界合作推出“太图飞书”活动，采用支付宝蚂蚁金服旗下芝麻信用打造“信用+阅读”公益借阅新模式，开通“太图之声·网上读书会”阅读推广微电台，“新时代”朗读亭正式向读者开放。2018年先后打造并开放“马克思书房”“太原书院”2个品牌特色空间，充分发挥公共图书馆的阵地作用和社会教育功能。积极参与业界交流，多次举办国内国际大型会议，提升建馆水平。承办“太原市图书馆新馆提升服务水平”专家研讨会、“民国时期文献保护计划宣传推广活动——太原站”系列活动、“2018数字出版与数字图书馆融合发展国际研讨会”“经典亲近边疆·边远·边关行（第五站）”等大型会议。（太原市图书馆　张建荣）

【首届太图读书节启动】　4月21日，首届太图读书节在太原市图书馆一层问道厅启动。读书节由太原市文化局主办，太原市图书馆、太原图书馆学会承办，以“涵养城市文明，培育时代新人”为主题，以公共图书馆作为主导，省城出版界、文化界、媒体、阅读推广机构全城联动，营造全民阅读节日氛围。发布“新时代阅读榜”推荐书目，推出“时代新人·阅读者”系列读书活动，实施“新时代图书馆+”系列阅读推广活动，举办太图讲座、市民课堂、书香雅集等活动近百场。其中，“太图之声·网上读书会”、芝麻信用借还、“太图飞书”等创新活动受到市民好评。（太原市图书馆　张建荣）

【“马克思书房”在太原市图书馆正式开放】　5月10日，在马克思200周年诞辰之际，太原市图书馆开设的“马克思书房”对市民开放。“马克思书房”拥有藏书20000余册，这里不仅有马克思出版过的所有著作，还包括马克思本人出版的单行本和全集，马克思的传记，各国各时期学者对马克思生平、著作研究的文献。“马克思书房”是独具特色、功能多样的马克思主义中国化、时代化、大众化学习交流研讨空间，突出当代中国马克思主义即习近平新时代中国特色社会主义思想的传播，发挥“马克思书房”的社会教育功能。截至2018年底，共接待参观团体932批次，读者约10.33万人次。（太原市图书馆　张建荣）

【太原书院正式开放】　集文化沙龙、书画展览、传统文化教育、艺术品展示等多种艺术体验的太原书院于9月7日正式开放。当日，太原书院展出画家刘波根据叶嘉莹诗词创作的书画作品60余幅，举办以“诗思寄苍穹——从叶嘉莹和范曾先生的诗教说开去”为主题的文化沙龙。开设太原书院是太原市图书馆继“马克思书房”开设之后的又一重要举措，对于广泛开展各类优秀传统文化艺术展示和传承教育活动具有积极作用。（太原市图书馆　张建荣）

【全国副省级以上公共图书馆决策咨询服务培训班在太原举办】　11月1—2日，由国家图书馆主办，太原市图书馆、太原图书馆学会承办的全国副省级以上公共图书馆决策咨询服务培训班在太原市图书馆举办。来自全国各地120余位专家和代表参加培训。在为期2天的培训中，共有10位专家、学者围绕决策咨询服务做主旨演讲，分为信息服务发展的最新趋势与应用、图书馆决策咨询工作的实践与总结2大板块。主讲人把握时代特点，深刻剖析决策咨询服务的发展脉络，规划决策咨询工作的发展蓝图。学员们与主讲人积极互动，就图书馆决策咨询实践中的难点及重点问题踊跃提问，取得良好的培训效果。（太原市图书馆　张建荣）

【阳泉市图书馆概况】　阳泉市图书馆是市文化局下属的公益一类全额事业单位。编办核定正式编制人员24人。2018年实际在编人员22人，其中研究馆员1人，副研究馆员3人，馆员8人。45岁以上11人，35至45岁4人，30至35岁3人，30岁以下4人。阳泉市图书馆设计标准为50万册藏书。截至2018年底，馆藏图书380342册（件）、报刊524多种。其中，馆藏古籍线装书籍16249册。全馆实现无线网络全覆盖，自助办证机、电子阅报机、电子书借阅机等相继投入使用。馆藏数字资源22.1TB，建有

"大赛"等特色数字资源库。由该馆编辑出版的《阳泉工人画》《阳泉老镜头》《阳泉文物录》等"共享文丛"系列丛书22种，基本形成具有阳泉地方特色的馆藏文献资源。全年财政拨款总经费487.8万元，购书专项经费50万元。全年开展讲座43场，展览18场，培训班71个，服务读者人数11800人。全年接待读者356437人次。设有现代化功能的图书借阅室、报刊阅览室、少儿阅览室、自修室、电子阅览室、地方文献阅览室等12个窗口，阅览座位750个。2018年被文化部评定为二级图书馆。实行总分馆制，全年365天无假日免费开放，每周开馆64小时。近年来持续开展图书"三下乡"，设立社区"图书流动站"，扶持农村"非营利图书馆"等延伸服务。目前已建立各级各类流动图书站点76家，实现阳泉市城区47家社区流动图书站全覆盖。（阳泉市图书馆　李维杰）

【长治市图书馆概况】 2018年，长治市图书馆推动服务理念创新和自主服务能力提升，通过加强跨行业跨领域合作，建"分馆"、增"流动服务点"、开展文化志愿服务等，进一步拓展图书馆公共文化服务网络，加快图书馆均等化服务进程。全年新增读者证3308个，累计接待读者50万人次，读者借还39.2万人次，文献借还42.7万册次，已实现电子文献数据库挂接的长治市图书馆门户网站累计点击量达到146.9万次，"长治市移动图书馆"移动客户端月均点击量为80万次左右。该馆流动图书车下基层服务380车次，开展学雷锋文化志愿服务活动24次，服务总时长达到728小时，开展阅读推广活动448场次。2018年，该馆获得全国公共图书馆第六次评估定级一级图书馆称号；被命名为"山西省社会科学普及宣传基地"。（长治市图书馆　胡欢）

【朔州市图书馆概况】 2018年，朔州市图书馆在册读者证4.3万个，新增读者证5668个；馆藏图书38万册，新增图书7482册，同比减少24.73%，征集地方文献455册，接受社会捐赠图书420册，新购8种数字资源。纸质文献借还501604册次，同比增长7.4%；电子书借阅下载30070次，同比增长27倍。全年共接待读者683343人次。2018年新成立6个分馆，并为各分馆更换图书15565册、加工书目4742册；累计对18个服务点出车90次，服务流动读者10000余人次。开展朔州地区图书馆从业人员业务培训近300人次，推荐发表学术论文3篇。全年举办社会活动、讲座、展览、公益电影展播共计433场，累计参与人数达189824人次，读者满意度由95%上升为98%。新增"Super图图"亲子故事会、"我是你的眼，走进盲人生活"品牌活动，升级"手抄地方文献活动"，开展"4·23绕城骑行"活动，深入宣传贯彻《中华人民共和国公共图书馆法》；利用公共电子阅览室、数字体验区、数字阅读空间3块阵地开展相关体验活动，加强线下数字资源推广，全年累计接待读者6927人次；招募暑假志愿者161名，服务时长6286小时，并推出淘汰与退出机制。2018年图书馆官网点击量124918次；微信用户新增6789人，累计达20447人；微博用户新增673人，累计达23926人。微信活动报名平台共发布133场活动报名信息，参与读者1947人次，活动信息总浏览量达到477066人次。设立官方抖音账号，共发送短视频265条，用户1万多人。（朔州市图书馆　李凯翔）

【2018年朔州地区图书馆从业人员业务培训班举办】 9月13—14日，2018年朔州地区图书馆从业人员业务培训班在朔州市图书馆举行。来自市图书馆、六县（市、区）图书馆的馆长、副馆长、业务骨干及市各高校图书馆从业人员和各分馆负责人共计150余人参加培训。此次培训得到山西省图书馆在师资资源上的大力支持，培训内容包括"贯彻公共图书馆法，全面推动公共图书馆事业高质量发展""阅读推广与少儿服务""公共图书馆服务规范及读者服务艺术""图书馆学学术论文写作与课题申报经验谈""公共图书馆文化志愿者概论——谈谈基层图书馆如何开展文化志愿者工作""网络环境下图书馆的参考咨询工作"。此次培训提高全市图书馆从业人员的综合素养和业务水平，对于朔州地区公共文化建设具有积极作用。（朔州市图书馆　李凯翔）

【吕梁市图书馆概况】 2018年，吕梁市图书馆现馆仍为租用，实际使用房屋建筑面积906

平方米，其中书库面积180平方米，书刊阅览室面积90平方米，电子阅览室面积120平方米；阅览室座席59个。文献总藏量121840册，其中图书99092册，少儿文献1243册，盲文图书453册，报刊21520件，视听文献1225套；电子图书50102册。年内新增读者证235个，有效读者证858个；接待读者21848人次，图书流通15299册次；新版网站年度访问量849364人次，微信公众平台订阅量为58000人次；24小时“电子图书自助借阅机”读者点击下载图书总计48700册次。吕梁市图书馆暨文化广场建设项目于2018年3月复工，5月完成山西省优质结构工程验收，年底完成室内电缆桥架安装、土方回填工程、地下室顶板防水、保温工程等，预计2019年10月正式对外开放。（吕梁市图书馆 王晓芳 张娜娜）

【晋中市图书馆概况】 晋中市图书馆位于山西省晋中市榆次区凤鸣街209号。2018年4月1日试运行，12月5日正式开馆。总建筑面积为19800平方米，阅览室座席1607个，其中少儿阅览室座席190个、盲人阅览室座席12个。现有馆藏图书299022册，少儿文献40038册，盲文图书502册，声像资料2355套，报纸100种，期刊800种，数字资源40TB。截至2018年底，累计接待读者458338人次，办理读者证10110张，文献借还157197册次，日读者量最高达5056人次。图书馆网站访问量42283人次。社会各界对晋中市图书馆宣传报道累计169篇，馆内微信平台累计推送320条。开展各类读者活动422场次，累计参与读者33873人次。（晋中市图书馆 胡萍）

【介休市图书馆概况】 介休市图书馆馆藏图书42万册，其中特藏图书6500册。2018年接待读者191736人次，办理读者证6000个，纸质文献流通量14326人次。全年举办活动46场，参与人数15023人次；举办公益展览20场。8月1日，国家公共文化服务体系示范区验收组对该馆进行验收，验收组现场查验亲子阅览室、地方文献室、视障阅览区、定阳书院、报刊休闲阅览室。（介休市图书馆 高红燕 邓范娟）

内蒙古自治区

【内蒙古自治区图书馆概况】 截至2018年底，内蒙古自治区图书馆共分编加工完成图书95135册，征订期刊1820种、报纸314种，呈缴图书42册、报纸80册、期刊476册，接受赠书599种1549册；接待到馆读者49.02万人次，流通图书28.08万册次，有效读者证16845个；新建10个分馆，提供图书13.68万册。全部分馆借阅图书约80000册，接待读者16万人次。“草原讲坛”举办30场公益知识讲座，草原印象展厅举办各类展览11场；举办雷蒙读书会5场、“诺敏沙图”读友会5期；少儿馆开展体验活动50余场次，组织主题活动45场，播放7D、9D科普电影100场次，接待团体参观32次、850人；读者服务中心举办各类读者活动26场。完成彩虹管理系统的优化升级，实现彩虹管理系统和自助借还系统馆藏地更改信息的实时同步；完成彩云服务借阅图书现场打印书标功能的设计开发；完成“数字文化走进蒙古包”工程851个站点（42个一级站、809个移动站）建设，累计培训3841人次；完成数字支撑平台软硬件建设，添加平台应用6个。（内蒙古自治区图书馆学会 乌兰格日勒 李文清）

【蒙古娃少儿美术作品展在俄罗斯国家少儿图书馆开幕】 4月15日，蒙古娃少儿美术作品展在俄罗斯国家少儿图书馆开幕。该展览由莫斯科中国文化中心和内蒙古自治区图书馆共同举办，自2017年11月起先后在俄罗斯国家外文图书馆、中共六大会址常设展览馆、莫斯科208少儿图书馆巡回展出，此次在俄罗斯国家少儿图书馆的展览为在俄巡展最后一站。莫斯科中国文化中心副主任夏光远和俄罗斯国家少儿图书馆外国文学部主任列别捷娃出席活动并致辞。活动现场组织书法大师班、国画大师班。此外，特设置戏剧表演环节，小观众们穿上服装，配合道具，声情并茂地排演中国民间传说“神笔马良”。此次展览是内蒙古自治区图书馆为庆祝自治区成立70周年，历时一年征集作品，从2000余件少儿美术作品中优选出80件书画作品和20件手工艺品，送到俄罗斯展出。作品形式、题材多样，包括蒙古族书法、美术、绘画、服饰、民俗等，全部出自4—14岁少年儿童之手，富有浓郁的民族特色。（内蒙古自治区图书馆学会 乌兰格日勒 李文清）

【内蒙古自治区图书馆"诺玛额尔敦"第六届全区少儿蒙古语诗歌朗诵比赛举行】 8月25日，内蒙古自治区图书馆"诺玛额尔敦"第六届全区少儿蒙古语诗歌朗诵比赛在该馆举行。此次比赛通过初赛选拔，从全区近150名少年儿童中选出53名分组别参加决赛。比赛过程中，参赛选手们身着民族服装，声情并茂，富有感染力地用母语朗诵诗歌，经过评委们公平公正的评分，3个组别共产生一等奖3名，二等奖6名，三等奖9名。内蒙古自治区图书馆"诺玛额尔敦"少儿蒙古语诗歌朗诵比赛从2012年开始举办，从最初的呼和浩特地区，现已发展到全区范围内，此次还有来自北京的蒙古族小朋友报名参赛，参加人数、覆盖范围及影响越来越广泛。（内蒙古自治区图书馆学会　乌兰格日勒　李文清）

【"弘扬乌兰牧骑精神　谱写时代新篇章"——《那红红的萨日朗》赠书活动在内蒙古自治区图书馆举行】 11月21日，由内蒙古自治区党委宣传部、自治区文化和旅游厅、内蒙古出版集团主办，内蒙古自治区图书馆、内蒙古自治区人民出版社、内蒙古自治区乌兰牧骑学会承办的"弘扬乌兰牧骑精神　谱写时代新篇章"——《那红红的萨日朗》赠书活动在内蒙古自治区图书馆举行。自治区党委宣传部等相关单位领导参加活动。乌兰牧骑收到赠书后，该书作者刘玉琴在活动中分享创作感受和体会。（内蒙古自治区图书馆学会　乌兰格日勒　李文清）

【呼和浩特市图书馆概况】 2018年，呼和浩特市图书馆共接待读者140万人次，图书流通10万余册次；年新增图书约12万册。鸿雁悦读计划持续推进，自2017年11月23日启动以来，截至2018年11月，图书馆新增读者11445人，借书84161册次，还书95205册次；新华书店办证13000人，新书借阅58000余册次，新书还回40000余册次；在全市选择12家草原书屋作为鸿雁悦读计划服务体系试点，于11月12日正式面向群众提供服务。完成装修改造工程，增设读者休息区，日接待读者2000余人次。总分馆建设持续推进，新成立8个分馆和4个流动站。全年开展各类活动和讲座80余场次，举办展览15次。（内蒙古自治区图书馆学会　乌兰格日勒　李文清）

【包头市图书馆概况】 2018年全年接待读者115万人次，办卡1.5万张，图书借还112万册次。组织开展"世界读书日"、大型灯谜及草原农牧民读书节等大型活动；举办公益读书会16场、公益电影43场、真人图书馆17场（含下基层2场）、展览11场、寄趣时光21场、"法律114"12场；完成蒙古语学习培训班2期48学时、"诺敏都乐"蒙古语文献阅读推广8场；推荐少儿、成人、蒙古文图书各12期；播放共享工程优秀影片、国图公开课视频各82场；举办"网络书香　德润鹿城"优秀数字资源展览6次；参与"网络书香过大年"等活动。（内蒙古自治区图书馆学会　乌兰格日勒　李文清）

【包头市第四届草原书屋农牧民读书节】 包头市"草原书屋农牧民读书节"从2015年举办第一届以来，至今已成功举办4届。通过全市568家草原书屋开展阅读推广活动，形成市馆、旗县区馆和草原书屋三级互动的阅读模式。由于"草原书屋农牧民读书节"活动在推动全民阅读、建设书香社会中起到推进作用，社会反响良好，参与人数众多，在读者中形成良好的口碑，具备一定的品牌影响力。在由中国图书馆学会阅读推广委员会、图书馆报主办的"2018出版界图书馆界全民阅读年会"上荣获优秀案例奖。在由中国图书馆学会发起的全民阅读评选活动中，被评为2017年度阅读推广优秀项目。在2018年全国图书馆文化扶贫乡村振兴案例征集活动中，包头市图书馆报送的"包头市图书馆2018年公共文化精准扶贫暨草原书屋农牧民读书节活动——包头市图书馆文化扶贫案例"荣获二等奖。（内蒙古自治区图书馆学会　乌兰格日勒　李文清）

【呼伦贝尔市图书馆概况】 2018年，呼伦贝尔市图书馆共接待读者33.01万人次，其中到馆12.25万人次、分馆及流动站接待20.76万人次。全年办理读者证904个，借阅图书34241册次，其中成人馆借阅11476册次、少儿馆及残障人阅览室借阅22765册次；为分馆及流动站送书6000多册。全年订购期刊559种，其中蒙古文期刊41种；订阅报纸85种；采购中文图书318种424册（不含精准帮扶送书），蒙古文图书49种214册；接受捐赠中文图书1664种3611册，蒙古文图书55种223册。举办各类阅读推广活动155场次，其中少儿活动88场、展览17场、讲座7场、特殊群体活动13场、送书下乡16次、阵地活动14场。

呼伦贝尔市图书馆举办竞赛类活动，激发青少年群体读书热情，其中包括“第一届蒙古语美文诵读比赛”“从课堂到人民大会堂——全民阅读朗诵大会”“第四届语文朗读大会颁奖典礼”、第一届“娅日桂”杯英语口语比赛等，得到来自全市中小学生的积极参与，取得良好成效；利用微信公众平台推出“有书共读”，推荐优秀书籍32本，节选书籍精彩片段供大家阅读，进而激发读者阅读兴趣，并将图书信息整理后呈献给广大读者，受到广大读者的关注；以节日为主题开展各类阅读推广活动，“中华传统文化主题展演暨2018年迎新春茶话会”“迎新春、送祝福”送春联活动、“闹元宵·猜灯谜”“中国传统佳节系列展览”等一系列活动；开展一年一度的“阅读之星”颁奖典礼，鼓励大家走进图书馆，通过排行榜前10的读者来号召全社会走进图书馆，爱上阅读，营造良好的读书氛围。（内蒙古自治区图书馆学会　乌兰格日勒　李文清）

【呼伦贝尔市图书馆开展助残活动】 在全国第28个助残日到来之际，呼伦贝尔市图书馆以“全面建成小康社会，残疾人一个也不能少”为主题，联合特殊教育中心融爱幼儿园开展助残活动13场，包括“文化助残、放飞梦想”“融爱手牵手、共圆一个梦”“用心点亮世界，用爱共筑人生”等，满足残障人士对文化的需求。呼伦贝尔市图书馆联合呼伦贝尔市盲人协会举办数字阅读推广工程“智能听书机”免费借阅活动，为鄂温克旗盲人协会、扎赉诺尔区残疾人联合会的100余名视障读者送去智能听书机，有效丰富视障人士的阅读生活，创新视障读者阅读推广服务模式。（内蒙古自治区图书馆学会　乌兰格日勒　李文清）

【图书馆可持续发展与公共文化服务体系建设研讨会暨2018 e线图情年会在呼伦贝尔市召开】 6月23—24日，图书馆可持续发展与公共文化服务体系建设研讨会暨2018 e线图情年会在呼伦贝尔市海拉尔区召开。国内外嘉宾和代表共计160余人出席。会议特别邀请鲍鹏山、柯平等知名专家学者做主旨报告。俄、蒙两国与呼伦贝尔市图书馆互赠图书，并就三国间进一步的业务交流进行探讨。在此次会议中，市图书馆组织全市馆员积极参与，共有34人参会，研讨会征文中提交论文14篇，有5篇论文获优秀奖。（内蒙古自治区图书馆学会　乌兰格日勒　李文清）

【通辽市图书馆概况】 2018年，通辽市图书馆全年接待到馆读者34.5万人次，同比2017年增长10%；日均接待读者1000余人次，高峰期日均接待读者1300人次，同比增长18%；全年新增办证量3100张，通过智能自助系统办证量达到85%；年新书入藏量5800册（件），数据加工制作1.2万册（条），电子阅览室服务3324小时，中心商圈电子阅读机下载3000余次，网站点击1.3万次，微信公众平台信息阅读量3.5万人次。全年累计开展各类型全民阅读活动近200项，受益读者达到2万余人，包括各类社会读书组织成员，以及青少年、老年、视障、监狱服刑人员、尿毒症透析患者等为代表的特殊读者群体。与通辽市电视台联合录制科尔沁文化纪录片，开办科尔沁文化系列讲座，送讲座“进机关、进校园、进社区”。开展学术交流活动，承办“内蒙古自治区公共图书馆馆长论坛暨图书馆系统‘三区’文化人才业务培训班”，与延边朝鲜族自治州图书馆、朔州市图书馆等签订《战略合作协议书》。（内蒙古自治区图书馆学会　乌兰格日勒　李文清）

【通辽市图书馆举办蒙古族青年创业座谈会】 4月14日，通辽市图书馆与科尔沁文化遗产协会联合举办“蒙古族青年创业座谈会”，会议邀请科尔沁文化遗产协会主席马壮志担任主讲，就蒙古族青年如何在“大众创业，万众创新”“互联网+”“中国制造2025”等一系列经济发展战略背景下进行创业展开座谈。通过分享创业经验，马壮志进一步讲述文化遗产的传承与文化创意的发展历程，并就绿色农牧产品如何走进市民生活、在数字时代怎样使民族产品和民族艺术走向市场、如何将“互联网+”与创业项目融合等问题，与学员们进行深入探讨。（内蒙古自治区图书馆学会　乌兰格日勒　李文清）

【通辽市图书馆为视障读者举办移动互联网阅读推广系列培训班】 通辽市图书馆为视障读者举办“移动互联网阅读及使用推广”系列培训班，由盲人信息无障碍教师现场授课，指导盲人朋友如何使用手机、如何使用支付宝购物、用微信进行交流等，极大方便盲人的学习、工作和生活。2018年度，通辽市图书馆采购“盲人智能听书机”600台，先后在市图书馆、市特殊教育学校及各旗（县、市、区）图书馆举办“智能听书机使用及推广培训班”，并现场开展听书机外借服务。（内蒙古自治区图书馆学会　乌兰格日勒　李文清）

【通辽市图书馆开启科尔沁记忆工程】 2013年，通辽市图书馆在全市范围内倡导发起“科尔沁记忆工程”，大规模收集、整理散落民间的科尔沁民族地方文献，抢救性保护地方文化遗产。截至2018年底，共收录多种载体地方文献近2万册（件）。为进一步共享优秀的民族文化成果，2018年特聘本土作家对收藏的地方志进行二次编撰，共计130余万字，现计划出版，并将征集到的文献建成专题特色馆藏；实施“科尔沁文化记忆影像”工程，邀请科尔沁文化专家录制“科尔沁文化记忆”系列专题片。（内蒙古自治区图书馆学会　乌兰格日勒　李文清）

【赤峰市图书馆概况】 截至2018年底，赤峰市图书馆采购图书14000余册，完成加工9000余册，修复破损图书2000余册，完成2018年期刊记到662种。到馆读者43万余人次，文献借阅量36万余册次，文献借阅21万余人次；24小时自助图书馆自2月正式运营以来，图书借还达13000人次，借阅达18162册次，新增读者证4476个。微信公众平台累计关注人数已达9936人；全年累计群发225条信息；累计咨询回复信息1000余条。公益影片播放66场，观影人数达3362人次。全年开展阅读推广活动达187场，全馆活动总参与人数近30000人。（内蒙古自治区图书馆学会　乌兰格日勒　李文清）

【不忘初心·牢记使命——内蒙古乌兰牧骑60年历史照片展】 11月27日—12月3日，由内蒙古自治区图书馆主办，赤峰市图书馆承办的“不忘初心·牢记使命——内蒙古乌兰牧骑60年历史照片展”在赤峰市图书馆展出，共迎来300余人观展。活动依托“乌兰牧骑多媒体资源库”，精选200幅乌兰牧骑老照片和4部乌兰牧骑专题片，展览包括“前言”“花开草原走向全国”“鱼水情深　服务人民”“传承创新　德艺双馨”“殷切期望　甲子青春”；乌兰牧骑专题片包括“生根发芽”“花开草原”“旗帜”“升华”4部。通过图片展览和视频展播的形式，让大众读者重温乌兰牧骑的光辉历程，讴歌弘扬乌兰牧骑精神，共同见证草原上红色文艺轻骑兵的60年辉煌历史。（内蒙古自治区图书馆学会　乌兰格日勒　李文清）

【锡林郭勒盟公共图书馆界学习贯彻《公共图书馆法》座谈会暨公共图书馆总分馆制建设现场会在太仆寺旗召开】 1月19日，由锡林郭勒盟文体新广局主办、锡林郭勒盟图书馆和太仆寺旗文体旅游局承办的全盟学习贯彻《中华人民共和国公共图书馆法》座谈会和总分馆制建设现场会在太仆寺旗召开。各旗县市区公共图书馆馆长结合各馆工作实际，研讨《中华人民共和国公共图书馆法》对公共图书馆的办馆宗旨、责任担当的强化作用，从文献信息资源建设、读者服务、创新发展、运行保障等不同层面分析《中华人民共和国公共图书馆法》对公共图书馆事业以及各馆业务领域将产生的影响。座谈会后，与会人员参观太仆寺旗图书馆总分馆制建设成果，太仆寺旗图书馆馆长聂林汇报总分馆制试点建设工作经验。（内蒙古自治区图书馆学会　乌兰格日勒　李文清）

【乌兰察布市图书馆概况】 乌兰察布市图书馆拥有馆藏文献45万余册，其中汉文图书28万余册；蒙古文文献8500余册；线装书6800余册；民国文献800余册；地方文献100多种；盲文文献400余册；盲人听书机400台；电子图书15万册；征订报刊380种（份）。2018年完成纸质图书借阅10989册次；电子图书借阅45046册次，接待到馆读者11.26万人次，新增读者1500人，移动图书馆点击下载量80.78万次。举办各种书画展览、阅读活动10余次。（内蒙古自治区图书馆学会　乌兰格日勒　李文清）

【鄂尔多斯市图书馆概况】 2018年，全年接待到馆读者156万人次，文献流通41万册次，每周开放时间达到60.3小时以上。鄂尔多斯市图书馆对网站、微信平台进行更新升级，实现馆内无线网络全覆盖。立足馆藏，着力加强古籍文献、地方文献、蒙古文文献等特色文献建设，现有馆藏纸质文献近70万册，数字文献资源总量55TB。充分利用公共平台及文献资源，结合地区特色、读者需求及文化发展，倾力打造特色品牌服务活动117项，受益读者达50万人次。全面推进总分馆建设工作，全市已建成36个苏木（乡镇、街道）一级分馆和158个嘎查（村、社区）二级分馆。成功申报2017年国家数字资源联合建设项目、2018年鄂尔多斯地方文献专题数据库项目、公共数字文化资源整合与揭示等3项国家级项目；申报第六批“全国古籍重点保护单位”。（内蒙古自治区图书馆学会　乌兰格日勒　李文清）

【鄂尔多斯市图书馆法人治理结构改革试点工作】 7月，鄂尔多斯市图书馆对第一届理事会进行换届选举，第二届理事会由社会人士代表、政府部门代表、图书馆代表（包括党支部书记和法人）按6:4:3的比例组成，成员由原来的15人改选为13人。此次会议，对第一届理事会专家委员会成员进行改选增补，成立第二届理事会专家委员会，并审议修订《鄂尔多斯市图书馆章程》，成立《鄂尔多斯市图书馆法人治理结构理事会监督委员会》，与会审议年内7个大型项目。11月，召开第二届理事会第二次会议，审议并修改《鄂尔多斯市图书馆人事制度改革方案》《鄂尔多斯市图书馆公开招聘工作人员办法》《鄂尔多斯市图书馆分配制度改革方案》等7项制度。（内蒙古自治区图书馆学会　乌兰格日勒　李文清）

【鄂尔多斯市图书馆举办“鄂尔多斯我的家”第三届诗歌那达慕系列活动】 为庆祝改革开放40周年，进一步丰富广大人民群众精神文化生活，提升鄂尔多斯市“中国诗歌之城”创建成果，挖掘鄂尔多斯诗歌那达慕品牌特色，鄂尔多斯市图书馆举办“鄂尔多斯我的家”第三届诗歌那达慕系列活动。此次诗歌那达慕开展原创诗歌比赛、诗歌朗诵大赛、“诗韵墨香”书写大赛暨书法展览、“现代诗的流派和走向”诗歌论坛、蒙古语诗歌论坛、大型诗歌音乐舞蹈史诗“诗韵中华”等七大类20余项活动，吸引国内近3000余名诗歌爱好者参赛，征集作品4000多首，观看群众达6万多人次。（内蒙古自治区图书馆学会　乌兰格日勒　李文清）

【巴彦淖尔市图书馆藏珍本古籍系列之一《晚清廉吏阎敬铭手札》正式出版】 4月23日，经过故宫博物院研究馆员翁连溪，第一历史档案馆研究员吴元丰，中国人民大学教授张永江，内蒙古自治区图书馆研究馆员白燎原、何远景等多位国内知名文物和古籍专家的鉴定，及与北京华翰昌兴文化发展有限公司、燕山出版社等多家单位4个多月的长期沟通和紧张准备，巴彦淖尔市图书馆藏珍本古籍系列之一《晚清廉吏阎敬铭手札》在“世界读书日”当天正式向读者发布，巴彦淖尔市委常委、宣传部部长赵子斌等领导到场参加首发式并致辞。（内蒙古自治区图书馆学会　乌兰格日勒　李文清）

【乌海市图书馆概况】 截至2018年底，乌海市图书馆购置纸质图书32935册、纸质期刊348种，续购超星电子图书、名家讲坛、博看期刊、知网论文、蔚秀报告厅、文艺期刊、科普期刊、党建期刊、法律法规与法律条例等数字资源服务，并购置相应数字资源镜像。馆藏纸质图书48万余册，纸质期刊348种；电子图书8万多册（其中蒙古文电子书3.2万多册），报纸430种，电子期刊40多万册。2018年乌海市图书馆通过弘扬传统节日、全民阅读“七进”活动、世界读书日系列活动、名家讲座、诗文诵读和在媒体开办“大漠湖城书香飘”读书分享节目等，推进全民阅读活动。（内蒙古自治区图书馆学会　乌兰格日勒　李文清）

【“书香内蒙古·共筑中国梦”2018草原阅读季——大漠湖城书香飘系列活动启动仪式在乌海市举行】 4月23日，由乌海市全民阅读系列活动领导小组主办，乌海市图书馆承办的“书香内蒙古·共筑中国梦”2018草原阅读季——大漠湖城书香飘启动仪式在乌海万达广场举行。活动现场，宣传《中华人民共和国公共图书馆法》；主持人通过有奖问答的方式与市民进行互动，普及图书馆免费开放时间、开放内容等；朗读爱好者诗词朗诵、市民扫码下载电子图书、“你选书，我买单”活动、悠贝亲子园讲精彩故事、名家讲座等丰富多彩的主题活动。（内蒙古

自治区图书馆学会　乌兰格日勒　李文清）

【《中国诗词大会》命题专家方笑一做客“阿拉善文化讲堂”】 6月30日，由阿拉善盟文广局主办、阿拉善盟图书馆承办的建党97周年系列文化活动“不忘初心，牢记使命”传承中华优秀传统文化暨第74期“阿拉善文化讲堂”专题讲座《古诗词与中国传统文化》在盟图书馆多功能厅开讲。讲座特邀华东师范大学教授、中央电视台《中国诗词大会》命题专家方笑一主讲，盟文广局副局长高冬主持讲座，近200名诗词爱好者参加。（内蒙古自治区图书馆学会　乌兰格日勒　李文清）

辽宁省

【辽宁省图书馆概况】 2018年，是辽宁省图书馆深化改革，书写事业新篇的开局之年，辽宁省图书馆业务主管单位由辽宁省文化厅变更为辽宁省文化演艺集团（辽宁省公共文化服务中心）。辽宁省图书馆全面贯彻落实集团“一年打基础、两年上台阶、三年见成效”的改革发展战略，出台辽宁省图书馆“三定”方案，进一步优化内设部门，细化岗位职责，完善科学管理。

各项业务工作稳步发展。全年采购图书10.02万种，24.91万册；入藏中外文报刊合订本1.49万册，入藏非书资料6755件，馆藏文献历年累计总量为703.70万册（件）；举办读者活动1919次，参加活动读者人数254.25万人次；文献外借139.03万册次，总流通362.03万人次；新建分馆、流通站12个，流通站总计159个；文化基层行28次，流通文献4.38万册次。

充分发挥省级馆的引领作用。2018年，组织全省公共图书馆通过培训、展览的形式加强《中华人民共和国公共图书馆法》的学习与宣传工作；组织全省公共图书馆开展喜迎新春公益活动；完成《辽宁省公共图书馆自动化行业规范图书馆代码》修订工作；完成辽宁省公共高校图书馆联盟网站开发工作；开通省内公共及高校图书馆联合目录系统；开展一对一精准扶贫工作；组织全省各级公共图书馆举办第七届公共图书馆全民读书节活动、纪念改革开放40周年系列文化活动、“春暖辽宁——全省图书馆学雷锋志愿服务”主题活动、“辽宁省第二届少年儿童阅读推广月”系列活动等多项活动。

古籍保护工作再上新台阶。首次开展寺庙宗教系统古籍藏书的普查登记工作，帮助慈恩寺整理佛经3000余部；组织高校古籍普查志愿者，开展中华古籍保护志愿服务宣传推广辽宁行活动，帮助铁岭县图书馆完成古籍编目工作；完成对省内16家单位的古籍保护情况的调研工作；开展针对全省小微修复室修复人员的一对一培训指导工作；举办《中华古籍总目·辽宁卷》编纂培训班，召开全省编纂工作会议和座谈会；不断完善藏书建设，全年共整理入藏古籍1074部，碑帖拓片百余部，修复破损古籍313册。

全面构建辽宁省公共数字文化服务体系。完成2018年数字图书馆推广工程基层图书馆互联互通第二批项目；启动30家县区馆互联互通建设项目；在沈阳、大连等10个地区举办数字阅读服务推广培训班；完成60套数字文化驿站配置，实现全省12个市“数字文化驿站”县区图书馆全覆盖。

文化服务成效不断提升。2018年，辽宁省图书馆开展的各项活动被各级媒体报道300余次，其中包括文化部网站、省政府网站、《人民日报》、《中国文化报》、《辽宁日报》等各大媒体。“童阅乌托邦”“乐·读”活动获中国图书馆学会“最美图书馆故事”、最佳青年创意奖、最佳创新案例奖等奖项；辽图少儿天地被全国妇联和国家广电总局挂牌授予“全国家庭亲子阅读体验基地”称号，并在中国图书馆学会和《图书馆报》主办的“2018年十佳绘本馆征集活动”中，荣获“2018年十佳绘本馆”称号；“辽宁省图书馆文化志愿服务团队”“辽宁省图书馆‘对面朗读’文化助残志愿服务项目”分别获得辽宁省精神文明办授予的“最佳志愿服务组织”“最佳志愿服务项目”称号。（辽宁省图书馆学会　刘芳）

【辽宁省图书馆与辽宁广播电视台共同打造“我爱悦读·辽图之声”栏目】 4月22日，辽宁省图书馆与辽宁广播电视台乡村广播达成战略合作，创办“我爱悦读·辽图之声”阅读推荐栏目。栏目每月2期，介绍辽宁省图书馆特色阅读推广项目、服务内容、文献资源，同时邀请“辽图讲坛”主讲人在节目中分享阅读故事，“辽图之声”栏目打造辽宁省图书馆阅读推广新模式。（辽宁省图书馆学会　刘芳）

【辽宁省图书馆推出“辽图约书”服务平台】 4月24日，辽宁省图书馆正式向读者推出“辽图约书”平台，建立拥有20余万册的网借书库，省内读者只需在网上完成借阅操作，快递公司就可以把书籍送到读者手中。读者还书可采取线上或线下两种方式，既可以将书还到省图书馆、流动图书车、24小时自助图书馆，还可以通过快递上门寄至辽宁省图书馆，“辽图约书”为读者提供更为便捷的阅读方式。（辽宁省图书馆学会　刘芳）

【辽宁省图书馆举办建馆70周年馆庆活动】 8月15日，辽宁省图书馆推出建馆70周年系列纪念活动，活动内容包括“传承文脉，继往开来——辽宁省图书馆建馆70周年馆史展”“淡妆浓抹总相宜——辽宁省图书馆馆藏书‘闵凌刻’展”“馆藏撷英，刊成经典——辽宁省图书馆馆藏期刊展”3大展览；编辑出编《砥砺前行　继往开来——辽宁省图书馆新馆建设与服务创新实践》一书、在《图书馆学刊》特设馆庆专栏，刊载纪念文章；举办辽宁省图书馆第二届创新案例大赛；与此同时，辽宁省图书馆向馆龄30年以上的老馆员颁发“建馆70周年”纪念徽章。系列馆庆活动从多角度向广大读者和馆员展示辽宁省图书馆多年来坚持自我超越、大胆求新求变、不断追求卓越的改革历史和创新历程。（辽宁省图书馆学会　刘芳）

【深入基层开展“乐·读”戏曲音乐欣赏季脱口秀活动】 8月18日，辽宁省图书馆主办的“乐·读”戏曲音乐欣赏季脱口秀活动走进营口市鲅鱼圈区图书馆。活动邀请“库客音乐”古典音乐讲师、钢琴演奏家马辰和沈阳音乐学院管弦系副教授惟昀做音乐讲座，来自全区的200余名观众参加此次活动。（辽宁省图书馆学会　刘芳）

【辽宁省图书馆在西藏那曲建立分馆】 9月19日，辽宁省图书馆那曲分馆揭牌仪式在西藏自治区那曲市举行。辽宁省图书馆与那曲市图书馆共同签订战略帮扶协议，辽宁省图书馆向那曲市赠送数字阅读卡和触摸屏电子阅读系统，无偿与那曲市图书馆实现数据链接，推动那曲市文化事业发展。（辽宁省图书馆学会　刘芳）

【沈阳市图书馆概况】 2018年，沈阳市图书馆迎来建馆110周年。全年接待读者348万人次，办理读者证20436张，外借文献140万册次，网站访问量达460万次，通过网站发布信息127条，微信公众号、新浪微博、今日头条等媒体发布信息合计186条。全年共举办展览11次，参加活动读者36500人次；举办讲座79次，参加活动3618人次；举办培训71次和阅读推广活动65次。起草制定《沈阳市图书馆战略规划（2020—2022年）》《沈阳市图书馆提升改造工程项目方案》，明确未来3年沈阳市图书馆的重点战略方向及行动规划。

2018年采购中外文图书8万种15万册（件）、非书资料3000余种6000余盘；订购中外文报刊4000种，上载书目数据26629条；征集地方文献178种228册，光盘6种6盘（件）。古籍书目数据著录218条，修改1128条，整理古籍100部，478册。修复古籍55册约260余页，重新装订44册。购买数据库31个，东北地方文献数字化7.5万页，加工政务公开信息数据13401条。建分馆流动站点9个，编辑《决策参考》《人大信息》《文化信息参考》等专题资料8项，印发各种资料523期4224份，累计707万字。到馆参加志愿者服务的人数累计2994人次，累计工作时长39207小时。（沈阳市图书馆　张世彤）

【沈阳市图书馆成立学术委员会】 4月26日，沈阳市图书馆学术委员会成立大会暨第一次工作会议在沈阳市图书馆召开。会议特邀辽宁大学中国近现代社会文化史研究中心主任焦润明，辽宁社会科学院抗战文化研究中心主任张洪军，东北师范大学计算机科学与信息技术学院陈昊琳等专家出席。会议明确沈阳市图书馆学术委员会的工作机制、基本职责及主要工作。委员们讨论并通过《沈阳市图书馆学术委员会章程》《沈阳市图书馆学术委员会2018年工作计划》征求意见稿。（沈阳市图书馆　赵楠）

【沈阳市图书馆举办建馆110周年名家专题报告会（名家分享会）】 为纪念沈阳市图书馆建馆110周年，12月18—24日，沈阳市图书馆邀请浙江图书馆馆长褚树青、南开大学信息资源管理系教授柯平、故宫博物院影视研究所所长祝勇分别做“公共图书馆的现状和发展趋势”“新时代公共图书馆的角色与功能”“讲述故宫文物前世今生”3场专题报告会。沈阳市图书馆的全体职工、沈阳市部分高校图书馆职工、各区县图书馆业务骨干，以及部分读者出席报告会。（沈阳市图书馆　张世彤）

【大连市图书馆概况】 截至2018年底，大连市图书馆馆藏总量达1100万册（件），其中实体文献430万册，电子文献691万件。阅览座席1603个，全年接待读者315万人次，文献外借227万册次。举办各种形式的展览24场，参观人数达16万人次。

2018年，大连图书馆继续加强本馆古籍保护，同时承担大连市古籍保护工作。参与全国古籍普查项目、全国民国时期文献普查项目2项国家级课题。全年在“全国古籍普查平台”新著录线装古籍和民国时期文献3576部29868册，上传书影44486拍；在国家“民国文献普查联编数据平台”著录数据744条1039册。整理西文古旧籍书库，分编、校订、著录西文古旧籍合计6152册，拍摄书影5971册46755拍。对馆藏古旧籍的数字化力度继续加大，全文数字化馆藏入选《国家珍贵古籍名录》等善本共23万拍。古籍修复中心全年共计修复古旧籍68册3333页，同比增长了51%。修复拓片408片；整理拓片600张，编目著录于全国古籍普查平台碑帖拓片数据508条752册（件），出版《大连图书馆珍稀拓片选辑（一）》，编纂《大连图书馆珍稀拓片选辑（二）》。古籍保护中心深入各县区开展古籍普查，先后深入普兰店古城关帝庙、皮口清真寺、海神娘娘庙、夹河庙、安波报恩寺、复州城横山书院、瓦房店涌泉寺等地调研文献收藏情况，撰写调查报告。

2018年，大连图书馆白云书院先后邀请孟宪实、王充闾、李尚信等57位学者专家莅临讲座。全年完成讲座82场，听众达6000人次，其中为街道（社区）、学校讲座20场，听众千余人次。“白云讲坛”开设6个专题系列：“传统文化系列”“市民文化系列”“大图公开课系列”“健康2018系列”“传统文化讲座进社区系列”“温故系列视频讲座”。2018年，白云书院“国学义塾”招生110人，全年在籍学员213人，10个班型，授课263课次，受众3845人次。（大连市图书馆　解琳）

【“‘倡导全民阅读　打造书香大连’——2018全市图书馆系列读书活动”启动】 4月20日，大连图书馆、大连市图书馆学会联合举办“‘倡导全民阅读·打造书香大连’——2018年全市图书馆系列读书活动”启动仪式，市文广局相关领导以及全市公共、高校、科研院所图书馆部分领导出席。在启动仪式上同时举办“大连图书馆残疾人分馆”“大连银行第三中心支行流通站”揭牌仪式。（大连市图书馆　解琳）

【大连市少年儿童图书馆举办“与书为伴·共创明天”大型读书系列活动总结大会】 4月23日，由大连市少年儿童图书馆、各区市县图书馆共同承办，为期一年的2017—2018年大连市“与书为伴·共创明天”大型读书系列活动总结大会在西岗区大同小学举行。系列活动对“书香校园”等5项活动进行评选，全市11个区市县、近40所学校，8.5万人参加系列活动。（大连市少年儿童图书馆　梁雪　何润楠）

【抚顺市图书馆承办第十一届全民读书节】 4月27日，由抚顺市政府主办、抚顺市图书馆承办的抚顺市第十一届全民读书节全面启动，读书节以“书香抚顺新征程·不忘初心助振兴”为主题，举办姜福祥纪实摄影作品展、精准文化惠民活动、“浑河讲坛”专题讲座等各类12项活动，参与读者达3万余人。（抚顺市图书馆学会　菅晓睿）

【抚顺市图书馆新馆开馆】 8月8日，抚顺市图书馆新馆全面开馆，新址位于振兴大厦A座1—4层，总面积约12000平方米，新馆开设报刊借阅、地方文献查阅、过刊查阅、读者自修室、电子阅览室、数字文献资源查询、视障读者服务及少儿阅览室、3D电子图书体验等服务窗口。（抚顺市图书馆学会　菅晓睿）

【本溪市图书馆加入“全国图书馆文化创意产品开发联盟”】 2018年，本溪市图书馆通过开展创客培训，创意设计比赛等活动方式激发社会公众的创客思维、提高社会公众的创新能力。7月，本溪市图书馆被批准加入“全国图书馆文化

创意产品开发联盟”。（本溪市图书馆　张虹）

【丹东市图书馆举办“传承红色基因　争做时代新人”诵读比赛活动】　10月22日，历时5个月的“传承红色基因　争做时代新人”诵读比赛活动落幕。丹东市关心下一代工作委员会常务副主任刘励威、赫崇壮，精神文明办主任李宝泉，文体广电局副局长张翅翩，团市委副书记张翔等领导参加此次活动，24名中小学生参赛选手及300名中小学师生、获奖同学代表参与活动总结和汇报表演。（丹东市图书馆　曹阳）

【锦州市图书馆“当文字遇见声音”书友会举行合作签约仪式】　11月2日，锦州市图书馆“当文字遇见声音”书友会与锦州市医科大学医疗学院子悦书社举办合作签约仪式。锦州市图书馆馆长赵本平、锦州市医科大学医疗学院思政部主任李木子等领导，书友会和书社代表70余人出席签约仪式。活动上，“当文字遇见声音”书友会会长杨婧为大家介绍书友会的成长历程，并期待与子悦书社的大学生朋友们一起合作，推广并创新文字遇见声音的形式。应与会大学生朋友们的要求，杨婧现场介绍锦州市图书馆与锦州新闻广播联合推出的电台栏目《听，是谁在读书》，并采用现场播音的形式，与来自子悦书社的张启阳合作现场为大家演绎《茶花女》书中的经典对白选段，从而开启了双方的第一次合作。（锦州市图书馆）

【阜新市图书馆概况】　2018年，阜新市图书馆举办“纪念改革开放40周年——辽疆四地‘城市魅力’摄影作品巡展——阜新城市展”等大型展览9次；举办《丰碑与交响——雷锋精神诗传》读书会暨赠书仪式、“沧桑巨变四十年，诗意讴歌新时代”第七届原创诗歌大赛。

地方文献征集工作取得成效。2018年征集图书265册，期刊10种65册，建立起有效的文献征集网络。引入“阜新非物质文化遗产”文献模块和“阜新玛瑙”文献模块，增设地方文献专栏，宣传风土人情以及本土作家作品，逐步完善地方文献馆藏体系。

继续加强图书基层流动服务。全年为彰武兴隆堡、三乐书屋、阜蒙县毛岭沟、细河玉都社区送书刊1500册，送信息3500份。（阜新市图书馆学会　李梅）

【辽阳市“县区图书馆业务骨干及社区、单位分馆管理人员培训班”举办】　5月24—25日，辽阳市图书馆、辽阳市图书馆学会在辽阳市图书馆举办2018年度“县区图书馆业务骨干及社区、单位分馆管理人员培训班”。来自全市各县区图书馆分管业务工作的副馆长和负责中文图书分类、编目的专业技术人员以及新入职人员、社区分管文化工作的副书记（副主任）和文化干事、各社区分馆管理人员、各机关（事业）单位分馆管理人员60多人参加培训。（辽阳市图书馆）

【铁岭市图书馆概况】　2018年，铁岭市图书馆建筑面积15768平方米，设有多功能报告厅、报刊阅览室、盲人视听室、信息咨询室、自习室、电子阅览室、地方文献查阅室、社会科学图书外借处、自然科学图书外借处、新书外借处、多媒体教室等服务窗口。

2018年，铁岭市图书馆藏书303679册（件），报刊13350册，地方文献5271册，声像资料1595种3381册，电子文献101种，拥有6个数据库资源，阅览座席500个，日均接待读者1080余人次。2018年，铁岭市图书馆购书经费为40万元，持证读者6664人，举办读者活动61次，参加活动读者40500人次。其中举办展览10次，参观展览约11200人次；举办讲座19次，参加讲座11050人次；举办其他活动20次，参加9000余人次。（铁岭市图书馆　武霞）

【盘锦市图书馆“24小时城市书房”实现公共文化服务“不打烊”】　2018年7月，盘锦市图书馆24小时自助图书馆——“24小时城市书房”建成并对外开放。“24小时城市书房”面积100平方米，读者座席30个，配有各类图书近万册。全年365天、每天24小时对外开放。采用智能化管理系统，由自助办证、自助借还、门禁监控与图书馆中心管理系统组成。“24小时城市书房”自7—12月开放以来，每月进入“书房”办理借阅、自学的市民达1.1万人次。（盘锦市图书馆学会　刘莉）

【盘锦市少儿图书馆儿童绘本馆荣获2018全

国"十佳绘本馆"称号】 2018年，盘锦市少儿图书馆儿童绘本馆荣获2018全国"十佳绘本馆"称号，这是盘锦市少年儿童图书馆第三次获此殊荣。盘锦市绘本馆馆舍面积226平方米，由借阅区、活动区和舞台区3部分组成，专为12岁以内儿童提供专业的绘本故事阅读推广、指导和咨询服务，定期举办绘本故事会、亲子阅读会、绘本DIY、绘本延伸活动、幼儿阅读教育讲座等活动，展示经典绘本及多种绘本阅读方式。（盘锦市图书馆学会　刘莉）

【葫芦岛市举办"阅读点亮中国"全城阅读接力活动】 4月15日，葫芦岛市图书馆"阅读点亮中国"全城阅读接力活动正式启动。"阅读点亮中国"全城阅读接力活动内容涵盖古筝联奏、大型故事会、艺术纸戏剧、布偶贴故事剧场、手偶剧场、巨幕皮影戏、快板等内容，共有200余名读者参加启动仪式。（葫芦岛市图书馆学会）

吉林省

【吉林省图书馆与武警长春支队签订"军民融合发展"合作协议】 1月23日，吉林省图书馆与武警长春支队正式就"军民融合发展"签订合作协议。双方曾有长期的合作历史，在全面落实十九大精神和《中华人民共和国公共图书馆法》之际，签订《军民融合发展协议书》，将进一步加强联系与合作，成为军民融合发展的又一个典范。（吉林省图书馆　侯国柱）

【吉林省图书馆"24小时书嗜分馆"开馆】 1月28日，吉林省图书馆"24小时书嗜分馆"在长春市红旗街万达广场开馆。省政协原副主席赵家治，以及省图书馆、万达广场及分馆工作人员和部分读者参加开馆仪式。"24小时书嗜分馆"是吉林省图书馆首次尝试在书店里建的图书馆分馆，该"分馆"不仅能实现借书还书功能，还借助24小时书店的优势，变成省内首家24小时的图书馆。吉林省图书馆在这里设置的"24小时书嗜图书馆"，面积530平方米，共有图书5000余册，市民凭借吉林省图书馆办理的读者证即可实现借书还书，其操作方法和在吉林省图书馆一样，对于没有读者证的读者可以到书店前台直接办理。（吉林省图书馆　侯国柱）

【吉林省图书馆举办文化大集】 2月6日上午，为丰富市民的文化生活，营造欢乐祥和节日氛围，吉林省图书馆在一楼大厅举办"文化大集"。此次文化大集为市民准备丰富多彩的"文化年货"，在寒冷的冬日为人们送去温暖的祝福。"迎新春　送春联"活动是省图传承多年的文化惠民活动，也是此次文化大集为市民奉上的精品"年货"之一。10位应邀前来的辽宁省书法家协会书法家现场挥毫泼墨，将一幅幅对仗工整、简洁精巧、寓意吉祥的春联和福字赠送给排队等候的市民。"古韵传承——雕版印刷体验"活动，让市民有机会近距离观摩、了解我国伟大的"四大发明"之一、在印刷史上有"活化石"之称的雕版印刷。"百年吉图　万人祝福"主题MV录制活动，通过MV录制，采集社会各界对吉图、对新春寄予的美好祝福。（吉林省图书馆　侯国柱）

【吉林省图书馆举办首届"共读不孤读　同城一本书"活动颁奖典礼】 4月17日，由吉林省图书馆、吉林省图书馆学会主办，各市（州）、县（市、区）图书馆承办，超星集团吉林分公司协办的"健康生活　悦动吉林"系列之首届"共读不孤读　同城一本书"活动颁奖典礼暨第二届活动启动仪式在吉林省图书馆举行。省图书馆学会领导、全省各级各类图书馆馆长、超星集团以及读者代表110余人出席仪式。首届"共读不孤读　同城一本书"活动自2017年10月末举办以来，得到全省各地图书馆的积极响应，有63个图书馆参加活动，参与率逾90%，全省有共读小组50余个，受众5.4万人，发表书评3万余条。此次颁奖典礼对活动的"阅读达人""阅读之星"、优秀组织单位和个人给予表彰。获奖代表同大家分享他们参加活动的感受和阅读体验。（吉林省图书馆　侯国柱）

【吉林省公共图书馆首届暨吉林省图书馆第二届"换书大集"举行】 4月22日，由吉林省文化厅主办，吉林省图书馆携全省23家公共图书馆共同承办的吉林省公共图书馆首届暨吉林省图书馆第二届"换书大集"在吉林省图书馆和全省各地区举行。此次活动共有2000多位市民参与，交换图书6500余册，捐赠图书1200余册，捐赠的图书经整理后送往偏远学校，满足师生的

阅读需求。（吉林省图书馆　侯国柱）

【吉林省公共图书馆馆长及馆员能力素质提升班举办】 5月6—21日，吉林省图书馆面向全省公共图书馆馆长和馆员，在华南师范大学举办吉林省公共图书馆馆长及馆员能力素质提升班。培训班共2期，近190人参加。此次培训采用专题讲座、现场案例教学相结合的方式进行，安排国内图书馆界知名专家和公共图书馆馆长授课，同时到中山大学图书馆、华南师范大学图书馆、广东省立中山大学图书馆、广州市图书馆实地教学交流。课程设置从理论拓展到实践教学，从解读法律到服务创新，从世界格局到特色活动，使全省公共图书馆人从理论到实践，从宏观到微观，从意识到服务都有巨大的收获。（吉林省图书馆　侯国柱）

【吉林省图书馆举办古籍修复技艺进校园活动】 6月9日，吉林省图书馆（吉林省古籍保护中心）联合长春中医药大学共同举办的“多彩非遗，美好生活”古籍修复技艺进校园活动在长春中医药大学图书馆举行。来自长春中医药大学和吉林省孤儿学校、东北师范大学附属中学的300余名师生参加活动。此次活动设置古籍基础知识专题展览，展出古籍类型、版本鉴定、藏书楼、藏书家故事、印刷术的发展等内容，同时开展非物质文化遗产体验活动，同学们在馆员的指导下，体验传承雕版印刷术、古籍线装书制作、破损古籍修复等千年的古老技艺。古籍修复技艺进校园活动逐步在全省其他高校及市县图书馆展开。（吉林省图书馆　侯国柱）

【2018吉林省文化信息共享工程技术骨干阅读推广培训班在通化市举办】 7月10—12日，由全国文化信息共享工程吉林省分中心主办，通化市图书馆承办的2018吉林省文化信息共享工程技术骨干阅读推广培训班在通化市举办，来自全省各市（地）、县公共图书馆技术骨干100余人参加培训。黑龙江大学马海群、东北师范大学陈昊琳、吉林农业大学崔永军分别以“研读《中华人民共和国公共图书馆法》”“新时期阅读推广：品牌化、常态化、创新化”“漫谈经典文化及当代价值”为题进行授课。来自长春市图书馆、和龙市图书馆、通化市图书馆的代表分别做“温暖时光”照亮盲人文化路、促进军民融合，携手共建书香，谱写知识拥军新篇章、以文化人　全面推进书香社会建设——通化市图书馆阅读推广活动介绍等案例分享。培训内容既有法律知识研读，又有阅读推广理论学习；既有基层图书馆开展全民阅读活动的实践，也有图书馆人在阅读推广实践中的思考，理论与实践相结合。（吉林省图书馆　侯国柱）

【吉林省图书馆对西藏日喀则市图书馆进行对口援助活动】 8月20日，吉林省图书馆一行5人到日喀则市图书馆进行业务交流。日喀则市图书馆是“十二五”中央预算内投资的文化项目。针对日喀则市图书馆刚刚开馆，基础业务工作急需指导的现状，双方围绕业务建设，尤其是吉林省图书馆新馆建设经验进行深入细致的探讨和交流。由于日喀则市图书馆文献资源较少，吉林省图书馆特为该馆配备图书6848种10233册。对口援藏工作是吉林省图书馆未来3年内的一项重点工作，将在人才培养、业务建设、资源支持、技术指导上做好交流，促进民族间、地区间文化融合，为公共文化事业发展提供助力。（吉林省图书馆　侯国柱）

【“筑梦新时代　欢歌四十年——2018‘氤氲书香’朗读比赛(决赛)”在吉林省图书馆举行】 9月10日，按照吉林省委、省政府“健康生活　悦动吉林”活动的总体要求，由吉林省文化厅主办，吉林省图书馆、吉林省文化馆承办，全省各市（州）、强县扩权试点县图书馆协办的“筑梦新时代　欢歌四十年——2018‘氤氲书香’朗读比赛决赛”在吉林省图书馆举行。2018年“氤氲书香”朗读比赛是吉林省图书馆联合吉林省文化馆、各市（州）、强县扩权试点县图书馆共同举办的第二届朗读比赛活动。该活动是第五届吉林省市民文化节的重要内容之一。朗读比赛自4月在全省启动以来，得到省内各公共图书馆、学校和广大读者的大力支持，选手们踊跃报名、积极参赛，经过初赛、地区推荐、专家初评，有35个节目共43人进入决赛。参加决赛的选手来自全省各地，从事不同的行业，参赛作品突出人文精神、理想信念，既有经典文学作品段篇章，也有缅怀革命先烈的红色经典；既有对改革开放四

十年巨变的述说，也有对家乡的眷恋和对亲人的思念，都充满着对祖国的热爱、对未来生活的美好憧憬。（吉林省图书馆　侯国柱）

【《谢谢了，我的家》读者见面会暨国礼版首发式在吉林省图书馆举行】 9月29日，由中国出版集团主办，人民文学出版社、吉林省图书馆、吉林人民广播电台、吉林省音乐家协会共同承办的《谢谢了，我的家》读者见面会暨国礼版首发式在吉林省图书馆举行。节目主持人敬一丹和朱德元帅之孙朱和平将军出席活动，为读者带来温情感人的家的故事。《谢谢了，我的家》是2018年初CCTV4推出的一档全球华人家庭文化传承节目，以海内外54个家庭的故事串连中华传统家风脉络。节目播出后赢得广泛赞誉。同年6月，人民文学出版社出版同名电视图书，收获良好口碑。在活动现场，《谢谢了，我的家》图书总策划、人民文学出版社副总编辑肖丽媛向读者详细介绍国礼版的特色，并向吉林省图书馆赠送国礼版新书；人民文学出版社社长臧永清、吉林省图书馆党委书记吴爱云共同为国礼版新书揭幕。（吉林省图书馆　侯国柱）

【吉林省图书馆名誉馆长聘任暨阅读推广研究中心、图书捐赠交换中心启动仪式举行】 11月30日，吉林省图书馆名誉馆长聘任暨阅读推广研究中心、图书捐赠交换中心启动仪式在吉林省图书馆举行。吉林省政协原副主席赵家治获聘为吉林省图书馆名誉馆长，并同馆长赵瑞军一起为"吉林省图书馆阅读推广研究中心""吉林省图书捐赠交换中心"揭牌。吉林省图书捐赠交换中心接受由吉林省新华书店集团外文图书发行有限责任公司、长春学人文化传播有限责任公司赠送的图书，并向和龙市图书馆、磐石市鼎丰图书馆、镇赉县图书馆捐赠图书1万册。

吉林省图书馆阅读推广研究中心以读者为中心，开展阅读推广活动，通过举办主题展览、讲座、研讨、新书发布、图书捐助、省内外阅读推广研究交流活动，探讨全民阅读推进的方式和规律，扩大中心的社会影响，为全民阅读的推进提供决策参考和实际支持。吉林省图书捐赠交换中心接受社会机构、个人的爱心捐赠，为民众提供图书交换平台，对社会各界捐赠图书定期进行统一登记、归类，捐赠给有需求的基层图书馆、部队、学校、社区。（吉林省图书馆　侯国柱）

【2018年吉林省古籍保护工作会议在长春召开】 12月28日，2018吉林省古籍保护工作会议在长春召开。国家图书馆副馆长、国家古籍保护中心副主任张志清，吉林省文化和旅游厅副厅长苏威，吉林省图书馆馆长、吉林省古籍保护中心主任赵瑞军，吉林省图书馆党委书记、副馆长吴爱云以及全省各古籍收藏单位代表50余人出席会议。张志清做"2019年古籍保护工作设想"报告，详细介绍"中华古籍保护计划"的背景和进展，指明古籍保护的工作方向，为吉林省古籍保护工作提出指导意见。东北师范大学古籍整理研究所所长李德山从东北地区文献的发展历程、重要性和整理研究现状做"东北古文献整理及面临的主要问题"专题报告。（吉林省图书馆　侯国柱）

【"册府千华"吉林省珍贵古籍特展在吉林省图书馆开幕】 12月28日，由国家图书馆（国家古籍保护中心）、吉林省文化和旅游厅主办，吉林省图书馆、东北师范大学图书馆、长春市图书馆、吉林省社会科学院图书馆、长春中医药大学图书馆和延边朝鲜族自治州图书馆承办的"册府千华"吉林省珍贵古籍特展在吉林省图书馆开幕。国家图书馆副馆长、国家古籍保护中心副主任张志清，中华古籍保护协会会长刘惠平，吉林省文化和旅游厅副厅长苏威，吉林省图书馆馆长、吉林省古籍保护中心主任赵瑞军，以及省直系统相关单位、各古籍收藏单位领导、业务骨干、省内著名艺术家及多家媒体出席开幕式。东北师范大学图书馆馆长邹云龙代表各参展单位对展览情况进行介绍。刘惠平致贺词。苏威对吉林省古籍保护工作进行总结。此次展览共展出85部珍籍，以入选《国家珍贵古籍名录》的古籍为主，辅以特色文献。主展区分宋、元、明、清4部分，其中宋本11部、元本20部、明本25部、清本14部，展品既有宋元孤本，也有明清精刻。分展区包括古籍基础知识展区、特色书影展区、古籍保护成果展区、"古韵传承"观众体验区，增强观众的文化获得感和参与感。此次展览是吉林省展出文献规模最大、范围最广、珍本最丰、规格最高的一次古籍展览，是全省古籍保护工作成果的一次集中展示。（吉林省图书馆　侯国柱）

【长春市图书馆举办"沃土芳华"馆藏地方作家作品展】 4 月 23 日，长春市图书馆"沃土芳华"馆藏地方作品展开展。展览历经 2 年多的精心筹备，依托长春市图书馆馆藏地方作家作品文库，通过深入挖掘整理文献资源，并实地走访近 50 位作家，电话访问 100 余位作家，共梳理出 102 位长春籍作家作品进行展示。展览通过作家群体作品创作，反映时代故事，折射出改革开放 40 年来，在国家政策指导下，长春市文坛繁荣发展的历程。在展览期间，长春市图书馆还围绕展出的部分作家作品，举办"品读聚乐部"读书沙龙活动 8 期，作家亲临市图书馆与读者面对面交流分享。（长春市图书馆　王英华）

【长春市图书馆举办 2018 年长春市民读书节系列活动】 由长春市图书馆举办的 2018 年长春市民读书节从 4 月 23 日开始至 7 月 22 日结束，为期 91 天，包括开（闭）幕式、阅读推广、沙龙雅集、展览展阅、文化讲座、少儿阅读、延伸服务、公益课堂、数字阅读、朗读朗诵等 11 大类 231 项活动内容。其中，"长春市朗诵大赛""领读者"等阅读推广活动得到广大市民的广泛参与。"惠阅文化 +"项目的"社区电子阅读机""U 书到家""信用免押金办证"等 5 大惠民举措，有效促进基层百姓便捷获取图书馆服务，提升市民的文化获得感和幸福感。（长春市图书馆　王英华）

【2018 年长春地区公共图书馆馆长工作研讨会在长春召开】 6 月 29 日，长春市图书馆组织召开 2018 年长春地区公共图书馆馆长工作研讨会。馆长谢群等领导及长春地区各县（市）区图书馆馆长，相关负责同志参加此次会议。会上，谢群做"总分馆：规范　共享　效能"的报告；各县（市）区公共图书馆馆长分别结合本地区情况进行发言，同时对《长春地区公共图书馆中心馆—总分馆管理规范》《长春地区公共图书馆中心馆—总分馆服务体系建设协议书》《长春市图书馆示范分馆管理规范》《长春市图书馆城市书房管理规范》等进行充分讨论。（长春市图书馆　王英华）

【长春市图书馆举办 2018 年消夏阅读季系列活动】 7 月 23 日—9 月 30 日，长春市图书馆举办"盛夏春城　阅有新意"首届消夏阅读季活动。活动横跨整个暑期，重点关注学生和家长需求，侧重休闲阅读，开展专题讲座、读者沙龙、公益课堂、少儿阅读、新媒体阅读、数字阅读、文献展阅、文化展览、分馆活动等 13 类百余项阅读推广活动，既突出图书馆阅读的特点，又迎合广大市民的文化需求。期间，"新时代 · 新摇篮 · 新力量"第十四届中国长春电影节电影海报设计大赛、长春市"领读者"阅读推广业务培训活动和由长春市图书馆牵头开展的百馆荐书活动与青少年"传承红色基因　争做时代新人"红色故事会活动均受到广泛关注。（长春市图书馆　王英华）

【长春市图书馆在日本仙台建立"遇见长春"文化交流图书角】 10 月 12 日，长春市图书馆在长春市友好城市日本仙台市图书馆建立"遇见长春"文化交流图书角，面向仙台市民及在日华侨、留学生及华裔居住者提供借阅服务。让更多的仙台市民了解长春，增进两市市民的相互了解和友谊，进一步推动两市在各领域的交流与合作。（长春市图书馆　王英华）

【长春市图书馆出版《长春市图书馆藏古籍善本图录》】 12 月，首部反映长春市图书馆古籍馆藏的专著——《长春市图书馆藏古籍善本图录》由国家图书馆出版社正式出版。此书是长春市图书馆开展古籍保护工作 10 年来的重要成果，共精选长春市图书馆藏 150 种古籍，其中宋刻本有《资治通鉴纲目》五十九卷和《大般若波罗蜜多经》六百卷两种，明刻本包括《诗传大全》二十卷等 45 种，其他为清刻本，此外还有一些稿钞本、彩绘本、满汉合璧本及珍贵的碑帖拓片和钤印本印谱等，每种书除了文字著录之外，还附上一两幅书影，为相关研究者和爱好者提供一份可靠的素材。（长春市图书馆　王英华）

【农安县图书馆成立首家少儿分馆】 农安县图书馆作为县内唯一的一所综合性公共图书馆，初步形成以农安县图书馆为总馆，以社区、武警部队、学校、企事业单位、农家书屋等多家图书分馆为补充，坚持文史立县，创建书香城市。7 月成立首个少儿图书分馆。农安县图书馆已建立 20 个图书分馆，最大限度满足全县人民的阅读

需求。（农安县图书馆　姜华）

【吉林市图书馆举办各种讲座】 2018 年，“松花江文化讲坛”共举办固定讲座 42 场，其中邀请央视特约评论员苏晓晖、北京大学对外汉语教育学院副教授赵延风、复旦大学中文系教授吴兆路、东北师范大学教授李晓东、吉林农业大学人文学院教授崔永军、中共吉林省委党校哲学教研部副教授袁中树、吉林省社科联专职副主席刘亚政、吉林省社会科学院研究员刘炬等名人学者开展名家讲座 8 场。此外，为普泰股权投资有限公司职工、吉林市公园社区居民、吉林市船营区图书馆职工、吉林市看守所在押人员开展专场讲座 4 场。讲坛全年受众 6926 人次。同时，继续与吉林乌拉圈合作开展线上讲座，全年推送 29 场，浏览人次 356465 人次。

“百姓来讲”大型公益讲座秉承“百姓来讲，讲给百姓”的宗旨，在为江城百姓搭建零门槛、零障碍、零距离的分享、交流平台。2018 年共举办“百姓来讲”36 讲，其中精品讲座 7 讲，系列讲座 29 讲。全年受众 2428 人次。（吉林市图书馆　王诗婧　刘梦雪）

【吉林市图书馆开展少儿服务】 该馆针对低幼儿童群体的特点，推出绘本阅读分享活动，4 月 7 日，绘本阅读分享活动正式开讲。通过各种各样的绘本主题向孩子们传达不同的内容，让孩子们爱上阅读。截至 2018 年底，阅读分享活动共举办 42 场，深受小读者喜爱。

6 月 1 日，由吉林市文广新局、吉林市教育局联合主办，吉林市图书馆具体承办的第七届“魅力江城”杯少儿绘画书法比赛颁奖仪式和优秀作品展览在吉林市图书馆举行。大赛共吸引来自吉林地区的 81 所中小学校、幼儿园的 4240 名小作者参加，收到参赛作品 4245 幅，展出优秀作品 1124 幅，评选出十佳绘画和十佳书法之星。

11 月 3—25 日，该馆与亚泰凇山湖社区、CCFM100.8 联合举办为期一个月的“小小朗读者·寻找最美读书声”朗读比赛活动。经过三场海选和一场复赛层层选拔，有 40 余名位小选手进入决赛。决赛中，小选手们自信洋溢、发挥出色，经过激烈角逐，决出一等奖 1 名、二等奖 2 名和三等奖 3 名。（吉林市图书馆　王诗婧　刘梦雪）

【桦甸市举办首期基层图书管理员暨数字阅读推广人培训班】 3 月 30 日，桦甸首期基层图书管理员暨数字阅读推广人培训班在桦甸市公吉乡文化广播站举办。桦甸市图书馆将此次培训的重点着眼于夯实基层公共文化服务，提升基层人员业务素质，对公吉乡所辖各村农家书屋的 22 名图书管理员进行远程网络培训系统的操作、移动图书馆的使用推广、基层图书馆（室）的常规性工作等 3 个方面的培训，并对图书馆网站、微信平台进行详细介绍，让广大基层文化工作者能够正确把握“推动、引导、服务”全民阅读的大方向，加快推进全民阅读建设书香桦甸向纵深纵广发展。（桦甸市图书馆　黄艳）

【桦甸市“公共图书馆 + 企业”助力全民阅读】 2018 年，桦甸市图书馆以创新、惠民为着力点，在“图书馆 + ”发展理念下，积极探索“公共图书馆 + 企事业（机关）+ 机构”联动机制，合力推动全民阅读。4 月 23 日，在红林局图书分馆改建落成之际，由桦甸市文广新局、红林局工会主办，桦甸市图书馆承办的“书香红林”全民阅读月活动在红林局分馆举办，再次开启文企合作的旅程。此次活动先后推出移动阅读推广、立法宣传、学习十九大知识竞答、阅读分享交流、“袋”走图书馆公益赠阅等精彩纷呈的阅读推广活动。桦甸市政府副市长王莉等领导出席活动并为红林局分馆揭牌，向红林局分馆赠送总价值 3 万元的图书 1000 余册。活动当天为来自红林局 150 余名员工代表赠送总价值 1 万元的环保书袋 150 个、图书 600 余册。（桦甸市图书馆　黄艳）

【桦甸市图书馆总分馆制建设进入提档升级新阶段】 2018 年，桦甸市图书馆打通基层数字文化服务渠道，推动公共文化服务零距离。借助“互联网 + ”，加快数字阅读资源建设，建立区域内图书馆集群管理系统，18 个乡镇、社区、村基层分馆（室）启用图书馆自动化管理系统；为 20 个基层服务点配备电子书借阅机、电子阅报机、少儿学习一体机等数字服务设备，构建起城乡一体化的公共图书馆服务网络，形成特色发展模式。（桦甸市图书馆　黄艳）

【吉林省图书馆“学生书房”建设暨作家进校

园活动走进白山】 6月20日，由吉林省图书馆、白山市图书馆共同举办的“学生书房”建设暨作家进校园活动走进白山市河口小学。省图书馆少儿部主任郝天晓与白山市浑江区河口小学校长孙洪敏签订“学生书房”协议书，并代表省图书馆向学校捐赠图书、杂志各500册。郝天晓还以儿童作家的身份与同学们分享了“写作的秘密”，阐述自己成为作家的心路历程和写作心得，并赠送了自己的新作《骑木桶的女巫》。（白山市图书馆 孟家如）

【梅河口市图书馆开办国学讲堂、书法课堂】 梅河口市图书馆新馆自2017年12月29日开馆以来，特别开设内容丰富多样的公益性国学讲座和书法课堂。2018年，共举办国学讲堂167场、书法课堂20期。通过学习国学经典及书法文化，培养了学员高尚的道德情操和文化修养，促进家庭和谐，弘扬中国传统文化。（梅河口市图书馆 吕红娇 张爽）

【北华大学图书馆梅河口市分馆成立】 6月20日，北华大学图书馆梅河口市分馆成立仪式在梅河口市图书馆举行。北华大学图书馆梅河口市图书馆分馆的成立，既标志着两馆在馆际合作领域进入一个新的阶段，也标志着梅河口市推进公共文化服务体系建设在完善基本公共文化服务保障项目方面迈出坚实的一步。（梅河口市图书馆 李伟 张悦）

【白城市十佳读书家庭颁奖仪式暨4·23世界读书日诗歌吟诵会举办】 4月23日，白城市文广新局主办、白城市图书馆承办的十佳读书家庭颁奖仪式暨4·23世界读书日诗歌吟诵会在白城市大众剧场举行。白城市政府副秘书长孙乃玉等领导出席颁奖仪式，并为获奖家庭颁奖、授牌。此次评选活动得到驻白高校及各县市（区）图书馆的大力支持，微信参与人数突破40万人次，为倡导阅读、推广阅读，兴阅读之风、树学习之风，发挥积极的推动作用。颁奖仪式结束后举行4·23世界读书日诗歌吟诵会活动。来自白城市文广新局干部职工、驻白高校学生、社区图书流动站工作人员、白城市诗歌朗诵爱好者、各社会团体以及演职人员共500余人参加活动。（白城市图书馆 赵宴）

【中国首届图书馆与家庭阅读文化推广研讨会在延吉召开】 1月25—26日，由中国图书馆学会阅读推广委员会主办，中国图书馆学会阅读文化研究委员会、延边朝鲜族自治州图书馆、《图书馆报》承办，山东爱不释书数字技术有限公司协办的中国首届图书馆与家庭阅读文化推广研讨会在延吉召开。中国图书馆学会阅读推广委员会、中国图书馆学会阅读推广委员会阅读文化研究专业委员会委员，全国公共图书馆及少儿图书馆馆长及业务骨干，致力于家庭（亲子）阅读文化研究的图书馆人、阅读推广人等100余人参会。中国图书馆学会副理事长刘小琴，全国中小型公共图书馆联合会会长郭斌，河南省少年儿童图书馆馆长崔喜梅，著名儿童文学作家、北方工业大学中文系教授谭旭东，山东爱不释书数字技术有限公司总经理耿化龙分别以“担负全民阅读重任，建设现代化图书馆”“社会力量参与全民阅读的有益实践”“一切为了孩子——图书馆少儿阅读服务创新分享”“如何创建良好的家庭阅读文化”“阅读纽带·升级服务·提升价值”为题做主旨报告，深入探讨以家庭为单位的图书馆服务升级理论和实践问题。次日，与会人员到延边图书馆进行业务交流，听取馆长金赫的工作报告，欣赏馆员的精彩演出，参观延边图书馆的各项服务设施，现场观摩家庭亲子数字阅读体验区。（延边图书馆 金仙花）

【朝鲜民主主义人民共和国图书展在延边图书馆举行】 2月12日，朝鲜民主主义人民共和国图书展在延边图书馆举办。此次展出的主要作品有金日成、金正日著作、革命回忆录、革命文献以及朝鲜政治、经济、文化、艺术、民俗等图书100余册，全面展示朝鲜人民在社会主义建设和生产生活方面所取得的成就。朝鲜出版物交流协会向延边图书馆赠送图书。（延边图书馆 金仙花）

【和龙市图书馆在长白山天池哨所建立书屋和文化共享工程基层服务点】 1月26日，和龙市图书馆将2400册图书和1台价值3万元的数字阅读机送到海拔2622米的长白山天池哨所，其中955册图书和数字阅读机用于在天池哨所建立书屋和共享工程基层服务点，另1445册图书用于在另外两处哨所建立书屋。至此，和龙市实

现哨所书屋和共享工程基层网站在和龙边境线驻地部队的全覆盖。（和龙市图书馆）

【和龙市图书馆举办“书香和龙——走进新时代，共筑中国梦”系列活动】 和龙市图书馆在服务宣传周和“六一”儿童节来临之际，组织开展“书香和龙——走进新时代，共筑中国梦”系列活动。活动由4部分组成：为两所边疆小学——南坪镇芦果中心小学和崇善小学各送图书100册、302册；为一所农村学校——西城镇甲山希望学校送图书300册，对图书流通站图书进行更新。在头道镇新兴学校和八家子镇上南小学建立图书流通站，首批提供图书300册。为南坪镇芦果中心小学贫困家庭学生送去2个爱心书包和15份爱心文具。（和龙市图书馆）

黑龙江省

【概况】 2018年，黑龙江省共有公共图书馆109个。馆舍建筑总面积达33.60万平方米，阅读座席29202个。总藏量2232.93万册。财政拨款2.85亿元。专项购书经费1924.20万元，新购藏量90.55万册，其中报刊26929种。从业人员1659人。专业技术人员1348人，其中中级职称597人、副高级职称394人、正高级职称111人。有效借书证74.90万个。书刊文献外借461.84万人次，书刊文献外借929.45万册次，总流通人数1130.57万人次。计算机6099台（其中电子阅读室终端数3929台），图书馆网站访问量达1672.77万页次。组织各类讲座1259次，参加人数16.74万人次。举办展览822个，参观人数165.83万人次。举办培训班1658个，培训人数8.14万人次。

2018年，黑龙江省图书馆学会在中国图书馆学会主办的“依法办馆 创新发展——新时代公共图书馆建设与服务”知识竞赛活动中荣获“最佳组织奖”。在2018年“同筑中国梦 共度书香年”春节主题活动中，荣获“优秀组织奖”。在2018年中国图书馆年会上，由黑龙江省学会推荐荣获的奖项有：“尽职尽责 促文化共享繁荣——黑龙江省图书馆馆员王雪松事迹”荣获“中国图书馆最美故事”之感人事迹奖；黑龙江省图书馆“‘龙图杯’机器人挑战赛”荣获“第一届公共图书馆创新创意征集推广活动”青年创新奖；大庆市图书馆“永远村驻村扶贫案例”荣获“中图学会征集扶贫工作典型服务案例”二等奖；哈尔滨市图书馆“心目一站”文化助残公益项目服务方案荣获“第一届公共图书馆创新创意征集推广活动”优秀奖；哈尔滨市图书馆的“一书·一城”荣获“第一届公共图书馆创新创意征集推广活动”最佳创新奖。香坊区图书馆入选“全民阅读示范基地”，大庆市图书馆、铁力市图书馆入选“全民阅读先进单位”；黑龙江省图书馆的“心幕影院”活动、哈尔滨市图书馆的“沙盘游戏 引领阅读”活动入选“全民阅读优秀项目”。黑龙江省图书馆的“情满山水华章里，皆在萧萧落红间——萧红文学馆阅读推广纪实”在“2018全国出版界图书馆界全民阅读年会”中荣获2018年度全民阅读优秀案例奖。（黑龙江省图书馆学会秘书处）

【黑龙江省图书馆“创新空间”开放】 2月5日，黑龙江省图书馆“创新空间”向社会开放。创新空间位于黑龙江省图书馆412室，读者可免证进入。在面积480平方米的开放空间内，设有VR（虚拟现实）体验区、库克音乐体验区、创客区、会议室和展览区等5个服务空间。其中，VR体验区内有2套VR设备，为读者带来数字阅读的新形态；库克音乐体验区为读者提供高品质听觉盛宴；展览区向读者展示省图书馆数字资源建设成果，推广和普及全国文化信息资源共享工程、国家数字图书馆推广工程服务资源；创客区为读者提供冥想、分享、共享服务，包括创客沙龙、技能展示与培训、电子器件制作、机器人设计和创造等；会议室为读者提供小型会议讲演场地服务。创客区和会议室仅供团体预约使用。（黑龙江省图书馆学会秘书处）

【2018年黑龙江省公共数字文化推广服务培训班在哈尔滨举办】 3月22—23日，由黑龙江省图书馆主办的2018年黑龙江省公共数字文化推广服务培训班在哈尔滨举办，来自全省13个地（市）、128个县（区）图书馆馆长、业务骨干等190余人参加。培训为期2天，授课专家包括国家图书馆数字资源部推广工程建设协调组组长温泉、文化部公共文化发展中心刘晶、黑龙江省图书馆馆长高文华等。内容包括：数字图书馆服务活动的策划与推广；文化共享工程品牌项目的建设、应用及服务；全省公共图书馆培训工作

方案；全省参考咨询联盟工作介绍；全省统一检索平台推广应用；全省“百姓购书、按需服务”技术平台介绍；全省阅读推广联盟工作介绍以及公共图书馆特殊群体服务等课程。（黑龙江省图书馆学会秘书处）

【2018年黑龙江省地市图书馆馆长工作会议在哈尔滨召开】 3月23日，2018年黑龙江省地市图书馆馆长工作会议在哈尔滨召开，来自全省各地市图书馆馆长及相关领导共30余人参加会议。会议由黑龙江省图书馆馆长高文华主持，与会领导分别就全省公共图书馆培训工作方案、全省公共图书馆阅读推广联盟工作以及全省公共图书馆特殊群体服务联盟工作展开充分研讨，并介绍各自图书馆相关工作的具体做法，总结取得的经验和存在不足，从全省联动、资源共享、联盟共建的角度，商定下一步图书馆业务工作安排。（黑龙江省图书馆学会秘书处）

【俄国文化交流代表团访问爱辉区图书馆】 4月22日，以俄罗斯阿穆尔州布拉戈维申斯克市文化局局长哈巴奇克·维克托利亚·安德烈耶夫娜带领的市政府信息图书馆体系代表团来到黑河市爱辉区图书馆，进行文化交流和访问。双方进行工作会谈，针对今后文化合作广泛交换意见和建议，就中俄人文交流访问、图书互换和数字资源共享等达成共识，并参观爱辉区图书馆。（黑龙江省图书馆学会秘书处）

【“马骏烈士革命事迹展”在黑龙江省图书馆展出】 6月21日，由黑龙江省图书馆、东北烈士纪念馆、穆斯塔法珍宝博物馆联合举办的“马骏烈士革命事迹展”在黑龙江省图书馆启幕。黑龙江省图书馆、东北烈士纪念馆、穆斯塔法文化珍宝博物馆相关领导及马文良烈士的女儿尹洁英、李兆麟将军之子李玉以及省内各界的嘉宾、读者朋友100余人出席开幕式。展览展出马骏烈士肖像与生平事迹，马骏与周恩来、邓颖超等“觉悟社”成员合影照片及回族革命家刘清扬、郭隆真肖像等珍贵照片。展览内容取自于《马骏》画册，共有展品40余件。（黑龙江省图书馆学会秘书处）

【“春雨工程·网络书香”——数字阅读推广活动在黑龙江大庆举办】 7月4—5日，由国家图书馆主办，黑龙江省图书馆、大庆市图书馆承办的2018年首站“春雨工程·网络书香”数字阅读推广活动在黑龙江省大庆市举办，来自黑龙江省基层图书馆代表200余人参加活动。活动设置“新时代·新数图”体验区展览，融合多媒体终端、交互设备体验等手段，全面展示全国可共享的数字资源与服务平台。同时国家图书馆遴选1万册图书赠予林甸县图书馆等5家基层图书馆，使其能够更好地为基层群众提供服务。在同步举办的黑龙江省公共数字文化服务推广培训班上，特邀中国图书馆学会阅读推广委员会副主任赵俊玲讲授“公共图书馆的儿童阅读推广”；国家图书馆数字资源部副主任李志尧讲授“十三五时期推广工程平台建设与思考”；宁波大学园区图书馆馆长颜务林讲授“基层公共文化服务体系建设的实践与思考”；南京图书馆业务管理部主任吴政讲授“县级图书馆总分馆建设”等课程。（黑龙江省图书馆学会秘书处）

【“犹太难民与上海史料展”在黑龙江省图书馆展出】 9月21日上午，“犹太难民与上海史料展”在黑龙江省图书馆展出。展览内容主要取材于上海犹太难民纪念馆的馆藏，由逃亡上海、难民生活、隔都岁月、邻里情深与难忘历史等部分组成，配以原犹太难民亲身经历的故事、图片和实物，反映二战时期上海人民与来自德国等地的欧洲犹太难民患难与共，共渡难关的史实。体现中犹人民特殊的感情和友谊。上海犹太难民纪念馆自2011年起策划、制作“犹太难民与上海史料展”。该展览已先后在德国、以色列、美国、澳大利亚、匈牙利、意大利、马耳他和瑞士等8个国家22座城市举办。（黑龙江省图书馆学会秘书处）

【佳木斯地区数字文化服务推广与基础业务培训班在佳木斯市图书馆举办】 10月12—13日，由黑龙江省图书馆主办、佳木斯市文化广电新闻出版局承办、佳木斯市图书馆协办的“佳木斯地区数字文化服务推广与基础业务培训班”在佳木斯市图书馆举办。佳木斯地区图书馆馆长、业务骨干90余人参加培训。黑龙江省图书馆馆长高文华等6位老师从贯彻落实《中华人民共和国公共图书馆法》、振兴发展图书馆事业、中文文献分类和中文图书编目、图书馆自动化管理系统功能模块的使用、数字服务设备的使用与维护、全省共享数字资源服务等方面进行授课。（黑龙江省图书馆学会秘书处）

【2018 黑龙江省地方文献工作会议召开】 11月9日，由黑龙江省图书馆主办的“全省地方文献工作会议”在哈尔滨召开。来自省内13个地市级公共图书馆馆长、业务副馆长及地方文献工作人员40余人参加会议。黑龙江省图书馆常务副馆长张大尧致开幕词，黑龙江省图书馆特藏部副主任刘伟华做全省地方文献普查工作报告。会议启动《黑龙江省公共图书馆地方文献联合目录》的编制工作。与会代表就地方文献征集、整理、开发等多项业务工作进行充分交流，重点研讨《黑龙江省公共图书馆地方文献联合目录》编纂工作和“黑龙江省地方文献平台”建设工作。会议审议通过《黑龙江省公共图书馆地方文献工作条例（审议稿）》，提请省文化和旅游厅审议。（黑龙江省图书馆学会秘书处）

【全省残疾人“阅读助力人生——身残志坚·脱贫光荣”朗诵演讲大赛暨“身残志坚·脱贫光荣”自强典型“百团千场”巡讲活动启动】 12月3日，由黑龙江省残疾人联合会、黑龙江省文化和旅游厅共同主办，黑龙江省图书馆承办的全省残疾人“阅读助力人生——身残志坚·脱贫光荣”朗诵演讲大赛决赛在黑龙江省图书馆报告厅举行。省委宣传部、省文化和旅游厅、省图书馆、东北网、省电视台、省广播电台、哈尔滨师范大学的领导和专家评委出席活动，来自全省各地的近30名参赛选手现场参加决赛。共收到全省13家地（市）报送的32个作品，大赛组委会办公室组织专家对初赛作品进行复评，最终18个作品入围决赛。齐齐哈尔市残联报送的作品“自强漫岁月　书香润芳华”获一等奖；哈尔滨市残联报送的作品“荆棘上的花朵”“热爱生命”获二等奖，鹤岗市残联报送的作品“选择坚强　选择继续”、齐齐哈尔市残联报送的作品“我很快乐”、双鸭山市残联报送的作品“追梦”获得三等奖。大赛还评选出优秀组织奖12个，特别表演奖3个。

比赛同时启动全省残疾人“身残志坚·脱贫光荣”自强典型“百团千场”巡讲活动，来自全国脱贫攻坚奋进奖获得者、全国贫困残疾人典型及自强典型做事迹报告。（黑龙江省图书馆学会秘书处）

【2018年黑龙江省公共数字文化服务推广与基础业务培训班在哈尔滨举办】 12月7—10日，由黑龙江省图书馆主办的2018年黑龙江省公共数字文化服务推广与基础业务培训班在哈尔滨举办。来自全省13个地（市）、128个县（区）图书馆馆长、业务骨干等180余人参加培训。培训为期4天，国家图书馆、文化和旅游部全国公共文化发展中心的老师、两位地市馆长以及省馆进行专项培训。培训内容涵盖公共数字文化工程服务融合与创新、“龙江文化云”服务推广、文化共享工程数字资源建设与服务、贯彻落实《公共图书馆法》的重点工作、中文文献分类、公共数字文化网络培训学习、牡丹江市图书馆少儿阅读大礼包国学经典阅读活动、鹤岗市图书馆阅读活动案例分享、黑龙江省少儿阅读服务案例分享及黑龙江省图书馆无障碍服务案例分享等课程。（黑龙江省图书馆学会秘书处）

【2018“我最喜爱的童书”阅读推广活动落幕】 12月10日上午，2018“我最喜爱的童书”阅读推广活动黑龙江地区颁奖典礼在黑龙江省图书馆报告厅举行。该活动是全国35个省、市图书馆联动，以及310所学校百万小学生参与的一项公益阅读推广活动。来自黑龙江省9所小学30余名少年儿童分获各类奖项；黑河市图书馆、绥化市北林区少儿图书馆、伊春市金山屯区图书馆获阅读推广贡献奖；哈尔滨市抚顺小学、哈尔滨市继红小学等9所小学校获优秀组织奖。黑龙江省图书馆、地市图书馆以及各学校的领导参加此次活动。此项活动自2018年4月23日起在黑龙江省图书馆启动，历时6个月，以阅读的形式走进哈尔滨、黑河、伊春、绥化市的9所小学，将3000册榜单童书送到孩子们的手中，开展阅读指导、阅读分享等丰富多彩的推广活动。此外，黑龙江省图书馆另设置省内最佳读写奖10项、现场抽取50名阅读幸运奖一并奖励。（黑龙江省图书馆学会秘书处）

【“振兴东北发展谱新篇——习近平总书记在东北三省考察”专题展启幕】 11月13日上

午，“振兴东北发展谱新篇——习近平总书记在东北三省考察”专题展在齐齐哈尔市图书馆二楼阳光大厅启幕。9月25—28日，中共中央总书记、国家主席、中央军委主席习近平在东北三省考察，实地了解东北振兴情况，主持召开深入推进东北振兴座谈会并发表重要讲话。展览以图文并茂的形式，生动形象地展示出习近平总书记用4天时间，跨越东北三省，紧紧围绕深入推进东北振兴这一重大课题，实地考察调研，对东北振兴的关切和期望。60块展板、50张图片和34块文字，重点展示“习近平的2018：9月关键词——振兴”“习近平振兴东北十喻”“习近平十句肺腑之言话东北振兴”“在东北，习近平关注了这些事”“振兴东北怎么干?总书记的最新要求来了”等内容。（黑龙江省图书馆学会秘书处）

【马克思主义文化工作者培养工程——双鸭山市公共文化管理人才培训班开班】 10月16日，由双鸭山市文广新局与佛山市文广新局联合主办的“马克思主义文化工作者培养工程——双鸭山市公共文化管理人才培训班”在黑龙江能源职业学院举办。双鸭山市文化广电新闻出版局局长刘伟，佛山市文化广电新闻出版局副调研员赵维英，双鸭山市文化广电新闻出版局副局长贾韧刚、鲁永红，佛山市图书馆馆长屈义华，佛山市文化馆馆长刘建乐，佛山市博物馆副馆长关宏等出席开班仪式。培训为期2天，来自各县（市、区）文化工作者及业务骨干共计300余人参加。培训的内容有：“公共文化管理及服务”“佛山市智能图书馆建设现状及发展方向”“基层文化馆管理与服务”“群众文化活动创意策划”“佛山非物质文化遗产巡览与保护”“非遗创新性传承”等。（黑龙江省图书馆学会秘书处）

上海市

【概况】 2018年，上海市公共图书馆行业各级图书馆紧紧围绕建设卓越的全球城市和具有世界影响力的社会主义现代化国际大都市建设目标，以宣传贯彻《中华人民共和国公共图书馆法》为核心，促进行业规范发展。1月8日，上海市图书馆协会完成第三届理事会换届选举，产生新一届领导集体并进一步完善协会党组织建制，加强党对协会工作的领导。7月28日，上海市文明办、上海市商务委共同主办的迎中国国际进口博览会窗口服务展示日巡礼活动启动全市“最美服务窗口”评选活动，上海图书馆阅读体验阅览室、长宁区图书馆读者服务窗口和徐汇区图书馆3个服务窗口入选上海市文明办“最美窗口”评选，长宁区图书馆获得“最美窗口”提名奖。11月9日，上海图书馆（上海科学技术情报研究所）馆所长陈超等6位专家被聘为第12批“上海会议大使”。

2018年，上海市中心图书馆不断拓展“一卡通”体系建设。全市“一卡通”服务网点数净增27个，新增读者证15.8万张；持证读者数397.3万，同比增长9.39%。“一卡通”文献流通借还册次达到6017万册；文献入藏量3104万册，同比增长5.34%。截至12月底，“一卡通”文献物流和分拣数量为126万册；物流体系发送读者卡352批次，分送条码469次277万张。

2018年，上海市公共数字文化工程建设地方特色逐步显现。完成2个已立项项目的实施方案申报，5个支中心申报的2019年项目通过专家评审，并有7个历年推进项目完成建设并通过专家验收，6个项目通过国家验收，上交各类讲座资源达89讲，得到文化部全国公共文化发展中心的高度评价。数字图书馆推广工程建设，全年10个数字资源联合建设项目完成转项、结项工作，1家市级图书馆和12家区级图书馆参与2019年项目申报。“数字图书馆推广工程2018年人才培训计划”积极推进实施，为数图推广工程夯实人才储备、深化创新探索奠定扎实基础；“网络书香过大年”“童音诵古韵”“经典有新声”等各类活动的组织开展，也进一步加强数图推广工程的影响力。

2018年，上海市文献资源共建共享协作网各项工作取得新进展。协作网外文期刊的采购协调完成“华东地区外国和港台期刊预定联合目录”的组织、协调和出版等工作。馆际互借总量638册、238人次。网上联合知识导航站新加盟7个图书馆、4位咨询专家，全年导航站网页访问量达到93704次、提问5919次。积极落实《上海市文献资源共建共享计划》，继续举办图书馆学情报学高级研修班。

2018年，上海市古籍保护中心积极落实国家古籍保护中心、中国古籍保护协会的指示与要求，因地制宜开展古籍保护工作取得明显的进展。古籍普查志愿者行动取得实效，基本完成全市区级公共图书馆古籍普查并帮助完成编目整理。上海图书馆已有古籍数据普查建表工作按计划和时间节点完成并上交国家古籍保护中心，数据质量受到国家古籍保护中心的好评。9月28日，上海图书馆400种江南文化主题古籍数字资源参加国家古籍保护中心联合在线发布；上海图书馆“缥缃流彩——中国古代书籍装潢艺术馆藏精品文献展”从一个特殊的艺术视角揭示中华文化遗产，受到来自国内外读者与专家广泛关注。复旦大学图书馆、华东师范大学图书馆、上海中医药大学图书馆、中国科学院上海生命科学信息中心图书馆、上海社会科学院图书馆等古籍收藏单位在2018年以完成古籍普查工作为重点，达到年度工作的预期目标与任务并取得重要阶段性成果。

2018年“上海之窗”新增16家合作伙伴，累计赠送纸质图书近4000册；与此同时，对已有“上海之窗”合作伙伴增补纸质图书总计4500余册。截至2018年底，上海图书馆在全球6大洲72个国家和地区的168家机构开设“上海之窗”，共计捐赠纸质图书近120000册。此外，在“上海之窗”网站可读的电子图书近30000种以及多个上海图书馆自建数据库。同时，“上海之窗”已经成为助推“一带一路”建设的有力抓手，基本覆盖“一带一路”国家所在的各大图书馆或者相关藏书机构。（上海市图书馆学会秘书处）

【中国话剧创始人之一朱双云手稿入藏上海图书馆】 1月8日，“中国话剧创始人之一朱双云先生手稿捐赠仪式”在上海图书馆举行。朱双云的外孙女周爱光捐赠朱双云相关的家庭照、工作照、遗照、朱夫人方红叶母亲的肖像照等历史原照19件，拍摄时间距今已近百年。此外，还有朱双云亲笔遗书两封、地契、友朋信函及方红叶遗物藏书1册（签名本）。（上海市图书馆学会秘书处）

【翻译家余振手稿入藏上海图书馆】 1月17日，俄语翻译家余振手稿捐赠仪式在上海图书馆举行。余振哲嗣李鸿福及夫人捐赠余振完整手稿10袋，其中包括多部普希金、莱蒙托夫、玛雅可夫斯基作品完整译稿、《十九世纪俄罗斯文学》和《棋经十三篇》译稿及早期零篇作品译稿，另有李鸿福签名《余振翻译文集》（上海社会科学院出版社，2014年出版）4册。（上海市图书馆学会秘书处）

【上海图书馆推出“思想的光芒——纪念马克思诞辰200周年馆藏主题文献展”】 2月15日—3月2日，由上海图书馆历史文献中心主办的“思想的光芒——纪念马克思诞辰200周年馆藏主题文献展”在上海图书馆开展。展览分“传播篇”“人物篇”“著作篇”3个系列，展品中包含初版《共产党宣言》、稀见中国共产党早期出版物以及日、英、法、德等原版马克思主义学说文献珍本。通过系列展览，呈现马克思主义在中国传播与发展的历程，尤其是上海作为马克思主义理论传播的重要城市所做出的贡献。（上海市图书馆学会秘书处）

【法语翻译家徐和瑾手稿集中入藏上海图书馆】 3月7日，法语翻译家徐和瑾手稿集中入藏上海图书馆。徐和瑾于2015年辞世，生前致力于翻译普鲁斯特名著《追忆似水年华》等经典文学作品，直到去世前仍在进行《追忆似水年华》第5卷的翻译工作。前4卷已经顺利完成翻译并出版，是深受读者欢迎和喜爱的译本之一。（上海市图书馆学会秘书处）

【“文苑英华——来自大英图书馆的珍宝”英国作家手稿展举行】 3月15日—4月15日，由上海图书馆与英国国家图书馆共同主办的“文苑英华——来自大英图书馆的珍宝”英国作家手稿展在上海图书馆展出。展览集结中英两国文学作品，意在展示来自两国文学传统中丰富的创作实践和多样的创作动机。来自英国国家图书馆的珍稀藏品有：夏洛蒂·勃朗特的《简·爱》原稿，包括最后一章的名句——“读者，我嫁给了他”；T. S. 艾略特的《擅长装扮的老猫经》诗歌草稿，包括讨论猫行为的信件；D. H. 劳伦斯的信件，讨论小说《虹》及其出版禁令以及让读者能够取得作品的替代方案；珀西·比希·雪莱献给拜伦勋爵的十四行诗草稿；查尔斯·狄更斯《匹克威克外传》的5页原稿。上海图书馆以手稿原件为中心，全面发掘5位作家的作品在中国的传播历程，展现英国文学在中国翻译和接受的基本状况。相应展出的文献有，萧伯纳1937年7

月10日给上海戏剧家黄佐临的题词手稿原件；发表于1872年5月《申报》上的中国最早的小说译作《谈瀛小录》（翻译自英国作家乔纳森·斯威夫特的《格列夫游记》）；发表于1873年1月《申报》馆文学期刊《瀛寰琐记》上的中国近代首部长篇翻译小说《昕夕闲谈》；翻译家屠岸在沪翻译中国首部《莎士比亚十四行诗》时所用的原版书；狄更斯的个人藏书与藏书票；劳伦斯限量签名版诗集《三色紫罗兰》和《查泰莱夫人的情人》初版限量签名版；《张元济日记》手稿中关于中国翻译家林纾的英国小说译作出版的相关记载。上海图书馆还举办"英国文学作品翻译比赛""英国文学作品朗诵""英国文学专题讲座""英国文学作品阅读专架"，上海文化名人"'我与英国文学'寄语手迹征集"等一系列活动与宣传。中英双方共同编写的图录《文苑英华——来自大英图书馆的珍宝》一书由商务印书馆出版。（上海市图书馆学会秘书处）

【"国韵"系列丛书在上海图书馆首发】 3月20日，以上海图书馆馆藏为底本，由生活·读书·新知三联书店出版的《国韵故事汇》与《国韵小小说》系列丛书在上海图书馆举办首发式。一百年间，这批重印达十数版之多的畅销书，竟因各册单独成书、难以保存而多已散佚，几近成为绝响。幸运的是在上海图书馆馆藏中，尚有109种"故事"与96种"小小说"保存完好。上海图书馆与生活·读书·新知三联书店首次合作，对这205册珍贵的小书进行影印、整理与全新编排。以《国韵故事汇》（8卷）与《国韵小小说》（6卷）的丛书面貌全新面世。此外，编者还通过高精度扫描保留原书中所有的绣像图画，还原民国"口袋书"的原汁原味。（上海市图书馆学会秘书处）

【"上图之夜——英华拾贝"全民阅读推广活动举办】 4月23日，是"世界读书日"。上海图书馆联合上海著名的"克勒门文化沙龙"，结合刚落幕的"文苑英华——来自大英图书馆的珍宝"英国作家手稿展，通过音乐、朗诵、访谈等不同形式，撷拾展览中值得珍藏的点滴故事，从不同角度解读珀西·比希·雪莱、T. S. 艾略特、夏洛蒂·勃朗特、查尔斯·狄更斯和D. H. 劳伦斯这5位伟大作家，同大家一起谈谈"英国文学在上海"的那些事儿，为读者带来不同以往的阅读体验，推广全民阅读。（上海市图书馆学会秘书处）

【美国作家丹·布朗携新作《本源》做客上图讲座】 5月22日，美国作家丹·布朗携新作《本源》做客上图讲座，为读者讲述新书背后的故事，并做题为"科学改变生活"的演讲。在上海图书馆的这场讲座是丹·布朗此次中国行的唯一一场公众活动。丹·布朗是美国畅销作家，先后推出《数字城堡》《骗局》《天使与魔鬼》《达·芬奇密码》4部小说，其中的《达·芬奇密码》一经问世就高踞各大畅销书排行榜榜首。《本源》是部典型的罗伯特·兰登式惊险小说，小说包含许多神秘元素、各种符号及代码。科学、艺术这类议题在《本源》中得到很好的呈现。（上海市图书馆学会秘书处）

【2018上海市古籍保护工作会议和古籍普查基础培训班在上图举行】 5月28日，上海市古籍保护中心在上海图书馆召开2018上海市古籍保护工作会议，来自上海高校、科研、博物馆和图书馆的古籍收藏单位领导与专家参加此次会议。5月28日—6月1日，上海图书馆举办上海地区古籍普查基础培训班。来自上海各区图书馆从事古籍相关工作的人员、复旦大学在校学生及上图馆员等22人参加此次培训。培训内容涉及古籍普查登记目录制作、全国古籍普查平台操作、古籍书影制作等基础工作。（上海市图书馆学会秘书处）

【央视朗读亭再进上海图书馆】 5月28日—6月3日，央视朗读亭再度来到上海图书馆，这是上海图书馆与央视《朗读者》节目组二度合作的"朗读亭"活动，多方位互动探索"亭内亭外、线上线下"的全民阅读推广新形式。此次活动除朗读亭开放时间在亭内的朗读外，新开设亭外集体朗读活动，由读者自行组队报名，可以使用上海图书馆推荐的主题，也可以自拟主题，形成"亭内亭外"互动的朗读氛围。期间，读者还可以通过央视朗读亭APP录制自己的朗读视频并做分享，上海图书馆新媒体也实时更新活动信息，读者可随时在线上互动。（上海市图书馆学会秘书处）

【艾明之手稿等文献捐赠上海图书馆】 6月5日，作家、电影编剧艾明之手稿等文献捐赠仪式在上海图书馆举行。艾明之女儿黄晓蓓、艾明之生前好友与文化界人士20余人出席仪式。黄晓蓓捐赠其父早年代表作手稿及一批签名本和证书资料。为纪念艾明之为中国电影事业做出的重要贡献，在上海图书馆的中国文化名人手稿馆展出部分捐赠手稿原件和巴金、周而复、唐振常等文化名人签赠艾明之的著作。艾明之的作品不仅具有文学性，还具有史料价值，其内容对历史文献的研究工作很有裨益。（上海市图书馆学会秘书处）

【沈雪江古意人物木刻作品展举行】 8月9—12日在上海图书馆展出。此次展览由上海图书馆和上海市美术家协会版画艺术委员会主办，是2018年上海图书馆版画日系列活动的首场展览。在9日举办的开幕式上，沈雪江向中国文化名人手稿馆集中捐赠百余件版画作品。沈雪江从2009年起已先后向中国文化名人手稿馆公益捐赠百余件版画作品。此次展览展出沈雪江捐赠的60件木刻版画作品。（上海市图书馆学会秘书处）

【2018上海图书馆版画日暨武国强版画作品展举行】 8月17日，由上海图书馆、上海市美术家协会主办的“铭刻斑斓——武国强版画作品展”在上海图书馆开幕，同期举行版画创作研讨会。2018年是上海图书馆开展版画征集和展览工作10周年，亦是设立“上海图书馆版画日”5周年。此次展览作为2018年上海图书馆版画日系列活动之一，共展出武国强45件版画作品，反映上海近年来的人文景观和历史风貌。开幕式上，上海图书馆向读者代表赠送版画集，并接受武国强捐赠的版画作品，同时公布2018上海图书馆版画收藏奖评选结果。该展览持续至8月24日。（上海市图书馆学会秘书处）

【诺贝尔物理学奖得主弗朗克·维尔切克做客上图讲座】 曾获2004年诺贝尔物理学奖的理论物理学家、数学家弗朗克·维尔切克于8月29日来到上图讲座，给听众们做名为“科学与艺术的十字路口”的讲座，并向上海图书馆捐赠他的两本书 *A Beautiful Question: Finding Nature's Deep Design* 和《奇妙的现实：真实、奇妙的物理世界》。（上海市图书馆学会秘书处）

【《中国教会新报》(影印本)首发式暨出版座谈会召开】 9月4日，由上海图书馆和上海书店出版社联合举办的《中国教会新报》（影印本）首发式暨出版座谈会在上海图书馆徐家汇藏书楼举行。来自上海社科院、复旦大学、上海大学、中国近现代新闻出版博物馆的专家、学者应邀出席，并就该刊的历史地位、学术价值及当下影印出版的重要意义和价值进行座谈。《中国教会新报》（后称《教会新报》，更名《万国公报》）是晚清时期办刊时间最长、内容最多，影响力最大的中文期刊，也是上海图书馆独家特色馆藏资源。上海书店出版社曾于2014年推出全套《万国公报》（全60册），此次又依据上海图书馆馆藏《中国教会新报》全套原刊，按照16开精装，分装10册影印出版，使这套中国近代早期的中文期刊完整地呈现在读者面前。（上海市图书馆学会秘书处）

【翁同龢生平文献研究暨《翁同龢年谱长编》《翁同龢人际交往与晚清政局》《莱溪诗草》首发座谈会召开】 9月14日，该座谈会在上海图书馆举行，由上海图书馆、上海交通大学出版社、上海书店出版社、上海书画出版社共同主办。自2000年翁氏藏书回归，到2015年翁同龢日记稿本和相关档案的入藏，上海图书馆已成为国内翁氏文献的主要收藏中心之一。此次会议既是以往翁氏文献研究出版活动的延续，也是为庆贺翁万戈百岁寿诞，促进翁同龢生平文献的研究。《莱溪诗草》是上海图书馆为庆贺翁万戈百岁生日而出版的线装本诗集，在7月28日寿庆前夕运抵美国。（上海市图书馆学会秘书处）

【长三角的集体阅读记忆——首届长三角地区阅读马拉松大赛举行】 9月15日上午10时，2018长三角地区阅读马拉松大赛开赛。2018年，以上海为发源地的阅读马拉松活动，正式扩展到浙江、江苏和安徽。此次长三角地区阅读马拉松大赛，有浙江图书馆、安徽省图书馆、南通市图书馆、嘉兴市图书馆、无锡市图书馆、绍兴图书馆、扬州市图书馆以及合肥市图书馆加入，参赛总人数达到1700人。为推动实现长三角地区更高质量的一体化发展，促进长三角区域公共服务供给便利化取得新突破，上海图书馆、南京图书馆、浙江图书馆、安徽省图书馆立足自身主业主责，就公共图书馆阅读推广工作开展跨区域合作。2018 长三角地区阅读马拉松大赛就是第一个落地的三省一市联动阅读推广项目。（上海市图书馆学会秘书处）

【“全球地图中的上海”地图展举行】 9 月 25 日，“全球地图中的上海”地图展在上海图书馆徐家汇藏书楼对外开放。此次展览由上海社会科学院、澳门科技大学、上海图书馆联合主办，展期 1 个月。展出的 34 幅地图系澳门科技大学图书馆按照梵蒂冈使徒图书馆、美国国会图书馆、法国国家图书馆，哈佛—燕京图书馆等海外知名图书馆馆藏原图高清等大复制而成。（上海市图书馆学会秘书处）

【“文化先驱：田汉在上海”主题文献展举行】 2018 年是中国现代革命文艺的先驱、现代戏剧奠基人、国歌词作者田汉诞生 120 周年。9 月 27 日，“文化先驱：田汉在上海”主题文献展在上海图书馆近代文献目录厅开幕，并举办“田汉在上海”文献研究座谈会。该展览由中国田汉研究会、田汉基金会与上海图书馆共同举办，以田汉早年留学与初到上海时期、南国艺术运动时期、左翼文艺运动时期、全面抗日运动时期和反内战时期为时间脉络，展现田汉在上海的红色文化足迹。内容以田汉在上海的相关文献为主，其中不仅有田汉主办并撰稿的《少年中国》《醒狮》《南国周刊》《戏世界》等著名期刊、报纸，还有他翻译的《莎乐美》《卡门》《哈姆雷特》等经典歌剧译本。同时陈列其他有关资料，包括刊有田汉剧本“湖上的悲剧”、谷崎润一郎与田汉通讯的文艺刊物《南国》、刊有田汉等人文艺作品的《南国月刊》、选登田汉日记的《南国新闻》等。（上海市图书馆学会秘书处）

【长三角图情服务高质量发展战略合作联席会议召开】 9 月 28 日，上海图书馆（上海科学技术情报研究所）、南京图书馆、江苏省科学技术情报研究所、浙江图书馆、浙江省科技信息研究院、安徽省图书馆、安徽省科学技术情报研究所在上海举行长三角图情服务高质量发展战略合作联席会议暨签约仪式。此次战略合作就构建项目合作联动模式达成了共识。来自沪苏浙皖情报研究机构的领导同志还围绕未来可以联手开展的合作项目进行研讨和交流。（上海市图书馆学会秘书处）

【张昆华手稿捐赠仪式暨新书首发座谈会在上海图书馆举行】 10 月 8 日，82 岁高龄的作家张昆华从昆明来到上海，参加由上海图书馆中国文化名人手稿馆主办的张昆华手稿捐赠仪式暨《冰心的木香花》首发座谈会。张昆华现场捐赠散文集《冰心的木香花》、小说《无风的森林》和《爱情的泉水》的创作手稿。（上海市图书馆学会秘书处）

【纪念“上图讲座”创办 40 周年专家座谈会召开】 10 月 30 日，座谈会在上海图书馆举行。上海市人大常委会副主任沙海林，中国作家协会副主席、上海市作家协会主席王安忆等领导和专家学者及兄弟图书馆代表出席。1978 年 1 月 6 日，上海图书馆邀请电影表演艺术家黄宗英讲述《缅怀周总理》的故事，这是上海图书馆记录在册的第一场讲座，也是“上图讲座”的开始，那场讲座的 2000 余名听众也成了首批听众。40 年来，“上图讲座”已成为深受公众好评的“城市教室”“市民课堂”，共举办讲座及各类文化活动 3400 余场，直接听众 154 万余人次。（上海市图书馆学会秘书处）

【小野信尔、小野和子夫妇捐赠手稿文献交接仪式举行】 11 月 22 日，捐赠仪式在上海图书馆举行。上海师范大学教授程郁和上海社会科学院历史研究所研究员罗苏文莅临转交小野夫妇捐赠的 6 件手稿文献。2 位教授的捐赠主要包括原上海图书馆馆长、版本目录学家顾廷龙先生的信札和相关学术研究资料及汉学书籍。（上海市图书馆学会秘书处）

【第五届“相聚上海”国际读书征文颁奖典礼举行】 11 月 30 日下午，颁奖典礼在上海报业大楼举行。经过 5 个月的征集和评选，第五届“相聚上海”国际读书征文共收到来自 42 个国家的 251 篇作品，经过评委会慎重评选，最终确定一等奖 1 名，二等奖 3 名和三等奖 4 名。“相聚上海”国际读书征文活动诞生于 2010 上海世博会期间，由上海市人民对外友好协会、上海市文化和旅游局及上海图书馆联合主办，《上海日报》协办，以征文形式征集外国人眼中的中国文化或者上海特色，或建筑，或景观，或人文，或习俗，或活动，或者通过阅读所在地图书馆内“中国之窗”和“上海之窗”的书籍产生的感想。（上海市图书馆学会秘书处）

【严阵向上海图书馆捐赠手稿】 12 月 5 日，88 岁高龄的诗人、作家、画家严阵亲临上海，将《中国梦》诗集手稿、诗集签名本和《中国梦》手书长卷捐赠给上海图书馆。严阵被誉为“中国的歌者”，他的作品洋溢着对祖国的挚爱，寄予对民族未来的期待。上海图书馆朗诵团还特别举办“严阵诗歌作品朗诵会”。“再现——严阵诗画交响”展览也于 12 月 5—10 日在上海图书馆开展，展出严阵《中国梦》手书长卷、《再现》、《上海的夜空》等多幅书画作品。（上海市图书馆学会秘书处）

【“穿越都市，邂逅文脉”定向阅读 + 阅马挑战赛举行】 8 月 18 日，上海书展期间，一场以“穿越都市，邂逅文脉”为主题的阅读推广活动在上海文庙拉开帷幕，此场活动由静安区图书馆、徐汇区图书馆、黄浦区图书馆、黄浦区明复图书馆联合主办，结合城市定向 + 阅读马拉松这两项受青年白领欢迎的形式，阅读一本红色经典，走进红色地标，感受改革开放 40 年来取得的巨大成就，营造全民阅读氛围。160 个书友组成 32 支阅读小队参加此次比赛，此场活动是上海书展分会场静安读书周品牌项目“书香环游”的升级版。（上海市图书馆学会秘书处）

【静安区图书馆“我与改革开放”主题征文活动举行】 12 月 7 日，由静安区文化局、《上海文学》杂志社、华语文学网联合主办，静安区图书馆承办的“我与改革开放”主题征文活动颁奖仪式在静安区图书馆举行。此次征文活动于 6 月底启动，收到来自全国 29 个省、自治区、直辖市的稿件近 700 篇。来稿涵盖机关和企事业单位工作者、社区居民、专家学者、白领青年、外来务工人员、在校学生等各类人群，还有在海外工作或生活的同胞，具有广泛的代表性。活动邀请赵丽宏、缪克构、杨斌华、杨绣丽、张予佳等文学名家和资深编辑担任顾问、评委，评选出一等奖 1 名、二等奖 2 名、三等奖 3 名、佳作奖 5 名以及优秀奖 50 名。《上海文学》杂志 2018 年 12 月号（特刊）编印此次获奖作品。（上海市图书馆学会秘书处）

【嘉定区举行公共图书资源村居配送启动暨“我嘉书房”（安亭 · 安亭新镇）开馆仪式】 3 月 18 日，由上海市民文化节指导委员会指导，嘉定区文化广播影视管理局主办，嘉定区图书馆、安亭镇文化体育服务中心、万科安亭新镇项目公司共同承办的嘉定区公共图书资源村居配送启动仪式暨我嘉书房（安亭 · 安亭新镇）开馆仪式在万科安亭新镇举行。“我嘉书房”（安亭 · 安亭新镇）正式启用。随后发布的《2018 年度嘉定区公共图书资源村居配送菜单》正式拉开嘉定区公共图书资源村居配送工作的序幕。当天举行的首场配送活动是上海市民文化协会选送的赵松涛《相声中国风》讲座。《2018 年度嘉定区公共图书资源村居配送菜单》入选资源，由区图书馆统筹安排，并由延伸服务点根据居民实际需求自主选择，实现服务资源层层递进的立体式管理，让居民通过点单式的文化配送，在家门口就能享受多样化的公共图书馆阅读服务。在 2017 年完成 6 家“我嘉书房”试点建设的基础上，嘉定区将“新建 24 个我嘉书房”明确列为 2018 年度政府实事工程。（上海市图书馆学会秘书处）

【“走进赤子的世界——《傅雷启思录》”书画展举行】 8 月 2 日，由上海浦东图书馆、上海文化发展基金会上海傅雷文化发展专项基金、上海浦东傅雷文化研究中心联合主办，光明集团老干部书画协会、上海市浦东新区周浦镇文化服务中心、上海市浦东新区航头镇文化服务中心联合承办的“走进赤子的世界——《傅雷启思录》”书画展在浦东图书馆开展。傅雷的一生，以翻译家始，以学者终。其哲嗣傅敏，将其父所写文字，分人生、艺术、文学、音乐、美术、翻译和教育 7 个门类，分类摘录，编写成《傅雷启思录》，邀请上海老干部书画家，从书中摘录出精选词句创作成书画作品，并举办《傅雷启思录》书画展。此次书画展持续至 8 月 7 日，共展出书画作品 48 幅。展览首日就接待读者近万人。主办方在开展当天还组织书画作者前往上海浦东图

书馆参观，并与20余位读者一起参加“走进赤子的世界——《傅雷启思录》”读书会活动。（上海市图书馆学会秘书处）

【奉贤区图书馆523故事会“学习雷锋日”活动举行】 奉贤区图书馆523故事会以亲子阅读的方式推广阅读，让孩子们从小养成阅读的好习惯故事会，受到家长和孩子一致好评。每个周末，523故事会志愿者都会在奉贤区少儿馆为亲子家庭推广绘本故事的阅读。“学习雷锋日”期间，523故事会志愿者为孩子们带来有趣的故事。3月4日下午，妞妈和艾米姐姐给小朋友们带来绘本故事《母鸡萝丝去散步》《大雪盖不住回家的路》。（上海市图书馆学会秘书处）

【崇明区第35届少儿书画赛在区图书馆举行】 6月2日，以“放飞梦想，绘画人生”为主题的崇明区第35届少儿书画赛在综明区图书馆举行。比赛由崇明区文化广播影视管理局、崇明区妇女联合会主办，崇明区图书馆、各乡镇文化活动中心共同承办，共有217名本区少年儿童参与。此次书画赛自3月开始启动，经初赛推荐，共收到342幅作品，再经区馆复评，遴选出238幅入围作品，其中绘画作品154幅、书法作品84幅。比赛邀请中国书法家协会会员、中国画家协会会员、上海市高校书法教育研究会会长瞿志豪，崇明书法家协会主席唐超良，崇明美术家协会副主席陈洪超担任评委。经过评比，10个组别共评出一等奖7人、二等奖19人、三等奖27人，其余入围选手获鼓励奖。（上海市图书馆学会秘书处）

【杨浦区图书馆新馆国庆起试开放】 位于恒仁路128号的杨浦区图书馆新馆，在历经3年多的修缮扩建后，于10月1日试开放。杨浦区图书馆新馆，前身是“旧上海市图书馆”，是20世纪30年代“大上海计划”中的主要建筑之一，于1936年建成开放。但限于经费不足，建筑师董大酉的设计蓝图并没有全部实现，仅建成接近一半的建筑体量就投入了使用。时隔80多年后，杨浦区确立“最大限度地保护和利用，最优方式地更新和再生”的保护修缮工作理念，对历史建筑进行修缮扩建，从而实现建筑师最初设计的“井”字型布局构想。其中修缮属于“旧上海市图书馆”的面积为3960平方米，扩建面积为10192平方米。新馆试开放以来，10月到11月共接待读者近14万人次，文献外借约10万册，举办读书活动40场，参观接待105场。新馆以AR（虚拟现实）智能互动导航为读者带来“可视化”的参观导引和体验，同时通过大数据展示系统全面综合反映图书馆的实时运行状况，打造成为“有故事、有品质、有温度、有精神”的城市新阅读地标。（上海市图书馆学会秘书处）

江苏省

【概况】 截至2018年底，江苏省、市、县（市、区）三级共有公共图书馆109个（含独立编制的少儿图书馆7个），其中省级馆1个、市级馆16个、县级馆92个。实际使用总建筑面积为134.41万平方米，其中书库面积19.47万平方米、书刊阅览室面积25.56万平方米、电子阅览室面积3.18万平方米。阅览室座席70332个，其中少儿阅览室座席18021个。实体文献总藏量为9322.72万册，其中普通图书8171.23万册、古籍342.44万册、报刊540.79万件、视听文献136.52万件（套）、缩微制品5.80万件（套）。电子图书总量7036.86万册。2018年新增实体文献622.45万册(件)，新增电子图书263.50万册，购买报刊81397种。财政拨款总经费13.19亿元，其中专项购书经费1.56亿元。省馆财政补贴收入2.11亿元，其中专项购书经费2.55亿元。全省发放有效借书证1423.10万个，总流通8114.41万人次，书刊文献外借2939.00万人次、5956.21万册次。组织各类讲座4460次，听众68.43万人次；举办各类展览1886个，观展读者376.30万人次；举办各类培训班3050个，培训12.79万人次。共有计算机12027台，电子阅览室终端计算机6954个，图书馆网站总访问量6274.55万页人次。共有从业人员3529人，专业技术人员2340人，其中具有中级职称1071人、副高级职称334人、正高级职称51人。

阅读推广服务品牌建设工作持续迈进。2018年，苏州图书馆国家级服务标准化试点项目通过考核评估，获评优秀；苏州图书馆社会化运行建设项目荣获2018年度江苏省公共文化服务体系建设创新示范项目；“小候鸟”服务项目荣获美国图书馆协会主席国际创新奖；“构建立体化现代公共阅读服务体系”荣获第一届公共图书馆创新创意征集推广活动最佳创意奖；“基于信用的网上借阅社区投递系统”“悦读宝贝计划”荣获第一届公共图书馆创新创意征集推广活动最佳创新奖；“好书推荐”栏目入选2018年度江苏省社科普及资助项目。张家港市24小时图书馆驿站、森林书屋分别获得2018年度江苏省共享阅读空间项目品牌类一类、单体空间类一类。

总分馆建设进一步加强。苏州全年新建分馆6个，新建自助网投服务点7个，现已形成由1个总馆、85个分馆、2个24小时图书馆、103个“网上借阅　社区投递”服务点、2辆未成年人流动图书大篷车、1套文化方舱组成的服务体系。启东市252个农家书屋分馆、37个社区分馆完成通借通还建设全覆盖，实现统一馆藏和图书通借通还。2处24小时自助图书馆在市紫薇公园、灵秀公园建成，每处有少儿、成人藏书约4000册，同时配备图书自助借还机、歌德式电子图书借阅机、电子读报机、电脑等设备。海门图书馆在龙信广场、交通银行增设24小时自助借还书机，同时滨河广场24小时图书馆正在紧张地建设中。海门图书馆——“七间堂”分馆成立。如皋市图书馆新增中如公司、如城街道（24小时自助图书馆）2个分馆，1个六建分馆筹建当中；新增机关工委1处馆外图书流动服务点。

古籍保护工作成果显著。省政府公布第四批《江苏省珍贵古籍名录》，共收录珍贵古籍414部。这些古籍来自全省各公共图书馆、高校图书馆、科研院所，其中以南京图书馆入选者最多，达到187部。第四批《江苏省珍贵古籍》的公布，也标志着持续十年的江苏古籍普查工作取得重要成果，进入收尾阶段。由江苏省文化厅、江苏省古籍保护中心联合主编的《江苏第五批国家珍贵古籍名录图录》正式出版。此次入选《江苏第五批国家珍贵古籍名录图录》的古籍版本类型丰富，除珍稀的宋元刻本、刻印精善的内府刻本、诸多名人稿本及名家题跋本外，还有南京博物院所藏甲骨。南京图书馆藏稿本《石洲诗话》、明洪武刻本《书史会要》、清影元抄本《清庵先生中和集》等60余部古籍善本入选名录。其中《清庵先生中和集》还被选为五批名录代表性成果，参加在北京举办的“民族记忆　精神家园——国家珍贵古籍特展”。（江苏省图书馆学会　李浩　董莹　储兰）

【江苏省古籍修复高级研习班暨张士达先生古籍修复技术研讨会在南京举办】 4月20日，江苏省古籍修复高级研习班暨张士达先生古籍修复技术研讨会在南京大学图书馆举办开班典礼。此次研习班由江苏省文化厅非遗处、江苏省古籍保护中心主办，南京大学图书馆承办，鼎纳科技有限公司协办。江苏省文化厅非遗处处长李金芳、南京图书馆历史文献部主任陈立、南京大学图书馆副馆长罗钧、鼎纳科技有限公司董事长张连斌以及来自全国各古籍保护单位的30余名学员参加此次开班典礼。此次研习班为期一周，主要内容有：“纤维素醚类中的羧甲基纤维素的理化性能、配制方法及应用”“古籍修复技艺中传统与现代之差异”“古籍修复浅谈”“用修复案例回忆张士达先生的古籍修复技艺”等。同时还邀请张士达先生的弟子们为学员讲授先生的生平事迹以及钻研古籍修复技艺的精神。（江苏省图书馆学会　李浩　董莹　储兰）

【南京图书馆建成“南图文创艺术中心”】 4月22日，南京图书馆举行南图文创艺术中心揭牌仪式。文创艺术中心由南京图书馆与南京大丰堂文化传媒有限公司合作共建，是一座集文化创意开发、销售、体验和休闲为一体的当代文创艺术中心。以专业团队研发和打造一批高质量、有内涵、有特色、受欢迎的文创产品，传播当代中国价值观念，弘扬中国传统文化精神，反映人文与艺术审美追求。该中心向大众呈现了一个完整的、多元的文创艺术形式，包括文化、创意与产品、艺术与设计、阅读与影像、讲座与展览、茶室与手作等，是一个极具新意的文创展示空间。（江苏省图书馆学会　李浩　董莹　储兰）

【南京图书馆与沪浙皖签订长三角图情战略合作协议】 9月28日，上海图书馆（上海科学技术情报研究所）、南京图书馆、浙江图书馆、安徽省图书馆签订战略合作协议，建立战略合作关系，共同加强长三角公共图书馆的跨区域合作与交流。南京图书馆与长三角地区兄弟馆合作由来已久，早在2005年就签约《长三角图书馆网上参考咨询服务合作方案》，近几年公益巡展更是紧密合作，在读者中赢得较好声誉。签订战略合作协议深化长三角公共文化服务体系高质量一体化发展，有助于在图、情两方面密切合作、资源共享、品牌共建、文化普惠，有利于促进长三角区域公共服务供给便利化取得新突破，有利于进一步激发长三角图情服务高质量发展战略合作新活力。（江苏省图书馆学会　李浩　董莹　储兰）

【南京图书馆推出“荐读台”】 11月6日，南京图书馆增设“荐读台”揭牌仪式在一楼大厅举行，江苏省文化和旅游厅副厅长裴旭出席仪式并揭牌。“荐读台”以主题形式为读者提供阅读引导，与读者、作者之间互动并高度融合，不仅能锻炼馆员工作能力、调动馆员工作积极性，更能够增进南京图书馆与读者及社会各界的互动交流。这一项目既贯彻落实《中华人民共和国公共图书馆法》的相关精神，也进一步提高南图的精准服务水平，产生较大的社会反响。（江苏省图书馆学会　李浩　董莹　储兰）

【南京图书馆举办“册府千华——2018江苏省藏国家珍贵古籍特展”等系列活动】 11月22日，“册府千华——2018江苏省藏国家珍贵古籍特展”开幕式、《沈燮元文集》《南京图书馆藏稀见书目书志丛刊》首发式、“2018古籍整理与保护学术研讨会：传承·融合·发展”在南京图书馆学术报告厅举行。其中，古籍特展以实物和展板相结合的方式，面向大众展出南京图书馆藏入选《国家珍贵古籍名录》的珍本馆藏，包括宋元古椠、明清佳刻、碑帖印谱、精写旧抄等200部珍贵古籍，实现“让古籍中的文字活起来”，拉近古籍与民众的距离；《南京图书馆藏稀见书目书志丛刊》为研究者提供了珍贵的文献参考，体现江苏藏书的源远流长，践行“藏用并举”的建设理念；学术研讨会以“传承·融合·发展”为主题，深入探讨新时期古籍整理出版与保护工作。（江苏省图书馆学会　李浩　董莹　储兰）

【南京市开展全市公共图书馆共建共享系列活动】 3月，市文广新局出台《关于开展全市公共图书馆共建共享系列活动的通知》（宁文字〔2018〕157号）文件，这标志着全市公共图书馆共建共享系列活动正式启动。根据文件要求，金陵图书馆作为牵头单位，以问题为导向，以实效为目标，制定《南京市公共图书馆联动发展推进计划》，携手各区图书馆，在全市范围内开展以“新时代阅读共享　新征程市区同行”为主题的公共图书馆共建共享系列活动，并取得明显成效。其中，“书香金陵”——首届南京市公共图书馆读者节作为2018年全市文化系统的“三重工作”，同时也是此次共建共享系列活动的重要组成部分，由南京市文化广电新闻出版局主办，全市公共图书馆共同承办，以“分享阅读新体验，共谱阅美新篇章”为主题，于10月13日—11月3日集中展示，历时近1个月。读者节以全市读者为主体，公共图书馆为主要阵地，以阅读服务为主要内容，举办“讲座纵横”“展览荟萃”“阵地服务”“数字推广”“共建行动”“少儿活动”等10项活动，不断突破传统阅读格局，顺应读者现代阅读需求，向全市读者展现出创新型、智能化、互动性的公共文化服务与成果。读者节期间，金陵图书馆还于10月正式推出“书服到家”南京共享图书馆信用网借平台。该平台是在之前推出的“信用网借·享借就借”网上借阅平台的基础上，通过近半年的摸索运行，结合市区联动工作，创新升级的以互联网O2O平台为核心打造的全市公共图书馆网上借阅南京新模式。南京共享图书馆以无押金、不出户为主要特征，以信用为门槛、风控和服务管理手段，以现代化物流体系为文献流通方式，通过建设智能仓储式市级文献保障中心，实现“送书到家”的图书馆服务，是利用物联网、大数据等现代科技手段实现全市图书馆共建共享运营理念的成功实践。（金陵图书馆）

【金陵图书馆助力2018年中国图书馆年会】 5月31日，金陵图书馆与中国图书馆学会阅读推广委员会联合主办2018年中国图书馆年会第5分会场话题3“新时代公共图书馆特色阅读品牌建设”学术会议。会议邀请中国图书馆学会秘书长霍瑞娟，中国阅读学研究会会长、南京大学教授徐雁等嘉宾，与参会同人共同探讨公共图书馆特色阅读品牌的建设发展模式。金陵图书馆党委书记焦翔以“让读者在图书馆的‘阅美四季’里畅游”为题，介绍该馆“阅美四季”特色阅读品牌，获得与会者的肯定和关注。金陵图书馆还在展览会上设置展区，以金图“阅美四季”为主线，集中展示由中图学会主办、该馆与阅读推广委员会共同承办的“寻找图书馆最美阅读空间、人文阅读”摄影征集展的获奖作品；同时作为国家级文博文化单位文创开发试点单位，遴选具有

代表性的37种产品集中亮相展览现场，呈现金陵之美。（金陵图书馆）

【苏州图书馆开展纪念改革开放40周年主题活动】 2018年，苏州图书馆精选相关文献，挖掘馆藏资源，策划并举办“‘越’读苏州 馆藏见证——纪念苏州改革开放40周年文献资料展”，展览内容被苏州市委宣传部选用、苏州日报社报史馆征用；与苏州广播电视台合作推出的“好书推荐”栏目结合改革开放40周年主题，开展2期专题书目推荐；高新区、相城区、姑苏区等片区分馆也相应开展了历时数月的“我与父辈比童年”“留在苏州的N个理由”“苏州变化我见证”等纪念活动。（苏州图书馆）

【张家港市文化扶贫项目土家书房建成开放】 由张家港市人民政府赠建，张家港市文广新局设计承建的24小时土家书房是张家港对结对帮扶城市贵州省沿河县实施的一项文化赠建工程，是全国首个以土家文化为特色的24小时自助图书馆，2018年8月建成开放。书房总投资60万元，建筑面积26.25平方米，藏书3000册，内设土家族文献专柜以及土家族文献数据库等，是学习、研究、展示土家文化的新窗口。书房使用人脸识别智能管理系统，同时还具有自助借还、自助办证、自助照明、智能空调、远程监控等多种功能，是新一代无人值守智能书房。（张家港市图书馆）

【无锡市图书馆世界读书日启动阅读领航之旅】 2018年“4·23”世界读书日期间，无锡市图书馆重磅推出全市首家图书馆朗读亭，同步开展“悦读·阅美”主题朗读活动，还推出“悦读·阅美”主题摄影比赛优秀作品展、“生活因变化而精彩”读书征文、“传递书香 乐享悦读”向社区鸟巢图书馆赠书、书画笔会进社区、“扫码看书 全城共读”等惠民阅读活动20余项，吸引3.6万人次参与。（无锡市图书馆 周莹洁）

【无锡市图书馆打造全城阅读圈】 2018年，无锡市图书馆不断创新公共文化服务模式，调动社会力量参与建设特色分馆的积极性。挑选具有鲜明行业个性特征的企事业单位作为合作伙伴，发展主题分馆。全年先后有京东广场24小时图书馆、市委党校分馆等陆续建成开放。总分馆通借通还成员馆累计已达22家，年接待读者近5万人次，流通图书8万余册次。（无锡市图书馆 周莹洁）

【“上图杯”2018上海阅读马拉松春季赛（南通赛区）开赛】 南通市积极组织参加“上图杯”2018上海阅读马拉松春季赛。4月21日，此次赛事的南通赛区开赛，由南通市文化广电新闻出版局和南通市全民阅读领导小组办公室主办，并纳入第十五届南通“韬奋读书节”系列活动。阅读马拉松是一项以倡导培养“深度阅读”习惯为目标的阅读竞赛类活动，参考传统马拉松的赛制和形式，以6小时完成20万字阅读量并通过测试、合并计算用时排定名次。此次比赛南通赛区共注册658人，仅次于上海图书馆赛区（723人），所有名额在8秒内秒杀完毕，成为19个赛区中第二热门赛区。最终160名选手与其他赛区同步比赛竞争奖项。为提升活动的社会影响力，南通赛区单独设立“韬奋杯”冠、亚、季军奖（团队/个人优胜），激励参赛者获得更好的成绩。最终，南通赛区选手进入“上图杯”前100名的有17人，团队进入前100名的有9队。启秀市北梦之队获“上图杯”亚军，吴敏获“上图杯”阅读测试全场第一名。（南通市图书馆 张潇雨）

【南通市图书馆举办参考咨询业务知识竞赛】 根据南通市总工会、南通市人力资源和社会保障局《关于举办2018年南通市职工职业技能大赛的通知》（通工发〔2018〕9号）文件精神，图书馆业务技能列入2018年南通市职工职业技能大赛十大行业（工种）。南通市文化广电新闻出版工会联合会、南通市图书馆、市图书馆学会于12月5—7日在市图书馆举办2018年南通市参考咨询业务知识竞赛。比赛得到全市9个公共图书馆和6个高职院校图书馆的积极响应，共有71名馆员参与。大赛组委会制订切实可行的工作方案，并聘请上海图书馆和南京图书馆的专家组成竞赛委员会。比赛共分为线上、线下和现场答题3个环节，从参考咨询基础知识、行业标准、数据库和搜索引擎的利用，全方位检验参赛选手的信息查找、组织、处理、利用的综合能

力。（南通市图书馆　张潇雨）

【盐城市图书馆参与全国性行业标准制定】 2018年，中国图书馆学会委托盐城市图书馆开展志愿者服务研究工作，委托该馆收集资料并草拟《全国公共图书馆文化志愿者标准》文稿。为贯彻上级指示要求，充分做好公共图书馆行业志愿服务标准编制各项准备工作，学会秘书处制定相应的工作方案，组织相关人员完成初稿编写、内部审定。11月6日下午，盐城市图书馆召开公共图书馆行业志愿服务标准论证会，与会专家们结合各自领域对图书馆志愿服务标准草稿进行讨论，并提出许多建设性的意见。标准起草小组在广泛征求全国地市级图书馆联盟各成员馆的意见基础上，进一步修改完善，将初稿提交中图学会并得到充分肯定。（盐城市图书馆）

【扬州市图书馆开展分馆建设和管理】 2018年，扬州市图书馆先后建成半岛、万科等6个城市书房，指导建设宝应和合书院、高邮文体中心等2个城市书房以及矫正中心、市级机关等6个“一卡通”分馆。该馆已累计建成26个场馆式24小时城市书房、4个机器式24小时自助图书馆，拥有高标准通借通还“一卡通”分馆36个。各城市书房及分馆全年共接待读者190万人次，借还书150万册次，新办证3万个，图书配送总次数530次，配送书刊近30万余册（含新建书房图书配送），打造便捷、高效的图书馆服务平台，实现实体图书馆和数字图书馆的融合发展。全年共接待中宣部，省、市各界领导以及兄弟图书馆视察、参观城市书房50多批次。“4·23”世界读书日期间，中央电视台《新闻直播间》栏目午间直播了对扬州城市书房的探访，并以《扬州24小时“城市书房”：黄金地段书香清远》加以介绍；《人民日报》、人民网、新华网、《光明日报》等中央主流媒体对此都给予高度关注和聚焦报道。10月，扬州24小时城市书房代表扬州参加江苏省庆祝改革开放40周年图片展。（扬州市图书馆）

【扬州市少儿图书馆被命名为全国家庭亲子阅读示范基地】 在第23个世界读书日来临之际，扬州市少儿图书馆被正式命名为全国家庭亲子阅读示范基地。此次活动由全国妇联家庭和儿童工作部与原国家新闻出版广电总局出版管理司共同开展，全国共80家机构、单位入选，江苏省共4家。（扬州市少年儿童图书馆）

【常州市图书馆获第一届公共图书馆创新创意作品征集推广活动优秀奖】 2018年，常州市图书馆的参选作品“带你走进图书馆”活动荣获中国图书馆学会主办的“创新引领未来——第一届公共图书馆创新创意作品征集推广活动”优秀奖。“带你走进图书馆”是该馆与常州市解放路小学教育集团合作开展的一项走进校园服务活动，该活动基于公共图书馆“支持正规教育”的使命，以培养学生综合能力为目标，定期开展形式多样、内容丰富的各类活动。（常州市图书馆）

【常州市首家城市书房“秋白书苑”试运行】 12月28日，常州市首家城市书房“秋白书苑”在北港街道试运行，该城市书房面积约1000平方米，位于青枫社区凯尔枫尚小区东侧，青枫公园西畔。城市书房是以城市中心区为核心，以推广全民阅读为目标，利用信息智能化技术，实现无人值守和读者自我管理服务的全开放、高品位的实体街区图书馆。该城市书房整体定位为“一馆一店三中心”，即兼具公共图书馆、实体书店、青少年综合服务中心、社会组织孵化中心及共享活动中心功能于一体。（常州市图书馆）

【连云港市少儿图书馆启动“春风少年读书会”】 1月18日，连云港市少儿图书馆与东海县温泉镇第一中心小学以“全民阅读手拉手·春风行动”为契机，以镇（村）小学为基地，为农村留守儿童和贫困家庭学生结对共建“春风少年读书会”，旨在建立健全为农村特殊儿童群体提供阅读服务和关爱的长效机制。江苏省新闻出版广电局副局长尹晓平等出席启动仪式。市少儿图书馆与温泉镇第一中心小学签订全民阅读志愿服务合作协议书，并宣读“春风少年读书会”全民阅读志愿服务倡议书，向全社会发出倡议：共同伸出友爱之手，关爱农村留守儿童，让同一片蓝天的孩子共享人间温情。（连云港市少儿图书馆　王慧）

【镇江市图书馆建设阅读新空间】 2018年，镇江市图书馆在上河书房建成全市首家24小时智慧型阅读新空间，标志着镇江市公共文化建设、公共阅读服务进入新阶段。全年新建第一人民医院、地方税务局等分馆 18 个，幼儿园绘本故事园分馆 10 个。建成“气象里红色书屋”“石马湾社区红色书屋”，提升社区红色教育质量和层次，进一步深化和拓展图书馆辐射范围与功能。积极推进书香示范市创建工作，仅用 10 天时间完成 5 万余册图书的加工、调拨和配送工作，参与建设街道（乡镇）、社区（村）分馆 80 余个。（镇江市图书馆）

浙江省

【概况】 截至 2018 年底，浙江省共有县（市、区）以上公共图书馆 103 个，其中省级图书馆 1 个、市级图书馆 14 个（其中市级少儿图书馆 3 个）、县（市、区）以上图书馆 88 个。从业人员 3849 人，其中专业人员 2106 人，包括正高职称 58 人、副高职称 285 人、中级职称 989 人。全省图书馆馆舍面积 119.82 万平方米，阅览座席 7.8 万个，其中少儿阅览室座席 1.87 万个、盲人阅览室座席 1283 个。

全省公共图书馆 2018 年经费投入 14.59 亿元，公共图书馆藏书总量 8607.63 万册，新增藏量 672.88 万册，新增电子图书 547.75 万册。人均购书经费 4.06 元，人均拥有公共图书馆藏书量 1.5 册。有效借书证 957.32 万个，外借文献 7148.54 万册，图书馆网站访问量 11670.72 万人次，全年总流通人次 1.19 亿人次。组织各种讲座 5587 场次，听众 300.79 万人次；展览 3818 次，观展读者 875.36 万人次，培训 10189 场次，53.59 万人次。

继续推进法人治理结构改革，张元济图书馆、新昌县图书馆、浦江县图书馆等相继成立理事会。截至 2018 年底，已有 67 个公共图书馆成立理事会。

注重公共文化服务标准化建设，嘉兴市图书馆制定的地方标准《公共图书馆中心馆—总分馆服务体系建设管理规范》（DB3304/T032－2017）列入浙江省地方标准项目清单。温州市图书馆“城市书房”项目列为浙江省省级标准化试点项目，浙江省质量技术监督局发布《城市书房服务规范》，规定了城市书房的设施设备、服务资源、服务内容、管理要求、监督与考核等内容。

总分馆建设成效显著。温州市继续推进城市书房和百姓书屋建设，新建开放 20 个城市书房和 20 个百姓书屋；台州市建成 20 个“和合书吧”（24 小时自助图书馆）；绍兴建成图书分馆 7 家；金华市新建 33 个图书分馆，其中自助式图书分馆 31 个；湖州市 2018 年建成开放 7 家城市书房；衢州市建成 5 个 24 小时自助图书馆南孔书屋等。截至 2018 年底，全省已建成 2150 个图书馆分馆。

基础设施建设继续加强，新增馆舍面积 4.54 万平方米。宁波市图书馆新馆建成开放，总建筑面积 31866 平方米；衢州市柯城区图书馆正式启用，总建筑面积 4420.39 平方米，阅览座席 400 余个；丽水市莲都区图书馆新馆开馆，总建筑面积 4600 平方米，阅览座席 706 个；遂昌县图书馆新馆投入使用，总建筑面积 4500 平方米，阅览座席 500 个。嘉兴市图书馆二期（古籍善本藏书楼）工程总建筑面积 11300 多平方米，已完成主体结构验收；青田县图书馆新馆面积 4000 平方米，主体建筑结顶；台州玉环市图书馆新馆 7 栋单体建筑结顶；黄岩区图书馆新馆工程动工。

读者服务模式不断创新，浙江图书馆升级“U 书”快借线上借阅平台，结合信用积分推出“信阅”服务——打造全省统一的信用服务入口，推出标准统一的免押、免证服务，并推行统一的身份证认证方式，开展以信用为基础的图书借还服务，线上线下融合互通，全年“信阅”平台点击量 283.1 万次，开通信阅服务用户数 5.4 万人。宁波市图书馆联合甬江街道湖西社区成立全市首个“天一约书”信用借还社区服务点。绍兴图书馆推出微信“小程序”，通过联网手机或电脑便可享受“借阅到家服务”。

全民阅读活动深入开展，浙江图书馆联动全省 75 个公共图书馆共同举办第二届阅读马拉松，共 4000 余读者参赛。继续举办“4·23 图书馆之夜”，开展阅读推广系列活动，3.6 万读者参与活动，网络直播观众达 2.7 万。组织全省公共图书馆开展线上“阅读阅自己”新春活动，参与群众 78 万人次。开展线上“浙图阅读锦鲤”活动，参与人数、阅读量跨越式增长，微信公众号用户突破 130 万个。杭州图书馆首推“YUE 杭图”品牌，下设 5 个公众服务子品牌及 3 个支持保障管理子品牌开展阅读推广活动。宁波市图书馆打造“外文俱乐部”品牌，在南塘外语角举办德语、法语、西班牙语微课堂。绍兴图书馆新创“树兰读书会”，开展“树兰品读”“作家会客厅”“书影时光”3个品牌活动。嘉兴市图书馆举办“南湖讲坛”，通过实体、线上、直播三合一方式吸引大众，对小众读者推出“美丽人生课堂”“地方名家名作阅读会”和“中华经典作品阅读会”3个系列精品化微课堂讲座。

继续丰富数字资源建设，2018年浙江图书馆新增数字资源15.5TB，总量达到165.45TB，包含外购的资源138.45TB、自建资源27TB；自建特色数据库7个，新增两个特色资源数据库；共计新增元数据11.1万，视频近6700分钟，文字近8000万字，图片78.7万幅；省采编中心建立健全全省公共图书馆联合目录，2018年将影印图书数据15472条导入联编数据库，丰富数据库文献类型；完成珍贵古籍数字化189种20.34万叶，提供网上免费阅览。杭州图书馆共40个数据库实现全市开放；新建G20多媒体视频数据库，收录杭州G20峰会相关视频文件207个，总容量2G。湖州市图书馆新建“中文在线书香湖州”“湖州历史文化名城”数据库，自建数据库扩增至15个。

“浙江文化通”客户端年下载安装量2.07万个，安装总量达17余万个，年用户访问量达到464.92万余次，访问量总量1565万余次。“浙江网络图书馆”年访问量1530.76万次，文献传递33.62万次，电子图书阅读量79.07万册，期刊下载576.73万篇。

古籍保护成果累累，临海、宁波、平湖3家图书馆和余姚文物保护管理所4个单位申报第六批“全国古籍重点保护单位”。全省14个图书馆、博物馆共计176部珍贵古籍申报《国家珍贵古籍名录》，其中浙江图书馆有30部。完成全省95个藏书单位古籍数据统校工作。完成馆藏珍贵古籍数字化工作69部。《两浙文丛》整理维护45405叶，装订138册。完成“两浙文丛”底本拍摄218部957册。完成张宗祥稿本仿制书《书学源流论》《平飓母》《读书札记》。装订新编民国洋装书5082种入库。浙江图书馆完成可移动文物普查工作。修复馆内古籍2.5万叶（张），新整理并印刷雕版2.22万叶。温州市图书馆完成《民国传统装帧书籍普查登记目录》数据审校，联合浙江大学图书馆合作出版《孙诒让稿抄本丛刊》。宁波市图书馆整理完成《宁波市图书馆等八家收藏单位民国时期传统装帧书籍普查登记目录》。绍兴图书馆首次承办“册府千华——绍兴市古籍保护成果展”此类大规模古籍展览。丽水市图书馆编辑出版《清前古籍普查登记目录》《民国时期传统装帧书籍普查登记目录》。（浙江省图书馆学会）

【浙江省公共图书馆信用服务平台上线】 4月22日晚上，在浙江图书馆举办的2018“图书馆之夜”启动仪式上，浙江省公共图书馆信用服务平台正式开通。浙江省文化厅等单位领导及全国部分省级公共图书馆信用服务研讨会代表参加启动仪式。浙江图书馆联合全省11个市级图书馆和3个少儿馆，以信用为手段推动全省免证、免押金借阅图书，并以此为基础，共同构建以按需采购（也称“信阅”）、快递借还和通借通还为核心的文献流通共享体系，在浙江全省范围内逐渐形成一个共建、共用、开放、共享的无边界图书馆信用服务联合体。从4月23日起，浙江省公共图书馆即统一以信用分550分作为起步分，并推行统一的身份证认证方式，只要芝麻信用分达到550分，就能成为全省任何公共图书馆的用户，全省任何公共图书馆的用户只要凭身份证就能在任何图书馆享受同等的图书馆服务。这个信用服务平台还将开通以信用为手段、以用户需求为导向、供需无缝对接的全省“信阅”服务，任何人可开通任意图书馆的信用服务，全省任何图书馆的读者均可在“信阅”平台选书，快递配送至读者指定的省内地址，45天内就近归还至全省任何公共图书馆，书可留在当地图书馆继续流通。这样的新书流通共享机制，既满足读者的个性化阅读需求，又节省读者归还图书的物流成本。（浙江省图书馆学会）

【第十四届浙江省未成年人读书节暨浙江省未成年人课本剧大赛决赛在台州举行】 5月18—20日，浙江图书馆、台州市文化广电新闻出版局、台州图书馆共同承办的“第十四届浙江省未成年人读书节暨浙江省未成年人课本剧大赛决赛”在台州举行。此次读书节以“我读书、我快乐、我智慧”为主题，开展“微舞台大人生”为主要内容的课本剧大赛。经过前期各市县公共图书馆的策划、组织和选拔，共有21个优秀作品共计178位选手参加此次决赛。最终，温州少年儿童图书馆选送的《我的爸妈是超人》《祝福

孔乙己》，台州市图书馆选送的《藏羚羊的跪拜》《茶馆》选段分别荣获小学组和中学组一等奖。（浙江省图书馆学会）

【长三角地区公共图书馆视障文化服务案例培训班在杭州举办】 7月17—20日，长三角地区公共图书馆视障文化服务案例培训班在杭州召开，来自上海、江苏、浙江、安徽的各级公共图书馆领导、视障阅读服务业务骨干50多名代表参加培训。培训班特邀中国盲文出版社副总编沃淑萍做"视障人士图书馆服务规范及探索"专题报告，讲解《图书馆视障人士服务规范》的国家标准及编制说明。上海图书馆、浦东图书馆、台州市图书馆、浙江图书馆、安徽省图书馆、太湖县图书馆、金陵图书馆、海宁市图书馆，以及中国盲文图书馆桐庐分馆分别介绍本馆的服务案例。（浙江省图书馆学会）

【2018浙江省少儿阅读推广志愿者培训班在温州召开】 7月30—31日，由浙江省文化厅主办，浙江图书馆承办，温州市少年儿童图书馆执行承办的2018浙江省少儿阅读推广志愿者培训班在温州举行。此次培训旨在提供儿童阅读指导技巧，增强少儿阅读推广工作的主动性和责任感，壮大少儿阅读推广志愿者队伍。浙江图书馆馆长褚树青、温州市文广新局副局长柳升高等领导出席开班仪式，来自全省各地图书馆、阅读推广志愿者共80余人参加培训。（浙江省图书馆学会）

【长三角有声阅读联盟在杭州成立】 9月1日，长三角有声阅读高峰论坛暨有声阅读推广志愿者培训班在杭州举行，来自江浙沪皖四地的图书馆代表、朗诵协会专家代表、浙江省各地市县公共图书馆馆员及有声阅读推广志愿者参加。长三角有声阅读联盟在论坛上成立。该联盟由浙江图书馆、上海图书馆、安徽省图书馆、金陵图书馆，以及上海市朗诵协会、浙江省朗诵协会、安徽省朗诵协会、江苏省朗诵协会共同组成。联盟将联动长三角各公共图书馆及专业朗诵协会的力量，致力于打造有声阅读空间，结合数字图书馆的传播渠道，开展丰富多彩的有声阅读推广活动，让更多读者感受到有声阅读的魅力。（浙江省图书馆学会）

【2018年浙江省公共图书馆馆长培训班在瓯海区召开】 9月25—27日，由浙江省文化厅主办，浙江省图书馆学会、浙江图书馆、浙江艺术职业学院承办，瓯海区图书馆协办的2018年浙江省公共图书馆馆长培训班在瓯海召开，全省公共图书馆馆长100人参加。培训围绕"公共图书馆合作、共享与创新"这一主题，邀请南京大学教授陈雅、邵波，南开大学教授徐建华，浙江图书馆馆长褚树青分别做"公共文化服务的中国阐释与转型时期公共图书馆服务延伸""从传统到智慧：2018年图书馆理论与实践新发展""两法实施后图书馆工作的重点与走向""国际图联全球愿景及其启示"4个专题报告，分析我国图书馆事业发展的新形势、新特点、新趋向，研讨交流当前浙江省公共图书馆工作的几项重大工程、重点工作。（浙江省图书馆学会）

【浙江省市公共图书馆与OCLC签订合作协议】 12月5日，浙江省公共图书馆与OCLC（联机计算机图书馆中心）合作座谈会在绍兴召开，浙江各省市公共图书馆馆长、OCLC副总裁王行仁、OCLC北京代表处首席代表丘东江等参加会议。会上，温州、湖州、绍兴、金华、衢州、舟山、台州、丽水8个市馆分别与OCLC签订合作协议。加上此前已与OCLC开展合作的杭州、宁波、嘉兴3个市馆，浙江省内所有省、市图书馆全部加入OCLC。浙江省公共图书馆与OCLC合作的达成，意味着浙江省公共图书馆的读者，都能通过OCLC资源平台获取全球文献信息资源。同时，浙江优秀本土文献及特色区域文化可以借助OCLC这一国际平台走出国门，供全球用户所使用。（浙江省图书馆学会）

【"楮墨浙韵——浙江印刷文化展"在法国巴黎开展】 12月18—21日，由巴黎中国文化中心和浙江省文化和旅游厅主办，浙江图书馆承办的"楮墨浙韵——浙江印刷文化展"在巴黎中国文化中心开展，展览按历史顺序设有5大主题，包括"现存五代及两宋刻经""宋元官私及书坊刻书""插图版画""西学汉学与中法交流"和"古老技艺与当代传承"，通过视频、展板介绍和现场体验等多种方式，向法国观众介绍悠久而灿烂的浙江雕版印刷的强劲传承能力和内在影响力。为全面展示浙江传统印刷的魅力，巴黎中国

文化中心 17 日还举办“浙江刻书的组织与成就”主题讲座和“线装书 + 雕版印刷”工坊活动。(浙江省图书馆学会)

【杭州图书馆举行 60 周年馆庆系列活动】 12 月 17 日，杭州图书馆举办“砥砺时光，书香致远”庆祝建馆 60 周年暨大型音诗画朗诵会，杭州市人大常委会副主任罗卫红、杭州市政协副主席汪小梅、杭州市委副秘书长胡征宇、杭州市文化广电新闻出版局局长孙雍容等领导、嘉宾以及媒体、读者代表、杭图全体职工共 350 余人参加活动，共庆杭州图书馆 60 岁生日。同时，出版馆庆特别图书《砥砺时光》及其特刊文集《文澜——杭州图书馆建馆 60 周年纪念》，举办“杭图六十周年图片展”，将 60 年来发生在杭州图书馆里的变迁以文字的形式记录和保存，以图片的形式展现，致敬杭图人，并展现杭州公共文化事业的发展轨迹和杭州人民的文化生活记忆和体验。(浙江省图书馆学会)

【宁波市图书馆“天一约书”信用借还服务启动】 2018 年 3 月，宁波市图书馆联合甬江街道湖西社区成立全市首个“天一约书”信用借还社区服务点，解决公共文化服务“最后一公里”的问题。“天一约书”是宁波市图书馆联合支付宝芝麻信用共同推出的信用借还书服务，依靠互联网和物流平台，手指点点，邮书到家。12 月 1 日，可容纳 240 本图书的“天一约书”信用借阅柜正式入驻鼓楼地铁站 A 口甬城惠客厅，这是宁波市图书馆第一台位于馆外的借阅柜，集借还取查功能一身。全年全市共建信用借阅点 4 个。(浙江省图书馆学会)

【宁波市图书馆新馆开馆】 12 月 28 日上午，宁波市图书馆新馆举行开馆仪式。该馆地处宁波东部新城行政服务核心区，宁穿路 2100 号，为一体式建筑，地上四层，地下一层，总建筑面积 31866 平方米，藏书量约 150 万册，电子图书 350 万种，阅览座位 1800 个。为适应新的功能要求，拓展新的服务范围，先后开设自助图书馆、创客空间、天一音乐馆、研习室、乔石书房等空间，创新推出流动图书馆、汽车图书馆、24 小时自助图书馆、网络图书馆、微信图书馆、移动图书馆等便民惠民新服务模式。(浙江省图书馆学会)

【2018 年“书香城市(区县级)”论坛在宁波举办】 12 月 28 日，由中国图书馆学会、宁波市人民政府主办，中国图书馆学会阅读推广委员会承办，宁波市图书馆协办的 2018 年“书香城市（区县级）”论坛在宁波举行。中国图书馆学会副理事长刘小琴，阅读推广委员会副主任、首都图书馆副馆长陈坚，阅读推广委员会副主任、苏州图书馆研究馆员邱冠华，阅读推广委员会副主任、武汉大学图书馆馆长王新才等领导和专家，来自全国各有关城市（区县级）文化主管部门负责人和图书馆馆长等近 100 人参加论坛。会上，浙江图书馆馆长褚树青做题为“信用让阅读更简单”的主旨报告，内蒙古自治区鄂尔多斯市东胜区、浙江省宁波市北仑区和广东省深圳市罗湖区作为 2018 年书香城市（区县级）的代表分别进行交流和分享。

中国图书馆学会于 5 月启动 2018 年“书香城市（区县级）”发现活动，17 个省（自治区、直辖市）的 69 个城市（区县级）参与申报。经过专家评议，共有 10 个申报城市入围名单，在宁波市图书馆新馆开馆仪式上为 10 个入围城市授牌。(浙江省图书馆学会)

【2018“书香温州”全民阅读节在温州启动】 4 月 21 日，由温州市委宣传部、温州市文化广电新闻出版局主办，温州市图书馆等单位承办的 2018“书香温州”全民阅读节正式启动。活动从 3 月持续到 6 月，分为“聚焦改革专题”“阅读风采展示”“少儿阅读推广”“图书惠民服务”“书香满城活动”5 大板块。各个板块依托不同行业、不同群体，以图书馆、学校、企业、家庭、城市书房、百姓书屋、公园广场等为阵地，推出多种形式的主题活动带动全民阅读。温州市图书馆在阅读节期间推出“图书馆之夜”“阅读马拉松挑战赛”“‘改革开放 40 年’专题图书漂流”“我与城市书房、百姓书屋、城市书巢最美故事征集”“‘童声读经典’全国少儿诵读音频大赛”等活动，吸引大批市民参加。(浙江省图书馆学会)

【湖州市首家城市书房开放】 4 月 18 日，湖州市首家城市书房——小西街城市书房建成并向读者正式开放。该书房位于小西街文创休闲生活街区 D2 区块的高巷 28 号，分上下两层，共 190 平方米。该城市书房共有阅览座席 30 余个，上架图书 4000 余册可供读者借阅，同时开通市图书馆电子图书、电子期刊、学术、音视频等各类数字资源约 105TB。（浙江省图书馆学会）

【绍兴图书馆开展“图书援疆”行动】 2018 年，绍兴图书馆与新疆阿瓦提县图书馆签订战略合作框架协议，由绍兴图书馆提供 3 万册少儿读物，合作共建“绍兴图书馆阿瓦提县少儿分馆”，该馆于 10 月 17 日正式开放，成为南疆四地州唯一的国家一级少儿图书馆。11 月，绍兴图书馆赴云南西双版纳开展“文化部 2018 年春雨工程——绍兴文化志愿者西双版纳行”活动，与西双版纳图书馆签订友好馆协议，向该馆捐赠图书 5 万册，并建立“绍兴树兰少儿书屋”，为两地图书馆合作互通搭建桥梁。（浙江省图书馆学会）

【丽水朗读团开展巡回朗读活动】 由丽水市图书馆主办的“丽水朗读团”有成员 600 多人。2018 年，采用线上线下相结合的方式开展多场公益活动：朗读志愿者走进缙云、青田、遂昌、松阳等地文化礼堂举行“我爱祖国”庆祝改革开放四十周年巡回朗读活动；朗读团导师及朗读大咖在瓯江魂公园举办以“月满瓯江诗意丽水”主题朗诵会；“百幅画卷颂乡村”——百家公共图书馆进文化礼堂活动全省同步举行。“丽水朗读团”发挥辐射带动功能，已带动莲都、青田、缙云、遂昌、松阳等地成立朗读团。（浙江省图书馆学会）

【衢州市 24 小时自助图书馆——南孔书屋开馆】 2018 年衢州市十大民生项目之一的 24 小时自助图书馆——南孔书屋于年底建成并相继投入使用。5 家南孔书屋总投资 676 万元，总建筑面积 1184.4 平方米，馆藏图书 3.64 万册，拥有阅览席位 300 多个。每家南孔书屋面积在 100 至 300 平方米之间，交通便利、人口集聚、临街底层门面，周围有安保力量、卫生设施等。衢州的城市书房得到广大市民的认可与点赞，逐渐成为城市文化的新地标，给市民一个可以静心享受轻松、自由、有温度、有情怀的公共阅读空间，成为他们的精神寄托和精神家园。（浙江省图书馆学会）

【台州市图书馆承办 2018 年“发现图书馆阅读推广特色人文空间”活动】 台州市图书馆作为中国图书馆学会阅读推广委员会藏书与阅读推广专业委员会的挂靠单位，发起并承办阅读推广委员会主办的 2018 年“发现图书馆阅读推广特色人文空间”活动。截至 3 月底，全国各类各级图书馆参与申报 93 个，申报案例 107 个，其中浙江省申报图书馆 37 个、案例 46 个。11 月，经专家评审，确定此次活动的获奖名单。其中，浙江省的宁波市图书馆“天一音乐馆”、台州市图书馆“叶文玲文学馆”、杭州图书馆“运动分馆”荣获一等奖。（浙江省图书馆学会）

【“遇见——余杭、韦尔特艺术家眼中的中国大运河”展览在余杭区图书馆开展】 5 月 25 日，“遇见——余杭、韦尔特艺术家眼中的中国大运河”展览在杭州市余杭区图书馆拉开帷幕。荷兰韦尔特市文化主席马蒂尔德、荷兰驻上海领事馆代表马南、余杭区政协副主席潘法高，荷兰艺术家莉莲·科瑞莫斯、西奥多斯·德克森，余杭艺术家马登峰、陈澍及相关部门负责人共同出席开幕仪式。双方艺术家沿运河采风、创作，进行了为期 20 天的深入交流与合作，携手打造“遇见——余杭、韦尔特艺术家眼中的中国大运河”展览。展品中包括 18 世纪荷兰商人的旅行游记与绘画，当代艺术家创作的记录新时代运河边人文底蕴和日常生活的照片、图画、文字、书法、影像和声音等，全面展现大运河从历史到现代的延续和变迁。荷兰艺术家莉莲·科瑞莫斯女士和西奥多斯·德克森先生现场分享展览的幕后故事，讲解运河的历史与变迁，与现场观众进行热烈互动。（浙江省图书馆学会）

【义乌市图书馆佛学分馆开馆】 11 月 12 日，义乌市图书馆佛学分馆在义乌香山寺正式开馆，这是义乌市图书馆的第一个主题分馆。浙江图书馆馆长褚树青、河北省图书馆学会理事长李春来、义乌市民族宗教局局长任祖庭、义乌市文广新局副局长王志坚、义乌市佛教协会秘书长吕丽等领导嘉宾出席开馆仪式。佛学分馆占地面积 120 平方米，内设香山读书会，以弘扬中华传统文化为主导，以传统和现代相结合的模式，通过举办书友会活动，营造全民阅读的学习氛围。馆内藏书 6000 余册，涵盖文学、历史、佛法、经书、艺术、养生等门类，让读者阅读经典书籍，

感悟经典之美。（浙江省图书馆学会）

安徽省

【安徽省公共图书馆荣获多个奖项】 2018年，安徽省图书馆助残志愿服务项目“残障人士读书文化日”荣获2017年全国宣传推选学雷锋志愿服务“四个100”先进典型“最佳志愿服务项目”和2017年度全省学雷锋志愿服务“十佳志愿服务项目”；合肥市图书馆被中国图书馆学会评为2017年全民阅读优秀组织，申报的“大湖名城悦读合肥”绘本故事表演比赛被评为2017年阅读推广优秀项目；合肥市少年儿童图书馆承办中国图书馆学会等单位主办的“2017年全国少年儿童阅读年系列活动——创意书签设计大赛”，并荣获2017年全国少年儿童阅读年系列活动优秀组织奖；亳州市谯城区图书馆亳州二中分馆被评为安徽省“2018最美校园书屋”中学组第一名。（安徽省图书馆学会　武巍泓）

【安徽省图书馆通过中国质量认证中心安徽分中心质量认证审核】 1月4日，中国质量认证中心安徽分中心专家组对安徽省图书馆质量管理体系的运行情况进行认证审核。审核通过查看材料和现场验证等方式，对体系覆盖的所有部门进行审核。专家组对省图书馆运行质量体系的适宜性和有效性给予充分肯定，同时也对体系运行提出许多建设性的意见和建议，要求结合ISO 9001：2015版引入风险管理和战略管理理念，精修体系文件，以《中华人民共和国公共图书馆法》的贯彻落实为契机，做到依法立馆。审核结论为安徽省图书馆继续保持质量管理体系认证证书。（安徽省图书馆学会　武巍泓）

【安徽省图书馆“三下乡”活动走进凤阳】 2月3日，根据安徽省文化厅“三下乡”集中示范活动安排，安徽省图书馆在凤阳县图书馆举办“春风送暖　书润鼓乡——优秀书刊漂流阅读活动”及“‘救’在身边”公益讲座。安徽省图书馆精心选购的500册图书在活动现场进行放漂，领取图书的读者络绎不绝。在此次活动中，安徽省图书馆还邀请安徽省急救中心副主任王琢为凤阳县人民带来了“‘救’在身边——走进急救　利己利人”精彩讲座，王琢从明确急救概念，提升急救意识，如何拨打急救电话、生活中的急救常识以及常用的急救方法等方面，让读者朋友们了解安全急救知识，提升安全意识。（安徽省图书馆学会　武巍泓）

【安徽省图书馆助残志愿服务项目获国家级奖项】 2018年3月，安徽省图书馆助残志愿服务项目“残障人士读书文化日”被全国宣传推选学雷锋志愿服务“四个100”先进典型活动组委会评为2017年全国宣传推选学雷锋志愿服务“四个100”先进典型“最佳志愿服务项目”，同时获评2017年度全省学雷锋志愿服务“十佳志愿服务项目”。该项目于2008年由安徽省图书馆与省残联共同发起，截至2018年底，已举办78期，参与人数达万余人次，成为提升安徽省图书馆读者服务水平的特色服务品牌之一，在宣传志愿服务、引导全社会开展学雷锋志愿服务等方面发挥示范引领作用。（安徽省图书馆学会　武巍泓）

【安徽省公共图书馆联盟2018年阅读推广系列活动启动仪式在青阳举行】 4月21日，以“讴歌新时代　开启新征程”为主题的安徽省公共图书馆联盟2018年阅读推广系列活动启动仪式在青阳县举行。在启动仪式现场，还举办“华夏韵　新征程——4·23经典诵读晚会”。合肥晚报ZAKER、国家公共文化云和中国文化网络电视对晚会进行全网直播，近40万人通过网络观看演出。此次活动由安徽省公共图书馆联盟、青阳县文广新局主办，青阳县图书馆承办，来自全省各级公共图书馆和其他文化单位及读者代表近200余人参加活动。（安徽省图书馆学会　武巍泓）

【“六世书香　百年家风——安徽东至周氏家风文化展”在安徽省公共图书馆联盟巡展】 5月11日，“六世书香　百年家风——安徽东至周氏家风文化展”巡展启动仪式在安徽省图书馆举行。此次周氏家风文化展契合十九大报告中指出的，要深入挖掘中华优秀传统文化蕴含的思想观念、人文精神和道德规范。展览分为“家族人物”“家风精髓”“家规家训”“诚惠桑梓”4部分，向公众展示周氏家族数代才俊的杰出贡献与精神风貌，以及周氏家族“六世书香　百年家风”的文化内涵。该展览还在安徽省公共图书馆联盟成员馆进行巡展，旨在向大众广泛宣传东至周氏家风家训，引领公众注重家风建设。（安徽省图书馆学会　武巍泓）

【安徽省图书馆助力2018年中国图书馆年会】 6月1日，安徽省图书馆学会、安徽省图书馆主办2018年中国图书馆年会第2分会场话题4“公共图书馆社会化管理与服务的机制与模式”学术会议。中国图书馆学会副理事长刘小琴，安徽省文化厅公文处主任徐以军，《图书馆报》副总编辑兼执行主编白玉静，中国图书馆学会公共图书馆分会图书馆社会化专业委员会委员以及来自全国各地的业界代表200余人参会。会议由安徽省图书馆馆长林旭东主持。南开大学信息资源管理系教授、博士生导师柯平做题为“公共文化法制化背景下公共图书馆社会化理论与实践”的主旨报告。交流演讲环节，安徽省滁州文广新局党组成员、副局长郭俊杰等4位分别来自文化主管部门、公共图书馆、文化企业等领域的嘉宾，从各自行业角度分享对公共图书馆社会化管理与服务的实践和思考，为科学建立公共图书馆社会化管理与服务的机制和模式提供理论指导和实践经验。（安徽省图书馆学会　武巍泓）

【安徽省公共图书馆联盟首届管理人员培训班在武汉大学举办】 6月3—9日，由安徽省图书馆主办、武汉大学信息管理学院承办的安徽省公共图书馆联盟管理人员培训班在武汉大学举办，这是安徽省图书馆与武汉大学信息管理学院首次合作开展培训活动，来自安徽省公共图书馆联盟30个成员馆的57名管理人员参加培训。武汉大学黄如花、肖希明、司莉、唐晓波等知名教授针对图书馆服务营销、贯彻《中华人民共和国公共图书馆法》、智慧图书馆建设、大数据时代图书馆服务创新、阅读推广、项目管理、团队建设等专题内容做精辟讲解；王三山教授讲授了国学精粹与中国传统文化。（安徽省图书馆学会　武巍泓）

【安徽省图书馆开展“爱心连皖疆·好书伴成长”图书捐赠活动】 6月，为推进文化援疆、对口援疆工作，加强安徽、新疆两地人民的文化交流，安徽省委宣传部组织省图书馆开展“爱心连皖疆·好书伴成长”图书捐赠活动。安徽省图书馆少儿部从借阅排行较高、深受中小学生喜爱的图书中，挑选包括冰心文学奖获奖系列、金波系列、杨红樱系列等书籍共计5500册进行捐赠，包括老子、胡适等安徽历史名人著作，让新疆小朋友更多地了解安徽历史文化。（安徽省图书馆学会　武巍泓）

【第一期安徽省古籍保护与修复技术培训初级班在安徽省图书馆开班】 9月3日，由安徽省古籍保护中心、国家古籍修复技艺传习中心安徽传习所举办的“第一期安徽省古籍保护与修复技术培训初级班”在安徽省图书馆举行开班典礼。国家级非物质文化遗产项目、古籍修复传承人杜伟生，国家古籍修复技艺传习中心安徽传习所导师潘美娣，国家图书馆古籍修复专家、江苏传习所导师朱振彬、国家图书馆善本组副组长李文洁先后致辞。来自安徽博物院、安徽大学图书馆、枞阳县图书馆、石台县图书馆等14家单位的17名古籍保护专业工作者济济一堂，共同切磋技艺，交流心得体会，提高专业技能。（安徽省图书馆学会　武巍泓）

【公共图书馆转型发展高级研修班在安徽省图书馆开班】 10月16日，由安徽省公共图书馆联盟主办的公共图书馆转型发展高级研修班在安徽省图书馆开班。来自全省各市县图书馆的近200名基层馆长及业务骨干参加此次培训。培训邀请武汉大学教授司莉、上海市图书馆副馆长周德明、浙江图书馆首席专家刘晓清等多名专家学者授课，课程涉及“图书馆服务营销”“图书馆技术创新”“创新服务案例展示”等多方面内容。（安徽省图书馆学会　武巍泓）

【“徽”煌四十年——庆祝改革开放四十周年大型摄影图片联展在安徽省图书馆举办】 10月26日，由安徽省图书馆、安徽画报社共同主办的“‘徽’煌40年——庆祝改革开放四十周年大型摄影图片展全省联展”在安徽省图书馆开幕，展览以安徽省图书馆为主展馆，以16个地市图书馆及部分县区图书馆为分展馆，一直延伸到乡镇文化站。此次展览展出照片200余幅，其中包括小岗村“大包干”带头人18个鲜红的手印、邓小平登黄山、“我要上学”、世界首台超越早期经典计算机的光量子计算机等珍贵老照片。（安徽省图书馆学会　武巍泓）

【合肥市图书馆打造一批阅读推广品牌】 2018年，合肥市图书馆被中国图书馆学会评为2017年全民阅读优秀组织，申报的“大湖名城悦读合肥”绘本故事表演比赛被评为2017年阅读推广优秀项目。长期以来，该馆注重以形式多样的文化活动推广阅读，每年举办400余场读者活动，依托“4·23”世界阅读日、图书馆服务宣传周等重要节点向广大市民展示公共图书馆服务，持续开展“21天阅读包活动”“趣味国学”“夕阳红公益培训”等系列活动，打造一批颇具影响力的阅读推广品牌，引导广大市民走进图书馆、利用图书馆，学会阅读、爱上阅读。（安徽省图书馆学会　武巍泓）

【合肥市少年儿童图书馆“汽车图书馆”开进大别山】 4月17日，世界读书日来临之际，安徽向日葵公益助学服务中心联合合肥市少年儿童图书馆开展“流动的书香——汽车图书馆送书进老区活动”，为地处大别山区的金寨县斑竹园镇中心学校沙堰教学点的孩子们捐赠500多册图书，并设立“汽车图书馆”，为山区学生提供阅读便利。4月18日，《人民日报》头版以图片新闻的形式，刊登“汽车图书馆”开进大别山活动。此次活动被新华网、凤凰网、新浪网、中国人民广播电台、中国青年报、安徽日报、中安在线等媒体报道或转载。

合肥市少年儿童图书馆依托汽车图书馆灵活方便的特点，常年开展送书下乡活动，服务偏远地区和留守儿童。截至2018年底，汽车图书馆走遍合肥东西南北100多个服务点，服务读者近10万人次，借阅图书逾20万册次，开展各类读书活动100多场次。汽车图书馆为文化弱势群体提供平等享受文化资源和服务的机会，为推进合肥市公共文化服务均等化建设，促进文化扶贫工作注入新活力。（安徽省图书馆学会　武巍泓）

【蚌埠市少年儿童图书馆被授予亲子阅读体验基地】 经蚌埠市各县、区推荐，网络展示投票等程序，12月10日，2018年蚌埠市亲子阅读体验基地授牌仪式在龙子湖区光明街道社区举办。此次共有8家单位被市妇联授予蚌埠市亲子阅读体验基地荣誉称号，蚌埠市少年儿童图书馆榜上有名。一直以来，该馆通过不同形式将社会教育、学校教育、家庭教育有机地结合，相互补充，最大限度地发挥了自身的文化传播与教育职能，切实为“鼓励亲子阅读，倡导全民阅读，打造书香社会”做出社会贡献。（安徽省图书馆学会　武巍泓）

【马鞍山全民阅读联盟成立】 4月22日，马鞍山全民阅读联盟成立。该联盟是由马鞍山市委宣传部牵头，市文旅委、市文明办、市直机关工委等单位及多家致力于推动全民阅读工作的企业和组织机构共同发起，通过建立健全有效的联盟机制，凝聚政府和社会各界的共识，合力推动全民阅读组织健康成长，共同促进全民阅读活动蓬勃开展，携手共创全民阅读工作新局面。（安徽省图书馆学会　武巍泓）

【阜阳市打造“爱心共建图书角”文化品牌】 2012年以来，阜阳市文广新局（体育局）持续打造“爱心共建图书角”文化品牌。与中小学校、医院、企业、武警消防等单位共建爱心图书角24个，依托图书角开展各类阅读推广活动，服务读者达5.6万人次。《新安晚报》、阜阳电视台、《阜阳日报》、《颍州晚报》以及今日头条、搜狐新闻等客户端多次宣传报道品牌经验。爱心图书角，是实现公共文化资源共享的有效举措，为提高阜阳市少年儿童文明素养，营造全民阅读的良好氛围，把关爱留守儿童的阅读需求落到实处，形成全社会关爱农村留守儿童的良好氛围，助推全国文明城市创建。（安徽省图书馆学会　武巍泓）

【中宣部调研组一行调研全椒农家书屋运行管理情况】 12月13日，由中国新闻出版研究院院长、党委书记魏玉山率队的中宣部调研组一行来全椒调研农家书屋资源融合共建共享和运行管理以及图书馆总分馆建设情况。调研组一行先后来到全椒十字镇华林村、石沛镇大季村、黄栗树村、六镇镇孙家村、襄河镇八波村等农家书屋（图书馆总分馆）和石沛镇健康超市、枣岭村老丁超市阅读服务点实地调研，详细了解农家书屋阅读人群、活动开展、群众对书屋的期盼、对出版物的需求，总分馆办证率、借阅量保障，总分馆数字阅读服务推广等情况。（安徽省图书馆学会　武巍泓）

福建省

【概况】 2018年，全省有县级以上公共图书馆91个，其中省级馆2个，副省级馆2个，市级馆10个，县级馆77个。根据《文化和旅游部关于公布第六次全国县级以上公共图书馆评估定级上等级图书馆名单的通知》，福建省上等级图书馆共计76个，其中，一级馆32个、二级馆27个、三级馆17个。

全面宣传贯彻“两法”。2018年，全省各地公共图书馆举办宣传贯彻《中华人民共和国公共文化服务保障法》实施一周年暨《中华人民共和国公共图书馆法》颁布实施系列活动。活动以专题研讨会、专题普法展、知识竞猜、解读培训、普法主题知识问答、读书征文活动、发放宣传册等多形式举行。厦门市图书馆、龙岩图书馆等还先后设立“《公共图书馆法》宣传月”，结合线上线下多种形式扩大宣传，提高学法参与度。

加强全省图书馆人才队伍建设。2018年福建省图书馆面向全省图书馆馆员，举办福建省图书馆学会专家讲师团巡讲、全省图书馆基础业务培训、数字图书馆推广工程建设与服务、福建省《公共图书馆法》解读暨公共数字文化管理与服务、第三期福建省拓片修复与装帧培训等共20期培训班，累计培训学员达2299人次。

提质升级基础设施。2018年1月，莆田市图书馆新馆开馆运行，该馆建筑面积3.12万平方米，馆内藏书最大容量135万册，阅览座位1200个。2018年10月，福建省单体建筑面积最大的公共图书馆——厦门市图书馆集美新馆开馆运行，该馆建筑面积6万平方米，主体工程为嘉庚建筑风格，设计馆藏总量300万册。主体区域采用大开间、无隔断的空间设计，很好适应“多载体资源并存的文献布局和藏、借、阅、检、咨一体化服务布局”的功能模式要求。2018年3月底，漳州市龙文区图书馆正式开馆运行，该馆总占地面积3000平方米，总藏书量8万多册（不含电子书籍）。

扎实推进总分馆建设。根据省文化和旅游厅的部署和安排，闽侯县图书馆、思明区图书馆、湖里区图书馆等11个图书馆作为2018年县级图书馆总分馆建设试点单位，组织实施县级图书馆总分馆建设试点建设工作，着手建立上下联通、服务优质、有效覆盖的总分馆体系，着力解决区域间公共图书馆服务发展不平衡不充分的问题。同时，依托国家公共文化云服务推广项目，福建省图书馆牵头组织省内20家公共图书馆联合开展的“福建省公共图书馆总分馆通借通还平台”试点建设稳步推进。

积极开展全民阅读。全省公共图书馆举办各类读者活动5817场次，参加读者累计314.53万人次。其中，举办培训2395场次，培训读者19.89万人次；举办讲座活动2451场，参与读者29.33万人次；举办展览971个，参与读者265.31万人次。全省公共图书馆依托“读吧！福建”全省阅读推广联盟，不断推动阅读推广活动持续深入地开展，形成品牌效应。“读吧！福建”系列活动、“八闽书香过大年”等春节主题活动等在全省公共图书馆联动开展，影响广泛。其中：由福建省图书馆与福建省作家协会合作主办的“首届福建文学好书榜评选及阅读推广活动”，由福建省图书馆、福建省图书馆学会与福州晚报联合开展的第二届“正谊杯”古诗文大赛，引发全省市民阅读的热潮。福建省少年儿童图书馆、泉州市泉港区图书馆、福建大梦书屋、三明市图书馆4家单位入选全国妇联公布的首批全国家庭亲子阅读体验基地。

公共数字文化资源建设初具规模。截至2018年底，福建省已有46个地方特色文化资源项目获得文化和旅游部的批准立项，申报的电视专题片701集。全省分级分布式数字资源库群初具规模，数字资源保障水平明显提升。公共数字文化服务推广建设取得新成绩。福建省图书馆参与首届“数字中国建设峰会”海丝数字文化展览，整合近年来该馆数字文化建设成果，遴选海丝数字文化信息平台、福建文化记忆数字资源及文化一点通等项目成果参加展览展示，吸引业内、市民及主流媒体广泛关注。

古籍保护工作持续推进。福建省图书馆（福建省古籍保护中心）继续推进全省古籍普查登记工作，截至2018年底已有43家完成普查登记，总计著录47880多条目数据；完成第六批国家珍贵古籍名录的申报工作，全省共计申报古籍58种；继续开展文献整理与开发工作，编辑出版《林则徐云左山房二种》。

积极开发图书馆文化创意产品。2018年，全省开发文化创意产品33种，创收4.4万元。其中，销售利润1万元。

此外，各馆在推进法人治理结构改革、引进社会力量参与图书馆建设、推动中华优秀传统文化传承弘扬等方面也开展了积极的探索与实践。（福建省图书馆　陈婷婷）

【福建省图书馆举办《中华人民共和国公共图书馆法》宣传贯彻活动】 2018年1月1日起，《中华人民共和国公共图书馆法》（以下简称《公共图书馆法》）正式实施。2017年12月29日—2018年1月1日，以及4—5月，福建省图书馆联合全省各级图书馆举办《公共图书馆法》

宣传贯彻活动。活动以线上线下的形式同时开展：线上通过各级图书馆官网、微信公众号、微博、读者群发布相关资讯；线下组织馆员研读《公共图书馆法》、召开服务对象座谈会、举办专题图片展、开展“馆长带您走进图书馆”、有奖知识竞猜等，向广大读者宣传推介《公共图书馆法》。（福建省图书馆）

【“文化中国”微视频福建征集活动颁奖典礼在福州举行】 1月12日，“文化中国”微视频福建征集活动颁奖典礼在福州三坊七巷中瑞南华影城举行。福建省文化厅副厅长、福建省图书馆理事会理事长陈吉，福建省文化厅社文非遗处副调研员林锦盛，福建省图书馆馆长郑智明、副馆长陈顺，新浪福建总经理林文琦、总编王宇等领导和负责人，专家代表、影视摄影工作者和爱好者、媒体记者、读者等社会各界人士共百余人出席典礼。活动由文化部全国公共文化发展中心、福建省文化厅指导，福建省图书馆主办，新浪福建承办。以“文化中国”为主题，聚焦福建文化风貌，面向社会征集反映福建群众文化生活、地域特色文化的微视频和图片作品，展示福建优秀传统文化的传承和发展，反映当代福建人的文化生活与追求。活动共征集微视频277部、图片作品411幅（组），期间举办的微视频制作培训有97万人次在线参与。颁奖典礼揭晓此次征集活动图片和微视频两类大奖，共评选出10部优秀微视频和10幅（组）优秀图片作品，获奖作品代表福建参加“文化中国”微视频全国评选。（福建省图书馆）

【“读吧！福建”“阅读，与法同行”2018年世界读书日主题活动在福建省图书馆举行】 4月29日，由福建省文化厅主办，福建省图书馆、福建省作家协会、福建省图书馆学会、文化共享工程福建省分中心等承办的“读吧！ 福建”“阅读，与法同行”2018年世界读书日主题活动在福建省图书馆举行。福建省图书馆策划涵盖普法专题、优秀传统文化推广、精彩讲座、系列展览、悦读体验和主场活动等6部分、近20项的读书活动。同时，福建省图书馆发挥“读吧！ 福建”阅读推广联盟作用，联合30多家基层图书馆同步举办“读吧！ 福建”福建省第二届“正谊杯”古诗文大赛，吸引数千名读者参与，最终决出金银铜奖和“诗文之星”等奖项。在福建省文化厅指导下，福建省图书馆和福建省作家协会联合推出“读吧！ 福建”首届福建文学好书榜评选及阅读推广活动，评选出优秀图书10部、推荐图书20部。活动现场，福建省图书馆与福州大学闽商文化研究院签订战略合作协议，福建省图书馆“掌上闽图”APP同步亮相。现场还有美文诵读、古琴弹唱、古诗文有奖竞答互动、数字阅读推广和“凝聚业界共识　引领行业发展——学习《公共图书馆法》图文展”“第十三届文津图书奖获奖图书图片展”等活动，营造读书日的浓浓读书氛围。（福建省图书馆）

【第二届海峡两岸书院交流与发展论坛在福建省图书馆举办】 6月11日，第二届海峡两岸书院交流与发展论坛在福建省图书馆正谊书院开幕，福建省文化厅党组书记、厅长石建平出席活动启动仪式。该论坛是第十届海峡论坛的分论坛之一，来自海峡两岸的书院山长、专家学者近百人齐聚一堂，共同研讨朱子文化与两岸书院发展。两岸书院达成共识，将共同推广两岸民间文化交流与学术活动，共同探讨海峡两岸书院文化的合作模式及丰富内涵。正谊书院与台湾咸临书院6对闽台书院代表签订《两岸书院合作意向书》。论坛邀请来自两岸的书院山长、专家学者共同对两岸书院文化合作与交流进行深度探索。两岸书院专家们表示，通过“结对子”形式，两岸书院建立更为密切的交流与合作关系，开启两岸书院交流与发展的新篇章。（福建省图书馆）

【福建省图书馆改扩建工程项目开工】 11月21日，福建省图书馆改扩建工程项目开工仪式在湖东馆区举行，省文化和旅游厅副厅长林守钦等领导以及各参建单位的负责人出席开工仪式。福建省图书馆改扩建工程是福建省实施的一项省级民生补短板工程，重大文化惠民工程，也是2018年省重点建设项目。项目总建筑面积4.16万平方米，总投资2.09亿元。建成后的图书馆总建筑面积从原来的2.5万平方米扩大到4.2万平方米，面积增加70%，形成新的开放共享大空间；读者阅览座席增加50%左右，阅读环境更加舒适；引入更多数字化、网络化、智能化等数字图书馆的应用，服务手段更加丰富，建成后的图书馆旨在成为读者文化生活的城市第三空间。该馆外迁服务场地已于11月3日正式开馆。（福建省图书馆）

【福建省首家"清新书苑"揭牌仪式在福州国家森林公园举行】 12月15日，福建省图书馆携手福州植物园（又名福州国家森林公园）在福州国家森林公园举行全省首家"清新书苑"揭牌仪式。福建省文化和旅游厅副厅长林守钦，福建省林业局副局长刘亚圣出席活动，并为"清新书苑"揭牌。福建省图书馆馆长郑智明、福州植物园主任陈国瑞分别致辞。"清新书苑"是福建省文化和旅游厅正式挂牌后成立的首家将文化与旅游深度融合的阅读空间。福建省图书馆将通过示范引领并带动全省公共图书馆，在全省重要旅游景区打造以"清新书苑"为统一标识的、面向景区和景点百姓及游客开放的文献阅读场所，讲好"诗与远方"的福建故事，塑造好"清新福建"的文旅品牌。（福建省图书馆）

【海峡两岸儿童文学交流主题活动在福建省少年儿童图书馆召开】 9月14日，海峡两岸儿童文学交流主题活动暨第四届海峡儿童阅读论坛在福州举行。活动由国家新闻出版署、中共中央台湾工作办公室等指导，海峡出版发行集团主办，福建少年儿童出版社、福建省少年儿童图书馆承办，为期2天，以"以童诗之名，筑彩虹之桥"为主题，是两岸儿童文学交流首次以童诗为主题展开研讨。海飞、林焕彰、林文宝、王泉根、梅子涵、桂文亚等与会嘉宾各抒己见，回顾两岸文学交流发展、融合以及深度学术碰撞的历史，历数交流近30年来那些值得回味的人和事件；探讨当前两岸儿童文学交流现状，共同展望两岸交流的美好明天。（福建省少年儿童图书馆）

【2018全国少儿阅读峰会在福建省少年儿童图书馆举办】 10月26日，由中国图书馆学会未成年人图书馆分会、《图书馆报》主办，福建省少年儿童图书馆承办的2018全国少儿阅读峰会在福建省少年儿童图书馆举办。来自全国各图书馆、出版社、科技企业的180余位嘉宾出席峰会，共同探讨新时期少儿阅读推广与馆社合作的新机遇新路径。峰会以"书香童行筑梦未来：馆社共促少儿阅读"为主题，从图书馆、出版社等不同视角探讨少儿阅读推广的发展方向。峰会分为主旨论坛和展览展示两部分。主旨论坛主题为"书香童行筑梦未来：馆社共促少儿阅读"，包括颁奖仪式、主旨报告、嘉宾对谈等内容。在展览展示环节，各出版社、图书馆、绘本馆、科技企业等进行展览交流。（福建省少年儿童图书馆）

【2018年福州"书香榕城"全民阅读活动在福州市图书馆启动】 4月22日，由中共福州市委文明办、福州市文化广电新闻出版局主办，福州市图书馆、福州市群众艺术馆承办的2018年福州市"书香榕城"全民阅读启动仪式暨"4·23"世界读书日最惠购书节活动在福州市图书馆举行。福州市宣传、文明、文化、教育、财政等22个市全民阅读工作组委会成员单位和部分阅读机构代表出席启动仪式活动。启动仪式上，"书香榕城·微信图书馆"改版上线，并向学生代表、社区代表及文明单位代表赠送"书香榕城悦读卡"。同时，现场还访谈全国书香之家和福州市读书明星代表，为第一批"书香榕城"全民阅读基地和示范点授牌，为最美读书人摄影活动颁奖等。20多家出版物发行单位还举行最惠购书节展销活动。（福州市图书馆）

【福州市图书馆成立理事会并召开理事会第一次会议】 2月8日，福州市图书馆理事会成立大会暨第一届理事会第一次会议在福州市图书馆召开。第一届理事会由上级主管部门代表、图书馆代表和社会方代表等10人组成。福州市文化广电新闻出版局副局长陈思源当选为理事长，福州市图书馆馆长宋姬芳当选为副理事长。首届福州市图书馆理事会第一次会议审议通过《福州市图书馆理事会章程》。章程明确理事会为福州市图书馆的议事决策监督机构，主要职责是对图书馆建设事业进行指导，督促并监督图书馆运行管理，促进图书馆管理水平和服务效能的提升。宋姬芳代表市图书馆汇报2017年工作总结和2018年工作思路，各位理事还就今后理事会建设和图书馆工作发表意见和建议。（福州市图书馆）

【厦门市图书馆举办"《公共图书馆法》宣传月"系列活动】 为宣传贯彻2018年1月1日起正式实施的《中华人民共和国公共图书馆法》（简称《公共图书馆法》），厦门市图书馆将1月定为"《公共图书馆法》宣传月"，举办学习贯彻《公共图书馆法》系列活动。1月1日，举办"馆长带你走进图书馆——互联网+图书馆创新服务"体验活动，由副馆长付虹带领读者体验厦门市图书馆2018年新推出的刷脸借书、朗读亭等公共图书馆与现代科技融合发展的新服务，并组织党员志愿者向读者宣传普及《公共图书馆法》，100 余位读者参加活动；1 月 12 日，邀请厦门大成律师事务所李燕纹律师为全馆职工举办“公共图书馆服务工作中的若干法律问题解析”普法讲座，120 位馆员到场听讲；1 月 19 日，在图书馆一楼大厅举办“凝聚业界共识　引领行业发展——《中华人民共和国公共图书馆法》”宣传展，以图文并茂、直观生动的形式解析《公共图书馆法》；1 月 21 日，在“每月一讲——图书馆利用公益培训”中，流通服务部主任池莲香主讲“《公共图书馆法》中读者的权利和义务”；1 月 21 日、24 日，通过“厦门市志愿者服务平台”发布《公共图书馆法》宣传员志愿者招募信息，9 名馆员、3 名学生报名，志愿者在图书馆大厅结合《公共图书馆法》宣传展、有奖答题等活动，向到馆读者赠送新出版的《公共图书馆法》单行本，100 余位读者参与有奖答题等活动。（厦门市图书馆）

【厦门市图书馆助盲阅读志愿服务入选全国基层文化志愿服务活动典型案例】 2 月，厦门市图书馆“让我，做你的眼睛”助盲阅读志愿服务入选全国基层文化志愿服务活动典型案例。2015 年至 2018 年 2 月，该志愿服务共举办专场活动 5 场次，参与视障读者 410 人次。活动旨在让残疾人享受公共文化服务，厦门市图书馆以推进图书馆服务均等化为目标、以文化志愿服务活动为载体、以视障读者为重点服务对象，推出视障阅读体验、阅读面对面、双盲家庭亲子阅读等助读服务，受到视障读者、残疾人联合会等助残服务机构的欢迎和肯定。（厦门市图书馆）

【新加坡驻厦总领事携新加坡国家图书馆馆长一行莅临厦门市图书馆参观交流】 5 月 14 日，新加坡驻厦总领事池兆森携新加坡国家图书馆馆长伍慧贤一行 7 人莅临厦门市图书馆参观交流，厦门市文化广电新闻出版局局长林进川、厦门市图书馆馆长林丽萍陪同新加坡客人参观该馆华人华侨专题资料及新加坡国家图书馆赠书专柜，并交流座谈。新加坡国家图书馆与厦门市图书馆之间的交流始于 2001 年，两馆于 2002 年、2009 年先后两次签订交流合作协议，在合作框架下多次开展文献交换、馆员互访、合作办展等多项活动。双方就两馆的合作交流和近年来的业务发展进行回顾和介绍，并就文献资料交换、读者服务案例远程专题研讨、馆员交换、数据库建设协作、文化展览合作、参考咨询服务合作、业务研讨合作等方面继续建立交流关系提出合作意向。林丽萍、伍慧贤还互赠文献，并合影留念。（厦门市图书馆）

【厦门市图书馆集美新馆试开馆】 10 月 1 日，厦门市图书馆集美新馆建成并试开馆。新馆建筑面积 6 万平方米，是福建省单体面积最大的公共图书馆，设计藏书总量 300 万册。开馆当日，读者排起百米长队，前 500 名进馆读者领取到新馆开馆纪念版文创手提袋、订制地铁票等纪念品，当日接待读者量达 28041 人次，创厦门市图书馆单日读者量历史新高。国庆黄金周期间，集美新馆新晋成为“网红”打卡地，共接待读者 10.88 万人次，外借图书数量共计 58170 册。新馆外部采用闽南式屋顶、西洋式屋身，属于中西建筑文化交融的嘉庚建筑风格；内部采用“科技风”，智能化的服务设施齐备。分级阅读的少儿借阅区、全智能服务的自助图书馆、影音图书馆、学习交流室等特色服务备受读者青睐。9 月 18 日，厦门市图书馆在集美新馆试开馆前组织召开新闻发布会，《厦门日报》、《厦门晚报》、《海西晨报》、《海峡导报》、厦门电视台、集美电视台等媒体先后报道，并在其新媒体公众号上发布推文。（厦门市图书馆）

【厦门市图书馆与美国华盛顿州温哥华堡地区图书馆签订合作协议并开展馆员交流活动】 11 月 5 日，厦门市图书馆馆长林丽萍与美国华盛顿州温哥华堡地区图书馆总行政馆长阿米莉亚·雪莉在厦门市图书馆集美新馆正式签订《厦门市图书馆和温哥华堡地区图书馆合作协议》及《厦门市图书馆和温哥华堡地区图书馆关于馆员交流谅解备忘录》。根据协议，温哥华堡图书馆分析师、项目协调员山姆·沃林（Sam Wallin）、温哥华堡林地图书馆分馆馆长詹妮弗·豪安（Jennifer Hauan）成为首批来厦交流的美国馆员。在为期两周的业务交流期间，美国馆员参加厦门市图书馆学会 2018 年学术年会，并在会上做报告；走访厦门市图书馆文化艺术中心馆区、集美新城馆区、鼓浪屿馆区及各分馆，与各部门馆员进行业务交流探讨，随厦门市图书馆汽车图书馆深入岛外学校、社区服务点开展服务，实地查看街区自助图书馆运营设备，参加“鹭岛书香”活动，并和厦门市图书馆馆员一起共同举办一场少儿活动。此外，还前往翔安区图书馆及其分馆、厦门大学图书馆参观，对厦门市公共图书馆服务联合体工作运行、厦门高校图书馆概况进行全面了解。（厦门市图书馆）

【金门县文化局两岸图书馆交流参访团到厦门市图书馆参观交流】 12月12日，由金门县文化局科长何桂泉、金门县文化局县立图书馆业务骨干组成的金门县文化局两岸图书馆交流参访团一行6人到厦门市图书馆参观交流。厦门市图书馆副馆长付虹向金门参访团介绍厦门市图书馆文化艺术中心馆区、集美新城馆区、鼓浪屿中山图书馆馆区的基本建构以及3个馆区在人员管理、智能化建设、服务绩效等方面的情况，何桂泉一行参观文化艺术中心馆区、集美新城馆区，对厦门市图书馆安防建设、智能化服务及丰富的读者活动表示极大的兴趣并给予赞赏。参访团在交流期间，向厦门市图书馆捐赠近年来金门县文化局出版的《金门村史》《金门文艺》等图书及少儿绘本22种46册；厦门市图书馆回赠《新中国厦门65周年纪事》、《厦门文化艺术资料选编（1909—1949）》及《厦语电影的流金岁月》口述历史视频资料等文献，并就两地今后在地方文献共建共享、读者活动互联互动等方面达成合作意向。（厦门市图书馆）

【莆田市图书馆新馆正式开放】 2018年元旦，莆田市图书馆新馆正式对外开放。新馆位于莆田市荔城区玉湖新城，占地面积2.23万平方米，总建筑面积3.12万平方米，是一座引领书香莆田、延续文献名邦文脉、展示莆田人文底蕴、信息资源全民共享，集社会教育、知识传播、学术研究于一体的现代化公共图书馆。新馆分为地上五层、地下一层，馆内设计藏书容量135万册，阅览座位1200个。新馆不仅在空间布局上满足读者多元化需求，还备有自助办证、自助借还、自助检索、图书消杀、图书分拣等设备，实现智能化管理与服务。开馆当天，图书馆举办“馆长带你走进图书馆”、《妈祖》连环画原稿展、书灯制作、古籍雕版印刷体验等活动，接待读者2.59万人次，场面盛大。《中国文化报》、《福建日报》、《湄洲日报》、《莆田晚报》、东南网、莆田文明网、搜狐网、今日头条网、莆田电视台等多家媒体报道或转载近30次。（莆田市图书馆）

【“南三龙”公共图书馆联盟成立】 11月6—7日，由龙岩、三明、南平三地文广新局主导，三地公共图书馆承办的“南三龙”公共图书馆联盟在南平市签约成立并举办首届培训交流活动。三地文广新局领导、公共图书馆馆长等50余人参加活动，三明市图书馆馆长黄泽民、龙岩图书馆馆长陈鸿雁、南平市图书馆支部书记刘忠旺代表三馆签署《“南三龙”公共图书馆联盟条约》。“南三龙”公共图书馆联盟是福建省首个跨地区公共图书馆联盟组织。联盟的成立，将推动三地图书馆事业的融合与发展，推进各项服务与研究工作纵深发展，提升图书馆服务能力，更好地实现“普惠”广大读者的目标。联盟首届培训交流以“践行俊波精神，做阅读领跑者”为主题，邀请专家对公共图书馆总分馆建设及阅读推广活动实践进行解读，并赴廖俊波先进事迹武夷新区教学点、考亭书院开展实地教学。（龙岩图书馆　三明市图书馆　南平市图书馆）

【晋江市第四届“人文之旅·非遗之光”少儿夏令营在三明启动】 6月9日，由三明市文广新局、晋江市文体新局、尤溪县文体局主办，三明市图书馆、三明市非物质文化遗产保护中心等承办的晋江市第四届“人文之旅·非遗之光”少儿夏令营启动仪式在三明市艺术馆举行，晋江市10周岁以上“一生阅读计划”优秀少儿读者及三明市少儿读者等150人参加活动。夏令营以非遗文化交流、非遗项目体验为主要内容，内容丰富，形式多样，包括两地非遗节目同台展演，大南坑陶瓷烧作技艺、木活字印刷技艺、沙县剪纸、插花等非遗项目体验等。当日下午，三明·晋江两地非遗戏曲进校园成果交流展演在三明市百姓大舞台举行。来自晋江的南音、高甲、掌中木偶非遗项目与三明的提线木偶、擂茶制作、小腔戏等非遗项目同台演出，充满地域特色的节目受到两地营员及三明市民观众的欢迎。6月10日，营员走进理学大师朱熹的诞生地——尤溪，探寻大师的足迹。在尤溪朱子园里，营员们先后参观尤溪博物馆、开山书院等地，聆听朱子理学知识讲座，对朱熹的生平事迹、后世影响有了较为系统的了解。（三明市图书馆　晋江市图书馆）

【厦门市湖里区首家“小区书屋”揭牌】 12月23日，厦门市湖里区首家“小区书屋”在禾山社区新景龙郡小区举行揭牌仪式，禾山社区领导、新景龙郡小区党支部书记、湖里区图书馆负责人以及众多小区居民到场参加。新景龙郡小区党支部书记向大家宣读《小区书屋倡议书》，并向大家介绍小区书屋建立的目的、过程和意义。小区物业代表现场为业主提供借阅证办理服务，并现场招募志愿者。（厦门市湖里区图书馆）

【厦门市同安区图书馆举办2018年海峡两岸青少年共享阅读活动】 7月16日，同安区图书馆举办2018年“阅读点亮银城”系列活动之一——“相约人文同安，探寻朱子文脉——2018年海峡两岸青少年共享阅读活动”。海峡两岸40余名青少年代表相聚同安，以书为媒，以文会友，参访同安孔庙、朱子书院等同安人文地标，分享阅读心得体会，搭建起两岸青少年阅读交流的桥梁。活动邀请台湾师范大学国文系教授潘丽珠，台湾基隆女高、桃园中坜高中的优秀语文老师，随团指导两岸学生进行作品导读。来自台北市、嘉义县、台中市、新竹县、彰化县、高雄市、新北市、台南市等10余个县市，就读于台湾大学、成功大学等高校、高中的20名同学参与活动。除此次活动外，2018年“阅读点亮银城”系列活动还包括：2018年同安“最美阅读空间”征集评选活动、走进同安企业职工——文学作品鉴赏沙龙活动、“垃圾分类·美好家园”小小志愿者——少儿绘本教学互动活动、“我与同图的约定”阅读马拉松活动、“寻迹书本里的同安”阅读交流活动、同安区图书馆洪塘分馆阅读推广活动、校园作家面对面——中学生主题讲座、少儿故事绘·点燃阅读的小宇宙——同安绘本节、同安图书馆数字阅读APP推广体验活动等12项。（同安区图书馆）

【宁德市蕉城区图书馆开展送书下乡活动】 1月18日，中央人民广播电台中国乡村之声“广播惠农，爱在乡村”系列公益活动暨2018年蕉城区文化科技卫生“三下乡”集中服务启动仪式在宁德市蕉城区赤溪镇举行。除文艺演出外，20余个区直机关事业单位、团体组成便民服务小分队，为村民提供便民服务。宁德市蕉城区图书馆积极参与，开展阅读推广送书下乡活动，免费发放图书300册，并解答村民咨询，引导村民多读书、读好书。（蕉城区图书馆）

【晋江市图书馆荣获全国服务农民、服务基层文化建设先进集体】 1月，晋江市图书馆在第七届全国“双服务”评选工作中荣获全国服务农民、服务基层文化建设先进集体。该馆依托晋江市委、市政府的制度保障和经费支撑，延伸阅读推广服务，在基础业务、智能化建设、多元服务等方面取得一定突破。截至12月31日，读者有效持证数超过10万个，日均接待读者近2570人次，日均外借量近6800册次。开展读者活动430余场，参与读者23.2万人次。建设分馆16家，24小时城市书房11个，图书流通点19个，24小时街区自助图书馆35个，实现晋江全市镇（街道）、开发区的服务网全覆盖，为人民群众提供一个良好的阅读平台。（晋江市图书馆）

【晋江市图书馆举办“千人记忆大比拼　公共图书馆法在身边”活动】 2月20—24日，晋江市图书馆联合晋江市文体新局等单位开展“千人记忆大比拼　公共图书馆法在身边”线上智力挑战赛。闯关题目均为《中华人民共和国公共图书馆法》相关知识，涵盖本法“总则”“设立”“运行”“服务”“法律责任”“附则”六章五十六条全部内容。活动吸引市民积极参与，参与答题闯关43342人次，通关并全部答对7252人次，并创下最短答题时间44秒的记录。（晋江市图书馆）

【晋江市图书馆开展“4·23”世界读书日系列活动】 “4·23”世界读书日期间，晋江市图书馆开展系列阅读活动。一是开展“4·23”阅读跑活动。300多名晋江市民参与“阅读+运动”世界读书日晋江八仙山公园阅读跑活动，开启“晋江速度”的阅读。二是开展“七天线上阅读打卡”活动。在4月7—14日期间，晋江市实验幼儿园、晋江市第一实验小学等学校积极响应，发动老师、学生、家长参与阅读打卡，参与者任选一本或多本书阅读，每日至少阅读半小时，阅读后在微信朋友圈进行线上打卡，记录阅读行为。该活动引发周边县市公共图书馆的学习和效仿。三是开展各学校分馆阅读活动，如晋江市实验幼儿园启动首届书香读书月，罗山中学开展第三届悦读节活动。四是开展“书香进校园　悦读共成长”名家巡回讲座活动，邀请著名儿童文学作家左昡前往晋江市第五实验小学、安海养正中心小学等 6 所小学做阅读主题讲座。此次系列活动通过读者互动、馆校联动、社会机构加盟推动以及微信朋友圈推广形成连锁宣传效益，总参与人数达 1.6 万人次。（晋江市图书馆）

【2018 年“书香漳州”全民阅读活动在长泰启动】 4 月 23 日，2018 年“书香漳州”全民阅读活动启动仪式暨长泰县“互联网 + 自助共享书吧”现场会在长泰县第一中学举行。漳州市委宣传部、市文广新局、市教育工委等漳州市全民阅读组委会成员单位，各县（市、区）委宣传部、文广体局领导，长泰一中部分师生参加活动。此次活动以“创新互联网 + 新方式　深化全民阅读推广”为主题，由漳州市委宣传部、市文广新局、长泰县人民政府主办，长泰县委宣传部、文广体局、教育局、第一中学承办，长泰县图书馆等单位协办。主要内容有：开展长泰县“4·23”读书节里“微书评”、“我和书的故事”征文比赛、“书香家庭”活动表彰；举行赠书及扫黄打非“绿书签”系列宣传“千人”签名活动；朗诵获奖作品《中华少年》《喜迎十九大，共赴新征程》。参与人员还参观了长泰一中自助共享书吧、武安镇外武园长泰县书香 e 站、岩溪镇珪后村综合文化服务中心自助共享书吧等典型示范书吧。（长泰县图书馆）

江西省

【概况】 截至 2018 年底，江西省共有公共图书馆 113 个，其中省级 1 个，市级 11 个，县（市、区）级 101 个。公用房屋建筑面积达 45.35 万平方米，阅览室座席 38050 个。全年获得财政拨款 3.07 亿元，其中新增藏量购置费 3500.59 万元。从业人员 1505 名，其中在编人员 1458 名。文献资源（不含电子文献）总藏量 3005 万册（件），纸质图书年入藏量 115.92 万册，电子文献年入藏量 235.62 万册，数字资源总量达 1447.6TB，其中自建数字资源总量 385.68TB。随着全省公共图书馆办馆条件的进一步改善，全省各级文化部门不断加强管理，不断创新公共文化服务手段，提升公共图书馆的服务功能，有效提高公共图书馆的服务水平。

2018 年，省古籍保护中心加快古籍普查登记目录的审校工作，经过遴选，共招录 10 名具有丰富古籍普查经验的文化志愿者，援助江西省 5 家单位的古籍普查编目工作。完成宜春中学、宜春市袁州区档案馆、婺源县图书馆、鄱阳县图书馆 4 家单位的普查工作，共普查古籍 4998 部 19882 册、民国线装书 590 部 2664 册、域外汉籍 8 部 42 册，并发现一些具有重要价值的善本及地方历史文献。截至 2018 年底，全省共有古籍 67 万余册。萍乡市、景德镇市的《古籍普查登记目录》已由国家图书馆出版社正式出版。组织开展第六批《国家珍贵古籍名录》和“全国古籍重点保护单位”的申报评审工作。经过调研评审，确定江西省图书馆、乐平市图书馆、萍乡市图书馆、赣州市图书馆、南城县图书馆、黎川县图书馆、铅山县图书馆、江西省博物馆、江西师范大学图书馆 9 家单位 131 部古籍申报第六批《国家珍贵古籍名录》；江西师范大学图书馆申报第六批“全国古籍重点保护单位”。开展由中国古籍保护协会组织发起的“2018 年中华古籍普查文化志愿服务行动·江西行”活动。

做好公共数字文化服务平台建设工作，全年完成对赣州与吉安地区的 26 个贫困乡镇级综合文化站，51 个数字文化驿站的公共数字文化设备升级。其中各个乡镇级综合文化站配备公共文化一体机（资源浏览/下载一体机）、平板电脑、摄像机、互动体验播出终端，为基层群众提供数字文化体验服务；数字文化驿站配备公共文化一体机（资源浏览/下载一体机）、平板电脑、互动体验播出终端，为基层群众提供数字文化体验服务。与此同时，省分中心运用“互联网 +”技术为江西省各贫困县的乡镇综合文化站、村（社区）文化室搭建数字资源平台，包括三农服务、少儿天地、健康养生、戏曲荟萃、文化大观等资源，资源总容量约为 740GB。中西部贫困地区公共数字文化服务提档升级项目为江西省贫困县带去了公共数字文化服务设施设备和一定的技术支持，为下一步的公共数字文化服务奠定了基础。（江西省图书馆　苏文帆）

【江西省图书馆开展“红色文艺轻骑兵”进园区活动】 1 月 17 日，江西省图书馆组织“红色文艺轻骑兵”文化小分队走进江西省文化厅直属保育院园区，为全园 300 多名孩子和教职工表演绘本故事手偶剧《拔萝卜》和《不爱洗澡的美美兔》等丰富多彩的活动，展现少儿阅读推广集知识性、多样性、教育性的特点，给孩子们带来不一样的阅读体验。（江西省图书馆　苏文帆）

【江西公共图书馆馆长工作会议在南昌召开】 1月24日，2017年江西公共图书馆馆长工作会议在南昌召开。江西省文化厅党组成员、副厅长任永新出席会议并讲话，会议由江西省图书馆馆长周建文主持，全省各级公共图书馆馆长共200余人出席会议。会议向第七届“读好书”活动先进单位、2017年全省古籍保护工作先进单位、公共数字文化服务先进单位颁发奖牌，并由赣州市、吉水县、大余县、修水县、鄱阳县、黎川县、青山湖区等市县（区）图书馆针对公共图书馆社会化合作、总分馆制建设、主题图书馆建设、基层帮扶及志愿服务等方面的工作进行经验交流。（江西省图书馆　苏文帆）

【江西省图书馆信息咨询服务连续16年助力省“两会”】 1月22—29日，在江西省“两会”召开期间，江西省图书馆“两会”信息咨询服务小组在前湖迎宾馆进行为期7天的“两会”信息咨询服务。江西省图书馆精心策划《信息与咨询——2018年“两会”信息参考资料专辑》与《信息与咨询——智库报告》两本专题资料，提供300册热门书籍供人大代表和政协委员借阅，现场提供信息咨询、承接咨询课题，免费提供网络数字资源查询，文献传递、文件打印服务等。同时，提供数字图书馆体验，设有超星双屏电子智能触摸读书机提供3000册数字图书，博看期刊报纸一体机提供数字期刊、报纸1000余种供代表们在线及离线阅览，提供虚拟现实阅读体验。在服务现场电脑屏幕上对江西省图书馆的现状、服务内容进行图片滚动播出，让更多人了解省图书馆、利用图书馆。（江西省图书馆　苏文帆）

【台湾古籍保护学会会长林登昱一行到江西省图书馆交流访问】 5月23日，台湾古籍保护学会会长林登昱、学会监事主席董金裕、学会秘书吴玫燕、学会高级顾问蒋忠生一行4人莅临江西省图书馆交流访问。江西省古籍保护中心副主任、省图书馆副馆长何振作及特藏部负责人接待来访客人。座谈会上，双方围绕如何保护中华古籍、传承古籍修复技艺等方面进行交流，表示要继续加强交流与合作，共同推动古籍保护工作科学发展。会后，林登昱一行参观省图书馆古籍修复室。（江西省图书馆　苏文帆）

【江西省图书馆文化扶贫系列活动走进乐安】 6月25日—7月1日，江西省图书馆扶贫工作人员走进抚州市乐安县，举办“文化知识助扶贫，数字资源进万家”文化扶贫系列活动。扶贫活动在乐安县图书馆举办，以数字资源展览线上+线下的体验形式，让广大市民熟练掌握获取数字资源的有效途径，激发其阅读兴趣，提升数字文化素养。扫描“掌上赣图”二维码，下载江西省图书馆的手机客户端或关注江西省图书馆的微信公众号，查阅江西图书馆馆藏资源，并通过现场发放的数字资源阅读卡，登录江西省图书馆文化扶贫知识平台乐安县分站，根据阅读卡上提供的账号，浏览文化扶贫知识平台上的数字资源。扶贫活动吸引数百名群众踊跃参与。（江西省图书馆　苏文帆）

【南昌大学与江西省图书馆研究生联合培养基地申报答辩会在江西省图书馆举行】 7月9日，南昌大学与江西省图书馆研究生联合培养基地申报答辩会在江西省图书馆一楼会议室举行。评审组组长江西师范大学研究生院副院长孙桂珍、副组长江西理工大学研究生院院长黄万抚一行5人进行实地评审。江西省图书馆馆长陶涛、副馆长黄俊，南昌大学管理学院党委书记彭维霞、信息管理系主任刘春年等参加申报答辩会。陶涛围绕联合培养基地申报必要性和可行性、省图书馆基本情况、南昌大学管理学院基本情况、学术队伍、专业方向、前期合作等6个方面向评审组专家进行汇报。刘春年补充介绍南昌大学管理学院及情报与档案管理学科的相关情况。评审组专家一致认为，南昌大学与江西省图书馆研究生联合培养基地申报是强强联合，有利于推动江西省图书情报与档案管理学科水平迈上新台阶，对此次申报工作表示充分肯定并提出具体指导意见。会后，评审组专家实地考察省图书馆计算机技术部、特藏部。（江西省图书馆　苏文帆）

【江西省图书馆接待日本岐阜县安八町青少年访问团】 8月2日，日本岐阜县安八町青少年访问团一行 14 人来到江西省图书馆参观访问。江西省图书馆副馆长李晓君和少儿部工作人员接待访问团。江西省图书馆特邀江西省非物质文化遗产豫章剪纸第六代传承人沈哲，在少儿阅览室为中日两国青少年举办主题为“小小传承人”的豫章剪纸少儿读书活动，共同了解剪纸艺术的发展历史，亲身体验剪纸艺术。活动中，中方青少年充分发扬互帮互助精神，采取一对一的方式与日方青少年结对剪纸，拉近了孩子们的距离，为彼此间留下美好记忆。（江西省图书馆　苏文帆）

【“知法于心　守法于行”全省盲人演讲比赛总决赛在江西省图书馆举办】 8 月 10 日，由江西省文化厅、江西省新闻出版广电局、江西省残联主办，江西省图书馆和江西省盲人协会共同承办的“知法于心　守法于行”全省盲人演讲比赛总决赛在江西省图书馆三楼报告厅举办。中国盲文图书馆馆长朱兵、江西省文化厅党组成员、副厅长任永新、江西省残联党组成员、副理事长田颖汉出席活动，江西省图书馆馆长陶涛代表活动承办方致辞。来自全省 9 个设区市代表队、志愿者和江西省图书馆干部职工等 150 余人观看比赛。经过各设区市一个多月的预赛，来自南昌、上饶、萍乡、赣州、九江、抚州、宜春、新余、吉安等九个设区市的 11 名参赛选手进入总决赛。经过精彩角逐，来自吉安市的杨虹以“法治路上，也要镌刻我们闪亮的光环”获得一等奖，来自宜春市的彭宇文、凌吟获得二等奖，来自南昌市的曹兵、吉安市的钟隆军和九江市的周刚盾获得三等奖。（江西省图书馆　苏文帆）

【江西省图书馆理事会成立】 9 月 26 日，江西省图书馆理事会成立大会在江西省图书馆一楼会议室举行。江西省文化厅副厅长任永新、江西省图书馆第一届理事会成员及理事会下设办公室成员参加会议，会议由江西省文化厅社文处处长周建文主持。会上，江西省图书馆馆长陶涛就江西省图书馆法人治理结构改革试点工作及理事会筹备情况向参会人员做介绍说明。周建文宣读《省文化厅关于江西省图书理事会成立的批复》，任永新向 11 位理事颁发聘书并发表讲话。成立大会后，理事会召开第一次工作会议，会议由陶涛主持。会议组织学习《中华人民共和国公共图书馆法》，审议并通过《江西省图书馆章程（草案）》。经民主选举，中共江西省委宣传部原常务副部长陈东有成为江西省图书馆理事会第一任理事长，陶涛担任常务副理事长、方志远担任副理事长。（江西省图书馆　苏文帆）

【江西省图书馆举办新馆无障碍设施建设座谈会】 10 月 15 日，在第 35 个“国际盲人节”来临之际，江西省图书馆结合“盲人数字阅读推广工程”，举办盲用智能听书机发放仪式暨新馆无障碍设施建设座谈会。江西省文化厅、省残联、省盲协等单位领导和 15 位盲人代表出席座谈会，江西省图书馆馆长陶涛主持会议。在盲用智能听书机发放仪式上，江西省文化厅副厅长任永新、省残联副理事长田颖汉、省盲协主席孟国鸣分别致辞。随后，出席领导为 15 位盲人代表发放智能听书机。在新馆无障碍设施建设座谈会上，与会的各位专家针对江西省图书馆新馆无障碍设施建设中的盲道、电梯按钮位置和设备仪器配置等提出许多宝贵的意见和建议。活动结束后，现场的盲人朋友还集体观看无障碍电影《建党伟业》。（江西省图书馆　苏文帆）

【2018 年江西省古籍保护工作管理人员培训班在赣州市图书馆举办】 11 月 19—22 日，由江西省古籍保护中心、江西省图书馆主办，赣州市图书馆承办的 2018 年全省古籍保护工作管理人员培训班在赣州市举办。江西省图书馆学会古籍保护部成员和有关高校图书馆、中学图书馆、各设区市公共图书馆、县级公共图书馆及省级以上古籍重点保护单位分管古籍工作的馆领导及古籍普查工作骨干等 73 人参加开班仪式。培训班邀请中国古籍保护专家委员会委员、武汉大学教授、博士生导师刘家真做“古籍的虫霉防治”专题讲座，对高温高湿地区的江西古籍虫霉防治具有非常重要的现实指导意义。另外 2 场讲座“古籍书影拍摄相关规范与样例”“古籍普查登记目录著录与审校”通过大量实例，讲解古籍书影拍摄与古籍目录审校的规范要求。萍乡市图书馆古籍部主任谢珊、南康区图书馆副馆长郑忠发分享出版古籍普查登记目录与古籍数字化工作经验。省图书馆特藏部主任程学军就“2018 年中华古籍普查文化志愿服务行动·江西行”做总结。

（江西省图书馆　苏文帆）

【江西省首家公共图书馆志愿者服务点在九江对外开放】 1月6日，九江市图书馆5727志愿者基层服务点正式对外开放，九江市图书馆馆长王晓健、支部书记杨晶及文化志愿者30余人参加服务点开放仪式。5727厂区位于九江市郊，距九江市图书馆较远，服务场地由市图书馆“寻庐文化志愿者服务队”的志愿者免费提供，日常服务和管理由志愿者们承担，这种模式在省内尚属首家。服务点位于5727厂宿舍67栋1单元102室，面积100余平方米，室内摆放图书2000余册，由市图书馆统一配送并定期轮换。设阅读座席20个，提供成人、少儿图书借阅服务，与市图书馆实行借阅证一卡通和图书通借通还，每天开放暂定为2小时。（江西省图书馆　苏文帆）

【吉安市图书馆与吉安职院师范学院签订志愿服务示范岗协议】 1月2日，吉安职院师范学院志愿服务队与吉安市图书馆签约挂牌启动仪式在吉安市图书馆举行。吉安市图书馆馆长邹美兰、吉安职院师范学院院长肖玉栋，部分师范学院学生志愿者及市图书馆工作人员参加启动仪式。启动仪式上，邹美兰、肖玉栋分别致辞。师范学院志愿服务学生代表做“心甘情愿为社会播撒文明与爱的人”的主题发言。仪式结束后，师范学院志愿者骨干10多人接受首场培训。（江西省图书馆　苏文帆）

【2018年赣西地区公共图书馆联盟工作会议在宜春召开】 11月26日，由赣西地区公共图书馆联盟主办，宜春市图书馆学会承办的2018年赣西地区公共图书馆联盟工作会议在宜春市图书馆召开。江西省图书馆馆长陶涛、副馆长黄俊、宜春市文广新局局长张国全出席会议。赣西地区各县市（区）公共图书馆馆长及业务骨干共80余人参加会议，会议由宜春市文广新局副调研员王向东主持。会上，张国全、陶涛分别致辞，黄俊、中国索引学会副理事长叶艳鸣分别做题为“法治环境下公共图书馆建设与服务创新”“公共文化服务体系中的总分馆建设”的主旨讲座。会议整合赣西地区公共图书馆各类资源，在协调文献采购、优化资源配置、联合编目、文献开发、馆际互借，人才培养、学术研究等方面加强合作，为推进公共文化服务体系建设，实现赣西地区图书馆事业协同多元发展和公共图书馆事业的优化升级打下良好基础。（江西省图书馆　苏文帆）

【吉水县开展首届“最美读书人”评选活动】 1月15日，在“讴歌新时代，唱响新吉水”迎春文艺晚会上，吉水县委书记袁守旺为10名“最美读书人”获得者颁发证书和奖杯，对他们在推动全民阅读活动中起到的表率作用给予肯定。颁奖仪式上，刘建中作为“最美读书人”代表发表获奖感言。他表示，此次活动的举办，对传承文化，打造人文吉水有着重要的意义，希望通过这次活动有更多的人参与到全民阅读中来。自2017年9月开始，吉水县委宣传部、县文广新局和县教体局、县图书馆联合开展首届“最美读书人”评选活动。历时半年，经初审复核、微信投票、专家评审、网上公示等评选程序，最终确定10名“最美读书人”。（江西省图书馆　苏文帆）

【分宜县图书馆荣获第七届全国服务农民、服务基层文化建设先进集体称号】 1月16日，中宣部在北京召开第七届全国服务农民、服务基层文化建设先进集体表彰会，对全国327个先进集体进行表彰。江西省新余市分宜县图书馆荣获第七届全国“双服务”文化建设先进集体称号，是全省唯一获此殊荣的县级图书馆。近年来，该馆坚持以“服务市民、服务基层”为宗旨，把开展形式多样的主题读书活动作为“文化活县”战略的重要内容之一，推广全民阅读。2018年以来，在做好“双服务”工作的同时，推进总分馆制建设和图书馆联盟建设工程，搭建数字自动化图书馆服务平台，并以县图书馆为总馆，选择人口稠密、具有相应条件的场所开设分馆13个、社区居委会图书服务点11个，创办学校流通点5个、军民共建共享图书流通点1个、警营图书流通点5个，流动图书4.3万册次。（江西省图书馆　苏文帆）

【婺源县图书馆新馆正式对外开放】 10月12日，婺源县图书馆新馆正式对外开放试运行。新馆位于婺源县紫阳镇清华路，总建筑面积5000平方米。整体设计采用传统与现代相结合

的大书房格局，喧嚣中一僻，浮躁中一静，方寸中见雅致。截至2018年底，接待读者7.8万余人次。（江西省图书馆　苏文帆）

山东省

【概况】 2018年是《中华人民共和国公共图书馆法》正式实施的第一年，也是学习贯彻党的十九大精神、抓住战略发展新机遇的一年。全省公共图书馆强化设施建设，优化内部管理，健全干部队伍，提升服务能力，图书馆事业呈现出全新的局面。

截至2018年底，全省共有公共图书馆155个，其中省级图书馆1个、副省级图书馆1个、计划单列市图书馆1个、市级图书馆15个、县（市、区）级图书馆137个。全省公共图书馆共有编制2812人，从业人员2794人，其中高级职称439人、中级职称1095人，分别占从业人数的15.7%和39.1%。总建筑面积106万平方米。2018年财政拨款总经费6.7亿元，其中购书经费1.1亿元。新增纸质图书425万余册（件）、电子图书526万册（件）。纸质图书总藏量6332万册（件），电子图书总藏量3535万册（件），数据库773个。阅览室座席65818个（含少儿阅览室座席16016个），比上年增长34.8%。累计有效借书证421万个，比上年增长29%。全年读者总流通4538万人次，比上年增长8%。文献外借3026万册次。全年举办读者活动16886次，比上年增长32%。其中讲座7190次、展览1948次，分别比上年增长25%和8%。全省公共图书馆共有分馆2576个，流动书刊借阅3341万册。

分馆建设稳步推进。其中，省图书馆依托“知识河流”服务品牌，在社会各行业中建立图书分馆或流动站，打造“机关分馆”品牌、助力警营文化建设、服务弱势群体、引导未成年人阅读，服务遍及机关、企业、部队、监狱、学校和特教机构等行业，全力打造覆盖全社会的馆外流通服务网络，已累计建立分馆或流动站49个，年流动图书近10万册，受益者约20万人。

全民阅读活动精彩纷呈。由山东省文化厅主办、省图书馆承办、各市图书馆协办的第十三届全省读书朗诵大赛，以“一路阅读　一路书香”为主题，直接报名参赛人数达14余万人，各市图书馆、有关高校共组织海选及比赛超300场，52件朗诵作品分别获得一、二、三等奖，在倡导全民阅读方面发挥引领和示范效应。由山东省图书馆、省图书馆学会主办，济南、潍坊、临沂三市图书馆承办的“童音诵古韵·经典有新声”首届全省少儿诗词诵读大赛，共有5000余名选手报名参加，500余组选手晋级决赛。由省图书馆、省图书馆学会主办，济南、青岛、菏泽三市图书馆承办，各市图书馆协办的“讲好山东故事　传承优秀文化”全省首届青少年读书故事会，共800余组选手参加，此次活动为青少年搭建了一个展示自身修养与语言艺术水平的平台，激发更多的青少年了解山东故事，讲述山东故事，传承优秀文化。此外，山东省少年儿童图书馆绘本馆荣获中国图书馆学会未成年人图书馆分会联合《图书馆报》面向全国开展的“2018年十佳绘本馆”称号。

从业人员业务水平不断提高。省图书馆依据山东省文化厅印发的《“十三五”时期山东省文化科技发展规划》以及《山东省图书馆“十三五”发展规划》，制定并实施《山东省图书馆服务效能提升计划（试行）》和《山东省图书馆学术提升计划（试行）》。举办首届馆员发展论坛（党建论坛、学术论坛、创新发展论坛），设立图书馆学术贡献奖。此次论坛经过3个多月的筹备、征集、组织评审，共征集作品64篇，内容涵盖党的建设、图书馆理论研究、全民阅读推广与服务效能提升等多个领域。论坛从工作实践出发，密切结合当下图书馆业界的热点问题提出自己的见解，并有理性务实的经验总结和观点鲜明的意见倡导。（山东省图书馆　王彬）

【山东省公共图书馆馆长联席会在威海召开】 4月11日，山东省公共图书馆馆长联席会在威海召开。会议简要回顾2017年工作，重点对2018年工作进行部署。山东省文化和旅游厅副厅长李国琳，省图书馆党委书记、馆长刘显世，威海市政府副秘书长王伟、威海市文广新局局长王京伟，省图书馆副馆长周玉山，及各市公共图书馆主要负责人参加会议。会上，17市图书馆主要负责人就资源建设、创新工作、数字文化服务、总分馆制建设、尼山书院建设与服务等工作进行深入交流，大家认为今后要切实做好后评估时期各项工作，把抓管理、提效能、多创新、科学发展作为今后工作的重点方向。（山东省图书

馆　王玮）

【山东省公共图书馆总分馆制建设高级研修班在烟台举办】 5月21—22日，山东省图书馆、省图书馆学会在烟台联合举办全省公共图书馆总分馆制建设高级研修班。全省各市公共图书馆馆长、业务骨干及县（区）图书馆馆长等180余人参加培训。此次培训专题研修公共文化服务体系与公共图书馆总分馆制建设的政策、理论与实践。北京大学信息管理系副教授张广钦详细解读公共图书馆总分馆制建设的相关政策，结合国内外先进经验，从实践和理论两个层面分析当前总分馆建设的体系架构和主流模式；浙江图书馆馆长褚树青从中心馆、总分馆及专业主题馆服务实践出发，围绕公共文化服务体系建设主题，阐述公共图书馆服务体系与总分馆制建设之间的关系；山东省图书馆馆长刘显世着重解读山东省《关于推进县级文化馆图书馆总分馆制建设的实施意见》文件精神，根据全省县级图书馆总分馆建设实际，针对部分案例，指出当前面临的问题与解决途径。授课结束后，与会人员分成4组展开研讨，围绕各地总分馆建设实践进行交流。（山东省图书馆　王玮）

【2018年山东省古籍保护工作厅际联席会暨2017年度山东省古籍保护工作先进评选会召开】 5月25日，2018年山东省古籍保护工作厅际联席会暨2017年度山东省古籍保护工作先进评选会在山东省图书馆召开。来自省发展和改革委员会、省教育厅、省科技厅、省民族事务委员会（省宗教事务局）、省财政厅、省文物局等古籍保护工作厅际联席会议成员单位的相关负责人参加会议。山东省图书馆馆长、党委书记、省古籍保护中心主任刘显世出席会议并致辞。与会代表充分肯定山东省古籍保护通过评选先进来促进工作开展的举措，认为思路明确、执行有力、工作扎实、卓有成效，并建议继续加大古籍修复、研究、开发力度，为传承齐鲁优秀传统文化再做新贡献。经评选确定30家单位为“2017年度山东省古籍保护先进单位”，50名个人为“2017年度山东省古籍保护先进个人”。（山东省图书馆　王彬）

【山东省图书馆举办“送您一缕暖心阳光”文化助盲活动】 5月26日，在全国第28个助残日期间，山东省图书馆、山东省盲人协会及山东建筑大学无障碍研究中心联合在馆内举办“送您一缕暖心阳光”文化助盲活动。在此次活动中，盲人朋友体验省图书馆提供的朗读亭和无障碍电影服务，通过现代信息技术让盲人朋友也能同健全人一样享受朗读和看电影带来的快乐。在此次活动中，山东省图书馆还向盲人读者发放部分盲人专用便携式听书机设备。此次活动是山东省盲人数字阅读推广工程的一个重要部分，在全省范围内由财政资金采购15000台便携式听书机，依托省内各级公共图书馆及残联、盲协组织，向视障群众免费借阅。听书机内置音频文化资源，并且具有网络下载功能，未来山东省图书馆将依托在全省建立的79家基层“光明之家·视障数字阅览室”服务阵地，大力开展视障文化服务活动，以听书机免费借阅和无障碍电影巡回播放两项工作为重点抓手，把更多更好的文化资源传递到盲人读者身边。（山东省图书馆　王玮）

【山东省图书馆承办2018年中国图书馆学会年会分会场】 6月1日，山东省图书馆、省图书馆学会承办2018年中国图书馆年会第6分会场话题4“现代图书馆弘扬传承中华优秀传统文化的责任与使命”学术会议，这也是此次年会唯一一个以国学为主的分会场会议。分会场内容丰富：为“现代图书馆弘扬传承中华优秀传统文化责任与使命”案例征集获奖单位及个人颁奖，福建省图书馆、沧州图书馆、威海市图书馆在会上做案例交流，此外还安排有演出、讲座、点评、互动等活动，得到与会代表的好评，场内座无虚席。（山东省图书馆　王彬）

【“册府千华　守望文明：泰山·黄河·孔子——山东珍贵古籍展”】 6月8日，由国家图书馆（国家古籍保护中心）与山东省文化厅共同主办，山东省图书馆（山东省古籍保护中心）承办的“册府千华　守望文明：泰山·黄河·孔子——山东珍贵古籍展”在山东省图书馆开展，国家图书馆副馆长、国家古籍保护中心副主任张志清，山东省图书馆馆长、山东省古籍保护中心主任刘显世为展览揭幕。展览分帝王世家、齐鲁名圣、市井万象、守望文明4部分，展示山东在古籍保护和文化传承中的作为与贡献。展览以动静结合的方式，通过静态的典籍展示4部分主题，配以《王献唐护宝南迁》《潘美娣与古籍修复》《山东省图书馆馆藏珍品》《海源阁藏书楼》等视频，展示数代图书馆人在文化传承中所做的不可磨灭的贡献；再以修复技艺与书法展示，传拓技艺与雕版刷印体验等互动活动，让珍贵典籍走近大众，激发观众的民族自豪感。（山东省图书馆　王玮）

【第六批“全国古籍重点保护单位”和《国家珍贵古籍名录》暨第四批“山东省古籍重点保护单位”和《山东省珍贵古籍名录》评审会】 6月21日，此次评审会在山东省图书馆召开，由全省15位专家组成的山东省古籍保护评审专家委员会进行评审。此次评审对申报“全国古籍重点保护单位”的1家单位和申报《国家珍贵古籍名录》的93部古籍进行审核，最终确定42部古籍上报国家古籍保护中心，申报第六批《国家珍贵古籍名录》；对申报“山东省古籍重点保护单位”的3家单位和申报《山东省珍贵古籍名录》的1287部古籍进行审核，最终确定济南市博物馆等3家单位入选“山东省古籍重点保护单位”，686部古籍入选第四批《山东省珍贵古籍名录》，另有51部古籍需要核定后再确定是否入选，评审结果经省文化厅上报省政府。此次评审展现出新的变化，首先是参加申报的单位范围进一步扩大，以平阴县图书馆、济南市幼儿师范高等专科学校图书馆为代表的一批新单位加入到评审中来；其次，出现一批珍品，元刻碛砂藏本佛经、清光绪陈氏钤印本《十钟山房印举》、傅增湘题跋清刻本《藏园诗钞》、王献唐题跋清熊赐履稿本《些余集》等珍品被收入名录。（山东省图书馆　王玮）

【山东省图书馆省机关事务局数字分馆正式启动】 6月25日，山东省图书馆省机关事务局数字分馆启动仪式在山东省机关事务管理局举行。该分馆启动后，工作人员既可以通过手机随时随地使用移动数字图书馆所有数字资源，也可以通过PC端访问为山东省机关事务管理局定制的决策参考数字资源，还可以通过歌德电子书借阅机下载定时更新的电子书刊。省机关事务局数字分馆的启动，开辟“图书馆服务进机关”的新模式，是双方对建设“书香机关”的有益探索，也是山东省图书馆在不断推进全民阅读工作中的又一创新之举。（山东省图书馆　王玮）

【山东省图书馆实施《山东省图书馆服务效能提升计划（试行）》《山东省图书馆学术提升计划（试行）》】 7月25日，在认真论证和广泛征求意见的基础上，山东省图书馆印发实施《山东省图书馆服务效能提升计划（试行）》《山东省图书馆学术提升计划（试行）》。《山东省图书馆服务效能提升计划（试行）》重点谋划12项主要任务，涉及山东省图书馆基础服务、资源建设、重点项目、综合保障等各项工作。《山东省图书馆学术提升计划（试行）》以提升山东省图书馆的学科实力和学术影响力为目标，在学术方向选择、人才培养计划、科学研究项目、学术研究机制等方面进行科学长远规划。“两个计划”的实施，推动山东省图书馆综合服务水平与学术能力的全面提升。（山东省图书馆　王玮）

【山东省图书馆举办首届全省少儿诗词诵读大赛】 8月25—26日，由山东省图书馆、省图书馆学会主办，济南市图书馆、潍坊市图书馆、临沂市图书馆承办的“童音诵古韵·经典有新声”首届全省少儿诗词诵读大赛在3个赛区同时进行总决赛，并在国家公共文化云平台进行全程直播。该活动自7月启动以来，得到社会各界的广泛关注，共有5000余名选手报名参赛。经过海选预赛和决赛，最终6—9岁组和10—12岁组两个组别的500余组选手晋级决赛，并分获金、银、铜奖及优秀奖。少儿诗词诵读大赛是山东省图书馆继全省读书朗诵大赛后推出的又一大型读书推广活动，旨在引领读者特别是少年儿童养成良好的阅读习惯，汲取经典诗词的营养，弘扬优秀传统文化。（山东省图书馆　王玮）

【山东省图书馆会同山东省边防总队开展海疆数字文化长廊建设调研】 8月30日—9月2日，山东省图书馆馆长刘显世、副馆长周玉山与武警山东边防总队政治部主任张健、宣传文化处处长王晓刚一行，对山东省海疆数字文化长廊建设情况进行调研。调研组先后奔赴烟台、威海、青岛三市，对烟台机场边检站、武警边防烟台支队、威海鸡鸣岛海疆书屋、青岛积米崖边防书屋、灵山岛边防书屋等9个不同类型的海疆基层服务站点进行实地调研，并针对面临的新情况、新问题进行沟通交流。下一步，将在巩固推进、提高服务水平和提升服务效能等方面加大工作力度，力争保持在全国的示范领先地位。（山东省图书馆　王玮）

【“一山一水一圣人——山东省图书馆珍贵文献展”在南澳大利亚州立图书馆开展】 9月7日，“一山一水一圣人——山东省图书馆珍贵文献展”在南澳大利亚州立图书馆举行开幕式，南澳州州长马潇、山东省文化厅副厅长李国琳、南澳州图书馆理事会主席詹姆斯·布鲁斯出席开幕式并致辞，他们与中国驻阿德莱德代总领事梅运才共同为展览开启大门。南澳州政府官员、阿德莱德大学孔子学院师生、南澳州土著居民代表等100余人参加开幕式。山东省图书馆副馆长李勇慧向州长等来宾重点讲解展示中国宋代皇帝封禅泰山的《泰山神起跸回銮图》、明代宫廷刻印《永乐北藏》本唐释玄奘译《金刚般若波罗蜜经》、清淄博《聊斋志异》故事彩绘图本《义犬》等珍贵展品，以及南澳州艺术馆特意为配合玄奘译本而借展的彩绘本《五天竺图》。此次展览是2018年“山东文化周”系列活动之一，也是山东省图书馆与南澳州立图书馆合作协议的重要内容。（山东省图书馆　王玮）

【山东省盲人数字阅读推广工程启动】 10月28日，山东省盲人数字阅读推广工程暨光明使者志愿者团队成立仪式在省图书馆举行。山东省文化和旅游厅一级巡视员李国琳为“光明使者”志愿者代表王宇授旗，并由中国盲文图书馆副总编辑沃淑萍、山东省残疾人联合会副理事长冯雷、山东省文化和旅游厅一级巡视员李国琳、山东建筑大学建筑城规学院院长仝晖为盲人代表发放智能听书机。活动现场，“光明之家视障文化服务”微信公众号同步上线。（山东省图书馆　王玮）

【山东省图书馆举行首届文创大赛颁奖典礼暨获奖作品展览】 11月3日，山东省图书馆首届文创大赛颁奖典礼在山东省图书馆举行，获奖作品展览同时开幕。大赛自7月10日启动以来，共收到来自山东省内外高校、设计公司的文创设计方案1451件。经过大赛组委会评审委员会初评、终评两个阶段的评比筛选，最终评选出二等奖5名、三等奖10名、优秀奖30名、入围奖100名。（山东省图书馆　王玮）

【菏泽市图书馆举行特色文化专题资源库建设座谈会】 2月1日，菏泽市牡丹特色文化专题资源库专家小组会议在菏泽市图书馆举行。菏泽市牡丹特色文化专题库以“合作共建”和“合理共享”为原则，将本地区分散、异构的资源有效集中与整合，重点地共建一批主题明确、特色鲜明、类型丰富、组织有序的优秀牡丹文化数字资源库，资源计划建设约4万条元数据，视频1500分钟，音频600分钟，图片20000张，文字，25万字，3TB数字资源数据，以牡丹文化门户网站形式呈现。数据库内容主要包括牡丹历史、牡丹种植、牡丹书画、牡丹人物、牡丹旅游、牡丹销售、牡丹医药等，以知识单元化的形式呈现。会议确定，数据库资源主要来源于菏泽市图书馆馆藏牡丹文化资源，通过整合菏泽市牡丹产业化办公室、菏泽市地方志办公室、菏泽市牡丹花会办公室、曹州牡丹园等系统和菏泽日报社、牡丹晚报等单位的优质资源，兼顾民间与牡丹有关的特色资源，形成独立体系的地方特色文化专题数据库。（山东省图书馆　王玮）

【烟台市举办首批初级儿童阅读推广人认证考试】 3月16—17日，烟台市文化和旅游局在烟台图书馆举办首批烟台市初级儿童阅读推广人选拔认证考试，来自全市13个县市区的90余名图书馆员、文化工作者及阅读机构工作人员报名参加考试，从中选拔出不超过50名初级儿童阅读推广人。通过举办培训、组织高峰论坛等形式，烟台市帮助积极帮助阅读推广人提高素质、更新理念、开阔眼界。鼓励和支持阅读推广人员到公共图书馆、社区、幼儿园、学校等开展公益性阅读活动，在全社会营造爱阅读、会读书的氛围，为建设书香烟台贡献力量。（山东省图书馆　王彬）

【烟台图书馆设立烟台党史研究成果展示专柜】 2018年，烟台图书馆与烟台市委党史研究室合作，在烟台图书馆四楼样本书库设立“烟台党史研究成果展示专柜”。该专柜陈列有《中国共产党烟台画史》《红色力量》《胶东英烈传》等图书52册（套），是由烟台市委党史研究室整理出版的最新成果，供市民免费阅读。该专柜的设立，是烟台图书馆党建工作的重要举措，对于市民学习中共烟台地方党史，传承胶东红色文化，充分发挥以史鉴今、资政育人的作用具有积极意义。（山东省图书馆　王玮）

【青岛市图书馆开展“数字资源进企业”活动】 4月24日，青岛市图书馆走进青岛水务海润自来水集团开展“数字资源进企业”活动，举行“书香惠工卡”发放仪式。该馆将数字资源引入企业职工书屋，为职工们在网络上进行图书阅览、资料查找等提供了极大便利。目前，青岛市图书馆数字资源馆藏数字资源总量330TB，在该馆网站“数字资源馆外访问平台”通过单点登录系统（Single Sign On，SSO）免费向注册读者远程开放，年访问量超过1000万人次，成为青岛市民不可或缺的数字资源利用平台。（山东省图书馆　陈可生）

【东营市河口区图书馆·音乐图书馆试运行】 11月15日，东营市河口区图书馆·音乐图书馆面向市民开放试运行。音乐馆位于河口区图书馆一楼东南角，面积为120平方米，包含1个全数字影视音乐厅、1个影视音乐播放室、1个观影等候室，可容纳30人同时观影。厅内全部采用先进的影视系统配置，包括QSC功放系统、全立体环绕音响、数字音响解码系统、高清3D播放器、可调试3D眼镜、高保真镜头等。可实现超清3D电影、网络高清资源、电视直播、DVD播放等多种资源（山东省图书馆　王玮）

河南省

【《公共图书馆法》宣传周活动启动仪式在河南省图书馆举行】 1月1日，河南省《公共图书馆法》宣传周活动启动仪式在河南省图书馆举行。此次活动由河南省文化厅主办，河南省图书馆承办。河南省文化厅党组成员、副厅长康洁、省文化厅公共文化处处长师东坡、调研员张德祥参加启动仪式，河南省图书馆馆长孔德超主持仪式。康洁在致辞中希望各级公共图书馆要认真学习、落实《公共图书馆法》，按照《公共图书馆法》的要求，明确自身职责，坚持免费开放，完善服务项目，拓展服务内容，优化开放时间，提高服务效能，为广大读者有效查询文献信息、有效获取文献信息提供高效服务。启动仪式上，对2017年全民阅读系列活动先进单位和获奖个人进行表彰，同时举办《公共图书馆法》专题图文展与法律答题赠书活动，向广大市民发放《公共图书馆法》宣传材料。（河南省图书馆学会　严真　马秀峰　刘洋）

【河南省公共数字文化工程资源建设培训班在郑州举办】 5月8日，河南省图书馆（文化共享工程河南省分中心）主办的河南省公共数字文化工程资源建设培训班在郑州嵩山饭店开班。此次培训班为期3天，邀请3位专家授课。授课内容包括：文化和旅游部全国公共文化发展中心李亚男主讲“地方资源建设选题与申报”，国家图书馆邵燕、韩萌分别主讲“图书馆数字资源建设中的版权管理”和“推广工程数字资源建设与申报管理”等。来自全省18个地市的150余位图书馆同人参加培训。（河南省图书馆学会　严真　马秀峰　刘洋）

【第四期全国传拓技术培训班在郑州举办】 7月9—20日，由国家古籍保护中心主办，河南省古籍保护中心、李仁清传习所、郑州市金水区文化旅游局承办的第四期全国传拓技术培训班在河南郑州国家级古籍修复技艺传习中心李仁清传习所举办。国家古籍保护中心办公室主任林世田、国家图书馆研究馆员冀亚平、李仁清传习所李仁清、国家图书馆副研究员庄秀芬、河南省文物局博物馆处处长康国义、河南省图书馆副馆长申少春、金水区文化旅游局局长许孔安等参加开班仪式并致辞。来自全国36家古籍保护单位40名学员参加培训。此次培训班历时12天，其中理论课“拓片的产生与整理”由冀亚平主讲；传拓技术实践由河南省非遗传承人李仁清主讲。（河南省图书馆学会　严真　马秀峰　刘洋）

【全省数字图书馆推广工程互联互通暨资源宣传推广培训班在河南省图书馆举办】 8月6—8日，来自河南省内各县市公共图书馆馆长及技术骨干60余人参加此次培训班。培训旨在提高基层图书馆公共数字文化管理与服务的水平，更好地利用数字图书馆这一平台，全面提高全省公共图书馆提供数字文化服务的能力。培训班上，河南省图书馆副馆长申少春做主题讲座，分3部分详细解读并梳理如何学习贯彻《公共图书馆法》，《公共图书馆法》与《“十三五”公共数字文化发展规划》框架下的数字图书馆建设，数字图书馆推广工程与公共数字文化服务体系。河南省图书馆网络技术部主任陈勇以省图书馆为例分享图书馆数字资源建设与应用的经验。随后，学员分组讨论各馆在数字图书馆互联互通建设方面的经验与问题。（河南省图书馆学会　严真　马秀峰　刘洋）

【河南省图书馆少林学堂服务站授牌仪式在登封举行】 8月25日，河南省图书馆少林学堂服务站授牌仪式在登封少林学堂举行。河南省图书馆馆长孔德超将“河南省图书馆服务站”牌匾授予少林学堂图书馆，并捐赠价值10万元、共计4000余册图书。河南省文化厅厅长宋丽萍、副厅长康洁，少林寺方丈释永信到场祝贺并共同为“河南省图书馆服务站”牌匾揭牌。（河南省图书馆学会　严真　马秀峰　刘洋）

【河南省2018年公共数字文化工程培训班暨数字资源宣传推广活动在许昌举办】 10月14—16日，由河南省图书馆（文化共享工程河南省分中心）主办、许昌市图书馆承办的河南省2018年公共数字文化工程培训班暨数字资源宣传推广活动在许昌举行。许昌市文化广电新闻出版局调研员崔清立、河南省图书馆副馆长申少春、许昌市图书馆馆长安玉龙等出席开班仪式并致辞，全省各市县共有158位图书馆馆长和业务骨干参与现场培训。国家图书馆相关负责人韩萌、童忠勇分别就“推广工程数字资源建设与服务”“十三五时期数字图书馆推广工程服务融合与创新”2个主题进行讲解；安玉龙向与会人员分享“许昌市城市阅读空间建设与数字阅读推广实践”。（河南省图书馆学会　严真　马秀峰　刘洋）

【河南省数字图书馆推广工程县级图书馆互联互通培训班在兰考举办】 11月12—13日，河南省数字图书馆推广工程县级图书馆互联互通培训班在兰考县图书馆举行，全省参与互联互通建设的11个县级图书馆共20位同人参加培训。此次培训班由河南省图书馆网络技术部主任陈勇进行授课，内容分为2个部分，一是针对互联互通网络的基本操作与安全维护问题，二是介绍国家图书馆和河南省图书馆数字资源的相关内容与使用方法。培训理论和实践并重，在授课的同时，学员通过网络进行实际操作，进一步加深理解和记忆。（河南省图书馆学会　严真　马秀峰　刘洋）

【河南省公共图书馆服务创新与服务效能经验交流会在洛阳召开】 12月11日，河南省公共图书馆服务创新与服务效能经验交流会在洛阳市图书馆学术报告厅召开。全省省辖市图书馆馆长、各县（市、区）图书馆馆长、各地市少儿图书馆馆长等140余人参加会议。交流会上，洛阳市文广新局副局长林春芳、河南省图书馆党委书记仝光辉分别致辞，南开大学图书馆教授徐建华做题为“‘两法’实施之后公共图书馆工作的重点与走向”的专题报告。洛阳市图书馆馆长吕子刚介绍洛阳市“河洛书苑”城市书房建设的工作经验，郑州市图书馆馆长李红岩介绍全民阅读的工作经验，开封市图书馆馆长马慧萍介绍新馆建设的工作经验，河南省少儿图书馆馆长王海辉介绍开展“少儿阅读年”活动的工作经验，郑州市上街区图书馆和邓州市图书馆馆长分别介绍馆内服务创新工作经验。河南省图书馆副馆长申少春主持会议并就2019年全省公共图书馆服务创新工作做重要部署。会后，馆长们参观洛阳市部分城市书房。（河南省图书馆学会　严真　马秀峰　刘洋）

【2018年网络书香基层图书馆帮扶计划活动在夏邑县图书馆启动】 12月21日，“网络书香基层图书馆帮扶计划”服务推广活动在夏邑县图书馆启动。根据活动安排，河南省图书馆帮助夏邑县图书馆在门户网站和微信公众平台上完成“基层数字图书馆”服务平台的部署。该平台汇集3000册中文电子图书、200种优质期刊、2500集视频资源，资源适用对象包括普通大众以及老人、妇女、儿童等；资源内容覆盖农林牧渔、医药健康、创业就业、法律咨询、少儿学习等领域。此次服务推广活动分为读者专题讲座和数字资源体验两个环节，帮助读者更深入地了解和获取优质数字资源。读者专题讲座从基层数字图书馆平台的使用、数字图书馆推广工程的介绍、数字资源体验设备等几方面进行分

享交流，并带领读者进行实操演练。（河南省图书馆学会　严真　马秀峰　刘洋）

【河南首家村级图书馆在桐柏县新集乡开馆】 5月29日，河南省首个村级图书馆——桐柏县图书馆栗园分馆在该县新集乡栗园村开馆。该馆位于桐柏县建档立卡贫困村——新集乡栗园村，该村地处新集、安棚、淮源三乡镇交界处。该馆建筑面积120平方米，共有社会各界捐献图书5000余册，建有图书阅览室、文化活动室、远程教育室、广播室等近10个科室，配备有电脑、投影仪等。该馆不仅是全省首家村级图书馆而且是桐柏县图书馆第一个分馆，它的建成并投入使用不仅为栗园村周边的留守儿童提供教育学习的基地，而且让当地贫困群众在家门口就能看到既喜欢又实用的书籍，满足当地群众的精神文化需求，极大地提高贫困群众内在的创富脱贫能力，将扶贫与扶智相结合，为斩断贫困代际遗传进行有益探索。（河南省图书馆学会　严真　马秀峰　刘洋）

湖北省

【湖北省图书馆概况】 2018年，湖北省图书馆总建筑面积10.23万平方米，拥有阅览室、体验区、研究室、报告厅、展览厅等空间。馆藏文献总量为838.24万册（件），数字资源总量596TB。全年接待读者366.28万人次，有效读者证累计达402500个。书刊外借60.67万人次、213.43万册次。新媒体用户19.74万人。官网点击量650万次，“掌上鄂图”点击量321.50万次，文献传递22.95万篇（次）。申报第六批《国家珍贵古籍名录》馆藏古籍206部。馆藏中，尤以古籍善本、地方志、民国文献、湖北地方文献等最富特色。

坚持全年不间断开放，着力提升服务效能。为读者提供文献借阅、信息咨询、课题检索、公益讲座、数字资源利用等服务，培育和打造“长江讲坛”、“长江读书节”、“童之趣少儿读书节”、公共数字文化惠民月、魅力文化公益展览等服务品牌。随着新媒体的快速发展，不断通过门户网站、移动图书馆、微信等方式提供更丰富的数字资源服务。“长江讲坛”新增湖北交通广播电台播出渠道，在全省各电台同时段节目当中收听率位列第一。全年共举办公益讲座73场，现场听众33989人次。“长江读书节”实施“领读者行动计划”，共举办读者活动5853场，参与者达365万人次。湖北省少年儿童图书馆挂牌成立。

拓展特殊群体服务渠道。“真人图书馆”“守望星空公益音乐会”等活动取得新进展。“心声音频馆”入驻盲文图书馆，“光明直播室”定期录制播出。开展“书香伴读·聆听你我”残障读者阅读帮扶系列活动，获中国图书馆学会“2018年全民阅读优秀案例奖项”。公共文化数字惠民月服务品牌“E海悦读”活动向基层延伸。举办中国湖北与意大利莫里塞、匈牙利杰尔“放飞梦想”国际少儿画展和“极目楚天舒”图片展，助力“一带一路”建设，推动湖北文化走向世界。

设有“徐行可纪念图书馆”等特色图书馆，首创“廉政文化图书馆”和“全国讲座资料中心”。组织湘鄂赣皖4省公共图书馆联盟，成立湖北省公共文化服务省直“四馆”联盟。创办、编辑《读者空间》《图书情报论坛》。

湖北省图书馆荣获“全国文化工作先进集体”“国家一级图书馆”“省级最佳文明单位”“全民阅读示范基地”“湖北省廉政文化教育基地”等多项荣誉。（湖北省图书馆　杨萍　余旼）

【武汉图书馆概况】 2018年，服务读者2000余万人次，其中接待直接到馆读者382万人次，同比增长6%。全市通借通还系统有效证44万个（新办证76187个），文献外借316万册次、同比增长3.6%。网站访问量达1000万人次、微信粉丝近8万人。策划举办“武图悦读”系列读者活动1399场次，同比增长30%，全年媒体报道110多篇次。

2018年，武汉图书馆被中国图书馆学会评选为“城市图书馆研究合作伙伴2017年度综合服务效能之星”、获湖北省2015—2016年度文明单位、获省文化厅授予“湖北省最美公共图书馆”、获武汉市全民阅读活动领导小组授予“2017年度十大阅读基地”。武图悦读志愿服务队获评武汉市“最佳志愿服务组织”。“武图之声”荣获中国图书馆学会第一届公共图书馆创新创意作品征集推广活动“最佳创新奖”。汤湖图书馆打造服务工业园区新模式，以武汉经济技术开发区20万产业工人作为重点服务对象，主动提供精准、创新、高效的文化服务，汤湖图书馆的“服务产业工人及其家庭的阅读活动”案例获中国图书馆学会“2018年全民阅读优秀案例奖项”。武汉图书馆“i品书香”“图书馆+信用”获湖北省图书馆学会创新工作案例。从2018年4月起，凡获得市级以上时代楷模——武汉精神践行者、道德模范、劳动模范等荣誉称号者以及现役军人，读者信用分值达到一定积分的市民，均可凭荣誉证书或信用积分免押金注册办证。持证读者不仅可在全市各区公共图书馆及街头50台24小时自助图书馆借阅图书，还可免费享用武汉图书馆海量电子资源。截至2018年底，武汉图书馆信用办证读者数量已达万余人。（武汉图书馆　杨雁）

【襄阳市公共图书馆概况】　2018年，襄阳市公共文化服务体系建设迈上新台阶。襄阳市、县两级公共图书馆共9个：襄阳市图书馆、襄阳市少年儿童图书馆、老河口市图书馆、宜城市图书馆、枣阳市图书馆、襄州区图书馆、谷城县图书馆、保康县图书馆、南漳县图书馆。其中，地市级公共图书馆2个，县级公共图书馆7个。在第六次全国县级以上公共图书馆评估定级上等级馆中，有5个公共图书馆被评为“一级图书馆”，4个公共图书馆被评为“二级图书馆”。

基础服务保障建设不断完善。截至2018年底，襄阳地区市、县、乡、村四级公共文化服务设施基本健全，在全市以市、县两级公共图书馆为依托，乡镇综合文化站、农家书屋为延伸的“15分钟公共文化服务圈”逐步形成。近年来，襄阳市新建襄阳市图书馆、南漳县图书馆、宜城市图书馆，据统计，全市公共图书馆馆舍总面积为83721平方米。2018年，全市公共图书馆获财政拨款总经费4533.87万元，其中专项购书经费270万元；全市公共图书馆共有从业人员143人，其中中级及以上专业技术人员61人；全市公共图书馆纸质文献总量为290.78万册次；阅览室座席共2848个；全年总流通量为165.5万人次，书刊文献外借217.9万册次；组织各类活动共573场，总参与人数达31万人次。

数字资源保障能力快速发展。襄阳地区市、县两级公共图书馆顺应时代发展需求，注重数字资源建设，不断完善数字资源库建设，提升信息服务率。截至2018年底，全市9大公共图书馆通过购买和自建方式，拥有数字阅读资源达89.6TB，其中包含电子图书、电子期刊、学术论文、科普视频、有声读物等多种资源；全市公共图书馆自建微信公众平台及网站15个，定期向读者推送新书推介、读者服务、活动预告、图书馆动态等各类消息，年访问量高达23.4万人次，初步形成以信息服务为中心的全方位、多层次、开放式的数字资源服务体系，基本满足全市各类读者需求。为引导读者更好地利用馆藏数字阅读资源，各公共图书馆积极开展数字阅读活动，如：少图微课堂、网络书香拜大年等线上活动，拓展阅读推广服务的辐射面。

地方特色馆藏建设逐步健全。襄阳市各公共图书馆重视地方特色资源的收集、整理和数字化加工。截至2018年底，襄阳市已建立胡绳藏书馆、三国馆、法治廉政阅览室等多个主题文献特色“馆中馆”，并对其进行不同程度的硬、软件完善，如对胡绳藏书馆藏书书目进行二次数字化加工，编辑出版《襄阳市图书馆胡绳藏书馆藏书目录》。另外，为保护和利用襄阳人文历史文化资源，襄阳市图书馆现已建成“襄阳老照片特色资源数据库”“汉水文化特色资源数据库”“地方文献全文数据库”等多个独具特色的地方特色资源库。

古籍保护工作稳步推进。襄阳市作为国家历史文化名城，古籍保有量高达5.8万余册。其中，襄阳市少年儿童图书馆于2017年获得第一批“湖北省古籍重点保护单位”称号。作为古籍重点保护单位，襄阳市少年儿童图书馆特设古籍保护中心，馆藏古籍高达36915册（善本5170册），为襄阳市之最。截至2018年底，全市馆藏古籍的《乐府诗集》等11部126册入选“国家珍贵古籍名录”；《韵经》等27部571册入选“湖北省珍贵古籍名录”。自启动国家古籍普查平台的基本数据的著录工作以来，全市已经完成著录数据5161条，现正进入审校阶段。为进一步加强古籍的保护和利用工作，2015年编印的《襄阳图书馆善本图录》由中国文史出版社出版。积极深入襄阳地区各县（市、区）进行古籍调查摸底，发现散落各地古籍1000余册，在老河口市档案馆发现清代雕版1块。

品牌阅读推广活动形式多样。为顺应新时代读者需求，襄阳市各公共图书馆立足本职，开拓创新，逐步形成阅读推广活动品牌化、特色化、常态化，各公共图书馆先后打造汉江讲坛、市民大讲堂、水镜讲坛、少图课堂、鹿门讲坛、“齐悦读”读书会、小诸葛读书会、“童声阅美”少儿读书节等阅读活动品牌，各品牌活动集知识性、多样性、趣味性及特色性为一体，广受读者好评。

“我们的节日”主题活动惠及百姓。2018年，襄阳市各公共图书馆以“4·23”世界读书日、“9·28”孔子诞辰为契机，围绕“我们的节日”主题，搭建多元化阅读平台，先后开展读书节、朗诵大赛、讲座、展览、图书馆研学行等多种形式的全民阅读活动，让越来越多的群众了解图书馆职能，引导广大读者自觉参与阅读，保障了广大人民群众的阅读权益。同时，襄阳市少年儿童图书馆创新工作方式，首次借助新媒介拓宽全民阅读推广辐射面，利用“汉江网”现场直播了“阅读童星　诵读经典”朗读大赛，为襄阳地区读者搭建了广阔的阅读交流平台。

图书馆总分馆制建设不断深入。为整合图书资源、提升服务效能，实现服务均等化发展，襄阳市各公共图书馆在全市范围内共建设110个分馆，形成市县总分馆、县乡总分馆、馆校总分馆、馆企总分馆等多形式的总分馆制图书馆联盟，将服务的触角深入到单位、企业、学校、社区等多个人员聚集的地区，并实现文献资源统一采购、统一编目、统一配送，统一服务政策、统一服务标准，通借通还，共建共享的目标，方便广大市民阅读，提升公共资源的利用率。

城乡图书借阅服务日趋均等。为解决基层资源、资金、人员等缺乏问题，促进优质资源向资源相对匮乏的基层倾斜，襄阳市各大公共图书馆根据自身及各地情况，积极探索多种行之有效的借阅服务模式，以市、县两级公共图书馆为主导，现已建立包括流动图书车、图书漂流站、RFID24小时图书馆、社区文化室、学校图书馆、乡镇（村级）文化站、农家书屋、少儿阅读基地等多种借阅服务点，共计588个。并不定期开展图书进农村、进社区、进企业、进校园、进军营活动，加速促进城乡公共文化服务一体化发展。

公共图书馆服务取得显著成果。襄阳市各公共图书馆积极发挥文化窗口服务作用，在各类评选活动中取得了良好成绩。据调研，2家公共图书馆先后获得了“全国文化系统先进集体”“‘文化志愿服务推进年’系列活动示范项目”“全民阅读先进单位”“省级文明单位”“全省十佳图书馆”“全省十佳阅读基地”“湖北省最美公共图书馆”等多项荣誉称号。9家公共图书馆均先后被新闻联播、《人民日报》、《光明日报》、《图书馆报》、中国图书馆学会、湖北电视台、湖北日报、襄阳市各大媒体等国家、省、市多家媒体采访报道。（襄阳市图书馆　曹禹　陈攀）

【襄阳市少年儿童图书馆概况】 2018年，襄阳市少年儿童图书馆公共文化服务效能成效显著。馆内基础设施建设不断完善，馆藏资源不断增强，公共文化经费投入不断加大，人才队伍建设不断增强，数字资源建设快速发展，古籍保护工作稳步推进。在第六次全国县级以上公共图书馆评估定级中被评定为“二级图书馆”。

馆内基础设施建设不断完善。截至2018年底，襄阳市少年儿童图书馆设有3个部门、7个阅读服务区、1个电子阅览室、1个3D创客空间和1个活动室，面积为950平方米；现有在职职工15人。2018年获财政拨款总经费356.21万元，其中专项购书经费32万元、公共文化的服务经费110万元。

馆藏资源不断增强。襄阳市少年儿童图书馆坚持传统文献和数字资源建设。现纸质馆藏总量22.1万册，其中，少儿读物12万册、报刊2.8万册、古籍36915册（善本5170册）、地方文献1035册。2018年新增纸质文献6751册，期刊248种。现有馆内数字资源总量达到10TB，包括“中华连环画数字图书馆”“AR、VR少儿科普资源”等少儿数字资源库。

公共文化服务水平不断提升。2018年，襄阳市少年儿童图书馆积极落实免费开放政策，每周开馆时间达到54小时，全年总流通量达到12.2万人次，书刊中总借阅量达到9.5万册次。在全省率先开通支付宝免押金智能化借阅服务，新增读者证1740个。全年共举办“少图课堂”系列活动38场次，“童声阅美”首届少儿读书节、“阅读童星　诵读经典”朗读大赛等大型阅读推广活动3场，全年参与各项活动人数达到5000余人次。少儿阅读基地总量增至14个，年配送交换图书近2万册次。通过官方网站、微信公众号、微博等网络平台，开展数字阅读服务工作。2018 年，官方微信公众号访问量突破 20 万，粉丝数量超过 4000 人；官方微博月阅读点击率达 3.5 万次。

古籍保护工作稳步推进。襄阳市少年儿童图书馆古籍典藏丰富，非常重视古籍保护和利用工作。现馆藏古籍达 36915 册，其中善本 5170 册。多部古籍入选“国家珍贵古籍名录”和“湖北省珍贵古籍名录”。2015 年编印出版《襄阳图书馆善本图录》。2013 年获得第四批“全国古籍重点保护单位”称号，2017 年获得第一批“湖北省古籍重点保护单位”称号。（襄阳市少年儿童图书馆　孟子祎　吴楠）

【保康县图书馆概况】 2018 年，保康县图书馆内设少儿阅览室、图书外借室、电子阅览室、盲文阅览室、多媒体培训室 5 个业务部室，事业编制 8 人，在编 7 人，配馆长 1 人、副馆长 1 人，馆员 5 人。新增图书 1500 册；新增读者 311 人，累计办证读者 5072 人；借阅图书 7.2 万册，2.8 万人次；建立流动图书站 14 个，257 个村级图书室，11 个社区图书室，图书总藏量达 53.3 万册。（保康县图书馆　张维军）

【谷城县图书馆概况】 谷城县图书馆成立于 1978 年 4 月，现有在职员工 14 人，年财政预算经费 160 万元。建筑面积 3800 平方米，设有古籍部、采编部、少儿部、外借部、网络服务部、辅导部、科技信息服务部、办公室等 8 个部室。现有藏书 12 万册，其中古籍书 2.1 万册，盲人图书 1000 册，视听文献、缩微制品 4000 余件；电子图书 20 万册，每年总流通人次达到 14 万人次，举办讲座 30 场，展览 50 场次，阅览座席 300 个，日接待能力达到 500 人次；以《金刚般若波罗蜜经》为代表的 1000 多册善本书，具有很高的文物和文献价值，堪称谷城“县宝”。（谷城县图书馆　施贵竹）

【南漳县图书馆概况】 南漳县委、县政府高度重视图书馆工作，于 2016 年 5 月底在南漳县金漳大道与丹阳大道交汇处建成面积为 5012 平方米的新图书馆大楼。新馆建设吸收“中国鼎”“世博中国馆”文化内涵，融入本地居民“天井”“天圆地方”文化元素。新馆共 3 层，一楼设有多功能活动厅、残障人士阅览室、电子阅览室、少儿阅览室；二楼设有报刊阅览室、特藏库、地方文献库；三楼设有图书外借部、采编辅导部、会议室和办公室。图书外借部面积 800 平方米，有书架 210 组，阅览座位 100 个。图书馆现有干部职工 17 人。自 2014 年起连续 3 年每年新增购书经费 100 万元，用于购买图书。截至 2018 年底，南漳县图书馆藏书达到 30 万余册，藏书体系正在不断完善中。3 月，湖北省文化厅授予南漳县图书馆“湖北省最美公共图书馆”称号；湖北省图书馆学会授予南漳图书馆“湖北省最美基层图书馆”称号。（南漳县图书馆　张东明　杜小溪）

【襄州区图书馆概况】 2018 年，襄州区图书馆全年共开展“鹿门讲坛”“鹿门少年”悦读会、全民阅读、免费开放、红色阅读轻骑兵、送书下乡等阅读推广服务活动 40 多次，参与活动的群众 6 万多人；以襄州区图书馆为总馆，建立 6 个通借通还“一卡通”的图书分馆，由区图书馆向分馆调配图书 12000 册；走进机关学校、乡村、社区等部门，开展图书流动服务活动 20 场，流动图书 20000 余册，受益群众 3 万多人；办理读者借阅证 1000 多个，比 2017 年同期增长 27.18%；加大软硬件建设，新增馆员工作站 1 台、自助借还机 1 台、图书馆查询机 2 台、电子图书借阅机 1 台，对馆内 5 万余册图书安装防盗芯片。参加由湖北省委宣传部、省文化厅主办、省图书馆承办的“放飞梦想——湖北·意大利·匈牙利国际少儿画展作品”征集活动中荣获“优秀组织奖”；被襄州区委授予“示范基层党组织”称号。（襄州区图书馆　刘拥涛）

【枣阳市图书馆概况】 枣阳市图书馆位于枣阳市光武大道 45 号，占地面积 3217 平方米，办公楼使用面积 2887 平方米。枣阳市图书馆现有工作人员 37 人。总藏书量 19 万余册，可容纳读者座位 500 多个。全年对外免费开放，每周开放 56 小时，总流通 24.9 万人次，书刊文献流通 30 多万册次。成人阅览席位 300 多个，少儿阅览座位 200 多个，对外服务窗口 5 个，年新增读者 4000 多个，开架比例 100%，年宣传图书目录 6000 多种。（枣阳市图书馆　付建华　王亚峰　唐天红）

【宜城市图书馆概况】 宜城市图书馆现有在编人员10人。年购书经费8万元，馆藏图书总量达14.6万册，年接待读者16.8万人次，年流通总量39.4万册次，外借册次14.6万册。全年组织业务骨干下乡30次，辅导乡镇图书室和农家书屋16个，送书5000册。利用“文化共享工程”的优秀资源，开展推介名家讲座、电影及优秀地方剧目活动20场。利用节日开展拥军、敬老活动。开展图书进军营、进社区送书献爱心活动12次，送书2000册次以上。并结合当前基层书屋现状，对全市基层书屋管理员开展业务培训2期，培训60人次。（宜城市图书馆　张东明　杜小溪）

【老河口市图书馆概况】 老河口市图书馆作为全市宣传文化战线创文示范点，对照全国文明城市创建标准，拆除大楼外临街门面房，建好无障碍卫生间，成立学雷锋志愿者服务站，在5楼多功能报告厅安装全新的LED高清电子显示屏；老旧大楼外墙维修改造重新粉刷。图书馆利用流动图书车先后向李楼镇、仙人渡镇、酂阳办、薛集镇送去5000余册内容丰富的图书，并在这些乡镇挂牌设立老河口市图书馆分馆。关注少儿成长阅读活动，每月举办少儿阅读专场活动，1500余名少儿参加活动。举办以“给孩子不一样的教育”“修炼写作素养”“摄影技巧”为主题的小汉口讲坛，共吸引1100名市民前来聆听。（老河口市图书馆　张红琼　李莎）

【宜昌市公共图书馆概况】 2018年，宜昌市拥有公共图书馆14个，其中市级馆1个、区级馆5个、县级馆8个。从业人员144人，总建筑面积55786平方米，阅览室面积13567平方米，阅览座席4966个；文献总藏量340.78万册（件），年度新增藏量53.24万册（件）；年财政拨款总额3927.9万元，购书专项经费374万元；年度总流通313.86万人次，书刊文献外借278.24万册次；拥有计算机753台，电子阅览室终端444台，图书馆网站访问量222.85万人次。

宜昌市图书馆三峡文化讲坛荟萃地方文化、兼容百家杂谈。截至2018年，三峡文化讲坛已举办200余期，名家讲坛共举办精品讲座5场。以“三峡文化讲坛·名家讲坛”为原型的案例《新媒体时代图书馆公益讲座的新探索》，在中国图书馆学会第一届公共图书馆创新创意征集推广活动中获优秀奖。（宜昌市图书馆　王莹）

【2018年度宜荆荆图书馆联盟工作会议暨联盟论坛在宜昌举行】 12月18日，2018年度宜荆荆图书馆联盟工作会议暨联盟论坛在宜昌市图书馆举行。湖北省图书馆学会秘书长徐力文、武汉大学信息管理学院副院长黄如花、宜昌市图书馆馆长江世华、荆州市图书馆馆长孙品燕、荆门市图书馆馆长蔡志斌出席，来自宜昌、荆州、荆门3地公共图书馆80余名代表参加会议。

论坛由宜昌市图书馆馆长江世华主持，特邀武汉大学信息管理学院副院长黄如花为联盟馆成员做题为“大数据时代的图书馆服务创新”的学术报告。会上，宜昌、荆州、荆门3馆互相交换地方文献。会后还开展宜荆荆图书馆联盟基层行活动。联盟馆成员参观宜昌市图书馆苏家榜社区天香书院分馆，听取苏家榜社区天香书院分馆开展国学特色服务项目介绍，现场进行工作经验交流。（宜昌市图书馆　王莹　黄校）

【当阳市图书馆总分馆制建设】 2018年，当阳市图书馆全面建成总分馆制，为总馆、10个分馆分别配备人工智能刷脸借还机，实现刷脸借书。在全市人流量多的总分馆、流通点配备30台电子书借阅机，据后台系统显示，2018年电子图书下载总量为124364册。总馆建成大数据显示屏，实时显示总馆和下属分馆的读者数量、图书藏量、图书流通数量等各种业务数据。图书馆微信公众号对接馆内业务管理系统，打造成微服务大厅，不仅可阅读馆内海量电子资源，还生成微信电子读者证，实现图书借阅、查询、续借等功能。为读者提供“微信TO WIFI”上网服务，绘制馆内“人流热力图”，人流密集度过大时，显示在大数据显示屏上并自动报警。各图书分馆全部使用图创Interlib图书集群管理系统平台，实现读者管理、借还书管理、流通对账、查询管理、流通日志等功能。总分馆实现“文献资源统一采购、统一编目、统一配送、通借通还和人员的统一培训”六个统一。（当阳市图书馆　徐海燕）

【秭归县图书馆“留守儿童学习乐园”服务品牌创建】 秭归县图书馆“留守儿童学习乐园”服务品牌创建始于2008年。品牌创建有专门的工作小组，有稳定的经费保障，还有一支乐意为留守儿童服务的志愿者队伍。秭归县图书馆与城区小学一起为留守儿童联合建档，为城区所有留守儿童发放荣誉阅览证，馆内所有服务阵地对留守儿童实行零门槛进入，针对留守儿童举办形式多样的活动，如读书活动、征文活动、演讲比赛、讲故事比赛等。寒暑假期间开展电影免费展映活动、“我是小小图书管理员”活动，并邀请留守儿童与家长一块到图书馆，开展亲子阅读活动，增进亲情。10年来，秭归县图书馆服务留守儿童26000人次，联合国儿童基金会、全国妇联、省妇联等多次来馆考察留守儿童服务工作。（秭归县图书馆　周未）

【孝感市图书馆概况】 孝感市图书馆老馆建筑面积4000平方米，新馆10000平方米于2018年建成。新馆位于孝感市东城新区孝感市文化中心D座内，建筑规模为地下一层、地上六层，建筑总面积20332.96平方米。D座规划从下至上分别为图书馆、方志馆、档案馆，其中图书馆使用区段包括地下一层（密集书库）、一层（服务区、培训区）、二层（服务区）、三层部分（服务区）和六层（办公区）。 拥有11个服务大厅（室），规划藏书70万册，阅览座位约1000个。新馆的功能和服务定位包括全市文献信息收藏中心、文献数字化加工、存储及服务中心、地方图书馆业务研究与交流中心。全馆在职在编馆员20人，退休馆员6人，另聘请公益岗位、文化志愿者10余人。截至2018年底，全馆持证读者超过5万人，全年共新办证读者7052个，年接待读者42万人次，图书流通56万册次。全年分编入藏图书12300册7150种，建成电子期刊、学术全文检索、视频资源点播等数据库，数字资源藏量15TB。全馆藏书40万册，订阅各类期刊报纸600余种，阅览座席500余个，各类技术网络设备100余台套。3月，在湖北省文化厅举办的“湖北省最美公共图书馆”评选活动中，获“湖北省最美公共图书馆”荣誉称号。（孝感市图书馆　吴健涛）

【安陆市图书馆概况】 安陆市图书馆馆舍面积1369.53平方米，总藏书量11.3万册，其中古籍线装书6073册（其中善本515册），电子图书8万册。共有阅览座席280个，持证读者8262人。该馆正向数字化图书馆发展，馆内已实现计算机管理。计算机42台，其中电子阅览室30台。现有员工11人。该馆的服务宗旨是“文明服务、礼貌借阅、读者至上”和“为人找书、为书找人”。2018年总流通5.6万人次，其中书刊文献外借5.4万人次。全年举办活动21次，其中各类讲座、培训、展览11次，其他活动10次，参加活动1.9万人次，文化送书下乡3217册。（安陆市图书馆　操咏梅）

【汉川市图书馆概况】 汉川市图书馆1978年建立，馆舍面积1700平方米，有员工21人，内设社会科学和自然科学图书借阅室、报刊阅览、少儿借阅室、古籍图书室、水产养殖、典藏和地方文献室、采编室、电子阅览室等9个服务窗口。现有馆藏20.27万册，其中古籍13610册、电子文献87984册（件）、年外借15万册（次）。有可供读者使用的计算机终端45台，数字借阅机2台。（汉川市图书馆　张丽霞）

【孝昌县图书馆概况】 孝昌县图书馆建筑面积480平方米。在岗人员12人。内设办公室、采编室、借阅室、报刊阅览室、电子阅览室、少儿阅览室。截至2018年底，孝昌县图书馆有计算机45台，阅览座位150个，图书22大类、报纸23种，期刊168种，新增图书12000册，馆藏总量8.2万册，有效借书证6200张，全年书刊文献外借册次10.16万册，其中电子图书下载量达30213册，年接待读者95926人次。现有数字资源总量10TB，其中自建数字资源总量2.1TB，建成了图书馆门户网站、微信公众平台、移动图书馆。孝昌县图书馆流动图书车，开展“送图书下乡、科技知识讲座”“关爱留守儿童送书下乡”等系列文化扶贫活动，为新建立的图书馆分馆、图书馆基层服务点配备电脑、书架等办公用品，全年陆续开展流动图书车送书下乡20次，共送图书5000册，服务读者量达17000人次。（孝昌县图书馆　艾珍）

【应城市图书馆概况】 应城市图书馆现有在岗员工13人。全年共接待读者近20万人次，流通图书近12万册次，分编新增图书6000余册，累计有效借阅证近5000个。在开展阵地优质服务的同时，还开展一系列读者服务，如“4·23”世界读书日的征文演讲竞赛、“蒲骚讲坛”的公益讲座培训、配合湖北省图书馆开展的“童之趣”阅读经典征文、“长江读书节”等系列活动，还充分利用流动图书车，全年下乡10次，流动图书近万册。新建立了海山社区、宇洋创业园2个流动图书点，初期各流动图书1000册，每季度更新图书500册。（应城市图书馆　范志国）

【云梦县图书馆概况】 云梦县图书馆成立于1979年10月，2017年12月15日搬迁至新址——云梦县便民服务中心3号楼，使用面积5300平方米。馆内开放服务窗口包括图书外借大厅、少儿阅览室、报刊阅览室、亲子活动室、电子阅览室、盲人阅览室、多功能报告厅、政府信息公开查询区等，可同时容纳1000余人。馆藏各类文献6万余册，阅览座席500多个，电脑52台，数字图书借阅机系统11台，博看报刊期刊阅读机2台。网络宽带200MB，拥有网络端口25个。同时还建立网站、微信平台和QQ读者群。云梦县图书馆有正式在编员工10人。2018年购书经费15万，定购报纸期刊67种，购置图书6300余册。全年总流通量3万余人次；书刊外借1.5万余人次；书刊外借2万余册次。全年举办读者活动22场次，参与读者1.2万人次。为了更好地为读者服务，改善阅读环境，修建残疾人无障碍通道。2018年在第六次全国县级以上公共图书馆评估定级中被文化和旅游部评为“二级图书馆”。（云梦县图书馆　徐汉云）

【十堰市图书馆概况】 十堰市图书馆占地面积6344平方米，馆舍面积1.03万平方米。职能部室11个（办公室、采编部、外借部、报刊部、科技信息部、业务辅导部、少儿外借阅览部、自动化发展部、特藏部、文化共享工程部、产业部）；核定事业编制70名，现有工作人员63人。拥有馆藏文献74.1万册（件），其中图书60.5万册、报刊13.6万册，可利用数字资源150TB。每年订购报刊1000种，年接待读者60余万人次，借阅书刊74万册次，每年举办讲座100场，展览65场，开展各项活动200余次，拥有阅览座席500个，日接待能力1000余人次。

服务效能获得新提升。一是免费开放持续深化。全年免费向读者开放364天，每周开放时间达70小时，文献借阅、信息咨询、展览讲座、基层辅导、流动服务等项目持续深化。二是读者服务持续提升。全年接待读者70余万人次，借阅书刊70余万册次，新增办证读者6500余人；举办图书展览20多次，展出图书5万余册；开展“阅读嘉年华”新出好书推荐活动5期，推出今日导读3600余条，接待读者咨询8200余人次，编辑信息纵横12期，专题信息11期。三是自助化服务持续加强。完成2个密集架书库的建设任务，改善馆藏条件，推进馆藏规范化管理；进行外借窗口RFID智能图书管理试点工作，提升自助借还水平。四是数字服务持续深入。努力提升公共数字文化“三大工程”建设、管理、服务能力水平，持续推进公共数字文化服务进万家、下基层活动，通过馆网站、微信公众平台、移动终端向市民推送优秀数字文化信息资源。

资源共享实现新突破。全省唯一的公共图书馆第三批国家公共文化服务体系示范项目“湖北省十堰市图书馆总分馆体系+建设”顺利通过国家验收，在两年的创建周期内，努力探索打造体系建设“政府+院校+企业+社会组织1+3”、体系管理“专业队伍+基层文化工作者+社区工作者+社会志愿者1+3”、体系服务“总分馆+汽车流动图书馆+数字图书馆+图书馆联盟1+3”的具有欠发达地区图书馆总分馆建设示范意义的“建设、管理、服务1+3”十堰模式，在城区2个行政区建成由1个中心馆、2个总馆、20个分馆、30个基层服务点组成的四级图书馆总分馆服务网络和体系，实现“一卡通用”“通借通还”，图书资源实现共建共享、有效利用。在2018年湖北省最美公共图书馆评选活动中，获得“湖北省最美公共图书馆”称号；在第四届国际道教育论坛及第九届海峡两岸中华武术论坛活动中，荣获市委、市政府“突出贡献单位”称号；在中国图书馆学会组织的第一届公共图书馆创新创意征集活动中，作品《未来图书馆空间设计和服务转型》获得全国大赛优秀奖；在2018“华夏儿艺”全国少年儿童美术书法摄影大赛中荣获集体一等奖。（十堰市图书馆学会　熊蕊）

【竹山县图书馆概况】 2017年11月16日，秦巴文化艺术中心大楼建成开放，竹山县图书馆占地面积5000平方米。有办公室、采编室、少儿阅览室、成人阅览室、电子阅览室、期刊阅览区、古籍书库、地方文献室、全民阅读活动室等，添置有少儿阅读机、自助借还机、实时大数据显示屏等现代化设备。核定事业编9人，现有在岗人员7人，另有公益性岗位4人，文化志愿者1名、三支一扶人员1名。图书总藏量11.6万册，其中，可流通图书8万册、报刊合订本1.7万册、古籍0.65万册（善本0.11万册），地方文献0.13万册，购买超星数据库1个。全年开放364天，每周56小时。接待读者8万人次、外借书刊3.2万册次，新增办理借书卡750个。举办全民阅读活动10次，其中讲座、展览、培训共6次，其他阅读推广活动4次，参与活动5000人次。文献传递与参考咨询服务有效开展，全年解答咨询300条。

竹山县图书馆馆藏古籍线装书6500册，多数为刻本、抄本、铜版本，较珍贵的图书有：明刻本《公羊穀梁春秋合编附注疏纂》，朱墨套印本《分韵青云诗集》《古今图书集成》《华阳国志》《竹山县志》《康熙字典》《周礼注疏》《水经注》《玉溪生诗详注》等，具有很高的文物和文献价值，是极其珍贵的文化遗产。（竹山县图书馆　吴晓玲　张艳红）

【恩施土家族苗族自治州图书馆概况】 恩施土家族苗族自治州图书馆现址建于1986年，坐落在恩施州城舞阳坝凤凰山公园东侧、栖凤桥头，办公地址为恩施市舞阳大街71号，馆舍面积4000余平方米。现有在职人员22人（在编21人，自聘1人）。藏书113万余册，其中纸质藏书77.5万册，电子资源35.5万种。古籍线装书近2万册、民国时期平装书4万余册（传统计量），其中善本1225册，有5部古籍入选第一批湖北省珍贵古籍名录。2018年全年办理新证2020人，累计持证读者8940人；书刊文献流通56.1万册次；全年累计接待服务读者达36万人次。2018年新建2个“馆外图书流通服务点”，现共有24个“馆外图书流通服务点”，流通服务范围辐射学校、机关、社区、农村、警营、企业等。开展“文艺轻骑兵”下基层活动，全年开展流通图书服务工作，为24个馆外流通服务点开展流通服务43次，送去图书8000余册，流通图书14.5万册次。7月12日，承办全国首届“图书馆与民族文献阅读推广学术论坛”，来自全国21个省、自治区、直辖市的146位代表参加会议。12月，被中国图书馆学会评选为“2017年全民阅读先进单位”。（恩施土家族苗族自治州图书馆　曾万明）

【恩施市图书馆概况】 恩施市图书馆场馆始建于1985年10月，坐落于恩施市航空路39号，1987年7月落成开放。全馆占地面积2237.56平方米，建筑面积1895.28平方米，办公面积700平方米；现有在职在编人员9人。截至2018年底，馆藏各类文献16.78万册，其中包括古籍文献626册；数字图书馆拥有视频资料2.1万余集（年更新量不少于5000集），电子图书132万种、电子期刊8.8万种。实行全年免费开放，每周开放时间不低于48小时。2018年新编图书3820册，订阅杂志和党报党刊123种，全年共接待读者43400人次（线上线下），剔旧下架图书16677册，接收社会个人赠书10种，共20册，馆内图书流通借还11563册次，新增读者150人。利用现代网络技术，建立数字图书馆，网站上有8.8万种期刊、132万种电子书、2.1万余集视频（年更新量不少于5000集）供读者阅读。8月，恩施市图书馆创建“土家娃”亲子阅读品牌，开展阅读推广公益活动，每月举办1期，2018年成功举办5期。（恩施市图书馆　程文艺）

【利川市图书馆概况】 利川市图书馆是由利川市人民政府投资兴建的公益性文化设施，1978年2月成立，2012年搬迁至文化传媒大楼并全面对外免费开放，面积2940平方米。现有在职人员15人（在编11人，自聘4人）。自2018年1月1日起，每周免费开放时间保证63小时以上，全年365天开放，现有纸质藏书18万册，电子资源100万种，数字资源存储量6.5TB。2018年新增纸质图书19000册，新增电子图书10万册，电子阅读本8台，可免费查阅检索文献资源、下载电子图书和在线资源。2018年共接待读者160000余人次，其中到馆读者50000余人次，外借图书30000余册。活动接待读者80000余人次，活动使用图书40000余册。免费办理读者借阅证2000个，收集地方文献646册，读者咨询服务2400余人次，编辑《适用科

技》信息资料4期。（利川市图书馆　谢书达）

【建始县图书馆概况】 建始县图书馆于1978年建馆，位于业州镇西街奎星楼路10号，总建筑面积近1300平方米，在岗人员8人。截至2018年底，馆藏图书从当初建馆时的400余册逐步发展至15万余册，其中古籍藏量达2.2万余册，另有电子图书20万册。年接待读者近10万人次。内设综合外借处、综合阅览室、少儿阅览室、一般阅览室、电子阅览室、古籍特藏室、报告厅自修室、采编室、业务辅导部、办公室等。（恩施市图书馆　程文艺）

【巴东县图书馆概况】 巴东县图书馆成立于1978年5月，2003年7月随三峡库区移民搬迁，整体搬迁至信陵镇西壤坡小区楚天路30号。馆舍占地面积836.69平方米，建筑面积2500平方米，是集成人、少儿读者服务于一体的开放式场馆，2018年被文化和旅游部评估为二级图书馆。巴东县图书馆现有在职人员5人，退休人员2人。现有馆藏文献81098册，古籍善本3154卷，电子资源100万种；有可供读者使用的阅览座席130个，馆内设党建办公室、综合治理办公室、财务室、外借室、文献资料采编室、地方文献室、特藏文献室、报刊综合阅览室、电子阅览室、多媒体视听室、党员活动室等管理和业务部门，服务功能较为完善。

2018年新办读者证671人，累计持证读者3460人；书刊文献流通12.2万册次，其中馆内10.3万册次，馆外流通服务1.9万册次；全年累计接待服务读者达23.9万人次，其中馆内9.9万人次，馆外4万人次，网站、微信访问5万人次，电子借阅机下载超过5万册次。提升了公共文化服务效能，让文化惠民政策真正“接地气”。

2018年是巴东县图书馆建馆50周年。5月20日，图书馆举办“相伴50载　感恩有你”主题馆庆活动。（巴东县图书馆　邓婕）

【宣恩县图书馆概况】 2014年，宣恩县人民政府在珠山镇兴隆小区修建图书馆新馆，建筑面积4937平方米，2017年主体竣工验收，进入内部装饰装修阶段，预计2019年迁入新馆。图书馆额定编制7人，至2018年底，实有正式工作人员5人，聘用人员2人。现总藏量86645册，其中图书64415册，古籍485册，报刊合订本15095册。（宣恩县图书馆　熊明芳）

【来凤县图书馆概况】 来凤县图书馆位于来凤县翔凤镇武汉大道文化中心广场北侧，馆舍建筑面积5000余平方米，是一座集学习、休闲的现代化复合型图书馆，现有在编在岗人员14人，志愿者2人。馆藏总藏量16.9万册，其中图书14.5万册、盲文图书20册、古籍善本150册、报刊5.1万册、视听文献22套；开架书刊11万册；少儿文献2.34万册。电子书12万册，拥有超星数字图书馆、超星少儿资源库、博看电子期刊、地方特色数据库等数字资源库。坚持全年无间歇、每周63小时开放制，2018年总流通人数2万余次，举办讲座、展览活动达20次以上，设阅览座位超过300个，日平均接待能力达1000人次。2018年新增持证读者1350人次，提供咨询400条，外借图书3500人次，新增书刊598种（册），分别与8个分馆签订总分馆建设协议书。开展送书下乡、业务辅导、为全县200多个农家书屋业务辅导16次，培训农家书屋管理员3次130多人次，新建流通服务点15个（其中数字图书流动服务点2个），流通图书4500余册。（来凤县图书馆　刘晓兰）

【咸丰县图书馆概况】 咸丰县图书馆成立于1978年5月，原馆舍位于高乐山镇红旗路十字路口，2007年由于城市建设迁到大坝新城区文化中心。新馆于2011年11月23日动工修建，2014年10月竣工，2015年1月投入使用。新馆位于文化中心大楼副楼左侧，占地面积2000平方米，建筑面积4000平方米，总投资800万元。内设综合阅览室、电子阅览室、少儿阅览室、读者自修室、廉政图书室、地方文献室、采编室、全国文化信息资源共享工程县级支中心等部室。公共空间有370个座位数。图书馆核定编制8人，现有在职人员6人。

咸丰县图书馆总藏书量为14万册，其中社会科学类占50%，自然科学类占40%，综合性类占10%。通过购买数字资源使用权共100多TB，由超星有限公司和博看微刊提供。其中电子图书有40000余册次，全国各地区主流报纸有400多种，每天实时更新，电子期刊有400多种，电子视频有2500个系列共18400集，音频有2013个系列共13746集，公开课有1037个系列共7596集。每年流通总人次7万左右，保证每周开馆时间不低于56小时，各阅览室提供冷暖空调、直饮式纯净水和免费无线网络全覆盖。（咸丰县图书馆　石永琼）

【鹤峰县图书馆概况】　总面积约550平方米，现有采编室、报刊阅览室、少儿阅览室、自然科学阅览室、社会科学阅览室、外借室、地方文献特藏室、读者休闲阅读区、自修室等区域，在职在编人员6人（对外借调1人）。阅览座位140个，有持证读者2000多人，藏书总量近7.9万册。馆藏有《鹤峰年鉴》《容美土司研究文集》《恩施土家族苗族自治州民间舞蹈集》《恩施土家族苗族自治州民间歌曲集》《恩施土家族苗族自治州民间歌谣集》《恩施土家族苗族自治州民间曲艺集》《古桃源》《古今图书集成》等珍贵文献。2018年以来，鹤峰县馆共接待读者约10000余人次，图书借阅次数12000余册。2018年初成立“红色文艺轻骑兵”鹤峰县图书馆全民阅读小分队，推动全民阅读进农村、进社区、进家庭、进学校、进机关、进企业、进军营。全年开展讲座4次，参与人数1000人；展览4次，参与人数4000人；少儿活动5次，参与人数300人；其他特色活动2次，受众1000人。（鹤峰县图书馆　黄子宏）

【仙桃市图书馆概况】　2018年，仙桃市委、市政府投资资金3亿元新建仙桃市图书馆分馆，分馆设计层高4层，建筑面积4100多平方米，2019年底即可投入使用。截至2018年底，文献总藏量为25.03万册（件），其中图书24.67万册（件），古籍3686册，报刊315件，视听文献71件，电子图书6万册。2018年新增藏量6736册，全年办理有效借书证2018个，总流通人次28.31万人次，书刊文献外借人次26.32人次，书刊文献外借册次20.77万册次。组织各类讲座19次，参加读者5700人次；举办各类展览10个，观展读者13000人次；举办各类培训班5个，受训读者2000人次；送书下乡活动10次，图书10000册次，参加读者5600人次；进军营开展活动2次、为特殊人群服务2次，参加读者共410人次。共有计算机46台，电子阅览室终端30台，图书馆网站访问量3.6万页人次。共有从业人员26人。8月26日，仙桃市图书馆承办大型公益讲座——“中国民间文学中的救母故事”。9月10日，该馆在市孝雅书院举办“仙桃市第五届农民艺术节‘传递书香·见证成长’”留守儿童读书演讲比赛决赛。（仙桃市图书馆　夏品华）

湖南省

【概况】　截至2018年底，全省共有公共图书馆140个，比上年增加1个，其中省级图书馆2个、市级公共图书馆17个、县级公共图书馆121个、一级馆35个、二级馆32个、三级馆63个。全省公共图书馆从业人员2110人，具有高级职称的人员152人，占比7.20%，具有中级职称的人员762人，占比36.11%；全省公共图书馆实际使用的房屋建筑面积50.55万平方米，比上年增长7.15%；图书总藏量3303万册，比上年增长8.30%，其中电子图书1844万册，比上年增长10.04%；阅览座席3.92万个，比上年增长2.90%；计算机7371台，比上年增长2%。全省平均每万人建筑面积72.22平方米，比上年增加3.02平方米；全省人均藏量0.47册，比上年增加0.024册；全省人均新增藏量购置费0.81元，比上年增长0.02元。全省持证读者数203万，比上年增长18.40%；总流通人次2496万，比上年增长14.96%；书刊文献外借册次2349.89万册，增长27.08%，人均书刊外借册次0.336册；全年举办各种活动8235场，比上年增长9%，活动参与人次509.88万人次。（湖南图书馆　王昕晗）

【湖南图书馆湖南省国家税务局分馆正式揭牌】　1月9日，湖南图书馆湖南省国家税务局分馆正式揭牌对外接待读者。分馆配备有自助借还系统，数字阅读机等设备，馆藏书籍达2万余册，空间面积约200平方米，可与湖南图书馆馆藏实行通借通还，共享数字资源。（湖南图书馆　王昕晗）

【湖南图书馆举办《中华人民共和国公共图书馆法》专题讲座、巡展和知识竞赛】　1月12日，湖南图书馆邀请北京大学教授、文化部国家公共文化服务体系建设专家委员会主任李国新解读《中华人民共和国公共图书馆法》。此次讲座通过国家公共文化云各端和中国文化网络电视面向全国全程直播。与此同步，湖南图书馆主办的“公共图书馆　法制新时代——《中华人民共和国公共图书馆法》图文展”于1月11日开展，同时依托湖南省图书馆学会组织开展全省巡展。湖南图书馆、湖南省图书馆学会主办的学术期刊《图书馆》还推出系列专题研究文章，对《公共图书馆法》进行深度解读和研究。5月15—16日，“公共图书馆　法制新时代——湖南省学习《公共图书馆法》知识竞赛”在郴州市举行。来自全省图书馆系统的近200名从业人员观摩了比赛，同时全省市、县级公共图书馆近6万名馆员，通过全国文化信息共享工程国家文化云直播平台收看了决赛。参赛的16支队伍48名选手分复赛与决赛两个阶段，采取笔试与现场答题两种形式。最终郴州市图书馆夺得团体一等奖，长沙市图书馆和永州市图书馆荣获团体二等奖，湖南图书馆、湖南省少年儿童图书馆、湘潭市图书馆、娄底市图书馆、岳阳市图书馆获团体三等奖。衡阳市图书馆等6家图书馆获优秀组织奖，郭华丽等9名选手获优秀个人。（湖南图书馆　匡籽衡　王昕晗）

【湖南图书馆首次发布文创商标“难得湖图”和图书馆动漫形象湘湘图图】　1月18日，湖南图书馆举行图书馆文创开发合作协议签字仪式，首次发布湖南图书馆文创商标“难得湖图”和图书馆动漫形象湘湘和图图。整体设计沿用湖南图书馆的LOGO蓝色主色调为基础，将湖南图书馆LOGO与“难得湖图”LOGO共同融入卡通形象当中，提升文化内涵与品质，满足日益多样化、个性化和品质化的文化消费需求。（湖南图书馆　杨庆怀）

【湖南图书馆以全新服务模式助力省“两会”】2018年，湖南图书馆尝试移动端文献信息服务，开创党政决策“移动互联网+服务”的全新服务模式，打造立体现代的“两会”图书馆，全面助力湖南“两会”。会议期间，6500余份“两会”专题文献被领取完毕，电子版被扫描下载3000余次。服务团队共回复深度课题咨询30余个，反馈意见100余条。（湖南图书馆　刘海迪）

【湖南图书馆举办2018年“世界读书日”系列活动】　4月4日，湖南图书馆、一点资讯联合主办的“阅时尚，湖湘阅读新主张”——湖南2018年“世界读书日”系列活动启动仪式在湖南图书馆举行，数十家省内主流媒体与160名读者共同参加此次活动。4月22日，2018年湖南阅读大数据发布会暨“湖南阅时尚”颁奖仪式在湖南图书馆举行，场外数十万观众通过一点资讯的“飓风视讯”和超星数图两个平台与场内200余名读者同步参与。活动发布“一点·阅不同2017年阅读兴趣大数据”和“湖南图书馆2017年度阅读榜单”以及“湖湘阅读新主张”，号召大家善用网络、多读经典。（湖南图书馆　张甜　陈韶华）

【“长江学者”受聘为湖南图书馆事业发展顾问】　4月19日，由湖南图书馆学会、湖南图书馆、湖南省少年儿童图书馆和吉首大学联合主办的2018图书情报武陵山高峰论坛在吉首大学张家界校区召开。5位“长江学者”：南开大学博士生导师柯平，南京大学博士生导师孙建军、苏新宁，中国人民大学博士生导师卢小宾，武汉大学博士生导师李纲，分别登台讲学论道，全省图书馆情报系统近200名主要负责人到场聆听。柯平、卢小宾、苏新宁3位专家还被聘为湖南图书馆事业发展顾问。（湖南图书馆　王昕晗）

【湖南省公共图书馆发展趋势与管理实务研修班在北京举办】　5月4—12日，“2018年全国文化干部素质提升工程——湖南省公共图书馆发展趋势及管理实务研修班”在中央文化管理干部学院举办，共有来自湖南省各级公共图书馆的42名负责人参加，为期11天，课程设置紧密，内容充实。培训和研修主题立足于公共图书馆事业发展现状，从《公共图书馆法》解读、阅读推广、总分馆建设、数字化建设应用、创新思维与领导力的修炼、公共文化服务体系建设、基层图书馆创新发展、文化干部党性教育和领导力修炼等角度展开，党性教育和业务研修相互结合。这是党的十九大以来，湖南省第一次面向全省各级公共图书馆长的系统培训，也是湖南省图书馆系统第一次走出省域开展的党性教育和业务研修工作。（湖南图书馆　徐志）

【湖南图书馆举行2018亲子阅读节暨首届亲子文创嘉年华活动】 6月1—3日，湖南2018亲子阅读节暨首届亲子文创嘉年华活动在湖南图书馆举行。启动仪式上，湖南图书馆发布2017—2018湖南图书馆少儿年度阅读榜和“阅读小星星”借阅排行榜。从科普图书、中国文学、外国文学、中国原创绘本、外国经典绘本、最期待新书等多方向公布最受少儿欢迎的书籍TOP5榜单。活动期间，围绕“趣、书、展、会、坊、剧”6大主题，举行名师课堂、兴趣拓展、文创手工、戏剧表演、虚拟现实体验等一系列丰富多彩的亲子活动。（湖南图书馆　谢丽娟）

【湖南图书馆开展雕版印刷技艺演示体验活动】 6月9日，湖南图书馆联合湖南省古籍保护中心、岳麓书院以“览湖湘文脉，学雕版印刷”为主题的雕版印刷体验活动在“千年学府”岳麓书院文庙举行，来自湖南大学的在校学生和全国各地的游客近500人体验了雕版印刷的魅力。活动现场，湖南图书馆工作人员向参与者介绍雕版印刷的工具，并演示雕版印刷的方法。（湖南图书馆　颜胜）

【2018年湘鄂赣皖四省巡讲首场讲座在湖南图书馆开讲】 6月23日，2018年湘鄂赣皖四省巡讲首场讲座在湖南图书馆开讲，这是“湘鄂赣皖四省公共图书馆联盟”成立6年来的第五次巡讲，主题是“平上去入——四省方言研究探讨”。湖南工业大学教授陈山青、华中师范大学教授汪国胜、江西师范大学教授颜森、安徽师范大学讲师徐建受邀欢聚一堂，解读湘鄂赣皖四省方言的语言特色、发展历史和当前的保护利用情况，并通过方言展示地域文化的异同。（湖南图书馆　匡籽衡）

【湖南图书馆举办全省图书资料系列专业技术人员公需科目培训班】 8月28—30日，由湖南图书馆、湖南省图书馆学会主办的湖南省图书资料系列专业技术人员公需科目培训班在长沙举行，来自全省图书馆系统的140余名工作人员参加培训学习。此次公需科目培训内容以“加快开放强省建设”为主题，特别邀请湖南省委直属机关党校经济学教授、副主任蔡景庆，湖南大学经济与贸易学院副教授、经济学系主任刘志忠为学员做专题辅导。培训班还组织学员们赴长沙高新区展示馆、华凯创意等创新科技园区参观学习。（湖南图书馆　许志云）

【湖南图书馆湖南省发改委分馆举行揭牌仪式】 9月7日，湖南图书馆湖南省发改委分馆——发改书吧在湖南省发展改革委员会举办揭牌仪式。分馆与省馆实行统一服务、通借通还，共享数字资源，共办活动讲座。发改书吧在功能布局、馆内装饰和读者服务等方面打破了传统图书馆模式，将交流区、休闲区、观影区巧妙地融合到书吧中，为入馆读者提供一个环境舒适、书香浓郁、功能齐全的学习休闲场所。（湖南图书馆　王昕晗）

【湖南图书馆举办“唐风宋韵　诗绎中秋”主题活动】 9月15日，湖南图书馆举办主题为“唐风宋韵　诗绎中秋”的中秋节活动，此次活动把“互动性”作为活动的第一设计原则，将传统文化与时下流行的沉浸式体验相结合，为读者呈现出一场新颖有趣，且带着浓浓中国传统文化气息的中秋。活动以“诗”为主线，分“诗情”“诗韵”“诗意”“诗趣”“诗礼”等板块。湖南图书馆副馆长邹序明代表湖南图书馆发出倡议，号召大家阅读经典，学习和弘扬中国优秀的传统文化。（湖南图书馆　陈韶华）

【湘鄂赣皖四省公共图书馆联盟培训班在韶山举办】 9月18—21日，由湘鄂赣皖四省公共图书馆联盟主办，湖南图书馆、湖南省图书馆学会承办的湘鄂赣皖四省公共图书馆联盟培训班在湖南韶山举办，来自湘鄂赣皖四省各级公共图书馆馆长及业务骨干共50人参加此次培训。此次培训班的主题是“公共图书馆联盟合作与资源共享”，采用专题教学、案例教学、现场教学和学员交流等多种形式相结合。培训班特别邀请武汉大学信息管理学院教授、博士生导师肖希明，湖北省图书馆副馆长、研究馆员谢春枝，分别进行题为“新信息环境下图书馆联盟的资源共建与共享”“公共图书馆联盟运行模式探索与服务创新”的专题授课。（湖南图书馆　王昕晗）

【湖南图书馆举办馆藏字画暨衍生艺术品展】 9月30日—10月7日，“湘楚墨韵　难得湖图——湖南图书馆馆藏字画暨衍生艺术品展”在湖南图书馆举行，展出包括齐白石早期的巅峰之作《寿字八仙图轴》在内的湖南图书馆十大馆藏字画真迹。展馆分两部分。第一部分是由近200万网友经过网络投票选出的“湖南图书馆十大馆藏字画”真迹。第二部分展出的是2018年以来，湖南图书馆与社会力量合作开发的218件衍生艺术品，包括与馆藏古旧字画高仿品系列，手工编织螳螂、竹蜻蜓、咬指蛇等儿时玩具系列，室内挂件、摆件和水杯、布提袋等生活装饰用品系列，以及彩陶首饰系列等。（湖南图书馆　杨庆怀）

【美国友好交流团到湖南图书馆访问交流】 10月22日，由湖南省文化和旅游厅举办的湖南文化推介会在湖南图书馆多媒体演示厅举行。来湘参加“2018美国交流合作周”的美国各友城负责人、在湘美资机构负责人、意大利马尔凯大区驻湘代表处负责人、法国中央大区驻湘文化代表等参加会议。湖南省文化和旅游厅代表，向国际友人介绍湖南深厚的历史文化底蕴，以及在非物质文化遗产保护传承与发展、舞台艺术创作、公共文化服务、文化产业发展等方面取得的最新成果。意大利马尔凯大区驻湘代表处负责人、法国中央大区驻湘文化代表，分别介绍所属国家有关地区与湖南在文化、旅游等方面合作取得的成功经验，为美国嘉宾展示与湖南合作的光明前景。交流团一行会前还参观湖南图书馆的服务窗口，听取湖南图书馆历史、文化及服务方面的介绍，观看中国传统雕版印刷的现场演示，并进行现场体验。（湖南图书馆　邓文池）

【湖南图书馆获得多项荣誉】 10月29日，在第六届湖南艺术节闭幕式暨颁奖晚会上，湖南图书馆送选的“开心追梦，湘阅童年——‘实现中国梦·小追梦人培育计划’”项目荣获“三湘群星奖”，综合业务部王晓峰荣获“三湘群文之星”称号，湖南图书馆开发的“儿时玩具系列”“莲说系列——泥塑周敦颐像”文创产品分别荣获“湖南文化创意产品成果展创意产品”一等奖、三等奖。

11月22日，在湖南省2018年文化志愿服务工作总结表彰暨2019年文化志愿服务工作启动仪式上，湖南图书馆“湘阅一生”综合阅读活动推广项目被评为湖南省“2018年基层文化志愿服务示范项目”，湖南图书馆文化志愿者故事爸妈团队被评为优秀团队，湖南图书馆张妍、卜琰两位同志分别被评为湖南省“2018年文化志愿服务优秀组织工作者”“2018年星级文化志愿者”。

12月4日，在“12·4”国家宪法日暨法治湖南建设年度盛典上，湖南图书馆获评湖南省“最美公益普法集体”称号，是全省文化系统唯一获此殊荣的单位。

在2018年湖南省社科普及主题活动周典型宣传活动评选中，湖南图书馆举办的“公共文化惠少年”社科普及活动被遴选为2018年湖南省社科普及进基层特色活动，报送的“约童年、阅三湘”主题活动荣获二等奖并获经费支持。（湖南图书馆　姜进　张妍　李婷　王茜）

【湖南图书馆推出《湘图典藏》系列广播节目】 2018年，湖南图书馆联合湖南人民广播电台FM106.9年代音乐台推出《湘图典藏》系列广播节目，《湘图典藏》作为湖南图书馆“湘图讲坛”公益讲座的延伸节目，每期时长3分钟，首期播出60期。系列节目陆续推介馆藏宋版《说文解字》《易学变通》等珍贵古籍；《郭园雅集》《文夕大火前长沙全景图》等珍贵老照片；《张舜徽藏书》《徐特立藏书》等藏书家的专藏；初版《共产党宣言》《湘江评论》等红色特藏；曾国藩、左宗棠、彭玉麟、胡林翼等湖湘风云人物的藏书、信札等。（湖南图书馆　匡籽衡）

【《农村科技文摘》落户红星云】 2018年，湖南图书馆主办的《农村科技文摘》正式落户微信公众号“红星云”。红星云平台为《农村科技文摘》开辟“农村科技”专栏，湖南图书馆定期为全省红星云用户提供“农村改革”“政策解读”“探索案例”“农业科技”等专题信息服务，广大用户可通过红星云平台进入“学习园地”点开“红星荐读”选择“农村科技”专栏进行学习和查阅相关信息。（湖南图书馆　陈思文）

【湖南省少年儿童图书馆举办第八届“三湘少年儿童阅读之星”推选活动】 2018年，湖南省少年儿童图书馆在全省少年儿童中开展第八届“三湘少年儿童阅读之星”推选活动。活动自6月启动，通过初选、复选、终审三个环节进行逐层评选，最终有100位候选人摘取阅读之星的桂冠。活动不仅聚焦阅读层面，更把语文素养、古诗文、国学、写作等领域的知识都囊括在测评推选的范畴内，使阅读的外延更为丰富。联合省内中小学语文名师，结合中小学课内外语文大纲，有的放矢地拟定了阅读网络题库。邀请语文名师举行阅读沙龙公益讲座专场活动，学习阅读的技巧和方法，吸引上千名孩子聆听和学习，现场感受阅读的力量。活动覆盖全省14个市州，6万余人参与，得到了学校、家庭的支持和社会各界的关注，呈现出以点带面、辐射全省的好局面。（湖南省少年儿童图书馆　薛蓉）

【湖南省少年儿童图书馆开展“关注盲童阅读，关爱儿童成长”公益实践活动】 4月23日，湖南省少年儿童图书馆在长沙市地铁2号线迎宾路口站开展以“用我的声音做你的眼睛”为主题的“关注盲童阅读，关爱儿童成长”线上线下公益实践活动。运用新媒体形式，策划实施的为助力盲童阅读点亮代表希望的阅读之“灯”、主题盲文“猜猜猜”触摸式体验、立体手工作品捐赠、为盲童献“声”优秀录音作品征集等实践活动，吸引广大市民广泛参与，《中国文化报》、新华网、《湖南日报》、湖南省人民政府网站、中国图书馆网等13家主流媒体进行宣传报道。馆长金铁龙率全馆同志到活动现场为盲童阅读“点灯”，共有77828位社会各界人士参与“点灯”；湖南省文化厅副巡视员王鹏特别为此次活动创作的诗歌《用我的声音做你的眼睛》在媒体发布，多家媒体转载；后台共计收录音投稿有效作品150份，中央电视台著名主持人徐莉等来自全国、全省各个市州的各界人士积极参与，为盲童献“声”，其中139份作品将整理成音频资料陆续送到全省各市州盲童手中。活动入围长沙年度“金鸮社会责任奖”。（湖南省少年儿童图书馆　施衍如）

【长沙市图书馆概况】 2018年，长沙市图书馆共有职工116人。全年到馆读者累计达218.14万人次，新增注册读者30457人，外借图书169.84万册次，网站访问量352万次，开展各类阅读文化活动3550场（含本馆和分馆），接待国内外各类考察交流98批次2276人次。2018年在第六次全国县级以上公共图书馆评估定级中被评为一级馆。

资源建设。完成中文图书850万元招标，文献采访29.1万册；社会捐赠图书630种；征订中文报纸284份、中文期刊3558份，外文报刊74种、外文图书604册；征集地方文献4478册；上架视听文献资源8964册（件）。老馆旧书回溯建库加工26.16万册，过报过刊重新整理编目入库。新引进数据库资源4个，自建湘声报全文数据库，开通可远程服务外部数据库资源15个。新增外购数字资源40TB，录制公开课活动视频资源2.8TB。推动“口述长沙·声音图书馆”项目建设。启动“星城旧影·长沙老照片资源库”项目，完成近4000张老照片收集、整理和数字化工作。

基础业务工作。完善业务应用软硬件，升级监控报警运维平台，实现图书馆逾期缴存微信支付。完成电子政务外网接入，完成录播系统升级、读者无线Wi-Fi设备升级工作，推进智慧图书馆项目建设。参与联合在线咨询，与省内外30余家图书馆开展馆际互借和文献传递服务工作，传递文献1958篇。设立政府公开信息查询专区，提供网上查询服务。回复读者各类咨询6.97万条（次）。处理馆长信箱意见123条、其他各类读者意见和建议共93条（次）。

读者活动。创新分龄分众服务，培育青苗计划、新三角创客空间、“阅天下·邂逅图书馆之美”等具有影响力的活动品牌35个。全年举办各类活动1840场（百师千课、中华花艺、语言星球、“观书海”“天使阅读”公益行、故事城堡·绘本之旅、故事驿站、悦读吧·手工课堂、星城科学讲堂、“读演”等），参与者数万人。举办特色展览90场（含巡展）。设立专题书展40余次。为视障读者提供送书上门、盲人互助交流、爱心助盲专车、“侧耳倾听”“佳音难觅”公益助残等扶弱助残爱心服务。

合作项目。完成外事交流活动3次。先后接待韩国龟尾市市长和日本鹿儿岛市副市长一行。长沙市图书馆与龟尾市图书馆缔结友好馆，互赠图书。与市文联、新华书店、岳麓书社、法国驻武汉领事馆等建立良好合作关系，共同举办文化活动。与市作协、省诗歌学会、潇湘悦读文化研究会、长沙十点读书会等合作举办系列读书会。与湖南中医药大学青年讲师团合作开“中医萝卜公益学堂”，普及中医药传统文化。

总分馆体系建设。新建分馆 11 个，全市分馆达 110 家，流动服务点 88 个。建设“24 小时”自助图书室 6 个。向分馆配置、更新图书 11.6 万册次。总分馆辅导咨询 2000 余次，现场督察 50 次，组织总分馆管理员培训 33 次 500 余人次。成立长沙阅读推广研究中心，向分馆配送阅读推广志愿者 1000 余次，促进优质活动资源持续下沉，开展圈圈故事会、阳光周末公益课堂等阅读推广活动 1710 场。打造简名、咸嘉明星分馆，发挥示范效应。

媒体宣传。官方微博用户累计 97655 人，推送动态消息 9024 条。微信年度净增关注用户 43673 人，关注用户累计 159285 人；发布图文消息 925 篇，图文阅读 209.54 万次。少儿部“堡主驾到”微信公众号成为少儿活动重要发声平台。CCTV—发现之旅、《湖南日报》、《长沙晚报》、《潇湘晨报》、红网、湖南卫视、湖南经视、湖南都市等媒体报道 600 余次。与《长沙晚报》、长沙新闻广播电台、《今日女报》合作推出读书栏目，发布信息 87 期。（长沙市图书馆）

【“阅天下·邂逅图书馆之美”游学活动首发式在长沙市图书馆启动】 “4·23”世界读书日当天，由中国图书馆学会阅读推广委员会主办的“阅天下·邂逅图书馆之美”游学活动首发式在长沙市图书馆启动。之后全国各地图书馆共同参与，将阅读、旅行有机结合，密切人、书、馆、城联系，宣传推介图书馆。读者通过线下“游学护照”盖章打卡、“游学笔记”记录所思心得，线上新浪微博话题分享等方式参与活动。2018 年，长沙市图书馆线下发放护照、笔记本 12000 套，线上微博话题阅读量 64.8 万次，读者发布微博 846 条。全国共有 108 家图书馆参与活动，7 家图书馆承办此活动。（长沙市图书馆）

【长沙市图书馆举办青苗计划两周年庆暨图书馆奇妙夜活动】 “六一”儿童节当天，在长沙市图书馆儿童和青少年借阅室内举办的“青苗计划两周年庆暨图书馆奇妙夜活动”，参与人数达 500 余人次。2018 年，青苗计划共举办青苗分享会 12 场，分享各类好书 60 本。活动成员增至 173 个家庭，全年搜集阅读照片 4000 余张，阅读笔记 1000 余篇。青苗计划 2018 年先后获得“书香长沙”全民阅读创新案例奖、“中国图书馆最美故事”之优秀服务奖、第一届公共图书馆创新创意征集推广活动“最佳青年创新奖”。（长沙市图书馆）

【长沙市图书馆与韩国龟尾市图书馆缔结友好馆】 9 月 11 日，长沙市图书馆与韩国龟尾市图书馆缔结友好馆仪式在多元文化馆举行，两馆签署《长沙市与龟尾市缔结友好图书馆协议书》并互赠图书，龟尾市市长张世龙、长沙市政府副秘书长卢兴映出席活动。龟尾市图书馆向长沙市图书馆捐赠图书 30 种 45 册，杂志 7 种 7 册，共计 52 册。长沙市图书馆向龟尾市图书馆捐赠图书 38 种 50 册，其中地方文献图书 7 种 19 册。（长沙市图书馆）

【长沙市图书馆橘洲讲坛深度挖掘本土文化】 2018 年，长沙市图书馆讲座品牌橘洲讲坛除传统文化、新书堂、星青年等传统板块外，新辟“研学堂”和“长沙记忆”板块，深度挖掘本土文化。先后邀请杨雨、左汉中、周芳芸、陈先枢、成松柳、杨里昂、黄稼辉、梁钦宁、李湘树、姜国钧、沈小丁、梁小进等知名学者做客橘洲讲坛，并为他们颁发橘洲讲坛聘书。和吴晓波长沙书友会合作举办 10 期“橘洲讲坛·星青年×B30”活动，打造集公益、商业、艺术为一体的综合青年论坛，5 月 29 日，吴晓波做客长沙图书馆，开展分享活动。与新华书店合作举办 4 期“橘洲讲坛·长沙记忆”主题活动，提高长沙市民“生于斯长于斯”的文化自豪感。（长沙市图书馆）

【长沙市图书馆举办各类创客活动】 2018 年，长沙市图书馆新三角创客空间举行各类创客活动 67 场。4 月 20 日—5 月 20 日，举行“2018 东亚手作文化交流节”，邀请来自中国香港、台湾、内地及日本优秀手作匠人交流。活动包括 2018 东亚手作文化交流节开幕式、物之色—“传承与复兴”植物染民间手工作品展、长沙手作市集、生活美学对谈、创艺生活工作坊等 5 个版块。此次交流节为 30 多家文创团队、美物设计师、手作工作室提供创意展示舞台，吸引 28000 余名市民参与。2018 年 9 月举办第二届“创战计”星城创客大赛，以“传承湖湘文脉·

创想城市未来”为主题面向全国征集创意项目52个。大赛全程与广州图书馆2018年“一起创”大赛进行联动，7支获奖队伍参加2018广州国际创新节。（长沙市图书馆）

【郴州市图书馆概况】 郴州市图书馆为国家二级图书馆，2008年10月成立，2009年8月对外开放，馆舍面积5000平方米。在市中心城区、北湖区、桂东县、宜章县等建有226个学校班班图书角，7个公益儿童图书馆，11个校园馆。

文献资源建设。2018年共完成近130万余元、3.8万余册的图书采购任务，全年加工、分编图书5万册。与郴州瀚天云静文化发展有限公司（郴州网）联合打造“林邑书苑”精品项目，开展郴州地方文献（郴州书）征集工作，收到各类特色文献（含工具书）1000多册。地方文献征集工作为郴州地方文献资源数字化做了充分的准备，完成8万页的数字化加工任务。

基本服务工作。开展图书上架、分类、打包、礼仪等业务培训，提升工作人员服务水平和服务效能，拓展服务空间，在北湖公园、福地广场新建2个24小时自助图书馆，市中心城区有3个24小时自助服务点，各服务点和外借部新增读者证4000余个，共接待读者40万余人，图书借还24万余册次。

春苗书屋少儿阅读推广。郴州市图书馆春苗书屋项目组开展了传统年俗活动、送书下乡、学雷锋志愿活动、暑期夏令营、亲子读书会、校园阅读推广等形式多样的活动。开展国庆与传统节假日相结合的阅读推广活动190场次，举办了第5届“书香郴州”全市儿童阅读节。在春苗书屋阅读推广中，共有10万人次志愿者参加活动。（郴州市图书馆　郭华丽）

【郴州市图书馆学习、宣传、贯彻《中华人民共和国公共图书馆法》】 选派3名馆员参加中国图书馆学会组织的《中华人民共和国公共图书馆法》（以下简称《公共图书馆法》）研修班。3月5日，在五岭广场举办《公共图书馆法》宣传活动，现场发放宣传资料，并解读有关疑惑。3月14日，举办《公共图书馆法》学习座谈会，全市各公共图书馆馆长参会。组织全市公共图书馆馆员积极参加中国图书馆学会举办的“依法办馆　创新发展——新时代公共图书馆建设与服务”网络知识竞赛。5月，承办全省公共图书馆馆长会议及全省《公共图书馆法》知识竞赛，取得全省团体一等奖和优秀组织奖；在福地广场开展以“法制新时代　阅读新保障”为主题的图书馆服务宣传周活动。（郴州市图书馆　郭华丽）

【郴州市举办第五届儿童阅读节】 4月21日，由市图书馆与市福城志愿者协会共同举办的郴州市第五届儿童阅读节在五岭广场启动，全市近6000个家庭参加活动。启动仪式上，举行分级阅读书目及书展、立体书奇幻之旅、经典诵读展演、听写大赛、主题故事屋、科普及创意阅读体验馆、“为爱阅读”21天亲子共读活动、“书香少年”“书香家庭”展出、乡村阅读推广行动、全民共读活动等，少年儿童们积极参与，充分享受书籍及阅读带来的乐趣。此外，还为坚持21天共读活动的亲子家庭颁发“书香家庭”证书及勋章。（郴州市图书馆　郭华丽）

广东省

【概况】 截至2018年底，广东全省已建有市县（区）级以上公共图书馆149个，其中县级图书馆122个；一级图书馆73个，二级图书馆15个。全省公共图书馆馆舍总面积212万平方米（其中总馆馆舍面积130.3万平方米），共有从业人员4849人，其中高级职称299人，占比6.17%，中级职称1449人，占比29.88%。2018年，全省公共图书馆购书经费30764.46万元，购书462.56万种，总藏量共计13972.9万册。计算机总数12500台。全省公共图书馆总流通人次达到10371.38万，书刊文献外借册次7598万册，组织各类读者活动44014次，参加各类读者活动人次为2075.6万人次，其中组织各类讲座培训16262次，举办展览3055个，举办各类阅读推广活动24697次。潮州市图书馆新馆落成开放。

大力学习宣传贯彻《中华人民共和国公共图书馆法》。广东省文化和旅游厅在广东省立中山图书馆举办学习贯彻《公共图书馆法》（公共图书馆馆长）培训班；佛山市文广旅体局举办《公共图书馆法》培训班及“凝聚业界共识　引领行业发展——学习《中华人民共和国公共图书馆法》图文展”。各地纷纷开展培训、展览、有奖问答等普法宣传活动。

全民阅读活动深入开展。2018年“书香岭南”全民阅读活动以“新时代·心悦读”为主题，由中共广东省委宣传部、广东省文化和旅游厅主办，于4月22日上午在广东省立中山图书馆启动。粤港澳三地共同举办2018年世界阅读日粤港澳创作比赛，以“我的图书馆”为主题，以“图书馆的一角”“童书童趣”“名人轶事”和“未来的图书馆”为分主题，按参与者年龄分4个组别。广东图书馆学会、广东省立中山图书馆联合有关单位举办第八届图书馆杯广东全民英语口语大赛、广东省第七届英语电影配音大赛、广东省第八届盲人诗歌散文朗诵大赛决赛暨第四届盲人散文创作大赛颁奖典礼等规模较大的全省比赛。广东图书馆学会举办“全城共读”全省阅读活动。广州、深圳、东莞、佛山等全省各地纷纷举办读书节、读书月、世界读书日系列活动，总分馆联动、全省联动、粤港澳联动，活动影响力不断增强。

县级总分馆制建设不断推进。广东图书馆学会组织专家组赴第二批14个总分馆试点单位进行验收工作。研发“广东公共图书馆用户中心平台”。举办“图书馆总分馆试点建设单位交流研讨班”，组织与会人员考察4个试点单位总分馆建设情况，听取经验介绍，佛山市图书馆馆长屈义华为学员讲课。深圳图书馆在深圳实验学校高中部成立该馆首个青少年阅读基地；深圳市宝安区图书馆敢为人先，实行“五个统一”垂直紧密型总分馆制；深圳市盐田区图书馆着力打造海洋文化主题的智慧总分馆模式，取得成效。广州市越秀区图书馆与广东新华发行集团合作成立越秀区图书馆四阅分馆，并成立广东省首个英文文献特色街道公共图书馆光塔分馆。东莞启动“城市阅读驿站”试点建设工作。佛山市完成首批九个市级智能文化家示范点建设，《佛山市联合图书馆标准体系》正式发布实施，并迎来创建国家公共文化服务体系示范区终期验收。江门继续推进“江门五邑联合图书馆”建设，创新性提出并建设以市中心馆为总馆的跨系统图书馆联盟总分馆体系。

创新服务模式，享受新技术阅读便利。白云区图书馆开展书店现借活动，推出微信办证。东莞图书馆官方微信新增“QQ阅读”栏目，并推出“信用办证，扫码借书”体验服务。“深圳图书馆”微信公众号入选第三届“大众喜爱的50个阅读微信公众号”，该馆申报的“图书馆之城微信服务号打造纸本图书线上全流程服务体系”“少儿智慧银行之21天亲子阅读挑战”两案例荣获第一届图书馆新媒体创新服务最具启发性案例奖。“书香宝宝”阅读成长计划在河源市妇幼保健院启动。

公共数字文化建设加快推进。公共数字文化建设是加快构建现代公共文化服务体系的重要任务。继续做好国家公共文化云广东省节点的建设实施工作，完成大数据采集、数字资源统一云目录建设、应用服务对接。广东省立中山图书馆分别在梅州、清远、江门三地举办公共数字文化培训班。并在乳源举行“网络书香基层图书馆帮扶计划”活动。

古籍保护工作取得成效。完成《广东省立中山图书馆藏黄牧甫印谱九种》《民国稿抄本（第二辑）》《近代华侨报刊大系（第二辑）》项目的出版工作。在全省范围内进一步开展古籍普查。连续7年举办“书香古韵——中华古籍之魅力”读者体验活动。继续落实“广东省基层图书馆古籍修复提升计划”和第二期“广东省基层图书馆古籍库房和阅览空间提升计划”。广东省古籍保护中心先后举办“第八期全国古籍修复技术与工作管理研修班”“《中华古籍总目·广东卷》编纂研修班”“广东省第三期古籍修复培训班”和“广东省第一期碑刻传拓培训班”等。（广东图书馆学会　何杰锋）

【学习贯彻公共图书馆法（公共图书馆馆长）培训班在广东省立中山图书馆举办】 3月14—16日，广东省文化和旅游厅主办此次培训班。东莞图书馆馆长李东来、浙江图书馆馆长褚树青、浙江大学公共管理学院副教授李超平及华东师范大学商学院信息学系教授金武刚等4位国家公共文化服务体系建设专家委员会委员授课，主要从“图书馆数字阅读推广”“新业态+新服务+新方向——全球化背景下公共图书馆的创新和发展”“《公共图书馆法》解读”“公共图书馆服务的法定规范与要求”等方面分析新时代数字阅读推广和公共图书馆服务创新中的发展思路，同时详细解读《公共图书馆法》的主要条款，阐释《公共图书馆法》的内涵及公共图书馆的服务性质与定位，服务的要求与规范。（广东省立中山图书馆　杜丽莎）

【广东省盲人数字阅读推广与信息化应用培训班在广东省立中山图书馆举办】 4月10日—12日，中国盲文图书馆联合广东省立中山图书馆和广东省盲人协会举办此次培训班。广州图书馆读者服务部副主任罗逸生、深圳图书馆视障阅览室馆员陈莉莉以及广东省立中山图书馆中文报刊部主任郭科文分别围绕“基于服务均等化理念下的视障服务”主题进行经验介绍。培训期间，专门组织广东省视障文化服务座谈会。各地市盲协与图书馆进行有效供需对接，并对即将实施的“智能听书机”项目实施细则、管理办法和服务保障策略等进行探讨，就如何建立视障文化服务长效机制进行深入交流。此次培训内容涵盖盲人数字阅读推广工程项目介绍，通用盲文规则、盲文点显器及盲文电脑使用方法，基于iOS的操作及日常APP使用，Talkback应用，Windows10系统下的MVDA与阳光软件界面和操作等。爱心企业还进行信息无障碍成果展示，让参训学员近距离体验人工智能音箱及智能眼镜等设备。（广东省立中山图书馆　秦晓婕）

【2018年广东省公共数字文化培训班(第一期)在梅州举行】 4月11—12日，由广东省立中山图书馆主办的2018年广东省公共数字文化培训班（第一期）在梅州市剑英图书馆多功能报告厅举行。5位讲师分别是国家图书馆信息技术部数据中心管理组组长钟晶晶，国家图书馆数字资源部推广工程培训与资源建设组组长梁蕙玮，广东省立中山图书馆网络资源部副主任张弘昕，佛山市图书馆副馆长黄百川，东莞图书馆副馆长杜燕翔。在2天的培训中，专家们分享在数字资源建设与服务、软件平台建设与创新阅读服务、新媒体+公共数字文化服务方面的心得，以及各自馆在信息化建设、公共数字文化建设工作上的成果和经验。（梅州市剑英图书馆）

【2018年“书香岭南”全民阅读活动全面启动】 4月22日，由中共广东省委宣传部等全省全民阅读成员单位联合举办的2018年“书香岭南”全民阅读活动在广东省立中山图书馆拉开帷幕，广东省副省长黄宁生出席。活动以“新时代心悦读”为主题。启动仪式上，“书香城市”“书香家庭”“书香校园”“书香机关”“书香企业”5大评价体系、《广东公共图书馆事业发展蓝皮书（2013—2017）》总报告、“百馆荐书榜”同时发布。十大“最美粤读空间”和2017年度十位“粤读之星”公布获奖结果。“新时代心悦读”主题诵读活动贯穿启动仪式始终。启动仪式当天，举办系列宣传推广活动，“粤读越精彩”主题展览，古籍体验活动，“阅之美，读之乐”朗读亭，“你悦读、我采购”现采现借活动，此外还有增强现实与虚拟现实立体阅读体验、捐赠换书、粤语讲古、非遗技艺展示、数字有声读物“听书”体验等，并启动“百馆荐书·全城共读”全省线上线下共读活动。（广东省立中山图书馆　苗苗）

【第八期全国古籍修复技术与工作管理研修班在广东省立中山图书馆举办】 5月7日—6月8日，由国家古籍保护中心主办，广东省立中山图书馆和省古籍保护中心承办的第八期全国古籍修复技术与工作管理研修班在广东省立中山图书馆举办，主题是“珍贵拓片的修复”。广东省立中山图书馆副馆长倪俊明做题为“广东省古籍保护工作概述”的讲座。国家图书馆研究馆员杜伟生和上海图书馆资深古籍修复及传拓技术研究专家邢跃华等手把手为学员传授拓片修复技艺。（广东省立中山图书馆　朱隽嘉）

【广东省第八届盲人诗歌散文朗诵大赛决赛暨第四届盲人散文创作大赛颁奖典礼举办】 5月18日，此次活动作为2018年“粤读越精彩”全民阅读系列活动的重要组成部分，在广东省立中山图书馆举办。此次活动于1月正式启动，由广东省文化和旅游厅、省残疾人联合会主办，广东省立中山图书馆与省盲人协会、广东图书馆学会联合承办。朗诵比赛分初赛和决赛两个阶段，最终来自15个地市的32位选手脱颖而出，在决赛现场演绎19组朗诵作品。创作大赛有15个地市参赛。据不完全统计，收到参赛散文作品90余篇。共评选出获奖作品22篇。部分获奖者参加了5月18日当天召开的无障爱读书会暨盲人散文创作交流会。大赛组委会评选出大赛优秀组织奖15个、优秀指导老师14名。截至5月22日，网络直播平台参与者已超过2万人次。（广东省立中山图书馆　秦晓婕）

【2018年广东省公共数字文化培训班(第二

期)在清远举办】 5月30日—6月2日，由广东省立中山图书馆和广东省中心图书馆委员会主办、清远市图书馆协办的2018年广东省公共数字文化培训班（第二期）在清远举办。文化和旅游部全国公共文化发展中心研发推广部处长陈移兵，广东外语外贸大学图书馆咨询推广部主任、副研究馆员钱国富，《图书馆论坛》常务副主编、副研究馆员刘洪，清远市图书馆社会推广部主任史秋雨，广东省立中山图书馆网络资源部馆员钱海钢，分别讲授“国家公共文化云的建设与服务”“智慧图书馆建设兼英国高校图书馆考察笔记”“从研究到发表——编辑视角的学术论文漫谈”“新平台、新面貌——清远市图书馆燕湖新城新馆介绍”与“广东省立中山图书馆信息化建设近况”等主题课程。学员还实地参观位于江心岛的清远市图书馆分馆“一默书房”和清新区松林公园内的“智慧图书馆”。（广东省立中山图书馆　杜丽莎）

【2018年广东省公共数字文化培训班(第三期)在江门举办】 6月26—29日，由广东省立中山图书馆和广东省中心图书馆委员会主办、江门市五邑图书馆协办的2018年广东省公共数字文化培训班（第三期）在江门市举办。暨南大学管理学院教授、博士生导师王斌会，国家图书馆数字资源部推广工程培训与资源建设组组长、研究馆员梁蕙玮，国家图书馆信息技术部网络组组长、高级工程师路龙惠，深圳图书馆副馆长、研究馆员肖容梅，广东省立中山图书馆网络资源部组长李耀华，分别讲授“数据科学与大数据分析技术及应用”“数字图书馆推广工程数字资源建设与服务”“数字图书馆推广工程平台建设”“深圳‘图书馆之城’移动服务与创新”与“广东省立中山图书馆信息化建设现状与发展”等课程。（广东省立中山图书馆　赵一帆）

【2018年广东公共图书馆业务培训班在南海区图书馆举行】 9月4—7日，广东省立中山图书馆与广东图书馆学会、佛山市图书馆学会在佛山市南海区联合举办2018年广东公共图书馆业务培训班。培训班上，广东省立中山图书馆馆长刘洪辉对《公共图书馆法》进行详细解读。华南师范大学图书馆馆长高波强调空间服务的意义和内涵，介绍国内外图书馆空间服务的具体案例，并陈述了相关法律法规和调查报告。广州图书馆馆长方家忠以《公共图书馆法》颁布实施为背景，向参会代表介绍广州市公共图书馆制定贯彻落实图书馆法规条例的重大意义，通过广州市公共图书馆的应用案例，指导地方各层级图书馆贯彻落实《公共图书馆法》。中山大学资讯管理学院副院长张靖对公共文化指标与公共文化服务绩效评估管理进行讲解。中山大学文献与文化遗产管理部主任程焕文指出“全民阅读，政府是主体，图书馆是主力”，从图书馆事业发展历史的角度出发，放眼世界，展示中国图书馆事业发展的良好态势。此外，新兴市图书馆、四会市图书馆以及南海区图书馆也分别做了总分馆案例分享。学员们还参观南海区图书馆及其读书驿站。（广东图书馆学会　刘青）

【深圳图书馆《深圳传统手工艺》微视频开机暨《深圳记忆》专栏采访启动仪式举行】 4月13日，《深圳传统手工艺》微视频开机暨《深圳记忆》专栏采访启动仪式在深圳十大客家古村落之一的甘坑客家小镇举行。嘉宾现场观看广东省级非物质文化遗产甘坑客家凉帽制作技艺演示，参观调研甘坑客家小镇历史和发展概况，并就非遗保护与传承、历史文化挖掘与保护等话题进行座谈。活动后，老中青三代“凉帽人”共同接受深圳图书馆和《深圳商报》的现场采访。

《深圳传统手工艺》微视频拍摄项目是全国文化信息资源共享工程2018年度地方资源建设项目，是深圳图书馆继《深圳古墟寻踪》之后的再次成功申报。《深圳记忆》专栏由深圳图书馆和《深圳商报·文化广场》共同发起，旨在沉淀“深圳记忆”工作成果，扩大宣传辐射效果，实现“图书馆+媒体”的优势结合。专栏计划全年20期，每期约1000字，登载于深圳商报《文化广场·发现深圳周刊》版面，第一期《“一顶凉帽”和它背后的故事》于4月17日《深圳商报》B05版刊发。（深圳图书馆　肖更浩）

【东莞图书馆推出“信用办证，扫码借书”体验服务】 4月下旬，东莞图书馆推出“信用办证，扫码借书”体验服务。首次申办读者证的市民可以通过支付宝芝麻分免押金办理借书证，拿出手机“扫一扫”就能借书。信用办证方法：打开支付宝扫描“借阅宝二维码”，直接进入东莞图书馆界面，芝麻分在550分以上，即可注册或绑定读者证，读者可以在支付宝“借阅宝”界面，轻松完成检索图书、查看借阅记录、续借、扫码借书等操作。（东莞图书馆　何应尧）

【全国首届“图书馆杯主题海报创意设计大赛”现场总评在东莞图书馆举行】 10月20日，全国首届“图书馆杯主题海报创意设计大赛”现场总评在东莞图书馆举行，清华大学校务委员会副主任、原副校长张凤昌，澳门大学图书馆馆长吴建中等10位专家担任大赛评委。由南京艺术学院图书馆选送的作品《新时代·新阅读·新未来》和浙江农林大学图书馆选送的作品《读万卷书，行万里路》获评大赛特等奖。另评选出一等奖20名，二等奖30名，三等奖50名，优秀奖200名。此次大赛由中国图书馆学会阅读推广委员会主办，阅读推广委员会大学生阅读推广专业委员会、图书馆与社会阅读专业委员会、图书馆展览与文创专业委员会联合承办，广东粤图之星科技有限公司协办，全国各公共图书馆和高校图书馆参与组织，以“新时代·新阅读·新未来”为主题面向全国读者征集阅读推广创意海报。大赛覆盖全国32个省、自治区、直辖市，共计1168个图书馆报名作为组织单位参与大赛，17796名读者报名，通过审核作品13925件。（东莞图书馆）

【佛山第200家邻里图书馆诞生】 8月22日，“快乐书屋”邻里图书馆签约，自此佛山市邻里图书馆成员馆达到200家。所谓“邻里图书馆”，就是把图书馆开到自己家里。佛山市图书馆于2018年推出“千家万户”阅暖工程——邻里图书馆项目，依托公共图书馆的资源，盘活市民家庭藏书，促进知识交流，推动社区融合。在主人的邀请下，邻里、亲人、朋友甚至陌生人，都可以走进“邻里图书馆”借阅图书，还可以开展亲子阅读、阅读分享会等活动。自4月21日首批邻里图书馆授牌以来，越来越多的佛山家庭开始关注并加入建设邻里图书馆的行列。（佛山市图书馆）

广西壮族自治区

【2018年全国公共文化巡讲暨广西数字图书馆建设培训班在桂林举办】 3月27—28日，由广西壮族自治区文化厅主办，广西壮族自治区图书馆、广西桂林图书馆承办的“2018年全国公共文化巡讲暨广西数字图书馆建设培训班”在桂林举行，来自区内14个地市文化行政管理部门分管领导，自治区级、市级、县级公共图书馆馆长及相关人员共计140余人参加培训。培训班特邀上海社科院研究员巫志南，首都图书馆原馆长、教授、博士生导师倪晓健，温州市图书馆馆长、研究馆员胡海荣等文化部公共文化巡讲团教授以及国家图书馆数字资源部副主任李志尧担任授课老师。其中，倪晓建以“图书馆总分馆制建设与实践”为主题的讲座通过国家公共文化云平台和中国文化网络电视进行全程直播，全国各地观众通过国家公共文化云网站、手机APP、微信公众号和中国文化网络电视台、微信公众号等方式在线收看或点播学习的人数达20多万人次，这是广西数字图书馆建设培训班课程首次在全国性网络和电视媒体平台实现在线直播。（广西图书馆学会　韦绍芬）

【广西壮族自治区图书馆开展“画出我的‘三月三’”主题亲子活动】 4月14日，由广西壮族自治区图书馆、全国文化信息资源共享工程广西分中心主办的2018年度“广图筋斗云”公共数字文化服务推广系列活动——“画出我的‘三月三’”主题亲子活动在南宁民族影城举行。家长和小朋友们以绘画和涂色的方式感受“壮乡三月三”的节日氛围，体验数字阅读，更近距离地了解、认识和利用广西图书馆丰富的馆藏数字资源。现场还举行了广西图书馆电子数字资源有奖知识问答，观众一边仔细翻看宣传折页，一边参与答题，加深对广西图书馆数字资源的了解和认识。（广西图书馆学会　韦绍芬）

【第七期全国少数民族古籍修复技术培训班在南宁举办】 5月22日，由国家古籍保护中心主办，广西壮族自治区古籍保护中心承办的第七期全国少数民族古籍修复技术培训班在南宁开班。来自广西、甘肃、广东、云南等省（自治区、直辖市）12所古籍收藏单位的23名学员进行为期11天的“古壮字古籍修复”技术培训。广西少数民族古籍工作办公室主任韦如柱做题为“广西少数民族古籍保护工作概况”的专题讲座。培训班由云南省图书馆国家级古籍修复中心导师杨利群和广西壮族自治区图书馆资深修复师区捷为进行授课和带教实践，采用分组培训的形式，通过集中研习和实践操作两种形式，全面提升学员的修复水平。（广西图书馆学会　韦绍芬）

【广西壮族自治区图书馆举办第三届晒书会】 5月20日，广西壮族自治区图书馆举办主题为“传递知识　分享快乐”的第三届晒书会。活动开始前半个月，该馆通过书友QQ群、官方微信公众号以及在阅览室门口张贴宣传海报等方式，邀请书友们加入到分享好书、共享喜悦的活动中来。进场的书刊约1000册，进入公选区的书友约260人次，其中不少书友是每届晒书会都参加的发烧友。书友们现场可以互换书籍，也可以与图书馆提供的书籍进行交换。拍卖会是此次活动的一大亮点，书友们可以通过以书换券、分享自己的读书心得以及晒微信朋友圈等方式获得换书券，换书券可用于图书拍卖环节。此次拍卖会成交率高，总共拍卖24单30册书。晒书会已经成为图书馆的品牌活动，一年举办2次。（广西图书馆学会　韦绍芬）

【广西壮族自治区图书馆参加“中国文创产品展示周”系列活动】 6月1日，由老挝中国文化中心和广西壮族自治区文化厅共同主办的2018老挝“中国文创产品展示周”系列活动在老挝万象中心举办。中国驻老挝大使馆代表莫小玲、老挝中国文化中心主任丁青琳莅临现场与老挝民众和孩子们一同欢度儿童节。在此次展示周期间，广西壮族自治区图书馆团队分别在老挝国立艺术学校、萨庞通国际学校、万象儿童救助中心、万象中心商城开展3场广西戏曲动漫大课堂和4场“超凡未来”系列体验活动。据粗略统计，实际参与活动的人数近千人。此次老挝行是广西壮族自治区图书馆将该馆优秀文化项目带出国门的首次尝试，也是一个发掘自身潜力的重要契机。（广西图书馆学会　韦绍芬）

【广西壮族自治区图书馆开展宣传学习《中华人民共和国宪法》系列主题活动】 7—12月，广西壮族自治区图书馆围绕“弘扬宪法精神　增强法制观念”的主题，开展宣传和学习《中华人民共和国宪法》系列活动。7月1日，八桂讲坛邀请广西壮族自治区人民政府参事、自治区政协文史和学习委员会副主任黄健为读者做主题为“增强宪法意识　维护宪法权威——中华人民共和国宪法（修正案）解读”的专题讲座。12月2—4日，在一楼大厅举办宣传和学习《中华人民共和国宪法》主题活动，以宪法审议历史、宪法修订背景、现今宪法为内容进行展览，5个展柜展示馆藏25册宪法图书并摆放国徽、国旗、天平秤等物品。12月4日，在主题展览现场开展“宪法我知道”宪法知识答题有奖活动，主办方根据展览内容设置答卷，参与者根据答卷内容在展板上找答案。（广西图书馆学会　韦绍芬）

【“香港图书阁”开幕式暨桂港合作标语设计比赛颁奖典礼在广西多家图书馆举办】 2018年，为加深广西民众对香港的了解认识，香港特别行政区政府驻广西联络处向广西捐赠3500余册有关香港文学、经济、教育、旅游、流行文化等方面图书，并在广西各地15家图书馆设立“香港图书阁”，开展以“认识香港”为主题的阅读推广活动，同时举办桂港合作标语设计比赛，推动桂港两地合作。7月26日、8月30日、11月15日，分别在广西壮族自治区图书馆、钦州市图书馆、广西桂林图书馆举行“香港图书阁”开幕式暨桂港合作标语设计比赛颁奖典礼。香港特别行政区政府驻粤经济贸易代表处主任邓家禧，广西壮族自治区港澳事务办公室副主任韦瑜，自治区文化厅副厅长严霜，钦州市委常委、副市长徐立京，香港特别行政区政府驻广西联络处主任卢咏斯，桂林市人民政府副市长雷声等领导分别出席三地活动。（广西图书馆学会　韦绍芬）

【广西壮族自治区图书馆举办“春雨工程·网络书香”数字图书馆阅读推广活动】 10月23—26日，由国家图书馆、广西壮族自治区图书馆共同主办，百色市图书馆承办的2018年“春雨工程·网络书香”数字图书馆阅读推广活动在广西百色举办。10月24日，在百色市图书馆举行活动启动仪式，国家图书馆数字资源部主任曹宁、广西壮族自治区文化厅公共文化处处长黄松、自治区图书馆馆长韦江等领导出席活动，来自全区各级公共图书馆的馆长和技术人员约120人参加活动。此次活动包含赠书、展览、培训和调研等4项内容。启动仪式上，国家图书馆将万册图书免费捐赠给广西百色市图书馆、靖西市图书馆、田阳县图书馆。活动现场举办“春雨工程·网络书香”数字图书馆阅读推广活动展览，摆放网络书香资源检索平台、移动数字图书馆、基层数字图书馆、图书馆公开课网络直播等数字资源展板，宣传推介数字图书馆推广工程建设成果。同时，邀请多位志愿者详细讲解国家数字图书馆、数字图书馆推广工程的建设成果及各类资源与服务，设置互动环节，读者可以通过现场的电脑设备亲身体验方便快捷的数字阅读，面对面掌握并分享海量的数字资源。展览持续展出一周。此次活动还安排为期3天的培训，邀请国家图书馆数字资源部主任曹宁、广西政府参事彭匈、中国艺术研究院文化政策研究中心主任王烈生、中国传媒大学实践实验教学中心技术部主任张俊、中山大学资讯管理学院教授潘燕桃、国家图书馆数字资源部推广工程建设协调组组长温泉等公共数字文化建设方面的专家、学者授课。“春雨工程·网络书香”数字图书馆阅读推广活动是2015年以来，国家图书馆为积极响应文化和旅游部、中央文明办组织开展“春雨工程——全国文化志愿者边疆行”的号召，结合数字图书馆推广工程建设成果主办的系列活动之一。该活动已陆续在边疆地区、革命老区、民族地区完成8个图书馆的阅读推广活动。2018年，广西入选开展该活动的3个省份之一。（广西图书馆学会 韦绍芬）

【广西壮族自治区成立六十周年成就文献展在南宁举办】 10月22—27日，广西壮族自治区成立六十周年成就文献展在广西壮族自治区图书馆一楼大厅举办。此次展览是广西壮族自治区文化厅为迎接自治区成立六十周年主办的系列庆祝文化活动之一，由广西壮族自治区图书馆承办。此次展览从广西壮族自治区图书馆珍藏的8万余种广西地方文献中甄选出相关报纸、图书、期刊等文献资料，通过图片、文字、图表与文献相结合的方式，从民族团结、经济腾飞、社会事业蓬勃发展、人民富裕四个主题，向读者展示自治区成立至今的历史性转变，其中不乏广西壮族自治区图书馆馆藏地方特色。展览现场还精选了300余册有关自治区建设成就和历次大庆的图书资料供读者阅览，更形象、直观地领略广西六十年沧桑巨变的历史故事。（广西图书馆学会 韦绍芬）

【广西壮族自治区图书馆荣获首届广西党史微视频大赛最佳人气奖】 10月27日，在广西壮族自治区党委党史研究室、广西电视台主办的“信仰伴我成长”首届广西党史微视频大赛颁奖仪式上，自治区图书馆选送的参赛作品《文化扶贫·助梦前行》获得“最佳人气奖”。视频《文化扶贫·助梦前行》主要讲述近年来该馆对口帮扶昭平县昭平镇马圣村，通过开展送书下乡、阅读推广等文化扶贫项目，给贫困村送去丰富的“精神食粮”，解决了乡村少年读书难的问题，以及该馆在新时期不断完善文化服务设施，提高服务能力，为社会公众特别是青年朋友梦想启航提供智力支撑。（广西图书馆学会 韦绍芬）

【“册府千华——广西壮族自治区藏国家珍贵古籍特展”在南宁举办】 12月5日，由广西壮族自治区文化和旅游厅、国家图书馆（国家古籍保护中心）联合主办，自治区图书馆（自治区古籍保护中心）承办的“册府千华——广西壮族自治区藏国家珍贵古籍特展”开幕式在广西壮族自治区图书馆举行。国家图书馆馆长、国家古籍保护中心主任饶权，国家图书馆副馆长、国家古籍保护中心副主任张志清，自治区文化和旅游厅厅长甘霖、副厅长严霜出席开幕式。来自全区40家古籍收藏单位的主（分）管领导、古籍保护工作业务骨干共80人参加此次活动。展览自2018年12月5日至2019年1月4日，以展板介绍和古籍展示为主，分4期、4批次展出汉文古籍、少数民族古籍共计150部。展览特别设立“习近平用典”专题展区，展出习总书记重要讲话和文章中引用的部分典故。配合展览举办的还有古籍保护专题讲座、古籍修复、雕版印刷、碑石传拓、VR体验等多项活动。开幕式之后，张志清做题为“中华古籍保护的进展和思考”的讲座。当天还召开2018年广西古籍保护工作会议，广西壮族自治区图书馆馆长、自治区古籍保护中心主任韦江代表自治区古籍保护中心做工作报告。（广西图书馆学会 韦绍芬）

【广西壮族自治区图书馆地方民族文献中心启用】 12月6日，广西壮族自治区图书馆地方民族文献中心启用仪式举行，自治区党委常委、宣传部部长范晓莉，国家图书馆副馆长张志清，自治区文化和旅游厅厅长甘霖、副厅长严霜，自治区发改委党组成员、副主任唐爱斌，广西作家协会主席东西等领导和嘉宾出席，并共同触动地方民族文献中心启用球。出席仪式的领导和嘉宾在广西壮族自治区图书馆馆长韦江、党委书记黄艳的陪同下参观地方民族文献中心，观看“册府千华——广西壮族自治区藏国家珍贵古籍特展”，现场体验了雕版印刷。广西各级公共图书馆、高校图书馆和图书馆业界同行共200余人参加启用仪式。地方民族文献中心是自治区党委和政府建设民族文化强区的重大民生工程，自2014年12月动工建设，历经4年建成投入使用。该中心启用后面向公众开放24小时自助图书馆、读者交流厅、特色体验书店、文化休闲区、文创空间、桂学研究室等服务区域，全力打造让读者在温馨环境中享受阅读、爱上阅读的文化空间，为读者提供更便捷、更多样化、更有内涵的文化服务。（广西图书馆学会　韦绍芬）

【广西公共图书馆参考咨询联盟成立】 12月6—7日，由广西壮族自治区图书馆发起的广西公共图书馆参考咨询联盟正式成立，首次参考咨询联盟业务培训班同期举办。来自全区14个地市以上公共图书馆（含少儿馆）及部分县级公共图书馆的领导和业务骨干共40余人参加此次培训。国家图书馆参考咨询部主任王磊、广东省立中山图书馆广东省中心图书馆委员会办公室主任伍清霞及全国图书馆参考咨询联盟“优秀咨询员”肇庆市图书馆黄柄量为学员授课。在成立仪式上，首批19个加盟的成员馆代表依次向韦江馆长递交加盟协议书，这标志着广西公共图书馆参考咨询联盟正式成立。（广西图书馆学会　韦绍芬）

【广西壮族自治区图书馆举办盲人数字阅读推广主题活动】 12月21日，广西壮族自治区图书馆举办盲人数字阅读推广主题活动，来自南宁市及周边县、市的视障读者150人和广西大学、广西教育学院大学生志愿者53人共同参加此次活动。从2005年开始，该馆即在电子阅览室设置专门的盲人阅览区，配备智能阅读机、盲文学习机、助视器等设备供视障读者使用，购买11种盲文期刊以供免费外借。此次配置的600台智能听书机，提供电子书、数字图书馆、网络听书、音频播放、电子词典、录音机、收音机、按摩管理等诸多功能服务，丰富馆藏盲用设备资源。活动现场为20名视障读者代表发放已经免费办理外借手续的智能听书机。（广西图书馆学会　韦绍芬）

【广西壮族自治区图书馆举办2018年广西图书馆读者协会理事会暨优秀文化志愿者表彰会】 12月23日，广西图书馆读者协会在广西壮族自治区图书馆地方民族文献中心一楼多功能厅举办2018年广西图书馆读者协会理事会暨优秀文化志愿者表彰会。会上回顾一年来读者协会取得的各项成绩，同时表彰热情参与广西图书馆公益事业的优秀文化志愿者。35位优秀文化志愿者代表参加活动。2018年，广西图书馆读者协会完成读者活动16项，210场次，参与读者人数近百万人次。全年与20家合作单位正式建立合作关系，对志愿者进行岗前集中培训，每期培训6节课，全年招募志愿者1543人到各部门实践协助，工作时长达到75607小时。（广西图书馆学会　韦绍芬）

【广西桂林图书馆概况】 截至2018年底，广西桂林图书馆在职员工152人，其中高级职称25人、中级职称52人、初级职称70人。全年新增藏量35301种137196册，馆藏总量319万余册（件）。全年接待读者178余万人次，借阅书刊640余万册次，网站访问量1078余万次，移动图书馆点击量877余万次。完成科技查新222项。外购数字资源新增6.8TB，自建数字资源新增1.38TB，总量达110.6TB。设立馆外流通点50个，开展各类读者服务活动654次，参加活动人数93万余人次。在第六次全国县级以上公共图书馆评估定级中被评定为国家一级馆，志愿服务项目“我们的传统节日”荣获中国图书馆学会“中国图书馆最美故事”系列风采展示活动之创新案例；志愿服务项目“谷雨诗会：吟赞经典，诗韵流长”获中国图书馆学会2017年阅读推广优秀项目。（广西图书馆学会　韦绍芬）

【广西桂林图书馆开展《中华人民共和国公共图书馆法》普法宣传活动】 1月1日，《中华人民共和国公共图书馆法》正式实施。广西桂林图书馆开展“馆长带您走进图书馆”系列活动。在新年来临之际，举行“馆长邀您一起朗读活动”，馆长钟琼、副馆长曹旻与来自各行各业的读者共同朗读；元旦当天，馆长钟琼、副馆长谢秋发在临桂总馆服务大厅向到馆读者赠送《公共图书馆法》《桂林图书馆概况》《品味阅读》好书推荐等宣传资料，现场解答读者提出的相关问题。此外，广西桂林图书馆还组织策划“学习《公共图书馆法》图文展”，并利用馆网站、微信以及馆内宣传阵地，以网上宣传、展板展示、发放宣传单的方式，引导读者阅读《中华人民共和国公共图书馆法》全文。（广西图书馆学会　韦绍芬）

【“全民阅读　书香桂林”启动仪式暨“书香桂林　图书集市”举行】　4月14日，由桂林市文化新闻出版广电局、桂林市全民阅读工作推进办公室主办，广西桂林图书馆承办，广西师范大学出版社、漓江出版社有限公司、桂林市新华书店有限公司承办，桂林市图书读者协会、桂林市出版物发行业协会协办的“‘全民阅读　书香桂林’启动仪式暨‘书香桂林　图书集市’活动”在古南门前广场举行。启动仪式为“全民阅读　书香桂林”阅读推广人、2017年“阅读之星”和“优秀阅读推广志愿者”颁发聘书和荣誉证书；杨先让教授向该馆捐赠了《杨先让文集》《徐悲鸿》等书籍；广西师范大学出版社、漓江出版社、桂林新华书店、新宇书店为芦笛小学、复兴小学、将军桥小学、凯风小学赠送图书；读者代表向市民宣读《阅读倡议书》。与此同时，启动仪式上还推出图书集市、“你选书　我买单”图书荐购、图书折扣销售、图书交换等活动，为广大市民提供淘书、捐书、交流阅读体验的线下互动平台；《公共图书馆法》知识有奖竞答、优秀图书推荐展示、“科学人生　百年院士风采展”、第十三届文津图书奖获奖图书展览等也获得市民的广泛关注；在“捐书助学”活动中，广西桂林图书馆广泛收集社会各界捐赠的图书，为贫困山区的孩子们送去丰富有益的文化大餐。此次活动深得市民朋友和社会机构的响应，短时间内捐赠到图书600余册；在临桂总馆朗读亭，分别举办“四月，赴一场朗读亭之约”朗读活动和“品读书香，有声分享”活动。此外，还在世界读书日期间开展了精彩纷呈的少儿活动、公益讲座等，营造全民阅读的书香氛围。（广西图书馆学会　韦绍芬）

【广西桂林图书馆举办“壮族三月三”民俗文化系列活动】　4月14日，广西桂林图书馆依托志愿服务品牌“我们的传统节日”举办“壮族三月三”民俗文化系列活动。内容包括少儿活动“浓彩画衣赏壮风”“领略壮乡匠心——趣玩排箫迎歌节”“玲珑绣球艺纸裁”等以及读者协会举办的“三月三　伴你行”阅读书目分享会。同期，广西桂林图书馆还到馆外流通点将军桥小学举办“喜迎三月三民族运动会”庆祝活动，与学校师生共同开展民族体育竞赛活动。活动期间，通过“阅读广西”专题活动形式，将馆藏资源与壮族“三月三”特色民族风情有机融合，专设“阅读广西”桂版图书展示、“壮族三月三”民俗文化图书专架，播放桂林古村落系列专题片，向广大市民呈现具有浓郁广西特色的“三月三”节庆文化。（广西图书馆学会　韦绍芬）

【广西桂林图书馆举办“文化和自然遗产日”系列活动】　6月7—8日，广西桂林图书馆举办的“古籍修复技艺进校园”活动分别在桂林师范高等专科学校、将军桥小学举行。活动通过设置宣传咨询台、举办“古籍保护成果展”、现场体验古籍修复技艺等方式，大力宣传文化和自然遗产保护法律法规，传达古籍保护理念，增强校园师生的文化传承意识。6月9日，时值“文化和自然遗产日”，广西桂林图书馆在榕湖分馆展厅举办“镜头下的民俗文化”摄影作品展，同时在展厅里设置传统技艺体验活动，活动包括传拓、装帧、临摹等，让市民亲身体验碑刻传拓、书画临摹、古籍装帧等传统技艺。同期在榕湖分馆报告厅举办“贵何秀　尚中道”儒家茶礼专题讲座，讲解中国的茶道与儒家精神的关系。（广西图书馆学会　韦绍芬）

【老挝文化代表团一行到广西桂林图书馆交流访问】　10月19日，老挝文化代表团一行到访广西桂林图书馆临桂新馆交流访问。广西桂林图书馆馆长钟琼向代表团介绍该馆的基本情况，对馆藏资源、特色服务、近年来的发展等情况进行讲解。代表团在钟琼陪同下参观临桂新馆中央阅读大厅、中文外借阅览室、报刊阅览室、创意空间及精品展厅等区域，详细了解馆藏布局、服务创新以及公共文化活动开展情况，还体验使用自助借还系统、电子借阅机、3D打印机、虚拟

现实等新媒体新设施。（广西图书馆学会　韦绍芬）

【广西桂林图书馆举办视障读者数字阅读服务培训班暨视障读者数字阅读推广活动】 11月29—30日，广西桂林图书馆在榕湖分馆举办2018桂林县区公共图书馆视障读者数字阅读服务培训班暨视障读者数字阅读推广活动。桂林各县区公共图书馆业务骨干、桂林电子科技大学的桂林特殊教育文化建设青羽项目团队和青年志愿者协会的文化志愿者以及视障读者90余人到馆学习并参与活动。培训中，广西桂林图书馆技术人员对“盲人数字阅读推广工程”的实施要点和设备借阅方法做了介绍，又针对智能听书机的功能特点、操作方法做了详细讲解，视障读者在志愿者的帮助下，一对一操作使用智能听书机开展数字阅读。同期在全市12个县区公共图书馆建立智能听书机通借通还流通点，为盲人读者提供数字有声读物和公共文化服务。（广西图书馆学会　韦绍芬）

【广西桂林图书馆情景舞台剧《书魂》在桂林大剧院首次演出】 情景舞台剧《书魂》根据广西桂林图书馆抗日战争时期图书大转移的真实历史事件改编而成。该剧由馆长钟琼策划，桂林市艺术研究所一级编剧唐建华编剧，国家级非物质文化遗产名录彩调项目代表性传承人、国家一级演员覃明德导演，该馆青年馆员倾情演绎。12月29日，该剧在桂林大剧院举行的桂林市文化新闻出版广电局迎新联欢会暨工作总结成就展上，作为联欢会的第一个节目首次演出。（广西图书馆学会　韦绍芬）

【广西桂林图书馆举办桂林市图书读者协会成立30周年纪念会】 12月30日，桂林市图书读者协会在广西桂林图书馆榕湖分馆报告厅举行协会成立30周年纪念活动。桂林市社会科学界联合会副主席李春毅，广西桂林图书馆副馆长曹旻以及协会理事、会员代表60余人出席纪念会，曹旻、李春毅分别致辞，协会副会长何恒做“与时俱进　开拓进取　服务书香——桂林协会成立30周年工作报告”。会上表彰35名多年来积极参加读者协会阅读活动并表现突出的优秀会员。会后，领导、嘉宾及会员参观“‘与时俱进　开拓进取　服务书香桂林’桂林市图书读者协会成立30周年成果展”。（广西图书馆学会　韦绍芬）

【广西桂林图书馆推进“三区”人才支持计划】 2018年，广西桂林图书馆以“三区”人才支持计划为抓手，围绕学习宣传贯彻《中华人民共和国公共图书馆法》、推行总分馆制建设、地方文献建设等方面，开展辅导和培训。全年共举办各类培训班14期，培训学员934人。其中举办专题培训班6期，培训学员521人，包括第十一次全区公共图书馆馆长培训班、图书馆基础业务培训班、“三区”图书馆地方文献建设培训班和2018年公共图书馆馆长培训班等。跟班学习4期，培训学员17人，分别是组织河池市环江毛南族自治县图书馆、来宾市图书馆、兴安县图书馆、百色市图书馆等“三区”受援图书馆业务骨干到馆进行跟班培训。研修培训3期，培训学员306人，分别是组织11个“三区”受援图书馆馆长参加在河北廊坊举办的2018年中国图书馆年会以及举办“新一代智慧图书馆发展建设研讨会”等；帮助柳州市柳南区图书馆在桂林举办培训班1期，培训学员90人。广西桂林图书馆根据工作需要和基层馆的需求，选派业务骨干下点辅导，全年共派出7人次，到5个基层图书馆开展实地辅导，培训学员26人。（广西图书馆学会　韦绍芬）

【广西桂林图书馆深入开展脱贫攻坚工作】 2018年，广西桂林图书馆以科学发展观为指导，全面贯彻党中央和上级机关单位关于扶贫工作的要求，脱贫攻坚推进工作取得新成效。全年协助脱贫38户153人、易地扶贫搬迁户14户50人（已入住安置点）；多方筹措资金为村委实施护栏安装、太阳能路灯、农户架水、校舍翻新、村委文化小广场等建设项目；2月6—7日、9月18—20日，分别在春节、中秋国庆两节期间开展慰问困难党员、贫困户活动；3月15—20日，组织全馆帮扶干部113人对定点帮扶的全州县蕉江村开展建档立卡贫困户基本情况核查工作；5月23—25日，馆长钟琼参加国家图书馆在北京召开的数字图书馆推广工程扶贫工作会议，会议确定龙胜县图书馆为该馆帮扶对象；7月3日，联动兄弟单位开展文化扶贫主题活动，捐资帮扶蕉江小学、蕉江村委建设饮水硬件设施等项目；向蕉江小学捐赠图书、文体学习用品等，并不定期开展图书捐赠和少儿阅读服务活动；7月4—6

日，组织全馆员工分3批次开展下乡入户调研工作，对所帮扶的114户贫困户发放扶贫政策宣传单，并解答贫困户疑问，确保扶贫政策宣传全覆盖。（广西图书馆学会　韦绍芬）

【广西桂林图书馆完成2018年公共数字文化重点建设项目工作任务】 2018年，广西桂林图书馆稳步建设在建数字资源项目，积极申报新建项目。通过2018年国家文化云平台建设项目实施方案的评审和完成2019国家文化云平台建设项目的申报工作。成功申报2019年度共享工程地方资源建设项目《广西传统古村落（二）》《广西革命历史动漫（二）》《听遍桂林：山水文学篇（二）》；2015年度项目《桂林古迹（二）》《八桂历史文化名城：北海篇》和2016年度项目《桂林古村落》均通过验收并结项，系列专题片《桂林传统村落（三）》于5月23日在桂林全州县大石江村举行开机仪式。完成2019年度数字图书馆推广工程资源联建项目的申报工作，2016年度项目“网事典藏”“政府公开信息”，2017年度项目“政府公开信息”均已验收结项。（广西图书馆学会　韦绍芬）

【南宁市图书馆概况】 南宁市图书馆新馆建设项目是南宁市迎接广西壮族自治区成立60周年计划重点推进的重大项目之一。新馆位于南宁市五象新区玉洞大道32号，总建筑面积36109平方米，其中地上建筑面积为26440平方米，地下建筑面积为9669平方米。新馆外观融合梯田、铜鼓、风雨桥等广西特色元素，呈现出高雅大方的建筑格调。设计藏书量200万册，阅览座席2000个，网络节点约3000个。项目总投资41758.26万元，于2016年12月30日开工建设，2017年8月8日主体结构封顶，2018年7月27日竣工，2018年12月18日正式面向公众开放。

新馆以纸质文献、音像制品、数字资源等各类知识信息记录的收集、整理和存储为基础，有城市客厅、多功能厅、报告厅、视听中心、自助借还服务区、少儿阅览室、报刊阅览室、视障阅览室、24小时自助图书馆、阅读体验中心、多媒体体验区、库客音乐图书馆、中文图书阅览区、艺术专题阅览区、读者沙龙、电子阅览区、专题文献阅览区、珍品书库等多个学习、研究、交流空间，为读者提供资源借阅与传递、信息咨询、展览讲座、艺术鉴赏、文化展示、数字化网络及阅读推广活动。

南宁市图书馆设9个部门。截至2018年底，共有在职在编人员58人。其中高级职称3人，中级职称28人，初级职称16人；本科学历37人，硕士研究生及以上学历5人。

2018年专项购书经费99.99万元。其中，纸质图书60万元，报刊20万元，地方文献15万，数字资源4.99万元。全年新增藏量61341册（件），年内购买报刊种类1016种，馆藏总量82.95万册。年内新办借书证9162张，累计有效借书证74795张；书刊文献外借190215册次，馆网站访问量3962.55万次，举办活动123场次126090人次；解答咨询21004条；新建馆外图书流通站1个，累计馆外流通服务站点133个。全年到馆106.79万人次，总流通量108.55万人次。

2018年，南宁市图书馆党支部被评为南宁市文化新闻出版广电局先进党支部，南宁市图书馆先后荣获南宁市文化新闻出版广电局服务保障自治区成立60周年庆祝活动先进集体、事业建设奖、技术创新奖、活动创新奖等荣誉。（南宁市图书馆　杨粒彬）

【百色市图书馆启动“芒果园，我来了”绘本故事分享活动】 9月23日，正值百色市图书馆成立两周年，“芒果园，我来了”绘本故事分享活动在该馆芒果园正式启动。“芒果园，我来了”绘本故事分享活动是百色市图书馆顺应读者需求打造的又一品牌活动，是一个零门槛的绘本故事分享平台，在特定的时间内让“听故事的人”不受报名方式、人数、年龄等限制，可即时进入现场参与活动，让更多的读者领略到绘本故事的魅力，从而产生对阅读的兴趣和爱好；它还是一个“讲故事的人”展现自我的平台，以此平台为契机，招募更多优秀的社会志愿者成为故事讲述人，让他们在此尽情释放讲述故事的热情，从而扩大阅读推广人的队伍。（百色市图书馆　陈丽琴）

【百色市图书馆24小时自助图书馆扩建完成】 应广大读者日益增长的阅读需求，百色市图书馆对24小时自助图书馆进行扩建改造，于12月24日全面完成并免费向广大市民开放，面积由原来的 96.6 平方米扩建至 193.4 平方米，馆藏量由 7300 册增加至 23000 册，阅览座席由 13 个增加至 53 个，内设少儿图书区域和成人区域，为读者提供更优质的阅读环境，满足了更多读者的阅读需求。（百色市图书馆　陈丽琴）

【纪念冯子材 200 周年诞辰美术、书法作品展在钦州市图书馆开展】 7 月 25 日，纪念冯子材 200 周年诞辰美术、书法作品展在钦州市图书馆三楼展览厅开展。展览由中共钦州市委宣传部、钦州市文学艺术界联合会主办，钦州市书法家协会、钦州市美术家协会、钦州市群众艺术馆、钦州市图书馆共同承办。此次展览共展出广西名家和钦州书画家作品 100 幅，其中美术作品 35 幅、书法作品 65 幅。纪念冯子材 200 周年诞辰美术、书法作品展展出时间为 7 月 25 日—8 月 25 日（一个月），纪念冯子材 200 周年诞辰主题创作（油画）特展展出时间为 7 月 25 日—9 月 25 日（两个月）。（广西图书馆学会　韦绍芬）

【全区集邮文化巡展首站（钦州）启动仪式在钦州市图书馆举行】 7 月 29 日，在改革开放 40 周年，自治区成立 60 周年以及冯子材 200 周年诞辰之际，“不忘初心，筑梦前行”庆祝改革开放 40 周年暨广西壮族自治区成立 60 周年全区集邮文化巡展首站（钦州）启动仪式在钦州市图书馆举行。活动由钦州市人民政府、中国邮政集团公司广西壮族自治区分公司、广西集邮协会主办，中国邮政集团公司钦州市分公司、钦州市图书馆共同承办。广西壮族自治区第十二届人大常委会副主任、广西集邮协会名誉会长高雄宣布邮展开幕并为首站巡展城市钦州市授旗。钦州市委书记、市人大常委会主任王革冰，市委常委、宣传部部长、副市长韩流出席启动仪式。活动当天在钦州市图书馆二楼举办集邮展，共展出全国精品邮集 22 部 73 框，这些展品从不同角度讴歌改革开放 40 年来，自治区成立 60 年来所取得的重大成就及发展变化，充分展示改革开放以来广西壮族自治区在政治、经济、文化、社会等各方面所取得的巨大发展成就。集邮文化巡回展在钦州、贵港、桂林、武鸣、贺州、南宁等 6 地举办，钦州作为首站城市，展期 4 天，至 8 月 1 日结束。（广西图书馆学会　韦绍芬）

【钦州市举办公共文化机构法人治理结构改革工作培训班】 11 月 28 日，钦州市公共文化机构法人治理结构改革工作培训班在钦州市图书馆三楼培训室举办。来自市编办、市财政局、市人社局、市文新广电局分管领导及相关科室人员，市群艺馆、市博物馆、市图书馆班子成员及中层干部；各县（区）编办、文体广电局分管领导和相关业务骨干；各县（区）文化馆、博物馆、图书馆班子成员共 75 人参加此次培训。培训班邀请华东师范大学教授金武刚、温州市图书馆主任曹雪梅进行授课，分别就“公共文化机构法人治理结构改革原理、实践与政策”“温州市图书馆法人治理改革探索与实践”进行授课。此次培训班为钦州市图书馆下一步开展公共文化机构法人治理结构改革工作奠定良好的组织基础。（广西图书馆学会　韦绍芬）

【河池市民族图书馆概况】 河池市民族图书馆建筑面积 14206 平方米，设办公室、财务室、采编部、信息技术部、借阅部、阅读推广部等部门。截至 2018 年 12 月底，在编人员 14 人，其中本科学历 11 人，占人员总数 79%；副高级职称 1 人，占人员总数 7%；中级职称 11 人，占人员总数 79%。馆内设有图书借阅处、报刊阅览室、电子阅览室、地方文献阅览室、少儿阅览室、报刊库、文学书库、自然科学书库、社会科学书库等服务窗口 9 个，阅览座位 487 个，建有小型的展览厅和多功能报告厅等。

全年文献采购经费 25 万元，其中纸质图书 10 万元、报纸期刊 5 万元、数字资源 10 万元。全年征订报纸 63 种，杂志 134 种，新增入库图书 24402 册，报刊合订本 459 册，目前征集到的河池地方文献资料约 3000 册，图书总藏量达 27 万册，数字资源总量达 45TB。电子阅览室拥有读者用计算机 40 台。配备电子读报机 1 台，储存全年全国各地电子报纸、期刊约 1500 种，每日实时更新，提供在线阅览服务；电子借阅机 1 台，储存电子图书 3000 册，每月更新 150 册，提供手机下载阅读服务；公共文化一体机 1 台，提供全国共享工程海量数字资源在线观看服务。全馆 24 小时 Wi-Fi 覆盖。手机移动图书馆电子读书 13 万种，期刊 2000 种，报纸约 350 种，有声读物 2013 个系列 13746 集，名师讲坛 3000 余集，儿歌童谣约 650 集等，2018 年下载量（点击量）达 921700 次（登录次数 28314 次）。图书馆全年 365 天免费对外开放（含双休日和节假日），每天开放 7 个小时，其中报刊阅览室每天连续开放 10 小时。2018 年共接待读者约 13 万人次，拥有借书证读者达 8016 人，外借图书达 75198 册次，与 2017 年相比稳中有升。全年举办讲座、图片展、技能培训、送书下乡等形式多样的阅读推广活动达 45 场（次），受益群众约 3 万人次，其中与市社科联共同打造的"红水河讲坛"公益讲座品牌，全年举办公益讲座 9 场。

2018 年初，儿童亲子阅读区扩建完成并正式对外开放，占地面积约 150 平方米，添置的书架、桌椅、沙发等设备充满童趣，藏有绘本图书 17000 余册，配备触摸屏儿童学习一体机 3 台，储存上万册数字资源，满足广大儿童的阅读需求。（广西图书馆学会　韦绍芬）

海南省

【概况】 截至 2018 年底，海南省共有各级公共图书馆 23 个，其中一级馆 1 个、二级馆 3 个、三级馆 12 个。全省公共图书馆总建筑面积 85513.78 平方米。有从业人员 330 名，专业技术人才 235 人，其中，高级职称 10 人、中级职称 95 人。文献总藏量 509.95 万册。

总分馆制建设有序推进。已实现全省市县图书馆和乡镇文化站的数据传输专网的贯通，有 18 个市县配置 Interlib（图书管理系统）通借通还模块功能，实现了和省图书馆的通借通还功能。截至目前，澄迈县图书馆、保亭县图书馆、三亚市图书馆、白沙县图书馆、琼海市图书馆、琼山区图书馆、屯昌县图书馆已开展总分馆制建设。

积极推进地方特色资源建设，《南海海上丝绸之路之考古寻踪》《走出贫困之路——海南精准扶贫系列专题片》《南海纪事》《海南全民艺术普及创意美术特色资源库》《文化海南——海南声行漫步特色音频库（二期）》等 5 个项目均完成省内建设，等待终审。《宝岛禅心・海南佛教文化大观》《影像海南——海南传统手工艺》《海南黎族民间故事》等 3 个项目已通过全国公共文化发展中心的项目评审并获得批准立项。《〈海南百工〉微视频》《〈南海更路簿〉专题片》等 2 个项目已全面启动。

古籍保护工作进一步加强。根据国家古籍保护中心《关于申报第六批〈国家珍贵古籍名录〉和"全国古籍重点保护单位"的通知》（国家中心〔2018〕5 号）精神，组织开展海南省申报第六批《国家珍贵古籍名录》工作，经过汇总审核，海南省图书馆、海南省博物馆、海南师范大学图书馆、海南大学图书馆、海南省民族博物馆，共 5 家单位的 31 部古籍被列入《海南省申报第六批〈国家珍贵古籍名录〉汇总表》。（海南省图书馆　韩川平）

【三沙市图书馆暨海南省图书馆三沙分馆正式开馆】 2 月 14 日，三沙市图书馆暨海南省图书馆三沙分馆在三沙市永兴岛正式开馆，成为我国最南端的公共图书馆，也是最年轻的市县级公共图书馆。三沙市图书馆建有 3 个阅览室，目前馆藏图书 2 万余册，除当前畅销的大众图书外，还根据驻岛军警民的需求，设有三沙、海洋、军事等特色图书专区。三沙市图书馆开馆标志着海南省实现市县公共图书馆全覆盖，对加快构建海南省现代公共文化服务体系，促进全省基本公共文化服务标准化、均等化建设具有里程碑意义。海南省图书馆与三沙市委宣传部合作建设海南省图书馆三沙分馆，以分馆的模式参与负责三沙市图书馆网络设备及管理系统维护、图书编目加工及管理；对管理人员进行技术指导和培训等。三沙分馆与海南省图书馆实现互联互通，可共享海南省图书馆所有馆藏数字资源及阅读服务项目。（海南省图书馆）

【首家海南省图书馆必胜客图书驿站落成】 4 月 22 日，在世界读书日到来之际，海南省图书馆与必胜客跨界合作，在海口日月广场必胜客餐厅成立海南首家创新性图书服务驿站。在该服务驿站，除了可以享受"美好食光"以外，还可以实现图书借阅、交换以及图书捐赠等多样的阅读服务，而此举也是海南省图书馆在海南推进创新型阅读服务模式的跨界新尝试。（海南省图书馆）

【海南省图书馆馆企合作首家分馆——绿地分馆正式落成开放】 7 月 26 日，海南省图书馆馆企合作首家分馆——绿地分馆揭牌仪式在海口市灵山镇绿地城举行，这标志着海南省图书馆绿地分馆正式落成对外开放，将有效填补美兰区公共图书馆建设的空白，也将进一步提升海口市江东新区公共文化服务水平，推动海南文化产业繁荣发展。绿地分馆开放时间为上午 9：30—11：30，下午 2：30—7：30（其中周一和周五下午及法定节假日闭馆）。在绿地分馆，读者不仅可以凭海南省图书馆的读者卡办理借阅服务，还可以采用手机信用借阅模式进行借阅。绿地分馆是该省第一个启用信用借阅的公共图书馆，信用读者证是基于支付宝芝麻信用体系，不需要支付借阅图书押金，不再办理实体借阅卡。（海南省图书馆）

【海南省图书馆“盲人数字阅读推广工程”智能听书机项目正式启动】 根据中宣部、财政部、文化部、国家新闻出版广电总局及中国残联关于印发《盲人数字阅读推广工程实施方案》的文件精神，海南省图书馆采购 700 台智能听书机（价值近 35 万），专项用于盲人读者的借阅服务。11 月 21 日，海南省图书馆联合海南省残联在海口皇马假日大酒店“海南省盲人骨干信息化培训班”举行盲人听书机启动仪式，为海南省各县（市）区盲人骨干现场发放“阳光听书郎”智能听书机。海南省图书馆的工作人员还在现场为 32 位盲人读者办理了听书机免费外借手续。（海南省图书馆）

【海南省图书馆（海南省古籍保护中心）与海南大学人文传播学院共建大学生实习实践基地】 11 月 30 日，海南省图书馆（海南省古籍保护中心）与海南大学人文传播学院共建大学生实习实践基地签约揭牌仪式在海南省图书馆会议室举行。海南大学人文传播学院党委书记华世佳，海南省图书馆副馆长张蕊，海南大学人文传播学院党委副书记孙晓媛，海南大学人文传播学院副院长张硕果、李彩霞，海南省古籍保护中心办公室主任乔红霞，海南省古籍保护中心老师黄文峰、张海峰，海南大学人文传播学院团委书记熊文军出席仪式，部分实践基地志愿者参加仪式。（海南省图书馆）

【海南省图书馆理事会成立大会召开】 海南省图书馆于 2018 年初开始筹备成立理事会，经过半年多的酝酿、修改与完善，最终完成《海南省图书馆章程》的拟定及理事会筹建等工作。12 月 18 日，海南省图书馆理事会成立大会在图书馆二楼海文书院召开。海南省旅游和文化广电体育厅副厅长宁虹雯、社会文化处处长肖晖出席成立大会。海南省文化广电体育厅相关处室人员、理事代表及海南省图书馆干部职工共 70 余人参加会议。成立大会后，理事会召开第一次会议。会议审议通过《海南省图书馆章程》《海南图书馆理事会理事长、副理事长、监事选举办法》《海南省图书馆理事会议事规则》《海南省图书馆信息公开制度》，并选举产生理事长、副理事长和监事。海南省图书馆理事会由 11 位理事组成，涵盖省内文化系统的主要负责人、政府部门代表、社会公众代表、图书馆管理层代表，真正加强了海南各单位组织间的横向联系，促进了各单位和社会组织间资源交流和信息共享，实现了公共事业的社会管理、民主监督。（海南省图书馆）

【三亚市图书馆举办 2018“绿光杯”故事王大赛】 6 月 23 日，三亚市图书馆主办、三亚绿光语言艺术中心承办的 2018“绿光杯”故事王大赛在市图书馆二楼多媒体播放厅拉开帷幕，全市共 188 名少年儿童参与此次活动。活动分别设置幼儿组和少儿组，故事题材不限，比赛形式将阅读与表演相结合。经过激烈的角逐，经评委组现场评选共产生 78 名故事王，其中一等奖 2 名、二等奖 4 名、三等奖 6 名，优秀奖 66 名。（三亚市图书馆）

【三亚市图书馆荣获“全民阅读示范基地”称号】 12 月 4 日，中国图书馆学会发布《关于公布 2017 年全民阅读工作有关名单的通知》，全国共有 129 家单位、85 个项目及个人受到表彰。三亚市图书馆荣获全国“全民阅读示范基地”称号，是此次海南省唯一受表彰单位。近年来，该馆利用“4·23”世界读书日、全民阅读月、图书馆服务宣传周、海南书香节等契机，举办各类内容丰富、形式多样的阅读推广活动。打造阅读服务品牌，聚集图书馆人气，扩大场馆影响力，开展关爱留守儿童、老年人、特殊群体等阅读活动，阅读进军营、文化扶贫等系列主题活动社会效益明显，图书馆服务惠及人数呈逐年递增趋势，年均接待读者 60 余万人次，年均举办各类阅读推广活动 200 余场。（三亚市图书馆）

【琼海市图书馆二楼阅览区经改造重新开放】 12月4日，琼海市图书馆二楼阅览区经过一个星期的改造，重新对读者开放。改造后的阅览区将二楼走廊和原阅读区打通，新增100多平方米阅读区域，并对书库和阅读座位进行重新调整，改造后的阅览区布局更加合理。（琼海市图书馆）

【昌江县举办2018年基层公共数字文化工程暨农家书屋管理员培训班】 7月18日，由昌江县文体局主办，昌江县图书馆、海南省图书馆联合承办的“2018年昌江县基层公共数字文化工程暨农家书屋管理员培训班”，在县图书馆四楼多功能厅开班。此次培训班围绕基层公共数字文化服务推广和《公共图书馆法》宣贯年的主题，培训班邀请海南省图书馆（文化共享工程海南省分中心）工程师黄海明、钟林飞，海南省图书馆协会副会长、昌江县图书馆馆长郭玉光、超星集团海南分公司项目经理陈婷等，分别就“公共数字文化工程网络信息安全”“移动图书馆使用技能”“《公共图书馆法》解读”“图书分类基础知识”“《公共文化服务保障法》”“公共数字文化工程宣传服务与推广”等内容进行一一解读。（昌江黎族自治县图书馆）

【白沙县图书馆新馆正式启用】 12月15日，白沙县图书馆新馆正式揭牌启用。新馆位于白沙文化体育中心，白沙中学正门斜对面。内设文学阅览室、报刊阅览室、综合图书阅览室、少儿阅览室、公共电子阅览室、地方文献查阅室、典藏室、报刊库等，开放时间为上午8：00—12：00，下午2：30—6：30。（白沙县图书馆）

【保亭图书馆获评一级图书馆】 第六次全国县级以上公共图书馆评估定级揭晓，保亭图书馆获评一级图书馆，也是此次评估中海南省唯一的一级图书馆。该馆于2009年3月由县政府投资兴建，总建筑面积为4871.37平方米，主体建筑3层，共有纸质藏书约15.2万册，电子图书18.6万种，阅览座席323个，是一所集图书信息、网络阅览、特色文化、学术报告、知识培训、图书流动、休闲交流为一体的现代化图书馆。保亭目前已构建了总分馆制城乡一体化服务体系，图书流动车为基层村民服务，阅读流动推广服务已经延伸到该县基层服务点、乡镇、村庄。同时该馆还建立了微信平台，读者可以通过扫描二维码进入保亭图书馆的微信公众号，了解图书馆的馆藏资源和最新信息动态，通过读者卡与微信公众号的绑定，读者可在移动端完成图书信息检索、图书续借、个人信息查询等。（保亭县图书馆）

重庆市

【概况】 2018年，重庆市县及以上公共图书馆共43个，馆舍面积合计37.18万平方米，阅览座席27622个，从业人员987人；年新增藏量购置费为2410.56万元，年新增数据资源购置费452.76万元，总藏量达1252.65万册（件），到馆读者1384.94万人次，书刊文献借阅1200.59万册次。

继续深入开展重庆市公共图书馆通借通还工作。主城九区公共图书馆与重庆图书馆实现互联互通，一卡通云服务平台升级，业务系统布局到全市25家公共图书馆和各社区乡镇服务点。一卡通文献供应量达到347.69万册，持证读者突破48.28万人，外借73.06万人次、288.04万册次。全市43个公共图书馆加入重庆市公共图书馆讲座展览联盟，开展巡讲活动63场、巡展31场。

与重庆有线、市群艺馆协作，共同推进“重庆群众文化云”“巴渝文化云”及“重庆科普文化云”建设，通过“三朵云”建设，实现该市公共数字文化平台、资源、服务整合。依托“巴渝文化云”及中国文化网络电视项目已累计实现全市660万户家庭的入户；完成重庆市2018年（第二批）、2019年公共数字文化建设专项经费申报，申报项目49个，立项经费1743万元。其中，重庆市分中心负责对其中11个重点项目进行现场专家答辩并立项，为2019年全市公共数字文化建设做好了经费保障。

发起“书香筑梦乡村行”活动，联动各区县文化委、图书馆接力，分别走进特困乡镇开州区大进镇、丰都县三建乡，面向残障、儿童、老人3大特殊人群，开展口述电影、快乐阅读体验课、“今天的中国故事”等活动。通过开展以农民工为服务对象的“重庆市文化共享工程农民工服务联盟”、以乡村留守儿童为服务对象的“蒲公英梦想书屋”带动全市公共文化单位开展文化惠民服务活动，形成“1+N”品牌效应，取得良好效果。

组织并指导全市各单位申报第六批《国家珍贵古籍名录》，收到 4 家单位材料 70 种，填写并编制“重庆市政务服务事项要素梳理表”（古籍专项部分）和“重庆市珍贵古籍名录及古籍重点保护单位申报流程图”。撰写完成《近代重庆期刊提要》，编辑整理《抗战时期英国驻华大使馆档案资料汇编》，整理《四川省政府公报》《重庆市政府公报》《重庆大轰炸档案汇编》（英国档案），完成民保项目《抗战时期画报资料选编》《国民参政会资料汇编》的资料编撰。成功申报《抗战大后方医疗卫生类期刊史料选编》。对《中华古籍总目编目手册》（征求意见稿）、《天津卷》（初稿共 9 册）意见进行梳理总结，完成史部、子部部分初稿。

2018 年，重庆各级图书馆围绕世界读书日、图书馆服务宣传周、科技活动周、文化遗产宣传月、重庆读书月、《公共图书馆法》等大型宣传活动及在节假日期间，精心组织展览、讲座等形式多样、内容丰富的活动，取得广泛社会影响。全年开展读者活动 5303 次，参与人次 370 万。（重庆图书馆）

【重庆图书馆概况】 2018 年，重庆图书馆（简称“重图”）共接待到馆读者 241 万余人次，书刊外借 108 万册次。新办读者证 5.6 万个，累计办证近 42 万个。共举办讲座展览、读书活动、亲子沙龙等各类全民阅读推广活动千余场，开展送书到基层等流动服务活动 137 次。

依托新技术打造智慧阅读空间。依托“互联网＋”和数字化新技术，推动重图向智慧图书馆转型升级。2018 年着力推动图书借阅在线化服务，在“重图到家”基础上拓展升级，开通手机支付图书超期费、馆内二维码免实体证借阅、在线免押金办理虚拟读者证服务，为智慧重图打基础。推进“书香重庆　书香机关”建设工作，将 24 小时智能书柜投入到机关、社区、高校，进一步优化社会阅读体系服务功能。

引领社会风尚，深化全民阅读推广工作。重庆图书馆牵头全市 36 家单位共同开展“4·23”世界读书日暨第十一届重庆读书月活动，服务读者 242.8 万人次。组织承办 2018 年“阅读之星”——重庆市民诵读大赛，实现近年来参赛人数最多、规模最大的一次全市诵读比赛，在全市营造“爱读书、善读书、读好书”的良好氛围。成功举办大型亲子阅读推广活动——“格林童话之夜”第二季，该活动成功入围 2018 年国际图联营销大奖前 10 名。延伸服务触角，在重庆江北国际机场和两江国际影视城（民国街）建立重庆空港分馆和重庆图书馆两江国际影视城分馆（原“国立罗斯福图书馆”）。

加强协作共建，推动公共数字文化工程融合发展。借助市文旅委机构整合优势，协助开通“智慧文化云”，与重庆有线、市群艺馆协作，共同推进“重庆群众文化云”“巴渝文化云”及“重庆科普文化云”建设，实现全市公共数字文化平台、资源、服务整合，打造融合式服务平台。依托“巴渝文化云”及中国文化网络电视项目已累计实现全市 660 万户家庭的入户。

助力乡村振兴，落实文化精准扶贫战略。主持召开中国图书馆学会扶贫工作委员会 2018 年工作会议，研究部署贫困地区的基层调研、人才培养、惠民活动等重点工作与思路。开展 2018 年全国图书馆文化扶贫乡村振兴案例征集活动。发起“书香筑梦乡村行”活动，联动各区县文化委、图书馆接力，分别走进特困乡镇开州区大进镇、丰都县三建乡，面向残障、儿童、老人等特殊人群，开展文化惠民活动。组织承办“精准文化扶贫志愿者在行动”——重庆图书馆、首都图书馆赴云阳县开展文化扶贫活动，助力贫困地区脱贫攻坚。

实现共建共享，加强对外交流。在毛里求斯建立第 11 个“重庆之窗——中国图书角”，展示中华文化及巴渝文化特色的形象窗口。赴白俄罗斯参加 2018 重庆文化旅游日，现场展示石刻传拓和雕版印刷。与牛津大学中国中心共同筹办“共度时艰：伦敦·重庆大轰炸展览”，此次展览是牛津大学中国中心首次展览，同时也是该馆抗战文献国际交流合作领域的又一重大成果。与波兰、以色列、日本、美国等驻华领事馆合作，举办丰富文化活动。与全球青年汉学家开展交流互助，共同推进“中国学”的研究发展。（重庆图书馆）

【2018 年全国公共文化巡讲暨重庆市公共数字文化建设与服务培训班举办】 3 月 6—9 日，由文化共享工程重庆市分中心（重庆图书馆）主办，渝北区图书馆协办的“2018 年全国公共文化

巡讲暨重庆市公共数字文化建设与服务培训班”在重庆市渝北区举办。文化部全国公共文化发展中心、重庆市文化委员会、重庆图书馆的相关领导及来自全市各区县文化委、支中心（区县图书馆）、文化馆的馆长和技术骨干以及渝北区乡镇、街道相关工作人员近300人参加培训。此次培训邀请南开大学信息资源管理系教授柯平、国家公共文化服务体系建设专家委员罗云川、杨乘虎、李东来等进行授课，内容包括《公共文化服务保障法》解读、公共文化云的建设与利用、互联网时代公共数字文化服务的创新、公共数字文化管理与服务等。（重庆市图书馆学会）

【2018年重庆市公共图书馆业务技能大赛举办】 2018年重庆市公共图书馆业务技能大赛由重庆市文化委员会主办，重庆图书馆、重庆市图书馆学会承办，渝北区文化委员会、渝北区图书馆协办。大赛以现场竞答的形式进行，赛题考察范围涵盖国家文化大政方针政策、地方性图书馆行政管理规范、图书馆基础业务知识、阅读推广知识等相关内容。3月6日，云阳县图书馆等6支代表队晋级决赛。3月7日，决赛在渝北区临空剧场举行，来自全市各区县文委、公共图书馆、渝北区各乡镇综合文化站和街道文化中心的180余人参加观摩。（重庆市图书馆学会）

【2018年全国省级及副省级市公共图书馆参考咨询工作培训举办】 3月20—23日，全国省级及副省级市公共图书馆参考咨询工作培训在重庆图书馆举办。此次工作培训由国家图书馆主办，重庆图书馆承办，来自全国29个省馆及11个副省级市馆的80余名学员代表参加。此次培训特别邀请南开大学教授柯平以“‘后评估时代’图书馆信息服务的发展”为题发表主旨演讲；上海社会科学院信息研究所研究员王世伟以“公共图书馆决策咨询面临的三大挑战与发展定位”为主题，详细分析在新时代新思想新征程的背景下，在人工智能、大数据、新型智库建设等因素的冲击下，公共图书馆决策咨询服务所面临的挑战及功能定位。国家图书馆参考咨询部业务协作组组长张莉、立法决策服务部服务推广与保障组副组长谢岩岩分别就“全国图书馆参考咨询协作网”及“全国省级公共图书馆决策咨询服务协作平台”2017年的工作情况与2018年工作规划对参加工作培训的各馆代表进行简要通报。国家图书馆立法决策服务部主任李春明和参考咨询部主任王磊分别以“新时代下的国家图书馆立法决策服务”“国家图书馆参考咨询部2018—2020三年工作规划”为题对未来的工作做规划和展望。与会代表分别围绕《中华人民共和国公共图书馆法》颁布实施、县级以上公共图书馆第六次评估定级工作以及各馆“十三五”期间参考咨询业务发展等要点展开讨论。（重庆市图书馆学会）

【重庆图书馆举办“4·23”世界读书日活动】 为发挥省级公共图书馆的带头引领作用，更好地践行“倡导全民阅读　建设书香社会”的使命，重庆图书馆牵头全市36家单位共同开展“4·23”世界读书日暨第十一届重庆读书月活动，组织策划一批全民阅读推广活动，服务读者242.8万人，再掀全民阅读全民参与热潮。活动分为解放碑主会场和各分会场同步开展。在解放碑主会场，重庆图书馆开设固定展区，展示馆藏特色资源和特色服务，方便读者近距离探索图书馆的“宝藏”。在分会场，重庆图书馆也安排26项活动，通过讲座展览、图书赠送、亲子阅读等，让市民不受地域方位及身体条件的限制，均能平等地享有公共文化权益。（重庆图书馆）

【“共度时艰：伦敦·重庆大轰炸”展览开幕】 8月15日，在日本宣布无条件投降73周年之际，“共度时艰：伦敦·重庆大轰炸”展览在重庆图书馆开幕。此次展览由重庆图书馆和牛津大学中国中心历时3年共同策划制作而成，并得到市文化委国际交流合作处的大力支持。4月29日—7月31日，展览的英文版已于牛津大学中国中心展出，反响热烈。8月15日—9月9日，在重庆图书馆展出。展览以“大轰炸”为主题，通过73张图片展示二战期间日德法西斯疯狂轰炸重庆和伦敦的残暴罪行，以及两座城市的市民不屈不挠的抗争精神，讴歌中英两国人民互帮互助的战时友谊。（重庆图书馆）

【2018年度重庆市公共数字文化建设与服务培训（二期）暨新时期两法背景下公共图书馆数字服务创新研讨会召开】 8月22—24日，由文化共享工程重庆市分中心（重庆图书馆）主办、江津区图书馆承办、北京世纪超星信息技术发展有

限公司协办的“2018年度重庆市公共数字文化建设与服务培训（二期）暨新时期两法背景下公共图书馆数字服务创新研讨会”在重庆市江津区举办。来自全市各区、县支中心（区、县公共图书馆）的馆长和技术骨干近100人参加培训。重庆市分中心精心设计了教学内容，包括公共数字文化服务与创新、公共数字文化“最后一公里”服务、基于数据服务的图书馆服务创新、基层公共图书馆运营的实践与思考、从传统到智慧——总分馆体制下的智慧图书馆理念与服务创新在内的课程，契合了区、县工作人员在新时期，以技术驱动公共图书馆服务创新、深入推进公共数数字文化工程建设的培训需求，为下一步基层公共数字文化建设工作起到了良好的指导作用。（重庆市图书馆学会）

【原“国立罗斯福图书馆”亮相两江国际影视城】 8月23日，重庆图书馆两江国际影视城分馆（原“国立罗斯福图书馆”）开馆试运行。此次分馆实现对重庆图书馆前身——即抗战时期著名的“国立罗斯福图书馆”的复刻，旨在推动重庆全民阅读工作，为广大市民提供别具一格的展览阅读一站式体验区。该分馆是依托重庆两江国际影视城，以重庆图书馆的前身——“国立罗斯福图书馆”为原型，并联合重庆御临旅游纪念品博物馆倾力打造的文旅融合项目。建筑面积共1165平方米，不仅对原“国立罗斯福图书馆”进行仿真展示，市民也可以在此借阅图书，感受重庆图书馆深厚的文化底蕴。（重庆图书馆）

【重庆图书馆、首都图书馆赴云阳县开展文化扶贫活动】 9月17—20日，以“文化精准扶贫，志愿者在行动”为主题的系列线下扶贫活动在云阳县开展。此次活动是由中国图书馆学会公共图书馆分会主办，公共图书馆分会图书馆扶贫工作委员会、志愿服务工作委员会承办，联合重庆图书馆、首都图书馆、云阳图书馆，开展的一系列精准文化扶贫活动。重庆图书馆、首都图书馆分别为云阳县凤鸣镇里市小学捐赠600册图书、5组书架和1000册图书。同时活动通过志愿者，开展多媒体科普体验进校园、“书香首图·书影共读”导读经典图书等系列活动，让图书馆服务延伸到乡镇，创新志愿服务内容与方式。两馆还抓住精准文化扶贫的关键要素与目标人群，针对云阳县各乡镇（街道）文化站从业人员开展培训。（重庆图书馆）

【毛里求斯国家图书馆的“重庆之窗”正式落成】 11月16日，设立于毛里求斯国家图书馆的“重庆之窗”正式落成并面向毛里求斯市民开放。这是重庆图书馆继英国、泰国、非洲贝宁、德国、哈萨克斯坦、西班牙、俄罗斯等国家和地区之后设立的第11个“重庆之窗”。毛里求斯国家图书馆馆长哈姆诺特、毛里求斯中国文化中心主任松雁群以及重庆图书馆副馆长张冰梅出席开幕式并致辞。在此次交流活动中，重庆图书馆总共向毛里求斯国家图书馆捐赠320余册图书，既包括国情宣介书籍，也涵盖介绍中国传统历史文化的书籍和一些经典文学作品，满足当地读者对中国文化了解的需求。重庆图书馆还特别赠送展现重庆自然风光和城市风采的地方文献和光盘，为毛里求斯人民了解重庆历史、触摸巴渝文化提供一个窗口。（重庆图书馆）

【重庆市纪念诗人余光中诗歌诵读会举行】 11月30日，由重庆市文化和旅游发展委员会、重庆市人民政府台湾事务办公室主办，重庆图书馆、重庆中国三峡博物馆、重庆美术馆、重庆市文化交流中心和中华民族团结协会承办，重庆市广播电视协会、重庆文艺广播予以支持的“缅怀诗人　记住乡愁——重庆市纪念诗人余光中诗歌诵读会”在重庆图书馆二楼学术报告厅举行，共计300余人参加此次活动。诵读会采用诗歌和音乐相结合的方式，由重庆文艺广播播音员、重庆电视台栏目主持人、重庆市高校诵读爱好者、重庆图书馆诵读团队诵读余光中先生创作于20世纪60—90年代各个阶段具有代表性的诗歌，以此纪念诗人、缅怀诗人。（重庆图书馆）

【2018年“阅读之星”——重庆市民诵读大赛举办】 12月4日，2018年“阅读之星”——重庆市民诵读大赛总决赛在群星剧院举行，总决赛采取“互联网+”公共文化服务模式，借助国家公共文化云、中国文化网络电视、重庆群众文化云等平台和媒体，将线上与线下联动、网络直播与现场展演相结合，全方位进行宣传推广。晋级总决赛的15名选手通过组委会指定篇目的诵读现场角逐。最终决出5名星光大奖、1个最佳风

采组合奖、1个最佳表现组合奖，并由观众现场投票，评选出1个最佳人气组合奖。（重庆市图书馆学会）

【重庆图书馆举办公共图书馆改革开放成就展与40年百姓生活记忆图书展】 12月20日，为致敬改革开放40年，重庆图书馆以“改革、巨变、辉煌”为主题，举办“重庆市公共图书馆改革开放成就展”和“我们一起读过——40年百姓生活记忆图书展”。展览持续开放一个月，市民免费观展。主题门类丰富，呈现时代变迁。重庆图书馆举办的两项展览分别从不同角度反映改革开放40年来中国的社会变迁。从馆舍变迁、典籍传承、信息技术、学术研究、全民阅读等多方面展示改革开放40年来重庆市43个公共图书馆取得的成就，进一步突出文化自信与文化自觉。同时通过138种图书讲述改革开放以来全国人民生活的变迁，以红楼梦、春晚、高考、重庆直辖等时代关键词回顾这40年的风雨兼程，为市民群众积极进取、勇于开拓美好未来坚定信心。（重庆市图书馆学会）

【重庆市区域公共图书馆联盟总分馆制建设工作交流会在潼南区图书馆召开】 3月15日，重庆市区域性公共图书馆联盟总分馆制建设工作交流会在潼南召开，来自市区域性公共图书馆联盟的12个成员图书馆的负责人参加会议，并现场调研查看潼南区图书馆总馆、梓潼直属分馆。会议中，潼南区图书馆长胡祖国介绍潼南区图书馆总分馆的建设推进情况。会上，各成员馆们就本单位在总分馆制工作开展时遇到的问题做交流发言，对其中有针对性的问题进行深入交流探讨。最后，区域性公共图书馆联盟秘书长、合川区图书馆馆长刘格对工作进行安排，要求大家严格按照市文化委工作的安排部署，完成总分馆建设工作任务，并对各联盟2018年全民阅读工作提出新的目标和要求。（重庆市图书馆学会）

【涪陵区图书馆红色文艺轻骑兵小分队开展文化精准扶贫进村入社活动】 5月25日，涪陵区图书馆红色文艺轻骑兵小分队分别来到高寒山区同乐乡聚宝村和江东朝阳村，开展别开生面的文化脱贫助力乡村振兴活动。涪陵区图书馆为结对帮扶的脱贫户送去文化盛宴和全体图书馆人的问候与关心。活动现场，村民们在“将改革进行到底”大型图片展前，认真听取图书馆党员志愿者的讲解，深切感悟祖国40周年改革开放所取得的辉煌成果，并不时与志愿者互动；图书馆还以“行走的图书”形式，将精心准备的高山种植等书籍和资料免费向村民们进行发放，通过知识的输送帮助村民们尽快脱贫致富。涪陵区图书馆陆续深入到全区63个贫困村开展文化精准扶贫活动。（重庆市图书馆学会）

四川省

【概况】 自四川省委十一届三次全会提出构建“一干多支、五区协同”区域发展新格局以来，全省公共图书馆在基础业务、全民阅读、服务拓展等方面均稳步发展。

截至2018年底，全省共有县级以上公共图书馆204个。第六次全国县级以上公共图书馆评估定级获文化和旅游部审定的上等级馆共计143个（其中一级馆55个、二级馆46个、三级馆42个）。全省市级公共图书馆设置率100%，区县级图书馆设置率为98.9%。全省公共图书馆建筑面积达64.23万平方米，2018年建成新馆9个，在建新馆16个，基本实现“县有公共图书馆，乡有综合文化站”的建设目标。公共图书馆从业人员2495人，较2017年增长3.4%。专业技术人员1314人，占总从业人员的52.67%。四川省图书馆志愿服务支队已拥有在册志愿者3100名，到馆服务团队26个，服务次数达2万余次，文化志愿服务支队获得省文化和旅游厅颁发的文化志愿服务典型团队称号。

财政拨款经费有所增长。2018年，全省公共图书馆财政补贴收入合计60480万元，较上年增长了9%；其中文献购置经费达4360.08万元，部分公共图书馆购书经费为零的情况得到一定改善。其中四川省图书馆购书经费有了明显的增加，达到1680万元。

服务效能大幅提升。全省公共图书馆总藏书量达4230万册（件），较上年增长11.52%，其中四川省图书馆达500余万册（件）；纸质文献外借达1044.54万人次、1978万册次，其中四川省图书馆外借纸质文献达40万册次；全省公共图书馆年接待读者2491万人次，较2017年增加5.64%，其中四川省图书馆接待读者190万人次，平均每天接待读者6000人次，周末上万人次；注册读者总数达到234.64万人，较2017年增长29.57%；除传统的文献借阅服务外，全省公共图书馆的社会教育职能不断拓展，讲座、展览、培训、阅读推广等成为新时期的重要服务内容，2018年全年举办读者活动共计6108次（讲座2769次、展览1271次、培训2068次），其中四川省图书馆举办读者活动228次。全省有39个公共图书馆进行文创产品开发，开发种类达191个，其中四川省图书馆开发100个。全省72个公共图书馆向公众提供24小时借还服务。总的来说，公共图书馆的服务形式更加多样，服务能力显著增强，文化惠民实现深度跨越式发展。

公共文化服务供给有效拓展。一是加强专题文献馆建设，传承传播优秀巴蜀文明成果。2018年5月正式开放的李劼人·李一氓文库，以“文库+展览+阅览”为一体，创新展藏的模式和文旅融合实践的形式，将李劼人和李一氓所赠2万余册古籍集中存放展示，并提供虚拟现实全景体验，名籍荟萃，量多且精，交相辉映；展览引起强烈的社会反响，成为向世界展示四川特色文化资源的亮丽名片，与“名人大讲堂”一起上榜“名人堂·2018四川十大年度文化事件”。二是实施“川图·微图书馆”项目，助力文化扶贫攻坚。截至2018年底，四川省图书馆响应精准扶贫号召，在革命老区、边远地区设立微图书馆31个。三是加强理论研究，潜心打造“文化智库”。近年来，四川省图书馆对学科发展、行业趋势、读者利用等方面进行研究，在全省相关政策制定、行业标准及立法方面起着重要保障和参考作用。

对外文化交流蓬勃发展。四川省图书馆先后与以色列驻成都总领事馆、加拿大驻重庆总领事馆、加拿大艾伯塔省政府等合作举办包括摄影展、图片展等形式多样的文化交流活动，参观读者达17万余人次，为中外文化交流发展繁荣做出积极贡献。承办“丝绸之路国际图书馆联盟成立暨‘阅读·城市·文化’图书馆、书店融合发展学术研讨会”，来自丝绸之路沿线国家和美国、英国、澳大利亚等国家的图书馆界代表、驻华使节，法国、德国、波兰等10余家驻蓉领事馆官员以及国内图书馆界、出版发行界、学术界的专家和省内21个市州及部分县级图书馆馆长共计300余人参加。此次活动为开辟全民阅读推广新路径提供了四川方案，对四川公共文化服务体系建设和全省图书馆事业发展具有里程碑意义。（四川省图书馆　陈瑶）

【全省图书馆馆长会暨四川省图书馆学会年会召开】 1月22日，由四川省图书馆、四川省中心图书馆委员会办公室、四川省图书馆学会举办的2018年全省图书馆馆长会暨四川省图书馆学会年会在四川省图书馆召开。四川省文化厅副厅长赵红川、省图书馆党委书记、馆长何光伦等领导出席会议。四川省市（州）、县（区）公共图书馆馆长，高校图书馆馆长，省委党校、市委党校图书馆馆长以及中科院成都文献情报中心、省社科院文献信息中心主任共计240余人参加会议。何光伦总结2017年工作，并就2018年工作重点做具体安排。会上还对2017年涌现出的一批先进集体和先进个人进行表彰。赵红川对全省公共图书馆在服务模式、改革创新、古籍保护以及评估定级工作中呈现出的良好态势给予肯定，指出在业务技能、服务效能等方面存在的不足并对下一步工作提出要求。会上，来自高校、科研院所、市州公共图书馆的代表分别就总分馆建设、特色文献建设、县级图书馆的成功转型经验、高校公共文化服务工作、科研院校图书馆资源共享等主题做交流发言。（四川省图书馆　李莉）

【四川省公共图书馆与农家书屋资源整合座谈会召开】 1月24日，四川省公共图书馆与农家书屋资源整合座谈会在四川省图书馆召开。四川省文化厅公共文化处、省图书馆、省图书馆学会相关领导、省图书馆相关部室负责人以及试点推行此项工作的成都市、南充市、乐山市等8个地区图书馆馆长和部分地区文广新局局长出席会议。四川省图书馆副馆长谭发祥通报《四川省图书馆关于整合公共图书馆与农家书屋资源实现大数据管理的实施方案》，传达省文化厅关于“认真选择试点地区，2017年年内启动试点工作，及时总结试点经验和工作成效，形成可推广可复制的模式”的要求。四川省中心图书馆委员会办公室副主任郑蜀介绍全省统一数据信息建设思路。四川省文化厅公共文化处处长王成平在会上指出，首先要严格对待整合工作，扎实做好图书馆基础业务工作，四川省图书馆要加强统筹，实时了解各地实施情况，提出要坚定目标任务，梳理出现的问题，总结试点经验教训，克服困难，实现目标。会议通报《整合四川省公共图书馆与农家书屋资源实现大数据管理编目规则建设思路》和《四川省县级图书馆中文文献分类编目细则（初稿）》。成都图书馆分享在此项工作中的成功经验，其他各馆馆长、各地区文广新局局长就整合农家书屋与基层图书馆资源在实际操作中面临的问题展开了讨论。（四川省图书馆　沈亚萍）

【四川省图书馆理事会正式成立】 3月28日，四川省图书馆理事会成立大会在四川省图书馆举行。四川省文化厅相关处室负责人、四川省图书馆第一届理事会成员以及四川省图书馆领导班子成员参加会议。四川省图书馆馆长何光伦就四川省图书馆法人治理结构改革试点工作及理事会筹备情况向参会人员做介绍说明。四川省文化厅人事处处长张珂宣读《关于〈四川省图书馆章程〉及〈四川省图书馆理事会理事候选人名单〉的批复》《关于四川省图书馆第一届理事会理事长和执行理事候选人的批复》。第一届理事会共有15名理事，由四川省文化厅副厅长赵红川担任理事长，四川省图书馆党委书记、馆长何光伦担任执行理事。随后，赵红川宣布四川省图书馆理事会成立，并向各位理事颁发聘书。成立大会后，理事会召开第一次会议。会议组织学习《中华人民共和国公共图书馆法》，审议并通过《四川省图书馆章程（草案）》以及四川省图书馆基本管理制度、"十三五"规划实施方案、2018年购书经费预算情况、内部机构设置情况、2018年重大业务工作等相关事项。（四川省图书馆　杨琳）

【全省五级公共图书馆（站、室）联动开展书香天府·全民阅读系列活动】 4月22日，四川省图书馆联动全省各市（州）、县（区）公共图书馆，乡镇文化站、村文化室同步启动"书香天府·全民阅读——2018全省五级公共图书馆（站、室）全民阅读系列活动"。四川省文化厅党组书记、厅长，省文物局局长周思源出席并宣布活动启动，副厅长赵红川出席并致辞。四川省图书馆馆长何光伦发布2017年四川省图书馆阅读指数报告，介绍省图书馆阅读账单、人群特征、阅读偏好、服务效能等相关情况；并表示四川省图书馆将继续发挥中心馆示范作用，引领推广全民阅读，下一步将启动《四川省公共图书馆行业2018年度阅读报告》编制工作，逐步建立全省公共图书馆行业阅读服务大数据体系，为公共图书馆服务效能考评提供决策参考，满足人民群众日益增长的美好阅读需求。与会嘉宾还向四川省图书馆2017年纸质阅读借阅前3名优秀读者、"为爱发声，情暖寒冬"少儿朗读大赛获奖读者以及全民阅读推广大使颁发相关证书。活动期间，全省五级公共图书馆（站、室）各类阅读活动共计约150场，包括诵读活动、阅读征文、图书展销、影片展播、知识竞赛等，满足不同读者群体多样化需求，为全省城乡居民带来一场场文化盛宴。（四川省图书馆　杨琳）

【四川省图书馆李劼人·李一氓文库暨展览正式开展】 5月28日，四川省图书馆李劼人、李一氓文库暨展览开展仪式在四川省图书馆举行，仪式由四川省文化厅副厅长赵红川主持。国家图书馆、中共四川省委宣传部、省文化厅及省文物局相关领导出席。四川省图书馆党委书记、馆长何光伦介绍文库暨展览概况，李颉人外孙女李诗华、李一氓孙女李燕作为家人代表分别致辞。此次活动以李劼人·李一氓文库为核心，以展览为外延，集古籍保存、古籍阅览、学术研究、展览展示、文创推广、教育宣传为一体，既展示"二李"的优秀品质、过人风采，又以实际行动把四川省优秀文化资源推向社会、惠及民众，增强人们的文化自信与文化自觉。国家图书馆馆长韩永进、四川省文化厅党组书记、厅长，省文物局局长周思源为文库揭牌。（四川省图书馆）

【首届"图书馆杯"四川全民英语口语大赛在四川省图书馆举办】 6月9日，首届"图书馆杯"四川全民英语口语大赛总决赛在四川省图书馆举行。经过初赛、复赛，来自省内各高校和公共图书馆的20位选手在"英文口语秀"和"即兴主题对话"两大环节展开精彩角逐。来自成都医学院的选手获特等奖，成都图书馆、四川大学图书馆、西南民族大学图书馆等22家图书馆获得优秀组织奖。此届大赛由四川省图书馆、四川省图书馆学会、四川省高等学校图书情报工作委员会、四川省中心图书馆委员会办公室联合主办。大赛以"文明四川、时代天府"为主题，是全省图书馆围绕"把握新时代四川文化发展所处的历史方位，推进四川文化高质量发展”开展的重要活动。众多选手从自己的职业、专业、家乡建设等方面寻找切入点，以“天府四川的文明与发展”“新时代，新成都”等为题展开演讲。大赛采用“网络初赛＋网络复赛＋现场总决赛”的模式，利用全民英语线上语音分析系统进行自动评分排位，海量甄选优秀选手晋级总决赛，使读者足不出户便能参与群体性的文化活动和竞技比赛，展现了图书馆在数字网络时代中的新型服务手段，为全民阅读营造良好的氛围。在省内 94 个高校图书馆和 16 个公共图书馆的协同推进下，大赛共吸引 13000 多名读者参赛。（四川省图书馆　汪彦良）

【四川省公共图书馆现代管理高级研修班在广东举行】 10 月 13—19 日，由四川省图书馆、四川省中心图书馆委员会办公室、四川省图书馆学会联合广东省立中山图书馆、广东图书馆学会共同主办，广州图书馆、佛山市图书馆、东莞图书馆、深圳图书馆、中山大学图书馆协办，四川省 21 个市（州）图书馆馆长及区县代表、四川省图书馆 9 个业务部门的负责同志参加的四川省公共图书馆现代管理高级研修班在广东省举行。此次高级研修班采取集中授课、座谈交流与互动体验相结合的方式，邀请文化和旅游部公共服务司事业发展处处长王晓松、广东省立中山图书馆馆长刘洪辉、广州图书馆馆长方家忠、东莞图书馆馆长李东来、深圳图书馆副馆长王林、中山大学副馆长林明等分别以“公共图书馆立法”“市县图书馆在新时期的历史使命”“广州图书馆之城建设”“图书馆卓越体系建设与科研管理”“科技支撑图书馆与城市共发展”“古籍保护”等为主题进行集中授课。研修班还组织学员深入部分广东省、市图书馆进行现场教学和业务座谈交流。培训期间，参训人员还与广东部分图书馆负责同志就业务建设、人才培养、科研课题、行政管理、信息化建设、文化扶贫等方面工作进行深入交流并就川粤图书馆行业合作达成初步意向。四川省图书馆还在培训期间组织召开全省公共图书馆馆长座谈会，各地区图书馆馆长在会上介绍本馆特色业务服务，畅谈地区图书馆建设规划，共商全省图书馆事业发展大计，并对修改四川省公共图书馆条例、总分馆制建设、全省阅读大数据建设等工作提出建设性意见和建议。（四川省图书馆　郑蜀）

【“川图·微图书馆”为贫困乡村孩子送去精神营养餐】 12 月 21 日，由省直机关工委、省文化和旅游厅、四川日报社主办的 2018“川图·微图书馆”公益活动集中捐赠仪式在资阳市安岳县鸳大镇九年义务教育学校举行，为 25 所来自偏远贫困地区的中小学捐赠图书并建起“微图书馆”。

自 2014 年起，在省委宣传部、省精神文明办的指导下，四川日报社联合多家单位启动大型公益活动“为乡村孩子定制‘精神营养餐’”，开展好书推送、图书赠送等活动。2016 年，这一活动升级为“川图·微图书馆”计划，参与力量不断扩大，由省图书馆、省直机关团工委、省直机关青年联合会、省灾后重建基金会作为活动承办方，计划用 5 年左右时间，在全省偏远贫困地区小学、乡村建设 100 所“微图书馆”。2018 年的活动得到四川省政府参事室、农工党四川省委等单位的支持，同时得到泸州老窖儿童爱心成长计划的支持，以“公益＋商业”模式，推动更多“微图书馆”建成。此次获捐的 25 所学校来自四川省扶贫“四大片区”。“微图书馆”将为每所学校配送约 1500 册适合中小学师生阅读的各类图书及电脑、书柜等相关配套设施。“微图书馆”对学生的精神生活及学习习惯培养都很重要。（四川广播电视台　吴梦琳）

【四川省公共图书馆少儿及视障服务工作会召开】 12 月 21 日，由四川省图书馆主办，资阳市图书馆承办的“四川省公共图书馆少儿及视障服务工作会”在资阳市召开。全省各市（州）、县图书馆负责同志以及四川省图书馆少儿阅览部全体馆员共 50 余人参加。会上，来自四川省图书馆、成都图书馆、攀枝花市图书馆、巴中市图书馆、资阳市图书馆的同志分别发言，介绍本馆少儿及视障服务工作开展情况。在交流环节，与会代表深入交流，共同探讨全省少儿阅读推广与视障服务工作重点和努力方向。四川省图书馆少儿阅览部主任孙子山做总结发言，并介绍 2019 年全省公共图书馆少儿及视障服务工作计划。会议还为在“四川省最美图书馆”摄影大赛中获得“优秀组织单位”奖的 8 家单位颁奖。此次会议是该省开展的首次公共图书馆视障服务的工作会议，进一步加强了全省各级图书馆的联系和交流，对提升各级公共图书馆少儿及视障服务工作水平具有重要意义。（四川省图书馆　岳倩倩）

【2018年成都市公共图书馆学术年会召开】 12月19日，2018年成都市公共图书馆学术年会在金堂县召开。来自全市公共图书馆的馆长、论文作者、业务骨干等100余人参加此次年会。成都图书馆馆长肖平总结一年来全市图书馆的主要工作，成都图书馆党总支书记胡建强宣读2018年为图书馆事业做出贡献的先进单位名单。成都图书馆副馆长史臻赜宣读市学会2018年度获奖论文和优秀论文名单，此次年会共征集论文70余篇，经评审，评出一等奖论文4篇、二等奖论文6篇、三等奖论文10篇、优秀奖32篇。总分馆推进会上，肖平肯定全市公共图书馆工作取得的成绩，也谈到成都与沿海发达地区公共图书馆事业发展的差距，并对2019年做出具体的工作安排。各区（县）馆馆长也在会上发言，就各馆总分馆建设的情况、面临的问题做分享。（成都图书馆学会）

【眉山市图书馆举行《中华人民共和国公共图书馆法》宣传活动】 1月1日，眉山市图书馆流动图书车开进了城区启贤广场，在对《中华人民共和国公共图书馆法》进行宣传的同时，也把图书馆服务送到市民身边。流动图书车里，眉山市图书馆工作人员精心准备的书籍受到读者欢迎。工作人员将《中华人民共和国公共图书馆法》《眉山市图书馆服务指南》及"好书推荐"等千余份宣传资料发放到市民手中。此外，工作人员还将图书馆服务搬到现场，为市民提供借书证办理、图书借阅、读者咨询等服务。（眉山市图书馆）

【绵阳市图书馆开展视障读者阅读体验活动】 10月14日，在第35个"国际盲人节"来临前夕，绵阳市图书馆开展视障读者阅读体验活动。此次阅读活动是绵阳市"国际盲人节"主题活动之一，20余位视障读者在志愿者和工作人员的引导下，在绵阳市图书馆盲文阅览室参观、阅读。该阅览室藏有盲文图书约1600册，配置有一体阅读机、助视仪、听书机、语音地图、可读屏电脑等，无障碍阅读是该馆的重要服务内容之一。（绵阳市图书馆　李春兰）

贵州省

【概况】 截至2018年底，贵州省共有公共图书馆99个，其中省级馆1个、市级馆10个、区县级馆88个。从业人员1083人，总藏书量1363万册。

经过近8年多的建设，贵州数字图书馆资源整合利用初见成效。贵州数字图书馆涵盖中外文电子图书、电子期刊、博硕论文、重要报纸、各类在线试题库、工具书库、年鉴、标准、古籍、音视频资源库、少儿数据库、连环画数据库等30个商购数字资源库，以及贵州府县志、贵州民国图书、贵州农民画、地方文献、公开课、政府公开信息、网事典藏等自建特色数字资源库10余个，资源总量120TB。贵州数字图书馆不断丰富的数字资源，基于互联网的共享方式，弥补全省9个市（州）、88个县级公共图书馆数字资源建设的空白，利用基于百链云图书馆的元数据搜索和资源调度等技术在全省范围内免费提供给用户使用。通过资源整合的服务推广，贵州数字图书馆累计访问量已达1.6亿人次，年均访问量约2000万人次，日均访问量约5万多人次。电子期刊和论文平均每年下载量约为433万页，文献传递量平均每年1000万页，电子图书下载量平均每年11.25万册。注册用户近120万人。（贵州省图书馆学会　张亚军）

【贵州数字电视图书馆正式开通】 贵州数字电视图书馆是由贵州省图书馆与贵州广电网络公司合作为公众打造的学习平台，它以全省电视用户群为基础，将贵州数字图书馆丰富的数字文献资源注入电视媒体中。电视用户只需简单操作电视遥控器，就能轻松获取贵州省数字图书馆海量文献资源和阅读服务。尤其对于省内互联网络不通畅的边远山区用户，就可通过电视机获取各种数字文献信息。数字电视图书馆拥有贵州民族文化视频、地方文献全文浏览、电子图书、电子期刊、儿童动漫、公开课视频、新三农视频、微学习视频、广播剧等数字资源。公众还可从电视图书馆上查询到数字文献热门排行以及贵州省图书馆组织开展的阅读推广活动信息。（贵州省图书馆学会　钟海珍）

【"贵图阅读剧场"荣获中国图书馆学会第一

届公共图书馆创新创意征集推广活动“最佳青年创新奖”】 贵州省图书馆与贵州省图书馆学会共同创建的“贵图阅读剧场”以舞台短剧的表演形式将图书中部分精彩片段呈献给读者，并由阅读推广人对该书作者和内容进行介绍与点评，从而激发读者的强烈阅读兴趣。“贵图阅读剧场”采用剧场表演的形式呈现图书中的精彩内容，使书本中的文字立体化、舞台化，并采取公开招募的形式吸引具有表演才能的社会公众参与表演，吸纳专家、学者及社会名人成为阅读推广人。“贵图阅读剧场”先后在省图书馆、高校和监狱展演10场。“贵图阅读剧场”引起社会广泛关注，贵阳广播电视台、《贵州都市报》、《贵阳晚报》等媒体进行了宣传报道。2018年完成“贵图阅读剧场”商标注册工作。在2018年中国图书馆年会上，“贵图阅读剧场”荣获中国图书馆学会第一届公共图书馆创新创意征集推广活动“最佳青年创新奖”。（贵州省图书馆学会　钟海珍）

【贵州省《中华人民共和国公共图书馆法》高级研修班开班】 4月10日，由贵州省文化厅主办，贵州省图书馆和贵州省图书馆学会承办的贵州省《中华人民共和国公共图书馆法》高级研修班在贵州省图书馆学术报告厅开班。此次培训班邀请国家图书馆常务副馆长陈力、南开大学信息资源管理系教授柯平等专家授课。全省各市州文化局分管局长、各市州县图书馆馆长等162人参加此次研讨学习。（贵州省图书馆学会　张亚军）

【第六期全国少数民族古籍修复培训班开班】 4月17日，第六期全国少数民族古籍修复培训班在贵州省图书馆开班。该培训班由国家古籍保护中心主办，国家古籍保护人才培训基地（贵州）、贵州省图书馆（贵州省古籍保护中心）、贵州民族大学图书馆承办。来自全国6个省区的25家古籍收藏机构的32位学员参加此次培训。“水文”是中国西南少数民族水族先民创制的雏形文字，是迄今世界上活着的象形文字典籍之一，是中国乃至世界文化宝库中罕见的一份遗产。在国务院公布的第一至五批《国家珍贵古籍名录》中，全国共有74部“水文古籍”入选，其中贵州入选66部，占全国总数的89%。此次培训班以“水文古籍”为修复对象，对于进一步推动全国少数民族文字古籍修复工作，加快古籍修复人才队伍建设和做好古籍修复指导工作具有重要意义。（贵州省图书馆学会　张亚军）

【声音的力量——全民阅读推广系列助残活动举办】 4月23日，“声音的力量——全民阅读推广系列助残活动”启动仪式暨“致敬经典朗诵会”在贵州省特殊教育中等职业技术学校举行，近300名师生现场互动体验阅读的乐趣和诵读的魅力。该活动由贵州省残疾人联合会、贵州省图书馆主办，贵州省特殊教育中等职业技术学校协办，贵州广播电视台综合广播策划执行。“声音的力量”系列活动分为“我为盲人说电影”“听见·爱”“用声音致敬经典”3个部分。全年共举办10场活动，包括“我为盲人说电影”“我为盲人讲故事”“残疾人创业分享”“听见爱——甜蜜蜜”等内容，活动累计参加人次5500余人。新华网、人民网、中新网、新浪贵州、贵州广播电视台《贵州新闻联播》《百姓关注》栏目、多彩贵州网及《当代贵州》、《贵州日报》、《贵州都市报》、《贵阳晚报》等媒体进行报道和转载。综合广播还利用视频直播的方式对系列活动进行了直播，累计有近60万人次通过视频直播的方式观看活动。活动视频在抖音、快手等短视频APP上得到了大量转载，其中“听见爱——我的歌声里”专场在抖音上获得了十几万的转发量、评论量达5万余条。“声音的力量——全民阅读推广系列助残活动”项目荣获当年贵州省直机关工委颁发的“青年文明号”称号。（贵州省图书馆学会　钟海珍）

【“王阳明之路”图书馆联盟成立】 6月21日，贵州省图书馆、贵阳市图书馆、贵阳孔学堂图书馆、修文县图书馆、南昌市图书馆、赣州市图书馆、吉安市图书馆、绍兴图书馆、余姚市图书馆等贵州、江西、浙江三地的9家图书馆齐聚绍兴，组建成立“王阳明之路”图书馆联盟，携手共建王阳明专题文献数据库。王阳明专题文献数据库以联盟馆馆藏王阳明专题文献和相关研究机构的相关资料为基础，并向全国各地图书馆收集有关王阳明的文献资源，对搜集过来的资源进行有序化的细分与重组，打造一个王阳明专题文献集成平台，为王阳明研究提供较全面的文献资源服务。数据库将实现统一检索平台，读者可以在平台上在线浏览资源，如视频在线播放，报纸

原文在线阅读，期刊、图书 pdf 文件在线阅读等。（贵州省图书馆学会　张亚军）

【贵州省图书馆异地改扩建项目暨贵阳市少儿图书馆建设项目正式启动】 11 月 3 日，贵州省图书馆异地扩建项目暨贵阳市少儿图书馆建设项目奠基仪式在观山湖区举行。贵州省副省长卢雍政出席。贵州省文化厅党组书记、厅长、贵州省图书馆异地扩建项目暨贵阳市少年儿童图书馆建设项目指挥部指挥长张玉广主持仪式。该项目位于观山湖区林城东路，建设计划用地面积为 53 亩，预算总投资 7.5 亿，地面建筑面积 5.1 万平方米，地下面积 2.5 万平方米，其中地上面积贵州省图书馆 3.6 万平方米、贵阳市少儿馆 1.5 万平方米，工程建设周期为 2 年。贵州省图书馆新馆和贵阳市少儿图书馆建成后，将集综合性、多功能、现代化为一体，与贵州省博物馆、贵阳中天会展城、贵阳市城乡规划展览馆等共同形成贵阳市文化综合体。贵州省图书馆新馆建成后，现位于贵阳市北京路的馆舍依然保留。（贵州省图书馆学会　钟海珍）

【贵州省图书馆启动“网络书香基层图书馆帮扶计划”】 贵州省图书馆数字图书馆推广工程启动“网络书香基层图书馆帮扶计划”，面向欠发达地区图书馆开展帮扶工作，通过搭建基层数字图书馆网站、举办业务培训、策划阅读推广活动等方式，提升当地图书馆的数字文化服务能力。11 月 22 日，网络书香基层图书馆帮扶活动在正安县举行。国家图书馆、贵州省图书馆、遵义市图书馆、正安县政府、县文体广电新闻出版局、县图书馆的领导和专家参加了启动仪式。此次活动主题为“网络书香搭平台，精准帮扶到正安”，这是“网络书香基层图书馆帮扶计划”的开篇之作，活动包括部署资源整合服务平台、开展专家讲座和数字体验等。（贵州省图书馆学会　钟海珍）

【贵州省图书馆“贵在知信，阅享黔图”网络信用借阅开通】 11 月 30 日，贵州省图书馆“贵在知信，阅享黔图”网络信用借阅在贵州省图书馆正式上线。贵州省图书馆联合支付宝的芝麻信用推出覆盖全省范围“四免一送”（免押金、免办卡、免费借、免 APP、送上门）的“图书馆+信用”借阅模式。该馆持证读者，可通过支付宝及“贵州省图书馆”微信公众号在线完成图书的借阅和还回。未办理读者卡的读者“芝麻信用分”达到 600 分以上，就可通过支付宝平台直接免押金借阅。网络借阅每次可借阅 3 本书籍，借书周期为 30 天，周期内任意时间可续借一次。在网上借阅完成后，读者可选择中国邮政 EMS 物流服务，支付优惠快递费，就可将图书送达指定位置，贵阳市内图书次日送达，省内其他地区 3—5 天送达。（贵州省图书馆学会　张亚军）

【贵阳市图书馆“阅享易栈”图书共享系统项目荣获中国图书馆学会第一届公共图书馆创新创意征集推广活动“最佳创意奖”】 贵阳市图书馆创建的“阅享易栈”图书共享系统项目被列为贵阳市委市政府为民办“十件实事”。该项目在贵阳市观山湖区、云岩区、南明区 3 个主城区的购物中心、社区、公园、地铁站、酒店等人流量大的区域设置分享书柜 26 台，并根据需求不断增加。2018 年，“阅享易栈”APP 注册用户达 12083 人，图书分享 3983 册，取书 3298 册。在中国图书馆学会第一届公共图书馆创新创意征集推广活动中，“阅享易栈”图书共享系统项目荣获“最佳创意奖”。（贵州省图书馆学会　钟海珍）

【毕节市图书馆开展“阅读训练营”试点公益活动】 9 月 17 日，毕节市图书馆走进毕节第四小学，开展“阅读训练营试点”公益活动。活动主要依托毕节市图书馆丰富的馆藏资源，开展“阅读教学活动”“演讲考核”“知识分享”等课外阅读推广活动。活动针对毕节市公立小学学生开展阅读推广、文化培训及实践活动训练等，为在校青少年科学阅读提供帮助。“阅读训练营”第一阶段注重培养小学生阅读习惯，实行差异化的阅读培养模式，以 2—6 年级青少年为主要培养对象，以公益推广形式为基础、以公立小学在校青少年自由报名为前提，采用周课时制的授课方式，培养阅读爱好和阅读习惯，鼓励支持青少年参与有品质的文化活动。第二阶段为阅读实践活动，为青少年在具备基础阅读能力后所衍生的各种关于阅读的实践主题活动，包括“周读书会”“青年演讲家”“主题阅读月”等，旨在通过学以致用的社会文化活动推广，促进青少年养成终生阅读习惯。（贵州省图书馆学会　张亚军）

【南明区图书馆正式开馆】 6月29日，贵阳市南明区图书馆正式开馆。该馆是南明区人民政府与贵阳宏益房地产开发有限公司合作共建，贵州省首个采取社会化运营模式进行管理的公共图书馆。馆舍面积4000平方米，设有成人阅览区、儿童阅览区、报刊阅览区、地方文献区、休闲服务区，以及多功能厅、综合活动室等多个开放区域。馆内配有藏书3万余册，基本满足不同年龄层次读者的阅读需求。南明区图书馆实行“全面开放、免证进馆、免押金办证借阅”措施，同时还引进了“指静脉借阅系统”，录入指纹后可在设备上自助借图书，方便快捷。（贵州省图书馆学会 张亚军）

云南省

【云南省图书馆概况】 2018年，共接待读者185万人次，外借纸质文献57.28万册次，电子文献阅读量386.6万册次、下载量191.6万册次，代检索课题220项，答复各类咨询11.9万条，新办读书证10363个，新建图书馆分馆1个、流通点5个、全民阅读示范点5个，官方微信用户突破3万人。

积极推进法人治理结构改革试点工作，组建第一届理事会。召开第一届理事会成立大会暨第一次会议，选举产生理事、监事、理事长，审议通过《云南省图书馆章程》，初步建立起法人治理结构。

主动推进云南省图书馆新馆暨分馆建设项目，完成专家论证。为加快推进分馆建设的项目建议书、可行性研究报告编制、申请立项等前期筹备工作，专门成立“云南省图书馆分馆建设前期筹备工作办公室”，并向省文化和旅游厅上报启动分馆建设项目的请示。

切实提升服务效能，树立一批服务品牌。①打造社会效益明显的服务品牌。一是正式启动云南省公共图书馆展览联盟，打造云图展览品牌。举办18次展览和150余场各类会议、活动，接待公众10余万人次；二是加强全民阅读推广活动品牌建设，举办活动共计80余次；三是开展2018年云南省人大、政协“两会”服务工作，受到与会代表高度好评；四是进一步拓展自主研发的虚拟参考咨询软件“云图参考”的服务功能，连续获得省委宣传部“舆情信息工作先进单位”表彰；五是进一步树立“读者俱乐部”等阅读活动品牌；六是继续树立“云南文化大讲堂”公益讲座品牌，全年44期，约1万名听众参加听讲，全年还举办其他读者讲座、社会培训等共计140余次；七是树立文化志愿服务品牌，进一步组建古籍普查、少数民族古籍修复、文化共享工程边疆行、文化助盲等4支志愿服务工作队伍。②继续为各类特殊群体提供高质量人性化服务。一是继续做好视障读者文化服务工作。全年共免费接待盲人读者910人次，外借盲文书刊1200册次，盲人上机时间合计3100小时；率先在全国开展盲人智能听书机免费外借服务，共外借500台；二是继续扎实做好未成年读者服务工作，共接待未成年读者19.1万人次，外借少儿书刊9.92万册次、内阅79.7万册次，举办各类少儿读者活动及接待参观、阅读活动96场次；进一步打造“青少年创客文化空间”“青少年心理健康系列讲座”等少儿活动品牌；三是继续为农民工提供全面免费开放服务，设立“进城务工人员专架”“进城务工人员服务岗”，对进城务工人员进行阅读指导及培训。

不断提高业务建设水平，增强专业化能力。①进一步强化全省文献信息资源保障中心建设。截至2018年底，地方文献总藏书达11.36万册（件）；与省内外12个图书馆建立图书交换机制，接收交换图书117种234册。②加强地方文献资源建设，不断提高“普洱茶文化图书馆”特色服务品牌知名度和影响力。③启动“云南省图书馆联盟”建设。与云南大学图书馆、云南师范大学图书馆签署联盟建设协议书，以统一的计算机管理系统为平台，组织开展文献信息资源联合建设、联合开发、联合服务、资源共享。④进一步加强对外合作。实施与马来西亚沙捞越州签署的《云南省图书馆与沙捞越州图书馆合作意向书》，馆领导应邀出访沙捞越州图书馆进行交流访问。此外，先后接待台湾古籍保护学会、旅美藏族专家学者参访团、绍兴图书馆考察团的来访。⑤推进县级图书馆总分馆制建设，做好文化扶贫工作。一是在配合省文化和旅游厅完成年度县级图书馆总分馆制试点任务的同时，举办滇东、滇西片区两期“县级图书馆总分馆制建设暨文化精准扶贫论坛”。二是选派业务骨干深入对口扶贫挂钩点永胜县举办一期县级图书馆总分馆制培训暨数字资源宣传推广活动，助力文化扶贫。三是举办“云南图书馆人扶贫之路”活动，通过制作扶贫专题片、举办图书馆人朗读大赛等形式，真实反映战斗在扶贫第一线的广大图书馆人的扶贫心声，并通过开展文化共享工程特色数字资源建设以及专题片拍摄，制作保存一批贴近基层群众、贴近文化战线扶贫工作者的优秀地方资源。

进一步深入实施重点文化工程，实现文化惠民。①文化共享工程建设成效明显。积极举办各类共享工程宣传推广活动，在全省16个州市开展丰富的数字资源宣传服务活动，惠及数十万基层群众。②数字图书馆推广工程进展顺利。一是完成数字图书馆推广工程大数据整合，以及16个州市图书馆的招标及实施推进工作；二是继续打造“数字阅读体验区”服务品牌，组织策划开展各类数字资源服务推广活动30余场，接待读者3万余人；三是完成云南省图书馆大数据云平台建设暨业务自动系统更换项目的调查选型、方案制订、组织实施等工作。③全省古籍保护计划稳步推进。举办多期古籍普查培训班，完成古籍普查登记20896部184835册；完成纳格拉洞藏经的修复，以及30余册古籍、50余幅字画、19幅碑拓的修复、装裱工作；在网站平台上公开发布古籍数字资源309种1470册，并通过“云南古籍数字图书馆”免费为社会公众提供服务，还对馆藏1400余种云南本地碑刻拓片进行了数字化加工；完成《云南省入选国家珍贵古籍名录》的整理出版，成功申报“西南联大专题资料”为民国时期文献整理出版项目，完成“云南通志馆征集各县资料”60余万字文献资料的点校；同时，云南省哲学社会科学规划项目《明代云南少数民族汉文古籍整理与研究》获评优秀；在迪庆州图书馆举办“纳格拉洞藏经修复成果展”，接待观众5000余人次；此外，承办全国藏文古籍保护工作调研会、“少数民族古籍保护专业委员会”成立会议等全国性会议。

2018年，在第六次全国县级以上公共图书馆评估定级工作中，云南省图书馆被文化和旅游部评定为一级图书馆，还获得全国社科联创建新型智库先进社会组织、第一届公共图书馆创新创意征集推广活动优秀奖、云南省直机关“五四红旗团支部”、中国盲文图书馆盲人演讲比赛优秀组织奖、“2018年全国图书馆文化扶贫乡村振兴案例征集活动”三等奖、昆明市法治文化示范点等多项荣誉。（云南省图书馆）

【云南省图书馆正式启动法人治理结构改革试点工作】 1月9日，中共云南省委宣传部、云南省文化厅等6部门联合印发《关于深入推进云南省公共文化机构法人治理结构改革的实施方案》（云文发〔2018〕1号），云南省图书馆被列为省级试点单位。3月14日，云南省图书馆召开法人治理结构改革试点工作动员会议。会议由云南省图书馆馆长王水乔主持。云南省文化厅政策法规处处长颜力飞到会指导。云南省图书馆领导班子全体成员、全馆14个部门主任参加会议。

会上，王水乔馆长宣读《云南省图书馆关于调整充实深化改革领导小组的通知》及《云南省图书馆深化改革领导小组及改革办主要工作职责》《云南省图书馆深化改革领导小组工作规则》；全文传达中共云南省委宣传部等6部门联合印发的《关于深入推进云南省公共文化机构法人治理结构改革的实施方案》。此外，云南省图书馆在加强学习、统一思想、几经论证、反复修改完善的基础上，已经完成《云南省图书馆法人治理结构改革试点工作方案》的制定工作，并按相关程序上报云南省文化厅审批。（云南省图书馆学会办公室）

【副省长李玛琳到云南省图书馆调研】 2月8日，云南省人民政府副省长李玛琳深入云南省图书馆调研。李玛琳先后来到历史文献阅览室、善本阅览室、普洱茶文化图书馆、纪检监察图书资料室、盲人阅览室、公共电子阅览室、数字阅读体验区、少儿阅览室等一线服务窗口，向云南省图书馆职工和广大读者表达新春慰问。调研中，李玛琳认真听取云南省图书馆馆长王水乔关于购书经费、财政拨款、新馆建设等方面的情况汇报，充分肯定云南省图书馆的工作，并就做好2018年工作提出要求，希望云南省图书馆进一步开展馆际合作，扩大与高校图书馆的交流与合作，加强学术科研，为云南建设民族文化强省做出应有的贡献。云南省人民政府督查室副厅级督查专员彭耀民，云南省文化厅党组书记、厅长李涛等陪同调研。（云南省图书馆学会办公室）

【云南省图书馆“4·23世界读书日”暨“全民阅读月”系列活动】 4月20日，云南省图书馆举行2018年“4·23世界读书日”暨“全民阅读月”系列阅读推广活动启动仪式。云南省文化厅、云南省图书馆等单位有关领导以及云南省图书馆干部职工、部分新闻媒体记者和读者代表参加启动仪式。在启动仪式上，馆长王水乔重点介绍云南省图书馆“4·23世界读书日”暨“全民阅读月”系列阅读推广活动的主要内容外，同时还启动“乡村振兴·文化扶贫——图书馆人在行动”活动、“云南省图书馆联盟”两个项目；举行“普洱茶文化图书馆·益讲堂”开讲仪式，赵逸虹代表云南大益茶业集团向“普洱茶文化图书馆”捐赠130册图书。

在“全民读书月”期间，云南省图书馆开展以“阅读·相伴美好生活”为主题的“全民阅读月”系列阅读推广活动，共包括14个大项、20余次活动。其中，除了广受读者好评的“普洱茶文化图书馆”阅读推广活动、文化共享工程数字资源服务推广活动、青少年心理成长家庭教育大讲堂公益讲座、无障碍电影观影活动、青少年创客文化空间主题活动、古籍修复技艺现场观摩体验活动、限时免除读者文献逾期使用费等活动以外，云南省图书馆还紧密结合国家正在大力实施的“乡村振兴”战略，大力启动实施“乡村振兴·文化扶贫——图书馆人在行动”活动，主要内容是举办“云南图书馆人扶贫之路”朗读大赛、云南省数字图书馆推广工程“乡村振兴——数字阅读服务基层行”活动和“阅听·阅行”数字图书馆推广工程进农村、进学校全民阅读活动，进一步拓展活动内容，延伸服务范围，扩大服务受众，为全省公共文化服务体系建设、精准脱贫攻坚战提供有力的文献信息和智力支持。（云南省图书馆学会办公室）

【“普洱茶文化图书馆”分馆建设暨《中国茶文化资料集成》编纂会议召开】 5月11日，“普洱茶文化图书馆”分馆建设暨《中国茶文化资料集成》编纂会议在云南省图书馆“普洱茶文化图书馆”召开。云南省图书馆馆长王水乔和红河州、普洱市、大理州、临沧市、西双版纳州等州市图书馆领导，以及云南省图书馆历史文献部、地方文献部主任参加会议，共同探讨“普洱茶文化图书馆”分馆建设及《中国茶文化资料集成》编纂工作。会议由王水乔主持。云南省图书馆历史文献部主任计思诚、地方文献部主任杨梅分别介绍具体的编纂内容要求、细则。各州市图书馆馆长分别就做好这项工作进行交流发言。会上，王水乔与参会的各州市图书馆馆长签订《中国茶文化资料集成》编纂任务书。（云南省图书馆学会办公室）

【云图览艺——云南省公共图书馆展览联盟作品展开展】 5月18日，由云南省图书馆主办，丽江市图书馆、丽江市民间艺人协会承办的第一期“云图览艺——云南省公共图书馆展览联盟作品展”暨“中国梦·纳西魂——东巴书画作品展”在云南省图书馆开展。来自云南省民族学会、云南省图书馆、中国传媒记者联合会、丽江市图书馆、丽江市民间艺人协会、云南省民族学会纳西族研究委员会、丽江东巴书画高级研习班的领导、学者、艺术家和200余名读者参加开展仪式。云南省著名民族艺术家登台表演精彩的纳西歌舞。纳西族著名画家、作曲家和文光向云南省图书馆捐赠东巴字画。此次展览共展出纳西族著名东巴书画家东巴书画120余幅，向外界展示丽江纳西族东巴文化精华及优美风光，展现新时代的丽江新风采。（云南省图书馆学会办公室）

【云南省图书馆古籍保护工作亮相第五届中国—南亚博览会】 6月14日，第五届中国—南亚博览会暨第二十五届中国昆明进出口商品交易会在昆明滇池国际会展中心开幕。古籍修复技艺、古籍数字化、数字图书馆、傣族贝叶文献等图书馆文化元素在新增的文化创意馆里精彩亮相。在此次博览会上，云南省图书馆邀请西双版纳州图书馆、北京美斯齐文化科技有限公司、北京超星数图信息技术有限公司、神州共享北京文化传媒有限公司联合参会。展览期间，云南省图书馆通过多种形式向国内外嘉宾集中展示在传统文化保护和传承中的文化担当。开幕第一天，云南省图书馆的展位吸引了来自不同国家和地区、不同行业的近百人参观。其中，古籍修复技艺体验活动最受人关注，国家级古籍修复导师杨利群率领徒弟与参观体验者进行古籍修复技艺传授互动，手把手指导体验者完成破损古籍书叶的修复，让古籍保护中最具代表性、也最具展示性和互动性的修复技艺走近社会公众；同时，以“贝叶文化”为重点，通过展示贝叶经制作技艺流程、章哈表演唱《贝叶经》、公众现场体验贝叶经刻写等形式，让公众了解历史悠久的傣族贝叶文化的传承与保护；举办古籍数字化加工体验活动，教授、引导参观者实际体验并学会利用本馆古籍数字资源。通过以上这些活态化的展示，让公众从古籍的刻写、装订、修复、数字化等方面，多视角、全方位了解古籍保护工作，进而参与到古籍保护的行列。此外，南博会期间，云南省图书馆还现场举办“连环画的前世今生”虚拟现实互动体验、“手机扫一扫，小人书借回家——扫码借阅阅读体验”等数字图书馆推广体验活动，并进行相关古籍文创产品的展示和售卖，展现全新的图书馆服务新业态。《云南日报》、云南电视台、云南网、《春城晚报》、昆明电视台等多家媒体对云南省图书馆的展示进行宣传报道。（云南省图书馆学会办公室）

【云南省图书馆为视障读者免费办理新读者卡并提供智能听书机服务】 7月28日起，云南省图书馆为视障读者免费办理新的读者卡（IC卡），并提供盲人智能听书机外借服务。与以往相比，这种读者卡为视障读者专用，凭视力残疾证免费办卡，卡面设计了盲文标识，可免费借阅云南省图书馆盲人阅览室的丰富资源，具有免交押金、每卡可借10册、借期3个月（可续借）等特点。此外，云南省图书馆采购了500台盲人智能听书机，向视障读者提供免费外借服务。该智能听书机专为盲人定制，通过Wi-Fi自动连接盲人读物融合出版与传播平台，持续性提供内容资源更新、软件在线升级等服务，有效满足视障读者的数字阅读需求。

在办卡工作中，为满足广大视障读者的办卡需求，尽可能缩短办卡等待时间，云南省图书馆读者办证处专门开通了“绿色通道”，加派工作人员为闻讯而来的100余位视障读者快速办理读者卡，并耐心解答各种咨询，受到社会各界广泛好评。（云南省图书馆学会办公室）

【2018春雨工程——边境地区基层公共文化骨干培训班在保山举行】 8月7日，为期一周的2018年春雨工程——边境地区基层公共文化骨干培训班在保山市举行，来自内蒙古、辽宁、吉林、黑龙江、广西、云南、甘肃等7个边境省（自治区）的92名基层公共文化业务骨干参加培训。此次培训班由文化和旅游部全国公共文化发展中心、文化共享工程云南省分中心主办，文化共享工程保山市支中心承办。开班仪式上，文化部全国公共文化发展中心主任李宏做动员讲话，强调做好基层公共数字文化工作的重要意义，就进一步加强边疆公共数字文化建设提出了要求。培训班结合“十三五”时期边疆民族地区文化建设重点，邀请国家公共文化服务体系建设专家委员会专家、高校教师、全国公共文化发展中心专家、省级文化馆骨干等现场授课，讲解基层公共文化建设与服务、文化共享工程资源服务、国家公共文化云、基层公共数字文化服务与网络学习、文化志愿服务与品牌建设等方面的内容。培训班还就各地开展边疆万里数字文化长廊建设情况进行分组讨论。（云南省图书馆学会办公室）

【“册府千华——纳格拉洞藏经修复成果展”在迪庆州举行】 9月2日—11月2日，“册府千华——纳格拉洞藏经修复成果展”在迪庆州图书馆举办。此次展览由国家图书馆（国家古籍保护中心）、云南省文化厅、迪庆州人民政府主办，云南省图书馆（云南省古籍保护中心）、迪庆州文体广电和新闻出版版权局、迪庆州图书馆（迪庆州古籍保护中心）承办。国家图书馆（国家古籍保护中心）、云南省图书馆（云南省古籍保护中心）、迪庆州委等相关单位领导，以及来自国家古籍保护中心、云南省古籍保护中心的专家和迪庆州、香格里拉县社会各界人士、新闻媒体记者等300余人参加开幕式。开幕式上，云南省图书馆馆长王水乔代表该馆向迪庆州图书馆移交“纳格拉洞藏经”修复成品；香格里拉印经院现场拓印精美版画，赠送给前来参观的各界人士；云南省古籍保护中心古籍修复导师杨利群及其徒弟现场演示破损藏文古籍的修复及古籍装订技法，并手把手教各界来宾装订古籍，让来宾把自己亲手装订的线装本带回家。

展览通过图文、藏文古籍修复视频、活态演示等方式，全方位展示“纳格拉洞藏经”发现、修复、保护的历程及成果，引领各族人民群众探寻“纳格拉洞藏经”丰厚的文化背景和藏文化的博大精深，树立古籍保护意识。同时，以“纳格拉洞藏经”为媒，让更多古老而珍贵的民族典籍得到有效的保护和传承。（云南省图书馆学会办公室）

【中国古籍保护协会少数民族古籍保护专业委员会在昆明成立】 12月14日，中国古籍保护协会少数民族古籍保护专业委员会（以下简称专委会）成立会议暨《西南彝志》捐赠仪式在云南省图书馆举行。会议由云南省图书馆馆长、省古籍保护中心主任王水乔主持。会上，云南省文化和旅游厅公共文化处副处长和栩灵致辞。中国古籍保护协会副秘书长王红蕾宣读分支机构筹备成立批复和委员名单。中国古籍保护协会会长刘惠平向专委会委员颁发聘书并讲话。专委会是中国古籍保护协会成立的第4个分支机构，由18位在全国少数民族古籍保护领域有较高造诣和影响力的专家组成。云南省图书馆馆长、省古籍保护中心主任王水乔当选此届专业委员会主任委员；新疆图书馆馆长历力、贵州民族大学图书馆馆长卢云辉任副主任委员；全国古籍保护工作专家委员会副主任、中国社会科学院学部委员史金波担任顾问。随后举行《西南彝志》捐赠仪式，刘惠平、国家图书馆出版社总编辑殷梦霞等向中央民族大学图书馆、云南省图书馆等10家单位赠书。《西南彝志》记述了西南地区彝族古代生产、生活、风俗、物产情况，被誉为“彝族古代百科全书”。

捐赠仪式后，专委会举行第一次委员会会议，选举少数民族古籍保护专业委员会领导机构，并就委员会未来5年工作规划和近期重点工作进行交流研讨。专委员会的成立，将集中全国少数民族古籍保护的力量，发挥最大的行业优势和专业优势，并服务于“中华古籍保护计划”，为少数民族古籍的修复保护、整理开发及利用提供必要的专业支持。（云南省图书馆学会办公室）

西藏自治区

【西藏自治区图书馆概况】 2018年，西藏自治区图书馆（以下简称“西藏图书馆”）充分发挥公益性公共图书馆职能职责，深入实施免费开放、文化信息资源共享工程和数字图书馆推广工程，稳步推进藏文古籍保护等工作，为构建现代公共文化服务体系，打造“书香西藏”建设开展了扎实有效的工作。在第六次全国县级以上公共图书馆评估定级中，该馆从三级公共图书馆升为二级公共图书馆。9月，自治区党委常委、宣传部部长边巴扎西亲临指导工作并做重要指示。

馆藏结构规模不断完善，基础业务建设不断强化。全年购置中文图书1.5万余册，涉藏中文图书99种638册，藏文图书198种1058册，期刊1100种，报纸239种，少儿图书66种2926册。购置电子图书20万册；提供微信在线阅读图书5000余册、期刊300余种，每月更新150册；通过移动APP可在线阅读藏文图书300册；通过手机和电脑可查看馆藏书目20多万条、地方特色资源9.33TB、少数民族语言译制资源8.12TB。在购书经费有限的情况下，为基层学校、边防哨所、寺庙等各类单位、学校配送图书2.8万余册。接受团体及个人赠书637种1249册。全年接待到馆读者10万余人次，借阅图书1.1万余册。数字资源访问量1.4万余人次，下载电子图书2.5万册。“西藏数字文化网”用户访问总量达到213万人次，其中汉语版访问量203万人次、藏语版访问量10万人次；借阅电子图书2.7万余册。西藏图书馆微信公众平台发送图文180条，用户从5000余个增至9450个。设立分馆1个。提升完善的视障阅览室、藏文阅览室对公众开放。草拟《西藏图书馆馆藏发展规划》和《西藏图书馆业务质量管理体系建设之典藏部业务管理和服务规范（2019年版）》，计划在馆内进行充分论证的基础上试点实施，为规范管理图书馆整体业务奠定基础。

开展丰富多样的阅读推广活动，营造浓厚的阅读氛围。先后举办“文字陪你过新年”猜谜语、“悦读伴爱成长”亲子朗诵比赛以及小小图书管理员活动，“全民阅读”进工地、进牧区，“阿佳讲故事”进驻村点、进帐篷，“书香伴我成长”亲子阅读，“阅读还你光明”视障读者知识竞赛，盲文摸读比赛，“阅读引领未来”读书联盟活动，“阅读快乐　快乐阅读”小学生图书馆一日游，故事妈妈展示，“风尚杯”青少年征文，“圣湖浪花”阅读比赛，“军营格桑花走进图书馆”等阅读推广活动60余场次。利用图书流动车为中铁九局工人上门开展借阅服务，并举办形式多样的阅读及联谊活动。举办红色资源展示周活动。组织视障读者参加由中国盲文图书馆组织举办的演讲比赛。向公众发放图书、资源光盘千余套。通过直接发放倡议书、微信公众平台推送名人倡议等方式，向全区发出全民阅读倡议书。同时，为迎合公众需求，创新服务公众方式，利用新媒体营造阅读氛围。拍摄制作以全民阅读为主题的拜年微视频，举办“我的吉祥文化年”公共数字文化服务推广活动，开展“童音诵古韵　经典有新声”2018年少儿诗词在线诵读活动，举办西藏公共数字文化成果展。

举办各类讲座、培训活动，充分发挥图书馆社会教育功能。举办西图讲坛15期，并上挂“西藏数字文化网”，邀请杜永彬、次仁罗布等区内外著名专家学者主讲藏族天文历算、格萨尔、法律、藏族传统音乐、民族文学、非遗专题等内容；开展西图讲坛走进高墙活动，使品牌效益进一步延展。举办“周末英语角”40期，并在暑假期间与拉萨英语角志愿者组织合办首届“西图杯”中学生英语演讲比赛。举办为期10天的暑期青少年“尼赤派”藏文书法培训班，培训学员35人，传承入选第五批国家级非物质文化遗产代表性项目的“尼赤派”藏文书法。还举办西藏图书馆馆员素质提升系列讲座16期。

强化数字资源建设，挖掘、整理优秀民族文化，为夯实数字馆藏资源奠定坚实基础。“藏族手工技艺大全之传统建筑专题片”“藏族十明学专题讲座资源库之戏剧学系列讲座”“微观西藏饮食文化（一）”“西藏手工技艺乡土人才培训及网络销售平台”“570小时少数民族语言译制资源”、地方文献数字化及全文识别项目即“2017年度‘格萨尔’‘藏戏’图书数字化项目”完成中期验收工作。地方特色资源建设项目“珞巴族文化专题片”“藏族十明学专题讲座资源库之天文历算学系列讲座”“藏族手工技艺大全之石刻、木雕文化专题片”、2016年度少数民族语言项目“500小时卫藏语译制资源”、红色历史文化资源“十八军进藏口述史”以及2015年度译制资源项目完成终期验收。申报2019年度资源建设项目，并赴京参加全国性评审会议答辩。完成藏汉双语系列剧《阿酷顿巴》《美丽西藏》等优秀译制资源的征集工作。完成“2017年公开课直播”录制工作，以及“公共数字文化云平台资源加载与服务推广”资源建设项目招标工作。完成《中华人民共和国公共文化服务保障法》和《中华人民共和国公共图书馆法》的翻译工作。

数字平台搭建基本完成，为实现五级网络覆盖奠定平台基础。完成国家公共数字文化支撑平台西藏分中心项目验收，2018年起投入使用，实现全区公共数字文化资源共享。数字资源建设成果惠及公众成效初步显现。为西藏图书馆驻村点提供藏汉双语资源2TB，为那曲地区班戈县沙姆寺文化服务点提供动漫译制资源，面向中学生开展优秀数字资源进校园活动，向腾讯视频服务端上传《唐卡》数字资源，与西藏人民广播电台联合展播2000余小时的《天籁之音——藏北格萨尔艺人说唱音频》，在更广、更深范围内展示公共文化数字建设成果。

古籍普查稳步推进，古籍修复常态化，古籍数字化工作取得突破性进展。昌都市古籍普查工作进入收尾阶段中，在2018年12月前完成地市普查任务。启动全国重点古籍收藏单位罗布林卡普查工作，目前已完成352函。完成古籍数字化16函。完成古籍修复641叶。建档、编目古籍3266函，其中普查古籍2130函，馆藏古籍1136函。完成第六批《国家珍贵古籍名录》的申报工作，共申报74函，其中馆藏古籍17函。完成昌都市贡觉县卓珍寺收藏的国家级珍贵古籍丽江版藏文大藏经补缺项目。向民间征购古籍12函。目前，西藏图书馆藏文古籍总量达15000函。协助西藏电视台《西藏诱惑》栏目拍摄古籍保护专题片。验收日喀则市康马县克拉康寺、定结县阿布入寺等5家古籍收藏单位条件改善项目，启动昌都市古籍收藏单位条件改善项目。制定《西藏自治区2018—2020古籍保护工作规划》《西藏自治区古籍保护十年成果展方案》。

对外文化交流不断拓展，文创产品助力建设书香西藏。接待墨西哥中国文化中心合作伙伴团、国家图书馆中文采编部、四川图书馆调研考察团、自治区政协副主席扎西达娃一行调研组，有效扩大西藏图书馆影响力。启动图书馆文化创意产品开发工作，并加入全国图书馆文化创意产品开发联盟。充分利用和发挥图书馆馆藏资源优势，以市场为导向，将图书馆特色文化资源进行开发创新，设计具有浓郁藏民族文化元素的梵夹U盘、环保袋、滴水成海咖啡杯、天文晴雨伞等8种产品并投入市场。在馆内设点销售文创产品，同时开办西藏图书馆文创微店，实现线上线下并行销售。

不断强化队伍建设，为服务公众奠定良好的人才队伍基础。举办第二期公共数字文化系列培训班、公共电子阅览室建设与应用培训班、“网络书香——数字图书馆建设与服务”培训班、全区公共电子阅览室建设培训班、全区文化共享工程培训班和“2018中华古籍普查志愿服务行动·

西藏行暨西藏自治区藏文古籍普查培训班”等。

2018年，西藏自治区图书馆阅览部被中宣部授予第四批全国学雷锋活动示范点荣誉称号；该馆被中共拉萨市委、市政府评为拉萨市2017年深化全国文明城市创建工作先进单位；在2018年中国图书馆年会——中国图书馆学会年会·中国图书馆展览会上，该馆报送的“日喀则吉隆县贡当乡汝村古籍保护行动”入选“中国图书馆最美故事”系列风采展示活动之优秀服务名单，该馆在中国图书馆展览会设置的首届全国图书馆文化创意产品精品展上获评优秀文化创意产品推介单位。该馆副馆长旦增卓玛入选国务院政府特殊津贴专家。她与资源部主任尼玛格桑合著的《西藏公共图书馆的设置与服务体系建设》、研究员白玛扎西的专著《历代斯文古籍写本尾跋题记解读》分别正式出版。（西藏自治区图书馆　次旦普赤　朗杰卓玛）

【西藏自治区图书馆举办读者座谈会暨阅读达人颁奖典礼】 1月初，西藏图书馆举办以“阅读温暖人生”为主题的读者座谈会暨阅读达人颁奖典礼。按照2017年的读者借阅排行榜评选出年度阅读达人，并在活动上颁奖赠礼。通过座谈，收集读者对图书馆的意见和建议。此次活动中，图书馆门卫大叔入围阅读达人行列，《西藏日报》新媒体以《原来图书馆的扫地僧是他》为题发表文章，被网友广泛转发，掀起一场“连门卫大叔都在看书，我们还有什么道理不读书”的读书倡议舆论，营造了很好的阅读氛围。（西藏自治区图书馆　次旦普赤　朗杰卓玛）

【西藏自治区图书馆阅览部荣获第四批全国学雷锋活动示范点称号】 3月，中宣部命名第四批50个全国学雷锋活动示范点和50名全国岗位学雷锋标兵，西藏图书馆阅览部是自治区唯一获此殊荣的集体。西藏图书馆对阅览部（内设视障阅览室）定位为“党员示范岗”，践行雷锋精神服务点，并精选优秀馆员面向视障读者提供优质服务，开展数次丰富多彩的读书活动，备受自治区视障读者的喜爱，并将视障阅览室亲切地称为他们“心灵的家”。除该室馆员为视障读者提供服务外，图书馆内其他部门及社会志愿者均热心参与为视障读者服务的行列。（西藏自治区图书馆　次旦普赤　朗杰卓玛）

【西藏自治区图书馆组织学习《中华人民共和国公共文化服务保障法》《中华人民共和国公共图书馆法》】 自3月9日起，西藏图书馆利用3月员工集中在岗的契机，举办全馆干部职工素质提升系列讲座培训，安排集中学习《中华人民共和国公共文化服务保障法》《中华人民共和国公共图书馆法》4场。通过集中培训和系统学习，让大家更加全面了解了立法背景、意义、框架和主要内容，深入领悟了党和政府以法治思维、法律手段来推动公共图书馆保障人民群众基本文化权益，提高人民群众文化获得感的理念，使全体馆员学有方向、做有目标、干有底气。3月30日，为不断提高馆员适应新时期图书馆工作的业务能力和业务水平，馆内中层干部就学习两部法律讲座的学习情况进行交流。各部门主要负责人结合本部门工作实际做交流发言，梳理出下一步工作规划，并提出切实可行的工作思路。（西藏自治区图书馆　次旦普赤　朗杰卓玛）

【西藏自治区图书馆举办“4·23”世界读书日系列活动】 4月20日，西藏图书馆在区监狱举办分馆授牌仪式。西藏自治区文化厅、司法厅的领导做重要讲话，就如何以文化人、以文育人和创新监狱教育改造方式、提高监狱教育改造成效以及充分利用区监狱分馆图书资源，将刑期变“学期”，让阅读点亮新生，用知识增长智慧等方面提出明确要求。在此次活动中，除签订图书馆分馆协议，发出全民阅读倡议外，西藏图书馆还向分馆赠书2000册，其中藏文书籍950册、汉文书籍1020册、外文书籍30册，涵盖文学、技术、教育、历史、工具书、健康、养生等21个门类，总价值近5万元。4月21日，组织举办西藏图书馆首届盲文摸读比赛，旨在落实“满足读者需求”办馆的服务理念，进一步把服务范围引向视障人群。此次比赛共有18位视障选手参加，分为（藏、汉）2种盲文摸读比赛，让选手在规定时间内摸读盲文，比谁摸读的准确熟练。经过激烈角逐和各位评委的评定，共产生一等奖2名、二等奖4名、三等奖6名及优秀奖若干名。4月22日，西藏自治区群众艺术馆（自治区非遗保护中心）向西藏图书馆捐赠近几年出版发行的40余种2500余册，价值5万元的非遗系列丛书和音像制品。4 月 23 日，西藏图书馆深入拉林铁路施工现场——山南市扎朗县中铁九局集团拉林铁路项目指挥部，开展“全民阅读进工地”活动；5 月 24 日，中铁九局集团拉林铁路项目指挥部向西藏图书馆赠送锦旗——“书香满园沐春风，爱心浸染闻无声”以表谢意。4 月 24 日，西藏图书馆与拉萨市第四高级中学合作举办“4·23”西藏公共数字文化进校园活动，以讲座、展览、宣传、赠送资源等方式，将优秀的数字文化资源带进校园，让更多的青少年感受数字阅读的乐趣，学会利用互联网获取优秀文化资源。此次活动为该校图书馆赠送共计 1000 册藏、汉文图书和数字资源光盘。（西藏自治区图书馆　次旦普赤　朗杰卓玛）

【西藏自治区图书馆开展走村入户调研慰问活动】 5 月 16 日，西藏自治区图书馆党委书记肖华带队到该馆驻村点日喀则市拉孜县热萨乡查卧村开展走村入户调研慰问活动。肖华一行与村两委班子、驻村工作队召开座谈会，全面了解查卧村的基本情况。在村委党支部书记和驻村队员的陪同下走进村民家里进行实地探访，并为结对帮扶贫困户罗布送去 500 元的慰问金，关切询问了解家中具体情况，为下一步长效帮扶理清思路。此次调研慰问组还为查卧村捐赠价值 2.5 万元的博看数字阅读机 1 台和电脑 3 台，并向 71 户家庭捐赠该馆干部职工募捐的衣物。（西藏自治区图书馆　次旦普赤　朗杰卓玛）

【西藏自治区图书馆赴措美县等地开展古籍保护工作】 5 月 21—25 日，西藏自治区图书馆（自治区古籍保护中心）专家赴山南市措美县和扎囊县，就两地出土发现的古籍文献开展实地调研、抢救、整理工作。经专家现场鉴定，措美县出土古籍最早涉及 12 世纪，晚期有 17 世纪的写本，年代跨度较大，内容丰富，书写华丽优美，以不同时代缮写的《般若波罗蜜多经》为主，各类佛学、因明学、天文历算学等为辅，古籍纸张均为上乘藏纸，是研究 12—17 世纪藏文写本古籍的重要参考，同时深入挖掘该古籍文献内容也将对研究措美县、洛扎县、隆子县、错那县的历史文化具有重要的指导意义。针对扎囊县保存状况岌岌可危的古籍文献，则立即实施抢救整理。

11 月 17—19 日，区古籍保护中心专家白张、才洛赴那曲地区比如县开展古籍保护、查漏补缺等工作，分别普查该县古龙寺、达门寺、仲那寺、白嘎寺和比如镇民间医生乌金私人收藏的古籍共计 60 函，进一步完善该县古籍普查数据的完整性。（西藏自治区图书馆　次旦普赤　朗杰卓玛）

【西藏自治区图书馆开展“阿佳讲故事”走进驻村点活动】 “阿佳讲故事”是西藏图书馆品牌阅读活动。近两年来，该馆在做好馆内“阿佳讲故事”阅读活动的基础上，也把“阿佳讲故事”延伸到馆外，服务惠及城郊结合、农民工子女、儿童福利院特别是基层小朋友等特殊地方的孩子们。2018 年，“阿佳讲故事”走进该馆的驻村点，由该馆驻村工作队员每周为村里的小朋友们带去精彩的故事，让村里的孩子们也享受阅读的快乐。全年共开展活动 17 期。6 月 3 日，西藏图书馆副馆长旦增卓玛带领工作人员赴日喀则市拉孜县热萨乡赴查卧村开展欢庆“六一”——“阿佳讲故事”走进驻村点活动。该村海拔 4550 米，4—6 岁学龄前儿童有 43 名，因经济、交通等条件较差，目前还未设立幼儿园，孩子们平日获取信息主要依靠电视传播，很少接触少儿读物。西藏图书馆此次开展的“阿佳讲故事”走进查卧村庆“六一”特别活动，以汉、藏双语的形式为孩子讲述生动的童话故事，让孩子们第一次感受到阅读带来的乐趣，第一次聆听西藏图书馆“阿佳讲故事”，第一次欢度属于他们的节日。西藏图书馆还为孩子们赠送共计 6600 元的节日礼物和 480 册图书，让孩子们在欢声笑语中度过了一个快乐、有意义的“六一”儿童节。（西藏自治区图书馆　次旦普赤　朗杰卓玛）

【墨西哥中国文化中心合作伙伴团到西藏自治区图书馆参观交流】 7 月 24 日，由墨西哥文化部国际司司长希梅纳·拉腊·艾斯特拉达一行 4 人组成的“中心合作伙伴团”到西藏图书馆参观交流。代表团一行先后参观该馆少儿阅览室、电子阅览室、书香阁、期刊阅览室、藏文阅览室、古籍保护中心等设施设备。西藏图书馆馆长次旦普赤陪同参观并做馆情介绍。此次参观考察，墨西哥代表团感受到该馆的阅读氛围，了解西藏公共文化免费开放的惠民措施以及西藏优秀传统文化在图书馆的保护、传承和利用，助推中

墨两国的文化交流。（西藏自治区图书馆　次旦普赤　朗杰卓玛）

【西藏自治区图书馆阅读推广活动和优秀数字文化资源走进藏北草原】 9 月 5 日，西藏图书馆联合那曲地区班戈县文化局、西藏图书馆沙漠寺分馆，在那曲地区班戈县沙漠寺赛马节期间，面向当地广大牧民开展“阿佳讲故事”走进牧家和优秀数字文化进寺院活动。沙漠寺海拔 4800 米，西藏图书馆工作人员克服身体不适，现场展示西藏公共数字文化建设与应用成果，向群众发放藏汉双语的全民阅读倡议书，赠送藏文图书与阅读推广读物 1000 余册以及带有该馆微信二维码和格萨尔拼音资源库二维码的粘贴画。同时，面向儿童开展“阿佳讲故事”走进牧家活动，让偏远牧区儿童享受阅读的快乐，激发阅读的兴趣。活动中，该馆还向沙漠寺赠送地方特色资源《格萨尔史诗》、动画片《中华弟子规》、知识讲座《教育从尊重开始》、电影《大决战》等藏汉双语资源和 100 张光盘。此次活动以当地赛马节为契机，面向牧区群众 3000 余人开展阅读推广服务，让牧民通过阅读纸质图书、访问微信公众号倾听格萨尔史诗、观看优秀数字文化资源，让牧区儿童通过听“阿佳讲故事”从小与阅读结缘，养成阅读习惯，共同助推“书香西藏”建设；同时引导分馆工作人员、寺庙僧尼参与全民阅读推广活动和优秀传统文化的保护传承。（西藏自治区图书馆　次旦普赤　朗杰卓玛）

【《天籁之音——藏北格萨尔艺人说唱音频》节目在西藏人民广播电台开播】 10 月 1 日，由西藏图书馆和西藏人民广播电台联合组织的《天籁之音——藏北格萨尔艺人说唱音频》节目开播仪式在西藏人民广播电台举办。自 2007 年起，文化部公共文化发展中心牵头，文化信息资源共享工程西藏分中心组织实施，先后投入大量专项资金支持西藏地方特色资源建设。截至 2018 年底，西藏分中心已建成“八大藏戏”“格萨尔史诗多媒体资源库”“西藏民间舞蹈”“藏族手工技艺大全”等 20 余个资源建设项目，有效挖掘、整理、建设了一批优秀西藏地方特色数字资源。“天籁之音——藏北格萨尔艺人说唱音频库”就是其中的 2015 年地方资源建设项目，收录 14 位那曲地区著名格萨尔艺人说唱的 35 部 2000 余小时的内容。西藏人民广播电台藏语中心康巴语广播节目组专门开辟《天籁之音——藏北格萨尔艺人说唱音频》节目，通过展播、专家解读格萨尔说唱艺术等多种形式，为藏区广大农牧民听众带去丰富的精神文化生活。（西藏自治区图书馆　次旦普赤　朗杰卓玛）

【西藏自治区图书馆开展基层公共图书馆管理员培训】 10 月 11—12 日，为进一步提升山南市基层公共图书馆管理员的综合素质和专项技能，推动西藏地区基层公共数字文化建设与服务，西藏图书馆副馆长、副研究馆员旦增卓玛为来自山南市 12 个县（区）图书馆和 82 个乡（镇）综合文化活动站图书阅览室、市群艺馆图书阅览室、市图书馆等的 110 余人进行授课。旦增卓玛从公共图书馆基础知识、发展阶段、服务体系等几个方面为学员讲述公共图书馆基本知识；西藏图书馆业务骨干介绍公共图书馆业务管理工作基础知识以及该馆为读者服务和开展阅读活动情况。（西藏自治区图书馆　次旦普赤　朗杰卓玛）

【西图讲坛走进高墙】 10 月 18 日，西藏图书馆联合西藏自治区监狱举办西图讲坛走进高墙讲座活动及“读一本好书，讲述我的改变”服刑人员读书心得交流会。早在活动举办前一个月，西藏图书馆为服刑人员指定了一本《为何贫困》的书籍让他们阅读。在当天的讲座中，阅读推广人土旦平措与服刑人员一起分享阅读该书的体会，重点讲述自己在困境中如何通过书本的力量选择一往无前的创业历程，谈到如何通过阅读的力量改变自我、改变人生的认识体会。土旦平措的精彩演讲触动了服刑人员，使他们深刻认识到知识改变命运的真理。在随后的读书心得交流中，服刑人员表达了对阅读的渴望和今后继续举办类似读书活动的愿望。（西藏自治区图书馆　次旦普赤　朗杰卓玛）

【5 家古籍收藏单位条件改善项目通过西藏自治区古籍保护中心验收】 西藏自治区图书馆（自治区古籍保护中心）在开展日喀则市 18 县（区）的古籍普查登记工作过程中，发现众多古籍收藏单位存有比较珍贵的早期古籍文献，但古籍保护装具相对欠缺，收藏条件亟待改善。鉴于

此，自治区图书馆（自治区古籍保护中心）统筹掌握全区各地市类似古籍收藏单位条件落后的实际情况，专门申报了古籍收藏单位条件改善项目，得到自治区财政厅 52.2 万元的专项经费支持，对日喀则市 5 家古籍收藏单位实施条件改善项目。为切实完成好基层古籍收藏单位条件改善项目，有效发挥项目经费效益，2018 年 11 月底，自治区图书馆（自治区古籍保护中心）由副馆长边巴次仁带队，联合日喀则市文化局、相关县文广局组成三级验收工作组，对康马县克拉康寺、定结县阿布入寺、定日县伦措寺和南木林县普宗尼姑寺、巴罗寺等 5 家古籍收藏单位的条件改善项目进行为期 1 周的验收工作，重点对古籍书柜，古籍装具的数量、规格、尺寸、材质、实用性等方面做检查验收，检查均为合格，同时，针对存在的个别问题提出期限整改要求。（西藏自治区图书馆　次旦普赤　朗杰卓玛）

【全国文化信息资源共享工程西藏分中心地方特色资源建设项目通过国家验收】 2018 年，文化共享工程西藏分中心提交的“藏医药文化”“藏族手工技艺大全之铸造多媒体资源库”“藏族十明学专题讲座资源库”“藏族手工技艺大全之藏纸、藏墨、印版雕刻文化专题片”“西藏国家级非遗传承人专题片”等 5 个地方资源建设项目通过文化和旅游部全国公共文化发展中心的验收。这 5 个地方特色资源通过视频、图片和文字等形式，展现了西藏独具特色的民族文化，详细记录自治区濒危的民族传统文化，旨在通过资源数字化保护传承民族优秀文化。验收评审专家对 5 个地方资源项目给予较高评价，指出资源库建设导向正确，深入挖掘了项目主体内涵与特色，兼顾文化传承与传播，并达到思想性、知识性、艺术性的统一。（西藏自治区图书馆　次旦普赤　朗杰卓玛）

【山南市图书馆概况】 山南市图书馆项目建设作为西藏自治区“十二五”规划首批重点建设项目之一被山南市委、市政府给予高度重视。山南市文化局局长多吉亲自牵头督办图书馆建设，安排专人赴自治区内外学习，并积极主动协调山南市财政局等有关部门，争取和落实有关经费，于 2015 年 10 月完成该项目的建设。

该馆位于山南市科技文化中心主楼西侧，总建筑面积 4739 平方米，项目建设总投资 3500 万元，2016 年 4 月 13 日正式开馆。有管理人员 15 名。设有藏（汉）图书借阅室、盲人阅览室、少儿阅览室、数字互动体验区、公共电子阅览室等，可容纳 400 人同时阅读。现有馆藏纸质图书约 16.6 万册（其中藏文图书约 1.5 万册、汉文图书约 15 万册、盲文图书约 950 册），地方特色数字资源 17TB。该馆集数字化阅读与传统阅读于一体，配备 2 台数字报刊阅读器、3 台图书目录检索机供读者免费使用，并提供 100 兆专线宽带服务，实现免费无线网络全覆盖。在公共电子阅览室配备的 50 台电脑均已链接至国家数字文化网数字资源共享中心，数字报刊阅读器可为读者提供 2000 余种数字报刊的在线阅读与免费查阅功能。同时结合本地实际和读者需求，为读者保留了传统的服务模式，读者可以根据自己的阅读习惯进行选择。自开馆以来，为充分发挥公共图书馆的作用，在区、市两级上级业务部门的协助和指导下制定各类方案，并通过政府采购公开招标的方式，实施全国文化信息资源共享工程山南支中心、门户网站、广场 LED、Interlib 图书自动化管理系统软（硬）件设备、图书馆装修改造项目建设，其中共享工程山南支中心建设通过自治区文化厅验收。

自开馆以来，该馆以提供“优质便捷”为服务理念，不断探索广大读者的实际阅读需求。坚持在节假日期间全天候向市民开放，读者数量稳步增长，读者阅读量逐年上升，营造了浓厚的读书氛围，正向“书香山南”建设稳步迈进。起草《山南市、县公共图书馆总分馆制建设方案》及五项标准化建设制度，开展“通借通还一卡通”服务、“你选书、我买单”服务、图书“进监所、进学校、进部队”和以世界读书日为契机开展的一系列阅读活动。2018 年全年累计办理图书借书卡 1226 人，读者流通 3.67 万余人次，借阅图书 9368 册次；新设立图书流通服务点 3 个，外借图书 2000 余册次。开展公益讲座、阅读推广活动 6 次，参与读者 2300 余人次，免费赠送各类图书 3000 余册。举办 2018 年山南市基层公共图书馆管理员业务培训，邀请西藏自治区图书馆 4 名专家授课，培训市、县、乡图书馆业务骨干 115 人；派遣 8 名干部分别参加文化和旅游部公共文化司、国家图书馆等有关单位组织的业务培训。（山南市图书馆）

【山南市图书馆送书进军营】 山南市图书馆自开馆以来，始终坚持军民共建、文化共享的宗旨，与山南各驻军部队保持着紧密联系，并在某部队设置该馆第 3 个馆外图书流通服务点，进一步丰富部队官兵的文化生活。1 月 17 日，该馆为该部队送去 2000 册图书。通过前一阶段走访部队官兵、发放调查问卷，在充分征求部队官兵意见和建议后，精心挑选文学、历史典故、百科知识、军事等适合部队官兵阅读的图书，帮助广大官兵在紧张的训练之余，在阅读中提高政治、科学、文化素质，更好地为人民服务，同时也在阅读中获得知识和快乐。此次活动得到广大官兵的热烈欢迎。该馆已经实现流通数万册图书进军营，同时平均每个月对部队流通图书进行 1 次更新。（山南市图书馆）

【山南市图书馆开展世界读书日全民阅读推广活动】 4 月 23 日，由山南市委宣传部、市文化局（文物局）、市新闻出版广电局（市版权局）主办，市文联、市图书馆承办，以“书香山南·全民阅读”为主题的第 23 个“世界读书日”系列活动启动仪式在市科技中心文化广场开幕。市文化局（文物局）党组书记司刚存主持活动，市政府副秘书长邢运江代表市委市政府讲话并致辞。同时邀请山南市书法家协会会员挥毫泼墨、即兴创作，并将创作的作品现场赠送给书法爱好者，吸引社会各界读书爱好者前来，共同庆祝“4·23”世界读书日。市图书馆在活动现场赠送书籍 6500 册、音像制品 1000 余个；在馆内展出藏文书法 128 幅、汉文书法 55 幅，摄影作品 132 幅，充分展现了山南市浓厚的文化氛围和社会各界热爱艺术、热爱读书、热爱文化事业的良好精神风貌。在此前的 4 月 17 日，图书馆还邀请山南市特殊学校的 16 名盲人学生在老师的带领下走进图书馆，开展一场特殊的阅读体验活动。（山南市图书馆）

【林芝市图书馆概况】 2018 年，林芝市图书馆购置中文图书 2147 种 6060 册，电子图书 12000 种 32000 册，电子视频资源 2188 集，馆藏规模不断扩大。数字资源本地存储量达 18TB，包括电子图书、电子视频、文献等；完成地方志纸质文献数字化加工项目，2 万页数字化加工工作通过国家图书馆验收。全年接待读者 3.2 万余人次，图书外借 1.3 万余册次。在第六次全国县级以上公共图书馆评估定级工作中被评为三级馆。

为深入推进公共图书馆社会职能，开展“文化书籍进基层”暨“五下乡”活动，充分践行十九大指引的文化“幸福路”；开展以“学习雷锋精神，播散爱心火种，共建和谐社会”为主题的“3·5”学习雷锋服务活动，现场为群众办理借阅证并发放免费书籍、影像资料约 400 份，营造全民阅读学习氛围；协助市公安局举办第二届“不忘初心　牢记使命　讲好警察故事”主题演讲活动，为获奖警察奖励价值 4800 元图书；为市看守所、林芝市人社局职工书屋、朗县金东乡人民政府文化室、孤儿院、五下乡活动等捐赠书籍 4000 余册。

林芝市图书馆网站用户访问总量 2300 余人次，数字图书下载总量 1.1 万余册次。林芝市图书馆微信公众平台发送图文 150 条，用户由 300 余人增至 500 余人。网站及微信每月更新信息 40 余条。

举办“林芝讲坛”公开课 3 期，主题有工布响箭制作体验、茶叶在历史发展中的价值等，听众 150 余人次；转载超星网络公开课 108 课时，观众 300 余人次。（林芝市图书馆）

【林芝市图书馆举办第四届“超级读者”颁奖仪式】 4 月 22 日，在“4·23”世界读书日来临之际，林芝市全民阅读工作领导小组办公室和林芝市图书馆联合在市图书馆大门前举办第四届“超级读者”颁奖仪式及赠书活动。活动现场，市文化局党组书记王晓松和市文化局党组成员、纪检组组长张磊向获奖者献哈达、颁发荣誉证书并赠送购书券，购书券合计 8000 元。颁奖仪式后，活动主办方现场向广大市民赠送图书和笔记本共计 700 余册，近千人参与活动。此次活动不仅丰富了群众精神文化生活，同时进一步培养了市民“爱读书，读好书，善读书”的良好习惯。（林芝市图书馆）

【昌都市图书馆概况】 2018 年，昌都市图书馆购置中文图书 500 余册、期刊 215 种、报纸 15 种。通过手机和电脑可查看馆藏书目 8 万多条。为学校、部队、乡镇图书室等各类单位、学校配送图书 8000 余册。接受援藏省市捐赠图书 3000 余种 10000 余册。通过“图书漂流”实现读者图书互换 400 余册。全年接待到馆读者 8000 余人次，借阅图书 7000 余册次。设立少儿阅览室，提供完善的未成年人专项服务。加强各县地方文献的收集，已完成江达、芒康、贡觉等县的地方文献收集。增设朗读亭，为读者提供音视频资料。

全年开展 30 余次丰富多样的阅读推广活动，营造浓厚的阅读氛围。具体内容有：举办迎春书法赛、新春“到馆送福”、闹元宵猜谜语活动；举办“3·28”异地搬迁图片展；在“4·23”世界读书日期间开展以“好书伴我行、书香满昌都”为主题的图书馆读书周系列活动，包括举办现场宣传、诵读、送书活动 7 场并向公众发放图书等千余册，组织阅读推广讲座等；在文化和自然遗产日当天，开展《吉祥昌都》《我心飞翔》等非遗出版物展销、宣传活动；在茶马艺术节期间举办书法、摄影作品展；在昌都市初级中学等中小学开展学校阅读推广指导及互动活动；举办第六届康巴少年讲故事视频赛及现场赛，22 名选手分为汉语组和藏语组参加现场赛并分别获得奖项；举办“诵读红色经典、传承革命精神”朗读活动；开展纪念改革开放四十周年（昌都篇）征文活动；召开 2018 年度阅读推广表彰大会，为“优秀读者”“2018 年度阅读推广最佳合作单位”颁奖；开展“好书伴我行、书香满昌都”送书进社区、下乡活动（察雅县、卡若区达瓦新村、沙贡乡温达村、第二福利院等），为当地居民和农牧民送上文化大餐；协助市实验小学、卡若区第二初级中学、昌都军分区等单位建设图书阅览室；举办“昌都文化大讲堂”6 期，内容包括实用礼仪、藏族建筑文化发展、热巴历史与渊源等；长期开设周末书法、绘画培训班，全年培训学生 1200 人次。

进行馆内网络改造、机房设备更新和软件更新。完善微信公众号“书香昌都”这一读者服务平台，通过微信平台进行活动预告及报名、读者意见反馈等，开展“你读书、我买单”“图书漂流”“公共图书馆法在线竞答”等活动。

截至 11 月，在自治区古籍保护中心的协助下，完成察雅县等 6 个县共 34 个寺庙 1575 部古籍的普查登记和卡若区古籍登记查漏补缺工作，标志着昌都市古籍普查工作基本完成。

不断强化队伍建设，组织全馆员工学习《中华人民共和国公共文化服务保障法》和《中华人民共和国公共图书馆法》；举办昌都市 2018 年阅读推广培训班；委派人员到援藏省市进行挂职培训。

该馆在第六次全国县级以上公共图书馆评估定级工作中被评为二级馆。申报的“互联网环境下昌都市全民阅读现状及发展对策研究”课题通过中国图书馆学会鉴定验收，获得结题。通过“康巴少年讲故事”现场赛选拔出来的优秀选手永青巴珍以“藏汉一家亲　共筑中国梦”为题参赛，获得重庆市第十届“红岩少年”读书活动讲故事大赛一等奖。（昌都市图书馆）

【昌都市图书馆举办“3·28”百万农奴解放纪念日异地搬迁图片展】　为庆祝西藏百万农奴解放 59 周年，向广大读者展示昌都市易地搬迁成效和新时代农牧民群众的生活常态，根据昌都市脱贫攻坚指挥部易地扶贫搬迁组提供的图片及文字资料，昌都市图书馆自 3 月 28 日开始，举办“3·28”百万农奴解放纪念日异地搬迁图片展。实施易地扶贫搬迁是解决昌都市居住在深山、石山、地方病高发区、地质灾害威胁区、沿江、高海拔、“大三岩”片区等深度贫困地区群众脱贫致富的主要途径，是牢固树立并贯彻落实“创新、协调、绿色、开放、共享”发展理念的有效方式。在昌都市委、市政府的领导下，按照党中央、国务院和区党委、政府关于脱贫攻坚系列决策部署，以“六个坚持”为指导，主动作为，自我加压，超前谋划，使昌都易地扶贫搬迁工作稳步推进。（昌都市图书馆）

【昌都市图书馆举办“诵读红色经典、传承革命精神”朗读活动】　7 月 1—15 日，为庆祝中国共产党建党 97 周年，昌都市图书馆利用朗读亭举办“诵读红色经典、传承革命精神”朗读活动。此次活动采取自主参与方式，读者通过该馆新进设备朗读亭录音，微信平台报名及资料上传、个人朋友圈收集点赞数，最后由专业老师评比。此次活动提升广大读者的朗读水平和语言素养，拓展昌都市图书馆的服务范围，为昌都七城同创工作添砖加瓦。此外，为丰富农牧民群众的业余文化生活，该馆还在驻村点举办主题党日活动，分别为沙丁乡文化活动中心捐赠移动放映设备 1 台，为文化系统驻村点格尼村、东地村、沙丁村、日普村各捐赠电脑 1 台。（昌都市图书馆）

【昌都市图书馆少儿阅览室(福建省少儿馆分馆)正式对外开放】 7月18日，昌都市图书馆少儿阅览室（福建省少儿馆分馆）开放仪式在图书馆举行。昌都市文化局党组书记、副局长张立峰出席活动并讲话，共青团昌都市委、市教育局、实验小学、第一幼儿园等单位领导参加活动。实验小学、第一幼儿园部分学生和家长参加开放仪式并到馆借阅图书。该阅览室的书籍有幼儿绘本、青少年读本，并设有儿童活动区。阅览室的开放离不开援藏省市的大力帮助，福建省少儿馆2017年向昌都市图书馆捐赠价值10万余元的绘本和青少年读本，为少儿阅览室的对外开放打下基础。（昌都市图书馆）

【昌都市图书馆举办全市2018年阅读推广培训班】 10月17—18日，昌都市2018年阅读推广培训班在市图书馆举办。市图书馆全体干部职工、各县区图书馆工作人员、乡镇文化站工作人员、市直学校图书馆管理人员共42人参加此次培训。培训邀请福建省图书馆馆长郑智明、数字中心主任王其标，福建省少儿馆馆长郑卫光，西藏自治区图书馆古籍保护专家白张，重庆图书馆读者服务中心主任袁嘉芮、采编部林远红等，分别讲授“依法办馆　创新发展——公共图书馆法学习心得”“福建省图书馆数字资源服务与推广实践”“儿童绘本阅读与活动设计”“古籍保护基础知识”“图书馆阅读推广实践与创新”和“《中国图书馆分类法》（第五版）详解”。（昌都市图书馆）

【那曲市图书馆概况】 2018年是那曲市图书馆事业的起始之年。根据西藏自治区全面统筹，在那曲市市委及市政府大力支持和市文化局具体安排下，经过1年多的准备，那曲市图书馆于4月23日正式向那曲市民开放。

在加强基础建设、不断丰富馆藏资源的同时，逐步推进文化信息资源共享工程建设和图书馆免费开放工作。公共电子阅览室的55台电脑实行免费上网，持有效身份证件的读者经登记后，每天可在该室免费浏览数字文献资源。少儿阅览室、期刊报纸阅览室、图书阅览室等也面向社会各界读者免费开放。

建立那曲市图书馆微信公众号，完善与读者的沟通交流渠道。同时考虑到学生群体的阅读需要，定期在公众号上推送精选的中学生课外阅读推荐书目，得到同学们的广泛好评。

深入广泛开展丰富多彩的阅读推广活动，营造良好的阅读氛围。举办“让阅读成为一种习惯”系列活动，培养读者良好的阅读习惯，感受图书馆浓厚的文化氛围。举办那曲市首个个人书法展——2018年那曲羌塘恰青格赛尔赛马艺术节书法展及祖牛·拉巴次仁个人书法展。与那曲市“雨滴计划”志愿者合作，在赛马艺术节期间布置会场，同时开展“让阅读成为一种习惯”走进群众和环保宣传活动。

举办那曲市文化系统消防安全宣传培训，做到安全生产、安全工作、安全生活。此外，还积极参加图书馆专业人员学习培训，这些培训班包括文化共享工程“汉藏文化交流项目”培训班、公共电子阅览室软硬件设施培训班、县级数字图书馆建设培训班、“网络书香·数字图书馆建设与服务”宣传推广项目（西藏站）系列活动暨第三期西藏公共数字文化建设与服务培训班、2018年全区公共数字文化管理与服务培训班等。（那曲市图书馆）

【那曲市图书馆正式开馆】 4月23日，那曲市图书馆正式向市民开放。该馆位于那曲市环城南路（赛马场旁边），总建筑面积4747.28平方米，总投资2025万元，其中，图书馆内部电子系统设备投资达300余万元。现有馆藏纸质图书11万余册，报纸66种，杂志217种。其中藏文特色图书400余种900余册，包括苯教和藏传佛教甘珠尔、丹珠尔600多部；盲文图书152种152册。馆内提供免费服务包括期刊报纸阅览室、少儿阅览室、盲人阅览室、藏（汉）图书借阅室和藏式阅经室，并实现免费无线网络全覆盖。该馆的建立，改变那曲市没有图书馆的历史，丰富50万那曲市民的精神文化生活，得到读者和社会各界的赞誉。（那曲市图书馆）

【那曲市图书馆举办“让阅读成为一种习惯”系列活动】 为响应习近平总书记“自觉养成读书学习的习惯”的号召，推动全民阅读在那曲更加广泛深入的开展，那曲市图书馆在2018年举办“让阅读成为一种习惯”系列活动。在馆内举办读书宣传活动，并组织读者参观图书馆，得到读者的认可和赞扬。阅读好习惯从娃娃抓起，自

4月开始，该馆与那曲市浙江中学、市第二中学开展合作，在周二或周四下午组织两校的学生来到该馆参加“让阅读成为一种习惯”活动。全年共开展活动9次，18个班级共计820余名学生参与，其中在两校的初一年级内全部完成此项活动。该馆还走进市福利院开展阅读推广活动，丰富福利院孩子们的课外生活，并送去少儿图书150本。这些活动提升该馆的服务质量，同时培养市民的阅读习惯，在全市进一步建立健全全民阅读长效机制。（那曲市图书馆）

陕西省

【概况】 陕西省现有公共图书馆112个（含少儿图书馆3个），其中省级馆1个，副省级馆1个，地、市级馆7个，县级馆103个。从业人员共计2085人，其中高级职称95人，中级职称569人。全省公共图书馆总藏量1892.74万册，其中图书1583.54万册，古籍58.96万册（其中善本5.96万册），报刊185.55万册，视听文献、缩微制品21.59万册件。全年总流通1524.89万人次，书刊文献外借469.23万人次，887.65万册次。组织各类讲座1769次，参加人数30.70万人次。举办展览1287个，参加人数136.33万人次。举办培训班1776个，参加人数10.44万人次。开展基层培训辅导5.50万人次。实际使用公用房屋建筑面积32.22万平方米，其中书库面积6.80万平方米，阅览室面积10.72万平方米。阅览室座席数共计26064个，其中少儿阅览室座席6264个。全省公共图书馆计算机共计6130台，供读者使用电子阅览室终端4262个，图书馆网站访问量16410.35万页次。开展延伸服务方面，流动服务书刊借阅人数共计57.49万人次，借阅册次74.59万册，分馆数量582个，流动图书车101辆。在文化创意产品开发方面，产品种类共计51个。在地方财政扶持力度方面，全省各级财政拨付公共图书馆的总经费共计9518.50万元，专项购书经费共计3330.10万元。2018年，在第六次全国县级以上公共图书馆评估定级中，陕西省共有89个公共图书馆上等级，其中，陕西省图书馆等16个公共图书馆荣获“一级图书馆”称号，西安图书馆等15个公共图书馆荣获“二级图书馆”称号，安康市图书馆等58个公共图书馆荣获“三级图书馆”称号。（陕西省图书馆　王阳　万行明　辛娜）

【基础设施建设】 2018年，陕西省图书馆新馆建设在资金不到位的情况下，积极向上级有关部门争取资金支持，完成金属屋面、锅炉房、大台阶的施工，外立面幕墙工程已经开始石材挂装，完成多联机、制冷机的招标工作。配合新馆建设争取人员编制，从公开招聘、调动、政策性安置等多个渠道，为新馆人才储备打好基础。咸阳图书馆对市区老馆部分馆舍进行改造，完成大开间、全开放、藏借阅一体的现代化馆舍建设。建筑面积5.89万平方米的榆林市图书馆8月动工新建。2.8万平方米的宝鸡烟厂改建市图书馆项目、7000余平方米的商洛市图书馆新馆建设工程以及咸阳市秦都区、渭南市临渭区、华阴市、洛川县、洋县、石泉县等县级图书馆新馆工程建设皆进展顺利，咸阳市渭城区、合阳县、白水县、镇坪县图书馆新馆投入使用，咸阳、延安两市图书馆部分投入使用。9月26日，总建面积1.83万平方米的府谷县图书馆新馆正式开馆运行。（陕西省图书馆　王阳　万行明　辛娜）

【文献资源建设】 2018年，陕西省图书馆文献采购经费为1000万元，其中数字资源采购经费270万元，纸质资源730万元。根据《陕西省图书馆文献采访原则》和2018年文献采选计划，全年现采中外文图书64317种，通过《新华书目报》、出版社目录、进出口公司书目等预订中外文图书、港台图书、视听资料等共计1751种。铜川图书馆把全市公共图书馆购书经费根据国家公共文化示范区创建标准列入财政预算。渭南市图书馆采用线上线下渠道征集读者建议，本年度馆藏书目中采纳读者推荐图书共计150种。岐山县图书馆设置“中国好书”阅读专栏及微信平台，购置2018年“中国好书”100余册。米脂、汉阴等县图书馆通过征集读者意见采购图书。府谷县图书馆新增图书10万册，社会捐赠图书约2万册，购藏《四库全书》影印本全套收藏于特藏文献区。神木市图书馆在馆内各楼层设立“读者推荐购买图书簿”、新书推荐专架。2018年，全省公共图书馆总藏量1892.74万册，新增藏量110.89万册，新增电子图书76.82万册，购买的报刊种类24939种。（陕西省图书馆　王阳　万行明　辛娜）

【网络技术及新技术应用】 2018年，陕西省图书馆网站新增频道（栏目）804个。全年网站点击量474.17万次，较2017年增长43%。OA系统升级2次，定制6大流程、4个收发文协同办公平台。完成TRS系统软件所有升级工作。针对陕图微信、APP平台功能的不足制定线上功能扩展方案。完成陕西省图书馆虚拟桌面、虚拟应用平台部署，所有读者检索机全部使用虚拟桌面。西安图书馆开展西安市24小时街区自助图书馆建设技术标准制定、12个试点社区自助图书馆设备系统对接测试等工作，及时为区县馆管理系统的使用提供技术支撑。西安、咸阳两市图书馆采用芝麻信用免押办证、信用借还、微信扫码借书等智能借阅方式打造"无边界图书馆"。西安市临潼区图书馆以"阅读+实体书店发展"的模式创新完成华清城分馆、骊山新家园分馆与联办机构开设图书销售增值服务。渭南市华州区图书馆建成首个24小时无人值守自助图书馆"华州书屋"。榆林市星元图书楼推出数字化导航服务。神木市图书馆用桌面云终端设备代替传统的电脑主机。米脂县图书馆利用超星移动图书馆开通本县斌丞移动图书馆。（陕西省图书馆 王阳 万行明 辛娜）

【地方文献资源建设】 2018年，陕西省图书馆完成中国记忆项目"中国图书馆界重要人物专题"的"武复兴专题"。完成"听遍陕西特色音频资源库"（第一、二期）后台搭建、测试工作。完成2018年"聆听经典：陕北民歌"资源库的前期调研并召开专家论证会。启动"陕西学人专藏"建设工作。开创"陕图地方文献"微信公众号，并完成34期218篇文章的发布和推介，其中原创稿件136篇，累计达17.3万字，音频节目46集，关注人数962人。8月中旬，省图书馆征集人员分赴地方文献发展相对薄弱的安康市10县（区）征集地方文献，基本补全安康地区支柱性地方珍贵文献，巩固了地方文献征集协作网建设。全年共完成文献征集1432种2456册。西安图书馆征集本地地方文献，在杭州世界城市博物馆设立"西安书房"。宝鸡市图书馆举办一片丹心"剪"春秋——杨真善领袖人物事迹等报纸剪贴文献展。安康市图书馆完成"地方文献专题数据库"建设，提交国家图书馆验收。岐山县图书馆举办本地著名作家红柯专展并设立微信专栏。富平县图书馆完成《富平石刻专题片》的拍摄工作，"富平陶瓷多媒体资源库"顺利通过国家验收。榆林市星元图书楼自建胡星元数据库、陕北说书多媒体库、连环画书目数据库。神木市图书馆结合阅读开展夏令营、阅读沙龙等活动，与神木市作协组织开展"本土作家展室"手稿征集并召开座谈会。佳县图书馆投资15万元购置地方文献3870册。石泉县图书馆为鬼谷子高峰论坛提供地方文献查阅及信息传递工作。商洛市商州区少儿图书馆举办地方文献展，集中展示2002年至2006年期间的《商洛年鉴》《商洛文史资料》等文献资料。（陕西省图书馆 王阳 万行明 辛娜）

【数字资源建设与服务】 2018年，陕西省图书馆围绕资源服务推广工作，稳定数字资源的利用率，数字资源服务器访问登录人数为395.56万人次，数字资源被检索102.46万次、被下载132.46万次，数字资源浏览量达到2899.92万次。在数字资源推广活动方面，组织策划"改革开放四十周年微信图文展"、"我心中的图书馆少儿绘画大赛"、"朗读亭经典阅读比赛"、第六届"陕图杯英语口语大赛"、数字图书馆推广工程"网络书香过大年"、"童音诵古韵·经典有新声"等活动。向全省发放"数字资源阅览证"4912张，开通2141张。在特色数字资源建设方面，完成丝绸之路数据库、中国记忆项目库、陕北民歌库、听遍陕西库等资源建设任务；完成馆内地方志数字化加工。2018年数字化加工资源总容量达到6.76TB。西安图书馆新增电子期刊60余万册，新增电子图书近40万册。咸阳图书馆与国家图书馆、陕西省图书馆实行数字资源共享。争取国家图书馆、文化共享工程、数字图书馆工程等国家专项资金200多万元，对地方文献、地方报纸和古籍等纸质文献进行数字化，"秦文化数据库建设工程"已进入实施阶段。铜川图书馆孙思邈中医药文化多媒体资源库建设项目连续3年通过国家图书馆特色资源项目评审，获得资金支持。商洛市图书馆对全市6县1区地方志以及《商洛日报》进行数字化加工。蓝田县图书馆新增电子图书10万册，建立特色文化多媒体资源库3个。岐山县图书馆先后开通云图有声、仁仁阅、移动图书馆APP等数字资源。咸阳市渭滨区图书馆4月15日启动

“渭滨区数字资源服务平台”。榆林市横山区图书馆购置4台存量3万余册的超星电子图书资源和电子期刊资源，完成数字图书馆资源建设。（陕西省图书馆 王阳 万行明 辛娜）

【阵地服务及品牌建设】 2018年，陕西省图书馆继续加强阅读推广活动系统化、品牌化建设，策划举办各类主题阅读活动110场，同比2017年增长18%，参与人数达21.44万余人次（含线上活动人次）。深入开展品牌建设，先后推出“学在陕图”公益课堂之“健康饮食”知识分享课程、“桂花八角唐诗”青少年知识分享课程、“习茶爱茶”兴趣培养课程、“手绘课堂”兴趣培养课程、“趣味编程”兴趣培养课程、“演讲的力量”系列分享课程共11期58讲知识分享和兴趣培养课程，线下参与读者4430人次，线上参与读者5886人。举办“陕图读书会”活动，开展“走进非凡的漫画世界”比利时国宝级漫画作家见面会、“四手妙创”法国儿童绘本作家何炙鸿、纪尧姆·奥利弗见面会，联合陕西自然博物馆开展“身边的国家宝藏：横空出世的何家村窖藏珍宝”“身边的国家宝藏：挺立的脊梁——长安千年地标大雁塔的故事”系列读书会等15场读书活动，线下参与读者达2660人次，线上参与读者达83269人次。全年举办少儿阅读推广活动65场，参与人数达5800余人次。截至2018年底，《陕图读览》已连续出刊24期，发行24000册次。“陕图讲坛”全年举办74场，讲座丛书已完成编印出版。“陕图展览”全年举办62场。2018年，根据陕西公共图书馆服务联盟的统一安排，全省各级公共图书馆积极承办、落实陕西公共图书馆服务联盟组织策划的“春节文化惠民活动”、“第二十六届科技之春”宣传月活动、“4·23世界读书日暨全民阅读活动”、“全民悦读 最美三秦”第六届陕西省阅读文化节活动4项大型主题阅读推广活动。西安图书馆策划组织“天禄讲坛”讲座63场、“天禄画卷”展览16场，接待读者万余人。编辑出版《天禄集英》杂志4期。全年在西安图书馆微信公众号、官方微博进行家庭阅读推广2000余条次。西安图书馆举办首届“悦读好声音”朗读大赛及决赛。铜川图书馆举办“诗与远方 文化铜川”朗诵大赛，吸引300多位朗诵爱好者报名参加。延安市图书馆拓展少儿阅读推广服务，开展“Sunflower光大乐园”“小精灵儿童乐园”“小夫子国学馆经典诵读”“中山童心小课堂”“贝贝熊绘本乐园”等主题系列活动。安康市图书馆以阅读团队为抓手，以读书分享会、励志报告会、公益讲座、设立“读者节”等形式，定期开展阅读推广活动。创建“全市同读一小时”“两城同读一本书”等特色品牌活动，并将每年的元旦确立为该馆的读者节。西安市未央区图书馆利用微信平台，开展“微书屋”项目，新增读者微信用户2071人。鄠邑区图书馆举办第四届“故事大王”及“我的一本课外书”演讲比赛活动，参与受众达万人次。宝鸡市渭滨区图书馆全年举办“石鼓讲坛”20期，1000余读者现场聆听讲座。旬邑县图书馆开展“放下手机·拿起书本”图书漂流及“草根优秀作品展”活动，为农村阅读推广注入新活力。铜川市印台区图书馆组织开展印台朗诵会——“印·响”少儿经典诵读会、成人经典诗文诵读会。韩城市司马迁图书馆微信平台开设《云图有声》《少儿有声看书》《书香韩城》3个栏目；开展“周末故事会”走进生活系列活动。宁陕县图书馆利用网络下载数字资源，举办宁陕县图书馆“带你学成语”“教你画”活动168场次。吴起县图书馆进一步推广“蒲公英表演园地”“毛毛虫绘本乐园”“小巧手手工体验园”“七彩小课堂”等一系列周末常规性少儿阅读推广品牌活动，以及“阳光校园行”“阅读夏（冬）令营”活动。神木市图书馆形成“跟着诗词去旅行”的趣味化经典阅读活动品牌。汉阴县图书馆举办“阳光姐姐带你读古诗”“围棋公益大课堂”等活动30余场次。（陕西省图书馆 王阳 万行明 辛娜）

【参考咨询服务工作】 2018年，陕西省图书馆不断加强高层次信息服务和立法决策服务，印发《决策参考》24期，完成立法决策信息专题文献1614篇，提供舆情信息301期611篇。开展“两会”文献信息服务，提供查阅书刊2100册，发放专题资料1600份，查找、下载议案、资料40余份，开展“两会”代表和委员的服务跟踪工作，并指导基层图书馆开展“两会”服务。持续开展专题信息服务，编辑专题资料汇编24期，承接课题咨询117项，为读者提供文献2032篇。同时根据社会热点及各地经济特色，联合全省21家成员馆共同编辑“两会”服务专题资料。西安图书馆编辑《西安决策参考》4期，为领导决策提供信息支撑服务。宝鸡市图书馆汇编9期专题资料，刊发“共同关注”“他山之石”等板块资料180余篇。西安市灞桥区图书馆对“两会”、企业、种植户等提供定向服务工作，并开放政府信息查询系统和政务公开平台，回答咨询5万人（次）。渭南市临渭区图书馆以“纸质+数字，信息+专题，移动+平台”的服务方式免费为“两会”代表和委员提供各类资料汇编及16个专题资料电子资源和3个数字资源库。（陕西省图书馆　王阳　万行明　辛娜）

【未成年人及弱势群体服务】 2018年，陕西省图书馆少儿部全面完成RFID改造工作。全年新办理少儿读者证和普通读者证1430个，年接待读者57.29万人次，年外借书刊17万人次89.97万册次。举办各类少儿活动65场次5800余人次，其中开展绘本故事讲读活动28场次，参与人数2470人；推出公益课堂品牌——“书宝小课堂”10场，参与人数590人；开展其他少儿活动27场次，参加活动人数2740人。与陕西省小蜜蜂职业体验中心合作，组织开展城乡孩子手拉手活动。承担陕西省第六届阅读文化节“绘本故事下基层”活动项目。西安图书馆“少儿活动区”和“小荷成长空间”全年开展活动100场，参加人数3400人次。宝鸡市图书馆走进宝鸡高新第二小学开展“流动图书车进校园”活动。西安市鄠邑区图书馆与区青少年心理发展志愿者协会联合开展“陪伴·阅读·感恩”亲子沙盘体验活动。铜川市王益区少儿图书馆开展“我们的节日·中秋”送关爱进校园及关爱留守儿童夏令营活动。富平县图书馆在乡村6所小学建立图书服务点，不定期进行图书更换。洋县图书馆在辖区3所小学开展“关爱乡村留守学生、分享阅读快乐”全民阅读活动。靖边县图书馆免费为青少年开设的机器人智力开发培训工作案例入选中国图书馆学会全国县级图书馆建设和服务创新案例汇编一书。子长县图书馆开展“关爱留守儿童　让书香浸润校园”主题阅读推广活动。志丹县图书馆制定《未成年人服务制度》《特殊群体服务办法》，通过建章立制，确保未成年人及残疾人、中老年人、进城务工人员、留守儿童的阅读权益。

2018年，陕西省图书馆视障阅览室共接待读者1393人次，借书161册次，接听咨询电话893个，接送视障读者808人次，心理辅导49人次，为读者拷贝资料28.7GB。开展“心悦书香　你我同行”国际残疾人日大型文化观影、“佳音唱响迎新春”视障读者器乐交流会、“佳片共赏　喜迎新春”视障读者无障碍观影、“元宵猜灯谜　爱心涌心田”视障读者猜灯谜、“消费者权益保护知识宣传”、“感受书香魅力，分享阅读快乐”视障儿童走进陕西师范大学体验交流、“寻找生命的另一种可能”残疾人主题读书沙龙等13场视障文化活动，参与读者1512人次。西安图书馆坚持每月一次“盲人伴读”活动，吸引盲人读者走进图书馆。宝鸡市图书馆推动盲人数字阅读推广工程实施，在“国际残疾人日”来临之际，购买900台智能听书郎面向各县区图书馆、残联及市特教学校免费发放。商洛市图书馆实施盲人数字阅读推广工程，完成智能听书机的采购工作。旬邑县图书馆与县残联、县妇联、县人社局建立残疾人档案，免费提供送书、讲座、有声电影上门服务，让广大残疾人平等自由地共享图书馆资源。澄城县图书馆邀请绘画教师为阳光学校聋哑儿童举办绘画技艺讲座10期。定边县图书馆举办“喜迎重阳　关爱老人”老年读者座谈会。（陕西省图书馆　王阳　万行明　辛娜）

【馆外延伸服务工作】 2018年，陕西省图书馆新增中兴通讯公司和西安海关2个流动服务点。流动服务车全年共出车325次，接待读者13978人次（其中阅览10451人次，外借3527人次），外借图书9393册次，办证164个。新增陕西法士特集团、书香林苑社区2个馆外分馆。与陕西省富平监狱（分馆）联合举办“书香进高墙　悦读塑新生”读书交流会。各分馆全年共接待读者151950人次，其中阅览92273人次，外借59677人次，外借图书92757册次，更换配送图书16826册次。各流通服务点全年共接待读者39161人次，其中阅览22057人次，外借17104人次，外借图书31395册次。2018年，陕西省图书馆馆外延伸服务组全年共接待读者207195人次，其中阅览124781人次，外借82414人次，外借图书136012册次，办证164个，更换配送图书18026册次。宝鸡市图书馆共建成馆外借阅点41个，书刊文献外借达10万人次以上，调配流动点图书8702册。铜川图书馆新建照金红色书屋、北京中医大学孙思邈医院、照金消防队、沮河社区等便民书屋18个，截至2018年底，全市便民书屋已达到31个。延安市图书馆完成市委、市政府、延安监狱及火车站等45家流动书屋、56个流动服务点的文献资源配置工作，共计配置图书5万余册。西安市高陵区图书馆新建泾渭街办分馆、崇皇街办（桑家村）分馆、梦想咖啡分馆及区第三中学分馆，提供“订单式”服务。西安市鄠邑区图书馆新增云盛健康养生馆服务点、市民之家服务点、宝贝影像悦读吧，现已建成分馆5家、服务点13个、阅读吧16个，共举办活动93场（次），带动进馆读者10万余人。平利县图书馆以文旅融合模式建成桃花溪景区、马盘山景区、高速游客服务站和县交警大队4处图书阅读驿站。定边县图书馆完成西关社区、白泥井镇政府、定边中学等6个网点图书通借通还业务。佳县图书馆建成消防大队、农商银行2个职工图书室和王家砭敬老院图书室，免费配送图书880余册、阅读电脑5台、投影仪2套。（陕西省图书馆　王阳　万行明　辛娜）

【陕西公共图书馆体系化建设】 2018年，全省加入陕西公共图书馆服务联盟的公共图书馆为108个，在全省公共图书馆中占比达96.4%；加入联合编目的101个，占比为90.2%，其中开展联合编目工作的96个，完成回溯建库工作的94个。通过联盟组织举办阅读推广活动7588场次，参与人数达235万人次，举办面向基层图书馆的各类培训17期1609人次，远程培训30次29804人次。完成联盟巡讲8场，参与人数3414人次，巡展28场，观展人数69120人次。完成《陕西省公共图书馆事业发展蓝皮书·陕西公共图书馆服务联盟（2010—2015）》的编辑出版。西安图书馆通过文化和旅游部对国家公共文化服务体系示范项目的建设验收，初步建成以西安图书馆为中心馆，区（县）图书馆为成员馆，连接镇（街道）、村（社区）的“中心馆一总分馆”服务体系，共有10个区（县）馆和20余个直属分馆纳入系统管理平台。宝鸡市图书馆配合新馆改扩建工程提前完成系统管理软件政府招标工作，为本市“中心馆一总分馆”服务体系建设奠定基础。咸阳图书馆为搭建“中心馆一总馆一分馆”建设平台购买系统管理软件，已为秦都、渭城、旬邑3县（区）提供系统支撑。渭南市临渭区图书馆联合本地企业新建首映书房、仓程书房两个分馆，开通“自助办证、自助借还、刷脸借阅”等功能。宜君县图书馆建成分馆16个、村级服务点178个。旬阳县图书馆建成祝尔慷大道、商贸大街、瑞莲路3个市民公共书屋，全年共计办证1000余个，流通人数近4万人次。（陕西省图书馆　王阳　万行明　辛娜）

【文化信息资源共享工程建设】 2018年，在基础项目建设方面，文化信息资源共享工程陕西分中心完成延安、榆林、铜川3个市的“提档升级”招标工作，现已进入设备配送阶段。完成关中地区2017年度“进村入户”设备采购。汉中、安康、商洛三市835台设备经费已落实到位，分别交由各市自行采购，完成“进村入户”报告会资源196部。在资源项目建设方面，文化和旅游部审批立项的陕西省5个新建、续建地方特色资源项目已全部开工建设；成功申报3个2019年度建设项目。在基层服务推广方面，开展包括2018年全国文化科技卫生“三下乡”示范活动、“陕西文化助力扶贫·共享工程精准施策”文化精准扶贫直播活动、“2018映像陕西·民俗迎春”主题文化活动（与腾讯·大秦网合办）、2018“暑期送电影进扶贫村——电影展播”活动、“2018陕西京剧数字资源进校园活动”（与腾讯·大秦网合办）等全省基层服务活动7次，线上线下累计服务超过1800万人次。举办现场培训和网络培训32场，参与人数3万人次。陕图电子阅览室新增智能钢琴、VR体验等新媒体体验设备。西安图书馆利用共享工程平台开展惠民活动，全年开展活动10余次，服务活动人数1000多人次。定边县图书馆组织开展文化共享工程·公共电子阅览室进机关、进校园活动。神木市图书馆制作的《黄河岸边的年俗》荣获全国文化信息资源共享工程“优秀奖”。佳县图书馆申报地方文献数据库3个，其中“毛主席在佳县的日子”通过全国文化信息资源共享工程国家中心预审。延川县图书馆摄制出品《延川大秧歌》7部。（陕西省图书馆　王阳　万行明　辛娜）

【数字图书馆推广工程建设】 2018年，陕西省图书馆“陕图公开课”完成《中国皇帝轶事》《国学经典解读》等8集拍摄任务。上传陕图讲座成品112部，视频总量达到1.45TB。举办2018年陕西省数字图书馆推广工程"图书馆公开课"培训班、"红色文化资源数据库建设"培训班暨"红色照金多媒体数据库"研讨会以及优秀服务案例研讨培训班。省图书馆争取数图推广工作财政转移支付经费支持全省开展资源联建工作。2018年4月、9月两次牵头参加数图推广工程专题数据库项目申报，省图书馆"大秦岭大文化"（一、二期）、商洛市图书馆"商山四皓"、铜川图书馆"孙思邈养生文化"、宝鸡市图书馆"宝鸡社火"等获得立项；完成"西周青铜器"多媒体数据库建设任务。安康市图书馆拍摄制作"安康市图公开课"40节，包含"汉水文化"和"安康方言"。渭南市图书馆参与国家图书馆联合建设工作，获得数字图书馆推广工程建设任务（首批）的立项，数字化地方文献10000页，录制公开课20节；"创意组织生活——非物质文化遗产服务推广案例"获评2018年陕西省数字图书馆推广工程优秀案例。

【古籍保护工作】 2018年，陕西省图书馆继续推进古籍普查工作，补充完善著录数据8621条。编辑出版《22家陕西省公共图书馆古籍普查登记目录》和《陕西师范大学图书馆古籍普查登记目录》。完成国家级珍贵古籍修复保护项目——馆藏清雍正铜活字版《古今图书集成》修复8958页，修复普通古籍1292册，修复馆藏拓片737张。加快馆藏珍贵文献数字化加工，数字化民国报纸20册1351页，发布陕西旧志扫描图像版目录395条。举办"造纸与印刷图书馆体验课"活动。完成10000个古籍六合函套的制作与安装，改善普通古籍和民国陕西报纸的存藏环境。西安图书馆负责组织西安市各古籍保护单位申报"陕西古代文献集成（二编）"课题，配合陕西省古籍保护中心开展古籍保护和普查工作。榆林市星元图书楼建设古籍标准书库，分批对古籍文献进行数字化管理。（陕西省图书馆　王阳　万行明　辛娜）

【人才培训建设】 2018年，陕西省图书馆依托全省专业技术人员继续教育培训基地、陕西公共图书馆服务联盟、陕西省图书馆学会、文化共享工程陕西省分中心等机构，全年组织全省公共图书馆（陕南片区）新进人员图书馆基础知识培训班、2018年陕西省公共图书馆公共文化服务管理与创新专题研修班、全省公共图书馆建设与服务培训班、陕西公共图书馆服务联盟第三期全省基层图书馆新进人员基础知识培训班、苏陕对口协作——公共图书馆服务创新研修班等5期培训班。累计培训271家单位、471人次、196课时。在陇县举办1期"三区"专项人才培养工作培训班，培训34人次。完成文化厅直属系统专业技术人员继续教育培训任务，全年完成在职专业人员培训公需课4期、专业课5期，共开设15门课，培训624课时，培训3704人次。（陕西省图书馆　王阳　万行明　辛娜）

【陕西省图书馆推动文化创意产品开发】 2018年，陕西省图书馆成立文创工作专门机构，选派工作人员参加工作培训，利用图书馆丰富的馆藏资源，结合陕西地方特色，设计制作200多种文创产品样品，并设立文创产品展示区。（陕西省图书馆　王阳）

【陕西省图书馆举办全省文化系统学习宣传贯彻《中华人民共和国公共图书馆法》培训班】 1月4—5日，陕西省图书馆举办全省文化系统学习宣传贯彻《中华人民共和国公共图书馆法》培训班。培训特邀国家公共文化服务体系建设专家委员会主任、北京大学教授李国新解读《公共图书馆法》。省文化厅副厅长李全虎、省图书馆馆长马民玉等参加开班典礼。来自全省各地市的文化局分管局长、科长，各市公共图书馆馆长，省内特邀专家学者及省文化厅、省图书馆相关处室负责人100多人参加培训。（陕西省图书馆　王阳）

【中国记忆项目之"武复兴专题"资源拍摄工作完成】 2016年国家图书馆启动中国记忆项目"中国图书馆界重要人物专题"资源的合作共建工作，陕西省图书馆成功立项"武复兴专题"，成为该专题项目全国第一批合作建设单位之一。项目自开展以来，共完成9万多字文稿的整理工作和428分钟口述历史素材成片的制作工作。2018年4月9日，项目工作组对武复兴进行第三阶段（第9次）的口述史影音补充拍摄。中国记忆项目"中国图书馆界重要人物专题"之"武复兴专题"的拍摄工作历时1年6个月，分3个阶段累计拍摄10次，积累视频素材12小时，至此全部完成。省图书馆将对所拍摄的素材进行编

辑、整理、存档，形成工作卷宗，提交国家图书馆中国记忆项目中心。（陕西省图书馆　王阳）

【“科学人生·百年”院士风采展暨主题报告会在省图书馆举办】 9月27日，“科学人生·百年”院士风采展暨“请历史记住他们——‘两弹一星’带给我们的启示”主题报告会在陕西省图书馆举办。中国科学院学部科学道德建设委员会副主任翟明国院士应邀出席并致词，省文化厅领导、陕西省科研院所科技工作者代表以及读者等近300人聆听报告。（陕西省图书馆　王阳）

【“苏陕对口协作——公共图书馆服务创新服务研修班”在苏州图书馆举办】 10月16—20日，由陕西、江苏两省文化厅共同主办，陕西省图书馆、苏州市文广新局承办，苏州图书馆协办的“苏陕对口协作——公共图书馆服务创新服务研修班”在苏州正式开班。陕西省一、二级图书馆馆长、陕西省图书馆业务骨干、公共文化服务专家代表等80多位学员参加培训。研修班为期一周，邀请到国家公共文化服务体系建设专家库成员、苏州图书馆研究员邱冠华，中国图书馆学会阅读推广委员会理论专业委员会副主任许晓霞以及苏州图书馆馆长助理费巍等为学员上课，还安排学员实地学习苏州市图书馆总分馆制建设经验。（陕西省图书馆　王阳）

【德国图书馆专家到陕西省图书馆参观交流】 10月23日，歌德学院北京分院图书馆馆长童丽娅、柏林洪堡图书馆青少年部负责人博奈特一行3人来到陕西省图书馆。在省图书馆副馆长张海翔、典藏报刊部主任陈丽的陪同下，童丽娅与博奈特参观省图书馆，并重点对“德国信息与德语自学中心”的工作情况与省图书馆工作人员进行沟通交流。（陕西省图书馆　王阳）

【《陕西省公共图书馆条例（初拟稿）》起草工作结构框架讨论会在省图书馆举行】 12月24日，《陕西省公共图书馆条例（初拟稿）》简称《条例（初拟稿）》起草工作组在陕西省图书馆组织召开《条例（初拟稿）》结构框架讨论会。来自西北政法大学、陕西科技大学、西安科技大学及省图书馆的9位专家参加此次会议。起草工作组修订《条例》大纲，明确各章节的任务分工，确定任务完成的时间表。《条例》起草工作由陕西省文化和旅游厅公共文化处牵头，省图书馆配合，组织省内相关专家通力合作完成。（陕西省图书馆　王阳）

【西安图书馆“智借西图，阅读悦美”信用免押借还、微信扫码借书正式上线】 4月23日，西安图书馆“智借西图，阅读悦美”信用免押借还、微信扫码借书正式上线。芝麻信用免押办证、信用借还机、微信扫码借书等智能借阅方式，让读者享受免押金办理“电子证”、用手机APP扫码借还书、关注西安图书馆微信公众号就可以手机变身图书借还机等新体验，打造不受地域、空间限制的“无边界图书馆”。（陕西省图书馆　王阳）

【咸阳图书馆启动免押金、免借阅证、免收逾期费的“三免”信用借阅服务】 10月8日，咸阳图书馆正式启动免押金、免借阅证、免收逾期费的“三免”信用借阅服务，馆内借阅工作全面升级，成为省内第一家实现免押金借阅的公共图书馆。咸阳图书馆已经建立8个分馆、7个街道信用借书柜，其中5个分馆和信用借书柜可以实现通借通还。（陕西省图书馆　王阳）

甘肃省

【概况】 2018年是《中华人民共和国公共图书馆法》（简称《公共图书馆法》）实施元年。甘肃省文化和旅游厅分别在兰州市和金昌市举办2期“全省学习贯彻《公共图书馆法》培训班”宣传《公共图书馆法》，来自14个市（州）和86个县（区）文广新局负责人、图书馆馆长和业务人员等共计300余人参加培训。全省各级各类图书馆员470余人参加由中国图书馆学会举办的“依法办馆　创新发展——新时代公共图书馆建设与服务”知识学习竞赛活动和“我身边的图书馆——公共图书馆法与新时代公共图书馆建设与服务”主题征文活动，参与人数在全国31个省市自治区中排名第7；甘肃代表队在该活动团体赛中获得全国三等奖。

截至2018年底，甘肃省共有县以上公共图书馆103个，其中省级馆1个、地市级馆17个、县区级馆85个（含少儿图书馆6个）。从业人员1434人，专业技术人员882人，其中研究馆员10人、副研究馆员85人、馆员394人。2018年全省公共图书馆新建项目7个，新增建筑面积4.5万平方米，实际使用总建筑面积30.2万平方米，其中书库面积5.64万平方米、书刊阅览室面积5.23万平方米、电子阅览室面积1.28万平方米。阅览室座席23372个，其中少儿阅览室座席6586个、盲人阅览室座席953个。全省公共图书馆藏书总量1559.95万册（件），比上一年增加63.92万册（件），其中普通图书1179.59万册、古籍52.16万册（含善本9.669万册）、报刊合订本219.07万册、视听文献11.63万件、缩微文献4.2万件、电子图书428.13万册，订购报刊2.08万种。全省累计发放有效借书证45.99万个，总流通834.21万人次，书刊文献外借661.89万册次。组织各类讲座1307场次，参与人数20.27万人次；举办展览537场次，参观人数83.09万人次；举办各种类型的培训班453个，培训人员4.26万人次。全省公共图书馆拥有计算机5339台，其中供读者使用的电子阅览室终端3616台，网站访问量279.47万次。全省共有流动图书车61辆，建有分馆179个，其中流动书刊借阅36.41万人次、62.32万册次。全省建有志愿者服务队伍195个，参加志愿者服务队伍有2937人，共建有文化创意产品54种。

2018年全省公共图书馆财政拨款总额有所下降，但数字资源购置费有所增加。全省2018年度财政拨款总经费24826.5万元，2017年度财政拨款总经费30646.3万元，比2017年度减少5819.8万元，同比下降18.99%，但其中购书专项经费2559.7万元，比2017年度增加275万元，同比上涨12.04%；尽管实际使用新增藏量购置费2049.9万元，比2017年度减少272.7万元，同比下降11.74%，但新增数字资源购置费685.7万元，比2017年度增加79.4万元，同比上涨13.1%，增幅明显。

阅读推广与品牌服务因地制宜，突出特色。结合2018年度"全民阅读活动"主题"阅读，与法同行"，全省各级公共图书馆开展诸如读书节、报告会、演讲会、经典吟诵、少儿绘画书法比赛等形式多样的阅读推广活动。甘肃省图书馆着力打造"周末名家讲坛""阳光工程""亲子阅读活动""农民工之家""中国传统文化公益讲座""《四库全书》展"等诸多服务品牌，开展"陇右寻珍"地方文化推广、金石传拓现场体验、"阅享·悦读·阅未来"爱心图书传递、"让书回家"等多项阅读体验活动。兰州市图书馆承办第十四届"兰州读书节"，重点开展金城大讲堂名家讲座、残障读者阅读推广、线上数字阅读活动、"创意在身边"科技主题活动展等13项活动。甘州区图书馆的"甘州讲堂""金张掖书香文库""国学经典诵读"及《张掖阅读报》等文化品牌特色明显。天水市图书馆的"陇右讲堂"、白银市图书馆的"书香之城"建设、平凉市图书馆的"道德讲堂"、嘉峪关市少儿图书馆的"少儿阅读推广故事屋"活动、安宁区图书馆的"BRT公交站台图书漂流站"、西固区图书馆的"金城书屋"、肃南县图书馆的家庭读书"十佳户"评选活动、榆中县图书馆的"未成年人国学经典"服务、陇西县图书馆的"城乡共读，书香陇西"活动、敦煌市图书馆书吧服务和"敦煌读书节"，麦积区图书馆的"麦积区读书节"、陇南市武都区图书馆的儿童特色美术创意活动、康乐县图书馆的"国学讲堂"等，均在当地形成品牌并取得良好口碑。

文化信息资源共享工程建设稳步推进。在地方特色资源建设方面，完成"甘肃名城"等5个项目的验收结项，完成甘肃名村（省级）专题片、甘肃名城（省级）专题片等3个项目并通过验收；完成甘南藏区寺院文化专题片等13个项目的稿本验收；完成"陇上百工"微纪录片、丝绸之路上的甘肃（兰州、白银）专题片等2个项目，通过国家发展中心评审并立项；拍摄完成"周末名家讲坛"53部、"书画研究院书法讲座"9部。在甘肃省公共数字文化支撑平台建设方面，省分中心统筹省馆及全省各市（州）、县（区）图书馆开展资源联合建设工作，组织馆长、技术人员进行资源建设培训；完成基层图书馆互联互通建设，完成10家市县级图书馆至省图书馆的专网链路建设工作。

中华古籍保护计划有效推进。河西学院图书馆古籍普查登记工作已全部完成，武都区图书馆、麦积山石窟艺术研究所、甘肃省博物馆等的古籍普查登记工作进入收尾阶段。《甘肃省古籍普查登记目录》等古籍普查成果陆续整理出版，出版内容涵盖全省15家主要古籍收藏单位，约占普查数据总量的70%；麦积山石窟艺术研究所整理的《麦积山文书》等成果也在积极申报国家古籍整理出版专项资金支持。省古籍保护中心组织专家修订完善西北师范大学图书馆、西北民族大学图书馆、甘州区博物馆等 3 家申报“全国古籍重点保护单位”的申报书和相关材料，甄选确定全省 6 家单位的 112 部古籍申报第六批《国家珍贵古籍名录》。成功承办“第二十期全国古籍修复技术培训班”，来自全国 21 个省市自治区的 34 名学员参加培训。国家级古籍修复技艺传习中心甘肃传习所继续在实际工作中开展师带徒传习，由传习导师师有宽先生进行修复方案制订、成果检验、技术难点重点示范讲解和培训班授课等。策划举办“文化和自然遗产日”系列宣传展示活动，推出“走近四库全书”全国联动宣传和“书香盈岁月，新桃换旧符”等系列活动，举行金石传拓技艺读者体验、古籍修复技艺进校园等活动，邀请社会主流媒体，利用微信、网络等媒介加大古籍保护工作的宣传力度。甘肃传习所全年修复古籍 551 册 38750 叶。

图书馆员岗位培训和继续教育依托省图书馆学会、文化共享工程省分中心、省古籍保护中心、继续教育中心开展。全年举办面向图书情报从业人员的各类培训班、研讨班、报告会等 20 期，培训学员近 3000 人次。省图书馆继续教育中心继续与武汉大学合作开办图书情报专业硕士学位研究生班，现有在职研究生 17 人；与北京大学、四川大学合办远程教育学历班。成立甘肃省专业技术人员继续教育基地，各项工作有序开展。（甘肃省图书馆学会）

【甘肃图书情报界讲座展览联盟 2018 年度工作会议召开】 5 月 4 日，甘肃图书情报界讲座展览联盟 2018 年度工作会议在甘肃省图书馆召开。甘肃省图书馆等单位领导以及各成员单位代表共计 60 多人出席会议。甘肃省图书馆副馆长陈军在会上做“甘肃图书情报界讲座展览联盟 2017 年工作总结”，甘肃省图书馆学会秘书长董隽做“甘肃图书情报界讲座展览联盟 2018 年工作要点”，兰州大学图书馆副馆长王勇宣读“甘肃图书情报界讲座展览联盟 2017 年度十佳单位与十佳听众名单”，甘肃省图书馆会展中心副主任李实解读《2018 年讲座展览巡讲巡展资源说明》，会议讨论并通过上述文件。来自省内公共、高校、科研单位的 5 位代表做交流发言。甘肃省图书馆会展中心主任张俊平、中科院兰州文献情报中心副主任田晓阳、兰州城市学院图书馆副馆长王彩、平凉市图书馆工会主席张妙玲、环县图书馆馆长龚新民等代表分别在会议上交流各自馆讲座展览工作情况及对未来的思考，大家对图书馆讲座展览工作面临的新情况、新问题进行了有益的探讨交流，共同分享各自图书馆的讲座展览经验。（甘肃省图书馆学会　张毅宏）

【第二十期全国古籍修复技术培训班在兰州举办】 5 月 14 日—6 月 15 日，第二十期全国古籍修复技术培训班在兰州举办。此期培训班先后由师有宽、万群、易雪梅、宋焱、何谋忠等老师授课。结业仪式在甘肃省图书馆举行，国家古籍保护中心办公室主任林世田、甘肃省文化厅公共文化处处长张万儒、省图书馆副馆长李芬林、国家级古籍修复技艺传习中心甘肃传习所导师师有宽、国家古籍保护中心培训负责人庄秀芬等领导、专家，以及来自全国 21 个省（区、市）的 34 名学员，甘肃省古籍保护中心等相关人员和媒体记者参加结业式。结业的同时，来自兰州资源环境技术职业学院的几十名学生在甘肃省古籍修复中心工作室老师的指导下体验碑帖传拓和古籍装订，这是自开展“古籍修复技艺进校园”活动后，高校师生走进图书馆修复室的活动延续。该活动具体内容有：古籍修复技艺演示、雕版印刷技艺体验、线装书装订体验、古籍抄写体验等。（甘肃省图书馆学会　张毅宏）

【全国图书馆参考咨询协作网业务培训班在兰州举办】 7 月 10 日，全国图书馆参考咨询协作网业务培训班在甘肃省图书馆举办。此次业务培训由国家图书馆主办，甘肃省图书馆承办，来自全国 28 家省级馆和 10 家副省级市馆的近 100 名学员以及甘肃省图书馆的 70 余名专业技术人员参加培训。中国图书馆学会副理事长刘小琴以“政府文化机构信息需求特点与公共图书馆决策咨询服务”为题向学员阐述公共图书馆立法决策工作的发展环境、政府文化机构立法决策信息需求特点，为公共图书馆开展决策咨询服务做了有效的指导。在业务培训环节，国家图书馆参考咨询部的多名业务骨干围绕“面向文化领域的参考咨询服务规划与实施”这一主题做报告。此次业务培训还邀请广东省立中山图书馆信息部主任陈杏、福建省图书馆参考咨询部副主任刘煦赞以及湖南省图书馆信息部主任李月明分享各自在参考咨询工作领域的宝贵经验。（甘肃省图书馆学会　张毅宏）

【甘肃省图书馆举办“西北地方文献”专藏创建70周年纪念活动】 8月9日，甘肃省图书馆学会地方文献专业委员会举办“河图绵蕝　有典有册”——纪念甘肃省图书馆“西北地方文献”专藏创建70周年主题活动，馆外嘉宾、馆内职工及现场读者共计100余人参加活动。活动邀请兰州市地方志办公室原主任邓明等曾经在西北地方文献室查阅过资料的老读者和从事过西北地方文献工作的职工分别讲述他们的西北地方文献工作经历以及西北地方文献发展70年的变迁与辉煌。（甘肃省图书馆学会　张毅宏）

【2018年甘肃地方特色文献收藏整理开发及资源共建共享研讨会召开】 11月1日，由甘肃省图书馆学会地方文献专业委员会主办，同方知网（北京）技术有限公司甘肃分公司协办的2018年甘肃地方特色文献收藏整理开发及资源共建共享研讨会在甘肃省图书馆召开，全省公共、高校图书馆领导及地方文献专业人员40人参加研讨会。会议表彰2014—2018年全省地方文献先进集体和先进个人并举行颁奖仪式。甘肃省文化艺术研究所副所长、研究员周琪做题为“甘肃特色艺术文献的整理研究与开发”的交流发言，全省地方文献先进集体代表张掖市甘州区图书馆馆长黄岳年、镇原县图书馆馆长畅恒就近年各自图书馆地方文献工作整理开发实践工作做交流，同方知网（北京）技术有限公司甘肃分公司副总经理王萍就公共图书馆特色资源建设做报告，甘肃人民出版社副编审牟克杰在研讨会上分享有关国家古籍整理出版相关政策以及他在古籍整理出版工作中的一些体会。甘肃省图书馆副馆长李芬林简单回顾地方文献专业委员会2014—2018年工作情况，与会代表做交流研讨。（甘肃省图书馆学会　张毅宏）

【兰州市图书馆青少年分馆举行揭牌仪式】 11月9日，兰州市图书馆青少年分馆举行揭牌仪式。甘肃省图书馆、兰州市文化和旅游局等单位领导及张掖路小学部分师生和民族幼儿园家长与小朋友约150人参加当天的揭牌仪式。青少年分馆根据场馆低幼区和青少区不同的阅读环境和文献资源内容，为孩子们举办两场适合不同年龄段的阅读活动。青少区涵盖文化教育、军事经济、儿童文学、人文科学、自然科学、社会百科等类型图书2万多册，为读者提供多样化阅读选择；龙源智能多媒体互动学习屏包含期刊、图书、绘本、视频和有声读物等阅读资源，为广大青少年读者提供最轻松愉悦的数字化阅读服务；3D立体书将AR（现实增强）和VR（虚拟现实）技术应用于阅读，将纸质的阅读拓展为3D、互动、有声的阅读，为青少年读者提供一种全新的互动阅读方式，使阅读更形象生动、更富有趣味性。（甘肃省图书馆学会　张毅宏）

青海省

【青海省图书馆整合优化馆藏布局结构】 为方便读者书库借阅和检索图书资源，青海省图书馆根据新馆的各阅览区开放借阅区的分布和馆藏资源，整合优化馆藏布局结构，完善文献资源，完成书库调整、过刊剔除、清点造册、工具书上下架以及艺术阅览室、防空洞的图书搬迁等读者服务工作，同时还和县级图书馆建立通借通还等业务联系。2018年，全馆借阅图书76706册，还书66849册，续借4671册，新增借书卡2227张。完成2010年至2018年的32000余张押金收据电子化工作；完成开放借阅区20984册图书的贴芯片，信息采集定位等工作，实现旧卡换新卡4740余张。同时启用8台自助借还机，开放24小时自助图书馆，为读者提供优质“借、还、阅”服务，充分满足读者的借阅需求，不断丰富文献资源，各项业务工作得到全面优化升级。（青海省图书馆学会）

【青海省图书馆建设特色数字化资源】 2018年青海省图书馆数字资源已完成2016、2017、2018年度全国公共文化发展中心地方资源建设和2016、2017年度数字图书馆推广工程资源联建工作两大项目的前期招标、中期督导、后期资源交付的统筹管理工作。青海省图书馆以文化共享工程为抓手，通过实施地方特色资源项目，以数字化、影像化方式，建成一批优秀原创数字资源成果，内容涵盖文化遗产、红色历史文化、少数民族文化等领域。先后以“三江源”民族文化多媒体资源数据库、青海红色历史文化多媒体库和少数民族语方言影视资源译制等为建设内容，策划申报项目 23 项，国家总投资 6975 万元，完成数字资源项目建设总量达 21TB，其中，编创摄制电视专题片近 1000 部（集），译制完成少数民族语影视、讲座类资源 3545 小时。建设资源内容中，有反映青海当地人文、民俗、非遗、自然风光的内容，也有文化精准扶贫等重点内容，数字化资源的建设对充实青海地方特色资源库，传承非物质文化遗产具有重要作用。另外还从社会上征集 26 部 3—5 分钟 4K 高清风光短片，便于广大读者在手机客户端鉴赏，实现青海省图书馆自建数字资源共建、共知、共享的服务效能。（青海省图书馆学会）

【青海省图书馆搭建软硬件平台建设】 6 月 9 日，青海省图书馆的数字图书馆开馆试运行。为实现图书馆与互联网、智慧化服务相结合的线上线下多元化、多层次数字化阅读与体验服务目标，推动青海省数字一体化阅读工作，青海省图书馆继续着力搭建全省文化服务平台。一是青海省图书馆中心机房自 2018 年 6 月建成投入使用后，青海省图书馆及全省 7 个州（市）级馆数字图书馆推广工程软、硬件平台搭建工作全部完成；二是继续做好青海省公共数字文化项目建设和公共数字文化服务推广工作，包括完成公共文化数字支撑平台、公共电子阅览室管理系统回迁、数字图书馆推广工程省级节点软件平台部署、基层图书馆互连互通等建设项目，为青海省图书馆数字化业务工作奠定扎实基础；三是向社会优秀文化服务公司购买服务，开展资源联建工作；四是在搭建数字图书馆推广工程软硬件平台基础上，开启数字文化服务新模式，积极探索新媒体数字阅读服务方式，充分利用网站、微信公众平台和微博，向读者提供电子图书、电子期刊等在线数字阅读服务。同时定期推送青海省图书馆各类活动信息、完善微信公众号“在线阅读”“服务大厅”等功能，引导读者走进来、力争文化传出去。2018 年还完成图书馆门户网站改版，开拓数字馆线上服务新局面，丰富微信公众平台服务内容。（青海省图书馆学会）

【青海省图书馆开展马背图书流动阅读推广活动】 11 月 1 日，由青海省图书馆、祁连县图书馆共同建设的马背图书流动阅读推广活动项目正式启动并开始运行，青海省图书馆馆长张景元及相关部门负责人、祁连县图书馆负责人、阅读推广志愿者和部分当地牧民群众参加启动仪式。省图书馆经过前期深入祁连牧区进行可行性调研并实地考察，将马背图书流动点第一站选择在祁连县自然保护区野牛沟乡大浪村，将其作为首个示范点。为解决藏区牧民最后一公里看书难问题，青海省图书馆决定与祁连县图书馆共建马背图书流动阅读推广项目，并筹措资金 2 万元购置图书和设备，采用马匹驮运的传统运输工具来丰富和实施文化惠民工程，把党的声音和文化的温暖实实在在地送到基层牧民手里。（青海省图书馆学会）

【西宁市图书馆开展全民阅读活动】 2018 年，西宁市图书馆开展各类阅读推广活动 632 期，参与人数达 3 万余人次，收到良好的社会效益。“幸福西宁 · 书香夏都”全民阅读活动成果显著，荣获教育部“终身学习品牌项目”光荣称号，西宁市图书馆阅读推广中心主任杨静荣获“百姓学习之星”光荣称号。一是持续开展品牌阅读活动，夯实全民阅读基础。举办 2018 年“幸福西宁 · 书香夏都”全民阅读活动启动仪式暨书香夏都经典诵读活动，带动全年活动深入有序开展；举办“同筑中国梦 · 共度书香年”楹联文化展、“全民阅读　与法同行”法治宣传展、纪念改革开放 40 周年专题展、中秋文化展等各类主题展览 8 期；邀请以中国人民大学国学院著名学者袁济喜为代表的 14 位省内外知名专家开展以绿色发展为主题的夏都市民大讲堂活动 36 期（108 课时），受众人数达 7000 余人次；通过公益讲座、经典诵读、知识竞答、阅读分享、文化沙龙等形式开展全民阅读“七进”活动近百场。二是组织开展青少年语言大赛，丰富少儿阅读推广活动。与市教育局联手打造西宁市首届“童心有梦 · 书香少年”少儿风采大赛，赛程近 3 个月，近万名选手参加，最终产生外语风采、国学传承、小小演说家及征文 4 个分赛各组别金、银、铜奖、优秀奖及单项奖合计 160 余项；开展第四届中国花样少年语言艺术大赛青海赛区大赛，3000 余名选手进行角逐，最终产生青海赛区金、银、铜奖 37 个，34 名选手代表青海赛区赴北京参赛；开展城乡“手拉手”阅读推广活动，为贾尔吉小学赠送 600 多本少儿图书和文具，为互助土族自治县五峰镇石湾小学留守儿童赠送价值 2000 余元的图书；举办“童心童阅”故事大赛、线上线下“小小故事会”活动、庆“六一”亲子阅读评比展示活动、萌娃诗歌朗诵大赛、阅读银行等形式多样的少儿阅读推广活动，极大地激发了广大青少年的阅读热情。三是发挥阅读推广人联合会优势，拓宽全民阅读活动渠道。积极发挥社团示范带动作用，组织昆仑书苑、有源书院、小书迷读书会、借字书友会等为代表的 30 余家读书社团开展线上电台读书、线下荐读分享、专题讲座等各类阅读推广活动 573 期，参与人数达 17648 人次。（西宁市图书馆　王玥）

【西宁市图书馆公共文化服务设施建设快速发展】 2018 年，西宁市图书馆加快公共文化服务设施建设。一是开展数字图书馆推广工程数字资源联建工作。按照国家图书馆数字资源联合建设工作要求，如期完成公开课 80 节、政府公开信息 8500 条、网事典藏 100 个的建设任务。依托该项目，搭建西宁市政务信息采集保存中心及西宁市政务公开信息查询服务平台。西宁市采集保存中心已采集包括西宁市委、市政府、市人大、市政协及下属单位的官方网站等 82 家机构的信息，数据量已达 15 万余条；西宁市政务公开信息查询服务平台目前收录并提供政府公开发布的文件类、动态类信息 65312 条，更新 1.6 万余条。公众可通过西宁市图书馆官网访问该平台，一站式查询政府公开信息。二是完成城市阅读服务空间项目。该馆遵循交通便捷、覆盖四区的原则，先后在城东区景熙丰文化服务中心、麒麟湾公园图书流动服务点、城西区昆仑书院、小书迷阳光书吧、城北区创客书吧 5 个场所设立城市阅读服务空间，通过朗读亭的形式为读者免费提供阅读、朗读、录音等一体化服务，读者在朗读亭不仅可以“享用”大量音视频和朗读文章，而且还可以将朗读录音保存在手机中，随时点击视听或微信分享到朋友圈，有效提升公共文化服务能力。自 8 月底建成以来，5 个朗读亭已发展读者 1589 人，扫码登录 3120 人次，形成录音文件 3099 份。（西宁市图书馆　王玥）

【大通县图书馆举办 2018 年全县“农家书屋”培训班】 为规范全县“农家书屋”的管理和使用，全面提升创建公共文化服务体系建设工作水平。大通县图书馆于 11 月 22、23 日举办为期两天的 2018 年度全县“农家书屋”、社区图书室管理员及文化志愿者培训班，此次培训特邀青海师范大学参考咨询部主任朱彩萍、信息技术部主任刘文祖、研究馆员李继晓进行授课；来自各乡镇文化干事、文化志愿者，各村“农家书屋”管理员、社区图书管理员共 360 余人参加培训。（大通县图书馆　张成英）

【湟源县图书馆概况】 湟源县图书馆始建于 1978 年，馆舍建筑面积 690 平方米，使用面积 375 平方米，其中书库 105 平方米、阅览室 45 平方米，阅览座席 30 个，另有电子阅览室 45 平方米。全馆编制 6 人，均为大专以上文化程度，中级职称。截至 2018 年底，馆藏总量 4 万余册。电子阅览室终端 30 个，网站 1 个，拥有 10TB 的优秀数字资源；年累计办理借书证 810 个，年总流通 12876 人次、19678 册次。

4 月 23 日世界读书日期间，湟源县图书馆在县城大十字开展“全民阅读好书，共建书香湟源”主题宣传活动，免费向读者赠书千余册，免费发放读者证 600 张，鼓励读者养成读书的好习惯。充分宣传公共图书馆的职能，激发广大读者的阅读热情。（湟源县图书馆　张英）

【互助县图书馆概况】 截至 2018 年底，互助县图书馆建筑面积 354 平方米，其中资料室 80 平方米、电子阅览室 67 平方米、儿童阅览室 89 平方米、报刊阅览室 68 平方米、书库 50 平方米。文献总藏量 9.2 万册。全年总流通 4445 人次，书刊文献外借 3627 册次。组织培训 3 次，参训人员 318 人。供读者使用的电脑 44 台。从业人员 12 人，其中男 4 人、女 8 人；本科 3 人，大专 9 人；中级职称 5 人，初级职称 7 人。2018 年，积极争取财政拨款新建文化综合馆，总建筑面积 21000 平方米，其中图书馆占 4000 平方米，预计 2020 年投入使用。

面对馆舍面积较小的问题，互助县图书馆积极联动 294 个村级农家书屋、学校、社区、军营开展读书活动和培训等，推动全民阅读，确保免费开放服务工作，提升服务水平。全年开展读书活动 6 次，受益 2405 人次；举办培训 3 次，参训 318 人次，从而满足不同层次读者的文化需求。加强校园文化阵地建设，与县教育局积极协调、联合发文，8—9月，在全县中小学开展“我的书屋·我的梦”农村少年儿童阅读实践活动，共征集到作品600多篇，76名学生荣获“写作小能手”称号。同时大力支持东和中心学校、哈拉直沟中心学校、互助二中等学校创办校园期刊，征集校园期刊40多期，提高青少年儿童的写作能力。结合自身行业特点，创新思路方法，深入扶贫村开展“扶贫”“扶智”活动10多次，受益2145人次。在行业发展中促进扶贫开发，在扶贫开发中推进文化事业整体发展，努力形成文化行业合力扶贫攻坚的格局。（互助县图书馆　王凤莲）

【海南州图书馆概况】 海南州图书馆成立于1978年，馆舍建筑面积4566平方米，内设机构为“一室两部三中心”（综合办公室，业务部，流通部，采编中心、数字网络中心、少儿服务中心），分普通文献资源服务区、电子资源服务区、特色文献资源服务区、视频报告资源服务区、休闲阅读服务区等五大功能区域。馆藏纸质文献11.4万余册，数字资源10TB，阅览席位150多个。另外还设有多功能厅、展览厅、读者服务部、停车场等辅助设施，可承办各类讲座、培训、展览、学术交流等活动。现全馆人员总数22人，其中正式在编10人、政府聘用9人、自聘2人、公益性岗位1人；大专以上学历16人，中级及以上职称8人。（海南州图书馆　尕藏才让）

【贵德县图书馆概况】 贵德县图书馆始建于1926年。初名为贵德通俗图书馆，当时仅有少量的图书报刊。1978年图书馆正式成立。2007年迁入新建的青少年文化中心大楼内，与休闲文化广场相毗邻。2018年搬迁至县政务服务中心毗邻的新馆。新馆建筑面积1636平方米，设图书借阅室、综合阅览室、少儿阅览室、地方阅览室、盲人阅览室、精品书吧、报刊资料室、采编室。编制6人，其中大专学历4人、本科2人；中级职称5人、初级职称1人。馆内所有服务窗口实行零门槛进入，全方位服务，节假日不休息，双休日不关门，周开放时间48小时。设阅览席位120个，电子阅览达到网络覆盖。2018年接待读者1.6万余人次；文献流通3.4万册次，比上年增长10%左右。（贵德县图书馆　袁志强）

【海北州图书馆概况】 海北藏族自治州图书馆位于西海镇原子路75号，面积5070平方米。始建于1964年，当时为国营二二一厂图书馆，属于近代建筑文物。该馆退役后交由海北藏族自治州政府使用，1979年复建，秉承“两弹一星”精神，继续为海北人民群众服务。2000年从州群艺馆中分离出来，成为独立事业法人单位。2001年被国务院命名为全国重点文物保护单位。馆藏图书13.22万册，电子图书6.7万册；设有阅览室4个，特色阅览室2个，古籍收藏室1个，综合书库1个，数字体验空间1个，阅览座席160个。可满足读者纸质文献、数字文献和网络文献“三渠道”的文献资源服务需求。随着社会发展与科学技术日新月异，该馆由单一的文献查阅服务功能向多元“图书馆+”服务方式转变，由传统服务形态向现代数字化的发展跟进。如今的海北州图书馆在上级主管部门的大力支持下，经过所有图书馆工作者不懈奋斗，积极推进“公共电子阅览室建设计划”“数字图书馆推广工程”“文化信息资源共享工程”三大工程，实现图书馆软、硬件设施全面提档升级，服务水平不断完善。2018年在全国第六次公共图书馆评估定级中被文化和旅游部评定为三级图书馆。（海北州图书馆　谢丰山）

【祁连县图书馆概况】 2018年，祁连县图书馆图书总藏量25910册，收集和整理上架地方文献1553册，新购置盲文图书2000册。在馆外设立公共场所便民图书阅览点34个。年办理借书证300个，读者流通64500人次，图书流通55200册次。全年举办读者座谈会3次，参加人数110余人次。举办图书馆业务培训班3次，参加人数达160余人次。11月1日，由青海省图书馆、祁连县图书馆共同建设的“祁连县油葫芦沟马背图书流动点”开始运行。（祁连县图书馆　曹静）

【门源县图书馆概况】 门源县图书馆作为县级三级图书馆，设有报刊杂志阅览室、综合图书借阅室、儿童图书借阅室、地方文献古籍室、采编室、藏书室、电子阅览室、多功能室以及馆办公室。馆内开放服务包括：综合性报刊阅览、图书杂志阅览、多媒体电子阅览、图书外借等。2018 年购书经费 25000 元，订购报纸期刊 111 多种，购置图书 400 余册。到馆读者 4800 人次，网络访问 3696 人次，外借图书 4 万册次。开展活动 58 场，参与人数达 6 万人次。以新馆即将开放运行为契机，数字化信息系统正在筹备完善中，完善服务资源配置，加强管理人员业务培训，秉承“服务立馆、资源强馆”的宗旨和“读者第一、服务至上”的服务理念，进一步提升管理和服务水平，为读者提供良好的阅读学习环境，为人才培养提供强有力的文献信息保障和服务。（门源县图书馆　马俊武）

【刚察县图书馆概况】 2015 年，刚察县图书馆搬迁至新馆，馆舍面积为 400 平方米，现有藏文及其他图书 11000 册。设有儿童阅览室、图书流通部、文献编目室、社会服务室及馆办公室。2018 年，共接待读者 8000 人次。购进各类中文图书 5000 册；接受社会、团体及个人赠书 1200 册。订购期刊 450 多种、报纸 150 多份。借阅图书 3000 册次；办理借书证 120 张；帮助读者查找文献资料、查阅图书 6700 册次；帮助读者下载资源 700 多人次；网站访问约 1800 人次；网上参考咨询回复读者提交问题 200 条；现场为读者咨询查找资料 400 人次。

该馆以数字图书馆推广工程、文化信息资源共享工程等已建成的现有网络及硬件条件为基础，应用云计算等新型技术模式和架构，建设统一管理、开放互动、共建共享的公共文化数字服务平台。增强资源服务的针对性、便捷性和时效性，建设移动图书馆、门户网站、微信图书馆等服务平台，实现刚察县公共文化数字服务和需求的有效对接。（刚察县图书馆　安永秀）

【海晏县图书馆概况】 海晏县图书馆与文化馆、西海郡博物馆一直以来合署办公。2014 年底，文化馆、西海郡博物馆搬出，现址全部留作图书馆楼，建筑面积 706 平方米，为提高县文化馆场馆使用效率，部分厅室与图书馆复合使用，总面积达到 1088.8 平方米。馆内设有期刊阅览室（兼设盲人阅览架）、图书阅览室（兼设地方文献架和少数民族语言架）、电子阅览室、采编室等，配置电脑 28 台、朗读亭 1 台。截至 2018 年底，文献总藏量为 57967 册，其中纸质藏书 42541 册、地方文献 1081 册、视听电子文献 14345 册。2018 年征订报刊 140 种 4527 份。年图书购置经费 5 万元。年到馆读者 2638 人次。在县城开设 22 处流动阅览窗，投入使用 5 台电子图书借阅机，为打造县城“十分钟阅读圈”数字化服务迈出一大步。该馆本着“试点先行，总结经验”的原则，于 9 月 21 日将总分馆试点工作正式推进到武警海晏中队和海晏爱民社会中心。县文化图书馆馆长刘海燕、武警海晏中队队长成景波共同为“海晏县图书馆武警海晏中队分馆”“军旅书吧”揭牌，为海晏县图书馆总分馆制工作的开展开启第一个试点空间。同日，海晏县图书馆海晏爱民社会中心分馆挂牌。（海晏县图书馆　孔祥宁）

【海西州图书馆概况】 2018 年，海西州图书馆文献总藏量为 54.1 万册，其中纸质图书 21 万册，电子图书 33.1 万册；获财政拨款总经费 980.3 万元，其中专项购书经费 30 万；全年共接待读者 157011 人次，新办理借书证 1461 个、图书流通 67473 册次；举办各类讲座 6 次、各类展览 9 次、各类培训 2 次；微信平台及时发布图书馆服务和活动信息 198 条、图书馆网站访问量 8.7 万次；每周开馆时间达 65 小时（含夏季夜间开放时间）；共有工作人员 31 名，其中副高级职称 4 人、中级职称 8 人、初级职称 9 人。

1 月 16—31 日，该馆在图书馆微信公众号开设“有奖知识竞答”专栏，举行《中华人民共和国公共图书馆法》有奖知识问答活动。活动参与人数 785 人次，知识点传播数 3639 次。活动增进广大群众对《公共图书馆法》的了解，同时，为图书馆贯彻落实《公共图书馆法》，在工作中尊法而为、守法而行创造健康良好的法制环境。5 月 26 日—6 月 2 日图书馆服务宣传周期间，以“推动全民阅读，构建书香海西”为主题，开展一系列形式多样、内容丰富、服务创新的阅读宣传活动。（海西州图书馆　马丽　兰晓）

【德令哈市图书馆概况】 德令哈市图书馆始建于 2012 年，总面积为 2100 余平方米，可容纳藏书 5 万册，阅览席位 60 个。目前共有藏书 2 万余册，包括汉、蒙、藏等文字的民族文献、地方文献等。设有行政办公室、外借部、阅览部、参考咨询部、古籍资料查询室、学术研究室、儿童辅导部、电子阅览室、自习室。自建馆之日起，该馆制定免费开放措施，建立健全与图书馆职能相适应的基本公共文化服务内容，免费向广大少年儿童提供服务。服务内容主要包括：基层辅导、阅读指导、流动服务等基本文化服务项目；免费提供预约借书、续借等服务；每周开放时间不少于56小时。（德令哈市图书馆　袁祥）

【格尔木市图书馆概况】 格尔木市图书馆成立于1984年，现有编制7人。内设采编室、借阅室、电子阅览室、报刊期刊阅览室、少儿阅览室、资料室、总藏书库。总藏书量为56.6万册，其中纸质图书8万册、电子图书48.6万种；报纸65种，期刊315种；视频资源4000集，包括330万种电子图书、中外文期刊、论文、报纸。阅览座席130个，电子阅览室座席40个。2008年搬迁至昆仑中路1号，建筑面积800平方米，其中书库300平方米、阅览室400平方米。2009年建成图书馆文化资源共享工程支中心；2010年建成农（牧）家书屋40个；2012年建成文化资源共享工程基层服务点42个；至2018年底建立图书流动站41个。2013年建成格尔木市数字图书馆，实现图书管理自动化、文献资源数字化。2016年12月20日，格尔木市图书馆理事会、监事会成立。2011年图书馆荣获“市级文明单位”荣誉称号；2012年荣获全国文化体制改革工作先进单位；2013年图书馆被授予“格尔木市未成年人思想道德教育基地”；2014年被市协调领导小组评为“巾帼文明岗”，同年被中国图书馆学会评为全民阅读先进单位；2015年被青海省文化和新闻出版厅评为公共文化“免费开放优秀图书馆”；2017年被国家新闻出版广电总局评为农家书屋全面建设十周年先进集体；2018年在第六次全国县级以上公共图书馆评估定级工作中被评为三级图书馆。

2018年，格尔木市图书馆因搬迁新馆处于半闭馆状态，除少部分图书及期刊外所有图书下架打包，全年外借图书、期刊1719册次，接待读者20000余人次，解答读者咨询150次。3—10月，为全市26个社区流动服务点赠送图书700册。3月18日，举行《中华人民共和国公共图书馆法》宣传活动暨格尔木市首个24小时自助图书馆启动仪式。首个向市民免费开放的24小时自助图书馆位于格尔木市奥体广场北门东侧，面积20平方米，可容纳400余册图书，涵盖哲学、社会科学、医药卫生、文学等各个方面。（格尔木市图书馆　马兰芳）

【乌兰县图书馆概况】 乌兰县图书馆于1980年9月在原文化馆图书室的基础上正式成立，原址位于东大街8号，馆内设有报刊阅览室、外借图书室、电子阅览室、资料书库等。2013年由于馆址拆迁，图书馆租用门面房（现幸福路2—6号）作为临时馆址，免费开放至今。该馆核定事业编制5人，截至2018年底在岗3人；馆员1人、高技工1人。图书馆藏书3万余册，年均总阅览3000人次，书刊文献外借1000人次、1400余册次。自2015年免费开放以来，免费开放的项目包括办证、报刊杂志阅览、图书外借、基层乡镇村业务辅导、流动服务等，是乌兰县唯一面向广大读者开放的集“文化、知识、信息服务”为一体的公共图书馆。除承载收集、整理、保存文献信息资源，为读者提供借阅服务外，还开展送图书进学校、进社区、进军营、进寺院、进监所等活动。充分利用图书资源开设图书流动点11处；组织全民阅读、图书下乡、讲座等读书活动；开展“农（牧）家书屋”业务辅导和培训等各项工作。（乌兰县图书馆　赵东升）

【都兰县图书馆概况】 都兰县图书馆于2017年12月底完成整体搬迁工作，新馆位于都兰县青年路东面，南邻体育场、西接都兰县新建的客运汽车站，东邻高速公路，交通十分便利。图书馆管理员2名（临聘），密集书库、儿童阅览室、综合阅览室面积共计750平方米。2018年，该馆文献总藏量为1.9万册，图书馆免费开放资金20万元；全年共接待读者1134人次，新办理借书卡287张，图书流通2136册次。（都兰县图书馆　罗杰慧）

【天峻县图书馆概况】 天峻县图书馆始建于1957年11月17日，2011年5月12日免费对外开放。该馆由文化馆和图书馆两馆组成，建筑面积1600平方米，文化馆和图书馆各800平方米。图书馆内设藏书室、采编室、办公室、电教室、多功能室、科技室和电子阅览室等，有阅览座位60多个。现图书室设专职管理员1名。截至2018年底，图书馆累计藏书15670册，有藏汉双语的图书、音像制品和报刊等，包括政经类、科技类、人文类、文化类、医疗类、养殖类和生活类等。2018年共接待读者7000人次。接受社会、团体及个人赠书6000册；图书流通2200册次；办理借书证95张；帮助读者下载资源300多人次；网站访问约1300人次；订购期刊130多种、报纸80多份。（天峻县图书馆　陶玲）

【泽库县图书馆概况】 泽库县图书馆1964年6月正式成立。2015年6月建设新馆并于2017年10月完工，2018年底搬迁并免费开放。事业编制3名，在职人员4名；馆员3名，助理馆员1名。新馆是集现代化与信息化于一体的功能齐全的公共图书馆，认真做好免费开放，送图书、文艺下乡，开办各种免费培训、文艺辅导、公益讲座、文艺活动等公共服务。馆内设有图书外借室、民族阅览室、少儿阅览室、地方文献阅览室、电子阅览室、文艺排练室。其中图书馆面积150平方米，藏书17350册，种类有教育、农技、法律、文学等，可以阅览和外借；馆内布置主要以藏民族特色文化为主。（泽库县图书馆　卡罗加）

【同仁县图书馆概况】 同仁县图书馆成立于1982年11月。新馆建筑面积1200平方米，在功能布局上，主要体现以“用”为主，以读者为中心，以开架借阅为主要服务方式，实现藏、借、阅、咨询管理的一体化。馆内设有成人阅览室、少儿阅览室、电子阅览室、文献阅览室、期刊阅览室、培训室、采编室、办公室、财务室。现有馆藏图书50830册，其中汉文图书48800册、藏文图书2030册；另有报刊、杂志250册。累计发放有效借书证562个，2018年共接待读者4920人次，图书流通5320册次，全年购书经费10000元，阅览席位110多个，可供读者使用的计算机22台。现有职工6人，其中副高级职称1人、中级2人、初级1人，均为大专以上学历。（同仁县图书馆　李玉红）

【尖扎县图书馆概况】 尖扎县图书馆始建于1964年，现为三级公共图书馆。新馆于2015年12月开馆，位于铁岭路13号群众文化活动中心三层，占用面积2100平方米。图书馆设有汉文图书室、藏文图书室、电子阅览室、培训室、多功能厅、儿童阅览区、报刊阅览区、藏书室、办公室等。阅览区有读者座席87个。电子阅览计算机终端28台，中文在线阅读器20台，盲人听书机25台，云屏数字借阅机4台。（尖扎县图书馆　张吉祥　多杰当知）

【玛多县图书馆概况】 玛多县图书馆重建于2016年，总面积为1600平方米，可容纳藏书3万册，阅览席位30个。目前共有藏书2万余册，包括汉、藏等文字的民族文献、地方文献等。设有行政办公室、阅览室、活动室、宣传厅、展览室、棋牌室、排练厅、器乐房、辅导室、电子阅览室、服装道具室。图书馆内所有公共场地设施全部免费开放。玛多县图书馆建立健全与图书馆职能相适应的基本公共文化服务内容，免费向广大干部群众提供服务，每周开放时间不少于56小时。（玛多县图书馆　蔡雪梅）

【玉树州图书馆概况】 玉树州图书馆新馆于2015年9月30日向读者免费开放，建筑面积5150平方米。共有编制12人，在编人员11人。馆内设有期刊报纸阅览室、儿童阅览室、文学类图书阅览室、中文综合类图书阅览室、藏文图书阅览室，共有阅览座席310个。藏书40万余册，其中电子图书30万册。2018年总流通5465人次，办理借书证179个。4月23日，该馆举行数字图书馆延伸服务暨电子借阅机发放仪式，向10个图书服务点配置6台电子书借阅机、4台少儿学习机，每台电子书借阅机包含3000册电子图书、100种期刊及报纸等丰富的电子资源。（玉树州图书馆　永青拉措）

【称多县图书馆概况】 2018年，称多县图书馆建筑面积500平方米，馆藏藏文及其他文种图书79194册。称多县是以藏族为主的民族聚居地，全县总人口6.3万人，图书馆现有藏书量远远满足不了读者需求。图书馆的基本机构设置包括：儿童阅览室、图书流通部、文献编目室、社会服务室及馆办公室。全年共接待读者5000人次。购进各类中文图书15000册；接受社会、团体及个人赠书3000册。订购期刊600多种、报纸300多份。全年借阅图书800册次；办理电话续借和网上续借图书180册次；办理借书证300张；新书入库60000册；网上参考咨询回复读者提交问题300条；当场为读者咨询查找资料190人次。（称多县图书馆　江才那卓玛）

【治多县图书馆概况】 治多县图书馆始建于2003年，2004年7月正式更名为治多县图书馆。2011年7月重建，2015年9月正式竣工，属于灾害重建项目，建筑面积3000平方米，馆藏纸质图书5万多册，电子图书140万册。馆内设有11个功能区（室），包括综合服务台、多功能报告厅、综合阅览室（自修区）、少儿休闲阅览室、图书采编室、地方文献室、藏文阅览室、公共电子阅览室、期报刊休闲阅览区等。现有工作人员14人，其中正式职工5人（副科级领导干部1人，中级职称以上3人、初级职称1人），其他从业人员9人。2017年8月新馆正式开馆，自开馆以来各项业务工作稳步发展，向公众免费开放。（治多县图书馆　文周）

【曲麻莱县图书馆概况】 曲麻莱县图书馆前身是曲麻莱县图书室，建于2003年11月。于2017年12月竣工的新馆坐落于曲麻莱县新城区，建筑面积400平方米。集现代化和信息化为一体，包括阅览室和图书室两部分，共有藏书28000多册。馆内设大厅、综合服务台、多功能报告厅、少儿休闲阅览室、地方文献室、公共电子阅览室、报刊休闲阅览区、办公区等8个功能区。该馆不仅收藏了《四库全书》《四库禁毁丛刊》《传世藏书》《古今图书集成》等古代典籍，还收藏以《中华大藏经》《乾隆大藏经》为代表的一系列宗教类书籍，更有《域外汉籍珍本文库》《新格鲁夫音乐与音乐家大辞典》《中国民族民间文艺集成志书》等艺术类研究丛书。（曲麻莱县图书馆　文尕）

宁夏回族自治区

【概况】 截至2018年底，宁夏回族自治区共有公共图书馆27个，中文图书总藏量约723.98万册。全年总流通约516.51万人次，书刊文献外借约484.92万册次。全年举办各类读者阅读推广活动591场次，举办展览223场次，讲座及培训483场次。数字资源本地总存储量约402.79TB，其中自建数字资源存储量75.5TB。地方文献总藏量6.66万册。全区公共图书馆财政拨款总额约6763万元，其中文献购置费约959.2万元，免费开放补贴约799万元。全区公共图书馆总建筑面积约178.5万平方米，座席总数约1.42万个，读者使用计算机总数2025台，员工总数651人。

创新现代图书馆服务模式，优化设备设施条件。银川市图书馆推行“图书馆＋公共空间”现代图书馆服务新模式，大力开展图书馆服务进商圈活动，在新华百货CCPark举办2018“书香银川　悦读快乐”新年读书节，在金凤万达广场举办“书香满城　阅美人生”——2018“世界读书日·阅读嘉年华”活动，现场开展免押金办理读者证、图书借阅、图书交换、“你买书　我买单”、扫二维码送礼品、数字阅读体验等服务活动；自2018年初开始，增设“优谷”朗读亭，开展朗读亭体验活动，全年朗读人数4000余人，朗诵作品1.5万篇；利用分布在全市的56台超星歌德电子书下载机，新增银川市政府门户网站上的“银川市政府公开信息查阅”服务模块，为市民增加就近轻松便捷查询银川市政府公开信息的渠道和方式。中卫市图书馆利用中央补助地方公共文化服务体系建设专项资金，分别在该馆南侧和中卫市沙坡头区官桥幸福里家园建设24小时智慧书屋，实行24小时借阅服务；利用数字图书馆开展线上线下同步展览，包括“梨园贺岁·百戏昇平”戏曲文化主题展览、“浓郁民族风·最美中国年——五十六民族春节民俗展”等，观众6500人次。贺兰县图书馆积极筹划村级综合文化服务中心建设项目，确立5个乡镇、6个村的基层点，建设完成图书阅览室、电子阅览室、舞台、队伍、文化活动室等各项工程内容。西吉县图书馆建设“六朵云”服务工程，集语音、图像、数据于一体，涵盖“云＋文化、云＋党建、云＋扶贫、云＋综治、云＋民族团结、云＋党风廉政”，可以音频通信、视频通信、数据通信，可召开行政会议，可长距离传输，多方同时召开会议，可迅速传达日常决策信息发布，让老百姓在手机上第一时间看到重要的政策方针和动态；利用“云＋”会议的形式先后为全县各乡镇及硝河乡、兴平乡、震湖乡所有行政村授党课3次，举办安全消防知识培训，开展文广系统“农民培训教育年”“新时代农民讲习所”等活动，彻底打通服务群众的“最后一公里”。

培训、展览、讲座与阅读推广工作全面展开，品牌活动不断升级。宁夏各级公共图书馆以每年的世界读书日、图书馆服务宣传周等作为依托，开展丰富多彩的主题阅读推广活动，打造读者耳熟能详的图书馆品牌活动。2018年，宁夏回族自治区图书馆（以下简称“宁夏图书馆”）持续以品牌活动的形式面向读者推出形式多样、内容丰富的阅读推广活动，全年举办“公共图书馆法主题展览”“第十三届文津图书奖”等主题展览19场次，为全区公共图书馆提供巡展资源9个，巡展57场次；举办“塞上讲坛”“朔方人文科学大讲堂”等讲座9场次，3000余人次聆听讲座；举办“为爱朗读”、“4·23”世界读书日系列读书活动、“童阅汇”、“绘未来——周末故事会”、“爱书小能手——小图书管理员”、“快乐假期”等品牌阅读推广活动118场次，27000余人次参加活动。银川市图书馆深入开展“书香银川·银川书香”活动，举办“银川读书日”系列活动12期，“开卷有益　读书沙龙”活动2场，“你买书　我买单”活动12期，“书香银川·百姓讲堂”周末讲座40场（含视频讲座），春节系列文化活动5场；举办各类展览9次，包括《中华人民共和国公共图书馆法》图片展、“认真学习贯彻党的十九大精神”图片展等。吴忠市图书馆在元旦、春节期间举办“迎新春　送春联”活动，邀请自治区书法名家现场为广大群众免费书写春联1000余张，还举办正月十五大型灯谜竞猜会，张贴文学、军事、科技、农业等谜面3500张。中卫市图书馆利用“书香中卫大讲堂”开展各类公益讲座8场，参与1200人次；举办“书香中卫·朗读有你”活动7场，参与840人次；利用微信公众平台开展线上阅读推广活动，包括“九州圆梦·美好生活”在线摄影征集、“经典传情·书福迎春”电子有声贺卡、“书香博闻·畅享阅读”在线闯关答题等；开展“4·23”世界读书日及“全民阅读·悦读中卫”服务宣传周活动，分别在红太阳广场、人民广场、黄河花园社区分馆以及东园镇、永康镇、常乐镇集贸市场、柔远图书流动点等地举办展览、现场办证、“你选书我买单”、新书推荐活动等宣传活动。石嘴山市图书馆举办“读·懂世界”职工文学读书沙龙、沙枣花朗读沙龙、“书香伴粽香，阅读你我他”端午节诵读会、“主题党日＋学党史、忆党情、感党恩”庆七一专题知识讲座等15余场次，参加读者800余人次；开展星海湖传统文化大讲堂系列活动，邀请各类专家到馆讲述“传统文化与养生之道”“好风好水好家庭”“寻找‘亲子沟通　心灵感应　家庭教育’的奥秘”等讲座10余场次，参加读者500余人次。石嘴山市惠农区图书馆举办“践行十九大　圆梦蒲公英”征文颁奖暨经典诵读、第三届“图书漂流　爱心传递　全民阅读　书香惠农”阅读推广及文化精准扶贫助力脱贫攻坚进校园活动。平罗县图书馆举办“记忆平罗——吴赞国摄影作品展”巡展。

总分馆制深入推进，社区网点、农家书屋、公共电子阅览室、阅读岛等服务网点建设大幅增速。宁夏图书馆加强服务网点的建设工作，新建自治区纪委、武警宁夏总队银川支队、银川大学、沙湖假日酒店和虹桥大酒店5个服务网点，有效解决机关单位、部队、学校和酒店的干部职工读书难问题；全年在下属各网点调配图书32次30421册次，调换图书48次4246册次；全年各网点接待读者67500人次，文献流通99136册次。银川市图书馆建立的市馆、3个区图书馆及22个街道中心图书馆的总分馆服务体系运行日趋完善，服务效能不断提升，全年3个区级分馆及22个街道中心图书馆共办理读者证6000余个，书刊外借9万人次、22万册次，充分发挥分馆的基层服务效能，极大地方便市民就近阅读。吴忠市图书馆并利通区图书馆同时作为总馆、4个乡镇和5个社区及吴忠市幼儿园为分馆的总分馆制体系建立，利宁社区、材机社区、阳光骄子社区、马莲渠乡等分馆对外开放运行。中卫市图书馆在已建成的3个分馆的基础上，又在沙坡头区滨河镇光明社区新建分馆1个，配送图书500册。石嘴山市惠农区图书馆投资150万元在万德隆购物广场和红果子镇建设分馆，初步实现城乡一体、一馆办证、多馆借书、就近还书、通借通还的图书馆总分馆运行模式。银川市西夏区图书馆共建设6个街道中心图书馆、12个馆外图书公共借阅点、17个农家书屋等各基层图书点，推出巡回服务、流动活动等服务形式，采用线上线下结合、馆内馆外结合的方式，通过多形式、多渠道举办读书会、图文展、视频讲座、电影展播、阅读推广等一系列丰富多彩的读者活动。石嘴山市大武口区图书馆在太西洗煤厂、康久医院、万达广场等10个地点建立分馆，配送图书5556种8100册。西吉县图书馆分别在平峰镇、兴隆镇、硝河乡、震湖乡、沙沟乡建成5个分馆，吉强镇、白崖乡、新营乡、兴平乡、将台堡纪念园等另外5个分馆正在建设中。

加强特殊群体服务，保障平等阅读权利。切实为未成年人（包括留守儿童）、老年人、残疾人及外来务工人员提供丰富多彩的阅读活动及特殊化的服务。如宁夏图书馆全年开展“童阅汇”“绘未来——周末故事会”“快乐假期”“爱书小能手——小图书管理员”等品牌活动80余场次，针对不同年龄阶段的少儿群体全方位开展阅读推广活动，精准服务群体；以“弘扬雷锋精神，构建和谐社会，完善自我，服务他人，奉献社会”为主题，走进宁红阳光家园残疾人托养服务中心开展助残活动，服务残疾人近100人次，捐赠期刊800册；联合宁夏残疾人康复中心、宁夏盲协赴宁夏特殊教育学校开展“文化承载光明，康复助理特教”活动，捐赠少儿期刊500册，现场教授“心声音频馆数字资源”使用方式，并体验视功能筛查等项目；为全区视障人群开办盲人智能听书机培训班，并开展借阅服务。银川市图书馆全年开展少儿活动33场，包括“亲子趣多多”系列活动8期、“阳光宝贝　教育课堂”4期、第十三届“共享读书乐”送书到校园活动8场、银图影院之“少儿寒假电影展映”6场、“大手拉小手，建设和谐亲子关系”沙龙、银川市第三届青少年创客大赛等；开展“共享阳光　爱心助盲”活动8场，包括在宁夏特殊教育学校举办“共享阳光　与爱同行——在黑暗中点亮心灯”公益讲座，举办“共享阳光　与爱同行”全市助盲志愿者培训，开展“共享阳光·放飞梦想”庆祝第28个全国助残日系列活动等。贺兰县图书馆免费举办老年人书画作品展览并开设中老年人计算机免费培训学习班；每逢节假日，送书、送电影到工地，在乡镇设立图书文化站，将服务送到进城务工人员身边。吴忠市图书馆以“我们的节日”为主题，先后开展“少儿经典诵读”“我是小小图书修补师”“大手牵小手”“连环画——最好的经典启蒙教育读本讲座暨拼图比赛”等少儿阅读活动30余场次；举办第二届“恒业枫林湾”中小学生硬笔书法大赛，来自市区、红寺堡、同心县的210名中小学生参加比赛；为辖区50名视障人士及各县（市、区）图书馆配备智能听书机200台并现场举办实操培训；与吴忠市昊善社会组织签订特殊人群服务协议，先后开展“实地农民工子女手工培训班”“农垦文化传承”“老党员话党史”等活动。中卫市图书馆开展“书香中卫·花样年华”服务中老年读者，中老年读者可通过工作人员利用自带电子设备，或馆内提供的电脑、资源服务宝等设施设备免费下载喜爱的歌曲、戏曲、广场舞曲以及部分视频资源。石嘴山市大武口区图书馆举办庆“六一”科普系列活动之——“我是小小实验员”科普实验活动及“绿色阅读，从我做起”为主题的科普活动；开展“知识心中记·安全伴我行”暑期中小学生安全知识竞答活动；联合阳光社会工作服务中心举办“阅读点亮人生”大武口区残疾人走进图书馆——“读一本书”活动。银川市金凤区图书馆开展第三届小鬼当家系列之“书香陪伴·感受城市”教育活动，为关爱留守儿童，助力精准扶贫政策，带领良田镇、丰登镇的200余人来到银川，走进地质博物馆、科技馆和宁夏博物馆、趣立方职业体验馆，感受丰盛的科技文化和家乡宁夏日新月异的变化。青铜峡图书馆联合汉坝小学开展“走进图书馆，快乐度寒假”亲子阅读活动，并与七彩幼儿园持续举办招募小小图书管理员活动，在青秀园举办以“感受汉字之美，尽享读书之乐”为主题的第23个世界读书日系列活动。银川市兴庆区图书馆联合民间社团“悦读运动社”和部分小学开展丰富多彩的阅读活动，在馆内举办“拥抱新时代，开启新征程”读书沙龙及大型书友会、“让绘本陪伴孩子成长”点灯人读书会宁夏分会活动、“阅读优秀文学　传承中华文明　感恩成长”诗会等。中宁县图书馆在杞乡书吧举办“小小朗读者”及“我是演说家”2期少儿朗诵技巧培训班，共有少儿读者200余人参与培训。

数字化服务设施建设进一步加强，数字化服务初见成效。宁夏图书馆、银川市图书馆、石嘴山市图书馆均建立图书馆大数据可视化发布机制，即采用可视化平台实时采集图书馆业务系统中的数据，包括资源存储总量、资源分布状况、文献流通情况、读者分布及结构、资源应用频率等大量数据，反映图书馆数字资源的应用效果，不断追踪读者行为偏好和个性化信息需求，全面提升图书馆服务效率。宁夏图书馆购买和自建数据库 21 个，其中中文数据库 13 个、外文数据库 2 个，自建数据库 6 个，所有数据库全部通过宁夏图书馆网站对外发布，数字资源总量 144.13TB，电子文献本地馆藏量 293.26 万册，为读者提供使用电脑 177 台，网站年点击次数 13 万多次，移动图书馆读者访问量达到 130 多万次，资源点击量达到 660 多万次；微信累计用户 14873 人，读者阅读 85247 次，微信使用量 68068 次。银川市图书馆为读者设立电子书下载机、电子阅报机、24 小时自助图书馆、少儿多媒体学习机等现代化数字阅读设备，不断丰富资源内容，加大宣传力度，为读者提供电子图书、报纸、期刊、论文、公开课等内容丰富、形式多样的数字化阅读，满足广大市民读者对数字化阅读的需求及读者随时随地借阅图书的需求，银川市公共文化数字平台移动客户端的研发工作正在推进中。海原县图书馆建设完成县图书馆智航云数字图书馆，另有朗读亭 2 台、VR 数字体验机 2 台。

各市县图书馆扎实开展“四送六进・文化惠民”活动工程。银川市图书馆继续加强“百家图书流通点”工作，2018 年通过剔旧建新，现有图书流通服务点 120 个，全年共配送书刊 2 万余册次；坚持开展“四送六进・文化惠民”活动，在宁夏 2018 年文化科技卫生“三下乡”暨贺兰县第三届美丽乡村文化大集启动仪式、第二届宁夏乡村读书节开幕式等乡村文化活动上“送书送文化”，现场开展免押金办理读者证、图书交换、图书借阅、扫二维码送礼品、赠送期刊等活动；全年为 20 个“城市阅读岛”更换图书 2356 册次，完成 10 个新的“阅读岛”征集选点、审核和建设工作并配送图书 4000 册，更好地满足广大市民的阅读学习需求，扩大“阅读岛”的知名度和影响力。中卫市图书馆开展文化惠民送书下乡活动，先后为乡镇、警营、机关、学校、家庭等送书 8 次，累计送书 12000 余册。贺兰县图书馆到金贵镇、立岗镇、常信乡集市、洪广镇欣荣村、广荣村开展以“同筑中国梦，共度书香年”为主题的文化迎春活动，活动共发放图书 100 册、期刊 800 册，赠送春联 500 副；向雷达站、凯晨集团党群活动中心、金河社区、江南村综合文化服务中心、广荣村综合文化服务中心等配送图书 6500 册。平罗县图书馆为全县 13 个乡镇综合文化站、145 个村农家书屋（含 3 个移民村）、12 个学校及县政协、县消防大队等免费配送图书 4000 余册。银川市兴庆区图书馆开展送书进农民文化大集，“扫书香兴庆 APP，助军营文化一臂力”送电子图书、期刊进军营、进移民村、进社区等活动 7 场次，送期刊 800 册、纸质图书 1300 册，电子图书下载 2000 册，参加人数近千人。

持续提供专业的参考咨询、地方文献服务以及“两会”服务。2018 年，宁夏图书馆全年在线咨询回复 50529 人次；接待专项咨询课题 397 项，提供参考文献 2029 册（份）；做好“两会”期间的信息服务，编辑印刷 500 份《资政参考》并送到每位代表、委员手中，现场放置 2 台电子书报刊借阅一体机，供代表、委员实时在线或下载阅读电子资源；发放并回收 100 份“读者意见调查表”，及时向代表、委员了解服务效果反馈；每月高质量编辑、印刷 2 期《读讯》，向自治区党政领导推荐新书好书，充分发挥图书馆智库作用。银川市图书馆作为全市文献信息资源的保障和服务中心，为“两会”参会代表、委员提供数字阅读服务，现场办理银川市公共图书馆读者证、借阅图书、图书交换等服务。

文化共享工程建设持续稳步推进。宁夏图书馆数字资源建设方面，完成 2016 年地方资源建设项目“宁夏古塔”系列专题片 10 集和 2018 年项目“精准扶贫——塞上江南多媒体资源库”“宁夏长城”系列专题片的建设和验收；推进 2016、2017 年立项的花儿动漫作品《中国经典民歌动漫——宁夏篇（一）》《中国经典民歌动漫——宁夏篇（二）》的资源建设工作，完成脚本 18 集，现已进入制作阶段；向文化和旅游部全国公共文化发展中心提交 2014 年立项动漫作品《宁夏经典民歌动漫——宁夏回族山花儿篇》21 部并通过专家验收，在宁夏数字文化网进行发布服务；完成 2019 年地方特色资源建设的申报工作，立项“精准扶贫——塞上江南多媒体资源库建设（二期）”和“宁夏全域旅游文化推广系列微视频”2 个项目。平台建设方面，分别完成2017年9个贫困县区、2018年9个贫困县区“中西部贫困地区公共数字文化服务提档升级项目”26个、27个站点的设备升级改造建设和验收；完成“2017年云平台应用项目”建设任务和验收；完成2018年第二批公共数字文化建设云平台服务推广项目申报，12月初由文化和旅游部全国公共文化发展中心组织专家评审通过本地区实施方案；完成2019年云平台应用申报立项工作以及宁夏数字文化网、宁夏文化视窗、应用集成系统、资源共享系统、宁夏岩画多媒体资源库等10个系统和应用的日常更新与维护。

数字图书馆推广工程建设工作业绩显著。资源建设方面，2018年推广工程资源联建项目由1个省级公共图书馆（宁夏图书馆），2个地市级图书馆（银川市图书馆、中卫市图书馆）参与建设，参建项目7个。宁夏图书馆获拨资源建设项目经费34万元，用于开展图书馆地方文献数字化（1万页）项目、地方报纸数字化（2万版）项目建设；银川市图书馆获拨资源建设项目经费20万元，用于图书馆地方文献数字化（1万页）、地方报纸数字化（0.5万版）、图书馆公开课（20讲）、图书馆自建资源元数据仓储（0.5万条）、唯一标识符注册与维护（0.5万条）共5个项目的建设工作；中卫市图书馆获拨资源建设项目经费72万元，用于开展政府公开信息整合（0.2万条）以及枸杞文化特色资源专题库建设。平台及网络建设方面，继续推进基层图书馆互联互通项目，完成银川市兴庆区图书馆、金凤区图书馆和石嘴山市大武口区图书馆3个基层图书馆网络互联互通建设；继续保障VPN专线及国家图书馆专网在全区的连接畅通。宁夏图书馆业务及办公用网络带宽300兆，VPN出口带宽100兆，无线网络带宽200兆，与国家图书馆连接专网带宽155兆，连接全区22个县（区、市）级公共图书馆数据专线50兆，实现与全区24个地市县级公共图书馆的虚拟网连接。服务推广方面，开展数字图书馆推广工程线上线下活动和展览共计10场，全区参与活动人数10万余人次，活动取得良好效果；22家古籍收藏单位组织图书馆公开课直播1场。

古籍及民国文献保护工作成果显著。完成全区古籍普查工作，出版《宁夏回族自治区图书馆古籍普查登记目录》，补充录入吴忠市图书馆、宁夏大学图书馆、宁夏党校图书馆等馆的古籍，共录入全区古籍6774种87620册。筛选宁夏图书馆11种珍贵古籍申报《第六批国家珍贵古籍名录》，指导和协助宁夏大学图书馆申报全国古籍重点保护单位和《第六批国家珍贵古籍名录》。基本完成宁夏图书馆藏民国普通图书的普查工作，共录入书目数据12930种20800册；成立民国期刊创刊号工作小组，筛选出民国期刊创刊号1250种并已完成编目分类。举办“册府千华——宁夏回族自治区珍贵古籍特展暨庆祝宁夏回族自治区图书馆成立60周年系列活动”。

大力开展图书馆员专业培训，全面提升图书馆服务人员专业素养。宁夏图书馆全年举办面向全区公共图书馆馆长及业务骨干的“2018年宁夏公共数字文化信息培训班（一期）”“2018年第二期宁夏公共数字文化建设与服务培训班”“2018年度中西部贫困地区公共数字文化服务提档升级项目站点管理员培训班”等图书馆专业培训10次，培训350余人次。银川市图书馆组织开展培训8次，参与职工450人次；参加市内培训18次，参与44人次；参加市外培训17次，参与30人次。吴忠市图书馆举办2期吴忠市“三区”人才培训班和利通区图书馆从业人员培训班，邀请区内外图书馆有关专家及馆内专业技术人员就文献采编、数字图书馆建设及读者阅读推广活动工作案例分享等进行培训，培训人员300余人次。海原县图书馆举办“基层文化管理人员培训班”1期3天，培训150人；举办全县政府政务信息公开平台管理人员培训班1期1天，培训人57人。银川市金凤区图书馆举办基层图书馆管理人员培训班，辖区5个街道中心图书馆、27个农家书屋的业务骨干和馆员共40余人参加培训。（宁夏图书馆学会　吕晓佩）

【宁夏10个农家书屋荣获“全国示范农家书屋”】 1月2日，国家新闻出版广电总局发布《关于农家书屋全面建设十周年先进集体和先进个人表扬的通报》。全国100个先进集体、100名先进个人、521个全国示范书屋和521名全国优秀农家书屋管理员受到表彰。其中，宁夏地区有3个单位荣获“农家书屋全面建设十周年先进集体”，2人荣获“农家书屋全面建设十周年先进个人”，10个农家书屋荣获“全国示范农家书屋”，10人荣获“全国优秀农家书屋管理员”。（宁夏图书馆学会）

【宁夏回族自治区图书馆举办迎新春2018年共享工程与数字图书馆推广工程宣传活动】 1月31日，“迎新春2018年共享工程与数字图书馆推广工程宣传活动暨宁夏图书馆2017年度优秀读者表彰会”举行，约200余人参加活动。馆长韩彬就宁夏图书馆一年来所取得的成就与所发挥的职能作用及2018年的工作重点向在座读者做简要汇报；副馆长吕毅宣读2017年度优秀读者表彰决定；副馆长郭丽娟对读者所提意见及本馆整改落实情况向读者做通报；副馆长陶爱兰宣读宁夏图书馆2017年度优秀读者名单，并说明评选依据与200名优秀读者的组成情况。分别代表少儿、老年人、残障人士、普通读者及专家群体的5位优秀读者做发言。（宁夏图书馆学会）

【宁夏回族自治区图书馆举办“行走的图书”活动】 4月21日，宁夏图书馆“行走的图书”主题活动第二次与市民见面。600册图书从该馆出发，在宁夏医科大学、北方民族大学、中山公园、金凤万达、公交站（北京路）、建发大阅城、鼓楼南街、东方红广场、镇北堡影视城、贺兰山岩画等银川市地标性场所与市民相遇。“行走的图书”这项活动通过“图书漂流”的形式号召公众参与到阅读这项有益于身心的活动中来。当天，共有2000多位市民走上街头参与活动，17家媒体进行报道。（宁夏图书馆学会）

【“册府千华——宁夏回族自治区珍贵古籍特展暨庆祝宁夏回族自治区图书馆成立60周年系列活动”在宁夏银川举办】 10月9日—11月9日，“册府千华——宁夏回族自治区珍贵古籍特展暨庆祝宁夏回族自治区图书馆成立60周年系列活动”在宁夏回族自治区图书馆举行，此次活动由国家图书馆（国家古籍保护中心）、宁夏回族自治区文化厅主办，宁夏回族自治区图书馆（宁夏古籍保护中心）承办，宁夏回族自治区博物馆、宁夏大学图书馆、宁夏回族自治区考古研究所、宁夏社会科学院图书资料中心、固原市原州区图书馆、同心县博物馆协办。活动由4部分组成：“册府千华——宁夏回族自治区珍贵古籍特展”汇集全区7家收藏单位的100部品相优良、校勘精美的珍贵古籍进行展出；宁夏回族自治区古籍保护10周年成果展及书籍简史展以展板形式展出自治区古籍保护10周年成果及书籍简史；邀请国家国家图书馆副馆长、国家古籍保护中心副主任张志清和宁夏图书馆原馆长高树榆分别做题为“保护古籍·传承文明·服务社会——中华古籍保护计划”“白手起家　任重道远”的主旨报告；举办宁夏回族自治区古籍保护管理人员培训班，来自全区的63名管理人员参加培训。（宁夏图书馆学会）

【宁夏回族自治区图书馆举办“童阅汇——青少年阅读推广计划年终阅读大赛”活动】 12月22日，宁夏图书馆与宁夏广播电视台少儿频道主办的2018年度“童阅汇”阅读大赛在图书馆举行。此次大赛精心选拔22个内容健康阳光、积极向上、艺术性与观赏性强的语言类节目，节目类型有课本剧、绘本剧、童话剧、朗诵、讲故事、演讲等。参加这次阅读大赛的选手是来自全区13个小学和6个幼儿园的学生，比赛当天300多名读者通过微信群报名在现场一同观看。（宁夏图书馆学会）

【银川市公共图书馆承办“书香银川·阅读快乐”图书博览暨市民读书节活动】 11月10—18日，由中共银川市委宣传部、银川市文化新闻出版广电局主办，银川市公共图书馆、各县（市）区文化（文体）旅游局承办，宁夏新华书店有限公司、银川市出版发行物协会等协办的2018年“书香银川·阅读快乐”图书博览暨市民读书节活动开幕。此次活动内容包括经典诵读展演、优秀图书展览推介、文化名人读书分享会、“亲子趣多多”少儿阅读推广、“通读经典，美丽银川”朗诵比赛活动、汉字听写大赛、图书馆服务进商圈、2018年50本好书推荐、“阅月相约”读书会、“阅读成就梦想”读书分享、“宁夏作家作品”展示等10余项活动。自第二届读书节开始，采取政府购买公共文化服务的形式，推行“图书馆+公共空间”现代图书馆服务新模式，将图书馆等服务搬进商圈，通过主动宣传和定制化服务，扩大图书馆服务群体，增强宣传服务效果，让更多的市民在商圈里就能体验银川市公共图书馆的便捷服务，充分发挥银川市公共图书馆在全民阅读推广中所倡导的理念，达到更加高效、深入的全民阅读宣传效果。参与此次活动的读者达到千余人。（宁夏图书馆学会）

新疆维吾尔自治区

【概况】 截至2018年底，新疆维吾尔自治区共有各级公共图书馆107个，汉文文献总藏量为1198.82万册，新疆少数民族文字文献总藏量为108.7万册。图书馆从业人员946人，其中高级职称120人、中级职称346人、初级职称268人。全年举办各类读者活动2673场，16.62万人次；举办展览585场，92.1万人次；举办讲座545场，17.48万人次；举办培训560次，6.72万人次。

读者服务的广度和深度不断加大。结合每年的全民阅读活动、世界读书日、图书馆服务宣传周活动，全疆各级各类图书馆因地制宜，开展丰富多彩的主题活动，吸引越来越多的读者走进图书馆，利用图书馆。新疆图书馆通过打造"书香新疆·全民阅读"系列品牌活动，如"昆仑讲坛"公益主题讲座、"尚书品读"、"书香佳苑"亲子阅读、"你选书·我买单"、"民族团结一家亲"诗歌朗诵会、"书香乡村万里行"下基层、古籍文化传承等，充分发挥图书馆的公益性职能，向市民宣传世界读书日的有关知识，宣扬多读书、读好书。在新疆图书馆的带动与引领下，各地州图书馆全民阅读活动同样开展得如火如荼。如乌鲁木齐市图书馆开展每年一度的"天山读书月"系列文化活动，共同营造全民阅读文化氛围；伊犁州图书馆举办"同筑中国梦，共度书香年"系列活动；库尔勒市图书馆举办首届读书交流会及"最美人间四月天"征集活动；麦盖提县图书馆举办美文推广活动；吉木萨尔县图书馆举办"世界读书日"——让公众在生活中感受阅读之美活动等。这些活动形成规模效应，在全社会形成"爱读书、读好书、善读书"的良好氛围和文明风尚，受到各族民众的好评。

开展文化下基层活动，发挥图书馆的整体效益，惠及更多群众。2018年，各级图书馆通过送书下乡、进社区、进学校、进军营等活动，把图书馆的服务送到广大读者身边，增强人们的读书意识和图书馆意识，营造良好的大众阅读氛围。如新疆图书馆配合自治区党委宣传部赴昌吉州、克州开展"我们的中国梦——文化进万家"——昆仑讲坛下基层活动，和田地区图书馆为武警新疆总队和田支队送去首批图书，丰富官兵的业余文化生活，博州图书馆开展送书下基层活动，额敏县移动图书馆走进军营，下乡推广的科技光盘成为村民的"新宠"，叶城县图书馆开展"文化拥军，情系官兵"送书进军营活动等，极大地丰富了各族人民的精神文化生活，让百姓时刻都能分享到图书馆带去的文化服务。

馆藏文献资源利用率是图书馆服务读者、发挥职能的重要标尺。为进一步使馆藏文献资源利用最大化，各级公共图书馆在基层设立分馆或图书流动站作为读者服务的延伸。如新疆图书馆在原有分馆基础上在自治区党委宣传部等地新设分馆，提供图书借阅、移动阅读、信息检索、决策咨询等多样化服务，为机关干部提供良好的阅读学习环境，培养公众的读书热情。和田地区首都图书馆和田分馆正式揭牌成立，为进一步满足广大市民群众文化需求奠定基础；巴州图书馆深入牧区送读，并建立馆外景区服务点，打造"图书馆+景区+旅游"的新型休闲方式，助力文化与旅游相融合，让各族群众都能享受到各种文化资源。

关注未成年人，关注弱势群体，图书馆充分发挥其教育引导功能，保障公民的阅读权利。如新疆图书馆举办"春暖花开·书香心间——为弱势群体免费送书上门"活动，昌吉州图书馆开展助残日"爱心赠书"活动，博州图书馆开展"爱在新疆——我和亲戚一起过六一"联谊活动，和田地区图书馆举办儿童阅读年"新时代·新作为·共创儿童阅读新气象"系列主题活动，克拉玛依市图书馆举办"欢乐童年　放飞梦想"儿童节系列活动，让弱势群体充分感受到社会的关怀与温暖，营造扶弱助残的良好社会风尚。（新疆图书馆学会　赵燕）

【新疆图书馆概况】 2018年，新疆图书馆馆藏纸质文献250.5万册（件），数字资源约100TB，形成以新疆少数民族文献、地方文献和古籍为特色的文献资源体系。其中，馆藏报刊文献过刊86000册、地方报纸78种9000册、地方期刊202种2929册、画报2000册、线装书128种1200册、缩微胶片资源170盒；馆藏少数民族普通（非古籍）文献25604种132790册，其中，维吾尔文种文献19466种105998册、哈萨克文种文献5910种26115册、柯尔克孜文种文献228种677册；馆藏古籍文献（包括汉文古籍、少数民族语言文字古籍、民国文献和再造善本）共计90400余册，其中，汉文古籍4555部

40000余册、民国文献40000余册、中华再造善本8900余册、再版精装古籍1500余册。

2013年3月，新疆维吾尔自治区发改委批复新疆图书馆二期扩建工程项目立项。建设项目总建筑面积为56355.6平方米，设计藏书量将由目前的300万册增加到500万册，阅览座位将由1500个增加到4500个。新疆图书馆新馆落成后，将打造成为全疆知识中心、情报信息中心、文献保障中心、社会教育中心、古籍保护中心、公共数字文化建设中心、少数民族资源建设中心、公众文化信息中心"八位一体"的公益文化场所。新馆在建过程中，本着服务不断、活动不断的宗旨，各分馆共接待读者169425人次，年文献借阅量254632册次。文献资源建设方面，全年共采购图书20330种63825册；订购现报451种，现刊2321种；征集地方文献360种1527册。依托"书香新疆·全民阅读""昆仑讲坛""尚书品读"等系列品牌服务活动，创新活动方式，提升服务品质与效果，全年共举办讲座、展览、诗歌朗诵会等各类主题阅读推广活动36场次，参与读者达万余人次，充分发挥图书馆以文化人、以德润心、以文惠民的优势。

积极发挥省级图书馆行业引领作用，切实履行业务培训辅导职能。参加中国图书馆年会、西北五省（区）图书馆科学讨论会及全国少数民族图书馆事业发展研讨会等，并做学术交流发言，不断提升干部队伍学术研究交流能力和水平；组织业务骨干赴喀什、昌吉、五家渠等地区及县（市）馆开展实地调研和业务辅导工作，指导基层图书馆结合地区特点开展"两会"信息咨询服务和立法决策服务，共享各类展览资源；组织各类学术研讨会议及征文活动，共举办面向全疆的图书资料继续教育培训班、《公共图书馆法》培训班、文化共享工程及数字图书馆推广工程相关培训6场，培训学员1200人次。8月6—11日，由文化和旅游部公共文化司主办，中国图书馆学会承办，新疆图书馆、新疆图书馆学会共同协办的全国基层文化队伍示范性培训——第八期全国县级图书馆馆长培训班在克拉玛依举办，来自全国的100余名县级图书馆馆长参加此次培训，收到良好效果。

完成自治区"两会"信息咨询服务、专题咨询建设服务和舆情监测服务等各项立法决策工作任务，为科学决策、制定相关政策提供信息支撑和保障。重点结合党的十九大精神，围绕新疆总目标，选编一年来的深度理论研究和先进实践经验，从经济建设、政治建设、文化建设、社会建设、生态文明建设方面，形成一套紧扣时事热点、结构紧凑的专题汇编，策划"新思想引领新征程""全面从严治党""聚焦总目标　经纬访惠聚""坚定文化自信""共建'一带一路'""供给侧结构性改革""保民生促发展""乡村振兴战略"等12个主题，供与会代表和委员参考。同时提供移动图书馆客户端、微信公众号"电子期刊"阅读专区、电子阅报机等数字化服务，赢得代表和委员的赞誉。此外，充分发挥省级馆的帮扶、引导职能，依托2016年成立的全疆公共图书馆参考咨询联盟，带动基层公共图书馆继续深入开展立法决策服务，提升其服务本地政府政务的能力。

公共数字文化建设迈上新台阶。依托文化信息资源共享工程和数字图书馆推广工程，加快推进数字图书馆建设，加大数字资源和平台建设力度，完成2016、2017年度资源建设任务；推进并完成公共文化数字支撑平台和互联互通项目建设，做好人才培养与服务推广工作，全年举办各类线上线下培训、推广活动6场；完成2019年度中央公共数字文化专项资金申报工作；推进国家公共文化数字支撑平台与国家数字图书馆推广工程平台之间的互联互通，提升全疆公共文化服务的数字化、网络化、智能化水平。

中华古籍保护计划深入开展。持续推进新疆古籍修复中心建设，按计划完成古籍修复任务；开展古籍保护调研，加强古籍保护宣传与推广，举办"书籍装帧艺术"手工坊实践活动暨线装样书制作体验活动、古籍保护讲座进机关活动2场，承办由国家古籍保护中心主办的"新疆古籍保护工作研修班"，促进全疆公共图书馆古籍保护工作的科学化、规范化建设，努力提升社会公众的古籍保护意识和对中华优秀传统文化的了解与认同。（新疆图书馆学会　赵燕）

【新疆图书馆举办"书香佳苑·尚书品读"系列活动】　"书香佳苑·尚书品读"系列活动是新疆图书馆开展"全民阅读"的重要举措之一。2018年，该馆联合新疆网、一心悦读文化科技有限公司、馨语读书社，分别于1月4日、2月8日、4月24日邀请新疆著名散文家刘亮程、国家一级作家黄毅、新疆文化出版社社长于文胜做客尚书品读之“寒风吹彻”“非虚构人生与非虚构写作”活动，直接对话读者，畅谈创作经历与感悟，分享诗歌、散文的魅力，共吸引作家协会、文学爱好者及市民近110人参与。（新疆图书馆学会　赵燕）

【新疆图书馆自治区党委宣传部分馆正式开馆】 4月23日，该分馆正式开馆。分馆内设阅览学习区、数字阅读体验区、文献借阅区和展示陈列区，功能齐全。结合宣传部分馆需求与工作实际，新疆图书馆为其提供图书借阅、移动阅读、文献提供、信息检索、专题咨询、决策咨询等多样化、个性化服务。同时在文献采选上坚持与机关工作紧密结合，营造浓厚阅读氛围，推荐经典阅读书目，倡导阅读新风尚，让机关干部们在阅读中不断勤学、善思、笃行，提升机关干部队伍政治理论水平和综合能力素养。目前该分馆藏书2000册，内容涉及政治、经济、人文、历史等。（新疆图书馆学会　赵燕）

【《中华人民共和国公共图书馆法》培训班开班暨2018年“书香新疆·全民阅读”活动启动】 4月23日，由新疆图书馆主办、新疆图书馆学会承办的《公共图书馆法》培训班在新疆科技馆开班，同时拉开2018年全民阅读活动序幕。此次培训根据新疆文化工作者实际需求，特邀图书馆行业专家，精心设置“《公共图书馆法》解读”“审读管理工作”“图书馆规范化建设”“联合编目协议的签订及计算机编目的相关知识点”等培训课程，来自全疆各地市文广新局领导，地州市、县图书馆馆长及业务骨干共150余名学员参加培训。培训中，学员们通过明确公共图书馆是我国公共文化服务体系的重要组成部分，传承发展中华优秀文化、弘扬革命文化、发展社会主义先进文化是其本质功能，纷纷表示要进一步强化文化工作者的责任意识，紧紧围绕聚焦“新疆总目标、落实总目标、实现总目标”任务的需要，通过推动“书香新疆·全民阅读”活动，将广大群众的思想认识进一步引导到“五个认同”上来，切实为新疆社会稳定和长治久安提供强大的文化支撑。（新疆图书馆学会　赵燕）

【2018年新疆数字图书馆推广工程资源联合建设培训班举办】 4月24—25日，培训班在乌鲁木齐开班，来自全疆各地州（市）级公共图书馆的馆长及业务骨干共39人参加此次培训。培训班特邀国家图书馆和新疆图书馆的专家，就自建数字资源版权与管理、数字资源服务与推广、新疆图书馆数字资源建设以及地方文献数字化项目等方面展开培训。通过培训，各馆对数字资源联建项目申报、建设流程及图书处理等问题有进一步了解；加强图书馆对数字版权管理的引导，增强版权知识和加强版权意识；对如何利用资源建设成果开展面向读者、面向特定群体提供高质量服务有了新认识；地方文献图书数字化项目中处理流程和技术难点得以解疑。新疆图书馆自2013年参与数字图书馆推广工程资源联合建设以来，全区14个地（州、市）级公共图书馆共参与建设项目10个。（新疆图书馆学会　赵燕）

【2018年新疆文化共享工程基层技术骨干培训班开班】 5月9—12日，培训班在乌鲁木齐举办。此次培训由自治区文化厅主办、共享工程自治区分中心承办，来自全区14个地（州、市）及县级支中心的馆长及业务骨干200余人参加培训。共享工程基层培训是全国的公共文化服务人才培养工程，每年定期举办，旨在提升基层文化人才组织能力和业务水平，培养一批公共文化服务带头人。培训特邀请文化和旅游部全国公共文化发展中心培训保障部刘刚从有关背景、工作基础、国家公共文化云三个方面对基层公共数字文化服务推广进行讲授。同时，由图书馆专家就图创系统使用与维护、公共图书馆建设与服务、微视频制作与新媒体传播等课程进行培训。近几年，新疆公共数字文化工程建设在平台提质、资源建设、服务推广等方面稳步发展，通过此次培训，全区基层业务骨干学习到最新的公共文化政策和服务推广理念，为促进本地公共数字文化惠民服务奠定坚实基础。（新疆图书馆学会　赵燕）

【新疆图书馆召开文献信息资源建设专家讨论会】 7月11日，讨论会在人大一楼会议室举行。此次特邀新疆知名学者新疆社科院副院长、研究员田卫疆，新疆社科院中亚研究所研究员马品彦作为首席专家，文化厅公共文化处处长王树声、新疆电视台总编室主任赵武军参加讨论会。

会议由新疆图书馆馆长历力主持，议题主要有两项：一是研究讨论馆藏地方文献资源的保存、整理、利用问题，专家认为应形成以新疆地方文献为特色的文献资源体系，围绕新疆社会稳定长治久安总目标建立三级管理制度，为科学决策和立法、制定相关政策提供文献信息支撑和保障；二是研究讨论文化共享工程资源译制建设的相关问题。应始终坚持正确政治方向，挖掘特色资源、结合译制中华优秀文化资源，传承传播中华优秀文化，面向基层百姓，坚持“建”与“用”相结合，润物无声地发挥文化正能量的作用。新疆图书馆党委书记艾尔肯·买买提、副馆长王曙光以及各部门主任20余人参加此次讨论会。（新疆图书馆学会　赵燕）

【新疆古籍保护工作研修班在新疆吐鲁番开班】 11月6日，研修班在吐鲁番开班。此次培训由国家古籍保护中心主办，新疆古籍保护中心承办，来自全疆各地州46名学员参加培训。培训班特邀中山大学图书馆、武汉大学、国家档案局、吐鲁番学研究院的知名专家，从古籍保护环境、古籍库房基本设备及要求等方面进行系统讲解，有力促进新疆古籍保护工作的规范化、科学性、系统性。此次培训旨在深入贯彻落实党中央关于传承和弘扬中华优秀传统文化的部署要求，坚持以社会主义核心价值观为引领，坚持“保护为主、抢救第一、合理利用、加强管理”工作方针，不断提升新疆古籍保护工作水平，切实发挥古籍传承中华优秀传统文化的重要作用，真正让“书写在古籍里的文字活起来”。（新疆图书馆学会　赵燕）

【新疆图书馆赴和田地区墨玉县15个深度贫困村开展公共文化服务推广活动】 11月12日，新疆图书馆党委书记艾尔肯·买买提、副馆长王曙光及相关工作人员赴和田地区墨玉县喀尔赛镇巴格其村等15个深度贫困村开展公共文化服务推广活动，200余位村民参加。此次活动突出以人民为中心，以需求为导向，通过展览、网络、数字技术创新服务手段，从硬件配置和资源输送方面加强公共数字文化对基层的精准服务，运用“互联网+”公共文化服务模式，通过“线上线下”联动方式，构建全方位的文化传播展示服务网络，深入推进公共数字文化服务建设，着力解决文化发展不平衡、不充分问题。此次共为基层点配备内置丰富文化资源的公共文化一体机1台、PC机5台、平板电脑2台、VR设备1台、身份证识别设备1台，通过数字化设备，讲解新疆分中心海量丰富的数字资源；通过VR设备体验和线上扫二维码观看数字资源和线下知识抢答、游戏互动、二十四节气双语讲解展览等多种形式的数字资源服务，填补贫困地区公共数字文化资源的空白，让移动数字服务和远程数字服务在百姓身边得到实实在在的普及和利用，让基层群众共享各类优质、便捷的公共数字文化资源。（新疆图书馆学会　赵燕）

【新疆古籍保护中心举办“中华优秀传统文化进校园”活动之“书籍装帧艺术”手工坊线装样书制作实践活动】 12月21—29日，活动在新疆大学图书馆一楼新疆古籍修复中心举办，新疆大学人文学院18名在校大学生参加体验活动。他们在工作人员的指导和帮助下，从裁纸学起，经过折页、撴齐、订书芯、上书皮、订线等一系列环节，通过短短几天的实践，在与充满中国古典气息的宣纸、仿古书皮、棉线和手工制作糨糊的亲密接触中，体验穿越到古代书坊的奇妙之旅，高质量地完成上皮、扣皮、筒子皮3种不同形式，30余册汉文线装样书的制作。最后工作人员为学员颁发结业证书。此次活动是新疆图书馆、新疆古籍保护中心、新疆大学联合推进“中华优秀传统文化进校园”系列活动之一，青年学子通过亲手制作古籍样书，感受古籍之美，从而接受并了解中华优秀传统文化的基本内容和精髓，提升青年学子的古籍保护意识，切实树立文化自信。（新疆图书馆学会　赵燕）

【乌鲁木齐市图书馆概况】 2018年，乌鲁木齐市图书馆新增持卡读者5055人，全年累计接待各类读者55.6万余人次(其中借阅读者11.1万人次，自习、阅览及各类咨询读者44.5万人次)，流通书刊34.08万册次。新增“党的十九大”“一带一路”“民族团结一家亲”“访惠聚”“改革开放40周年”等专题书架，各类文化活动有序开展，满足不同年龄读者文化及阅读需求。

以馆藏数字图书馆资源为基础，以互联网丰

富的信息资源和各种信息搜寻技术为依托，该馆加入全国图书馆参考咨询联盟，为社会提供免费的网上参考咨询和文献远程传递服务。经过4个月的试运行，现累计为全国高校、公共图书馆咨询读者提供期刊论文、学术论文、提问、标准等各类型咨询服务144篇次。

分馆建设方面，实现图书馆分馆通借通还服务。利用馆外流通点提供服务，六道湾拘留所等分馆向周边读者提供借阅图书400多册次，阅览人数1200余人次。新建水磨沟区南湖北路片区管委会河滩社区分馆，接待服务辖区内居民897人次，在线借阅办理服务65次，办理通用借阅卡23个。推进区县馆通借通还服务体系建设，与米东区图书馆达成合作协议，积极推进两馆间通借通还服务进程。（乌鲁木齐市图书馆　马婷婷）

【2018乌鲁木齐市“天山读书月”系列活动启动】 4月23日，启动仪式在乌鲁木齐市第120小学举行。此次活动由乌鲁木齐市文明办、乌鲁木齐市文化局（新闻出版局、版权局）共同主办，乌鲁木齐市图书馆、《乌鲁木齐晚报》、乌鲁木齐市第120小学、新疆书香天山文化科技有限公司共同承办。乌鲁木齐市文明办常务副主任马仲福做活动致辞，乌鲁木齐市图书馆馆长靳艺星向各族市民发出全民阅读倡议。活动，向乌鲁木齐市2018年首批聘任的10名“全民阅读推广大使”颁发聘书，为“十佳阅读之星”颁发荣誉证书及读书卡，并向“从春联走进春天——2018春联征集大赛”部分获奖者颁奖。当日，新疆书香天山文化科技有限公司向乌鲁木齐市第120小学赠送微书房阅读卡。阅读卡内有10万余册电子书、3万余集有声图书、2000余位签约作家作品，该卡与手机APP搭配，可享在线阅读。（乌鲁木齐市图书馆　宋福燕）

【乌鲁木齐市图书馆举行“让红色经典文学走进千家万户”文学作品朗诵会】 7月29日，活动在乌鲁木齐市图书馆举行。此次活动由该馆和新疆朗诵艺术协会联合举办，以“让红色经典文学走进千家万户”为主题。 来自新疆朗诵艺术协会的梁增田、吕长荣等13名朗诵艺术家和朗诵爱好者饱含深情地朗诵《站在党旗下，我是共产党员》《我深深地爱着你，我的祖国》等15篇充满革命豪情和斗争精神的红色经典代表作品，10位本土作家及社会各界近200人参加。（乌鲁木齐市图书馆　靳艺星）

【乌鲁木齐市图书馆举行学习《习近平的七年知青岁月》主题读书座谈会】 9月24日，乌鲁木齐市图书馆举行乌鲁木齐“文化讲坛”特别专场：学习《习近平的七年知青岁月》主题读书座谈会暨“读知青岁月、看奋斗人生”专题讲座，特邀老知青代表和市民读者200余人参加座谈会。会上，4位来自不同农场的老知青代表以“青年的楷模、学习的榜样”为题，分别从他们亲身的知青经历出发，结合自身学习、工作和成长经历，分享《习近平的七年知青岁月》一书带给他们的感动和震撼。4位来自不同岗位的读者代表也结合自己工作实际，畅谈学习《习近平的七年知青岁月》的体会和感想。（乌鲁木齐市图书馆　靳艺星）

【和田地区图书馆开展“全民阅读”送文化下乡活动】 4月13日，和田地区图书馆走进策勒县恰哈乡兰贵村开展“全民阅读”送文化下乡活动，拉开2018年全民阅读活动文化惠民的序幕。该馆利用自身优势，积极推动文化惠民活动与群众精神文化需求有效对接，针对不同群体，以“阅在夕阳”“最美读书人”“指尖上的阅读”等为主题，向老年人、家庭妇女、学前儿童开展阅读活动。此次活动提供图书100册，内容涵盖文化、教育、科技、种植、养殖等，发放十九大精神、文化惠民宣传材料120多份，阅读指导农户6户9场次，惠及19人，受到当地村民欢迎。（和田地区图书馆　储鑫）

【和田地区图书馆举办首届“听声和田·朗读者”活动】 10月11日，活动在和田地区图书馆举办。此次活动由和田地区文广局、和田日报社主办，和田地区图书馆承办，武警和田支队、和田地区文化馆、和田市文工团协办。 首届“听声和田·朗读者”的举办，扎实完成推广、宣传、培育文化品牌的阶段性目标，并有效弘扬阅读文化、推广阅读理念，营造“书香和田”的学习氛围，对助力和田文化品牌战略，展示文化工作成就做出积极贡献。活动由个人和团体朗诵的

形式开展，共有16人参加朗诵。（和田地区图书馆　储鑫）

【克拉玛依市图书馆开展“讲读中国书”读书沙龙活动】 为引领市民开展深层次阅读，感受精读、深读带来的高品质精神享受和文化熏染，克拉玛依市图书馆特别打造“讲读中国书”读书沙龙活动，带领读者每月精读一本书。活动邀请疆内知名教授老师或克拉玛依市本地老师，给读书沙龙成员以文学和阅读方面的指导、分享，从多种视角、多种文化元素、多种创作手法等方面进行解读。2018年共举办10期活动，1000余人次读者参与。选题分为两大类：一是中国经典文学著作类，如共读《论语》、解读《老子》、品读《史记》等；二是当前热点或相关话题类，如学习总书记讲话精神开展走进《习近平的七年知青岁月》活动，为庆祝克拉玛依建市60周年邀请本土作家张红军开讲“无法说再见”等。（克拉玛依市图书馆　王梦莹）

【库尔勒市图书馆深度开展“读总书记的书，读总书记读的书”系列活动】 2018年，库尔勒市图书馆结合实际，在该市引领开展百余场次“读总书记的书，读总书记读的书”（“双读”）全民阅读活动。设计开展“双读”主题手抄报评选、“双读”示范点赠书仪式、“双读”大讲堂、“双读”图书阅读引导、“爱心传递·共享书香”送书下基层、“‘双读’‘知书识理：不以规矩，不成方圆’读者论坛”、“‘双读’——诵经典双读书籍，建书香文化乐园”读书交流会、小小志愿者演讲比赛等系列活动，使“双读”活动长流水、不断线，增强“双读”活动的趣味性和吸引力，多形式、多角度地确保“双读”活动扎实有效地开展，大力推进全民阅读，提高群众文化素质，促进精神文明建设。（库尔勒市图书馆　任春梅）

【喀什市图书馆开展“爱心传递　书伴童年”经典诵读活动】 4月23日，活动在喀什市第三幼儿园举办，参与人数达450余人。活动以舞蹈《欢乐的节日》正式拉开帷幕，幼儿园小朋友们登台，用稚嫩的声音朗诵儿歌、《三字经》、经典名篇佳作，感受中华文化的无穷魅力。活动评出阅读小能手、读书宝贝、诵读小标兵、书苑学童，另评选出一等奖1名、二等奖2名、三等奖3名、优秀奖4名，并颁发荣誉证书和小奖品。在世界读书日期间，该馆还在馆内推荐、更新文津图书奖获奖百种书目和中国建筑图书奖获奖书目及优秀儿童读物、科普图书书目，从不同角度提高广大读者对阅读的积极性。（喀什市图书馆　阿依努尔）

【哈密市图书馆开展假日走基层“图书漂流”系列活动】 2018年，哈密市图书馆以“悦读乐享行动”为契机，先后在巴里坤县、伊吾县、警营、特殊学校等开展假日走基层“图书漂流”系列活动，共计9场次，覆盖3000余人，所选漂流图书以时事政治、文学、党史、健康养生为主，赠送期刊200余册。此次系列活动承载着“传递书香，分享阅读”的使命，一本本的图书，作为一条文化的纽带，传递着知识与智慧，承载着价值与友谊。（哈密市图书馆　蔡丹阳）

【阿克苏地区图书馆获得2018年度“小岛康誉新疆文化·文物事业奖”先进集体荣誉称号】 9月21日，2018年度“小岛康誉新疆文化·文物事业奖”颁奖仪式在乌鲁木齐举行，阿克苏地区图书馆获评先进集体。该奖是由日本友人、新疆维吾尔自治区人民政府文化顾问小岛康誉先生提供资金支持，旨在激励新疆优秀文化、文物专业人才成长的奖项。

阿克苏地区图书馆成立于1978年。新馆于2017年12月建成开放，为阿克苏地区标志性文化建筑，建筑面积8999平方米，设图书借阅、信息查询、地方文献、少儿文化、读书活动、文化共享工程等10余项服务功能。近年来，该馆准确把握文化建设面临的新形势、新任务，解放思想，实事求是，与时俱进，不断创新工作思路和工作方法，坚持以免费开放为宗旨，积极创新服务模式，传播先进文化，培育读书风尚，守护城市文明的灯塔，日益便捷、完善的借阅服务成为“书香阿克苏”的“催化剂”，图书馆逐步成为阿克苏各族干部群众的精神家园。（阿克苏地区图书馆　林秀敏）

高校图书馆

综述

一、2018年高校图书馆基本统计数据

(一)文献资源购置费统计分析

共有1101所高校图书馆(2017年是843所)在"教育部高校图书馆事实数据库"[①]中提交2018年基本业务统计数据。提交2018年年度总经费的高校图书馆有1026所(2017年是849所),平均值[②]为645.0万元(2017年是650.4万元),略有回落。中位值[③]为315.1万元(2017年是340.8万元),比2017年减少25.7万元。标准差[④]为1033.3万元(2017年是977.4万元)。极差[⑤]区间变宽,为13607.1万元(2017年是13332.8万元)。这些数据表明:我国高校图书馆的年度总经费存在差距,且在逐年加大,各高校对图书馆的经费投入不均衡。表1是我国高校图书馆年度总经费区间分布状况。

表1　2016—2018年高校图书馆年度总经费分布

年度经费(万元)	2016年(%)	2017年(%)	2018年(%)	2018年向上累积(%)
<10	1.4	0.9	1.5	1.5
10—49.99	6.4	5.9	5.3	6.8
50—99.99	11.0	11.2	10.9	17.7
100—149.99	9.2	8.6	9.8	27.5
150—199.99	9.1	7.6	8.1	35.6
200—499.99	26.3	27.9	28.7	64.3
500—999.99	20.0	20.5	17.1	81.4
1000—1999.9	10.3	10.7	12.1	93.5
2000及以上	6.3	6.7	6.5	100.0

2018年,提交文献资源购置费的高校图书馆有1025所,均值为557.2万元(2017年为564.3万元),较2017年略有下降,见图1。中位值为273.0万元(2017年是287.5万元),众值[⑥]为300万元(2017年是130万元),标准差为825.9万元(2017年是1013.3万元),表明2018年的文献资源购置费较2017年更为集中。

① 文中统计数据均来自"教育部高校图书馆事实数据库",网址:http://www.scal.edu.cn:18080。

② 平均值指的是各高校图书馆填报的有效数据之和除以填报有效数据的高校图书馆的总数量所得到的值。

③ 中位值指的是将有效数据从高到低排序,排在最中间的高校图书馆所填报的值。

④ 标准差指的是各高校图书馆填报的有效数据偏离平均数距离的总平均数,它能描述出各高校图书馆填报此项数据集合的离散程度。

⑤ 极差是指在各高校图书馆填报的有效数据中,最大值与最小值之差,也能描述数据离散度。

⑥ 众值指的是各高校图书馆填报的有效数据中,出现频次最高的值。

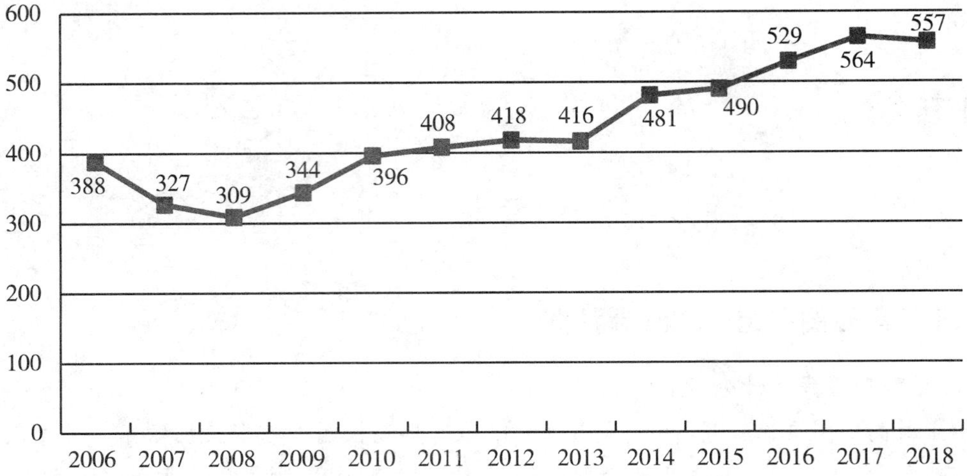

图1　2006—2018年高校图书馆馆均文献资源购置费(万元)

1. 纸质文献资源购置费

有1012所高校图书馆提交2018年纸质文献资源购置费,总费用为24.37亿元,较2017年的21.23亿元增加3.14亿元,总经费增加是因为提交纸质文献资源购置费的高校图书馆的总量较上年增加186所。均值为238万元(2017年是257万元),比2017年减少19万元。均值的分布状况见图2,呈波动中减低趋势,表明纸质文献资源购置费处于稳中有降趋势。中位值为158.0万元(2017年是172万元)。

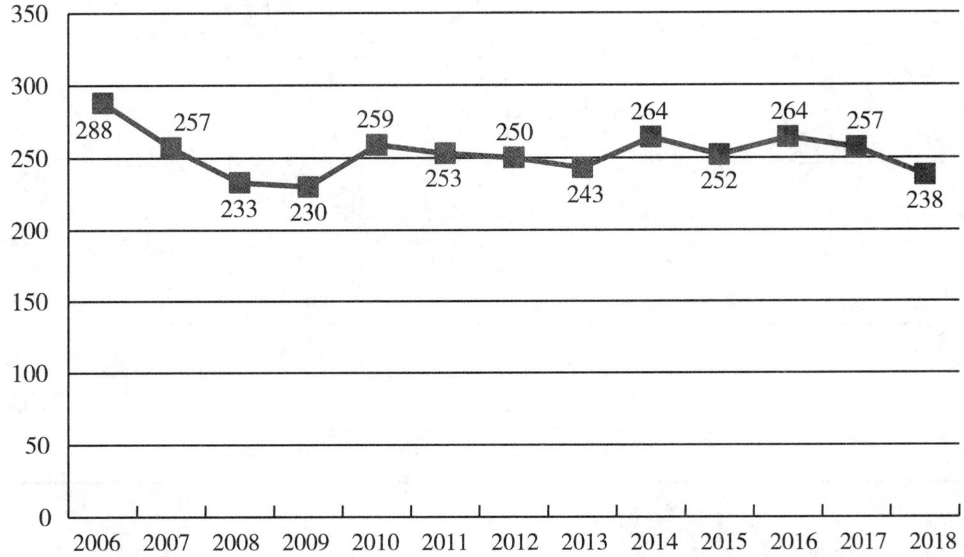

图2　2006—2018年高校图书馆馆均纸质文献资源购置费(万元)

2. 电子资源购置费

有960所高校图书馆提交2018年电子资源购置费,总和为32.57亿元(2017年是25.55亿元)。均值为339.3万元(2017年是326.7万元),占馆均文献资源购置费的60.9%(2017年是57.9%),较2017年提高3.0%。在文献资源购置费中,电子资源购置费所占比例已经过半,且均值与所占比例自2006年以来,呈逐年升高趋势,增长的斜率正在变大,表明电子资源购置费将成为图书馆文献资源购置费支出的主要部分。高校图书馆近13年电子资源购置费的平均值见图3。中位值为106.8万元(2017年是111.5万元)。标准差为559.4万元,最小值仅为70元,最大值达到4297.3万元,两者相差达613899倍(2017年的差距是350284.71倍)。这些表明:高校图书馆电子资源购置费的离散程度大,馆际差别明显,而且差距在逐年增大。

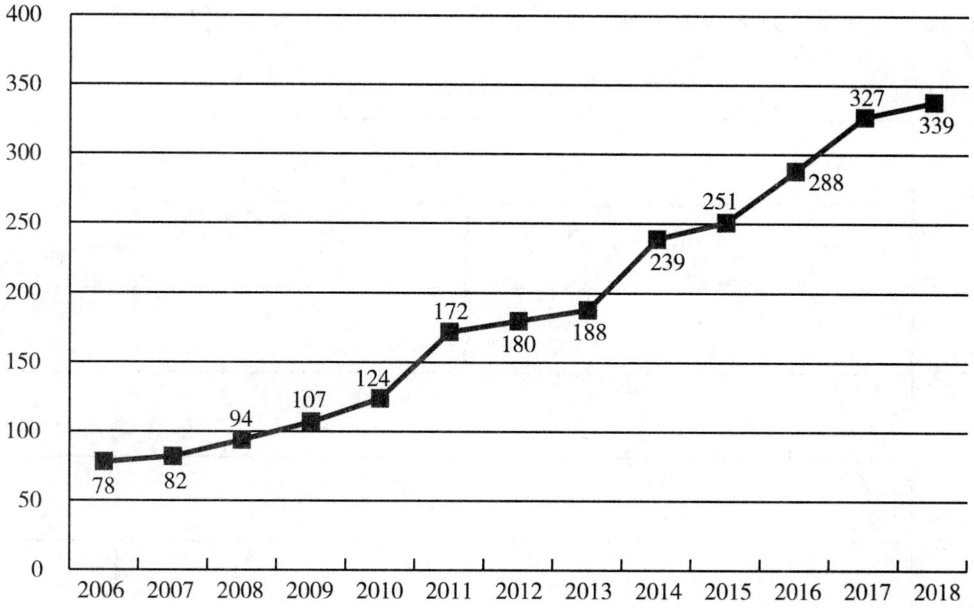

图 3　2006—2018 年高校图书馆馆均电子资源购置费(万元)

(二)馆舍面积统计分析

1. 馆舍总面积

共有 1047 所高校图书馆提交 2018 年馆舍建筑规划面积,总面积是 2618.0 万平方米(2017 年是 1961.7 万平方米)。馆均值为 2.50 万平方米,相较于 2017 年的 2.52 万平方米有所减少。标准差为 1.81 万平方米,比 2017 年的 1.82 万平方米略降,表明高校图书馆馆舍面积差异继续存在。中位值为 2.17 万平方米,众值是 2 万平方米。在馆舍总面积的变动趋势上,2006 至 2010 年、2012 至 2014 年,呈稍轻微陡峭曲线增长趋势,但在 2011 至 2012 年间呈缓慢增长趋势,2015 年后呈回落趋势,这些与提供数据的高校图书馆数量有关系,但更多表明高校图书馆的建筑空间已经从跃进增长时期进入到平稳增长时期。2006 年以来高校图书馆馆均建筑面积状况见图 4。

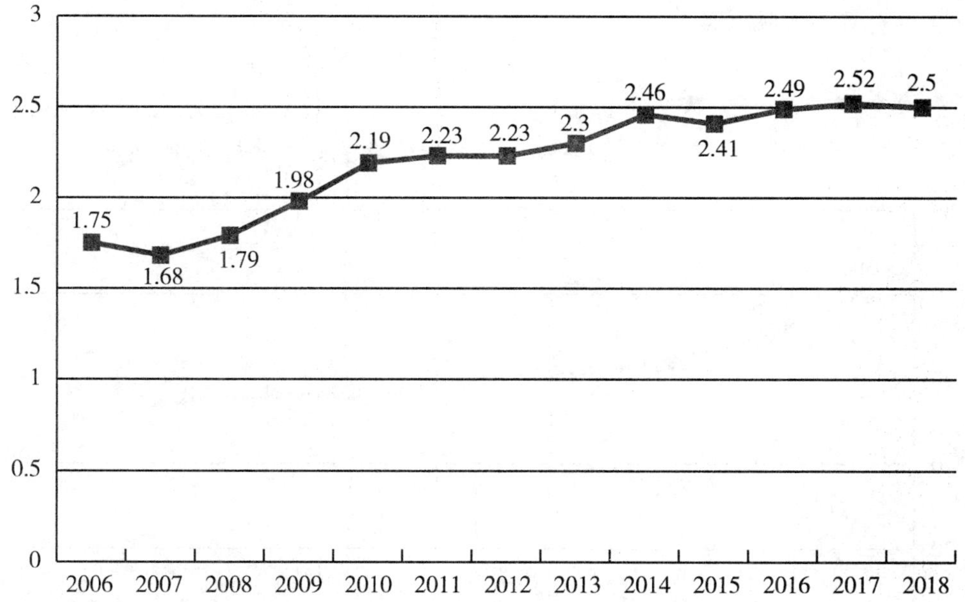

图 4　2006—2018 年高校图书馆馆均建筑面积(万平方米)

2. 在建馆舍建筑面积

共有 148 所高校图书馆提供 2018 年在建馆舍建筑面积,总和为 323.8 万平方米(2017 年是 244.7 万平方米),馆均值是 2.19 万平方米(2017 年是 2.24 万平方米),标准差是 1.36 万平方米,众值是 2 万平方米,中位值为 2 万平方米。这些表明,在建馆舍面积呈回落趋势,与前述馆舍总面积的数据进行叠加分析，更能说明高校图书馆的馆舍建筑面积趋于稳定。2006 年以来高校图书馆在建馆舍建筑面积的分布状况见图 5。

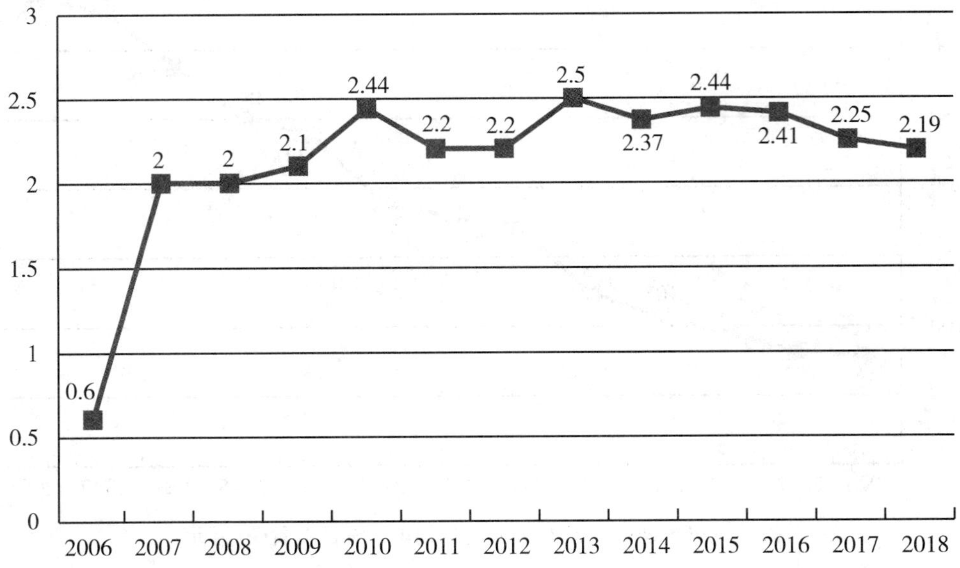

图 5　2006—2018 年高校图书馆馆均在建馆舍建筑面积(万平方米)

(三)人力资源统计分析

高校图书馆的人力资源包括在编工作人员、合同制职工、临时聘用人员、勤工助学人员等，大体可分为在编工作人员、无编制工作人员两类。2018 年各馆所填报数据继续验证前几年分析数据所得出的结论：高校图书馆的文献资源收藏总量与馆舍面积持续增长，但在编工作人员的馆均人数却持续下降，这表明各高校图书馆的事业编制总人数处在持续缩减状态，已有在编工作人员的任务逐年加重，图书馆需要聘用更多的编制外合同工或临时工，需要购置更多的智能化设施将图书馆员从日常事务性工作中解放出来，最典型的便是启用自助借还书机、自动导航系统、一站式搜索系统等。

1. 在编工作人员状况

(1)在编工作人员的宏观数据

2018 年，有 1051 所高校图书馆提交有效的在编工作人员数据。在编工作人员的总人数为 36891 人，馆均 35.1 人(2017 年是 37.2 人)，中位值为 24 人，众值为 7 人，标准差为 32.6 人。这些表明：各高校图书馆在编工作人员的数量差异较大，但在编人员的馆均数量呈减少趋势，见图 6。

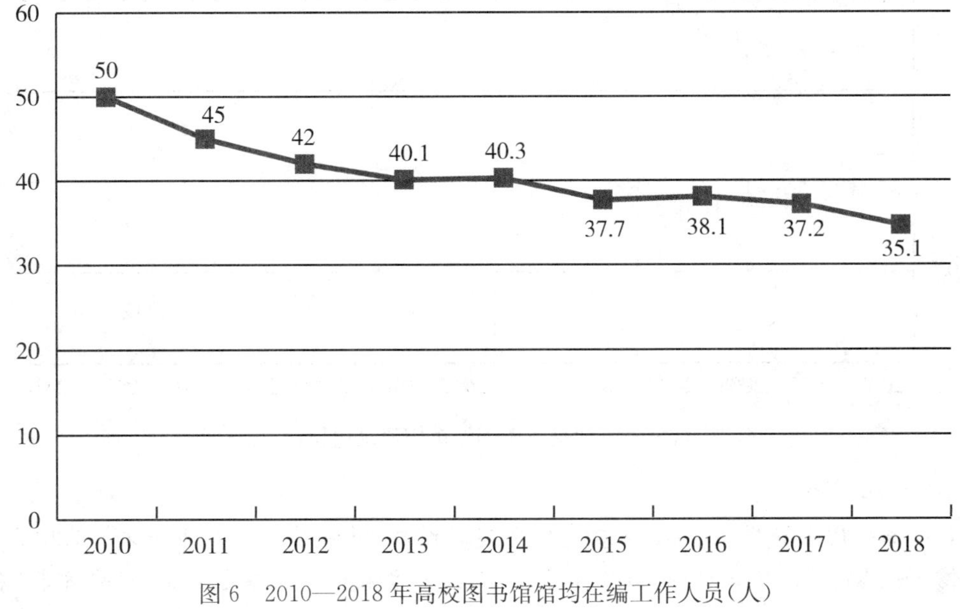

图 6　2010—2018 年高校图书馆馆均在编工作人员(人)

(2)在编工作人员的性别结构

共有1051所高校图书馆提交2018年在编工作人员的性别数据①,其中男性工作人员有12090人,占在编工作人员总数的32.8%;均值是11.5人,从2017年回溯至2012年,各年均值依次是12.4人、12.7人、12.6人、13.5人、14.0人、14.6人;中位值和众值分别是8人与3人,标准差是11.3人。通过分析各年均值数据,可知高校图书馆男性在编工作人员所占比例在逐渐减少,这也意味着女性在编工作人员所占比例在缓慢增加。2018年,女性在编工作人员的总量是24801人,占在编工作人员总数的67.2%;均值是23.6人,从2017年回溯至2012年,各年均值是24.9人、25.6人、25.3人、27.1人、27人、28人;中位值是17人,众值是7人,标准差是22.4人。女性在编工作人员的馆均值处于持续降低态势,主要与高校图书馆压缩编制有关,但女性在编工作人员所占比例整体上呈现出稳中有升的趋势。高校图书馆在编工作人员的总人数近5年来一直呈走低态势,男女比例正向严重失衡方向发展,各高校图书馆在纳新时可考虑对性别结构进行干预,否则,未来高校图书馆的男性工作人员将更为稀缺,只能分布在需要体力与技术的岗位上,比如水电工、信息系统维护员等。

(3)在编工作人员受教育状况

共有1039所高校图书馆提供博士学位工作人员总量,其中有671所没有博士学位工作人员,表明拥有博士学位的工作人员在高校图书馆依然处于稀缺状态;有368所高校图书馆拥有获得博士学位的工作人员,总人数为1135人(2017年是870人,2016年是834人,2015年是695人),处于持续增长状态,表明高校图书馆员的博士化率正在加大。对提交数据的高校图书馆进行平均值处理,每馆拥有博士学位工作人员1.09人(2017年是1.07人,2016年是0.97人,2015年是0.95人),中位值和众值均为0人,标准差是2.51人。我国高校图书馆取得博士学位的工作人员所占比例不大,64.6%(2017年是65%)的高校图书馆没有获得博士学位的工作人员,15.3%的高校图书馆仅拥有1名博士,6.9%的高校图书馆拥有2名博士,6.5%的高校图书馆拥有3—4名博士,仅有6.6%的高校图书馆拥有5名以上博士。

共有1040所高校图书馆提交在编硕士学位工作人员的数据,其中有89所高校图书馆未聘用硕士学位工作人员,951所高校图书馆聘用拥有硕士学位的工作人员,在编硕士学位工作人员总人数有10817人(2017年是8512人,2016年是8687人),平均每馆聘用10.40人(2017年是10.33人,2016年10.11人,2015年是9.85人),中位值是6人,众值为1人,标准差是13.14人。有8.6%的高校图书馆未聘用硕士学位工作人员,20.9%的高校图书馆聘用1—2名硕士学位工作人员,18.6%的高校图书馆聘用3—5名硕士学位工作人员,17.8%的高校图书馆聘用6—10名硕士学位工作人员,13.8%的高校图书馆聘用11—16名硕士学位工作人员,聘用硕士学位工作人员17人及以上的占18.1%。上述数据表明:硕士学位工作人员已成为高校图书馆人才招聘的主要对象。从总体上看,各高校图书馆硕士学位工作人员的数量在持续增长,高校图书馆工作人员的学历学位层次在稳步提升,硕士学位图书馆员已成为高校图书馆的骨干力量。

在本科学历工作人员方面,共有1039所高校图书馆提交数据,本科学历工作人员共有18120人,是硕士学位工作人员总数的1.68倍(2017年为1.76倍,2016年为1.85倍,2015年为1.87倍),平均每所高校图书馆聘用本科学历工作人员17.4人(2017年为18.2人,2016年为18.8人)。由此可知,本科学历工作人员依然是高校图书馆开展服务的主力军,但比例正在缩减,相对于硕士学位工作人员的数量优势也在逐年减弱。全国有4所高校图书馆未聘用本科学历工作人员,占0.4%,这类情况一般发生于在编工作人员稀少的图书馆,因为工作人员攻读在职硕士学位,提升了自身的学历学位层级。在高校图书馆中,聘用1—10名本科学历工作人员的占39.3%,聘用11—20名本科学历工作人员的占28.4%,聘用21—30名本科学历工作人员的占16.8%,聘用31—50名本科学历工作人员的占11.5%,聘用本科学历工作人员超过50名的占3.6%。

---

① 由于部分高校图书馆未提供在编男性职工或在编女性职工的数据,但却提供了在编职工总人数,无法判断这类高校图书馆的在编职工性别,故在编男职工与在编女职工的总人数小于在编职工总人数。

共有819所高校图书馆提交在编大专学历工作人员数据，总人数为4795人。其中105所高校图书馆未聘用大专学历工作人员，占12.8%。在聘用大专学历工作人员的高校图书馆中，聘用1—2名大专学历工作人员的占26%，聘用3—7名大专学历工作人员的占33.7%，聘用8—15名大专学历工作人员的占19.3%，聘用大专学历工作人员超过15人的占8.3%。

共有1039所高校图书馆提交学历为大专以下的在编工作人员数据，总人数是4825人。其中172所高校图书馆未聘用大专以下学历在编工作人员，占16.6%；聘用1—5名大专以下学历工作人员的高校图书馆占54.3%，与2017年的45%相比，增加9.3%。

高校图书馆的人力资源结构正向高学历、多学科与专业化发展，这些特性在入选“双一流”的高校图书馆中表现得较为明显。借助T值检验[①]便能发现，“双一流”高校图书馆的在编工作人员，其学历学位层级明显高于“双一流”外的前“211工程”高校图书馆或普通高校图书馆。从高校图书馆工作人员学历学位的提升速率上看，位于发达城市的重点高校图书馆，其工作人员的学历学位提升速率最快，而欠发达城市的非重点高校图书馆，其工作人员学历学位的提升速率最为缓慢。

2. 无编制工作人员状况

合同制职工。共有1043所高校图书馆提交合同制职工数据，总人数为6809人。从2018年回溯至2013年，合同制职工的馆均值依次为6.53人、7.79人、7.51人、8.1人、7.7人、7人；中位值为3人，众值是0人，标准差是9.77人。聘用合同制职工是高校图书馆应对学校压缩事业编制的一种有效方法，也是高校图书馆用人的长期趋势，一些事务性工作将由合同制职工来处理。在智慧图书馆建设时代，合同制职工人数馆均值有可能会持续保持在较低水平，主要是自助借还书机、咨询机器人、扫地机器人等智能设施的引入，减缓高校图书馆的用工需求。

临时工。有1043所高校图书馆提交临时工数据，总人数为4834人。高校图书馆临时工人数的馆均值为4.6人，从2017年回溯至2014年，各年临时工人数的馆均值依次为4.5、4.5人、4.8人、5.4人。中位值是3人，众值也是0人，标准差为9.7人。高校图书馆各年所聘临时工的馆均值低于合同制职工。

勤工助学学生。有1051所高校图书馆提交勤工助学学生数据，总人数为29477人。馆均值为28.0人，略低于2017年的28.9人；中位值是12人，众值是0人，标准差是51.1人。由此可知，各高校图书馆勤工助学的人数相差较大，这主要与图书馆的人力资源政策、资金充裕度等有关，“双一流”高校图书馆吸纳勤工助学学生的人数最多，其次为非“双一流”的前“211工程”高校图书馆，而普通高校和高职高专院校图书馆的勤工助学人数较少。

二、2018年高校图书馆工作

高校图书馆的宏观协调和指导工作主要由教育部高等学校图书情报工作指导委员会（简称“高校图工委”）和中国图书馆学会高校图书馆分会（简称“高校图书馆分会”）来开展。高校图工委和高校图书馆分会在教育部和中国图书馆学会的领导下，紧密依靠委员和会员，充分发挥交流信息、推广经验、激发创新、指导发展的桥梁和纽带作用，努力为事业的发展集思广益、探索方向、出谋划策、交流信息、凝聚力量、协同推进。

两大资源共享联盟——中国高等教育文献保障系统（CALIS）和中国高校人文社会科学文献中心（CASHL）则继续承担高校图书馆资源共建共享大本营的作用，克服各种困难，努力为全国高校提供文献保障。

（一）高校图工委的工作进展

6月27—29日，高校图工委信息素养教育工作组、中国科学院大学图书情报与档案管理系、沈阳师

---

① T值检验指的是对不同类型高校图书馆某项数据的平均值差别的显著程度进行比较，如果两类高校图书馆填报数据的总方差相等，则说明两者的平均值区别不显著；如果两类高校图书馆填报数据的总方差不等，则说明两者的平均值有显著差别。

范大学图书馆以及《图书情报工作》杂志社共同举办2018年全国高校信息素养教育研讨会。来自国内的20余位著名专家学者以及450位代表参加会议。会议分享9位国内著名专家及一线教师的报告和全国12所高校图书馆的信息素养教育案例，紧扣从“信息素养教育”到“创新素养教育”的主题，探索新理念、新模式、新手段如何植入信息素养教育，推动信息素养教育演进与发展。

7月2—7日，由高校图工委、CALIS管理中心、北京大学图书馆主办的2018年高等学校图书馆新任馆长高级研修班在中国海洋大学举办。来自全国高校的近百名图书馆新任馆长参加研修，7位国内知名图书馆专家做专题报告。

高校图工委秘书处与CALIS管理中心联合，于10月31日晚在北京大学外国语学院召开图书馆工作研讨会，会议的主题是“高校图书馆发展中的问题与新一届高校图工委如何有所作为”。新一届高校图工委的正副主任和秘书长、CALIS全国中心和地区中心负责人共23人参加会议。会议形成的决议是：加强宣传、培训，采取有效措施，让《普通高等学校图书馆规程》落到实处。图书馆要为高校主战场服务、为“培养人才”这个主业服务，多想办法，增加大学生阅读量。对馆员进行培训，不断提升工作质量。开展适当形式的评估，增强高校领导对图书馆工作的重视。高校图工委要继续做好延续性工作，谋划如何发展。高校图书馆面临的共性问题都是复杂问题，高校图工委想在一届内解决是不现实的，要明确定位和工作思路，考虑优先解决哪些问题，明确哪些工作高校图工委可做，哪些问题需要教育部解决，向教育部提建议。高校图工委与CALIS、CADAL要密切配合，加强宣传，解决一些学校还不能用、不会用、不善用CALIS、CADAL服务的问题。高校图工委是工作队，要出成果，确实对高等教育做出贡献。

为宣传“2018—2022年教育部高等学校教学指导委员会成立会议暨高校专业建设与质量保障培训”的精神，并为开好新一届高校图工委成立会议暨第一次工作会议做好充分的思想准备，11月7—11日，高校图工委主任委员、北京大学图书馆馆长陈建龙到兰州、西安、咸阳调研当地高校图书馆。甘肃省图工委、陕西省图工委分别在兰州大学图书馆、西安交通大学图书馆约请当地有代表性的高校图书馆馆长召开座谈会，西藏民族大学图书馆召集本馆骨干举办座谈会，积极反映高校图书馆在发展过程中取得的成绩、遇到的障碍。调研发现，《普通高等学校图书馆规程》落实不到位、图书馆在高校的地位降低、资金投入不足、进人制度不规范、新任馆员培训缺乏、馆舍遭受侵占、统计标准不统一、没有专项评估、联合采购力度有待提高、学位论文缺乏权威统一的合理使用政策、图书馆自动化集成管理系统亟待更新等，是西部乃至全国高校图书馆普遍面临的问题。陈建龙表示，调研收集到的问题十分重要，高校图工委将根据问题的紧急程度、解决的难易程度等列出优先次序，尽快变成任务部署，体现在新一届高校图工委的成立会议暨第一次工作会议。

12月1日，2018—2022年教育部高等学校图书情报工作指导委员会成立暨第一次工作会议在北京召开。高校图工委的46名委员，高职高专院校分委员会的主任委员、副主任委员、秘书长，安徽省、贵州省、河南省和新疆维吾尔自治区的图工委主任，各省、自治区、直辖市图工委的秘书长等共80名专家出席会议。会议由教育部高教司教学条件处处长李静主持，高教司巡视员宋毅为委员们颁发聘书，并做题为“全面发挥图工委作用，全面振兴高校图书馆事业，全面服务新时代高等教育”的讲话。高校图工委主任陈建龙做题为“传承创新，协同引领，积极发挥参谋、咨询、指导和推动作用”的报告。秘书长陈凌对高校图工委章程的修订和工作组的设置及分组情况做说明。随后全体委员分为8个工作组，就章程的条款，各组的组名、成员及工作范围，明年的工作计划等展开讨论。讨论结果成为各工作组制订2019年工作规划的依据。

12月13—15日，高校图工委主任陈建龙、秘书长陈凌参加新疆维吾尔自治区图工委年会，并在乌鲁木齐市和石河子建设兵团调研高校图书馆的发展状况。

高校图工委秘书处日常做好各类通知的审核、定稿、盖章、分发、发布工作，维护教育部高等学校图书情报工作指导委员会网站和教育部高校图书馆事实数据库的运营，解答各项关于事实数据填报和高校图书馆发展问题的咨询。汇总教育部高校图书馆事实数据库中2017年数据，发布各项排行榜，提交

《2017年高校图书馆发展概况》,编入《中国图书馆年鉴2018》。

(二)中国高等教育文献保障系统(CALIS)的工作进展

2018年,中国高等教育文献保障系统(CALIS)继续坚持“普遍服务”的原则,在教育部高教司的领导下,在管理中心统一部署管理,各全国中心、地区中心、省级中心以及教育部高校图工委、各省级高校图工委的大力支持下,按规定执行2018年运维预算经费,全力保障与高校图书馆基础业务密切相关、服务面最广的联机合作编目、文献传递与馆际互借、统一认证、资源发现(e读与外文期刊网)、应用软件云服务(SaaS)等主要服务与运维工作,各项服务运行平稳。

2018年,CALIS联合目录数据库书目数据增量为31.87万条,总量达到729.47万条;提供联机下载数据服务1020.12万次,月均下载量约为102万次①;CALIS资源发现系统e读的元数据总量达到3.08亿条,馆际互借与文献传递服务收到文献请求48147件,满足38249件,满足率为79.4%。全年举办各类业务培训与研讨会15场,培训馆员2446人次。本年度共有106名编目员通过CALIS三级编目员资格认证,自2004年来,总计352家成员单位的1355人次获此资格证书。

在此基础上,CALIS在联机编目多语种多类型文献建设、新一代图书馆服务平台研发、高职高专素质教育等方面取得突出进展。CALIS联机编目中心继续发展多语种多类型文献联合目录,新增蒙古文民族文献MARC数据以及乐谱与音像MARC数据。在联机编目业务的基础上进一步研发采编一体化平台,以提高高校图书馆馆藏质量,打通出版社、馆配商和图书馆之间的产业信息壁垒,促进产业链的良性健康发展。2018年,采编一体化平台研发基本完成,并在北京大学图书馆正式上线服务。

CALIS基于FOLIO研发的新一代图书馆服务平台(CLSP),致力于构建一个开放互联、可动态扩展的个性化图书馆云服务平台以及由图书馆、开发商、服务商合作共赢的充满生机的图书馆创新发展生态系统。2018年,完成CLSP Beta版及V1.0版的开发部署以及CLSP系列标准研制。基于CLSP开发的基础业务管理系统Phoenix正式部署上线。为推动平台的快速发展,年内还成立以5所图书馆为核心的“N+1”建设联盟,作为CLSP建设、发展与管理核心成员;同时成立以信息技术企业为核心的开发者联盟,作为CLSP开发合作者。

为贯彻落实《普通高校图书馆规程》关于“图书馆应重视开展信息素质教育”的重点任务,充分发挥图书馆在信息素养教育领域的主力军作用,CALIS全国高职高专信息素养教育与培训基地于7月24日在深圳职业技术学院成立,以加快推动高职高专信息素养教育水平的提升。

为纪念CALIS项目启动建设20周年,CALIS管理中心特别举办“从共建共享走向融合开放”学术研讨会暨2018 CALIS年会。项目前任及现任主管领导以及来自高校图书馆、学术界、出版界、信息化技术企业的专家学者、行业代表400余人出席会议。会议对高校图书馆合作与未来发展、资源与服务创新、机构库与科学数据建设以及新一代图书馆平台建设等热点进行主题探讨,并对20年来与CALIS一道共筑高校文献保障体系的优秀单位进行表彰。

(三)中国高校人文社会科学文献中心(CASHL)的工作进展

2018年,CASHL外文印本期刊订购、文科专款一般图书订发总量基本保持稳定,外文电子资源建设稳中有增,CASHL服务的覆盖面进一步扩大,保持较高服务质量,服务体系建设方面启动CASHL服务转型,建立“E-first”服务框架。

1. 文献资源建设基本情况

外文印本期刊方面,经CASHL期刊协调工作组核定共发订2137种,因载体变化、停刊、撤订、非卖品等原因,实际执行采购2126种(比上年减少7种)。外文电子资源方面,CASHL 17个中心馆共完成15个电子数据库的订购,其中新引进“一带一路”专题数据库[如The Belt and Road Initiative Reference Source(EBSCO)、The Belt and Road Initiative Collection(iGroup)]、区域国别研究数据库(如South Asia Archive、AAS Historical Periodicals)等电子资源7种。

---

① 按一年10个工作月计算。

印本图书方面，全国70所文科类高等专科学校通过“高校文科引进专款图书订购信息平台”共发出自主采购49674笔(比上年增加17602笔)，学科协调订购25264笔(比上年增加1725笔)。其中：通过协调采购回溯补藏10569种，通过自主采购新发订2065种“周边国家文献建设”非西文小语种专题文献。文专馆藏发展小组对中心馆提交的105种大型特藏进行充分讨论和评审，新发订大型特藏15种，引进总量累计达222种。

2. 文献服务基本情况

服务规模方面，CASHL成员馆全年新增20家，总量达851家；CASHL文献服务馆与上年持平，总数达35家；CASHL中心系统新增用户8715人，中心总用户数达136130人。

文献传递与馆际互借方面，CASHL全年可服务印本图书接近300万种，共处理印本图书馆际互借8128笔，处理期刊文献传递43749笔，平均完成时间1.75天，满足率达96.39%。

电子资源服务方面，CASHL经费所购电子书(含往年订购)全年下载量23.4万余次(比上年增加6万余次)，累计达296万余次；CASHL经费所购电子刊全年下载量达237万余次(比上年增加12万余次)，累计达2639万余次。

3. 服务体系建设基本情况

CASHL管理中心落实2018年中心馆馆长联席会议决议，在CASHL 17家中心馆和17家服务馆的支持下，启动服务转型，从以印本文献(印本图书、印本期刊)为主的文献服务转向以直接全文下载和智能调度为主的“E-first”服务框架，并初步建成“门户展示—文献信息检索—统一认证—电子文献自动下载和印本文献智能调度”的文献服务基础设施体系，并相应调整修改适应新服务的服务评估指标体系。

服务体系方面，CASHL 17家中心馆配合服务优惠活动，继续开展丰富多彩、形式多样的宣传推广活动。2018年CASHL共设立3项“特藏++”深度服务、7项前瞻性研究，开展7次“开世览文名师讲堂”活动，完成CASHL新媒体服务工作组换届工作，并首次发布CASHL年度阅读报告。此外，持续助力CASHL成员馆馆员发展，共有来自兰州大学、云南师范大学、青海师范大学、内蒙古师范大学的4位馆员参加北京大学、复旦大学基地培训并顺利结业。(教育部高等学校图书情报工作指导委员会秘书处　吴汉华　王波　宋姬芳　姚晓霞　朱本军)

年度工作

普通高校图书馆

北京市

【概况】 2018年，北京地区高校图书馆文献资源保障体系（简称BALIS）成立10周年。10年来，在北京市教委、北京市高校图工委、各高校图书馆的努力下，BALIS利用现代图书馆的先进理念、先进技术手段把北京地区高校丰富的文献资源和人力资源充分整合，实现文献信息资源的共建、共知、共享，发挥最大的社会效益和经济效益，为北京地区高等教育的发展，为北京经济社会发展提供有力的资源保障和支持。

2018年，BALIS联合信息咨询中心服务数量继续增长。本年度中心各成员馆为高校师生及社会用户提供科技查新、论文收录引用检索等各类服务共计7678项，自联合信息咨询服务系统上线以来，累计提供科技查新、论文收录引用检索等信息服务共计31000余项。3月13日，为推进“BALIS收录引证检索系统”项目的顺利进行，BALIS联合信息咨询中心召开“BALIS收录引证检索系统”项目技术研讨会。6月，BALIS联合信息咨询中心正式签订《BALIS收录引证检索系统项目合同》，随后在北京科技大学、北京师范大学、北京化工大学、北京交通大学、首都医科大学和中国农业大学6家委员馆本地部署该收录引证检索系统。11月16日，来自6个联合信息咨询中心委员馆的近50名馆员参加BALIS收录引证检索系统使用培训。

2018年，BALIS原文传递中心本地系统总服务量32200条，读者注册量16631人次，满足量1619条，满足率82.97%。另外，CASHL系统中北京地区高校服务量为2518条，读者注册量16631人次，满足率86.91%。BALIS馆际互借用户注册13015人，提交请求量23332条，文献满足量15330条，满足率67.35%。BALIS资源协调中心非书资料系统成员馆增至61个。截至11月底，北京地区光盘总容量103TB左右，现云光盘MARC数120064条，云光盘ISO数130000左右，云光盘容量63TB左右（不含重复）。全年光盘下载量125346次，比2017年增长129%。

随着大数据时代和数据密集型研究范式的到来，基于数据进行研究，对数据进行管理、共享和再利用，成为学术研究的新趋势。为提升高校学生数据素养，提高各学科领域学生基于数据进行创新研究能力，促进研究数据的保存和共享，推动数据创新教学与研究，北京大学图书馆和北京大学信息管理系发起与组织，多家机构合作的“首届全国高校数据驱动创新研究大赛”成功举办。“双一流”背景下，北京地区越来越多的高校图书馆围绕学校的学科建设、学科评估、科研绩效评价等工作开展科研评价服务。2018年，BALIS培训中心基于对北京地区高校图书馆馆员问卷调查所了解的重点需求，举办科研评价服务业务研讨会，交流相关经验。（首都图书馆 张小野）

【第七届图书馆资源建设学术交流论坛举办】 1月11日，第七届图书馆资源建设学术交流论坛在北京举办。此次论坛由社会科学文献出版社、BALIS资源协调中心和北京师范大学共同主办，主题为“纸电一体化下的图书馆资源建设”，旨在推动图书馆文献资源建设领域内的学术交流，探讨转型时期的文献资源建设新路径，促进同行业的深入交流。社会科学文献出版社副总编辑蔡继辉、北京师范大学图书馆馆长张奇伟、中国图书馆学会秘书长霍瑞娟以及来自北京地区和其他省市图书馆、馆配商、出版社代表300余人参加论坛。图书馆资源建设学术交流论坛是北京订货会期间图书馆界的交流盛会，也是图书馆、出版社和馆配商沟通、交流的平台。（北京市高校图工委 魏巍）

【北京地区高校图书馆文献资源保障体系(BALIS)十周年建设研讨会召开】 1月12—13日，BALIS十周年建设研讨会在北京召开。教育部高校图工委主任朱强等相关领导以及来自北京地区各高校图书馆书记、馆长100余人参加会议。北京市教委高教处副处长荣燕宁和BALIS管理中心原主任胡越分别致辞，BALIS管理中心常务副主任刘春鸿做BALIS十年工作总结报告。会议期间，还举行BALIS培训平台启动仪式、BALIS特聘研究员证书颁发仪式、BALIS原文传递微信平台启动仪式。此外，会上还对BALIS先进集体、先进个人进行表彰。（北京市高校图工委　魏巍）

【国家科技图书文献中心（NSTL）走入北京高校暨BALIS原文传递新系统宣传月】　9月17日—10月31日，北京市高校图工委围绕"NSTL走入北京高校暨BALIS原文传递新系统宣传"主题组织开展2018年度宣传月活动，全方位宣传BALIS原文传递服务内容和服务方式，侧重宣传通过BALIS统一检索平台获取NSTL资源，让更多的读者高效、快捷、免费共享NSTL海量科技类文献资源。BALIS原文传递中心与NSTL用户服务中心于宣传月期间走进北京工业大学耿丹学院、中国石油大学、北京农学院、北京电子科技学院、北京教育学院、北京联合大学（北四环校区）、清华大学、首都经济贸易大学、燕京理工学院、北京中医药大学、首都经济贸易大学等高校图书馆进行宣传培训，各成员馆也自行开展宣传培训活动。（北京市高校图工委　魏巍）

【2018年北京地区高校图书馆用户服务与信息素养教育研讨会召开】　10月12日，2018年北京地区高校图书馆用户服务与信息素养教育研讨会在北京工业大学耿丹学院图书馆召开。此次会议由北京高教学会图书馆工作研究会用户研究与服务专业委员会、信息素质教育专业委员会联合主办，北京工业大学耿丹学院图书馆、重庆维普资讯有限公司承办。来自北京高教学会图书馆工作研究会、高校图书馆馆长及馆员90余人出席会议。各高校图书馆通过研讨会推进用户研究与服务、信息素养教育工作，更好地服务各校的教育教学和科学研究工作。（北京市高校图工委　魏巍）

【"双一流"背景下的智慧图书馆服务创新学术研讨会举行】　11月9日，"双一流"背景下的智慧图书馆服务创新学术研讨会在北京化工大学图书馆举行。会议由北京高教学会图书馆工作研究会、数字图书馆专业委员会主办，北京化工大学图书馆和中国教育装备采购网承办。北京高教学会图书馆工作研究会、数字图书馆专业委员会秘书长，中国人民大学图书馆常务副馆长宋姬芳及北京高教学会图书馆工作研究会理事长、数字图书馆委员会主任姜爱蓉致辞，中科院文献情报中心宋文、北京化工大学图书馆杨守文、深信服科技股份有限公司的专家分别做题为"机器智能时代的知识组织""北京化工大学智慧图书馆建设实践""图书馆IT基础设施建设趋势分享"的学术报告。（北京化工大学图书馆）

【北京地区高校图书馆首届科研评价服务业务研讨会召开】　11月16日，北京地区高校图书馆首届科研评价服务业务研讨会在北京师范大学图书馆召开。会议邀请北京科技大学期刊中心主任季淑娟、北京大学图书馆研究支持中心主任张春红、清华大学图书馆信息服务部管翠中、首都医科大学图书馆馆长黄芳针对高校图书馆科研评价服务进行深度交流。来自北京、天津、河北、内蒙古、山西5省（市）76所图书馆的190余位馆员及北京师范大学政府管理学院相关专业的10余名研究生参加此次培训。（北京市高校图工委　魏巍）

【全国师范院校图书馆联盟特藏资源工作研讨会召开】　9月14日，全国师范院校图书馆联盟特藏资源工作研讨会在北京师范大学图书馆召开，来自全国各地师范院校图书馆的40位代表参加会议。全国师范院校图书馆联盟理事长暨北京师范大学图书馆馆长张奇伟教授致辞，并重申师范联盟图书馆资源"共知、共建、共享"的理念。会议主要围绕"数字图书馆时代的特色资源共建和共享""特藏文献收集、整理和研究的专题化、特色化趋势""特藏文献的保护与开发利用"3个重要议题展开深入讨论。（北京师范大学图书馆）

【第三届北京大学"数字人文论坛"举办】　6月14—15日，第三届北京大学"数字人文论坛"在沙特阿拉伯阿卜杜勒·阿齐兹国王公共图书馆北京大学分馆暨北京大学古籍图书馆举办。此次论坛由北京大学图书馆、北京大学信息管理系、北京大学《儒藏》编纂与研究中心、中国历代人物传记资料库（CBDB）项目联合主办，《大学图书馆学报》编辑部、《图书馆论坛》编辑部协办，主题为“孵化与实践：需求驱动下的数字人文项目”。来自海内外数字人文相关领域及交叉学科领域的近 200 位专家学者参加论坛。论坛开幕式由北京大学图书馆副馆长聂华主持。CBDB 项目经理王宏甦、台湾法鼓文理学院佛学系兼图书咨询馆馆长洪振洲、上海图书馆副馆长刘炜分别做题为“中国历史研究的网络基础设施建设——来自国际研讨会的观点与案例”“由数字化到数字人文：人文研究需求驱动下的汉文佛典数字资源发展历程”“数字人文研究的图书馆学方法：文献循证与书目控制”的主旨报告。来自全球的 41 位报告人分别围绕“国际视野下的比较与反思”“文献数字化”“数字人文工具平台”“数字人文与传统学术”“台湾数字人文基础设施”“数字人文方法与技术”“知识图谱与人工智能”等 8 个分主题展开研讨。（北京大学图书馆）

【北京大学知识产权信息服务中心成立】 10 月，北京大学知识产权信息服务中心成立。作为北京大学图书馆的内设机构，该中心主要开展的工作包括：对北京大学知识产权信息及相关数据文献信息进行收集、整理、分析；建设和维护北京大学知识产权信息资源平台；开展北京大学知识产权信息素养教育，为师生普及知识产权信息知识及技能；支持北京大学学科建设和科研创新，为重大科研项目提供科研全周期的知识产权信息咨询服务；参与北京大学产学研协同创新，为知识产权转移转化工作提供协助等。北京大学知识产权信息服务中心还发布《北京大学专利竞争力分析报告（2018 版）》。（北京大学图书馆）

【“人图复馆 40 周年建设与发展”专题党课活动举办】 10 月 30 日，“人图复馆 40 周年建设与发展”专题党课活动在中国人民大学图书馆（以下简称“人图”）举办。图书馆党委书记兼副馆长刘春鸿做题为“改革创新精神引领图书馆事业发展暨人图复馆 40 年来的变革与发展”的专题党课。系统多媒体联合党支部书记洪先锋做题为“人图 40 年建设与发展：信息化篇（1978—2018）”的专题报告，回顾人图 40 年来在信息化建设方面的历程。古籍报刊文库联合党支部书记刘静从文库建设的视角回顾人图 40 年来的改革与变迁，介绍人大文库的建设概况，表示人大文库作为全国第一个高校文库，在资源建设和科学研究等方面发挥了旗帜性作用。（中国人民大学图书馆　袁园）

天津市

【概况】 截至 2018 年底，天津市共有各类型高等学校 58 所，其中本科院校 19 所、高职高专院校 24 所（天津职业大学与天津青年职业学院合并）、独立院校（三本）11 所、军事院校 4 所。

天津高等教育文献信息中心（TALIS）负责天津市高校图书馆的数字化建设。利用天津市教育信息化建设项目投资，采取“TALIS 买断”和“与成员馆联合引进”模式，全年共引进中外文数据库系统 60 余个，子库 300 余个；试用数据库 16 个。TALIS 拟定《天津联合馆学位论文著录规则》，允许成员馆在 Symphony 系统采用 MARC 格式录入学位论文，方便各馆在联合目录中检索文献书目信息及学位论文书目信息。

2018 年，天津市高校图书馆围绕总体目标，大力推进文献资源及基础设施建设，举办学术研讨、交流活动，深化读者服务工作，在改革创新中稳步发展。（天津市高等学校图书情报工作委员会）

【书香天津 · 大学生校园悦读之星评选活动举办】 5 月 14 日，由天津市新闻出版局和天津市高等学校图书情报工作委员会主办、天津财经大学图书馆承办的第四届书香天津 · 大学生校园悦读之星评选汇报表演赛在天津国际展览中心举办。活动以“新时代 · 新阅读，让书香溢满校园”为主题，深入贯彻落实党的十九大精神、习近平新时代中国特色社会主义思想，弘扬优秀的传统文化，开展“书香天津 · 全民阅读”进校园活动，营造书香校园氛围，加强校园文化建设，培养广大学生的阅读兴趣。来自 33 所高校的近 300 名师生代表参加汇报表演。大赛依托读者之星阅读推广网络平台进行投票，增设网络人气奖。（天津市高等学校图书情报工作委员会）

【首届“乐研杯”全国财经高校大学生信息素养大赛全国总决赛举办】 5 月 18—19 日，由教育部高校图工委指导、中国高等教育学会高等财经教育分会主办、天津财经大学图书馆承办、北京福卡斯特信息技术（EPS数据）有限公司支持的首届“乐研杯”全国财经高校大学生信息素养大赛全国总决赛在天津举行，来自全国财经高校的35支代表队参赛。山东工商学院、天津财经大学、哈尔滨商业大学和上海财经大学代表队获得一等奖，一等奖团队指导教师荣获最佳辅导教师奖；天津财经大学获得特别贡献奖，据此申报的案例“演绎检索大赛　论道信息之美——全国财经高校信息素养大赛天财篇”荣获2018年全国高校信息素养教育研讨会案例类二等奖。（天津财经大学图书馆）

【南开大学图书馆概况】　2018年，南开大学图书馆矢志改革，勇于创新，在职能优化、管理提升、资源建设、服务拓展、队伍培养等方面做出优异成绩。设立文化建设与推广部、学科服务部、后勤保卫部，进行业务重组，领导分工调整，部门主任轮岗；基本完成全校文献资源的共建共享，实现面向全校的文献资源检索和借阅，全校数据库资源共享；强化学科服务，完成各类学科评估报告总计14份，南开大学自然指数排名报告1期，南开大学ESI学科发展报告9期，为学校和院系人才引进、学科建设、发展规划提供决策支持；成立南开大学知识产权信息服务中心，积极申请国家高校知识产权信息服务中心；开展图书素养教育、人文讲座、文化展览、阅读推广活动，把读书节和服务月两个品牌活动做好做实；完善后勤保障工作，配合学校相关部门做好逸夫馆重点修缮项目配套工作；加强制度建设，出台图书资料资产管理文件，实现全校文献资源归口管理。（南开大学图书馆）

【天津大学图书馆概况】　2018年，天津大学图书馆围绕学校事业发展总体目标，继续推进各项工作纵深发展。老校区北馆改造完成并于3月正式开放，着力加强对新增学科、重点发展学科及交叉学科的文献支撑，开设法学、建筑学2个专业阅览室及多个特色空间服务。举办首届新技术体验周活动，依托“知学”系列品牌活动，打造图书馆文化育人阵地。完成4.3万册日文书刊回溯建库工作。10月成立知识产权信息服务中心，依托图书馆开展服务。开展无卡化服务试点，启动人脸识别技术，为智慧校园建设奠定基础。举办第二十届全国工科高校图书馆馆长年会与天津市高校图书馆服务与管理创新论坛。举办“勇担青年使命，绽放图情风采”青年馆员基本功竞赛。完成领导班子换届，并配合学校审计部门完成对图书馆负责人任期经济责任审计工作，年底配合学校党委完成对图书馆档案馆党委的巡察工作。（天津大学图书馆）

【天津理工大学图书馆完成RFID智慧化升级改造】　2018年，为全面推进智慧图书馆建设，天津理工大学图书馆对现有馆藏图书进行智慧化升级改造，使用超高频RFID标签取代传统条码与磁条，实现多册无感借还、图书架位管理等功能，推进智慧图书馆建设，为开展深度智慧图书馆服务提供重要基础设施。2月，确定系统升级技术方案，4月项目正式启动。4—9月，加工图书80万余册，定位层架标7000个，部署RFID图书自助借还系统6套，完成门禁系统、自助借还系统的联调联试工作。9月，新系统正式上线，进入试运行阶段。（天津理工大学图书馆）

【天津科技大学图书馆与滨海地区武警部队签署合作协议】　2月，天津科技大学图书馆落实学校“立足滨海、服务滨海”的发展战略，发挥资源与专业服务优势，创新合作模式，与武警天津市总队三支队十一中队开展合作，建设部队图书资料室，丰富部队官兵文化生活，提升战士文化素养，营造良好阅读氛围。双方拟定合作协议，对图书借阅方式、双方的义务以及协议期限做出严格规定，保障双方合作长期有效开展。此次合作是该馆与滨海新区部队系统开展的首次合作，践行高校图书馆与部队资源共建共享的模式。（天津科技大学图书馆）

【天津师范大学图书馆举行古籍保护研究院揭牌仪式暨古籍保护高峰论坛】　5月9日，天津师范大学图书馆举行古籍保护研究院建院揭牌仪式暨古籍保护高峰论坛。天津师范大学古籍保护研究院是在国家古籍保护中心的提议和支持下，由天津师范大学图书馆、欧洲文明研究院、历史文化学院、文学院、管理学院、化学学院、生命科学学院等协同组建的兼具教学和科研性质的非教学研究机构，研究院院长由校长高玉葆担任。研究院设立独立编制，挂靠图书馆。天津师范大学引进国内古籍版本鉴定、古籍编目领域顶尖专家姚伯岳任常务副院长并担当研究院首席研究员，领衔 PI 制跨学科交叉融合教学研究团队建设，拟创建具有中国特色的古籍保护体系，培养古籍保护方面的高级人才，与国家古籍保护中心密切合作，承接国家重要研究项目，力争建设成为国家古籍保护核心智库。（天津师范大学图书馆）

【天津外国语大学图书馆建设非通用语种专业资源布局】 2018 年，天津外国语大学图书馆根据学科建设需要，进一步丰富图书馆藏，针对该校新增语种，完成新建非通用语种专业资源的布局，完成 12 个新建非通用语种（波兰语、马来语、印地语、泰语等）2540 册小语种图书资源引进，填补多个新建语种文献资源的空白。紧跟“一带一路”时代背景，根据学校学科发展规划，突出外语院校的自身特色，加大电子资源建设力度，新增泰语电子书、西班牙语电子期刊、葡萄牙语电子期刊及电子书等 8 项电子资源，合理优化该校数字资源馆藏结构。该馆获得 2017—2018 年度 CALIS 联合目录西文数据库建设先进单位奖。（天津外国语大学图书馆）

【中国民航大学图书馆推进精细化管理】 2018 年，中国民航大学图书馆推进精细化管理，提升工作水平。主要包括：开展以师生为中心的图书馆信息服务月品牌活动；成立图书采选审核小组，优化书刊采购机制及流程，有效加强采购工作规范化管理；理清现有图书、报刊、数字资源、特色馆藏的基础数据，撰写 2018 年度图书馆使用统计报告；撰写完成《2017 年度中国民航大学 SCI 论文分析报告》《2017 年度中国民航大学 EI 论文分析报告》，进行统计分析；为特色学科、重点学科及科研平台提供定制化、专业化信息服务，探索专业化的研究生信息素养教育模式；将文献资源推介融入知识竞赛活动，面向师生开展文献资源宣传推介、使用培训；开展图书馆新网页改版等工作。（中国民航大学图书馆）

【天津商业大学图书馆促进学风建设和书香校园建设】 2018 年，天津商业大学图书馆充分发挥图书馆第二课堂、文化育人和服务育人职能，促进学风建设和书香校园建设。举办该校第十八届读书节，组织开展两期 21 天的大学生阅读活动和线上超星名师讲坛 21 天打卡活动，举办该校第四届大学生“悦读之星”演讲比赛和第二届天津市书香校园·微书评大赛，举办全国首届图书馆杯主题海报创意设计大赛和文学解码读书知识竞赛等活动，开展常态化的经典书目和好书书目推荐，并以制作展板、网站和微信推送等多种形式宣传展示推荐书目近百条，举办 18 场读书交流活动，增设图书漂流站送书上门。该馆将信息素养纳入大学生通识教育，形成包括文献信息检索通识课程、数据库培训、专题报告会、网络在线培训等内容的信息素养教育体系。在中国高教学会高等财经教育分会主办的第一届全国财经高校大学生信息素养大赛总决赛中获得三等奖。（天津商业大学图书馆）

河北省

【概况】 截至 2018 年底，河北省共有各类高等学校图书馆 122 所。其中：普通本科高校图书馆 61 所（含民办 24 所），高职高专图书馆 61 所（含民办 12 所），成人高等学校图书馆 6 所。馆舍总建筑面积 82.5 万平方米，比 2017 年增加 3.6 万平方米，阅览座位共 8.3 万个。河北医科大学、河北工业大学图书馆新馆正式投入使用。文献总藏量 5918 万册，年度经费投入 1.98 亿元，97%以上的高校图书馆建有网站；从业人员 2055 人，其中专业技术人员 1706 人，占 83%；持证读者 55 万人。

2018 年，河北省普通本科高校图书馆为助力学校“双一流”学科建设，大都注重学科服务工作，部分重点高校在学科数据分析上所做的工作获得所在学校领导和职能部门的肯定。高职高专图书馆为助力优质校建设，广泛开展经验交流和有针对性的工作。整体上看，河北省高校图书馆在这一年里随着高等教育政策和环境的变化在奋力转型。（河北省高校图工委）

【2018 年河北省高等学校图书情报工作委员会常务委员工作研讨会召开】 3 月 30 日，2018 年河北省高等学校图书情报工作委员会常务委员工作研讨会在河北大学图书馆召开。会议由河北省高校图工委主办，河北大学图书馆承办。省高

校图工委常务副主任委员、河北大学副校长李军凯，省教育厅高教处副处长、省高校图工委副秘书长高明，以及省高校图工委常务委员出席会议。研讨会由省高校图工委秘书长、河北大学图书馆馆长张如意主持。张如意从 6 个方面总结河北省高校图工委 2017 年工作，并谈了 2018 年工作的一些设想。会上各位常务委员结合各馆情况与河北省高校的发展目标，共同研讨省高校图工委 2018 年的主要工作。会议还审议其他既定议题。（河北省高校图工委）

【高职院校图书馆助力优质校建设研讨会暨 CALIS 高职高专馆长培训会召开】 6 月 13—15 日，高职院校图书馆助力优质校建设研讨会暨 CALIS 高职高专馆长培训会在河北对外经贸职业学院召开。来自全国各地近 70 所职业院校的 120 多位代表出席会议。此次会议旨在强化高职高专院校内涵建设，提升师生素养，促进职业院校智慧图书馆建设，提升高职院校图书馆创新能力，助力高职院校优质校建设项目。各高职高专院校校长、图书馆馆长等业内专家共同探讨和研究新形势下高职高专院校图书馆服务能力提升及如何应对优质校建设的要求，同时就世界技能大赛、云服务、NSTL 资源利用与共享、信息素养教育等方面的前沿话题进行深入讨论。（河北省高校图工委）

【2018 年河北省高校图书馆年会召开】 6 月 26—28 日，由河北省高校图工委主办、燕山大学图书馆承办的 2018 年河北省高校图书馆年会在秦皇岛市召开，来自 50 多所高校的 130 余名馆员参加年会。河北省教育厅高教处副处长高明、燕山大学副校长孔祥东等出席大会开幕式并致辞。年会分为学术报告和馆长论坛两个阶段，邀请中国农业科学院农业信息研究所所长孙坦和中国人民大学图书馆副馆长祝小静做报告；5 名省高校图书馆馆长或主要业务部门主任结合实际工作，对其创新服务工作进行分享。大会前，河北省高等学校图书情报工作委员会常务委员会议召开，省图工委秘书长对 2017—2018 年的省图工委工作做汇报，会议通报第二届河北省高校图书馆服务创新案例大赛和高校图书馆年会筹备情况，并对 2018 年工作设想进行讨论。（河北省高校图工委）

【第二届“知网杯”河北省高校图书馆服务创新案例大赛举办】 6 月 27 日，由河北省教育厅、河北省高校图工委主办，燕山大学图书馆承办，同方知网（北京）技术有限公司河北分公司协办的第二届“知网杯”河北省高校图书馆服务创新案例大赛在秦皇岛市举办。大赛共收到 34 所高校的 57 个案例，经过评委初审和现场演示评选，最终评出特等奖 1 个、一等奖 2 个、二等奖 3 个、三等 6 个、优秀奖 18 个。（河北省高校图工委）

【全国机械工业类高校图书馆协作组第十五届工作交流及学术研讨会举办】 10 月 16 日，全国机械工业类高校图书馆协作组第十五届工作交流及学术研讨会在燕山大学图书馆举办，会议主题为“‘双一流’背景下高校图书馆学科服务创新研究”。燕山大学副校长盛婉玉、北京科技大学期刊中心主任季淑娟，以及来自全国机械工业类高校图书馆协作组成员馆的负责人及馆员 30 余人参会，共同研讨机械工业类高校图书馆协作组的历史脉络、发展现状与合作前景。燕山大学图书馆党总支书记屈晓阳主持研讨会主题报告和座谈交流。在座谈交流环节，与会代表围绕高校图书馆基础服务创新、学科服务、资源建设、管理创新、智能技术、新馆建设等主题展开讨论，并对各自图书馆在相关实际工作中所取得的经验进行深入交流与探讨。此次会议的召开，进一步密切机械工业类高校图书馆各协作组之间的馆际合作与业务交流，更加明确“双一流”建设背景下机械工业类高校图书馆未来努力的方向及发展中所面临的机遇和挑战。（河北省高校图工委）

【2018 年河北省高校图书馆高峰论坛举办】 10 月 22—23 日，由河北省高校图工委主办、华北理工大学图书馆承办的 2018 年河北省高校图书馆高峰论坛在华北理工大学举办。河北省教育厅高教处副处长高明、华北理工大学副校长邢平均、北京师范大学图书馆馆长张奇伟，以及全省各高校图书馆馆长、业务骨干 80 余人参加会议。会议以“智慧图书馆建设”和“图书馆创新服务”为主题，叶艳鸣、张奇伟等分别做专题报告。各位专家代表进行深度交流。此次论坛进一步深化河北省高校图书馆的业务交流与合作，对

全省高校智慧图书馆的建设起到促进作用。（河北省高校图工委）

【2018 年河北省高等学校图书馆科学管理研究会年会召开】 11 月 8 日，2018 年河北省高等学校图书馆科学管理研究会年会暨第十六次学术研讨会在石家庄召开，会议由河北经贸大学图书馆、河北医科大学图书馆承办，同方知网（北京）技术有限公司河北分公司协办。河北省教育厅副厅长、河北省高校图工委主任王廷山，河北经贸大学副校长武义青，河北省教育厅高教处副处长高明等领导出席并致辞。来自河北省 50 所高校图书馆的 100 多名代表参加会议。北京邮电大学远程与继续教育处处长代根兴、上海财经大学图书馆副馆长陈骁和中国科学文献计量评价研究中心评价部经理郭文涛分别做主题报告。来自河北省 11 所高等院校图书馆的负责人结合各馆实际情况，先后向与会代表分享各馆在图书馆管理、图书馆建设、学科服务、读者服务等方面的创新思路和成功做法。（河北省高校图工委）

【河北大学举办 2018 年读书月活动】 为更好地贯彻落实党的十九大精神，深入学习宣传习近平新时代中国特色社会主义思想，唱响时代主旋律，乘"部省合建"的东风，营造书香校园，河北大学开展为期一个月的"服务读者、服务学科"读书月活动。5 月 17 日，在图书馆报告厅举行读书月闭幕式暨"搜书达人"和"先声夺人"等读书比赛的颁奖仪式，河北大学副校长李军凯和图书馆、学生处、教务处、团委、工商学院负责人出席仪式。读书月形式新颖，内容丰富多彩。开设"坤舆讲坛""数据库/数字化平台讲座""阅读推广/读者交流""阅古赏珍——古籍"四大模块活动。此次读书月活动增进河北大学师生热爱读书、热爱知识的意识，提高图书馆服务师生、服务科研的水平，营造了浓郁的书香校园氛围。（河北省高校图工委）

山西省

【华北地区高等学校图书馆协作委员会第三十二届学术年会在太原举办】 9 月 26—29 日，由山西省高校图工委主办，山西大学图书馆承办的华北地区高等学校图书馆协作委员会第三十二届学术年会在太原举办。华北地区高校图书馆 300 余人参会，围绕"'双一流'建设背景下高校图书馆创新转型与可持续发展"的主题，积极探索建设一流大学图书馆的新使命。（山西大学 赵冬梅）

【山西省高校图书馆馆长会议召开】 5 月 11 日，山西省高校图工委在山西农业大学召开山西省高校图书馆馆长会议暨 CALIS 助力山西省高校学科服务业务研讨会。会上传达教育部高校图工委会议精神，总结 2017 年度主要工作，部署 2018 年重点工作，并通过 1 个主题报告及 2 个专题报告，聚焦图书馆新型管理模式和服务能力的建设发展方向，加强省高校图书馆界同人的联系交流。这次会议为促进山西省高校图书馆事业的发展提供重要的理论和实践指导。（山西大学 赵冬梅）

【新时代图书馆创新融合与建设发展研讨会举办】 11 月 22 日，山西省高校图工委联合山西省图书馆学会在南京大学举办新时代图书馆创新融合与建设发展研讨会。参会的山西省高校系统图书馆员通过南京大学图书馆的实地调研学习，交流探讨智慧图书馆建设经验，推进山西省高校图书馆的创新融合和智慧发展。此次南京大学智慧图书馆的调研学习，为山西省智慧图书馆建设发展指明方向。（山西大学 赵冬梅）

【山西大学成为《晋图学刊》主办单位】 1 月 18 日，经国家新闻出版广电总局（新广出审〔2017〕10332 号）和山西省新闻出版广电局（晋新广审〔2018〕7 号）批准，自 2018 年起《晋图学刊》的主要主办单位为山西大学，次要主办单位为山西省高等学校图书情报工作委员会和山西省图书馆。至此，《晋图学刊》编辑部变更为山西大学内设机构，《晋图学刊》管理、运作、发展、经费等也由山西大学承担。（山西大学 赵冬梅）

【"太原理工大学知识产权信息服务中心"成立】 4 月 13 日，"太原理工大学知识产权信息服务中心"成立仪式暨全省知识产权助力科技创新专题研讨会在太原理工大学图书馆举行。该中心设在太原理工大学图书馆，旨在为学校知识产权的创造、运用、保护和管理提供全流程的信息服务，支撑学校协同创新和优势学科建设，促进学校知识产权转移、转化，开展知识产权信息素养教育，培养知识产权专业人才，为地方经济产业发展提供知识产权信息服务。（太原理工大学 闫国伟）

【太原理工大学图书馆承办第八届高校科技查新暨知识产权信息服务研讨会】 6月27—29日，太原理工大学图书馆承办由太原理工大学、吉林大学主办的第八届高校科技查新暨知识产权信息服务研讨会。全国117所高校从事查新工作的专业人士近300人参加大会，就科技查新与知识产权信息服务面临的新问题与挑战，如何促进查新和知识产权信息服务工作健康持续发展等一系列问题进行深入探讨。会议期间还举办“馆长论坛”，来自不同高校图书馆的馆长对知识产权信息服务工作展开深入广泛的沟通，并一致认为建立知识产权信息服务中心是及时的、必要的，是图书馆服务转型的方向性选择，有利于推动高校创新驱动发展，今后工作的重点要在提高质量和效率上下功夫。（太原理工大学 闫国伟）

【山西财经大学图书馆为阅读推广搭建学术交流平台】 10月12日，山西财经大学图书馆与信息管理学院联合承办中国图书馆学会主办的第二届阅读推广理论研讨会暨阅读与心理健康研讨会，邀请国内知名阅读推广与阅读心理健康方面的专家、学者及阅读推广人齐聚太原，为国内从事阅读推广工作和研究的人员提供一个交流新思路和新方法的平台。（山西财经大学 王玉宝）

【太原科技大学图书馆举办“书斋生存挑战”阅读体验活动】 5—11月，太原科技大学图书馆连续举办5期“书斋生存挑战”阅读体验活动。图书馆为参与读者提供一个舒适的环境，并选取特定主题的图书，限定读者在某一天集中来馆体验书斋生存10小时。此类活动充分发挥图书馆的引导作用，培养学生良好的阅读习惯：放下手机，远离喧嚣，捧一本书，体验连续阅读10小时的感觉。前后参与学生86人次，每位挑战者都写有千字以上的读书心得，感触颇深。（太原科技大学 赵子龙）

内蒙古自治区

【新时代高校图书馆服务创新与发展研讨会在内蒙古财经大学图书馆举行】 6月29日，由内蒙古自治区高校图工委主办、内蒙古财经大学承办、北京世纪超星信息技术发展有限责任公司协办的“从传统到未来：新时代高校图书馆服务创新与发展研讨会暨内蒙古财经大学智慧图书馆建设启动仪式”在内蒙古财经大学图书馆一楼报告厅举行。来自内蒙古自治区内各高校图书馆馆长和图书馆界专家等近150人参加会议。研讨会上，南京大学图书馆副馆长邵波、内蒙古财经大学图书馆馆长张智荣、世纪超星公司产品总监张慧敏分别做“NLSP新一代系统构建与实践”“内蒙古财经大学图书馆项目建设的思考”“超星智慧图书馆应用与服务”主题报告。与会人员进行研讨和交流。（内蒙古自治区图书馆学会 乌兰格日勒 李文清）

【内蒙古自治区高等学校图书馆工作委员会2018年年会在赤峰市召开】 7月26日，由内蒙古自治区高校图工委主办、内蒙古大学图书馆承办的2018年年会在赤峰市召开。来自内蒙古科技大学、内蒙古民族大学、内蒙古农业大学、内蒙古工业大学、内蒙古师范大学、包头轻工学院等高等院校图书馆馆长分别介绍近年来各馆在文献资源建设、特色馆藏建设、规章制度更新、学科服务提升、阅读推广服务等方面的工作成果及经验。（内蒙古自治区图书馆学会 乌兰格日勒 李文清）

【东北三省一区新时代与图书馆新能力学术研讨会暨第二届东北·内蒙古高校图书馆馆长论坛在赤峰市举办】 7月27日，由东北三省和内蒙古自治区高校图工委联合主办、内蒙古大学图书馆承办、北京福卡斯特信息技术有限公司等协办、图书情报工作杂志社学术支持的“东北三省一区新时代与图书馆新能力学术研讨会暨第二届东北·内蒙古高校图书馆馆长论坛”在赤峰市举办。来自东北三省一区高校图书馆的200余位代表出席会议。图书情报工作杂志社社长、主编初景利，吉林大学管理学院教授毕强，北京大学图书馆研究支持中心主任张春红，吉林大学管理学院教授马捷等4位专家，分别以“新时代图书馆发展的主要矛盾与破解”“数据驱动下图书馆服务的新业态”“双一流背景下的学科发展支持服务”“认知与行为分析视角下的图书馆阅读服务创新”为题做主题报告；内蒙古财经大学、大连医科大学、吉林农业大学、东北林业大学 4 校图书馆馆长做典型经验交流；3 个协办单位分别以数据分析与服务读者需求为主题做报告。内蒙古自治区高校图工委主任、内蒙古大学图书馆馆长刘实最后做会议总结。（内蒙古自治区图书馆学会　乌兰格日勒　李文清）

【内蒙古大学图书馆案例获得 2018 中国高校图书馆发展论坛应用案例一等奖】 6 月 7 日，2018 中国高校图书馆发展论坛在昆明举行。在学术论文及应用案例征集和评审活动中，共收到 320 篇论文，86 个创新服务案例，通过专家评审，共评选论文一等奖 20 篇，二等奖 50 篇，三等奖 79 篇；案例一等奖 5 个，二等奖 14 个，三等奖 22 个，其中内蒙古大学图书馆“泛漂流之舟　游浩瀚书海——桃李湖畔·图书漂流”荣获应用案例一等奖。该馆开发的“桃李湖畔·图书漂流系统”是一套集图书漂流、二手图书交易、资源分享、书友交流等功能于一体的图书漂流软件，适用于当前的图书漂流信息化模式，既能有效地提升高校教材和各类图书的利用率，又能满足学生对各类图书的阅读需求。内蒙古大学的师生通过关注该馆的微信公众平台并使用校园卡账户登录后，即可使用该系统所有功能。该系统启动后，在一周内就有 400 多本书籍进行漂流，且系统运行稳定，应用广泛，适合在其他高校图书馆、公共图书馆中应用推广。（内蒙古自治区图书馆学会　乌兰格日勒　李文清）

【“全国古籍重点保护单位”专家组考察内蒙古大学图书馆】 8 月 17 日，“全国古籍重点保护单位”专家组对内蒙古大学图书馆的古籍管理工作进行实地考察与评估。工作人员向专家介绍内蒙古大学图书馆概况及古籍文献收藏保护情况、特色馆藏情况，着重介绍完成镇馆之宝——1720 年御制北京木刻版蒙古文《甘珠尔》（大藏经，109 函）数字化工作，研制其全文数据库和蒙、汉、藏、拉丁文目录数据库及利用平台。专家认真考察古籍书库和古籍阅览室，对该馆古籍保护、特色化建设、数字化等工作给予较高的肯定，并提出今后进一步加强建设的工作要点和建议。（内蒙古自治区图书馆学会　乌兰格日勒　李文清）

【内蒙古工业大学图书馆举办读书节系列活动之“电影之旅”文化沙龙】 5 月 11 日，由内蒙古工业大学图书馆主办的文化沙龙系列“电影之旅”主题活动在建筑馆文化沙龙举办，这是内蒙古工业大学第十届读书月“阅读推广系列活动”之一。此次活动以鉴赏爱情系列电影为主题，介绍、观看、回顾中外 5 部经典爱情电影：《芳华》《远山的呼唤》《泰坦尼克号》等。到场嘉宾与青年学子畅所欲言，交流对于影片中爱情的不同理解与体会。（内蒙古自治区图书馆学会　乌兰格日勒　李文清）

【内蒙古民族大学图书馆举办“诺沐分享”蒙古语读书沙龙活动】 11 月 22 日，内蒙古民族大学图书馆在未成年阅览室举办“诺沐分享”蒙古语读书沙龙。主讲嘉宾为该校教授博·照日格图，分享主题为“科尔沁民歌的艺术特色”，校内蒙古语授课的百余名研究生、本科生参加讲座。博·照日格图围绕科尔沁民歌产生发展的历史原因、科尔沁民歌的喜剧性，深入阐述科尔沁民歌的语言特色，并就如何继承和发扬科尔沁民歌与现场同学进行交流与探讨。（内蒙古自治区图书馆学会　乌兰格日勒　李文清）

辽宁省

【第四届辽宁省高校图书馆馆长论坛在东北大学举办】 11 月 16 日，东北大学图书馆承办的第四届辽宁省高校图书馆馆长论坛暨辽宁高校图书馆数字资源建设与创新知识服务学术研讨会在东北大学召开。来自全省 56 所高校图书馆约 150 名图书馆馆长、馆员参加此次论坛。辽宁省知识产权局副局长薛军、东北大学副校长孙雷先后在开幕式致辞，与会嘉宾共同按下启动按钮，东北大学机构知识库正式上线。（东北大学图书馆）

【沈阳化工大学图书馆打造校企联合新模式】 12 月，沈阳化工大学图书馆与万学教育签署“2019—2021 年资助计划”，万学教育每年资助沈阳化工大学图书馆 3.35 万元资金，用于图书馆馆藏资源建设、开办公益讲座、举办阅读推广活动、资助优秀志愿者等工作及活动，并初步达成追设奖学金项目的意向，以便资助优秀大学生继续深造求学。（沈阳化工大学图书馆）

【大连海事大学图书馆举办第五届“丹墨书香”文艺会演】 4月26日，大连海事大学图书馆与校团委联合举办第五届“丹墨书香”文艺会演决赛。“丹墨书香”文艺会演将古今经典文学作品改编为剧本，通过短戏剧表演的形式，讲述经典文学作品的动人故事，演绎其内在价值并弘扬艺术力量。经专家初评，有6个入围作品进入决赛演出，由评委现场点评打分，并颁发一、二、三等奖。（大连海事大学图书馆　陈思彤）

【2018年全国师范院校图书馆联盟理事会在辽宁师范大学召开】 10月11—13日，2018年全国师范院校图书馆联盟理事会暨“新时代·新使命·新服务”学术论坛在辽宁师范大学召开，来自全国师范院校图书馆联盟43所高校的82位馆长、领导和业务骨干，以及来自大连市内院校图书馆的同人、图书馆学专业的师生参会。会议特邀图书情报工作杂志社社长初景利、教育部高校图工委副主任委员刘万国等专家做专题报告。会议期间，国家古籍保护中心、国家图书馆出版社向辽宁师范大学图书馆捐赠《国家珍贵古籍名录图录》（第1—5批）、《国学基本典籍丛刊》、《中华传统文化百部经典》等珍本古籍图书。（辽宁师范大学图书馆　徐凯）

吉林省

【长春师范大学图书馆世界读书日系列活动启动仪式暨“知网杯”阅读之星颁奖典礼举行】 4月23日，长春师范大学图书馆在报告厅举行纪念世界读书日系列活动启动仪式。馆长刘立强宣读图书馆2018年阅读推广工作方案，活动内容包括图书漂流、推荐书目、阅读分享交流会、数字资源联展及培训、创客空间打造等。启动仪式后还举行了“知网杯”阅读之星评选活动颁奖典礼。此次阅读之星评选活动是图书馆通过汇文借阅系统，统计出全校学生读者在2017年全年借阅图书的册数并进行排名，以此推选出获奖者。（长春师范大学图书馆　费希娟）

【“你选书，我买单”惠民购书进校园巡展活动在长春师范大学图书馆举行】 5月23日，2018年全民阅读进高校系列活动暨“你选书，我买单”惠民购书进校园图书巡展活动在长春师范大学图书馆举行。吉林省新闻出版广电局、吉林省教育厅、吉林日报社作为主办单位，共拨付购书专项扶持基金100万元用于符合条件的吉林省贫困大学生的购书补助。活动现场共发放面值100元的惠民购书卡500张，每名学生持购书卡现场消费，图书按书后定价结算。未获得购书卡的师生现场购书可享受八折优惠。此外，学校师生还在现场选书或划选书单，由图书馆购买并入馆藏，经过加工周期后即可在图书馆借阅。（长春师范大学图书馆　费希娟）

黑龙江省

【概况】 2018年，黑龙江省有高校图书馆82所，其中本科院校图书馆39所（含民办12所）、高职高专图书馆43所（含民办6所）。高校图书馆保持每周90小时以上对校园读者开放，并积极响应国家全民阅读的新风尚，推进校园文化建设，开展丰富多彩、形式多样的阅读推广活动。黑龙江省高校图书情报工作委员会充分发挥协调、指导、组织职能，对事关黑龙江省高校图书馆发展的各个方面开展工作，促进事业协调共同发展。（黑龙江省图书馆学会秘书处）

【黑龙江省高校图书馆第七届部主任学术研讨会在东北农业大学召开】 6月25日，以“知识管理与服务创新”为主题的黑龙江省高校图书馆第七届部主任学术研讨会在东北农业大学图书馆召开，来自省内40余所高校图书馆的200余人参会。中国人民大学图书馆副馆长宋姬芳做“图书馆学科知识服务能力建设与提升”专题报告，北京大学图书馆副馆长聂华做“永不停步：图书馆作为大学教学学习和科研的心脏”专题报告，武汉大学图书馆副馆长刘霞做“‘一流’大学图书馆的服务现状及趋势”专题报告。会议举行黑龙江高校图书馆2018年度“外研讯飞”杯“一带一路”中国故事英文诵读大赛颁奖典礼，5名同学获一等奖，10名同学获二等奖；哈尔滨商业大学、黑龙江八一农垦大学、黑龙江东方学院等10所学校获最佳组织奖。会后还举办黑龙江高校文献资源共享平台试运行意见反馈会。（黑龙江省图书馆学会秘书处）

【黑龙江省高校图书馆资源建设工作座谈会暨国家哲学社会科学学术期刊数据库黑龙江省机构用户签约仪式在东北农业大学图书馆举行】

7月5日，为进一步了解黑龙江省高校文献资源建设情况，提升对全省高校用户的文献资源保障度，国家科技图书文献中心（NSTL）与黑龙江省高校图工委在东北农业大学图书馆组织召开黑龙江省高校图书馆资源建设工作座谈会。NSTL主任彭以祺、NSTL资源建设工作组组长曾建勋等一行6人及黑龙江省高校图工委副主任所在馆的资源建设主管领导参加座谈。彭以祺代表NSTL讲话，他希望通过此次座谈会，增进各馆对NSTL文献资源的了解和认识，并听取大家在教学、科研方面对科技文献的需求和建议，更好地发挥NSTL科技文献保障作用。座谈会后，国家哲学社会科学学术期刊数据库黑龙江省高校机构用户签约仪式举行。黑龙江省高校图工委副主任兼秘书长刘世英代表黑龙江省高校图工委78所成员馆与中国社会科学院图书馆规划部副主任郭哲敏签署《国家哲学社会科学学术期刊数据库（NSSD）机构用户授权使用协议》，NSSD将面向各成员馆免费开放。（黑龙江省图书馆学会秘书处）

【哈尔滨工程大学"教师成果数据库"发布会暨智慧图书馆建设研讨会召开】 10月24日，哈尔滨工程大学"教师成果数据库"发布会暨智慧图书馆建设研讨会在哈尔滨工程大学启航剧场召开。黑龙江省教育厅高等教育处处长蒋鲲出席会议，校党委副书记杨冶致辞。哈尔滨工程大学"教师成果数据库"由学校科学技术研究院提供经费支撑，在信息化处等单位的共同支持下，由图书馆历时一年建设完成。数据库收集整理该校教师1988年以来发表的各类科研成果元数据共计13万余条，包括SCI、EI、SSCI、CPCI-S、CSCD、ESI、CSSCI等多个国内外著名引文索引工具在内的数据信息；成果类型有期刊论文、会议论文、专利、图书等。建立了2995名学者个人主页，将13万余条科研成果关联到学者个人。该数据库还可以进行多终端访问，不仅有电脑版，还有移动版，方便师生使用。（黑龙江省图书馆学会秘书处）

【"超星杯"首届黑龙江省高校图书馆阅读推广案例大赛决赛举办】 12月6日，由黑龙江省高校图工委主办、东北农业大学图书馆承办、超星集团协办的"超星杯"首届黑龙江省高校图书馆阅读推广案例大赛决赛在东北农业大学举办。省内30余所高校图书馆领导、馆员及决赛选手共150余人观摩比赛。决赛历时5个小时，21所高校的35项案例作品参与激烈角逐。各参赛队通过PPT、视频、展演等丰富多彩的形式充分展示高校图书馆富有特色和创意的阅读推广案例作品。经过9位专家的现场评审，东北农业大学图书馆选送的案例"书香为伴，行无止境——东北农业大学图书馆假期'书行计划'活动"获特等奖；2项获一等奖，4项获得二等奖，8项获得三等奖。赛后，黑龙江省高校图工委阅读推广专委会主任、哈尔滨商业大学图书馆副馆长孙明做大赛点评。（黑龙江省图书馆学会秘书处）

上海市

【概况】 2018年，上海市高校图工委进一步加强全市高校图书馆馆际合作交流，积极推进长三角区域共享服务平台建设。全年举办学术研讨、文化交流、赛事等各类活动20余次。举办长三角范围图书馆学基础理论与实践培训，以及前瞻性的高校图书馆战略分析、高校文献资源建设与绩效管理研讨会，设立长三角地区图书情报研究基金，促进长三角地区高校图书馆联动发展。长三角地区高校文献资源共享云服务平台运行良好，电子资源总量稳步提升。全市普通高等学校文献资源累积量稳步增加，文献资源购置总经费较2017年略有增加，其中购置电子资源的经费比例继续提升。组织13项优质资源联合采购，完成304种数据库的单一来源采购论证，资源共建共享成效比较显著。发布《2017年上海市高校图书馆发展报告》。（上海市图书馆学会秘书处）

【2018"知网杯"高校信息资源发现大赛】 11月15日，由上海市高校图工委、同方知网（北京）技术有限公司上海分公司联合主办，上海师范大学图书馆承办的2018"知网杯"上海高校信息资源发现大赛决赛暨颁奖典礼在上海师范大学音乐厅举行。最终，来自上海高校的100名读者获初赛个人优胜奖，3所高校获最佳组织奖，东华大学、上海思博职业技术学院、上海外国语大学贤达经济人文学院、上海交通大学等12所高校进入决赛。东华大学获一等奖，上海海关学院、上海师范大学获二等奖，上海交通大学、上

海交通职业技术学院、上海第二工业大学获三等奖，其他参赛队伍获得优秀奖。（上海市图书馆学会秘书处）

【2018 年上海市高校图工委年终总结大会举行】 12 月 25 日，由上海市高校图工委主办，华东政法大学承办的 2018 年上海市高校图工委年终总结大会在华东政法大学松江校区图书馆举行。上海市高校图工委秘书长、上海交通大学图书馆馆长陈进，上海市高校图工委常务副秘书长、上海交通大学图书馆副书记杜夏明以及近 100 位来自上海市各高校的图书馆馆长、馆员代表参加此次会议。陈进做“2018 年度上海市高校图工委年终工作总结”报告，对 2019 年度工作进行展望。图工委各专项工作组也分别进行年度工作汇报。由上海市高校图工委牵头编撰的《2017 年上海市高校图书馆发展报告》在会上正式发布。（上海市图书馆学会秘书处）

【2018 年度上海市高职高专及民办高校图书馆馆长会议召开】 12 月 12 日，会议在上海思博职业技术学院图书馆召开，会议主题为“海派特色馆建设”。来自上海市高职高专和民办高校图书馆馆长及代表 30 余人参会。高职高专暨民办高校分委会领导对图书馆界近期热点会议和最新动态进行详细介绍，结合实践工作进行案例分享。与会馆长进行讨论交流。（上海市图书馆学会秘书处）

【同济大学“经典共读”阅读推广活动】 4 月 24 日，同济大学图书馆联合校土木工程学院、经济与管理学院在同济大厦共同举办同济大学共读红色经典辩论赛暨经典共读平台启动仪式。活动共收到 5739 篇读者书评，吸引 1032 名学生参加。10—11 月，同济大学图书馆与校研究生会共同举办“同心相伴，经典共读”活动。 参与者通过 14 天不间断打卡活动，在挑战中形成阅读自觉性和阅读习惯。超过 200 名同学参与此次共读活动。（上海市图书馆学会秘书处）

【“泛在知识环境下信息素养教育的创新与实践”交流沙龙举行】 5 月 9 日，由上海市高校图工委信息素养教育工作组主办，同济大学图书馆承办，主题为“泛在知识环境下信息素养教育的创新与实践”的交流沙龙在同济大学举行，来自上海 22 所高校的 60 余位信息素养教育管理人员、教学人员参与分享和讨论。沙龙围绕泛在知识环境下信息素养教育碰到的问题和挑战进行分析和讨论，还邀请南开大学商学院信息资源管理系教授柯平做题为“创新与转型：从文检课到信息素养教育”的专题报告。（上海市图书馆学会秘书处）

【纪念改革开放 40 周年暨上海高等院校人文学科发展与数字人文研讨会举办】 6 月 13 日，由上海大学图书馆、上海大学人文社会科学处、同方知网（北京）技术有限公司上海分公司联合主办的纪念改革开放 40 周年暨上海高等院校人文学科发展与数字人文研讨会在上海大学举办，来自复旦大学、武汉大学、同济大学、上海大学以及中国科学文献计量评价研究中心等高等院校、研究机构的领导、专家与部分师生近 60 人参加会议。与会师生和报告专家围绕高校人文学科发展与数字人文主题进行讨论。（上海大学图书馆）

【华东师范大学图书馆“大师书房”—— 王智量数字图书馆上线】 4 月 20 日，华东师范大学图书馆完成外国文学专家、翻译家、小说家王智量手稿、著作、藏书、画作的数字化加工，作为学校特色馆藏资源的王智量数字图书馆正式上线运行。王智量，笔名智量，江苏江宁人。1928 年生于陕西汉中，1952 年毕业于北京大学俄语专业。1978 年调入华东师范大学工作，长期担任中文系教授，1993 年退休。曾出版专著、译著 30 余部，出版《智量文集》共 18 册，约 500 万字。（上海市图书馆学会秘书处）

【华东师范大学图书馆“丽娃文库”建成开放】 4 月 26 日，华东师范大学图书馆以收藏、展示该校名师、优秀学生、杰出校友学术著作为特色的文献资源库“丽娃文库”正式建成开放。“丽娃文库”以学术专著为主，兼收手稿、笔记等文献。第一批开放的文献涵盖华东师范大学各学科 73 位名师的 181 种学术专著。（上海市图书馆学会秘书处）

【华东师范大学图书馆举办“师大阅读力”主

题书香嘉年华活动】 4月18日—6月6日，此次主题书香嘉年华活动举行，在为期1个多月的活动中开展主题书展、文化展览、影视沙龙、春季游园、谷雨茶会、丽娃共读、经典诵读、藏书票设计与制作等近40项活动。新推出的经典诵读活动在校内掀起一股朗读热潮，丽娃共读、影视欣赏、文化艺术体验活动等传统项目依然受到读者追捧。（上海市图书馆学会秘书处）

【华东师范大学图书馆设立“王元化学馆”】 5月7日，王元化逝世10周年之际，位于华东师范大学中山北路校区图书馆的王元化学馆开馆。同时，华东师范大学中国语言文学系、中国现代思想文化研究所、中国古代文学理论学会及校出版社还共同主办以“后五四时代与中国思想学术”为主题的学术研讨会。王元化学馆除了永久展出其生前的手稿、信件、日记、笔记等珍贵资料外，特意将他的晚年思索探寻、未及解答的19个问题以“王元化之问”整墙列出，同样以此方式列出的还有“王元化精神生命年表”。（上海市图书馆学会秘书处）

【“当代中国社会生活资料共建共享联盟”工作研讨会在复旦大学举行】 10月16日，研讨会在复旦大学举行，这是自2016年11月东亚高校图书馆国际论坛上复旦首倡提出建立联盟、实现当代中国社会生活资料共建共享后，第一次举行的联盟大会。此次会议有来自26所机构的37名代表出席。会议审议联盟章程，并举行签字仪式，签字表示参加联盟意向的机构有14所国内高校和9所海外高校和研究机构。会议决定联盟秘书处设在复旦大学图书馆，侯力强任秘书长。根据首次联盟会员大会的提议，经联盟秘书处与部分发起单位磋商，推荐产生联盟首批4个工作组组长单位，分别是武汉大学图书馆（资源建设组）、南京大学图书馆（学术推广组）、浙江大学图书馆 & CADAL（平台技术组）、复旦大学图书馆（标准规范组）。（上海市图书馆学会秘书处）

【复旦大学图书馆获赠顾维钧数字化档案】 12月6日，顾维钧数字化档案捐赠仪式在复旦大学图书馆举行。包含原始数据26.2GB（含174783个文件、2284个文件夹）和文献目录条目74000余条的复旦大学图书馆顾维钧数字化档案平台正式启用。（上海市图书馆学会秘书处）

【上海交通大学图书馆举办“4·23”世界读书日系列活动】 以“文脉流芳：沁润学在交大的阅读时光”为主题，上海交通大学图书馆联合校党委宣传部、学指委、校工会、教育技术中心等职能部门，开展2018年上海交通大学阅读推广系列活动，包括“4·23”世界读书日特别活动、名师领读、“阅读之美”摄影作品展等。在世界读书日当天，发布《2017年上海交通大学读者阅读状况分析报告》。（上海交通大学图书馆）

【上海交通大学图书馆主馆10周年系列庆祝活动】 12月15日是上海交通大学图书馆主馆正式落成开放10周年馆庆，图书馆举办一系列庆祝活动，包括新时代图书馆服务创新研讨会、馆员知识技能大提升比赛、“大美交图　筑梦扬帆——上海交通大学图书馆主馆十年发展回顾专题展”，发布《十年·一日》图书馆宣传片、主馆语音导览平台等。（上海市图书馆学会秘书处）

江苏省

【概况】 2018年，江苏省共有普通高等院校166所，其中本科77所、高职高专院校89所；有民办大学50所，其中本科29所、专科21所。江苏省高校图工委对下属各专业委员会及其领导成员进行相应的调整，将原战略规划研究专业委员会、馆舍与环境建设专业委员会合并成战略规划与空间建设专业委员会，下属各专业委员会由原9个专业委员会、2个工作小组调整为8个专业委员会、2个工作小组。全年举办学术研讨、业务讲座、文化交流、赛事等各类活动20余次。进一步加强与兄弟省市高校图工委的相互交流、学习、合作，推动长三角地区高校图书馆联盟协同发展。完成《2017年江苏高校图书馆事业发展报告》，促使江苏高校图书馆在全国平台的填报率大大提升。由南京师范大学图书馆承建的“江苏省高校图书馆事业发展统计与决策服务系统”项目取得重大成果。召开《江苏省高校图书馆事业发展大事记（暂定）》出版编辑座谈会并基本完成编辑工作。（江苏省图书馆学会　李浩　董莹　储兰）

【2018苏皖两省高校图书馆合作与发展研讨会在镇江召开】 1月20日，江苏省高校图工委、安徽省高校图工委共同发起举办的2018苏皖两省高校图书馆合作与发展研讨会在江苏镇江召开。此次会议是苏皖两省进入21世纪以来首次举办的高层合作研讨会。江苏省高校图工委副主任、东南大学图书馆馆长李爱国主持会议并致辞。会上，安徽省高校图工委秘书长、安徽大学图书馆馆长储节旺提出两省合作的基本构想，并着重阐述目前高校图书馆界所面临的共同问题。江苏省高校图工委副秘书长、南京大学图书馆副馆长罗钧介绍江苏省高校图工委的工作情况，报告江苏省高校数字图书馆（JALIS）建设的发展背景和基本情况。此次会议开启苏皖两省高校图书馆合作与发展新的一页。（江苏省图书馆学会　李浩　董莹　储兰）

【全国建设类高校图书馆管理与校园书店建设研讨会暨工作联盟成立会议在徐州召开】 6月23日，全国建设类高校图书馆管理与校园书店建设研讨会暨工作联盟成立会议在徐州工程学院图书馆召开，来自全国建设类高校、出版发行单位的65名代表参会。会议旨在提升图书馆管理、服务能力和水平，落实中宣部、新闻出版广电总局、教育部、住建部等11部委《关于支持实体书店发展的指导意见》，推进建设类高校校园书店建设，提升校园文化水平。中国图书馆学会副理事长、公共图书馆分会主任刘小琴出席会议。大会分开幕式、专题报告、全国建设类高校图书馆管理与校园书店建设工作联盟成立等环节。会议期间，中国建筑工业出版社与西安建筑科技大学等12家高校签署合作建设校园书店意向书，会议原则通过联盟章程和联盟单位组成。（徐州工程学院图书馆）

【2018长三角地区高校图书馆联盟馆长论坛在无锡举行】 10月28—30日，2018长三角地区高校图书馆联盟馆长论坛在江南大学图书馆举行。论坛以“创新驱动发展　智慧引领未来”为主题，由长三角地区高校图书馆联盟主办、江南大学图书馆承办。来自沪浙皖苏115所高校的近200位代表参会，教育部高校图工委和长三角地区高校图书馆联盟领导、国内外知名专家学者应邀出席并做主旨演讲。北京大学图书馆馆长陈建龙、上海交通大学图书馆馆长陈进、南京大学图书馆馆长程章灿、美国乔治·华盛顿大学图书馆馆长吉尼瓦·亨利及其他14位来自江浙沪皖的专家、学者围绕高校图书馆未来发展等热点话题做学术报告。各高校图书馆负责人在探讨助力高校“双一流”建设、推动图书馆服务创新、智慧图书馆建设等方面进行全面深入的交流，既有理论层面的战略思考，也有实践层面的探索分享。（江苏省图书馆学会　李浩　董莹　储兰）

【中国矿业大学图书馆与美国科罗拉多矿业大学图书馆签署合作备忘录】 7月11—12日，中国矿业大学图书馆馆长宋迎法访问美国科罗拉多矿业大学图书馆，并与该馆馆长卡罗尔·史密斯签署两馆合作备忘录，达成多方面合作意向。两馆成为姊妹馆，在2018—2023年双方将开展馆员交流互访、业务培训研讨、理论与实践的合作研究等活动。这是中国矿业大学图书馆历史上第一次与欧美大学图书馆开展交流与合作，目的在于提升图书馆文献保障与服务能力，提升学校国际化办学水平和助力“双一流”建设。（中国矿业大学图书馆）

【中国矿业大学图书馆举办2018年图书馆资源建设学术论坛暨秋季精品图书订货会】 10月26日，中国矿业大学图书馆联合北京百万庄图书大厦有限公司在馆内举办2018年图书馆资源建设学术论坛暨秋季精品图书订货会。北京大学信息管理系教授刘兹恒、中国矿业大学图书馆馆长宋迎法等专家，全国80余所图书馆代表和70余所出版社代表参加会议。刘兹恒做题为“与时俱进的我国图书馆文献资源建设”的主题报告，宋迎法以“从学海无涯到书山有路”为题介绍中国矿业大学图书馆资源建设的整体情况。论坛结束后，来自图书馆、出版社的与会人员进行精品图书看样现采及现场交流。（中国矿业大学图书馆）

【江苏师范大学图书馆创新人才评价方法】 10月16日，江苏师范大学图书馆召开人才评价策略研讨会，校人事处、教务处、研究生院、社科处、学科办等单位领导及相关工作人员应邀参加研讨。会议围绕该校人才引进标准以及现有教职工的教学科研评价工作进行深入交流，并就人才评价实施方案、评价指标、评价标准等展开专题探讨。研讨会为图书馆开展人才评价工作确立明确的方向、思路和行动方案。图书馆在此次研讨会基础上，探索制定“人才评价方法”，制作“人才评价计算模板”。已基本制定完成指标和计算模板，进入实际数据计算和调整阶段，对重点科研人员开展“科研绩效分析”，为学科建设、人才引进评价方法等提供科学准确的参考依据。（江苏师范大学图书馆　韩冰）

【南通开放大学图文信息中心开展“智慧书屋”区域品牌创建工作】　4月，南通开放大学图文信息中心（以下简称“中心”）以“4·23”世界读书日为契机，以“书香飘农家，文化兴乡村”为主题，再次联合南通市通州区刘桥镇英雄村共同举办第23个世界读书日活动，在英雄村、港闸区秦北村、新西社区建设3家中心“智慧书屋”。该中心以扩展区域图书馆、文化站、村居书坊为对象，每年陆续在区域内建立1—2家社区“智慧书屋”，已先后建立13家。（南通开放大学图文信息中心）

【“中国书架”走进西交利物浦大学图书馆】　11月23日，“中国书架”苏州项目启动仪式在苏州美术馆举行，西交利物浦大学成为“中国书架”苏州首批落地网点之一。“中国书架”项目是中宣部（国务院新闻办公室）和原国家新闻出版广电总局的“走出去”工程项目之一，旨在探索让世界通过图书来了解中国，铺设中国文化走向世界的书香之桥。在西交利物浦大学图书馆，上百本关于中国文化、历史、社会、经济的英语和法语书籍已经到位，为来该校学习的国际学生提供更多了解中国的途径。（西交利物浦大学图书馆　樊曌华）

浙江省

【概况】　2018年，浙江省高校图书馆事业继续稳步推进。馆舍面积持续扩大，4所高校图书馆新馆正式投入使用，9所高校图书馆正在建设新馆。根据68所高校图书馆填报的数据统计，全年总经费约4.01亿元，其中纸质文献购置费约1.86亿元，电子资源购置费约1.79亿元，相比2017年，总经费、纸质文献购置费和电子资源购置费均略有上升。

人才队伍素质进一步获得结构性提升，高学历人数持续增长。各高校图书馆在编职工人数稳步提升，68所高校图书馆有正式在编工作人员2031人，其中：博士41人、硕士705人、第二学士学位8人、本科1095人、大专182人；正高级职称69人、副高级职称402人、中级职称1183人、初级职称262人。

文献资源建设稳步发展。各高校图书馆根据学校发展与学科建设新要求，在加强纸质文献与电子资源采访工作的同时，强调特色文献资源库的建设。根据68所高校图书馆填报的数据统计，全年新增中文纸质图书275.99万册，外文纸质图书8.80万余册，中文电子图书3189.35万余册，外文电子图书94.07万余册。截至2018年12月底，68所高校图书馆文献资源累积总量约2.76亿册。

读者服务工作正常有序开展，大部分高校图书馆保持每周96小时对外开放，有的高校馆实行部分阅览室一天24小时开放制度，网络数字化资源7×24小时对读者开放。在为“双一流”学科服务方面，许多高校图书馆开展学科评估、情报分析、专利咨询等服务工作，取得很好的成效。在文化建设方面，浙江省高校图工委积极打造有影响力的文化品牌，引入省内博物馆展览进高校，延续2017年继续开展“中华文明高校行”系列活动，“兰亭的故事”“丝绸之路与丝路之绸”展览分别走进浙江工业大学、浙江旅游职业学院、浙江中医药大学等高校。

浙江省高校图工委定期召开全省高校图书馆馆长工作会议、高职高专院校图书馆馆长工作会议；举办新任馆长培训班；契合全省高校图书馆的现实需求，举办选题新颖、形式种类多样的学术研讨活动，如浙江省高校图书馆第七届青年学术论坛、浙江省“数据管理、数据服务与数据期刊”学术研讨会、“信息技术＆图书馆”会议暨浙江省高校图工委网络数字化专业委员会2018年年会等，为馆员业务能力提升及图书馆事业稳步发展搭建平台；组织科研项目申报工作，评定浙江省高校图工委立项资助课题15项、不资助课题7项；克服稿源不足等困难，出版刊物《浙江高校图书情报工作》2期。（浙江省高校图工委）

【2018年浙江省高校图书馆馆长工作会议暨智慧图书馆发展论坛在宁波大学举行】　5月

24—25 日，宁波大学校领导、浙江省高校图工委相关领导及来自全省 87 家高校图书馆的 120 位馆长和代表参加此次会议。会议听取省高校图工委副主任兼秘书长田稷所做的“浙江省高校图书情报工作委员会 2018 年工作报告”；浙江大学信息技术中心总工程师、智云实验室副主任张紫徽，宁波大学图书馆与信息中心馆长刘柏嵩分别做“信息技术的价值”“图书馆智能时代：新进展、新趋势、新举措”专题报告。在智慧图书馆发展分论坛，浙江大学宁波理工学院图书馆赵继海、杭州电子科技大学图书馆陈琳、浙江大学图书馆陈益君、宁波大红鹰学院图书馆颜先卓分别主持并做小组汇报。分论坛采取开放式、互动式的沙龙模式，与会代表紧扣“智慧图书馆建设中的决策风险及其防范对策”“服务——图书馆永恒的主题”“图书馆资源建设的新生态与新定位”“转型期民办院校图书馆对策”等相关主题进行深入探讨和交流。（浙江省高校图工委）

【浙江省高校图书馆第七届青年学术论坛在杭州师范大学举行】 10 月 11 日，来自全省高校图书馆和部分公共图书馆的青年馆员共 120 余人参加此次会议，浙江省高校图工委副主任兼秘书长吴晨到会致贺词。此次论坛围绕“智能化背景下的图书馆服务拓展”这一主题展开交流和探讨。杭州师范大学图书馆副馆长何立芳、上海万方数据有限公司区域副经理陈一俊分别做题为“图书馆智慧服务模式的思考”“学术资源在智慧图书馆服务中的新角色”的专题报告。来自全省高校图书馆的 15 位青年代表做交流发言，分别就人工智能时代图书馆文献资源建设、高校图书馆微信公众号运营、图书馆人脸识别技术应用、移动图书馆发展、手机 APP 的共享阅读、大学图书馆数字人文等发表见解。浙江省高校图工委学术委员会主任赵继海最后做会议总结，并简要回顾了青年学术论坛的历程。展望未来，他希望青年学术论坛在形式、内容等方面不断拓展，从而为青年馆员切磋业务提供更好的平台，吸引更多青年馆员参与学术研究和交流。（浙江省高校图工委）

【2018 年浙江省高职高专院校图书馆馆长工作会议在绍兴召开】 10 月 24—25 日，由浙江省高校图工委高职高专院校图书馆分委会主办、浙江工业职业技术学院图书馆承办的此次会议在绍兴召开，来自全省 47 所高职高专院校的图书馆馆长、同人及分委会委员共 60 余人参会。分委会主任、金华职业技术学院图书馆馆长胡朝德做“2018 年分委会工作总结和 2019 年工作计划”。浙江工商职业技术学院图书馆馆长朱如龙做基于馆企合作的“空间再造服务创新创业”专题报告，温州科技职业学院图书馆馆长金瑜雪做基于馆处合作的“倾力打造第三空间，提升师生归属感”专题报告，嘉兴职业技术学院图书馆副馆长张君斐做“嘉兴职业技术学院图书馆空间再造”经验交流，浙江建设职业技术学院图书馆馆长胡颖从建筑学角度分享“图书馆空间再造建设与改造理念”，浙江工业职业技术学院图书馆馆长黄旭伟以“助力优质校建设图书馆创新与行动”为题介绍办馆经验。会议由浙江金融职业学院图书馆馆长殷世波主持。会议还就图书馆空间再造组织分组讨论和小组汇报，分委会副主任兼秘书长、浙江交通职业技术学院研究馆员叶新明主持分组汇报并做会议总结。（浙江省高校图工委）

【浙江省高校图书馆非图书情报类专业新职工培训班在绍兴举办】 11 月 12—14 日，由浙江省高校图工委信息咨询与用户教育专业委员会主办、绍兴文理学院教育培训中心承办的此次培训举办，来自全省 30 余所高校图书馆的 90 多位新馆员参加。会议举行简短而隆重的新馆员入职宣誓仪式，邀请 5 位高校图书馆馆长为新馆员授课，课程分别是：省高校图工委副主任、宁波大学图书馆馆长刘柏嵩的“AI 与智慧图书馆：进展、时间和未来”，省高校图工委学术委员会主任、浙江大学宁波理工学院图书馆馆长赵继海的“图书馆学术研究与论文写作”，省高校图工委学术委员会副主任、湖州师范学院图书馆馆长龚景兴的“图书馆职业操守简述”，省高校图工委读者服务专委会主任、杭州电子科技大学图书馆馆长陈琳的“服务，图书馆永恒的主题——谈谈读者工作”以及省高校图工委信息咨询与用户教育专委会主任、绍兴文理学院图书馆馆长舒炎祥的“图书馆与咨询馆员”，5 位馆长从读者服务工作、智慧图书馆、学术研究、咨询馆员素养以及图书馆职业操守等方面对新进员工进行系统培训。课程结束后，为每位参加培训的馆员颁发结业证书。通过培训，新馆员不仅提高自身的图书馆专业素养，而且开拓学术研究视野，也对图书馆有一个更为充分的理解与认识，为今后从事图书馆工作奠定坚实的基础。（浙江省高校图工委）

【2018 年浙江省高校图书馆新任馆长交流研讨会在湖州举行】 12 月 5—7 日，为助力全省高校新任馆长尽快适应新岗位，熟悉图书馆管理与业务流程，了解先进办馆理念，提升履职能力与办馆水平，浙江省高校图工委在湖州职业技术学院举办 2018 年浙江省高校图书馆新任馆长交流研讨会。会议邀请多位省内外图书情报领域专家做报告，报告包括：浙江大学宁波理工学院图书馆馆长赵继海的“高校图书馆的发展趋势与管理创新”，浙江大学图书馆副馆长田稷的“高校图书馆资源建设与参考咨询”，宁波大学图书馆与信息中心馆长刘柏嵩的“高校智慧图书馆建设与发展”，西南交通大学原图书馆馆长高凡的“《普通高等学校图书馆规程》解读”和浙江师范大学图书馆王云娣的“大学图书馆服务回眸、转型与发展”，内容涵盖高校图书馆的规程与指标体系、业务管理与行政管理、传统服务与阅读推广、文献资源建设、学科服务以及现代信息技术应用、智慧图书馆的发展等诸多方面。会议还安排提问与研讨环节，专家与新任馆长进行现场互动。（浙江省高校图工委）

安徽省

【中国图书馆学会阅读推广委员会大学生阅读推广专业委员会 2018 年工作会议在安徽农业大学召开】 3 月 28 日，中国图书馆学会阅读推广委员会大学生阅读推广专业委员会 2018 年工作会议在安徽农业大学召开，来自武汉大学等全国 28 所高校大学生阅读推广专业委员会委员、图书馆馆长、图书馆界专家代表近 40 人共同商讨 2018 年高校阅读推广工作。西南交通大学图书馆馆长高凡主持会议，安徽农业大学副校长蒋家平出席会议并致辞。会上，与会代表讨论专委会 2018 年工作计划，同时积极发言、各抒己见，踊跃介绍各馆阅读推广经验，对专委会工作提出许多建设性意见。会议特开展新时代背景下大学生阅读推广工作主题研讨，与会代表讲述 2017 年各馆开展的印象最深刻、最满意的阅读推广活动，并一致认为阅读推广不仅仅是图书馆某一个部门的事情，而应该齐心协力，以阅读推广为抓手、吸引更多的读者走进图书馆，提高图书馆的知名度及资源利用率。（安徽省图书馆学会　武巍泓）

【新时代高校图书馆可持续性智慧发展实践与管理创新研讨会在合肥召开】 4 月 13 日，由安徽省高校数字图书馆主办、合肥工业大学图书馆承办的新时代高校图书馆可持续性智慧发展实践与管理创新研讨会在合肥召开，全省 100 余位高校图书馆同人参加会议。会上，东南大学图书馆馆长李爱国以该馆为例就“图书馆管理与服务转型”做主旨报告。合肥工业大学图书馆李红艳结合该馆在实际工作中遇到的问题和困境做题为“高校图书馆业务管理与服务系统建设新趋势”的报告。中国科学技术大学图书馆馆长助理郭磊分享在调研下一代图书馆管理系统的过程中结合该馆需求提出的想法，并针对下一代图书馆管理系统平台对空间和服务上揭示的不足提出服务资源化解决方案。最后，中山大学图书馆馆长程焕文做题为“智慧与服务”的主题报告，从图书馆业务、图书馆资源建设、图书馆数据管理等 3 个方面探讨高校图书馆的智慧与服务。（安徽省图书馆学会　武巍泓）

【新一代图书馆服务平台与智慧图书馆研讨会在安徽大学举行】 6 月 21 日，由安徽省高校图工委主办、安徽大学图书馆承办、湖北三新文化传媒有限公司协办的“新技术、新产品、新服务——新一代图书馆服务平台与智慧图书馆”研讨会在安徽大学文典阁举行。近百名来自全省各高校图书馆的馆长、副馆长及图书馆骨干参加会议。研讨会由安徽大学图书馆党委书记彭丹菊主持，安徽省高校图工委秘书长、安徽大学图书馆馆长储节旺致辞。湖北三新文化传媒有限公司董事长宋旅黄做题为“三新智慧图书馆的发展之旅”的报告，将三新智慧图书馆发展中的探索、成果和优势进行阐述和推介。此次研讨会旨在推动安徽省高校图书馆信息化建设，促进图书馆发展顺应新趋势、融合新技术，实现建设智慧图书馆的发展目标。（安徽省图书馆学会　武巍泓）

福建省

【概况】 截至 2018 年底，福建省共有各类高等学校图书馆 92 所，其中：普通本科高校图书馆 38 所，含新设立的福建技术师范学院（原名福建师范大学福清分校）和独立学院 5 所；专科院校图书馆 52 所；成人教育院校图书馆 2 所。在编人员总数 1700 余人。

图书馆服务水平全面提升。2018 年，福建省高校图书馆读者总人数 100 多万人。每周开馆时间馆均 90 小时，本科高校图书馆周开馆时间平均达到 100 小时以上。全省高校图书馆纸质文献总量达 8000 余万册，外借书刊 600 余万册，电子资源下载量 5000 余万篇。在特色专题文献数据库建设上，自建数据库累积数量 100 余个，自建数字资源累积总量达 22 万 GB。自建数字资源总量最多的是厦门大学图书馆的 7.35 万 GB，其次为福建师范大学图书馆的 3.19 万 GB。

馆舍面积持续扩大。馆舍面积总计 150 余万平方米，超过 5 万平方米的图书馆有 5 所：厦门大学图书馆、福州大学图书馆、福建农林大学图书馆、华侨大学图书馆、福建师范大学图书馆，其中馆舍面积最大的是厦门大学图书馆，有 10 余万平方米。总面积约 3.6 万平方米的莆田学院图书馆新馆于 2018 年底破土动工，预计 2020 年正式启用。全省高校图书馆拥有阅览座位 15 余万个。

经费投入持续稳定。2018 年，全省高校图书馆文献资源购置费 24000 多万元（其中电子资源购置费 13000 多万元），厦门大学图书馆的文献资源购置费最多，达 3000 多万元，其纸质资源购置费和电子资源购置费均为全省最多，分别为 900 多万元和 2100 多万元。

网络化、数字化设施全面普及。全省高校图书馆拥有计算机 1 万多台、各种类型服务器 900 多台，存储总容量 5000TB，网络交换机端口总数达 30000 多个。

福建省高校数字图书馆（FULink）的建设成效突出。截至 2018 年底，FULink 成员馆已有 53 个，开展文献提供、文献传递、联合借阅、移动图书馆等个性化文献信息资源的“一站式”服务，实现文献信息资源共建共享。全年通过“文献提供服务系统”的文献传递方式，共获得各成员馆本馆未收藏的文献 40.65 万篇；通过“书后光盘管理系统”下载 80 多万张光盘数据；通过“移动 FULink”的移动图书馆服务，读者共安装 APP 客户端 1.07 万次，登录 187.40 万次，用户点击量达到 7051.89 万次，通过手机文献传递 60.10 万篇、图书下载 9.26 万本。在福州大学城的 8 所图书馆有 2043 人次的读者通过“联合借阅系统”到其他成员馆阅览或借出纸质图书。为推进高校优势特色学科建设提供优质服务。开展参考咨询与学科服务，进行成员馆高校发文分析和专利分析，全年提交分析报告 21 份，如《福建省高校数字图书馆成员馆高校 EXI 学科总体情况分析》《福建省高校数字图书馆成员馆高校 Web of Science 发文情况分析》《福建省高校专利运营情况》等报告。以“我的图书馆，我的阅读，我的书评”为主题举办的第二届福建省大学生书评大赛，收到有效书评 5954 篇，全省 28 所高校 4501 人次参与，点赞总数 37243 人次，评出一等奖 16 篇、二等奖 32 篇、三等奖 48 篇和优秀奖 160 篇。

2018 年，福建师范大学图书馆教授方宝川入选福建省委人才工作领导小组办公室公示的省优秀“百人计划”中的“文化名家”。福建医科大学图书馆“致力于科技情报研究　提升学科服务水平”项目被华东地区六省一市科学情报学会评为 2018 年度华东地区科学技术情报成果奖三等奖，该馆馆长常志卫获得 2018 年度华东地区优秀科技情报工作者荣誉称号。（*福建省高校图工委秘书处　郭毅*）

【CASHL 服务工作组成立暨 2018 年工作会议和 CASHL 新媒体宣传推广工作组 2018 年工作会议在厦门大学召开】 1 月 5 日，受中国高校人文社会科学文献中心（CASHL）管理中心委托，厦门大学图书馆组织召开此次会议，CASHL 全国中心、区域中心、学科中心及优秀成员馆的 45 名代表参加会议，厦门大学图书馆馆长萧德洪、南京大学图书馆副馆长史梅致辞。CASHL 管理中心副主任肖珑做题为“面向‘双一流’建设的 CASHL 文献资源共享服务”的报告，CASHL 管理中心曾丽军详解《服务工作组工作条例（草案）》，南京大学图书馆慎月梅和东北师范大学图书馆徐枫分别分享新媒体工作的优秀成果及案例。CASHL 服务工作组以及新媒体工作组组长汇报了下阶段的工作内容及工作计划，分别展示 2018 年 CASHL 在新媒体服务、微社区内容服务、前瞻性课题成果转化、服务评估指标、文献传递和馆际互借发展对策研究、年度阅读报告发布、特藏 + 平台设计、信息素养教

育 8 个方面的服务优化及转型思路。（厦门大学图书馆）

【福建省高校数字图书馆（FULink）协调工作小组第二十六次全体会议暨新时代图书馆可持续性智慧发展实践与管理创新研讨会在福州大学召开】 6 月 6—7 日，福建省高校数字图书馆（FULink）协调工作小组第二十六次全体会议（含第三次主任委员会议）暨新时代图书馆可持续性智慧发展实践与管理创新研讨会在福州大学图书馆召开。会议讨论通过“FULink2018—2019 年拟建项目及经费预算”和“FULink2017 年奖励统计”，听取各专业工作组 2017 年的工作进展情况汇报，还针对各单位工作中遇到的问题进行现场研讨。会上举行 FULink 新成员馆授牌仪式，新加入的成员馆有 29 个。FULink 成员馆已由最初的 8 个发展到 53 个，占全省高校的 60%，成效显著。（福建省高校图工委秘书处　郭毅）

【福建省第十二届“书香八闽”全民读书月启动仪式在福建师范大学举行】 9 月 28 日，福建省第十二届“书香八闽”全民读书月启动仪式在福建师范大学旗山校区举行。此次全民读书月活动主题为“学习新思想　建设新福建　书香伴我行”，福建省副省长杨贤金等 400 余人参加启动仪式，并参观福建师范大学图书馆举办的书香校园成果展和专题书展。启动仪式上，大学生代表宣读《读好书、做好人、圆好梦》倡议书；福建省新闻出版广电局向省内高校图书馆赠送《福建名人名篇》丛书；与会领导、嘉宾为 23 个重点扶贫开发县贫困乡村学校“追梦书屋”捐书、授匾，为“冰心杯——改革开放四十周年读书征文”优秀征文颁奖，为首批福建省全民阅读示范点授匾。“书香八闽”已成为福建省全民阅读活动的品牌。（福建省高校图工委秘书处　郭毅）

【全国首个设在高校的省级方志文献中心落户宁德师范学院图书馆】 4 月 19 日，全国首个设在高校的省级方志文献中心——福建省地方志编纂委员会/宁德师范学院方志文献中心（以下简称“中心”）落户宁德师范学院图书馆。中心设在该馆东侨校区图书馆 5 楼，目前拥有藏书 5000 余册，包含省志、市志、县志、年鉴等文献，内容涵盖福建省社会、经济、文化、自然、地理、历史等多个方面，为全国方志系统培训基地、方志和地情文献人才专修班及闽东经济文化发展提供资源。中心具有方志收藏、学习教育、研究交流等功能，不断探索让方志文献“活”起来。（宁德师范学院图书馆）

江西省

【概况】 截至 2018 年底，江西省共有普通高等学校 98 所，其中：本科院校 30 所、独立学院 13 所、高职高专院校图书馆 55 所。2018 年，江西省高校图工委在省教育厅高教处的支持下，协助教育部高校图工委，组织全省高校图书馆填写“高校图书馆事实数据库”，为撰写《高校图书馆发展蓝皮书 2017》提供数据。全省共有 87 所高校填报 2017 年度相关数据，江西省高校图工委秘书处在此基础上编写《2017 江西省高校图书馆发展报告》。

全省高校数字图书馆建设项目稳步推进。对 2018 年省高校数字图书馆服务情况进行统计，全年共收到各类读者文献请求量 203400 篇（册），其中中外文期刊 113739 篇、图书 42408 篇、中外文学位论文 38152 篇；读者的请求满足率达 100%，其中成员馆传递文献总量为 24248 篇（册）。此外，2018 年设计、印制《江西省高校数字图书馆用户使用手册（2019）》6000 份，发放给各成员馆进行宣传推广。（江西省图书馆学会　苏文帆）

【江西高校图书馆联盟阅读推广交流会在江西财经大学图书馆召开】 10 月 31 日，江西高校图书馆联盟阅读推广交流会在江西财经大学图书馆召开。江西财经大学副校长刘小丽、图书馆馆长邹传教，南昌大学图书馆党委书记胡华爱等出席会议，与会的还有各馆馆员 100 余人。会议由胡华爱主持。参会各馆分别介绍品评阅读推广案例，分享交流阅读推广的理念、方法和成果。会议对各馆阅读推广案例进行评比，江西财经大学图书馆的“蛟湖书声”获得特等奖。（江西省图书馆学会　苏文帆）

【江西财经大学图书馆新馆正式投入使用】 3 月 3 日，江西财经大学迎来 2018 年春季开学日，新图文信息大楼于当日正式落成并投入使用。图书馆新馆设置在图文信息大楼的1—8层，面积3.2万平方米，其中1—5层对读者开放，6层为办公层，7—8层为备用书库。内设3部观光电梯和5部走梯，供读者使用。在1—5层，每一层均设置超大的自习空间，并将学习区域按照需求进行划分，同学们既不用再为早起占座而烦恼，又可以在这里开展个性化学习。此外，为给师生们创造良好的学习环境，各自习室和书库均摆放大量绿植，不仅绿意盎然、充满生机，又能净化空气、美化环境。（江西省图书馆学会　苏文帆）

【宜春学院图书馆推出首席教授服务制度】 2018年3月，宜春学院图书馆创新推出"首席教授服务制度"，选派信息资料员一对一为学院首席教授提供文献信息的个性化全程跟踪服务。3月16—21日，宜春学院图书馆副馆长敖平玲带领研究馆员易斌、副研究馆员吴漂生、博士李钢和尹娟，分别拜访肖平平和吕爱清两位首席教授。信息资料员介绍为首席教授提供定题服务、文献传递、代查代检、科技查新等服务的内容和方式，并了解首席教授目前的学术研究方向、教学科研情况。肖教授、吕教授对图书馆多年来对学校教学与科研的高度重视表示感谢，并希望能长期合作，不断提升学校的教学与科研水平。宜春学院在"十三五"期间准备选拔10名首席教授，图书馆将为全部首席教授配备信息资料员进行一对一的信息服务。（江西省图书馆学会　苏文帆）

【江西外语外贸职业学院图书馆举办世界读书日系列活动】 4月23日，江西外语外贸职业学院图书馆开展世界读书日系列读书活动。主要活动内容有：结合超星"云舟"平台，举办线上视频朗诵大赛"遇见·朗读者"活动，开展现场数据库宣传推介和图书漂流活动推广，举办"书海拾贝"好书推荐、"你悦读，我采购"读者荐购活动，以及在全院师生中评选"读者之星"等线下活动。活动受到学院师生们的高度关注和积极参与，分管校领导熊南永亲临活动现场指导。（江西省图书馆学会　苏文帆）

【江西青年职业学院图书馆启动第二届读书月活动】 4月24日，江西青年职业学院图书馆联合院团委、院工会在学院学术报告厅召开"四月书香溢校园"第二届读书月活动启动大会。江西青年职业学院图书馆副馆长王知源在会上介绍读书月活动方案，交通管理系郭雅萌老师、16级公共事业管理班刘亦舒同学分别作为上届读书征文一等奖获得者教师代表、学生代表进行发言。分管副院长刘安卿总结讲话，介绍各时期名人的读书观点和做法，特别谈到习近平总书记的读书观，读书的好处、读书的境界、读书的方法。（江西省图书馆学会　苏文帆）

【新余学院图书馆举办"诗词达人"第三季活动】 5月21日，新余学院图书馆举行"诗词达人"第三季决赛。图书馆徐彦青、文学与传媒学院李艳云参加活动并对现场选手的表现做出精彩点评，50余名诗词爱好者观看比赛。经过初赛和复赛的激烈角逐，9名选手脱颖而出进入决赛。决赛在以往飞花令、九宫格猜诗句、解字解篇等比赛形式的基础上，增加看图猜诗等富有趣味的比赛环节。比赛最终评选出一、二、三等奖，获奖同学均获得由图书馆颁发的精美书籍。（江西省图书馆学会　苏文帆）

【江西师范大学图书馆召开"改革开放四十年　新老图人共话发展"座谈会】 11月26日，江西师范大学图书馆在图文信息中心五楼会议室召开"改革开放四十年　新老图人共话发展"座谈会，图书馆两位老馆长——方志远教授、周洪教授莅临指导。座谈会由馆长许婕主持，党总支书记甘安龙，副馆长周芝萍、黄群及瑶湖校区各部门负责人参加。许婕介绍图书馆在文化建设和功能改造、学科服务、资源建设、信息化建设和阅读推广等方面的工作进展情况，就图书馆目前发展面临的几个主要问题听取两位老馆长的意见和建议。甘安龙重点介绍图书馆文化建设的整体思路，详细讲解这方面所取得的实践成效。会议还就图书馆古籍保护、利用和服务等进行深入交流和探讨。（江西省图书馆学会　苏文帆）

【南昌大学图书馆荣获"中国高等教育文献保障系统"项目建设二十周年突出贡献奖】 12月4—5日，中国高等教育文献保障系统2018年年会暨项目建设20周年纪念会在北京大学召开。教育部相关司局领导以及来自全国高校图书馆、学术界、出版界、信息化技术企业的专家学者、行业代表400余人参加会议。南昌大学图书馆在会上荣获“中国高等教育文献保障系统”项目建设二十周年突出贡献奖。江西省教育厅于2004年12月确定南昌大学为省高等教育文献信息中心牵头建设单位。2006年9月，CALIS江西省文献信息服务中心在南昌大学图书馆揭牌。该中心成立后，切实履行自身职责，建立并完善全省高校文献信息保障系统，成为面向本地区各级各类高校图书馆和读者的资源整合中心、信息服务中心、技术支持中心和宣传培训中心，帮助省内高校获取CALIS各项服务。（江西省图书馆学会 苏文帆）

【赣州市举办首届赣州大学生读书季活动】 3月25日，由赣州市图书馆学会主办的首届赣州大学生读书季活动在江西理工大学图书馆正式启动，赣州市副市长郭素芳出席启动仪式。活动以“阅读经典，解读名人”为主题，旨在激发大学生及读者读书兴趣，了解赣州，阅读与赣州名人有关的经典著作，探求传统文化经典，构建书香赣州。活动围绕来过赣州和在赣州工作生活过、对赣州产生重大影响的文化名人、伟人，选取10本与他们有关的著作（作品），推选10名具有代表性的专家作为领读人分别领读和解读。启动仪式结束后，国家一级演员、男低音歌唱家马子跃以“肖华与《长征组歌》”为题做首场领读和讲解。在为期3个月的活动时间里，赣南师范大学、赣南医学院等高校在全市各大中专院校、中学图书馆和各县（市、区）图书馆举办巡回共读讲座，10名领读人分别前往各地开展讲座，指导阅读经典。（江西省图书馆 苏文帆）

山东省

【台湾高校图书馆同人到山东大学图书馆开展交流】 4月1—5日，台湾东吴大学图书馆、台湾“中国文化大学”图书馆一行3人应邀来山东大学图书馆参观交流。3位专家就“大学图书馆创新服务发展趋势”“台湾地区大学的机构典藏”“台湾地区大学图书馆联盟现况与省思”“馆藏文献数字化”等内容做主题报告，并开展集中座谈，为山东大学图书馆在文献建设、机构库建设、人性化精细化服务等方面带来宝贵经验。专家们还参观了青岛校区图书馆，对青岛校区新馆日后如何更好地服务科研、服务学生提出建议。早在2004年，台湾东吴大学图书馆馆长丁原基就曾率图书馆部门负责人来访，双方签署文献数据交换协议，同时赠送山东大学《四库全书珍本》一套。此后，双方一直保持着良好的文献交换和学习交流关系。（山东大学图书馆）

【山东大学图书馆举办2018年文化节】 4月23日，由山东大学党委学生工作部、研究生工作部、团委和图书馆联合举办的2018年山东大学图书馆文化节拉开帷幕。此次文化节以“阅读提升自信，文化引领未来”为主题，分“观、悟、行”三个层次，旨在为读者打造一个全新的阅读世界，促使其养成良好的阅读习惯，并以此为基点，进一步推进校园文化建设，打造校园文化品牌，突出思想价值引领，优化文化育人效果。开展的活动：“观·饱览书香”。汲取往年文化节书目推荐类活动的经验，本年度的好书推荐活动增设读者撰写读后感，于微信公众平台展示交流一环节，促进“以书会友、读书共进”。此外，此次文化节创新开展“书香四月天，共读一本书”“厉害了，我的书”“阅会行走的书，读有故事的人”等特色活动，让读者看到有别于传统的“个性书籍”。在引导读者广泛阅读的过程中，“为好书打CALL”的捷阅通推广活动将与众不同的“线上、线下”书籍荐购方式带到读者身边，让读者选书更畅达，读书更便捷。“悟·品味书香”。为了拉近读者与传统文化的距离，此次文化节开展了“泥人彩绘、线装古韵、风俗海报、茶文化”等多项文化体验活动，让读者在活动中品悟到传统文化的气韵美感。与此同时，旨在提升读者情报分析能力及文献检索技能的图书馆春季课堂面向全校师生开讲，课程内容涉及检索数据库资源、筛选科研文献、跟踪学科前沿、提交学位论文等。“行·传递书香”。相较往年，此次文化节的多个传统比赛项目在助力学习和阅读的同时，更增添了趣味性和知识性。找书比赛中添加“书海寻宝、密室逃脱”等紧张刺激的因素；“医者仁心”医学人文主题演讲比赛让医学生们在学好专业的同时提升人文素养；文献检索大赛拓展了线上答题的渠道，向广大读者普及文献检索知识，提高获取文献的能力。

为迎接即将到来的毕业季，此次文化节还开展“青春岁月，阅读时光”主题活动，为毕业生提供专属纪念证书，记录其在校期间于图书馆经历的点滴。同时，图书馆联合软件学院和微电子学院展出优秀科技创新成果，为即将踏入社会投入工作的学子们提供创新创业的好点子。（山东大学图书馆）

【山东大学图书馆承办《山东文献》学术研讨会】 5月23日，《山东文献》学术研讨会暨台湾大陆同乡会文献数据库·山东库上线发布会在济南召开。此次会议由中国社会科学院和中华全国台湾同胞联谊会共同指导，山东大学、山东省台湾同胞联谊会、社会科学文献出版社联合主办，山东大学图书馆承办。台湾大陆同乡会文献数据库悉数收录同乡会文献资源，以省份为基本单位建设子库，目前已推出18个省份子库，从期刊、主题、人物、专题4个维度，对同乡会文献资源进行总体展示和分类展示。此次上线发布的“山东库”是以《山东文献》为依托建立的，对挖掘、发现、研究齐鲁文化有着深远的意义。发布会上展示了数据库的资源情况、架构内容以及特色功能等。发布仪式后，与会专家学者围绕“《山东文献》学术价值和数据库资源建设”的主题展开研讨。山东省台湾同胞联谊会、政协山东省委员会文史资料委员会相关人员，史学研究相关专家学者、山东省各高校图书馆代表及媒体代表等近60余人参加活动。（山东大学图书馆）

【山东师范大学图书馆志愿者协会举办国际志愿者日系列活动】 12月5日国际志愿者日当天，山东师范大学图书馆志愿者协会在千佛山校区和山东师范大学附属小学联合组织义捐义卖活动，将提前募集到的捐赠品定价出售，为商河县韩庙镇黄屯小学筹集学习物品，同时与山东师范大学附属小学学生交流志愿经历，号召孩子们为同龄人捐赠书籍。12月8日，山东师范大学图书馆志愿者协会联合山东女子学院、山东交通学院志愿者组织的志愿者汇聚济南国际园博园，与免费午餐基金管理委员会等合作举办为贫困山区孩子筹资捐赠在校午餐、关爱残障群体的公益活动。山东师范大学图书馆馆长杜保国、副馆长刘昌荣，泰安滴水公益协会会长黄绪磊，图书馆志愿者工作指导委员会的老师及志愿者近600人参加活动。此次以“益路有你，助爱远行”为主题的国际志愿者日活动，是继2017年“公益骑行”后的又一次大型公益活动，共为贫困地区的孩子捐出免费午餐400份。（山东师范大学图书馆）

【中国海洋大学图书馆构建可视化数字服务平台】 2018年，经过广泛调研甄选、借鉴国内知名高校的成功案例，中国海洋大学图书馆工作人员引进多媒体触控技术，对现有馆舍空间进行升级改造，添置新型触控设备并完成艺术加工和编程开发等工作。在崂山校区图书馆二、三层分别建成图书馆运行数据墙、时间轴、数字墙；在鱼山校区图书馆二楼建设新的研讨间，并将一楼内门厅休闲空间进行升级改造，配备有图书馆运行数据墙、综合信息终端、虚拟翻书机和电子图书下载机等。随着两校区研讨间的相继开放，由图书馆技术人员自主研发的研讨间预约管理系统也正式上线。

“图书馆运行数据墙”以超大尺寸触控屏幕互动显示图书馆各类服务数据，如座位使用、入馆人次、资源访问量、馆舍导航及室内空气质量等的情况，读者可据此选择合意的区域进行研讨学习。图书馆另外还设置了热门图书排行榜和视频点播等功能。为了不影响其他读者，座位上方配有聚音罩。“时间轴”创新学校发展历程的展现方式，标识出重要事件的图文信息且支持点击查看详细内容。“数字墙”通过装修造型和多个触控屏幕的艺术化布局，展现中国海洋大学历史名人的生平和贡献，读者可按需浏览学习。“虚拟翻书机”利用红外线感应互动投影技术，营造出动感仿真的人机交互体验，读者只需像平时一样做出翻书动作就能实现真实的翻书效果。“综合信息终端”使用图书馆自主研发的综合信息推送系统，自动抓取学校和图书馆的新闻动态以及多家知名报纸的新闻数据，向读者提供免费的报纸阅读服务并推送其他实时资讯。上述新媒体设备的信息推送，加强读者与图书馆的良好互动，助力学校数字智慧校园的建设工作。（中国海洋大学图书馆）

河南省

【河南省高校图书馆2018年工作会议在河南师范大学图书馆召开】 4月21—22日，河南省高校图书馆2018年工作会议在河南师范大学图书馆召开。河南师范大学副校长李雪山，河南省高等学校图书情报工作委员会（以下简称“省高校图工委”）主任崔慕岳，省图书馆学会副理事长申少春，省科技情报学会理事长楚明超，郑州市图书馆学会理事长李红岩，省高校图工委副主任张怀涛、李景文、姚武等出席开幕式，全省各高校图书馆馆长、业务骨干和相关人士近200人参加会议。会议由省高校图工委副主任兼秘书长崔波主持。开幕式上，李雪山致欢迎词，申少春、楚明超、李红岩先后讲话。李景文宣读省高校图工委表彰决定，与会领导为2017年度“管理与服务创新先进单位”代表颁发荣誉证书。开幕式后，崔慕岳做“河南省高校图工委2017年工作总结”，姚武宣读《关于对河南省高校图书馆71位同志颁发荣誉证书的决定》，并做“河南省高校图工委2018年工作计划”。南开大学教授徐建华做题为“图书馆职业特征与图书馆员职业生涯规划”的主题讲座。各专业委员会主任分别向大会做2017年工作汇报和2018年工作设想。河南大学、河南财经政法大学和南阳师范学院3个图书馆分别介绍各馆的经验。河南师范大学图书馆馆长苏全有向各位代表分享该馆在学术兴馆、人才兴馆、转型探索等方面的工作经验和体会。（河南省图书馆学会　严真　马秀峰　刘洋）

【河南省高校图工委高职高专分委会2018年创新发展研讨会在济源召开】 6月4—6日，由河南省高校图工委高职高专分委会主办、济源职业技术学院图书馆承办的2018年创新发展研讨会在济源市图书馆报告厅召开。教育部高校图工委副主任、河南省高校图工委副主任兼秘书长、郑州大学教授崔波莅会并致辞，河南省高校图工委高职高专分委会副主任委员、河南经贸职业学院图书馆馆长娄冰做总结发言。来自省内高职高专、独立学院近50名图书馆馆长参加会议，会议由河南工业贸易职业学院图书馆馆长于虹主持。会议结合高职高专图书馆实际，围绕图书馆创新发展、空间再造、服务优质校建设等主题安排学术交流与专家报告，并讨论2018年河南省高校图工委工作计划的贯彻落实情况。（河南省图书馆学会　严真　马秀峰　刘洋）

【2018年河南省高校智慧图书馆建设与服务交流研讨会在郑州升达经贸管理学院图书馆举办】 由河南省高校图工委现代化应用技术专业委员会主办的此次会议于6月8日召开。河南省高校图工委主任暨升达学院常务副校长崔慕岳、省高校图工委副主任李景文、省高校图工委秘书长崔波、省高校图工委现代化应用技术专业委员会主任曾玉凤和副主任安新华等出席会议。来自省内各高校的图书馆馆长和技术部主任及图书馆界专家等近百人参加会议。会议交流4个报告：升达学院图书馆馆长晁国立针对该院本科教学工作合格评估中图书馆迎评促建情况做专题汇报，南阳理工学院图书馆馆长安新华做题为“图书馆空间建设与利用——以南阳理工学院图书馆为例”的专题报告，河南财经政法大学图书馆副馆长贾胜利做题为“智慧图书馆建设理论与实践——以河南财经政法大学图书馆为例”的专题报告，升达学院图书馆技术部主任张鹏做题为“新技术在图书馆服务中的应用”的重点发言。（河南省图书馆学会　严真　马秀峰　刘洋）

【“2018年数图新服务应用研讨会——郑州站”在河南财经政法大学图书馆举办】 6月15日，由河南省高校图工委、河南财经政法大学、北京万方数据股份有限公司联合主办的“2018年数图新服务应用研讨会——郑州站”在河南财经政法大学图书馆新馆报告厅举办。此次研讨会以“凝聚新时代智慧　开启图书馆创新”为主题，邀请河南省高校图工委副主任兼秘书长崔波、河南省高校图工委副主任张怀涛、河南财经政法大学图书馆馆长焦军普、中国人民大学图书馆副馆长宋姬芳、浙江工业大学图书馆信息咨询部主任万跃华、北京师范大学政府管理学院管理系主任肖明、北京万方数据股份有限公司副总裁张利、广州南方万方数据总经理张洪涛等专家学者200余人出席会议，共同探讨新时代下图书馆的创新与发展。其中，宋姬芳做题为“大学图书馆学科知识服务能力建设与提升”的学术报告，崔波做题为“阅读推广存在的问题及发展对策”的报告，万跃华做题为“如何发表ESI热点论文、高被引论文”的报告，肖明做题为“知识图谱的前世今生”的报告。（河南省图书馆学会　严真　马秀峰　刘洋）

【河南省高校阅读推广实战培训会在安阳师范学院举办】 7月5—6日，由河南省高校图工委主办的此次培训举办。安阳师范学院副院长张建国、河南省高校图工委主任崔慕岳分别在会上致辞。中国图书馆学会阅读与心理健康专业委员会主任王波，河南省高校图工委副主任张怀涛、李景文、崔波，河南大学、中原工学院、安阳师范学院等高校图书馆负责人以及来自省内40多所高校的90余名高校阅读推广工作者参会。会议由5个主题报告、2个专家讲座和1个读书活动介绍组成。崔慕岳在致辞中对全省高校阅读推广工作提出具体要求。（河南省图书馆学会　严真　马秀峰　刘洋）

【首届全国财经高校图书馆信息素养教师培训班在河南财经政法大学开班】 10月28日，全国财经高校图书馆信息素养教师培训班开班仪式在河南财经政法大学图书馆举行。浙江财经大学图书馆馆长吴利群教授、北京福卡斯特信息技术有限公司（EPS数据）总经理雷新华、河南财经政法大学图书馆馆长焦军普教授、清华大学图书馆副研究馆员花芳等出席会议，来自全国30所财经高校图书馆的50名学员参加培训。首届培训班为期4天。3位主讲教师以信息素养教学设计、教学技巧、教学工具、教学评价、课堂管理为内容，以培养信息素养教师技能为目标，全面、生动地为全国财经高校图书馆馆员们进行教学技能指导。（河南省图书馆学会　严真　马秀峰　刘洋）

【河南省高校图工委信息素养教育与服务创新研讨会在河南科技大学图书馆召开】 11月1—2日，会议在河南科技大学图书馆召开。信息素质教育委员会成员馆、校地共建图书馆馆长和相关业务骨干及河南科技大学图书馆学专业研究生参加会议。河南省高校图工委副主任李景文出席会议并讲话。此次会议以“全面提升信息素养教育”为主题，河南科技大学图书馆馆长孙海双、北京科技大学期刊中心主任季淑娟、黄淮学院图书馆馆长弯红地、济源职业技术学院图书馆馆长胡国平、上海阿法迪公司总监许朝辉分别做题为“高校图书馆全民阅读服务创新”“基于文献计量指标的学科评价信息服务”“校地共建拓展外延，转型创新强内涵”“创新融合发展，更快更高更强”“智慧图书馆发展与建设”的专题报告。随后，与会者围绕“信息素养教育”“全民阅读创新形式”“共建图书馆服务创新”进行深入探讨，交流各馆创新服务方式转型的工作经验和案例。（河南省图书馆学会　严真　马秀峰　刘洋）

【首届驻郑州高校图书馆“阅读推广工作论坛”暨“中科杯”掌上诗词大赛颁奖典礼在河南财经政法大学图书馆举行】 11月20日，由河南省高校图工委、河南财经政法大学图书馆联合举办的郑州市第一届驻郑州高校图书馆“阅读推广工作论坛”暨“中科杯”掌上诗词大赛颁奖典礼在该馆报告厅举行，来自郑州市45所高校的图书馆领导及学生代表参加颁奖典礼。河南省高校图工委副主任兼秘书长、郑州大学教授崔波和河南财经政法大学图书馆馆长焦军普分别致辞，中科软股大区经理张岩对竞赛活动工作进行回顾及做产品汇报。与会领导为获奖者及优秀组织单位颁发奖品及证书。河南财经政法大学图书馆老师现场表演的“红楼梦组曲诵读”赢得观众的阵阵掌声。随后，与会者就“阅读推广工作”开展专题讨论。（河南省图书馆学会　严真　马秀峰　刘洋）

【郑州大学图书馆荣获“中国高等教育文献保障系统”项目建设二十周年突出贡献奖】 12月4日，“从共建共享走向融合开放”学术研讨会暨2018 CALIS年会在北京大学举办。来自全国的专家学者、行业代表等400余人参会。会上，郑州大学图书馆荣获“中国高等教育文献保障系统”项目建设二十周年突出贡献奖。作为CALIS最早的参建单位之一和首个省中心，郑州大学图书馆长期坚持把现代图书馆理念、先进的技术手段、丰富的文献资源和人力资源整合起来，建设以数字图书馆为核心的河南省高等教育文献保障体系，实现信息资源共建、共知、共享，为学校一流大学建设及全省高等教育服务。（河南省图书馆学会　严真　马秀峰　刘洋）

【洛阳师范学院图书馆“贞石风华——洛阳唐代墓志拓片巡展”首站在河南省文化馆开展】 12月8日，洛阳师范学院图书馆承担的国家艺术基金2018年传播交流推广资助项目“贞石风华——洛阳唐代墓志拓片巡展”首站在河南省文化馆开展。洛阳师范学院、河南省文化厅、故宫博物院、国家图书馆（国家古籍保护中心）、河南省高校图工委等单位领导出席开展仪式。此次展览是对河洛地区唐代墓志书法的集中展示和推介，展览以弘扬中国传统文化、尽显石刻书法魅力为主题，遴选洛阳出土的唐代各个时期墓志书法作品，较为全面地展现了唐代墓志书法的发展脉络和艺术风貌。（河南省图书馆学会　严真　马秀峰　刘洋）

湖北省

【概况】 截至2018年底，湖北省共有普通高等学校图书馆128所。其中，本科院校图书馆有68所（包括大学图书馆20所、学院图书馆31所和独立学院图书馆17所），专科院校图书馆有60所（包括高等职业学校图书馆58所和高等专科学校图书馆2所）。

湖北地区共有74所高校图书馆向“教育部高校图书馆事实数据库系统”提交2018年的相关数据。

投入与基础设施建设方面。湖北省71所高校图书馆运营经费达3.90亿元人民币，但从2016年以来，图书馆运营经费有一定的回落。目前，湖北省高校图书馆总建筑面积已达200万平方米以上，新图书馆平均建筑面积达2万平方米。新建馆舍大都采用大开间、藏借阅一体的建筑布局，配备监控、消防、空调等现代化设备。馆舍面积的扩大、设备的改善、藏借阅体制的实行和服务质量水平的提高，使得读者到馆率成倍增加，如武汉大学图书馆和湖北大学图书馆等每天进馆读者达1万人次以上。近年来，湖北高校图书馆馆舍面积与读者座位数持续快速增长，2018年湖北省73所高校图书馆馆均读者座位2257个，座位总数164760个。

资源建设方面。湖北省70所高校图书馆入藏文献资源（含纸质和电子资源）总量为3.40亿册（篇），其中纸质图书817.23万册，电子图书1.47亿册，纸质期刊合订本589.46万册，电子期刊1.04亿册。这70所图书馆馆均收藏文献资源506.83万册（篇），其中26所图书馆文献资源积累量在200—500万册（篇）这个区间。

人才队伍方面。根据68所图书馆提供的2018年相关数据，工作人员总数为4549人，其中包括在编职工2736人、合同制职工406人、临时聘用职工165人等。在编职工中，博士60人、硕士659人、第二学士学位22人、本科1556人、大专331人、大专以下108人。职称方面，正高级职称73人（占比2.73%）、副高级职称574人（占比21.43%）、中级职称1356人（占比50.63%）、初级职称363人（占比13.55%）、其他312人（占比11.65%）。近年来，湖北省高校图书馆正高级与副高级职称每年所占比例基本持平，初级和中级职称的比例略有提升。

阵地服务方面。2018年湖北省高校图书馆周平均开馆7天、90.90小时，日均开馆12.99小时，全省绝大多数高校图书馆的普通阅览室实行晚间和周末的全开放，武汉大学等图书馆试行24小时开放阅览室。59所提交书刊外借量数据的高校2018年共借出书刊702.71万册，馆均11.91万册；48所提交电子资源下载量数据的高校共提供电子文献1.37亿篇，馆均285.42万篇。（湖北省高等学校图书情报工作委员会　梁宜）

【湖北省高职高专院校图书馆概况】 2018年，湖北省高职高专院校图书馆服务水平进一步提升。召开“智能制造，智慧服务——智慧图书馆建设与服务创新研讨会”、湖北省高职院校“双高”背景下图书馆服务创新研讨会，探讨新形势下如何开展服务工作。全年举办读者活动205次。

全民阅读推广工作深入推进。召开湖北省高职院校“阅读推广策划”培训及研讨会、湖北省高校图工委高职高专分委会2018年工作会议暨湖北省高职高专图书馆经典阅读与人文素质论坛，分享交流阅读推广案例；组织各校先后举办首届“讴歌新时代　书香满校园”微视频大赛、第二届“最美读者”摄影作品大赛和第四届“共享全民阅读　再温红色经典”阅读竞赛，3次活动分别有43所院校300余名选手参加决赛、98幅作品参赛和25所职教院校100位选手参加决赛，评出一、二、三等奖和优秀奖、优秀组织奖等奖项。（武汉职业技术学院图书馆　涂运祥）

【武汉大学图书馆概况】 2018年，武汉大学图书馆总面积达94015平方米，其中馆舍面积77389平方米、资料室16626平方米，服务器、各种计算机终端和外部设备近3000台（套）。图书馆在编247人。

图书馆文献购置经费4049万元，当年入藏实体文献14.2万册（纸质图书13.3万册、非书资料及学位论文0.9万册）。截至2018年底，文献资源总量达1743余万册（件），包括印刷型文献666万册（件）（其中图书543万册，报刊合订本89万册，地图、声像、缩微资料17万件，学位论文17万册）；订购各类文献数据库523个，中外文电子书刊1077万册（其中电子图书872万册，电子期刊205万册）。同时，图书馆藏有古籍20余万册，有300余种收入《中国古籍善本书目》，66种入选《国家珍贵古籍名录》。

全年接待读者502万人次，借还图书125万册次；图书馆网站首页访问量506万次，公共目录查询系统总浏览量693万次，数据库检索量3.91亿次；完成各类咨询近20万次，处理各类证卡事务8万人次（其中临时卡6万人次），参加图书馆各类培训的读者共计18.3万人次；举办各类宣传推广活动197场，参与读者35.7万人次。调整日常开放时间为7：00—22：30，全年开放358天；完善座位预约管理系统，总预约324万次；34000余人次使用图书馆推出的移动版新生入馆游戏；图书馆开设本科通识教育课程6门、专业选修课程2门，开设研究生“学术道德与学术规范”慕课课程；开展90分钟专题讲座、嵌入式教学等各类实体培训347次、894学时，参与读者7893人次；开展微课、MOOC等网络培训7万余学时，参与读者17.49万人次；2018年微信共推文276篇，用户达7.7万人。

围绕学校“双一流”建设需求，图书馆向全校17个二级单位提供学科竞争力分析、科研绩效评价、研究热点分析等统计数据377份，咨询分析报告103份；发布《学科服务动态》10期以及2018年版《武汉大学自然科学类国际论文统计与分析》《武汉大学人文社会科学科研成果分析报告》《武汉大学学科态势分析报告》；发布《武汉大学图书馆阅读报告（2017年）》《武汉大学本科生阅读报告（2017—2018学年）》。（武汉大学图书馆　梁宜）

【华中科技大学图书馆概况】 华中科技大学图书馆有主馆、医学分馆、东区分馆3个馆区，馆舍实际使用总建筑面积为64581平方米，各类阅览室33个（其中电子阅览室3个，计算机700余台），可用阅览座位6600多个。每天开放14小时（8：00—22：00），周开放98小时，全年开放358天（仅春节闭馆7天）。共有在编职工172人、社会用工46人、勤工助学学生馆员148人。

2018年，新增纸质中外文图书近6万种15.18万册，纸本图书期刊累计461.60万册；新增高水平外文数据库1个，引进试用库25个，在用数据库累计582个，电子图书累计286.87万册、电子期刊累计234.74万册。加上其他类型资源，馆藏总量达到1106.39万册。全年完成6.3万种、16.2万册中外文图书及6个院系中外文书刊的编目工作，其中，向CALIS（中国高等教育文献保障系统）提交原编数据4897种；审校修改馆藏中外文电子图书数据15000条，审核2018年电子版学位论文7505篇；完成收集、加工、上架学位论文7216本，送装、上架中外文合订期刊6868册。

全年接待学校师生读者341.69万人次，日均进馆近万人次；接待社会读者2.18万人次；接待国内外大学生、中小学生、社会团体等参观60余场4000余人次。图书借还83.56万册次。办理1.8万余条毕业生离校手续及退休、离职教职工的信息更改。

全年数据库检索量达到4.245亿次，全文下载2267.1万篇次，较上一年度大幅上升。丰富的电子资源为读者带来极大便利，师生在实验室、教室、办公室坐拥图书馆资源已成为常态。

全年完成248课时1500人次的研究生、本科生文献检索课教学、19场1095人次读者讲座。组织27场数据库培训，覆盖近2000人次。

开展馆舍空间再造、新媒体应用、改进管理服务机制，进一步改善读者体验。主馆新书展示区投入运行；东区分馆增设自习座位，开设读者投诉专栏。官微“华小图”推出微讲座、新生讲堂29次，总浏览量1.7万余人次；刷脸进馆、网络和手机预约座位方便快捷。

进一步加强网络与信息安全工作。提高信息安全防范能力，加强网络保障和技术支撑能力建设，依托现有应用系统、工作平台开发多项新功能，提升服务品质。网络、设备、系统、镜像资源等日常运行情况良好，图书馆公共查询系统核心服务、主页运行正常，主页年访问量196万次，“我的朗读”“座位预约”“新生培训界面”等微信服务功能深受读者欢迎。

全年制作ESI学科院系贡献度、ESI简报、大学排名、学科排名、创新力排名等报告49

份。为光电国家研究中心，公共卫生、计算机、光电、电气、生命科学、材料、化学化工、数学、电信、管理、环境、药学、启明学院等14个院系提供定制化的学科建设数据、学科竞争力和学术影响力分析报告。从2018年起，定期编制《华中科技大学高影响力论文作者分析报告》，及时发布《学科分析信息简报》，为学科建设办公室制定学科建设经费分配方案提供可靠的数据支持。

2018年3月，在全国高校率先设立"华中科技大学知识产权信息服务中心"，该中心入选全国首批23家国家高校知识产权信息服务中心。该中心制作《华中科技大学专利分析报告2018》《华中科技大学近十年高强度专利分析报告》等8份报告，对校知识产权发展状况进行分析和研判；为2个学院提供定制化分析报告；为345个科研项目提供科技查新支持；为各类科研项目、科研奖励申报及高层次人才评定和引进等进行查收查引39万条。

在学校网络信息中心办公室的大力支持下，图书馆于2017年启动学术成果库平台（即机构知识库）的建设工作，学术成果库平台于2018年3月投入使用。学术成果库以收录该校各类学术成果为主要任务，拟建设成为学校和院系学术成果收集、整理、保存平台，可为学校"双一流"建设提供重要参考。该平台目前已收录全校各类论文452847篇、专利22793件。

立足图书馆职能特点，发挥馆舍空间、多媒体视听室、报告厅等独特资源优势，主办、承办、协办各类校园文化活动、学术活动、学生活动。全年举办展示展览50余次，举办服务院系、职能部门、研究生科协的各类讲座及学术会议70余场。

举办2018年"4·23"世界读书日等全民阅读活动，内容丰富，形式创新多样，"可以唱的诗歌"、"传承"文化展、"馆长陪您读书"、"以旧益新"等活动广受学生欢迎。与大学生支教队共同开展"为你读书，为爱发声"主题公益诵读、共绘爱心地图活动，荣获全国、湖北省大赛奖项。

该馆获2017—2018年度CALIS联合目录馆藏数据建设、中文数据库建设两项"先进单位"奖；获2018年度CASHL（中国高校人文社会科学文献中心）馆际互借服务馆奖、华中区域宣传推广最佳组织奖。"琅琅读书声"项目获评"湖北省图书馆学会创新工作案例"。获湖北省首届"图书馆杯主题海报创意设计大赛"优秀组织奖、湖北省第二届本科院校专题创作大赛教师组一等奖、三等奖，读书会获得"正青春·我飞扬"寻找湖北高校最具活力大学生社团活动三等奖。（华中科技大学图书馆　张绚丽）

【华中师范大学图书馆概况】 华中师范大学图书馆包括桂子山校区图书馆和南湖校区图书馆。桂子山校区图书馆老馆建于1961年，面积为9000平方米；新馆于2010年竣工，地上9层，地下1层（局部地下2层），面积为30357平方米。新馆和老馆中间由一条地下文化长廊连通，馆舍总面积达39357平方米。南湖校区图书馆正在筹建中，面积7500平方米，将于2019年9月正式投入使用。

截至2018年，馆藏中外文文献（含期刊合订本）累计276万册，电子图书201万册，数据库109个。馆藏古籍图书9105种111779册，其中善本书455种3511册（含明版105种1777册）。在编人员89人，合同工2人，共91人。全年共接待读者（刷卡进馆）79.52万人次。图书馆自主研修间全年共使用6500多个小时，达24000人次。全校图书借阅总量为36.07万册次，借阅人数为24643人次。古籍特藏阅览室接待读者总计2313人次，借阅册数5725册次。到馆读者图书阅览数量略有上升。纸质文献资源利用总体情况与2017年相比略有上升。

2018年，该馆学科馆员深入各院系，开展项目支持、学科资源建设、机构知识库及各类咨询服务等，协助院系完成16个批次学科资源荐购及采选工作，完成查新报告8份、《2018年度华中师范大学阅读报告》及各院系阅读报告23份，为学校领导提供《华中师范大学文献资源保障体系建设现状及发展报告》《加强建设　提升服务　助力我校一流学科发展报告》，从不同层面分析文献资源保障现状、图书资料系列队伍建设现状，为校领导决策提供支持。全年完成文献传递1499篇（册），接待馆际互借46人次；参与湖北省科技信息共享平台文献传递36篇；为读者提供SCI、CSSCI等收录检索报告1760篇；累计为师生论文查重查新、检测，为教职工项目、课题申报及职称评聘提供文献检测服务

1760人次。开展丰富的信息素养培训，包括24个院系的新生入馆教育和6个班的信息检索课程教学与研究。

积极建设书香校园。全年共开展各类主题系列活动15场，如在该校举办湖北省“书香荆楚·文化湖北”全民读书月活动启动仪式、“桂子山上飘书香”图片展，举办“诵读中华经典·弘扬优秀文化”首届华中师范大学“寻找最美之声”朗读大赛，开展“悦你分享”风雅读书会活动，组织“承五四精神，展青年风采”经典诵读快闪活动，开展纪念改革开放四十周年华中师范大学影评大赛，举办“见证改革荣光　续写新的华章——图书馆改革开放40周年”大型图文展，主办第三届经典诵读大赛等。

2018年共选派107人赴校外参加学术交流和会议。建立馆员长效外出学习机制，另与台湾东海大学图书馆签订合作协议，即将开展管理层互访、馆员交流以及业务方面的合作。聘请北京大学图书馆原馆长朱强和美国匹兹堡大学图书馆馆长Tanchevia等专家和相关团队，为馆员开展内部业务培训共14场。馆员全年共在各级各类学术期刊上公开发表学术论文70余篇，其中被SCI、SSCI各收录1篇，被EI收录1篇，被CSSCI来源刊及其扩展版收录3篇。积极参加校内外项目申报，全年完成结项7项，申请立项5项，其中2018年度教育部人文社会科学研究青年基金项目1项。获得中国高校发展论坛学术征文二等奖和三等奖。（华中师范大学图书馆　孙丹霞）

【华中师范大学经典阅读数字平台上线】 华中师范大学经典阅读数字平台于2018年1月正式上线。经典阅读平台主要包括通识经典读物、共读阅读圈、互动活动、咨询服务、超星期刊、后台管理及图书编辑工具等模块，并提供经过精心筛选的500种数字经典读物及6800种流式媒体期刊，同时对接图书馆读秀数据库。该平台可以记录读者在线时长、阅读数量等读者行为数据，读者通过学校信息门户账号和密码即可登录平台并使用平台里的任何功能和资源。（华中师范大学图书馆　孙丹霞）

【中南财经政法大学图书馆概况】 中南财经政法大学图书馆现有南湖校区逸夫图书馆、首义校区图书馆和南湖校区老图书馆3座馆舍，建筑总面积约3.98万平方米，拥有阅览座位约2300个，网络端口620个，服务器7台，存储总容量为160TB，馆内无线网全覆盖。图书馆下设8个业务和管理部门。现有在编人员91人，2018年在各类刊物发表论文20余篇，获批课题3项。

2018年图书馆文献资源建设经费1549万元。新购图书5.4万册，中外文报刊装订2398册。完成73个文献资源数据库订购工作，订购经费达1055万元。图书馆藏书总量953.4万册，其中，纸质图书341.3万册、报刊合订本272.3万册、学位论文241万册、古籍1.6万册；电子图书340万册，电子期刊256万册；音视频26万小时。购买、自建各类数据库83个，其中，中文数据库54个、外文数据库28个、自建数据库1个。提交优秀学位论文377篇，完成学位论文建库25234篇、论文分类编目总计8851条，累计完成学位论文建库25234篇。

全年接待读者111万人次，其中南湖逸夫图书馆87万人次，首义校区图书馆24万人次。全年外借书刊15.2万册次，电子资源下载量为1225.88万篇次。每周开馆时间合计96.5小时，网络开放时间每天24小时不间断。全年为1325位社会读者办理读书证；图书馆下设的中国货币金融历史博物馆举办“一带一路”货币展，接待各类团体进馆参观200余批次，年度总参观人数近4万人次。该馆的中文社科转载信息检索中心旨在为国内社科期刊提供转载信息服务，可检索1994年以来各期刊被转载的篇目和多种排序报告，服务对象为全国人文社科类期刊编辑部、各期刊研究会、期刊管理部门、科研机构及个人。2018年制作纸质报告430余份，电子篇目表传送160份，服务对象438家，较上年增加129家。

建立学部制学科服务团队、预约制查收查引服务模式，助力学校学科建设、高层次人才引进、科研成果评定等相关工作。完成2017—2018年法学一级学科14所高校、应用经济学一级学科16所高校20个指标如CSSCI发文量、国家社科基金立项数等的数据检索工作；完成2000—2018年中南财经政法大学科研成果产出及影响力报告，工商管理学院学科分析报告，近20位校外高层次人才科研成果评价报告，近30位教师文澜学者评定报告；完成2018年全校科研成果查收查引报告 188 份、572 篇。

在坚持新生入馆教育、定题培训、文献检索课教学等常规信息素养培训模式基础上，尝试开展信息素养微课程、慕课等创新模式，助力学校人才培养。2018 年共计开展新生入馆教育 32 场，培训 7144 人次；文献检索课程本科生 1087 人选修，研究生 423 人选修。完成各类培训 40 场，其中定题培训 12 场 502 人，预约培训 12 场。该馆荣获 2018 年"乐研杯"第一届全国财经高校信息素养大赛二等奖。全年 CASHL 文献申请总量 822 篇，在全国排名第八，全省排名第二；荣获 2018 年"CASHL 华中区域突出贡献奖"。

学校发布《中南财经政法大学电子文献资源共建共享管理规定（试行）》，推动全校电子文献资源共建共享和优化配置；承办全国财经高校图书情报专业委员会 2018 年主任委员工作会议；倡导成立"中国法律信息资源共享联盟"，推动政法类高校文献资源共建共享；参与全国财经高校图书馆博硕士毕业论文特色资源上传共享计划，并推动扩大共享资源范围；参与中国财经教育资源共享平台项目建设，成为财经高校图书馆联盟"商业数据库联合目录管理系统"的牵头建设单位。

优化图书自动化管理系统，推动图书馆 ILASIII 自动化管理系统更新换代。推进 RFID（无线射频技术）项目立项和招标工作；建设并完善"智能座位管理系统项目"，目前已绑定用户 21131 人，有效解决占座难题。完成"博物馆网络平台维护及更新项目""TPI 博硕论文提交系统升级项目""社科期刊信息转载服务系统升级项目"。在首义校区图书馆建成运行"读者休闲数字阅读体验空间"，让读者体验数字阅读的乐趣。

2018 年，开展第 13 届图书馆读书月系列活动 14 项。图书馆网站发布各类通知新闻 546 篇，累计访问 162.34 万人次。积极打造阅读推广品牌"阅跑中南"，策划组织图书馆宣传片《我可以》的拍摄和制作，发布 2018 年《新生书单》。印发馆报《图书馆与读者》3 期，完成电影展播 20 场。

积极配合湖北省古籍保护中心、湖北省古籍保护协会与中国古籍保护协会联合开展的"中华古籍普查文化志愿者行动·湖北行"，对首义校区图书馆古籍文献开展普查。共计录入古籍图书 1212 部（种）、1.6 万余册，扫描或拍摄书影用图片 4000 余张；讨论并制订首义馆古籍阅览室约 10 万册古籍文献整体搬迁方案。（中南财经政法大学图书馆　陈峥）

【湖北大学图书馆概况】 湖北大学图书馆有总馆、人文图书馆和阳逻校区图书馆 3 个馆舍，总建筑面积 4.7 万平方米。截至 2018 年底，全馆收藏中外文纸质文献 241.51 万册，中外文电子图书 297.58 万册；拥有中外文数据库 311 个，中外文电子全文期刊 4.69 万种；中外文纸质报刊近 3000 种，各种非印刷型资料近万件。设有阅览室 28 个，阅览座位 6096 席，实行藏、借、阅、参一体化的开放式服务。

全馆共配置 2100 多个信息点，实现校园无线网络的全覆盖。电子阅览室拥有电脑终端 160 余台。各书刊阅览室配备公共查询机 20 余台，方便读者查询。图书馆每周开放时间超过 98 小时，365 天每天 24 小时不间断提供资源信息服务，校内外被授权读者均可通过网络全天候免费获得电子资源、文献信息检索等各种服务。图书馆现有各类在岗职工 98 人。

2018 年接待各类读者 189.49 万人次，图书借还书总量 7.8 万册次，电子资源访问量和下载量超过 2000 万人次。全年新购中外文纸质图书 15151 册，中外文纸质期刊 2339 份；新增电子图书 10500 册。

持续提供深度学科服务。紧密跟踪学院课题，如中国文化发展课题、湖北文化发展课题，以及省人文社科重点研究基地——绩效评价信息管理研究中心的教育信息化绩效评价课题。服务课题涉及 9 个学院，积极为学院教师提供资源和信息支撑，助力课题组产出系列成果。创建 2 个面向全校师生的文献共享 QQ 群，群成员超过 990 人，从早上 8 点到晚上 11 点为师生提供免费的在线文献传递服务。根据湖北省科技信息共享服务平台 2018 年最新统计结果，图书馆文献传递量在全省排名第二位，被评为年度"优秀服务奖二等奖"和"服务进步奖"先进单位；2 位职工被评为"文献传递优秀个人"。

特色文献中心以馆藏人文艺术经典文献为支撑，以"真人图书馆""阅读沙龙"等阅读活动为载体，充分激活空间资源，为读者提供交流平台，实现图书馆从传统借阅向多功能用户空间的转变。在由中国图书馆学会阅读推广委员会主办的“发现图书馆阅读推广特色人文空间”活动中，图书馆申报的“琴园文献中心”案例荣获三等奖，湖北省仅有武汉大学图书馆和湖北大学图书馆获此奖项。

图书馆继续发挥馆藏资源优势，积极参与湖北省、武汉市等各级党委政府的全民阅读服务体系建设，深入推进全民阅读活动。4 月，举办湖北大学第七届“大学生创意读书节”，开展“真人图书馆”“读者之星颁奖”“朗读亭”等形式多样的创意读书活动。全年共开展 2 期“书香琴韵”大讲堂和 2 期“真人图书馆”活动。2018 年，图书馆复核通过，连续四年获得中国图书馆学会“全民阅读示范基地”称号。

截至 2018 年底，图书馆已在全省各地共建立 23 个爱心书屋。11 月，向恩施鹤峰一中和兴山昭君小学“湖北大学爱心书屋”捐赠图书共计 400 册。4 月，图书馆党总支组织全体党员和优秀职工代表赴学校精准扶贫驻点英山县大屋冲村开展“向上向善·情系大屋冲”主题党日活动，并赠送 300 册各类书刊，捐赠对口小学各类学习用品一批。（湖北大学图书馆　谭文韬）

【湖北大学图书馆成立第一届学生管理委员会】 4 月 4 日，湖北大学图书馆第一届学生管理委员会（简称“学管会”）正式成立。“学管会”是该馆第一个正式成立的学生组织，在图书馆统一领导下，参与图书馆管理、服务、宣传和教育工作，第一届“学管会”成员共 24 人。“学管会”不仅可以建立和完善图书馆与广大读者沟通互动的长效机制，促进图书馆和读者间的良性互动，协助图书馆服务和管理工作生动活泼地开展，还能培养学生自我教育、自我管理、自我服务的能力。（湖北大学图书馆　谭文韬）

【湖北省高校图书馆管理工作研讨会在三峡大学召开】 3 月 24—26 日，2018 年湖北省高校图书馆“新时代·新思想·新改革”管理工作研讨会在三峡大学图书馆召开。此次会议由湖北省高校图书馆情报工作委员会管理工作专业委员会主办，三峡大学图书馆承办。各高校图书馆馆长、书记以及军地院校代表共计 80 余人参加会议。开幕式由湖北省高校图工委委员、三峡大学图书馆馆长唐文惠主持，三峡大学副校长陈和春，湖北省高校图工委秘书长、武汉大学图书馆馆长王新才分别致辞。专家报告阶段，王新才做“为人找书：高校图书馆信息服务的广度与深度”报告，武汉大学信息学院副教授洪亮做“中文诗歌知识图谱构建与服务”报告。参会代表围绕图书馆重点工作进行分组讨论交流。（三峡大学图书馆　万乔）

【三峡大学举办第四届“扬帆索源”悦读文化节】 9 月 27 日，三峡大学第四届“扬帆索源”悦读文化节启动仪式及图书馆发展 40 年图片展在图书馆举办。三峡大学副校长陈和春及“三峡大学阅读推广基地”成员单位负责人出席启动仪式，现场举办图书馆发展 40 年图片展及漂流书屋“金秋启漂”活动。第四届“扬帆索源”悦读文化节历时一个多月，期间开展校园精品书目荐读、教授沙龙、真人图书馆、专家讲座、悦读竞赛、阅读典范评选等系列活动，吸引全校万余名中外师生参与。11 月 9 日晚，“扬帆索源”悦读文化节悦读晚会在屈原学术报告厅举行。晚会对悦读文化节评选出的 2018 年度“书香团支部”“阅读达人”及各项阅读竞赛的获奖团体和个人进行表彰，学生“阅读达人”和教师代表分享其读书与教书育人的心路历程，现场同时穿插学生的经典诵读和文艺表演。（三峡大学图书馆　万乔）

【武汉纺织大学图书馆概况】 武汉纺织大学图书馆始建于 1979 年。经过多年的建设，图书馆已经形成一馆三舍的多校区办馆格局，现馆舍总面积达 53826.6 平方米，其中阳光校区图书馆面积达 33683 平方米。现设有 7 个部门，另外还设有科技文献检索教研室，承担全校文献检索课教学、新生入学教育与读者培训工作。目前，图书馆有正式职工 72 人。

在资源建设上，图书馆长期坚持紧密结合学校的学科建设和专业设置进行文献资源配置，已形成以纺织、服装、艺术为特色，以文理学科为基础，工科为主体，文理渗透、理工结合的藏书体系，截至 2018 年底，全馆藏有纸质文献 180 多万册，拥有中外文各类数据库 229 个，其中拥有各类特色文献近 10 万册和 1 个特藏艺术阅览室，建有纺织服装专题图书数据库、纺织外文期刊文摘数据库等 7 个自建特色数据库。

在服务方式上，图书馆采用全开放式管理，书刊全开架，提供书库藏、借、阅、参、研、休闲合一的一站式服务，开馆时间每周达到101.5小时。拥有24小时自助借还系统，可以全天候地进行自助借还。该馆是湖北省高校图工委确认的“优秀级图书馆”，是湖北省文献资源协调委员会授予的“湖北省研究级文献收藏单位”，是“湖北省高校图书馆自动化管理优秀馆”和中国高等教育文献保障系统（CALIS）中文图书编目中心C级馆成员。（湖北工程学院图书馆　何志俊）

【湖北工程学院图书馆概况】 截至2018年底，湖北工程学院图书馆馆藏纸质图书153.35万册，电子图书114.68万种；纸质期刊1011种，电子期刊34490种；中外文及各类型电子数据库和文献资源共享平台近40个。形成以自然科学和工程文献为重点，兼有理、工、农、医、文、经济、教育、管理、法、艺术等覆盖所有学科门类的多类型、多学科、多种载体综合性的文献资源保障体系。内设机构有“六部一室”。秉承“读者第一，服务至上”的宗旨，积极开展读者服务工作。2018年在岗职工72人。馆员公开发表期刊论文13篇，其中核心期刊2篇；申报各级各类科研项目5项，完成结题科研项目5项。

2018年新增中外文图书79045册（其中纸质图书27245册，电子图书51800册）；征订纸质期刊1011种；订购涵盖电子图书、电子期刊、学位论文、中外文等各类型文献的中外文数据库11个；装订、分编入库和上架阅览1146种12860期报刊；挖掘、整理、推介各类免费中、外文数据库43个。

更换图书馆业务管理系统LibStar智慧图书馆服务平台，完成数据迁移和业务培训工作，实现新旧系统的平稳过渡。推广应用“读者座位自助管理系统”，读者通过扫描座位上的二维码完成落座、抢座、座位保护、扫码续约等系列活动。

全年开馆355天，开放总时长3372小时，接待到馆读者74.67万人次，图书借阅总量10.12万册次。微信平台全年发布推文126篇，累计阅读量42631次。编辑电子馆刊8期、新书通报16期、好书推荐9期。利用QQ、OA、微博、微信等网络平台和现场咨询，发布信息和解答咨询3万余条次。利用文献传递、馆际互借等多种途径，为读者检索和传递文献1800余篇，定题服务65项。

开展移动资源推广活动，将订购的期刊纸电一体化，分7批次为相关学院开展电子期刊扫码荐读活动，并在学校主教学楼和有关学院教学楼摆放相关专业的电子期刊展板，供读者在“自家门口”扫码阅读。开展“上巳清澜古典文化”“找寻经典”“每日经典”“21天读书活动”“开学季不可错过的精品书”等活动，向读者推荐语言、文化、古代文学等类别的图书。持续开展“我的寒假阅读日志”“带着图书馆回家过暑假”“假期线上阅读”等活动，培养读者良好的阅读习惯。结合国家重大活动和传统节庆，开展“‘两会’专题”“献礼七一——聆听红色故事”“八一建军节：从阅读中感受铁军精神”“真理的光芒——纪念马克思诞辰200周年专题”等专题书目推介活动。开展“读过的青春——图书借阅档案”活动，将读者在大学期间所有的图书借阅记录整理成册，在毕业季送给毕业生一份特别的礼物。发布《2017年度阅读报告》。

开展2018级新生入馆教育活动，借助微信平台，以线上和线下结合的方式，先后推出“印象图书馆：图书馆早知道”等系列活动；举办新生入馆教育讲座8场次，听众约4800人。全年开展EV Compendex（原工程索引EI）数据库培训、毕业论文写作培训、EI数据库在“开题与课题申请前的文献调研中的应用——工程类”和“毕业论文写作指导——如何写一篇优秀的毕业论文”、CNKI数据库培训、CNKI在科研过程中的深层应用、“读秀学术搜索”等培训讲座11场次，累计培训读者约830人次。

2018年，在中国图书馆学会阅读推广委员会举办的全国大学生中华经典美文诵读大赛活动中，湖北工程学院图书馆选送的2名读者荣获二等奖；在湖北省科技信息共享服务平台文献传递服务工作评选中，湖北工程学院图书馆荣获“优秀服务二等奖”和“服务进步奖”。（湖北工程学院图书馆　吴钗芸）

【武汉职业技术学院图书馆概况】 截至2018年底，武汉职业技术学院图书馆馆藏纸质图书144万多册，订有现刊1000多种；数字资源有14种，包括学术期刊论文、学位论文、标准、年鉴、电子图书、职业能力与创业学习、人文电子期刊、学习考试、讲座视频等数据库，以及一站式检索平台。图书馆建筑面积1.8万平方米，设有综合书库、文学书库、新书库等多个常规书库，收藏过刊与老旧书籍的密集书库以及电子阅览室、期刊阅览室、自习室等多个功能区域。有工作人员37人。

2018年新购纸质图书9610册、电子图书28938种；通过单一来源招标，采购数字资源11种，其中新增2种；征订期刊959种。全馆每周开放7天，每天开放13小时，周开放时间达到91小时；全年借出图书21768册，借还21156人次，阅览室接待读者23381人次；图书馆网站点击4万多次，各种数字资源点击超过10万次；为机电学院、计算机学院和纺织服装工程学院等二级学院开展“软件通”使用培训5000人次左右；调研师生需求，采用网络问卷调查方式完成数字资源使用调查，并形成调查报告，共收到有效问卷550份，师生满意率85.45%；保障图书馆网站安全运行，适时更新内容，保证查询、检索等服务全天候正常使用，开设“传统文化课堂”“图书推荐”等专栏；维护图书馆微信公众号，定期更新内容，关注人数约5000人；保障“学习通”移动图书馆正常使用，方便15745注册用户随时随地查询、下载图书报刊资料；积极开展新生入馆教育，为8个二级学院约4000多名新生举办27场讲座，帮助新生了解图书馆的馆藏和使用方法。

联合学院宣传部、团委、学工部等部门，以“学习革命史　讴歌新时代　共享新悦读”为主题，举办第14届读书节；举办“寻找最美之声”朗读大赛；举办“心目中的图书馆寄语”，征集读者对新图书馆建设的意见、建议和寄语；举办“你选书　我买单”活动，参与师生共提供623种图书信息；进行“最美读者”摄影大赛，收到师生作品数十幅，其中2位教工作品在全省决赛中获奖；举办阅读排行榜、A4皮雕展等展览；组织参加湖北省高职院校首届以“讴歌新时代　书香满校园　献礼改革开放四十周年”为主题的微视频创作大赛，参赛作品“爱我中华同一声”“水调歌头”获省赛决赛优秀奖；举办“红色经典”阅读大赛，全校共400多人参加初赛，决赛中学院代表队获团体三等奖，4名学生分获二等奖和优秀奖；举办教师著作教材成果展，共收录展出学院教师主编的教材700余本、专著30余部。（武汉职业技术学院图书馆　韩玲）

【武汉工程科技学院图书馆概况】 武汉工程科技学院（原中国地质大学江城学院）图书馆建立于2005年。馆内设有报刊阅览室、文学艺术文献室、社会科学文献室、自然科学文献室、政治经济文献室、综合文献室、考研自习室、自主学习室、电子阅览室以及读者服务室，形成较为完整的信息资源服务系统。分学科设置的各个文献室实行“借、阅、管、藏”一体化的开放式管理服务模式。图书馆每周开放时间最长达80小时。

截至2018年底，馆藏纸质图书近115万册，过刊合订本2万余册，电子图书228.78万册。电子期刊18098种，订阅各类报刊近700种。设有阅览座位近2200个。所有馆藏文献统一按《中国图书馆分类法》进行分类和自主规范著录。馆藏结构和学科分布基本合理，涵盖学校目前所有的本、专科专业，覆盖工、管、艺、文、理、经等各学科领域，基本能够满足全校师生教学和科研的文献阅读需求。

图书馆局域网通过校园网与互联网连接，并采用本地镜像和异地存储两种方式为读者提供数字化信息资源的网上服务。现可提供书香武工院、中国知网、万方全文数据库、起点考试网、起点考研网、读秀学术搜索、博看期刊数据库、超星数字图书馆、中数书屋以及多种特色网络电子资源，广大师生可在办公室、阅览室、教室、寝室、食堂、会议厅等校园网或无线Wi-Fi分布的任一节点上查询使用。（武汉职业技术学院图书馆　王会玲）

【武汉东湖学院图书馆概况】 2018年，图书馆建筑面积2.9万平方米，阅览座位3350个。拥有千兆局域网和高速存储设备，网络交换机端口1144个，存储总容量达74.2TB；专业服务器10台，建设有服务器虚拟化集群和桌面虚拟化平台，立式触屏书目检索机14台；自动化管理采用深圳图书馆研发的ILAS Ⅲ系统，实现馆藏文献资源数字化管理，支持OPAC查询，并对接移动图书馆、微信等移动端；该馆的数字资源面向全校读者24小时开放，并支持校外访问数字资源。图书馆以“服务”为核心设置6部

1室，在职员工34人。

截至2018年底，馆藏纸质图书159万余册（含原版外文图书）、纸质期刊1400种、报纸102种，电子图书223.64万册，购置有中国知网、万方、读秀、EPS、新东方等69个数据库。此外，还加入CALIS、CADAL、CASHL、NSTL等全国联盟，共享中外文数据库31个，并搜集开放存取资源库19个。图书馆每周开放时间达94.5小时，全年接待读者52.5万人次，图书流通阅览42.5万册次，网站点击量22.7万次。接受论文查收查引代办委托179人次，出具检索报告106份；接受馆内检索委托28人次，出具检索报告26份。根据教师委托，开展文献检索与传递服务共8人次中外文文献21篇。面向全校学生读者共开展培训28场，其中专题讲座培训12场，新生入馆教育培训8场。开设信息教育基础课程“网络信息检索与利用”（公共选修课）。

该馆自2012年起建立学科联系人制度，为每个学院配备学科联系人。2018年，撰写《民办独立高校图书馆学科服务研究与实践简报》（第三期），采取专刊的形式，以民办高校/独立学院图书馆的发展历程为主题，搜集各馆发展历程报告，并撰写《湖北省民办高校/独立学院图书馆历程回顾与展望》。开展学科服务试点工作，搭建电子信息工程学科服务平台。筹建阅读学习中心，并于2018年4月23日投入使用。搭建“阅读学分考试平台”，并着手题库建设，组织馆员、学生参与平台内测。

开展“4·23”世界读书日系列活动。该馆以“阅读，传递民族振兴正能量”为主题，开展一系列特色文化活动，包括：东湖诗赏、第六届“悦读时代”演讲比赛校际联合赛、2017年度“阅读之星/新星”表彰、中华经典美文诵读大赛校内选拔赛、“寻找最美之声”朗诵大赛校内选拔赛、培训讲座、好书推荐等活动。开展“文献资源宣传月”系列活动。以“印象图书馆——与萌新们一起分享阅读”为主题，开展新生入馆培训8场近4000人次。开展“我爱我的图书馆”之微信征文、新生答题升级、图书专题推荐、校园灯谜会、校园诗词会等活动。新书展柜更新36次；报纸剪报更新235篇；各类宣传展板更新53版；专题书展区更新31期，推荐图书3868册；视频展播更新8次。同时，官方微博推送174条，微信推送109条。

2018年，该馆在湖北省首届“图书馆杯主题海报创意设计大赛”中获评“优秀组织奖”。图书馆阅读推广部葛林在首届湖北省高校“寻找最美之声”朗读大赛中获得馆员组三等奖。（武汉东湖学院图书馆　邹双林）

【武昌工学院图书馆概况】 2018年，武昌工学院图书馆对环境改造升级。图书馆共6层，馆舍总面积近2万平方米，设有多个读者服务区域。馆内采用藏借阅一体的管理模式，现有在职员工29人。全部资源供读者开架阅览。设有4部1室，2018年学校拨款近180万元用于文献采购，其中20万元是电子资源购置费。

阅览室内配备空调，馆内Wi-Fi全覆盖。阅览座位2100余个，各类计算机135台（其中提供读者使用的计算机100台）。配备400余个座位、设施齐全的学术报告厅，可供图书馆开展各项学术和教育活动。馆内2楼大厅设置有电子公告屏、总服务台、计算机检索台和电子存包柜，为读者提供多方位的优良服务及最新信息。分布在全馆的众多阅览座位和休闲桌椅可供读者自主学习、讨论和休憩。图书馆网站全年开通，配备有中国知网数据库、万方数据库、网上报告厅、博看网、起点考试考研网等多种数据库资源，并可通过省高校数字化图书馆中心和CALIS中心网站，为读者提供多种数据库资源和数十万种电子图书的检索与利用。计算机中心机房存储总容量为6.5TB，采用成蹊智慧图书馆管理系统实现自动化管理。

截至2018年底，馆藏纸质文献总藏量为112万余册，电子图书300余万册。2018年入藏图书15754种37170册；入藏报刊1089种，过刊合订本43151册。收藏有《中国大百科全书》和《大英百科全书》等巨型工具书。图书馆从每天早上8:00到晚上10:00不间断开放，实行藏借阅一体全开架服务。全年图书流通总量近27万册次。编辑《民办高校信息汇编》2期。由图书馆主办的“读书月”活动自2005年启动以来，每年一届，共举办13届，已经成为校园文化的重要组成部分，很多活动已产生了品牌效应，参与人数众多，受到师生好评。2018年主办湖北省民办高校第二届“悦读经典——寻找诵读达人”活动。（武昌工学院图书馆　周晓蓉）

【武昌首义学院图书馆概况】 截至2018年底，该馆中外文纸本文献累计总量44.75万种147.13万册，生均103.6册；全年入藏新书32462种58292册，平均复本1.8册，生均年进新书4册；全年订购期刊1171种1176份（含外文原版期刊3种），订购报纸99种100份。共有商业数据库22个，自主研发数据库5个，其中“武昌首义学院机构知识库”是本年度重点研发的介绍该校知识成果的数据库。馆藏电子图书360.44万册，电子期刊94.54万册，学位电子论文55.4万篇，音视频34572小时，电子资源总容量177787GB。全年新引进试用11个数据库。

全年接待入馆读者84.45人次，外借纸质图书12.20册次，内阅纸质图书46909册次、纸质期刊1810册次。图书馆各类数据库访问总次数1898.64万次，电子资源总下载量72.76万次，电子资源文献传递量119653页(篇)。与2017年对比，访问量、下载量和文献传递量均有不同程度的上升。

全年有3个学院（机电与自动化学院、城市建设学院、经济管理学院）共11个专业，将图书馆的信息素养教育课程纳入2018版人才培养计划。全年共完成87.5课时嵌入，培训学生3854人。开展毕业论文资料查找、外文摘要翻译、毕业论文Word排版、答辩PPT制作、图书馆资源和服务讲座34场，培训读者2862人次。

继续围绕图书馆“春天里的诗词”（3月）、“读书月”（4月）、“汉文化节”（5月）、“毕业季”（6月）、“迎新季”（9月）、“咨询服务月”（10月）、“搜索大赛”（11至12月）等活动做好阅读推广活动生态圈建设，同时组织、培训学生参加校内外的多项阅读竞赛活动并获得全国和省内的奖项。（武昌首义学院图书馆　魏家涛）

【武汉工商学院图书馆概况】 2018年，图书馆在编在岗职工36人，设有5部1室1馆。按照功能要求科学布局，共设置有流通书库5个、阅览室3个、数码共享空间1个、特色书屋2个、密集书库1个、总服务台1个、报告厅1个、档案馆1个、校史馆1个。其中15个服务窗口周开放时间112小时，周服务时间98小时，数字资源24小时开放。阅览座位2458个。实施藏、借、阅、查一体化的服务。

馆藏纸质图书138.52万册，纸质期刊1200种，电子图书103万册，全年文献购置经费共277.86万元。2018年新增纸质图书7.5万册，制作期刊合订本5253册。发布新书通报40期、新刊通报40期。完成6.5万册图书分编及加工，14883册现刊记到和2019年1200种期刊的订购工作。新增中文电子图书7000册；完成中国知网、中经网、读秀等数据库续订工作；新增51CTO学院、百度云教育平台、圣才电子书借阅机、起点考研网。

全年借书量32.43万册；入馆78.5万人次；发布读者借阅排行榜、图书借阅排行榜10次。多媒体阅览室全年接待读者9.06万人次，电子资源下载量12.12万次。与学校发展规划与政策研究办公室合作编辑发行《民办高校教育信息》10期。与武汉理工大学图书馆合作，为学校教师代查代检论文28篇，定题服务2次；完成《教师发文统计分析报告（2017—2018）》《图书馆2018年度阅读报告》。进行毕业生论文查重工作，共计提供论文查重服务3802人次。图书馆网站发布各类新闻81篇。

在入馆教育模式“在线学习+电脑网上考核”的基础上，新增讲解和手机考核方式，结合实际情况，重新编写《2018年图书馆服务指南》和相关考核题库，共开设新生入馆教育50场，4000名新生参加入馆教育考试。举办考研专题、经典诵读、书画欣赏等8场讲座。

阅读学分书库新增图书300种，考核书籍新增20种。参加阅读学分考试人数5260人，考核43822人次，通过考核30763人次，通过率72%。3209人申请获得阅读学分，其中1期认定651人，2期认定2558人。以“阅读学分”为主线吸引学生阅读，开辟i尚阅读、荷塘夜话、赛事风云、培训与读者交流、影视欣赏、工商展览厅等6大模块，推动学生阅读。同时将读书活动与竞赛相结合，开展经典美文诵读大赛、优秀读书笔记评选、“我与经典”征文比赛、电子资源展、最美志愿者评选、“我与经典”征文大赛、演讲比赛、信息搜索大赛等活动共45场次，参与者2.43万人次，表彰奖励220人次。图书馆官方微信发布35次97篇，微信关注人数1.5万；图书馆官方微博消息推送24篇。（武汉工商学院图书馆　徐钰钦）

【武汉学院图书馆概况】 截至2018年底，武汉学院图书馆在岗员工16人。馆藏纸质图书120.7万册（含期刊合订本）；订购中外文期刊952种，其中中文刊945种，外文刊7种，报纸41种。电子图书16.5万册（本地镜像），远程访问的电子图书共计100万册。以中国知网为主的电子期刊86724种，硕博论文126万册。以新东方多媒体学习库为主的音视频学习资源超过3000小时。全年开放总天数282天，除寒暑假及国家法定节假日（7天）外，每天开放14小时，周开放98小时。网上资源和移动图书馆服务全年365×24小时开放。陈一丹伉俪图书馆开馆一周年，共接待读者56.38万人次。处理读者一卡通事务1056次。2018年，全校师生使用读秀、中国知网、新东方多媒体学习库、本地电子书数据库、移动图书馆APP、歌德电子借阅机等进行检索、浏览、下载，总访问量超2000万次。超星移动图书馆目前共有6758位注册读者，其中2018年注册921人，总登录为38.454万次。

在信息化建设方面，完成服务器、数据库、网站、应用软件、设备等日常管理维护和故障排除，为图书馆全年24小时不间断网络信息服务提供有效技术保障；协同信息中心并联系有关厂商处理好网络安全漏洞问题；与各厂商对接，确保校园一卡通在图书馆的顺利实施，自助借还机、防盗仪、门禁等设备均正常运行。

阅读推广和宣传工作取得突破性进展。参加全国首届图书馆杯主题海报创意设计大赛，获得全国入围奖1项、湖北省三等奖2项、省优秀指导老师1项、省优秀组织者（个人）3项，图书馆获评“优秀组织单位”；参与湖北省民办高校/独立学院“悦读经典——寻找诵读达人”活动，获得优秀个人3项，图书馆获评“优秀组织单位”；参加湖北省第二届本科院校专题创作大赛，获得学生组二等奖1项，教师组三等奖1项；参加湖北省第二届“知海寻宝”网络知识竞赛，获得三等奖1项，优秀奖1项；参与第六届“悦读时代”演讲比赛，并在校际总决赛中荣获一等奖。2018年，针对全校师生开展了信息素养教育与学科服务。2018年共完成3个班210人文检课的教学任务；不定期组织数据库利用、软件使用技巧、电子资源导航等方面的系列讲座；配合学校“迎新营”工作，对全体2018级近3000名新生开展入馆教育；制作读者手册，新生入馆参观讲解，通过学习通平台开展“入馆教育通关答题”，电子资源展示，微信推送新生特辑、新生主题书展；编辑、印制《图书馆读者手册》，全方位向读者推介图书馆。

在学科服务方面，通过多种途径传递文献信息资源，同时积极收集院系读者对图书馆的需求。2018年编辑馆刊《教育信息汇编》8期，为领导提供重要决策参考；走访院系，与老师们面对面沟通交流，及时了解资源及服务的需求，解答与回复资源利用问题，主动提供咨询服务。利用“读秀中文学术搜索”资源共享平台参考咨询总咨询量共18.24万页。（武汉学院图书馆 周莹）

湖南省

【湖南省高校图工委举办图书馆法律知识竞赛】 2018年，湖南省高校图工委举办以“坚定文化自信，坚持依法办馆”为主题的图书馆法律知识竞赛。竞赛内容包括《中华人民共和国公共图书馆法》《普通高等学校图书馆规程》《信息网络传播权保护条例》《中华人民共和国著作权法》《中华人民共和国专利法》5部法律法规。整个竞赛分为初赛和决赛，初赛于6月5日进行，通过网上150道题限时30分钟答题的方式。初赛参与人数达到1162人，占全省普通高校图书馆从业人员的58%；决赛于6月20日在湖南常德举办，全省38所高校图书馆派代表参加或观摩决赛现场。决赛通过个人必答题、团队必答题、抢答题、限时竞猜题、风险题5个环节的角逐，湖南大学图书馆代表队获得团体一等奖，国防科技大学图书馆代表队、邵阳学院图书馆代表队获得团体二等奖；南华大学图书馆代表队、湖南医药学院图书馆代表队、湖南第一师范学院图书馆代表队、湖南工业大学图书馆代表队、湖南师范大学图书馆代表队获得团体三等奖。湖南省图书馆学会副理事长邹序明、中南大学大数据研究院教授李后卿、同方知网湖南分公司总经理刘芳华、湖南省高校图工委秘书长郑章飞为初赛和决赛获奖代表颁奖。（湖南大学图书馆 陈有志）

【湖南省高校图工委举办2018年湖南省普通高校图书馆馆长会议】 12月28日，湖南省普通高校图书馆馆长会议在长沙举行，全省 38 所普通高校图书馆 120 余名代表出席会议。此次会议分为“一校一书”创新案例现场宣讲评审环节和馆长年会环节。25 所学校代表对 30 个阅读推广创新案例进行宣讲，38 位专家评委和 38 位大众评委进行打分。湖南大学“‘阅读经典、立德树人’长效机制建设——从阅读学分到阅读奖学金”等 15 个案例获得省教育厅“创新案例奖”，湘潭大学“青衿讲坛”等 15 个案例获得湖南省高校图工委“创新案例奖”。会上，教育部中国高等教育文献保障系统（CALIS）管理中心专家许长城、省高校数字图书馆主任张丹、中国知网专家屈亚琴分别做题为“FOLIO 新一代图书馆”“省高数图 2018 年工作汇报”“‘双一流’背景下面向学科建设的图书馆知识管理与服务探索”的发言。会议同时举行颁奖典礼，对湖南省普通高校 2018 年“一校一书”阅读推广活动进行总结与表彰。（湖南大学图书馆　陈有志）

【湘皖两省高职图工委开展省际学术交流活动】 5 月 12 日，湘皖两省高职院校图书馆工作委员会省际协同发展学术交流会在安徽合肥召开，安徽省 6 所高职院校图书馆与湖南省 30 所高职院校图书馆共 40 余名代表共同畅谈高职院校图书馆助力优质校建设的协同发展之路。双方就高职图书馆争取政策支持、数字资源共享共建、纸质图书招标、图书馆队伍建设等方面进行充分交流，并表示两省应进一步加强馆际交流，取长补短，共同促进图书馆事业的发展。同时，会议对湖南省高职高专院校 2017 年度数字资源最佳应用奖和最佳推广奖获奖单位进行颁奖。（长沙商贸旅游职业技术学院图书馆　朱明松）

【湖南省职业教育与成人教育学会高职图书馆工作委员会召开 2018 年学术年会】 12 月 6—7 日，以“新思想、新起点、新征程——馆员的培养与成长”为主题的湖南省职业教育与成人教育学会高职图书馆工作委员会 2018 年学术年会在永州职业技术学院召开，来自全省 53 所高职院校的 123 位图书馆同人参加会议。湖南省高校图工委秘书长郑章飞传达教育部高教司教学指导委员会会议精神，吉首大学信息资源研究所所长刘泳洁、CALIS 资源管理服务中心副主任傅雪峰分别做题为“新时期高校图书馆人才队伍建设漫谈”“CALIS 高职高专图书馆发展行动计划”的专家报告。（永州职业技术学院图书馆　郛常）。

广东省

【数字人文与东亚文献共享国际学术会议在中山大学图书馆召开】 1 月 10—11 日，来自美国、加拿大等大学东亚图书馆，我国有关专家学者近 80 人参加此次会议。上海图书馆副馆长刘炜，加州大学伯克利分校大学图书馆副馆长周欣平，台湾大学资讯工程学系暨研究所特聘教授、数位人文研究中心主任项洁，中山大学历史系教授、历史人类学研究中心主任刘志伟分别就当前数字人文研究的中国困境与基础设施建设、数字人文与大学图书馆未来的发展、典籍的数字化与数字人文，以及数字化时代对历史学的挑战等议题发表主旨演讲。来自哈佛大学哈佛燕京图书馆等单位的 22 位专家学者分别围绕“元数据与数字人文工具”“数字人文与史学研究”“数字人文与图书馆特藏资源建设”“数字人文支持：基础设施、平台建设、课程教育”等主题报告相关领域最新的研究成果进行探讨。与会的专家学者还就东亚文献的共建共享、数字人文基础设施与技术合作发展等两个主题开展深入探讨。中山大学图书馆藏西文珍本展、中山大学图书馆藏徽州民间历史文献展两个特藏展览同时举办。（中山大学图书馆）

【第四届海峡两岸古籍保护论坛在中山大学图书馆举行】 3 月 30 日，来自北京、上海、天津、广东和台湾的 20 余位古籍保护业界专家学者参加此次会议。中国古籍保护协会会长刘惠平、常务副会长张志清，台湾古籍保护学会会长林登昱等出席会议，中山大学图书馆馆长程焕文应邀到会并致辞。此次论坛围绕如何促进中华优秀传统文化根脉流传、融入家庭教育、传承优良家风、推进未成年人健康成长等主题展开讨论，同时商议《海峡两岸中华古籍保护论著提要》的续编工作。海峡两岸古籍保护论坛是两岸古籍保护工作者沟通交流的平台，专家学者齐集一堂，分享工作经验和研究成果。（中山大学图书馆）

【新时代高校图书馆发展专题会议在中山大学图书馆召开】 4 月 10 日，广东省高校图工委在中山大学组织召开新时代高校图书馆发展专题会议。广州地区10多所高校图书馆的17位馆长出席会议。会上，广东省高校图工委主任、中山大学图书馆馆长程焕文提出广东省图书馆界贯彻落实习总书记关于广东工作“四个走在全国前列”的战略要求。程焕文首先对2017年广东省高校图工委年会预备会上委员提出的意见与建议进行总结回应；其次提出“粤港澳高校图书馆联盟”进入细节推进阶段，其发展需要广东省高校图工委各成员特别是广州地区高校图书馆的参与和支持。广东省高校图工委秘书长、中山大学图书馆副馆长罗春荣向与会代表简要报告广东省高校图工委近期工作进展情况，包括组织广东省高校（含省属中职院校）2018—2019年度电子资源联合采购，编制《2016年广东省高校图书馆发展报告》和举办2018年高校专利信息传播利用研讨会等。最后，与会代表就新时代加强广东省高校图书馆的交流与合作、创新发展提出具体意见和建议，并对粤港澳高校图书馆联盟的发展和推进提出各自的见解。（中山大学图书馆）

【第二期全国西文古籍修复技术研修班在中山大学图书馆举办】 6月18日，由国家古籍保护中心、中山大学图书馆联合主办的第二期全国西文古籍修复技术研修班在中山大学图书馆开班，来自全国各地有关单位的30名学员进行为期两周的学习。开班仪式由中山大学图书馆国家级古籍修复中心副主任邱蔚晴主持，中山大学图书馆馆长程焕文、美国国会图书馆文献修复部资深珍本修复师Yasmeen Khan等分别致辞。此次培训班特别邀请Yasmeen Khan担任授课老师，授课内容包括介绍伊斯兰装帧图书的历史及制作方式，结合新疆图书馆馆藏文献分析伊斯兰装帧图书的破损特点，并通过制作皮装图书样书、修复皮装西文古籍等具体实践，让学员掌握伊斯兰装帧图书的各种修复技巧。

6月19日，第十三届华南文献保护论坛在研修班举办期间举行，研修班全体学员以及来自全国各地约80人参加此次论坛。授课老师Yasmeen Khan主讲“伊斯兰装帧图书的保护：项目与挑战”，以伊斯兰装帧图书为例介绍美国国会图书馆的文献保护与修复工作、伊斯兰装帧书籍所用的书写与装订材料、不同地区伊斯兰装帧的特点、常见的伊斯兰装帧书籍破损原因等。主题演讲后，与会者就书籍制作地的鉴定、伊斯兰地区所制纸张的加工方式、美国国会图书馆书籍的脱酸方式等问题进行交流和讨论。（中山大学图书馆）

【于宪宝先生藏拓片捐赠仪式在中山大学图书馆举行】 11月11日，中山大学65级校友于宪宝先生藏拓片捐赠仪式在该校南校园图书馆五楼珍藏馆举行。于宪宝先生1965至1970年就读于中山大学历史系，毕业后曾先后任英德市博物馆馆长、英德市地方志编纂委员会办公室主任、英德市人民政府办公室副主任、英德市文物管理委员会办公室主任等职。值学校94周年校庆之际，于宪宝先生决定将其数十年捶拓之英德本地拓片悉数捐予母校图书馆。这批拓片共470件533张，以南山、碧落洞等地摩崖为主，同时又有少量碑刻及砖铭、石鼓铭、钟铭、墓券铭、楹联、桥梁题字、祠堂木匾等，具有重要的学术和文物价值。中山大学校长助理宋珊萍向于宪宝先生颁发感谢状。仪式现场同时还举行于宪宝先生捐赠拓片展。（中山大学图书馆）

【暨南大学图书馆举行建馆100周年庆典暨“双一流”背景下的智慧图书馆建设研讨会】 10月26日，暨南大学图书馆举行建馆100周年庆典暨“双一流”背景下的智慧图书馆建设研讨会。暨南大学党委书记林如鹏首先回顾10月24日习近平考察暨南大学图书馆世界华侨华人文献馆并对华侨华人、古籍特色馆藏给予高度评价的情况。暨南大学校长宋献中宣读中国图书馆学会高校分会贺信。岭南画派著名画家胡江教授赠画作《源泉万斛》，武汉大学图书馆馆长王新才、华东师范大学图书馆馆长胡晓明赠诗作。“暨南大学图书馆·广东报业图书馆”“暨南大学汉语方言学文献资料中心”相继揭牌，《暨南大学图书馆藏珍贵古籍图录》与《中国古籍珍本丛刊·暨南大学图书馆卷》首发式及智慧图书馆平台上线启动仪式随后举行。

庆典结束后，由广东省高校图工委交流合作委员会、暨南大学图书馆及重庆维普资讯有限公司联合举办的“双一流”背景下的智慧图书馆建设研讨会拉开帷幕。重庆大学图书馆馆长杨新涯、南京大学图书馆副馆长邵波、重庆维普资讯有限公司营销总监卓应忠及暨南大学图书馆馆长史小军围绕智慧图书馆的技术、服务、路径及实践探索等主题，分别做“智慧与服务”“从数字图书馆到智慧图书馆建设：探索与实践”“数据成就智慧——智慧图书馆建设的逻辑辨析与路径选择”“智慧图书馆建设的理念与探索”等报告。馆庆当天，校本部及番禺校区图书馆共同举办“百年记忆——暨南大学图书馆发展历程”展览、纪念民国时期暨南大学图书馆馆长郑振铎先生主题书展、暨大图书馆百年馆庆诵读、电影沙龙、馆史问答等活动。同时在校本部设立数字阅读区、智能机器人及虚拟现实互动区，营造馆庆氛围。馆庆前夕，图书馆还邀请美国华裔作家、文学评论家陈瑞琳女士做“卷起汉语千堆雪——北美移民文学的百年长河”专题讲座。

暨南大学图书馆于 1918 年在南京正式建馆，又随学校五度播迁，与我国华侨教育事业休戚与共。目前图书馆由广州、珠海、深圳 3 地 5 馆组成，馆舍总面积 80099 平方米，阅览座位约 9650 个。截至 2018 年 8 月，共有各类印刷型文献 416.5 万册，中外文数据库 180 种，中外文电子书约 229 万种，电子期刊 5.1 万种。（暨南大学图书馆）

【暨南大学举办首个“华侨华人文化周”】 11 月 16—22 日，暨南大学举办首个“华侨华人文化周”，活动主题为“海上丝绸之路与华侨华人”，旨在响应“一带一路”倡议，推广华侨华人历史文化。暨南大学副校长洪岸在启动仪式上致辞。“华侨华人文化周”由暨南大学图书馆世界华侨华人文献馆（以下简称“世华馆”）主办。世华馆成立于暨南大学 110 周年校庆之际，以华侨华人、华文文学、华文教育、华语传媒“四华”文献为主要收藏对象。目前接受各类文献捐赠近 3000 册，馆藏总量已达 3 万多册，此次活动即依托世华馆馆藏资源展现华侨华人历史文化。11 月 18 日，世华馆与海外 16 家校友会举行签约仪式，授牌成立 16 家“世界华侨华人文献馆海外文献收集联络点”。文化周期间，世华馆还举办“丝路华彰——海上丝绸之路与华侨华人”主题展览、“华彰四海：海丝映粤与中外文明耦合”专题讲座、“我是谁”华人新生代暨南学子主题分享、南海神庙文化参访、电影《一路有你》赏析、“海上丝绸之路”有奖问答及专题书目推送等子活动。（暨南大学　易静　沈毅奏）

【广东高校图书馆 2018 读书活动暨阅读推广创新案例大赛总结研讨会在东莞举行】 12 月 4—5 日，由广东省高校图工委教育培训委员会主办、韶关学院图书馆承办的广东高校图书馆 2018 读书活动暨阅读推广创新案例大赛总结研讨会在东莞举行。广东图书馆学会理事长刘洪辉做“漫谈阅读推广”专题报告，超星数字图书馆张慧敏做“智慧图书馆促进阅读推广”演讲报告，惠州学院图书馆馆长杨勇、广州城市职业学院图书馆馆长蔡卫平、韶关学院图书馆馆长官建生分别就各自负责的项目做报告。会上举行广东高校图书馆 2018 阅读推广创新案例总决赛。此次大赛自“4·23”世界读书日启动以来，组委会共收到来自华南师范大学等 22 所高校图书馆提交的阅读推广案例 39 个，最终韶关学院图书馆在决赛中荣获阅读推广创新案例大赛一等奖。官建生以“联合创新的高校图书馆读书活动和阅读推广”为题做总结发言。2018 年读书活动受到广东省高校图工委的重视和各高校图书馆的响应支持，吸引 70 多所学校 5000 多人参加。最后，大会分别对经典阅读人文知识竞赛、《习近平用典》读后感主题征文大赛、阅读推广创新案例大赛的获奖团体和个人进行表彰。（韶关学院图书馆）

广西壮族自治区

【2018 年广西高校图书馆学情报学培训班在南宁举办】 6 月 5—13 日，由广西高校图工委、广西高等教育学会图书馆专业委员会（以下简称“广西高教学会图专委”）主办的 2018 年广西高校图书馆学情报学培训班在广西大学图书馆开班，为期 9 天。培训班开设文献分类编目、信息检索与应用、信息咨询与科研决策支持服务等课程，使参训人员通过培训基本掌握书刊的采购、分编、流通、检索、电子资源管理等技能。共有 46 位学员参加培训。（广西大学图书馆　陈鸿）

【2018 年广西高校图书馆工作与学术年会在南宁召开】 11 月 8—10 日，由广西高校图工委、广西高教学会图专委和 CALIS 广西中心组

织召开的2018年广西高校图书馆工作与学术年会在广西大学图书馆召开，年会主题为“图书馆与文化建设”。来自全区约50所高校的149位代表参加此次会议。大会选举产生广西高教学会图专委第九届理事会，确定新一届常务理事会名单，并对学会章程进行修订。此次年会收到来自全区18所高校图书馆、1所公共图书馆的42位作者（含合著者）递交的论文28篇，经过严格评审，共评出一等奖2篇、二等奖3篇、三等奖6篇。（广西大学图书馆　陈鸿）

【广西大学图书馆专利信息工作取得较大进展】 2月8日，广西大学知识产权信息服务中心在广西大学图书馆成立，“全国专利文献服务网点”和“广西知识产权远程教育平台（广西大学分站）”挂靠广西大学图书馆查新站。6月22日，广西大学图书馆成为首届“高校知识产权信息服务中心联盟”理事会单位之一。（广西大学图书馆　陈鸿）

【广西大学图书馆举办专利代理人资格考试专利法基础培训班】 3月24—25日，专利代理人资格考试专利法基础培训班在南宁举办。来自全区各市知识产权局（科技局）干部、高校教师、在校研究生等100多名学员参加培训。自治区知识产权局副局长杨晓东出席开班仪式并致辞。此次培训围绕专利制度，专利权授予，专利申请程序，复审、无效与行政复议，以及专利权的实施与保护等内容进行授课，并结合典型案例进行深入交流。（广西大学图书馆　陈鸿）

【广西大学图书馆南楼正式启用】 建筑面积30768平方米的广西大学图书馆南楼于2018年11月正式启用。至此，广西大学图书馆南北楼总面积已达63106平方米，阅览座位达6634个。南北楼在功能上融为一体，全馆功能布局进行了调整，其中北楼以图书借阅服务为主。南楼除提供书刊阅览服务、特色文献的集中收藏以外，还增设多媒体影视空间、学习研讨研修间、休闲开放阅读区等空间服务，配备投影、3D打印机、VR等设备，给师生提供灵感碰撞与交流的空间；增设东盟书库、“西大学人文库”、文化展览区等，后续还将逐步引进咖啡屋、书吧等社会化服务。（广西大学图书馆　陈鸿）

【广西大学图书馆推出崇文大讲堂】 2018年，广西大学图书馆推出全新的文化推广品牌——崇文大讲堂。全年共组织4次活动，分别邀请国家教学名师黄维义教授、央视百家讲坛知名主讲人莫砺锋教授、上海大学特聘教授曹辛华、广西著名文化学者彭匈先生等开展不同主题的知识讲座。（广西大学图书馆　陈鸿）

【广西科技大学图书馆概况】 广西科技大学图书馆包括东环校区、柳石校区、柳东校区3个图书馆，馆舍总建筑面积36423平方米，阅览座位4354个。截至2018年底，馆藏图书总量626.20万册（其中，纸质图书250.15万册、电子图书及博硕论文376.05万册）。采用Interlib大型图书馆集成管理系统，建成多校区图书馆及全校各院系资料室统一管理的文献信息网，与CALIS、CASHL、NSTL、清华大学图书馆、广西高校网络图书馆等机构实现信息资源共享。图书馆设采编部、流通阅览部、参考咨询部、推广服务部、技术服务部、办公室和信息素养教育教研室等5部2室。图书馆职工共75人，其中硕士11人，本科51人；正高级职称5人，副高级职称11人，中级职称31人。2018年，图书购置费达1176.57万元，新增纸质文献13.10万册，新增电子文献34.34万册。建设有读秀学术搜索、金图外文电子图书、数图外文电子图书、超星数字图书馆等电子图书数据库，以及CNKI总库、Springer、Elsevier、PQDT等中外文数据库共57个，自建全校硕士学位论文数据库。图书馆还积极配合学校学科建设、学位点评估和各学院的专业认证、专业评估工作，提供文献资源统计数据18次。

图书馆Interlib集群系统从2.0版本升级到3.0版本，接收各类书目数据6万多条。图书馆主页点击量469563次，数据库点击量1120749次，下载量1229203次。采购浪潮服务器2台、磁盘阵列1台。新建柳石校区和箭盘校区自助服务站各1个。推动柳东校区智慧图书馆建设，完成“广西科技大学智慧图书馆系统建设项目”采购，包括智慧排架系统、智慧信息墙系统、统一认证系统、阅读交互平台以及交换机、自助服务一体机等设备。

图书馆周开馆服务达98小时，考研学习室开放至凌晨1点。全年入馆读者60多万人次，图书借还 179004 册次。

提供咨询 532 人次，通过 NSTL、CALIS、CASHL、联合参考咨询等机构为有文献需求的读者进行原文传递、信息推送。以邮件、板报及刊物宣传推介电子资源，组织举办各学院数据库培训讲座 9 场，参加师生 883 人次。完善全校硕士学位论文提交管理发布系统建设，完成 2018 届硕士论文提交、审核等相关工作，以及延期毕业硕士论文提交、审核工作。（广西科技大学图书馆　莫均超）

海南省

【2018 中南六省(区)高校图书馆学术年会在海南澄迈举行】 9 月 28—30 日，由河南、湖北、湖南、广西、广东和海南六省（区）高校图工委主办的 2018 中南六省（区）高校图书馆学术年会在海南澄迈老城镇举办。海南省教育厅领导、大会特邀专家，以及来自六省（区）高校图书馆及相关文化机构近 400 名代表出席会议。此次年会的主题为：“双一流”背景下的高校图书馆建设。海南省教育厅高教处处长苏永光致辞。大会特邀上海交通大学图书馆馆长陈进做题为“泛学科服务的创新之路”的主题报告。中原工学院图书馆馆长岳修志、武汉大学图书馆副馆长黄鹏、海南师范大学图书馆馆长胡素萍、中山大学图书馆副馆长罗春荣、南宁职业技术学院图书馆馆长李云华、湖南大学图书馆馆长郑章飞分别从高校阅读推广、地方文化建设、专利信息服务、高职“双高”建设及图书馆员职业能力要求与培养等方面做专题报告，对高校图书馆的工作开展极具参考借鉴价值。此次会议收到来自中南六省（区）论文 163 篇，评出一等奖 17 篇、二等奖 32 篇、三等奖 48 篇，部分一等奖获得者在会上做论文交流。会议最后对获得一、二、三等奖的作者进行现场颁奖，并由海南省高校图工委代表向 2019 年年会的承办方河南省高校图工委代表移交会旗。（海南省高校图工委）

【海南高校图书馆 2018 年学术年会召开】 11 月 22—23 日，由海南省高校图工委主办、琼台师范学院图书馆承办的海南高校图书馆 2018 年学术年会在文昌召开。省教育厅领导、各高校分管校领导、省高校图工委领导和委员、华中师范大学信息学院院长和图书馆馆长以及来自全省 22 所高校图书馆的代表等共 177 人参加会议。琼台师范学院副校长万力维、海南政法职业学院副院长陆建军、海南省教育厅副处长陈广锐先后致辞。省高校图工委主任李文化做“2018 年省图工委的年度工作总结”，省高校图工委资深顾问安邦建做“海南省高校图书馆文献信息资源建设评估总结”，省高校图工委副主任石焕玉宣读“海南省高校图书馆信息技术实践案例大赛”获奖文件，同时举行颁奖仪式。会上，华中师范大学信息学院院长李玉海做题为“数据驱动的图书馆智慧服务初探”的学术报告，随后举办信息技术案例大赛获一等奖 3 个案例展演和琼台师范学院图书馆与华中师范大学图书馆馆际合作协议签字仪式。（海南省高校图工委）

【海南省高校获得多个奖项】 10 月 20 日，全国首届“图书馆杯主题海报创意设计大赛”现场总评在广东东莞图书馆举行。此次大赛全国 32 个省（区、市）共计 1168 个图书馆报名参与大赛，17796 名读者报名，通过审核作品 13925 件。海南大学图书馆 7 名读者入围全国评审，其中 1 人获得二等奖，1 人获得三等奖；海南大学获得优秀组织奖，1 人获得优秀指导老师奖。2018 年 6 月，在由教育部高等学校图书情报工作指导委员会信息素养教育工作组主办的 2018 年全国高校信息素养教育研讨会微课比赛中，海南省医学院图书馆 3 位员工的作品在 95 个参赛视频中脱颖而出，2 人获得微课类三等奖，1 人获得微课类优秀奖。（海南大学图书馆　海南省医学院图书馆）

【海南热带海洋学院图书馆南苑分馆正式开放】 为解决海南热带海洋学院五指山校区师生查找、利用图书难的问题，经过筹划、维修、改造，修缮一新的五指山校区图书馆南苑分馆于 6 月 4 日举行揭牌仪式并正式向广大师生读者开放。该馆位于五指山南苑校区退休教职工活动室旁，馆藏图书 8000 余册，包括各种专业书籍、经典著作、思想哲学、文学艺术、文化教育、旅游经济等图书。（海南热带海洋学院图书馆）

【海南经贸职业技术学院举办纪念海南建省 30 周年图书及图片展】 为纪念海南建省办经济特区 30 周年，海南经贸职业技术学院图书馆围绕历史、民族民俗、风光等主题，选取专题资源库相关图书以及地方文献、自然风光、风土人情等百余张图片，于4月中旬举办海南建省30周年图书及图片展。展览全方位向广大教师学生以及读者展现海南建省30年来的发展变化，真实展现海南的历史印记。（海南经贸职业技术学院图书馆）

重庆市

【概况】 2018年，全市共有44所高校参加重庆市高校数字图书馆平台的资源共建共享工作，包含19所本科院校及25所独立本科和高职高专院校。在资源建设方面，重庆市高校图工委完成新增数字资源“TWB台湾电子图书数据库”“书舒朗读亭资源平台”“书蜗图书馆O2O服务平台”的评估、评审和联合采访方案的谈判工作。在重庆市高校图书馆设立“重庆市高等学校图书情报工作委员会科学研究基金”，2017年项目结题验收工作正在进行。2018年，全市高校图书馆在科学研究、阅读推广、对外交流及学科服务方面均有长足发展。（重庆市图书馆学会）

【重庆市高校图工委信息技术应用专委会2018开放学术论坛】 4月27日，重庆市高校图工委信息技术应用专委会2018开放学术论坛在重庆大学图书馆召开，重庆市各高校专委会委员和高校图书馆专家代表出席会议。会议由信息技术应用专委会主任、重庆大学图书馆馆长杨新涯主持并致欢迎辞。华中师范大学信息管理学院院长李玉海做题为“未来图书馆馆员发展环境变革”的专题报告；四川大学图书馆馆长党跃武以“基于GLAM的文化资源开发”为题，对高校图书馆GLAM公共文化资源开发的途径和方法进行分析。最后，与会者针对专家们的报告，就图书馆的人才激励机制以及图书馆的文化创造方案进行讨论。（重庆市图书馆学会）

【“双一流”背景下数字资源发展暨CALIS第十六届引进数据库培训周举办】 5月15日，由CALIS管理中心和高校图书馆数字资源采购联盟（DRAA）理事会主办，重庆大学图书馆承办的“双一流”背景下数字资源发展暨CALIS第十六届引进数据库培训周在重庆大学虎溪校区举办。来自全国各高校图书馆、全球数据出版商、代理商等600多位代表参加此次会议。会议持续4天，围绕“‘双一流’背景下数字资源发展”进行29场主题报告和研讨，并开展27场数据库专题用户培训和座谈。（重庆市图书馆学会）

【第一期中国财经教育资源共享平台研讨培训班举办】 7月10日，第一期中国财经教育资源共享平台研讨培训班在重庆工商大学图书馆开班。中国财经教育资源共享平台是为了促进中国财经高校教育资源的自建共享、共建共享和开放共享，助力财经高校人才培养和学科建设，于2017年发起成立的。成员包括上海财经大学、西南财经大学、东北财经大学、重庆工商大学、浙江财经大学等全国40余所财经高校。此次培训是平台建设落地的重要内容之一，来自全国22所财经高校图书馆的业务骨干参加培训。（重庆市图书馆学会）

【第十五届数字图书馆前沿问题高级研讨班召开】 11月24—25日，由中国图书馆学会高等学校图书馆分会、中国图书馆学会学术研究委员会数字图书馆专委会、重庆市高校图工委主办，重庆大学图书馆承办的第十五届数字图书馆前沿问题高级研讨班（ADLS2018）在重庆大学虎溪校区召开，来自国内外的专家、高校图书馆馆长、馆员共计320名代表参会。围绕数字人文与数字学术主题，美国肯特州立大学图书情报学院教授曾蕾、美国雪城大学信息研究学院教授秦健、北京大学图书馆副馆长聂华分别对文化资源的展示方式、特藏资料元数据的重组、高校研究数据管理与服务体系的构建等内容进行讲解；美国加州大学伯克利分校东亚图书馆技术部主任林海青等分别做报告，报告主要涉及数字人文、科研信息获取、政府开放数据集、人工智能在图书馆的应用、智慧数据、基于数据的图书馆的服务模式、智慧图书馆的实践等内容。（重庆市图书馆学会）

四川省

【概况】 四川省共有普通高等学校109所，其中本科院校51所（含独立学院9所），高职（专科）院校58所。根据对2018年四川省83所主要高校图书馆的统计，馆舍面积169.13万平方米，读者座位21.72万个。文献资源购置费

3.98 亿元，其中，电子资源购置费 2.01 亿元。文献累积总量 3.82 亿册。2018 年购置中文纸质图书 571.41 万册，外文纸质图书 2.52 万册，中文纸质报刊 7.73 万份，外文纸质报刊 2000 余份，中文电子图书 8274.37 万册，外文电子图书 274.39 万册，中文电子报刊 307.8 万份，外文电子报刊 67.54 万份，数据库 736 个；自建数据库 273 个。外借纸本书刊 677 万册次，电子资源下载量 1.4 亿多篇次。全省高校图书馆正式职工 2209 人，其中博士 53 人、硕士 533 人，本科以上学历约占 76%；中高级职称比例达 63%。

2018 年，全省高校图书馆进一步贯彻落实教育部《普通高等学校图书馆规程》，加速推进全省高校图书馆文献资源共建共享工作，为人才培养、科学研究、社会服务和文化传承创新提供优质的文献信息保障。

调整完善四川省高等学校图书情报工作委员会（以下简称“四川省高校图工委”）组织机构，基本完成换届工作。加强高校图书馆专业队伍建设及各分委员会和专业委员会管理协作，举办全省高校图书馆学情报学专题学术研讨等 20 余场，促进省内高校图书馆的交流和合作，提高人员队伍建设的水平。

进一步规范四川省高校文献资源建设政府采购工作，建立“四川省文献资源建设专家库”，大力推进全省高校文献资源的共建共享。

积极倡导全民阅读，举办第一届“悦读新时代：四川高校阅读文化节”，打造全省服务品牌。组织开展“四川省高校阅读文化节 Logo 设计”“四川省大学生中华经典美文诵读大赛”“图书馆杯四川全民英语口语大赛”“四川省高校‘寻找校园最美读书人’”等全省性系列活动，60 余所高校图书馆结合各校实际，开展丰富多彩的校园阅读推广活动。乐山师范学院图书馆荣获中国图书馆学会颁发的“全民阅读示范基地”，西南石油大学被评为四川省“全民阅读示范基地”，成都大学、攀枝花学院、四川警察学院等 5 所图书馆被评为四川省“全民阅读优秀组织”，成都理工大学、成都职业技术学院等 5 所图书馆被评为四川省“全民阅读先进单位”，成都大学、成都理工大学工程技术学院图书馆申报项目获得“2017 年阅读推广优秀项目”。

进一步推进四川省“双一流”大学图书馆建设联盟的发展，组织开展“‘双一流’背景下高校图书馆学科评价和机构库建设学术研讨会”“‘双一流’形势下高校图书馆资源建设策略与数据分析研讨会”“‘双一流’大学图书馆建设川大论坛”等系列活动，将“双一流”高校图书馆建设联盟的影响力扩展到其他高校图书馆，共计 60 余所高校 500 余名图书馆馆员参加研讨。

继续推进高校图书馆面向社会开放和服务，实现社会服务方式多元化。2018 年，四川大学、电子科技大学、西南交通大学、成都理工大学、西南石油大学、四川师范大学等 12 所高校图书馆共为校外读者办证 13700 个，接待来馆阅览 523209 人次，外借图书 6377 册次，提供检索、查新及文献传递等服务 9453 项、3128 篇，接待社会人士及中小学生参观 13172 人次，为推进全民终身学习、构建学习型社会起到积极作用。

召开贯彻全国教育大会精神暨年度工作总结会，会议主题为“以习近平新时代中国特色社会主义思想为指导，坚持‘以本为本’，推进‘四个回归’，促进新时代全省高校图书馆事业新发展”，宣传全国教育大会精神，展示四川高校图书馆在馆舍条件、文献服务、阅读推广、学科服务等方面创新发展的成绩，推动管理服务工作再上新台阶。（四川省高等学校图书情报工作委员会秘书处　姜晓　孙诗）

【第一届“悦读新时代：四川高校阅读文化节”举行】 4 月 20 日，由四川省高校图工委主办、西南交通大学承办的首届“悦读新时代：四川高校阅读文化节”启动仪式在西南交通大学举行，西南交通大学校长徐飞以及来自四川省 50 多所学校的 300 余名师生代表参加。在文化节期间，省高校图工委组织开展“四川省高校阅读文化节 Logo 设计”“四川省大学生中华经典美文诵读大赛”“图书馆杯四川全民英语口语大赛”“四川省高校‘寻找校园最美读书人’”等全省性系列活动。60 余所高校图书馆结合各校实际，开展了丰富多彩的校园阅读推广活动，为实现全省高校图书馆阅读推广的协同开展和资源共享迈出新的步子。（四川省高等学校图书情报工作委员会秘书处　姜晓　孙诗）

【2018 年四川省高校图书馆建设发展研讨会

举办】 5月16—19日，由四川省高校图工委主办、四川理工学院承办的2018年四川省高校图书馆建设发展研讨会在自贡四川理工学院汇南校区举办。来自全省60多个图书馆的100多位代表参会。四川理工学院院长庹先国致欢迎词。四川省教育厅高教处副处长谢冯亮在讲话中对四川省高校图工委几年来的工作给予充分肯定，并对图工委的调整换届做说明。四川省高校图工委秘书长党跃武总结近7年来四川省高校图工委的主要工作，在充分肯定所取得成绩的同时，也深入分析了存在的问题，并着重阐述四川省高校图工委2018年10个方面的工作要点。会议还听取四川农业大学图书馆原馆长杨长平、中国高等教育文献保障系统（CALIS）管理中心主任助理许长城、四川理工学院图书馆馆长段雪梅、电子科技大学图书馆书记李泰峰、四川师范大学图书馆馆长曹成建、四川工商学院图书馆书记吴昊以及泸州职业技术学院图书馆馆长魏圣坤的主题报告。（四川省高等学校图书情报工作委员会秘书处 姜晓 孙诗）

【川渝高校情报工作研究会第二十八次学术年会暨第二十八次常委会召开】 5月9—11日，由川渝高校情报工作研究会主办、成都理工大学图书馆承办的川渝高校情报工作研究会第二十八次学术年会召开。来自川渝两地74所图书馆的200多名代表出席此次大会。年会专家教授的主题报告、专题报告以及交流的论文紧紧围绕"双一流"建设背景下图书馆服务创新，包含专利情报分析、学科发展分析、嵌入式学科服务、图书馆空间再造、智慧图书馆建设、ESI数据分析等，内容丰富、各抒己见，反映国内高校图书馆界当下最新的研究热点和研究成果。会议的召开，为促进川渝两地图书馆之间的交流与合作，全面提升图书馆的科研服务水平以及探讨新环境下两地高校图书馆创新和发展规划具有重要意义。（四川省高等学校图书情报工作委员会秘书处 姜晓 孙诗）

【2018年四川省高职高专智慧图书馆建设研讨会举办】 5月24日，由四川省高校图工委主办、宜宾职业技术学院承办的2018年四川省高职高专智慧图书馆建设研讨会在宜宾职业技术学院举办，来自全省高职高专院校的院长、馆长以及业务骨干等120人参加会议。此次研讨会以"智慧图书馆与图书馆服务转型"为主题，旨在促进高职高专图书馆服务创新和转型，实现现代化智慧图书馆建设。与会的专家和代表到宜宾职业技术学院图书馆观摩智慧图书馆的建设情况，并围绕高职院校智慧图书馆建设的主题进行分组讨论。在分会场中，各组专家围绕图书管理集成系统与智慧云平台如何实现智慧图书馆、图书采访如何实现网络信息化等话题进行深入分析，与各馆代表展开充分的沟通交流，解答工作中的困惑。（四川省高等学校图书情报工作委员会秘书处 姜晓 孙诗）

【NSTL走入西南高校文检课暨CALIS文献获取工作培训会召开】 6月14日，由国家科技图书文献中心（NSTL）和中国高等教育文献保障系统（CALIS）管理中心主办，CALIS西南地区中心和四川大学图书馆承办的NSTL走入西南高校文检课暨CALIS文献获取工作培训会在四川大学文理图书馆召开。来自云、贵、川、渝57所高校图书馆的文检课教师以及CALIS西南地区成员馆的相关工作人员120余人参加此次会议。与会专家从多个层面深入宣传NSTL与CALIS的资源保障和服务平台建设情况并从实际应用角度详细讲解相关服务平台，对参会代表的实际工作开展起到很好的参考作用。（四川省高等学校图书情报工作委员会秘书处 姜晓 孙诗）

【四川省"双一流"大学图书馆协同创新发展战略发布会举行】 10月26日，四川省"双一流"大学图书馆协同创新发展战略发布会在四川大学举行。四川省社会科学院、四川省图书馆等单位相关领导以及来自成都和附近地区各高校图书馆的馆长、图书馆工作人员共80余人出席发布会。开幕式后，举行主题报告会，随后举行"四川省'双一流'大学图书馆建设联盟与中国财经教育资源共享联盟合作协议""中国社会科学院'国家哲学社会科学文献中心学术期刊数据库'向四川省高校图书馆免费开放""四川省社会科学院文献信息中心加入CASHL"的签约仪式，双方代表分别在文件上签字并合影留念。最后举行四川省地方志办公室向四川省高校图书馆捐赠图书的仪式。（四川省高等学校图书情报工作委员会秘书处 姜晓 孙诗）

【四川省高校与公共图书馆专家论坛暨数图应用新服务成都站研讨班举行】 11月8日，四川省高校与公共图书馆专家论坛暨数图应用新服务成都站研讨班在西南交通大学举行。四川省图书馆学会理事长、四川省图书馆馆长何光伦，四川省图书馆学会副理事长兼秘书长王嘉陵，以及来自近百家高校和公共图书馆的300余名相关负责人参加论坛。西南交通大学副校长何川出席论坛并致辞，论坛开幕式由西南交通大学图书馆馆长高凡主持。数图应用新服务成都站研讨班围绕"新时代背景下的学术信息智慧服务"这一主题开展。此次论坛通过邀请海内外业界专家、学者，交流创新观点，引领学术潮流；通过探讨图书馆建设与发展的理论和实践，拓宽馆员的思路和眼界，深化馆员对图书馆现状和未来趋势的认识和理解，对提升图书馆办馆水平和服务水平，推动图书馆助力学校"双一流"建设有重要的指导意义。（四川省高校图书情报工作委员会秘书处　姜晓　孙诗）

【四川省高校图书馆知识服务创新"未来"畅想案例大赛举办】 为促进高校图书馆知识服务创新，推进高校图书馆创新发展，由四川省高校图工委主办，四川大学图书馆和四川大学公共管理学院承办，北京世纪超星信息技术发展有限责任公司协办的四川省高校图书馆知识服务创新"未来"畅想案例大赛于12月7日在四川大学图书馆举办。大赛邀请中国科学院成都文献情报中心研究员方曙、四川大学公共管理学院副院长李睿、四川省图书馆副馆长谭发祥、成都市图书馆馆长肖平、四川省社科院文献信息中心主任贾玲以及四川大学公共管理学院李桂华作为专家评委，并邀请来自40所高校图书馆的代表组成大众评审团。四川省高校图书馆近200名代表来到现场。参与决赛的36个案例团队，从初赛的32所高校投稿的49件作品中脱颖而出，经过4个半小时激烈的角逐，评出一等奖5个、二等奖10个以及三等奖若干。（四川省高校图书情报工作委员会秘书处　姜晓　孙诗）

【四川省高校图书馆贯彻全国教育大会精神暨2018年度工作总结大会召开】 12月13—14日，由四川省高校图工委主办，四川师范大学承办的四川省高校图书馆贯彻全国教育大会精神暨2018年度工作总结大会在四川师范大学召开。来自四川省高校图书馆的领导和馆员200余人参加大会。会议传达全国教育大会和全国本科教育工作会议精神，特邀西南财经大学副校长马骁、长江学者范国睿和成都威爱新经济技术研究院副院长陈德陆做关于高等教育发展新形势和高校图书馆面临新挑战的主题报告。大会以关键词方式对四川省高校图书馆2018年度工作进行概括性总结，发布《四川省高校图书馆2017年度发展报告》及主要数据排行，对评选出的"校园最美读书人"进行表彰，并以多种形式进行读者、馆员风采精彩展示。会议期间，四川省本科院校协作组暨成都地区第47届高校图书馆馆长研讨会召开，传达新一届全国高等学校图书情报工作指导委员会工作会议精神，分享服务本科教学、助力人才培养的有益经验和精彩案例。（四川省高校图书情报工作委员会秘书处　姜晓　孙诗）

贵州省

【概况】 截至2018年底，贵州省共有各类高等学校图书馆49所。各高校普遍较大幅度地增加图书馆的经费投入，三分之二的学校都已建设或正在建设新馆，有从业人员近千名。各馆馆藏文献均形成具有一定规模、基本满足本校教学科研需要、具有各自特色的文献保障体系，实现传统图书馆纸质文献与数字图书馆的数字资源共存互补并提供服务。在省教育厅高教处的领导下，已在花溪大学城部分高校图书馆开展图书互借工作。

办馆条件进一步改善。2018年，23所高校图书馆新增阅览座位6000余个，新增中文图书110余万册（仅对贵州省教育厅"贵州省高等学校图书馆工作指导委员会"成员馆统计）。茅台学院图书馆新馆完成搬迁（建筑面积24619平方米），正式向全校及茅台集团员工开放。贵阳中医学院图书馆流通服务窗口实行周一至周日全天候开放。贵州大学图书馆获香港智华基金有限公司捐资3000万元用于图书馆建设。

重视馆员业务能力提升。针对贵州省人事厅2017年《图书资料系列职称评定资格条例》增加的要有"馆员专业培训、社会培训"的要求，省高校图工委举办"专业培训、社会培训"课件制作推选、任课交流活动2次。组织业内专家对申报的20余个课件PPT进行推选，符合制作规范要求的参加由贵州省图书馆学会、省高校图工委组织的讲课；颁发“图书馆馆员专业培训、社会培训”任课证书；培训课件推荐作为贵州省图书馆业务、社会培训教材。

组织开展贵州高校图书馆“优秀馆员”评选。9月25日，省高校图工委组织进行第四次贵州高校图书馆“优秀馆员”评审，黔南师范学院图书馆舒子谦等52人被评选为“优秀馆员”。该项评选活动从2009年11月到2018年10月，总共进行了4次，评选出“优秀馆员”近200人。这项工作的开展激发馆员工作的积极性，对稳定贵州高校图书馆队伍起到一定的作用。

为庆祝贵州省高等学校图书馆工作指导委员会成立36周年，回顾贵州省高校图书馆事业发展历程及取得的成绩，经省高校图工委全体委员会议讨论通过，决定编辑出版《贵州省高等学校图书馆工作指导委员会成立36周年纪念文集》。该文集主要内容包括序言、历程篇、成员馆发展篇、学术成果展示篇、纪念文章篇、大事记共6大部分。11月11日，该文集正式印刷，为贵州高校图书馆建设发展提供了一份难得的研究史料。

虽然贵州高校图书馆硬件设施条件有了较大改善，但高校图书馆人才队伍在部分院校未得到重视，导致基础业务建设和管理上存在不规范现象。为此，贵州省教育厅在6月15日组织召开的相关工作推进会上提出：要切实加强对高校图书馆业务、管理人员的引进和管理工作，各高校图书馆馆长是本校图书馆管理的第一责任人，要切实安排讲政治、责任心强、脚踏实地的高级职称人员担任图书馆馆长。“十三五”时期，高校图书馆向知识服务转型是大势所趋，馆员是图书馆服务的主力军。各校应完善图书馆人力资源结构，提升人力资源水平，注重打造高水平、高素质的图书馆员专业队伍，提升图书馆服务效率。贵州高校图书馆现有专业馆员的比例不到40%，各校应提升专业馆员的比例，以达到《普通高等学校图书馆规程》要求的目标，要求高校图书馆在做好图书馆业务、服务、管理的基础上，文献资源建设要逐步体现本校专业、学科特色。（贵州省高等学校图书馆工作指导委员会　张伟云）

【贵州高校图书馆学科服务暨学科馆员研讨会举行】 6月27日，由贵州省高校图工委组织举办的贵州高校图书馆学科服务暨学科馆员研讨会在贵州师范大学举行，来自18所图书馆的领导及从事学科服务工作的馆员60余人参加会议，CALIS管理中心向参会代表颁发培训证书。会议由专家报告和讨论、解答环节组成。专家报告有“CALIS学科服务发展报告”“基于CALIS查收查引系统的学科服务实践与案例”“努力实践，提升双一流建设决策支持服务能力”“基于学科服务的特色文献资源建设”“助力教学科研的学科服务工作”“医学院校图书馆的学科服务创新与发展”等，分享学科服务工作开展的思路和多角度实践；讨论部分由专家团就参会代表在学科服务中遇到的主要问题进行解答，探讨学科馆员服务的发展、转型和创新。（贵州省高等学校图书馆工作指导委员会　张伟云）

【贵州省高校图书馆馆员信息素养高级研修班举行】 7月22—27日，由贵州省高校图工委主办、贵州民族大学图书馆承办的贵州省高校图书馆馆员信息素养高级研修班开班，此次研修主题为高校图书馆馆员与信息素养，来自全省20所高校图书馆的84名学员参加培训。报告专家为省内外知名图书馆馆长、图情学科教授、长期从事信息素养教育工作的教师、馆员。在为期4天的研修中，“信息素养教育：从标准到框架”“大数据与大数据素养”“高校图书馆馆员与信息素养——兼谈图书馆员科研方法”“信息素质教育的内容创新与案例设计”“信息素养培养方式设计”“信息素养教育的内容创新与案例设计”“大数据背景下大学图书馆馆员信息素养能力的思考”“厦大图书馆服务创新与学习型组织实践”等专题报告让学员收获颇多。（贵州省高等学校图书馆工作指导委员会　张伟云）

【第二十三届西南地区高校图工委联席会议召开】 11月20—22日，由贵州省高校图工委主办，贵州工程技术学院图书馆、贵州师范大学图书馆承办的第二十三届西南地区高校图工委联席会议在毕节市召开，会议主题为“新时代图书馆员信息素养能力培养与提升”，来自四川、云南、贵州、重庆、西藏自治区90多所高校图书馆的近160名代表参会。重庆大学图书馆馆长杨新涯做“快乐馆员——图书馆新时代人才资源建设”的报告，西南交通大学图书馆馆长高凡做“读写结合，嵌入教学——高校图书馆一点推广新思路”的报告，贵阳中医学院图书馆馆长王华南做“馆员信息素养能力提升与实践——以贵阳中医学院图书馆为例”的报告，西藏民族大学图书馆馆长孔繁秀做“新时期民族高校图书馆员信息素养能力培养与提升——以西藏民族大学图书馆为例”的报告。会上，黔、渝、滇、藏、川各省高校图工委秘书长分别做经验交流和工作总结，代表们还参观考察了毕节市图书馆、毕节市博物馆。（贵州省高等学校图书馆工作指导委员会　张伟云）

【贵州大学图书馆“书心旅图”荣获“2018 年全民阅读优秀案例”奖项】 11 月 23 日，在江苏盱眙县举办的全国图书馆界出版界 2018 全民阅读年会上，由贵州大学图书馆主办的“书心旅图”——关爱农民工子女大型阅读推广活动荣获由中国图书馆学会、韬奋基金会等共同授予的“2018 年全民阅读优秀案例”奖项。“全民阅读优秀案例”是 2018 年全民阅读年会主办方在全国范围内组织开展的评选活动，最终评选出优秀案例 46 个。（贵州省图书馆学会　张亚军）

【贵州高校图书馆馆员信息素养大赛举行】 11 月 28—29 日，由贵州省高校图工委、贵州省图书馆学会主办，贵州财经大学图书馆承办的贵州省高校图书馆馆员信息素养大赛在贵阳举行。此次比赛共有省内 17 所高校图书馆 95 名代表参加。大赛特邀贵州省公共图书馆专家、学者担任评委，17 所参赛馆经过 2 天角逐，最终由评委评选出团体奖 9 名、个人奖 8 名、最佳组织奖 6 名、最佳海报奖 1 名。（贵州省高等学校图书馆工作指导委员会　张伟云）

云南省

【国家哲学社会科学学术期刊数据库云南省高校机构用户签约仪式举行】 1 月 15 日，国家哲学社会科学学术期刊数据库云南省高校机构用户签约仪式在云南师范大学举行，全省 57 所高校获中国社会科学院图书馆授权，可免费使用国家哲学社会科学学术期刊数据库。该数据库简称“国家期刊库（NSSD）”，是由全国哲学社会科学规划领导小组批准建设，中国社会科学院承建的国家级、开放型、公益性哲学社会科学信息平台，具体责任单位为中国社会科学院图书馆（调查与数据信息中心）。至此次签约仪式时已收录中文期刊近 1700 种，论文 570 多万篇。此次签约仪式覆盖云南省近 90% 以上的高校图书馆。由于西部边疆地区高校图书馆普遍存在资源建设经费不足的状况，所以获得“国家期刊库”免费使用权，对云南省各高校图书馆尤其是州市高校图书馆的资源建设和保障将起到重要作用，也将有力地推动云南省高校图书馆事业的发展。（云南省图书馆学会办公室）

【洪秀柱一行参观云南大学图书馆】 6 月 12 日，中国国民党前主席、中华青雁和平教育基金会董事长洪秀柱一行在云南大学党委书记杨林及图书馆馆长李东红等领导的陪同下参观图书馆。洪秀柱一行在图书馆听取杨林对呈贡校区规划和建设的介绍，向李东红询问图书馆建设发展情况，并与在馆内复习考研的同学谈心交流。（云南省图书馆学会办公室）

【云南师范大学图书馆举办“西南联大文库”首发仪式】 为纪念西南联合大学在昆明建校暨云南师范大学建校 80 周年，云南师范大学出版“西南联大文库”6 种 14 册。主要有：《于坚文集》（五卷）、《海男文集》（五卷）、《西南联大文学社团研究》、《云南师范大学图书馆藏西南联大特藏文献目录》、《抗战强音：昆明广播电台与西南联大》、《联大印记——西南联大绘本之一》等。

10 月 30 日，“西南联大文库”首发仪式在图书馆举行。中共云南省委宣传部、云南师范大学、省委党史研究室等单位领导及云南省部分高校图书馆、公共图书馆、云南人民出版社、云南教育出版社等代表，部分作者和编委、档案馆、博物馆、校史馆、文科学院、图书馆及有关职能部门的主要负责人、师生代表及新闻媒体等 100 余人参加首发仪式。仪式由云南师范大学副校长安学斌教授主持。云南省高校图书馆和公共图书馆代表接受“西南联大文库”赠书。该文库的出版，有助于进一步完善和丰富西南联合大学文献研究。（云南省图书馆学会办公室）

【云南师范大学图书馆举办弘扬西南联大精神论坛】 10月31日，由云南师范大学图书馆主办，云南粑粑文化传播有限公司、红河州图书馆协办的弘扬西南联大精神论坛在云南师范大学呈贡主校区外国语学院举行。论坛以“无问西东 刚毅坚卓”为主题，特邀请《南渡北归》的作者、国内著名作家岳南和大连海事大学“一带一路”研究院副院长李英健担任主讲嘉宾，云南师范大学校友与在校师生代表共200余人参加论坛活动。论坛由图书馆馆长殷国聪主持。岳南以“西南联大知识分子的南渡北归”为主题，以电影《无问西东》为切入点，带领听众追忆西南联合大学校史。李英健以“西南联大知识分子群体的风骨”为主题，从学术研究的视角，深入浅出地为在场听众讲述西南联合大学时期教授与学生独有的品质。在互动环节中，在场师生与两位嘉宾做交流。最后，岳南为师生们在《南渡北归》书上签名留念。（云南省图书馆学会办公室）

【云南师范大学图书馆举办“高校图书馆创新服务发展动态”学术报告】 12月5日，美国伊利诺伊州消防服务培训学院图书馆馆长阮炼到云南省高校图书馆进行参观访问，并应云南省高校图工委邀请，以“高校图书馆创新服务发展动态”为题在云南师范大学报告厅做学术报告，来自云南省部分高校的图书馆馆长、馆员，以及该校师生代表共计200余人听取报告。报告由云南师范大学图书馆馆长殷国聪主持。阮炼详细介绍国际图书馆发展前沿，并以伊利诺伊大学香槟分校图书馆的创新案例探讨高校图书馆的创新服务及发展动态。（云南省图书馆学会办公室）

陕西省

【概况】 截至2018年底，陕西省共有各类高等学校图书馆101所。其中：普通本科高校图书馆44所，高职高专院校图书馆39所，独立学院图书馆12所，军事院校图书馆6所。以下信息来自70所高校图书馆的统计数据。

馆舍条件。图书馆馆舍面积总计为162.03万平方米，平均馆舍面积2.31万平方米，比上年的平均2.35万平方米减少400平方米。在建馆舍设计建筑面积共计为9.05万平方米。读者座位总计17.06万个，馆均2437个。

人员结构。在编职工2317人，馆均33人，比上年的平均35人减少2人。在编职工中，本科及以上学历者占79.02%，比上年的75.78%增加3.24%。其中，博士52人，占2.24%；硕士及第二学士学位615人，占26.54%；本科1164人，占50.24%。在编职工中，中级以上职称者占69.18%，比上年的66.43%增加2.75%。其中，正高级职称95人，占4.1%；副高级职称437人，占18.86%；中级职称1071人，占46.22%。

经费投入。图书馆年度经费总计37867.16万元，馆均540.96万元，比上年的平均560.54万元减少19.58万元（减少3.49%）。文献资源购置费总计34024.47万元，馆均486.06万元，比上年的平均495.47万元减少9.41万元（减少1.90%）。其中，馆均纸质资源购置费213.22万元，占文献资源购置费的43.87%，比上年的47.83%减少3.96%，占比呈持续减少趋势；馆均电子资源购置费271.82万元，占文献资源购置费的55.92%，比上年的52.12%增加3.80%，占比呈持续增加趋势。

文献保障。年购中文纸质图书总计为353.46万册，馆均5.05万册，比上年的平均5.56万册减少5100册。中文纸质图书累积量总计8304.32万册，外文纸质图书累积量总计367.90万册。

服务状况。图书馆办证读者121.44万人，馆均1.73万人。年外借书刊总计679.97万册次，馆均10万册次。主要阅览室每周开放时间总计为6307小时，馆均90.10小时，其中最长开放时间为108.50小时，最短为60小时。截至2018年底，陕西高校图工委累计向全省各类图书馆发放通用借书证1491个。

2018年，陕西省高校图工委组织召开2018年陕西省高等学校图书情报工作年会；举办高校图书馆与“双一流”建设馆长论坛；继续以“菜单服务”方式开展基层馆员专业知识培训活动，深入推进以“6+X”服务模式带动信息咨询业务的开展；举办第六届读者服务案例交流和竞赛活动；举办2018年陕西高校图书馆新入职人员培训会；举办流通阅览工作研讨会、信息技术应用研讨会以及高职高专馆长年会等业务会议；编制《陕西高校图书馆发展报告（2017）》；继续做好高校图书馆服务社会的相关工作。（西安交通大学　张惠君）

【编写《陕西高校图书馆发展报告(2017)》】 2018年，陕西省高校图工委在原有每年编制陕西高校图书馆年度基本统计数据排行榜的基础上，首次编写《陕西高校图书馆发展报告（2017）》。该报告内容涵盖陕西高校图书馆发展概况、经费情况、人员结构、文献资源建设、服务状况、科学研究等方面，力求以客观数据和事实资料较为完整地展现全省高校图书馆事业的发展现状，为相关教育主管部门提供政策和决策参考，有助于加强图书馆之间的相互了解和资源共享，也为高等教育工作者特别是图书馆从业人员深入开展图书馆事业研究提供基础资料。（西安交通大学　张惠君）

【举办高校图书馆与"双一流"建设馆长论坛】 5月23日，高校图书馆与"双一流"建设馆长论坛在西北农林科技大学召开，来自西安交通大学、西北工业大学、西北农林科技大学等陕西省内10所高校图书馆的领导参加会议。会议特邀北京大学图书馆原馆长朱强做题为"'双一流'建设与高校图书馆的发展"报告，从"双一流"大学建设目标出发，分析新时代高校图书馆的发展机遇与挑战，探讨提升高校图书馆服务创新能力的方针与策略。西安交通大学学科规划与建设办公室副主任张四聪围绕"双一流"建设背景，阐述西安交通大学"双一流"建设的举措及规划，并结合自身体会，对图书馆服务于高校学科建设提出中肯的建议与希望。（西安交通大学　张惠君）

【古籍特藏工作人员赴四川考察学习】 5月29日，在陕西省高校图工委古籍与特藏工作组的组织安排下，西安交通大学、西北农林科技大学、陕西师范大学等8所院校图书馆的10余位古籍与特藏相关工作人员到四川大学图书馆和四川省图书馆考察学习。考察团参观四川大学图书馆特色资源中心、古籍修复室、古籍线装书库，并与该馆同人进行座谈，学习有关古籍特藏资源在整理、保护、研究、开发等方面的经验和做法。在四川省图书馆，考察团参观了地方文献阅览室、保存本阅览室、古籍修复中心等，从馆藏陈列方式、古籍修复技术、地方文献保护等方面汲取该馆的先进经验。（西安交通大学　张惠君）

【召开陕西高校图书馆流通阅览工作研讨会】 6月5日，陕西高校图书馆流通阅览工作研讨会在西安交通大学召开。此次会议主题为"流通排行榜专题研讨"，旨在通过展示各馆高借阅量的图书，促进馆员识别经典图书，探讨保持藏书活力、优化馆藏结构、提高借阅量、改进传统流通阅览服务的方法。通过前期征集，共有27所图书馆提交大会交流报告35份。报告展示各馆高借阅量图书，分析高借阅率形成的原因，从文献资源建设、流通服务、阅读推广等方面提出改进措施，并对累积流通量、新增流通量、单册图书流通量、单种图书流通量、文学图书流通量、考试图书与教学参考书服务、图书馆复本量政策、类型文学对流通的影响等问题进行讨论。（西安交通大学　张惠君）

【新一届教育部高校图工委主任委员、北京大学图书馆馆长陈建龙到陕西调研】 11月9日，教育部高等学校图书情报工作指导委员会主任委员、北京大学图书馆馆长陈建龙来陕西调研高校图书馆工作情况，在西安交通大学图书馆与部分高校图书馆领导座谈交流。来自西安交通大学、西北工业大学、西北农林科技大学等陕西高校图书馆的代表出席座谈。与会者就陕西高校图书馆的历史和现状、发展中遇到的困惑和瓶颈、今后工作的着力点进行交流探讨，并对教育部高校图工委换届后下一步的工作重点提出意见和建议。（西安交通大学　张惠君）

【举行第六届陕西高校图书馆员读者服务典型案例展示交流会】 11月22日，第六届陕西高校图书馆员读者服务典型案例展示交流会在西安翻译学院图书馆举行，来自全省54所图书馆的170名馆员参会。前期案例征集阶段，共收到26所图书馆提交的96个案例，经过读者服务工作组的初评，选出47个案例参加交流展示活动。此次案例展示评比分为参考咨询、找书找文章、流通服务、特色服务、阅读推广，这5个单元依次进行，经过现场角逐，最终评选出25个优秀案例。（西安交通大学　张惠君）

【举办陕西高校图书馆"智慧图书馆应用发展"专题研讨会】 12月7日，陕西高校图书馆"智慧图书馆应用发展"专题研讨会在西安交通大学图书馆举办，来自全省18所高校图书馆的近50名馆员参加会议。围绕“智慧图书馆应用发展”，会议共组织8个专题报告，西北工业大学、西安电子科技大学等6所高校图书馆分别从阅读推广、虚拟化建设、数据挖掘、智能门禁、GIS技术与图书馆服务、ESI学科服务动态监测等不同角度，对智慧图书馆的应用与发展进行解读与探讨；陕西师范大学图书馆和西安科技大学图书馆则分别展示其在智慧化图书馆建设中的实践与探索，并对智慧图书馆的下一步发展进行思考。（西安交通大学　张惠君）

【召开2018年陕西省高等学校图书情报工作会议】 12月20日，2018年陕西省高等学校图书情报工作会议在汉中召开，来自全省57所高校图书馆的81位馆领导参加会议。会议主题为“新形势下高等教育人才培养与高校图书馆的新使命”。陕西理工大学副校长冯小明出席会议并致欢迎词。教育部高校图工委委员、陕西高校图工委副主任委员、西安交通大学图书馆馆长贾申利代表省高校图工委做工作报告，回顾陕西高校图工委2018年的工作并介绍2019年的工作设想。陕西省高校图工委秘书长张惠君做题为“陕西高校图书馆发展状况”的报告。会议特邀教育部高校图工委主任委员、北京大学图书馆馆长陈建龙和副主任委员、四川大学图书馆馆长党跃武分别做题为“高校图书馆的概念演变与发展方向”“面向人才培养主阵地的高校图书馆探索与实践”的报告。在服务与创新经验交流环节，西北工业大学图书馆教授李铁虎和西安交通大学图书馆常务副馆长邵晶分别做“‘双一流’目标下的学科服务探索与实践”“‘双一流’背景下的大学图书馆服务与创新”的专题报告。陕西师范大学图书馆副馆长孙茜和陕西省高校图工委副主任委员、西安欧亚学院图文信息中心主任罗征分别做“潜移默化，润物无声——陕西师范大学图书馆服务人才培养实践与思考”“以学习为中心的图书馆空间改造思考与实践”的主题实践报告。（西安交通大学　张惠君）

甘肃省

【概况】 截至2018年底，甘肃省共有各类高等学校图书馆44所，其中普通本科院校图书馆17所、独立院校图书馆4所、高职高专院校图书馆23所。馆舍面积接近或超过5万平方米的有兰州大学、西北民族大学、兰州财经大学3个图书馆。其中，兰州大学图书馆馆舍面积6万平方米，阅览座席5664个。有工作人员110人，其中硕士研究生及以上学历人员40人、本科学历人员44人、大专学历人员26人；正高级专业技术人员3人、副高级19人、中级79人。西北民族大学图书馆馆舍面积5万平方米，阅览座席5841个。有工作人员67人，其中硕士研究生及以上学历人员19人、本科学历人员40人、大专学历人员7人；正高级专业技术人员6人、副高级26人、中级29人。河西学院图书馆馆舍面积4万平方米，阅览座席4281个。有工作人员85人，其中硕士研究生及以上学历人员13人、本科学历人员42人、大专学历人员18人；正高级专业技术人员2人、副高级10人、中级15人。

文献信息资源建设能力不断加强。2018年，兰州大学图书馆通过开展“走入学院”活动调查文献信息资源需求，搜集书目12万余种，挑选书目4万余种，年订购中外文图书29364种46262册；订购中文期刊1033种、外文期刊103种，CASHL大型特藏增加3种。收取纸质版博硕士论文3439篇、本科生论文706篇；收取电子版博硕士论文3491篇、本科生论文739篇，完成《兰州大学数字文献使用与分析报告（2017）》。接受461个机构和个人的赠书992种1412册（函）。订购数据库及文献管理应用系统105个，组织试用数据库86个，开放获取资源1041万条数据，已启动CASHL资源发现与服务新系统上线工作，并荣获“2017—2018年度CALIS联合目录馆藏上载量TOP50”奖。西北民族大学图书馆全年共加工新书11万册，订购中文报刊1392种，馆藏纸质图书总量为211.6万册；订购中外文数据库48个，采购外文原版电子图书2.1万册，中外文电子图书总量为183.9万册。兰州财经大学图书馆全年采购新书17899种7.1万册，其中经济管理类图书占年度采购量的40%以上；订购外文期刊65种、中文期刊1013种1987份，报纸71种；订购“一带一路”战略支撑平台和Elsevier等学科服务平台，新增超星电子图书本地镜像5万册，馆藏电子资源总量累计达到220.9万册。河西学院本部校区图书馆入藏纸质图书27298种5.8万册，其中订购报纸87份、期刊1718种，接受赠书911

册，入藏2017年期刊合订本1910种册，全年新增纸质文献29208种6.5万册，馆藏纸质文献总量达到140.76万册；续订中国知网等数据库17个、超星电子图书等数字资源16项，电子书刊总量达到297.5万册。在特色文献资源建设方面，兰州大学图书馆着重搜藏敦煌学、西域学、中亚学、宗教学、藏学、回族学、伊斯兰研究文献及相关主题文献，订购“一带一路”、中国研究、汉学研究英文及日文文献851种，中文文献3019种，订购文科专款图书及外文理科图书2417种。“兰大文库”图书达到2424种3469册。河西学院图书馆入藏河西文献专项经费购置图书1种20册。

基础服务与新媒体服务同步提升。兰州大学图书馆全年文献借还总量45万册（城关校区图书馆22万册，榆中校区图书馆23万册），文献传递2775件，馆际互借2325件；CALIS满足率98.03%，CASHL满足率90.12%。电子阅览室接待读者3.1万余人次；讨论室使用人数近0.8万人次；通过校园网、馆网、微信、微博、海报等多种方式宣传图书馆资源、服务及信息素养教育信息，兰州大学图书馆微信用户达1.6万余人，微博用户0.6万余人。西北民族大学图书馆全年接待读者101.8万人次，图书馆网站访问量25.46万次，纸质图书借阅量18.2万册次，电子期刊下载量3440.0万余篇，电子图书下载和阅览量8.1万余册。兰州财经大学图书馆全年接待读者191万余人次，图书流通总量22.1万册次；电子资源访问量637.9万次，下载量10.4万篇。河西学院图书馆全年接待读者50.2万人次，学生年人均入馆达到27次，全年外借图书6.7万册次，图书流通量16.6万册次，图书馆网站点击量累计达到16.4万次。甘肃省农业大学图书馆采用学校官微、学校主页、图书馆微信公众号、微博、馆内外电子屏及网络等新媒体、新技术，宣传图书馆的服务与活动。

阅读推广活动力度不断加强。兰州大学图书馆举办以“书香校园育英才，文化自信铸脊梁”为主题的“2018书香兰大”阅读推广系列活动，组织开展8期“风速对话”阅读分享会、“阅读之星”评选、“书，享荐你”阅读征文、红色文献展、寻找最美阅读空间摄影展、兰州大学第一届3D打印创意大赛、图书馆杯主题海报创意设计大赛、“领读金城——书香兰大”寻书之旅、设立超期罚款豁免日等分属于“享荐讲座”“展览展播”“评选大赛”“优惠服务”4大类20余项活动，通过各种形式推荐图书百余册，并获百城千校大学生阅读分享创意大赛优秀组织奖。西北民族大学图书馆继续开展“尽情畅游图书，共享知识乐趣”主题阅读推广系列活动，将活动细化，责任到人，并提出相关的管理和监督措施。兰州财经大学图书馆在世界读书日期间，开展读书征文比赛、现场售书、咨询体验、电子资源讲座、图书馆寻宝大赛等多项活动。河西学院图书馆举办2018年“书香校园　智慧人生”读书月活动，并顺利通过中国图书馆学会“全民阅读基地”复审。甘肃农业大学图书馆打造“读书文化月”文化品牌活动，设计10项形式多样的活动，并在“每日甘肃”“中国高校之窗”“甘肃教育厅”“甘肃农业大学·羲园思政网”，以及学校主页和微信公众号，图书馆主页、微信公众号和微博等多家媒体进行宣传。

为科研服务的能力稳步提升。兰州大学图书馆紧扣学科发展及管理支撑服务需求，成立“兰州大学知识产权信息中心”，分别发布《英国QS大学排行检测分析报告》《美国News大学排行榜分析监测报告》《Times Higher Education World University Rankings指标监测报告》《ARWU世界一流大学排行监测报告》等4种大学排行榜监测报告，《2018年自然指数排行榜兰州大学指标监测》《2018年ESI数据兰州大学指标监测快报》等6种科研指标评价监测报告；完成《兰州大学社科总论学科发展态势报告》《生态学科研态势简析》《兰州大学化学学科研究态势分析报告（2018）》等3种机构定制报告，为科学技术发展研究院等机构提供数据支撑服务。兰州财经大学图书馆继续与兰州大学图书馆签订科技查新合作协议，以满足该校师生的科技查新需求。河西学院图书馆申报并立项教育部国家语委科研规划领导小组项目1项，取得新型实用发明专利2项，获甘肃省文化厅学术成果奖2项、中国图书馆学会年度征文奖励2项。

读者信息素养教育积极推进。兰州大学图书馆以课堂教育、阵地教育、走入学院3个层次的信息素养教育方式，开展“一小时讲座”10场，面向26个学院的4400余名新生进行培训，发布培训课件30场，推出“微课计划”课程8期，面向职工举办培训 4 场。西北民族大学图书馆以专题、定题服务为主开展读者培训，主动推送图书馆资源，全年举办各类培训 30 场。兰州财经大学图书馆通过参观、讲解、组织学生参加高校信息素养大赛等方式，开展学生信息素养教育，举办讲座 5 场，开展馆员培训讲座 2 场。天水师范学院图书馆为切实发挥好新订购 32 个数据库的作用，特邀请超星公司等 9 家数据厂商专业人员来校，举办数据库使用介绍与辅导培训报告会，全院师生 700 余人次参加培训。（甘肃省图书馆学会）

【甘肃省高校图工委工作会议在兰州大学图书馆举行】 9 月 28 日，甘肃省高校图工委工作会议在兰州大学图书馆举行。甘肃省高校图工委各委员馆馆长共计 30 余人参加会议。会议由兰州大学图书馆馆长田中禾主持。甘肃省教育厅高教处副处长姜言卿宣读甘肃省教育厅《关于成立第六届甘肃省高等学校图书情报工作委员会的通知》并讲话。与会代表从文献信息资源共建共享、文献信息服务合作、信息素养教育创新、馆员职业能力培训、学术研究合作等方面开展深入讨论，对第六届甘肃省高校图工委的工作提出诸多建议。此次会议的召开，对于厘清新一届图工委工作思路，促进各委员馆的合作交流发挥重要作用。（甘肃省图书馆学会　张毅宏）

【甘肃农业大学举办第八届读书文化月系列活动之悦听“说书荐书”微视频创作大赛】 6 月 1 日，由共青团甘肃农业大学委员会、图书馆主办，风帆文学社承办的第八届读书文化月系列活动之悦听“说书荐书”微视频创作大赛颁奖典礼在图书馆东四楼报告厅举行。图书馆和学生工作部（处）主要负责人、获奖选手及部分师生代表 30 余人出席此次活动。此次大赛是围绕一本图书，制作 3—5 分钟的微视频，主要介绍推荐理由、读书感悟、心得体会等。自 4 月 23 日到 5 月 15 日为期半个多月的时间内，大赛收稿 50 余份，根据参赛规则评选出 17 名获奖选手。（甘肃省图书馆学会　张毅宏）

【西北师范大学图书馆组织召开 2018 学校文献资源建设年度工作会议】 7 月 12 日，西北师范大学图书馆组织召开 2018 学校文献资源建设年度工作会议，西北师范大学副校长李朝东、图书馆名誉馆长赵逵夫、各学院文献资源建设委员会代表及图书馆相关人员参加会议。会议听取图书馆关于 2017 年度图书馆利用情况、2017 年度文献资源建设项目执行情况以及 2018 年度文献资源建设下达预算实施方案的汇报。图书馆咨询部汇报了 Web of Science（WOS）作为全球最大、覆盖学科最多的综合性学术信息资源库，对于支持学校“双一流”学科建设能够产生的作用，以及该数据库的具体采购价格方案。（甘肃省图书馆学会　张毅宏）

青海省

【青海大学图书馆概况】 青海大学图书馆始建于 1958 年，前身为青海工学院图书馆，1988 年更名为青海大学图书馆。经过 1997、2001、2004 年先后 3 次大的院校整合，现由校本部图书馆和 2 个分馆、2 个科学院馆（医学院图书馆、青海大学附属医院图书馆、农林科学院科技信息所和畜牧兽医科学院科技信息所）组成。校本部图书馆现有职工 22 人，其中研究馆员 4 人，副研究馆员 6 人，副教授 1 人，中级职称 9 人；硕士及以上学历 7 人，大学本科 15 人；下设文献检索教研室，有 8 人承担全校“文献检索与利用”课程的教学任务。校本部新图书馆大楼 2016 年 9 月投入试运营，馆舍面积 30600 平方米，阅览座位 3100 个，开馆时间全天约 13 小时。主要开展的业务有图书借阅、数据资源用户培训、论文查收查引、影音欣赏、研讨室预约、电子阅览、阅读推介等。全校图书馆馆藏纸质文献总量为 167 万册，其中校本部图书馆馆藏文献总量为 88 万册，涵盖理、工、农、文、史、经、哲、法、教育、管、医等十几个学科门类。馆藏图书以农牧、藏医药最为特色。拥有国内外著名数据库 77 个，电子图书 80 万种，电子期刊近 4.8 万种。（青海大学图书馆　孔繁青）

【青海交通职业技术学院图书馆加强资源建设】 为进一步优化馆藏资源结构，围绕学院的发展，满足重点学科、特色学科建设以及校园文化建设的需要，2018 年，图书馆采购中文图书 9145 册、中文期刊 138 种，加工、典藏、上架图书、过刊、报纸 1 万余册。馆藏总量为 388198 册，其中，纸质图书 285249 册（含图书 266898

册，合订过刊 18351 册），电子书 102949 册。及时更新书香校园平台、中国知网、超星电子书、同方知网知识服务平台，共享维普考试资源系统、CALIS 青海省中心服务平台，开通试用大雅相似度分析、中国大百科全书、笔杆网等数字资源，全年资源库访问量 298864 人次，并计划购买超星、读秀、方正电子书、职业能力与创业学习资源平台 V1.0。利用图书馆微信公众号开展新书、好书导读工作，全年发布信息 42 篇，访问量 4500 人次。（青海交通职业技术学院图书馆　梁平）

【青海高等职业技术学院图书馆概况】 青海高等职业技术学院图书馆作为青海省首个一馆两用（与海东市图书馆合署办公）的图书馆，于 2016 年建成完工，2018 年 12 月 1 日正式开馆，建筑物 4 层全框架结构，总建筑面积约为 1.4 万平方米。藏书量 70 万册，电子图书 6 万册，开放阅览席位 1120 个。图书馆下设综合办公室、文献采编中心、阅览部、读者服务中心、特藏与地方文献中心、数字文献服务中心、总务与规划部 7 个机构。馆内开放阅览区域 9 个，包括：青少年阅览室、自然科学阅览室、社会科学阅览室、公共阅览室、基本书库、教师阅览室、五系三部阅览室、学生自修室、电子阅览室。（青海高等职业技术学院　丁来军）

宁夏回族自治区

【宁夏高校图书馆服务能力提升研讨会暨宁夏高校图书情报工作委员会年会召开】 12 月 6—7 日，宁夏高校图书馆服务能力提升研讨会暨宁夏高校图书情报工作委员会年会在银川能源学院图书馆召开。全区各高校图书馆负责人、宁夏高校图工委委员、馆员代表共计 200 多人参加研讨。此次研讨会邀请清华大学图书馆副馆长邵敏、浙江农林大学图书馆原馆长颜务林、清华大学知识产权信息服务中心主任范爱红、北京超星集团副总经理叶艳鸣、南京大学信息管理学院教授邵波等专家，分别就加强资源评估推进资源建设与服务、图书馆空间布局的思考、学科服务的拓展与创新、智慧图书馆建设与服务创新实践、从数字图书馆到智慧图书馆探索与实践等内容做专题讲座。与会人员就图书馆管理与服务创新、图书馆文献资源建设、读者服务与新技术应用、学科服务与阅读推广等问题以小组为单位进行现场讨论与深度交流。（银川能源学院图书馆）

【宁夏大学图书馆概况】 宁夏大学图书馆始建于 1958 年。1997 年和 2002 年，原宁夏大学、宁夏工学院、银川师范高等专科学校（含宁夏教育学院）及宁夏农学院先后合并组建新的宁夏大学，原 4 校图书馆也随之合并为宁夏大学图书馆。舍总面积 3.4 万余平方米，现设有怀远校区逸夫图书馆（一馆）、文萃校区文萃图书馆（二馆）、金凤校区图书馆（三馆）和贺兰山校区文科分馆（四馆）。建有 3 个报刊阅览室、2 个电子阅览室、1 个文津图书阅览室、1 个古籍特藏阅览室、8 个一线开放书库及 3 个二线密集书库，共有阅览座位 4200 余个。馆内设有办公室（综合部）、流通阅览部（3 个）、信息服务部、技术部、采编部等 7 个部门，在编工作人员 86 人（男职工 35 人，女职工 51 人；博士 2 人，硕士 15 人，本科 62 人）

截至 2018 年，共有纸质图书 194 万余册，其中图书馆藏 148 万余册，各院系资料室藏 46 万余册，涵盖理学、工学、农学、文学、管理学、经济学、法学、哲学、教育学、艺术学、历史学等 11 大学科门类。历代古籍和再造善本近 5 万册，其中《汉石例》《香南精舍金石契》两种善本入选《国家珍贵古籍名录》。初步形成较为完整的符合该校学科、专业特色和具有宁夏地方特色的馆藏文献资源体系。电子资源方面，拥有电子图书 218 万种，学术视频 1.7 万余集，数据库 92 个。2018 年，全校平均每名学生拥有图书 122 册，符合教育部生均 100 册图书要求。（宁夏大学图书馆　梁晓瑾）

【宁夏大学图书馆举办 2018 年宁夏数字图书馆新服务应用研讨会】 6 月 22 日，由宁夏大学图书馆、宁夏高校图工委与北京万方数据股份有限公司联合主办的 2018 年宁夏数字图书馆新服务应用研讨会在宁夏大学国际交流中心举行，来自全区高校图书馆同人近 200 人参加此次研讨会。研讨会由宁夏大学图书馆馆长车进主持，宁夏大学原副校长、宁夏高校图工委主任田军仓到会致辞。会上，浙江工业大学图书馆信息咨询部主任万跃华做题为“如何发表 ESI 热点论文、高被引论文”的讲座；宁夏医科大学图书馆馆长王惠芳结合当今数字图书馆的各方面需求，从该馆实际出发，以“图书馆建设实践与思考”为题做深层次讲解；北京万方数据股份有限公司副总裁乔晓东、事业部产品经理张延明分别以“学术资源服务在图书馆智慧化信息服务中的新角色”“融汇、开放、智能——共启知识服务新篇章”为题，从多视角讲述新服务、新技术、新应用在提升图书馆的数字知识服务水平，促进数字图书馆领域的发展特别是人工智能的深度学习能力上所引发的巨大变革等内容。（宁夏大学图书馆　梁晓瑾）

【北方民族大学图书馆概况】 北方民族大学图书馆现设有7个书库、7个阅览室、1个特色学科成果展厅和1个研究生自主学习空间，可提供阅览座位2110个。实行藏、借、阅、检索、咨询一体化服务，为读者营造良好的学习环境。截至2018年底，图书馆共有工作人员52人（在编职工44人，编制计划外用工8人），其中，在读博士3人，硕士11人；具有副高级专业职称14人，中级24人，初级6人。馆内设有办公室、文献建设部、流通服务部、阅览部、信息技术部、学科咨询服务部、民族文献研究部等部门。

馆藏纸质文献总量为167.91万余册，电子文献总量160.55万册，中外文数据库47个。2018年征订中文期刊1435种，报纸94种，完成2017年过刊装订4820册。2018年图书资料建设经费为1283.6万元，采购纸质图书8.5万册、中外文数据库44个、中外文报刊1529种。

5月11—14日，在河南新乡举行的第三届图书馆史学术研讨会暨第一届图书馆史志优秀图书评选活动中，《北方民族大学图书馆志（1984—2014）》荣获“第一届图书馆史志优秀图书”评选活动二等奖。（北方民族大学图书馆　王媛媛）

【宁夏医科大学图书馆概况】 宁夏医科大学现有雁湖校区逸夫图书馆和双怡校区图书馆2个馆舍，馆舍总面积19189.52平方米。下设办公室、资源建设部、信息服务部、阅读推广部（2018年新增）、流通阅览部（雁湖校区）和流通阅览部（双怡校区）等6个部门。2018年，采购137万元纸本图书，完成中外文4万余册图书的编目、加工、典藏工作；续订中国知网、Sring Link、BMJ等数据库32个，试用资源26种；构建宁夏医科大学机构知识库。截至2018年底，纸质藏书总量达到106万册，电子图书112.65万种，电子期刊22171种（非去重），学位论文4928039篇，音视频3055小时。形成“以医学教育为主，人文素质教育并重，专业特色突出，门类齐全”的馆藏体系。目前，2个校区图书馆实现全开放诚信自助服务，实行藏、阅、借一体化管理和服务模式。按流通排架、集中排架、密集排架三级排架模式调整藏书与阅览空间，为读者提供更舒适和安全的阅读自习环境。现2馆共有密集书库2间，藏、阅一体化书库11间，阅览座位2530个。同时做好图书馆馆舍、基础设施、服务系统软硬件的日常维护，加强对各阅览室的管理，确保实体图书馆每天15小时开放，数字资源每天24小时开放。

图书馆现有教职工32人，其中具有高级职称的职工占43.75%，具有硕士学位的职工占28.12%。图书馆通过完善服务流程，规范工作职责，最大限度为读者提供方便。平均每天到馆读者约3000人次，纸本图书外借62092册次、还回60259册次，内部阅览约10万册次；完成2018级各类新生2568人信息的注册工作；办理2300余人的离校手续。图书馆积极做好软硬件建设，应用新信息技术，不断拓展服务项目，通过远程访问系统，配合文献传递服务QQ群、微信群以及一站式检索服务系统，为读者提供新书推荐、信息咨询、读者培训、文献检索、原文传递、课题查新等服务项目，文献传递群人工传递文献576篇，自助平台医知网传递16543篇次，超星百链传递平台传递17664篇次，文献保障率达93.65%。完成科技查新96项，完成查收查引72篇次。易瑞远程访问平台总下载流量11414MB，使用频次2555次，保障学校教学、科研和医疗对各类中外文文献资源的需求。（宁夏医科大学图书馆　高秀玲）

【宁夏医科大学举办“书香宁医　我爱阅读”主题悦读分享活动】 5月4日，由宁夏医科大学党委宣传部、工会和图书馆主办，学生记者团承办的“书香宁医　我爱阅读”暨“求知善读　修身立德”主题悦读分享活动在教学楼启思学术报告厅举行。学校各基层党组织负责人，党委宣传部、工会和图书馆全体工作人员以及200余名师生参加分享活动，活动现场为121位师生赠送图书。活动同时为全校各单位党员之家、职工之家分别赠送《红船》《共产党宣言》《建党伟业》《追风筝的人》等红色书籍和经典名著600余本。（宁夏医科大学图书馆　高秀玲）

【宁夏医科大学图书馆“知行读书会”成立】 6月1日，由该校图书馆倡导的“知行读书会”正式成立。读书会属于宁夏医科大学社团组织，由在校图书馆从事读书服务的学生组成。大会制定并讨论通过《宁夏医科大学图书馆读书会章程》和《宁夏医科大学图书馆读书会细则》，选举并产生读书会的主要负责人。读书会启动《宁夏医科大学图书馆知行读书会“双十”读书方案》。大会还邀请“共读不孤独，同品一本书”活动的获奖同学分享自己读书经历和阅读心得。“知行读书会”的成立，旨在激发学生读书的兴趣与热情，让每一位学生都亲近书本，喜爱读书，享受阅读，为创建良好校园文化，深入实施人文素质教育，营造浓郁“书香”氛围，全面提高学生综合素养搭建平台。（宁夏医科大学图书馆　高秀玲）

【宁夏师范学院图书馆概况】 宁夏师范学院图书馆建筑面积1.5万平方米，阅览座位近1600个。共有职工31人，其中在编职工23人，编外职工8人。大专学历3人，本科学历26人，硕士和博士研究生学历2人；副高级以上职称11人，中级职称12人。2018年，图书馆职工公开发表专业论文8篇，出版图书情报类学术专著2部，申报完成宁夏师范学院科研项目3项。馆藏中外文纸质图书81.94万册，电子图书86.5万种，有CNKI中国知网数据库、3E智慧英语学习云数据库、超星蔚秀报告厅视频数据库等10个数据库及学习平台。

2018年文献资源建设费共计484.5万元。其中纸质图书购置费328万元，采进图书20014种65810册；纸质报刊征订费20万元，征订当年报刊1265种；电子图书购置费20万元，采购电子图书13.5万种；现有数据库及学习平台的续订费116.5万元。馆藏纸质图书实现RFID自助借还，3个电子阅览室配有计算机250台，实现网络覆盖。全年接待读者217641人次，外借图书42701册次。图书馆周开放时间112小时。（宁夏师范学院图书馆　薛晓虹　张桂玲）

【宁夏工商职业技术学院图书馆概况】 宁夏工商职业技术学院是经宁夏回族自治区人民政府批准设立、教育部备案的具有高等学历教育招生资格的公办全日制普通高等学校，隶属于宁夏回族自治区教育厅，是自治区第一批示范性高职学院和国家首批百所骨干高职学院。该学院图书馆建筑面积1.28万平方米，馆藏纸质图书64万册，电子图书6.7万册，期刊349种，报纸113种，视听资料3000集，拥有中国知网6大专辑数据库，是学校各类文献的资源中心。馆藏基本上采用信息化管理，实现办公管理和书刊采购、编目、典藏、流通、检索等计算机网络化管理，全校师生可通过校园网便捷地访问图书馆主页，在网上检索馆藏书刊目录、数据库等电子资源。在制度建设方面，坚持精简、统一、效能原则，建立办事高效、运转协调、行为规范的管理体系，做好建章立制工作。管理工作的标准化、规范化和科学化程度正在进一步完善。在提高教职工服务意识的基础上，进一步规范服务程序，调整服务结构，拓展服务思路，强化服务功能，建立健全服务监督机制，通过不定期地与读者交流反馈，改进服务技能，提高服务效率。图书馆现有阅览座位500个，共设置4个服务窗口，利用留言簿、电话、微信等交流渠道为读者提供零距离服务，服务水平稳步提升。（宁夏工商职业技术学院　林小娟）

【宁夏职业技术学院图书馆概况】 宁夏职业技术学院（宁夏广播电视大学）图书馆由宁夏广播电视大学、宁夏重工业职工大学、宁夏职工科技学院、宁夏机械技工学校、宁夏农业学校、宁夏农垦职工中专学校、宁夏轻工业学校等7所院校的图书馆合并而成。截至2018年底，有工作人员30人，其中编制计划外用工7人。研究生学历2人、本科学历10人、大专学历5人；正高级职称6人、副高级职称7人、中级职称7人、初级职称3人。2018年采购纸质图书15万册，目前馆藏纸质图书52万册，纸质期刊436种、报纸60种，电子期刊107739种，电子报纸4850种，电子图书35万册，学术视频2287集，博士论文136510篇、硕士论文2025005篇，会议论文集24733册。

图书馆坚持以提升服务保障能力为中心，充分发挥服务读者和教学科研的作用。从工作实际和读者需求出发，馆内设置自然科学类、社会科学类、文学（历史）类文献借阅服务区和报刊类、电子类、工具（特藏书、专业期刊）类文献阅览服务区，还设置教师研究室、多媒体教室、馆员研究室、自主学习区和思语小屋等人性化功能服务区。建成馆内电子信息服务系统平台，可随时在任何地点分享国家教育科研网（CERNET）和互联网（INTERNET）。配置计算机触摸检索系统、歌德电子书借阅机，拥有240多台电脑的电子阅览室和用于信息发布的LED显示屏等；有阅览座位1225个，信息点266个。建立运转规范协调、服务周到满意的管理工作运行机制和科学、规范、完善的制度管理体系，积极推行“服务在一线落实、难题在一线破解”的“一线工作法”，提高服务效能，实现图书馆“全方位、互动式、立体化”服务的目标。

先后主持、参加完成中国图书馆学会、宁夏教育厅等科研课题8项，主持完成院（校）科研课题12项。公开发表专业论文130篇，其中核心期刊20篇。编写著作（教材）8部，其中主编3部、参编2部。获科研奖16项，其中获省部级奖4项。（宁夏职业技术学院图书馆）

【银川能源学院图书馆概况】 银川能源学院图书馆始建于2003年，新图书馆于2013年正式立项，2018年5月23日正式投入使用。总建筑面积为3.2万平方米，共有阅览席位4500个。有正式在编人员19人，临时工作人员11人。正式在编职工中，大专学历3人、本科学历15人、硕士研究生1人；馆员3人、助理馆员4人。纸质藏书总量90.37万册，其中，普通图书87万余册，报刊合订本3万余册；电子图书37万册；购买数据库5个，自建数据库1个。2018年购书经费合计151.28万元，新购图书1.28万种3.78万册；订购报刊880种；购买电子图书10万种。拥有计算机300台，电子阅览室2个（配有计算机209台）。网络带宽1000bps，设有803个网络接入点和103个无线AP点位。建有图书馆官方网站和2个官方微信平台，总关注人数14266人。办理有效借书证10843个，全年接待读者49.72万人次，外借书刊7.12万册次。周开馆时间112小时。全年举办读者活动3次，其中讲座、报告会2场次，其他读书活动1场次，参与读者3000余人次。（银川能源学院图书馆）

【宁夏警官职业学院图书馆概况】 宁夏警官职业学院图书馆始建于1984年，现有馆舍总面积1856平方米。馆藏书刊总计22万余册，其中纸质图书20万余册，过刊合订本2万余册。法律类图书7万余册；公安类图书2万余册。以社会科学类文献为主体，法律类、公安类、信息技术类文献为馆藏特色。设正副馆长各1人，有采编部、文学社科书库、专业书库、阅览室、电子阅览室、教材室等6个部室。共有工作人员8人，其中硕士学历2人、本科学历6人；高级职称2人、中级职称2人。

2018年，完成100万元图书采购任务。图书馆坚持“以人为本、重在利用、充分开放”的服务理念，以全心全意为读者服务为宗旨，以就业创业为导向，实行“藏、借、阅、检、管”一体化的现代管理方式，全部文献直接面向读者服务，为学院学科专业和广大师生的教学和科研提供便捷有效的服务，努力打造公安警察类馆藏文献特色，全力为服务宁夏经济建设与社会发展提供信息参考服务。（宁夏警官职业学院　许黎黎）

新疆维吾尔自治区

【新疆医科大学图书馆概况】 截至2018年底，新疆医科大学图书馆纸质资源总量170万余册（其中图书馆馆藏图书138.9万余册，各学院图书5.8万余册，装订期刊25.3万余册）。2018年新增纸质资源1.2万余册（其中图书馆新增图书1.2万余册，各学院新增图书704册）。全年共接待到馆读者100万余人次，图书借还11万余册次。图书馆微信服务号用户达1.2万余人，门户网站访问量70万人次，数据库点击量914万次，移动图书馆总点击量1165万余次，移动数字图书馆用户达1万余人。

电子资源建设方面，2018年订购数据库44个，其中中文数据库25个、外文数据库19个，内容涉及医学、生物、社会科学等多领域，确保读者能获得更多、更全面的前沿信息。随着读者知识需求的变化，图书馆信息服务正在从传统服务向智慧服务转变，全年开展数据库推介讲座15场，受众达1000余人次，内容涵盖图书馆资源利用、移动数字图书馆、文献管理软件、专利数据库检索、可视化分析工具、INCITES在科研中的作用等。全年共开通 VPN 账号 872 个，惠及更多的附属医院和家住校外的医、教科研人员。同时，还为各类科研人员提供信息检索服务，共完成查新报告 130 份、SCI 收录引用报告 856 篇、PUBMED 收录引用报告 253 篇、EI 论文认定报告 1074 篇、相似性检测报告 973 篇。完成《西部地区医学院校排名调研报告》，并提供本科教学审核评估所需的近三年电子图书、数据库的数据清单等，在学校学科建设、本科教学审核评估、新校区建设中发挥积极作用。（新疆医科大学图书馆　索帅）

【2018 年新疆高校图书馆发展论坛举办】 11 月 29 日，论坛在新疆医科大学举办，旨在全面了解新疆高校图书馆发展状况、引领图书馆界学术研究，对当前图书馆领域的热点话题进行深入探讨。来自中国医学科学院/北京协和医学院医学信息研究所的专家，以及新疆大学、石河子大学、新疆师范大学、新疆农业大学等校图书馆的负责人，自治区重点学科团队成员，各学院、各附属医院的科研人员等 150 余人参加此次论坛。论坛上，中国医学科学院/北京协和医学院信息研究所副所长唐小利、医学信息资源与知识服务中心副主任黄利辉、副研究员李爱花等通过案例分析、图文展示等多种形式，对科技查新、学科评价、专利分析、新馆建设等多方面进行详细阐述，并提出建设性意见，为新疆医科大学图书馆未来的发展提供指导建议。（新疆医科大学图书馆　索帅）

党校图书馆

【概况】 2018 年，对于全国党校行政学院系统以及整个系统图书馆来说，都是具有转折意义、值得被记录的一年。按照中央和国家机关机构改革的决策部署，根据党的十九届三中全会审议通过的《中共中央关于深化党和国家机构改革的决定》和《深化党和国家机关机构改革方案》，提出将中共中央党校与国家行政学院的职责进行整合，组建新的中共中央党校（国家行政学院），实行一个机构两块牌子，作为中央直属事业单位。在省级党校中，与行政学院分开的辽宁、河北、安徽、山东、陕西、甘肃等地也按照相关规定进行机构改革。按照中共中央办公厅印发的《中共中央党校（国家行政学院）职能配置、内设机构和人员编制规定》的通知，中共中央党校图书馆（以下简称“中央党校图书馆”）更名为中共中央党校（国家行政学院）图书和文化馆［以下简称“中央党校（国家行政学院）图书和文化馆”］，山西、甘肃等省党校（行政学院）也随之将图书馆更名为图书和文化馆。

中央党校（国家行政学院）图书和文化馆坚决落实党中央关于深化党和国家机关改革的决策部署，贯彻执行校（院）“三定”方案，对标事业发展的新起点新要求，以政治建设为统领，以读者服务为要务，以资源建设为基础，以技术创新为抓手，坚定文化自信，全面加强能力建设，迈出转型发展新步伐。同时，在中央党校（国家行政学院）图书和文化馆的带领下，全国党校（行政学院）系统图书馆工作也取得明显进步。

纸质文献服务日益提升。2018 年，中央党校（国家行政学院）图书和文化馆纸质文献采购共支出 116 万元。其中，采购中文图书 4317 种 7858 册，支出约 61.7 万元；订购中外文报刊 630 种，支出约 54 万元。相较 2017 年，纸质文献经费大幅降低，图书复本量减少，纸质版报刊订购减少、增加电子版，资金使用、类型配置、文献结构趋向合理。各阅览室全年接待读者 1.84 万人次，借还图书 3.26 万册次，提供期刊阅览 5.3 万册次。

数字资源服务不断拓展。中央党校（国家行政学院）图书和文化馆全年数字资源采购经费支出为 384.25 万元，开通试用数据库 29 个，新购数据库 19 个，数据库总量达到 57 个；订购并上线使用中文电子图书 3694 册、外文电子图书 203 册。校院合并后，数据库总量显著提升，数据库订购成本进一步降低。

古籍整理与保护取得突破性进展。中央党校（国家行政学院）图书和文化馆全面完成全国可移动文物普查收尾工作。在古籍普查摸底中，揭示馆藏古籍数量已超出预期 2000 部以上，鉴定发现晚唐五代时期写经 1 卷，宋元版刻本近 10 部，明代内府刻本、清代殿试卷、和刻本数 10 部，明清刻善本 500 多部；清查登记馆藏古籍 8153 部 86580 册，选送 4 部明刻本申报《国家珍贵古籍名录》。通过文物普查摸清了家底，为下一步开展针对性的保护、开发、利用奠定坚实基础。同时，抢救性修复破损严重的馆藏珍品

3 幅。

文化交流丰富多彩。中央党校（国家行政学院）图书和文化馆全年举办文化展览和演出 38 场，其中包括党性教育主题 16 场、纪念马克思 200 周年诞辰主题 4 场、纪念改革开放 40 周年主题 2 场、弘扬文化自信主题 16 场。累计观演 4 万余人次，为历年来数量最多、规模最大、影响最广，学工人员反响热烈，已经成为校园文化建设的重要品牌和党员干部党性教育的“第二课堂”。文化展演活动弘扬主旋律，主题鲜明突出。中央党校（国家行政学院）与文化和旅游部达成战略合作协议。同时，图书和文化馆与地方党委宣传部、文化和旅游厅加强协作，形成国家院团、经典剧目进校演出常态化机制，创新展演模式，开展“展览 + 讲座”“演出 + 展览”“演出 + 展览 + 讲座”等系列配套活动，丰富观看体验。

学术研讨主题鲜明。2018 年初，湖南省委党校（行政学院）图书馆牵头举办的“麓山求是讲堂”定位为建设湖南省委党校（行政学院）的综合性学术平台，面向校内外、省内外、国内外，诚邀学术界、文化界的著名学者、党政领导干部主讲、交流和研讨。全年共举办 9 期，如“‘吃得苦、霸得蛮、扎硬寨、打硬仗’与全面深化改革”“朝核问题、国际形势与中外关系”“‘刘崐与湖湘文化’学术研讨会”“中国新型政党制度的创立和发展”等，每期主题各具特色，讲授者均为其专业领域里知识渊博、业界呼声很高的名师大家，知识渊博、见解独到、分析鞭辟入里，广受好评。该系列主题研讨实现与高校、科研机构、社会各界的良性互动，提升党校文化软实力和社会影响力。[中央党校(国家行政学院)图书和文化馆　杜敏]

【中央党校图书馆开展“不忘初心，牢记使命，推进转型发展”主题教育活动】 2 月 28 日，该馆印发《图书馆关于开展“不忘初心，牢记使命，推进转型发展”大讨论工作方案》，于 3 月 1 日起正式启动主题教育活动。活动持续 1 个月，分为处室、党支部内部讨论，党总支会议讨论，听取相关部门意见与建议，全馆大讨论等多种形式。通过各阶段充分的讨论交流，在达成以创新推进转型、实现发展的共识基础上，坚持问题导向，讲认识、找问题、献良策、表态度，进一步统一思想、坚定信心，明确今后一段时间的前进方向和发展目标。具体来说，党校图书馆的功能定位和转型路径是：适应信息化网络化新趋势、新时代党校事业发展新要求，坚持需求导向，从供给侧发力，以馆藏资源为基础，以馆际资源共享为补充，以队伍建设为保障，以新技术手段为抓手，立足图书、文献、文物、文化资源，补数据资源短板，强特色服务弱项，创新服务方式，图书文献服务、数据资源建设、信息咨询参考、文化精品展演比翼齐飞，着力推进学习校园、书香校园、文化校园建设。[中央党校(国家行政学院)图书和文化馆　杜敏]

【中央党校图书馆“古籍修缮及保护专项”“‘四大专题数据库’建设专项”项目获得中央党校重点项目高分绩效评价】 按照财政部预算绩效评价工作部署，中央党校财务行政管理局选择将图书馆“古籍修缮及保护专项”“‘四大专题数据库’建设专项”两个专项纳入 2017 年度中央党校重点项目进行绩效评价。2018 年 3 月 27 日，财务行政管理局组织召开绩效评价专家评审会，就两个项目的预算编制、绩效评价得分情况、绩效评价结论、绩效评价报告进行论证。参加评审会的专家组成员共 5 人，包括来自对外经贸大学和中国财政科学研究院的 3 名财政专家、来自中央党校和国家图书馆的 2 名业务专家。中央党校图书馆副馆长刘俊瑞及 2 个项目负责人分别汇报项目立项、执行情况以及项目产出效益分析情况，并回答专家组的质询。在综合评价的基础上，专家组对“古籍修缮及保护专项”“‘四大专题数据库’建设专项”分别给出 93 分和 92 分的成绩，评价结果均为“有效”[按照财政部的文件要求，绩效评价分为 4 个等级：综合得分在 85—100 分（含 85 分）为有效，70—85 分（含 70 分）为基本有效，50—70 分（含 50 分）为一般，0—50 分为无效]。[中央党校(国家行政学院)图书和文化馆　杜敏]

【中央党校图书馆组织开展世界读书日系列活动】 4 月 15—30 日，中央党校图书馆组织开展世界读书日系列活动，纪念马克思 200 周年诞辰。4 月 23 日，举办“永恒的经典——马克思名言书法展”“思想的光芒——主题经典文献展”“跟着总书记读经典——阅读推广周”主题文化活动开幕仪式。开幕式上，中央党校（国家行政学院）副校（院）长甄占民为“跟着总书记读经典”主题声音墙揭幕并宣布活动开幕。校（院）委会委员、组织部部长黄宪起向捐赠作品的代表颁发收藏证书。此次活动由中央党校图书馆、中国马克思主义研究基金会、中联国兴书画院和上海图书馆联合主办。中联国兴书画院和上海图书馆有关领导、嘉宾以及校（院）各直属单位的负责同志、部分学工人员代表共100余人参加开幕式。同时还举行21天阅读计划之星、2018年荐读之星等获奖读者表彰活动。另外，为配合此次活动，图书馆从典藏书画作品中精心选取方熏、徐悲鸿、黄宾虹等名家书画作品元素，设计出馆藏创意伞、创意冰箱贴、主题图书袋等精美文创作品。[中央党校(国家行政学院)图书和文化馆　陈型颖]

【“习近平新时代中国特色社会主义思想专题数据库”建设入选2018年“中国图书馆最美故事”创新案例名单】　5月31日，在2018年中国图书馆年会上，中央党校图书馆申报的“习近平新时代中国特色社会主义思想专题数据库”建设入选中国图书馆学会评定的2018年“中国图书馆最美故事”系列风采展示活动之创新案例名单。该数据库以习近平总书记十八大以来的重要讲话、论述、著作等为主体，涵盖国内外各方面专家对总书记系列重要讲话的权威解读、国内外评论与专题研究等，集文章、图书、图片、音视频等多种形式于一体，力求全方位、多角度、深层次地展现习近平总书记系列重要讲话精神的丰富内涵与精神实质。数据库致力于学习、研究、宣传习近平新时代中国特色社会主义思想，服务于中央党校（国家行政学院）教学、科研与新型高端智库建设，于2017年12月上线使用。截至2018年12月底，数据库共有专家解读文章1197篇、评论研究文章11116篇、专题研究文章17239篇、学习体会文章2876篇，图片329张，视频599个，图书299册，相关人物259位。[中央党校(国家行政学院)图书和文化馆　杜敏]

【中共中央党校图书馆更名为中共中央党校(国家行政学院)图书和文化馆】　7月17日，中共中央办公厅印发《中共中央党校（国家行政学院）职能配置、内设机构和人员编制规定》的通知。按照规定，作为中央党校（国家行政学院）24个内设机构之一的中央党校图书馆正式更名为中共中央党校（国家行政学院）图书和文化馆。具体职责为：负责图书文献、信息的采集、整理和开发，提供信息服务；管理中央党校（国家行政学院）及党校（行政学院）数字图书馆文献信息资源和网络系统；负责组织面向学员的文化交流和文艺展演等活动。为贯彻执行校（院）“三定”方案，该馆制订了相应的“三定”方案，推动职能优化、工作协同、人员融合。新组建的馆领导班子5人，设有办公室、书刊借阅室、古籍特藏室、数字资源建设室、技术保障室、文献开发室、文化交流处等7个处室，在编人员47人，聘用人员11人。10月，人事调整基本到位，人员安置稳妥有序。[中央党校(国家行政学院)图书和文化馆　杜敏]

【全国党校(行政学院)图书馆业务培训班在四川绵阳举办】　10月18—20日，由中央党校（国家行政学院）图书和文化馆主办的全国党校（行政学院）图书馆业务培训班在绵阳市委党校（行政学院）举办。此次培训班的主题是：深入贯彻落实全国党校系统图书馆工作会议精神，全面实施《全国党校系统图书馆数字资源建设规划（2016—2020年）》，推进全国党校（行政学院）图书馆“四大专题数据库”建设工作；研究解决数据库建设中的技术与应用问题，提升各级党校（行政学院）图书馆的信息管理能力与知识服务能力；加强片区、校（院）图书馆的协同合作，加快实现全国党校（行政学院）数字资源共建共享，扎实推进图书馆事业发展。中央党校（国家行政学院）图书和文化馆馆长戴小明、常务副馆长谢煜桐，中国社会科学院图书馆党委书记、馆长王岚，四川省委党校（行政学院）常务副校（院）长李新、副校（院）长吴刚强，绵阳市委副书记、代市长元方，绵阳市委常委、组织部部长、市委党校（行政学院）校（院）长岳勇和常务副校（院）长党海燕出席开班式。全国48家副省级以上党校（行政学院）、5家省级行政学院、部分地市级党校（行政学院）分管图书馆工作的负责人和专业技术骨干，以及绵阳市图书馆代表共约200余人参加培训。培训班听取2016年全国党校系统图书馆工作会议召开以来各党校（行政学院）落实会议精神的工作汇报，各片区负责人重点就本片区图书馆推进《全国党校系统图书馆数字资源建设规划（2016—2020年）》《全国党校系统图书馆“四大专题数据库”建设实施方案》的进展情况以及创新性、开拓性业务工作做介绍。浙江、重庆、四川、安徽铜陵、浙江湖州等5所党校（行政学院）图书馆分别介绍各馆在转型创新和数字资源建设方面的工作成效与经验。参会代表围绕“资源建设”“知识服务”“转型创新”等议题开展讨论。同时，培训班安排了内容丰富、形式多样的专题培训。[中央党校(国家行政学院)图书和文化馆　陈型颖]

【上海市党校(行政学院)系统数字资源共建共享工作会议在上海召开】 11月21日，上海市党校（行政学院）系统数字资源共建共享工作研讨会在上海市委党校（行政学院）图书馆召开。来自上海市委党校（行政学院）图书馆、工作处和全市14家区委党校（行政学院）的相关领导、管理人员、图书馆专业技术人员共40余人参会。上海市委党校（行政学院）教育长梅丽红出席会议并讲话。校（院）工作处处长任锴荣就全市党校（行政学院）系统工作做业务指导。图书馆馆长唐月娥从图书异地借还、网络资源共享、主题资源巡展、馆志编撰等方面对近年来系统资源共建共享工作做详细介绍，就体制融合后数字资源共建共享工作提出初步思路。会议包括工作汇报、经验交流和资源介绍等环节，与会专家就扩大资源共享、搭建共享平台等议题进行研讨。[上海市委党校(行政学院)图书馆　吴才唤]

【2018年山东省党校系统图书馆学术研讨会在济南召开】 12月11—12日，2018年山东省党校系统图书馆学术研讨会在山东省委党校（行政学院）燕山校区举办，来自全省17市和大企业党校负责图书馆、信息化工作的代表和山东省委党校（行政学院）图书馆全体工作人员共50余人参加研讨会。研讨会是在三校合并、图书馆职责职能面临新的定位与进一步拓展的大背景下召开的，主要议题是图书馆转型与创新发展。会议分为主题报告、专题培训以及分组讨论等3个方面。会议进一步明确新时代推动图书馆和信息化工作发展的方向与职能定位，厘清了工作思路，开阔了视野，对于下一步图书馆和信息化工作将发挥积极的推动作用。[中央党校(国家行政学院)图书和文化馆　杜敏]

【广东省党校(行政学院)系统图书馆数字资源建设经验交流会在深圳召开】 11月29日，广东省党校（行政学院）系统图书馆数字资源建设经验交流会在深圳市委党校（行政学院）召开。会议由广东省党校文献信息学会和深圳市委党校（行政学院）共同主办。中央党校（国家行政学院）图书和文化馆副馆长刘俊瑞、广东省委党校（行政学院）副校（院）长方真、深圳市委党校（行政学院）常务副校（院）长郑秀玉，以及来自广东省各地级市党校图书馆共80余人参加此次会议。会上，3家单位就项目立项申报、专题数据库建设等方面做经验介绍。同时，会议就“四大专题数据库”建设以及创新党校知识服务新技术和应用等进行专题业务培训。[深圳市委党校(行政学院)图书馆　梅瑾]

【四川省委党校(行政学院)图书馆概况】 2018年，该馆在加强纸质文献资源建设之外，着力于数字图书馆建设，现有外购及自建数据库20余个。协办全国党校（行政学院）图书馆业务培训班，主办四川省党校（行政学院）系统图书馆工作会议。策划举办“阅读新时代　创造新未来”——四川省委党校图书馆“4·23”世界读书日系列阅读推广活动，内容包括知识问答、读书分享、“学习通”APP推广、数字资源使用培训、经典电影展播等，受到读者高度肯定与评价。与四川省委党校（行政学院）马克思主义学院合作举办“悟思沙龙”14期，邀请校内外专家学者主讲某一学术话题并与在场的读者交流，参与读者超过700人次。[四川省委党校(行政学院)图书馆　施静]

【四川省委党校(行政学院)系统图书馆工作会议在西昌召开】 12月6—7日，四川省委党校（行政学院）系统图书馆工作会议暨业务培训班在西昌市委党校（行政学院）举办。中央党校（国家行政学院）图书和文化馆副馆长李爽、四川省委党校（行政学院）副校（院）长吴刚强出席会议并讲话。四川省图书馆及省直机关党校、各市州党校（行政学院）分管图书馆工作的负责人，四川省委党校（行政学院）相关部门工作人员共计80余人参加会议。会议总结和交流2016年以来全省党校（行政学院）系统图书馆发展的成绩与面临的困难，对标系统图书馆发展新趋势，规划下一步图书馆工作的方向和路径。同时，会议还部署全省开展长征精神数据库建设的相关事宜。[四川省委党校(行政学院)图书馆 施静 曾大军]

【甘肃省委党校图书馆概况】 截至2018年底，甘肃省委党校图书馆共有工作人员14人，其中硕士研究生及以上学历4人、本科学历10人，正高级专业技术人员1人、副高级9人、中级3人。馆舍面积6800平方米，阅览席位300个。馆藏量达到26.2万册（件），其中古籍3000册。全年新入藏图书1516种1585册，入藏电子文献约100万种。在开展读者流通服务的同时，积极扩展资源，丰富图书馆微信服务公众号服务内容，全年发布微信信息200余条；各种数字资源检索量达到30余万人次，下载量10余万人次，解答读者在使用图书馆资源及相关软件时遇到的各种问题100余次。全馆员工发表国家级论文2篇、省级论文12篇，获得科研奖励2项，主持完成校级课题2项，2项国家社科课题申请结项。(甘肃省图书馆学会)

【甘肃省委党校图书馆推进全省党校系统数字资源共建共享】 2018年，该馆先后赴白银、武威、甘南、临夏、庆阳等市（州）和部分县市区党校考察调研和业务指导。与校信息中心等合作举办全省党校系统信息化建设与数字资源共建共享工作会议；协调组织全省各党校免费开通国家哲学社会科学学术期刊数据库；完成10余种数据库数字资源的续订和购置工作，改版、更新图书馆主页；加强自建数据库建设，初步完成“红色南梁精神研究专题数据库”和“丝绸之路（敦煌）文博会专题数据库”的框架搭建、版面设计和资料搜集准备工作。(甘肃省图书馆学会)

专业图书馆

年度工作

科研院所图书馆

国家科技图书文献中心

【概况】 2018年，在财政部、科技部的关心支持和理事会的正确领导下，国家科技图书文献中心（以下简称“中心”或NSTL）及各成员单位“不忘初心、牢记使命”，圆满完成科技文献资源保障和服务任务，为下一步发展奠定良好的基础。

一、各项业务扎实推进

基础文献信息服务稳步发展。中心在2018年扎实推进普惠文献服务，网络服务系统用户数、访问次数、文献检索量、二次文献浏览量比上年同期大幅上升，用户总体满意度为99.3%。全国网络服务体系进一步发展，管理不断完善。服务站全文传递服务量稳定增长，持续多年占中心服务总量的50%左右。加强规范管理，修订发布服务站管理办法，深化考核评估。举办服务站工作会议，总结经验、明确发展、深化服务，促进服务站和成员单位之间的合作交流。面向国家重大需求的专项服务持续深化。高质量的专项服务得到用户的高度评价，争取到多项增值合作项目。推进专项服务产生的专题信息产品的共享与利用，第一批300多份专项服务成果上网公开服务。加强宣传，健全宣传推广服务体系。通过组织培训、实地调研、用户访谈、“互联网+”等多种形式，重点加强面向军工单位、西部地区、高新园区企业的宣传推广。全年举办各类活动120多场，其中院士报告会访谈、大学生摄影比赛、公路骑行赛等宣传活动受到媒体普遍关注。

多元化的信息资源建设成效显著。持续跟踪文献出版态势和用户的需求，不断优化国家科技文献资源保障体系。2018年，重点加强支撑尖端科技、创新发展和企业发展等方面所需的资源采集。全年发订外文印本科技文献24549种，其中外文期刊16629种、会议录等文献7920种。持续推动开放资源建设，修订《NSTL开放资源描述元数据规范（修订版）》，制定《NSTL开放资源建设工作实施细则》《NSTL开放资源权益管理规范》和配套工作手册。

数据库建设成功转型，向纵深方向发展。数据库建设不断变革加工方式，挖掘人员与技术潜力，圆满完成年度数据加工任务。加强数据流程管理和质量管理，持续推动数据库建设转型发展，建立顺畅的第三方元数据利用流程，提高数据处理的效率和质量。持续推进名称规范数据库建设，完成对现有加工系统改造的方案设计、国际科学引文数据库建设与应用发展研究、应用服务场景分析设计和引文服务系统建设与集成设计等多项研究工作。

网络和系统全年稳定安全运行。网络安全管理进一步增强。通过北京市公安局开展的信息系统安全等级保护专项检查，中心的安全管理制度和技术措施确保网络服务系统的安全运行。城域网及中心网络服务系统主站平稳运行率达99%以上。

研究与发展持续深入。组织开展中心未来三年发展战略规划研究，提出2019—2022年中心的建设目标、任务和计划。先期启动“下一代国家科技创新开放知识服务系统”20个专项任务研究课题，覆盖STKOS超级科技词表内容建设机制与发展研究，以及下一代知识服务系统顶层设计与技术预研等关键技术。研究课题已产生一些重要成果，部分成果已经在中心相关业务中应用。大力推动国家重大专项的项目申报，组织协调农科、中信、中科、医科等10家单位，开展面向跨界融合新业态与知识创新服务需求和关键技术的研究。

优化管理结构，提升运行效果。完成中心理事会换届，科技部原副部长程津培担任第四届理事会理事长。调整中心内部结构，增加专项任务部，调整人员，保证工作顺利开展。完成 6 大类 47 个岗位设置工作。全年通过前沿热点报告会、研讨培训班等方式，培训 NSTL 专业岗位人员 500 多人次。

二、亮点工作

助力中美贸易谈判，展现应急服务能力。为配合中美贸易谈判，中心迅速组织成员单位组建团队，快速响应来自各方的需求，搜集、分析、判读与中美贸易争端有关的文献、信息和数据等，在贸易、金属、能源、重大科学仪器装备等几个领域为国家领导人、科技部、发改委和重点企业等提供高效高质的信息情报支撑和决策支持服务。

支撑政府决策，发挥智库作用。根据政府部门需求，持续开展科技创新与基础投入的跟踪与分析，响应科技部、财政部应急调研需求 6 次，累计提供文献数据资料和国际情报研究报告 255 份，其中《英国面向 2030 年的科学与创新政策研究》得到科技部领导的批示，并作为内参上报；《全球科技创新投入格局与趋势分析》得到科技部基础司领导高度肯定。持续为香山科学会议提供战略情报咨询，提交前沿主题情报研究报告 6 份，大部分报告成为与会代表的重要参考资料。

响应“一带一路”需求，情报服务常态化。深入调研分析“一带一路”倡议实施的信息需求，进一步完善面向国家三大战略的“NSTL 国家重大战略信息服务平台”的建设和服务。为“一带一路”走出去企业提供情报支撑，其中包括为“新华丝路”高端智库提供“一带一路”沿线国家或地区风险分析报告 133 份，为中国钢铁及有色金属企业海外收购、重型设备制造商出口提供重要的数据支撑。举办高端论坛，促进研究和服务成果的共享。

流程再造推进业务创新，提高数据管理水平。开展基于流程再造的服务调研和功能设计工作，完成联合目录系统改造设计方案、母体集成系统总体设计、多来源元数据匹配融合规则与流程设计、元数据增值技术方案设计等多项任务。为有效支撑业务系统流程再造建设，持续开展元数据标准规范建设研究，完成名称规范元数据标准、NSTL 增强编目文献元数据规范、文献资源综合管理系统元数据规范建设，丰富元数据标准规范体系，并将研究成果纳入元数据标准登记系统。开展国际合作，重点调研国际组织 CrossRef 的数据和服务系统，深入交流并达成初步合作意向，既有助于中心融入国际数据合作的大环境，也扩大元数据获取和利用的渠道。

拓展数据合作渠道，元数据建设取得新进展。拓展与出版社、集成商元数据合作，中心已经与 18 家数据库商、出版商、集成商、代理商以及相关图书情报单位建立元数据合作关系。2018 年，除继续与 Clarivate Analysis（科睿唯安）公司、中图公司、教图公司以及 Wiley、Taylor、Emerald、OUP 等 9 家出版社合作外，新增 Karger 出版社元数据，并与 Wiley 等 9 家出版社重新谈判签署合作协议。

实现全国网络服务体系改造，提升系统的安全性。采用云架构重新设计，完成全部 40 个服务站系统的迁移，实现集中部署和统一管理，保证全国网络服务体系的安全平稳、可靠运行。借此建立的基础设施集中管理机制，提高系统维护能力，既解决原有服务站存在的不稳定问题，也降低各地服务站在人力、硬件和软件方面的投入和维护成本，为中心服务的拓展提供良好的发展环境。

推出发现系统服务，满足用户需求。全面升级系统架构和开发应用框架，中心发现系统如期上线服务，大幅度提升检索和服务效率，改善用户体验。中心发现系统扩展了文献收录范围，首期增扩 OA 资源和回溯期刊文献，充分利用“十二五”科技支撑项目成果，实现文献的主题检索和词表辅助浏览检索，改变单一文献传递方式，实现文献获取方式的多样化。

推动开放获取和数字资源长期保存建设。积极参与国际图情领域重大活动，在国际舞台发声，扩大我国参与度和影响力。第 14 届柏林开放获取会议上，来自国家自然科学基金委员会、NSTL 和中国科学院的代表明确表态支持 OA2020 和开放获取 S 计划，共同全面支持研究论文免费阅读，此举得到与会多国代表和欧洲委员会、德国马普学会、科学欧洲等组织的欢迎和赞扬。组织召开 2018 数字资源长期保存全国学术研讨会，跨学科跨行业的各领域专家深度交流数字资源长期保存理论与实践。成功争取到

2020 年数字资源长期保存国际会议（iPRES 2020）在北京举办。（国家科技图书文献中心）

【国家科技图书文献中心理事会完成换届】 4 月 3 日，科技部基础研究司在北京主持召开国家科技图书文献中心理事会换届会议。科技部原副部长程津培院士、中国工程院副院长刘旭院士分别担任第四届理事会理事长、副理事长。沈保根、詹启敏、姚建年、屠海令、孙家广院士等 13 位专家担任理事，科技部和财政部相关司局领导以及图书情报界 6 位专家担任职务理事。随后召开中心第四届理事会第一次会议，会议由理事长程津培主持，沈保根、詹启敏、姚建年、屠海令等理事出席会议。会议审议通过《国家科技图书文献中心 2017 年工作总结和 2018 年重点工作》以及《国家科技图书文献中心文献信息专项经费 2017 年预算执行情况和 2018 年预算方案》。（国家科技图书文献中心）

【NSTL 走入西北高校文检课暨 CALIS 文献获取服务培训会在西安举办】 11 月 23 日，国家科技图书文献中心与中国高等学校文献保障系统（CALIS）、陕西省情报学会在西安交通大学联合举办 NSTL 走入西北高校文检课暨 CALIS 文献获取服务培训会。此次会议是 NSTL 文检课培训第一次走进西北地区高校，来自陕西、新疆、宁夏等西部 5 省（区）60 多个单位的 150 多位代表参加培训。会上，中国科学技术信息研究所主任杨代庆对 NSTL 的资源与服务体系做详细介绍，NSTL 目前在全国各地已经建成 8 个镜像站和 33 个服务站，构成辐射全国的网络化科技文献信息服务体系；西安交通大学图书馆副馆长强自力分享该馆的文献检索课与 NSTL 服务；CALIS 管理中心庄昕就 CALIS 馆际互借与文献获取做详细介绍和说明；机械工业信息研究院赵卫华做题为“智能制造新时代　文献伴您一路同行”的报告，介绍该院先进制造业知识服务平台与智能制造相关资源情况；中国科学技术信息研究所林子婕分享中国科学引文索引（CSCI）的资源建设与服务体系；CALIS 管理中心高石林介绍 CALIS 查收查引平台；西安交通大学图书馆陈伟以实例分享该馆新生教育的探索与实践。随后，与会代表分别结合各馆实践，各抒己见，展开深入交流。此次培训会推进高校文检课在大学生信息素养培育中的作用，提高 NSTL 资源在西北地区高校的覆盖程度，也进一步推动 NSTL 与 CALIS 资源共享。（国家科技图书文献中心）

中国科学院文献情报中心

【概况】 2018 年，中国科学院文献情报中心（以下简称“中心”）立足中国科学院、面向全国，主要为自然科学、边缘交叉科学和高技术领域的科技自主创新提供文献信息保障、战略情报研究服务、公共信息服务平台支撑和科学交流与传播服务；同时通过国家科技文献平台和开展共建共享，为国家创新体系其他领域的科研机构提供信息服务。

截至 2018 年底，中心共有在职职工 349 人。其中：科技人员 37 人，科技支撑人员 256 人；研究员及正高级工程技术人员 32 人，副研究员及高级工程技术人员 71 人。国家技术发明奖二等奖获得者 1 人，中国科学院“百人计划”入选者 1 人，中国科学院文献情报领域引进优秀人才择优支持 3 人，中国科学院期刊出版领域引进优秀人才择优支持 1 人。设有图书情报与档案管理专业一级学科博士后流动站，在站博士后 6 人。中国科学院文献情报中心理事会第一次会议宣布“中国科学院国家科学图书馆理事会”更名为“中国科学院文献情报中心理事会”，同时公布理事会组成人员名单，中国科学院副院长张涛院士任理事长。

2018 年，中心持续夯实与优化全院商业知识资源保障体系。在文献经费投入无大幅增长的情况下，全年全院保障外文电子期刊 1.9 万余种、外文图书工具书 18.4 万卷（册）、中文期刊 1.8 万种，全部内容保障能力较 2017 年提升 7%。全院电子资源使用量较 2017 年增加 13%，其中全文数据库使用量达 6100 余万篇，平均每分钟的全文下载量为 463 篇次，远高于国际同类机构。

截至 2018 年底，“一三五”规划工作推进过半，中心采取多项举措，建立起稳健规范的任务推动机制和以服务领域用户为目标的整体服务保障机制，同时加强全院文献情报体系的整体组织建设，强化项目的管理和考核，使得“一三五”

规划工作取得一系列重要进展。在三个重大突破、五个重点培育方向上都取得一系列成果。具体包括：

重大突破一——分布式大数据知识资源体系方面，实现资源获取认证从 IP 到 ID 的转变；在数据库移动服务、元数据获取、长期保存上取得突破；院所协同共建 26 个专业领域知识资源中心；形成院士文库等特色资源库；开发汇聚平台，汇集 30 种资源，约 3 亿条；建成 OAin-One，汇集 9 类开放资源，211 万篇全文；持续完善中科院 115 个 IR，数据量达 84 余万篇；集成国内 254 家 IR 数据 530 条；推出预印本平台 ChinaXiv。

建立起数据交换、语义标引、质量控制标准；研发大数据治理、计算、分析和服务平台；构建包括 3 亿资源和 20 亿关系的学术知识图谱；开发基于知识计算的知识发现服务新平台；研发“中国科讯”工具，创新移动服务；升级科技监测服务云；研发学科领域情报网、研究所竞争力评估与人才遴选工具平台，支撑科技监测和评价。

重大突破二——覆盖创新价值链的科技情报研究与服务体系方面，战略研究与高端咨询服务效果显著，编辑出版《科技强国建设之路：中国与世界》，为我国加快建设世界科技强国提供参考依据和战略选择；“生物安全国家实验室建设建议”获省委书记批示，对国家科技创新决策具有重要参考价值。持续跟踪科技领域前沿，《国际科学技术前沿报告》提出我国开展相关领域研究的国际借鉴和对策建议；“8+2”领域监测支撑院中长期战略规划，对科技领域前瞻布局具有重要现实意义。拓宽区域发展与产业情报服务网络，覆盖 25 个省市，形成面向地方科学院、地方政府、专业园区、产业企业等区域创新体系的服务机制，在有色金属、生物质节能环保、稀土材料等产业领域形成特色服务能力。

重大突破三——集约化数字出版与知识服务云平台建设与示范方面，以中科院科技期刊“十三五”发展规划和“率先行动”科技期刊提升计划为指导思想，以多模式集中办刊项目为抓手，调研期刊数字出版的国内外相关标准，并参考国外广泛的有代表性的期刊数据标准现状，研制符合国际标准且能满足中文学术期刊的“中文学术期刊全文 XML 文件标准”，并在此基础上，研究中文学术期刊 XML 标准验证平台的建设方案；同时根据中科院期刊现状，探讨数据标准在移动媒体应用端（微信）的应用，开展微信期刊集群平台的建设研究。

重点培育方向一——语义知识组织和服务方面，形成基于知识图谱计算对学术大数据进行语义丰富的技术方案，促进学术知识图谱技术的实际应用；整理出百万级的科技文献语义识别语料库；探索基于深度学习的科技文献语义标注方法，实现方法突破。以湿地领域为试点，探索专业领域知识组织体系构建方法，实现领域知识的语义关联组织；探索科研要素和领域要素的实体识别、关系构建关键技术，支持语义知识组织加工云平台和知识库建设；形成面向国民经济主战场的知识组织服务产品，为华为公司提供咨询服务。研发出全自动科技查新平台 innoFinder，实现科技查新全流程自动化处理；面向情报内容深度分析，研发领域研究主题发展脉络挖掘、数值指标抽取、研究进展线索发现工具；面向科技评价，研发引文内容识别技术，评估论文的实际影响力和贡献点。

重点培育方向二——情报分析方法体系建设方面，在科技文献内容识别与挖掘方面，通过技术功效矩阵自动构建方法，形成空间领域科技战略文献数值型、图片型、文字型文献主干的抽取方法。在科技前沿预见方面，形成基于引文知识图谱的科学前沿演进分析方法，基于监督分类的颠覆性技术识别方法，新兴技术出现模式挖掘方法。在科技领域发展模式研究方面，形成加权引文网络社团结构和主路径分析方法，基于创新价值链的学科融合分析方法以及专利—标准关联挖掘分析方法。

重点培育方向三——精准信息服务方面，基于专家数据库，重点围绕用户、学科需求，提供精准服务。完成海量数据的积累（900 万人次），构建专家遴选模型、多维度立体标签的学术画像模型，对科研学术的整体特征描述实现全覆盖；建立科研群组用户兴趣模型，将 NSTL 资源以 RSS 形式，推荐到研究所知识服务集成平台中；建立科研人员研究方向和研究重点的分析方法与流程，规范 2.2 万名中科院科研人员数据，开发数据接口；采集西北地区创新平台有关信息，明晰创新主体用户身份和信息需求特点，挖掘出创新主体的精准需求与未来潜在需求；筛选生物多样性文献资源数据，利用自然语言处理、词向量、相似度计算等实现关联文献资源展示并提供服务。

重点培育方向四——新型出版方面，《数据智能（DI）》申请到由中国科协、中科院、教育部等6个国家部委联合组织的中国英文期刊国际影响力提升计划（D类），项目建立了用于指导语义数据期刊（Data Intelligence）创建的文章类型划分以及DI目标作者库与专家库。制定中文开放获取期刊出版政策，《知识管理论坛》通过DOAJ的审核，被其正式收录，扩大期刊的传播范围，提升期刊的国际知名度。数据出版进入科技期刊出版流程，制定《数据分析与知识发现》（原《现代图书情报技术》）及《中国生物工程杂志》两刊数据出版政策；以《数据分析与知识发现》为技术试点，将数据出版功能嵌入期刊网站，进入期刊实际出版流程。

重点培育方向五——科学文献与科学数据关联融汇方面，聚焦于文献与数据之间的关联融汇，从大科学装置、高能物理、种质资源、微生物、中药等不同领域开展研究。研发出大科学装置学术论文产出挖掘工具，实现从科技文献中挖掘科学数据实例、大科学装置数据利用实例以及关联信息汇聚，先后为国家天文台、中国气象局、中科院青岛生物能源所提供服务；建成高能物理粒子领域文献与数据基础库，建成关联探针，实现文献数据双向互联，采用多种可视化方式进行计量分析和动态展示；建立种质资源名称词典及相关语料库，设计种质资源的实体抽取算法，解决新种质资源名称抽取、种质资源中文名称识别等问题；设计并开发基于语义识别的科学数据自动获取、关联、分析工具，在中科院青能所、纳米所开展应用。

同时，中心在科技文献开放共享平台、科技文献监测分析平台、数字资源长期保存等方面已形成系统、规范的建设流程，产生良好的示范效应。其中，4月与解放军医学图书馆正式签署Primal Pictures数据库委托长期保存协议，这是国家长期保存体系（National Digital Preservation Program）签署的第一份委托长期保存协议，实现数据库资源在非订购单位长期保存的创新。

2018年，中心共有在研项目519项（包括新增项目262项）。在情报学和图书馆学的基础理论方法研究方面，产出一系列有影响力的科研成果。在国内外核心期刊发表论文110篇，核心会议论文14篇，出版专著13部，获得软件著作权7项，国家标准1项，有多份研究报告获得省部级以上领导批示。

中心以会员身份加入的国际组织包括IFLA（国际图联）、EIFL（国际电子资源联盟）、COAR（开放获取知识库联盟）、ICSTI（国际科技信息理事会）等，并持续参与国际组织年会，完成国际组织履职。

中心有中国图书馆学会专业图书馆分会和中国科学院自然科学期刊编辑研究会2个挂靠学会。共出版11种期刊，包括社会科学（主要是图书情报类）、自然科学、产经媒体、管理等多种门类，分别为《图书情报工作》《知识管理论坛》《数据分析与知识发现》《智库理论与实践》《科学观察》《电子政务》《中国科技期刊研究》《化学进展》《中国生物工程杂志》《高科技与产业化》，以及《数据与情报科学学报（英）》（*Journal of Data and Information Science*）。（中国科学院文献情报中心　汪维）

【中国科学院文献情报中心开展多形式科普宣传活动】 5月19日，2018年全国科技活动周主场启动仪式在北京中国人民革命军事博物馆举行。中心牵头承担此次科技活动周主场第二展区——“科技创新成果展”的布展任务。

5月19—20日，中国科学院第十四届“公众科学日”在全国各地的院属科研院所同时拉开帷幕。中心积极参与此次活动，紧扣“科普”与“阅读”，开展10余场以“科学之春”为主题的科学讲座、科普书展、科技展览、互动体验等活动，旨在引导广大青少年及家长和社会公众思考科学、阅读经典。

10月10日，由中国科学院、中国驻泰国大使馆和泰国科技部联合主办，中心承办的“中科院科技创新成果巡展·曼谷站”在泰国曼谷开幕，这是中科院科技创新成果巡展首次在海外展出。11月9日，中心承办的“中科院科技创新成果巡展·香港站”活动在香港科技园开幕，这是该展首次在香港举办。

2018年，中心选送的“中国古代数学展”和“古书中挖掘古人成就互动中读出古人智慧”系列科普互动展览获得中国图书馆学会阅读推广

委员会主办的第二届科普阅读推广优秀案例征集评选活动一等奖。（中国科学院文献情报中心）

【中国科学院文献情报中心召开全国科学院联盟文献情报分会 2018 年工作会议】 9 月 14 日，全国科学院联盟文献情报分会 2018 年工作会议在河北石家庄举行。此次会议由文献情报分会牵头单位中国科学院文献情报中心主办，河北省科学院承办。来自 19 个地方科学院和文献中心、研究所负责文献情报共享服务的领导、专家、科研人员等近百人参加会议。会议围绕“科技智库情报服务区域发展”主题，深入讨论科技创新中更好地发挥文献情报的作用，以及战略情报研究工作如何更好地服务宏观决策和产业发展。（中国科学院文献情报中心）

【中国科学院文献情报中心举办第二届“数据驱动知识发现”国际研讨会暨“知识图谱理论与实践”论坛】 10 月 30 日—11 月 2 日，由中心主办的第二届“数据驱动知识发现”国际研讨会暨“知识图谱理论与实践”论坛在北京召开。来自美国、荷兰、比利时、挪威、德国等国和国内 40 余家机构的 130 多名代表参加会议。中心主任刘会洲、《数据与情报科学学报（英）》（JDIS）主编张晓林分别在国际研讨会上致辞。研讨会通过 8 个分会场对 5 个主题进行研讨，5 个主题为“科学演化研究”“政策与科研评价”“科技指标、方法与模型”“中国科研表现”和“知识图谱及文本挖掘与语义数据”。国际科学计量学会原主席罗纳德·鲁索教授、美国科技战略咨询公司凯文·博亚克博士、荷兰莱顿大学科技研究中心（CWTS）埃弗拉德·诺扬斯博士、北欧创新一研究与教育研究所冈纳·西弗特森教授、德国弗劳恩霍夫系统与创新研究所雷纳·弗里茨博士、爱思唯尔萨拉·休格特博士、科睿唯安首席科学家岳卫平博士、北京师范大学吴金闪教授、中科院张智雄研究员、西南大学贾韬教授、复旦大学唐莉教授、武汉大学张琳教授等 24 位专家分别做发言。现场还进行热烈甚至激烈的问答交互，会间交流活跃充分，真正发挥了引领创新、提升研究和促进合作的作用。

在“知识图谱理论与实践”论坛上，凯文·博亚克博士和埃弗拉德·诺扬斯博士分别就科学图谱理论与方法、科学领域全局图谱创建、文献计量数据源与数据采集等做报告，并与参会代表进行深入交流和讨论。（中国科学院文献情报中心）

【中国科学院文献情报中心发布“慧”系列智能知识服务产品】 12 月 27 日，中心主办的“慧”系列智能知识服务产品发布会在北京举行。中国科学院副院长张涛院士出席发布会并致辞，副秘书长汪克强主持会议。国家科技图书文献中心主任彭以祺受邀出席发布会。以“慧眼”和“慧科研”为代表的“慧”系列智能知识服务产品是中科院为科学家群体研发的智能知识服务产品，中心是研发项目承担单位。该系列产品是在新型知识发现与科学研究模式下，在中心的“科技大数据平台”基础上研发的。产品面向科学家群体，突破“数据计算型”的知识发现与情报分析范式，解决因科技大数据分散孤立不能整合计算、释放知识价值的问题；解决因科学家收集数据、项目填报重复繁杂难以提升科研工作效率的问题；解决传统数据服务架构弱化用户参与、不能促进数据流动的问题。“慧”系列产品的首次发布，将为中科院科研群体提供科技大数据精准知识服务，进而推动文献情报服务向智能、精准、及时、主动、开放的科技知识服务转型。（中国科学院文献情报中心）

【中国科学院成都文献情报中心概况】 截至 2018 年底，中国科学院成都文献情报中心（以下简称“中心”）有在职职工 99 人，其中高级职称 42 人。新世纪百千万人才工程国家级人才 1 人，四川省突出贡献优秀专家 1 人，全国专利信息领军人才 1 人，全国专利信息师资人才 1 人，博士生导师 4 人，硕士生导师 14 人。设有中国科学院大学图书馆学、情报学硕士培养点和情报学博士培养点。全年争取竞争性项目 70 余项，经费 2417 万元；获得国家社科基金项目 1 项、国家科技部现代服务业项目课题 2 项、中科院重要战略研究项目 1 项、四川省新型智库项目 2 项。发表论文 72 篇，独立和合作出版专编译著 4 部；新增软件著作权 5 项。

开通使用 108 个数字文献数据库，包括 3.2 万余种中外文全文电子期刊、41.5 万篇外文学位论文、215 万篇中文学位论文以及大量的网络版工具书、专利文献等，并通过网络共享 NSTL

丰富的科技文献资源；纸质文献总量为220万册（件），较完整地收藏国际著名会议文献SPIE、IEEE、LNCS等。

《天然产物研究与开发》（月刊）全年出版正刊12期、增刊2期，共计530余万字；《世界科技研究与发展》（双月刊）全年出版6期，74万字。《世界科技研究与发展》加强编委会的组建工作，多途径面向学科领域专家广泛约稿，拓展合作办刊模式，增强办刊力量，强化办刊资源。《天然产物研究与开发》进一步完善学术质量控制体系，加强并整合内外两套稿件处置机制，大幅提高稿件内容与形式质量的审核力度与强度。

在"公众科学日"启动仪式上，中心被授予"中国科学院成都分院全民素质行动纲要先进集体"荣誉称号。（中国科学院成都文献情报中心　唐璐）

【中国科学院成都文献情报中心转型升级专业型科技智库建设】 2018年是中心建设专业型科技智库实现转型升级发展的爬坡年。一是科技战略与政策研究层次不断提升，智库成果稳步产出。中心全年被省部级各类决策咨询快报刊物采纳的对上决策咨询建议报告21篇（其中《中科院专报信息》采用4篇，《领导参阅材料》采用5篇，中科院《科技发展战略研究简报》采用8篇，四川省《智库成果专报》采用4篇），其中1篇被中办采用，2篇获得院领导批示，1篇获得重庆市领导肯定与批示。中心被《智库成果专报》采用的报告数量，位居四川全省22家新型智库单位第二位。全年完成各类院所决策、科技领域、科技专题等研究分析报告90余份。

二是结合国家、中科院及地方政府需求开展发展规划决策咨询，融入重大项目、提升智库影响力初获成效。中心主持中科院中长期发展规划"世界科技发展趋势研究"专题；主持中科院战略与规划专项"国际科技发展规划战略研究"；成为中科院人工智能产学研创新联盟理事单位，承担科技部、基金委、四川省科技厅、西藏科技厅、成都市科技局相关研究项目；牵头开展我国生物经济发展战略研究课题；成为国家合成生物技术创新中心共建单位；完成中国科学院专利分析报告领域系列重要分析报告。参与科技部专项、先导专项等项目3项；参与国家科学中心、国家实验室、"一带一路"、大科学装置等国家重大战略项目。

三是积极聚焦智库研究与智库作用的发挥，开展高水平学术研究和传播，提高中心人员的学术研究能力和社会影响力。2018年，举行中心成立六十周年学术论坛，来自四川省和成都市有关部门、中国科学院所属研究所、四川省图书馆学会系统、四川省科技情报学会系统、有关智库、在蓉高校的40多家单位的150余名领导、专家和学者参加此次论坛。组织高质量高水平国际会议——2018科学计量与科技评价天府论坛，国内外的300余位专家学者交流报告本领域最新研究成果和前沿发展动向。中心主任、研究员张志强和研究员张娴入选成都市科技局知识产权智库专家，张志强还入选重庆长寿经开区知识产权专家智库。全年中心领导及骨干人员12人受邀在四川省政府、西藏科技厅、乐山高新区、四川省社科院等多地政府及各大学术论坛中做专家咨询或专题报告共20余次，有力提升了中心的学术影响力和智库影响力。（中国科学院成都文献情报中心　唐璐）

【中国科学院成都文献情报中心创新拓展文献服务与数据支撑空间】 2018年，中心积极转变文献信息集成服务发展理念，努力创新、拓展服务空间。全年365天开馆，接待读者16万人次，图书流通1.1万册次，通过CSDL和NSTL双系统全文传递1.2万篇，其他途径传递原文1.7万篇。开展科技查新服务1285项，论文收录和引证检索服务1400项。开展多次科普进学校进社区活动，服务对象包括成都树德中学、成都九中、四川师大附属实验学校、重庆第十一中学、武侯区金雁社区等。

大数据信息系统平台专业化建设更加明显，支撑大数据知识发现。以"干细胞知识发现平台""中国科学院知识产权网""智云知识计算平台""中华智库研究数据平台"和"中华智库研究网"等重大平台为抓手，持续推进数据支撑工作，积极开展业务布局和发展建构。中心持续发挥中国科技网成都分中心、中国科学数据中心成都分中心的技术和网络条件保障作用，强化技术支撑和运行维护工作。（中国科学院成都文献情报中心　唐璐）

【中国科学院兰州文献情报中心概况】 截至2018年底，中国科学院兰州文献情报中心（以下简称“中心”）有工作人员121人，其中硕士研究生及以上学历72人，本科学历56人，大专学历5人。正高级专业技术人员12人，占人员总数的9.95%；副高级38人，占31.4%；中级58人，占47.93%。现有博士生导师5人、硕士生导师12人，全日制在读博士研究生2人、硕士研究生17人，当年毕业硕士研究生7人。2018年，1人获评中科院“青年创新促进会”会员，各有1人获“西部之光”A类、B类项目资助，1人获“国家公派留学计划”资助，1人获2019年度“中科院公派出国留学计划”资助。全年出版图书馆学、情报学专著8种，科研立项60项，其中国家级项目2项、院级项目9项、甘肃省科技计划项目4项、院内外委托项目34项、院中心项目任务11项，累计到账经费2580万元。在省级以上刊物或国际会议上发表论文38篇，参与出版专（编）著12部。荣获甘肃省第十五次哲学社会科学优秀成果2项，获甘肃省科技情报学会科学技术奖一、二、三等奖各1项；4项软件取得国家版权局计算机软件著作权登记证书。全年出访国外交流学习9人次，到访3人次。中心每周开馆76小时，建有服务点、分馆11个。全年解答咨询1.6万条，代检索课题1327项，编制二、三次文献106种，网站点击量达762.4万次。

科技文献信息资源保障能力稳中有进。截至2018年底，馆藏总量240.27万册（种），其中图书36.9万册、报刊131.64万册，电子文献69.69万种。全年新入藏中文科技图书3262种3262册，订购中外文期刊188种、电子文献5.64万种。按照标准流程续订EMIS、CNKI会议文献数据库和年鉴数据库、国研网“一带一路战略平台”、JCR分区表（2017，2018）、EDS集成发现系统、CNKI学术不端检测系统；新订IncoPat专利数据库、CNKI中国社会经济大数据研究平台。持续开通CSDL和NSTL两个文献传递服务系统，进一步增强科技文献保障能力。全年接待读者13419人次，图书借还5911册次，下载文献6600篇，解答读者咨询3300人次。CSDL原文传递接受请求847篇，返还型馆际互借请求35册，NSTL原文传递接受请求8943篇。

知识资源保障体系进一步完善。完成CSpace IR、DR、HUB、VLC版本的功能优化扩展，“资源环境科技发展态势分析平台”“全球变化知识资源中心”“干旱区生态环境知识资源中心”“丝绸之路知识资源中心”等达到对外服务的标准；“青藏高原盐湖化工知识资源中心”“国际重点海洋机构研究态势监测与服务平台”“海洋信息监测系统”进入验收交付阶段；建成二次青藏科考知识管理平台；“智库报告服务系统”向全球智库信息集成系统的升级发展、“中外文核心期刊知识库”的持续更新维护、“产业情报系列大数据平台”的市场化推广应用等，为汇集和发展资源环境领域大数据知识资源中心夯实基础。

科技动态信息监测工作和科技查新工作稳步推进。围绕科技前沿，支持开展重大科学与热点问题遴选，出版科学动态监测快报《地球科学专辑》《资源环境科学专辑》《气候变化科学专辑》共72期；编辑《环境与发展智库专报》3期、《智库观点》4期、《全球海洋科技动态》7期；编辑《科技前沿快报》80篇、《科技政策与咨询快报》40篇、《专报一每月科技动态》采用10篇。编辑出版的《地球科学进展》入选第三届“全国百强科技期刊”，该刊是地球科学与资源环境科学领域的前瞻性、综合性、系统性、指导性学术刊物；《冰川冻土》《沉积学报》《地球科学进展》《高原气象》《天然气地球科学》《遥感技术与应用》《中国沙漠》等期刊均再次入选《中文核心期刊要目总览》2017年版（第8版）。2018年共完成课题3120项，较2017年增加1723项（提高123.34%）。其中：科技查新项目1005项，较2017年增加763项（提高315.29%）；论文收录引证服务完成1327项，较2017年增加120项（提高30.09%）；查重服务完成785项，较2017年增加665项（提高554.17%）。

面向科技战略决策的情报咨询服务成效显著。提供有深度独立观点与解决方案的研究报告和咨询建议50余份，被《中科院专报信息》采用7份，《领导参阅材料》采用4份，被《互联网舆情》采用20份，被《甘肃信息（决策参考）》采用1份。其中，《世界卫生组织发布最新全球环境空气质量数据》《欢迎来到工业5.0时代》被国办/中办采用，《从自然指数评估结果看近 5 年中国高水平科研产出格局变化》《我国高影响学者分布格局分析及其启示》得到院领导批示，《关于甘肃河西地区大风沙尘天气的成因分析及对策建议》得到甘肃省委书记林铎批示。完成并出版《中国科学院生物类研究所论文与引文统计（2012—2017）》和《中国科学院资源环境类研究所论文与引文统计（2012—2017）》报告，绘制各研究所和中科院资源环境领域 SCI 论文的主要研究主题图谱，为研究所论文热点方向分析结果的可视化展示、学科布局、成果统计、科技评价等工作提供参考。

资源环境科技情报协作影响力不断提升。组织召开资源环境科技情报协作网 2018 年工作研讨会，在中国地理学大会上举办“资源环境知识分析与科技评价”专题分会，积极探索资源环境领域协同情报工作转型发展新模式，有效提升协同情报研究与服务能力。在文献情报能力建设专项“资源环境领域构建‘一带一路’情报信息服务协同网络”子项目支持下，联合相关资源环境类研究所开展“一带一路”国家资源环境问题调研，提供“吉尔吉斯斯坦环境与自然资源”“以色列、埃及、俄罗斯荒漠化研究及现状”“‘一带一路’沿线国家知识产权政策调研”等 8 份研究报告。

面向区域创新的联合知识服务影响力不断强化。在支撑区域决策咨询方面，开展甘肃省气候适应型城市建设探索研究工作，通过竞标联合承担甘肃省“碳核查”项目，总结气候变化脆弱性研究的国内外进展，承担甘肃省发改委第三方评估项目“甘肃省重点企事业单位温室气体排放报告核查”。开展面向西北区域“一带一路”及“科技扶贫”的战略咨询工作，向省委、省政府提交专报 2 篇；承担完成“陕西省‘一带一路’外来生物入侵防控策略”项目研究，承担院地合作项目“甘肃省大宗道地中药材重金属污染现状评估和防控策略”和“甘肃省宕昌县车拉乡产业发展规划”项目研究，承担完成“兰州新区‘十三五’科技规划中期评估”项目研究。全年编辑完成 6 期《丝路新观察》快报（总计 5 万余字）。通过与地方政府部门、企业及科研机构建立的长效交流机制，提交《关于提升甘肃农产品品牌影响力的建议》专报；为促进甘肃省铝产业绿色发展，提交《国外电解铝产业固废处理经验对甘肃省的启示》专报。

生态环境与社会发展智库建设取得实质性进展。承担完成国家发改委、生态环境部《关于新时代强化举措推进西部大开发形成新格局生态环境报告》专题报告，承担自然资源部中国地质调查局发展研究中心“国外地球科学与能源矿产资源领域大科学计划管理机制研究”，开展典型国家应对气候变化的科技战略和机制研究，承担的国家重点研发计划“生态技术评价平台与集成系统研发”课题、“国内外生态技术演化过程及其规律”专题、“实施碳排放管理制度对居民消费的碳排放强度下降的传导参数”专题、“水资源资产负债表原型开发与区域示范”专题研究任务顺利推进。承担中科院 A 类先导专项“泛第三极环境变化与绿色丝绸之路建设”下专题“国际脆弱生态系统中国家公园建设借鉴”研究，承担中科院 A 类先导专项“地球大数据科学工程”项目四课题五子课题“基于地球大数据的美丽中国评价指标体系构建及现状综合评价”研究，承担中科院 B 类先导专项“关键地史时期生物与环境演变过程及其机制”项目三子课题七“新生代生物演化研究文献情报支撑及相关主题科学知识传播”研究，承担中科院学部咨询评议项目“欧亚腹地环境变迁与丝路文明兴衰战略研究”，承担规划局部署的“主要国家基金机构资助重点及其动态分析”重大任务。共同发起成立“环境与发展智库联盟”，与甘肃省科协共同推动成立“甘肃省科技创新智库联盟”。年内获批国家自然科学基金青年项目“过去 2000 年河西人工绿洲群时空变化与自然——人文二元驱动机制研究”、应急管理项目“主要国家地球科学基金资助格局及优先资助方向筛选”。

面向科研创新的学科知识服务不断深入。承担中国科协 2018 重大科学问题和工程技术难题文献分析的《大规模共享无人载运工具的协同智动管控仿真》《高水平放射性废物安全处置》等 14 个专题的分析；开展海洋科学研究机构竞争力分析评估，联合承担“我国深海科学与技术战略研究”项目。完成 2010—2017 年共享航次的科研成果分析及“共享航次对我国海洋科学的促进作用”分析报告。承担中心“脆弱生态治理与修复知识资源中心”项目。针对西北研究院特色研究所评估，提供西北研究院 SCIE 发文和专利的“一三五”方向归类；面向冻土工程国家重点实验室评估，完成实验室发文影响力分析

2013—2017年度报告。针对第二次青藏科考项目的需求，完成《美国哥伦比亚大学拉蒙特一多尔蒂地球观测站调研报告》《Byrd Polar and Climate Research Center（BPCRC）调研报告》和《河湖源和江湖源生物多样性领域态势分析报告》等。

知识产权分析评议服务工作扎实推进。承担“甘肃省专利密集型产业调研及发展对策”研究，向甘肃省知识产权局提交《甘肃省重点产业知识产权保护中心建设方案》。针对佛慈制药集团和百源生物技术公司的专利帮扶工作，提交《佛慈集团专利分析报告》《地黄专利分析报告》等。向西安光机所提交《西安光机所专利分类管理建议》等。

面向社会公众的科学文化传播工作开创新局面。中心作为甘肃省科普教育基地联盟秘书处依托单位，全年积极策划，为联盟内外机构提供科普资源与服务支撑，传播科学理念，弘扬科学精神。继续着力打造“书香科苑”服务品牌，评选2017—2018年度优秀读者并举办座谈会，与兰州豆瓣书友会等联合举办“我与图书馆的第一次约会”主题读书会。联合中科院兰州分院小学、通渭县文庙街小学举办“科教之旅”启动仪式暨“书画大集以书会友”活动，中心为此专门制作“中国古代重要科技发明创造”展板。“扫码看书”与“佳作导读”新增11期，通过海报、微信公众号同步发布。接待中小学生及社会读者并举办读书会20余场次。在“公众科学日”期间，举办“科学欢乐秀”主题活动，开展科普知识有奖问答、人工智能、3D打印表演。推动成立中科院兰州分院科普讲师团，协助分院举办第一次科普讲解大赛；策划制作“百名院士与甘肃”主题展览，在甘肃科技馆和兰州极地海洋世界巡展。完成创新文化广场展览6期，编发联盟工作简报10期，邀请专家进行科普展览主题讲座，联合举办科普进社区活动3场。中心荣获甘肃省图书馆学会“2017—2018年全民阅读活动先进单位”称号，NSTL兰州服务站第七次获“优质服务三等奖”及“优秀个人奖”。（甘肃省图书馆学会　张毅宏）

【甘肃省科技创新智库联盟在兰州成立】 7月23日，甘肃省科技创新智库联盟成立大会在中国科学院兰州文献情报中心召开。此次会议由甘肃省科学技术协会发起并主办，来自甘肃省25家党政机关、院所高校、科技企业、行业协会、新闻媒体机构的40家智库代表出席会议，自愿联合发起并成立研究型科技创新智库群——甘肃省科技创新智库联盟（以下简称“智库联盟”），这也是省内首个以科技创新为主旨的新型智库联盟。会上，智库代表讨论通过《“甘肃省科技创新智库联盟”建设方案》。智库联盟将建立并实施信息沟通的交流机制、需求导向的选题机制、协同创新的研究机制、成果共享的传播机制；智库联盟成员将在平台建设、人员交流、协作研究、成果传播和咨询服务等方面开展深入合作，实现问题研究与决策咨询工作的无缝对接和积极互动。（甘肃省图书馆学会　张毅宏）

【中国科学院所属上海地区专业图书馆概况】 2018年，中国科学院在上海地区所属的10个研究所图书馆（信息中心）及上海科技大学图书馆作为覆盖全国的分布式数字图书馆体系组成部分，已初步形成满足科研一线需求的数字资源保障体系。上海地区研究所图书馆（信息中心）现有从业人员118人，图书馆建筑面积39257平方米，馆藏文献4791526册（含外文期刊43394种），读者座位2509个。年度文献购置费573788.62万元，其中数字资源购置费245126.42万元，新增中文图书6174册、外文图书1932册；年度新办借书证3380个，读者总流通87918人次，书刊外借39408册次。组织培训班135次，参加培训7074人次；文献传递27546篇次，参考咨询服务16619人次。

在数字资源保障体系变革和发展方面，中科院上海生命科学信息中心/生命科学图书馆、上海有机化学研究所图书馆等单位以核心数字资源保障为主，开放资源及第三方共享资源为补充的新型资源保障模式在逐渐形成中。在服务内容拓展和延伸方面，上海光学精密机械研究所图书馆、上海科技大学图书馆等分别形成面向用户研究讨论为主要需求的新型空间利用模式，以及在场馆运行中探索馆藏空间有效融合利用的新途径。在情报智库能力建设方面，各馆在不断融入研究所学科发展过程中，积极发挥决策参考咨询作用。（上海市图书馆学会秘书处）

【中国科学院上海生命科学信息中心在多项

情报成果奖评选中获奖】 2018年，中科院上海生命科学信息中心在华东地区六省一市科学技术情报学会以及上海科学技术情报学会公布的多项情报成果评选中获奖。具体是："生命科学与基础医学全球科研机构产出评价报告——π指数"项目获2018年度华东地区科学技术情报成果奖一等奖；"生物大数据战略情报分析"和"国际药物研发的专利保护制度"项目获2018年度华东地区科学技术情报成果奖三等奖；"治疗性抗体创新靶点的筛选平台建立和抗体的功能验证项目——课题四：信息情报分析"获2018年度上海科学技术情报成果奖二等奖；"张江国家自主创新示范区生物医药产业研究"和"生物大数据战略情报分析"项目获2018年度上海科学技术情报成果奖三等奖；研究馆员江洪波获2018年度华东地区优秀科技情报工作者称号。（上海市图书馆学会秘书处）

【生命科学与基础医学全球科研机构产出评价暨2018π指数系列报告发布】 10月29日，该系列报告在中华人民共和国科学技术部和上海市人民政府共同主办的浦江创新论坛上由中科院上海生命科学信息中心生命健康科技智库正式发布。来自全世界的相关学者、专家出席此次发布会。上海生命科学信息中心主任于建荣做2018年π指数发布报告。2018年系列报告主要包括：π指数年度报告、2012—2016年π指数趋势分析报告、生物与医学领域75个国家重点实验室π指数分析报告以及新研制的2017年学科领域分析报告。（上海市图书馆学会秘书处）

【2018年中科院华东地区文献情报工作研讨会在厦门召开】 11月18—20日，由中科院上海生命科学信息中心、中科院城市环境研究所信息中心共同举办的2018年中科院华东地区文献情报工作研讨会在厦门召开，来自中科院华东地区13个研究所的20多位文献情报工作人员参加会议。会议围绕"十三五"期间中科院文献情报工作所面临的变革与挑战、开放获取背景下文献资源建设的转型发展以及文献情报支撑科技创新发展的方法和途径等问题展开讨论。上海光学精密机械研究所信息中心主任薛慧彬、青岛生物能源与过程研究所图书馆馆长牛振恒、上海生命科学信息中心主任于建荣等7位参会代表做报告，分别就"关键词云图嵌入网站应用案例分享""科研院所文献情报协同创新快速服务模式建设""2018年π指数报告""ESI视角下的中科院学科发展态势分析""全球数字资源交易与服务平台""共建图书馆创新服务"等主题进行交流。参会代表还前往厦门城环所信息中心及厦门市图书馆新馆实地考察并交流学习。（上海市图书馆学会秘书处）

【中国科学院新疆分院文献信息中心】 2018年，中国科学院新疆分院文献信息中心对外争取中国科学院文献情报中心、自治区自然科学基金资助项目，自治区科技厅科技支撑项目等软科学、平台建设项目，共计引进项目经费30余万元，实现文献信息服务创收120万元。全年投入文献资源建设经费总计112万元。其中，新增印本图书419册，订购外文期刊25种、中文报刊21份；订购开通中外文数据库17个，共享数据库86个，试用库12个。全年接待读者、参观者近2000人次，书刊借还3919册。

项目完成情况方面，主持完成自治区、中科院等情报信息项目5项，包括自治区科技基础条件平台建设、上合组织科技伙伴计划平台建设、新疆科技计划软科学、自治区科技厅软科学等。参加中国科学院文献情报中心资源环境领域构建"一带一路"情报信息服务协同网络等。

情报分析与研究方面，结合中科院、中科院新疆分院（以下简称"分院"）所属研究所以及新疆当地的科研及决策需求，完成新疆生态与地理研究所2017—2018年SCI、EI、ISTP、CSCD论文及专利产出统计分析，欧亚干旱带荒漠化研究调研，国际干旱区生物资源保护与研究机构与计划，西北干旱区生态系统保护与受损系统修复进展等一批情报调研项目，取得较好成效。

科技查新与中介服务方面，完成查新项目680项，收录与引用报告105项。成立中科合创（北京）科技成果评价中心新疆工作站"科技成果评价工作站"，全年受理成果鉴定、审查、指导、编写有关科技成果评价材料5项，组织成果评价会议。2018年，该中心入选乌鲁木齐市第二批"红山科技创新券"拟入库服务机构和第三批"红山科技创新券"服务机构。

国际交流方面，邀请俄罗斯科学院自然科学图书馆来访，举行深入学术交流与项目合作洽谈，促成其与中科院文献情报中心、国家科技图书文献中心等机构的业务交流。组团出访吉尔吉斯斯坦科学院图书馆，进行业务合作与项目合作对接洽谈，同时分别与俄罗斯科学院自然科学图书馆和吉尔吉斯科学院中央科学图书馆再次签订合作协议。围绕研究所中亚生态环境研究，完成文字编、审、译共计 5 万余字。多次承担分院及研究所相关科学考察、研究、国际合作以及“一带一路”国际科学家联盟成立大会、中亚中心理事会暨科学委员会会议等翻译工作。

学术交流方面，专业刊物发表学术论文 5 篇，其中 CSCD 第一作者论文 1 篇。密切与中科院文献情报系统及新疆图书馆学会等业务联系。参加院文献情报中心阵地服务协调组及科学文化传播协调组各项工作，以向读者推荐、扫码入群等方式进行“百城共读”“人文阅读推荐”等读书推广宣传活动。此外，分别对分院生地所、理化所研究生新生进行信息素养等内容培训及其他信息资源推介培训等。

信息建设方面，完成网络、镜像资源更新与维护，对万方资源系统（镜像）、维普中文科技期刊数据库、国研网资源库等系统迁移与更新共计约 5.2TB。重视网站、数据库建设与网络安全，随时监控、防范黑客非法入侵，基本做到重点设备日清日查。（中科院新疆分院文献信息中心　张小云）

【2018 年全国图书馆新型服务能力建设学术研讨会在广东省科技图书馆举行】 3 月 29 日—4 月 1 日，2018 年全国图书馆新型服务能力建设学术研讨会在广东省科技图书馆（广东省科技信息与发展战略研究所，以下简称“粤科图”）举行。此次研讨会由中国图书馆学会学术研究委员会主办，学术研究委员会用户研究与服务专业委员会（以下简称“用户专委会”）、粤科图和《图书情报工作》杂志社共同承办。在主题报告会上，中国人民大学图书馆副馆长宋姬芳，广州奥凯信息咨询有限公司总经理王峻岭，华中科技大学图书馆副馆长袁青，学术研究委员会主任、澳门大学图书馆馆长吴建中和中山大学资讯管理学院教授曹树金等 9 位业界专家分别围绕图书馆的学科知识服务、数据管理与开放服务、知识产权信息服务、嵌入式服务、智慧服务等主题，以及高校知识产权信息服务和专业图书馆、公共图书馆的服务与能力建设等实践做精彩演讲。粤科图馆（所）长魏东原以“专业图书馆为实体经济服务的思考与实践”为题介绍该馆近年为实体经济服务的有关实践案例。江苏宝和数据股份有限公司、北京国研网信息股份有限公司和中国知网高等教育行业公司的有关负责人分别介绍各自所在公司开展 Scholargate 学者库及智库服务支撑体系的建设情况，以及嵌入式知识服务实践。

会议期间，用户专委会召开工作会议，对 2017、2018 年工作分别进行总结和部署。（广东省科技图书馆　彭仁耀）

【第二届科技智库论坛在广东省科技图书馆举办】 5 月 29—31 日，由全国地方科技智库联盟主办，粤科图和重庆科技发展战略研究院等承办的第二届科技智库论坛在粤科图举行。论坛主题为“新时代、新智库、新动能”。在主论坛上，中国科学院文献情报中心副主任张志强研究员、中国科学院科技战略咨询研究院副书记刘清研究员、中国科协创新战略研究院副院长周大亚研究员和中国科学技术信息研究所政策战略研究中心主任程如烟研究员等 4 位国家级智库专家，应邀先后做题为“科技强国的量化观察”“高端科技智库的使命与任务”“关于科技人才研究的三个纬度”和“国际科技创新新动向”的主旨报告。在各分论坛上，全国各地 12 家智库机构 32 位代表分别围绕“科技智库支撑区域重大发展战略”“科技智库服务实体经济振兴”和“科技智库治理体系与服务能力建设”主题做交流发言。

论坛活动期间，还召开全国地方科技智库联盟第一届理事会第二次会议，讨论增补河南省科学院科技创新战略研究院、贵州科学院、云南省科学技术发展研究院、广州生产力促进中心和中国科学院武汉文献情报中心为联盟新成员，使联盟成员单位总数达 17 家。（广东省科技图书馆　彭仁耀）

【广东省科技图书馆举办第二届科技情报工作业务交流与培训活动】 6 月 15 日，粤科图联合广东省科学技术情报学会举办第二届科技情报工作业务交流与培训活动。此次培训特邀中科院文献情报中心首席联盟官、全国科学院联盟文献情报分会理事会秘书长贾苹，中科院文献情报中心用户服务与知识传播中心宋秀芳、张超、杨雨寒等，分别围绕学科态势分析方法及流程、ESI的指标解读及 ESI 数据在学科分析中的应用、人才引进评价体系及评价指标和评价方法、产业技术情报数据源的选取及报告框架搭建等主题介绍相关理论知识和实践案例，同时还分享中科院文献情报中心近年来面向区域经济发展和产业创新服务的战略发展布局及服务与产品体系建设的相关经验。（广东省科技图书馆　高屹）

中国社会科学院图书馆

【概况】 2018 年，在中国社会科学院（以下简称“社科院”）党组的领导下，中国社会科学院图书馆（以下简称“图书馆”）全力推进国家哲学社会科学文献中心建设和哲学社会科学海量数据库建设，加强信息化基础设施和网络建设，优化馆藏文献资源建设，提升读者服务水平，开展学术研究。

全力推进国家哲学社会科学文献中心建设，运行保持稳定，数据不断扩充，影响力不断提升。截至 2018 年底，该中心收录数据资源超过 1700 万条，上线中文期刊论文总量超过 1000 万篇，个人注册用户超过 100 万个，国内外机构用户超过 10000 家，累计点击量超过 4 亿次，文献下载量超过 2200 万篇，受到国内外研究机构、研究人员的好评。同时，数据更新、宣传推广、用户服务体系的搭建及管理、新媒体运营、宣传推广等各项工作稳步推进。

围绕建设这一中心任务，积极推进“习近平新时代中国特色社会主义思想研究库”规划建设，扎实做好各项工作。

加快推进社科院重大信息化项目“中国社会科学院哲学社会科学海量数据库”建设，组织完成项目终验。重点完成古籍数据库验收，召开古籍数字化加工平台和检索平台终验评审会，并根据专家意见对 2 个平台做进一步完善。对古籍数据库数据进行验收和备份，包括全文识别数据的验收，古籍库数字化加工成果数据抽检验收，审核数字化加工和全文识别的完成报告，制定磁盘阵列备份方案，完成全部古籍扫描数据备份工作。同时，召开 2 次非精修修复古籍专家验收会，验收非精修古籍 1106 册，并将古籍数字化成果通过国家哲学社会科学文献中心向用户开放。

“习近平新时代中国特色社会主义思想文库”建成并向读者开放。该文库于 5 月 17 日即习近平总书记在哲学社会科学工作座谈会上的讲话发表两周年之际正式建成，由社科院党组书记、院长谢伏瞻剪彩后正式对院内学者开放。截至 2018 年底，文库收集习近平总书记十八大前在期刊上发表的文章和学术论文 107 篇、专著 20 部，十八大后习近平总书记讲话单行本 61 种，习近平新时代中国特色社会主义思想相关图书 1859 种 3584 册（含外文图书 343 册，少数民族语种图书 58 册），期刊 6 种 401 期，报纸 8 种 5720 份，画报 4 种 336 期，年鉴 75 册，方志 9 册，家谱 1 册，组织史资料 1 册。文库建成后，受到中央部委以及国内外研究机构和学者的关注。7 月 25 日，中央政治局常委、中央书记处书记、中央政策研究室主任王沪宁在社科院领导陪同下到习近平新时代中国特色社会主义思想文库进行调研，对文库建设工作给予高度肯定和赞许。

强化服务意识，推动馆藏基础性建设。全年编目入库中文图书 12810 册、外文图书 2867 册。收集 9 所高校的学位论文 23260 册，加工论文 10060 册。与国外 41 家交流合作单位进行书刊交换，邮寄期刊 2034 册，接收报纸 400 份、期刊 100 余册、图书 50 余册。整理再造善本 1343 种 2378 函。编目方志图书 1500 册。普查登记馆藏志稿 3432 册。整理古籍信息 5000 条。清点古籍中心古籍 2057 种 2779 函 12701 册。续订中文期刊 1375 种、外刊及港澳台期刊 757 种，续订中文报纸 52 种、外文及港澳台报纸 25 种。普查登记标注民国报纸 4 种 1777 期，对破损情况鉴定分级，校对、存储数据 10684 条。全年接待读者 10639 人次，提供咨询服务 100 人次，为 182 人次提供免费复印服务 5843 页，办理图书借还 28724 册次。

全面筑牢安全意识，做好运维工作，为社科院信息化建设筑造坚实基础。2018 年，图书馆实施完成“中国社会科学院骨干网络系统升级改造项目”“安全威胁态势感知、WEB 应用入侵检测与防御告警项目”“电子邮件系统安全加固项目”等多个信息化项目。处理各类网信安全威胁事件共 60 起。配合开展公安部 2018 年网络安全执法检查工作。举办中国社会科学院网络安全与信息化建设培训班。参加首届“网鼎杯”网络安全大赛，以图书馆为班底的社科院团队在 1400 多支队伍中取得线上赛第 92 名的成绩。对社科院社科网平台、院内网平台、院域名系统以及图书馆门户网站等系统进行运维工作，保障网站的正常稳定运行。如期完成院内网信息发布平台升级及院内网网站改版项目；实施社科网院子网站迁移二期项目，共计完成 4 批、20 个站点的迁移及 4 个站点的新建工作，站点试运行稳定。完成国家哲学社会科学文献中心网站域名（ncpssd. org）的备案工作。对国家哲学社会科学文献中心门户网站主机系统进行日常运维，保障网站的正常运行；同时对链路、机房、邮件、网络、设备硬件和卫星电视等系统进行运维工作。在信息化项目日常监督管理方面，加强在建重大信息化项目的进度管理，规范信息化项目的管理流程，制定并发布《图书馆重大信息化项目监督管理规定》。在信息化项目立项管理方面，根据上级部门工作要求，完成 2018 年新增信息化项目和 2019 年信息化项目备库的立项申报工作。在建的 13 个信息化项目中，已收到专家评审组同意结项评审意见书的项目 7 个，待结项项目 3 个，新增项目 3 个。

开展期刊《文献与数据学报》的筹备创刊工作。完成样刊设计，拟定征稿启事、约稿函等文字材料，开展期刊宣传、征稿和约稿等工作。通过中国社会科学情报学会 2018 年学术年会、国家哲学社会科学文献中心网站等渠道进行宣传推广；调研形成《文献与数据学报》编委会及主编团队人员方案；完成《文献与数据学报》期刊数据出版平台项目申报。

完成社科院社会学研究所委托的“2017 年中国大学生就业、生活及价值观追踪调查”项目的执行和结项工作，包括该项目所涉及的 17 所高校的问卷回收、问卷审核、数据复核与录入等，共计完成有效问卷 14413 份。从 2012 年以来，图书馆已连续 6 年负责该项目的调查执行工作，项目成果受到中央领导的肯定与批示。

开展舆情监测工作。围绕“十九大以来的热点和焦点问题”开展网络舆情监测与分析工作，以期为维护国家意识形态安全和相关决策制定提供参考依据。在制度建设方面，修订《舆情监测工作管理规定》，编制《〈舆情报告〉制作递送工作细则》和《舆情监测工作保密承诺书》。开展日常舆情监测工作，完成《舆情报告》29 期共计 13 余万字，经图书馆党办审核把关后上报社科院办公厅和相关院领导，后期报送对象还扩展到社科院职能局领导和相关研究院所领导。另外，还开展了舆情监测平台调研。

开展实验室评审及后期资助工作。图书馆对 2018 年院属实验室内容建设进行评审并开展后期资助的相关工作。修订《中国社会科学院综合集成实验室后期资助申请书》。组织完成中国社会发展综合指标实验室、社会保障实验室、中国舆情调查实验室、社会心理与行为实验室、城市信息集成与动态模拟实验室等 5 个实验室内容建设后期资助专家评审工作，整理意见形成内部通讯。梳理 2014—2018 年开展的院属实验室评审和后期资助工作。受资助实验室产出的成果形式多样，内容丰富。据不完全统计，5 个实验室 2018 年产出成果包括数据库 2 个，计算机软件 1 个，皮书 2 部，专著 9 部，翻译丛书 2 部，研究报告集 3 部，《要报》11 篇，研究报告、调查报告、论文等 127 篇，《快讯》65 期及《工作论文》13 期。

编纂出版《笃实致远，砥砺前行——改革开放四十年全国社科院图书馆的发展》。该书由中国社会科学院图书馆牵头，邀请全国社会科学院系统图书馆及相关单位共同编纂完成。作为第一本由全国社会科学院图书馆同人共同完成的著作，该书系统反映了改革开放 40 年来特别是党的十八大以来全国社会科学院系统图书馆的发展变化、主要成绩和相关经验。全书编撰工作历时 4 个多月，共收到 45 家单位的稿件，包括中国社会科学院图书馆系统 11 家，省（自治区、直辖市）社会科学院图书馆 30 家，副省级市社会科学院图书馆 4 家。于 2018 年 12 月由中国社会科学出版社正式出版。（中国社会科学院图书馆）

【四川省社会科学院文献信息中心】 2018 年，四川省社会科学院文献信息中心全年接待读者 17069 人次，借还书 4886 册。优化图书资源建设，向重点学科、优长学科倾斜，全年验收入库新书 3000 余册、新刊 10850 册；接受赠书 172 册，对外赠书 177 册。除法定假日外，坚持周一至周日每天开馆 13.5 小时，保证科研和教学的需要。完善特色资源的建设和管理，加强对汶川地震资料中心、袁珂神话研究室、林凌图书资料室的日常管理。加强电子资源建设、用户培训及数据库建设。利用电子阅览室、远程访问系统为读者服务。

加强社科专题咨询检索服务，参与编辑报送资料汇编。根据科研和教学需要，逐步探索以课题服务、定题服务和个性化服务等为重点的信息咨询服务。进一步关注个性化信息推送系统和网络数据库整合检索系统等咨询服务的相关信息。加强社会科学信息服务。全年推出《参阅资料》12期，《社会科学研究参考资料》12期，《参阅资料》廉政专刊12期，共计120多万字。

提高网络服务质量和服务水平，保障网络信息安全。强化图书自动化管理，做好图书馆管理系统的日常维护、核心数据的安全管理和备份工作，保证馆内自动化系统的正常运行。进一步完善局域网建设，注重局域网安全建设。完成网络故障维护、网络系统设备策略实时更新等局域网管理工作，累计拦截外网攻击11万余次。配合院内及各部门完成四川省级政务云迁移等信息化建设工作、政务信息系统整合共享的审计调查工作。大力宣传国家关于网络信息安全的法律法规，组织开展主题为“网络安全为人民，网络安全靠人民”的2018年四川省社会科学院网络安全宣传周活动。

加强网站的日常编辑管理工作。完成“四川社会科学在线”“四川省社会科学院网”“四川省社会科学院网（英文版）”3个网站的管理、维护和数据备份工作；完成网站“三网”的信息管理和协调工作。全年组织协调发布信息1万余条，翻译稿件93篇，派出会议拍照50余人次。加强网站重点栏目和专题的建设，全年配合院重大科研活动、专题会议宣传，制作专题页面6个。完成省委网信办、省政府办公厅等部门有关政府网站建设工作；改版升级“四川社会科学在线”；完成3个网站迁移至省级政务云及等级保护定级等相关工作。

积极加强与社科院系统、党校系统、高校系统等图书馆的学术交流与协作。参加2018年四川省政府信息化建设培训会议、2018年度四川省全省性社会团体年检工作培训班、2018年四川省机关公文写作培训等培训活动，提高员工的专业能力；参加2018年全省图书馆馆长会暨四川省图书馆学会年会、第二十二次全国社科院图书馆馆长协作会议暨数字智库助力“一带一路”建设论坛、中国社会科学情报学会2018年学术年会、2018年四川省高校与公共图书馆“专家论坛”暨“数图应用新服务成都站研讨班”，扩展人才的学术视野。

不断加强学术研究工作。刘用作为项目负责人主持课题“李冰与川主信仰研究”；柴琳作为项目负责人主持四川省文化和旅游厅2018—2020年图书情报学与文献学规划项目“智能时代大数据与图书馆发展研究”；李粒娜等在《科技资讯》《办公室业务》《赤子》杂志上发表论文《浅谈图书馆管理系统的研究趋势》等。（四川省社会科学院文献信息中心　宋扬　申国敏）

中国医学科学院医学信息研究所（中国医学科学院图书馆）

【概况】 2018年，中国医学科学院医学信息研究所/图书馆（以下简称“所馆”“医科院信息所”或“图书馆”）积极做好医学信息资源保障与创新服务，突出医学信息学和卫生政策与管理等方面的研究特色，为政府、社会和广大科技人员提供一流的、全方位、多层次的医学信息服务和决策咨询。主要完成以下工作：

资源建设和数据加工方面，全年发订外文期刊3468种（其中续订3435种，停订66种，新增期刊44种），非刊文献334套（续订325套，停订27套，新增9套），到货率94%。多渠道争取电子资源建设经费，新增Springer电子书2800余种以及JoVE医学实验教育视频、英语学习类、人文类数据库，全年订购数据库共计90个。进一步规范采购流程，完成2019年外文资源订购招标、数据库价格谈判和单一来源论证工作，资源采购工作规范性得到进一步加强。全年采集OA期刊1506种，开放期刊论文约41.7万篇。新增遴选会议录250份、报告1009篇，完成PDF数据采集。文摘数据加工和引文加工进度进展顺利，各项数据质量符合加工规范。提交文摘57余万条，为年度计划的106.53%；引文1578余万条，为年度计划的112.78%。优化升级SinoMed及系列服务系统，完成SinoMed三期和“SinoMed +”开发。深化中文医学术语标准化。推动数字资源移动服务。开通基于shibbleth远程访问的数据库24个，覆盖4000余种电子期刊和12000余种电子书。启动图书馆特藏抢救性保护和馆藏资源数字化。

信息服务与用户培训方面，提高全文传递服务的质量和效率。全年完成原文传递服务31万篇，国内外馆际互借94篇。完成委托检索545

项、定题跟踪服务 9 项，服务相关咨询 2800 余人次。通过 NSTL 文献服务质量检查。完成各类成果评奖及课题申报等委托科技查新 243 项，完成委托文献收录与引用检索证明 592 项。提供信息简报服务 24 期，专题文献检索等信息咨询服务 38 项。完成 NSTL“重点领域信息门户服务”的管理工作以及“新药创制”“重大疾病防治”“生物安全”3 个重点领域门户建设与服务专项任务。聚焦科技发展的重大需求以及前沿热点问题，通过信息采集、分析、遴选、重新组织和深度加工，向科研机构、高校、企业等用户提供普惠式、专业化、集成式的信息服务。2018 年新增 119 个信息源、42 个监测目录，跟踪网络科技信息 72794 条，提供编译报道 642 条、专题推荐 866 条，加工简报与报告 39 期；新增注册用户 488 人，用户访问总量 37386 次。通过召开研讨会、专家访谈、上门走访等方式深入开展用户需求调研，及时调整监测信息源以及优化语料库的建设。借助微信公众号进行信息推送，累计关注用户达 3463 人。完成“面向重点研发计划之‘干细胞与转化研究’‘精准医学研究’和‘重大慢性非传染性疾病防控研究’重点专项的情报服务”专项任务，编辑《干细胞与转化研究》6 期、《精准医疗前沿》6 期、《慢性病防控研究动态》6 期，约计 16 万余字。根据国际关注热点，开展“医学学科创新态势分析”研究，撰写干细胞与转化研究、精准医疗、心血管疾病 3 个重点领域创新态势分析报告。深入北京协和医院、中国生物制品研究所、阜外心血管医院等单位开展信息服务需求调研，举办专题培训讲座 10 场次，培训 1500 余人次。

医学情报与决策支持方面，在人口健康和重大疾病防治、医疗器械与药物、公共卫生等领域开展医学情报研究，提供决策咨询服务。开展“健康中国战略实施前沿参考”“健康中国实施监测指标体系研究”“健康战略国际比较”等研究，进行重大传染病防控进展、慢病管理模式研究，形成“艾滋病发展态势国际比较”等多份情报调研咨询报告。针对“免疫艾滋病基因编辑婴儿”事件，迅速成立“快速情报分析工作小组”，实时跟踪事件发生后国内外舆情，加强相关情报的采集和分析，每日向院校呈报。从监管、医学伦理、法律 3 个维度，向院校和国家卫生健康委员会办公厅提交“借鉴国外监管经验，共筑我国基因编辑安全防线”“尊重国际伦理准则，坚守我国基因编辑研究的伦理底线”和“筑牢人类基因安全法制网”研究报告，得到卫生健康委领导和院校领导肯定。组织编写并出版《中国医学科技发展报告》《中国医改发展报告》《新型农村合作医疗发展 15 年》《中国医疗器械创新力发展报告》等报告。

科学研究和教育教学方面，获各级各类科研项目和课题 138 项，其中国家自然科学基金、国家社科基金、国家重点研发计划子课题资助项目 4 项；以第一作者或通讯作者发表期刊论文 172 篇，其中 SCI/SSCI 收录 14 篇。有序开展创新工程既往项目，同时积极申报科技先导项目，“医学人工智能算法评价标准库构建”获得立项。配合院校完成本科教学审核评估工作。加强所馆学科学系建设，制订《所馆教学体系建设工作方案》，新增研究生导师 2 名，医学信息学硕士学位授权点开始招生，优化所馆学科专业布局。开展招生宣讲，做好相关课程教学管理工作。（中国医学科学院医学信息研究所/图书馆）

【GHL 中国委员会及 WPRIM 中国期刊评审委员会 2018 年第一次工作会议在北京召开】 4 月 16 日，全球卫生图书馆（GHL）中国委员会及西太平洋地区医学索引（WPRIM）中国期刊评审委员会 2018 年第一次工作会议在医科院信息所召开，所馆长池慧、副所馆长钱庆及来自中华医学会、世界卫生组织（WHO）驻华代表处等单位的专家参会。会议由池慧主持。所馆医学信息创新研究中心副主任方安介绍 GHL、WPRIM 以及亚太医学期刊编辑协会（APAME）的情况及近年来开展的相关工作；WHO 驻华代表处官员付希娟介绍 WHO 合作中心及 WHO 西太平洋地区办公室（WPRO）的最新情况，并对 WPRIM 的相关工作表示肯定。会议讨论调整 GHL 中国委员会构成，推选医科院信息所为该委员会主任单位，中华医学会杂志社为副主任单位，并对成员单位提出建议。会议同时讨论调整 WPRIM 中国期刊评审委员会人选，推选池慧为该委员会主任，中华医学会杂志社社长姜永茂为副主任。会议还对 GHL 中国委员会未来工作进行讨论。此次会议的召开对推动 GHL 建设及 WPRIM 发展具有重要意义，将促进国内医学信息学、编辑出版等领域间、机构间的交流与合作，促进健康信息资源的传播、获取和利用，使中国健康信息更好地走向世界。（中国医学科学院医学信息研究所/图书馆）

【中国医学科学院医学信息研究所与澳大利亚格里菲斯大学签署合作谅解备忘录】 5月23日，医科院信息所与澳大利亚格里菲斯大学在北京签署合作谅解备忘录。医科院信息所所长池慧、格里菲斯大学副校长希娜·赖利教授先后在签字仪式上致辞。副所长钱庆、希娜·赖利教授和朱明若教授分别介绍信息所、格里菲斯大学及环境与人口健康中心情况，从多个维度展现双方在科研、教育、学术及其他方面的发展情况，展示双方合作的更多可能性。双方本着互信互利的原则签署合作谅解备忘录，共同约定在广泛的医药与健康领域开展项目合作，聚焦关键研究领域，开展课程与培训，组织各项学术活动，达到共同发展的目的。（中国医学科学院医学信息研究所/图书馆）

【高校"双一流"建设驱动的学科决策支持服务研修班在贵阳举办】 6月19—22日，医科院信息所和贵州医科大学图书馆在贵州贵阳共同举办高校"双一流"建设驱动的学科决策支持服务研修班。中国医学科学院/北京协和医学院与贵州医科大学有着深厚的历史渊源，贵州医科大学校长何志旭在致辞中介绍了该校基本情况、办学特色、办学理念以及与北京协和医学院的帮扶关系等。此次研讨班是推动图书馆开展学科发展数据监测、学科国际标杆对比、支撑第三方评估与国际评估工作的有益尝试。医科院信息所所长池慧做题为"医学信息资源整合与知识服务创新实践"的报告，阐述新时代医学图书馆面临的政策环境和技术环境，以及知识服务转型的重点方向，并介绍信息所的相关实践。来自华中科技大学、浙江大学、首都医科大学、新疆医科大学等全国18所高校的图书馆馆长、学科服务、信息咨询、情报分析业务骨干约100名代表参会，共同就"双一流"建设国家政策与机构战略、高校科技人才多元评价、学科评估定量指标、学科创新态势分析、医药专利信息分析以及学科评估中涉及的相关数据规范等热点议题进行深入探讨和交流。此次研修班作为推进医科院信息所关于"共建国内医学图书馆创新服务联盟"集体倡议的活动之一，旨在推动国内医学图书馆在持续性、系统性能力培训、学术交流研讨、馆员能力标准与服务规范建设等方面的合作，推动新时代知识服务能力协同提升。（中国医学科学院医学信息研究所/图书馆）

【世界卫生组织西太平洋地区医学索引(WPRIM)第四届数据库管理培训研讨会在北京举办】 11月19—21日，由医科院信息所和世界卫生组织（WHO）西太区办事处联合主办的西太平洋地区医学索引（WPRIM）第四届数据库管理培训研讨会在北京举办，来自中国、日本、菲律宾、老挝、新加坡等5个国家的代表参会。此次研讨会旨在介绍升级改造后的WPRIM系统，评估现行标准政策，讨论并制定WPRIM拓展战略，完善用户手册及系统功能等。除安排专题报告外，与会代表还分组评议WPRIM新版手册并提出修改建议。此次会议对于进一步优化WPRIM用户体验、促进西太区医药卫生信息资源的传播、共享和利用具有重要意义。（中国医学科学院医学信息研究所/图书馆）

【"2018年(2017年度)中国医院科技量值"在北京发布】 12月23日，由中国医学科学院（以下简称"医科院"）主办、医科院信息所承办的"2018年（2017年度）中国医院科技量值发布会暨第六届中国医学科学发展论坛"在医科院礼堂举行。来自国家卫生健康委员会、科技部、中国生物技术发展研究中心、国家卫生健康委医药卫生科技发展研究中心、全国三级医院、科研机构等的领导与专家学者参加会议。"2018年（2017年度）中国医院科技量值"由医科院/北京协和医学院院校长王辰院士解读并发布。2018年共对1662家三级医院进行科技量值评价，评价对象较上年增加33家，涵盖29个学科领域，共有474家医院进入前100位。与会领导和专家为此次综合排名前10、各专科排名前3的医院颁发牌匾。发布会同期举办第六届中国医学科学发展论坛，科技部政策法规与创新体系建设司司长贺德方，北京大学常务副校长、医学部主任詹启敏院士，中国科学技术信息研究所所长戴国强，医科院/北京协和医学院教授翟晓梅等人分别做专题报告。（中国医学科学院医学信息研究所/图书馆）

中国中医科学院中医药信息研究所（中国中医科学院图书馆）

【概况】 2018年是中国中医科学院中医药信息研究所/图书馆（以下简称“信息所”）全面落实和执行“十三五”发展规划的重要一年。在这一年中，信息所坚持以党的十九大精神、习近平总书记关于中医药发展的新思想新论断新要求和孙春兰副总理调研讲话精神为指引，贯彻落实国家中医药管理局、中国中医科学院及信息所2018年工作要点的任务安排，解放思想、深化改革、开拓创新，全面推进“国家中医药（数字）图书馆”建设。全年工作主要包括：

1. 深入学习、贯彻落实孙春兰副总理讲话

8月24日，国务院副总理孙春兰到信息所古籍善本库调研。孙春兰曾在国家中医药管理局座谈时提出，“我国的医药典籍博大精深，要做好系统挖掘、整理和利用”，进一步明确信息所的发展方向和重点任务。为贯彻落实领导讲话精神，信息所牵头协调中国医史文献研究所、中药研究所、资源中心等单位，向国家中医药管理局规划财务司申报“中国中医科学院古籍基础条件及平台建设项目”，支撑中医古籍的传承工作。

2. 重点工作

（1）科技部重大专项“大数据驱动的中医智能辅助诊断服务系统”按计划执行。2018年2月，科技部已将70%的课题经费拨至项目依托单位中国中医科学院，并分拨至各课题。4月26日，召开项目启动会暨实施方案讨论会，讨论通过项目实施方案、实施过程中的阶段性具体目标和考核方式、项目管理机制及检查机制等，并针对中医药大数据概念、数据的分类和采集、第三方评估、技术风险、高质量数据采集等提出具体修改意见。目前该项目按计划有序开展研究，其中信息所负责的子课题——“多维多层多态中医药知识图谱及时空演化模型研究”已完成中医药学语言系统与中医临床术语系统补充完善修订工作，开展医案古籍知识图谱和医案知识图谱的构建工作并初步完成医案古籍数据在中医药知识问答系统中的应用测试。

（2）“中华医藏”编纂项目正式启动。“中华医藏”编纂项目是信息所“十三五”重点任务之一。2018年，在文化和旅游部、国家中医药管理局的主持下，《中华医藏》整体实施方案获得批准。目前已完成2018年各类目负责人的遴选及任务分配工作，与各类目承担单位签订《中华医藏》编纂任务书，子课题经费全部下拨。与山东中医药大学联合举办《中华医藏》编纂项目培训会，编写项目工作手册。同时，组织完成《中华医藏》总体预算的编写工作，召开专家论证会，进一步完善预算方案准备上报，并上报2019年经费预算。

（3）加强科研成果的转化。多途径扩展中医药知识平台的市场影响和应用，其中中医药知识服务平台（微信版）研发国际双语版，“古今医案云平台”扩展移动端服务，“中医智能辅助决策系统”优化中医妇科及全科辅助决策系统，“国医典藏”“民国医粹”等在社会推广试用并反响良好。加强中医药数据共享平台建设，实现中医疾病临床研究数据库、中医验案数据库、中药药理化学实验数据库、中国中医药期刊文献数据库、中医经典古方数据库及名老中医验案数据库等6个数据库一站式互通检索和文本挖掘等。继续推进国家人口与健康科学数据共享平台——中医药学数据中心建设，已将重点工作调整到资源建设和平台推广应用方面。完成中医药行业专项“基于《中华医藏》的养生类古籍保护及知识挖掘示范研究”的研究任务，探索中医古籍中养生知识的组织方法，深度整理挖掘古籍中养生保健技术与方法，丰富当今中医“治未病”方法体系。

（4）深化改革，完善绩效考核制度。在岗位续聘的基础上，继续推动“科研岗”“服务岗”分类管理。成立中医养生保健技术研究室，临床应用与健康管理研究室更名为中医药大健康智能研发中心。建立面向创收能力不足科室的激励机制，加强资源建设、产品研发或立足岗位（服务岗位），充分调动科技人员的积极性，增强可持续发展能力。继续鼓励各科室与企业合作，截至2018年底，全所签订的横向课题合作经费计660余万元。

3. 基础性工作

（1）加强特色资源建设，创新服务品牌。完善数据库资源，其中新增文献库数据81260条、中医药期刊文献标引数据库数据9530条、中医经典古方数据库数据25700条；古籍养生知识库收录古籍原文图像和文本各60种；中医古籍文献知识库完成结构化文本324种，新增文本

校对 145 种。开展馆藏资源数字化建设，扫描中医古籍图片 21 万页，数字化中医古籍 902 册 60088 拍、民国医书 190 册 100306 拍，加急扫描现代图书 19 种 4206 拍。升级知识平台功能，“古今医案云平台”增加研究报告和医案集自生成功能并开发临床数据采集接口；“国医典藏”“民国医粹”等特色馆藏平台完成数据库更新升级，重构中医药知识服务平台，优化中医妇科及全科辅助决策系统。

（2）创新服务模式，提高对外服务水平。推进科技评价工作，建立针对中医药机构的《中医药学科学术影响力指标体系与评价方案》，建设中医药科技评价基础数据资源，搭建“中医药科技评价系统”功能框架；完成糖尿病、中药炮制、中医儿科和中医肿瘤等 1 个病种 3 个学科的学术评价，完成《2018 年全国中医药优秀博士学位论文评选》代表性成果定量评价；开发“中国中医药专利智库”，有效利用中医药科技评价专利数据。加强中医药统计分析工作，完成《2017 年全国中医药统计摘编》《中医药季度统计资料》3 期；开发统计摘编数据分析系统，建设中医药战略决策知识平台并与多家单位开展横向合作；更新中医药国际交流与合作平台。承担“中医药传承与创新‘百千万’人才工程（岐黄工程）——国家中医药领军人才支持计划”评审过程中的信息核对和舆情分析任务。

（3）拓展服务模式和方式。定题定向情报服务方面，根据用户需求开展课题、成果、学位论文开题等查新检索 293 项、引文报告 49 项；为国家中医药管理局提供信息调研 7 项、快速反应资料 5 篇并编写《2017 年中医药国际交流与合作年鉴》；为 WHO 合作中心提供 2017 年度中医药发展资料 64 篇；编辑《中医药国际参考》11 期、资料 358 篇。多媒体专题服务方面，完成《本草纲目》纪录片拍摄 1 部、图书展览 1 次；拍摄 6 位老师时长 18 小时的慕课课程；对上服务 31 次，提供视频 20 余部、图片 4600 余幅；完成库存需要转录的老旧资料清查工作并部分转录完成入库，整理加工老旧照片 3116 张；建立中医药多媒体数据库，完善中医药全媒体平台；编制符合民众需求的中医养生保健功法视频，已完成针对多种亚健康或慢性疾病的 13 种中医养生保健功法的文字创编和照片拍摄初稿，同时建设中医养生保健功法数据库、知识库及公众服务平台。拓展服务模式和方式，通过所属的“中国中医科学院图书馆”“中国中医药信息杂志”“国际中医中药杂志”“中国中医药图书情报杂志”等系列官方微信公众号推送信息与服务，扩大业界影响力。

（4）推进标准研制工作。国际标准研制工作方面，发布 ISO/TS 16843－4：2017 针灸表达分类结构第 4 部分：经络（ISO/TS 16843－4：2017 Health informatics— Categorical structures for representation of acupuncture— Part 4： Meridian and collateral channels）；ISO/TS 22558 中医药数据集分类标准（ISO/TS 22558 Health Informatics— classification of Traditional Chinese medicine datasets）已进入出版阶段。国家标准及团体研制工作方面，“中医药数据集分类与代码”“中医药学语言系统语义网络框架”完成送审稿；团体标准“中医医疗信息标准特征性描述框架”已形成报批稿报国家中医药管理局批准。三大术语系统工作方面，“中医药学主题词表”发布系统新增用户 644 个，更新并改进程序功能；“中医药学语言系统”完成加工平台构建，已集成各种类词表 9 个，共导入概念 29791 条；“中医临床术语系统”2018 年新增概念 6000 余条，修订概念和术语 3200 余条，术语总量达到 117000 余条。

（5）做好常规基础工作。全年接待读者 1300 余人次；电子资源检索 3343 余万次，下载 133.4 余万篇（册）。修复古籍 24 种，共 24 函 70 册 4960 页；接受文物出版社孙先生捐赠新线装古籍 60 种 85 函 185 册，接受捐赠现代图书 90 种 230 册。做好中国中医科学院网络、中心机房以及全院办公网络的安全维护，机房及计算机终端维护，图书馆数据库更新及系统的日常管理维护；完善信息所门户网站、信息所科研管理网站及中医药在线网站的建设及日常维护；完成信息所中医药信息网的平台迁移与日常更新。所属 3 种杂志《中国中医药信息杂志》《国际中医中药杂志》《中国中医药图书情报杂志》如期出刊，全年发文 827 篇；3 本杂志影响因子（IF）逐年稳步提高，在《中国科技期刊引证报告》2018 年版中，《中国中医药信息杂志》IF 为 1.008，《国际中医中药杂志》IF 为 0.237，《中国中医药图书情报杂志》IF 为 0.748；依托科研项目探索期刊的发展定位、传播方式、栏目设置以及出版流程的优化管理，完善网络期刊建设。

（6）开展科研、教育与学术活动。牵头申报各级各类科研项目 58 项，中标 47 项（其中国家级 3 项），结题 17 项；在研 124 项（其中国家级 13 项、部局级 36 项、市级 6 项）；发表论文 38 篇（含 SCI 3 篇）、著作 2 部；科技成果登记 19 项。完成一级学科“图书情报与档案管理”硕士学位授权点自评估和专家评估工作，参加中医、中药、中西医结合学科授权点评估；增选中医学博士生导师 1 人、硕士生导师 4 人；9 人完成研究生开题、1 人完成博士中期考核、1 人完成博士后进站、1 人完成博士后中期考核；硕士研究生毕业 5 人，录取硕士研究生 5 人、博士研究生 3 人；1 人次获北京市优秀毕业生，1 人次获 2018 年优秀硕士生奖三等奖，1 人次获 2018 年度志愿服务奖。中医药信息资源管理教研室、中医药信息基础教研室为中国中医科学院首批授牌教研室；执行 2018 年获批国家级继续教育项目 3 项，申报 2019 年国家级继续教育 6 项、院级继续教育 2 项。信息所挂靠的 4 个专业委员会分别召开年度学术会议。其中，中国中西医结合学会信息专业委员会于 4 月 12—15 日在江西南昌召开以“开放包容中西汇通 · 健康数据与人工智能”为主题的第九次全国中西医结合信息学术交流会议暨中国中西医结合学会信息专业委员会换届改选会议，110 余位专家参加会议；世界中医药学会联合会信息专业委员会于 5 月 24—27 日在浙江宁波召开以“智慧中医服务人类健康”为主题的第八次学术年会，100 余位专家参加会议；中华中医药学会中医药信息学分会于 9 月 12—15 日在河南郑州召开以“健康中国 · 中医药信息与人工智能”为主题的年度学术交流会，300 余名专家学者开展中医药信息与人工智能发展的学术研讨和交流；中国中医药信息研究会中医药信息数字化专业委员会于 10 月 11—14 日在湖南长沙举办 2018 年度学术会议暨中医智能化发展论坛，80 余位专家参会。

（7）开展对外交流与合作。全年接待国外代表团 2 批 24 人次，其中，西班牙欧洲中医基金会副主席拉蒙博士来访，并与信息所所长李宗友研究员签署合作项目。在研国际科技合作项目局级 1 项、院级 2 项；申报国家级［即国家自然科学基金国际（地区）合作与交流项目］1 项、局级 1 项、院级 1 项。与世界卫生组织（WHO）、国际标准化组织（ISO）等国际组织进行合作。其中，与 WHO 合作的内容基于中医药数据库群，提供中医临床服务、科研和教育的信息，包括中医类期刊文献数据、针灸临床数据、中医药语言系统数据等，截至 2018 年底，总数据已达 1369419 条，总容量约 160.5GB。与 ISO 合作开展中医药信息国际标准研制工作，信息所作为 ISO/TC249 中医药信息学联合工作组（JWG1）国内技术依托单位，该所研究员李海燕作为 JWG1 工作组召集人，组织国内中医药信息领域专家参与国际标准研制。截至 2018 底，由我国主导研制、ISO 发布的中医药信息国际标准共有 11 项，其中由中国中医科学院专家作为项目负责人完成的有 6 项，促进了中医药信息学的国际传播以及掌握 ISO 国际话语权。此外，在之前签署合作备忘录的基础上，继续推进与德国莱比锡大学医学信息统计学暨流行病学研究所共建中德中医药本体联合实验室的建设工作。（中国中医科学院中医药信息研究所/中国中医科学院图书馆）

中国农业科学院农业信息研究所（国家农业图书馆）

【概况】 2018 年，中国农业科学院农业信息研究所（国家农业图书馆）（以下简称“信息所”）积极做好农业信息科技创新和公益服务两大主体任务，持续优化农业信息资源的采集与加工，推进农业综合科技信息资源的全面汇聚、知识组织与深度融合，建设农业科技大数据仓储以及大数据驱动的多层次知识服务平台，创新知识服务模式，细化知识服务产品，组织策划主题信息服务活动以提升到馆服务水平，不断提升国家农业图书馆的核心竞争力。

资源建设方面，完成编目 7423 册，验收登到 22095 册；共采集印本文献 10866 种，包括外文期刊 2079 种，外文图书 711 种（含外文会议录等文献 214 套 858 种），中文期刊 39 种，中文图书 6392 种（含中文休闲图书 2755 种）；开展国外新书评介 181 册，完成书墙图书遴选与上下架 1403 册，浙江桐乡企业图书馆捐赠图书 3237 册。电子资源建设方面，完成 2018 版《中国农业科学院外文文献需求和保障分析》研究报告，根据报告显示，中国农业科学院电子文献资源建设水平得到快速发展，电子全文下载量超过

600 万篇/年，外文电子文献保障率达到 90.61%，农科院各研究所外文文献综合利用指数差异显著；全年完成电子资源采集 82 种，面向农科院 36 个直属机构承担电子文献资源维护与咨询服务工作，基本保持“24 小时内响应，96 小时内开通，全年服务投诉率‘0’”的服务水平。2018 年全年全文数据库下载量约 655 万篇、分析工具型数据库约 144 万次，较 2017 年全文下载量 614 万篇提高 6.7%，检索量提高 193%。电子资源联合采购方面，完成农科院 36 个直属机构共 25 个数据库共建任务和农科联盟共 28 家单位 10 种数据库 86 馆次的集团采购。在数据库代理商服务招标基础上，加强订购方案谈判规范记录和协议文本的建档工作。

数据加工方面，截止到 2018 年底，完成 20 万条外文文献文摘数据加工，引文加工量为 468 万条。已遴选开放期刊 1794 种、开放会议 578 种、开放图书 3014 种，新增遴选开放资源 3993 种（其中开放期刊 251 种、开放会议 578 种、开放图书 3164 种）；全年共采集、加工开放资源元数据和全文数据近 30 万篇，其中期刊论文 281071 篇、会议论文 8388 篇、图书 9960 篇；完成国家科技图书文献中心（简称 NSTL）支持订购的 E-only 期刊元数据和全文数据的采集与加工，E-only 期刊共 168 种。特色资源建设方面，开展开放资源的调研与遴选工作，完成总计 173.6 万篇开放资源的采集工作；精品资源遴选和评价方面，遴选农业领域外文期刊和专利资源 10 万余条，为期刊和专利资源构建两套资源评价模型；精品资源采集与碎片化加工方面，完成 1930 篇精品农业论文全文和 2129 篇精品农业专利全文的采集工作。新增行业报告 1974 份、科技成果数据 5042 条、中外文期刊数据 1.5 万余种。海外农业信息资源与服务平台建设方面，完成 500 个网页的阅读、30 个重点网站的资源发现分析、18 个网站资源的下载说明写作、15 个网站资源下载说明更新调整的修订工作；共采集海外农业信息资源 173419 条，4083792 页，涉及平台 46 个；完成数据规范、元数据标引、数据入库发布 169615 条 3921140 页；完成碎片化加工 54125 篇 1241093 页 4466588 条；完成 OCR 加工 43205 页。农业对外合作公共信息服务平台的内容建设方面，完成“新闻与资讯”“国家与地区”“行业与产品”“数据与分析”等栏目内容的采编。知识组织体系建设方面，开展 STKOS 超级科技词表建设机制与发展研究工作，构建海外农业信息主题分类框架，参与国家图书馆《中国图书馆分类法》编委会组织的《中国分类主题词表》新增主题词项目，负责“农业科学”新增主题词的工作。

数字图书馆技术与系统建设方面，开展多源数据加工、融合与知识组织工作，承担 NSTL 文献元数据集成加工管理平台专项，推进多来源数据的加工与融合工作；开展中国农业科学院创新工程重点任务“多源数据融合与知识组织增值”，初步建立自建中文数据库与万方数据的匹配规则、算法与技术工具，组织开展北大核心、CSCD、CSSCI、CSTPCD 和 SCI 历年收录期刊基础数据的采集、初步整理与标引工作，研究设计基于 IK 插件和叙词表的中英文分词器与自动标引开放接口。在知识组织与关联方面，完成基础词库、实体库的构建，以及标引工具的开发。农业综合科技大数据仓储建设方面，建立农业综合科技信息资源采集、加工、汇聚、融合、组织和一体化存储管理的技术方案，设计 RDBMS + NoSQL + Solr + RDF Store 多源异构大数据混合存储方案，确立多源异构数据融合核心流程，初步完成农业综合科技大数据仓储系统研制。该系统先后汇聚整合多来源、多结构、多类型的农业科技信息资源近 2 亿条，资源种类包含文献资源、农业领域特色资源、科学数据以及开放获取资源，建成初具规模的农业综合科技大数据仓储系统“大数据粮仓”，为农科联盟平台、联盟机构知识库、全国省级农科院近十年产出分析、中国工程院农业专业知识服务系统等提供数据支撑。国家农业科技创新联盟农业科技信息资源共建共享平台（简称“农科联盟平台”）建设与运维方面，资源持续更新，新增万方全文快速获取功能，推出图书借阅及图书荐购功能，研发面向农科联盟机构科研产出管理和分析的“机构科研产出分析系统”。农业专业知识服务系统建设方面，深入优化线上功能和知识应用，增强系统稳定性，提升服务质量和水平。农业专业资源建设方面，完成各类资源的持续建设与增量更新，在元数据标准规范研制方面，形成《中国工程科技知识中心元数据规范（v2.0 版）》并正式发布。农业专业知识服务方面，农业专业知识服务系统在线 2018 年用户访问量达 75 万次，同比增长

195.71%；资源下载量18844个，同比增长80.25%；文献传递1910篇，同比增长18倍；新增注册用户466个，累计用户7699个。通过不断改进“农业知库”微信公众号的推广方案，突出品牌建设和内容定位，“农业知库”微信公众号关注人数增加1820人，关注量由1574次增长至3394次。数字科研平台研究与建设方面，持续推进中国农业科技文献与信息服务平台建设（简称NAIS平台），开展中国农业科学院机构知识库的云化改造和功能重构，正式启动农业科学家在线系统上线服务，开展用户行为采集及用户画像建设。

信息服务方面，全年接待读者12642人次，办理读者卡1893张，借还书14000余册，为读者复印资料服务约5000页；信息共享（IC）空间预约使用4821次；“读书会”微信公众号推送书评影评45篇、活动回顾9篇；借助国家农业图书馆平台开展创新文化建设，参与组织“品汉纸、读好书：世界读书日，我在春天与你相逢”、“名家阅读分享系列活动——北京风物系列”、中国首届晴耕雨读田园诗歌大赛等系列主题活动，力争使国家农业图书馆成为“广大读者读书学习的好场所、学术交流的好空间、开展文化活动的好阵地”；完成科技查新报告300份，论文收引检索报告684份。原文传递方面，全年通过NSTL系统共完成原文请求服务18123篇，累计发送原文143634页（含代查代借服务340篇，发送原文约3040页）；农科联盟平台自2016年11月16日上线以来，累计注册用户约2.86万人，累计访问量78.94万人次，访客数10.73万人；平台原文下载量24.85万篇，文献请求量（含代查代借）17.15万篇，完成传递量17.04万篇，申请满足率98.36%。其中，2018年新增用户2241人，访问量33万多人次，访客数5万多人；平台原文下载量14万多篇，同比增长28%，文献请求量近10万篇，同比增长48%，完成传递量9.85万篇，同比增长47%，申请满足率98.6%；完成服务日报240期，服务周报52期；先后与22家联盟成员单位签订《农业科技文献信息资源共建共享》技术服务合同。资源培训方面，组织大型培训1次，应邀参加博士研究生培训1次，组织小型专题资源培训5次；编制彩印《2018年电子文献资源指南》4.5万字，发放近3000册；开展农科联盟平台系列宣传培训1场；继续开展面向农科院研究生院研究生、留学生的农业科技文献信息资源及服务的宣传推介和用户培训共11场。院士服务方面，全年重点面向10名农业领域院士和2个国家重大专项课题组开展主动推送、代查代借、数据支撑等服务。援疆援藏服务方面，作为专项工作组组织协调相关工作，出版服务简报，开展交流培训；农科联盟助力提升援疆援藏服务质量，与NSTL文献传递系统形成互补，全年累计为新疆农科院、新疆农垦科学院、新疆畜牧科学院和西藏自治区农牧科学院等单位用户提供文献19287篇，同比增长118.5%。学科服务方面，全年签订学科知识服务合作协议7份，达成技术服务合作意向1个，先后完成《生物技术与现代农业产业发展战略研究》《水环境科学与技术领域科研发展态势分析》《茶领域科研竞争力分析》《四川省农业科学院科研竞争力分析》《英国农业科技发展调研》5个方面的技术咨询服务报告37份；开展《浙江省桐乡市智慧农业发展规划》农业规划咨询服务。

科研和学术交流方面，在研科研项目215项，新增科研立项166项；获中国仿真学会科学技术一等奖1项，全年获得发明专利13项、实用新型专利14项、软件著作权16项，制定国家标准1项；全年发表学术论文175篇，其中SCI/EI文章20篇，中文核心期刊文章47篇。继续主办2018中国农业展望大会，发布《中国农业展望报告（2018—2027）》，对未来10年中国主要农产品市场形势进行展望预测；承办首届中国农业农村科技发展高峰论坛，发布《中国农业农村科技发展报告（2012—2017）》《2017全球农业研究前沿》等专项研究报告和智库报告；主办第二届海外农业研究大会，发布“一带一路”65个国家农业合作国别研究报告、19个海外农产品市场报告以及农业对外合作公共信息服务平台2.0等系列研究成果和大数据平台。

国际合作方面，全年共接待来访30余人次，派出团组57个、89人次。与英国牛津机器人公司、GODAN、蒙古大学签署3项合作协议。举办“一带一路”框架下农业合作研讨会、第二届海外农业研究大会以及马铃薯专题会议、“中非农业技术转移：影响、机制与伙伴关系”研讨会和G20农业首席科学家会议ATS工作组会议。全年执行国际合作项目14项，项目总体执行情况良好。

期刊经营与管理方面，主办的 12 种期刊继续保持良好发展势头，质量和影响力稳步提升。继续推进《智慧农业》《农业大数据学报》《农业图书情报》和 aBIOTECH 4 种新刊的改刊工作，组建编委会，完成官网、微信公众号和今日头条等媒体建设；组织制定《学术类期刊外聘编委职责及劳务报酬管理办法》《农业传播与期刊出版事业部绩效管理办法》等多项管理办法，组织系列活动促进 12 种期刊水平整体提升，努力推进“期刊+”的发展模式，各刊主办（承办、协办）会议 5 次，作为行业会议媒体支持单位 16 次，参加会展期刊推介 10 余次；7 种期刊影响因子提升，学术期刊获得国家及行业奖项 5 项，技术期刊获得行业荣誉称号 4 项，《中国农业科学》和《生物技术通报》再次入选北大中文核心、中国科技核心期刊。《中国乳业》《中国猪业》微信公众号“乳业资讯网”“中国猪业”首篇阅读量 10 万人次以上的原创文章诞生，公众号用户分别突破 7 万人和 4 万人。（中国农业科学院农业信息研究所）

【2018 年农业信息资源建设与知识组织创新研讨会暨全国农业科研系统第九届电子资源培训会在浙江宁波召开】 由全球农业大数据与信息服务联盟和信息所联合主办的此次会议于 5 月 8—10 日在浙江宁波召开。国家科技图书文献中心副主任沈仲琪、信息所所长孙坦出席会议并讲话。来自全国 28 个省（自治区、直辖市），38 个涉农科研机构的研究人员及文献服务人员以及多家知名出版机构的代表共 140 多人参加会议。此次会议主题为“农业信息资源建设及知识组织创新”。中国科学院文献情报中心研究员宋文、资源建设与知识组织中心主任黄金霞，信息所国家农业图书馆事业部主任赵瑞雪，施普林格·自然（Springer · Nature）出版集团博士常兰兰，科睿唯安（Clarivate Analytics）信息服务（北京）有限公司博士张帆等与会专家，分别做题为“机器智能时代的知识组织”“中国科学院开放科技资源建设与再利用”“服务驱动下资源建设与组织多维化演变”“Springer · Nature 出版创新”“ESI 视角下的中国农业科研”等报告。会议期间，还有多位专家围绕特色资源建设，文献共建共享平台建设，国家通用本体构建，多源异构大数据的采集、清洗、组织与碎片化知识组织，农业学科竞争力分析与评价的新趋势等内容做报告；多家国内外知名出版机构及信息服务机构的专业培训师对各自所推出的最新资源及服务产品进行宣传、培训。（中国农业科学院农业信息研究所）

【中国首届晴耕雨读田园诗歌大赛颁奖典礼在北京举行】 6 月 7 日，国家农业图书馆面向全国发起举办以“田园·家·乡愁”为主题的中国首届晴耕雨读田园诗歌大赛，得到全国田园诗歌爱好者的踊跃参与。至征文截止日期，活动组委会共收到参评作品 8516 篇，1100 余人参赛。7 月 21 日下午，此次大赛颁奖典礼在国家农业图书馆报告厅举行，中国农业科学院、中国蔬菜协会、国家新闻出版署、农业信息研究所、北京朗诵艺术团、北京市海淀区文化委员会、中国诗歌学会等单位的领导、艺术家、获奖代表和首都田园诗歌爱好者共 500 余人参加活动。这是一次跨行业资源整合的成功范例，自然、科技、文化与艺术的多领域共融共创，通过国家农业图书馆各类农业科学最新研究成果的展示，人们体验到现代科技的精彩，让更多的人热爱农业、热爱田园，感受到现代农业的魅力。（中国农业科学院农业信息研究所）

【2018 大数据智能与知识服务高端论坛暨农林渔知识服务产品发布会在青岛举办】 9 月 3 日，由中国工程院中国工程科技知识中心、中国农业科学院、中国林业科学研究院、中国水产科学研究院联合主办的 2018 大数据智能与知识服务高端论坛暨农林渔知识服务产品发布会在青岛举办。中国工程院、全球农业大数据与信息服务联盟、全国农业科研系统、农业高校系统及从事大数据智能与知识服务等方面工作的科研、管理、服务人员共 203 人参加会议。大会以“创新知识服务，引领协同发展”为主题，秉承数据跨界融合、知识工具驱动、开放共享和协同共赢的发展理念，推进基于大数据智能的知识服务技术与服务创新，旨在打造优质、高效、精准、智能的知识服务产品体系与生态系统。中国工程院院士刘旭、唐启升，中国林业科学研究院院长张守攻院士、中国农业科学院副院长梅旭荣、中国水产科学研究院院长崔利锋与会做主旨报告。中国

工程科技知识中心项目管理办公室副主任潘刚、信息所所长孙坦出席大会并讲话。农业专业知识服务系统（http://agri.ckcest.cn）在此次会议上正式发布，该系统未来将面向国家农业科技创新和科技发展战略需求，更好地为国家战略咨询、科技创新和产业发展提供专业化知识服务。信息所国家农业图书馆事业部主任赵瑞雪在会上同时发布国家农业科技创新联盟机构科研产出分析系统（http://www.agriir.cn）以及在此基础上编制的《全国农科院系统科技期刊论文产出统计报告（2008—2017 年）》。（中国农业科学院农业信息研究所）

中国林业科学研究院图书馆

【概况】 2018 年是中国林业科学研究院（以下简称“林科院”）建院 60 周年，林科院图书馆（以下简称“图书馆”）结合国家机构体制改革和林业草原事业发展需求，在资源建设方面对原有馆藏结构进行调整，优化资源配置。通过林科院基金项目支持，整合图书馆的自建数据库资源与引进的数据库资源，完善已有的统一检索系统，读者通过图书馆统一检索平台即可在一个友好统一的界面和查询环境下对图书馆所有数字资源进行一站式检索，极大地提高检索效率。目前已完成对各数据库的分析，正在研究每条数据记录建立唯一识别码。改善图书馆设备条件，增加服务设施，提升信息服务水平。为提高馆藏文献利用率和文献服务效率，针对开架文献设计了架位导航，通过馆藏查询系统，以三维立体图的形式直观地显示文献的具体架位，方便读者快速、准确地获取所需文献。在图书馆公共区域设立自助借还柜，展示部分新上架的图书和流通率高的图书，一方面提高图书流通率和利用率，另一方面也便于读者借还文献，提升服务效率。承担的中国工程院院士推送工作得到服务院士的充分肯定，为今后更好地开展个性化定制服务打下基础。在科技条件平台建设方面，承担国家科技基础条件平台项目“林业科学数据平台——文献子平台建设”和中国工程科技知识中心建设项目“林业专业知识服务系统”建设任务。在林业知识产权政策与信息研究方面，围绕植物新品保护、林业重点领域知识产权预警机制、木地板行业核心专利分析等方面深入展开，信息服务支撑科研创新能力持续增加。为展示林科院历代林学家的优秀成果，助力学科建设和人才培养，图书馆建设的“中国林科院机构知识库 1.0 版”于 2018 年 9 月正式上线。（中国林科院图书馆　孙小满）

【林业专业知识服务系统建设】 2018 年，图书馆承担的林业专业知识服务系统建设项目开发林业知识的深度搜索等功能，新增“一带一路”和乡村振兴林业专题知识应用。9 月，在 2018 大数据智能与知识服务高端论坛暨农林渔知识服务产品发布会上，正式发布林业专业知识服务系统。在 2018 年中国工程院公布的中国工程科技知识中心分中心评价结果中，林业专业知识服务系统（林业分中心）在 20 个分中心中排名第二，得到领导和专家组的一致好评。在中国科学技术情报学会知识组织专业委员会年会上，该系统获 2018 年度知识服务最佳实践奖。（中国林科院图书馆　孙小满）

【林业知识产权研究】 2018 年，图书馆重点开展《名古屋议定书》相关问题研究、美国和塞尔维亚植物新品种保护法规研究、澳大利亚土著知识保护现状研究等，编译《美国植物品种保护法及条例和实施细则》，编辑发行《林业知识产权动态》6 期。开展林业重点领域知识产权预警机制研究，引导林业企业公平参与国际竞争，主要开展木地板行业核心专利识别研究以及紫杉醇、泡桐、刺槐、胶合板、木材分选技术，木塑复合材料和木地板锁扣技术的专利分析研究，正式出版《木塑复合材料专利分析报告》《2017 林业知识产权年度报告》和《中国林业植物授权新品种（2017）》。（中国林科院图书馆　孙小满）

【中国林科院机构知识库建设】 2018 年，为便于全球学者、机构之间的学术交流与分享，图书馆开发中国林科院机构知识库定制功能模块，从林业专业知识服务系统中实时抽取并整合林科院建院 60 年来的产出成果，包括期刊论文、SCI 收录论文、学位论文、科技成果、获奖成果、推广成果、申请专利、制定标准、软件著作权、授权植物新品种、林科专家等数据。采用数据挖掘技术，实现各类数据资源的有效打通、统一管理、知识关联、统计分析和可视化展示。该系统能够动态追踪林科院专家的学术成果，并以可视化方式揭示学者的学术科研网络；支持不同粒度的成果统计分析，便于了解、掌握林科院成果发表类型及趋势，预测学科发展。该系统还提供机构知识库子站点的自动建站和管理功能，可实现林科院各所（中心）成果数据的自动抽取和聚类，可灵活配置页面的布局和样式，从而快速生成风格多样的机构知识库子站点。（中国林科院图书馆　孙小满）

中国科学技术信息研究所国家工程技术图书馆

【概况】 2018 年，中国科学技术信息研究所国家工程技术图书馆（以下简称“图书馆”）采购国外工程技术领域科技期刊 4300 种、外文会议录等文献 367 套、外文学位论文 5.7 万份、中文学位论文 29.1 万册，订购和开通国内外文献数据库 40 余种。完成馆文献文摘数据加工 103 万条，中外文期刊引文数据加工 3593 万条。全年提供全文传递服务 26 万份。中国科学技术信息研究所暨国家工程技术数字图书馆网站资源保持稳定增长，网站文摘数据总量 1.43 亿条、全文数据总量 9239 万篇；全年用户访问量达到 117 万次，页面浏览量 4267 万次，网站点击量 6657 万次。文献大元数据仓储建设重点拓展与全球重要出版社的合作，已与 Elsevier、RSC、IEEE、ProQuest 等公司达成元数据合作，为大型资源发现系统构建奠定数据基础。与美国 EBSCO 公司共建的 ISTIC－EBSCO 文献大数据发现服务联合实验室合作进一步推进，双方就社交媒体影响力、用户行为分析、文献元数据知识发现等方面开展研究合作，编写完成《2017’中国 SCI 论文国家社交网络媒体表现力报告》及《2017’中国 SCI 发展报告》。大力开展全国范围的资源与服务宣传推广和用户培训工作，在北京、广东、海南、河北、陕西等地开展用户培训数十场。申请并立项国家重点研发计划项目 1 项、国家社会科学基金项目 1 项、博士后基金项目 1 项、其他各类课题 11 项。完成《汉语主题词表》（自然科学卷）的编制和审核工作并正式出版。2018 年还申请软件著作权 29 项。举办 2018 年全国知识组织与知识链接学术交流会、第二届全国信息与文献标准化研讨会；参加知识组织、国际标准化组织 2018 年会（ISO TC46），第 84 届国际图联大会等国际学术交流活动。为研究生开设信息组织等课程 4 门。截至 2018 年底，由中国科学技术信息研究所（以下简称“中信所”）建立的院士著作馆收藏中国科学院和中国工程院 1100 多位院士捐赠的著作 5000 多部、学术论文 30 万多篇、院士风采物品 1000 多件；全年举办毛二可、柳百成、金涌等院士报告会 9 场，吸引来自大学和科研院所、企业的听众 2000 多人次。（中国科学技术信息研究所国家工程技术图书馆）

【开展国家学术开放资源建设】 2018 年，在国家科技图书文献中心（NSTL）的支持下，图书馆继续作为牵头单位，与中科院文献情报中心、农科院信息研究所、医科院信息研究所一同开展“国家开放外文学术资源”建设。建设工作从开放资源元数据标准制定、遴选规范、数据采集流程方法、版权评估及风险等多个方面进行研究，并负责开放资源工作整体管理与运营。针对开放资源建设工作特点，陆续设计开发开放会议录、开放学位论文、开放课件、开放图书、开放科技报告等采集管理系统以及数据转换与质检工具，从而有效规范 NSTL 开放资源建设流程，提高工作效率。在中文开放学术资源建设方面，建立“国家科技期刊开放平台”，收录水利工程、建筑科学等 400 余种中文科技期刊，旨在通过扩大科技期刊传播范围，推动中文精品科技期刊发展。（中国科学技术信息研究所国家工程技术图书馆）

【《汉语主题词表》(自然科学版)正式出版《汉语主题词表》服务系统上线】 继 2014 年《汉语主题词表》（工程技术版）编制完成后，2018 年《汉语主题词表》（自然科学版）编制完成并正式出版。该书覆盖自然科学 12 个学科专业，共收录优选词 6.5 万条，非优选词 5.9 万条，等同率为 0.91，属分参照度为 2.09，相关参照度为 0.87。词族层级平均为 4 级，每个词族平均有叙词 30 个。概念属性包括范畴、英文译称、同义词、上位词、下位词、族首词、注释。

2018 年底，经过近一年的开发调试，《汉语主题词表》（以下简称“《汉表》”）服务系统面向公众开放试用，同时提供网络接口服务。该系统是基于《汉表》的术语服务系统，提供术语检索、文本分词、主题标引、主题分析、学科分类、知识树构建等服务。术语检索提供《汉表》

术语概念的检索、浏览和属性信息展示；文本分词基于《汉表》和专业术语库，对专业文本进行词汇切分并进行词频统计；主题标引是在对文本进行准确分词基础上，利用《汉表》进行同义词归并及语义计算，自动赋予文本主题词和学科分类号；主题分析是基于批量文献主题标引结果，利用《汉表》概念网络对文献进行组织并可视化呈现文献之间的关联结构，对多文本进行主题导航；学科分类是基于批量文献分类标引结果，利用《汉表》范畴体系对文献进行组织并可视化呈现文献之间的关联结构，对多文本进行分类导航；知识树构建是利用《汉表》的知识网络和主题分析工具，辅助用户构建专用词表。《汉表》服务系统突破了同类系统只提供术语检索服务的局限，是我国第一个同时具备知识组织工具发布和应用服务功能的术语服务系统。随着系统进一步推广使用，将有助于提升我国专业领域文本信息处理和服务的自动化与智能化水平。（中国科学技术信息研究所国家工程技术图书馆）

【优化科技档案服务模式】 2018 年，图书馆以优化科技档案合作模式、提升科技档案服务水平作为工作重点，在优化科技档案加工流程的基础上，开发完善国家科技计划项目档案采集管理系统，实现电子与纸质档案一体化系统管理。在满足档案规范化加工需求的基础上，为各合作单位提供档案保管及系统服务，实现档案一站式查询与借阅。在继续与科技部农村中心、高技术中心、21 世纪中心、遥感中心等 8 家单位保持档案加工与保存合作关系的基础上，将档案业务拓展至重大专项，与工信部、卫生委、北京市政府、国家能源局等单位牵头组织的核高基、新一代宽带移动、重大新药创制、艾滋病和病毒性肝炎等重大传染病防治、极大规模集成电路等重大专项建立档案加工服务合作。截至年底，已加工的支撑计划、863 计划、973 计划、国家重点研发计划等历史计划档案计约 6.5 万卷(盒)，重大专项档案计约 3000 卷(盒)，涉及档案类型主要包含科技档案、管理档案、部分文书档案及财务档案。（中国科学技术信息研究所国家工程技术图书馆）

【2018 年全国知识组织与知识链接学术交流会在北京召开】 12 月 14 日，由中信所、国家科技图书文献中心、中国科学技术情报学会共同主办的 2018 年全国知识组织与知识链接学术交流会（KOLink）在中信所召开。来自南京大学、北京邮电大学、中国科学院等 114 所大学、科研机构和相关企业的 200 余位代表参加会议。中信所总工程师袁伟出席并致辞，国家科技图书文献中心主任彭以祺出席会议。南京大学信息管理学院院长孙建军、中国科学院自动化研究所类脑智能研究中心副主任曾毅、中国科学院生物物理所健康大数据研究中心副主任何顺民、中信所信息资源中心主任曾建勋、军事科学院军事科学信息研究中心数据资源与技术研究室主任罗威、北京邮电大学计算机学院教授吴斌、天津大学人工智能学院副院长王鑫、美团大众点评 NLP 中心和智能搜索中心负责人王仲远等 8 位专家，分别就他们在知识组织与知识链接领域的最新研究成果做大会报告。曾建勋最后做总结发言，强调知识组织与知识链接领域是一个长期性的研究话题，需要跨界协同，KOLink 将为此提供更加前沿、开放的交流平台，以共同创建新时代知识组织的理论和方法体系。（中国科学技术信息研究所国家工程技术图书馆）

中国地质图书馆
（中国地质调查局地学文献中心）

【概况】 2018 年，中国地质图书馆（中国地质调查局地学文献中心）（以下简称“图书馆”）文献资源采集经费约 1304 万元。其中，采集各类型纸本文献 13098 册（包括中外文图书 2663 种 3181 册、中外文期刊 996 种 9917 册），采集电子资源数据库 23 个（含中外文期刊 26 万册、学位论文 30 万篇、会议论文 20 万篇、标准文献 2925 篇、专利文献 19 万篇等），国际交换书刊 217 种 383 册，非书资料及开放获取资源 1107 种（篇），接收捐赠书刊 2333 册。馆藏文献总量达 83 万册（件）。国家地学文献目录数据采集约 72287 条，已发展地学文献目录中心成员单位 37 家。全年借还书 7058 人次、22445 册次；完成科技查新委托 30 项，其中国内查新 20 项、国内外查新 10 项，为科研人员的科研立项、论文开题、成果鉴定、科技报奖及职称评定等提供支撑和依据。

专题文献服务围绕深海、自然资源调查与管理、地热、环境修复等专题热点，完成 4 期地学新书资源推介、2 期自然资源管理专辑及 1 期高被引科学家名册。为重点用户、重点研究机构提供纸本目录邮寄及电子目录传递等服务，宣传中国地质科研成果；编辑中国地质文摘专辑 4 期，为科研工作提供文献支撑。开展个性化服务，针对国外地质调查进行实时跟踪研究。跟踪分析和研究主要发达国家地质调查工作的战略规划、关键矿产、新技术新方法等国外地质调查与管理最新进展，为中国地质调查局（以下简称“地调局”）开展地质调查管理工作提供参考和借鉴。

数字图书馆建设从资源、服务、技术环境等方面响应国家和部局重大战略需求，更新地学文献资源仓储资源 1000 万条；加大地学文献资源共享服务力度，推出“一带一路”“自然资源管理”“地热”等专题文献服务，开发地学知识资源管理工具和古生物化石识别 APP（科普版）2 项应用。全年门户网站访问量超过 55 万人次，网站页面访问量 320 万次，移动图书馆应用（苹果及安卓市场）全年页面访问量 190 万次，官方微信公众号关注人数超过 6800 人，地学文献共享服务已覆盖全局及其他行业单位。完成文献中心地质云分节点建设，为全社会提供地调科普、地调出版物等在线服务；开发地质术语词典应用，建设英文文献发现系统和融入大数据思想的新版门户网站。完成页岩气、可燃冰等 4 期专题文献目录服务及微信推送服务；启动“国家地质”虚拟展馆，举办中国首批地学院士资料与文献展。

地学出版物围绕部、局的重大工作部署，瞄准行业发展方向及需求，有效集成整合各类地学资源，做好 3 个公开出版物、5 个内部期刊的编辑出版工作。其中，出版公开出版物《中国地质调查》6 期、《国土资源科普与文化》4 期、《中国地质文摘（英文版）》4 期；发行内部期刊《国外地学动态》12 期、《海洋地质信息》12 期、《非常规能源信息》12 期、《国外地质调查管理》24 期、《地调舆情》45 期。

根据单位人才总体规划，制定 2019 年人才引进计划；制定《中国地质调查局地学文献中心公开招聘工作人员暂行办法》。依据《中国地质调查局地学文献中心项目负责人管理办法》的相关规定，按照“五问、五不唯”的原则，完成部分项目副负责人的选配工作。社会公开招聘工作人员 2 名。（中国地质图书馆办公室　陈慧）

【专题信息服务】　2018 年，开展前瞻性专题信息研究，形成系列专题信息服务产品，其中，开展需求调研 40 多人次，持续为“七大地质科技攻坚战”提供信息支撑，在《非常规能源信息》等内部期刊上刊登文章 109 篇，发布地学信息快讯 20 期。为研究能源和资源问题提供支撑服务，密切跟踪国外天然气水合物试采技术和进展，提供专刊 15 期、专题研究报告 7 本以及海上钻探标准 APP 专题应用等。为解决基础地质和环境灾害问题提供支撑服务，做好“七大地质科技攻坚战”专题服务，为支持国家长江经济带保护发展制作皖江经济带综合地质调查专题和长江经济带专题；为服务京津冀协同发展的国家战略，制作京津冀专题和雄安新区专题；利用地质云平台为全社会提供服务，在四川阿坝州地震和西藏林芝地震发生后即制作地震灾害专题并发布于地质云平台；跟踪国际滑坡研究计划等网站信息，编制《地质灾害画册》，发布《滑坡减灾全球卓越中心进展报告》等快讯，提供国际滑坡减灾研究机构最新信息，开展防灾减灾科普知识问答活动。为城市地质调查提供情报研究服务，整理报道北美、欧洲发达国家开展城市地质工作及其发挥作用情况。（中国地质图书馆办公室　陈慧）

【科普平台建设】　2018 年，图书馆发挥地调局科普办公室的职能作用，落实《局科普规划（2017—2020）》，加强科普产品体系和管理制度研究，完成《中国地质调查局科普工作制度》《地质调查科普网工作流程》，完善《地质调查科普产品体系研究报告》；为推动地调局科普规划落地和科普事业发展，梳理全局 496 个项目科普目标，组织地质调查科普能力培训会、科普总结交流会；牵头完成 2018 年度科普工作统计及科普总结。发挥科普产品示范引领作用，围绕地调局重点工作和社会热点策划科普作品和传播，牵头制作《解密松辽盆地》视频等科普作品 22 件，通过新华网科普频道、科普中国等主流科普媒体向社会发布各类科普成果 18 项，播出 72 小时内点击量达 2898 万次。组织开展李四光科普讲坛、科普进赣州扶贫点、科技列车进云南等地学科普示范活动，其中举办李四光科普讲坛 4 期并逐步成为全局科普讲座的示范品牌；组织科普作品大赛，征集到文章、诗歌、视频、漫画、摄影作品、展板等总计384件（套），评出优秀科普作品93件；联合多家局属单位共同举办地质调查成果科普展并亮相9月28日在湖北黄石召开的第二届中国地矿科普大会，接待观众6万余人次。（中国地质图书馆办公室　陈慧）

【地学文化理论研究】 2018年，图书馆通过开展地学文化理论研究，为地调局地质文化建设提供支撑。研究加强地质文化建设和践行新时代地质工作者价值理念，编写完成《新时代地质工作者核心价值观读本》《中国地质调查局20年发展历程与经验的报告》，研究原位于兵马司胡同15号院的地调局史料并提出相应保护建议。以改革开放40周年为契机，收集、梳理地调局直属单位改革发展40年相关史料，以“奋进美好新时代，创新地调新篇章”为主题，组织召开2018年地球科学与文化研讨会，汇编《地球科学与文化研讨会文集（2018）》，并通过新华网、中国科技网等媒体和部、局网站进行会议宣传报道。（中国地质图书馆办公室　陈慧）

【科技成果管理】 2018年，图书馆编制《2017年中国地质调查局科技奖获奖成果》（中/英文）宣传册并在2018年矿业大会等国际会议上发布。为推动地质科技奖励体系建设，开展国内外奖励工作调研，梳理总结1999年以来地调局组织实施项目的重大成果，编写完成《中国地质调查局国家奖励申报实施方案2019—2023》《中国地质调查局国际科技合作奖设奖方案》和《中国地质调查局科普奖设奖方案》。开展年度地质科技奖的评审工作，联系六大区中心项目办公室完成各自管辖区内的项目成果登记共计271个；召开2018年度成果登记工作会议，研讨成果登记工作机制等相关内容；开发成果奖励和成果登记信息查询页面并对接“地质云”平台，实现上“云”服务。（中国地质图书馆办公室　陈慧）

中国计量科学研究院文献馆

【概况】 2018年，中国计量科学研究院文献馆（以下简称“文献馆”）拥有计量科技图书、期刊、会议录、科研成果等50万余册，以及1972年以来我国公开发行的所有计量检定规程、技术规范等国家计量技术法规，在我国计量事业蓬勃发展的60多年里发挥重要的支撑保障作用。继续围绕国家《质量发展纲要（2011—2020）》《计量发展规划（2013—2020年）》及《2006—2020年国家信息化发展战略》等，在夯实基础的同时，持续加大数字资源建设力度，采用先进科学技术方法，数据加工质量及服务能力都得到一定提升。依托国家科技图书文献中心（NSTL）网络服务平台，继续实现7天不间断、24小时原文传递服务，为全国科研人员提供普惠、公益的计量科技文献信息服务，受到读者的普遍好评。在新常态下稳步推进服务模式有效转型，在计量科技信息、计量经济效益等方面开展多项国家层面的调研分析研究工作。同时面向国家重大需求持续开展文献信息服务，并建立相应的服务保障机制，为院士，计量重大科研团队，新疆、西藏等西部地区以及全军提供高质量的计量科技文献信息服务。全年为读者提供国内外文献30余万篇次，文献馆网站访问量50余万人次。（中国计量科学研究院文献馆）

【NSTL计量科技文献服务与利用成为国家市场监管系统培训基础课】 2018年3月，文献馆馆长应邀在国家质量检验检疫系统2018年度基层技术骨干培训班上做题为“NSTL科技文献信息检索与利用”的专题讲座，来自全国各省（区、市）计量院、标准院、检验检疫研究院、特种设备研究院等单位的近百名技术骨干参加培训并现场实践NSTL科技文献服务平台内容。讲座结束当天，文献馆就收到学员订购的原文请求以及申请开通数据库等相关咨询邮件和电话。此次活动以最直接的面对面方式向市场监管基层科技人员宣传推广NSTL服务平台，扩大NSTL资源在市场监管领域的有效应用。目前，NSTL计量科技文献服务与利用已成为国家市场监管系统培训的基础课。（中国计量科学研究院文献馆）

【举办2018年世界读书日主题活动】 4月23日，近百名一线科研人员参加文献馆举办的世界读书日主题活动，包括科学家讲堂、NSTL新资源推介、“阅读＋对话”读书会等一系列宣传与文化交流活动。此次活动将传承人类文明的科技文献与悠久的计量历史结合，让更多的计量科研人员认识NSTL、走进NSTL、利用NSTL，更好地投入计量科技创新的各项研究工作中。读书会上，与会者分享自己的阅读感受和人生经历，互相交流在 NSTL 的收获和如何更好地利用 NSTL 资源。（中国计量科学研究院文献馆）

【开展情报深度分析研究】 2018 年，为满足计量科技创新深度情报服务需求，文献馆运用文献计量学方法，利用 SCI 科技文献及德温特专利资源数据库，对 G20 国家计量科技竞争格局进行分析研究。聚焦 G20 国家计量科研的产出规模、领域分布、国际合作、发展规划等计量科技发展态势，梳理各国总体计量科研表现力和技术创新能力情况，同时分析出中国在 G20 国家计量科技竞争格局中所处的地位及面临的挑战，为规划未来计量学科发展战略及国家层面质量保证政策的制定提供精准情报信息服务。（中国计量科学研究院文献馆）

【推进数据分析知识服务】 2018 年，为保证计量科研人员在提升国家质量的技术创新中及时获得国际最新科研趋势，文献馆基于海量的科技文献信息资源，创新多样化、个性化、专业化服务，夯实知识组织体系基础建设，初步形成计量词表等工具，并充分利用大数据挖掘等技术手段，为院士团队、重大科研项目、计量发展战略研究、市场监管大数据分析等提供快速准确的专题知识挖掘和信息组织服务，高质高效地满足计量科研人员对知识和信息的需求，科技文献信息保障力度不断提升。2018 年也适逢我国改革开放 40 年，文献馆基于文献计量分析视角，从整体研究、学科、国内外合作和重要成果的规模与影响及其变化趋势等方面，揭示改革开放 40 年来中国计量科学研究院在中国基础科学研究版图中的地位与影响，同时分析梳理其在国际同行范围内大幅提升的综合基础研究能力。（中国计量科学研究院文献馆）

中国标准化研究院国家标准馆

【概况】 2018 年，国务院正式组建国家市场监督管理总局，标准化工作由此开启新的征程。中国标准化研究院国家标准馆（以下简称“标准馆”）作为国家级标准信息公益服务机构，以“夯实基础，提升质量，强化公益，国际突破”为宗旨，坚持标准知识产权保护原则，继续深化标准文献资源建设与开发利用，稳步提升标准信息公益服务技术能力，努力推动标准信息资源建设、标准化科普宣传、标准大数据分析与利用、国家重点研发计划等各项工作，并且取得积极成效，努力打造更高层次的科研型标准信息公益服务新格局。

1. 业务科研工作及成效

（1）以夯实资源建设为根本，为标准信息公益服务固本强基。深入贯彻落实《标准联通“一带一路”行动计划（2018—2020）》《国家标准化体系建设发展规划（2016—2020）》文件精神，进一步增加正版服务模式，开通韩国、巴西、澳大利亚网络版标准平台。全年新增标准约 2.1 万件，包括 IHS、PERINORM、韩国标准数据库等共计 89 个品种、463 张光盘；国内外标准化文献 646 册；国内外标准化期刊 1244 册。特别增加采集 36 个品种的团体标准信息和文本。每天开展国内标准的公告信息采集，全年采集有效公告信息 627 批次，涉及新发布标准 8429 条、废止标准 407 条，为补充完善题录数据提供保障。

（2）以创新服务模式为先导，为标准信息公益服务丰富手段。全年接待到馆读者 1000 余人次，加强到馆公益服务质量，优化读者到馆咨询、借阅、电子阅览、参观学习等服务效率。利用现代信息技术手段拓宽服务模式，网站上线强制性国标在线阅读、在线智能问答、批量有效性验证、在线查新申请、标准检索结果的筛选等功能，提升网站的科普性和服务的便捷性，网站访问量较 2017 年增加 20%。结合中国标准化研究院（以下简称“中标院”）统一门户支撑平台优化标准文献本地全文阅览系统，为中标院科研人员提供更加便捷的全文阅览服务。在 2017 年“国家标准起草单位大数据研究”的成果基础上，进一步推进标准研制贡献的研究，从广度上，将研究拓展到行业标准；从深度上，引入基于国民经济分类的各领域研制分析；从应用上，在北京、湖北等多地开展应用试点。

（3）以优化系统运行为依托，为标准信息公益服务提供保障。利用现代信息技术手段，为系统运行提供信息保障。升级部分国内行业标准、重点国外标准的授权服务功能，打通授权服务的全流程，包括商品报价、在线支付等业务，整合授权服务的数据接口、微信支付接口、物流快递接口，将标准的授权服务提升到主流电子商务的规范化运行中。后台修正在馆藏数据清理中发现的错误，摸底调研作废标准，上线并运维公告数据获取工具。

（4）以提升科研能力为目标，为标准信息公益服务培育潜力。推进国家重点研发计划“国家质量基础的共性技术研究与应用（NQI）专项”所属“中国标准走出去适用性技术研究（一期）”项目（以下简称“一期项目”）的管理和研究工作，召开课题中期检查会，组织专家对课题研究进展、研究成果、创新点、经费支出、存在的问题等针对性地给出意见和建议，并通过专业机构的中期检查。召开“中国标准走出去适用性技术研究（二期）”项目（以下简称“二期项目”）推进会，针对项目研究过程中的财务问题对项目参与单位安排财务培训。研发“标准走出去支撑服务平台”，实现集成中国标准海外转化应用典型案例、采集中外标准体系比对的成果、开展“一带一路”标准信息服务等功能。

申报院长基金项目，2018 年新立项项目 2 个，承担延续性项目 1 个。全年发表论文 4 篇，申请专利 3 项，获得软件著作权 17 项，3 篇思想政治工作论文分获中标院一、二、三等奖，出版《国际标准化资料概览——美国标准化组织篇（二）》《国际标准分类法》《2018 我国标准起草单位大数据报告》《国内外丝绸标准比对分析》4 部专著。标准馆馆长汪滨受邀在中国数字科技馆共建共享会议上做题为“标准文献信息资源共建共享实践”的大会发言，重点介绍标准馆承担建设的 28 个科技基础条件平台之一“国家标准文献共享服务平台”在管理体制、共享机制、质量保证、数据研究、宣传推广等方面开展的创新实践工作。

（5）以加强科普宣传为引领，为标准信息公益服务打造品牌。为贯彻落实党中央国务院关于标准化工作的决策部署，宣传 2018 年世界标准日，标准馆于 10 月 14—19 日举办公众开放周系列活动，300 余人在此期间参加相关活动，一年一度的世界标准日公众开放周成为标准馆科普宣传工作亮点。此外，为了突出“科技创新　强国富民”的科技周宣传主题，深入推进标准化科普宣传活动，标准馆于 5 月 19 日与北京汽车博物馆在 2018 年全国科技周新能源汽车分会场联合举办汽车标准科普展，并在汽车博物馆展厅制作标准化科普展板，为公众普及标准化知识，提升公众标准科学知识素养。

全年编制完成《国际标准化信息监测报告》4 期。按照每月 1 期的要求出版平台工作简报，加强对外宣传工作。标准馆微信公众号全年推送信息 228 篇，推送频率和内容明显增加。进一步丰富平台宣传内容，上线科普宣传视频。

2. 成果转化

着力在服务社会以及承担科研项目基础上，推动标准大数据分析、标准比对分析研究等方面的成果转化。在标准信息深度挖掘与定制服务方面，不断丰富标准文献平台服务内容。在国家标准大数据分析研究基础上，进一步开展行业标准大数据研究，完善标准指标比对等研究内容，并将成果增加至平台以持续提供服务。对于有特定需求的企业如南方电网、青岛四方等大型国企，有针对性地开展定制服务。在科研项目内部交流与成果转化方面，利用承担国家重点研发计划项目契机，结合项目推进会等形式与项目参与单位开展互动交流。将标准大数据、标准指标比对等研究成果应用于支撑项目实施，同时推动研究成果转化。

3. 支撑市场监管等政府工作方面的成效

2018 年 8 月，经国家标准化管理委员会（以下简称“国家标准委”）批复，由标准馆承担“标准联通‘一带一路’支撑机构”，负责“一带一路”标准合作政策、战略计划研究，开展“一带一路”国际合作、行动计划制定和实施支撑，“一带一路”共建国家标准信息平台建设等工作。随后，根据国家标准委部署，标准馆承担了“‘一带一路’倡议——国际标准战略研究”工作，完成《“‘一带一路’倡议——国际标准战略”分析与研究》报告，为国家标准委与英国标准协会（BSI）开展合作提供重要技术支撑。同时，在中国标准走出去统计、双边标准化合作汇编、国家标准委外事出国总结汇编、标准联通共建“一带一路”宣传等方面，为国家标准委提供重要支撑。（中国标准化研究院国家标准馆　汪滨）

【举办国家科技文献资源加工与服务培训班】 为了有效解决标准数据的标准化问题，中国标准化研究院依托国家标准文献共享服务平台，研究制定了标准数据加工系列技术规范。8 月 14—16 日，为加强全国标准信息领域的人才队伍建设，规范标准资源建设工作，标准馆在新疆乌鲁木齐市举办国家科技文献资源加工与服务培训班，来自全国各省市标准化研究院的专家学者、各企事业单位标准信息管理和研究人员共 40 余人参加培训。新疆标准化研究院副院长宋伟致辞。标准馆馆长汪滨主持会议。来自标准馆和国家科技图书文献中心的老师围绕标准文献元数据规范、标准文献分类规则、标准文献技术指标揭示数据规范、标准知识服务应用与实践、国家科技文献资源与服务等内容进行培训，并与学员做交流研讨。此次培训提高了学员对国家科技文献和标准文献的资源加工与服务获取能力，为进一步在全国开展标准文献服务与科技信息服务提供支撑。（中国标准化研究院国家标准馆　陈颖）

【召开 NQI 专项“中国标准走出去适用性技术研究”成果交流与项目推进会】 9 月 18—19 日，由标准馆主办、中国建材检验认证集团股份有限公司（简称以下“国检集团”）承办的 NQI 专项“中国标准走出去适用性技术研究”成果交流与项目推进会在北京召开。中标院副院长李爱仙、国检集团总经理马振珠等领导出席会议并致辞。会议还邀请中国世界贸易组织研究会、中国特种设备检测研究院、冶金工业信息标准研究院等单位的专家莅临指导。来自清华大学、国检集团、中石油管道科技研究中心等项目成员单位以及中标院项目负责人、各课题负责人和科研财务助理等共计 50 余人参加会议。会议由标准馆馆长汪滨主持。在一期项目研究成果交流研讨会上，各课题负责人分别介绍中国标准走出去的关键因素研究成果、物流领域标准比对研究及走出去经验、航空装备标准走出去经验、标准化中英双语智能翻译云平台、标准内容指标“一站式”检索比对服务系统等内容，与会者围绕汇报内容展开深入交流讨论。在二期项目推进会上，各课题负责人分别就“农业及矿产领域标准走出去适用性技术研究”“建筑建材重点标准走出去适用性技术研究”等 6 个课题的开展情况、已取得成果、经费支出、存在的困难以及下一步工作安排等内容做汇报，专家组对各课题在推进过程中存在的问题展开讨论并提出具体意见。会议还组织项目组人员参观国检集团检测实验室。此次会议促进了项目之间、各课题组成员与专家之间的深入交流，更拓宽新的研究思路，为进一步明确下一阶段的研究重点和目标，及时解决课题研究中遇到的问题指明方向，对于高质量顺利完成项目具有重要的推动作用。（中国标准化研究院国家标准馆　张明）

【举办 2018 年世界标准日公众开放周系列活动】 2018 年 10 月 14 日是第 49 个世界标准日。10 月 14—19 日，为传播标准化理念，营造标准化氛围，普及标准化知识，标准馆举办 2018 年世界标准日公众开放周系列活动，受到社会各界尤其是青年学生和科技工作者的广泛关注、积极响应与热情参与。

10 月 17 日，为引导在校大学生关注标准、重视标准、学习并使用标准，举办“2018 年世界标准日公众开放周——大学生走进国家标准馆”活动，来自北京航空航天大学、陆军航空兵学院等高校的 50 余名大学生参加活动。在标准知识系列讲座环节，标准馆馆长汪滨介绍标准化发展史及中标院承担建设的 28 个国家科技基础条件平台之一——国家标准文献共享服务平台；标准馆信息技术部主任甘克勤分享标准大数据研究与应用的最新成果；国家科技资源共享服务工程技术研究中心副主任张辉教授讲解第六届“共享杯”大学生科技资源共享服务创新大赛相关内容。讲座结束后，汪滨带领大学生们全方位参观标准馆馆藏区、电子阅览室等，从标准化发展史、珍贵历史馆藏、标准馆历史沿革、资源建设、科研成果、服务案例等方面做详细介绍，并赠送标准馆宣传册及标准化杂志。

10 月 19 日，标准馆与中国电子科学研究院联合举办标准知识讲座，讲座由汪滨主持。中标院副院长李爱仙致欢迎辞，并围绕中标院 5 个工作范围、11 个研究领域、10 项支撑政府工作、1 个平台等对各部门和领域做详细介绍；中国电子科学研究院副院长何世新介绍该院的基本概况和标准化工作规划；中标院专家分别就中国标准化管理体系的特点和发展趋势、标准大数据研究与实践、标准内容指标比对、数据标准化理论研究与实践、中国标准走出去模式及典型案例等内容做交流研讨和经验分享。会议期间，院领导和专家同时召开需求对接座谈会，围绕标准体系研究、参与国家及国际标准化工作、电子环境等标准验证实验室、天地一体化重大专项标准化示范等方面开展需求对接和交流研讨，共同探讨未来的合作。与会者最后参观了标准馆。此次活动的举办，标志着标准馆公众开放周活动圆满落幕，也推动国家标准馆进一步开展好社会公益服务，更好地服务“一带一路”、服务工业革命、服务强国制造。（中国标准化研究院国家标准馆　张明）

【中国科技产业化促进会赠送团体标准】 2018 年 7 月，中国科技产业化促进会将发布并出版的 9 项团体标准赠送给标准馆收录馆藏。中国科技产业化促进会标准化工作委员会积极实践《深化标准化工作改革方案》和《中华人民共和国标准化法》，以协会牵头发布并出版《企业创新影响力评价体系》《科技成果产业化评价体系》《产业园区创新影响力评价体系》《产品标签领跑者标识》《数字化导向牌技术规范》《企业标准技术内容规范》《企业标准结构规范》《企业标准自我声明规范》《企业创新影响力评价体系（英文版）》等 9 项团体标准，获得各行业领域企事业单位的广泛认可和良好口碑，并在标准全寿命周期管理和 NQI 一体化实施应用方面取得成绩。在后续工作中，标准馆将和中国科技产业化促进会建立更密切的战略合作。通过国家标准文献共享服务平台加大宣传，在实践应用中进一步扩大团体标准的社会知名度，为产学研用各方提供更为便利的“标准化＋”服务。（中国标准化研究院国家标准馆　汪滨）

中国民族图书馆

【概况】　2018 年，中国民族图书馆以“读者至上，服务为本”的服务理念，走出图书馆，走进读者身边，提供专业化、人性化、多样化的服务，为促进民族专业图书馆事业的发展贡献力量。全馆在编人员 28 人，包括汉族、蒙古族、藏族、维吾尔族、回族、朝鲜族、满族、水族、土家族等 9 个民族，少数民族职工人数占 54%。研究馆员 2 人，副研究馆员 10 人，馆员 14 人，助理馆员 2 人；研究生及以上学历 13 人，本科学历 10 人，大专学历 5 人，本科及以上学历占总人数的 82%。副研究馆员先巴荣获国家民委“青年业务标兵”称号，馆长、研究馆员吴贵飙入选 2018 年国家民委领军人才支持计划人选，副馆长、副研究馆员崔德志入选 2018 年国家民委中青年英才培养计划人选。

基础业务工作方面，深入贯彻落实《中华人民共和国公共文化服务保障法》《中华人民共和国公共图书馆法》，以为读者提供更优质的服务为出发点，正式施行全年（除春节外）向社会公众开放，提供阅览和文献借阅服务。全年接待读者 8000 余人次，其中公休日、节假日接待读者 2578 人次。外借书刊 1500 余册次，借阅古籍 912 册次。积极开拓图书采访新渠道，同各民族出版社建立业务往来，与辽宁民族出版社签署战略合作协议，与四川民族出版社等 13 家民族类图书出版单位建立业务联系，压低图书采购价格，最大限度利用好购书经费。全年共采购图书 1914 种 3730 册，使用资金 44.92 万元。其中争取国家民委共建民族工作阅览室购书经费 10 万元。多渠道争取各方赠书 4394 种 5257 册、赠刊 321 册，合计码洋 25.70 万元。获得中央民族大学张公瑾教授 1700 余册藏书、黄有福教授 1800 余册藏书捐赠入藏，这批文献资料价值较高。新增报纸 24000 余份、期刊 4300 册。启动日文图书机读目录编目工作，建立日文图书书目数据库。利用北京市西城区红楼公共藏书楼“众藏·共阅·分享”的公共文化服务空间，推介托管民族文化图书 491 种 566 册，让更多读者了解中国民族图书馆藏书，提升其影响力。支援民族地区图书馆文献资源建设。向黑龙江省同江市图书馆捐赠图书 873 种 1046 册，向青海省海南藏族自治州贵德县图书馆捐赠图书 399 种 525 册，向内蒙古自治区赤峰市喀喇沁旗乃林镇七家村图书室捐赠图书 154 种 209 册。捐赠图书内容包括民族理论、民族政策、民族知识宣传普及读物，少数民族文学作品以及与民族地区经济社会发展密切相关的图书、大型工具书等。

数字资源与网络建设方面，大力开展数字化建设，搜集数字文献，建设专题特色数据库。利用科研课题经费，建设“中国人口较少民族文献全文数据库”，收录人口较少民族文献 26686 篇；召开“中国人口较少民族文献全文数据库”建设工作座谈会暨第一期“鄂伦春族鄂温克族达斡尔族文献全文数据库”平台上线发布会。完成“民族工作研究成果数据库”2017 年度资料编辑录入工作，录入调研报告 26 条、课题成果 176 条。拍摄少数民族题材展览视频、照片等资料约 85GB。创新服务形式，通过图书馆官方网站、微信公众号、微博提升阅读推广服务效果。全年发送信息 274 条，其中微博阅读约 20 万次，微信公众号阅读 8028 人 23513 次。利用微信公众号平台，编制、发布《新书通报》《报刊通报》，对读者进行书刊推荐，并结合热点时事发送长微信，开展新书导读服务。聚焦精准服务，在国家民委机关工作阅览室设置民族理论政策图书专架。

古籍保护与开发利用方面，作为全国古籍重点保护单位，全年完成再版线装古籍、旧平装古籍数据 1398 条 2043 函 4145 册，上传书影 2772 张；旧平装古籍分类贴签 630 种；完成藏文古籍普查数据 308 条、子目 5334 条，共 319 函，拍摄古籍书影 1643 张。

科研工作方面，全年获得立项 2 项，即国家社会科学基金一般项目“藏文古籍写本序跋辑录与文献学研究”和国家民委项目“新疆历史上各民族‘交往交流交融’典型史料研究”；完成结项 5 项，包括国家标准项目“中国少数民族文字古籍定级”、国家社会科学基金重大项目“中国西南地区濒危文字抢救、整理与研究”子课题“水族水文、水书抢救、整理与研究”、中华古籍保护计划项目“全国水文古籍书影采集”等。其中，国家标准《中国少数民族文字古籍定级》由国家市场监督管理总局（国家标准化管理委员会）正式颁布，这是我国首个关于少数民族文字古籍整理保护的国家级标准。全年出版学术成果 4 部，员工个人发表论文 20 余篇、出版著作 2 部。

少数民族文献展示与宣传方面，全年利用馆藏特色文献资源组织举办专题文献展览 5 个。其中文山壮族苗族自治州暨壮族苗族文献展、楚雄彝族自治州暨彝族文献展、广西壮族自治区成立 60 周年民族文献专题展不仅得到社会公众的认可，更得到相关民族地方的高度评价。另外，结合重要节日、纪念日，举办“新时代迎新春——春节习俗文化文献展”和“纪念马克思诞辰 200 周年——马克思经典文献展”。其中马克思经典文献展社会反响强烈，许多单位组织党员来馆观展，开展党日活动，该展还先后在北京市东城区第一、第二图书馆等馆展出。继续开展民族典籍文化进校园、进社区活动，在北京市西城区第一图书馆举办中国民族典籍文化展，以“民族典籍文化”专题参加北京市民委主办的“石榴花开美京城——北京市民族团结进步创建主题展”。全年接待参观民族文献专题展的观众 12000 余人次，其中公休日、节假日 4000 余人次。

学会工作方面，充分发挥中国图书馆学会学术研究委员会少数民族图书馆专业委员会（以下简称“专委会”）的平台作用，举办“2018 年中国图书馆年会——中国图书馆学会年会·中国图书馆展览会”之“新时代少数民族图书馆事业的新发展”分会场、第十五次全国民族地区图书馆学术研讨会等学术会议，开展业务交流，共同促进民族图书馆事业发展。召开专委会工作会议，总结近两年专委会的工作，研讨今后两年的工作，对专委会副主任、委员的变更情况进行通报。（中国民族图书馆　秦江月）

【举办中国民族典籍文化展】 3 月 21—31 日，由中国民族图书馆、北京市民族古籍整理出版规划小组办公室等共同主办的中国民族典籍文化展在北京市西城区第一图书馆展厅展出。这是主办单位开展的中华民族优秀传统文化惠民活动之一，是民族典籍文化进校园、进社区活动的延续。展览采用 50 多幅民族文字古籍书影和 34 个展板，分为汉文和少数民族文字古籍、少数民族文字古籍研究专家学者、少数民族造纸与印刷技艺 3 个部分，以图文并茂的形式向观众展示包括汉文、藏文、蒙古文、满文、西夏文、察合台文、彝文、东巴文、傣文、水文、古壮文、布依文、朝鲜文等近 30 个文种的古籍，集中反映各民族在不同历史时期古籍书写、印刷及装帧形式，造纸印刷技艺等内容。（中国民族图书馆　秦江月）

【举办“纪念马克思诞辰 200 周年——马克思经典文献展”】 5 月—8 月，由民族文化宫、中国民族语文翻译局主办，中国民族图书馆、中央民族大学图书馆、民族文化宫展览馆承办的“纪念马克思诞辰 200 周年——马克思经典文献展”在民族文化宫展出。中国民族语文翻译局党委书记、副局长兰智奇，民族文化宫党委书记、主任甘玉贵等领导出席开幕式并致辞。2018 年是马克思 200 周年诞辰和《共产党宣言》发表 170 周年。马克思的经典文献传入中国后，翻译成汉文、蒙古文、藏文、维吾尔文、哈萨克文、朝鲜文、彝文、壮文等文字，使马克思主义在中国得到广泛传播与实践。此次展览精选中国民族图书馆、中国民族语文翻译局、中央民族大学图书馆馆藏马克思经典文献及研究马克思的文献200余册以及展板、音像和书法作品等。其中，1920年由陈望道翻译的《共产党宣言》第一个汉文译本原件尤为珍贵；《共产党宣言》和《资本论》等马克思著作的蒙古文、藏文、维吾尔文、哈萨克文、朝鲜文、彝文、壮文等少数民族文字译本展品也是此次展览的一大特色，难得一见。6—7月，该展同时在北京市东城区第一图书馆、第二图书馆，北京市西城区第一图书馆、第二图书馆，中国工商银行总行图书馆展出。（中国民族图书馆　秦江月）

【组织2018年中国图书馆学会年会分会场】 5月31日—6月1日，“2018年中国图书馆年会——中国图书馆学会年会·中国图书馆展览会”在河北廊坊召开。其间，中国图书馆学会学术研究委员会少数民族图书馆专业委员会于6月1日组织举办“新时代少数民族图书馆事业的新发展”分会场。会议由专委会主任、中国民族图书馆馆长吴贵飙主持。来自内蒙古、广西、宁夏、西藏、湖南等地民族图书馆的馆长和专家学者结合各馆的实际情况，分别围绕公共图书馆事业发展、公共文化服务体系建设、特色服务和品牌建设、人才培养等做专题报告，畅谈新时代民族图书馆的新发展。来自少数民族地区图书馆及关心少数民族图书馆事业发展的专家学者参加学术交流。（中国民族图书馆　秦江月）

【发布国家标准《中国少数民族文字古籍定级》】 2018年9月17日，《中国少数民族文字古籍定级》（GB/T 36748—2018）由国家市场监督管理总局（国家标准化管理委员会）发布，2019年4月1日实施。《中国少数民族文字古籍定级》是由国家民委、文化和旅游部共同提出，归口全国图书馆标准化技术委员会（SAC/TC 389），由全国少数民族古籍整理研究室、民族文化宫（中国民族图书馆）负责起草的国家标准。2006年，文化部公布适用于汉文古籍的《古籍定级标准》，当时考虑到少数民族文字古籍与汉文古籍，以及各少数民族文字古籍之间在产生、发展、流传过程中客观存在的差异和复杂性，未将少数民族文字古籍列为定级对象，决定另行编制标准。2007年8月，文化部下发《文化部关于印发〈全国古籍普查工作方案〉等文件的通知》（文社图发〔2007〕31号），规定“少数民族文字古籍定级标准由国家民族事务委员会组织制定并颁布实施”。2008年11月，国家民族事务委员会下发《国家民委关于编制〈少数民族文字古籍定级标准〉的通知》（民委发〔2008〕253号），通知明确“编制《少数民族文字古籍定级标准》由民族文化宫中国民族图书馆负责牵头编制，全国少数民族古籍整理研究室负责指导”。2012年6月，《少数民族文字古籍定级标准（草案）》编制完成。2014年9月，国家标准化管理委员会批准将《中国少数民族文字古籍定级》列入国家标准制修订计划（项目计划号20141497－T－357）。文本起草过程中，曾在全国收藏少数民族文字古籍较多的11个省、自治区、直辖市，先后14次邀请各民族专家140多人次参加调研座谈会和论证会。本文成稿后，曾在全国收藏少数民族文字古籍较多的7个省、自治区、直辖市的14个单位，对12个文种的少数民族文字古籍进行过试验划分。该标准是我国首个关于少数民族文字古籍整理保护的国家级标准，将成为我国进一步加强少数民族文字古籍保护工作的重要科学依据，并为促进我国少数民族古籍管理事业的发展发挥重要作用。（中国民族图书馆　秦江月）

【举行“中国人口较少民族文献全文数据库”建设工作座谈会暨平台上线发布会】 10月16日，“中国人口较少民族文献全文数据库”建设工作座谈会暨第一期“鄂伦春族鄂温克族达斡尔族文献全文数据库”平台上线发布会在民族文化宫举行。国家民委民族理论政策研究室副主任张俊豪，民族文化宫党委委员、副主任钟兴奎等领导，来自中国社会科学院、中国藏学研究中心、国家图书馆、清华大学、中央民族大学、全国中小型公共图书馆联合会、内蒙古自治区呼伦贝尔市及鄂温克自治旗、鄂伦春自治旗等单位的20余位专家学者出席会议。中国民族图书馆馆长吴贵飙主持会议。“鄂伦春族鄂温克族达斡尔族文献全文数据库”是中国民族图书馆与同方知网合作建设的“中国人口较少民族文献全文数据库”第一期成果，该数据库计划建成覆盖28个人口较少民族的文献资源数据库。与会专家认为此项工作对于保障国家文化资源安全，促进少数民族文化建设，提高民族文献的利用率，建设书香社会

具有重要意义。（中国民族图书馆　秦江月）

【“全国水文古籍书影采集”项目结项】 12月7日，国家古籍保护中心组织专家在国家图书馆召开“全国水文古籍书影采集”项目结项会。国家图书馆副馆长、国家古籍保护中心副主任张志清出席会议。“全国水文古籍书影采集”项目负责人、中国民族图书馆馆长吴贵飙向与会专家组汇报项目实施情况，并展示项目课题成果。经专家验收组的提问和讨论，一致同意该项目结项。该项目属于中国民族图书馆承担的国家重点文化工程“中华古籍保护计划”之《中华古籍总目》项目立项的首个少数民族文字项目，首次对分藏在全国各地的水文古籍开展普查和书影采集工作，对于推动全国水文古籍保护、整理与研究具有重要的价值，为其他少数民族文字古籍普查登记提供有益参考。项目自2015年12月立项以来，历时3年，全国共有16家水文古籍主要收藏单位协同参与，已完成19979册水文古籍的书影采集工作，共采集书影99895张。（中国民族图书馆　秦江月）

医学图书馆

【军事科学院图书馆开展世界读书日系列活动】 4月23—25日，军事科学院图书馆（以下简称“军科图”）分别在军事科学院、军事医学研究院和国防工程研究院3地分别开展以“书香军营，成就梦想”为主题的系列读书活动。此次活动主题突出，内容丰富。一是评选表彰“阅读之星”。依据图书借阅情况，分别评选出2017年度军科图（北区）及军科图（南区）“阅读之星”，分设一等奖1名、二等奖2名、三等奖3名，由院首长及中心领导分别在军事科学院、军事医学研究院活动现场为获奖读者颁奖。二是制作“书香军营，成就梦想”主题活动宣传片。邀请院知名专家学者，通过镜头诵读经典，分享自己的读书体会，并制作成宣传片，在世界读书日活动现场播放，吸引大批科技人员驻足观看。活动现场设置专业朗读亭及户外朗读设备，吸引部分领导、专家和读者参与。三是举办“好书荐读”及“您心中的图书馆”留言展板。设计制作6块展板，推荐近期有影响力的优秀图书，广泛征求读者对图书馆的意见和建议。四是组织新技术产品体验。开展24小时微型图书馆展示体验活动，体现出信息爆炸的大数据时代下图书馆紧跟科技潮流的步伐。五是开展“你选书　我买单”活动。900名读者积极参与，共挑选军事、医学、工程、史政、计算机和管理类图书900余种1400余册。六是开展问卷调查相关工作。共收回有效问卷870余份，其中电子版302份、纸质570余份，通过调查较好地掌握读者的信息需求和馆藏资源的使用情况。六是举办图书展销活动。特邀法律出版社、王府井新华书店、北京人天书店、北京图联文献信息咨询公司现场展出图书3000余种，读者现场购书500余册。活动期间，还举办文献传递服务推广、知识服务咨询、图书借阅十大排行榜展示、“阅读马拉松”线上答题活动及中文期刊免费赠阅等专项活动，并制作便签本、笔、充电线等纪念品赠予读者，收到很好的宣传效果。通过宣传推广、诵读寄语、交流互动、评比奖励、技术展示、图书展销等6大类17项丰富多彩的活动，带动全院科技人员走进图书馆、利用图书馆，达到宣传世界读书日和推广图书馆资源与服务的目的。（军事科学院图书馆　张明华）

【军事科学院图书馆承办第三届生物医疗大数据与精准医疗专题研讨班】 9月26—28日，第三届生物医疗大数据与精准医疗专题研讨班在江苏苏州举办，此次研讨班由中华医学会医学信息学分会、中华医学会继续教育部共同主办，军科图和苏州大学承办。来自全国各大医院、医学信息机构等单位的60余名学员参加培训。开班仪式由军科图馆长陈锐主持，国家卫生健康委员会医药卫生科技发展研究中心副主任、中华医学会医学信息学分会主任委员代涛致辞。此次研讨班为中华医学会继续教育项目，以精准医学、医疗大数据的关联应用为主题，邀请代涛、国家卫生和计划生育委员会统计信息中心原副主任王才有、中国医学科学院医学信息研究所副所长钱庆、北京蛋白质组学中心研究员朱云平等国内12位精准医学和医疗大数据领域的权威专家分别做专题报告，介绍精准医学、医疗大数据、精准医疗的成果和进展，分享相关经验，并给予学员专业指导。（军

事科学院图书馆　张明华）

【军事科学院图书馆"掌上军图"微信公众号设置特色栏目】　"掌上军图"是军科图对外宣传的一个重要窗口。该馆通过调研国家图书馆、北京大学图书馆、北京师范大学图书馆等多家图书馆的公众号，学习借鉴他们的栏目、内容以及推送模式；再结合军科图的实际和具体情况，设置"原创推文""听鉴""指尖微课"等拥有自主知识产权的特色栏目，整合资源部的推送内容，并邀请有文学素养、熟练掌握检索技巧的馆员撰写稿件。2018 年全年推送 34 期，制作发布资讯 50 条，包括原创文章 9 篇、诗歌 2 首、"指尖微课"文案 8 篇等。（军事科学院图书馆　张明华）

【2018 年上海交通大学医学图书馆联盟工作会议召开】　8 月 14 日，上海交通大学医学图书馆联盟工作会议在上海交通大学附属第一人民医院（以下简称"第一人民医院"）（武进路院区）3 号楼会议室召开。此次会议是一次资源共建共享的小型交流会，主要内容是第一人民医院图书馆介绍与北京大医医学搜索合作开发的"公济文库"。第一人民医院副院长董平、上海交通大学医学院图书馆馆长仇晓春以及部分联盟成员馆的负责人参加会议。通过经验交流，与会者直观了解了机构知识库的概念，拓宽读者服务的视野。（上海医院图书馆委员会）

【山西省汾阳市医院图书馆参加扶贫工作】　2018 年，汾阳市医院图书馆的 3 位馆员分别参加吕梁市委下乡扶贫驻石楼县薛家垣工作队、吕梁市领导干部帮扶队以及吕梁市委选派到村担任第一书记的工作。该馆馆员在扶贫攻坚工作中充分发挥了图书馆的宣传、教育作用。（山西省汾阳医院图书馆）

【山东大学齐鲁医院图书馆开展"送情报·到科室"活动】　2018 年，山东大学齐鲁医院图书馆根据服务对象的时间规划上门服务，根据服务对象的个性化要求制定讲授内容，开展"送情报·到科室"活动。全年共走进检验科、妇产科、放射科等 36 个科室，开展培训活动 68 场，受众达 2163 人次。（山东大学齐鲁医院图书馆　庞兴梅）

【山东省医药卫生科技信息研究所图书馆概况】　山东省医药卫生科技信息研究所图书馆始建于 1958 年，馆藏文献主要包括医药卫生、生物科学等自然科学及部分社会科学书刊，有中外文数据库 16 个。图书馆员工有副高级职称 4 人、中级职称 3 人、初级职称 2 人。具有国家卫生健康委员会、山东省科技厅、山东省卫生健康委员会定点科技项目查新咨询资质，是山东省医学情报图书协会挂靠单位，山东省图书馆学会医院图书馆委员会和山东省医院协会医院情报图书管理专业委员会副主任委员单位。现同时负责山东第一医科大学（山东省医学科学院）图书馆相关工作。2018 年，完成专项经费图书招标及购买、图书馆设备新一轮招标等工作，升级、更新相关软件。全年入馆人数、文献借阅量有大幅提高。完成山东省医学情报图书协会换届、年审并举办 2018 年协会学术年会；参加南京大学第六届电子图书论坛、驻济南高校学科采访馆员工作研讨会等会议；组织职工赴济南市图书馆、山东第一医科大学（泰安校区）开展业务学习交流。（山东省医药卫生科技信息研究所图书馆　沈小尉　解学术）

香港特别行政区

公共图书馆

【概况】 香港公共图书馆提供图书馆和资讯服务，以满足市民在知识、资讯、研究和消闲方面的需求，并借以支援终身学习。此外，香港公共图书馆还致力推广阅读风气和文学艺术，为不同年龄人士举办图书馆推广活动。一直以来，香港公共图书馆积极应用资讯科技和通过社区合作，加强服务、提升设施和丰富馆藏，进而实践把公共图书馆发展为资讯枢纽及“无墙图书馆”的目标，并根据《联合国教育、科学及文化组织公共图书馆宣言》中所载的信念，扮演开启知识门户的角色，致力提供终身学习、独立思考、文化发展的环境，以满足社会各界人士对资讯、知识、终身学习、研究及消闲的需求；同时作为社会的文化中心，推广阅读风气、文学艺术及相关研究。

香港公共图书馆系统内共有 82 个图书馆，包括 70 个固定图书馆及 12 个流动图书馆（车）。按图书馆的规模和服务性质，分别以中央图书馆、主要图书馆、分区图书馆、小型图书馆和流动图书馆 5 层架构组成香港公共图书馆体系。截至 2018 年底，全港的公共图书馆藏有书籍及多媒体资料合计 1499 万项，登记读者人数近 461 万人，外借书籍及其他图书馆资料超过 4800 万项。2018—2019 年度香港特别行政区政府公共图书馆的修订财政拨款为 12 亿 6380 万港元，较 2017—2018 年度的修订预算增加 6640 万港元。（香港公共图书馆　李景贤）

【推广活动与提倡阅读和文学艺术的工作】 2018 年，为推广阅读风气和鼓励市民使用图书馆，康乐及文化事务署与教育局和政府新闻处合作，推出全城阅读推广运动“共享・喜阅新时代”，在全港营造持续的阅读气氛和文化。大型活动如“我的快闪图书馆”“阅读 KOL”自拍短片创作比赛和图书馆同乐日，在图书馆以外的地方举行，向市民推广阅读的乐趣。此外，香港公共图书馆亦继续举办多项以儿童及青少年为主要对象的全港专题推广活动，举办以“我的图书馆”为主题的“4・23 世界阅读日创作比赛”，并于暑假举办“夏日阅缤纷”等多项活泼多彩的阅读活动。18 个区的公共图书馆也与不同地区团体合作，为不同阶层人士举办多元化而均衡的活动，以切合区内人士的需要和在社区推广阅读风气。

为推广文学艺术，康乐及文化事务署举办以“笔语人生”为主题的“第十二届香港文学节”，提供多项互动文学活动，包括专题展览、研讨会、导读分享会及跨媒体活动，向市民推广创意写作及文学欣赏。此外，香港中央图书馆继续与学者和专业团体合作举办专题讲座，涵盖不同范畴。2018 年举办的图书馆推广活动共有 23608 项。（香港公共图书馆　李景贤）

【各社区开展多种图书馆服务和活动】 在 2017—2018 年度，香港公共图书馆继续与区议会携手合作，发展地区图书馆服务和筹办活动，以照顾区内人士的需要。有关工作年内已见成果，各区公共图书馆为推广阅读文化而举办的社区活动日益多元化，而优化图书馆设施和阅读环境的计划种类也有增加。

2018 年，香港公共图书馆运用区议会的财政资助，举办逾 3500 项定期推广活动和大型阅读活动，包括水埗区的暑期阅读推广活动“亲亲中国文化”、西贡区的“暑期阅读活动”、观塘区的“齐来观塘同偶阅”计划、油尖旺区的“亲子阅读乐 FUN FUN”活动，以及元朗区的“寻找少数族裔独特文化”活动。

为提高市民对地区历史及文化的兴趣，香港公共图书馆亦与社区组织合办多项推广活动，例如举办主题为“离岛区文化及历史”“香港文化及历史传承系列——中西区古迹印记”“荃湾文化古迹——寻找老围的回忆”以及“观塘历史及文化探索”系列讲座。为推广乐龄阅读和鼓励终身学习，香港公共图书馆亦与社区组织合办多项推广活动，例如举办离岛区的“健康生活乐颐年”系列讲座及工作坊、湾仔区的“长者资讯科技系列”活动，以及“荃湾历史遗迹探索”系列讲座。

区议会一向积极优化图书馆设施和阅读环境，不但提出新工程计划，而且为有关工程提供财政资助。区议会在2017—2018年度开展并完成多项工程计划，其中包括：提升和更换空调设备、闭路电视系统、投影机及公众广播系统，以及为新流动图书馆服务站安装电箱。（香港公共图书馆　李景贤）

【扩展公共图书馆服务网络】 香港公共图书馆与非营利地区组织携手合作，推行“便利图书站—社区图书馆伙伴计划”，提供以社区为本的图书馆服务。香港公共图书馆为有关组织提供集体借阅服务，并就这些组织为其服务对象设立社区图书馆事宜提供专业意见。在2017—2018年度，共为超过200个社区图书馆提供服务。（香港公共图书馆　李景贤）

【提升参考和资讯服务】 香港目前为市民提供参考和资讯服务的图书馆，包括香港中央图书馆和其他6个主要图书馆（大会堂公共图书馆、九龙公共图书馆、屏山天水围公共图书馆、沙田公共图书馆、荃湾公共图书馆和屯门公共图书馆）。香港中央图书馆的参考图书馆设有6个专科参考部门，收藏超过100万项参考资料，并提供各类电子资源，以满足使用者对参考、自修及终身学习的需要。此外，参考图书馆不断丰富馆藏的参考资料，并通过定期的“文献征集”活动征集文献资料，该馆收存9个国际组织特藏。

香港中央图书馆的艺术资源中心、香港文学资料室和地图图书馆，以及大会堂公共图书馆的工商业图书馆、创造力及创新资源中心和基本法图书馆，均为市民提供专科参考服务。九龙公共图书馆的教育资源中心提供教育专科资源和服务；沙田公共图书馆设有“运动与健体”特藏并负责相关网页；屯门公共图书馆设有“食物与营养”特藏；荃湾公共图书馆的“现代生活”特藏则提供环保、健康和时尚生活资讯。香港公共图书馆与教育局、学术界人士和相关范畴的非政府机构合作，通过工作坊、图书馆参观活动和专题讲座向市民推广多元化的参考资料及专题资源。香港中央图书馆还设有转介服务，让已登记的读者阅览香港大学图书馆的馆藏。香港公共图书馆全年共处理资料查询314万项。

香港公共图书馆备有65个电子资料库和27万余册电子书。读者登记后可通过香港公共图书馆网站的电子资源专页查阅在电子资源馆藏的所有电子书和25个电子资料库，其余40个电子资料库可于图书馆的开放时间内在指定图书馆使用。（香港公共图书馆　李景贤）

【资讯科技新措施和数码图书馆服务】 香港新世代综合图书馆系统为读者提供全面的网上图书馆服务，包括全日24小时检索目录、预约和续借图书馆资料。“我的图书馆”是香港公共图书馆的流动应用程序，在2018年初新增流动支付功能，方便使用者以Apple Pay、Android Pay或信用卡缴付图书馆罚款及其他费用。

香港公共图书馆在2017—2018年度推出试验计划，在港岛、九龙及新界3个地方各设1个自助图书站，在人流较多而远离现有图书馆的便利地点提供服务。首批2个自助图书站设于东区及油尖旺区，已分别于2017年12月5日及2018年12月13日启用，让市民24小时享用图书站服务，包括借还图书馆资料、领取预约图书馆资料，以及以八达通缴付图书馆罚款和其他费用。

“多媒体资讯系统”是香港公共图书馆的数码图书馆系统，可供使用者24小时一站式检索，搜寻超过600万页数码化资料，包括香港旧报纸、照片、表演艺术的场刊和海报、地图、手稿、录音节目、电子书，以及电子资料库。使用者可经由互联网，或使用香港中央图书馆和其余70个固定图书馆逾1300个工作站，浏览多媒体资讯系统。

“香港记忆”网站是一个多媒体数码平台，公众可以免费浏览有关香港历史和文化的数码化资料，包括文献、照片、海报、录音、电影及录像。截至2018年3月底，“香港记忆”网站载有29个特藏、20项虚拟展览和逾100个口述历史档案，供公众浏览。香港公共图书馆相关网站或网上服务的搜览量全年超过2610万次。（香港公共图书馆　李景贤）

【书刊注册组】 书刊注册组为本地印制的书刊注册，并监察国际标准书号系统的应用。该组每季在《政府宪报》上刊登《香港印刷书刊目录》，市民也可上网浏览有关目录。在 2017—2018 年度，该组共处理 13960 册书籍和 7863 份期刊的登记资料，以及 898 个国际标准书号的出版社识别代号。（香港公共图书馆　李景贤）

专业图书馆

【概况】 专业图书馆会员在 2018 年继续以访问和聚会增进业界的知识与联系，参观包括太古集团的香港历史档案馆及汇丰历史档案馆。此类参观大大提升专业图书馆员对资讯和档案管理的兴趣。

国际图书馆协会联合会（IFLA）制定了世界图书馆地图的目标，以提供基本统计数据来比较世界各地图书馆的绩效指标，如图书馆数量、提供互联网服务的图书馆、工作人员和志愿者、注册用户及访客和所有国家、大学、公共、社区、学校和专业图书馆的借阅数据。6 个香港专业图书馆已更新调查数据并提交 IFLA 进行编制。（香港图书馆协会　马咏欣）

学校图书馆

【图书馆公开课(MOOC)“InfoLit for U”项目正式启动】 2 月 9 日，正式启动图书馆公开课（MOOC）“InfoLit for U”。“InfoLit for U”是全新的自学、不带学分的大型公开的网上课程，该项目为香港理工大学图书馆领导，是香港大学教育资助委员会拨款支持的信息素养教学计划的一部分，由 8 所大学图书馆联合设计。课程目的是提高教资会资助院校学生的资讯素养，培养他们使用资讯学习的能力。

为使课程内容切合学生，项目团队对大学生的信息素养学习需求进行调查评估，利用实证指导课程的开发和评估方案。课程包括 9 个模块，涵盖艺术与人文、商业、教育、工程、法律、医学与健康、科学与社会科学等学科。（香港图书馆协会　谭黎绮珊）

【学校图书馆相关会议】 5 月 6—11 日，第 47 届国际学校图书馆学会年会和第 22 届学校图书馆学研究国际论坛在土耳其伊斯坦布尔举行。会议主题是“学校图书馆的信息，创新和影响”。香港的大学图书馆同人及来自世界各地的学校图书馆教师和图书馆学专业的大学学者参加这次会议。6 月 30 日，香港学校图书馆主任协会（HKTLA）在香港教师中心举办成功个案分享论坛，让香港中学和小学图书馆教师互相分享他们的成功经验。吸引数百名图书馆教师参与其中。10 月 10 日，香港学校图书馆主任协会（HKTLA）和香港大学教育学院联合举办名为“全球学校图书馆成功经验分享”的活动。约 100 名来自湖南、台湾和香港的小学图书馆教师参加此次分享活动。（香港图书馆协会　谭黎绮珊）

图书馆协会

【多元化专业发展】 香港图书馆协会珍惜每一次与本地及国际图书馆专业团体联系的机会，支持国际图联（IFLA）所倡导的统一图书馆领域理念，为会员提供优质服务，拓展会员的专业发展领域，成就理想。例如在 2018 年翻译国际图联为特殊需求人士提供的图书馆服务组别（Library Services to People with Special Needs Section，LSN）所提供的支持残疾人士包容性发展的监测和评估“Monitoring and Evaluation for Disability-inclusive Development（MEDD）”调查，增加华人社区的回应，完备了联合国于 2018 年发布的 MEDD 最终报告。此外，协会与香港歌德学院合办专业发展活动，邀请国际图联理事会理事芭芭拉·莉森（Barbara Lison）以“公共图书馆阅读推广——德国最佳实践方案”为题做公开讲座。

为拓展本地从业人员的视野及交流机会，协会以“未来图书馆”为题，在香港大学图书馆举办非正式会议（Unconference），来自不同类别图书馆的从业人员共同探讨图书馆的未来发展方向。讨论会由香港大学图书馆馆长苏德毅（Peter Sidorko）、香港中文大学工程学院副院长（教育）金国庆、香港中文大学图书馆馆长李露丝（Louise Jones）、香港中文大学图书馆副馆长刘丽娟、香港大学教育学院信息与技术研究系副教授朱启华以及香港大学教育学院资讯及科技研究部讲师 Peter Warning 等香港图书馆界的知名专家和学者主持，会议得到香港大学教育学院的支持。（香港图书馆协会　陈敏仪）

【香港图书馆教育和职业论坛 2018】 “香港图书馆教育和职业论坛 2018”是香港图书馆

主任协会与香港公共图书馆合办的周年活动，旨在为现职及有志晋身成为图书馆从业者的人士提供图书馆教育及职业相关的资讯。论坛 2018 参与者如常踊跃，论坛上分享的演讲嘉宾包括香港中文大学专业进修学院讲师郭远谋、香港大学教育学院资讯及科技研究部讲师彼德·沃宁、香港大学专业进修学院高级课程主任余玲玲、香港城市大学图书馆馆长关丽嫦、香港公共图书馆高级馆长（香港中央图书馆）一般参考赵淑勤、立法会图书馆主任张伟峰及香港学校图书馆主任协会会长叶锦莲。（香港图书馆协会　陈敏仪）

【香港图书馆协会双年奖】 香港图书馆主任协会自 2010 年起，设立“香港图书馆协会双年奖”，为会员的专业发展提供大力支持。协会主席李露丝、协会副主席苏德毅和教育及培训主任陈敏仪 3 位担任“香港图书馆协会双年奖”评委。参加者均被安排在 2018 年 11 月 7 日进行面试，2018 年获奖者是香港圣公会明华神学院图书馆馆长张秀贞。（香港图书馆协会　陈敏仪）

澳门特别行政区

【概况】 回归以来，澳门图书馆事业正朝向人员专业化、服务人性化、藏书电子化、活动多元化等方面发展。图书馆专业管理及各类型图书馆资源的整合与互通是本地与全球相关领域的重要课题。本地图书馆学及其相关学科工作人员的专业资格认可，仍需在行业内及社会上做进一步加强深化，以推动落实具体的规划及政策。澳门公共及高校图书馆之间的合作愈见紧密，本地图书馆业界与外地的交流及参会愈见频繁。本地业界与大湾区内各地已建立了很好的多元合作关系，同时亦开始在国际有所参与及开拓发展空间。

2018 年，澳门共有各类图书馆 306 个，其中公共图书馆及阅书报室 87 个、学校图书馆 106 个、专门图书馆 78 个、高校与专科学校图书馆 35 个。公共图书馆主要由澳门文化局、教育暨青年局、市政署，及其他机构（包括其他政府部门、教会、私人机构及社团）所开办。依其主管部门可分类为：政府开办 47 个、社团开办 22 个、教会开办 17 个、私人机构开办 1 个。在 87 个图书馆中，有 56 个重点向市民提供阅览服务，其他只是依母体机构服务职能为主，附设图书馆服务而已。澳门公共图书馆的特色是以社区图书馆及阅览室、公园图书馆为主，部分图书馆馆舍设计相当有特色，讲求空间及阅读气氛的营造，是各类型图书馆中发展最快的。

澳门高校与专科学校图书馆及阅览室共 35 个，由政府及私人图书馆所组成，部分可以颁授学位的机构及课程并没有成立图书馆，也有部分是澳门大学的学院及书院图书馆。目前高校图书馆藏书约 110 万册，图书馆工作人员约有 110 人，半数以上具有图书馆专业学位，是各类型图书馆中专业比例最高的一类。

学校图书馆有 106 个。总面积约为 12000 多平方米，阅览座位 4400 个。目前澳门共有全职学校图书馆员及阅读推广人员 110 人，兼职人员 80 多人。馆藏图书共约 90 万册，期刊约 2800 种，报纸约 300 种，视听资料约 20000 种。其中，妇联学校（新校部）、培正中学、圣德兰学校、广大中学中学部、鲍思高粤华小学等校图书馆均为对社区开放的学校图书馆。

澳门专门图书馆有 78 个，主要为政府机关图书馆、医学图书馆、法律图书馆、经济图书馆、博物馆图书馆、工程图书馆、治安部门图书馆、宗教图书馆及专业社团图书馆等。

2018 年计划兴建或搬迁的图书馆：公共图书馆方面，政府计划在新落成公屋设立适当数量的图书馆，如文化局的图书馆设于石排湾市政综合大楼 6 楼，可使用面积约 2000 平方米。学校图书馆方面，搬迁新馆有中葡职业技术学校图书馆；计划兴建的有慈幼中学图书馆及圣公会（澳门）蔡高中学图书馆。大专及专门图书馆方面，则有圣经学院图书馆、澳门理工学院图书馆等正在兴建。专门图书馆方面有行政暨公职局新图书馆及新闻局新图书馆。

2018 年经历风灾重修后开放的图书馆：文化局红街市图书馆 7 月 18 日完成装修及复完工作，并正式对外重新开放，开放时间为每日早上 7 时至次日凌晨 2 时；沙梨头图书馆 9 月 27 日恢复对外开放；圣若瑟大学在 2017 年天鸽风灾中遭受严重影响，艾德森家族基金向圣若瑟大学捐赠逾 190 万美元（约 1522 万澳门元）善款，协助该校推进灾后复原及重建工作，包括该校图书馆二楼全面翻新整修，建立全新储存空间及增加电子资源，以补替损毁的书架及书籍。澳门理工学院博彩教学暨研究中心图书馆因内部装修而暂停服务。（澳门图书馆暨资讯管理协会　潘雅茵　王国强）

【图书馆利用情况】 根据 2018 年《澳门统计年鉴》中的表 6.2“向公众开放的图书馆及阅书报室”的主要指标分析（参见表 1），2018 年主要图书馆为 78 个，馆藏书籍为 2222880 册，较 2017 年减少 19315 册（约 0.86%）；期刊方面，2018 年有 13398 份，较 2017 年减少 630 份；多媒体资料（含电子书刊）方面，年增加 90449 套（3.38%），合计 2772588 套。其中，电子书籍有 2342656 册，年增加 78544 册（3.47%）；电子期刊杂志有 333904 种，年增加 9062 种（2.79%）。2018 年总计有图书资源 5008866 册/种/套，年增加 70704 册/种/套。本年度电子书刊在总量中占 53.44%。

全年接待读者 5671839 人次，年增加 297365 人次（5.53%）。借书总量 836754 册次，年增加 13115 册次。全澳门对外开放的图书馆面积增至 845314 平方呎，年增加 8225 平方呎。阅览座位总计为 9213 个，较 2017 年增加 394 个。提供可上网的电脑有 953 台，电脑使用为 519061 人次，较 2017 年增加 85545 人次。图书馆的购书经费为 114943 千澳门元，年增加 21601 千澳门元。工作人员为 335 人，年减少 41 人。（澳门图书馆暨资讯管理协会　潘雅茵　王国强）

表 1　2014—2018 年澳门图书馆主要统计资料

项目	2014	2015	2016	2017	2018
主要图书馆及阅书报室(个)	66	70	70	76	78
总面积(平方呎)	794774	821752	835593	837089	845314
工作人员(人)	359	391	366	376	335
座位数目(个)	7581	8180	8624	8819	9213
购书总支出(千澳门元)	81813	75212	65973	93342	114943
藏书籍(册)	1908109	2094188	2118728	2242195	2222880
期刊杂志(份)	13107	14174	13805	14028	13398
多媒体资料(套)	2548149	2782456	2710386	2681939	2772588
电子书籍(册)	2157183	2286838	2300290	2264112	2342656
电子期刊杂志(种)	315568	406889	317726	324842	333904
提供予公众上网的电脑设备(台)	937	1036	989	949	953
接待读者(人次)	4756487	5026353	5472499	5374474	5671839
借书(册次)	706592	946858	801337	823639	836754
电脑使用(人次)	512658	511840	522908	433516	519061

资料来自：2018 年《澳门统计年鉴》

【图书馆技术服务概况】 澳门各类型图书馆采用的图书馆自动化系统主要有 SLS、LIB、VLIB、Ex libris Aleph、HyLib、INNOPAC/Millennium、Sirsi Symphony TOTALS II 及宏达资讯系统等；其他的服务系统还包括自助借还书系统、防盗系统、线上导览系统、RFID、网页及网上目录等；使用的分类法主要有《中国图书分类法》《中国图书馆分类法》《杜威分类法》《国际十进分类法》及《三民主义分类法》。（澳门图书馆暨资讯管理协会　潘雅茵　王国强）

【电子化服务及馆藏发展】 澳门文化局公共图书馆于 2015 年 4 月开始引入无线射频辨识技术（RFID），并以氹仔图书馆作为首个试点。文化局所属的公共图书馆已全面采用 RFID 技术及设备，大部分图书馆都设有自助借还书机及自助还书箱，读者可快速进行借书、还书及续借，全面实施自助化。2018 年第二季度推出手机应用程序“BookMyne”，读者可通过该程序查询各公共图书馆的馆藏，并使用预约、取消或续借服务等。

澳门科技大学图书馆先后启用电子阅览座位管理系统、3D 导航系统、信息发布平台，为智慧校园建设奠定示范作用，同时实现自助云列印复印、自助预约电脑座位、自助远程预约研修间并自助开门，开通统一的身份认证、统一的支付方式和信用评价、统一的平台和展示，为后续的智慧化图书馆和智慧化校园建设打下坚实的基础。该馆亦上线“澳门科技大学学者库”，截至2018年底，已有10个院系共44位学者加入学者库平台，收集超过11000条成果数据。

澳门大学澳门研究中心与澳门大学图书馆共同开展“澳门经济数据库计划”，构建一个全面涵盖澳门主要经济指标的数据库。该馆亦与中国科学院兰州文献情报中心合作开发“澳门大学机构知识库”，并于11月上线“澳门大学学者库”。此外，澳门大学图书馆与上海图书馆合作建立粤港澳大湾区首个期刊库——“粤港澳中文历史期刊全文数据库”，12月18日起正式上线。该库遴选上海图书馆丰富的历史资源中涉及大湾区的地方珍贵历史期刊1643种，收录逾53万篇文献，内容集中于粤港澳地区的近代历史，很多是难得的一手资料，有助于推动大湾区学者的研究与合作。

电子馆藏方面，10月11日，最高人民法院数字图书馆澳门专区上线。最高人民法院数字图书馆是内地智慧法院建设的重要成果之一，它作为目前全球最大的中文法律数字图书馆，汇聚海量的数字法律文献资源，集成大量中外法律数据库，联通国内外图书馆馆藏资源，为法官和人民群众提供多形式、多渠道的法律信息资源，是充分利用信息化手段为法官和人民群众提供全面知识资源和数据信息服务的互联网平台。

澳门的公共图书馆馆购电子馆藏主要集中在文化局所属的澳门公共图书馆，购置有约25个资料库及6个线上互动学习课程，并自建有“澳门出版物数据库”“中葡关系四百五十年数据库”等6个特藏及展览资料库。

在高校图书馆的电子馆藏方面，根据9所高校图书馆在其官网发布的资料库数量，共计有800多个资料库（参见表2），以澳门大学图书馆、澳门科技大学图书馆、澳门理工学院图书馆及澳门城市大学图书馆的资源最多。而由澳门高等教育辅助办公室支持的“澳门高校图书馆联盟”于2018年共购置12个资料库及1500多种电子书。（澳门图书馆暨资讯管理协会　潘雅茵　王国强）

表2　2018年澳门高校图书馆电子馆藏统计表

院校	馆购资料库（个）
澳门大学	240（含约40个自建库及网上免费资源）
澳门科技大学	176（含6个自建库及44种网上免费资源）
澳门理工学院	113
旅游学院	58（含10多种网上免费资源）
圣若瑟大学	40
澳门镜湖护理学院	43
澳门城市大学	66
澳门管理专业学院	12
澳门保安部队高等学校	12

【图书馆赠书活动】　4月14—16日，教育部访问团参观镜平学校小学部，并向澳门77所学校每校赠送20套国情文化科普读物，总价值50万元人民币，表达教育部对澳门教育的支持和对青少年的关怀。中联办宣传文化部在澳门书市嘉年华期间，从内地引进“中国国情系列优秀图书”97种1万册，赠送给公共图书馆和学校图书馆。8月4日，何东图书馆举行建馆60周年纪念牌揭牌仪式，何东爵士后人向文化局赠送其生前旧物，包括何东爵士生意的账簿以及与私人书信，供何东图书馆收藏。澳门基金会主席吴志良及中华文学基金会秘书长李小慧代表澳门各界向从江县文化馆、图书馆捐赠8000册图书。同时，为推动澳门人文社会的建设，提升校园阅读风气，8月起，澳门基金会开展向澳门院校赠送书籍的活动，已分别向澳门53所高等及非高等院校赠书近7000册。

澳门大学图书馆获“中国图书对外推广计划——上海之窗”捐赠图书约300种，涵盖人文与社会科学、文化习俗、建筑、旅游、烹饪以及儿童文学等内容。12月19日，澳门大学获赠星云大师的《星云大师全集》、《人间佛教佛陀本怀》英文翻译版、《人间佛教学报》和《幸福百法》，由澳门佛光协会代表赠送并于澳门大学图书馆古籍馆举行赠书仪式。另外，该馆2018年接收个人赠书：李小莹女士（5688册）、黄晓峰先生及刘月莲女士（3200册）、刘宇庆先生（1143册）等；接收机构赠书：澳门基金会（1082册）、香港中文大学图书馆（1050册）

及人民教育出版社（162 册）等。（澳门图书馆暨资讯管理协会　潘雅茵　王国强）

【社会义务】 2 月 8—11 日，由公专会会员大会主席官世海担任团长的澳门公务专业人员云南纪念澳门回归希望学校探访团一行 6 人前往云南省临沧市凤庆县郭大寨白族彝族乡纪念澳门回归希望小学，参加该希望小学教学楼扩建和由公专会捐助的希望小学新图书馆奠基活动。4 月 21 日，澳门公共图书馆等单位于 2018 “澳门图书馆周”期间，举办“逾期期刊义卖”活动。11 月 3—4 日，明爱图书馆在南湾湖水上活动中心举办的第 49 届慈善园游会中，举行图书义卖活动。（澳门图书馆暨资讯管理协会　潘雅茵　王国强）

【澳门学校图书馆经费】 教育暨青年局资助每所学校的图书购置经费。以校部为资助单位，根据教育阶段、班级数目/学生数目确定资助金额。2018 学年图书资助按校部的每个教育阶段计算，设有 15 班或以下为 2.5 万元，15 班以上为 5 万元，年预算约为 400 万元。此外，为了推动班级阅读，每学生每月有 5 元补贴期刊购买经费，每月预计支出 40 万元。有关图书及期刊资助可以合并使用，用于购买电子资源的资助不可多于资助金额的 40%。（澳门图书馆暨资讯管理协会　潘雅茵　王国强）

【学校阅读推广人员计划】 教育暨青年局在 2007 年 9 月推出学校阅读推广人员计划，每校部超过 900 名学生，可获聘请 1 名全职，局方会给校方 20 万元的津贴，2016 年增至 31.8 万元，用作薪金及活动经费；900 人以下则为半职人员，津贴减半。2013 年改以班级数量为补贴依据，每校部在 15 班以下可按下列 3 个方案选择聘请，即 2 名全职及 1 名兼职、1 名全职及 3 名兼职、5 名兼职；如为 16—25 班，则可选择 3 名全职、2 名全职及 2 名兼职、1 名全职及 4 名兼职；如为 26—35 班，可聘请 5 名全职；如为 36—45 班，可聘请 6 名全职；如为 46—55 班，可聘请 7 名全职；如为 56—65 班可聘请 8 名全职；如为 65 班可聘请 9 名全职。2018 年再增至 33.1 万元，用作薪金、购置设备及活动经费，其中活动经费不可多于资助的 10%。总计 2018 年全职图书馆员及阅读推广人员 110 人，兼职图书馆员及阅读推广人员 80 人，服务学生 75000 人。（澳门图书馆暨资讯管理协会　潘雅茵　王国强）

【澳门图书馆阅读推广活动】 2018 年全年举办阅读推广活动 100 多次，形式包括书展、阅读比赛、演讲、利用教育、游戏、话剧、故事会、图书交换、义工服务、参观交流等，加上每年一度的图书馆周、书香文化节、书市嘉年华以及终身学习周系列活动等，多姿多彩。本年适逢何东图书馆建馆 60 周年，举办多场介绍何东图书馆的相关活动。

春季书香文化节。3 月 24 日—4 月 1 日，由澳门出版协会和理工学院合办，体育局和澳门图书馆暨资讯管理协会协办，星光书店承办的“二〇一八春季书香文化节”在塔石体育馆举行。来自海峡两岸暨香港、澳门超过 50 家出版机构共 150 个单位参展，共展出近 15 万种图书、音像及相关产品，举办多场主题讲座和新书发布会。

2018 图书馆周。文化局公共图书馆、教育暨青年局、澳门大学图书馆及澳门图书馆暨资讯管理协会联合主办的 2018 “澳门图书馆周”于 4 月 21 日在旧法院大楼举行启动仪式，并于同一地点举办“澳门图书馆周”推广日，开展逾期期刊义卖、好书交换、书刊漂流、专题讲座、展览、阅读用品手工坊以及阅读摊位游戏等 60 项活动，其中逾期期刊义卖和书刊漂流在氹仔图书馆及教青局成人教育中心举行。

书市嘉年华。7 月 22 日—8 月 1 日，由澳门阅读写作促进会和理工学院合办的第 21 届澳门书市嘉年华在理工学院体育馆举行。

何东图书馆建馆 60 周年庆祝活动。2018 年是何东图书馆建馆 60 周年，为庆祝及纪念何东爵士捐赠该建筑给澳门政府兴建公共图书馆，文化局公共图书馆于 8 月期间举办多场庆祝活动，包括专题讲座、速写活动、导赏等，并设有纪念牌及专题网站等，借此向市民介绍何东图书馆及何东藏书楼的历史和发展历程。

2018 终身学习周。10 月 13—19 日，澳门教青局联同文化局、澳门成人教育学会、澳门成人教育协会、澳门持续教育协会主办“2018 全民终身学习活动周”，组织约 120 项活动，内容包括职业技术教育、个人成长、家庭生活教育、身心保健及博雅教育等。

秋季书香文化节。“二〇一八年秋季书香文化节”由澳门出版协会、台湾图书出版事业协会合办，澳门体育局、图书馆暨资讯管理协会协办，文化广场负责统筹，共吸引逾50个海峡两岸暨港澳地区参展商参展，销售近2000个出版社出版的各类出版物及文化产品等。此届书香文化节有8本新书首发，举办多场新书推介、互动讲座、签名活动，以及亲子阅读工作坊、寿山石展、历史城区图片展等。

此外，2018年澳门图书馆界举办各种公开比赛8次，开展面向公众的普及课程及讲座50多次，举办读书会及故事会80多场、展览20多次。（澳门图书馆暨资讯管理协会　潘雅茵　王国强）

【澳门大学图书馆的主要活动】 澳门大学伍宜孙图书馆于2018年增设如下阅读空间：9月于馆内设“中国图书对外推广计划——上海之窗”，展出约300种获捐赠的图书。“上海之窗”是“中国图书对外推广计划”（CBI）的其中一个项目，已在全球6大洲66个国家和地区的138家机构落户，这是首次落户港澳地区。

10月5日，澳门大学图书馆举行“连家生文库”揭幕仪式，这是该馆首次设立名人文库。11月22日，由澳门基金会、澳门大学图书馆共同设立的“澳门基金会文库”展出由澳门基金会出版及资助出版的图书近850册，内容丰富多样且具代表性。11月，澳门大学图书馆与该校人文学院葡文系合作开设“葡文天地”。12月14日，澳门大学图书馆与澳门文化广场合办的，位于该馆正门入口处户外空间的“阅读花园”揭幕。（澳门图书馆暨资讯管理协会　潘雅茵　王国强）

【澳门科技大学收集特藏资源】 澳门科技大学的特藏资源收集始于2013年的“全球地图中的澳门”项目。截至2018年底，已经收集近4000幅中外古地图。其中最早的中国地图是南宋绍兴六年（1136）的华夷图；最早的西方地图是13世纪末的Pisane羊皮纸航海图。这些收藏已经在海峡两岸暨港澳地区的大学及研究机构中产生相当大的影响，前来参观阅读地图和寻求合作的学者越来越多，成为该馆的一张靓丽名片。

除了地图外，该馆也刻意收藏中华历史文明的载体——拓片，目前已经收藏近1000种。其中最早的是南北朝时期的，包括北周、西魏、北魏、北齐等时期的拓片大约70种。此外该馆在收集拓片时，也特别关注和岭南文化有关、反映中原文明和岭南文明关系，以及西方宗教在中国传播等内容的拓片。其中有一部分与澳门研究有关，包括珠海及唐家湾古碑的拓片。（澳门图书馆暨资讯管理协会　潘雅茵　王国强）

【澳门图书馆专业人才培养及学术活动】 2018年，由澳门业余进修中心与武汉大学合办、澳门图书馆暨资讯管理协会协办的第6届图书馆学专业硕士学位课程（澳门班）共有9位学员入学。修读本科课程的有：辅仁大学3人、淡江大学3人及中山大学2人。本科毕业的有：辅仁大学、台湾大学、武汉大学各1人及淡江大学3人。修读研究生课程的有：台湾大学、政治大学、中山大学各1人及武汉大学（澳门班）30多人，另有1人修读北京大学博士课程。硕士毕业的有政治大学及武汉大学各1人。

2018年开办图书馆专业课程及工作坊9次，重要的有：澳门图书馆暨资讯管理协会与澳门大学持续进修中心合办的“图书馆专业技术文凭／系列证书课程”（共5个单科），澳门图书馆暨资讯管理协会、武汉大学、澳门业余进修中心合办的“第六届图书馆硕士学位课程”，圣若瑟大学图书馆与澳门文物保存修复学会合办的“书籍装帧工作坊”，中国数字图书馆澳门分公司与澳门图书馆暨资讯管理协会合办的“澳门数字图书馆信息技术工作坊”以及由澳门图书馆暨资讯管理协会主办的“图书馆常识工作坊”等。举办专业讲座及研讨会8次，影响较大的有：澳门培正中学主办的“阅读推手图书馆管理专业讲座”，澳门大学图书馆主办的“与领先的学术和研究图书馆主任的对话：国际图书馆管理的观点”“图书馆馆长管治理念”以及澳门公共图书馆主办的“细水长流——从何东图书馆大楼说起”等专题讲座。

此外，2018年出版的书刊有：澳门科技大学图书馆及社会和文化研究所的《明珠星气，白玉月光：全球地图中的澳门》，澳门文化局的《澳门阅读地图2018》（中葡及中英双语版本），澳门图书馆暨资讯管理协会的《澳门图书馆暨资讯管理协会成立二十周年纪念特刊》《澳

门图书馆调查与研究·三》。（澳门图书馆暨资讯管理协会　潘雅茵　王国强）

【合作与交流】 澳门大学图书馆于2018年10月正式加入OCLC联盟编目，通过把馆藏加入OCLC全球联合目录，增加该馆及其馆藏在世界范围内的可见度，与世界各地共享澳门本地资源与科研成果。澳门科技大学与开滦（集团）有限责任公司于11月22日签署合作协议，组织相关学术与展览等活动，提升澳门科技大学人文历史方面的学术研究水平，深入挖掘开平矿务局历史资料、促进开滦集团文化产业发展，将在经济、社会、学术等多方面互利共赢，成为校企合作的典范。由澳门基金会、“中国观察”（Observatório da China）、葡萄牙国家图书馆及葡语都市联盟合作建立的“16至19世纪澳门—中国古文献门户”第三期工作成果介绍会于12月13日在里斯本葡萄牙国家图书馆举行。该项目旨在为世界各地对澳门研究感兴趣的读者，提供直接、即时及免费的关于澳门的文献资料网上阅读平台。第三期工作成果包括完成17万页书籍和期刊数字化工作。

商训夜中学读书会师生一行18人前往广东阳江，开展两天一夜的参观学习之旅，行程包括参观阳江市图书馆及科技馆。文化局与澳门基金会连续8年合作，于“香港书展二零一八”设立“澳门馆”，并与澳门理工学院及澳门文化广场有限公司联合参展，展出超过800种澳门出版品。8月24—29日，澳门图书馆界赴吉隆坡参加第84届国际图联大会。澳门地区派出历年最大的代表团出席，一行共23人，分别来自澳门高校图书馆联盟的7所成员馆以及公共图书馆等代表。此外，澳门图书馆暨资讯管理协会首次参加年会的专题海报设计大赛，主题为“澳门高校图书馆联盟合作与共享”。

12月19—25日，澳门文献信息学会一行17人赴澳大利亚悉尼及堪培拉考察交流。代表团一行受到澳大利亚国家图书馆亚洲部主任欧阳迪频及该部专家的接待，该馆特别展示约瑟·玛丽亚·白乐贾（José Maria Braga）的藏书、手稿、绘画、照片以及个人文件，共约7400件藏品，主要关于欧洲历史、葡国文学及海上探险史，中国和日本的天主教活动，还包括澳门的老照片及书籍等，其中不少照片及绘画反映了18至20世纪澳门的社会状况，如已消失的建筑、景观、海岸线、历史事件等。（澳门图书馆暨资讯管理协会　潘雅茵　王国强）

（鸣谢澳门公共图书馆管理厅、教育暨青年局成人教育中心、明爱图书馆、澳门科技大学图书馆、澳门理工学院图书馆、澳门旅游学院图书馆、澳门护理学院图书馆、澳门圣若瑟大学、澳门大学图书馆，本澳各社团、学校及专门图书馆等单位提供资料。）

图书馆学会组织

中国图书馆学会

【概况】 2018年是贯彻落实党的十九大精神开局之年，是改革开放40周年，是决胜全面建成小康社会、实施“十三五”规划承上启下的关键一年，也适逢中国科协成立60周年。一年来，中国图书馆学会（以下简称“学会”）以习近平新时代中国特色社会主义思想为指导，全面贯彻落实党的十九大精神，按照中国科协“三轮”驱动、“三化”联动、“三维”聚力工作要求，依据《中国图书馆学会2018年工作要点》，围绕中心，服务大局，完善机制，开拓创新，各项工作取得较大成绩。

一、学术交流与编辑出版工作

1. 举办知识图谱助力图书馆知识管理与智慧服务研讨会、第30届全国十五城市公共图书馆工作研讨会、西部公共图书馆2018年学术研讨会等品牌学术活动。协调和指导各分支机构开展全国图书馆新型服务能力建设学术研讨会、2018公私藏书与经典阅读（沧州）论坛、新时代公共图书馆服务与建设创新研讨会、2018年中国高校图书馆发展论坛、专业图书馆分会2018年学术年会、医学图书馆分会第26届学术研讨会暨2018年学术年会、中国高职图书馆发展论坛（2018）等重点学术活动。

2. 严格执行双向匿名审稿制度，编辑、出版、发行《中国图书馆学报》2018年1—6期，发文50篇。完成2017年英文年刊的校对、出版、发行和2018年英文年刊的组稿、翻译。出版《中国图书馆学报创刊六十周年文选》《图书馆员论文撰写与投稿指南》《基层图书馆管理与服务》《中小学图书馆建设与服务》等系列丛书。

3. 召开2018—2019图书馆学学科发展研究项目开题会。学会高度重视学科发展研究工作，2018年是第三次承担学科发展研究项目，将按照中国科协总体部署，如期完成学科发展报告。

二、组织建设与人才举荐工作

1. 召开4次学会负责人工作会议、3次常务理事会、1次理事会，分别推荐李静霞、杨华为“展风采，树楷模”全国学会优秀党员科技工作者和中国科协优秀科技工作者代表；审议通过《中国图书馆学会固定资产管理办法》《中国图书馆学会会员权利》等文件；审议通过各分支机构和省级图书馆学会变更常务理事、理事及分支机构负责人和委员等申请事宜。

2. 召开2018年秘书长联席会议暨《中国图书馆年鉴》编纂工作会议。6月26—28日，会议在吉林延吉召开，主题为“新时代·新业态·新作为——图书馆学会能力建设”，专题研讨新时代和新业态下图书馆学会如何加强能力建设，实现新作为；总结部署《中国图书馆年鉴》编纂工作。

3. 开展个人会员、单位会员的组织发展、收缴会费和颁发证书等工作。截至12月31日，个人会员15582名，单位会员549家。优化会员学习中心网站和APP，实现在线直播，为会员提供在线学习课程。

4. 积极参加民政部、中国科协部署的2017年度年检工作和统计调查工作等，年检结果“合格”，并获评中国科协系统统计调查工作优秀单位和全国学会科普工作予以表扬单位。

5. 2018年，在2015年首次入选中国科协第二期学会能力提升专项——学会创新和服务能力提升工程优秀科技社团建设项目的基础上，再次被评为世界一流学会建设项目建设学会。2018—2020年每年将获得中国科协资助经费100万元，也成为此次入选的3个交叉学科学会之一。

6. 为展现图书馆风采、宣传图书馆人的职业精神与道德风范，推动图书馆事业发展，经文化和旅游部同意，组织开展“中国图书馆最美故事”风采展示活动。经推荐、资格审查、专家研议和公示，共7件事迹进入感人事迹名单，18项服务进入优秀服务名单，14个案例进入创新案例名单。开展2018年“书香城市（区县级）”发现活动和中国图书馆学会青年人才国际化专项资助项目资助人选遴选工作。

三、承接政府转移职能与行业协调工作

1.《中华人民共和国公共图书馆法》正式施行后，紧抓机遇，大力予以宣传贯彻。年初，在全国范围内发布《关于倡导在全国图书馆界组织“宣传贯彻〈公共图书馆法〉开展系列主题活动”的通知》，倡导各级公共图书馆积极贯彻落实《公共图书馆法》，开展系列主题活动，在全国掀起各级公共图书馆积极贯彻落实《公共图书馆法》的热潮。组织开展“依法办馆 创新发展——新时代公共图书馆建设与服务”知识学习竞赛和“我身边的图书馆——公共图书馆法与新时代公共图书馆建设与服务”征文等系列活动，得到广大图书馆工作者的积极响应，共有8262人参赛，征集作品500余篇。1月，在四川成都举办《中华人民共和国公共图书馆法》研修班，并通过“会员学习中心APP”直播，300余人现场参训，2052人次在线观看直播并参与互动。

2.12月18日，全国数字图书馆建设与服务联席会议第十九次会议在安徽合肥召开，主题为“数字图书馆建设与服务联席会议十年：回顾与展望”，回顾联席会议的发展历程，总结经验、展望未来，同时重点研讨《数字图书馆资源管理指南》。

3.开展数字图书馆建设与服务宣传推广，包括举办高级研讨班和数字图书馆推广工程体验区展示等，培训370人；开展全国图书馆未成年人服务提升计划，培训366人；开展民国时期文献保护计划宣传推广，包括举办全国性高级研修班和专题展览等，培训407人。

4.与国家图书馆共同开展“同筑中国梦 共度书香年”春节系列活动，通过推送以楹联为主题的新春文化“大礼包”，丰富全国图书馆春节活动资源，促成“众馆参与、全国联动”的活动格局，受到社会公众普遍欢迎和新闻媒体广泛关注。据统计，全国约1397家图书馆及有关单位承办活动，受众人次超过660万。

5.充分发挥学会继续教育职能，开展2018年全国图书馆专业人才知识培育工程，先后举办图书馆信息组织和资源建设研修班、图书馆员在职专业培训、智慧图书馆建设与服务研讨班、社会力量参与图书馆建设研讨班等，培训650人次。

四、科普与阅读工作

1.发布2018年全民阅读工作通知，主题为“阅读，与法同行”；召开第十二届全民阅读论坛。全年围绕主题策划8大类76项活动，号召全国图书馆界全面开展工作，提升馆员专业水平，促进全民阅读。

2.开展2018年全国少年儿童阅读年系列活动。4月10日，启动仪式在江西南昌举办。活动以“新时代，新作为——共创儿童阅读新气象”为主题，策划5大类17项活动，通过绘本、征文、表演、数字阅读等多种形式和载体，引导少年儿童涵养品性，陶冶情操，传承中华优秀传统文化，促进少年儿童阅读工作再上新台阶。

3.开展“阅读推广人”培育行动。4月10—12日、7月16—19日和11月12—15日，先后在江西南昌、黑龙江伊春、云南昆明举办第十期、第十一期和第十二期活动，共计培训766人。

4.举办“我听·我读——2018年全国少儿读者朗诵大赛”。此次大赛分学龄前、小学和中学3个组，以图书馆为单位组织选报，采取网上竞赛与线下活动相结合的方式举行，共计25个省份91家单位参与，参赛作品2719部。

5.开展全国首届“图书馆杯主题海报创意设计大赛”，活动覆盖全国32个省、自治区、直辖市，共计1168个图书馆报名作为组织单位参与大赛，17796名读者报名，通过审核的作品13925件。

6.紧跟时代热点，在全国各级各类图书馆组织开展专题展览，并围绕展览主题开展专题讲座、书目推荐等活动。包括开展“家国情怀 科学精神——中国院士展览”及相关优秀图书推荐活动、“寻找图书馆最美阅读空间、人文阅读”摄影作品公益展征集及展览、“知行天下·邂逅图书馆之美”主题展览及讲座等。

7.启动《中华传统文化百部经典》全国推介活动。8月，活动在广东正式启动，广州、东莞、沧州等城市陆续加入首批推介城市行列，活动开始在全国各地图书馆推开。

8.继续推进“阅读推广公益行动——‘扫码看书，百城共读’”活动。截至2018年12月，共发布荐书活动5期，编发简报3期。共有来自29个省、自治区和直辖市的304个机构参与此项活动。

五、国际合作与交流工作

1. 举办 2018 年中国图书馆年会会前会——丝绸之路国际图书馆联盟成立暨“阅读·城市·文化”图书馆、书店融合发展学术研讨会。5 月 29 日，会议在四川成都举办，来自国际图联和美国、英国、新加坡、哈萨克斯坦、蒙古、文莱、斯里兰卡等国图书馆同行参会。

2. 邀请并接待国际图联主席歌莉娅·佩雷兹·萨尔梅隆、秘书长杰拉德·莱特内以及来自美国、英国、新加坡等国的 20 余位图书馆同行参加 2018 年中国图书馆年会。

3. 为业界代表参加 2018 年美国图书馆协会年会及第 84 届国际图联大会提供专业信息咨询与服务，申请邀请函 113 份，并提供相关会议文件翻译服务。（中国图书馆学会秘书处）

【承办中国科协科技社团党委组织的相关活动】 2018 年，学会作为试点评价工作小组成员单位，积极参与中国科协科技社团党委组织的“创建星级学会党组织”及相关评价活动，联系指导 4 个学会党组织开展创建工作，学会党组织获得优秀等次。承办中国科协科技社团党委组织的“‘不忘初心、牢记使命’——党的十九大精神知识竞答活动”。该活动面向中国科协所属各全国学会、协会、研究会党组织开展，来自 150 多家单位党组织的 3000 多名党员参与竞答，并于 6 月 29 日在中国科技会堂举行决赛，学会党组织荣获“突出贡献奖”。（中国图书馆学会秘书处）

【承接文化和旅游部政府转移职能】 在 2017 年组织完成网上评估、实地评估工作的基础上，2018 年，学会配合文化和旅游部开展第六次全国县级以上公共图书馆评估定级相关工作，分别组织完成省级（副省级）图书馆定级建议、地市级和县级图书馆定级建议，并在公示的基础上协助完成复核工作，正式向文化和旅游部提交《第六次全国县级以上公共图书馆评估定级上等级馆名单》。2018 年 1 月，召开第六次全国县级以上公共图书馆评估工作汇报会，组织评估专家组专家代表共同商讨并确定第六次全国县级以上公共图书馆定级原则，提出副省级以上图书馆的拟定上等级名单。4 月 12 日，再次召开评估定级工作专家会，组织商讨提出全国地市级和县级图书馆拟定上等级名单。经文化和旅游部公示，6 月 14 日组织召开专家会议进行复审，确定终审意见报送文化和旅游部，并协助安排标牌制作和授牌事宜。8 月 13 日，文化和旅游部正式公布第六次全国县级以上公共图书馆评估定级上等级图书馆名单，至此该项任务圆满完成。此外，依托此次评估定级相关数据，尝试进行公共图书馆建设与服务大数据分析和应用，着手探索平台开发和建设，在此基础上，向文化和旅游部提交《关于第六次全国县级以上公共图书馆评估定级工作的报告》，作为公共事务管理与决策咨询的参考依据。

积极参加文化和旅游部公共服务司委托的“基层文化队伍培训县级示范性培训（全国县级图书馆馆长培训）”项目。2018 年，在山西晋中、新疆克拉玛依和广东肇庆举办 3 期全国基层图书馆馆长培训，参训学员 335 人。培训内容涵盖政治理论和党性修养、公共文化服务政策法规、县级图书馆业务能力建设、效能提升、领导能力与团队建设等方面，培养了一批具有现代意识和创新意识的基层公共图书馆馆长。此外，受文化和旅游部公共服务司委托，开展全国公共文化巡讲工作，承接“城市图书馆服务体系建设调研课题”“社会力量参与公共图书馆发展调研课题”“改革开放 40 年农民工精神文化生活发展报告”“老年文化和旅游发展报告”“新时代文化志愿服务机制研究”等研究项目，均通过结项评审。（中国图书馆学会秘书处）

公共图书馆分会

【概况】 2018 年，中国图书馆学会公共图书馆分会（以下简称“公共馆分会”）按照中国图书馆学会的工作部署，推荐“第五届青年人才奖”、2018 年学雷锋志愿服务四个“100”先进典型活动等参评人；组织公共图书馆参与学会组织的各项学术交流活动。撰写《中国图书馆年鉴 2018》公共图书馆综述部分。

召开两次工作会议。1 月，召开公共图书馆分会（上海）工作会议，对第一届公共图书馆创新创意征集推广活动终评工作和宣传推广工作做出部署，并就继续落实新时期扶贫攻坚任务、开展对口援建合作等重点工作进行交流磋商。11 月，在武汉召开智慧图书馆论坛暨公共图书馆分会工作会议，就公共图书馆事业发展、公共馆分会及各工作委员会 2018 年工作总结和 2019 年工作计划进行交流讨论，并就图书馆未来发展、第二届公共图书馆创新创意征集推广活动进行研讨。

继续举办大型特色品牌活动——第一届公共图书馆创新创意征集推广活动，完成终评、巡展、巡讲等内容，在全国公共图书馆范围内掀起鼓励、研讨、交流创新驱动发展的氛围。1月，在上海举办新时代公共图书馆创新发展研讨会；5月，在河北廊坊举办2018年中国图书馆年会第4分会场话题2："创新引领未来——公共图书馆创新创意征集推广"学术会议；6月、11月，分别在福建晋江、江苏南京举办新时代公共图书馆服务与建设创新研讨会，进行公共图书馆创新创意学术研究和优秀案例分享活动，逾千人次代表参与会议现场交流，图书馆创新发展理念得以广泛传播。

推动落实文化精准扶贫、乡村振兴等国家战略。4月，在云南曲靖召开扶贫专项工作会议，围绕新时代公共图书馆扶贫新思路进行讨论。开展2018年全国图书馆文化扶贫乡村振兴案例征集活动，发掘图书馆在扶贫工作中的成功案例，评选出优秀案例31个。培育队伍、增强乡镇文化专干服务能力，分别在云南曲靖，重庆渝中区、巴南区、永川区、九龙坡区、云阳县等地，组织举办《中华人民共和国公共图书馆法》解读培训班，开展文化专干业务培训。探索文化志愿服务扶贫援建新模式，先后前往新疆和田、重庆云阳、河北阳原、山东五莲等地开展精准文化扶贫工作。

推动城市图书馆信息公开和信息公开规范化。建立城市图书馆最佳实践发现机制，组织城市图书馆研究合作伙伴效能之星评选；编制《中国城市图书馆2017年度报告》及《公共图书馆年度报告编制指南》；举办2018年中国图书馆年会第2分会场话题1："城市图书馆年报制度"学术会议；推动图书馆设计思维的中国化实践，筹备城市图书馆设计思维第一期国际研修班；开展城市图书馆研究合作伙伴计划第二次招募活动；推进城市图书馆研究合作伙伴信息公开和共享平台搭建工作。

推动落实图书馆文化创意工作精神，将创意工作与图书馆业务发展紧密结合。河北省图书馆与河北教育音像出版社联合打造24小时书店，成为城市文化标志性场所；与河北演艺集团合作打造故事片电影《图书馆的故事》；与河北广播电台联合打造音频节目《图书馆史话》；制作珍贵古籍纪录片，让书写在古籍里的文字活起来。

围绕全国公共图书馆事业发展的现实问题开展深入调查研究。多角度、多层次进行《公共图书馆法》宣传解读，积极推进《公共图书馆法》配套制度研究；组织开展公共图书馆法人治理结构改革调研，跟踪全国各级公共图书馆理事会筹建进展及相关配套制度制定实施情况；针对公共图书馆馆藏建设及质量保障等其他一些图书馆重要政策制度进行研究。持续开展《公共图书馆评估指标》等图书馆领域标准规范体系研究和编制工作；持续编发《2017中国公共图书馆事业发展基础数据概览》等系列参考资料。

举办系列学术交流研讨会议，加强同行交流和合作。除举办两场共计400余人参加的2018年中国图书馆年会分会场学术会议，还举办区域协作与图书馆可持续发展研讨会征文活动和学术研讨会，收到有效征文271篇，来自全国各地、各类图书馆工作者及有关专家300余人参加会议；协办2018数字资源长期保存全国学会研讨会，共同探讨基于国家安全、信息安全、数据安全及长期保存方面的发展路径。

2018年完成的工作还包括：完善公共图书馆分会组织机构建设；参与发起长三角地区公共图书馆合作项目；起草安徽省公共图书馆社会化管理和运营的标准和规范；制定山东省市级公共图书馆绩效评价标准等。（公共图书馆分会）

【举办"城市图书馆年报制度"学术会议】 6月1日，2018年中国图书馆年会第2分会场话题1："城市图书馆年报制度"学术会议在河北廊坊举行。会议由公共馆分会城市图书馆工作委员会、广州市图书馆学会与广州图书馆联合举办，12位嘉宾及来自全国各地各级公共图书馆、高校图书馆，人民日报海外版、China Daily和《图书馆建设》编辑部等主流媒体或专业媒体共170余位代表参加此次研讨。会议发布《中国城市图书馆2017年度报告》和《公共图书馆年度报告编制指南（建议稿）》，并介绍年度报告的特点、主要内容以及编制过程中存在的问题和所做的思考，报告编制指南（建议稿）的起草思路。在主旨报告环节，柯平教授指出信息公开制度不仅是公共图书馆的依法办馆的规章制度，更是政府依法行政、依法治理的基本职责，是保障公民权益和公共图书馆法治化的要求。在案例交流环节，来自深圳图书馆、厦门图书馆及广州图书馆的优秀实践探索代表，分享各自在年报编撰方面的经验。在信息发布环节，介绍“城市图书馆研究合作伙伴服务效能之星”评选活动，发布获奖图书馆名单。在嘉宾论坛环节，刘小琴、柯平、申晓娟、金晓明4位嘉宾以及与会人员围绕会议内容展开讨论，充分肯定会议主题的针对性和内容的指导性。此次会议，是以广州图书馆为牵头单位的城市图书馆工作委员会在2018年着力推进城市图书馆信息公开成果的一次集中展示。该委员会发起“城市图书馆研究合作伙伴计划”，动员110余家城市图书馆，从年报报告编撰工作着手，加强业务统计、信息规范和信息公开，以期综合反映办馆理念、管理水平和服务效能，促进图书馆专业发展和国际交流。（公共图书馆分会）

【开展2018年全国图书馆文化扶贫乡村振兴案例征集活动】 2018年4月，公共馆分会图书馆扶贫工作委员会联合重庆市图书馆学会、重庆图书馆、《图书馆报》在全国范围内启动2018年全国图书馆文化扶贫乡村振兴案例征集活动。此次活动主题是“坚持文化扶贫　推进乡村振兴”，要求案例应当基于各图书馆文化扶贫与乡村振兴工作的实践，内容具有真实性、可靠性，并且要有一定代表性，便于在业内推广和应用；评议则采用学科领域同行匿名网络评议、专家组现场评审相结合的方式进行。活动最终征集到69个案例，评议出“阅读推广＋学科服务＋稻田生态种养”“深度定制　精准帮扶——广州少年儿童图书馆文化扶贫乡村振兴案例”等一等案例6个，“‘24小时’土家书房”“‘爱心红书包’留守儿童阅读公益接力活动”等二等案例10个，“讲云阳扶贫故事　助百日攻坚行动”等三等案例15个。这次活动，是以重庆图书馆为牵头单位的图书馆扶贫工作委员会在全国范围内动员力量推进图书馆文化精准扶贫工作的尝试。在全面建设小康社会的决胜阶段，扶贫攻坚仍是未来需要突破的重点工作，2018年，该委员会还通过召开专题工作会议、开展“精准文化扶贫　志愿者在行动”等主题活动推进此项工作，取得较大社会影响。（公共图书馆分会）

高等学校图书馆分会

【概况】 2018年，中国图书馆学会高等学校图书馆分会（以下简称“高校分会”）配合中国图书馆学会组织各高校开展2018年全民阅读活动，并推选2017年高校分会系统内的全民阅读活动“优秀组织”“先进单位”“阅读推广优秀项目”“全民阅读示范基地”等奖项；组织推荐中国图书馆学会第五届青年人才奖候选人，推荐中国农业大学图书馆段文凯作为高校分会候选人参加该奖项的评选。组织成员馆申报中国科协优秀科技工作者，高校分会主办的2018中国高校图书馆发展论坛申报中国科协学会服务中心2018年度重要学术会议。

举办2018中国高校图书馆发展论坛，保持分会学术品牌。此次论坛于6月6—9日在云南昆明举行，由高校分会和中国高等教育文献保障系统（CALIS）管理中心联合主办，云南省高校图工委协办。研讨的主题是：“新起点，新机遇，新使命——大学图书馆助力‘双一流’建设策略及实践”。分主题为“双一流学科资源建设策略”“学科资源及服务绩效评估”等。来自国内外300余所高校图书馆代表以及相关公司代表近1000人参会。为期2天的论坛包括2场主论坛、6场分论坛，内容涉及学科资源建设与评估计量、联盟建设及协同建设与发展、学科深度服务的创新与拓展、知识服务、智慧服务及智慧图书馆、机构知识管理、开放获取及数字学术研究、大学图书馆经典案例分享等。

协助教育部高等学校图书情报工作指导委员会组织全国高校图书馆新任馆长研修班。此次培训于7月2—7日在中国海洋大学图书馆举办，共有100余名学员参加培训。研修班聘请图书馆界著名专家学者授课，培训内容包括：图书馆的使命、职能和发展规划，高校图书馆资源建设和共享，高校图书馆服务创新，图书馆现代化及数字图书馆，高校图书馆人力资源建设等。培训按专题划分授课单元，采用专家理论授课、学员课堂交流、分组案例研讨、案例展示与提问等培训形式。

组织高校图书馆参加中国图书馆年会学术活动。5月31日，在2018年中国图书馆年会——中国图书馆学会年会·中国图书馆展览会于河北廊坊召开期间，高校图书馆分会主办其中第4分会场话题 4“图书馆与数字人文：新视野，新角色，新服务”学术会议。邀请来自北京大学、上海图书馆、武汉大学、浙江大学、南京大学、复旦大学等国内外的数字人文与史学研究领域前沿的专家学者进行专题报告，围绕图书馆在数字人文领域所承担的责任，扮演的角色和发挥的作用进行理论探讨与实践动态交流，并向相关领域的学者、研究人员、图书馆馆员展示国际和国内学术界在这一领域中取得的新进展、新成果和新案例。有将近 200 人参加此次交流研讨。

加强与各专业委员会和相关单位的合作，共同开展相关领域问题研究。5 月 29 日，与中国科学院文献情报中心（以下简称“中科院文献情报中心”）、中国图书馆学会专业图书馆分会（以下简称“专业分会”）联合举办主题为“感知学术信息服务新趋势”的 2018 年中国图书馆年会会前会。8 月 23 日，协助中科院文献情报中心、专业分会举办第十届中国图书馆馆长与国际出版社高层对话论坛。10 月 22—25 日，协助中科院文献情报中心、专业分会举办 2018 年数字资源长期保存全国学术研讨会。11 月 12—15 日，协助中科院文献情报中心、专业分会举办 2018 年第六届中国机构知识库学术研讨会。（高等学校图书馆分会）

专业图书馆分会

【概况】 2018 年，中国图书馆学会专业图书馆分会（以下简称“专业分会”）继续围绕“新型知识服务能力建设”的主线组织各类活动，在分会领导以及各工作委员会的支持下，秉承搭建平台、推进合作、服务会员、促进发展的宗旨，关注国家科技创新新动向，瞄准专业图书馆发展方向，组织专业图书馆开展未来愿景、应对挑战和发展策略的学术探讨与实践交流活动，分享变革和创新发展的经验，探索专业图书馆知识服务能力和文献情报服务能力转型发展的途径，活跃专业图书馆的学术氛围，展示专业图书馆的发展理念和发展潜力，提升专业图书馆员的知识服务能力，促进专业图书情报事业的发展。

学术活动以知识服务为核心，跟踪领域前沿，共享实践经验，探索发展新模式。全年开展各类学术活动 8 次，约 1500 多人次参加。其中大型活动 5 次，包括中国图书馆学会专业图书馆分会 2018 年学术年会、第十届中国图书馆馆长与国际出版社高层对话论坛、第七届中国开放获取推介周、2018 年数字资源长期保存全国学术研讨会和第六届中国机构知识库学术研讨会。

2018 年学术活动表现为四个特点：一是聚焦于“融通创新协同发展”主题，探讨专业图情机构在大数据和“互联网＋”环境下持续发展的新引擎、新动力；二是围绕开放获取、机构知识库、数字资源长期保存、数据融汇、企业信息服务等主题，探讨图书馆在开放信息环境、数字科研环境和国家科技创新战略支撑中的新角色和新实践；三是围绕图书馆与学术出版社共同关注的学术信息服务热点，探讨图书馆与出版社跨界融合发展的新路径；四是组织专题学术活动，跟踪领域前沿，促进实践交流，拓展会员学术视野。

专业培训以“知识服务能力”和“情报服务能力”建设为中心，提升运用新工具、新方法、新技能开展专业化服务的能力。专业分会的培训包括两个层面，一是面向图情机构、会员单位的业界培训。分会发挥会员单位的人才、资源优势，全年组织面向业界的培训班 7 期，每期 5 天，共计 400 多人次参加，内容为：第 6 期数据馆员培训班、第 24 期图书情报工作高级研讨班（主题：大数据环境下的科技情报研究）、数据可视化方法与工具应用培训班、服务科技创新与管理的知识产权信息分析及应用培训班、学科前沿领域发展态势分析方法及应用培训班、2018 年图书馆先进知识服务工具技能应用培训班（主题：开源工具、数据分析、可视化）、2018 机构知识库建设与服务培训班。二是承担 NSTL 相关项目委托培训。组织实施 2018 年 NSTL 专业知识与情报分析能力高级培训项目，400 多名 NSTL 专业人员参加。培训项目包括：技术发展态势分析方法及应用培训班 1 期（4 天）；前沿趋势系列报告会 3 期（共计 2 天），第 1 期主题为“专业领域知识图谱构建”，第 2 期主题为“人工智能及其应用”，第 3 期主题为“智能社会与开源情报”；组织实施 2018 年 NSTL 重大专项服务岗位培训 1 期。

完成中国图书馆学会相关任务。组织专业图书馆青年申报中国图书馆学会第五届青年人才奖，最终中国民族图书馆索南多杰获青年人才奖；组织完成《中国图书馆年鉴 2018》专业图书馆部分的撰稿工作，中科院、社科院、NSTL 等主要系统图情机构参与报告撰写；组织完成中国

图书馆学会《图书馆著作权服务手册》项目编制。(专业图书馆分会秘书处)

【组织专题活动促进业务实践交流】 4月12—13日，专业分会与会员单位中国化工信息中心联合举办"一带一路"企业投资风险研究及实践研讨会，邀请9位来自企业海外投资研究、领先实践企业和专业服务机构的专家围绕主题展开交流。研讨会上，发言专家与代表就热点、难点问题进行互动交流，为企业会员单位开展信息服务提供新思路、新方法和新实践。5月17日，专业分会联合中国航空学会科技情报分会、爱思唯尔共同举办新形势下企业创新发展学术研讨会，邀请中科院、华为、爱思唯尔等企、事业单位的知识产权评议、知识管理、科技成果转移转化、科技情报分析等方面的专家，就新形势下如何利用已有资源为企业开展知识组织与知识服务，助力科技型企业创新发展的实践开展深度交流与研讨。(专业图书馆分会秘书处)

【持续参与支持开放获取和机构知识库建设在国内的宣传推广应用】 开放获取已经成为学术信息交流的主流模式之一，中科院长期致力于推动我国科技信息开放获取的发展以及中国开放获取政策的逐步落地。机构知识库（IR）是知识密集型机构的知识管理与知识传播的服务，也是助力开放获取政策实施的一种机制，已经引起全世界学者和政策制定者的关注。专业分会高度关注开放获取和机构知识库建设在学术界的实践进展，自第一届开放获取周、第一届机构知识库建设会议起，就作为重要的组织方和承办方之一，参与开放获取、机构知识库建设在国内的宣传推广示范工作。10月16—17日，专业分会作为主要参与方之一，联合组织由中科院文献情报中心主办的第七届中国开放获取推介周活动。此次活动聚焦开放科学的新发展，围绕"开放科学的发展路线""开放数据的服务实践""数据、方法、代码的开放获取""数据治理与OA2020圆桌论坛"等议题展开交流讨论，共设置21场讲座、3场专家讨论和1场圆桌论坛。来自科研界、教育界、图书馆界、期刊界、出版界等300余人参加论坛，共同探讨中国开放获取进一步推动落实的发展战略和行动建议。11月12—15日，专业分会和中科院文献情报中心在兰州共同承办第六届中国机构知识库学术研讨会。(专业图书馆分会秘书处)

医学图书馆分会

【概况】 2018年，中国图书馆学会医学图书馆分会（以下简称"医学分会"）面向医学科技创新对信息服务的新要求，加强学会组织建设，积极组织开展学术活动，推进医学图书馆领域科学研究工作，较好地发挥了行业纽带作用，促进全国医学图书馆行业交流，进一步推动医学图书馆服务模式的转型和进一步发展。

在学术活动方面，6月1日，在河北廊坊举办2018年中国图书馆年会第6分会场话题3学术会议，主题为"医学图书馆新视野、新思维、新服务"，40余名代表参会。9月18—21日，在安徽池州组织举办医学图书馆分会第26届学术研讨会暨2018年学术年会，主题为"医学图书馆服务创新：新时代、新思路、新举措"，征集论文40篇，评选优秀论文一等论文3篇、二等论文4篇、三等论文5篇。来自全国160家医学图书馆、医院信息科和其他医学信息机构的210余名代表参会。

各省级医学（院）图书馆委员会（分会）（以下简称"省级医图委"）除积极参与医学分会、各省级图书馆学会组织的学术活动外，还组织召开省级医图委2018年度学术年会及各类专题研讨会，促进学术交流。其中，北京、天津、河北、山西、辽宁、上海、浙江、山东、湖北、广西、四川等省级医图委分别围绕"医院数字图书馆建设实践与服务创新的思考""医院图书馆空间建设""医院图书馆创新服务""互联网+医疗健康背景下的医院图书馆知识服务"等主题召开学术年会（研讨会），研讨交流医学科学领域的新进展和技术发展趋势给医学图书馆带来的挑战与机遇，累计参会1100余人次。

在业务培训与宣传活动方面，辽宁、吉林、浙江3个省级医图委分别举办国家级继续医学教育项目"医学信息素养与科研能力建设培训班""提升信息检索技能以有效遴选研究课题学习班"和"医学科研产出评价与管理能力建设培训班"；北京医图分会召开主题为"知识服务创新案例分享"的2018年秋季培训会；上海医图委举办Micromedex数据库培训；浙江医图委举办全省医院图书馆基础业务知识培训，并组织业务骨干前往北京7家图书馆交流学习。

医学分会各会员单位全年还举办读书沙龙、知识竞赛等阅读推广活动，并以“世界读书日”为契机开展培训、讲座、朗读、赠书等活动，累计参加1600余人次。2018年，由医学分会推荐的军事科学院图书馆荣获中国图书馆学会评选的“2017年度全民阅读先进单位”；河北省图书馆学会医院图书馆委员会被评为河北省图书馆学会第八届先进学会。

在组织建设方面，按照军队有关文件精神，开展中国图书馆学会军队个人会员退会、重新入会等工作。根据《中国图书馆学会关于医学图书馆分会推荐陈锐等同志任职的批复》，陈锐继续担任中国图书馆学会第九届理事会常务理事、理事及医学分会主任；冯占英担任中国图书馆学会第九届理事会理事及医学分会秘书长，张明华担任医学分会副秘书长，郑萍、陈贞春担任医学分会委员。继续开展中国图书馆学会个人会员入会发展工作并取得较好成绩，现有医学分会正式个人会员256名。截至2018年底，医学分会QQ群成员有357人，微信群成员有234人，图书馆同人通过这些平台实时开展业务和学术交流，分享医学信息专业领域最新进展和各图书馆信息服务的成果，增强医学图书馆同行间的信息共享与利用。

浙江省图书馆学会医院图书馆委员会召开换届会议，选举产生第五届医图委及委员组成；经第五届委员代表会议决议并报省学会批准，该会更名为浙江省图书馆学会医学图书馆分会。（医学图书馆分会　冯占英　张明华　王伯秋）

【举办2018年中国图书馆年会第6分会场话题3学术会议】　2018年中国图书馆年会期间，医学分会于6月1日上午在河北廊坊举办主题为“医学图书馆新视野、新思维、新服务”的第6分会场话题3学术会议。来自全国40余名业界同行、专家学者参加会议，就医学图书馆新视野与实践相关问题进行深入交流和研讨。会议安排5位专家做学术报告，分别是：医学分会主任、军事科学院军事科学信息研究中心副主任、军事科学院图书馆馆长陈锐的“‘一带一路’下医学大健康的信息服务”，中国医学科学院信息研究所/图书馆副所馆长钱庆的“大数据驱动的精准医学研究”，医学分会副主任、CALIS全国医学文献信息中心主任谢志耘的“药学二级学科竞争力评价与科研管理决策研究”，首都医科大学图书馆馆长黄芳的“高校图书馆的新机遇——面向智库建设的学科服务”和医学分会秘书长、军事科学院军事科学信息研究中心郝继英的“学者的学术影响力评价研究”。5位专家来自医学科研机构和院校图书馆，报告分别从国际视野、国家层面、学术层面、学科层面以及学者层面等不同角度展示医学图书馆对未来发展的新视野、新思维和新服务，紧扣学术热点，观点新颖前沿，特色突出。报告既有对医学图书馆未来发展前景的研究和展望，又有脚踏实地、不断创新的信息服务最佳实践，对医学图书馆的信息服务具有十分重要的启示和示范作用。在互动交流环节，与会人员积极提问，专家答疑解惑，相互探讨彼此交流，会场气氛热烈。（医学图书馆分会）

【上海医院图书馆委员会首次参加上海市图书馆学会学术年会】　12月14—15日，上海市图书馆学会2018年学术年会在华东师范大学召开，上海医院图书馆委员会在成为上海市图书馆学会的一个专业分会后首次参加其学术年会并主办第8分会场。该委员会主任、上海交通大学医学院图书馆馆长仇晓春主持此次分会场学术研讨会。上海交通大学医学院图书馆副研究馆员吴慧、复旦大学附属儿科医院主任葛小玲、同方知网全球学术资源整合服务分公司副总经理夏晨曦、复旦大学附属华山医院图书馆馆长李芸、上海交通大学医学院图书馆馆员郑一宁、同方知网上海分公司生命科技与环境知识服务中心主任焦小亮等6人分别做专题报告。（上海医院图书馆委员会）

党校图书馆分会

【概况】　2018年，中国图书馆学会党校图书馆分会（以下简称“党校分会”）各项工作有序推进，有力推动全国党校（行政学院）系统图书馆的整体转型发展。

召开党校分会专题工作会议，推进数字资源建设协同发展。7月5日，在广东省委党校（行政学院）召开中南地区党校（行政学院）图书馆工作会议；10月19日，在绵阳市委党校召开“四大专题数据库”申报项目评审会；12月17—19日，在安徽省委党校（行政学院）召开全国数字图书馆建设与服务联席会议第十九次会议；12 月 27 日，在江西省委党校（行政学院）举办 2018 年华东地区党校行政学院信息化和图书馆科学发展专题研讨班暨科学发展合作年会。

带领地方党校（行政学院）图书馆共同建设“四大专题数据库”。在绵阳召开的“四大专题数据库”申报项目评审会上，对 9 家单位的 9 个数据库、2 个子课题进行补充论证，并完成补充立项、印发项目通知书工作。截至 2018 年底，全国已有 44 家党校（行政学院）的 77 个子库、61 个子课题通过立项，范围覆盖各个片区。77 个项目中，包括“马克思主义理论教育专题数据库”项目 4 个，“习近平新时代中国特色社会主义思想专题数据库”项目 10 个，“领导干部党性修养专题数据库”项目 33 个，“新型高端智库建设专题数据”项目 23 个，另外还有 7 个知识机构库或文库。从地方党校提交的子库、子课题项目申请书来看，无论从子库、子课题申报的数量，还是从内容创新、特色建库上，都比“十二五”时期有明显进步。这些数据库彰显党校特色、人文特点、地方特征，突出数据库建设的适用性、创新性要求。各申报单位在本校校委的领导与支持下，积极协调相关部门，进行项目建设工作。

目前，“四大专题数据库”建设进展顺利，有些地方党校已经取得阶段性成果。浙江省委党校统合推动特色资源库建设，有效推动全省党校系统“1＋5＋X”（1 为红色学府网，5 为浙江省委党校在中央党校立项的 5 个项目，X 是指为市县级党校立项的数个子项目）特色资源库落地生根，围绕省委省政府重大决策部署和地方工作实践建设若干个具有党校特色、浙江特点、时代特征的特色资源库；重庆市委党校承担的数据库建设基本完成，并通过数据库建设开展知识服务，有效嵌入教学与科研工作；湖州市委党校在专题数据库建设中转变思维方式，注重从用户使用角度思考建库和用库，开发基于读者需求的分层知识服务体系，更加注重数据库的便捷性、时效性、精准性，数据库建设取得长足进步；铜陵市委党校申报的“桐城派文化数据库”立项后，经过积极努力，项目被列为铜陵市 2018 年智慧城市建设重点项目，获前期项目资金 150 万元，不仅从整体上提升图书馆的软硬件水平，还围绕桐城派文化建设教学基地并产生系列辐射效应。

加强对外合作，为全国近 1000 家党校（行政学院）免费开通使用“国家哲学社会科学期刊库”（NSSD）。NSSD 汇聚国内哲学社会科学优秀学术期刊 2000 余种、论文 960 多万篇，外文学术期刊 8000 多种、论文 680 多万篇，古籍 2354 册、图片 20 多万张，上线数据达 1600 余万条，基本满足教学、科研需要。中央党校（国家行政学院）图书和文化馆与中国社会科学院图书馆联合，为 1000 余家地方党校（行政学院）开通使用 NSSD 数据库，其中包括很多经费比较紧张的县、市级地方党校（行政学院），受到广泛欢迎与好评。[中央党校（国家行政学院）图书和文化馆　杜敏]

【中南地区党校（行政学院）图书馆工作会议在广州召开】　7 月 5 日，中南地区党校（行政学院）图书馆工作会议在广东省委党校（行政学院）召开。此次会议由党校分会下属中南地区分会主办，以“深化文献资源服务供给侧改革，加快推进图书馆转型发展”为主题，总结交流、贯彻落实全国党校图书馆工作会议精神的做法和经验，分析研究“十三五”期间图书馆发展中面临的重大问题，科学谋划开创新时代图书馆工作新局面的新思路和新举措。广东省委党校（行政学院）常务副校（院）长杨汉卿出席会议并致欢迎辞，中央党校（国家行政学院）图书馆馆长戴小明出席会议并做主题报告，广东省委党校（行政学院）校（院）委委员、巡视员程志彪主持会议并做大会发言、会议总结。9 家副省级以上党校（行政学院）图书馆馆长分别做大会发言。中南地区副省级以上党校（行政学院）和广东省地级市党校（行政学院）的主管领导、图书馆馆长等 80 多人参加会议。与会代表分组围绕戴小明的主题报告，就党校图书馆转型发展进行深入讨论，并在未来党校（行政学院）图书馆转型发展的目标方向、馆际合作及资源共建共享等方面达成共识。[广东省委党校（行政学院）图书馆　孙雯雯]

【“四大专题数据库”申报项目评审会在四川绵阳召开】　10 月 19 日，党校分会在绵阳市委党校召开“四大专题数据库”申报项目评审会，对 9 家地方党校图书馆申报的子库项目和子课题项目进行评审。评审会由中央党校（国家行政学院）图书和文化馆常务副馆长谢煜桐主持，党校分会副主任谢冈、于春艳、刘庆华、李青、吴晓尧以及技术委员会主任郑光辉、资源建设委员会主任杜敏等组成评审小组，对内蒙古，福建，湖南，云南，山东青岛，安徽合肥、淮南，四川绵阳、眉山等地9家单位申报的9个“四大专题数据库”子库项目、2个子课题项目进行评审。经充分讨论与评议，评审小组以无记名投票的方式表决通过所有项目申请，全部予以立项。谢煜桐做此次评审会总结，对新立项的单位提出具体要求。[中央党校(国家行政学院)图书和文化馆 杜敏]

【全国数字图书馆建设与服务联席会议第十九次会议在合肥召开】 12月17—19日，全国数字图书馆建设与服务联席会议第十九次会议在安徽省委党校（行政学院）召开。会议由中国图书馆学会主办，中央党校（国家行政学院）图书和文化馆承办，联席会议各成员单位代表近30人参加会议。安徽省委党校（行政学院）常务副校（院）长张永看望与会代表，副校（院）长袁维海出席会议并致辞。此次会议主题是“数字图书馆建设与服务联席会议十年：回顾与展望”。中央党校（国家行政学院）图书和文化馆常务副馆长谢煜桐主持会议。中国图书馆学会副理事长刘小琴、中央党校（国家行政学院）图书和文化馆副馆长刘俊瑞分别致辞，国家图书馆副馆长孙一钢、文化和旅游部全国公共文化发展中心宣传活动部处长王芬林、国防大学图书馆馆长杜福增等9人做专题发言。与会代表还对《数字图书馆资源管理指南（初稿）》进行讨论并提出意见和建议。(中央党校(国家行政学院)图书和文化馆 李志新)

【2018年华东地区党校行政学院信息化和图书馆科学发展专题研讨班暨科学发展合作年会在南昌召开】 12月27日，2018年华东地区党校行政学院信息化和图书馆科学发展专题研讨班暨科学发展合作年会在江西省委党校（行政学院）召开。此次会议由党校分会下属华东地区分会主办，来自华东地区六省一市省级、副省级党校（行政学院）分管信息化和图书馆工作的校（院）领导及相关负责人等90余人参加会议。江西省委党校（行政学院）常务副校（院）长曾志刚，中央党校（国家行政学院）信息技术部主任苏作霖、图书和文化馆常务副馆长谢煜桐出席会议并讲话。此次年会旨在深入贯彻全国党校工作会议对党校（行政学院）信息化及图书馆工作提出的新要求，结合实际，交流经验，探讨当前信息化与图书馆前沿问题、热点问题，创新信息化教学模式，更好地服务于党校主业主课，开创华东地区党校（行政学院）信息化和图书馆工作新局面。会议充分肯定全国党校行政学院系统信息化建设以及图书馆转型发展工作取得的巨大成绩，提出信息化工作要牢牢把握正确方向和加强协同合作，图书馆工作要在特色、转型和合作上下大功夫，向高标准推动发展。会议还进行了分组讨论。[中央党校(国家行政学院)图书和文化馆 杜敏]

各省、自治区、直辖市图书馆学会

北京市

【概况】 2018年，北京市图书馆协会个人会员1034人，团体会员36个。协会严格遵守北京市社科联和主管单位北京市文化和旅游局的要求，不断完善、健全各项规章制度，督导会员正确、合理参加与开展各项学术研究活动，并按规定完成社会团体法人登记证、统计证等年检工作。受中国图书馆学会委托，完成全市中图学会会员在中图学会会员的计算机系统登记工作。坚持组织会员单位开展阅读活动，面向读者推荐图书、引导阅读。全年举办各类阅读活动7486次，325万余人次参与其中。(北京市图书馆协会)

【组织会员参与各类培训】 2018年，北京市图书馆协会积极开展形式多样的培训，既有结合公共图书馆事业发展及业务需求组织的专项业务培训，又有图书馆业界专家的学术报告与经验介绍等。组织各区公共图书馆馆长学习《中华人民共和国公共图书馆法》，全年共举办各类交流培训5次，280余人次参加。为配合公共图书馆系统更新工作，协会参与举办ALEPH500图书馆集成管理系统培训班、北京市文献联合编目中心中文图书高级编目培训班等，组织会员单位工作人员150余人次到首都图书馆业务部门进行学习和实习，促进各会员馆之间的业务合作与交流。(北京市图书馆协会)

【举办并参与学术研究活动】 6月20—22日，北京市图书馆协会联合河北省图书馆学会、天津市图书馆学会、藏书报共同主办的2018京津冀地方文献资源建设发展论坛在河北石家庄市召开，共收到来自京津冀地区图书馆界，地方文献、古籍研究者，以及少量京津冀以外地区论文共45篇。最终评选出一等奖5名，二等奖6名，三等奖8名。12月20—22日，协会参与主办2018图书馆空间再造与功能重组研讨会。协会还积极组织会员参加中国图书馆学会及其各专业委员会的学术征文活动；同时，在中国图书馆学会主办的“依法办馆　创新发展——新时代公共图书馆建设与服务知识学习竞赛”活动全国总决赛中荣获团体三等奖，在“我听·我读——2017年全国少儿读者朗诵大赛”中荣获最佳组织单位奖。（北京市图书馆协会）

天津市

【概况】 2018年，在《中华人民共和国公共图书馆法》（下简称《公共图书馆法》）正式实施的背景下，天津市图书馆学会积极指导天津市区级公共图书馆开展《公共图书馆法》的学习、宣传及贯彻工作，开展《公共图书馆法》系列培训、讲座、征文、竞赛及展览活动，营造学习贯彻《公共图书馆法》的氛围。联合河北省图书馆学会、北京市图书馆协会、藏书报等单位共同主办2018京津冀地方文献资源建设发展论坛，组织带领10余名代表参加论坛，文史学者、天津图书馆资深专家高成鸢在会上被授予特别荣誉奖；来自天津图书馆、天津师范大学等的4名代表围绕古籍文献问题研究做主旨发言。积极参与2018年全民阅读活动，天津市图书馆学会推荐的天津图书馆获“2017年全民阅读先进单位”称号，和平区少年儿童图书馆获“全民阅读示范基地”称号，天津图书馆“中国残疾人联合会‘盲人阅读推广与社会教育示范应用’项目”获“2017年阅读推广优秀项目”。完成《中国图书馆年鉴2018》天津部分的编纂工作。与天津图书馆、天津市少年儿童图书馆联合主办的期刊《图书馆工作与研究》全年收文3000余篇，刊发269篇，并出版1期增刊，入编《中文核心期刊要目总览》2017年版（即第8版）之图书馆事业、信息事业类核心期刊。（天津市图书馆学会）

【开展《公共图书馆法》学习宣传活动】 1月9日，天津市图书馆学会与天津图书馆共同承办市文广局主办的《公共图书馆法》专题培训，邀请北京大学教授李国新对《公共图书馆法》进行详细解读，参加培训的人员包括市文广局、各区文广局以及全市各级公共图书馆领导班子成员和中层以上干部，共计300余人。1月15日—4月10日，开展“我身边的图书馆——公共图书馆法与新时代公共图书馆建设与服务”主题征文活动，共收到来自全市各个公共图书馆的稿件38篇，学会组织多位专家进行评审，最终评选出一等奖3名、二等奖4名、三等奖8名及优秀奖若干名，并推荐7名获奖作者参加2018年中国图书馆年会。4月上旬，举办“凝聚业界共识，引领行业发展——《中华人民共和国公共图书馆法》解读”图文展览，展览在天津图书馆文化中心馆区展出，历时1个月，内容分为两部分：第一部分为《公共图书馆法》的法律全文；第二部分从《公共图书馆法》的立法背景、重要意义、4大亮点、公共图书馆为读者提供的服务、专家热议等多个方面，对其进行全面深入的解读。（天津市图书馆学会）

【举办“依法办馆　创新发展——新时代公共图书馆建设与服务”知识学习竞赛天津市选拔赛】 1月2日，中国图书馆学会下发《关于举办“依法办馆　创新发展——新时代公共图书馆建设与服务”主题活动的通知》，天津市图书馆学会动员全市范围内的公共图书馆组织馆员参与。初赛阶段从2月5日持续至4月10日，根据中图学会官网排名统计，天津市参加网上竞答的近500人次，位列全国第八位，46人获得初赛“研学之星”荣誉称号。3月19日，天津市图书馆学会与共享工程天津分中心、推广工程天津分中心共同举办天津市选拔赛辅导培训，来自全市公共图书馆系统的70名工作者参加。4月16日，天津图书馆在全馆范围内举行内部选拔，25名青年馆员参加线上竞答。4月24日，举办天津市选拔赛，分复赛、决赛2个阶段，来自22支图书馆参赛队伍的近70名选手参赛。最终，西青区图书馆代表队获一等奖，河东区图书馆和滨海新区图书馆代表队获二等奖，天津图书馆、天津市少年儿童图书馆、河西区图书馆代表队获三等奖；天津图书馆、天津市少年儿童图书馆等

单位被授予优秀组织奖。（天津市图书馆学会）

河北省

【概况】 2018年，河北省图书馆学会新增会员63名，会员总数达到1808名。学会开展“先进学会”“先进单位”“优秀会员”“优秀学会工作者”评选活动。在中国图书馆学会举办的全民阅读评选表彰活动中，河北省学会报送的石家庄市图书馆、廊坊市图书馆和唐山市丰南区图书馆荣膺“全民阅读示范基地”称号，唐山市图书馆荣获“2017年全民阅读优秀组织奖”，邢台市图书馆荣获“2017年全民阅读先进单位”，沧州市图书馆的“遇书房·经典阅览室”项目荣获“2017年阅读推广优秀项目”。河北省图书馆学会被中图学会评为“同筑中国梦　共度书香年”春节主题活动优秀组织单位奖。

组织开展以“阅读相伴成长”为主题的第十五届燕赵少年读书系列活动；举办第五届全省图书馆服务创新案例竞赛；组织会员单位举办主题阅读活动，开展全民阅读表彰奖励。召开2018京津冀地方文献资源建设发展论坛；举办川吉苏冀桂五省（区）图书馆学会第十六届学术研讨会。

各市学会、各会员单位和专业分会创新业绩。全省各市图书馆学会积极组织形式多样的阅读推广、学术交流，推动事业发展。省学会高职高专院校分会举办工作研究暨学术研讨会。石家庄学院图书馆、河北师范大学图书馆等单位承办第五届服务创新案例竞赛等多项活动。医院图书馆委员会举办全省性学术研讨活动。（河北省图书馆学会）

【“阅读相伴成长”第十五届（2018年度）燕赵少年读书系列活动】 4月23日，由河北省文化厅、省教育厅、共青团河北省委联合主办，河北省图书馆学会、省图书馆，全省各市文广新局、教育局、团委，各市、县图书馆学会和图书馆共同承办的“阅读相伴成长”第十五届（2018年度）燕赵少年读书系列活动正式启动。此届读书系列围绕主题策划图书荐读，阅读记录卡设计大赛，“我的阅读故事”主题征文，“少儿故事大王”评选，回访、寻找最美小读者等项目，吸引10余万名中小学生参加，共收到各类作品3万余份。燕赵少年读书系列活动已经连续开展15年，成为河北省公共文化服务体系建设中的一个重要文化品牌。（河北省图书馆学会）

【举办首届河北省十大藏书家评选活动】 5月5日—11月底，河北省图书馆学会、河北新闻网、藏书报共同主办首届河北省十大民间藏书家评选活动。此次活动历时7个月，报名参与者百余人，经过海选、初评、复审，走访、投票、专家会评，12月评选结果正式出炉。河北省民间藏书资源无论是古籍文献、红色文献收藏，还是普通阅读类藏书，都很丰富。此次活动旨在发掘更多当代藏书人物，引领当代藏书与阅读，营造浓厚的书香氛围。（河北省图书馆学会）

【2018京津冀地方文献资源建设发展论坛在河北省图书馆召开】 6月21—22日，由河北省图书馆学会、北京市图书馆协会、天津市图书馆学会、藏书报等单位联合主办的2018京津冀地方文献资源建设发展论坛在河北省图书馆举行。此次论坛以“推动京津冀文献资源活化，服务地方文化传承发展”为主题，来自京津冀地区图书馆界、方志界、出版界、文献收藏界、教育界的共150位专家代表参会，共有19人获奖，文史学者、天津图书馆资深专家高成鸢先生被授予特别荣誉奖。高成鸢先生以现代奇士宋蕴朴跌宕起伏的一生为主题做专家报告，天津图书馆王进、天津师范大学牛甲芝、周余姣、凌一鸣等分别就古籍文献问题研究做主旨发言。与会专家学者纷纷表示：在当前京津冀三地政治、经济、文化不断融合的大背景下，地方文献活化融合已是大势所趋，这是时代发展的必然，也是这代人肩头的重担。当前京津冀发展不平衡的现状依然突出，资源配置、资金分配、人才分布等方面差距依然明显，如何有效弥补这些差距，还需要全社会的共同努力。（河北省图书馆学会）

【召开2018年度河北省、市公共图书馆馆长联席会议】 10月9—11日，由秦皇岛图书馆承办的2018年度河北省、市公共图书馆馆长联席会议在秦皇岛市召开。全省11个设区市和辛集、定州市图书馆馆长等共27名代表出席。河北省文化和旅游厅副巡视员梁扉就公共图书馆如何学好用好《中华人民共和国公共图书馆法》、深化改革创新、提升服务效能、满足群众对美好生活的精神文化需求做指示，并对全省的图书馆工作提出期望和要求。会议就 2017 年度馆长联席会以来各馆的工作、第六次全国县级以上公共图书馆评估定级结果、全省公共图书馆文化精准扶贫等议题进行深入交流和探讨。（河北省图书馆学会）

【公私藏书与经典阅读论坛在河北沧州举办】 10 月 17 日，由中国图书馆学会阅读推广委员会主办，阅读推广委员会经典阅读推广专业委员会、河北省图书馆学会等单位共同承办的公私藏书与经典阅读论坛在沧州市举办。此次活动以“多界共融下的公私藏书与经典阅读新生态”为主题，分为学术论坛及典藏展两部分。学术论坛部分邀请国内图书馆界专家、学者以及藏书家、出版人、作家、获奖征文作者做主旨报告和大会交流；典藏展特邀省内外藏书家展出珍贵藏品，有 10 余件民间藏西夏文献首次走进大众视野，赢得与会专家和来馆观众的重点关注。（河北省图书馆学会）

【川吉苏冀桂五省（区）图书馆学会第十六届学术研讨会在河北邢台召开】 10 月 30 日，由河北省图书馆学会承办的川吉苏冀桂五省（区）图书馆学会第十六届学术研讨会在邢台市召开。来自四川、吉林、江苏、河北、广西五省（区）的图书馆专家、学者和论文获奖者代表共 116 人参加研讨会。此次研讨会主题为“图书馆发展：与法同行”。河北省委宣传部原副部长，河北省社会科学院原院长周振国做题为“自觉肩负起兴文化的历史使命”的专题报告。南开大学公共文化创新研究中心主任、商学院信息资源管理系博士生导师徐建华做题为“两法实施之后公共图书馆工作重点与走向”的专题报告。此次学术研讨会共收到论文近 700 篇，经过严格评审，共评出 210 篇获奖论文和 25 个优秀组织奖。（河北省图书馆学会）

【举办 2018 河北省公共图书馆馆员专业素养提升研修班】 11 月 4—10 日，河北省图书馆学会在武汉大学举办 2018 河北省公共图书馆馆员专业素养提升研修班。来自全省各级公共图书馆的 70 名学员接受为期 7 天的封闭式图书馆学专业理论与实务培训。武汉大学信息管理学院副院长黄如花讲授“大数据时代图书馆的服务创新”，信息管理学院原图书馆学系主任司莉讲授“公共图书馆服务营销新理念”，陈传夫、周力虹、王三山等多位学界专家也进行了授课。此次研修班面向河北省、市、县三级公共图书馆进行专家授课，有效提升参训馆员的专业知识与专业素养。（河北省图书馆学会）

【召开河北省图书馆学会第九次会员代表大会】 12 月 11 日，河北省图书馆学会第九次会员代表大会在省图书馆召开，此次代表大会根据相关程序选举产生学会新一届理事会成员，并对全省 2014—2018 年度先进单位及个人进行表彰。来自全省图书馆学会的 108 名代表参加会议。会议审议并通过《河北省图书馆学会第八届理事会工作报告》《河北省图书馆学会章程（修改草案）》《河北省图书馆学会第八届理事会财务收支情况报告》及大会决议草案。授予 9 家单位“先进学会”称号、16 家单位“先进会员单位”称号、11 名同志“优秀学会工作者”称号、62 名同志“优秀会员”称号。会议采用无记名投票方式选举出第九届理事会。在下午召开的九届一次理事会上，选举产生新一届常务理事及省学会理事长李勇（河北省图书馆馆长），选举产生 8 名副理事长。经理事长李勇提名，理事会表决通过由靳志军任省学会第九届理事会秘书长，审议并通过各工作委员会负责人、学会副秘书长人员名单。（河北省图书馆学会）

【召开 2018 河北省图书馆学会年会】 12 月 11 日，由河北省文化和旅游厅指导，河北省图书馆学会和省图书馆联合主办的“创造力 · 效能 · 质量：馆员与事业进步——2018 河北省图书馆学会年会”在石家庄召开，来自全国各省市的嘉宾代表及全省 200 多名业界同人参加盛会。年会邀请河北省文化和旅游厅副巡视员梁扉做“我省公共文化服务体系建设的新形势新任务”的专题报告。石家庄学院图书馆李文革以“知识管理与馆员职业发展——你的知识需要管理”为题做学术报告。年会以“创新是图书馆发展的原动力——案例分享”“馆员创造力与事业发展”“公共图书馆事业的高质量发展”为主题设 3 个分会场，为河北省学会会员提供一个深入探讨、互动交流的机会。（河北省图书馆学会）

山西省

【概况】 2018年1月，山西省图书馆学会召开第五届十六次、十七次常务理事会，会议审议并通过关于增补和更换理事长、副理事长及常务理事的申请，通报2017年度财务报告，通过山西省图书馆学会专业工作委员会机构设置及关于表彰2017年度“全民阅读先进集体”和2013年—2017年度“优秀学会工作者”和“优秀会员”的相关决议。申请更换中国图书馆学会常务理事及理事人选。2018年，学会秘书处在会员管理及制度建设上继续努力，会员结构更加完善，会员数量大幅增加，截至12月底，已注册并缴纳会费的团体会员85家、个人会员1079人。继续支持与推进分支机构和地方学会的建设发展，共设11个分支机构，更好地完善学会组织建设和层级管理。

继续鼓励并支持各市级图书馆学会及各图书馆独立自主地开展学术活动和业务交流，参与人数及工作力度较往年均大幅提高。据统计，会员累计参加国家级会议、论坛、培训454场次，累计参与1185人次。全省各级图书馆主办或承办培训会议131场，累计参加11714人次，公开发表论文篇数71篇。山西省图书馆学会全年主办及承办学术交流与业务培训6次，累计培训886人次。在全省组织开展由中国图书馆学会主办的2018年“同筑中国梦　共度书香年”春节系列活动，全省78个图书馆积极参与，80多万人次社会公众观看展览。全省多家新闻媒体对活动进行相关报道，省学会获得“最佳组织单位”奖。2018年由省学会报送、省文化厅推荐的隰县图书馆“甜甜姐姐讲故事”获得中国最美图书馆故事之“优秀服务案例”，并在2018年中国图书馆年会举办期间进行风采展示。评选并提交32篇征文参加由中国图书馆学会阅读推广委员会主办的“我的书房故事”征文比赛。组织全省图书馆员参加由山西省科协等4家单位组织举办的第十九届山西省优秀论文评选活动，报送21篇论文参加评选，6人获奖。（山西省图书馆学会　武锦丽）

【举办“依法办馆　创新发展——新时代公共图书馆建设与服务”知识学习竞答活动】 在《中华人民共和国公共图书馆法》颁布实施之际，省学会在全省范围组织开展“依法办馆　创新发展——新时代公共图书馆建设与服务”知识学习竞答活动和“我身边的图书馆——公共图书馆法与新时代公共图书馆建设与服务”征文系列活动，全省共有600余名图书馆员通过中图学会网上平台进行注册答题。省学会于4月26日举办全省知识竞答活动，全省11个地市级图书馆及省图书馆均组队参加现场角逐，其中4名优秀选手代表山西省参加在廊坊举办的2018年中国图书馆年会现场比赛。最终省学会荣获“优秀组织单位”奖，山西省有62名选手获得由中国图书馆学会颁发的知识竞答“研读之星”，省图书馆李子峰荣获“会员论坛之星”。（山西省图书馆学会　武锦丽）

【举办推进《公共图书馆法》实施暨新时代公共图书馆阅读推广经验交流会】 1月29—30日，山西省图书馆学会举办推进《公共图书馆法》实施暨新时代公共图书馆阅读推广经验交流会。全省各级公共图书馆馆长及业务骨干260余人参加会议。会议以学习宣传贯彻《公共图书馆法》为主题，邀请上海图书馆副馆长周德明做题为“公共图书馆法与图书馆服务创新”的主旨报告。颁发2017年度全民阅读先进集体等奖项。理事长王建军做2017年工作总结及2018年省学会工作部署。太原市图书馆、隰县图书馆、应县图书馆、吕梁市图书馆做关于开展阅读推广活动的经验交流报告。全省80余家图书馆通过网络直播同步参与此次培训活动。（山西省图书馆学会　张晓庆　赵晋）

【全国基层文化队伍示范性培训——第七期全国县级图书馆馆长培训在山西晋中举办】 4月15—21日，由中国图书馆学会主办，山西省图书馆学会、晋中市图书馆承办的全国基层文化队伍示范性培训——第七期全国县级图书馆馆长培训在晋中市图书馆学术报告厅举行。来自全国22个省、自治区、直辖市的基层图书馆馆长180余人参加开班仪式。此次培训为期5天，邀请到文化和旅游部公共文化司副司长陈彬斌、南开大学信息资源管理系教授柯平、中央文化管理干部学院研究员毕绪龙等7位知名专家授课。培训以交流总结基层公共图书馆发展及服务创新为引领，以探讨县级公共图书馆发展面临的挑战及构建现代公共文化服务体系的责任为目标。采用专题授课、现场教学、座谈研讨、学员论坛、学员讲堂等多种教学方式相结合的形式开展系列培训。(山西省图书馆学会　武锦丽)

【2018年全国公共文化巡讲暨山西省公共图书馆馆长和业务骨干培训班在山西省图书馆举行】 7月16—18日，山西省图书馆学会承办由中央文化管理干部学院、山西省文化厅主办的2018年全国公共文化巡讲暨山西省公共图书馆馆长和业务骨干培训。全省11个地市分管图书馆工作的文化局领导及各公共图书馆馆长、业务骨干约90人参加培训。此次培训工作既是深入贯彻《中华人民共和国公共文化服务保障法》和《中华人民共和国公共图书馆法》的重要举措，也是夯实山西省公共文化服务体系建设的具体行动。培训期间，学员通过专家授课、交流互动等环节，共同探讨全省公共图书馆发展面临的挑战及构建现代公共文化服务体系的方法与路径。(山西省图书馆学会　张晓庆　牛雪晖)

【召开"新时代图书馆服务创新:智慧图书馆建设研讨会"】 9月4—6日，"新时代图书馆服务创新：智慧图书馆建设研讨会"在大同市图书馆召开。来自全省11个地区150多位市、县级馆长和业务骨干参加此次研讨会。研讨会围绕"新时代智慧图书馆和总分馆制建设"主题，组织5场专题讲座和2场专题研讨。南京大学教授邵波、浙江图书馆原副馆长刘晓清等专家分别就"从传统到智慧：新一代系统环境下的图书馆建设""总分馆体制下的智慧图书馆理念与服务创新""智慧图书馆建设与服务""智能革命与图书馆技术创新变革""县域图书馆文化馆总分馆制建设"等内容进行专题讲座，与会代表围绕如何构建山西特点的智慧图书馆进行专题研讨。(山西省图书馆学会　武锦丽)

【山西省图书馆学会与山西省高校图工委共同举办新时代图书馆创新融合与建设发展研讨会】 为加深行业纵向交流学习，11月21—24日，山西省图书馆学会与省高校图工委联合在南京举办新时代图书馆创新融合与建设发展研讨会。研讨会围绕"图书馆创新融合与建设发展"的主题，组织行业优秀代表一行56人赴南京图书馆、金陵图书馆参观和座谈交流，观摩新业态下南京大学智慧图书馆建设情况，学习智慧图书馆相关理论、技术前沿和相关动态，同时，就图书馆的创新建设和融合发展进行深入交流。此次研讨会是继9月在大同市举办"新时代图书馆服务创新：智慧图书馆建设研讨会"后的一次延续性学术活动。省学会以"走出去"的形式积极探索符合山西省图书馆事业高质量发展的路径；同时搭建公共图书馆与高校图书馆之间互动交流、共享合作的平台，是图书馆界融合发展的成功尝试。(山西省图书馆学会　张晓庆)

内蒙古自治区

【概况】 2018年，内蒙古自治区图书馆学会认真贯彻落实中国图书馆学会、内蒙古自治区社科联、内蒙古自治区民政厅等上级文件、通知精神，组织、号召全区图书馆工作者参加各级各类的学术研讨会、培训班、竞赛等，充分做好桥梁纽带作用，积极推荐区内优秀单位和个人申报评选活动，大力发展会员。其中，由鄂尔多斯市图书馆学会选送的5名会员组成的内蒙古自治区代表队荣获2018年中国图书馆年会"依法办馆　创新发展——新时代公共图书馆建设与服务"主题知识竞赛全国二等奖，自治区图书馆学会、鄂尔多斯市图书馆学会获最佳组织奖，3人获评"研学菁英"。组织举办阅读推广工作委员会、医院图书馆专业委员会等年度工作会议。2018年社会组织年检为合格。完成内部连续性出版物《内蒙古图书馆工作》2018年第1、2期的组稿、编辑和出版工作；完成《中国图书馆年鉴2018》《内蒙古自治区社会科学年鉴（2018—2019卷）》内蒙古自治区图书馆学会部分的编写工作。在学术交流与培训、社会服务与宣传、组织建设与行业协调、编辑出版等方面均取得一定的成绩。(内蒙古自治区图书馆学会　乌兰格日勒　李文清)

【内蒙古自治区图书馆学会开展"同筑中国梦　共度书香年"春节主题活动】 春节期间，内蒙古自治区图书馆学会响应国家图书馆与中国图书馆学会的号召，组织动员全区各级各类图书馆及有关单位包括内蒙古自治区图书馆、阿拉善盟图书馆、呼伦贝尔市图书馆、包头市图书馆、鄂尔多斯市东胜区图书馆等共34家，联合开展主题为“同筑中国梦　共度书香年”的图书馆春节活动，其中在内蒙古自治区图书馆举办“明春节礼俗　树文化自信”年俗文化展。活动结束后，对实施情况进行总结上报并被中国图书馆学会评为“表现突出单位”予以通报表扬。（内蒙古自治区图书馆学会　乌兰格日勒　李文清）

【“第十三届文津图书奖”获奖作品展在内蒙古自治区图书馆草原印象展厅展出】 4月23日，由国家图书馆主办，内蒙古自治区图书馆学会、内蒙古自治区图书馆承办的“第十三届文津图书奖”获奖作品展在内蒙古自治区图书馆草原印象展厅展出。展览详细介绍第十三届文津奖获奖作品、评审过程，并在LED大屏上同步直播由国家图书馆举行的第十三届文津图书奖发布暨国图公开课特别活动。内蒙古自治区图书馆连续4年担任联合评审单位。（内蒙古自治区图书馆学会　乌兰格日勒　李文清）

【内蒙古自治区公共图书馆馆长论坛暨图书馆系统“三区”文化人才业务培训班在通辽市举行】 7月12—14日，由内蒙古自治区图书馆学会、内蒙古自治区图书馆、通辽市文化新闻出版广电局主办，通辽市图书馆承办的内蒙古自治区公共图书馆馆长论坛暨图书馆系统“三区”文化人才业务培训班在通辽市举行。自治区各盟市旗县图书馆馆长、业务人员及来自北京、河北、山西、辽宁、吉林、黑龙江部分省市图书馆代表等共200余人参加。论坛以“法治·共享·创新”为主题，特邀北京大学李国新、浙江大学阮可等专家，讲解《中华人民共和国公共图书馆法》、公共数字文化服务与应用、公共图书馆总分馆建设等内容。培训班围绕数字文化走进蒙古包、总分馆建设、现代化图书馆管理、数字图书馆推广、智慧图书馆建设等内容，对全区各盟市旗县图书馆学员进行培训。期间，邀请通辽市党校教授张亚辉做“不忘初心　牢记使命——学习十九大精神”的主题讲座。（内蒙古自治区图书馆学会　乌兰格日勒　李文清）

【内蒙古自治区图书馆学会医院图书馆专业委员会工作会议暨数字图书馆助力医院发展学术研讨会在呼和浩特市召开】 8月10日，由内蒙古自治区图书馆学会、内蒙古自治区人民医院主办，内蒙古自治区人民医院图书馆承办的此次会议在呼和浩特市内蒙古自治区人民医院学术报告厅召开，会议主题为“好风凭借力”——内蒙古地区医院图书馆共建·共享·共发展。医院图书馆专业委员会主任、副主任、委员，全区各级各类医院院长、图书馆馆长及情报专业人员等近150人参加。学会秘书长乌兰格日勒宣读医院图书馆专业委员会机构组成的通知、成员名单及2018年工作安排，并颁发聘书。会议邀请区内外医学情报专家，分别就“大数据时代医院图书馆的角色转换与服务创新”“以内蒙古自治区人民医院为例——浅谈医院图书馆服务模式的转变”“智慧图书馆建设——需求引领创新”等议题与参会人员进行分享。（内蒙古自治区图书馆学会　乌兰格日勒　李文清）

【“网络书香·数字图书馆建设与服务”宣传推广项目(内蒙古站)系列活动暨图书馆馆长及业务骨干培训班举行】 8月29—31日，由国家图书馆、中国图书馆学会、内蒙古自治区文化厅主办，内蒙古自治区图书馆、内蒙古自治区图书馆学会、阿拉善盟文化新闻出版广电局承办，阿拉善盟图书馆、阿拉善盟图书馆学会协办的“网络书香·数字图书馆建设与服务”宣传推广项目（内蒙古站）系列活动暨图书馆馆长及业务骨干培训班在阿拉善盟举行。中国图书馆学会副理事长刘小琴，内蒙古自治区图书馆党总支书记赵景琦，学会秘书长乌兰格日勒等领导以及自治区各级各类图书馆馆长、业务骨干200余人参加启动仪式。代表们参观数字图书馆展览体验区，随后参加图书馆馆长及业务骨干培训班。培训班根据各地建设数字图书馆并结合工程实施的实际需求，开展数字图书馆推广工程建设与服务、软硬件平台建设、数字图书馆的发展现状及趋势、数字图书馆的管理与服务等课程内容，授课老师均为业界数字图书馆建设与服务方面的资深专家。（内蒙古自治区图书馆学会　乌兰格日勒　李文清）

辽宁省

【《中华人民共和国公共图书馆法》培训班开班】 2月6—7日，由辽宁省文化厅主办、辽宁省图书馆学会承办的《公共图书馆法》培训班在沈阳开班，来自全省各市文化局的人员及各级公共图书馆馆长160余人参加此次培训。培训班特邀中国图书馆学会副理事长刘小琴、北京大学教授李国新、国家图书馆常务副馆长陈力为培训班授课。3位专家针对培训主题，结合权威数据和翔实案例，对当前图书馆界存在的热点、难点问题进行深入讲解。(辽宁省图书馆学会　刘芳)

【召开2018年医学系统委员会学术年会暨国家继续医学教育学习班】 8月16—17日，由辽宁省图书馆学会主办、中国医科大学附属盛京医院图书馆承办的“2018年辽宁省图书馆学会医学系统委员会学术年会暨国家继续医学教育学习班”在盛京医院医药研究教育发展基地举办，辽宁省内30余位医院图书馆、信息中心、科教科专家参会。(辽宁省图书馆学会　刘芳)

【召开区域协作与图书馆可持续发展研讨会暨辽宁省图书馆学会2018年学术年会】 10月10—12日，由中国图书馆学会公共图书馆分会、辽宁省图书馆学会主办，公共图书馆分会图书馆区域协作工作委员会、辽宁省图书馆承办的区域协作与图书馆可持续发展研讨会暨辽宁省图书馆学会2018年学术年会在沈阳召开。来自全国各地、各类图书馆工作者及有关专家300余人参加会议。为提高会议效率，10月10日晚，召开区域协作工作委员会工作会议及辽宁省图书馆学会八届常务理事及理事会议。10月11日，会议邀请上海图书馆副馆长周德明、武汉大学信息管理学院教授司莉、同方知网公共图书馆行业知识管理公司总经理成鑫做专题讲座，同时会议向在区域协作会议征文及辽宁省图书馆学术年会征文工作成绩突出的单位授予“征文组织奖”。(辽宁省图书馆学会　刘芳)

【召开2018年少儿图书馆学术研讨会暨基层图书馆创新创意服务工作交流会】 11月14—16日，由辽宁省图书馆学会主办，辽宁省图书馆学会少儿系统委员会和基层图书馆工作委员会承办，盘锦市图书馆学会、盘锦市图书馆、沈阳市少年儿童图书馆协办的辽宁省图书馆学会2018年少儿图书馆学术研讨会暨基层图书馆创新创意服务工作交流会在辽宁盘锦召开，来自全省各地区的60余位会议代表参加会议。国家图书馆典藏阅览部副主任陈慧娜受邀为此次会议做题为“绘本阅读——开启儿童阅读新时代”的专题讲座；4篇优秀论文获奖代表在会上做交流发言；3名优秀创新创意案例获奖代表在会上与大家分享创新服务案例。(辽宁省图书馆学会　刘芳)

【举办图书馆学理论研究学术研讨会】 12月7日，以“新时代·新使命·新服务”为主题的图书馆学理论研究学术研讨会在辽宁师范大学图书馆召开。研讨会由辽宁省图书馆学会主办，辽宁省图书馆学会图书馆学理论研究委员会、辽宁师范大学图书馆承办。来自省内公共图书馆、高校图书馆的业界同人，辽宁师范大学图书馆学专业师生等80余人参加研讨会。会议精选优秀获奖论文在会上做交流发言；邀请大连大学图书馆教授张从容和辽宁师范大学政府管理学院副教授高春玲分别做专题报告，从理论与实践相结合的视角对图书馆学理论研究的现状和未来发展趋势进行解读，让与会者受益匪浅。同时邀请辽宁师范大学政府管理学院副院长张秀兰对此次会议的征文情况、评选办法进行汇报及点评。(辽宁省图书馆学会　刘芳)

【召开一对一精准扶贫工作会议】 12月20日，辽宁省图书馆学会在沈阳市召开一对一精准扶贫工作会议，省学会领导及来自全省的30位县级公共图书馆馆长、副馆长参加会议。为使扶贫工作落到实处，取得精准帮扶工作实效和成果，省学会以全国第六次县级以上公共图书馆评估数据为依据，指定15家工作突出的县级公共图书馆与15家贫困地区县级公共图书馆结成一对一的对子，开展一对一的帮扶工作。会上，15家提供帮助的图书馆和受助图书馆签订为期一年的帮扶协议。省学会副理事长、秘书长杜希林做会议总结，对各成员馆的支持表示感谢，同时希望各成员馆通过多种有效的合作与交流形式，互帮互助，携手前行，推动全省图书馆事业的平衡发展和协调发展。(辽宁省图书馆学会　刘芳)

吉林省

【召开吉林省图书馆学会八届六次常务理事(扩大)会】 4月17日，吉林省图书馆学会八届六次常务理事（扩大）会在省图书馆召开，学会常务理事、专门委员会（分会）主任、各地市图书馆馆长和部分高校图书馆馆长49人出席会议。会议从学会组织建设、学术活动、培训辅导、承接中国图书馆学会工作、完成第六次全省公共图书馆评估定级工作5个方面，全面总结学会2017年工作；结合学会2018年度工作计划，着重部署筹建省学会第九届理事会、举办第九次会员代表大会、出台学会评比表彰体系、组织开展评比表彰、支持专门委员会（分会）开展工作、组织专业课题立项及评审等重点工作；会议听取阅读推广委员会、未成年人服务委员会等专门委员会（分会）2017年工作总结和2018年度工作计划；审议通过《吉林省图书馆学、情报与文献学科研课题管理办法》《吉林省图书馆学会荣誉表彰体系设立方案（草案）》；通报理事会领导机构人事调整；宣读阅读推广委员会、未成年人服务委员会人事变更的批复；落实理事会、各专门委员会（分会）换届等具体事宜。（吉林省图书馆学会秘书处）

【召开“数字城市智慧图书馆建设”论坛】 9月14日，“数字城市智慧图书馆建设”论坛在长春召开，会议由吉林省图书馆学会和吉林省高校图书情报工作委员会联合主办，超星集团协办。此次专题论坛得到吉林省政府领导及行业人士的高度关注和参与，来自全省公共、高校、高职高专、党校、电大、科研院所等各系统90多个图书馆的300余位馆员参会。吉林省图书馆学会理事长、省图书馆馆长赵瑞军，学会副理事长、省高校图书情报工作委员会秘书长、吉林大学图书馆馆长禹平到会致辞。吉林省委政策研究室副主任李林、南京大学图书馆副馆长邵波应邀做“吉林省委十一届三次全会解读”“基于新一代系统的智慧图书馆构建与测评”报告。在《中共吉林省委吉林省人民政府关于以数字吉林建设为引领加快新旧动能转换推动高质量发展的意见》精神指导下，此次论坛全面聚焦数字城市图书馆数字化、智慧化建设，着重探讨促进图书馆管理服务与科技融通，就不断强化图书馆作为知识中心、文化中心、学习中心的服务功能，实现从重数量向重质量的智慧化服务转变进行深度交流与学习。（吉林省图书馆学会秘书处）

【2018吉林省公共图书馆业务技能大赛落幕】 11月29日，由吉林省图书馆学会、吉林省图书馆主办、同方知网（北京）技术有限公司吉林省分公司协办的2018吉林省公共图书馆业务技能大赛在吉林省图书馆落幕。此次大赛历时一个月，比赛内容涵盖《公共文化服务保障法》《公共图书馆法》及图书馆综合基础知识、文献资源建设、读者服务、信息网络技术等，全省共有22个单位400余人参与网上答题初赛活动。有14支参赛队伍参加现场复赛、决赛，省图书馆10名选手参与个人赛角逐。最终6支代表队分获团体赛第一名、第二名和第三名，8支代表队获得优秀奖，15个单位获得优秀组织奖，大赛同时产生多个单项奖。（吉林省图书馆学会秘书处）

黑龙江省

【全省图书馆界积极宣传《公共图书馆法》】 《中华人民共和国公共图书馆法》2018年1月1日起施行。为了更好地迎接《公共图书馆法》的实施，促进公共图书馆的事业发展，发挥公共图书馆的功能，保障公民基本的文化权益，中国图书馆学会倡导全国图书馆界大力宣传贯彻《公共图书馆法》。黑龙江省图书馆学会积极组织全省各级公共图书馆共同开展“宣传贯彻《公共图书馆法》系列主题活动”，扩大《公共图书馆法》的社会知晓度和影响力。全省62个图书馆组织宣传活动，以图片展、国图公开课、座谈会、发放传单、文艺表演、馆长讲解等方式，深入宣传贯彻《公共图书馆法》。（黑龙江省图书馆学会秘书处）

【开展2018年全省图书馆“同筑中国梦　共度书香年”春节主题活动】 中国图书馆学会于1月17日下发《中国图书馆学会关于组织动员全国图书馆联合开展“同筑中国梦　共度书香年”春节主题活动的通知》，主题活动包含展览、楹联文化古籍电子版、精选楹联、国图公开课等。黑龙江省图书馆学会组织全省63个公共图书馆参与活动，其中省馆1个，地市馆11个，区县馆51个，组织活动200多项，参与活动人数超过10万人次。电台、电视台、报纸等官方媒体，微信、微博、门户网站等自媒体进行广泛的宣传和推介。（黑龙江省图书馆学会秘书处）

【举办2018年全省公共图书馆“依法办馆　创新发展”业务大赛】 2018年1月，中国图书馆学会下发《关于举办“依法办馆　创新发展——新时代公共图书馆建设与服务”主题活动的通知》，黑龙江省图书馆学会组织全省公共图书馆积极参与中图学会在网上举办的学习竞赛，全省共67家单位的640位馆员参加初赛。

5月15日，由黑龙江省图书馆学会、黑龙江省图书馆主办，同方知网（北京）技术有限公司黑龙江分公司协办的“2018年全省公共图书馆‘依法办馆　创新发展’业务大赛”在省图书馆报告厅举行。在中图学会初赛的基础上，遴选6个代表队参加比赛。200余名馆员观摩，大赛对全省各级各类图书馆同步直播。哈尔滨地区代表队荣获团体一等奖；大庆地区代表队和伊春地区代表队荣获团体二等奖；牡丹江地区代表队、齐齐哈尔地区代表队和绥化地区代表队荣获团体三等奖。哈尔滨市图书馆李璇荣获比赛个人一等奖。另有8人分获二、三等奖。（黑龙江省图书馆学会秘书处）

【召开黑龙江省图书馆学会第十一次会员代表大会】 12月6—7日，黑龙江省图书馆学会第十一次会员代表大会在省图书馆召开，来自公共、高校、科研、党校、医院等系统图书馆学会174名代表参加会议。在7日上午的开幕式上，大会表彰了黑龙江省图书馆学会2013—2018年度优秀学会、优秀团体会员、优秀学会工作者及优秀会员。哈尔滨市图书馆学会等7个学会荣获“优秀学会”的称号，53个优秀团体会员获奖，27名学会工作者和128名优秀会员受到表彰。经过全体会员代表投票，选举产生省图书馆学会第十一届监事会与理事会，3名当选人组成监事会、69名当选人组成理事会。7日下午，大会先后召开第十一届一次理事会会议（第一阶段）、第十一届一次常务理事会会议、第十一届一次理事会会议（第二阶段）和闭幕式。经过代表们的充分讨论，大会审议通过第十届理事会工作报告；通过《黑龙江省图书馆学会章程》；通过修改后的“黑龙江省图书馆学会会费标准及管理办法”；通过“黑龙江省图书馆学会监事会职责”；通过第十一届理事会常务理事会组成人员及分工，设立秘书处及学术研究委员会、编辑出版委员会等8个分支机构。（黑龙江省图书馆学会秘书处）

上海市

【概况】 2018年，上海市图书馆学会在业务主管单位上海市科学技术协会、挂靠单位上海图书馆（上海市科学技术情报研究所）的管理指导和理事会的正确领导下，认真贯彻落实《社会团体登记管理条例》、中共中央办公厅《关于加强社会组织党的建设工作的意见（试行）》《上海市社会组织直接登记管理若干规定》等法律法规和国家政策，严格学会财务管理和自身建设，依据学会章程和学会2018年工作计划要点，积极进取、开拓创新，各项工作均取得新的成绩和创新发展。继续保持上海市科协“二星级”学会称号。全年累计举办全国性、区域性及全市性学术会议包括学术年会、论坛、报告、讲座、征文、培训、阅读推广等活动70余次。学会会刊年度出版发行达6.6万份，数字版机构用户达6000余个；“《图书馆杂志》数据出版管理平台”项目分别荣获“华东地区科技情报成果奖二等奖”“上海科技情报成果奖二等奖”；继续保持“中文社会科学引文索引来源期刊（CSSCI）”“全国中文核心期刊”“中国人文社会科学核心期刊（AMI）”“人大报刊复印资料重要来源期刊”等重要学术期刊评价核心期刊地位。（上海市图书馆学会秘书处）

【2018阅读推广优秀案例分享交流会】 4月20日，由上海市图书馆学会阅读推广委员会和新媒体阅读推广委员会主办，上海市图书馆学会大学生阅读推广委员会和公共图书馆阅读推广委员会协办的2018阅读推广优秀案例分享交流会在上海市奉贤区图书馆举行。会议邀请到《大学图书馆学报》副主编王波和浙江大学公共管理学院信息资源管理系李超平做专题报告。此次阅读推广案例分享会共收到来自全国各地的案例90个，经过专家评审，共评出一等奖10个，二等奖18个，三等奖24个。（上海市图书馆学会秘书处）

【图书馆学理论与实践研讨培训班（第3期）】 5月10—11日，由上海市图书馆学会、上海市高等学校图书情报工作委员会、高等教育出版社主办，上海师范大学图书馆承办的图书馆学理论与实践研讨培训班（第3期）在上海师范大学举办。邀请上海图书馆（上海科技情报研究所）馆所长陈超，南开大学商学院教授柯平，武汉大学信息管理学院教授冉从敬，北京大学信息管理系教授刘兹恒，中山大学资讯管理学院教授潘燕桃做关于图书馆学基础理论的学术报告。来自北京、河北、江苏、浙江、安徽、云南等 10 余个省市自治区及上海本地图书馆行业的 170 余名图书馆馆员参加培训。(上海市图书馆学会秘书处)

【上海组织参加全国首届图书馆杯主题海报创意设计大赛】 6—9 月，为鼓励原创设计人才参与图书馆阅读推广宣传工作，上海市图书馆学会联合上海市图书馆行业协会、上海市高等学校图书情报工作委员会共同组织各馆参加图书馆杯主题海报创意设计大赛，此次大赛以“新时代·新阅读·新未来”为主题，面向各公共图书馆和高校图书馆读者。(上海市图书馆学会秘书处)

【第五届图书馆微服务研讨会暨第一届图书馆新媒体创新服务案例评选活动】 6 月 12 日，由上海市图书馆学会、上海图书馆（上海科学技术情报研究所）等单位主办的第五届图书馆微服务研讨会暨第一届图书馆新媒体创新服务案例评选活动在上海市闵行区图书馆召开。此次会议面向全国图书馆界的新媒体微服务馆员，主题聚焦“微服务　新智能”，来自全国 84 个图书馆的 170 多位同人出席会议，围绕微服务平台的深入打造、微服务内容的创新实践展开讨论，共同为图书馆行业微服务的未来出谋划策。为将图书馆同行们在微服务领域数不胜数的创新举措与更多的同行分享，2018 年会议由上海市图书馆学会同步举办第一届图书馆新媒体创新服务案例评选活动。自 5 月 15 日开放案例提交通道以来，共收到来自全国 72 个图书馆的 77 个新媒体创新服务案例，都是各个图书馆自 2017 年 1 月 1 日以后在“两微一端”上推出的新服务举措，其中评选出 10 个“最富于启发性的新媒体创新服务案例”，并初选出 6 个“新媒体创新服务优秀案例”在研讨会现场进行案例展示和一二三等奖角逐。(上海市图书馆学会秘书处)

【2018 图书馆学术论坛】 10 月 10 日，上海市图书馆学会联合上海市高等学校图书情报工作委员会、中国索引学会在上海师范大学举行 2018 图书馆学术论坛，旨在提升馆员的科研能力和学术水平，以科研促进业务，以业务带动科研。来自北京、天津、江苏、浙江、江西、河南、香港以及上海等全国各地，包括公共图书馆、高校图书馆、科研机构图书馆以及党校图书馆在内的 90 余家图书馆的近 200 名馆员与会。(上海市图书馆学会秘书处)

【“绘声绘色·海尚朗读”2018“博看杯”海派经典朗读大赛现场总决赛】 总决赛于 11 月 22 日在上海图书馆 4 楼多功能厅举行。此次大赛由上海市图书馆学会阅读推广委员会和新媒体阅读推广委员会主办，上海图书馆读者服务中心、上海上图书店、武汉鼎森电子科技有限公司（博看网）共同协办。大赛自 4 月开赛以来，共有 20 余个图书馆积极参加、共同承办。经过各馆线上初赛，选送的 60 个朗读作品，通过“微信投票 + 专家评选”的方式，最终来自上海财经大学图书馆、同济大学图书馆、上海师范大学图书馆等 16 个图书馆选送的 16 个作品进入决赛。(上海市图书馆学会秘书处)

【上海市图书馆学会 2018 年学术年会】 12 月 14—15 日，由上海市图书馆学会、上海图书馆（上海科学技术情报研究所）主办，上海市中心图书馆、文化旅游部公共文化研究上海图书馆基地协办，华东师范大学信息管理系、华东师范大学图书馆、同方知网（北京）技术有限公司上海分公司承办的上海市图书馆学会 2018 年学术年会在华东师范大学召开。来自全市各系统各级各类单位会员图书馆及应文化旅游部公共文化研究上海图书馆基地特别邀请的相关地区公共图书馆和其他省市公共图书馆、高校图书馆等逾千名同人与会。通过网络直播收看的同行计 3079 人次，范围遍及全国各省市和港澳台地区，以及美国、英国、澳大利亚、日本、新加坡、柬埔寨、埃及等国家。此次年会主题为“回顾四十年　展望新时代”，大会特邀请复旦大学教授葛剑雄、上海图书馆（上海科学技术情报研究所）馆所长陈超、华东师范大学教授范并思、清华大学教授陆达做主旨报告。4 个主旨报告呈现图书情报事业的发展沿革，提出未来的开拓方向。12 月 14 日下午以及 15 日上午，上海市图书馆学会各专业委员会举办 10 场分会场报告，分会场的数量创历届年会之最。与会专家学者从多元视角展开，围绕“改革开放后图情教育四十年——暨华东师范大学图情学科创立四十周年座谈会”“跨界、融合、对话、智能”“多元整合智慧服务：图书馆发展的专业思维”“融合创新驱动——新时代文献资源发展探索”“传承与创新：图书馆阅读推广研究驱动与实践拓展”“融媒新时代·经典深阅读”“立德树人新行动——图书馆教育课程的开发”“新时代新使命——上海市医学图书馆创新服务论坛”“关联无穷，智慧无限”“智慧服务与开放创新——2018公共数字文化研讨会”等10个主题展开讨论。（上海市图书馆学会秘书处）

江苏省

【概况】 2018年，江苏省图书馆学会不断加强自身建设，凝聚全省力量，加强业务培训，推动学术研究，扩大合作交流，促进全民阅读，积极推动全省图书馆事业向高质量发展。全年新发展省图书馆学会个人会员57人、单位会员2家，发展中国图书馆学会个人会员69人、单位会员3家。截止到2018年底，全省共有省图书馆学会个人会员1933人、单位会员123家，共有中国图书馆学会个人会员923人、单位会员23家。召开江苏省图书馆学会七届四次理事会议暨学术交流研讨会。配合省文化厅，完成对全省109个图书馆评估定级授予等级初步意见操作工作，对39个出现二级和不达标情况的图书馆进行逐一核对落实，改正补充具体指标并完成上报。在文化和旅游部公布的第六次全国县以上公共图书馆评估定级结果中，江苏省有100个公共图书馆被评为一级图书馆，6个公共图书馆被评为二级图书馆。其中，一级图书馆数量居全国各省第一名，占全国一级图书馆的10.5%，占全省公共图书馆的92%。

开展各项活动，加强交流与合作，进一步浓厚学术氛围。与四省（区）图书馆学会合作，在河北邢台举办川吉苏冀桂五省（区）图书馆学会第十六届学术研讨会，江苏省共收到征文159篇，按征文数量10%、15%、20%的比例评出一等奖12篇（9%）、二等奖20篇（15%）、三等奖28篇（21%）。与江苏省高校图工委、北京超星信息技术有限公司合作，举办第二届江苏省“超星杯”图书馆创新服务征文活动，收到征文132篇，评出一等奖13篇、二等奖25篇、三等奖40篇。协办由南京大学信息管理学院主办的“新时代新发展：服务、效能、法制中国图书馆事业发展高层论坛”，全国160余位图书馆学专家学者、图书馆馆长及专业人员参会，安排专题报告17场。组织全省图书馆同人参加中国图书馆学会公共图书馆分会主办的区域协作与图书馆可持续发展研讨会征文并获得优秀组织奖，征文获得一等奖4篇、二等奖3篇、三等奖3篇。协办由中国图书馆学会在苏州主办的社会力量参与图书馆建设研讨班，培训学员160余人。

开展学术研究，形成一批学术成果。积极协调开展《江苏图书馆事业发展蓝皮书》的编纂及出版工作。完成《长三角图书馆事业发展报告——江苏部分》的撰稿工作，包括全省图书馆事业发展报告、长三角9市图书馆事业发展报告和业务统计、各市20个案例。开展全省第六届图书馆学情报学学术成果评奖活动，共收到著作18部、论文205篇、课题研究报告23个。其中，著作类评出特等奖1部、一等奖2部、二等奖3部、三等奖2部；论文类评出一等奖17篇、二等奖33篇、三等奖46篇；课题研究报告类评出二等奖2个、三等奖6个（一等奖空缺）。该奖作为全省图书馆界唯一的奖项，两年评选一次，涌现出一批批优秀学术成果，为培养全省图书馆事业人才、繁荣全省图书馆学术活动起到重要作用。

办好刊物，构建良好平台。做好《新世纪图书馆》（月刊）的编辑与出版发行工作，全年全国各地通过远程投稿系统投交的论文有2125篇。编辑、出版、发行期刊12期，共发表论文和文章238篇，录用率为7.8%。全年编辑出版《江苏图书馆之窗》6期。

配合中国图书馆学会开展2017年全民阅读相关称号推荐工作，江苏省多家单位共获得18项相关荣誉。其中，2家获全民阅读示范基地称号，5家获全民阅读先进单位，8个阅读推广活动获阅读推广优秀项目；在“扫码看书，百城共读”活动中获得优秀单位1个，优秀读者1名，优秀馆员1名。（江苏省图书馆学会　李浩　董莹　储兰）

【召开江苏省图书馆学会七届四次理事会议暨学术交流研讨会】 3月14—15日，由江苏省文化厅指导，江苏省图书馆学会、南京图书馆主办，扬州市图书馆学会、扬州市图书馆承办，上海万方数据股份有限公司协办的江苏省图书馆学会七届四次理事会议暨学术交流研讨会在扬州召开。省文化厅党组成员、副厅长、省图书馆学会理事长裴旭，扬州市委宣传部副部长、扬州市文广新局党委书记、局长季培均，以及82名理事参加会议，各设区市图书馆学会秘书长列席会议。会议审议、增补、变更3名副理事长、4名常务理事、6名理事，12个专业委员会分别汇报2017年工作情况和2018年工作计划。在学术研讨环节，省图书馆学会副理事长、南京大学信息管理学院院长孙建军，省图书馆学会副理事长、金陵图书馆馆长、东南大学人文学院教授董群，省图书馆学会常务理事、扬州市图书馆馆长朱军，北京万方数据股份有限公司副总经理乔晓东，省图书馆学会常务理事、阅读推广委员会主任委员、南京邮电大学图书馆馆长钱军，省图书馆学会副秘书长、南京大学图书馆副馆长罗钧，苏州图书馆馆长助理费巍，吴江图书馆党支部书记、馆长杨阳先后做主题报告。会议采取三方联办的形式，创新会议形式，增加学术研讨、实地参观内容，赢得广泛好评。（江苏省图书馆学会　李浩　董莹　储兰）

【举办江苏省学习贯彻《中华人民共和国公共图书馆法》馆长培训班】 4月26—27日，由江苏省文化厅主办，南京图书馆和江苏省图书馆学会承办的江苏省学习贯彻《中华人民共和国公共图书馆法》馆长培训班在南京图书馆举办。中国图书馆学会副理事长、原文化部公共文化司巡视员刘小琴，国家图书馆研究院副院长申晓娟，南京图书馆副馆长、省公共数字文化建设中心主任许建业，南京图书馆副馆长、省古籍保护中心主任全勤，南京图书馆副馆长王兵先后授课。省文化厅副厅长、党组成员、省图书馆学会理事长裴旭出席开班仪式并做动员讲话，南京图书馆党委书记韩显红致辞。省文化厅公共文化处长杨树发主持开班仪式，全勤和省文化厅公共文化处副调研员宋伟敏先后主持学术报告环节。来自全省近130名馆长及市图书馆学会秘书长参加培训。（江苏省图书馆学会　李浩　董莹　储兰）

【完成《长三角地区公共图书馆发展报告》江苏部分编撰工作】 2018年9—12月，省图书馆学会秘书处组织完成《长三角地区公共图书馆发展报告》江苏部分的起草和编撰工作。6月，长三角地区主要领导座谈会在上海召开，提出“区域公共服务供给便利化程度明显提升”的工作目标和要求。为贯彻落实会议精神，推动实现长三角地区更高质量的一体化发展，上海图书馆、南京图书馆、浙江省图书馆、安徽省图书馆立足自身主业主责，就公共图书馆体系内诚信办证、参考咨询、阅读推广、古籍保护、联合编目、讲座展览、数据发布等工作开展跨区域合作。为做好合作项目之一《长三角地区公共图书馆发展报告》的编制工作，省图书馆学会秘书处组织协调南京、镇江、扬州、常州、苏州、无锡、南通、泰州、盐城9个市图书馆学会，编撰完成近十年市馆发展概况以及18个创新案例。（江苏省图书馆学会　李浩　董莹　储兰）

【召开2018“书香江苏行动”暨学习型图书馆建设研讨会（淮安）】 10月17—18日，由中国图书馆学会阅读推广委员会图书评论与阅读推广专业委员会、江苏省图书馆学会、淮安市文广新局主办，江苏省全民阅读办指导，淮安市图书馆、《新世纪图书馆》编辑部协办的2018“书香江苏行动”暨学习型图书馆建设研讨会在淮安召开。省图书馆学会秘书长李浩、淮安市文广新局副局长袁来出席并致辞，省新闻出版广电局公共服务处（全民阅读处）处长周永忠，南京农业大学信息科学技术学院教授茆意宏，中国阅读学研究会副秘书长、南京师范大学文学院副教授万宇先后做主旨报告。来自全国各地公共图书馆、阅读推广活动团体的专家学者180余人参加会议。研讨会还为全国“馆员书评”征文获奖者颁奖。（江苏省图书馆学会　李浩　董莹　储兰）

浙江省

【浙江省图书馆学会第九次会员代表大会在乐清召开】 11月1—2日，浙江省图书馆学会第九次会员代表大会在乐清市图书馆召开。来自浙江省公共、高校、科研等系统图书馆学会的209名代表参加会议。会上表彰浙江省图书馆学会2014—2018年度95名优秀会员和41名优秀学会工作者，审议并通过《浙江省图书馆学会第八届理事会工作报告》《第八届理事会财务报告》《浙江省图书馆学会章程（修改）》《浙江省图书馆学会会员会费标准及管理办法（修改）》。通过无记名投票，选举产生由118名理事组成的第九届理事会，并召开第九届理事会第一次会议，选举产生36名常务理事和新一届学会领导。褚树青当选为第九届理事会理事长，吴晨、应晖、胡芒谷、胡海荣、徐洁、徐益波、童

庆松当选为副理事长，吴荇当选为秘书长。（浙江省图书馆学会）

【城市书房提升与智慧图书馆建设研讨会在永嘉召开】 6月19日，由浙江省图书馆学会主办，温州市图书馆学会、永嘉县图书馆承办的城市书房提升与智慧图书馆建设研讨会在永嘉召开。全省各市（县、区）公共图书馆的馆长等140余人参加会议。省图书馆学会副理事长刘晓清做“智能革命与图书馆创新发展”专题报告。与会人员参观了温州市首家数字城市书房体验馆、农家书屋等地，实地了解温州市城市书房建设、农家书屋提档升级经验。（浙江省图书馆学会）

【“文化浙江——阅读推广与文化传承”研讨会暨图书馆文创产品展示会在金华举办】 9月28—30日，由浙江省图书馆学会主办，浙江省图书馆学会阅读推广与文化传播分委会和浙江师范大学图书馆承办的浙江省社会科学界第四届学术年会分论坛“文化浙江——阅读推广与文化传承”研讨会暨图书馆文创产品展示会在金华举办。来自全省公共图书馆、高校图书馆的专家、学者及阅读推广馆员共计130余人参加。研讨会邀请浙江工业大学教授张欣、华东师范大学教授范并思分别做题为“文化浙江与公共阅读”“图书馆阅读推广：理论来源与冲突”的专题报告。浙江海洋大学、浙江大学、浙江传媒学院、金华职业技术学院、浙江师范大学等5所高校图书馆和海宁市图书馆、台州市图书馆、宁波市图书馆、温州市图书馆、浙江图书馆分别做阅读推广案例分享交流。（浙江省图书馆学会）

安徽省

【安徽省图书馆学会组织开展中国图书馆学会相关活动评奖】 2018年1月，根据中国图书馆学会关于举办“依法办馆　创新发展——新时代公共图书馆建设与服务主题知识竞赛”活动通知精神，安徽省图书馆学会在全省公共图书馆进行广泛宣传发动，线上线下发布通知、参赛复习范围、答题要求等信息。安徽省共有173名选手参加初赛，其中17名选手获得晋级复赛、决赛资格。根据参赛选手得分情况及个人综合素质，省学会组建安徽省代表队。6月1日，此次知识竞赛总决赛在2018年中国图书馆年会期间举办。安徽代表队凭借赛前充分的知识储备，团结协作，机智应变，最终获得280分的好成绩，省学会荣获团体二等奖。

根据中图学会关于开展2018年全民阅读工作的通知，省学会积极发动全省各系统图书馆参与申报活动。经中图学会组织专家评选，合肥市图书馆荣获中国图书馆学会2017年全民阅读优秀组织奖，铜陵学院图书馆、全椒县图书馆荣获2017年全民阅读先进单位称号。（安徽省图书馆学会）

【安徽省图书馆学会举办“请历史记住他们——‘两弹一星’研制带给我们的启示”专题讲座】 7月21日，中国科学院文献情报中心党委书记兼副主任何林应安徽省图书馆学会之邀做客新安百姓讲堂，为省图书馆读者和听众精彩讲述“请历史记住他们——‘两弹一星’研制带给我们的启示”讲座。何林通过“国家决策”“以身许国”“艰苦创业”“大师风范”等四个版块，为听众再现“两弹一星”研制背后的艰辛历程和感人故事。他们以实际行动生动地诠释了“热爱祖国、无私奉献，自力更生、艰苦奋斗，大力协同、勇于攀登”的“两弹一星”精神。与讲座相呼应的“科学人生·百年——院士风采展”在省图书馆进行线上线下展出并同步在安徽省公共图书馆联盟成员馆进行巡展活动。（安徽省图书馆学会）

【安徽省图书馆学会召开第九次会员代表大会】 12月12日，安徽省图书馆学会第九次会员代表大会在当涂召开，来自全省各地、各系统图书馆的170余名代表参加此次会议。开幕式由安徽医科大学图书馆副馆长、第八届理事会副理事长周国正主持，安徽省文化和旅游厅公共文化处处长何颂冰、当涂县政府副县长袁敏致辞祝贺。会议听取、审议并表决通过安徽省图书馆学会第八届理事会工作报告、第八届理事会财务审计报告及《安徽省图书馆学会章程》修改说明。与会理事以无记名投票方式选举产生新一届理事会。安徽省图书馆党委书记、馆长林旭东当选为第九届理事会理事长，合肥市图书馆馆长李永钢、安徽大学图书馆馆长储节旺等8人当选为副理事长，安徽省图书馆副馆长王建涛当选为秘书长。大会还对荣获 2011—2018 年度安徽省图书馆学会先进集体的安徽大学管理学院等 5 个单位、马利华等 20 位优秀会员和武巍泓等 5 位学会优秀工作者进行表彰。（安徽省图书馆学会）

福建省

【《福建图书馆学刊》正式创刊】 自 2018 年 1 月起，福建省图书馆学会停办连续性内部资料出版物《福建图书馆理论与实践》，向福建省委外宣办、省新闻出版广电局申办侨刊《福建图书馆学刊》（CNQ 刊）。侨刊是由福建省新闻广电出版局批复的正式出版物，主要宗旨为宣传福建山、海、侨文化特色，加强对外宣传工作。《福建图书馆学刊》于 4 月获正式批复，出版刊号为：CN－35（Q）试第 2018003 号，6 月出版第一期。（福建省图书馆学会）

【2018 年福建省图书馆基础业务培训班在上杭举办】 7 月 9—14 日，由福建省图书馆学会主办、上杭县图书馆承办的 2018 年福建省图书馆基础业务培训班在上杭举办，这是全省图书馆基础业务培训班首次在县城举办，全省各系统图书馆 102 名学员参加培训。培训班邀请福建师范大学社会历史学院图书馆学系副教授、美国伊利诺伊大学香槟分校访问学者傅文奇，福建师范大学社会历史学院图书馆学系硕士生导师、原福建师范大学图书馆副馆长、研究馆员韦衣昶，福建省图书馆学会秘书长雷兰芳等多位老师授课。培训内容包括“现代图书馆转型与管理创新”“美国图书馆读者服务工作”“图书馆采编工作”“图书馆分类法的应用”“立足本土特色文化，抓住少儿阅读群体，蓬勃开展全民阅读——上杭县图书馆推广全民阅读工作的几点探索”“公共文化服务体系建设中的图书馆”等，并组织学员赴上杭县图书馆新馆、客家族谱博物馆开展地方文献现场教学。课程结束后，还组织学员就“我眼中的图书馆”分组交流研讨。（上杭县图书馆 福建省图书馆学会）

【民国时期文献保护计划宣传推广活动在福州举办】 10 月 31 日，由文化和旅游部公共服务司指导，国家图书馆、中国图书馆学会、福建省文化和旅游厅联合主办，福建省图书馆学会、福州市文化广电新闻出版局承办，福州市图书馆承担执行工作的“2018 年民国时期文献保护计划宣传推广活动——福州站”在福州市图书馆拉开帷幕。中国图书馆学会副理事长刘小琴，福建省文化和旅游厅副厅长林守钦，福州市文广新局党组书记、局长孙晓岚等领导和嘉宾出席活动启动仪式并致辞，仪式由福建省图书馆学会理事长、福建省图书馆馆长郑智明主持，来自全国各地 120 余名民国时期文献整理与保护从业人员参加活动。此次活动包括民国时期文献保护计划系列展览和民国时期文献保护工作高级研修班两个板块。系列展览主要介绍民国时期文献保护计划目前取得的成果和进展，并以视频方式展示远东国际军事法庭庭审记录，还原历史真相。研修班主要面向全国各级各类图书馆民国时期文献保护工作的主管领导、业务骨干、专业人员开展，国家图书馆民国时期文献保护工作办公室副主任雷亮讲授“民国时期文献保护计划概况”；福建师范大学闽台区域研究中心教授、博士生导师方宝川讲授“民国文献的转型、递藏及其历史影响”；国家图书馆研究馆员刘小玲、朱芊，副研究馆员延卫平分别讲授“民国图书著录”“民国文献的标引”“全国联合编目系统民国时期图书联机上载与馆藏编制”。此次活动面向社会公众普及民国时期文献保护与保存的理念，展示相关工作取得的成果；同时对于加强全国民国时期文献保护专业人才队伍建设，提高从业人员的工作能力发挥积极作用。（福建省图书馆学会 福州市图书馆）

【福建省图书馆学会 2018 年学术年会在厦门召开】 11 月 28—30 日，以“依法办馆 创新发展”为主题的福建省图书馆学会 2018 年学术年会在厦门市图书馆集美新馆召开，年会同时是福建省科学技术协会第十八届学术年会分会场。福建省文化和旅游厅党组成员、副厅长林守钦，厦门市文化广电新闻出版局党组成员、副巡视员叶细致，中国图书馆学会秘书长霍瑞娟，中国图书馆学会副理事长、中山大学图书馆馆长程焕文，福建省图书馆学会理事长郑智明，浙江图书馆党委书记徐洁等嘉宾及来自全省各系统图书馆的图书馆员等近 350 人出席开幕仪式。林守钦、叶细致、霍瑞娟、郑智明发表致辞。大会邀请程焕文做题为“公共图书馆的未来与发展”的主旨报告；同时举办全省第二届阅读推广案例征集评选活动总决赛，评出一等奖 2 个，二等奖 4 个，三等奖 6 个；此外，还召开此次年会参考咨询分论坛。

此次年会的另一亮点是举办以“《公共图书馆法》的贯彻与实施”为主题的第四届闽浙论坛，徐洁带队的浙江同人与福建省图书馆界代表共同参加论坛活动。两省代表就《中华人民共和国公共图书馆法》贯彻与实施过程中各自的疑惑及认知发表意见。会议期间，还开展《公共图书馆法》知识竞猜活动及企业合作伙伴产品展览，内容丰富，形式多样。（福建省图书馆学会　厦门市图书馆）

江西省

【概况】 2018 年 1 月，江西省图书馆学会召开第六次会员代表大会，审议通过《江西省图书馆学会章程》和《江西省图书馆学会会员会费标准及管理办法》，选举产生新一届理事会。截至 2018 年底，共有理事 87 人、会员 1471 人，其中党员 947 人；会员单位 81 个。为加强党组织建设，省图书馆学会于 10 月 12 日正式成立学会党支部，通过健全制度、规范活动、积极学习，发挥党支部的战斗堡垒作用、党员的先锋模范作用，为江西省图书馆事业做出贡献。

一是打造多元交流平台，引领学术繁荣发展。举办江西图书馆年会暨公共图书馆法培训班、智能时代智慧图书馆建设与发展研讨会、组织召开 2018 年江西省设区市公共图书馆馆长联席会议、2018 年江西省公共图书馆工作会议。选派 2 人参加美国图书馆协会年会；组织 3 位基层馆长参加学习贯彻《中华人民共和国公共图书馆法》培训班暨中国图书馆学会第六届百县馆长论坛，8 人参加湘鄂赣皖四省公共图书馆联盟培训班，省内数十位会员参加 2018 年中国图书馆年会，2 人参加中国图书馆学会 2018 年秘书长联席会议暨《中国图书馆年鉴》编撰工作会议。向省社会科学规划办公室上报 5 项课题，向省文化艺术规划办公室提交 3 个结题项目，向社会科学规划办公室提交 2 个结题项目。开展各项学术征文活动。在 2018 江西图书馆年会征文中评选出一等奖 5 名，二等奖 8 名，三等奖 10 名，优秀奖 29 名，并将论文集结成册。在中图学会阅读推广委员会开展的区域协作与图书馆可持续发展征文工作中因组织得力获得优秀组织单位荣誉；在湘鄂赣皖四省联合举办的“‘互联网＋’环境下图书馆创新服务与管理研究”征文中，江西省组织推选的 10 篇论文获得优秀论文奖。

二是推进全民阅读，创建服务品牌。开展春节系列主题文化活动，策划江西省“同筑中国梦　共度书香年”春节系列文化主题活动方案，得到省图书馆、11 家市级图书馆以及 89 家县（区）级图书馆的积极响应，使春节主题活动在全省范围内形成联动，获得中图学会颁发的 2018 年“同筑中国梦　共度书香年”优秀组织单位荣誉。组织全民阅读示范基地和全民阅读活动先进单位申报工作。积极开展江西省第八届“读好书”活动、世界读书日活动、图书馆服务宣传周活动及全国科普日活动，被评为 2018 年江西省全国科普日活动优秀组织单位。举办“书香赣鄱”首届江西省全民阅读推广演讲大赛暨“我荐赣版书”大型系列读书活动和“品味书香·阅动赣鄱”江西省公共图书馆共读活动。

三是开展各项业务培训，提升人才队伍素质。学会将支持和帮扶基层图书馆以及培养基层人才队伍作为一项重点工作常抓不懈，全年通过举办各类业务培训班，培训基层人员达 800 余人次。承办 2018 全国少年儿童阅读年系列活动启动仪式暨阅读推广人培育行动培训班、江西省文化助盲志愿者骨干培训班、2018 年全国公共文化巡讲暨江西省学习贯彻公共图书馆法培训班、“三区”通讯员培训班、江西省公共图书馆未成年人分级阅读培训班和 2018 年江西省公共图书馆信息咨询服务培训班。

四是深入调研行业发展，为政府决策提供支持。为充分掌握和了解全省公共图书馆事业发展的规模、建设水平等实际情况，收集整理全省公共图书馆数据，编辑《江西省公共图书馆数据概览（2017）》。以《图书馆研究》、《江西图书馆动态》、江西省图书馆学会网站为阵地，进一步扩大图书馆的社会影响力。此外，学会积极加强对外交流合作，推动省图书馆与南昌大学信息管理学院图书情报与档案管理学科共同打造研究生联合培养基地，搭建起人才培养、科学研究、成果转化等多元一体、互惠共赢的资源共享机制和合作平台。与大江西网书香赣鄱栏目、人民网江西频道联合开展阅读推广节目。（江西省图书馆　苏文帆）

【江西省图书馆学会第六次会员代表大会暨2017江西图书馆年会在南昌召开】 1月23日，由江西省文化厅指导，省学会主办的江西省图书馆学会第六次会员代表大会暨2017江西图书馆年会在南昌召开。省文化厅党组成员、副厅长任永新，省科协党组成员、副主席孙卫民，省社联副巡视员王芃出席会议并致辞。省图书馆学会理事、全省各设区市、县级公共图书馆馆长，院校系统图书馆馆长及部分年会征文获奖代表等200余人参加此次会议。会议审议表决《江西省图书馆学会五届理事会工作报告》《江西省图书馆学会五届理事会财务工作报告》《江西省图书馆学会章程（修订稿）》及《江西省图书馆学会会员会费标准及管理办法（修订稿）》；围绕“迈进新时代，努力推进江西图书馆事业又好又快发展”的主题，与会代表针对如何结合党的十九大精神中“社会主义文化建设”的精髓，把握图书馆事业发展的新动向，明确下一阶段全省图书馆事业发展新目标进行深入研讨和广泛交流。（江西省图书馆　苏文帆）

【2018年全省“我荐赣版书”读书演讲比赛决赛在赣州举行】 8月30日，由江西省图书馆学会主办的2018年全省“我荐赣版书”读书演讲比赛决赛在赣州市图书馆报告厅举行。省文化厅副厅长任永新、赣州市政府副市长郭素芳、省图书馆馆长陶涛、省图书馆副馆长黄俊作为嘉宾出席比赛。比赛开始前，任永新、郭素芳分别致辞。“书香赣鄱”全民阅读演讲大赛暨“我荐赣版书”大型读书活动，得到全省各设区市图书馆学会、各图书馆的积极响应，中文天地出版传媒等媒体给予大力支持，全省有近万人参与。经县、市初赛、复赛两轮选拔，来自12支代表队的24位选手脱颖而出，参加此次决赛。经过激烈角逐，南昌市图书馆代表队的温小乐和赣州市图书馆代表队的周子玥获得一等奖，赣州市图书馆代表队熊圣龙等4名选手获得二等奖，江西省图书馆代表队崔芳、杨柳青青等6名选手获得三等奖，景德镇市图书馆代表队张燕等12名选手获得优秀奖。（江西省图书馆　苏文帆）

【2018年江西省图书馆学会“全国科普日”主场活动在鄱阳启动】 9月17日，由省科协、省图书馆学会共同主办的2018年江西省图书馆学会“全国科普日”主场活动启动仪式在鄱阳县乐丰镇茨山分场文化中心举行。省科协副巡视员黄丽芬、省图书馆副馆长黄俊、鄱阳县人民政府有关负责同志出席并致辞。省科协普及部、省图书馆学会办公室有关负责同志，鄱阳县文广新局、县科协，县妇联、县图书馆、乐丰镇党委有关负责同志参加活动。活动以“创新引领时代，智慧点亮生活”的全国科普日主题，围绕传播新时代新发展理念、弘扬科学思想和科学精神、普及科技助力美好生活、倡导服务乡村振兴战略四个方面展开。活动中，主办方将图书服务流动车开进乡村，为当地学生赠送科普书籍；现场摆放的科普展览“神奇的昆虫世界”图片展吸引不少儿童驻足观看；图书馆志愿者们向当地群众发放“科普日活动”宣传材料和科普类书籍，并邀请乐丰卫生院和古县渡汪家村心脑血管专家为村民免费量血压，普及相关科学知识。（江西省图书馆　苏文帆）

【江西省图书馆学会2018年秘书长联席会议暨“三区”通讯员培训班在南康召开】 9月27日，江西省图书馆学会2018年秘书长联席会议暨“三区”通讯员培训班在赣州市南康区召开。江西省图书馆学会秘书长、省图书馆副馆长黄俊，赣州市图书馆馆长张伟，南康区人大及文广新局有关负责同志及全省各设区市图书馆学会秘书长出席会议。会上传达2018年中图学会秘书长联席会议精神，主要包括公共图书馆评估定级、图书馆学会工作模式以及发展定位等，要求图书馆学会在工作中开拓创新，在继承中求发展，在把握事业发展规律的基础上实现新作为。省图书馆学会办公室负责人通报2018年上半年的工作情况及下一阶段工作打算。各设区市图书馆学会秘书长及主要工作人员就本级学会工作开展情况做交流发言，与会人员围绕加强学会组织建设、组织策划活动、加强学术研究等方面进行讨论。期间举办的“三区”通讯员培训班，邀请南昌大学新闻与传播学院新闻学系主任王卫明教授为学员讲解图书馆新闻写作，让学员们进一步了解新闻采写核心理论及相关写作技巧。（江西省图书馆　苏文帆）

【智能时代智慧图书馆建设与发展研讨会在南昌召开】 10月12日，由江西省图书馆学会、省图书馆主办，超星集团承办的智能时代智慧图书馆建设与发展研讨会在南昌召开。江西省图书馆学会理事长、省图书馆馆长陶涛，江西省图书馆学会副理事长、江西高校图工委秘书长、江西师范大学图书馆馆长许婕，江西省图书馆副馆长蔡荣生，部分设区市文广新局负责人、业界专家、超星集团相关人员出席会议。全省公共馆、高校馆共计 360 余人参加会议，会议由江西省图书馆学会秘书长、省图书馆副馆长黄俊主持。陶涛在会上致辞。浙江图书馆首席专家刘晓清、超星集团产品总监张慧敏、中国索引学会副理事长叶艳鸣、宁波大学图书馆馆长刘柏嵩、超星集团产品经理宋志森分别做专题报告。研讨会另设立“公共图书馆总分馆建设研讨会”和“高校图书馆学科分析与服务研讨会”两个分会场，分别由蔡荣生、许婕主持，多位专家围绕相关问题进行深入研讨。（江西省图书馆　苏文帆）

【2018 年江西省公共图书馆未成年人分级阅读培训班在赣县区举办】 10 月 17—19 日，由江西省图书馆、省图书馆学会主办，赣州市图书馆、市图书馆学会协办，赣县区图书馆承办的江西省公共图书馆未成年人分级阅读培训班在赣县区举办。中共赣县区委常委、副区长姬壮周、江西省文化厅社会文化处副处长徐卫、江西省图书馆副馆长李晓君出席开班仪式并讲话，赣州市图书馆馆长张伟主持仪式，来自全省公共图书馆分管少儿读者服务工作的馆领导以及相关业务骨干等 112 人参加培训。培训班特邀中国图书馆学会未成年人图书馆分会秘书长、湖南省少儿图书馆副馆长薛天，中国阅读学研究会副秘书长、南京师范大学硕士研究生导师万宇，少儿自媒体《鹏易讲故事》创办人陈君鹏，江西卫视《新闻夜航》主播秦晓莹等专家学者，分别以“图书馆儿童阅读推广活动组织与品牌创设”“做一个热忱并尊重科学的阅读推广人”“如何办好一场少儿活动”“阅读推广活动的主持互动技巧”为题，从全民阅读的重要意义、少儿活动品牌的创立、阅读推广的重要环节以及主持互动技巧等方面进行授课。（江西省图书馆　苏文帆）

【2018 年江西省公共图书馆信息咨询服务培训班在瑞金举办】 10 月 24 日—25 日，由江西省图书馆学会、省图书馆主办，赣州市图书馆学会、瑞金市图书馆承办的 2018 年江西省公共图书馆信息咨询服务培训班在瑞金市举办。江西省图书馆学会秘书长、省图书馆副馆长黄俊，赣州市图书馆馆长张伟，瑞金市常务副市长曾宪柏出席开班仪式并致辞。江西省图书馆信息咨询部主任陈红涛主持开班式。全省公共图书馆信息咨询服务工作人员 80 余人参加培训。培训班邀请国家图书馆参考咨询部（国家图书馆科学评价中心）主任王磊和国家图书馆立法决策服务部张曙光两位专家，分别以“新信息环境下图书馆参考咨询服务挑战与应对”“从书库到智库——国家图书馆立法决策服务”为题进行授课。培训班还安排“案例分享——江西省图书馆信息咨询服务概述”“法国国家图书馆事业发展介绍”，分别介绍江西省图书馆、法国国家图书馆信息咨询服务相关情况。（江西省图书馆　苏文帆）

【2018 江西图书馆年会在南昌召开】 12 月 20 日，2018 江西图书馆年会在南昌召开。年会由省文化和旅游厅、省教育厅、省科协、省社联共同指导，省图书馆学会与省高校图工委联合主办。年会以“馆员的力量：共享、效能、法治、育人”为主题，开展阅读推广培训、学术交流分会场、图书馆人之夜等活动。省文化和旅游厅党组成员、副厅长黄小蓉，省教育厅副巡视员叶宝凌，省社联党组成员、副主席汤水清，省科协相关领导出席会议，全省各级公共图书馆馆长，高校系统图书馆馆长及有关专家学者等 300 余人参加会议。会议由省图书馆学会理事长陶涛主持。会上表彰年度先进单位和先进个人。特邀南京大学信息管理学院教授徐雁做“打造‘三位一体’的全民阅读推广机制”专题报告。在学术交流分会场，武汉大学教授肖希明就图书馆员学术能力提升做专题讲座；南昌大学信息管理系主任刘春年与参会代表共同研讨广大青年馆员如何申报科研项目的相关问题。当天晚上，与会代表共同欣赏了由省图书馆学会精心筹备的第一届江西省图书馆人的文艺晚会——“图书馆人之夜”。（江西省图书馆　苏文帆）

山东省

【概况】 2018 年，在组织建设方面，山东省图书馆学会以通讯方式召开省学会六届二次常务理事会，审议并通过《山东省图书馆学会分支机构管理办法》《山东省图书馆学会分支机构学术活动管理办法》，成立9个专业委员会。组织召开省学会六届二次理事会暨六届三次常务理事会，表决通过《山东省图书馆学会六届理事会理事长、副理事长、秘书长任职情况的议案》，山东省图书馆馆长、党委书记刘显世当选为省学会六届理事会理事长。年内还指导省学会医院图书馆委员会进行学术年会的组织、筹备工作。

开展研究，提升学术水平。完成山东省图书馆学会第二十五次科学讨论会征文登记、评审以及论文集编辑、出版等工作。此次征文主题为“新时代图书馆的建设与发展”，收到征文282篇，评出一等奖3篇、二等奖31篇、三等奖141篇，出版获奖论文集。起草下发第二十六次科学讨论会主题、分主题和征文通知。组织召开山东省图书馆学会2018年年会，邀请文化和旅游部及浙江图书馆的专家做专题学术报告。组织开展第一届山东省图书馆学情报学学术成果奖评选活动。

协作协调，活跃业务氛围，积极参与中国图书馆学会活动。组织动员全省各市区县公共图书馆参与“同筑中国梦、共度书香年”春节主题活动；参与“依法办馆　创新发展——新时代公共图书馆建设与服务”主题活动，以551人的参赛人数居全国省级馆第四位，并组成山东代表队参加全国知识竞赛；组织“现代图书馆弘扬传承中华优秀文化的责任与使命案例”评选；与山东省图书馆在廊坊合作举办2018年中国图书馆年会第6分会场话题4：“现代图书馆弘扬传承中华优秀传统文化的责任与使命”学术会议；组织全省各类型25家图书馆参与中图学会全民阅读评优评先和基地申报、审核工作，推荐的曲阜市图书馆等8家单位分别荣获2017年度全民阅读示范基地、全民阅读优秀组织、全民阅读先进单位、阅读推广优秀项目、“扫码看书，百城共读”活动优秀单位等称号；组织发动全省各区县图书馆参与中图学会2018年“书香城市”（区县级）发现活动申报工作，推荐的青州市入围全国2018年“书香城市”（区县级）发现活动名单，同时，青岛市即墨区、烟台开发区、诸城市顺利通过复核，继续保持荣誉称号；组织各区县图书馆参加中图学会2018年“书香城市”（区县级）论坛，充分交流阅读推广的工作经验。

2018年，省学会分别获得2018年中国图书馆年会征文组织奖、中国图书馆学会区域协作与图书馆可持续发展研讨会征文组织奖；获得2014—2017年度“山东省优秀社会组织”称号，1人获“优秀社会组织工作者”称号。（山东省图书馆学会秘书处　王玮）

【召开全省公共图书馆服务体系建设培训暨学会秘书长联席会】 1月19日，山东省图书馆、山东省图书馆学会主办，临沂市图书馆、临沂市图书馆学会承办的全省公共图书馆服务体系建设培训暨学会秘书长联席会在临沂召开。全省各地市公共图书馆馆长、图书馆学会秘书长和部分县区图书馆馆长等120余人参加会议。培训期间，中国图书馆学会学术研究委员会副主任、南开大学商学院信息资源管理系教授柯平为与会代表详细解读《公共图书馆法》；山东省图书馆副馆长周玉山解读县级图书馆总分馆制建设相关政策。济南市图书馆、临沂市图书馆、威海市图书馆、东营市图书馆、诸城市图书馆、济南历下区图书馆、青岛市南区图书馆等做典型案例发言。与会代表围绕公共图书馆建设以及各馆间加强协作协调的新途径、新模式和新方法等进行广泛交流。（山东省图书馆学会秘书处　王玮）

【召开山东省图书馆学会医院图书馆委员会2018年学术研讨会】 4月19—21日，山东省图书馆学会医院图书馆委员会2018年学术研讨会在烟台召开。此次会议由山东省图书馆学会医院图书馆委员会（以下简称“省学会医图委”）主办，山东大学齐鲁医院承办，烟台毓璜顶医院协办。会议以“医院图书馆创新服务”为主题，来自全省各医院医学情报、信息科、科教处的专家、学者共62位代表参加此次会议。北京大学医学图书馆副馆长谢志耘做题为“泛在信息环境下医院图书馆的生存与发展”的专题学术报告。在青年馆员论坛中，青岛大学附属医院图书馆、烟台毓璜顶医院图书馆、齐鲁医院图书馆的青年代表分别展示各自图书馆的创新服务和自己的工作心得，传达图书馆向数字化、个性化、知识服务转型的发展理念。（山东省图书馆学会秘书处　王玮）

【开展《中华人民共和国公共图书馆法》学习宣传活动】 7月4—6日，由山东省图书馆学会与省图书馆联合主办，枣庄市图书馆承办的全省《中华人民共和国公共图书馆法》学习班在枣庄举办。来自全省17个地区市、县级图书馆业务馆长及业务骨干100余人参加培训。学习班特邀北京大学信息管理系图书馆发展研究室主任、副教授张广钦授课，重点解读《公共图书馆法》《公共文化服务保障法》的核心理念、条文含义以及重点领域。同时，学习班还为在“依法办馆 创新发展——新时代公共图书馆建设与服务”知识学习竞赛初赛中荣获“研学之星”“研学能手”的馆员颁发证书和奖品。9月4日，由山东省文化厅主办，省图书馆、省图书馆学会、烟台图书馆、烟台市图书馆学会承办的山东省《中华人民共和国公共图书馆法》知识竞赛在烟台举办。全省17个地级市和省图书馆共18支代表队及54名优秀队员参加复赛和决赛，最终有8支代表队、27名个人分获团体和个人单项奖。经文化和旅游部全国公共文化发展中心审批，山东省文化信息资源共享中心通过文化共享工程公共文化云对比赛的决赛现场进行全程直播，共吸引约28.97万人在线观看。（山东省图书馆学会秘书处 王玮）

【召开山东省图书馆学会六届三次常务理事会暨六届二次理事会】 经山东省文化和旅游厅批准，在山东省社会组织管理局指导下，11月22日，山东省图书馆学会六届三次常务理事会暨六届二次理事会在滨州召开。经六届三次常务理事会审议，与会常务理事表决通过《山东省图书馆学会理事会成员罢免、增补、更换规定（草案）》《山东省图书馆学会六届理事会部分理事、常务理事的变更议案》，审议通过《山东省图书馆学会六届理事会理事长、副理事长、秘书长任职情况的议案》并提交六届二次理事会审议。六届二次理事会听取审议《山东省图书馆学会六届理事会2017—2018年工作概述》《山东省图书馆学会专业委员会负责人任职情况通报》，与会理事表决通过《山东省图书馆学会六届理事会理事长、副理事长、秘书长任职情况的议案》，山东省图书馆馆长、党委书记刘显世当选为省学会六届理事会理事长；听取9个专业委员会所做自2017年成立以来的工作汇报以及下一步工作思路和计划。（山东省图书馆学会秘书处 王玮）

【举办山东省图书馆学会2018年年会暨全省图书馆新媒体、新技术、新服务展示交流会】 此次会议由山东省图书馆、山东省图书馆学会主办，滨州市图书馆、滨州市图书馆学会承办，于11月23日在滨州市图书馆开幕。文化和旅游部全国公共文化发展中心、山东省图书馆、山东省图书馆学会、山东大学齐鲁医院图书馆、山东大学管理学院信息管理系、山东省社科院省情院图书馆、滨州市政府等有关单位领导和专家出席开幕式。来自全省、市、区（县）公共图书馆，以及大学、科研院所、党校、医院等图书馆的代表200余人参加会议。省学会理事长刘显世在开幕式上致辞。文化和旅游部全国公共文化发展中心处长刘刚、浙江图书馆首席专家刘晓清分别以“公共数字文化建设现状与展望”“智能革命与图书馆技术创新变革”为题做专题报告。交流会上，国内多家智慧图书馆服务企业推出多项新服务和新产品，让参会代表和读者体验到便捷智能的图书馆新媒体、新技术、新服务。（山东省图书馆学会秘书处 王玮）

河南省

【河南省图书馆学会与市级馆合作举办多个培训班】 4月16—17日，省学会在安阳市举办“依法办馆、图书馆资源建设与馆员科研能力提升”培训班，来自全市公共图书馆、乡镇文化站、高校图书馆的180多名学员参加培训。培训班邀请马海群、金晓明、倪道敏、杜超4位老师授课，内容包括：通过数字角度全方面解读《中华人民共和国公共图书馆法》，从编辑角度讲解如何培养学术能力以及专业论文的写作要点，传统图书馆如何与数字化时代相匹配，如何将创新的理念运用于图书馆的经营之中。

7月25日，省学会与新乡市图书馆联合在新乡举办2018年全市图书馆业务知识培训班，来自全市、区（县）的80余名学员参加培训。河南省图书馆副馆长申少春、河南大学图书馆科研与学科建设办主任吉宇宽、郑州航空工业管理学院图书馆副馆长周九常、郑州大学教授臧国全分别讲授“学习贯彻公共图书馆法 推进公共图书馆服务体系建设”“图书馆的机遇、任务与挑战——公共图书馆法解读”“公共图书馆的社会角色与社会形象”和“电子出版物研究”等内容。10月25日，举办2018年全市图书馆业务知识培训班，80 余人参加培训。培训班特邀崔波、王国强、白广思 3 位老师授课，分别主讲“关于经典阅读推广的思考”“中国图书馆学学术传统及其启示”和“新技术在图书馆的应用”。

9 月 7 日，由省学会主办，开封市图书馆和开封市图书馆学会承办的 2018 年开封图书馆专业培训班在市图书馆新馆报告厅举办。此次培训特邀申少春主讲“公共图书馆概论”，周九常主讲“新时代图书馆员的素质要求”。来自开封地区的公共图书馆和多所高校图书馆近 10 家单位、120 多人参加培训。

10 月 19 日，省学会与漯河市图书馆联合在漯河举办“公共文化领域重要法律”培训班，来自各区（县）图书馆馆长、业务骨干 80 余人参加培训。培训班上，申少春为学员解读《中华人民共和国公共文化服务保障法》的重点内容和贯彻实施的重要意义，并对如何贯彻提出建议；崔波从《中华人民共和国公共图书馆法》的立法背景、立法过程、法律条文的主要内容、对公共图书馆事业发展的重要意义及深远影响等方面进行深入解读。

11 月 21—22 日，省学会与平顶山市图书馆在平顶山联合举办 2018 年全市图书馆业务知识培训班，80 余人参加培训。培训班特邀申少春为学员解读《中华人民共和国公共文化服务保障法》，吉宇宽解读《中华人民共和国公共图书馆法》，崔波主讲“关于经典阅读推广的思考”，白广思主讲“新技术在图书馆的应用”。（河南省图书馆学会　严真　马秀峰　刘洋）

【召开河南省第四届采编工作会议】 10 月 25 日，河南省第四届采编工作会议在许昌学院召开。此次会议由河南省图书馆学会主办，许昌学院图书馆承办，机械工业出版社、科学出版社、河南省图书馆文创中心与郑州日成图书有限公司联合协办。会议邀请中国人民大学图书馆采编部主任胡宁、湖南大学资源建设部主任刘宇、郑州大学图书馆馆长助理白广思、河南省委党校图书馆副馆长曹淑霞等省内外知名专家和学者共议图情热点。全省 60 余所本科院校图书馆和高职院校图书馆的代表以及科学出版社、机械工业出版社的代表近 100 人参加此次会议。会议议题围绕图书馆资源建设工作展开，就图书馆资源建设中的问题、策略、趋势等方面做深入探讨。（河南省图书馆学会　严真　马秀峰　刘洋）

【举办河南省图书馆管理与创新服务研讨班】 11 月 22—25 日，由河南省图书馆学会、河南省高等学校图书情报工作委员会联合举办的河南省图书馆管理与创新服务研讨班在省图书馆举行，100 余名学员参加培训。省图书馆馆长孔德超，省高校图工委主任崔慕岳、副主任兼秘书长崔波，省图书馆学会秘书长严真等出席开幕式，孔德超致欢迎词并主持首场报告会。崔慕岳做题为“文化自信与阅读推广”的首场报告。之后，来自全省图书情报界的 8 位知名专家分别做 8 场报告：崔波的“我国图书馆法制建设历程及评价”，魏秀娟的“图书馆空间打造与合理利用”，郭鸿昌的“图书馆的服务与创新”，申少春的“学习公共文化服务保障法　构建现代公共文化服务体系”，马越的“双一流建设背景下的学科资源建设与服务”，王国强的“图书情报学论文写作与项目申报方法”，岳修志的“高校图书馆专利信息服务的需求与措施”，张怀涛的“阅读学与阅读疗法”等。（河南省图书馆学会　严真　马秀峰　刘洋）

湖南省

【湖南省图书馆学会未成年人图书馆服务专业委员会成立暨 2018 年工作研讨会在长沙召开】 1 月 9 日，此次会议在湖南省少年儿童图书馆召开。省少儿馆馆长、省图书馆学会未成年人图书馆服务专业委员会主任金铁龙，省图书馆学会理事长张勇、副理事长兼秘书长邹序明、副理事长王自洋等出席会议。该专业委员会隶属于省图书馆学会，主要为湖南省公共图书馆未成年人读者服务交流合作提供平台。会议通报省图书馆学会关于未成年人图书馆服务专业委员会成立的决定和机构组成名单，张勇为全体委员颁发聘书。委员们就金铁龙所做 2018 年专业委员会重点工作设想提出意见和建议。（湖南省图书馆学会　段蓓虹）

【湖南省图书馆学会图书馆公共文化服务工作专业委员会 2018 年度会议在韶山召开】 3 月 16 日上午，湖南省图书馆学会图书馆公共文化服务工作专业委员会 2018 年度会议在韶山毛泽东图书馆召开。会议由专委会副主任、韶山毛泽东图书馆馆长谢锡光主持。专委会主任、长沙市图书馆馆长王自洋做 2017 年工作报告，肯定各成员馆的工作成绩，同时就 2018 年工作重点做具体安排。与会委员围绕无押金借阅模式、总分馆建设、自助阅览室和流动图书车建设与运行 4 个议题做交流发言，就充分发挥图书馆在公共文化服务体系建设中的引领作用等问题展开深度讨论。（湖南省图书馆学会　段蓓虹）

【2018 年常德市文化艺术人才培训——图书馆业务培训班在常德举办】 7 月 25—27 日，由湖南省图书馆学会、常德市文化体育广电新闻出版局主办，常德市图书馆、市图书馆学会承办的常德市文化艺术人才培训——图书馆业务培训班在市图书馆举办。来自全市（区）县图书馆、社区分馆、图书馆学会会员单位共 99 名图书馆业务骨干参加培训。培训班为期 3 天，重点学习党的十九大精神、《公共图书馆法》解读、阅读推广活动策划与组织、公共图书馆服务与创新、县域公共图书馆总分馆制建设、课题申报实务及注意事项等内容。（湖南图书馆　王昕晗）

【湖南省图书馆学会十届二次理事大会在长沙召开】 9 月 13 日，湖南省图书馆学会十届二次理事大会在湖南图书馆召开，105 名理事参加大会。湖南图书馆副馆长、省学会副理事长邹序明代表省学会做工作报告，详细汇报 2017—2018 年度省学会的工作情况。大会还进行省学会第十届理事会理事长及法人代表、秘书长更换选举工作，通过全体理事无记名投票，邹序明当选为湖南省图书馆学会第十届理事会理事长兼法人代表，段蓓虹当选为省学会秘书长。大会还特邀南开大学商学院信息资源管理系教授、博士生导师徐建华做题为“两法实施后图书馆工作的重点与事业发展方向”的学术报告。（湖南省图书馆学会　王昕晗）

广东省

【广东图书馆学会未成年人图书馆服务专业委员会成立大会在深圳召开】 根据第十二届理事会第二次理事会议的决议，广东图书馆学会增设未成年人图书馆服务专业委员会（以下简称“未委会”）。1 月 25 日上午，委员会成立大会在深圳少年儿童图书馆二楼会议室召开。会议首先由学会秘书长陈卫东致辞，介绍未委会成立的背景、意义等。随后，宋卫主任委员介绍未委会的工作思路、原则，提出 2018 年工作计划进行审议。副主任委员、筹委们踊跃发言，经过充分讨论，审议通过未委会 2018 年工作计划。（广东图书馆学会）

【首届广东省少儿阅读推广人培训班在深圳举办】 4 月 2—4 日，由广东图书馆学会未成年人图书馆服务专业委员会主办，深圳市阅读推广人协会、深圳少年儿童图书馆承办的首届广东省少儿阅读推广人培训班在深圳少年儿童图书馆举办。首届培训班内容涵盖儿童阅读推广人的观念与素养、儿童心理与图画书阅读、儿童文学与阅读策略、亲子阅读与阅读推广人的成长、如何策划图书馆儿童读书活动等方面，邀请我国台湾著名儿童文学作家、学者林文宝，儿童文学与心理专家郭骅，儿童文学博士、儿童阅读专家王林，童书翻译、资深亲子阅读推广专家宁宇，以及深圳少年儿童图书馆阅读指导组老师进行授课。培训班采取理论授课、经典案例分析、实践课程、分组讨论与展示等方式相结合的培训模式，并计划用半年时间开展阅读推广实践、观摩、考核结业。测试合格者，将获得由广东图书馆学会颁发的广东省“少儿阅读推广人”证书。（深圳少年儿童图书馆　董璐璐）

【第八届图书馆杯广东全民英语口语大赛在广州举行】 5 月 27 日，第八届图书馆杯广东全民英语口语大赛总决赛在广东省立中山图书馆举行。大赛以“迈进新时代·开启新征程”为主题，由广东图书馆学会、广东省高校图工委、广东省立中山图书馆联合主办。20 位参赛选手平均年龄仅 21.5 岁，在“英文口语秀”和“现场考验”两大环节展开精彩角逐。在省内 23 所公共图书馆和 104 所高校图书馆的协同推进之下，大赛吸引 26937 人报名参加网络初赛，再一次刷新纪录。省内公共图书馆和高校图书馆携手合作，创新采用“网络初赛”+“网络复赛”+“现场总决赛”的模式。主办方首次引入“网络直播”，通过现场视频直播和文字互动交流的方式将参与面扩大到全国。（广东省立中山图书馆　李家敏）

【“新时代图书馆服务创新：智慧图书馆论坛”在广州举行】 6月22日，由广东图书馆学会、广东省高校图工委联合超星集团举办的“新时代图书馆服务创新：智慧图书馆论坛”在广州市珠岛宾馆举行。浙江大学图书馆副研究馆员张军，超星集团副总裁张龙岐、产品总监张慧敏分别就“纸电一体化联合采访平台探讨”“超星智慧图书馆”“智慧图书馆应用与服务”做主题演讲。会议期间，中国索引学会副理事长叶艳鸣、南京大学图书馆副馆长邵波、南昌航空大学副校长杨晓光、中山大学图书馆馆长程焕文分别就“从传统到智慧：智慧图书馆理念与服务创新”“NLSP新一代系统构建与实践”“DIKW：智慧的馆长与图书馆”“智慧与服务”进行演讲。（广东图书馆学会）

【“公共图书馆在全民阅读中的领读与创新”峰会在广州举行】 8月9日上午，由广东省委宣传部、广东省文化和旅游厅、中国图书馆学会主办，中国图书馆学会阅读推广委员会、广东图书馆学会承办的“公共图书馆在全民阅读中的领读与创新”峰会在广东省立中山图书馆举行。参会领导和嘉宾向12家广东省公共图书馆的代表赠送《中华传统文化百部经典》《中国阅读通史》两种著作。第十三届全国政协常务委员兼副秘书长、民进中央副主席朱永新教授，北京大学教授王余光，中山大学教授程焕文，广东省立中山图书馆馆长刘洪辉，东莞图书馆馆长李东来，上海图书馆副馆长刘炜等来自全国阅读界和图书馆界的6位知名专家，围绕经典阅读、公益阅读、新媒体阅读等主题对话交流。峰会现场专门设置视频直播平台和观众微信互动环节。（广东图书馆学会）

【全国基层文化队伍示范性培训——第九期全国县级图书馆馆长培训班在肇庆举办】 11月4—10日，由文化和旅游部公共服务司主办，中国图书馆学会承办，广东图书馆学会和肇庆市图书馆协办的全国基层文化队伍示范性培训——第九期全国县级图书馆馆长培训班在广东肇庆举办。辽宁省文化和旅游厅原副巡视员康尔平为学员讲授“新时代公共文化服务政策法规解读”。中央党校马克思主义学院副教授李双套，国家行政学院教授程萍，上海图书馆副馆长周德明，中国古籍保护协会副会长、四川省图书馆原馆长李忠昊，北京大学信息管理系教授王余光，苏州图书馆原馆长邱冠华等专家为学员授课，题目分别为“习近平新时代中国特色社会主义思想和党的十九大精神”“县级图书馆馆长领导力提升”“县级图书馆服务效能提升”“县级图书馆管理创新与实践”“县级图书馆宣传推广与阅读促进”“县级图书馆服务体系和总分馆制建设”。培训期间，还安排分组座谈、学员论坛、案例分享、学员讲堂和现场教学等环节，引导学员自主学习。（肇庆市图书馆）

【广东省第七届英语电影配音大赛全省总决赛在广州举办】 11月18日下午，广东省第七届英语电影配音大赛总决赛在广东省立中山图书馆落幕。大赛由广东图书馆学会和广东省立中山图书馆联合主办，由广州图书馆、佛山市图书馆、东莞图书馆、清远市图书馆、肇庆市图书馆和河源市图书馆协办。大赛推行线上线下相结合的选拔模式，除了现场比赛外，选手还可以在部分赛点自行录制符合要求的作品，通过大赛官方网站或配音APP等在线参赛。据统计，大赛共吸引来自全省的495支队伍逾2200人报名，创下历届比赛参赛人数新高。15支代表队进入总决赛，演绎众多精彩电影片段。总决赛邀请国家二级演员高全胜、祖晴，广东省立中山图书馆优秀文化志愿者Bill Ling先生，以及多位高校英语教师担任比赛评委。（广东省立中山图书馆　陈熹）

【广东图书馆学会2018年学术年会在东莞召开】 12月5—7日，以“新时代　新使命　新发展”为主题的广东图书馆学会2018年学术年会在东莞图书馆召开。此次会议由广东图书馆学会主办，东莞图书馆承办，18家国内图书馆技术、设备服务商协办。开幕式上，《广东公共图书馆事业发展蓝皮书》新书发布。广东图书馆学会向荣获第二届图书馆杯“4·23世界读书日”主题海报创意设计大赛组织奖的东莞理工学院图书馆等20家单位颁发奖牌证书，向荣获粤读越精彩“百馆荐书　全城共读”优秀组织奖的东莞图书馆等10家单位颁奖。

南开大学商学院信息管理系教授柯平以“后评估时代公共图书馆的战略重点与发展方向”为题做主旨报告。在第二届“图书馆发展岭南论坛”上，围绕“智慧服务与创新发展”这一主题，柯平、张岩、魏东原、成鑫 4 位嘉宾分别发言。CNKI 智能机器人 Amy 与专家和听众智能问答。在“新时代　新使命　新发展”专题研讨会上，韶关学院图书馆馆长官建生以及论文获奖作者、企业代表分别发言，学术委员会曹树金、高波、潘燕桃、王林、屈义华等专家对论文进行专业点评。此次年会共入选论文 52 篇，其中一等奖 4 篇，二等奖 8 篇，三等奖 12 篇。

由南方医科大学图书馆、深圳图书馆、佛山市图书馆、深圳市盐田区图书馆分别承办的 4 个分会场会议主题涵盖“高校图书馆服务创新”“城市图书馆服务体系建设与展望”“图书馆阅读推广·品牌”“评估定级的创新与变革”等多方面。来自省外的特邀专家柯平教授，香港科技大学图书馆馆长陈丽霞，上海交通大学图书馆馆长陈进，华东师范大学信息管理系教授范并思、金武刚和省内专家做客分会场，为全省会员做多场专题学术报告。（广东图书馆学会）

广西壮族自治区

【概况】 2018 年底，广西图书馆学会有团体会员 115 个。设内部机构 2 个（秘书处、《图书馆界》编辑部），工作人员 6 人，其中专职 3 人、兼职 3 人。现任领导机构是第十届理事会，有理事 83 人，其中常务理事 23 人。会长韦江，秘书长贾莹。9 月 26 日上午在广西壮族自治区图书馆召开第十届三次常务理事会议，会议由秘书长贾莹主持，12 名常务理事出席会议，广西图书馆学会理事长韦江首先汇报学会 1—9 月的工作，会议还讨论学会 10—12 月的工作计划，主要的工作分别是全区业务培训班和年会。（广西图书馆学会　韦绍芬）

【举办第十一次全区自治区、市级公共图书馆馆长培训班】 3 月 26 日，第十一次全区自治区、市级公共图书馆馆长培训班在桂林举办。自治区文化厅公共文化处副处长熊健厚以及来自全区公共图书馆馆长等逾 20 人参加此次培训。自治区图书馆馆长韦江做 2017 年全区公共图书馆工作情况报告，总结 2017 年度全区各公共图书馆在基础设施建设、公共数字文化建设、古籍普查工作、阅读服务推广、打造品牌文化活动和评估定级等方面取得的成绩和人才队伍建设、法人治理工作、图书采购方式等方面存在的问题，对 2018 年工作提出意见建议。广西桂林图书馆馆长钟琼就该馆学习贯彻《公共图书馆法》的实践做发言。随后，百色市图书馆馆长罗桂梅、河池市民族图书馆馆长谭荣玲、南宁市图书馆馆长江锦才、玉林市图书馆馆长谢朝容分别就各馆在法人治理改革、城乡一体化联合图书馆建设、总分馆制建设等方面的实践在会上做经验交流并就实践过程中出现的问题与参会者展开热烈讨论。熊健厚最后做总结发言，对全区公共图书馆未来一段时期的工作和发展方向提出意见。（广西图书馆学会　韦绍芬）

【举办新时代智慧图书馆及总分馆建设研讨会】 9 月 17 日，广西图书馆学会、广西壮族自治区图书馆主办，超星集团支持的新时代智慧图书馆及总分馆建设研讨会在南宁举行。来自河南、内蒙古、江苏、浙江、江西、湖南、湖北、云南、广西的图书馆界代表 126 人参加会议。自治区图书馆副馆长彭松林、超星集团公司副总经理杨庆刚在大会致辞。超星集团产品总监张慧敏做“超星智慧图书馆应用与服务”主题报告。超星集团副总经理叶艳鸣、浙江图书馆原副馆长刘晓清、江阴市图书馆馆长宫昌俊、超星集团产品经理宋志森分别做题为“总分馆体制下的智慧图书馆理念与服务创新”“智能革命与图书馆技术创新变革”“政府主导　社会参与——江阴市公共图书馆总分馆体系建设的创新实践”“智慧图书馆之音频服务与推广”的报告。这些报告既有案例分享，又有前沿产品介绍，使参会代表对于智慧图书馆有更深层次的认知。（广西图书馆学会　韦绍芬）

【举办图书馆业务培训班】 10 月 22—26 日，广西图书馆学会在南宁举办图书馆业务培训班。来自全区各级各类 84 个图书馆的 142 名学员参加培训。此次培训针对图书馆新进员工和非图书情报专业的馆员，设计图书馆基础业务系列课程，内容包括《公共图书馆法》解读、计算机新技术在图书馆的应用、图书馆采编工作流程、中文图书分类、文献编目工作、信息资源检索与利用、读者活动的组织与策划、图书馆学术论文的选题与写作、图书馆馆员职业规划等。（广西图书馆学会　韦绍芬）

【召开广西图书馆学会 2018 年年会暨第 36 次科学讨论会】 12 月 6—7 日，广西图书馆学会 2018 年年会暨第 36 次科学讨论会在新启用的广西壮族自治区图书馆地方民族文献中心召开。此次年会的主题是“新时代　新作为　新发展”，来自全区公共、高校、科研系统图书馆及部分企业代表共 130 人参加会议。开幕式由学会秘书长贾莹主持，学会理事长、自治区图书馆馆长韦江，学会副理事长、桂林图书馆馆长钟琼，学会副理事长、广西社科院院刊编辑部主任林智荣出席开幕式。钟琼致开幕辞。韦江做“广西图书馆学会 2018 年工作报告”。国家图书馆参考咨询部主任王磊做题为“环境变迁与体系重构——图书馆参考工作发展趋势谈”的学术报告。武汉大学图书馆副馆长黄勇凯做题为“智·图”的学术报告。闭幕式由学会常务理事、广西科技大学图书馆馆长梁晓天主持，韦江致闭幕词。会上为在第六次全国县级以上公共图书馆评估定级中评定的“一级图书馆”颁发牌匾，为此次年会优秀论文奖的作者代表和获得年会征文活动组织奖的图书馆颁发获奖证书，为“中国知网 CNKI”杯《图书馆界》2018 年度优秀论文的论文作者以及“书香八桂，全民阅读”——第二届广西壮族自治区全民阅读网络知识答题竞赛活动组织奖获得者颁奖。（广西图书馆学会　韦绍芬）

海南省

【举办“同筑中国梦　共度书香年”春节主题活动】 为积极响应中国图书馆学会《关于组织动员全国图书馆联合开展“同筑中国梦　共度书香年”春节主题活动的通知》精神，提高广大市民对中国年俗文化的了解，普及中国年俗文化，让楹联文化、春节习俗等中国传统文化得到更大范围、更多层次的认识，2018 年春节前夕，海南省图书馆协会将中国图书馆学会提供的优秀资源素材下发至各公共馆，在全省范围内组织省图书馆、三亚市图书馆、海口图书馆、澄迈县图书馆、定安县图书馆、屯昌县图书馆、琼海市图书馆、昌江县图书馆、琼中县图书馆等 9 家公共图书馆共同开展线上线下丰富多彩的文化活动。在大年初一到初三期间，还举办了楹联书法和年画拓印表演，向到馆读者赠送现场书写的楹联和拓印的年画。（海南省图书馆　韩川平）

【组织专家赴儋州市图书馆开展馆徽评审工作】 儋州市图书馆馆标（LOGO）征集活动于 3 月 9 日开始，通过《海南日报》《南国都市报》《儋州报》、儋州市政府网等媒体公开向社会征集。活动开展以来，受到社会各界人士的关注，反响热烈。截至 5 月 25 日，共收到来自全国各省市的应征作品 182 件。12 月 1—2 日，在海南省图书馆协会的组织下，海南省内 3 名图书馆专家赴儋州与当地美术、设计、地方文化等专家及读者进行第二轮评审。专家们综合地域文化、视觉等特点，从 50 件作品中评选出 6 件入围作品，其中有 1 件作品被采用，入围作品获得荣誉证书，被采用的作品获得奖金及荣誉证书。（海南省图书馆　韩川平）

重庆市

【概况】 2018 年，重庆市图书馆学会荣获中国图书馆学会 2018 年“同筑中国梦　共度书香年”活动优秀组织单位奖、中国图书馆学会“寻找图书馆最美阅读空间、人文阅读”摄影作品公益展优秀组织奖以及“2018 年中国图书馆学会年会征文组织奖”。北碚区图书馆获得“全民阅读基地”称号，长寿区图书馆获得“2017 年中国图书馆学会阅读推广优秀项目”。举行重庆市图书馆学会第五届会员代表大会暨换届选举大会。面向全市公共图书馆分级分层开展《公共图书馆法》培训班。举办 2018 年重庆市公共图书馆业务技能大赛。承担中图学会公共图书馆分会图书馆扶贫工作委员会秘书处日常工作，召开 2018 年扶贫工作委员会工作，开展全国图书馆文化扶贫乡村振兴案例征集，与首都图书馆志愿者开展文化扶贫活动。学会刊物《重庆图情》全年出刊 4 期，平均每期收录通讯、论文 80 余篇。（重庆市图书馆学会）

【举办垫江县图书馆业务培训班】 9 月 11—12 日，由重庆市图书馆学会和重庆图书馆主办，垫江县图书馆承办的垫江县图书馆员、乡镇（街道）综合文化服务中心工作人员系列业务培训在垫江县图书馆举办，来自垫江县图书馆、垫江县乡镇（街道）综合文化服务中心的文化专干以及从事阅读推广工作的相关工作人员参加培训班。重庆图书馆针对垫江县图书馆的培训需求与培训目标，特意选择一批业务骨干，围绕文献采

访与编目、读者服务、图书馆服务创新与技术应用以及读者投诉与处理开展专题讲座。（重庆市图书馆学会）

【召开重庆市图书馆学会第五届会员代表大会】 10月25日下午，重庆市图书馆学会第五届会员代表大会在重庆图书馆举行。来自全市公共、高校、中小学系统图书馆，科研机构、企事业单位的代表195人参加会议。大会由重庆市图书馆学会第四届理事会秘书长、重庆图书馆副馆长王宁远主持。第四届理事会常务理事、重庆大学图书馆馆长杨新涯代表学会致开幕词。会议审议通过《重庆市图书馆学会第五届换届选举工作方案》《重庆市图书馆学会第四届理事会工作报告》《重庆市图书馆学会第四届理事会财务工作报告》《关于修改〈重庆市图书馆学会章程〉的报告》《关于〈重庆市第五届会员代表大会会员代表、理事、常务理事、监事产生办法〉的说明》《关于〈重庆市图书馆学会组织机构选举办法及计票、监票、唱票人员名单〉的说明》《关于重庆市图书馆学会法定代表人更改情况的说明》。大会选举产生任竞等85名重庆市图书馆学会第五届理事会理事，27名常务理事，任竞当选学会第五届理事会理事长，杨新涯、汤兴华、刘红、张冰梅、王宁远当选副理事长，宋继珍当选秘书长。（重庆市图书馆学会）

四川省

【概况】 截至2018年底，四川省图书馆学会共有单位会员78个，个人会员1350人。学会充分发挥行业社会组织职能，协调全省公共、高校、科研三大系统图书馆，积极推进四川省图书馆事业和学科共同发展。

开展学术研究和交流，提高图情行业学术水平。在学术研究方面，组织四川省文化和旅游厅厅级项目——图书情报学与文献学规划项目。在决策咨询方面，完成《四川省公共图书馆事业发展报告（2016—2017）》《四川省图书馆2017年年报》等行业报告；协助四川省文化和旅游厅开展“基层公共文化服务体系建设与效能提升”调研工作，深入基层实地调研、整理、撰写调研报告。在学术征文和评奖方面，积极组织川吉苏冀桂五省（区）图书馆学会第十六届学术研讨会征文、评奖及参会工作；组织四川省第十八次社会科学优秀成果评奖，并同期开展“四川省2016—2017年度图书馆、情报与文献学优秀学术成果奖”评选活动。在行业交流方面，组织推进2018年全省图书馆馆长会暨四川省图书馆学会年会、丝绸之路国际图书馆联盟成立暨“阅读　城市文化”图书馆、书店融合发展学术研讨会、西部公共图书馆2018年学术研讨会。仅学会阅读推广委员会，2018年就举办20余场学术交流活动，为同行交流学习搭建良好的平台。

强化继续教育和职业培训，提升人才队伍业务素质。开展各种主题培训，对提升全省图书馆工作者素质，提高服务效能，起到推动作用。省学会联合中图学会承办《公共图书馆法》研修班、与广西壮族自治区图书馆跨区域合作举办广西公共图书馆“三区”人才综合素质能力提升班、主办四川省2018年“三区”人才计划主题培训、举办2018年四川全省图书馆业务人员专题培训班等，各类培训理论结合实践，取得良好的培训效果。另外，学会各专业委员会也发挥各自优势，积极开展各种专业培训，在四川省内各大高校举办“新时代图书馆职业特征与图书馆员职业生涯规划”专家讲座、“NSTL走入西南高校文检课暨CALIS文献获取工作培训会”“四川省高校及公共图书馆专家论坛暨数图应用新服务成都站研讨班”“2018年四川省高校图书馆学科馆员实务培训班”等。

关注编辑出版工作质量，促进图书馆学科建设。重新策划、改版《四川图书馆学报》，顺利完成国家、省新闻出版主管单位的各项审核工作。加强编校力量，在反映理论进展、学科发展方向的同时，也关注到四川省图书馆界重大事件和省图书馆工作者的科研成果。从组稿、印刷、发行、推广等环节逐步纳入规范管理，学报工作真正走上合理、合规、合法的轨道。

开展阅读推广活动和行业评选，扩大图书馆的社会认知度。积极开拓和创新阅读推广活动方式，注重对阅读推广实践活动进行总结和表彰，树立典型，引领行业全民阅读活动的开展，不断扩大图书馆的社会影响力。协助中国图书馆学会开展“全民阅读”评选活动、书香城市评选活动、“阅天下・邂逅图书馆之美”活动、第五届青年人才奖申报活动等。获中图学会颁发的活动“表现突出单位”表彰、优秀组织奖、“游学基地”称号等。学会还积极参与组织全省“庆祝改革开放40周年四川省诗歌朗诵活动”“图书馆杯四川全民英语口语大赛”等一系列全省性重大活动。

抓好党建和扶贫工作，强化社会职责。根据四川省委组织部《关于集中推动全省性社会组织党的组织和工作覆盖有关事项的通知》精神，按照四川省文旅厅社会组织联合党委的统一部署要求，学会积极参加联合党委举办的各类活动和培训，成立学会党支部，并得到联合党委的正式授牌。在扶贫工作方面，结合自身平台优势，主动规划脱贫攻坚工作，将扶贫工作与培训、讲座、学术交流等形式相结合，实现教育扶贫、健康扶贫、学术扶贫。（四川省图书馆学会　刘韩萍）

【四川省图书馆学会第八届三次常务理事会召开】 1月21日下午，四川省图书馆学会第八届三次常务理事会在成都召开。常务理事近30人出席会议，学会理事长何光伦和副理事长王嘉陵、陈雪樵、胡建强等莅会。何光伦首先对2017年学会的工作情况做报告。随后，参会常务理事根据《四川省图书馆学会章程》及各馆提交的书面申请，就学会第八届理事会替换或增补理事、常务理事及副理事长候选人名单进行表决，并获一致通过。图书馆学教育与培训专业委员会主任高凡、阅读推广专业委员会主任李泰峰先后对本专委会的工作情况进行汇报和交流。最后，会上通过2018年学会的工作计划。何光伦提出要适时调整专业委员会组成人员，加强常务理事之间、各馆馆员之间的工作交流，充分利用专委会的“纽带、平台、抓手”作用，做好专委会工作计划，形成长效机制。（四川省图书馆学会　刘韩萍）

【四川省2018年“三区”人才计划总分馆建设主题培训班在成都举办】 9月4—6日，由四川省图书馆、四川省图书馆学会主办，成都成华区文化广电新闻旅游体育局、成华区图书馆承办，成都龙泉驿区图书馆、广州图创计算机软件开发有限公司协办的“四川省2018年‘三区’人才计划总分馆建设”主题培训班在成华区图书馆举行。全省民族地区、集中连片特殊困难地区和革命老区、艰苦边远地区县（区）级图书馆，负责总分馆业务的分馆领导或业务骨干共计140余人参加此次培训。培训班邀请华东师范大学信息管理系金武刚、江苏省图书馆学会副理事长邱冠华、成都图书馆馆长肖平、广州图创计算机软件开发有限公司副总经理王骢、龙泉驿区图书馆馆长彭红梅、成华区图书馆馆长黄静进行授课。课程包括“中国公共图书馆总分馆制建设：起源、现状与未来趋势”“建设均等高效的总分馆”“成都市县级图书馆总分馆制建设实施方案”“总分馆建设的技术支撑解决方案及案例解析”“龙泉驿区图书馆总分馆的业务体系及成效详解”“区县图书馆总分馆建设与少儿阅读推广服务的经验分享”等。（四川省图书馆　朱欢）

贵州省

【概况】 截至2018年底，贵州省图书馆学会共有个人会员1223人，中图学会会员119人。全年召开2次常务理事会议。5月17日，在贵州省图书馆召开第一次常务理事会议。会议特别邀请到省图书馆学会业务主管单位——贵州省科协学会学术部部长李昕传达中国科协、省科协有关促进社会团体创新驱动发展的重要精神，并就科技社团换届程序、要求及注意事项进行详细讲解和说明。会议经过充分酝酿，初步拟定贵州省图书馆学会第九次会员代表大会召开时间、地点、内容及会员代表人选等事项，并推选出贵州省图书馆学会换届选举工作领导小组，全面负责学会第九次会员代表大会的组织筹备工作。9月17日，第二次常务理事扩大会议在贵州省图书馆召开。会议主要议题是商议省图书馆学会第九次会员代表大会预备工作。省图书馆学会第九届换届工作领导小组汇报会员代表大会的组织筹备情况，研究通过《贵州省图书馆学会第九届理事会选举工作方案（草案）》，《贵州省图书馆学会章程》修订草案及修订说明，《贵州省图书馆学会第八届理事会工作报告》（审议稿），省图书馆学会九次会员代表大会会员代表、理事、常务理事候选人情况说明，《贵州省图书馆学会第九次会员代表大会议程》等，确定贵州省图书馆学会第九次会员代表大会召开的具体时间、会议议程等。

组织参加由贵州省全民科学素质工作领导小组主办，省委宣传部、省教育厅、省科协等承办的赴沿河县、兴义市、遵义市、开阳县开展“科技、文化、卫生三下乡”活动。参加省科协举办的2018年贵州省科技活动周启动仪式暨大型科普宣传活动。

讲座品牌“黔灵百姓讲坛”全年举办讲座10场，听众约2500人次。与贵州省人文社科基地建设融为一体，内容涉及健康、礼仪、传统文化等，深受贵阳市民的欢迎，逐渐成为市民固定的文化课堂和影响力较大的文化名片。“4·23”世界读书日期间，与贵州省图书馆共同组织开展“传承经典　颂扬文化”传统文学赏析会。与贵州省古籍保护中心共同举办“走进《四库全书》”活动，内容包括展板演示、互动答题、古籍抄写、专家讲座等。

3月21—23日，在贵州省文化厅指导下，与贵州省图书馆、德江县文体广电新闻出版局、德江县图书馆在德江县共同主办2018贵州省布客书屋工作培训及交流会。来自全省的70位布客书屋管理人员、星级布客书屋代表、优秀布客书屋儿童阅读推广志愿者参加此次培训。4月9—12日，在贵州省文化厅的支持下，与贵州省图书馆共同举办《中华人民共和国公共图书馆法》高级研修班，来自全省各市州县的文广新局局长、图书馆长、业务骨干共计162人参加培训。9月29—30日，与贵州省图书馆、威宁县文广新局在威宁县共同主办2018少年儿童阅读创新服务培训班，来自全省各市地州县公共图书馆少年儿童工作业务骨干、威宁县乡镇文化站工作者、威宁县儿童阅读推广志愿者等近100人参与此次培训。此次培训还特别邀请华东师范大学信息管理系教授范并思做专题讲座。10月23—25日，承办由国家图书馆、中国图书馆学会、贵州省文化厅共同主办的“网络书香·数字图书馆建设与服务”（贵州站）宣传推广活动。活动期间举办“图书馆馆长及业务骨干高级研讨班”，来自全省各市（州）、县图书馆领导和业务骨干117人参加培训。培训内容围绕“图书馆移动服务的建设与创新”“数字图书馆资源建设与知识服务”“新时代公共文化服务政策解读”“自建数字资源项目管理实践探讨”4个主题展开。此次活动还专门设立数字图书馆展览体验区，重点凸显数字图书馆的高新技术元素，对数字图书馆推广工程取得成果进行集中展示。（贵州省图书馆学会　钟海珍）

【《贵州省公共图书馆条例》立法调研及文本起草工作】 2018年，受贵州省文化厅委托，贵州省图书馆学会与贵州民族大学共同承担《贵州省公共图书馆条例》立法调研及文本起草工作。根据立法要求，启动由贵州省人大和贵州省政府法制办参与的立法调研工作。7—8月，调研组赴湖北省、上海市，就立法要解决的重点难点问题，立法过程中的策略、技术问题，法律法规施行后的成效及存在的问题等进行深入调研。8月，根据《中华人民共和国公共图书馆法》、调研材料和省人大省政府相关部门以及专家意见，对《贵州省公共图书馆条例》（征求意见稿）做进一步修改。9月，提交《贵州省公共图书馆条例》（征求意见稿）修改版及相关立法资料。（贵州省图书馆学会　钟海珍）

【贵州省图书馆学会第九次会员代表大会召开】 10月31日—11月1日，贵州省图书馆学会第九次会员代表大会在贵州省图书馆召开，来自全省各级各类图书馆的171名会员代表参加大会。会议审议表决通过《贵州省图书馆学会第八届理事会工作报告（审议稿）》《贵州省图书馆学会章程（修正案）（草案）》《贵州省图书馆学会第八届理事会财务收支情况报告》《贵州省图书馆学会会员会费标准及管理办法》等。会议以无记名投票方式选举产生第九届理事、常务理事、副理事长、理事长及监事。11月2日，贵州省第九届理事会第一次会议在贵州省图书馆召开。理事会通过充分酝酿，表决通过贵州省图书馆学会秘书长聘任人选和《贵州省图书馆学会第九届理事会分支机构及专委会设置方案》。根据贵州省图书馆事业发展的总体情况和行业领域的特点，省图书馆学会下设公共图书馆分会、高校图书馆分会、高职院校图书馆分会3个分支机构，设立学术研究委员会、阅读推广委员会、教育培训委员会、编辑出版委员会、交流与合作委员会、高级专家咨询委员会、大数据战略与图书馆信息技术应用委员会、地方文献与古籍保护委员会、少数民族图书馆事业发展委员会、资源建设与共享工作委员会10个工作委员会。（贵州省图书馆学会　钟海珍）

【2018年黔东南州公共图书馆阅读推广业务培训班】 11月26—30日，贵州省图书馆学会与黔东南州文化广电新闻出版局在黔东南凯里市共同主办2018年黔东南州公共图书馆阅读推广

业务培训班。培训班特别邀请华东师范大学商学院信息学系教授范并思和浙江图书馆原副馆长刘晓清分别做题为“公共图书馆少儿阅读推广活动”“互联网+公共文化服务融合创新”的专题讲座。黔东南州图书馆及16个县、区公共图书馆馆长、业务骨干共80余名学员参加培训。（贵州省图书馆学会　钟海珍）

【新时代的学术信息智慧服务　数图应用新服务研讨班】 12月6日，贵州省图书馆学会与贵州省高等学校图书馆工作指导委员会及北京万方数据股份有限公司共同主办“新时代的学术信息智慧服务　数图应用新服务研讨班”。研讨班邀请北京大学图书馆、清华大学图书馆、北京师范大学及四川省图书馆学会专家，分别就在大数据和人工智能技术的驱动下我国数字图书馆、智慧图书馆建设发展的理论与实践进行深入探讨，来自省内外各级各类图书馆的218名图书馆专业技术人员参加此次活动。（贵州省图书馆学会　张亚军）

云南省

【《中华人民共和国公共图书馆法》培训班暨全省公共图书馆评估定级总结交流会】 3月30日—4月2日，云南省图书馆、云南省图书馆学会在大理州巍山县举办《公共图书馆法》专题培训班暨全省第六次公共图书馆评估定级总结交流会。云南省各州（市）、县（市、区）公共图书馆馆长共160余人参加会议。开班仪式上，云南省文化厅党组书记、厅长李涛做重要讲话。培训班邀请南开大学商学院信息资源管理系教授柯平、国家图书馆常务副馆长陈力、中国图书馆学会秘书长霍瑞娟分别以“《公共图书馆法》解读”“公共图书馆的‘转型’与‘再定位’”“从评估数据看云南省公共图书馆事业发展状况”为题授课，使全体参训人员进一步深入学习、了解《公共图书馆法》的主要内容和丰富内涵，明确新时代公共图书馆的转型方向、发展定位、服务要求、业务规范和发展目标。此外，全省公共图书馆评估定级总结交流会还就第六次全省公共图书馆评估定级工作进行全面总结和经验交流。云南省图书馆馆长王水乔做会议小结。（云南省图书馆学会办公室）

【2018年全省县级图书馆总分馆制建设暨文化精准扶贫论坛召开】 5月11—13日，由云南省图书馆学会主办、昭通市图书馆协办、昭阳区图书馆承办的县级图书馆总分馆制建设暨文化精准扶贫论坛在昭通市昭阳区召开。来自昆明、昭通、玉溪、曲靖、文山、西双版纳、红河、普洱8个州（市）图书馆、51个县级图书馆的80余名馆领导参加论坛。论坛邀请省内外专家进行授课。嘉兴市图书馆研究馆员章明丽结合在全国示范推广的公共图书馆总分馆制建设“嘉兴模式”，做题为“现代公共图书馆服务体系建设探索”的主题培训；云南省图书馆馆长王水乔做题为“县级图书馆总分馆制建设与服务”的主题培训。云南省县级图书馆总分馆制建设试点单位进行经验交流。

7月6—8日，2018年全省县级图书馆总分馆制建设暨文化精准扶贫论坛（滇西片区）在临沧举行，来自楚雄、大理、丽江、保山、临沧、德宏、怒江、迪庆8个州（市）图书馆、53个县级图书馆的70余名馆领导参加。论坛邀请省内外专家进行授课。浙江图书馆馆长褚树青结合当前国内外公共图书馆总分馆制建设特点，做题为“公共图书馆服务体系建设——中心馆、总分馆及主题分馆服务的探索与实践”的培训；云南省图书馆馆长王水乔做“县级图书馆总分馆制建设与服务”主题培训；全体参会人员还分组就各地县级图书馆总分馆制建设工作进行交流探讨。（云南省图书馆学会办公室）

【“阅读推广人”培育行动（第十二期）在云南省图书馆举办】 11月12—15日，由中国图书馆学会主办，云南省图书馆、云南省图书馆学会承办的2018“阅读推广人”培育行动（第十二期）在云南省图书馆举行。徐雁、仇杨坪等分别为来自全国各地的300多名学员授课。此次培训以阅读推广基础理论讲解+大量实践案例介绍+现场互动交流+上机考试的方式进行。温州城市书房建设经验为公共图书馆开展阅读推广活动做出示范，沈阳师范大学图书馆“阅读推广人”项目良好的操作性、实效性与可持续性为高校图书馆阅读推广提供参考模式，苏州图书馆“悦读宝贝计划”为少儿阅读推广打开思路。来自不同类型图书馆的学员从相关专家的“阅读推广基础理论”“点亮城市阅读之灯”“高校图书馆‘阅读推广人'模式的实践探索""少儿阅读推广活动品牌建设""阅读推广项目的策划"等课程中受益匪浅。课程考试合格者获得中国图书馆学会颁发的证书和"阅读推广人"徽章。"阅读推广人"培育活动至今已举办 12 期，在全国培养"阅读推广人"2700 余名。

陕西省

【概况】 2018 年，陕西省图书馆学会第八次会员代表大会暨换届大会召开，完成对第七届理事会工作的总结，并制定未来几年的工作规划。

第七届理事会期间，陕西省图书馆学会顺应事业发展新潮流，在中国图书馆学会、陕西省文化厅的大力支持下，充分发挥行业引领作用，搭建平台，促进合作，服务基层，提升形象，较好地履行作为图书馆行业组织的职责。积极配合中图学会相关活动，做好上接下转组织总结工作；加强区域联合，推进西北五省（区）图书馆合作常态化；积极联合省内各行业的力量，发挥整合优势；搭建学术平台，持续推进课题立项，营造陕西地区图书馆良好学术环境；文化志愿工作持续有效推进，结对帮扶共同进步；加强阅读推广工作，充分发挥全民阅读引领作用；发挥会刊、通讯和网站的阵地作用，多角度、多渠道进行自我宣传；加强组织建设，增进学会的凝聚力和向心力。

第八届理事会期间，学会的工作重点包括：既要从宏观上深入发掘、研究制约陕西省图书馆事业发展的深层次问题，提出可行性解决方案，又要组织、引领、协调各方面力量，做几项单个图书馆无法做到的具有全局性、战略性的重点工作；要加强对行业运行态势和事业发展中共性、关键性问题的研究，重点关注免费开放环境下图书馆面临的新情况、新问题，十九大以后全国图书馆事业的新思路、新动向和新举措以及逐步深入的公共文化服务体系建设对图书馆工作的新要求等；要形成以学术研究为主，编辑出版、阅读推广、协作协调协同推进的良好格局，不断提升为图书馆行业和广大会员服务的质量、能力和水平；要以换届为契机，以"公共图书馆法"为主导，以加快转变发展方式为主线，创新思想、创新理念、创新工作方式方法，共同为促进陕西省图书馆事业发展做出自己应有的贡献。

2018 年，陕西省图书馆学会与省内外学会组织、各级公共图书馆交流、互动，策划举办一系列跨地域的、有影响力的活动，例如"第二届图书馆事业发展论坛——县级图书馆总分馆制建设与实践研讨会"吸引来自川、甘、宁、陕 55 个图书馆的百余名专家学者及图书馆同人，"文化陕西、阅读三秦"第六届陕西省全民在线英语口语大赛吸引来自全省 47 家单位的 1000 余名选手参赛；省学会在充分发挥自身策划、组织、协调能力的同时，积极投身"春雨工程——全国文化志愿者边疆行"活动。省学会 4 个委员会发挥各自优势开展特色活动，如学术委员会举办"陕西省图书馆员知识竞赛"，协作协调委员会深入基层图书馆展开结对帮扶调研，阅读推广委员会有针对性地开展阅读推广业务培训，编辑出版委员会赴安康地区了解基层公共图书馆建设情况、为《陕西省公共图书馆条例（草案）》起草工作提供支撑；阅读推广委员会、协作协调委员会、编辑出版委员会还分别召开 2018 年度工作会议。

6 月，陕西省图书馆学会作为全国 8 家优秀组织单位之一，获得中图学会"同筑中国梦　共度书香年"活动优秀组织单位的通报表扬。（陕西省图书馆学会　霍晓焰）

【陕西省图书馆学会等联合举办"文化陕西、阅读三秦"第六届陕西省全民在线英语口语大赛】 自 4 月 23 日世界读书日起，至 8 月 23 日止，由陕西省图书馆学会、陕西省图书馆、西安市图书馆学会、西安图书馆联合主办的"文化陕西、阅读三秦"第六届陕西省全民在线英语口语大赛共历时 4 个多月。来自全省 47 家单位的 1000 余名参赛选手经过 100 多天的激烈角逐，最终决出每个组别（公共图书馆组、在校大学生组、中学组和小学组）的一等奖、二等奖、三等奖及明日之星奖。此外，3 家单位获得最佳组织奖。（陕西省图书馆学会　霍晓焰）

【陕西省图书馆学会召开第八次会员代表大会暨换届大会】 5 月 18 日，陕西省图书馆学会第八次会员代表大会暨换届大会召开，来自全省各地图书情报界的会员代表 221 人参会。会议对学会在七届理事会期间的工作进行表彰总结，完成理事会换届工作。大会形成"关于通过七届理事会工作报告的决议”“关于通过《陕西省图书馆学会章程（草案）》的决议”“关于通过八届理事候选人资格和选举办法的决议”；选举产生由周云岳等65人组成的八届理事会以及21人常务理事会；通过理事长、副理事长、秘书长、副秘书长提名；听取学术研究、编辑出版、阅读推广、协作协调4个委员会主任汇报本届委员会的组建情况并通过委员人选；审议并通过聘任杨玉麟同志为学会名誉顾问的决议。（陕西省图书馆学会　霍晓焰）

【陕西省图书馆学会召开基层学会工作交流会】 6月22日，陕西省图书馆学会基层学会工作交流会在安康市图书馆召开。会议主要内容为：分享学会工作经验，探讨在工作中遇到的问题，促进基层图书馆如何适应新形势、实现新突破。目前在全省10个地市中，7家市级公共图书馆中有6家作为业务中心单位办起了区域性地市级图书馆学会。其中宝鸡、西安、咸阳、延安、安康市图书馆学会负责人分别从组建流程、活动形式、学术研究、业务交流、对外合作等方面介绍工作经验，并从经费保障、制度建设、业务运行、人才队伍等方面提出存在问题及解决对策。陕图学会常务副秘书长霍彩玲从争取领导支持、学会的活动核心在学术研究、要充分体现学会的服务性、积极广泛的发展会员、建立健全组织机构等7个方面，对地市级图书馆学会未来的发展路径及将会遇到的问题进行分析与展望。（陕西省图书馆学会　霍晓焰）

【陕西省图书馆学会赴青海玉树举办“春雨工程——全国文化志愿者边疆行”活动】 8月4—5日，陕西省图书馆学会2018年“春雨工程——全国文化志愿者边疆行”业务培训活动在青海玉树州图书馆举行，来自玉树州各地区的图书馆馆长、业务骨干近30人参加培训。陕西省图书馆采访编目部邓辉、数字资源部主任胡竹林、发展研究部主任万行明分别讲授“采编编目工作简介”“数字资源的建设管理和服务推广”以及“公共文化服务体系下的县域公共图书馆总分馆构建策略”。此次培训活动名为文化援助，实为一次两地互相取长补短的文化交流活动。（陕西省图书馆学会　霍晓焰）

【陕西省图书馆学会2018年春雨工程神木行志愿培训开班】 8月25—28日，由陕西省图书馆学会、神木市文体广电局共同举办，神木市图书馆承办的陕西省图书馆学会2018年春雨工程神木行志愿培训开班，全市19个乡镇、社区、农家书屋等240人参加此次培训。培训特邀天津南开大学教授柯平对《中华人民共和国公共图书馆法》进行解读。陕西省图书馆学会常务副秘书长霍彩玲，汉中市汉台区龙江文化站老站长闫克元，陕西省图书馆地方文献部主任窦鹏、参考咨询部咨询服务组组长李广通、数字资源部主任胡竹林、发展研究部主任万行明分别讲授“图书馆学论文写作技巧”“基层综合文化站人的使命与责任”“地方文献资源建设和利用”“信息资源利用与检索”“电子阅览室的规范化管理与数字化资源的服务推广”“图书馆工作概论及乡镇社区图书馆的规范化管理”。（陕西省图书馆学会　霍晓焰）

【陕西省图书馆学会联手安康市图书馆举办阅读推广专题培训】 9月17日，由陕西省图书馆学会阅读推广委员会、安康市图书馆学会联合举办的阅读推广业务培训在安康市图书馆举行，市县（区）图书馆及安康职业技术学院图书馆的48名业务骨干参加培训。阅读推广委员会委员、陕西科技大学图书馆研究馆员惠涓澈做题为“全民阅读背景下图书馆员角色塑造与职业幸福”的专题讲座。阅读推广委员会主任、安康市图书馆馆长李焕龙表示，从2018年起要有针对性地办班培训，有计划地送出去培训，争取市县图书馆专职馆员每人每年受训不低于15天，乡镇分馆和村、社区农家书屋的图书管理员每人每年受训不低于5天。（陕西省图书馆学会　霍晓焰）

【“第二届图书馆事业发展论坛——县级图书馆总分馆制建设与实践研讨会”在西安举行】 9月18—21日，由陕西省图书馆学会、西安市图书馆学会主办，广州图创计算机软件开发有限公司协办的“第二届图书馆事业发展论坛——县级图书馆总分馆制建设与实践研讨会”在西安举行，来自四川、甘肃、宁夏、陕西等省55个图书馆共106名专家学者、图书馆同人齐聚西安，共同探索我国西部县级图书馆总分馆制的建设发展之路。此次论坛主题为“县级图书馆总分馆制建设与实践”。会议特邀华东师范大学博士生导师金武刚和湖北省图书馆副馆长王涛做“我国公共图书馆总分馆制的起源、现状与未来”和“公共图书馆总分馆的实现与探索”主旨报告；邀请山西省图书馆副馆长赵谓炯、成都市图书馆副馆长关涛、浙江省温岭市图书馆馆长杨仲芝 3 位专家，分别代表中、东、西部地区进行总分馆制典型案例交流，分享当地总分馆制建设的经验。此次研讨会还设有技术论坛，内容涉及智能服务、移动互联网、大数据、云馆藏、信息化系统安全等在图书馆的应用，与会嘉宾通过技术展示、技术讲座等形式，充分认识智能技术给图书馆行业带来的新变化、新气象，进一步开阔视野。（陕西省图书馆学会　霍晓焰）

【陕西省图书馆学会学术研究委员会举办“陕西省图书馆员知识竞赛”】 10 月 29 日，由陕西省图书馆学会学术研究委员会主办、同方知网陕西分公司提供技术支持的“陕西省图书馆员知识竞赛”展开角逐，来自 66 家图书馆的 499 名馆员参与答题，其中公共图书馆 232 人，高校图书馆 267 人。陕西省图书馆等 3 家公共馆、西北工业大学图书馆等 3 家高校馆获得优秀组织奖；西北大学图书馆李煜、陕西省图书馆李广通、大荔县图书馆唐乐等 24 人获得个人一、二、三等奖。（陕西省图书馆学会　霍晓焰）

【2018 年陕西省图书情报界中青年学术年会在西安召开】 11 月 8 日，陕西省图书情报界中青年学术年会在陕西师范大学长安校区图书馆召开。会议由陕西省社会科学信息学会、陕西省图书馆学会、陕西省高等学校图书情报工作委员会联合主办，陕西师范大学图书馆承办。来自全省各有关社会科学、科学技术信息服务机构、各有关图书馆的分管领导与中青年学术骨干代表 150 余人参加此次会议。会上举行“陕西社会科学信息学会 2015—2017 年优秀成果奖”和 2018 年学术年会征文优秀奖颁奖仪式。学术报告环节，由《图书馆》执行主编王兰伟、西北大学公共管理学院教授崔旭、陕西省科技情报研究文献情报研究所副所长辛一、西安电子科技大学经济管理学院教授赵棒未、西安文理学院图书馆研究馆员段小虎、西安交通大学图书馆李凌、西安财经学院图书馆王军伟、商洛市图书馆馆长彭萍莉分别做“图书馆学研究前沿选题与论证设计”“当前图书馆学研究前沿动态”“面向政府决策的科技智库建设与服务”“陕西信息资源研究中心近年工作情况与今后设想”“现代公共文化服务制度设计”“图书馆信息空间智库服务运转及预约模式研究”“高校图书馆对学校应用型创新人才培养贡献度实证研究”及“积极发展乡村文化努力推动智志双扶”专题报告。专题报告后还进行学术沙龙活动，王兰伟应邀解答有关青年学者关于图书馆学研究选题、方法、写法和发表策略等问题的提问，并就如何加快图书情报专业话语体系建设与加强新型专业智库服务等问题进行深入研讨。连续举办的中青年学术年会，已经成为扶持陕西省社科领域中青年学术人才交流和成长的重要平台。（陕西省图书馆学会　霍晓焰）

甘肃省

【概况】 截至 2018 年底，甘肃省图书馆学会拥有个人会员 687 人，单位会员 64 个，理事 102 人，常务理事 31 人；有中国图书馆学会个人会员 262 人，理事 2 人，常务理事 1 人。分设图书馆学理论专业委员会、文献资源建设与共享专业委员会、地方文献专业委员会、古籍保护与研究专业委员会、公共图书馆工作委员会、高校图书馆工作委员会、科研系统图书馆工作委员会、少儿图书馆工作委员会等 8 个分支机构，分别挂靠在甘肃省图书馆、兰州大学图书馆、中科院兰州文献情报中心等单位开展工作。

2018 年是《公共图书馆法》颁布实施的第一年，甘肃省图书馆学会积极学习宣传贯彻《公共图书馆法》，利用学会工作通讯《甘肃图书馆工作》、学会网站、学会 QQ 群和学会微信群等媒体，集中报道全省各地开展学习宣传贯彻《公共图书馆法》的系列主题活动；配合原省文化厅分别在兰州市和金昌市举办两期“全省学习贯彻《中华人民共和国公共图书馆法》培训班”；组织动员全省图书馆员参加由中国图书馆学会举办的“依法办馆　创新发展——新时代公共图书馆建设与服务”知识学习竞赛活动和“我身边的图书馆——公共图书馆法与新时代公共图书馆建设与服务”主题征文活动，省图书馆学会荣获“最佳组织奖”，学会选拔组成的甘肃代表队获得全国三等奖；学会选派授课教师先后赴白银市、酒泉市、天水市、庆阳市等地讲授《公共图书馆法》。

在学术交流方面，召开2018甘肃省图书馆学会年会，在会上颁发“甘肃省第四届图书馆学情报学学术成果奖”，有33项成果分获一、二、三等奖；举行甘肃省图书馆学会“全民阅读基地”授牌仪式，表彰2017—2018年度全民阅读活动“先进单位”和“先进个人”；举行“依法办馆　创新发展——新时代公共图书馆建设与服务”知识学习竞赛活动优秀组织单位表彰活动、2018甘肃省图书馆学会年会征文相关奖项的颁奖仪式，进行“2018年甘肃图书馆最美故事”系列风采展示活动等。同时年会还邀请上海图书馆馆长陈超做题为“新时代　新使命　新思维——新形势下图书馆发展战略思考”的专题学术报告。

在工作交流方面，合作召开西北五省（区）图书馆馆长暨学会理事长、秘书长2018年度联席会议和西北五省（区）图书馆第十四次科学讨论会，合作召开图书馆转型发展与服务创新学术报告会，协助上海图书馆、上海市图书馆行业协会做好《公共图书馆服务规范》甘肃修订意见的征集、汇总工作。

在教育培训方面，组织举办全省公共图书馆馆长研讨班和全省图书馆基础业务知识暨图书馆员继续教育培训班等，先后赴张掖、白银、酒泉、天水、庆阳、兰州等地进行调研与辅导培训。全年举办各类培训班、研讨班共10期，培训学员1265人次。

在行业协调方面，组织开展2018年度全民阅读活动，并做好活动总结和表彰引导等工作，西北民族大学图书馆等4家单位获得“全民阅读基地”称号，中科院兰州文献情报中心等12家单位被授予全民阅读“先进单位”称号，兰州大学图书馆张晓文等14人被授予全民阅读活动“先进个人”称号；向中国图书馆学会推荐兰州市图书馆为“全民阅读活动优秀组织奖”，西北民族大学图书馆、敦煌市图书馆为“全民阅读活动先进单位”，金昌市图书馆、甘州区图书馆为“全民阅读示范基地”；组织召开甘肃图书情报界讲座展览联盟2018年工作会议；组织开展“2018甘肃图书馆最美故事”评选活动，有2项感人事迹、2项优秀服务和2项创新案例入选“2018年甘肃图书馆最美故事”系列风采展示活动名单，并在年会上予以视频展播。

在编辑出版和网络宣传方面，会刊《图书与情报》继续保持核心期刊的地位，全年收稿3100余篇，出刊6期，刊发文章120余篇；内部交流刊物《甘肃图书馆工作》全年编发6期，邮发刊函2000余封；更新维护学会网站，制作“宣传贯彻《公共图书馆法》系列主题活动专辑”等宣传专栏；编辑出版甘肃图书馆学会2018年会论文集——《甘肃图书馆效能与法制建设研究》，收录论文52篇，计30余万字，由甘肃民族出版社出版。（甘肃省图书馆学会）

【举办全省图书馆基础业务培训班】　3月26日至4月3日，甘肃省图书馆学会在兰州举办全省图书馆基础业务培训班，来自全省公共和高校系统图书馆的45名馆长及业务骨干参加培训。此次培训班开设有图书馆管理实务、图书馆工作概论、《中图法》（第五版）、文献编目、连续出版物管理等课程。为巩固业务工作学习效果，此次培训班安排学员进行上机实习，对学员在机读目录格式著录中出现的难点、疑点等问题进行现场答疑。（甘肃省图书馆学会　张毅宏）

【举办全省图书馆总分馆制建设专题研讨班】　7月25—26日，由甘肃省图书馆、甘肃省图书馆学会联合举办的全省图书馆总分馆制建设专题研讨班在兰州举行。此次研讨班是为了贯彻落实甘肃五厅局联合印发的《甘肃省关于推进县级文化馆、图书馆总分馆制建设方案》的通知精神而举办的。甘肃省图书馆党委书记魏孔俊，中国图书馆学会阅读推广委员会副主任邱冠华，甘肃省图书馆学会秘书长董隽等出席开班仪式。来自14个市州的县（区）文广局局长、公共文化管理科长、图书馆馆长和业务骨干等140余人参加此次研讨班。邱冠华做题为“建设均等高效的总分馆体系”的报告，广东省立中山图书馆研究辅导部主任、学会秘书长陈卫东做题为“评估后的思考：县级总分馆建设实践研究”的报告，董隽做“图书馆总分馆制建设的背景及意义”的报告。研讨班期间，还安排县区图书馆总分馆制建设工作研讨和交流，临潭县图书馆馆长党建军、西固区图书馆馆长魏玲莉、甘州区图书馆馆员曹文静等，分别介绍所在图书馆在推进总分馆制建设方面的工作计划、推进措施、工作进展、问题与经验。（甘肃省图书馆学会　张毅宏）

【召开2018甘肃省图书馆学会年会】 10月31日，2018甘肃省图书馆学会年会在兰州召开。此次年会主题为“图书馆与社会：共享 效能 法治”。来自全省14个市州公共、高校和科研图书馆的代表160余人参加。开幕式由甘肃省图书馆副馆长许新龙主持。甘肃省图书馆党委书记魏孔俊致开幕词。在开幕式上，甘肃省文化旅游厅公共文化处主任郇亮宣读《甘肃省第四届图书馆学情报学学术成果获奖名单》并举行颁奖仪式，来自高校、公共、科研等三大系统图书馆工作者的33项成果获奖。兰州大学图书馆馆长田中禾宣读《甘肃省图书馆学会关于公布2017—2018年度全民阅读相关奖项的决定》并举行颁奖仪式，西北民族大学图书馆等4家单位获得“全民阅读基地”称号，中科院兰州文献情报中心等12家单位获得“全民阅读先进单位”称号，兰州大学图书馆张晓文等14位人获得“全民阅读先进个人”称号。甘肃省科学技术情报研究所所长杜英宣读《甘肃省图书馆学会关于对“依法办馆 创新发展——新时代公共图书馆建设与服务”知识学习竞赛活动优秀组织单位的表彰决定》并举行颁奖仪式，甘肃省图书馆等10家单位被授予“优秀组织奖”。中科院兰州文献情报中心副主任吴新年宣读《甘肃省图书馆学会关于对“2018年甘肃图书馆最美故事”系列风采展示活动入选单位和个人进行表彰的决定》，其中“感人事迹”2项，“创新案例”2项，“优秀服务”2项，优秀个人和单位在开幕式上进行风采展示。年会邀请上海图书馆馆长陈超做题为“新时代 新使命 新思维——新形势下图书馆发展战略思考”学术报告。有4位获奖论文作者代表做大会交流发言。来自中科院兰州文献情报中心、天水师范学院图书馆、临夏回族自治州图书馆、高台县图书馆、凉州区图书馆等5家在全民阅读活动中表现突出的单位做工作交流发言。闭幕式上，甘肃省图书馆副馆长许新龙宣读《2018甘肃省图书馆学会年会征文优秀组织奖名单》，并举行颁奖仪式。甘肃省图书馆等8家单位被评为年会授予“优秀组织奖”。甘肃省图书馆副馆长陈军宣读《2018甘肃省图书馆学会年会征文获奖名单》，并举行颁奖典礼。

此次年会得到各理事单位和广大会员的积极响应，共收到论文132篇，经过专家评委的认真评议，78篇论文获奖，其中一等奖13篇，二等奖21篇，三等奖44篇。年会论文集《甘肃图书馆效能与法制建设研究》收录论文52篇，计30余万字，由甘肃民族出版社出版。（甘肃省图书馆学会 张毅宏）

【举办全省公共图书馆馆长研讨班】 12月11—12日，由甘肃省图书馆、甘肃省图书馆学会联合举办的全省公共图书馆馆长研讨班在兰州举行。此次研讨班是为了贯彻落实《中华人民共和国公共图书馆法》，加强全省公共文化人才队伍建设，提高全省公共图书馆馆长的综合素质和履职能力，并总结研讨第六次公共图书馆评估的成绩与问题而举办的。来自全省14个市（州）和80多个县（市、区）公共图书馆馆长、业务骨干和甘肃省图书馆各部门负责人等共计100余人参加此次研讨班。辽宁省文化厅原副巡视员康尔平做题为“新时代公共文化服务相关法规政策解读”的报告。甘肃省图书馆副馆长李芬林做“新时代、新法规、新方法——地方文献工作新思考”的报告。甘肃省图书馆副馆长陈军做“《公共图书馆法》与总分馆制建设”的报告。在分组座谈研讨与案例分享环节，西固区图书馆馆长魏玲莉、敦煌市图书馆馆长戴生清、张掖市图书馆馆长黄岳年、麦积区图书馆借阅部主任牛建茹、临潭县图书馆馆长党建军、高台县图书馆馆长王兴华、嘉峪关市图书馆馆长陈文等围绕如何贯彻落实《公共图书馆法》、总分馆制建设经验与举措、制约甘肃省公共图书馆事业发展难点问题与对策做重点交流发言。各研讨小组组长做分组研讨的总结发言，为学员颁发结业证书。（甘肃省图书馆学会 张毅宏）

【召开甘肃省图书馆学会2018年度理事会议】 12月13日，在兰州召开甘肃省图书馆学会2018年度理事会议（七届十二次理事会议），学会理事、分支机构负责人等80位代表参加会议。会议分为学会年度工作会议和分支机构工作交流2个阶段。第一阶段会议由学会副会长、兰州大学图书馆馆长田中禾主持。甘肃省图书馆党委书记魏孔俊首先做“甘肃省图书馆学会2018年工作报告”，副会长曲建升报告“甘肃省图书馆学会2019年工作要点”；学会常务理事、甘肃省图书馆副馆长陈军做“甘肃省图书馆学会2018年度财务工作报告”；副会长杜英宣读“甘肃省图书馆学会关于更换、增补部分常务理事、理事的决定”。会议审议并表决通过上述文件。第二阶段会议由杜英主持。甘肃省古籍保护中心副主任宋焱通报“古籍保护与研究专业委员会2018年工作总结和2019年工作计划”，田中禾通报“图书馆学理论专业委员会、高校图书馆工作委员会2018年工作总结和2019年工作计划”，中科院兰州文献情报中心副主任吴新年通报“文献资源建设与共享专业委员会、科研系统图书馆专业委员会2018年工作总结和2019年工作计划”，陈军通报“公共图书馆工作委员会2018年工作总结和2019年工作计划”，甘肃省图书馆典阅部主任徐双定通报“少儿图书馆工作委员会2018年工作总结和2019年工作计划”，甘肃省图书馆副馆长李芬林通报“地方文献专业委员会2018年工作总结和2019年工作计划”，各分支机构的工作相较于上一年度均有新的亮点，对于2019年度也有工作设想。（甘肃省图书馆学会　张毅宏）

宁夏回族自治区

【概况】 截至2018年底，宁夏图书馆学会有会员单位44个，常务理事单位18个，理事单位18个，个人会员818人。2018年，开展协作协调、宣传推广活动，进一步拓展学会行业协调与指导的职能，开展跨地区、跨部门、跨系统、跨行业的协作协调。9月25—28日，承办2018年“春雨工程”全国文化志愿者边疆行“魅力山西　宁风晋韵——山西省文化志愿者文化交流宁夏行活动”；撰写全区图书馆工作动态389篇，刊发在《图书馆理论与实践》上有34篇。完成学会的年检工作，完成中图学会、自治区文化和旅游厅、新闻出版局、民间管理局及挂靠单位委托、交办的各项工作。

积极组织参与中国图书馆学会相关活动。如组织全区公共图书馆在新年第一天集中开展“馆长带您走进图书馆”主题活动并推广《中华人民共和国公共图书馆法》；春节期间开展“2018年同筑中国梦　共度书香年”主题系列活动，通过以楹联展为主题的新春活动，丰富图书馆春节期间的活动内容。组织动员全区广大读者参加全国“首届图书馆杯主题海报设计创意大赛”，并推选作品15幅，其中宁夏回族自治区图书馆读者刘欢的作品《充电》成功晋级总决赛，并获得优秀奖，张娜的作品《阅读的色彩》获得入围奖；结合全区讲座展览联盟协议，为全区各图书馆提供巡展资源9个，巡展场次57次。12月12—14日，组织召开以“建设美丽新宁夏　共圆伟大中国梦——智慧　开放　融合　图书馆服务新理念趋势”为主题的2018年宁夏图书馆学会年会。

在学术交流与编辑出版方面，本着活跃学术研究、推动学术交流、促进学科发展的宗旨，紧密结合图书馆事业发展的实际，有针对性地组织策划各类学术研究和业务活动，8月29日组织召开西北五省（区）图书馆第十四次科学讨论会；作为支持媒体合作参与9月16—18日在北京举办的2018年全国图书馆情报与档案管理研究生教育与高层次人才培训学术论坛；作为协办单位合作参与10月10—12日在上海举办的“图书馆学术论坛”，《图书馆理论与实践》副主编李金瓯应邀出席会议；作为合作媒体参与10月19—21日在上海举办的“第九届上海国际图书馆论坛”。编辑出版发行与宁夏回族自治区图书馆联合主办的专业学术期刊《图书馆理论与实践》12期，全年收到投稿2990篇，刊登论文220篇；出版《“大数据环境下图书馆发展的机遇与挑战”论文集》。

在2018年6月中国图书馆学会主办的“依法办馆　创新发展——新时代公共图书馆建设与服务”知识学习竞赛活动中，宁夏代表队荣获“团体一等奖”；在2018年5月中国图书馆学会主办的“第一届中国图书馆史志优秀图书”评选中，宁夏图书馆学会选送的《宁夏图书馆志》荣获一等奖。（宁夏图书馆学会）

【“馆长带您走进图书馆”宣传推广活动】 1月1日是《中华人民共和国公共图书馆法》正式施行的第一天。宁夏图书馆学会联合全区各级各类公共图书馆共同开展“馆长带您走进图书馆”主题活动。宁夏回族自治区图书馆馆长韩彬、秘书长张莉向新年第一批到馆的读者发放《公共图书馆法》宣传手册。结合此次活动的主题，韩彬带领广大读者参观宁夏回族自治区图书馆，并向读者介绍本馆的馆藏资源和服务情况以及《公共

图书馆法》图文展览。通过讲解使广大读者对《公共图书馆法》的内容有了初步认识和了解。（宁夏图书馆学会　张莉）

【开展全民阅读推广　共建“书香宁夏”】 4月20—23日，在“4·23”世界读书日来临之际，宁夏图书馆学会组织动员全区各市、县级公共图书馆开展全民阅读推广主题活动。宁夏回族自治区图书馆开展“阅读点亮人生——行走的图书”丢书活动；银川市图书馆开展“世界读书日·阅读嘉年华”阅读推广系列活动；兴庆区图书馆开展“不忘初心共享悦读，聚力前行圆梦兴庆”等系列读书活动；金凤区图书馆举办“诵中华经典·做有德之人”——金凤区喜迎自治区60大庆经典诵读比赛活动等。此次活动内容丰富，形式多样，涵盖朗诵、演讲、展览、读书沙龙、知识竞赛、图书漂流、新书展销等，为广大读者打造形式多样、内容丰富的阅读盛宴，营造“勤读书、善读书、读好书”的良好氛围。活动得到全区公共图书馆的积极响应和参与，多角度、全方位地推进全民阅读活动的深入开展，引导更多市民走进图书馆、利用图书馆，真正发挥图书馆的教育、示范、引导作用，提高读者参与全民阅读活动的积极性，有力地推动书香宁夏建设。（宁夏图书馆学会　张莉）

【西北五省(区)图书馆第十四次科学讨论会在银川召开】 8月29—30日，西北五省（区）图书馆第十四次科学讨论会在宁夏银川召开。来自陕西、甘肃、宁夏、青海和新疆五省（区）图书馆的100余名代表出席此次大会。会上各省图书馆馆长、学会理事长和秘书长以及在以“大数据环境下图书馆发展的机遇与挑战”为主题的征文中获奖的代表做发言。各位馆长、秘书长结合《西北五省（区）图书馆合作协议》的内容，从人才流失的防范、合作培训机制的建立、多项资源的共建、高校图书馆与公共图书馆资源共享的差异性及联结点、西北地区地方文献资源的联合开发等合作项目展开广泛的讨论与协商。此次科学讨论会共收集论文147篇，最终评选出获奖论文86篇，其中一等奖16篇、二等奖31篇、三等奖39篇，由宁夏图书馆学会精选50篇论文编辑出版成论文集。征文获奖作者代表，围绕西部地区公共图书馆服务效能、非物质文化遗产数字化建设、现代图书馆空间设计、少儿阅读推广路径、文献学等论题，进行大会交流发言。（宁夏图书馆学会　张莉）

【宁夏回族自治区基层图书馆业务骨干培训班在彭阳举办】 9月27日，宁夏回族自治区基层图书馆业务骨干培训班在彭阳县图书馆正式开班。此次培训班由山西省图书馆、宁夏回族自治区图书馆主办，宁夏图书馆学会承办，彭阳县图书馆协办。山西省图书馆馆长王建军、石家庄学院图书馆馆长李文革、中国人民大学信息资源管理学院贾君枝、西北大学公共管理学院杨玉麟分别从《中华人民共和国公共图书馆法》、馆员职业发展、馆员信息素养、图书馆服务理念4个角度，深入解读新时代公共图书馆创新服务的开展以及馆员能力素养的提升，为基层图书馆开展更加精准、专业、规范的公共文化服务以及实现馆员自身的专业化、职业化发展提供方向与思路。（宁夏图书馆学会　张莉）

【2018年宁夏图书馆学会年会召开】 12月12—14日，由宁夏图书馆学会主办，宁夏回族自治区图书馆承办的2018年宁夏图书馆学会年会在银川召开，来自全区各级各类图书馆共230余人参加会议。此次年会以“建设美丽新宁夏　共圆伟大中国梦——智慧　开放　融合　图书馆服务新理念趋势”为主题。年会邀请上海图书馆馆长陈超做题为“新时代　新使命　新思维——新形势下公共图书馆发展战略思考”的主旨报告；南开大学信息资源管理系教授柯平做题为“公共图书馆服务创新：第三次浪潮”的学术报告；北京世纪超星信息技术发展有限责任公司副总经理叶艳鸣、同方知网公共服务公司总经理成鑫做专题报告。年会期间，举办“建设美丽新宁夏　共圆伟大中国梦——宁夏地区图书馆事业发展成果展”。在阅读推广获奖案例分享环节，山西太原市图书馆社会教育部主任夏亮分享太原市图书馆品牌策划案例，来自银川市图书馆、宁夏回族自治区图书馆、宁夏大学图书馆的代表分别就“城市阅读岛”“童阅汇——青少年阅读推广计划”“‘佳作欣赏’与‘经典阅读’”案例进行

分享交流。为全面展示宁夏地区图书馆人的风采，还特别策划“建设美丽新宁夏　共圆伟大中国梦——馆员之夜”文艺演出及“建设美丽新宁夏　共圆伟大中国梦”全区图书馆员知识竞赛活动。闭幕式上，对“宁夏图书馆学会优秀会员”“优秀阅读推广案例”“建设美丽新宁夏　共圆伟大中国梦”全区图书馆员知识竞赛获奖个人及“最佳组织奖”获奖单位进行表彰。（宁夏图书馆学会　张莉）

【宁夏图书馆学会在全区安排系列展览巡展】　宁夏图书馆学会以“资源共享、优势互补、服务大众、共谋发展”为原则，在全区范围安排各类系列展览巡展，旨在进一步加强全区各级各类图书馆合作交流、互补互助，合力推进宁夏地区展览资源共享。巡展资源主题众多，内容丰富，主要有“铭记历史　开创未来——喜迎党的十九大”“凝聚业界共识　引领行业发展　学习《公共图书馆法》图文展”“第十三届文津图书奖”“丹青之美——中国历代人物绘画欣赏系列展”“小人书里寻‘小人儿’——连环画里的少儿百态”“大道之行——中国共产党廉洁资料图片展”“建设美丽新宁夏　共圆伟大中国梦”——“宁夏地区图书馆事业发展成果展”等一系列主题展览。巡展范围辐射全区，参展单位包含公共图书馆、高校及科研院所图书馆等。截至2018年底，共有9个主题展览、千余块展板在全区范围展出57次，30余所图书馆参展，参观展览共计10余万人次。（宁夏图书馆学会　张莉）

新疆维吾尔自治区

【概况】　2018年，新疆图书馆学会积极开展各项工作。现有会员618人，理事单位49个，常务理事单位20个，并下设学会编辑出版委员会、学会合作交流委员会、学会宣传教育委员会、学会科普与阅读指导委员会、学术研究委员会5个专业委员会机构。

学术交流与研讨方面呈现良好发展态势。学会组织会员积极参加西北五省（区）图书馆第十四次科学讨论会征文活动，共5篇论文获奖，其中一等奖1名，二等奖2篇，三等奖2篇，学会获“论文优秀组织奖”。征文活动的持续开展，极大地调动会员学术研究的积极性和创造性，提升学术研究水平。此外，积极参加第十五次全国民族地区图书馆学术研讨会，此次研讨会以“新时代民族地区图书馆事业的科学发展”为主题，新疆图书馆学会秘书长丛冬梅在会上以“新时代，新发展——新疆地区公共图书馆事业发展”为题做交流发言。全国民族地区图书馆学术研讨会是我国民族地区图书馆界的一次盛会，是全国民族地区图书馆学术交流、合作发展的重要平台。

专业研究与网络宣传方面，2018年编辑出版《西域图书馆论坛》4期，刊登图书馆专业学术论文60余篇，结合新疆图书馆事业发展目标，通过调整完善，不断提升办刊品质；编辑出版《新疆图书馆学会通讯》4期，收录各地州全民阅读活动特色信息260余条；定期维护新图讲坛网页，发挥网站的阵地与传播作用，通过这个平台，激励新疆各地州、县市图书馆工作能动性发挥。

讲坛工作方面，辐射面扩大，惠及大众。学会除邀请多位国内知名专家学者举行学术报告会外，还积极拓展和完善多种形式的对外宣传与服务途径，推出“昆仑讲坛下基层”——进学校、进社区、进军营等系列公益讲座7场次，听众达1600余人，讲座的品牌效应、知识传播效应进一步显现。同时，配合中国图书馆学会组织清明节、中秋节等传统节日主题展览等，并在全疆近40余个地州、县（市）图书馆巡展。此外，学会进一步修订讲座展览联盟协议，为基层图书馆开办讲座、展览提供支持，全年向各地州县图书馆提供讲座4场、展览10余场次。

业务培训方面，侧重下基层业务辅导，提升专业队伍素质。注重调研分析，使基层业务辅导培训有的放矢。学会负责组织、协调、完成全疆的图书馆业务建设交流培训活动，其中包括2018年度图书·资料专业技术人员继续教育培训班、《公共图书馆法》培训班、协办全国基层文化队伍示范性培训——第八期全国县级图书馆馆长培训班等。同时，根据会员单位业务需要，学会多次赴基层开展业务培训与辅导，加强自治区、地州、县市三级纵向联动，实施资源共享，如10—11月期间，学会多次组织业务骨干组成专业队伍，分别赴五家渠图书馆、喀什地区图书馆、博州地区图书馆及部分县市级图书馆，就读者接待、馆舍布局、文献保障、团队建设、信息化资源建设等业务进行“一对一”模式的辅导，确保针对性与时效性，收效甚好。全年共举办各类基层业务培训 6 次，培训人员 1200 人次；开展青少年科技活动 3 场次，培训 850 余人次。

行业协调与服务方面，组织开展 2018 年全民阅读活动，积极打造“书香新疆·全民阅读”品牌，做好活动的总结表彰和推荐工作。截至 2018 年 10 月底，共收到全疆范围内 75 家单位“全民阅读”评审材料，最终评定 23 家单位为 2018 年新疆地区公共图书馆“书香新疆·全民阅读”活动优秀单位。同时，综合评审结果向中国图书馆学会进行推荐评优，其中，昌吉州图书馆、巴州图书馆被评为“2017 年全民阅读优秀组织奖”，乌鲁木齐市图书馆、克拉玛依市图书馆、库尔勒市图书馆被授予“2017 年全民阅读先进单位奖”。积极配合科协、社科联等社团管理部门工作，配合完成科协关于 2018 年全疆学会的评估工作，并荣获“2018 年度自治区学会（协会、研究会）先进集体”奖，学会理事长历力被授予“2018 年度自治区学会工作先进个人”荣誉称号。（新疆图书馆学会　赵燕）

【贯彻落实《中央新疆工作协调小组关于新疆若干历史问题研究座谈纪要》专题培训班开班】 4 月 19 日，培训班在新疆科协 17 楼报告厅举办。此次培训由新疆图书馆、新疆文化馆、新疆博物馆、新疆画院联合策划组织，新疆图书馆学会具体落实。来自以上单位及新疆科协科普部（学会部、院士站）党支部共计 160 余党员干部参加培训。此次培训的主旨是，坚持以习近平新时代中国特色社会主义思想为指导，深入学习贯彻党的十九大精神，紧紧围绕新疆社会稳定和长治久安总目标，贯彻落实《中央新疆工作协调小组关于新疆若干历史问题研究座谈纪要》精神，以培育和践行社会主义核心价值观为方向，弘扬中华优秀传统文化，坚守中华文化立场，坚定文化自信，推动融合，增强认同。讲座特邀新疆两位知名学者对《纪要》进行详细解读：新疆社科院历史研究所所长、研究员贾从江主讲“新疆是中国领土不可分割的一部分”；新疆师范大学学报主编李建军主讲“新疆各民族文化是中华文化的组成部分”。（新疆图书馆学会　赵燕）

【千年回望　民族情深　弘扬社会主义核心价值观——“昆仑讲坛”进校园】 5 月 16 日，新疆图书馆学会联合乌鲁木齐市高新区（新市区）教育局驻京都小区社区“访惠聚”工作队，特邀新疆财经大学新闻与传媒学院教师、文学教研室主任张晓燕来到乌鲁木齐市第五十六中学做“千年回望　民族情深　弘扬社会主义核心价值观”主题讲座，120 余名教职工聆听此次讲座。（新疆图书馆学会　赵燕）

【第八期全国县级图书馆馆长培训班在克拉玛依举办】 8 月 6—11 日，培训班在克拉玛依市举办。此次培训由文化和旅游部公共文化司主办，中国图书馆学会承办，新疆图书馆、新疆图书馆学会共同协办，来自全国共计 100 余名县级图书馆馆长参加培训。中央文化管理干部学院研究员毕绪龙、辽宁省文化厅原副巡视员康尔平、南开大学信息资源管理系教授柯平、四川省图书馆原馆长李忠昊、上海图书馆副馆长周德明、国家行政学院教授程萍、湖南省少年儿童图书馆副馆长薛天等专家分别进行讲授。期间，还安排座谈研讨、学员论坛、分组案例分享、学员讲堂、现场教学等环节。（新疆图书馆学会　赵燕）

【2018 年度“图书·资料专业技术人员继续教育培训班”结业】 8 月 28 日，由新疆维吾尔自治区文化和旅游厅主办，新疆图书馆学会承办的 2018 年度“图书·资料专业技术人员继续教育培训班”顺利结业。此次培训从 8 月 16 日开班，历时 13 天，来自全疆各地州市县的公共、高校、科研系统 117 人参加培训。设置 14 个专题讲座，共计 144 个学时，来自图书馆行业的 15 名资深专家承担授课任务，理论研究成果与具体实际有机结合，对于当前图书馆事业发展具有较强的针对性和实践指导性。答辩环节由图书系列的 6 名专家担任评委，重点从答辩人员回答问题是否切中要点、阐述是否全面、图书馆业务工作等方面独立进行评分。学员们通过培训和专业答辩，取得合格成绩。（新疆图书馆学会　赵燕）

学术研究与活动

第十二届全民阅读论坛

3月28—31日，中国图书馆学会阅读推广委员会2018年工作会议暨第十二届全民阅读论坛在安徽省合肥市举办。本次活动由中国图书馆学会主办，中国图书馆学会阅读推广委员会、合肥市图书馆、合肥市图书馆学会共同承办。活动包括第十二届全民阅读论坛、中国图书馆学会阅读推广委员会2018年工作会议、中国图书馆学会阅读推广课题项目研究成果和2017年阅读推广优秀项目分享交流会等板块。

3月29日上午，第十二届全民阅读论坛开幕。阅读推广委员会委员、21个专业委员会委员以及来自全国各省、自治区、直辖市各级各类图书馆代表共400余人参加论坛开幕式。本届论坛旨在深入宣传贯彻党的十九大精神和《中华人民共和国公共图书馆法》，充分发挥图书馆在全民阅读工作中的重要作用。同时，通过本届论坛全面展示举办地——合肥全民阅读建设成果，进一步提升举办地的公共文化服务水平。合肥市人民政府副市长吴春梅、安徽省图书馆馆长林旭东分别致辞。中国图书馆学会秘书长霍瑞娟做2018年全民阅读主题和系列活动发布。2018年全民阅读的主题是“阅读，与法同行”，全民阅读工作由“系列活动”“主题论坛和研讨会”“培训”“竞赛”“展览和讲座”“特色活动”“调研与编辑出版”以及“推荐书目”等8大类共76项活动组成。中山大学图书馆馆长程焕文做“公共图书馆法和全民阅读”的主题发言。复旦大学教授葛剑雄结合论坛主题做“读书的目的与图书馆的功能”主旨报告。

3月29日下午，中国图书馆学会阅读推广委员会2018年工作会议召开。阅读推广委员会顾问王余光、吴晞，阅读推广委员会主任、东莞图书馆馆长李东来，阅读推广委员会副主任王新才、汤更生、邱冠华、陈坚、赵俊玲，阅读推广委员会及各专业委员会委员、业界代表等300余人参加会议。合肥市图书馆馆长李永钢致辞，介绍了近年来合肥市图书馆在推动全市阅读空间建设方面的创新和取得的成果。李东来做阅读推广委员会工作报告，系统总结回顾2017年阅读推广委员会的重点工作并对阅读推广工作提出一些思考。21个专业委员会主任或代表就本专委会工作进行报告，分别总结2017年工作，同时着重汇报2018年工作要点。

3月30日，举办中国图书馆学会阅读推广课题项目研究成果和2017年阅读推广优秀项目分享交流会，由7位报告人就不同的主题展开分享与交流。（摘编自中国图书馆学会网站）

中国高职图书馆发展论坛（2018）

5月10—11日，中国高职图书馆发展论坛（2018）在安徽省合肥市召开。此次论坛由中国图书馆学会高职院校图书馆分会、安徽省高等学校图书情报工作委员会高职高专专业委员会、同方知网（北京）技术有限公司联合发起，以“新时代·新目标·新作为”为主题，以高职院校图书馆助力“优质校”建设为方向。来自全国500多家职业院校、图文信息机构的1000余名代表参加本次论坛。

论坛共设置开幕式、专家报告、院长论坛、青年馆员论坛、馆长论坛、百秒畅坛、闭幕式7个环节。安徽省教育厅副厅长储常连、中国图书馆学会副理事长李广建、中国图书馆学会高职院校图书馆分会主任张兆忠等致开幕词。中国科学院大学图书情报与档案管理系主任初景利教授、华东师范大学经管学部信息管理系金武刚教授等图情领域的专家做主旨报告，与大家分享智慧图书馆、图书馆服务创新、图书馆法等行业热点的最新研究成果，为行业的未来发展指明方向。来自全国各地的高职院系院长、图书馆馆长、骨干馆员们围绕高职图书馆与“优质校”建设、图书馆的转型与变革、高职图书馆与法、智慧服务与智慧图书馆等主题展开深入的探讨与交流。在闭幕式上，还对前期收集的案例与论文进行颁奖。同时，同方知网职教职培事业部总经理匡惠华发布《高职院校图书馆发展研究热点综述报告（2017）》，为行业未来发展指出方向。［摘编自中国高职图书馆发展论坛(2018)主页］

第三届图书馆史学术研讨会

5 月 11—14 日，由中国图书馆学会学术研究委员会主办，中国图书馆学会学术研究委员会图书馆史研究专业委员会、河南师范大学图书馆等承办的第三届图书馆史学术研讨会在河南新乡市举行。

本次研讨会的主题为“修志编史以启未来：新时代图书馆史研究的基本使命”。研讨会分为图书馆史志编纂研究、近代图书馆史研究、图书馆事业史与图书馆史研究发展、图书馆人物研究、藏书史研究、书史和阅读史研究等 6 个分议题。

开幕式后，北京大学信息管理系教授王余光做题为“从藏书精神到图书馆精神”的报告。河南省高校图工委副主任、郑州大学教授崔波，著名图书馆学家、武汉大学教授谢灼华，国家图书馆研究院副院长申晓娟，中国图书馆学会副理事长、图书馆史研究专业委员会主任、中山大学教授程焕文先后致辞，回顾图书馆史研究历程，展望图书馆未来发展方向。会议还对“第一届中国图书馆史志优秀图书”获奖者进行表彰，颁发特等奖 1 项、一等奖 8 项、二等奖 6 项、三等奖 4 项。（摘编自河南师范大学网站）

2018 中国高校图书馆发展论坛

6 月 7—8 日，2018 中国高校图书馆发展论坛在昆明举办。此次论坛由中国图书馆学会高等学校图书馆分会、中国高等教育文献保障系统管理中心和北京大学图书馆主办，云南师范大学图书馆承办，中国教育装备采购网协办，吸引了来自国内的高校图书馆代表、专家学者近 900 余人参会。论坛的主题为“新起点，新机遇，新使命——大学图书馆助力‘双一流’建设策略及实践”。

本次论坛开幕式由中国图书馆学会高校分会秘书长、中国人民大学图书馆常务副馆长宋姬芳主持。云南省政府教育督导团总督学陈世波先生，云南师范大学校长蒋永文教授，中国图书馆学会副理事长、中国图书馆学会高等学校图书馆分会主任、北京大学图书馆朱强教授出席并致辞。本次论坛设有 2 个主论坛、6 个分论坛。在主论坛上，中山大学图书馆馆长程焕文教授、北京中文在线教育科技发展有限公司常务副总经理杜嘉、清华大学图书馆馆长邓景康教授、云南师范大学图书馆馆长殷国聪教授等嘉宾分享精彩报告。专家学者们围绕如何推进新形势下高校图书馆的创新与发展、如何为“双一流”建设提供高质量的信息保障和服务等内容进行交流探讨。在为期两天的论坛期间，共开展约 50 场学术交流报告，并举办论文征集、案例评审和图书馆设备展览及产品演示等一系列活动。（摘编自云南师范大学网站）

中国图书馆事业发展高层论坛

6月20日，由南京大学信息管理学院主办，中国图书馆学会、江苏省图书馆学会、江苏省高校图书馆情报工作委员会、南京大学图书馆、ProQuest公司协办的“新时代新发展：服务·效能·法制”中国图书馆事业发展高层论坛在南京大学仙林校区召开。来自全国各类型图书馆和图书馆学教学、研究机构的同人160余人参加会议。

论坛开幕式由南京大学信息管理学院院长孙建军主持，南京大学党委副书记朱庆葆教授、中国图书馆学会秘书长霍瑞娟分别致辞。论坛四场主题报告会和一场“图书馆·情报与文献学名词规范暨统计与评价”专题研讨会，分别由南京大学信息管理系郑建明、陈雅、徐雁、欧石燕和叶继元5位教授主持。

中国图书馆学会副理事长朱强、武汉大学研究生院院长陈传夫、中山大学图书馆馆长程焕文、上海图书馆副馆长刘炜、中国科学院文献情报中心副主任张智雄、中国科学院大学图书情报与档案管理系主任初景利、浙江图书馆馆长褚树青、北京大学信息管理系教授王子舟、南京大学图书馆馆长程章灿、武汉大学图书馆馆长王新才、南京大学图书馆副馆长邵波、南京图书馆副馆长全勤、扬州图书馆馆长朱军、Ex Libris中国区域总经理沈辅成，以及中国社会科学院图书馆副馆长蒋颖、华南师范大学图书馆馆长高波和天津财经大学图书馆馆长唐承秀先后做“新时代大学图书馆资源建设的挑战”“新时代图书馆发展的机遇与挑战思考”“公共图书馆的发展趋势”等17场报告，这些报告立足新时代，审时度势、高瞻远瞩，致力于理清中国图书馆事业发展的现实矛盾与问题，进一步明确其服务、创新、发展的方向。（摘编自教育部高等学校图书情报工作指导委员会网站）

中国图书馆学会专业图书馆分会2018年学术年会

6月26—29日，由中国图书馆学会专业图书馆分会主办，中国图书馆学会专业图书馆分会、中国科学院文献情报中心、敦煌研究院敦煌学信息中心共同承办，中国科学院兰州文献情报中心协办的中国图书馆学会专业图书馆分会2018年学术年会在甘肃敦煌成功举办。来自全国专业、高校、公共类型图情机构，涵盖中央部委、中科院、社科院、国防、部队以及省市科技情报所、企业等系统90多家机构的260多名同人参会。

本届年会以知识服务为主题，以“融通创新协同发展”的知识服务为主线，探索专业图书情报机构在大数据背景下的跨界融合与协同服务创新及其所面临的形势、挑战与机遇。大会设立了战略与趋势、最佳实践与探索、论文交流三个版块，邀请28位专家学者、4位获奖论文作者通过理论探讨、趋势预测、工具开发、角色定位、探索实践等不同侧面，全面展示图书情报机构在数据融汇与知识挖掘方法、技术与应用，协同服务创新的模式与机制、工具和平台建设实践，以及面向“一带一路”的学术大数据情报服务等方面的最新研究和实践成果。（摘编自专业图书馆分会2018年学术年会网站）

新时代公共图书馆服务与建设创新研讨会

新时代公共图书馆服务与建设创新研讨会是中国图书馆学会公共图书馆分会特色品牌“公共图书馆创新创意征集推广活动”的巡讲巡展会议，它主题统一，但会议场地各有不同。2018年，公共图书馆分会分别在福建晋江、江苏南京举办两场新时代公共图书馆服务与建设创新研讨会，共有6位专家做主题报告和学术研讨，26位优秀案例代表做分享交流，7位专家参与点评交流，330余位同行代表参加会议，会场互动气氛热烈、交流效果良好。

晋江会议于6月27—28日召开，浙江图书馆馆长褚树青、上海图书馆（上海科学技术情报研究所）副馆长周德明、同方知网公共服务公司总经理成鑫先后做主题报告，晋江市图书馆林瑞凰、武汉图书馆蔡卫萍、山东省青州市图书馆张海林、南京图书馆梁雯雯、苏州图书馆张岚、上海市虹口区图书馆张雄、广州图书馆黄妙贤、苏州工业园区图书馆李春梅、上海图书馆（上海科学技术情报研究所）刁青云、唐山市图书馆周玮、山西省图书馆王冬冬、云南省陆良县图书馆刘亭、上海市南翔镇图书馆封玮、福建省厦门市翔安区图书馆宋蔚贤先后做案例分享。

南京会议于11月7—8日召开，南京大学信息管理学院教授陈雅、南京邮电大学图书馆馆长钱军、南京图书馆副馆长全勤、同方知网公共服务公司总经理成鑫先后做主题报告，长沙市图书馆黄兵、苏州图书馆章旭、包头市图书馆温雯杰、上海图书馆金玉萍、南京图书馆高建强、金陵图书馆杨峥、太原市图书馆夏亮、广州图书馆陈欣、哈尔滨市图书馆袁晓宇、辽宁省图书馆胡海燕、同方知网王然、浙江图书馆沈丽丹先后分享获奖案例以及图书馆相关项目的优秀做法。

会议为愿意交流分享、主张合作共进的全国同行提供平台，对活动主题“公共图书馆服务与建设创新”进行学术研讨和互动问答，促进了图书馆创新创意项目的交流和推广。（公共图书馆分会）

2018年全国高校图书馆信息素养教育研讨会

6月27—29日，2018年全国高校图书馆信息素养教育研讨会在沈阳师范大学举行。研讨会以“从信息素养教育到创新素养教育”为主题，旨在探索新技术、新手段、新方法如何植入信息素养教育，更新教育理念，创新教育形式，推动教育资源共建共享。来自国内的20余位著名专家学者，以及来自全国26个省市的200多所高校的430位代表参加会议。

此次研讨会分专家报告、案例分享及获奖作品展示三大板块。28日全天进行的专家报告部分，由国内9位图书馆专业领域信息素养教育理论专家学者，紧扣信息素养教育主题分别做报告。其中，清华大学图书馆馆长邓景康做题为“不忘初心　砥砺前行——信息素养教育工作的回顾与实践”的报告，回顾近年来我国信息素养教育工作的主要发展历程；中国科学院大学图书情报与档案管理系主任、《图书情报工作》杂志社社长、主编初景利做题为“从信息素质教育到创新素质教育的转型变革”的专题报告，创新性地提出创新素养的概念、内容及创新素养教育体系。上海交通大学图书馆副馆长潘卫、北京大学图书馆副馆长肖珑、同济大学图书馆党委书记慎金花、黑龙江大学信息管理学院院长马海群、中国科学院文献情报中心研究馆员李玲、四川师范大学图书馆副研究馆员周建芳、中国科学技术大学生命科学实验中心高级实验师罗昭锋，分别围绕高校信息素养教育体系拓展、信息素养教育内容变革、信息素质内涵、全球信息素养教育现状与发展以及信息素养教育课程的设计与体验等方面进行解读与分享，为广大图书馆界同人提供借鉴和参考。

29日全天进行案例分享及获奖作品展示。研讨会在全国高校精选12个信息素养成功案例进行分享。这些案例从各自实践出发，对信息素养教育的内容、课程设计、工具应用、教育评价以及团队建设等方面进行详尽具体的介绍，为高校信息素养教育工作提供了新思路和新途径。在获奖作品展示模块，7位获奖单位代表对获奖案例、微课视频进行简明扼要展示，获奖作品新颖独特，可操作性强，为信息素养教育拓宽了思路，提供了借鉴。

闭幕仪式上，为在此次研讨会获奖的信息素养教育案例、微课视频、论文以及教材颁奖。清华大学图书馆馆长邓景康做大会总结。（摘编自教育部高等学校图书情报工作指导委员会网站）

全国图书馆文化创意产品开发联盟首届年会

7月23—27日，在文化和旅游部公共文化司、文化产业司的支持下，国家图书馆、辽宁省图书馆共同主办的全国图书馆文化创意产品开发联盟年会暨图书馆文化创意产品开发培训班在辽宁省图书馆举行。来自全国各级各类图书馆的文创工作负责人及相关企业代表近110人参加会议。

此次会议系联盟成立以来举行的首届年度会议。在正式大会之前，经过37家发起馆会议讨论通过，26家省市级图书馆加入联盟，图书馆文创聚合效应逐渐形成。会议讨论通过2018—2019年度重点工作，包括：完成“全国图书馆文化创意产品一体化平台”建设并完全投入使用；与上海自贸区艺术品交易中心合作，以联盟名义开通天猫旗舰店；举办文创开发主题对接会；组织开展以联盟成员馆为基点的青少年研学旅游活动；举办首届“典籍杯”图书馆文化创意产品设计大赛；等等。

为期3天的图书馆文化创意产品开发培训班在大会后举行。培训邀请文化和旅游部文化产业司企业发展处负责人、业界专家、企业代表等，分为专题讲座、行业对话、示范讲解及经验分享几个版块，围绕政策解读、IP授权、文创产品开发设计以及“联盟”线上销售平台等内容开展授课。同时，金陵图书馆等成员馆的文创经营负责人向与会者分享了自身的经验。（摘编自国家图书馆网站）

第十届中国图书馆馆长与国际出版社高层对话论坛

8月23日，以“学术信息开放与共享：出版商与图书馆的共同责任”为主题的第十届中国图书馆馆长与国际出版社高层对话论坛在北京举行。此次论坛由中国图书进出口（集团）总公司、中国图书馆学会专业图书馆分会、中国图书馆学会高校图书馆分会、国家科技图书文献中心共同主办、中国图书进出口（集团）总公司承办。国家科技图书文献中心主任彭以祺、中国图书进出口（集团）总公司总经理张纪臣到会致辞。中国图书进出口（集团）总公司副总经理庞莉莉、中国图书馆学会专业图书馆分会副主任、中国化工信息中心副主任揭玉斌主持论坛。来自国内150余家图书馆的馆长与负责人、30余家海外知名出版机构的高管和代表汇聚论坛。

此次论坛聚焦开放环境下学术信息发现、获取与利用的相关研讨，广泛涉及了一系列业内共同关注的课题，包括：国家学术信息开放政策解读、学术信息开放出版平台与服务、推动开放获取和开放科学发展的探索、开放科学和数字学术的工具与平台、数字人文与数字学术服务、科研社区与开放学术研究、基于开放信息的知识挖掘与服务、科研数据共享与服务等。

论坛期间，中国科学院文献情报中心副主任刘细文、北京大学图书馆副馆长陈凌、国家自然科学基金委员会科学传播中心副主任杨新泉、圣智集团盖尔公司副总裁塞斯·凯利、施普林格·自然开放科研集团大中华区总监阿兰德·库斯勒、普林斯顿大学出版社副社长兼国际业务发展总监布里吉塔·范·莱因伯格等6位嘉宾分别做主旨发言，从政策、资源、平台和服务等不同的角度深入解读图书馆与出版社在学术信息开放、共享新环境下的重新定位与具体实践，分享思考和研究的成果，进行务实的交流。（摘编自中国出版传媒网网站）

中国图书馆学会第六届百县馆长论坛

9月18—19日，由文化和旅游部公共文化司主办，中国图书馆学会和德清县人民政府承办，浙江省图书馆学会和德清县图书馆协办的“学习贯彻《中华人民共和国公共图书馆法》培训班暨中国图书馆学会第六届百县馆长论坛”在浙江省德清县召开。

文化和旅游部公共文化司副司长陈彬斌，国家图书馆研究馆员陈力，浙江省图书馆学会理事长、浙江图书馆馆长褚树青，德清县人民政府副县长洪延艳，德清县文化广电新闻出版局副局长吴金梅，中国图书馆学会学术研究委员会副主任、武汉大学信息管理学院副院长黄如花，德清县图书馆副馆长杨敏红等主承办单位领导和特邀专家以及各省、自治区、直辖市图书馆学（协）会负责人和各县级公共图书馆馆长代表共120余人参加开幕活动。

此次论坛由开幕活动、专家培训、小组讨论、现场研讨、闭幕活动等内容组成，主题为学习贯彻《中华人民共和国公共图书馆法》。为深入学习贯彻习近平新时代中国特色社会主义思想和党的十九大精神，贯彻落实《中华人民共和国公共图书馆法》，进一步提升县级图书馆办馆能力和服务水平，会议邀请陈力、黄如花、褚树青分别做题为“《公共图书馆法》与公共图书馆服务”“《公共图书馆法》与基层图书馆资源建设”“图书馆工作者如何贯彻《公共图书馆法》”的培训。中国图书馆学会副秘书长、首都图书馆副馆长邓菊英主持培训环节。

在分组讨论环节，与会代表分为四组，围绕《中华人民共和国公共图书馆法》的学习贯彻进行交流，对基层公共图书馆事业发展的相关问题进行讨论。各省（区、市）图书馆学（协）会的负责人对本省（区、市）学习贯彻落实《中华人民共和国公共图书馆法》的整体情况及典型案例进行介绍，并引导县级公共图书馆的馆长代表们一起交流研讨，分享各自的情况、问题和经验，发表对图书馆事业发展共识的意见建议。

闭幕活动中，甘肃省敦煌市图书馆馆长戴生清、湖北省当阳市图书馆馆长冯晓冬、浙江省乐清市图书馆副馆长林回清和德清县图书馆副馆长杨敏红分别代表4个小组汇报培训心得体会。陈力宣读《中国图书馆学会第六届百县馆长论坛德清共识》，黄如花对本次活动进行总结。褚树青主持闭幕活动。（摘编自中国图书馆学会网站）

中国图书馆学会医学图书馆分会第 26 届学术研讨会暨 2018 年学术年会

9 月 18—21 日，中国图书馆学会医学图书馆分会第 26 届学术研讨会暨 2018 年学术年会在安徽池州举办。会议主题为“医院图书馆服务创新：新时代、新思路、新举措”，安排专题报告、医学图书馆创新发展、图书馆新技术、优秀论文交流和青年工作者论坛等内容。来自全国 160 家医学图书馆和其他医学信息机构的 210 余名代表参会。共征集论文 40 篇，评选优秀论文一等奖 3 篇，二等奖 4 篇，三等奖 5 篇。

会议总结医学图书馆分会的年度工作，研讨分会相关工作。医学图书馆分会主任陈锐、中国医学科学院医学信息研究所资源与服务中心主任任慧玲、广州中医药大学图书馆馆长张正分别做题为“我们的愿景，我们的未来——2018IFLA 大会有感”“NSTL 医学中心资源与服务”“基于数据挖掘和平台开发的中医特色学科服务”的特邀报告。广西医科大学图书馆馆长莫书荣、四川省人民医院图书馆馆长田鲲、华中科技大学同济医学院附属同济医院图书馆馆长胡鸿、南通市第三人民医院图书馆馆长季汉珍、天津市第二人民医院图书馆杨梦礼、秦皇岛第一医院图书档案管理处处长詹美玉做专题报告，分别介绍医院图书馆服务创新的理论思考和实践经验。山东大学齐鲁医院图书馆庞兴梅、李沁蓉、新疆军区总医院科训科闵波、中国医科大学附属盛京医院图书馆陈云香、李向森、广州中医药大学图书馆张晓艳、河北省眼科医院景玉敏等 7 位优秀论文作者做论文发言；重庆医科大学附属第一医院图书馆姚海燕、山西省儿童医院图书馆张倩、大连医科大学附属第一医院图书馆王林、山东大学齐鲁医院图书馆李晓婧、首都医科大学宣武医院图书馆王雪、军事科学院图书馆张玉、云南玉溪市人民医院图书馆刘建平等 7 位图书馆青年工作者在青年工作者论坛上做报告；北京同舟云网络信息技术有限公司等 7 家技术公司代表介绍了医学信息领域的新技术、新产品和新服务。（医学图书馆分会　冯占英　张明华　王伯秋）

第 30 届全国十五城市公共图书馆工作研讨会

9 月 25—27 日，由中国图书馆学会主办、成都图书馆承办的第 30 届全国十五城市公共图书馆工作研讨会在成都举行。本届会议主题为“图书馆服务品牌建设与创新发展”。中国图书馆学会副理事长刘小琴、成都市文广新局副局长黄大超、成都市文广新局公共文化服务处处长杨晓泉以及全国十五城市公共图书馆代表等 40 余人参加会议。

研讨会上，作为成都图书馆“驻馆作家讲座”品牌的展示，著名学者、诗人流沙河先生做题为“李白诗词鉴赏”的专场讲座。来自广州、西安、沈阳、杭州等公共图书馆的代表分享各馆在开展服务品牌建设和创新发展工作中的成功经验，探讨事业单位改革所引发的现实情况和解决路径。最后，刘小琴就公共图书馆人才问题、品牌建设如何提升、事业单位改革等代表关心的话题进行总结和建议。与会代表赴崇州市图书馆道明竹艺村分馆进行现场交流，并参加了“风雅颂——天府文化经典诵读”展演活动。（摘编自中国图书馆学会网站）

复旦大学图书馆百年馆庆暨“面向未来的研究型图书馆”国际学术研讨会

2018年，复旦大学图书馆建馆一百周年。10月17日上午，复旦大学图书馆举办百年馆庆暨“面向未来的研究型图书馆”国际学术研讨会。复旦大学党委书记焦扬、陈毅元帅的长子陈昊苏、陈毅元帅的女儿丛军、复旦大学党委副书记刘承功等出席活动，本次会议由复旦大学图书馆分党委书记兼常务副馆长侯力强主持。

复旦大学党委书记焦扬在会上对复旦大学图书馆百年来在复旦大学发展中的地位和贡献给予充分肯定，并对复旦大学在新百年中建设世界一流大学图书馆提出具体的要求和期望。北京大学图书馆馆长陈建龙和北卡大学教堂山分校图书馆馆长 Elaine 分别致辞。

会上，还举行陈毅元帅文献资料捐赠仪式，陈昊苏和丛军代表陈毅元帅家属向复旦大学图书馆捐赠陈毅元帅有关的文献资料，陈昊苏在仪式上致辞，对复旦大学图书馆百年馆庆表达祝福。在会上还颁发首届复旦大学图书馆杰出贡献奖，陈毅元帅家属、哈佛大学燕京图书馆馆长郑炯文、公牛集团阮立平、龙盛集团阮伟祥、复旦大学古籍保护研究院院长杨玉良获得此次复旦大学图书馆杰出贡献奖。

随后，复旦大学图书馆馆长陈思和做“转型发展中的复旦大学图书馆”的主旨报告。陈思和回顾复旦大学与复旦图书馆百年发展之路，提出本次馆庆的核心主题：捐赠。作为民间办学起步的大学，复旦起步困难，但有幸得到各界贤达、本校师生、社会众人的爱校捐助，逐渐发展壮大起来。他同时谈到当前复旦图书馆的转型发展，指出复旦图书馆在扩大馆舍空间、重视国际交流、构建多元化主动复合的知识服务体系、强调丰富多样性的馆藏资源建设以及图书情报双轨并行发展等方面的探索。复旦图书馆会继续在这些方面努力开拓，愿与中外图书馆界共同携手，展开美好的想象。

匹兹堡大学图书馆馆长 Tancheva 做“学术图书馆之未来：机遇和挑战”的主旨报告。她表示，未来学术图书馆在全球背景及环境下，放眼高等教育变革，学术图书馆如何在创新与传统之间寻求平衡，探索本地资源和可利用的外部资源的共享模式。学术图书馆应该在学术研究、教学、学习及学术交流中保持其核心价值观。未来学术图书馆的机遇就在于在全球网络环境下，图书馆拥有更多样化的专业人才，独特馆藏资源。图书馆不仅传播信息，更在创造知识。中山大学图书馆馆长程焕文做“中山大学图书馆的空间资源建设与未来”报告。他强调空间资源与知识资源是图书馆密不可分的两大资源。空间的多样性和灵活性是图书馆适应社会变化和图书馆发展的硬条件。他介绍中山大学图书馆新世纪以来在馆舍方面的发展。澳门大学图书馆馆长吴建中做“追求超越：研究图书馆的新挑战”的主旨报告。他提出研究图书馆应该实现从参考服务到决策咨询服务、从基于书刊到数据驱动、从收藏到出版三方面的超越。这个超越的过程中，研究图书馆应该抓住开发下一代机构库的机遇，建立一个便于学术群体集体管理的系统，这才是开放获取的未来方向。

在复旦大学图书馆百年庆典期间，还举办“中国高校科学数据管理与服务学术研讨会”、“研究型图书馆的空间与服务研讨会”、第七届国际索引联盟峰会等系列学术活动。（摘编自复旦大学图书馆网站）

第九届上海国际图书馆论坛（SILF 2018）

10月17—19日，以“图书馆，让社会更智慧更包容”为主题的第九届上海国际图书馆论坛（SILF 2018）在上海图书馆召开。来自全球23个国家和地区的269位代表出席了论坛。

开幕式当天，国际图联（IFLA）主席格洛丽亚·佩雷斯·萨尔梅隆、上海图书馆陈超馆长、美国哈佛大学教授彼得·鲍尔分别做题为“图书馆：变革的驱动器”“智慧与包容：重塑公共图书馆新愿景”和“数字人文与中国学的信息基础架构”的主旨报告。在大会发言环节，国际图联执委、中国图书馆学会副理事长、中国中山大学资讯管理学院教授程焕文，展示了改变21世纪中国公共图书馆进程的十大创新。英国威尔士国家图书馆馆长罗德里·格林·托马斯，美国纽约皇后公共图书馆馆长尼克·伯顿，爱尔兰科克大学图书馆馆长约翰·菲茨杰拉德，意大利米兰图书馆馆长斯蒂法诺·帕里塞，美国辛辛那提大学图书馆馆长王雪茅等分别讲述各自图书馆所运用的特色理念和服务。

论坛还设立“数字学术与人文研究”“公众服务与阅读推广”“信息技术与智慧图书馆”“空间设计与服务创新”“图情出版与专业交流”等5个分会场，聚焦图书馆转型与创新，围绕热点问题、理论研究、前沿技术和最佳实践开展广泛深入的学术交流。（摘编自上海图书馆网站）

第十五次全国民族地区图书馆学术研讨会

10月18—19日，“第十五次全国民族地区图书馆学术研讨会”在青海省西宁市成功举办。研讨会由中国图书馆学会学术研究委员会、民族文化宫、中国民族图书馆主办，中国图书馆学会学术研究委员会少数民族图书馆专业委员会、青海省图书馆学会、青海省图书馆承办，同方知网（北京）技术有限公司支持。民族文化宫党委委员、副主任钟兴奎，青海省文化和新闻出版厅副厅长扎西，中国图书馆学会学术研究委员会少数民族图书馆专业委员会主任、中国民族图书馆馆长吴贵飙，同方知网公共服务公司总经理成鑫出席开幕式并致辞，青海省图书馆学会理事长、青海省图书馆馆长张景元等出席开幕式。少数民族图书馆专业委员会副主任、中央民族大学图书馆原馆长、教授李德龙主持开幕式。

研讨会以“新时代民族地区图书馆事业的科学发展”为主题，围绕各区域、各少数民族图书馆的文献资源建设、阅读服务推广，制度建设、民族古籍和地方文献整理保护开发利用、人才培养、特色数据库建设现状既前景等图书馆业务进行交流，共同探讨特色文化资源的建设与服务等问题，加深图书馆之间的了解和友谊，增进了图书馆之间的协调与合作，促进图书馆事业的发展。研讨会分主题报告和主题会议两个部分。中国人民大学信息资源管理学院教授索传军、清华大学图书馆研究馆员姜爱蓉分别做题为“新时期公共图书馆的转型与发展”“数字图书馆发展与特色资源建设”的主题报告。主题会议环节围绕“新时代背景下图书馆服务与创新”“区域、民族特色资源保护、建设与利用”等内容展开学术研讨，12位专家、代表在大会上做了典型发言。

研讨会期间，举行“中国人口较少民族文献全文数据库”（第一期）平台上线启动仪式，中国民族图书馆副馆长崔德志对数据库做全方位介绍和演示。同时，还召开中国图书馆学会学术研究委员会少数民族图书馆专业委员会工作会议。（摘编自中国图书馆学会网站）

首届中国—中东欧国家图书馆联盟馆长论坛

10月19—22日，由杭州市文化广电新闻出版局主办的首届中国—中东欧国家图书馆联盟馆长论坛在杭州图书馆举行。中国国家图书馆馆长饶权、匈牙利赛切尼国家图书馆馆长拉斯洛·菲罗茨·图斯克等出席论坛开幕式并致辞。国际图书馆协会联合会（IFLA）主席格洛丽亚·佩雷斯·萨尔梅隆、欧洲图书馆信息和文献联合会副主席斯特凡诺·帕里塞以及中东欧16国图书馆馆长和代表，中国29家省、市级公共图书馆的馆长等160余人出席论坛。开幕式由杭州市文化广电新闻出版局局长孙雍容主持。

大会通过《中国—中东欧国家图书馆联盟成立宣言》和《中国—中东欧国家图书馆联盟2019—2020年行动计划》，这标志着中国—中东欧国家图书馆联盟正式成立。文化和旅游部向杭州图书馆授予“中国—中东欧国家图书馆联盟秘书处”牌匾。联盟成立后，各成员将在书目数据共享、文献交流互换、人员交流与培训、馆际文化交流等方面展开深入持久的合作，促进联盟的持续发展。

此次论坛共举办1场联席会议、3个主旨演讲、4场圆桌会议、1次文化考察和2场文艺演出。与会嘉宾围绕大会主题“图书馆——合作互联共享”，共同探讨公共图书馆行业未来发展新方向，共谋促进中国—中东欧图书馆联盟长效发展的对策。格洛丽亚·佩雷斯·萨尔梅隆、中国图书馆学会副理事长刘小琴、波兰国家图书馆副馆长卡塔日娜·斯拉斯卡分别做题为“我们的愿景，我们的未来”“携手共进，创造美好未来”“让我们架起桥梁：图书馆合作在当今世界的作用”的主旨演讲。IFLA管理委员会委员程焕文、中国图书馆学会阅读推广委员会副主任徐雁、文化和旅游部国家公共文化服务体系建设专家委员会主任李国新、教育部长江学者特聘教授柯平等业内专家分别主持主题为“图书馆如何推动联合国2030可持续发展议程”“图书馆和全民阅读”“图书馆与文化遗产保护”“未来图书馆员——变迁、素养、技能”的圆桌会议。（浙江省图书馆学会）

2018“双一流”背景下高校图书馆资源建设与知识服务学术研讨会

10月22日，由大学数字图书馆国际合作计划（简称CADAL）东北地区中心主办的“2018‘双一流’背景下高校图书馆资源建设与知识服务”学术研讨会在东北师范大学图书馆召开。东北师范大学副校长郭建华、美国乔治·华盛顿大学图书馆馆长兼大学学术创新部负责人吉尼瓦·亨利、CADAL管理中心服务部主任陈海英出席开幕式并致辞。来自东三省62所高校的图书馆代表、东北师范大学图书馆馆员及图书馆学专业师生共计170余人参加了研讨会。

本次会议以“‘双一流’背景下高校图书馆资源建设和知识服务”为主题，以文献资源建设为切入点，围绕新时代图书馆知识服务所面临的机遇和挑战，以“共享”和“特色”为理念内核的图书馆资源建设策略等方面，跨文化、跨地区地展开学术交流与研讨。吉尼瓦·亨利、东北师范大学图书馆书记刘万国、陈海英、CADAL管理中心樊慧丽4位专家分别围绕“植入读者学术生命周期的知识服务体系构建”“双一流视角下信息资源建设热点扫描”“合作　共建　共享”“基于CADAL Open API系统的数字资源整合揭示”等主题做学术报告。（摘编自东北师范大学图书馆网站）

2018 数字资源长期保存全国学术研讨会

10 月 22—25 日，2018 数字资源长期保存全国学术研讨会在北京举办。此次研讨会由国家科技图书文献中心主办，中国科学院文献情报中心、国家数字科技文献资源长期保存体系工作组、中国图书馆学会专业图书馆分会承办。主题为：“面向新型数字内容资源的长期保存研究与实践。”

来自全国 200 余位代表出席会议，其中包括图书馆界、档案界、文博界、计算机界、出版界、科学数据等领域从事数字资源长期保存研究与实践的专家。会议安排 16 位专家的特邀报告和 6 组分专题报告，包括数字信息资源长期保存新挑战与新策略、科学数据的长期保存、国家数字科技文献资源长期保存体系建设进展、数字文博资源长期保存战略与实践、多媒体技术、计算机辅助设计与图形长期保存战略与实践、数字人文资源长期保存战略与实践、科研领域数字资源长期保存、数字档案长期保存、数字课程长期保存。39 位报告人对各自行业、领域、机构在数字资源长期保存方面开展的战略规划、学术研究、系统建设、保存实践等做大会报告。（摘编自国家科技图书文献中心网站）

纪念北京大学图书馆建馆 120 周年 · 用户导向的信息服务国际研讨会

10 月 24 日，“纪念北京大学图书馆建馆 120 周年 · 用户导向的信息服务国际学术研讨会”开幕式在北大英杰交流中心举行。

北京大学校长郝平，党委常委、副校长陈宝剑，国家图书馆副馆长张志清等出席开幕式庆典。海内外一百多所高校图书馆、部分公共图书馆馆长，北京大学知名专家学者代表，学校各部门、各院系负责人、学生代表及北京大学图书馆新老馆员等参加了会议。开幕式由北大党委副书记、秘书长安钰峰主持。

开幕式后，“纪念北京大学图书馆建馆 120 周年 · 用户导向的信息服务国际学术研讨会”正式拉开帷幕。上午的主旨发言环节由图书馆党委书记郑清文主持。多伦多大学图书馆馆长拉瑞 · 阿尔福德在发言中指出，我们正在经历信息发展的第五个阶段或第四次工业革命的开始阶段，面临新的挑战与机遇，图书馆应保持开放心态，发掘新角色、新功能、新定位、新工具。北京大学图书馆馆长陈建龙以北京大学图书馆为例阐释了大学图书馆的本来、外来和未来。本次国际学术研讨会就“高校图书馆的本来、外来和未来”“高校图书馆的服务与管理转型”“‘双一流’建设与师生信息需求、信息行为新变化”“新时代图书馆员职业素养和用户信息素养培育”“高校图书馆用户导向的信息服务”等有关的最新研究成果、实践经验以及发展趋势进行了大会交流和专题讨论。

10 月 25 日，“第四届全球高校东亚图书馆国际论坛”“第 12 次中文文献资源共建共享合作会议”同期举行。（摘编自北京大学网站）

2018 年第六届中国机构知识库学术研讨会

11 月 12—15 日，2018 年第六届中国机构知识库学术研讨会在兰州召开。本次会议由中国机构知识库推进工作组主办，中国科学院文献情报中心、中国科学院兰州文献情报中心、中国图书馆学会专业图书馆分会承办。

会议邀请来自于科研系统、高校系统以及世界粮农组织、arXiv. org、国内外相关学术出版机构、数据服务机构的专家学者 180 多位代表出席。本次会议主题为“机构知识库——从仓储迈向开放创新和开放科学”，通过大会报告、专题发言、新版 IR 系统发布推介、poster 案例展示以及新一代 IR 建设与服务培训等形式，交流研讨新环境、新技术趋势下，国内外新一代 IR 发展趋势和实践进展，以及国内图书馆界在 IR 建设上的创新举措和最佳实践，进一步交流探讨开放科学、开放教育、开放数据以及“数字中国”“开放科学基础设施”背景下，图书馆新型知识服务模式和新型资源建设模式发展。（摘编自 2018 年第六届中国机构知识库学术研讨会主页）

第二届全国信息与文献标准化研讨会

11 月 16 日，由全国信息与文献标准化技术委员会、全国图书馆标准化技术委员会联合举办的第二届全国信息与文献标准化研讨会在北京召开。来自全国图书馆、情报机构、档案馆、出版机构、博物馆、信息中心等信息与文献领域工作者共 180 余人参加研讨会。全国信息与文献标准化技术委员会秘书长曾建勋、全国图书馆标准化技术委员会秘书长申晓娟共同主持会议。

研讨会邀请南京大学信息管理学院教授苏新宁、北京大学图书馆教授肖珑、中山大学资讯管理学院副研究员肖鹏、上海图书馆馆员张轶分别就学术资源库建设与评价、中美电子资源国家标准比较研究、欧美公共文化机构年报编制、馆藏资源文献保存与保护做了标准化主题发言。会议就《科技人才元数据元素集》《引文数据库数据加工规则》《图书馆及相关组织的注册服务》《CNMARC 的 XML 表示》《中国机读馆藏格式》《中国机读书目格式》《公共图书馆少年儿童服务规范》《图书馆视障人士服务规范》《流动图书车车载装置通用技术条件》《图书冷冻杀虫技术规程》《古籍函套技术要求》《图书馆数字资源长期保存信息包封装规范》等 12 项信息与文献国家和行业标准集中进行了宣贯。（摘编自中国科学技术信息研究所网站）

2018 全国出版界图书馆界全民阅读年会

11 月 23 日，由全民阅读活动组织协调办公室、江苏省新闻出版局指导，中国图书馆学会、韬奋基金会、中国书刊发行业协会、中国新华书店协会、中国出版集团公司、中共盱眙县委主办，中国图书馆学会阅读推广委员会、新华万维国际文化传媒（北京）有限公司、图书馆报、江苏省淮安市文化广电新闻出版局、中共盱眙县委宣传部、盱眙县文化广电新闻出版局承办的

2018 全国出版界图书馆界全民阅读年会在江苏盱眙举办。来自全国 26 个省（自治区、直辖市）的 200 余位业界嘉宾出席，共同探讨新时期阅读推广与书香城市建设的新机遇新路径。

2018 全国出版界图书馆界全民阅读年会举办前期，主办方在全国范围内组织开展“全民阅读优秀案例”“最具馆藏影响力出版机构”两项评选活动。最终评选出“全民阅读优秀案例”46 个，“最具馆藏影响力出版机构”10 家，并于年会期间举行颁奖仪式，表彰获奖单位。

本届年会分为学术会议和展览展示两部分。学术会议包括捐赠仪式、主旨报告、现场互动等丰富多样的内容与形式，旨在扎实推动全民阅读活动的深入开展，为阅读推广提供新的理论支撑。主旨报告环节，聂震宁、钱军分别以“改革年代：从阅读开始——回首改革开放 40 年的国民阅读”“全民阅读与书香城市建设”为题做主旨报告。佛山市图书馆阅读推广部主任蔡畯、西藏民族大学图书馆信息咨询部主任冯云等 5 位代表在大会上分别分享了各自获奖的全民阅读优秀案例。南京图书馆副馆长许建业、江苏省图书馆学会阅读推广委员会副主任宫昌俊两位专家对优秀案例进行了点评。

年会还设置了主题为“图书馆的社会化运营与创新”的分会场。华东师范大学信息管理系教授金武刚、宁波市图书馆馆长徐益波、苏州工业园区图书馆馆长助理甄雨杨、悠贝亲子图书馆副总裁赵靖等专家就“新时代图书馆社会化发展的重点和方向”“‘图书馆 + ’在宁波的创新实践”“社会力量助力公共阅读服务的多种模式探索”“图书馆社会力量合作运营的效能管理”等话题展开了重点阐述。北京经纬宏业数字科技有限公司总设计师孙大勇、北京方正阿帕比技术有限公司经营中心助理总经理魏丕、北京中文在线教育科技发展有限公司常务副总经理杜嘉、北京梦龙科技有限公司运营总监索鹏翀等分别代表各自企业进行了发言。展览展示环节邀请了出版社、新华书店、科技企业等进行展览交流。（摘编自新浪读书网站）

2018—2022 年教育部高等学校图书情报工作指导委员会成立暨第一次工作会议

12 月 1 日，2018—2022 年教育部高等学校图书情报工作指导委员会（以下简称“高校图工委”）成立暨第一次工作会议在北京召开。高校图工委的 46 名委员，高职高专院校分委员会的主任委员、副主任委员、秘书长，安徽省、贵州省、河南省和新疆维吾尔自治区的图工委主任，各省、自治区、直辖市图工委的秘书长，共 80 名专家出席会议。

在教育部高教司教学条件处处长李静的主持下，高教司巡视员宋毅为委员们颁发聘书，并做题为“全面发挥图工委作用，全面振兴高校图书馆事业，全面服务新时代高等教育”的讲话。高校图工委主任、北京大学图书馆馆长陈建龙做题为“传承创新，协同引领，积极发挥参谋、咨询、指导和推动作用”的报告。高校图工委秘书长陈凌对图工委章程的修订和工作组的设置及分组情况做说明。随后，委员们分为 8 组，就章程的条款，各组的组名、成员及工作范围，明年的工作计划等展开热烈讨论和总结。（摘编自教育部高等学校图书情报工作指导委员会网站）

第一届全国灰色文献年会

12月7日，主题为灰色文献开发与利用的第一届全国灰色文献年会在东莞召开。本次会议由东莞图书馆、赤峰市图书馆、鄂尔多斯市东胜区图书馆、《图书馆建设》编辑部、《图书与情报》编辑部、北京雷速科技有限公司与北京碧虚文化有限公司联合主办。

在开幕式上，东莞市文化广电新闻出版局党组副书记、副局长、东莞图书馆理事会理事长王旭辉，广东省立中山图书馆馆长刘洪辉分别致辞。鄂尔多斯市图书馆学会理事长、鄂尔多斯市图书馆馆长乔礼在会上宣读《关于成立灰色文献建设与开发利用联盟倡议书》。中国图书馆学会阅读推广委员会主任、东莞图书馆馆长李东来和北京雷速科技有限公司、北京碧虚文化有限公司董事长刘锦山为首家“碧虚优秀企业文献长期保存示范基地”东莞图书馆揭牌。随后还举行民国六年《乡宁县志》2017年校注版赠书仪式。

会上，东莞图书馆馆长李东来、鄂尔多斯市图书馆馆长乔礼、鄂尔多斯市东胜区图书馆馆长王芳、北京雷速科技有限公司和北京碧虚文化有限公司董事长刘锦山、安徽省高校图工委副秘书长林泽明、赤峰市图书馆馆长刘淑华、浙江省图书馆馆长褚树青、科尔沁区图书馆馆长王黎、上海社会科学院信息研究所研究员王世伟等专家学者先后围绕东莞灰色文献建设、旅蒙商祥泰隆账簿文献开发利用、成吉思汗祭祀文献开发利用、企业灰色文献开发利用、图书馆灰色文献资源开发利用、口述历史灰色文献开发利用、灰色文献开发利用与地方文献工作、馆史资料开发利用、灰色文献地位等主题展开报告，涉及灰色文献开发利用的现状、发展趋势、现实意义、版权建设、服务方式以及典型案例等，内容丰富全面。

会议闭幕式由学会副理事长王长庆主持，为年会征文获奖作者、粤图博览优秀组织奖、学会优秀通讯员等奖项颁奖。（摘编自广东图书馆学会网站）

2018图书馆空间再造与功能重组研讨会

12月21日，由全民阅读促进委员会·中小型公共图书馆联合会、北京市图书馆协会、首都图书馆、新华万维国际文化传媒（北京）有限公司主办，图书馆报承办，中国蓝田总公司、北京经纬宏业数字科技有限公司协办的2018图书馆空间再造与功能重组研讨会在北京成功举办。

北京市文化和旅游局副局长李芳芳，首都图书馆党委书记、代馆长肖维平，全民阅读促进委员会·中小型图书馆联合会会长郭斌，新华万维国际文化传媒（北京）有限公司总经理、图书馆报副社长高德明出席会议并致辞。会议由首都图书馆副馆长陈坚、图书馆报副社长李晓主持。来自全国18个省（自治区、直辖市）的180余位代表，紧紧围绕“新服务、新空间、新体验”这一主题，就图书馆空间再造与功能重组、图书馆空间资源建设与服务效能提升等问题进行深入探讨，为加快图书馆转型发展建言献策、贡献智慧。

中国图书馆学会学术委员会副主任、南开大学信息管理系教授、博士生导师柯平，北京大学信息管理系教授、博士生导师刘兹恒，中国人民大学图书馆党委书记刘春鸿，首都图书馆副馆长邓菊英，太原市图书馆馆长郭欣萍，温州市图书馆馆长胡海荣，宁波大学园区图书馆馆长张建君，北京经纬宏业数字科技有限公司主创设计师孙大勇分别以“后评估时代图书馆的空间资源”“图书馆空间再造与功能重组”“图书馆空间再造实践与思考”“首都图书馆的空间设计”“代建制模式下图书馆空间再造实践与思考”“城市书房——公共阅读新空间”“图书馆空间再造：角色与策略”和“图书馆阅读空间改造升级策略”为题做主旨报告。（摘编自新浪读书网网站）

法律法规与政策性文件

法律法规与政策性文件综述

2018年，图书馆政策法规建设取得突破性进展，《中华人民共和国公共图书馆法》（以下简称《公共图书馆法》）正式实施，这是我国文化立法的一座重要丰碑。公共图书馆评估、文化服务均等化、公共文化服务体系示范区建设等国家及地方政策文件也陆续出台，多维度、多层次的政策文件全面促进我国图书馆事业发展。

一、《公共图书馆法》正式实施

《公共图书馆法》经十二届全国人大常委会第三十次会议审议通过，2018年1月1日起正式施行。《公共图书馆法》是党的十九大后出台的第一部文化法规，是文化领域贯彻落实习近平新时代中国特色社会主义思想的重要举措，是以习近平同志为核心的党中央全面推进依法治国战略在文化领域的重要实践。这部法律为公共图书馆建设、运行和服务提供了根本保障，对于完善我国文化法律制度、提高文化治理能力、推动公共图书馆事业持续健康发展具有重要意义。为切实做好法律的学习宣传和贯彻落实工作，文化部办公厅发布《关于学习宣传贯彻〈中华人民共和国公共图书馆法〉的通知》，要求各地方文化厅（局）、国家图书馆、文化部全国公共文化发展中心加强组织领导、抓好培训学习、开展普法宣传、完善配套制度、推进重点任务落实、加强执法监督检查。黑龙江省、福建省福州市等围绕文化部公共文化司文件相继制定本地区贯彻落实《公共图书馆法》的文件。此外，中华人民共和国主席令第十六号对《公共图书馆法》的相关内容进行修改，将第五十一条中的“出版行政主管部门”修改为“出版主管部门”。

二、多地制定“十三五”时期基本公共文化服务均等化发展规划

2017年，国务院印发《国务院关于印发“十三五”推进基本公共服务均等化规划的通知》（国发〔2017〕9号），多地围绕此文件，结合本地区的“十三五”事业发展规划及地区实际，制定地区的基本公共文化服务“十三五”发展规划，如河北、吉林、福建等省制定省域内的基本公共文化服务发展规划，长沙、大连、威海、赤峰等地制定市县范围内的基本公共文化均等化发展规划。河北省在全面提升均等化服务水平的大框架下，将公共图书馆相关内容纳入“十三五”时期公共文化服务领域的主要发展指标，要求公共图书馆年流通人次到2020年达到1784.45万。在《福建省人民政府关于印发福建省推进基本公共服务均等化行动计划的通知》中，要求公共图书馆年流通人次到2020年达到3000万，并将图书馆总分馆制建设、数字图书馆建设列为重点任务，将省图书馆改扩建、县级公共图书馆改造提升作为提高公共文化服务均等化的保障措施列出。在《大连市人民政府关于大连市推进基本公共服务均等化的实施意见》中明确提出要“健全城乡一体的图书馆服务体系”，“构建以数字图书馆、数字文化馆、数字博物馆为资源平台，以街道（社区）电子阅览室、文化信息资源‘进村入户’为接收平台的全方位立体式数字文化服务网络”。

三、《中小学图书馆（室）规程》完成修订并发布实施

2018年5月28日，教育部发文对2003年印发的《中小学图书馆（室）规程》进行修订。新《规程》由旧《规程》修订而来，总体章节由5章21条增加为7章39条。章节名称和整个章节内容的结构也做了较大改动，新《规程》对图书馆文献信息建设、管理及服务方面提出了更高要求，将旧《规程》第三章“管理与使用”调整为新《规程》中的“第三章”“第四章”“第五章”，同时将旧《规程》的“人员”纳入新《规程》“第六章”。在许多内容的规定上也做出较大修改，如“体制与机构”部分，新《规程》第五条将旧《规程》中“省级教育行政部门负责图书馆建设工作的规划和管理工作”调整为“县级以上教育行政部门负责行政区域内图书馆的规划和管理”；关于藏书量，新《规程》第十条规定“图书馆每年生均新增（更新）纸质图书应当不少于1本”；新《规程》分完全中学、高级中学、初级中学、小学4类生均图书册数为40册、45册、35册、25册，取消旧《规程》将“完全中学、高级中学、初级中学、小学”分成“1类、2类”区别对待的做法，等等。海

南、北京等地也先后发文转发教育部关于印发《中小学图书馆(室)规程》的通知。

四、多地制定公共文化服务体系示范区建设三年发展规划

为进一步提升创建国家公共文化服务体系示范区已取得的成果，积极探索既符合地方实际又具有地方特色的现代公共文化服务体系建设模式，不断提升公共文化服务体系示范区的综合服务能力，北京市石景山区、上海市嘉定区、湖北省黄冈市、宁夏回族自治区固原市等多地制定本地区的公共文化服务体系示范区三年(2018—2020)发展规划。《嘉定区持续推进国家公共文化服务体系示范区建设工作的实施意见(2018—2020)》将“持续完善公共图书馆设施网络”作为一项重点任务推进，对图书馆的布局、人均馆藏量、人均到馆次数、藏书年流通率等都做出了明确的量化要求，并提出要完善区图书馆总分馆服务体系，完善数字图书馆建设。《石景山区创建国家公共文化服务体系示范区规划(2018—2020年)》在对图书馆设施网络、总分馆体系建设进行规划外，还提出要大力支持民办机构兴办图书馆，鼓励社会力量捐赠公共文化事业。《黄冈市创建国家公共文化服务体系示范区规划(2018—2020年)》强化特殊群体公共文化服务，要求市、县公共图书馆利用流动服务车在城镇农民工比较集中的行业开展流动服务，各级图书馆、文化馆加强与特殊教育学校的联系，开展“送文化送关爱进特校”活动，积极关注老年群体的文化需求，开展老年服务项目和活动。此外，文化和旅游部于2018年4月发文公布了第四批国家公共文化服务体系示范区(项目)，共有27个地区入围第四批国家公共文化服务体系示范区创建资格名单，47个项目入选第四批国家公共文化服务体系示范项目创建资格名单。

五、多个旅游类政策文件纳入图书馆相关内容

2018年，国务院机构改革方案将文化部、国家旅游局的职责整合，组建文化和旅游部，4月8日，新组建的文化和旅游部正式挂牌，统筹规划和管理文化与旅游事业，促进文旅融合发展。2018年，在国家和各地制定的旅游类相关政策文件中，多处将图书馆事业纳入其中。《国务院办公厅关于促进全域旅游发展的指导意见》指出要加强旅游惠民便民服务，推动公共图书馆、文化馆、科技馆等免费开放。广东、云南等地在全域旅游发展工作规划中也对公共图书馆做出相应规定。中共中央、国务院印发的《乡村振兴战略规划(2018—2022年)》提出要“推动县级图书馆、文化馆总分馆制，发挥县级公共文化机构辐射作用，加强基层综合性文化服务中心建设，实现乡村两级公共文化服务全覆盖，提升服务效能”。海南、广西、安徽、江苏、河南、山东等地在乡村振兴发展政策文件中，也对公共图书馆事业发展做出规定，如《中共江苏省委　江苏省人民政府关于贯彻落实乡村振兴战略的实施意见》提出要“加强基层文化资源整合，推进公共数字文化建设，实现县级图书馆、乡镇文化站、农家书屋资源共享”。《文化和旅游部关于做好冬季旅游产品供给工作的通知》指出“把博物馆、图书馆、美术馆、文化馆、古籍展示馆、非物质文化遗产传习所等文化场所纳入旅游线路，推动更多文化资源和文化要素转化为旅游产品，以弥补传统旅游产品供给不足的短板”。

(国家图书馆　王秀香　王旭东)

法律法规与政策性文件全文

文化部办公厅关于学习宣传贯彻《中华人民共和国公共图书馆法》的通知（办公共函〔2018〕9号）

各省、自治区、直辖市文化厅（局），新疆生产建设兵团文化广播电视局，国家图书馆、文化部全国公共文化发展中心：

《中华人民共和国公共图书馆法》（以下简称公共图书馆法）经十二届全国人大常委会第三十次会议审议通过，2018年1月1日起正式施行。为切实做好法律的学习宣传和贯彻落实工作，现将有关事项通知如下：

一、加强组织领导。公共图书馆法的出台是文化领域贯彻落实习近平新时代中国特色社会主义思想的重要举措，是以习近平同志为核心的党中央全面推进依法治国战略在文化领域的重要实践。这部法律为公共图书馆建设、运行和服务提供了根本保障，对于完善我国文化法律制度、提高文化治理能力、推动公共图书馆事业持续健康发展具有重要意义。各级文化行政部门要高度重视，把学习宣传贯彻公共图书馆法作为2018年的一项重要任务，列入重要议事日程，在2018年1月底前制定学习宣传贯彻公共图书馆法的工作方案，加强组织领导，作出部署安排，明确工作要求，保障所需经费；要发挥在公共文化服务协调机制中的牵头作用，协调相关部门共同做好公共图书馆法学习宣传贯彻的各项工作。

二、抓好学习培训。目前，文化部会同全国人大常委会、国务院法制办的有关部门，正在组织编写《公共图书馆法释义》《公共图书馆法学习问答》等学习辅导材料，2018年将举办多期专题培训班。各地文化行政部门和公共图书馆在积极参加文化部组织培训的同时，要结合本地实际，制定公共图书馆法学习培训计划，分期分批地对文化部门有关人员和公共图书馆从业人员进行培训，采取举办报告会、专家辅导、专题研讨等形式，丰富培训内容，使广大干部职工深刻领会和全面掌握公共图书馆法的主要精神；要将学习公共图书馆法纳入2018年度基层文化队伍培训课程，安排重点班次，组织巡讲，并依托国家公共数字文化工程等开展网络培训，切实提高本地文化系统人员学法用法的意识和水平。

三、开展普法宣传。各地文化行政部门要落实“谁执法谁普法”的责任，将公共图书馆法的学习宣传纳入普法工作规划，重点宣传公共图书馆法的重要意义、主要内容和公共图书馆事业发展成绩。要广泛组织本地广播、电视、报纸、杂志、互联网等媒体，通过开设专栏、专版、专题节目等方式进行持续报道，营造声势，形成热度。要运用微博、微信等新媒体以及动漫、漫画等形式，增强宣传舆论的渗透力。各级各类公共图书馆要充分发挥阵地作用，设置宣传专栏、张贴宣传海报、摆放相关图书及宣传手册，并利用官方网站开展宣传，面向社会公众做好法律宣传工作，让社会知晓，让群众受益。

四、完善配套制度。2018年，文化部将会同有关部门，抓紧推动文献处置、文献交存、公众需求征询反馈和评价考核等相关配套制度建设。各地文化行政部门要结合自身实际，深入开展调研，加强立法研究，推动制定与公共图书馆法相衔接的地方性实施细则或政府规章。各级各类公共图书馆要将公共图书馆法中确立的分级设立、文献信息采集、免费开放各项基本制度落到实处，并根据工作实际不断完善规章制度，进一步提高保障能力和服务效能。各地要积极主动地做好相关制度的落实工作，特别是国家公共文化服务体系示范区创建城市要先行先试，为全面铺开打下基础、提供经验。

五、推进重点任务落实。各地文化行政部门要把法律的学习宣传与推进重点任务落实结合起来，与落实《“十三五”时期全国公共图书馆事业发展规划》结合起来，促进公共图书馆事业发展。按照填平补齐的原则，对设施空白或不达标的公共图书馆进行新建、改建和扩建，大力推动革命老区、民族地区、边疆地区、贫困地区公共图书馆建设，推进乡、村基层综合性文化服务中心建设，进一步完善公共图书馆设施网络。加强公共图书馆数字化建设，建立线上线下相结合的文献信息共享平台。加快推进县级图书馆总分馆制建设，认真总结试点经验并加以推广，扩大实施范围，在具备条件的地方因地制宜建立起上下联通、服务优质、有效覆盖的县级图书馆总分馆制。推动具备条件的公共图书馆建立以理事会为主要形式的法人治理结构，吸纳有关方面代表、专业人士、各界群众参与管理，落实法人自主权，健全决策、执行和监督机制。

六、加强执法监督检查。2018 年文化部将适时会同全国人大常委会有关部门和国务院法制办，开展公共图书馆法执法监督，重点对地方各级政府履行政府保障职责情况、文化行政部门推进图书馆业务建设情况、公共图书馆开展服务情况等进行督察。各省（区、市）要配合文化部督察工作，对本地督导工作作出部署和安排，及时开展自查和对各市县贯彻落实情况的督促检查。对督察中发现的好的经验做法，作为典型经验加以推广；对实际工作中出现的不符合法律要求的做法，及时给予批评教育，责令限期改正，切实维护法律的严肃性。

各省（区、市）文化厅（局）、新疆生产建设兵团文化广播电视局和各级公共图书馆要按照本通知要求，全面统筹、周密部署，切实做好推进法律实施的各项工作。在学习宣传和贯彻实施中反映出的问题和有关工作建议，请及时报送我部公共文化司。

特此通知。

文化部办公厅

2018 年 1 月 10 日

文化部办公厅关于印发《2018 年全国基层文化队伍培训工作计划》的通知（办公共函〔2018〕66 号）

各省、自治区、直辖市文化厅（局），新疆生产建设兵团文化广播电视局，国家图书馆、中央文化管理干部学院、文化部全国公共文化发展中心：

为进一步加强基层文化队伍培训工作，根据《2014—2018 年全国文化干部教育培训规划》（文人发〔2014〕17 号），文化部制定了《2018 年全国基层文化队伍培训工作计划》，现予印发，请认真贯彻执行。

请各省（区、市）文化厅（局）、新疆生产建设兵团文化广播电视局坚持政治培训和业务培训、理论培训和实践培训、课堂培训和现场培训相结合，根据本地实际，制定本地 2018 年基层文化队伍培训计划。培训计划应将学习贯彻《中华人民共和国公共文化服务保障法》《中华人民共和国公共图书馆法》作为培训重点内容，将基层公共文化管理干部和业务骨干作为重点培训对象。请各培训单位对承接的培训任务精心设计安排，认真组织实施，进一步提高培训质量。相关经费管理严格按照《中央和国家机关培训费管理办法》执行。

特此通知。

文化部办公厅

2018 年 3 月 12 日

2018 年全国基层文化队伍培训工作计划

2018 年，文化部将继续开展示范性培训、公共文化巡讲和远程培训，重点开展县级图书馆馆长、文化馆馆长轮训和群众文艺创作骨干培训，发挥示范带动作用，进一步加强基层文化队伍建设，为文化建设提供人才支撑，提高公共文化服务效能。为此，特制订本计划。

一、示范性培训

2018 年将进一步扩大示范性培训规模，在中央文化管理干部学院和全国基层文化队伍培训基地继续举办示范性培训班，具体安排如下：

（一）整体安排。根据公共文化工作重点和各地申报情况，2018 年计划举办全额拨款班 39 期，定向补贴班 12 期（见附件 1）。定向补贴班可根据实际工作情况微调，视情追加少量班次。

（二）培训组织。各省（区、市）文化厅（局）（包括新疆生产建设兵团文化广播电视局，下同）和各培训单位按照《全国基层文化队伍示范性培训工作规范》（公共函〔2016〕65 号）要求统筹组织好培训工作，按照本计划做好示范性培训学员选派及相关组织工作。

（三）经费安排。全额拨款班由文化部公共文化司承担培训费用（公共数字文化重点工程培训班相应经费由国家图书馆和文化部全国公共文化发展中心分别承担），学员差旅费自行解决。定向补贴班采取合作办班方式由申报单位承担主要培训费用,文化部公共文化司给予每班5万元经费补贴。

二、公共文化巡讲

根据各地申报情况,经过对接,研究确定2018年全国公共文化巡讲安排。具体事项如下:

(一)整体安排。2018年全国公共文化巡讲分为两类:一是公共文化类巡讲,计划举办21期(见附件2);二是图书馆专业类巡讲,计划举办8期(见附件3)。

(二)工作分工。文化部公共文化司负责统筹指导和监督管理;中央文化管理干部学院负责组织实施公共文化类巡讲,协调师资和安排巡讲场次;中国图书馆学会负责组织实施图书馆专业类巡讲;各地申报单位负责本地组织工作以及培训情况统计报送工作。

(三)经费安排。公共文化类巡讲由各地申报单位承担主要经费,图书馆专业类巡讲由中国图书馆学会与有关省份共同承担主要经费,文化部公共文化司对巡讲予以适当补贴,主要用于补贴巡讲师资讲课费和差旅费、工作人员差旅费等。

三、远程培训

2018年全国基层文化队伍远程培训工作由中央文化管理干部学院、国家图书馆、文化部全国公共文化发展中心分别组织实施。具体事项如下:

(一)整体安排。2018年共安排远程培训18期(见附件4),其中"公共文化空中大课堂"安排课程6期,每期两门课程,各2小时;数字图书馆推广工程"网络书香讲坛"安排课程6期,每期约1小时;全国文化信息资源共享工程"数字学习港"安排课程6期,每期约1小时,中国文化网络电视平台和数字学习港手机APP同步播出"数字学习港"相关课程。

(二)培训组织。各省(区、市)文化厅(局)应指定专人负责做好远程培训工作,充分挖掘本地区基层文化队伍培训力量和资源,发动各级图书馆、文化馆(站)、文化信息资源共享工程各级分中心、各培训机构参与全国基层文化队伍远程培训,做好本地区远程培训的动员和组织工作,确保培训效果,并做好远程培训情况统计和报送工作。

(三)教学接收点设置。"公共文化空中大课堂"教学接收点将进一步增加和下沉,符合播出条件的基层公共文化单位均可向中央文化管理干部学院提出申请,鼓励和支持各级图书馆、文化馆和有条件的乡镇文化站申报教学接收点。

四、联系方式

(一)文化部公共文化司

联系人:邓　蓉

联系电话:010-59881738

(二)培训单位

略

附件:1. 2018年全国基层文化队伍示范性培训班工作安排表

2. 2018年全国公共文化巡讲活动安排表(公共文化类)

3. 2018年全国公共文化巡讲活动安排表(图书馆专业类)

4. 2018年全国基层文化队伍远程培训工作安排表

(附件内容略)

教育部关于印发《中小学图书馆(室)规程》的通知

教基〔2018〕5号

各省、自治区、直辖市教育厅(教委),新疆生产建设兵团教育局,各有关单位:

为贯彻党的十九大精神,落实立德树人根本任务,加强中小学图书馆(室)工作的指导,我们对2003年发布的《中小学图书馆(室)规程(修订)》进行了修订,现印发给你们,请结合实际认真贯彻执行。

教育部

2018年5月28日

中小学图书馆(室)规程

第一章　总　则

第一条　为加强中小学图书馆(室)(以下简称图书馆)规范化、科学化、现代化建设,落实立德树人根本任务,提升服务教育教学能力,特制定本规程。

第二条　本规程适用于公办、民办全日制普通中小学校的图书馆。

第三条　图书馆是中小学校的文献信息中心，是学校教育教学和教育科学研究的重要场所，是学校文化建设和课程资源建设的重要载体，是促进学生全面发展和推动教师专业成长的重要平台，是基础教育现代化的重要体现，也是社会主义公共文化服务体系的有机组成部分。

第四条　图书馆的主要任务是：贯彻党的教育方针，培育社会主义核心价值观，弘扬中华优秀传统文化，促进学生德智体美全面发展；建立健全学校文献信息和服务体系，协助教师开展教学教研活动，指导学生掌握检索与利用文献信息的知识与技能；组织学生阅读活动，培养学生的阅读兴趣和阅读习惯。

第二章　体制与机构

第五条　县级以上教育行政部门负责行政区域内图书馆的规划和管理，指导教育技术装备机构和学校做好图书馆的建设、配备、管理、应用、培训、评估等工作。

第六条　图书馆实行校长领导下的馆长负责制，由一名校级领导分管图书馆工作。有关图书馆工作的重大事项应当听取图书馆馆长意见，最终由校长办公会决定。

第七条　学校可根据需要设立阅读指导机构，指导和协调全校阅读活动的开展。

阅读指导机构由一名校领导担任负责人，成员由学校图书馆及相关职能部门负责人、教师和学生代表组成，鼓励家长代表参加。

阅读指导机构应当定期召开会议，制定学校阅读计划，组织阅读活动的实施，反映师生意见和要求，向学校提出改进阅读活动的建议。

第三章　图书配备与馆藏文献信息建设

第八条　学校应根据发展目标，以师生需求为导向，统筹纸质资源、数字资源和其他载体资源，制定图书配备与其他馆藏文献信息建设发展规划。

第九条　图书馆藏书包括适合中小学生阅读的各类图书和报刊、供师生使用的工具书、教学参考书、教育教学理论书籍和应用型的专业书籍。民族地区中小学应当根据教育教学需要配备相应民族语言文字的文献资源。接收残疾学生随班就读的学校应当配备适合特殊学生阅读的盲文图书、大字本图书和有声读物等。

第十条　图书馆藏书量不得低于《中小学图书馆（室）藏书量》（附表一）的规定标准。建立完善增新剔旧制度。图书馆每年生均新增（更新）纸质图书应当不少于一本。图书复本量应当根据实际需要合理确定。

第十一条　图书馆应当建立和完善馆藏资源采购、配备办法，定期公告资源更新目录，注重听取师生意见，建立意见反馈机制，不断提高资源质量和适宜性。定期开展清理审查，严禁盗版图书等非法出版物及不适合中小学生阅读的出版物进入图书馆。

第十二条　图书馆应当把《中小学图书馆（室）藏书分类比例表》（附表二）和教育部指导编制的《全国中小学图书馆（室）推荐书目》作为中小学图书馆馆藏建设的主要参考依据，合理配置纸质书刊。

第十三条　图书馆应当重视数字资源建设，依托区域数字图书馆和信息资源中心获取数字图书和电子期刊等。

地方教育行政部门要统筹推进区域数字图书馆和文献信息资源中心建设，促进优质数字资源共建共享。

第十四条　根据需要，图书馆可参与学校的校本资源开发和建设。

第四章　图书馆与文献信息管理

第十五条　图书馆应当建立健全各项规章制度，并确保执行。

第十六条　图书馆应当建立书刊总括登录和个别登录两种账目。

第十七条　各类型文献应当按照《中国图书馆分类法》进行分类。

第十八条　图书著录应当遵循《普通图书著录规则》；期刊著录应当遵循《连续出版物著录规则》，计算机编目应当遵循《中文图书机读目录格式》。图书馆应当有明确的馆藏图书排架体系。

第十九条　图书馆应当对采集的文献信息进行科学分类编目，建立完善的书目检索系统，实现书名、著者、分类等多种途径的检索。

第二十条　图书馆应当以全开架借阅为主。以学校图书馆为中心，在确保安全的前提下，充分利用走廊、教室等空间，创新书刊借阅方式，优化借阅管理，创建泛在阅读环境。

第二十一条　图书馆应当纳入学校信息化建设整体规划，实行信息化、网络化管理。

第二十二条　图书馆应当建设文献信息管理和服务系统，建立数据长期保存机制，妥善保护师生个人信息、借阅信息及其他隐私信息，不得出售或以其他方式非法向他人提供，保障信息安全。

第二十三条　图书馆应当依据档案管理规范，制定科学管理流程，妥善保存档案资料。

第二十四条　图书馆应当建立完善的资产账目和管理制度。

第二十五条　图书馆应当如实填报各类统计数据，做好统计数据的分析和保存。

第五章　应用与服务

第二十六条　教学期间，图书馆每周开放时间原则上不少于40小时。鼓励课余时间、法定节假日和寒暑假期间对师生有效开放。

第二十七条　图书馆应当做好阅览、外借、宣传推荐服务工作；开设新生入馆教育、文献信息检索与利用、阅读指导课等，鼓励纳入教学计划；为教育教学和科研活动提供有效的文献信息支撑；创新各类资源使用方式，积极创建书香校园，组织形式多样的阅读活动，促进全民阅读工作；鼓励开展图书借阅数据分析，有针对性地改进学生阅读。

第二十八条　图书馆应当加强馆际交流，推动校际阅读活动、校本资源和特色资源的合作与共享。

第二十九条　图书馆应当积极与本地公共图书馆，特别是少年儿童图书馆、高等学校图书馆开展馆际合作，实现资源共享。

各地教育行政部门要重视和加强乡镇中心学校图书馆建设，辐射周边小规模学校。在确保校园安全的前提下，有条件的学校可以探索向家长、社区有序开放。

第三十条　鼓励有条件的图书馆开展纸质图书和数字图书资源的一体化编目和服务。

第六章　条件与保障

第三十一条　图书馆馆舍建设应当纳入学校建设总体规划。有条件的中小学校设立独立的图书馆舍。图书馆应当有采编、藏书、阅览、教学、读者活动等场所。

图书馆应当重视馆内环境的绿化美化，具备良好的通风、换气、采光、照明、防火、防潮、防虫、保洁、安全等条件。接受残疾生源的学校图书馆应当设置无障碍设施及相关标识。

第三十二条　图书馆应当配备书架、阅览桌椅、借阅台、报刊架、书柜、计算机等必要的设施设备，并有计划地配置文件柜、陈列柜、办公桌椅、借还机、打印机、扫描仪、电子阅读设备、复印设备、文献保护设施设备、装订、安全监测等相关设备。设施、设备应当符合学生年龄使用需要。

第三十三条　图书馆应当设专职管理人员并保持稳定性。图书馆管理人员编制在本校教职工编制总数内合理确定。

图书馆管理人员应当具备基本的图书馆专业知识与专业技能。中学图书馆管理人员应当具备大学本科以上文化程度，小学图书馆管理人员应当具备大学专科以上文化程度。

第三十四条　图书馆专业人员实行专业技术职务聘任制。图书馆管理人员专业技术职务聘任参照国家有关规定执行，有条件的地区和学校，可设立中小学图书馆图书资料系列专业技术岗位。图书馆管理人员在调资晋级或评奖时，与学科教师同等对待，并按国家相关规定享受相应的福利待遇。

第三十五条　图书馆管理人员应当定期参加教育行政部门或专业学术团体组织的专业培训，并纳入继续教育学分管理。支持图书馆管理人员参加专业学术团体。

第三十六条　各地教育行政部门和学校应当保障图书馆建设、配备、管理、应用、培训等所需经费，在经费预算和资金保障方面应当向农村学校和薄弱学校倾斜。

图书馆应当积极配合企事业单位、社会团体和公民个人以各种方式支持、参与图书馆建设，依法组织捐赠，确保质量。

第三十七条　地方各级教育行政部门应当建立健全出版物采购廉政风险防控机制，定期组织开展中小学图书馆藏书质量和管理服务的督导评估，推动提高馆藏文献信息质量和服务效能。图书馆建设与管理工作纳入学校和校长考核体系。

第七章　附　则

第三十八条　特殊教育学校图书馆参照本规程执行。

第三十九条　本规程自2018年6月1日起施行，2003年5月1日发布的《中小学图书馆(室)规程》同时废止。

附表一　中小学图书馆(室)藏书量

	完全中学	高级中学	初级中学	小学
人均藏书量(册)(按在校学生数)	40	45	35	25
报刊(种)	120	120	80	60
工具书、教学参考书(种)	250	250	180	120

附表二　中小学图书馆(室)藏书分类比例表

<table>
<tr><th colspan="3">部类</th><th colspan="2">分类比例</th></tr>
<tr><th>五大部类</th><th colspan="2">22个基本部类</th><th>小学</th><th>中学</th></tr>
<tr><td>第一大类</td><td colspan="2">A 马克思主义、列宁主义、毛泽东思想、邓小平理论</td><td>1.50%</td><td>2%</td></tr>
<tr><td>第二大类</td><td colspan="2">B 哲学、宗教</td><td>1.50%</td><td>2%</td></tr>
<tr><td rowspan="11">第三大类</td><td colspan="2">C 社会科学总论</td><td rowspan="11">64%</td><td rowspan="11">54%</td></tr>
<tr><td colspan="2">D 政治法律</td></tr>
<tr><td colspan="2">E 军事</td></tr>
<tr><td colspan="2">F 经济</td></tr>
<tr><td rowspan="3">G</td><td>文化、科学</td></tr>
<tr><td>教育</td></tr>
<tr><td>体育</td></tr>
<tr><td colspan="2">H 语言、文字</td></tr>
<tr><td colspan="2">I 文学</td></tr>
<tr><td colspan="2">J 艺术</td></tr>
<tr><td colspan="2">K 历史、地理</td></tr>
<tr><td rowspan="10">第四大类</td><td colspan="2">N 自然科学总论</td><td rowspan="10">28%</td><td rowspan="10">38%</td></tr>
<tr><td colspan="2">O 数理科学和化学</td></tr>
<tr><td colspan="2">P 天文学、地球科学</td></tr>
<tr><td colspan="2">Q 生物科学</td></tr>
<tr><td colspan="2">R 医药、卫生</td></tr>
<tr><td colspan="2">S 农业科学</td></tr>
<tr><td colspan="2">T 工业技术</td></tr>
<tr><td colspan="2">U 交通运输</td></tr>
<tr><td colspan="2">V 航空、航天</td></tr>
<tr><td colspan="2">X 环境科学、安全科学</td></tr>
<tr><td>第五大类</td><td colspan="2">Z 综合性图书</td><td>5%</td><td>4%</td></tr>
</table>

图书馆相关法律法规及政策性文件目录

主题	标题	文号	发布与实施时间
综合性法律法规	文化部办公厅关于学习宣传贯彻《中华人民共和国公共图书馆法》的通知	办公共函〔2018〕9 号	2018 年 1 月 10 日发布并实施
	福州市文化广电新闻出版局关于学习宣传贯彻《中华人民共和国公共图书馆法》的通知	榕文广新综〔2018〕92 号	2018 年 1 月 10 日发布并实施
	黑龙江省文化厅关于印发《关于学习宣传贯彻〈中华人民共和国公共图书馆法〉的实施方案》的通知	黑文发〔2018〕9 号	2018 年 1 月 26 日发布并实施
	陕西省文化厅、陕西省新闻出版广电局、陕西省体育局、陕西省发展和改革委员会、陕西省财政厅关于印发《陕西省关于推进县级文化馆图书馆总分馆制建设的实施意见》的通知	陕文公共〔2018〕2 号	2018 年 1 月 31 日发布并实施
	山东省新闻出版广电局关于全面深化农家书屋服务的实施意见	鲁新广发〔2018〕12 号	2018 年 3 月 30 日发布并实施
	教育部关于印发《中小学图书馆(室)规程》的通知(2018 修订)	教基〔2018〕5 号	2018 年 5 月 28 日发布,2018 年 6 月 1 日实施
	海南省教育厅转发教育部关于印发《中小学图书馆(室)规程》的通知	琼教基〔2018〕96 号	2018 年 6 月 6 日发布并实施
	南宁市人民政府办公厅关于印发 2018 年南宁市承办自治区为民办实事农家书屋出版物补充更新项目工作方案的通知	南府办函〔2018〕243 号	2018 年 7 月 26 日发布并实施
	鄂尔多斯市人民政府办公厅关于印发鄂尔多斯市公共图书馆总分馆建设推进工作方案的通知	鄂府办发〔2018〕98 号	2018 年 8 月 10 日发布并实施
	文化和旅游部关于公布第六次全国县级以上公共图书馆评估定级上等级图书馆名单的通知	文旅公共发〔2018〕49 号	2018 年 8 月 13 日发布并实施
	天津市公共文化服务保障与促进条例	天津市人民代表大会常务委员会公告第 8 号	2018 年 9 月 29 日发布,2018 年 11 月 1 日实施
	中华人民共和国公共图书馆法(2018 修正)	中华人民共和国主席令第 16 号	2018 年 10 月 26 日发布并实施
	财政部关于提前下达美术馆、公共图书馆、文化馆(站)免费开放专项资金 2019 年预算指标的通知	财文〔2018〕116 号	2018 年 10 月 31 日发布并实施
	财政部关于提前下达新疆生产建设兵团美术馆、公共图书馆、文化馆(站)免费开放补助资金 2019 年预算指标的通知	财文〔2018〕123 号	2018 年 10 月 31 日发布并实施
	湖北省公共文化服务保障条例	湖北省人民代表大会常务委员会公告第 245 号	2018 年 11 月 19 日发布,2019 年 2 月 1 日实施
	福州市律师协会关于举办“关于数字图书馆的著作权问题探讨”沙龙的通知	榕律通〔2018〕117 号	2018 年 11 月 22 日发布并实施
	北京市教育委员会转发教育部《中小学图书馆(室)规程》的通知	京教基二〔2018〕23 号	2018 年 12 月 21 日发布并实施

续表

主题	标题	文号	发布与实施时间
文化建设	三亚市人民政府办公室关于政府向社会力量购买公共文化服务的实施意见	三府办〔2018〕9 号	2018 年 1 月 4 日发布，2018 年 1 月 4 日实施
	连云港市政府办公室关于印发连云港市“十三五”时期基本公共服务清单的通知	连政办发〔2018〕10 号	2018 年 1 月 25 日发布并实施
	国家新闻出版广电总局关于开展 2018 年全民阅读工作的通知	新广出发〔2018〕4 号	2018 年 1 月 26 日发布并实施
	文化部办公厅关于公布 2017 年文化志愿服务典型名单的通知	办公共函〔2018〕35 号	2018 年 2 月 2 日发布并实施
	辽宁省文化厅关于印发 2018 年辽宁省文化厅工作要点的通知	辽文发〔2018〕5 号	2018 年 2 月 6 日发布并实施
	毕节市人民政府办公室关于印发“十三五”时期公共文化服务精准扶贫实施方案的通知	毕府办发〔2018〕16 号	2018 年 2 月 12 日发布并实施
	山东省文化厅关于提升全省公共文化机构服务效能的意见	鲁文群〔2018〕4 号	2018 年 3 月 9 日发布并实施
	文化部办公厅关于印发《2018 年全国基层文化队伍培训工作计划》的通知	办公共函〔2018〕66 号	2018 年 3 月 12 日发布并实施
	山东省文化厅关于印发《“十三五”时期山东省文化法治建设规划》的通知	鲁文〔2018〕4 号	2018 年 3 月 16 日发布并实施
	芜湖市人民政府关于印发芜湖市基本公共服务均等化“十三五”行动纲要的通知	芜政〔2018〕1 号	2018 年 3 月 21 日发布并实施
	国家统计局关于印发《文化及相关产业分类(2018)》的通知	国统字〔2018〕43 号	2018 年 4 月 2 日发布并实施
	上海市嘉定区人民政府办公室关于转发《嘉定区持续推进国家公共文化服务体系示范区建设工作的实施意见(2018—2020)》的通知	嘉府办发〔2018〕16 号	2018 年 4 月 2 日发布并实施
	徐州市文化广电新闻出版局关于加快推进 2018 年公共文化服务设施达标提升工程的通知	徐文广新通〔2018〕35 号	2018 年 4 月 11 日发布并实施
	文化和旅游部、财政部关于公布第四批国家公共文化服务体系示范区(项目)创建资格名单的通知	文旅公共函〔2018〕77 号	2018 年 4 月 12 日发布并实施
	盘锦市人民政府关于印发盘锦市“十三五”推进基本公共服务均等化规划的通知	盘政发〔2018〕5 号	2018 年 4 月 12 日发布并实施
	长沙市发展和改革委员会关于开展“十三五”推进基本公共服务均等化规划实施情况中期评估工作的通知	长发改社会〔2018〕84 号	2018 年 4 月 23 日发布并实施
	福州市文化广电新闻出版局关于组织开展 2018 年基层文化队伍培训工作的通知	—	2018 年 4 月 28 日发布并实施
	中共上海市委宣传部、上海市文化广播影视管理局、上海市发展和改革委员会等关于印发《关于促进上海影视产业发展的实施办法》的通知	沪文广影视〔2018〕149 号	2018 年 5 月 4 日发布，2018 年 6 月 5 日实施

续表

主题	标题	文号	发布与实施时间
文化建设	贵阳市人民政府办公厅关于印发《贵阳市推进基层综合性文化服务中心建设实施方案》的通知	筑府办函〔2018〕68 号	2018 年 5 月 10 日发布并实施
	广西壮族自治区人民政府办公厅关于印发乡村振兴产业发展基础设施公共服务能力提升三年行动计划(2018—2020 年)的通知	桂政办发〔2018〕46 号	2018 年 5 月 10 日发布并实施
	赤峰市人民政府办公厅关于落实自治区"十三五"推进基本公共服务均等化规划的通知	赤政办字〔2018〕45 号	2018 年 5 月 14 日发布并实施
	山东省文化厅、中共山东省委宣传部、山东省发展和改革委员会等关于推动文化文物单位文化创意产品开发的实施意见	鲁文〔2018〕8 号	2018 年 5 月 16 日发布并实施
	辽源市人民政府办公室关于印发《辽源市"十三五"时期推进基本公共服务均等化工作实施方案》的通知	辽府办发〔2018〕11 号	2018 年 5 月 18 日发布并实施
	文化和旅游部、中央文明办关于开展 2018 年文化志愿服务工作的通知	文旅公共发〔2018〕17 号	2018 年 5 月 23 日发布并实施
	北京市海淀区人民政府办公室转发区文化委《关于促进社会力量参与公共文化服务的实施意见》的通知	海政办发〔2018〕28 号	2018 年 5 月 30 日发布并实施
	广东省地方志工作条例	广东省第十三届人民代表大会常务委员会公告第 6 号	2018 年 5 月 31 日发布，2018 年 7 月 1 日实施
	中共山西省委宣传部、山西省新闻出版广电局、山西省发展和改革委员会等关于印发《关于支持实体书店发展的实施意见》的通知	晋新广发〔2018〕30 号	2018 年 5 月 31 日发布并实施
	河北省人民政府关于印发河北省"十三五"推进基本公共服务均等化规划的通知	冀政发〔2018〕12 号	2018 年 6 月 3 日发布并实施
	吉林市人民政府办公厅关于印发吉林市落实吉林省推进基本公共服务均等化"十三五"规划实施方案的通知	吉市政办发〔2018〕24 号	2018 年 6 月 4 日发布并实施
	临沧市人民政府关于进一步加强非物质文化遗产保护工作的实施意见	临政发〔2018〕41 号	2018 年 6 月 5 日发布并实施
	保山市人民政府关于进一步加强非物质文化遗产保护工作的实施意见	保政发〔2018〕11 号	2018 年 6 月 6 日发布并实施
	黄冈市人民政府办公室关于印发黄冈市创建国家公共文化服务体系示范区规划(2018—2020 年)的通知	黄政办发〔2018〕24 号	2018 年 6 月 14 日发布并实施
	中共北京市委、北京市人民政府印发《关于推进文化创意产业创新发展的意见》的通知	京发〔2018〕14 号	2018 年 6 月 21 日发布并实施
	福州市文化广电新闻出版局关于开展 2018 年文化志愿服务工作有关事项的通知	—	2018 年 6 月 21 日发布并实施

续表

主题	标题	文号	发布与实施时间
文化建设	福州市人民政府关于印发福州市基本公共文化服务指导目录的通知	榕政综〔2018〕218号	2018年6月25日发布并实施
	北京市石景山区人民政府办公室关于印发《石景山区创建国家公共文化服务体系示范区规划(2018—2020年)》的通知	石政办发〔2018〕16号	2018年6月29日发布并实施
	黔南州人民政府办公室关于印发黔南州进一步完善公共文化服务体系推动文化事业加快发展行动方案的通知	黔南府办函〔2018〕88号	2018年7月2日发布并实施
	天津市人民政府办公厅转发市台办市发展改革委关于进一步深化津台经济社会文化交流合作若干措施的通知	津政办发〔2018〕17号	2018年7月3日发布并实施
	拉萨市人民政府办公厅关于印发《关于做好政府向社会力量购买公共文化服务的实施意见》的通知	拉政办发〔2018〕91号	2018年7月4日发布并实施
	拉萨市人民政府办公厅关于印发《拉萨市公共文化服务机构运营的公众参与办法》的通知	拉政办发〔2018〕90号	2018年7月5日发布并实施
	福建省财政厅关于下达2018年中央补助地方公共文化服务体系建设专项资金(重点项目)的通知	闽财教指〔2018〕43号	2018年7月6日发布并实施
	北京市人民政府办公厅印发《关于支持实体书店发展的实施意见》的通知	京政办发〔2018〕27号	2018年7月6日发布并实施
	山东省文化厅关于印发"十三五"时期文化艺术人才发展规划的通知	鲁文教〔2018〕16号	2018年7月26日发布并实施
	海南省文化广电出版体育厅、海南省发展和改革委员会关于推动海南省文化文物单位文化创意产品开发的实施意见	琼文化〔2018〕81号	2018年7月26日发布并实施
	西双版纳州人民政府办公室关于推进基层综合性文化服务中心建设的实施意见	西政办发〔2018〕61号	2018年7月30日发布并实施
	大连市人民政府关于大连市推进基本公共服务均等化的实施意见	大政发〔2018〕28号	2018年7月30日发布并实施
	江西省文化厅关于做好我省公共图书馆、文化馆法人治理结构改革试点工作的通知	—	2018年8月1日发布并实施
	福建省财政厅、福建省文化厅关于下达2018年第二批中央补助地方公共文化服务体系建设专项资金(市县公共数字文化建设)的通知	闽财教指〔2018〕63号	2018年8月3日发布并实施
	葫芦岛市人民政府关于印发葫芦岛市"十三五"推进基本公共服务均等化规划的通知	葫政发〔2018〕20号	2018年8月6日发布并实施
	威海市人民政府办公室关于印发《威海市推进基本公共服务均等化清单(2018—2020年)》的通知	威政办字〔2018〕64号	2018年8月10日发布并实施
	固原市人民政府办公室关于印发《固原市创建国家公共文化服务体系示范区建设规划(2018—2020年)》的通知	固政办发〔2018〕46号	2018年8月10日发布并实施

续表

主题	标题	文号	发布与实施时间
文化建设	北京市海淀区人民政府办公室印发区政府关于持续推进现代公共文化服务体系创新发展意见(2018—2020年)的通知	—	2018年8月20日发布并实施
	安徽省教育厅关于举办2018年安徽省全民终身学习活动周的通知	皖教秘职成〔2018〕73号	2018年8月22日发布并实施
	呼伦贝尔市人民政府办公厅关于印发呼伦贝尔市"十三五"推进基本公共服务均等化实施方案的通知	呼政办发〔2018〕41号	2018年8月22日发布并实施
	天津市文化广播影视局关于印发加强市级群众文化活动管理的实施意见的通知	津文广规〔2018〕3号	2018年8月25日发布并实施
	安庆市人民政府关于印发安庆市人口发展和基本公共服务体系建设"十三五"规划的通知	宜政秘〔2018〕140号	2018年8月25日发布并实施
	福建省人民政府关于印发福建省推进基本公共服务均等化行动计划的通知	闽政〔2018〕16号	2018年8月27日发布并实施
	上海市发展和改革委员会、上海市财政局关于印发调整后的《上海市基本公共服务项目清单》的通知	沪发改社〔2018〕36号	2018年8月28日发布并实施
	江苏省地方志工作条例	江苏省人大常委会公告第7号	2018年9月21日发布，2018年12月1日实施
	教育部、国家语委关于印发《中华经典诵读工程实施方案》的通知	教语用〔2018〕3号	2018年9月25日发布并实施
	邯郸市人民政府关于印发邯郸市"十三五"推进基本公共服务均等化规划的通知	邯政规〔2018〕21号	2018年9月25日发布并实施
	沈阳市人民政府办公厅关于保护利用老旧厂房拓展文化空间的指导意见	沈政办发〔2018〕134号	2018年10月11日发布并实施
	江西省文化和旅游厅印发《关于加快文化强省建设的实施方案》的通知	赣发〔2018〕23号	2018年11月26日发布并实施
	云南省文化市场管理条例(2018修正)	云南省第十三届人民代表大会常务委员会公告第13号	2018年11月29日发布并实施
	江西省文化和旅游厅办公室关于举办首届江西省文创展活动的通知	—	2018年11月29日发布并实施
	国家发展改革委关于印发《海南省建设国际旅游消费中心的实施方案》的通知	发改社会〔2018〕1826号	2018年12月12日发布并实施
	江西省文化和旅游厅办公室关于整合"江西文旅云"数据资源的通知	—	2018年12月17日发布并实施
	六盘水市人民政府办公室关于印发六盘水市推进基层综合性文化服务中心建设实施方案的通知	六盘水府办函〔2018〕141号	2018年12月26日发布并实施
	宁德市人民政府关于印发宁德市推进基本公共服务均等化行动计划的通知	宁政〔2018〕31号	2018年12月29日发布并实施
	漳州市人民政府关于印发漳州市推进基本公共服务均等化行动计划的通知	漳政综〔2018〕211号	2018年12月29日发布并实施

续表

主题	标题	文号	发布与实施时间
文化遗产保护	中共黑龙江省委办公厅、黑龙江省人民政府办公厅印发《黑龙江省关于推进中华优秀传统文化传承发展工程的实施意见》的通知	黑发〔2018〕2	2018年1月2日发布并实施
	云南省人民政府关于进一步加强非物质文化遗产保护工作的意见	云政发〔2018〕6号	2018年1月23日发布并实施
	南充市非物质文化遗产保护办法	南充市人民政府令第26号	2018年2月14日发布，2018年4月1日实施
	中共吉林省委办公厅、吉林省人民政府办公厅关于印发《吉林省实施中华优秀传统文化传承发展工程方案》的通知	吉发〔2018〕9	2018年2月22日发布并实施
	西宁市非物质文化遗产保护办法	西宁市人民政府令第156号	2018年2月22日发布，2018年4月1日实施
	文化和旅游部办公厅关于开展2018年文化和自然遗产日非物质文化遗产宣传展示活动的通知	办非遗函〔2018〕32号	2018年4月20日发布并实施
	山东省文化厅、山东省经济和信息化委员会、山东省财政厅印发关于贯彻落实中国传统工艺振兴计划实施意见的通知	鲁文非遗〔2018〕7号	2018年4月20日发布并实施
	文化和旅游部、教育部、人力资源社会保障部关于印发《中国非物质文化遗产传承人群研修研习培训计划实施方案(2018—2020)》的通知	文旅非遗发〔2018〕4号	2018年4月26日发布并实施
	山东省文化厅、山东省扶贫办关于印发《山东省"非遗助力脱贫、推动乡村振兴"工程实施方案》的通知	鲁文〔2018〕11号	2018年6月11日发布并实施
	西双版纳州人民政府办公室关于进一步加强古籍保护工作的意见	西政办发〔2018〕70号	2018年8月31日发布并实施
	广西壮族自治区文化厅、广西壮族自治区人力资源和社会保障厅关于表彰左江花山岩画文化景观申报世界文化遗产工作先进集体和先进个人的决定	桂文发〔2018〕12号	2018年9月26日发布并实施
	文山州人民政府关于进一步加强非物质文化遗产保护工作的实施意见	文政发〔2018〕76号	2018年10月11日发布并实施
	天津市非物质文化遗产保护条例	天津市人大常委会公告第19号	2018年12月14日发布，2019年1月1日实施
	丽江市人民政府关于进一步加强非物质文化遗产保护工作的实施意见	丽政发〔2018〕47号	2018年12月28日发布并实施
	中共昆明市委办公厅、昆明市人民政府办公厅印发《关于推进中华优秀传统文化传承发展工程的实施意见》的通知	昆办发〔2018〕39号	2018年12月29日发布并实施
教育事业	教育部关于做好2018年春节寒假期间有关工作的通知	教电〔2018〕20号	2018年1月12日发布并实施
	教育部关于公布2017年国防教育特色学校名单的通知	教体艺函〔2018〕1号	2018年1月16日发布并实施

续表

主题	标题	文号	发布与实施时间
教育事业	江西省人民政府办公厅关于大力推进老年教育事业发展的实施意见	赣府厅发〔2018〕5 号	2018 年 1 月 21 日发布并实施
	上海市人民政府关于深入推进本市义务教育城乡一体化改革促进优质均衡发展的实施意见	沪府发〔2018〕2 号	2018 年 2 月 11 日发布并实施
	教育部办公厅关于推荐 2018—2022 年教育部高等学校教学指导委员会委员的通知	教高厅函〔2018〕13 号	2018 年 3 月 8 日发布并实施
	海南省教育厅关于开展全省高校图书馆文献信息资源建设审核评估工作的通知	琼教高〔2018〕69 号	2018 年 4 月 3 日发布并实施
	教育部办公厅、文化和旅游部办公厅、财政部办公厅关于开展 2018 年高雅艺术进校园活动的通知	教体艺厅〔2018〕2 号	2018 年 4 月 13 日发布并实施
	江苏省政府关于加快推进职业教育现代化的若干意见	苏政发〔2018〕68 号	2018 年 5 月 14 日发布并实施
	海南省教育厅关于开展全省高校图书馆文献信息审核评估工作入校现场考察的通知	琼教高〔2018〕117 号	2018 年 5 月 18 日发布并实施
	山西省家庭教育促进条例	山西省人民代表大会常务委员会公告第 1 号	2018 年 5 月 31 日发布，2018 年 9 月 1 日实施
	中共北京市委、北京市人民政府印发《关于统筹推进北京高等教育改革发展的若干意见》的通知	京教高〔2018〕6 号	2018 年 6 月 8 日发布并实施
	吉林省人力资源和社会保障厅关于印发《吉林省技工院校教学管理工作规范(试行)》的通知	吉人社办字〔2018〕45 号	2018 年 6 月 20 日发布并实施
	教育部办公厅关于做好 2018 年中小学幼儿园学生暑期有关工作的通知	教基厅函〔2018〕56 号	2018 年 6 月 28 日发布并实施
	教育部办公厅关于举办 2018 年全民终身学习活动周的通知	教职成厅函〔2018〕42 号	2018 年 8 月 7 日发布并实施
	教育部关于印发《来华留学生高等教育质量规范(试行)》的通知	教外〔2018〕50 号	2018 年 9 月 3 日发布并实施
	上海市教育委员会关于印发《上海市教育信息化 2.0 行动计划(2018—2022)》的通知	沪教委信息〔2018〕28 号	2018 年 9 月 14 日发布并实施
	国家发展改革委办公厅、教育部办公厅、人力资源社会保障部办公厅关于编报 2019 年教育现代化推进工程中央预算内投资计划建议方案的通知	发改办社会〔2018〕1266 号	2018 年 10 月 16 日发布并实施
	教育部办公厅关于公布 2018 年全国中小学生研学实践教育基地、营地名单的通知	教基厅函〔2018〕84 号	2018 年 10 月 31 日发布并实施
	教育部办公厅关于做好 2018 年“世界艾滋病日”宣传活动的通知	教体艺厅函〔2018〕74 号	2018 年 11 月 9 日发布并实施
	教育部办公厅关于开展第五届全国高校“礼敬中华优秀传统文化”系列活动的通知	教思政厅函〔2018〕41 号	2018 年 11 月 22 日发布并实施
	福建省教育厅、福建省语言文字工作委员会关于印发加强中小学“书香墨香校园”建设指导意见的通知	闽教体〔2018〕28 号	2018 年 11 月 22 日发布并实施

续表

主题	标题	文号	发布与实施时间
教育事业	国家知识产权局办公室、教育部办公厅关于开展2018年高校国家知识产权信息服务中心遴选工作的通知	国知办发服字〔2018〕37号	2018年12月5日发布并实施
	广西壮族自治区教育厅、广西壮族自治区司法厅关于印发《广西壮族自治区〈青少年法治教育大纲〉实施办法》的通知	桂教规范〔2018〕17号	2018年12月26日发布并实施
特殊人群保护	天津市无障碍环境建设管理办法	天津市人民政府令第30号	2018年1月17日发布，2018年3月1日实施
	青海省人民政府办公厅关于制定和落实老年人照顾服务项目的实施意见	青政办〔2018〕7号	2018年1月19日发布，2018年2月18日实施
	辽宁省人民政府办公厅关于制定和实施辽宁省老年人照顾服务项目的实施意见	辽政办发〔2018〕3号	2018年1月30日发布并实施
	陕西省人民政府办公厅关于制定和实施老年人照顾服务项目的意见	陕政办发〔2018〕8号	2018年2月1日发布并实施
	云南省人民政府办公厅关于制定和实施老年人照顾服务项目的实施意见	云政办发〔2018〕12号	2018年2月7日发布并实施
	河北省人民政府办公厅关于老年人照顾服务项目的实施意见	冀政办字〔2018〕15号	2018年2月11日发布并实施
	河南省无障碍环境建设管理办法	河南省人民政府令第184号	2018年2月13日发布，2018年4月1日实施
	国家新闻出版广电总局办公厅关于开展2018年“少儿报刊阅读季”活动的通知	新广出办发〔2018〕22号	2018年3月17日发布并实施
	浙江省人民政府办公厅关于加强老年人照顾服务工作的实施意见	浙政办发〔2018〕32号	2018年3月30日发布并实施
	湖北省人民政府办公厅关于制定和实施老年人照顾服务项目的实施意见	鄂政办发〔2018〕12号	2018年4月2日发布并实施
	延边朝鲜族自治州人民代表大会常务委员会关于修改《延边朝鲜族自治州老年人权益保障条例》的决定(2018)	延边朝鲜族自治州第十五届人民代表大会常务委员会公告第8号	2018年4月10日发布并实施
	甘肃省人民政府办公厅关于制定和实施老年人照顾服务项目的实施意见	甘政办发〔2018〕77号	2018年5月14日发布并实施
	中国残联、文化和旅游部、国家新闻出版署关于组织开展2018年“书香中国·阅读有我”活动的通知	—	2018年5月23日发布并实施
	内蒙古自治区无障碍环境建设办法	内蒙古自治区人民政府令第232号	2018年5月31日发布，2018年7月1日实施
	中央宣传部、中国残联、教育部等关于推广国家通用手语和国家通用盲文的通知	—	2018年6月18日发布并实施
	广西壮族自治区人民政府办公厅关于制定和实施老年人照顾服务项目的实施意见	桂政办发〔2018〕79号	2018年7月18日发布并实施

续表

主题	标题	文号	发布与实施时间
特殊人群保护	四川省老年人权益保障条例(2018 修订)	四川省第十三届人民代表大会常务委员会公告第9号	2018年7月26日发布，2018年10月1日实施
	广东省实施《中华人民共和国残疾人保障法》办法(2018 修订)	广东省第十三届人民代表大会常务委员会公告第10号	2018年7月26日发布/2018年9月1日实施
	广西壮族自治区文化厅、广西壮族自治区农民工工作领导小组办公室、广西壮族自治区总工会关于进一步做好为农民工文化服务工作的实施意见	桂文函〔2018〕331号	2018年8月23日发布并实施
	湖北省人民政府办公厅关于进一步加强老年教育工作的意见	鄂政办发〔2018〕45号	2018年8月23日发布并实施
	教育部等八部门关于印发《综合防控儿童青少年近视实施方案》的通知	教体艺〔2018〕3号	2018年8月30日发布并实施
	山西省人民政府办公厅关于开展老年人照顾服务工作的实施意见	晋政办发〔2018〕92号	2018年9月12日发布并实施
	湖北省人民政府关于印发湖北省残疾儿童康复救助制度的通知	鄂政发〔2018〕37号	2018年9月13日发布并实施
	中华人民共和国国家标准公告2018年第11号——关于批准发布《中小学校普通教室照明设计安装卫生要求》等454项国家标准和6项国家标准修改单的公告	中华人民共和国国家标准公告2018年第11号	2018年9月17日发布并实施
	河北省老年人权益保障条例	河北省第十三届人民代表大会常务委员会公告第16号	2018年9月20日发布，2018年12月1日实施
	内蒙古自治区老年人权益保障条例	内蒙古自治区第十三届人民代表大会常务委员会公告第8号	2018年10月16日发布，2019年1月1日实施
	中华人民共和国残疾人保障法(2018 修正)	中华人民共和国主席令第16号	2018年10月26日发布并实施
	浙江省实施《无障碍环境建设条例》办法	浙江省人民政府令第370号	2018年11月15日发布，2018年12月31日实施
	湖南省人民政府办公厅《关于实施老年人照顾服务项目的意见》	湘政办发〔2018〕74号	2018年11月26日发布并实施
	湖北省无障碍环境建设管理办法	湖北省人民政府令第400号	2018年12月28日发布，2019年2月1日实施
	中华人民共和国老年人权益保障法(2018 修正)	中华人民共和国主席令第24号	2018年12月29日发布并实施
	贵州省人民政府办公厅关于全面加强乡村小规模学校和乡镇寄宿制学校建设的实施意见	黔府办发〔2018〕50号	2018年12月31日发布并实施

续表

主题	标题	文号	发布与实施时间
政府信息公开	宁夏回族自治区人民政府办公厅关于印发《宁夏回族自治区2017年政府信息公开工作年度报告》的通知	宁政办发〔2018〕35号	2018年3月19日发布并实施
	河北省人民政府办公厅关于推进社会公益事业建设领域政府信息公开的实施意见	冀政办字〔2018〕72号	2018年5月20日发布并实施
	江西省人民政府办公厅关于做好政府公报工作的通知	赣府厅字〔2018〕71号	2018年7月18日发布并实施
	云南省人民政府办公厅关于推进社会公益事业建设领域政府信息公开的实施意见	云政办发〔2018〕61号	2018年8月6日发布并实施
	陕西省人民政府办公厅关于加强政府公报政务新媒体有关工作的通知	陕政办发〔2018〕48号	2018年8月23日发布并实施
	丽江市人民政府办公室关于推进社会公益事业建设领域政府信息公开的实施意见	丽政办发〔2018〕93号	2018年9月27日发布并实施
	楚雄州人民政府办公室关于推进社会公益事业建设领域政府信息公开的实施意见	楚政办发〔2018〕15号	2018年9月28日发布并实施
	江苏省人民政府办公厅关于推进社会公益事业建设领域政府信息公开的实施意见	苏政办发〔2018〕101号	2018年12月1日发布并实施
科技发展	国务院知识产权战略实施工作部际联席会议办公室关于表彰国家知识产权战略实施工作先进集体和先进个人的决定	国知战联办〔2018〕18号	2018年6月22日发布并实施
	广西壮族自治区人民政府办公厅关于印发广西数字社会建设三年行动计划(2018—2020年)的通知	桂政办发〔2018〕96号	2018年8月29日发布并实施
	国家知识产权局办公室关于公布2018年知识产权分析评议服务示范机构培育名单的通知	国知办函协字〔2018〕625号	2018年9月6日发布并实施
	国家标准化管理委员会关于开展2018年世界标准日活动的通知	国标委发〔2018〕59号	2018年9月23日发布并实施
	自然资源部关于召开科技创新推进会的通知	自然资电发〔2018〕34号	2018年8月29日发布并实施
	中国科协办公厅关于开展世界一流学会建设的通知	科协办函学字〔2018〕254号	2018年11月21日发布并实施
政府工作	财政部关于公布第四批政府和社会资本合作示范项目名单的通知	财金〔2018〕8号	2018年2月1日发布并实施
	海南省人民政府办公厅关于印发政府工作报告2018年重点工作任务分解的通知	琼府办〔2018〕13号	2018年2月9日发布并实施
	国家发展改革委、人民银行、民政部等印发《关于对慈善捐赠领域相关主体实施守信联合激励和失信联合惩戒的合作备忘录》的通知	发改财金〔2018〕331号	2018年2月11日发布并实施
	国务院办公厅关于做好政府公报工作的通知	国办发〔2018〕22号	2018年3月28日发布并实施
	中共中央、国务院关于支持海南全面深化改革开放的指导意见	—	2018年4月11日发布并实施

续表

主题	标题	文号	发布与实施时间
政府工作	中共中央、国务院关于对《河北雄安新区规划纲要》的批复	2018 年第 13 号(总号:1624)	2018 年 4 月 14 日发布并实施
	吉林省人民政府办公厅关于进一步扩大和升级信息消费的实施意见	吉政办发〔2018〕13 号	2018 年 4 月 23 日发布并实施
	海南省人民政府办公厅关于进一步做好政府公报工作的通知	琼府办〔2018〕35 号	2018 年 5 月 7 日发布并实施
	云南省人民政府办公厅关于进一步做好政府公报工作的通知	云政办发〔2018〕38 号	2018 年 5 月 28 日发布并实施
	天津市人民政府办公厅关于进一步做好我市政府公报工作的通知	津政办函〔2018〕38 号	2018 年 6 月 1 日发布并实施
	新疆维吾尔自治区党委、新疆维吾尔自治区人民政府关于进一步加强城市规划建设管理工作的实施意见	新政发〔2018〕42 号	2018 年 6 月 26 日发布并实施
	黑龙江省档案管理条例(2018 第二次修正)	黑龙江省第十三届人民代表大会常务委员会公告第 7 号	2018 年 6 月 28 日发布并实施
	黑龙江省法治宣传教育条例	黑龙江省第十三届人民代表大会常务委员会公告第 6 号	2018 年 6 月 28 日发布,2018 年 9 月 1 日实施
	中共中央办公厅、国务院办公厅关于印发《文化和旅游部职能配置、内设机构和人员编制规定》的通知	厅字〔2018〕58 号	2018 年 7 月 30 日发布并实施
	农业农村部对十三届全国人大一次会议第 7685 号建议的答复	农办议〔2018〕245 号	2018 年 8 月 10 日发布并实施
	四川省人民政府关于印发进一步扩大和升级信息消费持续释放内需潜力实施方案的通知	川府发〔2018〕32 号	2018 年 8 月 25 日发布并实施
	湖北省人民政府办公厅关于进一步激发社会领域投资活力的实施意见	鄂政办发〔2018〕50 号	2018 年 8 月 29 日发布并实施
	民政部关于政协十三届全国委员会第一次会议第 0605 号(社会管理类 022 号)提案答复的函	民函〔2018〕694 号	2018 年 9 月 10 日发布并实施
	贵州省统计局、中共贵州省委宣传部关于转发《国家统计局中共中央宣传部关于加强和规范文化产业统计的通知》的通知	黔统字〔2018〕60 号	2018 年 9 月 19 日发布并实施
	中共北京市委、北京市人民政府关于开展质量提升行动的实施意见	—	2018 年 10 月 13 日发布并实施
	天津市人民政府办公厅关于加快推进夜间经济发展的实施意见	津政办发〔2018〕45 号	2018 年 11 月 1 日发布并实施
	山东省公安厅关于全省公安机关推行“证照分离”改革的通知	鲁公通〔2018〕173 号	2018 年 11 月 8 日发布并实施

续表

主题	标题	文号	发布与实施时间
政府工作	山东省人民政府办公厅关于进一步推进农村闲散土地盘活利用的通知	鲁政办字〔2018〕224号	2018年11月26日发布并实施
	内蒙古自治区党委办公厅、内蒙古自治区人民政府办公厅关于印发《内蒙古自治区文化和旅游厅职能配置、内设机构和人员编制规定》的通知	—	2018年12月29日发布并实施
	贵州省人民政府办公厅关于印发贵州省完善促进消费体制机制实施方案（2018—2020年）的通知	黔府办发〔2018〕49号	2018年12月31日发布并实施
安全卫生	甘肃省消防安全责任制实施办法	甘肃省人民政府令第140号	2018年1月9日发布，2018年3月1日实施
	教育部办公厅关于加强流感等呼吸道传染病防控工作的预警通知	教体艺厅〔2018〕1号	2018年1月22日发布并实施
	河北省人民政府办公厅关于印发河北省消防安全责任制规定的通知	冀政办字〔2018〕26号	2018年2月28日发布并实施
	宁夏回族自治区人民政府办公厅关于印发《宁夏回族自治区消防安全责任制实施细则》的通知	宁政办规发〔2018〕1号	2018年3月1日发布，2018年4月5日实施
	山东省实施消防安全责任制规定	山东省人民政府令第313号	2018年3月1日发布，2018年4月1日实施
	教育部办公厅、国家卫生健康委员会办公厅关于开展国家临床教学培训示范中心建设工作的通知	教高厅〔2018〕3号	2018年4月25日发布并实施
	生态环境部关于修改《建设项目环境影响评价分类管理名录》部分内容的决定（2018）	中华人民共和国生态环境部令第1号	2018年4月28日发布并实施
	江西省文化厅关于印发《江西省文化厅消防安全管理暂行规定》的通知	赣发〔2018〕37号	2018年6月26日发布并实施
	深圳市政府投资建设项目施工许可管理规定	深圳市人民政府令第310号	2018年7月9日发布，2018年8月1日实施
	广东省国防教育条例	广东省第十三届人民代表大会常务委员会公告第9号	2018年7月27日发布，2018年9月1日实施
	广西壮族自治区实施《城市市容和环境卫生管理条例》办法（2018修正）	广西壮族自治区人民政府令第128号	2018年8月9日发布并实施
	赤峰市人民政府办公厅关于进一步加强全市文物建筑博物馆等场所火灾防控工作的通知	赤政办字〔2018〕98号	2018年10月17日发布并实施
其他	中共海南省委、海南省人民政府关于乡村振兴战略的实施意见	—	2018年2月5日发布并实施
	安徽省政府关于推进乡村振兴战略的实施意见	皖发〔2018〕1号	2018年2月13日发布并实施
	国务院办公厅关于促进全域旅游发展的指导意见	国办发〔2018〕15号	2018年3月9日发布并实施
	中华人民共和国宪法（2018修正）	全国人民代表大会公告第1号	2018年3月11日发布并实施

续表

主题	标题	文号	发布与实施时间
其他	辽阳市人民政府关于推进全域旅游示范区创建工作促进旅游经济发展的指导意见	辽市政发〔2018〕16 号	2018 年 5 月 24 日发布并实施
	广东省人民政府办公厅关于印发广东省促进全域旅游发展实施方案的通知	粤府办〔2018〕27 号	2018 年 7 月 27 日发布并实施
	云南省人民政府办公厅关于促进全域旅游发展的实施意见	云政办发〔2018〕71 号	2018 年 8 月 27 日发布并实施
	中共中央、国务院印发《乡村振兴战略规划(2018—2022 年)》	—	2018 年 9 月 26 日发布并实施
	财政部贯彻落实实施乡村振兴战略的意见	财办〔2018〕34 号	2018 年 9 月 27 日发布并实施
	中共河南省委、河南省人民政府关于印发《河南省乡村振兴战略规划(2018—2022 年)》的通知	—	2018 年 10 月 19 日发布并实施
	文化和旅游部办公厅关于做好冬季旅游产品供给工作的通知	办资源发〔2018〕92 号	2018 年 10 月 30 日发布并实施
	中华人民共和国国家标准公告 2018 年第 17 号——关于批准发布《农产品基本信息描述　谷物类》等国家标准和国家标准修改单的公告	中华人民共和国国家标准公告 2018 年第 17 号	2018 年 12 月 28 日发布并实施

（国家图书馆　王秀香整理）

专业文献

2018年部分院校图书馆学情报学博士学位论文摘要

[中文题名]我国公共文化机构社会化管理运营研究

[英文题名]Research on the Socialized Management and Operation of Public Cultural Institutions in China

[论文作者]关思思

[指导老师]吴慰慈

[学位授予单位]北京大学

[内容摘要]随着我国政府购买公共文化服务力度与范围的不断扩大，在推进公共文化机构社会化管理运营的实践上，各个地区形成了多样化的做法，同时也存在诸多问题与争议。本研究主要通过总结和分析国内外现状，在此基础上，提出观点和建议，从而为基层公共文化设施开展社会化管理运营提供借鉴。

本研究将理论研究与实证分析相结合，主要采用如下方法：实地调研法：调研国内相关地区案例，收集相关资料；文献调查法：调查国内外相关网站、数据库和专著等文献；内容分析法：对资料进行分析、总结和提炼；比较研究法：对美国、英国、日本等与我国的情况进行比较分析。

本研究的主要成果为，一是梳理和阐释了公共文化机构进行社会化管理运营中有可能涉及的关系和理论原理，为政府购买公共文化机构社会化管理运营提供了理论支撑。二是立足国内外公共文化机构社会化管理运营的发展、模式和特点，分析了其经验，归纳了其成效和问题。三是总结国内外产生的相似问题，形成的共同争论焦点，围绕文化权益保障、公益性实现等方面，在正反依据的基础上，阐述自己的观点。四是提出完善我国公共文化机构社会化管理运营的思考和建议：包括明确政府责任，增加政策扶持，健全法律法规；分类指导，科学确定适用范围；探索有效的社会化管理运营方式；强化过程管理；培育和规范承接主体等。

[中文题名]国际性“文都”建设与公共文化发展研究

[英文题名]A Study on Construction of International “Capital of Culture” and Development of Public Culture

[论文作者]陈慰

[指导老师]李国新

[学位授予单位]北京大学

[内容摘要]作为带动城市发展的一种新形态，国际性“文都”城市评选经历了三十多年的发展，近年来各类国际性“文都”在申办、建设、发展过程中，表现出与所在城市的公共文化相互交集、相互交融又相互促进的特点，显示出二者秉承的繁荣城市文化、促进文化交流、惠及社会公众、广域带动发展的宗旨存在基本的一致性。一方面，公共文化作为政府保障公众基本文化权益的重要内容，充实了国际性“文都”建设的内涵；另一方面，国际性“文都”建设对当选城市公共文化的发展所产生的推动和促进作用也十分显著。其中揭示出的规律性因素有：在“文都”建设的国际视野下，城市的公共文化应当具有国际化的理念和开放的格局，建设水准应与其国际地位和文化活力相匹配；在“文都”建设成果惠及社会公众的原则中，“文都”建设与城市公共文化在宗旨、功能上高度一致；在“文都”建设扩大国际、城市间文化交流的模式里，公共文化是推动“文都”国际呈现、国际合作和城市间文化交流的重要方面，也是提升城市综合发展的主要动力。为此，在我国加快推进国际性“文都”建设的进程中，应当更充分地认识和遵循“文都”建设与公共文化发展的内在规律，更清晰地明确城市公共文化的发展定位，更精准地构建中国“文都”高品质的公共文化服务体系，更有效地满足“文都”人民群众的美好生活需求，也更为积极地发挥文化外交及驻外文化机构的功能和作用，推动我国的国际性“文都”建设向更高水平迈进。

[中文题名]文化馆总分馆制研究

[英文题名]Study of Central-Branch System of Cultural Center

[论文作者]刘海丽

[指导老师]李国新

[学位授予单位]北京大学

[内容摘要]文化馆总分馆制是构建公共文化服务体系的重要举措。但总体来看仍然处于初步阶段。本研究分析梳理了文化馆总分馆制建设面临的五大关键问题：

其一为政府责任。政府在文化馆总分馆制建设中承担推动建设和保障运行的责任。我国文化馆总分馆制政府责任分配、执行存在的主要问题是，县级以上政府责任不明确；对乡镇政府责任与权益重视不够。其二为治理机构。治理机构是政府为了实现跨行政区域进行行政管理而组建的机构。我国文化馆总分馆制治理机构建设的难点，一是政府授权问题，二是总分馆体系的稳定性问题。其三为管理模式。文化馆总分馆制的基本要素包括总馆与分馆共同认可的领导、总馆、分馆和组织结构。我国文化馆总分馆制管理模式存在的主要问题是，总馆对分馆的管理权力不足；缺乏总馆与分馆共同认可的领导者；专门经费难以保证。其四为资源配置。文化馆总分馆体系内可配置的资源类型是经费、固定资产和人员。我国文化馆总分馆制在经费、固定资产、人员配置上，均不同程度存在问题。其五为地域单元。地域单元选择受地方政府行政资源、地理交通因素、人口因素、文化馆服务特点和互联网技术的影响。我国文化馆总分馆制以县域为基本地域单元是合理的，存在的主要问题是省、市文化馆的职能定位。

[中文题名]中国当代图书馆参考咨询工作研究（1949—2008）

[英文题名]A Study of Reference Work of Library in Contemporary China，1949 - 2008

[论文作者]韩娟娟

[指导老师]王子舟

[学位授予单位]北京大学

[内容摘要]一直以来，有关图书馆参考咨询工作的研究多侧重于实际应用与技术方法等方面，而缺乏科学概括性和因果性的系统研究。从历史角度对图书馆参考咨询工作发展脉络的整体性研究还较为缺乏与不足。本研究立足当代中国，纵向梳理了我国图书馆参考咨询工作 60 年的整体发展过程，系统全面地阐述在政治、经济、文化、技术发展等大背景影响下，图书馆参考咨询工作服务对象、内容、形式等方面发生的变化。研究根据参考咨询工作内容，分专题论述了不同阶段图书馆参考咨询各项业务的发展情况，力求完整描述 1949 年到 2008 年这一阶段国内图书馆参考咨询工作发展状况。本文采用的研究方法主要有文献研究法、历史研究法和案例研究法等。

研究的主要内容有：首先，论述了研究缘起与意义、国内外研究综述、研究思路和研究方法等。其次，从理论视角论述图书馆参考咨询工作的基本理论问题。再次，从历史发展的角度论述图书馆参考咨询工作部门设置的变化过程。对图书馆参考咨询工作具体业务的开展过程，本文主要是分专题论述，分别论述了书目工作、咨询与定题服务、馆际互借、用户教育等业务改革发展的历程。最后，从知识管理、三层次服务、图书馆五定律等理论着眼，论述随着时代发展图书馆参考咨询部门会依据读者需要，以不同形式承载参考咨询业务工作。

[中文题名]国会分类法中女性研究类目的组织与演变（1970—2010）

[英文题名]Organizations and Revisions of Classes on Women's Studies in the Library of Congress of Classification(1970 - 2010)

[论文作者]刘菡

[指导老师]王子舟

[学位授予单位]北京大学

[内容摘要]本研究从女性研究这一新兴的学科领域角度着眼，探讨其在国会分类法中的类目组织与修订情况，由此而提出了如下研究问题：一是国会分类法如何设置和修订这一有争议性的学科领域的相关类目；二是类目组织与修订的主要方法、原则、程序；三是女性研究学科化发展中类目组织的路径。

研究主要有八章。第一章主要阐述研究缘起、主要内容和方法。第二章对早期图书分类理论专著中有关分类的理论和方法进行了梳理。第三章论述了女性研究文献发展的基本情况，以对其学科特点、教学科研方向和文献主题、现实问题等有一个大体把握。第四至七章分别对研究问题一、二、三进行了回答。第八章是对全文的总结。

本研究的主要贡献有：一是归纳了国会分类法在类目修订中的主要原则、方法和思路，如国会分类法以入藏文献为列类的依据，同时也是概念复分的终点，规避了以哲学为基础的分类法中概念无限细分的可能。二是梳理了国会分类法中有关女性研究内容的组织与流变，女性研究作为新的学科领域，其相关文献在国会分类法中的归类主要围绕早已有之的女性主题而进行，被置于社会学类下，并逐渐从主题类到学科类过渡，三是揭示了类目与学科之间的相互关系，女性研究发展初期，分类法中的类目设置对其发展形态有重要影响，而随着女性研究的学科化进程，其主要方面在分类法中相应位置也有一定程度的体现。

[中文题名]美国高校智库信息管理能力研究

[英文题名] The Research of Information Management Ability of American University Affiliated Think-tank

[论文作者]梁宵萌

[指导老师]刘兹恒

[学位授予单位]北京大学

[内容摘要]在学术界，有关高校智库这一特定群体的研究成果早已屡见不鲜。通过对世界各类型著名智库机构工作实践的考察，笔者认为对于某一特定类型智库机构信息管理能力的研究将能对构建具有良好信息管理能力的智库机构起到一定启示作用。

本研究通过对与高校智库信息管理能力相关理论的分析，搭建了研究的理论支撑，确立了美国高校智库信息管理能力的研究范畴。通过综合利用文献调查法、网络调查法等研究方法，全面调查与分析了美国高校智库的信息吸收、分析、服务能力，及信息资源开发与利用能力、信息管理人才保障能力、信息传播与传承能力。在此基础上，构建了高校智库信息管理能力评估体系。

本研究还对提升高校智库信息管理能力的路径进行了分析。美国高校智库具有自身特色的先进的信息管理能力，给予中国高校智库发展的最核心启示是提升信息管理能力是保障智库机构良性运作、发展智库机构影响力的重要手段。提升高校智库信息管理能力的具体路径有：从内部运行过程着手，拓展信息源的广度与深度，以“问题导向”为选题原则，打造多元化的信息成果，提升智库机构的网络影响力，引进人才管理的“旋转门”机制，吸收复合背景智库人才，于机构内部设置信息管理工作相关的专职岗位，将开展学位教育、专业培训课程相结合，向高校人才提供实习机会，开展与本校图书馆的合作，构建本机构下设的图书馆等。

[中文题名]基于博弈论的信息生态系统研究

[英文题名] Research on Information Ecosystem Based on Game Theory

[论文作者]闫志开

[指导老师]栗琳

[学位授予单位]北京大学

[内容摘要]随着信息技术在社会系统中发挥愈加重要的作用，信息生态系统已成为关系到全球所有个人、企业、政府和国家的基础性问题。信息生态系统问题表现在多个方面，但问题的根源是信息生态系统的“失衡”。探求这一失衡表象下的各主体间博弈行为，分析其博弈策略，寻求博弈“均衡解”，对于深化信息生态系统理论研究、解决信息生态系统失衡现实问题，均具有积极意义。

本研究首先对信息生态系统这一核心概念作了简要理论回顾，并对信息理论、生态系统理论与博弈理论等基础理论进行了梳理，进而从系统的角度对信息生态系统的要素、结构与功能分别作了分析，探讨了信息生态系统失衡的形成机理。其次，以信息生态系统的不同层次为分析对象进行共时性分析，接着以整个信息生态系统为分析对象进行历时性分析，进而对信息生态系统博弈模型进行实例验证。随后分析了实现信息生态系统均衡的博弈策略。最后，通过运用“一元三维”博弈模型分析信息生态系统失衡问题并求均衡解，论文得出信息技术是信息生态系统发展演化的原动力，信息技术博弈均衡取决于信息制度，信息制度博弈均衡取决于信息主体偏好，而信息主体偏好博弈均衡最终取决于外在的社会系统。因此，信息生态系统的失衡问题既是该系统自身的博弈结果，又受到其外在的社会系统的影响。解决信息生态系统失衡问题，促进信息生态系统良性发展，不仅要从信息生态系统本身着手，还要注意同步改进整个社会系统。

[**中文题名**]国家情报生态系统中的信息共享研究

[**英文题名**]Research on the Information Sharing in the National Intelligence Ecosystem

[**论文作者**]孙敏

[**指导老师**]栗琳

[**学位授予单位**]北京大学

[**内容摘要**]新世纪以来，国际安全形势急剧变化，呈现出非常规国家安全威胁不断增多并与其他威胁相互交织的新情况。情报机构间的信息共享不足成为制约国家情报发挥作用的瓶颈。本研究以信息生态和系统演化为理论视角，以参与信息共享的国家情报机构为核心，将信息共享置于国家情报生态系统中展开整体性研究。研究的主要内容和结论有：

一是构建了国家情报机构间信息共享研究的整体框架。分析了系统要素通过触发协调、理性选择、路径依赖和权威治理等机理对信息共享发展的影响，形成了在国家情报生态系统中开展信息共享研究的整体研究框架。二是基于生态位理论研究国家情报主体在信息共享中的整体生态位格局。提出了共享需要遵循相应的生态位规则，合理规划形成适当分化与重叠的生态位格局，才能达成预期目标。三是基于博弈论研究国家情报主体的共享策略选择。主体预期效用决定了其策略选择，实际效用又受到其他主体行为和系统环境的制约，要使共享成为多数主体的选择，要从降成本、增收益的角度提高效用。四是从系统演化的角度分析国家情报生态系统中的典型共享模式。抽象归纳出了以信息流为核心、以任务为核心和百科等典型共享模式，结合环境要素剖析了共享模式发展的历程，结合主要国家案例剖析共享模式的优缺点提出了不同模式的适用场景标准。五是从整体治理的角度研究国家情报生态系统中推进信息共享应当采取的对策。治理主体推进信息共享的长期发展要通过上述机制采取综合性措施动态调整系统要素、不断优化主体生态位格局和效用，推动信息共享向预期方向发展，继而提出从国家层面发展信息共享具体建议。

[**中文题名**]微信公众号信息质量对用户行为的影响机制研究

[**英文题名**]Influence Mechanism Study of Wechat Official Accounts' Information Quality on User Behavior

[**论文作者**]宋维翔

[**指导老师**]赖茂生

[**学位授予单位**]北京大学

[**内容摘要**]近年来，微信已越来越成为国内网民获取信息、娱乐消费、社会交往的主要渠道。用户对待微信公众号的行为受信息质量、品牌认同、态度、媒体特征、用户个体特征等因素影响，呈现多样化特点。本研究以微信公众号信息质量和用户行为为研究对象，通过对用户行为分析、公众号、信息质量等相关研究的回顾，采用深度访谈及问卷调查等方法构建公众号信息质量模型，基于公众号的用户行为数据分析信息质量对用户行为的影响，归纳公众号的信息质量对用户行为的影响机制。

首先，采用访谈形式对公众号的运营者、用户进行定性调查。对于运营者，通过访谈探究其在信息生产过程中的原则、评价指标、难点和痛点，以及对用户行为的期望；对于用户，调查其公众号使用行为的动因、特征，以及对运营者推送信息的期望。基于定性研究设计了第一轮调查问卷，对调查结果进行分析，构建并验证信息质量模型。

其次，通过获取公众号用户行为数据，经过标准化处理得到阅读、关注、分享、互动指数，通过头部、尾部信息的用户行为数据对比分析，提出信息质量对用户行为影响的理论假设。通过第二轮问卷调查，分析用户的阅读、关注、分享、互动和消费行为，对理论假设进行验证，发现权威性、原创性、丰富性、适量性、时效性、适用性、趣味性、经济性对用户的 3 种或 3 种以上的行为具有显著的正向影响。

最后，总结归纳了公众号信息质量对用户行为的影响机制，分别为品牌塑造机制、信息扩散机制、用户聚类机制和公众号过滤机制，并对微信官方、运营者和用户提出对策建议。

[中文题名]普通疾病自诊信息搜索背景下用户知识与信息获取行为互动研究

[英文题名]A Study on the Interaction of Specialized Knowledge and Information Acquisition Behavior in the Context of Common Disease Self-diagnosis Search

[论文作者]何芳

[指导老师]王延飞

[学位授予单位]北京大学

[内容摘要]普通疾病自诊信息搜索背景下，用户信息需求随知识水平的变化而变化，然而疾病信息需求的相关研究多着力于静态描述用户对信息内容的期待，对动态变化关注不足，而疾病信息搜索行为的相关研究则缺乏对认知过程的考虑，没有将需求变化与知识水平变化联系起来，进而挖掘知识水平与搜索行为的关系，导致当前研究对搜索服务的智能化发展的支撑不足。

本研究将信息需求动态变化和搜索行为的关切结合起来，剖析用户知识与行为互动机理，实现根据行为实时感知用户知识水平和判别整体知识水平变化情况，为搜索引擎公司或其他信息服务主体优化疾病自诊信息搜索服务提供参考。

本研究的主要结论为：一是搜索式、具体信息获取行为分别与用户知识产生直接互动，并且搜索式在具体信息获取行为变量与知识互动中发挥不完全中介效应，具体信息获取行为和用户知识存在间接互动关系。二是参与具体信息获取行为变量与用户知识水平互动的驱动变量受初始知识水平影响，反馈变量作用于知识水平的提升。三是整体互动变量为相关性眼动变量、相关网页注视时长，它们具有预测起点知识水平、知识差距的能力，此外，各类搜索式下存在特有的互动变量，稳定性略差于整体互动变量，可辅助预测用户知识水平变化模式。四是基于实景数据和互动机理，构建的用户知识水平变化模式、实时感知用户知识水平预测模型，性能良好，正确率较高。

[中文题名]基于扎根理论的老年人中医药信息行为模型研究

[英文题名]The Traditional Chinese Medicine Information Behavior Model of the Elderly: a Grounded Theory Study

[论文作者]侯小妮

[指导老师]陈建龙

[学位授予单位]北京大学

[内容摘要]随着老龄化社会的到来，我国公众尤其是广大老年人运用中医药进行养生、保健的需求越来越强烈。而老年人的认知行为特点、中医药信息情境的特殊性和新兴信息技术的普及等方面，使得老年人中医药信息行为呈现出不同特点。

本研究旨在分析我国文化背景下的老年人中医药信息行为的整体特征，探讨老年人中医药信息行为的相关因素及其与中医药信息行为相互影响的机理，进而构建老年人中医药信息行为的模型，以期为下一步改进和提升面向老年人的中医药信息服务体系提供参考。

本研究主要采用质性研究中的扎根理论方法，通过深入分析，揭示了老年人中医药信息行为是老年人在特定情境下为解决健康相关问题而协调地获取、处理、使用中医药信息的整体活动，并构建了包含整体过程、整体情境与整体表现的老年人中医药信息行为整体模型。

研究首先对老年人中医药信息行为的整体过程进行了详细分析，分出信息获取、处理、使用三个环节。总体而言，老年人中医药信息行为的三个环节呈现相互接续发生和循环往复并存的特征，且不同环节的具体行为选择存在一定的前后对应关系。然后，对中医药信息行为的整体情境及其与信息行为间的关系和相互作用的机理进行了深入分析，得出老年人的中医药信息行为是受情境影响的行为过程，构成老年人中医药信息行为情境的主要因素有主体情境因素和主体条件因素的结论。在此基础上概括出了七种老年人中医药信息行为的整体表现，包括补充型、尝试型、理智崇拜型、感性崇拜型、寻求捷径型、自医型、文化爱好型。

[中文题名]基于学术新闻的人文社科领域线下非正式科学交流研究

[英文题名]On Informal Scientific Communication in the Humanities and Social Sciences Based on Academic News

[论文作者]王晓笛

[指导老师]李广建

[学位授予单位]北京大学

[内容摘要]随着《科学革命的结构》等专著出版，科学共同体内的知识传播作为一种特殊的

交流形式开始得到广泛关注。该研究在情报学领域被称为科学交流研究，是情报学长期关注的研究主题。科学交流既包含正式科学交流，也包含非正式科学交流。本研究提出利用学术新闻数据进行线下非正式科学交流的研究，探索学术新闻的特点、与非正式科学交流的关系、学术新闻的获取、相关的信息抽取和标引的完整技术路线。基于上述成果，对非正式科学交流进行全方位的宏观定量分析并从微观角度对专家进行评价。研究的主要研究内容有：辨析学术新闻作为线下非正式科学交流研究的可能性；提出完整的基于多源数据的学术新闻非正式科学交流活动抽取流程；非正式科学交流活动的宏观分析研究；非正式科学交流活动的专家画像研究。

本研究利用学术新闻数据和自然语言处理方法、网络分析方法、可视化方法等对非正式科学交流进行研究，探索了一条线下非正式科学交流研究的路径，实现了线下非正式科学交流数据一信息一知识一智慧（DIKW）的生命周期转换。基于非正式科学交流与科学交流的相似性的探讨，将现有正式科学交流方法引入非正式科学交流的分析研究中。同时将画像的概念引入非正式科学交流，结合传统正式科学交流的指标方法、网络画像中的标签法以及情报研究领域成熟的文献分布定律、信息论原理等，从多个角度考察专家的非正式科学交流特点。

[中文题名]学术社交网络用户行为研究

[英文题名] Research on Academic Social Network Sites Users' Behavior

[论文作者]杨志维

[指导老师]周庆山

[学位授予单位]北京大学

[内容摘要]近年来，学术社交网络这一互联网环境下学术交流的新事物在实践和研究领域都获得了广泛关注。本研究遵循使用意愿研究和使用行为研究的研究范式，综合运用描述性研究、探索性研究和验证性研究的技术路线，借鉴学术交流理论、社交网络理论、使用与满足理论、信息系统期望确认理论、网络外部性理论、交互性理论和社会认同理论，通过爬取用户行为数据和问卷调查两种途径获得所需数据，开展了四方面的研究工作：一是描述了学术社交网络的采用情况，比较了用户与非用户之间的特征差异，并描述了用户基本特征；二是探索了用户的使用动机，并分析了用户特征与使用动机之间的关系；三是构建了学术社交网络用户持续使用意愿影响因素模型并进行了实证检验，深入分析了主要影响因素及其作用机理；四是描述分析了用户使用行为活跃度及其特征，并探索了两者之间的关系。最后，提出了改进学术社交网络服务以及发展学术社交网络促进学术交流的建议。

本研究的创新之处有：第一，借鉴使用与满足理论，得出用户的三大使用动机，即知识获取、社会参与和自我激励，从理论上较为清晰、全面地阐释了学术社交网络用户的需求：第二，整合多个相关理论构建了学术社交网络持续使用意愿影响因素模型，验证了各个影响因素对持续使用意感的作用关系；第三，构建了学术社交网络用户使用行为的“自我展示性”“社会临场感/知识丰裕度”二维框架，将用户活动归纳为自我展示、知识贡献、知识获取、社会交往四类行为，阐释了学术社交网络用户的行为特征。

[中文题名]移动阅读用户知识共享影响因素及效果评价研究

[英文题名] Research on Influence Factors and Effect Evaluation of Mobile Reading User Knowledge Sharing

[论文作者]崔伟

[指导老师]徐恺英

[学位授予单位]吉林大学

[内容摘要]移动阅读作为移动新媒体的新兴领域正方兴未艾，移动阅读的蓬勃发展进一步改变了人们获取信息和知识共享的方式。从传统纸媒到移动数字媒体的变迁，移动阅读改变了知识共享路径，重构了知识共享体系。移动阅读平台“分众、即时性、互动性、个性化”等显著特征对人们知识共享和知识体系结构的构建以及价值观的形成具有深远的影响。

本研究紧抓国内外研究热点，在对移动阅读和知识共享领域研究成果的系统梳理基础上，综合运用多种研究方法，基于知识生态理论展开了移动阅读用户知识共享影响因素和效果评价研究。具体来说，研究的核心章节包括五个部分：第三章基于知识生态理论展开移动阅读用户知识共享机理研究，是全文核心理论框架；第四章基于知识生态因子理论，展开移动阅读用户知识共享影响因素研究，为第六章提供理论支撑；第五章基于知识生态理论，采用模糊数据包络方法展开移动阅读用户知识共享效果评价研究；第六章展开移动阅读用户知识共享促生服务模式研究；第七章基于上述理论研究成果展开移动阅读用户知识共享效果提升对策研究，是本文实践层面落脚点。

本研究在理论层面推动了移动阅读用户知识共享理论体系建设，深化了知识生态理论在移动阅读用户知识共享研究领域应用，为提升移动阅读用户知识共享效果提供科学方法和依据。在实践层面，能够引导移动阅读用户知识共享效果提升，为移动阅读平台拓展服务功能提供参考，也能够指引移动阅读平台知识管理能力提升。

[中文题名]基于知识图谱的技术功效图自动构建及其应用研究

[英文题名] Research on Automatic Construction and Application of Technology-efficiency Map Based on Knowledge Graph

[论文作者]张兆锋

[指导老师]贺德方，沈固朝

[学位授予单位]南京大学

[内容摘要]专利技术功效图是专利地图的一种，采用定量与定性相结合，是一种拟定量分析方法。目前技术功效图的研制还是以人工为主，包括技术和功效词的标引、技术功效列分类、制图等，此方式的人力成本高，制作周期长。目前已有自动或半自动化构建的探索，但多是局部过程的优化，分析粒度较粗，鲜有系统化的研究，缺乏令人满意的研究成果和产品。因此需要对技术功效图自动构建全过程进行研究，实现最大程度的自动构建，从而提高构建效率，降低人工成本。

本研究的主要思路和内容是通过调研技术功效图构建、知识抽取和知识图谱构建等技术的国内外研究进展和相关的理论技术基础，分析现有技术功效图构建方法的不足，提出自动构建的需求；根据技术功效图的要素分析和所需知识点在专利文献中的分布特征及句法特征，提出技术主题、应用领域、功效等知识的抽取策略；设计面向技术功效图自动构建的专利知识图谱语义模型，结合抽取的知识和汉语科技词系统中的知识进行专利知识图谱构建；设计基于知识图谱进行技术功效图自动构建模型和流程，并开发原型，进行实证分析：最后，基于自动构建效率高的特征，拓展了跨领域技术借鉴和相似专利检测两种应用模式。

本研究的主要创新点为：一是设计了面向技术功效图自动构建的知识抽取策略；二是设计了面向技术功效图自动构建的专利知识图谱语义模型；三是提出了技术功效图自动构建一体化解决方案；四是拓展了技术功效图的两种新的应用模式。

2018年部分院校图书馆学情报学硕士学位论文目录

（按学校名汉语拼音排序）

题目	作者	学校	导师	学科专业
基于系统动力学的科学数据开放共享保障机制研究	是　沁	安徽大学	储节旺	情报学
面向企业创新的知识保障影响因素研究	李章超	安徽大学	储节旺	情报学
大学生数字化学习资源获取行为研究	刘　越	安徽大学	周　瑛	情报学
社会资本视角下知识联盟协同知识创新的影响机理研究	许静静	安徽大学	肖志雄	情报学
微信营销中意见领袖对大学生购买意愿的影响因素研究	娄　曼	安徽大学	罗　艳	情报学
知识分享类平台用户参与动机对行为的影响研究	张结红	安徽大学	谢阳群	情报学
数字用户有偿信息消费意愿影响因素的差异性研究	陈　晓	安徽大学	谢阳群	情报学
合肥市基层公共图书馆公共文化服务现状调查与研究	徐从平	安徽大学	陆和建	图书馆学
合肥市社会力量参与公共图书馆服务供给研究	李　杨	安徽大学	陆和建	图书馆学
公共数字文化评价指标体系研究	江静怡	北京大学	李广建	情报学
中国证券公司知识服务价值模式研究	李　然	北京大学	申　静	情报学
基于商业生态系统的互联网企业协同竞争机制研究	黄巧芳	北京大学	申　静	情报学
电子政务的公众参与和政府信任的关系研究	李　梅	北京大学	韩圣龙	情报学
微公益项目的网络营销实证研究	罗　倩	北京大学	韩圣龙	情报学
个人信息保护政策的媒体议程设置研究	渠性怡	北京大学	周庆山	情报学
学习型搜索中用户知识结构变化研究	殷　鸽	北京大学	刘　畅	情报学
大学生移动端听书行为及其影响因素研究	邹丽霞	北京大学	刘　畅	情报学
基于LSTM的用户评论标签自动生成	王伟佳	北京大学	徐　扬	情报学
基于NAT日志的大学生网络行为分析	陈润文	北京大学	王　军	情报学
中国历代人物迁徙与学术传承可视化研究	邱　勇	北京大学	王　军	情报学
大学生智能手机使用习惯的特点及影响因素研究	刘戴维	北京大学	王　军	情报学
文本挖掘在中文MOOC评论中的应用研究	王慧孜	北京大学	王益明	情报学
网络社区知识付费产品的用户购买意愿研究	娄　丹	北京大学	王益明	情报学
非专利实施主体专利聚合模式识别研究	王　伟	北京大学	王延飞	情报学
专利运营数据生态的治理研究	张　帆	北京大学	王延飞	情报学
“一带一路”倡议的海外社交媒体文本分析——以twitter为例	赵常煜	北京大学	王继民	情报学
中文在线医疗问答社区中的文本挖掘研究	曾兰馨	北京大学	王继民	情报学
健康类报纸与微博的话题比较研究——以《健康时报》为例	赵怡然	北京大学	王继民	情报学
JCR镇压期刊研究	蒋中仪	北京大学	张久珍	图书馆学
高校图书馆研究支持服务实践与发展策略研究	周　菊	北京大学	张久珍	图书馆学
公共文化慕课研究	宋艳美	北京大学	李国新	图书馆学
重大公共文化项目绩效评价元指标体系研究	孙家璇	北京大学	张广钦	图书馆学
团队成员亲密度与协作倾向对小规模在线知识协作的影响研究	王丹雪	北京大学	张鹏翼	图书馆学
哔哩哔哩弹幕网视频标引娱乐化研究	杨玉宇	北京大学	张鹏翼	图书馆学

续表

题目	作者	学校	导师	学科专业
学术图书馆参与数字出版过程中的利益相关方分析	曾丽莹	北京大学	刘兹恒	图书馆学
巴特勒的图书馆学贡献	张　歌	北京大学	王子舟	图书馆学
医学图书馆公众健康信息服务策略研究	刘宇薇	北京协和医学院	任慧玲	情报学
我国养老机构康复辅助器具发展现状及影响因素研究	白　杨	北京协和医学院	池　慧	情报学
精准医学大数据汇交与共享政策研究	孙小康	北京协和医学院	钱　庆 吴思竹	情报学
医学大数据共享关键问题研究	高东平	北京协和医学院	戴阿咪	情报学
图书馆在国家智库建设中的作用、价值及框架构建研究	吴雅威	东北师范大学	魏　来	情报学
高校图书馆跨学科知识服务模式研究	安肖肖	东北师范大学	徐　宽	情报学
基于《中分表》和标签的本体构建方法研究	王帅腾	东北师范大学	徐　宽	情报学
我国图书馆空间改造及发展趋势研究	张鹤凡	东北师范大学	王战林	情报学
海峡两岸图书情报学领域博硕士学位论文对比研究——以吉林大学与台湾师范大学为例	王佳佳	东北师范大学	王翠萍	情报学
我国科技创新需求导向下的科技信息服务转型研究	王　冰	东北师范大学	王翠萍	情报学
科研类微信公众号学术信息交流机制研究	侯　璐	东北师范大学	王翠萍	情报学
基于用户需求的高校图书馆微信小程序移动服务设计研究	王　松	东北师范大学	李明鑫	情报学
社会化标注模式下知识网络层级结构的动态演化研究	刘雅姝	东北师范大学	滕广青	情报学
我国高校外文数字学术资源信息安全风险研究	董雪迪	东北师范大学	刘万国	图书馆学
我国公共图书馆开展文化创意产业的探讨	刘威妍	东北师范大学	徐跃权	图书馆学
中美阅读推广活动比较研究	郭　效	东北师范大学	徐跃权	图书馆学
辽宁省高校图书馆学科服务现状调查研究	刁敏杰	东北师范大学	徐　宽	图书馆学
高校图书馆绩效审计内容体系研究	陈乃实	东北师范大学	王战林	图书馆学
智慧馆员能力评价体系研究	吴朋有娣	东北师范大学	王战林	图书馆学
媒体融合环境下我国图书馆的营销策略研究	孙　宇	东北师范大学	孙成江	图书馆学
公共图书馆开展弱势群体服务的创新研究——以东北三省省级图书馆为例	塔程程	东北师范大学	孙成江	图书馆学
基于 DSpace 的高校声像档案管理平台构建研究	伊玮洁	东北师范大学	田丽君	图书馆学
知识管理环境下政府危机信息管理系统研究	徐佳惠	东北师范大学	陈　凌	图书馆学
机构知识库元数据与传统书目元数据的关联研究	李　豿	东北师范大学	魏　来	图书馆学
动漫游戏企业竞争情报系统构建研究	李丹阳	福建师范大学	孟雪梅	情报学
我国机构知识库联盟建设研究	佘泽鑫	福建师范大学	孟雪梅	情报学
基于云共享的虚拟学术社区构建研究	郑康杰	福建师范大学	洪秋兰	情报学
社区图书馆公共空间建设研究——以福州、厦门为例	张仕捷	福建师范大学	洪秋兰	图书馆学
福建海丝谱牒文献整理研究	曾　辉	福建师范大学	孟雪梅	图书馆学
漳州海丝文献整理开发现状及对策研究	邢瑞姗	福建师范大学	孟雪梅	图书馆学
美国公共图书馆开展创客教育的实践与启示	夏　晶	福建师范大学	许春漫	图书馆学
《天津市市立通俗图书馆月刊》研究	王秀玉	福建师范大学	陈　林	图书馆学
纸电融合出版背景下高校图书馆选书问题研究	薛惠娜	福建师范大学	傅文奇	图书馆学
民国时期民众图书馆研究	路　阳	福建师范大学	张雪峰	图书馆学

续表

题目	作者	学校	导师	学科专业
南非《图书馆信息服务国家理事会法》研究	徐文智	福建师范大学	江向东	图书馆学
开放数据环境下政务信息资源知晓性价值测度研究	华欣欣	广西民族大学	罗贤春	情报学
面向“一带一路”服务的特色智库建设研究	周添良	广西民族大学	欧阳剑	情报学
网络信息生态链风险控制研究	刘　硕	广西民族大学	麻新纯	情报学
基于出版发行的图书馆越南印刷型文献采访研究	胡雅琼	广西民族大学	苏瑞竹	图书馆学
东盟国家多语种信息资源建设研究	赵蕊洁	广西民族大学	苏瑞竹	图书馆学
基于传统分类法和标签的电子商务商品分类模型及实证研究	王培培	河北大学	杨秀丹	情报学
京津冀信息化与新型城镇化互动关系及其耦合协调发展研究	宋　娜	河北大学	杨秀丹	情报学
面向隐私保护的信息服务商和用户演化博弈研究	刘晓晓	河北大学	宛　玲	情报学
公益性学术文献信息服务平台利用的影响因素研究	王　迪	河北大学	宛　玲	情报学
学术类微信公众号信息质量评价体系研究	王　杰	河北大学	宇文姝丽	情报学
文本类移动用户生成内容可使用性评价指标体系构建研究	张同同	河北大学	陈则谦	情报学
《明成化说唱词话丛刊·花关索传》校点失误分析	宋艳君	河北大学	张社列	图书馆学
面向决策支持的开放政府数据语义化研究	范红彪	河北大学	任瑞娟	图书馆学
高校图书馆就业信息服务研究	冯　涛	河北大学	金胜勇	图书馆学
图书馆法理研究	韩晓晓	河北大学	金胜勇	图书馆学
图书情报学领域研究方法的效度研究	李小北	河北大学	金胜勇	图书馆学
政府购买公共图书馆服务绩效评估指标体系研究	刘　利	河北大学	陈兰杰	图书馆学
应急情境下公众信息搜寻行为研究	涂小梅	河北大学	陈兰杰	图书馆学
基于阅读情境的小说读物吸引力因素研究	白人杰	河北大学	赵俊玲	图书馆学
以读者为中心的绘本书目描述项目研究	吕晓蔓	河北大学	赵俊玲	图书馆学
高校智库知识管理能力评价研究	郝　巡	黑龙江大学	刘春艳	情报学
微博热门话题情感分析及实证研究	吴　蝶	黑龙江大学	刘甲学	情报学
在线评论有用性影响因素的实证研究	陶　易	黑龙江大学	刘甲学	情报学
学术图书开放获取模式研究	刘紫薇	黑龙江大学	牛晓宏	情报学
政府开放数据政策的协同研究	熊梦月	黑龙江大学	马海群	情报学
我国政府数据开放度测度研究	李智琳	黑龙江大学	马海群	情报学
基于文本分析的科学数据开放政策研究	李亚京	黑龙江大学	马海群	情报学
我国政府数据开放与安全政策协同研究	张月茹	黑龙江大学	马海群	情报学
微信公众平台用户信息采纳行为影响因素研究	马　丽	黑龙江大学	马小琪	情报学
《孙子兵法》的博弈思维在情报竞争中的应用研究	于萍萍	黑龙江大学	孙瑞英	情报学
突发事件网络舆情的演化机理及引导策略研究	刘鹏瑞	黑龙江大学	孙瑞英	情报学
高校大学生信息消费影响因素实证研究	刘　贺	黑龙江大学	孙瑞英	情报学
宋代官修书成就及思想特征研究	张　羽	黑龙江大学	蒋永福	图书馆学
清代国家修书活动中的文献控制手段与机制研究	孙　儒	黑龙江大学	蒋永福	图书馆学
基于词频统计的《孔子家语》真伪度分析	冯丽娜	黑龙江大学	蒋永福	图书馆学
东北地区出版的日文图书研究(1905—1945)	刘　单	黑龙江大学	王迎胜	图书馆学
明代东北流人文献考	常宇琦	黑龙江大学	王迎胜	图书馆学

续表

题目	作者	学校	导师	学科专业
河南省社区图书馆老年读者服务研究	晁艳云	黑龙江大学	王迎胜	图书馆学
基于 SECI 模型的图书馆空间构建研究	张雪敏	黑龙江大学	黄丽霞	图书馆学
基于服务学习理论的公共图书馆志愿者服务研究	胥文娟	黑龙江大学	黄丽霞	图书馆学
基于 UTAUT 的高校图书馆微信服务用户使用意愿研究	刘思杭	黑龙江大学	黄丽霞	图书馆学
俄罗斯国家数字图书馆建设与发展研究	靳国艳	黑龙江大学	贺延辉	图书馆学
我国机构知识库建设模式研究	张　磊	黑龙江大学	贺延辉	图书馆学
公共图书馆社会支持研究	闫　芳	黑龙江大学	贺延辉	图书馆学
数字人文领域的知识网络研究——基于 WOS 文献关键词和引文上下文的分析	陈路遥	华东师范大学	许　鑫	情报学
微信信息质量评价指标体系的构建	曾佳雯	华东师范大学	袁　毅	情报学
学术论文被引语句的识别方法研究	赵佳慧	华东师范大学	段宇锋	情报学
基于知识资产的企业竞争力测度模型及其影响因素的实证研究	王彦青	华东师范大学	侯经川	情报学
上海地区公共图书馆国际交流与合作实证研究	刘旭灿	华东师范大学	金武刚	情报学
高校——学科二模网构建及在一流学科布局分析中的应用	乔利利	华东师范大学	赵　星	情报学
基于词向量的推荐算法研究	李　玲	华东师范大学	阮光册	情报学
基于事件链的网络舆情知识库模型构建研究	康雨培	华中师范大学	夏立新	情报学
基于链路预测的微信用户好友推荐研究	孟　璐	华中师范大学	夏立新	情报学
基于链路预测的社交网络多维度推荐研究	李重阳	华中师范大学	夏立新	情报学
基于微博问答的付费问答用户持续使用意愿研究	吕　尧	华中师范大学	夏立新	情报学
Drivers for Young Adults' Continued Knowledge Sharing in Chinese Virtual Academic Communities	冯　姗	华中师范大学	王学东	情报学
战略性新兴产业新浪微博信息服务现状及服务质量研究——以新能源汽车产业为例	李金鑫	华中师范大学	王学东	情报学
基于主题模型的战略性新兴产业科技报告推荐研究	王弘丞	华中师范大学	王学东	情报学
跨境电商顾客忠诚度影响因素分析	杨　博	华中师范大学	王战平	情报学
基于 Easyrec 的个性化学科信息服务平台设计与实现	周　杰	华中师范大学	王忠义	情报学
信贷信息对贷款效率的影响研究——以商业银行针对中小企业为例	徐　玲	华中师范大学	段尧清	情报学
政府开放数据公众关注行为影响因素实证分析——以政府门户网站为例	陈　玲	华中师范大学	段尧清	情报学
基于文本情感倾向性分析的用户态度识别研究	杨　澍	华中师范大学	段尧清	情报学
品牌信息对品牌依恋影响的实证研究	鲁雁翎	华中师范大学	娄策群	情报学
电商平台个性化商品信息推荐对消费者网购意愿的影响研究	曾　玲	华中师范大学	娄策群	情报学
国内运动社交 APP 用户采纳行为实证研究	夏倩倩	华中师范大学	娄策群	情报学
以“无人超市”为微博热点的网络舆情分析研究	冯莎莎	华中师范大学	陈菁华	情报学
基层人民法院微信公众平台建设	聂鑫磊	华中师范大学	李玉海	情报学
电商扶贫的可行性及推进策略研究	于文博	华中师范大学	桂学文	情报学

续表

题目	作者	学校	导师	学科专业
农产品电子商务运营模式及其选择研究	秦小岩	华中师范大学	桂学文	情报学
社会化标注系统中基于 LDA 主题模型的标签推荐研究	窦　燕	华中师范大学	熊回香	情报学
基于关联数据的 MOOC 资源服务模型研究	韩　雪	华中师范大学	高劲松	情报学
基于 UMLS 的药物知识组织模型研究	祝帆帆	华中师范大学	高劲松	情报学
基于 GBM 的能源预测知识发现模型研究	谢冰冰	华中师范大学	高劲松	情报学
基于关联数据的机构知识库资源服务模型研究	汪淑娴	华中师范大学	高劲松	情报学
“基于小数据融合的数字图书馆个性化推荐研究”	张思凤	华中师范大学	曹高辉	情报学
基于 logistic 回归的虚假影评人识别研究——以豆瓣影评为例	蒋兵兵	华中师范大学	谭春辉	情报学
国际 ISLS 领域期刊论文合著网络研究	曾　娟	华中师范大学	谭春辉	情报学
新媒体环境下大学生健康信息获取行为的影响因素研究——以微博为例	徐　耀	华中师范大学	杨　安	情报学
基于微博互连的高校知识网络结构及影响力研究	王　旭	华中师范大学	杨　安	情报学
大数据环境下城乡社区网格化服务管理问题与对策研究——基于浙江舟山网格化组团式服务管理的调研	李同合	华中师范大学	杨　安	情报学
基于关联数据的文本型用户生成内容组织研究	杨东升	华中师范大学	张自然	情报学
基于 SECI 模型的社交网络协同信息交流研究	孙文媛	华中师范大学	易　明	情报学
电影网站 UGC 对票房收入的影响研究	李照东	华中师范大学	刘　蕤	情报学
用户认知风格对标注行为的影响研究——基于图书标注数据的实证分析	李俊文	华中师范大学	胡　潜	情报学
微时代我国高校学生阅读特征及其影响的实证调查研究	高靓颖	华中师范大学	吴建华	图书馆学
大学生信息行为规范教育游戏的设计与实现	武　瑾	华中师范大学	吴建华	图书馆学
基于用户体验的信息素质教育游戏设计与实现——以图书馆信息资源共享学习游戏为例	王静宇	华中师范大学	吴建华	图书馆学
信息素质教育中概念性知识学习游戏的设计与实现	班丽娜	华中师范大学	吴建华	图书馆学
中美图书馆漫画资源建设及其阅读推广研究	涂婷婷	华中师范大学	夏南强	图书馆学
印度尼西亚亚齐市儿童信息检索能力调查及影响因素研究	Millatina Mukhtarullah	华中师范大学	张自然	图书馆学
基于创新扩散理论的微博话题演进研究	孙　悦	吉林大学	黄　微	情报学
大数据环境下网络舆情危机预警机制研究	闫　璐	吉林大学	黄　微	情报学
虚拟学术社区用户知识交流模式及效果评价研究	杨　楠	吉林大学	张海涛	情报学
虚拟学术社区知识聚合模型研究	逄云鹤	吉林大学	张海涛	情报学
虚拟学术社区知识推送服务研究	陈姝彤	吉林大学	张海涛	情报学
共享经济背景下的物流信息共享及平台构建研究	金禹婷	吉林大学	张向先	情报学
社交问答社区知识贡献者行为及其变现模式研究	周秋爽	吉林大学	张向先	情报学
图书情报机构面向企业智库建设的信息服务体系研究	宋维媛	吉林大学	张向先	情报学
微博自然灾害舆情传播要素及网络结构研究	文　晴	吉林大学	王晰巍	情报学
移动环境下网络舆情信息传播特征及情感演化研究	张　柳	吉林大学	王晰巍	情报学
新型智库新媒体平台生态性评价研究	王楠阿雪	吉林大学	王晰巍	情报学

续表

题目	作者	学校	导师	学科专业
新媒体环境下用户信息交互意愿影响因素及信息交互模式研究	李师萌	吉林大学	王晰巍	情报学
智慧城市环境下政府开放数据开放程度评价研究	李望宁	吉林大学	沈　旺	情报学
图片对在线评论可信度的影响研究	王　淇	吉林大学	沈　旺	情报学
基于协同创新理念的产业智库联盟构建及其运行模式研究	孙　筠	吉林大学	郑　荣	情报学
新疆高校图书馆少数民族语言文献数字化共建共享模式研究	阿热依古丽	吉林大学	郑　荣	情报学
“互联网＋”环境下企业竞争情报能力培育体系构建研究	何梦洁	吉林大学	郑　荣	情报学
新媒体环境下高校图书馆微阅读服务平台建设与推广研究	费陆陆	吉林大学	毕　强	图书馆学
高校图书馆移动阅读用户知识共享影响因素研究	常桂林	吉林大学	毕　强	图书馆学
“互联网＋”环境下图书馆服务价值共创能力评价研究	邵诗雅	吉林大学	刘　佳	图书馆学
“互联网＋”环境下图书馆服务价值共创机理与实证研究	刘净净	吉林大学	刘　佳	图书馆学
图书馆智库职能结构与服务能力提升策略研究	王　思	吉林大学	吴正荆	图书馆学
公共图书馆面向阅读障碍症群体的推广服务模型构建——基于阅读脑机制分析	赵天缘	吉林大学	马　捷	图书馆学
基于供给侧结构性改革的公共图书馆发展与保障策略研究——以辽宁省为例	王颖颖	辽宁大学	王筱雯	图书馆学
移动互联网下高校图书馆移动信息服务优化研究——以“985工程”高校为例	梁明星	辽宁大学	崔海兰	图书馆学
基于用户感知的图书馆社交网络服务质量提升策略研究——以辽宁省高校图书馆为例	邢　雪	辽宁大学	刘　澜	图书馆学
“双一流”建设背景下的高校图书馆学科知识共享平台建设与服务研究	周　倩	辽宁大学	范艳芬	图书馆学
推荐系统的改进——在SVD协同过滤算法中引入时间衰退函数	王腾飞	南京大学	苏新宁	情报学
基于主题模型的车辆残值评估研究	张　弦	南京大学	杨建林	情报学
漂移幂函数的数值验证与计量学分析	戚尔鹏 (Eric P. Qi)	南京大学	叶　鹰 (Fred Y. Ye)	情报学
基于智慧城市建设的信息智能服务模式研究	熊翔宇	南京大学	郑建明	图书馆学
基于BDI—Agent模型的网民集群行为建模研究	金贝贝	南京理工大学	吴　鹏	情报学
基于OCC模型和深度学习的网络舆情情感识别研究	刘恒旺	南京理工大学	吴　鹏	情报学
媒介信息影响下投资者过度交易行为实证研究	张　灿	南京理工大学	岑咏华	情报学
基于知识图谱的产品画像构建研究	王　颖	南京理工大学	丁晟春	情报学
基于用户生成内容的饮食偏好挖掘及其应用研究	岳子静	南京理工大学	章成志	情报学
在线社交网络中用户画像构建及其应用研究	汪强兵	南京理工大学	章成志	情报学
基于引证关系和引文内容的多学科交叉主题探测研究	徐庶睿	南京理工大学	章成志	情报学
面向视觉感知的图像情感分类研究	汤丽萍	南京理工大学	陈　芬	情报学
在线新闻评论生长规律与时空分布研究	宗　红	南京理工大学	薛春香	情报学
基于科学文献传播网络的高影响力学者成长规律研究	李冬琼	南京理工大学	王曰芬	情报学
知识构建视角下的知识服务平台评价研究	郝　梦	南开大学	李　颖	情报学

续表

题目	作者	学校	导师	学科专业
基于粗糙集和关联规则的电子商务客户分类与交叉销售研究	侯淑源	青岛科技大学	王文鹏	情报学
中国各省份专利质量、专利效率及对经济增长影响的研究	徐晨阳	青岛科技大学	柴丽俊	情报学
面向决策支持的城市群碳排放空间差异分析及政策仿真模拟研究	邱立新	青岛科技大学	徐海涛	情报学
我国图书情报学学科交叉知识网络的构建及演化研究	刘　敏	曲阜师范大学	马秀峰	图书馆学
山东省高校图书馆社区服务现状调查与对策研究	李晓月	曲阜师范大学	马秀峰	图书馆学
大学生数字阅读素养现状调查及提升策略研究	张传真	曲阜师范大学	王焕景	图书馆学
高校图书馆嵌入式学科服务质量评价体系研究	张永鹏	曲阜师范大学	王焕景	图书馆学
中美“图书情报学和新闻传播学”跨学科知识贸易与扩散对比分析	李　林	曲阜师范大学	李秀霞	图书馆学
基于回归模型的学术论文与学术期刊影响力预测研究	赵思喆	曲阜师范大学	李秀霞	图书馆学
我国情报学领域作者合著网络分析	刘　超	曲阜师范大学	李秀霞	图书馆学
基于引文分析的中国 ISLS 领域对外知识流动分析	宋　凯	曲阜师范大学	李秀霞	图书馆学
高校图书馆科学数据素养教育研究	宋甲丽	曲阜师范大学	程结晶	图书馆学
生命周期视角下高校科研数据监护流程分析	刘佳美	曲阜师范大学	程结晶	图书馆学
近十年图书情报学科学结构及演进研究	朱彦君	曲阜师范大学	程结晶	图书馆学
三网融合背景下数字图书馆电视服务用户满意度研究——以“国图空间”为例	刘丽丽	山东大学	张　辉	图书馆学
基于可视化技术的大学科研竞争力研究——以山东大学数学学科为例	王　菲	山东大学	张　辉	图书馆学
基于社会认知理论的高校图书馆微信平台持续使用行为研究	陈　迪	山东大学	张　辉	图书馆学
山东省科技查新服务客户满意度研究——以山东省科学院情报研究所检索中心为例	陈莹颖	山东大学	张　辉	图书馆学
社区电子商务用户信息分享行为影响因素研究	李　鑫	山西财经大学	尚成国	情报学
舆情对 P2P 网络借贷投资者行为影响分析	李雅韵	山西财经大学	韩雅鸣	情报学
学术博客影响力评价研究——以科学网博客为例	王　琛	山西财经大学	吴汉华	情报学
山西省 6—12 岁未成年人信息行为影响因素研究	刘　静	山西财经大学	吴汉华	情报学
我国公共图书馆智慧服务研究	张玉斌	山西财经大学	王　红	情报学
共享单车用户持续使用意愿影响因素研究	张赞赞	山西财经大学	王　昌	情报学
电商网站在线评论的感知有用性影响因素研究	申文瑞	山西财经大学	王　昌	情报学
虚拟社区用户对付费知识接受意愿的影响因素研究	田加坤	山西财经大学	白才进	情报学
基于 NSCT 的数字图书馆图像资源检索技术研究	任浩然	山西财经大学	徐彤阳	情报学
基于信号博弈的网络舆情策略研究	韩晓妮	山西财经大学	贾　伟	情报学
网络直播用户互动行为研究	杨玉莹	山西财经大学	贾　伟	情报学
我国信息援助法律制度研究	郝雅玲	山西大学	相丽玲	情报学
关联型实体名称数据语义聚合研究	冯　婕	山西大学	贾君枝	情报学
信息碎片化时代下高校图书馆阅读推广模式研究	韩晋雅	山西大学	李　倩	情报学
高校图书馆服务质量对关系质量的影响研究	田晓瑜	山西大学	齐向华	图书馆学

续表

题目	作者	学校	导师	学科专业
大学生网络健康信息搜寻行为及影响因素研究	刘欣欣	山西大学	石艳霞	图书馆学
移动学习视角下移动图书馆用户需求分析	陈立人	天津工业大学	周秀会	图书馆学
大学生图书馆焦虑现状研究——以广州、天津部分高校为例	程　川	天津工业大学	周秀会	图书馆学
基于大学生阅读行为的高校图书馆阅读推广研究	贾荟珍	天津工业大学	韩海涛	图书馆学
高校图书馆面向社区用户服务研究	张维强	天津工业大学	韩海涛	图书馆学
移动互联网环境下高校大学生碎片化阅读行为研究	孙　蕊	天津工业大学	董永梅	图书馆学
高校学生网络健康信息搜寻行为及其影响因素探究	檀　博	天津工业大学	贾东琴	图书馆学
高校阅读推广馆员能力实证研究	于　伟	天津工业大学	周凤飞	图书馆学
国家综合档案馆工作社会力量参与度研究	赵　睿	天津师范大学	蒋　冠	情报学
天津市公共图书馆通借通还服务优化策略研究	冯　岩	天津师范大学	刘春茂	情报学
第三方点评网站垃圾评论分类模型的构建——以大众点评网为例	吴　琪	天津师范大学	王树义	情报学
高校校友档案形成与管理研究	刘艾婧	天津师范大学	李福君	情报学
基于用户需求的地市级公共图书馆服务提升策略的案例研究	赵　静	天津师范大学	刘春茂	图书馆学
基于游记文本挖掘的知识发现与推荐研究	吕琳露	武汉大学	马费成	情报学
交叉学科中主题交互融合模式研究——以细胞科学为例	赵婉颖	武汉大学	马费成	情报学
基于眼动分析的文档内深、浅阅读行为自动识别研究	刘庆军	武汉大学	陆　泉	情报学
基于人体解剖结构的医学学科画像研究	任　珂	武汉大学	陆　伟	情报学
学术查询意图自动识别研究	方　婧	武汉大学	陆　伟	情报学
恐怖事件情境下微博影响力的预测及演化	易兴悦	武汉大学	安　璐	情报学
反恐情报信息工作能力体系构建	吴燕珠	武汉大学	安　璐	情报学
基于利益相关者理论的突发事件微博舆情关注点及其演化研究	罗　闯	武汉大学	李　纲	情报学
基于价值链的制造业企业数据管理研究——一种状态数据管理方案	钱弯弯	武汉大学	李　纲	情报学
基于文本语义的图书推荐方法研究	严　凡	武汉大学	李　纲	情报学
合作网络的有向合作强度研究	次雨桐	武汉大学	李　纲	情报学
基于意义图模型的叙事型图像语义表示探究	吴燕秋	武汉大学	李旭晖	情报学
基于意义图模型的图数据集存储与查询机制研究	孙德旺	武汉大学	李旭晖	情报学
基于 lightGBM 的电子商务平台客户购买行为预测	黄雅婷	武汉大学	邓仲华	情报学
智能手机过度使用与大学生身心及学业发展的关系研究	林艳青	武汉大学	邓胜利	情报学
认知建构视角下的交互式信息检索模型研究	叶方倩	武汉大学	刘　萍	情报学
开发人员协同开发特征对开源软件成功的影响	郭世新	武汉大学	代　君	情报学
基于语义相似性和正负相关反馈的查询扩展方法	伍星蓉	武汉大学	唐晓波	情报学
在线短租情境下的负面网络口碑发布动机研究	卢彩凤	武汉大学	孙永强	情报学
基于 LDA 模型与层次聚类的移动医疗领域热点话题研究	倪　奇	武汉大学	胡昌平	情报学
文献计量视角下"双一流"建设高校高层次人才与高校科研创新力关系研究	祖文玲	武汉大学	邱均平	情报学
基于专利引证关系的技术演化机制研究	徐晓飞	武汉大学	冉从敬	图书馆学

续表

题目	作者	学校	导师	学科专业
基于文献计量学的中外知识产权学术演化比较	吕雅琦	武汉大学	冉从敬	图书馆学
国际知识产权领域学术扩散及发展态势研究	肖　兰	武汉大学	冉从敬	图书馆学
我国政府数据开放的元数据管理研究	林　焱	武汉大学	黄如花	图书馆学
我国政府数据开放的许可协议框架研究	李　楠	武汉大学	黄如花	图书馆学
高校科研数据机构库联盟演化的影响因素研究	何　依	武汉大学	司　莉	图书馆学
时间限制对移动地图步行导航信息行为的影响研究	李　翼	武汉大学	吴　丹	图书馆学
跨设备搜索中用户任务恢复行为特征识别与建模	唐　源	武汉大学	吴　丹	图书馆学
多设备环境下图书馆 OPAC 查询重构研究——以武汉大学图书馆为例	毕仁敏	武汉大学	吴　丹	图书馆学
开放数据背景下中国高校图书馆数字学术服务环境分析	韩滢莹	武汉大学	周力虹	图书馆学
开放数据背景下我国高校图书馆数字学术服务用户需求分析——以武汉大学为例	宋雅倩	武汉大学	周力虹	图书馆学
沈祖荣的图书馆学教育思想研究	李　琪	武汉大学	肖希明	图书馆学
国内外科学数据管理平台比较研究	赵希梅	西北大学	崔　旭	图书馆学
农村常住老年居民的健康信息获取社会合作机制研究	袁　庆	西南大学	韩　毅	情报学
融合传统指标与 Altmetrics 指标的学者影响评估研究	邹　丹	西南大学	韩　毅	情报学
日常生活信息查询行为的人际网络依赖研究——以重庆地区为例	况书梅	西南大学	韩　毅	情报学
孤儿青少年健康信息查寻行为研究	张　婷	西南大学	张　敏	情报学
乡村医生信息素养评价指标体系的构建	王莹莹	西南大学	邓小昭	情报学
听书对小学生阅读推广效果的影响研究	陈博雅	西南大学	郑　宏	图书馆学
“双创”背景下国家大学科技园科技情报服务策略研究	张妍妍	西南科技大学	文　忠	情报学
基于 DEMATEL 突发事件网络舆情热度评价影响因素研究	黄怡璇	西南科技大学	文　忠	情报学
基于校园卡的学生消费信息数据挖掘与应用研究	段玉婷	西南科技大学	吴景海	情报学
基于社交网络视角的人际情报网构建研究	王诗华	西南科技大学	李志民	情报学
政府信息公开的舆情风险评估及对策研究	薛新波	西南科技大学	李志民	情报学
人格特质对社会化问答社区用户信息行为影响研究	丁川芮	西南科技大学	王玉平	情报学
基于行动者网络理论的公安一网两微协同导控网络涉警舆情策略研究	易　凡	西南科技大学	赵　静	情报学
基于信息构建的四川政务微信信息服务研究	司　璐	西南科技大学	赵　静	情报学
基于 FCA 与概念格属性的本体合并方法研究	王亚慧	西南科技大学	李端明	情报学
新词分析与语义分析相结合的文本相似度量方法研究	刘超超	西南科技大学	李端明	情报学
知识共享视角的学术网络社区用户粘度影响因素研究	王　娇	西南科技大学	庞建刚	情报学
基于 K-means 算法的学术网络社区聚类研究	徐　强	西南科技大学	庞建刚	情报学
新媒体视角下高校图书馆阅读推广模式的评价研究	孟凡芹	西南科技大学	胡翠红	情报学
网络环境下大学生偶遇信息共享行为影响因素研究	张　悦	西南科技大学	胡翠红	情报学
智慧城市信息化建设水平测度研究	郭则兰	湘潭大学	邹　凯	情报学
基于 Xgboost 的互联网消费金融信用风控策略研究	杜　盼	湘潭大学	邹　凯	情报学
新媒体时代下网络热点事件情感传播特征与引导研究——以“上海警察绊摔小孩事件”为例	赵　蓉	湘潭大学	毛太田	情报学

续表

题目	作者	学校	导师	学科专业
基于演化博弈的供应链信息共享行为研究	张　媛	湘潭大学	唐　毅	情报学
文化竞合视野中的民国图书馆学演变研究	刘春云	湘潭大学	龚蛟腾	图书馆学
湖南省农村留守儿童阅读推广体系构建研究	覃仕莲	湘潭大学	徐军华	图书馆学
中美高校图书馆捐赠比较研究	冯　雅	湘潭大学	杨思洛	图书馆学
我国实体书店跨界转型研究	周　维	湘潭大学	陈能华	图书馆学
在线健康社区的信息质量对用户健康决策的影响	陈蕾阳	郑州大学	金　燕	情报学
在线健康信息的可信性评估研究	侯　璐	郑州大学	金　燕	情报学
交易数据长期保存的困扰研究	张凯亮	郑州大学	臧国全	情报学
数字保存的持续完整性风险检测研究	朱晓庆	郑州大学	臧国全	情报学
数字保存的可呈现性风险检测研究	刘　田	郑州大学	臧国全	情报学
国内图情期刊高频编委群体学术影响力研究	蔡程瑞	郑州大学	周春雷	情报学
民办高校图书馆用户权利性规范比较研究	姚　远	郑州大学	付立宏	情报学
英国高校图书馆馆藏发展政策研究	陈令荣	郑州大学	付立宏	情报学
图情档学科硕士研究生文献阅读行为研究	张　楠	郑州大学	付立宏	情报学
我国情报学专业认同研究	李美洁	郑州大学	付立宏	情报学
研究生科研信息获取中信息偶遇影响因素研究	韩　璐	郑州大学	尚新丽	情报学
我国图书情报学学科交叉计量分析	郭骅祥	郑州大学	尚新丽	情报学
公民信息权利行使现状研究	刘建霞	郑州大学	杨瑞仙	情报学
基于社交网络的学术论文影响力评价研究	石凤娟	郑州大学	杨瑞仙	情报学
基于 ResourceSync 的数字图书馆资源同步研究	曹　迪	郑州大学	郭少友	情报学
基于关联程度调整的文献聚类研究	孙福临	郑州大学	郭　强	情报学
智慧城市背景下的公共图书馆功能定位研究	孙齐梦	郑州大学	周拴龙	图书馆学
新环境下公共图书馆组织结构重组研究	李正馨	郑州大学	周拴龙	图书馆学
基于信息构建理论的 MOOC 网站优化研究	柴　伟	郑州大学	李　敏	图书馆学
大学生信息焦虑实证研究	袁珍珍	郑州大学	王　平	图书馆学
高校图书馆开展真人图书馆服务研究	刘小鹏	郑州大学	王国强	图书馆学
中国图书馆学研究法应用素养研究	董　帅	郑州大学	王国强	图书馆学
数字化古籍知识管理研究	褚嘉欣	郑州大学	王国强	图书馆学
基于深度学习的农业科技信息语义挖掘研究	龚　浩	中国农业科学院	崔运鹏	情报学
中医药特色医养结合区位条件分析及其评价	聂　莹	中国中医科学院	李海燕	情报学
中医药国际科技合作知识产权管理研究	刘　扬	中国中医科学院	李海燕	情报学
中医药信息标准制定的组织管理研究	张艺然	中国中医科学院	朱佳卿	情报学
《育宁堂颐世方书》文献研究	王亚楠	中国中医科学院	牛亚华	情报学

（国家图书馆　杨凡整理）

2018 年出版图书馆学情报学著作目录

（按责任者汉语拼音排序）

序号	书名	责任者及著作方式	出版社	ISBN
1	怎样为书籍编制索引	(美)Nancy C. Mulvany 著;吴波,尚文博译	高等教育出版社	978-7-04-049901-8
2	数据素养:数据使用者指南	(美)戴维·赫佐格(David-Herzog)著;沈浩,李运译	中国人民大学出版社	978-7-300-25083-0
3	社会软件与图书馆:构建网络合作、交流与社区	(美)梅雷迪思·G.法卡斯著;黄国彬译	海洋出版社	978-7-5027-8828-5
4	图书馆学导论	(美)皮尔斯·巴特勒著;谢欢译	海洋出版社	978-7-5210-0074-0
5	情报分析:结构化分析方法:全新中文译本	(美)小理查兹·J.霍耶尔(RichardsJ. Heuer),(美)伦道夫·弗森(RandolphH. Pherson)著;张魁等译	金城出版社	978-7-5155-1685-1
6	拜经楼藏书题跋记	(清)吴寿旸撰;郭立暄标点	上海古籍出版社	978-7-5325-8980-7
7	正史宋元版之研究	(日)尾崎康著;乔秀岩,王铿编译	中华书局	978-7-101-12767-6
8	如何查找文献(原书第 2 版)	(英)萨莉·拉姆奇著;廖晓玲,傅存良译	北京大学出版社	978-7-301-29881-7
9	情报驱动应急响应	Scott J. Roberts, Rebekah Brown 著;李柏松,李燕宏译	机械工业出版社	978-7-111-60800-4
10	维吾尔族古文献研究	艾合买提·买买提著	辽宁民族出版社	978-7-5497-1903-7
11	公共图书馆阅读推广与信息化管理研究	白小红,赵云华著	吉林大学出版社	978-7-5692-2843-4
12	北京大学中国古文献研究中心集刊.第十七辑	北京大学中国古文献研究中心编	北京大学出版社	978-7-301-29636-3
13	教育改革背景下的中小学图书馆:北京市中小学图书馆实践研究	北京市教育技术设备中心主编	世界知识出版社	978-7-5012-5690-7
14	文献检索与利用.第 2 版	本书编写组编	华东师范大学出版社	978-7-5675-8157-9
15	我们的西浦十年:西交利物浦大学图书馆的理念与实践	毕新主编	江苏人民出版社	978-7-214-21872-8
16	《烟草科技》被引论文分析与研究	曹娟主编	华中科技大学出版社	978-7-5680-3639-9
17	数字化背景下的医学院校图书馆特色化建设	曹俊涛著	天津科学技术出版社	978-7-5576-5806-9
18	情报学视域下的数据研究:理论、原理与方法	曹祺著	武汉大学出版社	978-7-307-20597-0

续表

序号	书名	责任者及著作方式	出版社	ISBN
19	高校图书馆知识服务研究	曹意,王娟著	四川大学出版社	978-7-5690-1904-9
20	书香草原:图书馆与文化传承	柴美丽,陈春燕主编	远方出版社	978-7-5555-1012-3
21	数字图书馆信息接受情境及其优化研究	晁亚男著	中华工商联合出版社有限责任公司	978-7-5158-2248-8
22	信息检索	陈朝忠,黄慧玲,徐丽琴主编	人民邮电出版社	978-7-115-50423-4
23	芸香芬馥:古籍保护探索与实践	陈红彦,刘波主编;国家图书馆古籍馆编	上海世纪出版股份有限公司远东出版社	978-7-5476-1256-9
24	图书馆文化建设	陈会丽主编	中国时代经济出版社	978-7-5119-2749-1
25	大学图书馆泛学科化服务体系	陈进著	海洋出版社	978-7-5210-0072-6
26	信息资源检索与综合利用	陈利平,汪蓄,王霏著	东北师范大学出版社	978-7-5681-5067-5
27	新形势下图书馆利用要览	陈三保编著	云南科技出版社	978-7-5587-1327-9
28	新形势下图书馆服务与创新	陈三保编著	云南科技出版社	978-7-5587-1330-9
29	高校图书馆创新服务实践与指导研究	陈珊珊著	电子科技大学出版社	978-7-5647-6514-9
30	知识经济时代少儿图书馆阅读推广研究	陈艳冬著	吉林文史出版社	978-7-5472-5410-3
31	医药信息检索.第3版	陈燕,李现红主编	人民卫生出版社	978-7-117-26535-5
32	新媒体语境下的青少年阅读生活研究	陈勇,何彦秋著	人民出版社	978-7-01-019447-9
33	网络信息资源的评价与检索	陈有富著	河南人民出版社	978-7-215-11697-9
34	信息素质与信息检索	陈有富著	郑州大学出版社	978-7-5645-5540-5
35	SEO搜索引擎优化:技巧、策略与实战案例	陈媛先著	人民邮电出版社	978-7-115-48284-6
36	图书馆资源管理与档案服务创新	陈越华,何生荣,陈小琴著	中国纺织出版社	978-7-5180-4234-0
37	图书馆管理与信息应用	成胤钟著	吉林大学出版社	978-7-5692-2578-5
38	2016年古籍保护与修复国际学术研讨会论文海报集	程焕文,林明,邱蔚晴主编	广西师范大学出版社	978-7-5598-0676-5
39	2016年中文古籍整理与版本目录学国际学术研讨会论文集	程焕文等主编	广西师范大学出版社	978-7-5598-0683-3
40	书史纵横:中国文化中的典籍	程章灿,许勇著	江苏人民出版社	978-7-214-19389-6
41	古典文献研究.第二十一辑.上卷,周勋初先生九十华诞庆祝专辑	程章灿主编	凤凰出版社	978-7-5506-2857-1
42	出土文献的世界:第六届出土文献青年学者论坛论文集	出土文献与中国古代文明研究协同创新中心中国人民大学分中心编	中西书局	978-7-5475-1432-0
43	网络用户与网络信息服务	初景利主编	海洋出版社	978-7-5027-9899-4

续表

序号	书名	责任者及著作方式	出版社	ISBN
44	第二届安徽省高校图书馆服务创新案例大赛汇编	储节旺主编	中国科学技术大学出版社	978-7-312-04529-5
45	古籍常识丛谈	崔文印著	中华书局	978-7-101-13184-0
46	少儿图书馆服务绩效研究	崔喜梅编著	河南人民出版社	978-7-215-11360-2
47	互联网＋环境下高校图书馆服务研究	崔英姬，夏烨著	吉林大学出版社	978-7-5692-3216-5
48	图书馆移动阅读服务研究	崔颖，赵秀莉著	东北师范大学出版社	978-7-5681-4583-1
49	高职图书馆管理与服务实践研究	戴碧兰，杨燕，戴春平著	吉林大学出版社	978-7-5692-2177-0
50	西藏公共图书馆的设置与服务体系建设	旦增卓玛，尼玛格桑编著	上海科学技术文献出版社	978-7-5439-7587-3
51	新媒体时代高校图书馆管理与服务	丁屹，陈彦雄著	吉林大学出版社	978-7-5692-1759-9
52	端居笔记：北京市东城区第一图书馆馆员论文集	董海主编	世界知识出版社	978-7-5012-5650-1
53	图书馆管理与服务创新	董学英，王言芹，孙晓春著	哈尔滨地图出版社	978-7-5465-1701-8
54	计算机输出彩色缩微品质量控制	杜琳琳，程春雨，徐亮著	中国文史出版社	978-7-5205-0945-9
55	实用信息资源检索与利用	端木艺主编	南京大学出版社	978-7-305-20465-4
56	高校图书馆文献资源建设实证研究	段双喜著	国家图书馆出版社	978-7-5013-6421-3
57	现代信息检索与利用	樊瑜主编	华中科技大学出版社	978-7-5680-3811-9
58	北京大学日刊与北京大学图书馆：1917—1932	范凡编	海洋出版社	978-7-5210-0060-3
59	大数据环境下图书馆服务创新策略研究	范红领著	哈尔滨地图出版社	978-7-5465-1780-3
60	新时代中国城市图书馆发展："广州模式"支撑研究	方家忠著	广东人民出版社	978-7-218-13144-3
61	图书馆管理学	房华主编	中国商务出版社	978-7-5103-2316-4
62	改革开放以来少数民族地区公共图书馆发展研究：1978—2018	冯云著	中山大学出版社	978-7-306-06428-8
63	图书馆移动阅读服务研究	高春玲著	科学出版社	978-7-03-056767-3
64	信息检索技术应用研究	高瑞著	吉林人民出版社	978-7-206-15207-8
65	图书馆管理与信息应用	高玉萍，孙宇，历颖著	吉林人民出版社	978-7-206-15001-2
66	实用网络信息检索. 第5版	葛敬民主编	高等教育出版社	978-7-04-049799-1
67	图书馆的数字人文实现模式研究	宫平著	辽宁大学出版社有限责任公司	978-7-5610-9322-1
68	公共文化服务体系中社区图书馆发展战略研究	龚蛟腾，王凤姣，方雯灿著	知识产权出版社有限责任公司	978-7-5130-6010-3
69	古籍研究. 总第67卷	《古籍研究》编辑委员会编	凤凰出版社	978-7-5506-2862-5
70	文澜阁四库全书史	顾志兴著	杭州出版社	978-7-5565-0862-4
71	广西图书馆学会2017年年会论文集	广西图书馆学会编	广西科学技术出版社	978-7-5551-0983-9

续表

序号	书名	责任者及著作方式	出版社	ISBN
72	广西公共图书馆事业百年大事记：1909—2009	广西壮族自治区图书馆编	广西人民出版社	978-7-219-10737-9
73	广州市“图书馆之城”建设 2017 年度报告	广州图书馆编	广州出版社	978-7-5462-2777-1
74	文献检索与利用	郭冬梅，赵欢乐主编	中国农业出版社	978-7-109-24215-9
75	网络信息资源获取与利用	郭继华著	中华工商联合出版社有限责任公司	978-7-5158-2383-6
76	医学文献检索与论文写作. 第 5 版	郭继军主编	人民卫生出版社	978-7-117-26680-2
77	数字图书馆创新理论研究	郭千钰，周园，佟燕华主编	九州出版社	978-7-5108-7484-0
78	西部少数民族文献资源建设研究	郭向东，陈军，党燕妮著	科学出版社	978-7-03-056137-4
79	大数据时代的图书馆信息服务模式变革	郭燕平，王锐英主编	中国建筑工业出版社	978-7-112-21455-6
80	古籍保护与利用可持续性发展的研究	郭盈著	吉林大学出版社	978-7-5692-2946-2
81	2018 年国家图书馆青年学术论坛论文集	国家图书馆编	国家图书馆出版社	978-7-5013-6515-9
82	刘季平与中国图书馆事业改革发展论文集	国家图书馆编	国家图书馆出版社	978-7-5013-6559-3
83	国家图书馆年鉴. 2018	国家图书馆编	国家图书馆出版社	978-7-5013-6638-5
84	图书馆行业中长期战略规划选编：“十三五”时期	国家图书馆研究院编	中央编译出版社	978-7-5117-3619-2
85	语义指纹著者姓名消歧理论及应用	韩红旗著	科学技术文献出版社	978-7-5189-4594-8
86	高校图书馆的社会服务创新与实践	韩彦军著	西安地图出版社	978-7-5556-0469-3
87	中国图书馆事业发展报告·“十二五”时期图书馆事业发展卷	韩永进主编	国家图书馆出版社	978-7-5013-6456-5
88	南亚国家网络信息检索导论	何杰主编	世界图书出版广东有限公司	978-7-5192-5173-4
89	科技信息检索与利用	何力，傅饶，周庆梅主编	东北林业大学出版社北京	978-7-5674-1357-3
90	《图书馆杂志》2016 年合订本	何毅主编	上海科学技术文献出版社	978-7-5439-7597-2
91	数字信息资源检索：国际关系及相关专业检索指南	胡波，游祎主编	世界知识出版社	978-7-5012-5836-9
92	云计算及其在数字图书馆的应用	胡平，翟文韬编著	中国三峡出版社	978-7-5206-0063-7
93	现代公共图书馆服务与管理创新研究	胡潇潇著	吉林人民出版社	978-7-206-15839-1
94	大数据挖掘下的图书馆智慧服务	胡雅凌著	北京工业大学出版社	978-7-5639-6167-2
95	信息资源评估理论与实践	胡泽文主编	科学出版社	978-7-03-058067-2

续表

序号	书名	责任者及著作方式	出版社	ISBN
96	基于情景化用户偏好的学术信息服务	黄传慧著	科学出版社	978-7-03-059239-2
97	高职院校图书馆科学管理与服务理念探索	黄慧著	吉林人民出版社	978-7-206-15788-2
98	图书馆管理与档案处理	黄静,卫恒,苏艳平著	哈尔滨地图出版社	978-7-5465-1784-1
99	文献检索与科技论文写作.第3版	黄军左,丁书江主编	中国石化出版社	978-7-5114-4739-5
100	共建共知共享:BALIS建设十周年	黄朴民,刘春鸿主编	北京邮电大学出版社	978-7-5635-5371-6
101	现代图书馆信息资源体系的建设研究	黄雪梅著	中国书籍出版社	978-7-5068-5286-9
102	中华图书馆协会研究	霍瑞娟著	国家图书馆出版社	978-7-5013-6057-4
103	国家文化治理环境下中国图书馆学会发展研究	霍瑞娟著	社会科学文献出版社·区域发展出版中心	978-7-5201-3018-9
104	高校图书馆档案资源建设与管理研究	霍珊,党玲侠,张宁著	天津科学技术出版社	978-7-5576-4432-1
105	文献检索与知识发现指南.第3版	吉久明,孙济庆主编	华东理工大学出版社有限公司	978-7-5628-5560-6
106	高校图书馆文化力构建与大学生学习研究	纪瑞峰,隋彦明著	江西人民出版社	978-7-210-10603-6
107	高校图书馆管理服务与现代信息资源建设	纪双龙,王影,郑杨著	吉林出版集团股份有限公司	978-7-5581-4547-6
108	大学生网络舆情主题分类技术研究	贾隆嘉著	东北师范大学出版社	978-7-5681-4605-0
109	现代图书馆信息资源配置机制与评价	姜广强著	南开大学出版社	978-7-310-05475-6
110	高校图书馆资源建设与利用研究	姜新著	吉林大学出版社	978-7-5692-2063-6
111	当代高职院校图书馆服务创新与发展研究	蒋群蓉著	吉林出版集团股份有限公司	978-7-5581-4892-7
112	全民阅读与图书馆推广服务研究	焦小娜,肖久玲,张蓓著	中国原子能出版社	978-7-5022-9035-1
113	图书馆特色数据库建设现状研究	金晓林,杨静主编	内蒙古科学技术出版社	978-7-5380-2936-9
114	信息检索实用教程	金泽龙主编	中国轻工业出版社	978-7-5184-1730-8
115	汽车专业资讯检索	康桂英,王海波主编	国家开放大学出版社	978-7-304-09191-0
116	新形势下图书馆地方文献建设工作	康丽娜编著	云南科技出版社	978-7-5587-1326-2
117	图书馆数字化信息资源建设	李柏冬等编著	天津科学技术出版社	978-7-5576-4501-4
118	网络信息的模式识别与可信测度	李保珍著	科学出版社	978-7-03-059133-3
119	数字图书馆建设与信息服务模式研究	李淳著	天津科学技术出版社	978-7-5576-4623-3
120	高校图书馆信息资源建设与学科服务研究	李华,史新伟,李迪著	中国纺织出版社	978-7-5180-4679-9
121	韩国图书馆发展研究	李吉子,宋萍著	国家图书馆出版社	978-7-5013-6330-8

续表

序号	书名	责任者及著作方式	出版社	ISBN
122	图书馆阅读服务与情报信息资源利用	李佳,朱吉亮,张艳芳著	北京工业大学出版社	978-7-5639-6373-7
123	文档处理与信息检索	李建林,张永主编	上海交通大学出版社	978-7-313-19954-6
124	春水集	李军著	广西师范大学出版社	978-7-5598-0051-0
125	现代图书馆管理理论研究	李良艳,陈俊霖,孙杏花著	中国商务出版社	978-7-5103-2488-8
126	化学信息学.第2版	李梦龙,文志宁主编	化学工业出版社	978-7-122-32235-7
127	图书馆知识管理与服务新探	李明著	合肥工业大学出版社	978-7-5650-3998-0
128	简明古籍整理教程	李明杰编著	武汉大学出版社	978-7-307-20457-7
129	新形势下图书馆读者需求与服务艺术透视	李琪,吴凤华,孙永芝编著	上海交通大学出版社	978-7-313-20099-0
130	“互联网+”环境下高校图书馆发展问题研究	李全华著	中国商务出版社	978-7-5103-2397-3
131	公共图书馆工作实务	李瑞欢主编	现代出版社	978-7-5143-7366-0
132	信息检索与利用	李珊珊主编	吉林大学出版社	978-7-5692-1681-3
133	经济管理信息的检索与利用.第2版	李树青,曹杰主编	清华大学出版社	978-7-302-50876-2
134	信息技术与文献检索	李希滨主编	人民卫生出版社	978-7-117-27686-3
135	平等包容和谐:社会资本理论对公共图书馆使命的诠释	李晓新,于良芝,许晓霞著	南开大学出版社	978-7-310-05282-0
136	图书馆数字化管理与信息化建设研究	李欣,王圣镔,关博著	东北师范大学出版社	978-7-5681-4284-7
137	我国近现代教育发展进程中的高校图书馆研究	李莘著	中国纺织出版社	978-7-5180-4314-9
138	信息资源检索及利用	李雪飞等编著	清华大学出版社	978-7-302-50725-3
139	清代学术变迁视野下的古书考辨研究	李燕著	华文出版社	978-7-5075-4765-8
140	互联网+环境下湘鄂赣皖图书馆创新服务与管理	李耀华主编	国家图书馆出版社	978-7-5013-6646-0
141	日本天皇年号与中国古典文献关系之研究	李寅生著	凤凰出版社	978-7-5506-2753-6
142	高校图书馆建设与校园阅读推广	李永霞,卢胜利编著	电子科技大学出版社	978-7-5647-6555-2
143	新时代公共图书馆的新使命与新挑战:河北省图书馆复馆30周年学术征文论文集	李勇主编	河北人民出版社	978-7-202-13333-0
144	中国古籍十二讲	李致忠,芦婷婷著	北京联合出版公司	978-7-5596-0923-6
145	梁太济文集·文献考辨卷	梁太济著	上海古籍出版社	978-7-5325-8731-5
146	践行:保亭县公共图书馆“总分馆服务体系建设”的实践与思考	梁惜文著	吉林文史出版社	978-7-5472-5411-0
147	大数据时代的图书馆管理	梁宇清著	中国原子能出版社	978-7-5022-8961-4
148	西南古籍研究.2016	林超民主编	云南大学出版社	978-7-5482-2870-7

续表

序号	书名	责任者及著作方式	出版社	ISBN
149	论文科研用户文献信息分析和服务研究	林佳瑜著	华南理工大学出版社	978-7-5623-5832-9
150	信息化背景下图书馆管理与服务的创新研究	林强，崔世锋，轩红主编	上海交通大学出版社	978-7-313-19539-5
151	图书馆管理与信息技术	林源著	吉林科学技术出版社	978-7-5578-4119-5
152	图书馆建设与数字化管理研究	林志益，麦笃彪著	哈尔滨地图出版社	978-7-5465-1838-1
153	图书馆文化传承	刘波著	武汉大学出版社	978-7-307-20561-1
154	国家图书馆与敦煌学	刘波著	国家图书馆出版社	978-7-5013-6024-6
155	网络情报学理论与实践	刘春茂编著	中国社会科学出版社	978-7-5203-2764-0
156	广东公共图书馆事业发展报告：2013～2017	刘洪辉，张靖主编	社会科学文献出版社·人文分社	978-7-5201-3513-9
157	法律文献信息检索理论与实例研究	刘鸿霞等著	中国政法大学出版社	978-7-5620-8338-2
158	刘建明古籍修复案例	刘建明著	学苑出版社	978-7-5077-5473-5
159	南京图书馆馆刊沿革与解读	刘建忠著	东南大学出版社	978-7-5641-7664-8
160	现代图书馆管理体系与实践问题探究	刘界著	九州出版社	978-7-5108-7399-7
161	抗战时期中国图书馆界研究	刘劲松著	商务印书馆	978-7-100-16211-1
162	网络信息资源检索与利用	刘婧主编	电子工业出版社	978-7-121-33003-2
163	图书馆管理与阅读服务	刘丽萍著	内蒙古人民出版社	978-7-204-15193-6
164	互联网＋时代图书馆跨界融合研究	刘玲，齐诚，马楠著	经济日报出版社	978-7-5196-0216-1
165	清代藏书史论稿	刘鹏著	知识产权出版社有限责任公司	978-7-5130-5700-4
166	数字时代的馆际互借与文献共享平台	刘庆财，曾丽军编著	国家图书馆出版社	978-7-5013-6496-1
167	且为繁华寄书香：高校图书馆阅读推广理论与实务	刘时容著	新华出版社	978-7-5166-3821-7
168	文献检索与综述实训教程	刘泰洪编著	中国人民大学出版社	978-7-300-25436-4
169	数字信息资源检索	刘伟成主编	武汉大学出版社	978-7-307-19914-9
170	新技术环境下大学图书馆创新与发展研究	刘文文，邱晓辰著	中国商业出版社	978-7-5208-0471-4
171	部次流别以道统学：刘咸炘目录学论集	刘咸炘著	生活·读书·新知三联书店	978-7-108-06072-3
172	信息检索与利用	刘宪立，杨蔚主编	云南大学出版社	978-7-5482-3408-1
173	信息检索	刘翔，齐海晶，李欣著	吉林出版集团股份有限公司	978-7-5581-4464-6
174	现代图书馆图像数据资源建设概论	刘晓辉著	中国戏剧出版社	978-7-104-04672-1
175	“互联网＋”环境下图书馆数据科学管理与共享	刘旭晖著	九州出版社	978-7-5108-6303-5

续表

序号	书名	责任者及著作方式	出版社	ISBN
176	高职院图书馆电子书服务模式创新研究	刘旭晖著	北京燕山出版社	978-7-5402-4890-1
177	农村农业信息服务发展研究与实践	刘延忠,封文杰,郑纪业编著	中国农业科学技术出版社	978-7-5116-3935-6
178	图书馆创新服务:理论与案例	刘艳红著	甘肃人民出版社	978-7-226-05301-0
179	图书情报与信息资源开发利用	刘洋,闫莉,张媛媛著	吉林人民出版社	978-7-206-15625-0
180	图书馆资源组织语义化理论及方法研究	刘耀著	科学技术文献出版社	978-7-5189-3642-7
181	现代图书馆信息化建设与服务探究	刘瑜著	中国书籍出版社	978-7-5068-5227-2
182	实用信息检索.第2版	刘允斌,吴瑾,王宇主编	高等教育出版社	978-7-04-048474-8
183	音像电子资源CNMARC书目记录编制指南	刘峥编著	广西民族出版社	978-7-5363-7224-5
184	美国公共图书馆管理与服务	卢家利著	中国商务出版社	978-7-5103-2389-8
185	普通中文图书的编目技巧及实战案例	卢炎香著	光明日报出版社	978-7-5194-4523-2
186	高校图书馆管理的创新性研究	陆丹晨著	河北人民出版社	978-7-202-12730-8
187	陕西省公共图书馆事业发展蓝皮书:陕西公共图书馆服务联盟(2010—2015)	陆路主编	三秦出版社	978-7-5518-1795-0
188	图书馆管理与档案信息	陆婷婷,戴彦著	北京日报出版社	978-7-5477-2779-9
189	计算机信息检索与利用.第2版	吕润桃,赵金考,覃国萍主编	中国水利水电出版社	978-7-5170-6523-4
190	Elasticsearch搜索引擎开发实战	罗刚,张子宪编著	机械工业出版社	978-7-111-60348-1
191	现代图书馆学	罗晖,张新慧,刘玉婷主编	电子科技大学出版社	978-7-5647-5939-1
192	古文献散论	罗志欢著	中国社会科学出版社	978-7-5203-1708-5
193	新环境下高校图书馆文化建设与创新研究	马春梅著	新华出版社	978-7-5166-3894-1
194	作者引用网络模式与功效研究	马瑞敏著	科学出版社	978-7-03-056810-6
195	藻丽琅嬛:浒湾书坊版刻图录	毛静著	江西高校出版社	978-7-5493-6208-0
196	信息文献检索	孟锦,许玲编著	兰州大学出版社	978-7-311-05271-3
197	传承发展　共享创新:庆祝中国农学会农业图书馆分会成立35周年	孟宪学,魏虹主编	中国农业科学技术出版社	978-7-5116-3540-2
198	Web数据库、XML数据、空间数据语义近似查询技术	孟祥福,张霄雁,唐延欢著	电子工业出版社	978-7-121-34458-9
199	泛在环境下高校智慧图书馆研究	孟银涛编著	中国农业大学出版社	978-7-5655-2060-0
200	图书馆管理与阅读推广研究	米珊著	东北师范大学出版社	978-7-5681-4762-0
201	二十世纪戏曲文献学述略	苗怀明著	复旦大学出版社有限公司	978-7-309-13601-2
202	文化与空间:大学图书馆公共性研究	倪代川著	上海人民出版社	978-7-208-14934-2

续表

序号	书名	责任者及著作方式	出版社	ISBN
203	从零开始学 SEO 搜索引擎优化	倪涛编著	机械工业出版社	978-7-111-59395-9
204	新时代图书馆管理	倪伟燕主编	吉林科学技术出版社	978-7-5578-4922-1
205	数字信息检索技术	聂应高编著	湖北科学技术出版社	978-7-5706-0166-0
206	宁波图书馆志:2001—2010	《宁波图书馆志》编纂委员会编	宁波出版社	978-7-5526-3301-6
207	四库禁书研究	宁侠著	商务印书馆	978-7-100-15635-6
208	大数据环境下图书馆发展的机遇与挑战论文集	宁夏回族自治区图书馆,宁夏图书馆学会编	阳光出版社	978-7-5525-4455-8
209	现代图书馆评价研究	牛根义编著	武汉大学出版社	978-7-307-20392-1
210	论文零被引面面观	潘云涛[等]著	科学技术文献出版社	978-7-5189-4135-3
211	领域语义信息检索研究:以竹藤领域为例	彭琳著	科学出版社	978-7-03-058399-4
212	古籍版刻书迹例说	祁小春著	浙江人民美术出版社	978-7-5340-6078-6
213	信息检索与基础	齐元沂,张永忠编著;上海百万在岗人员学力提升行动计划办公室主编	复旦大学出版社有限公司	978-7-309-13610-4
214	复旦大学图书馆百年纪事:1918—2018	钱京娅,史卫华主编	复旦大学出版社有限公司	978-7-309-13675-3
215	文献学读书记	乔秀岩,叶纯芳著	生活·读书·新知三联书店	978-7-108-06160-7
216	大学信息素养与应用基础	秦洪英,王明蓉,李彬主编	科学出版社	978-7-03-055610-3
217	SEO 搜索引擎优化	青岛英谷教育科技股份有限公司,枣庄学院编著	西安电子科技大学出版社	978-7-5606-4997-9
218	发挥图书档案资源优势传承燕赵文化	任民锋著	吉林科学技术出版社	978-7-5578-4271-0
219	追溯与发展:中国图书与图书馆史演变	任亚忠著	吉林文史出版社	978-7-5472-5427-1
220	阅读推广理论与实践	阮莉萍,朱春艳等编著	武汉大学出版社	978-7-307-20266-5
221	SEO 教程:搜索引擎优化基础实战入门:微课版	沙旭,陈成主编	人民邮电出版社	978-7-115-48435-2
222	科技情报助力山西创新发展研究报告	山西省科学技术情报研究所编	山西经济出版社	978-7-5577-0347-9
223	情报的初心:纪念上海科学技术情报研究所成立 60 周年	上海科学技术情报研究所著	上海科学技术文献出版社	978-7-5439-7773-0
224	张元济与中华古籍保护研究	上海图书馆编	上海古籍出版社	978-7-5325-8772-8
225	上海市公共图书馆行业发展报告. 2017	上海图书馆编	上海科学技术文献出版社	978-7-5439-7612-2
226	图书馆,让社会更智慧更包容:第九届上海国际图书馆论坛论文集	上海图书馆编	上海科学技术文献出版社	978-7-5439-7748-8

续表

序号	书名	责任者及著作方式	出版社	ISBN
227	上海图书馆藏张元济古籍题跋真迹(影印本)	上海图书馆编;高洪兴,李卉卉整理	国家图书馆出版社	978-7-5013-6284-4
228	文献信息检索	申燕主编	中国纺织出版社	978-7-5180-2916-7
229	版本目录学研究.第八辑	沈乃文主编	北京大学出版社	978-7-301-29172-6
230	版本目录学研究.第九辑	沈乃文主编	国家图书馆出版社	978-7-5013-6579-1
231	沈燮元文集	沈燮元著	国家图书馆出版社	978-7-5013-6612-5
232	中国水利古籍版本丛谈	石光明,肖克之著	中国农业出版社	978-7-109-23810-7
233	清代套印本图录(影印本)	石光明编著	国家图书馆出版社	978-7-5013-6492-3
234	中国政法大学图书馆资源与服务报告.2017	时建中主编	中国政法大学出版社	978-7-5620-8358-0
235	云林佛教图书分类法(修订版)	释光泉主编	国家图书馆出版社	978-7-5013-6434-3
236	京籍渊薮　甲子回眸:北京地方文献中心成立六十周年纪念文集	首都图书馆编	学苑出版社	978-7-5077-5542-8
237	国际"城市记忆"与地方文献学术研讨会论文集	首都图书馆编	学苑出版社	978-7-5077-5543-5
238	文献辨伪新探	司马朝军主编	武汉大学出版社	978-7-307-19970-5
239	国故新衡	司马朝军著	武汉大学出版社	978-7-307-20361-7
240	古籍修复理论与实践	宋焱,何谋忠,师青主编;甘肃省古籍保护中心编	甘肃人民出版社	978-7-226-05203-7
241	国家图书馆同人著述研究:1909—1949	苏健著	国家图书馆出版社	978-7-5013-6554-8
242	中国科学院系统图书馆数字资源建设利用研究	苏金燕著	中国社会科学出版社	978-7-5203-2319-2
243	回眸与前瞻:中国图书馆史研究	苏全有,张社字主编	中州古籍出版社	978-7-5348-7572-4
244	苏州图书馆藏善本题跋	苏州图书馆编著	国家图书馆出版社	978-7-5013-6192-2
245	从目录学角度谈图书馆编目	孙凤玲编著	哈尔滨出版社	978-7-5484-4109-0
246	图书馆捐赠理论与实践	孙凤玲著	学苑出版社	978-7-5077-5529-9
247	网络信息检索与利用	孙福强主编	中国商业出版社	978-7-5208-0266-6
248	文献传播管理视角下的图书馆管理与传播	孙海英,范明智,金丽娜著	九州出版社	978-7-5108-6750-7
249	档案理论与图书馆信息化思维	孙红蕾,胡文静,杨茹著	吉林人民出版社	978-7-206-15248-1
250	读者服务主导环境下图书馆资源建设研究	孙红萍著	电子科技大学出版社	978-7-5647-6491-3
251	原来可以这么用:大学生数字资源使用宝典	孙能卓著	吉林出版集团股份有限公司	978-7-5581-5249-8
252	医学文献检索.第4版	孙思琴,郑春彩主编	人民卫生出版社	978-7-117-27214-8
253	搜索引擎优化	孙新杰,蒋绍玲主编	电子科技大学出版社	978-7-5647-5588-1
254	大学生自主学习与图书馆服务研究	孙杨,靳萌萌著	天津古籍出版社	978-7-5528-0691-5
255	现代高校图书馆服务创新评析	谭晓娥著	四川大学出版社	978-7-5690-1694-9

续表

序号	书名	责任者及著作方式	出版社	ISBN
256	图书馆管理与服务创新研究	谭晓君著	天津科学技术出版社	978-7-5576-5188-6
257	图书馆哲学引论	汤利光著	湖南人民出版社	978-7-5561-2047-5
258	“互联网+”时代高校图书馆学科服务研究	唐淑香著	西安交通大学出版社	978-7-5693-0627-9
259	图书馆大数据视角下的学科前沿分析	唐勇主编	海洋出版社	978-7-5210-0063-4
260	中国法律文献学概论	田庆锋著	中国政法大学出版社	978-7-5620-8480-8
261	文献保护中英双解词语手册	田周玲，任珊珊，陈红彦主编	北京大学出版社	978-7-301-29180-1
262	民国文献辨伪学研究	佟大群著	中国社会科学出版社	978-7-5203-2315-4
263	网络资源与信息检索.第2版	童锡骏，夏丽萍，王卫星主编	北京师范大学出版社	978-7-303-23651-0
264	面向MOOC的图书馆嵌入式服务创新	《图书情报工作》杂志社编	海洋出版社	978-7-5210-0014-6
265	图书馆数字资源整合与信息服务	涂雯，曹艳华，杨彩云著	哈尔滨地图出版社	978-7-5465-1804-6
266	基于大数据的图书馆管理系统的设计与实现	万红辉著	北京日报出版社	978-7-5477-3121-5
267	图书馆的服务创新与管理研究	汪涛，蒋美英，王艳红主编	远方出版社	978-7-5555-1139-7
268	魏榆隽永集	王菡著	中华书局	978-7-101-13308-0
269	文献检索与科技论文写作入门	王红军主编	机械工业出版社	978-7-111-60712-0
270	图书馆期刊管理与检索	王红仙著	吉林人民出版社	978-7-206-15143-9
271	县域公共图书馆体系整体化探索：解码信阳市平桥区“总—分—支馆”建设	王宏鑫等著	河南大学出版社	978-7-5649-3287-9
272	移动互联网环境下图书馆用户服务和发展研究	王华平，廖芮著	中国商务出版社	978-7-5103-2313-3
273	古籍概述	王会梅编著	安徽师范大学出版社	978-7-5676-3744-3
274	图书馆信息平台的理论基础与技术开发	王建雄，林昱著	沈阳出版社	978-7-5441-9466-2
275	当代图书馆服务效能提升途径与实践	王劲松著	北京日报出版社	978-7-5477-2012-7
276	笃行致远　砥砺前行：改革开放40年全国社会科学院图书馆发展历程	王京清主编	中国社会科学出版社	978-7-5203-3840-0
277	图书馆转型与国家哲学社会科学文献中心建设	王岚等著	中国社会科学出版社	978-7-5203-2361-1
278	科尔沁区图书馆史：1929—2016	王黎，刘锦山主编	国家图书馆出版社	978-7-5013-6424-4
279	网络环境下高校图书情报服务与发展研究	王黎萍，李征著	光明日报出版社	978-7-5194-4267-5
280	文献信息检索与文稿写作	王盟熵著	九州出版社	978-7-5108-7218-1
281	基于网络环境的高校图书馆服务创新研究	王琴著	中国原子能出版社	978-7-5022-9138-9

续表

序号	书名	责任者及著作方式	出版社	ISBN
282	图书馆管理与阅读服务	王蕊,田巨武主编	延边大学出版社	978-7-5688-4978-4
283	国际大都市图书馆服务体系研究	王世伟等著	国家图书馆出版社	978-7-5013-6423-7
284	林希逸文献学研究	王晚霞著	中国社会科学出版社	978-7-5203-2222-5
285	图书馆办公室工作实践与探索	王玮,任晶编著	东北师范大学出版社	978-7-5681-5170-2
286	现代高校图书馆服务与管理研究	王文杰著	电子科技大学出版社	978-7-5647-5951-3
287	砥砺前行　继往开来:辽宁省图书馆新馆建设与服务创新实践	王筱雯主编	辽宁人民出版社	978-7-205-09397-6
288	公共图书馆读者管理信用积分制的理论与实践:以晋城市图书馆为例	王永革等著	山西人民出版社	978-7-203-10461-2
289	文献信息检索与案例分析. 学术硕士分册	王瑜,张丽英,高彦静主编	科学出版社	978-7-03-058514-1
290	北部湾经济区政府与高校信息资源共享共建机制研究	王玉玲著	电子科技大学出版社	978-7-5647-5456-3
291	新目录学的一角落	王云五著	西北大学出版社	978-7-5604-4193-1
292	图书馆为阅读困难群体服务的对策研究	王政,洪伟达著	知识产权出版社有限责任公司	978-7-5130-5845-2
293	传统图书馆向现代图书馆转型跨越之路:山西省图书馆探索与实践	魏存庆主编	国家图书馆出版社	978-7-5013-6173-1
294	甘肃图书馆效能与法治建设研究	魏孔俊主编;甘肃省图书馆学会编	甘肃民族出版社	978-7-5421-3459-2
295	信息检索	魏晟,吴晓川主编	人民邮电出版社	978-7-115-48522-9
296	县级公共图书馆建设与服务实践	魏淑湘编著	燕山大学出版社	978-7-81142-621-2
297	文津学志. 第十一辑	《文津学志》编委会编	国家图书馆出版社	978-7-5013-6558-6
298	大数据时代高校图书馆智慧化学科服务研究	吴爱芝编著	海洋出版社	978-7-5210-0056-6
299	民族图书馆学研究. 九:第十五次全国民族地区图书馆学术研讨会论文集	吴贵飙主编;中国民族图书馆编	辽宁民族出版社	978-7-5497-1921-1
300	图书阅读推广与服务管理	吴海春,朱玉婵,冀枫著	哈尔滨地图出版社	978-7-5465-1864-0
301	图书馆学概论	吴林伟,王蓉主编	吉林大学出版社	978-7-5692-2074-2
302	古文献整理与研究. 第三辑	吴敏霞主编;陕西省社会科学院古籍整理研究所编	凤凰出版社	978-7-5506-2872-4
303	藏书文化与阅读社会研究	吴言著	团结出版社	978-7-5126-6586-6
304	应用型信息检索与利用	吴章贵主编	北京理工大学出版社有限责任公司	978-7-5682-6047-3
305	专利检索与分析精要	武兰芬,姜军主编	知识产权出版社有限责任公司	978-7-5130-5116-3
306	中国图书情报知识图谱研究	夏丹,李娟著	吉林大学出版社	978-7-5692-2867-0
307	国外图书情报知识图谱实证研究	肖明著	中国经济出版社	978-7-5136-4952-0

续表

序号	书名	责任者及著作方式	出版社	ISBN
308	图书馆服务品牌建设与创新发展：第三十届十五城市公共图书馆研讨会案例汇编	肖平主编	国家图书馆出版社	978-7-5013-6590-6
309	图书馆知识服务能力及用户需求研究	肖艳梅著	北京日报出版社	978-7-5477-3001-0
310	大数据背景下数字图书馆服务研究	谢丽芸著	现代出版社	978-7-5143-6086-8
311	浅谈高校图书馆工作	谢薛芬著	浙江工商大学出版社	978-7-5178-2652-1
312	“都市农业职业教育”研究文献分析报告. 2017	辛力春，扆铁梅主编	光明日报出版社	978-7-5194-4234-7
313	现代图书馆信息管理及服务研究	熊炜，王君，李纪惠著	哈尔滨地图出版社	978-7-5465-1759-9
314	高校图书馆电子资源管理与评价研究	熊瑛著	北京工业大学出版社	978-7-5639-6437-6
315	网络信息检索	徐红云，张芩主编	华南理工大学出版社	978-7-5623-5673-8
316	专业图书馆发展之道	徐慧芳，涂志芳等编著	化学工业出版社	978-7-122-32470-2
317	现代信息检索研究	徐宽著	东北师范大学出版社	978-7-5681-4430-8
318	“互联网＋”与图书馆	徐岚著	电子科技大学出版社	978-7-5647-5095-4
319	新编信息检索与利用. 第4版	徐庆宁，陈雪飞主编	华东理工大学出版社有限公司	978-7-5628-5351-0
320	我国高校图书馆发展与读者服务新探	徐淑英著	吉林大学出版社	978-7-5692-2478-8
321	全民阅读视野下公共阅读服务体系建设研究	徐同亮，罗娟著	江苏人民出版社	978-7-214-21476-8
322	图书流通与图书馆读者服务研究	徐雯著	东北师范大学出版社	978-7-5681-5102-3
323	新媒体时代图书馆少儿阅读服务与推广研究	徐晓晨，王瑞雪著	吉林文史出版社	978-7-5472-5380-9
324	内容算法：把内容变成价值的效率系统	闫泽华著	中信出版集团股份有限公司	978-7-5086-8527-4
325	实用科技信息资源检索与利用. 第4版	颜惠，冯进主编	南京大学出版社	978-7-305-21394-6
326	医药信息处理与分析	晏峻峰，占艳主编	人民邮电出版社	978-7-115-47821-4
327	中国数字图书馆新技术运用研究的知识图谱：2004—2017	阳广元著	科学出版社	978-7-03-056955-4
328	学术 Web 主题结构挖掘研究	杨波著	南京大学出版社	978-7-305-19826-7
329	新形势下图书馆创新性管理与服务	杨丰全编著	东北师范大学出版社	978-7-5681-5097-2
330	国际藏书家古籍收藏与保护研讨会论文集及珍本图录	杨光辉，韦力主编	复旦大学出版社有限公司	978-7-309-13262-5
331	高校图书馆深层次嵌入式学科服务理论与实践	杨静，包海艳，王跃飞主编	内蒙古科学技术出版社	978-7-5380-3038-9

续表

序号	书名	责任者及著作方式	出版社	ISBN
332	图书馆阅读推广理论与实践探究	杨静,谢基新,王跃飞主编	内蒙古科学技术出版社	978-7-5380-2944-4
333	简帛文献与诸子时代文学思想研究	杨隽著	中国社会科学出版社	978-7-5203-1453-4
334	古典文献及其利用. 第 4 版	杨琳著	北京大学出版社	978-7-301-29009-5
335	社会认知视阈下高校图书馆工作研究	杨盛春著	黑龙江教育出版社	978-7-5709-0417-4
336	信息时代下的图书馆管理与服务研究	杨曙红等著	河北教育出版社	978-7-5545-4591-1
337	公共图书馆儿童阅读推广工作研究	杨思平著	吉林文史出版社	978-7-5472-5190-4
338	网络信息生态链价值管理研究	杨小溪著	华中师范大学出版社有限责任公司	978-7-5622-8384-3
339	图书馆知识管理与服务研究	杨秀臻著	天津科学技术出版社	978-7-5576-5635-5
340	信息元素养与信息检索	杨云川等编著	电子工业出版社	978-7-121-33650-8
341	信息检索教程	杨兆辉,明丽宏主编	电子工业出版社	978-7-121-34454-1
342	书林清话:外二种	叶德辉著;漆永祥点校	北京联合出版公司	978-7-5596-1636-4
343	移动阅读用户采纳行为研究:基于青少年群体的调查分析	叶凤云著	经济科学出版社	978-7-5141-6901-0
344	图书馆学情报学学术规范与方法论研究	叶继元等著	南京大学出版社	978-7-305-21000-6
345	情报学基础教程. 第 3 版	叶鹰主编	科学出版社	978-7-03-058406-9
346	汉魏子书研究	尹玉珊著	中国社会科学出版社	978-7-5203-2414-4
347	高校图书馆服务工作与采访模式创新研究	于芳著	吉林出版集团股份有限公司	978-7-5581-5301-3
348	信息公平视域下图书馆弱势群体的服务研究	于慧著	吉林科学技术出版社	978-7-5578-4265-9
349	图书馆全民阅读推广实践与探究	于欣田编著	辽宁大学出版社	978-7-5610-9166-1
350	高校图书馆服务创新研究	于洋,陈聪,田宇著	黑龙江教育出版社	978-7-5316-8765-8
351	图书馆管理与信息应用	于志敏著	吉林人民出版社	978-7-206-14836-1
352	大数据视角下的观点挖掘	余传明著	中国社会科学出版社	978-7-5203-3092-3
353	文献信息检索与利用	袁朝晖,田兰兰,马艳平主编	电子科技大学出版社	978-7-5647-5867-7
354	中华文献外译与西传研究	岳峰等著	厦门大学出版社	978-7-5615-6851-4
355	新时代高校图书馆文化建设与信息服务研究	云正富,赵云飞,刘英杰主编	上海交通大学出版社	978-7-313-19378-0
356	藏书家. 第 22 辑	昝亮主编	齐鲁书社	978-7-5333-3857-2
357	中国高被引分析报告. 2017	曾建勋主编	科学技术文献出版社	978-7-5189-4394-4
358	全民阅读视野下的图书馆服务管理研究	曾荣著	中国商务出版社	978-7-5103-2524-3
359	基于科技大数据的情报分析方法与技术研究	曾文著	科学技术文献出版社	978-7-5189-4630-3
360	科研合作网络的链路预测研究	张斌著	科学出版社	978-7-03-057852-5

续表

序号	书名	责任者及著作方式	出版社	ISBN
361	跨媒体网络事件检测与跟踪研究	张承德著	中国社会科学出版社	978-7-5203-2502-8
362	现代图书馆建设与读者服务研究	张聪红,张亚莉,张玉著	吉林科学技术出版社	978-7-5578-4519-3
363	基于交通大数据的信息服务技术研究	张福生,杨玲著	吉林出版集团股份有限公司	978-7-5581-4897-2
364	中国少数民族古籍珍品图典:民族古文字古籍整理研究 100 年通览	张公瑾,黄建明主编	中国社会科学出版社	978-7-5203-2079-5
365	公共图书馆资源建设与服务研究	张洪升,付国帅,张正伟著	新华出版社	978-7-5166-3895-8
366	现代少儿图书馆信息化建设	张际主编	天津科学技术出版社	978-7-5576-4527-4
367	高校图书馆读者与服务	张佳著	吉林出版集团股份有限公司	978-7-5581-5385-3
368	图书馆营销研究	张娟著	中国商务出版社	978-7-5103-2365-2
369	互联网环境下信息检索与分析	张凌云,赵宏亮,张媛媛主编	文化发展出版社	978-7-5142-2365-1
370	“双一流”背景下高校图书馆创新服务研究	张璐璐等主编	天津科学技术出版社	978-7-5576-5637-9
371	信息检索与利用	张敏生,吴太斌主编	西安电子科技大学出版社	978-7-5606-4892-7
372	全民阅读推广与图书馆事业研究	张青著	四川大学出版社	978-7-5690-0755-8
373	中医药工具书及网络信息资源检索实用指南	张如青主编	上海科学技术出版社	978-7-5478-4002-3
374	中国古典文献学. 第 3 版	张三夕主编	华中师范大学出版社	978-7-5622-7965-5
375	民族古籍研究. 第四辑	张铁山主编	中国社会科学出版社	978-7-5203-2900-2
376	数字化图书馆实务探讨与研究	张拓,孟庆兴,郑建福编著	吉林大学出版社	978-7-5692-3670-5
377	教育文献信息资源建设. 2018 年	张伟主编	华中师范大学出版社有限责任公司	978-7-5622-8469-7
378	大数据时代图书馆信息服务研究	张文勇著	吉林文史出版社有限责任公司	978-7-5472-5801-9
379	专业图书馆转型与人才培养	张旭煌著	远方出版社	978-7-5555-1138-0
380	新媒体背景下图书馆资源建设与服务发展	张子凤著	吉林出版集团股份有限公司	978-7-5581-4548-3
381	中药文献检索. 第 2 版	章新友主编	人民卫生出版社	978-7-117-26686-4
382	情报学:服务国家安全与发展的现代情报理论	赵冰峰著	金城出版社	978-7-5155-1482-6
383	云计算时代信息技术在图书馆中的应用研究	赵春燕著	中国石化出版社	978-7-5114-5017-3
384	大学阅读与图书馆信息服务	赵枫著	吉林人民出版社	978-7-206-15063-0
385	中国跨系统区域图书馆联盟建设与发展实证研究	赵乃瑄等著	南京大学出版社	978-7-305-21281-9
386	实用信息检索方法与利用. 第 3 版	赵乃瑄主编	化学工业出版社	978-7-122-31182-5
387	H 型指数和 H 型测度研究	赵星,李盛庆,叶鹰等著	科学出版社	978-7-03-058638-4

续表

序号	书名	责任者及著作方式	出版社	ISBN
388	国家图书馆业务管理机制研究	赵益民著	中国社会科学出版社	978-7-5203-1290-5
389	高校图书馆信息系统建设及安全管理	赵莹著	东北林业大学出版社	978-7-5674-1424-2
390	用于Web 2.0搜索意图理解的共识语义分析关键技术	赵玉丽等著	东北大学出版社	978-7-5517-1989-6
391	图林深处:广州阿华田和他的图书馆学故事	郑永田著	知识产权出版社有限责任公司	978-7-5130-5664-9
392	汉语主题词表.自然科学卷.第Ⅰ册,数学	中国科学技术信息研究所编	科学技术文献出版社	978-7-5189-3590-1
393	汉语主题词表.自然科学卷.第Ⅱ册,力学、物理学、晶体学	中国科学技术信息研究所编	科学技术文献出版社	978-7-5189-3575-8
394	汉语主题词表.自然科学卷.第Ⅲ册,化学	中国科学技术信息研究所编	科学技术文献出版社	978-7-5189-3592-5
395	汉语主题词表.自然科学卷.第Ⅳ册,天文学、测绘学、大气科学、海洋学、自然地理学	中国科学技术信息研究所编	科学技术文献出版社	978-7-5189-3591-8
396	汉语主题词表.自然科学卷.第Ⅴ册,地球物理学、地质学	中国科学技术信息研究所编	科学技术文献出版社	978-7-5189-3600-7
397	情报研究前沿聚焦	中国科学技术信息研究所编	科学技术文献出版社	978-7-5189-3752-3
398	科技信息研究前沿聚焦	中国科学技术信息研究所编	科学技术文献出版社	978-7-5189-3756-1
399	颠覆性技术创新研究,信息科技领域	中国科学院颠覆性技术创新研究组编	科学出版社	978-7-03-056548-8
400	图书馆、情报与文献学研究的新视野.10:中国社会科学情报学会2017年学术年会论文集	中国社会科学情报学会编	中国书籍出版社	978-7-5068-6840-2
401	中国索引.第四辑	《中国索引》编辑部编	复旦大学出版社	978-7-309-13726-2
402	中国图书馆学报创刊六十周年文选:1957—2017	《中国图书馆学报》编辑部编	国家图书馆出版社	978-7-5013-6379-7
403	图书馆员论文撰写与投稿指南	《中国图书馆学报》编辑部编	国家图书馆出版社	978-7-5013-6560-9
404	中国图书馆学报年刊.2017	中国图书馆学报编	国家图书馆出版社	978-7-5013-6373-5
405	中国图书馆年鉴.2017	中国图书馆学会,国家图书馆编	国家图书馆出版社	978-7-5013-6409-1
406	中国图书馆学会年会论文集.2017年卷	中国图书馆学会编	国家图书馆出版社	978-7-5013-6338-4
407	基于问卷调查的数字阅读负面影响实证研究	周斌著	人民出版社	978-7-01-019493-6
408	“互联网+”图书馆	周建芳著	四川大学出版社	978-7-5690-2281-0
409	图书馆特色资源建设研究	周宁著	中国商务出版社	978-7-5103-2681-3
410	档案管理与信息统计	周萍,李铮,赵春梅主编	中国纺织出版社	978-7-5180-3301-0
411	现代图书馆服务与资源开发透视	周蕊,欧毅,周琳洁主编	上海交通大学出版社	978-7-313-20194-2

续表

序号	书名	责任者及著作方式	出版社	ISBN
412	“互联网+”背景下图书情报机构的知识服务理论与实践	周晓光著	中国农业出版社	978-7-109-24264-7
413	美国图书馆学教育思想研究：1887—1955	周亚著	学林出版社	978-7-5486-1438-8
414	岭南大学图书馆藏书研究	周旖著	广东人民出版社	978-7-218-11551-1
415	高校图书馆管理创新研究	朱必云著	吉林文史出版社	978-7-5472-5397-7
416	泛在信息社会与图书馆服务转型	朱强，别立谦主编	人民出版社	978-7-01-019350-2
417	芸帙遗香：海盐县博物馆馆藏地方古籍研究	朱岩，黄彩霞编	西泠印社出版社	978-7-5508-2362-4

（国家图书馆　中文采编部整理）

统计资料

2018 年全国公共图书馆事业统计①

按年份全国公共图书馆经费收支及设施情况

年份	收入合计(万元)	财政拨款	支出合计(万元)	新增藏量购置费	新购图书(万册)	实际使用房屋建筑面积(万平方米)	书库	阅览室	阅览室座席数(万个)
1979年	5040	5040	5206	2163		86.6	38.1	21.1	
1980年	5476	5476	5486	2273		92.0	42.1	23.5	
1985年	15272	15272	13393	4164	1343	172.0	64.1	46.1	23.1
1986年	19891	19070	17242	5300	1359	210.2	73.0	53.4	33.7
1990年	32328	29292	30271	8474	895	326.0	98.4	76.1	32.1
1991年	36764	32593	34388	8927	771	349.1	104.3	80.0	34.0
1992年	45354	39010	41132	9916	740	363.6	105.3	84.3	34.4
1993年	50917	42975	48211	10698	631	368.0	108.0	85.0	34.3
1994年	74586	60639	63295	9252	556	409.1	113.6	85.7	34.8
1995年	79685	65829	74080	16788	551	415.5	117.8	88.3	35.2
1996年	93235	76582	88963	19626	577	441.4	120.8	94.0	35.6
1997年	114004	93177	113927	25527	680	471.5	124.9	98.0	37.4
1998年	129082	107521	127032	28067	700	492.5	131.7	101.8	39.9
1999年	137430	115830	135826	30473	678	506.0	137.4	105.7	41.6
2000年	163799	139321	157173	37141	692	598.2	139.0	109.7	41.6
2001年	183368	152732	187661	36489	819	561.8	146.4	114.4	43.7
2002年	213322	176882	208929	41853	946	582.8	151.6	122.6	43.9
2003年	242188	205252	235819	44407	1049	588.6	156.0	129.7	46.1
2004年	281234	238141	275034	50780	1228	625.1	158.4	138.6	47.2
2005年	325880	277848	312571	59781	1535	677.0	170.0	150.0	48.0
2006年	366089	319479	344076	66095	1686	718.9	175.5	159.0	50.0
2007年	450512	395441	431326	78262	1871	741.4	181.6	169.2	52.7
2008年	531926	477616	519841	83832	2071	780.0	183.5	179.3	55.4
2009年	613175	550808	606630	104404	2939	850.3	194.7	203.5	60.2
2010年	646085	583685	643629	111093	2956	900.4	204.5	220.6	63.1
2011年	813232	756357	794778	141477	3985	994.9	212.9	245.3	68.1
2012年	1002068	934890	977556	147785	5826	1058.4	230.1	281.9	73.5
2013年	1151163	1070575	1130035	165959	4865	1158.5	240.2	318.9	81.0
2014年	1212979	1137210	1163583	170133	4742	1231.6	252.4	331.8	85.6
2015年	1358370	1270354	1340481	197468	5151	1301.5	268.4	358.0	91.1
2016年	1494998	1415668	1451469	216020	6275	1424.3	281.9	398.2	98.6
2017年	1801356	1722791	1692580	236506	7034	1515.3	302.7	433.5	106.4
2018年	1829159	1754512	1876015	246475	6894	1596	318.5	458.4	111.7

① 数据由文化和旅游部财务司规划统计处提供。

按年份全国公共图书馆主要业务活动情况

年份	机构数（个）	从业人员（人）	总藏量（万册/件）	总流通人次（万人次）	外借人次	书刊文献外借册次（万册次）	书架单层总长度（万米）	发放借书证数（万个）	本年新购藏量（万册）
1979年	1651		18353	7787		9625			
1980年	1732		19904	9045		11830			
1985年	2344	29350	25573	11614		18942			1343
1986年	2406	31849	26133	11722		16205	504	523	1359
1990年	2527	40247	29064	12435		20242	772	603	895
1991年	2535	42037	30614	20496	7949	13325	758	631	771
1992年	2558	43051	31175	18495	7653	12625	748	563	740
1993年	2572	44656	31410	16973	6970	11685	797	562	631
1994年	2589	44367	32332	14451	7232	11852	776	552	556
1995年	2615	45323	32850	14142	7160	11814	899	540	551
1996年	2620	46457	33686	14793	7731	13544	967	527	577
1997年	2628	47882	37549	16114	8561	15685	817	556	680
1998年	2662	48313	38514	17058	8910	15422	873	582	700
1999年	2669	48792	39539	18040	9075	16290	934	596	678
2000年	2675	51342	40953	18854	9600	16913	978	623	692
2001年	2696	48579	42130	20757	9829	17559	945	792	819
2002年	2697	48447	42683	21950	10428	20021	995	918	946
2003年	2709	49646	43776	21440	10666	18775	1035	943	1049
2004年	2720	49069	46152	22095	10140	18536	1247	1056	1228
2005年	2762	50423	48056	23332	10821	20269	1320	1062	1535
2006年	2778	51311	50024	25218	11408	21039	1413	1160	1686
2007年	2799	51650	52053	26103	11454	21319	1318	1273	1871
2008年	2820	52021	55064	28141	12251	23129	1112	1454	2071
2009年	2850	52688	58521	32167	13277	25857	1216	1749	2939
2010年	2884	53564	61726	32823	13934	26392	1200	2020	2956
2011年	2952	54475	63896	37423	15316	28452	1218	2214	3985
2012年	3076	54997	68827	43437	17402	33191	1216	2485	5826
2013年	3112	56320	74896	49232	20552	40868	1191	2877	4865
2014年	3117	56071	79092	53036	22737	46734	1210	3944	4742
2015年	3139	56422	83844	58892	23085	50896	1262	5721	5151
2016年	3154	57219	90163	66037	24892	54725	1335	5593	6275
2017年	3166	57567	96953	74450	25503	55091	1432	6736	7034
2018年	3176	57602	103716	82032	25814	58010	1487	7263	6894

按年份各地区公共图书馆机构数

单位：个

地 区	1995年	2000年	2005年	2010年	2015年	2016年	2017年	2018年
总 计	**2615**	**2675**	**2762**	**2884**	**3139**	**3154**	**3166**	**3176**
北 京	22	24	25	24	24	24	23	23
天 津	31	31	32	31	31	31	32	29
河 北	134	145	153	165	172	172	173	173
山 西	119	121	122	126	126	127	128	128
内蒙古	107	108	110	113	117	117	117	117
辽 宁	127	128	126	128	129	130	130	130
吉 林	51	60	63	65	66	66	66	66
黑龙江	96	97	96	107	107	108	109	109
上 海	31	31	28	28	25	24	24	23
江 苏	94	101	103	111	114	114	115	116
浙 江	81	83	90	97	100	102	101	103
安 徽	83	84	88	88	122	123	124	126
福 建	78	81	84	86	90	90	90	91
江 西	104	104	104	108	114	113	113	113
山 东	130	133	145	149	154	154	154	154
河 南	132	134	136	142	158	158	158	160
湖 北	100	103	102	107	112	112	116	115
湖 南	116	115	120	124	137	137	139	140
广 东	114	124	129	132	140	142	143	143
广 西	99	94	95	108	112	114	115	116
海 南	19	19	20	20	21	23	23	24
重 庆		42	43	43	43	43	43	43
四 川	166	129	141	161	203	203	204	204
贵 州	87	89	91	93	96	99	98	98
云 南	148	148	149	150	151	151	151	151
西 藏	18	1	4	4	79	81	81	81
陕 西	114	114	111	112	110	110	110	111
甘 肃	86	91	92	94	103	103	103	103
青 海	41	38	43	44	49	49	49	51
宁 夏	20	22	20	20	26	26	26	27
新 疆	66	80	96	103	107	107	107	107

按年份各地区公共图书馆从业人员

单位：人

地　区	1995年	2000年	2005年	2010年	2015年	2016年	2017年	2018年
总　计	**45323**	**51342**	**50423**	**53564**	**56422**	**57219**	**57567**	**57602**
北　京	886	1080	1219	1307	1263	1249	1239	1229
天　津	1084	1111	1057	1077	1189	969	986	1047
河　北	1592	1711	1690	1789	1855	1875	1899	1921
山　西	1370	1527	1631	1575	1554	1676	1673	1652
内蒙古	2015	1833	1776	1804	1942	1944	1913	1873
辽　宁	2859	4916	2888	3152	2805	2761	2662	2588
吉　林	1596	1724	1783	1661	1628	1620	1600	1556
黑龙江	2014	1846	1669	1846	1693	1664	1688	1659
上　海	1686	2513	2597	2180	2113	2091	2101	2110
江　苏	1953	2092	2363	2838	3183	3439	3473	3529
浙　江	1565	1936	2122	3040	3577	3616	3607	3849
安　徽	1168	1241	1217	1239	1510	1559	1558	1504
福　建	1077	1172	1110	1190	1330	1409	1536	1599
江　西	1386	1462	1373	1406	1395	1379	1420	1408
山　东	2318	2506	2690	2680	2750	2828	2877	2843
河　南	2352	2626	2742	2762	2949	2955	2911	2914
湖　北	2054	2299	2253	2151	2212	2198	2204	2128
湖　南	1733	1925	1963	1993	2092	2094	2149	2110
广　东	2355	2837	3252	3761	4159	4360	4450	4542
广　西	1335	1540	1459	1509	1509	1589	1660	1675
海　南	252	250	250	374	325	323	313	319
重　庆		785	755	854	874	920	964	1002
四　川	2415	1719	1869	1972	2261	2371	2413	2313
贵　州	869	876	905	937	1046	1089	1081	1089
云　南	1429	1571	1661	1760	1826	1874	1814	1770
西　藏	50	42	62	64	187	189	216	200
陕　西	1317	1572	1691	1988	2121	2123	2020	2085
甘　肃	979	1110	1179	1306	1443	1450	1473	1434
青　海	400	378	365	398	411	425	483	520
宁　夏	498	537	509	543	558	555	565	597
新　疆	770	907	951	978	1083	1092	1102	1093

按年份各地区公共图书馆总藏量

单位：万册/件

地区	1995年	2000年	2005年	2010年	2015年	2016年	2017年	2018年
总计	**32850**	**40953**	**48056**	**61726**	**83844**	**90163**	**96953**	**103716**
北京	670	767	1121	1715	2425	2594	2759	2876
天津	677	786	869	1258	1697	1806	1662	1867
河北	845	1081	1307	1611	2200	2340	2547	2717
山西	777	867	963	1208	1548	1727	1751	1860
内蒙古	621	683	744	940	1513	1704	1787	1904
辽宁	1786	1970	2326	2953	3736	3929	3964	4175
吉林	921	1030	1202	1380	1768	1862	1973	2052
黑龙江	1094	1186	1291	1644	1827	1926	2158	2233
上海	1586	5500	6049	6809	7568	7676	7773	7894
江苏	2420	2669	3179	4370	6847	7602	8598	9323
浙江	1511	1715	2324	3761	6250	6969	7813	8608
安徽	752	787	847	1236	1942	2162	2537	2910
福建	902	985	1274	1682	2821	3051	3322	3745
江西	1070	1122	1282	1520	2159	2178	2429	2522
山东	1724	1989	2746	3636	4727	5065	5539	6213
河南	1062	1239	1429	1837	2472	2646	2874	3169
湖北	1445	1678	1923	2361	3003	3318	3597	3910
湖南	1362	1514	1667	1961	2555	2833	3050	3305
广东	1651	2316	3119	4615	7008	7900	8708	9548
广西	1243	1312	1491	1881	2606	2720	2786	2750
海南	137	154	184	285	424	458	490	551
重庆		811	768	1031	1304	1442	1672	1808
四川	2356	1722	2002	2599	3328	3518	3793	3948
贵州	616	681	764	812	1221	1258	1386	1467
云南	1104	1254	1371	1566	1944	2091	2111	2154
西藏	51	60	42	53	162	177	195	221
陕西	733	837	887	1127	1506	1626	1733	1893
甘肃	670	745	860	1042	1340	1394	1496	1560
青海	280	286	324	358	415	451	459	479
宁夏	338	380	378	462	706	687	721	732
新疆	489	579	817	1113	1303	1418	1502	1420

按年份各地区人均拥有公共图书馆藏量

单位：册/件

地　区	1995年	2000年	2005年	2010年	2015年	2016年	2017年	2018年
全　国	**0.27**	**0.32**	**0.37**	**0.46**	**0.61**	**0.65**	**0.70**	**0.74**
北　京	0.54	0.55	0.73	0.87	1.12	1.19	1.27	1.34
天　津	0.72	0.79	0.83	0.97	1.10	1.16	1.07	1.20
河　北	0.13	0.16	0.19	0.22	0.30	0.31	0.34	0.36
山　西	0.25	0.26	0.29	0.34	0.42	0.47	0.47	0.50
内蒙古	0.27	0.29	0.31	0.38	0.60	0.68	0.71	0.75
辽　宁	0.44	0.46	0.55	0.68	0.85	0.90	0.91	0.96
吉　林	0.36	0.38	0.44	0.50	0.64	0.68	0.73	0.76
黑龙江	0.30	0.32	0.34	0.43	0.48	0.51	0.57	0.59
上　海	1.12	3.29	3.40	2.96	3.13	3.17	3.21	3.26
江　苏	0.34	0.36	0.43	0.56	0.86	0.95	1.07	1.16
浙　江	0.35	0.37	0.47	0.69	1.13	1.25	1.38	1.50
安　徽	0.13	0.13	0.14	0.21	0.32	0.35	0.41	0.46
福　建	0.28	0.28	0.36	0.46	0.73	0.79	0.85	0.95
江　西	0.26	0.27	0.30	0.34	0.47	0.47	0.53	0.54
山　东	0.20	0.22	0.30	0.38	0.48	0.51	0.55	0.62
河　南	0.12	0.13	0.15	0.20	0.26	0.28	0.30	0.33
湖　北	0.25	0.28	0.34	0.41	0.51	0.56	0.61	0.66
湖　南	0.21	0.24	0.26	0.30	0.38	0.42	0.44	0.48
广　东	0.24	0.27	0.34	0.44	0.65	0.72	0.78	0.84
广　西	0.27	0.29	0.32	0.41	0.54	0.56	0.57	0.56
海　南	0.19	0.20	0.22	0.33	0.47	0.50	0.53	0.59
重　庆		0.26	0.27	0.36	0.43	0.47	0.54	0.58
四　川	0.21	0.21	0.24	0.32	0.41	0.43	0.46	0.47
贵　州	0.18	0.19	0.20	0.23	0.35	0.35	0.39	0.41
云　南	0.28	0.29	0.31	0.34	0.41	0.44	0.44	0.45
西　藏	0.21	0.23	0.15	0.18	0.50	0.53	0.58	0.64
陕　西	0.21	0.23	0.24	0.30	0.40	0.43	0.45	0.49
甘　肃	0.27	0.29	0.33	0.41	0.52	0.53	0.57	0.59
青　海	0.58	0.55	0.60	0.64	0.70	0.76	0.77	0.79
宁　夏	0.66	0.68	0.63	0.73	1.06	1.02	1.06	1.06
新　疆	0.29	0.30	0.41	0.51	0.55	0.59	0.61	0.57

按年份各地区公共图书馆总流通人次

单位：万人次

地　区	1995年	2000年	2005年	2010年	2015年	2016年	2017年	2018年
总　计	**14142**	**18854**	**23332**	**32823**	**58892**	**66037**	**74450**	**82032**
北　京	272	320	715	775	1264	1402	1555	1903
天　津	265	461	483	606	789	851	1403	1226
河　北	473	736	635	736	1428	1622	2308	2371
山　西	227	261	256	374	830	981	1190	1620
内蒙古	282	270	380	312	649	743	1003	1252
辽　宁	829	1184	1133	1457	2068	2313	2580	2850
吉　林	385	409	505	503	732	806	867	812
黑龙江	631	608	505	622	968	986	1072	1131
上　海	687	1225	1249	1853	3931	4170	2993	3036
江　苏	883	1227	1735	3006	6001	6489	7975	8114
浙　江	555	1140	1398	3454	7942	9788	10847	11875
安　徽	372	561	461	760	1739	1994	2376	3341
福　建	466	647	734	1193	2396	2604	2970	3355
江　西	413	485	534	639	1258	1375	1722	1754
山　东	509	795	1422	1717	2729	3644	3972	4578
河　南	650	713	828	1026	2233	2539	2951	3360
湖　北	559	714	1145	1516	1955	2082	2388	2577
湖　南	618	808	787	1028	1617	1955	2177	2478
广　东	1447	2235	3543	4540	7855	8335	9147	10518
广　西	809	927	896	1343	2065	2067	2344	2385
海　南	94	121	115	172	445	377	524	578
重　庆		266	595	621	1235	1309	1524	1604
四　川	776	554	766	1168	2010	2358	2601	2562
贵　州	462	228	187	369	594	604	784	882
云　南	559	654	735	907	1223	1381	1261	1695
西　藏		2	2	3	20	25	25	35
陕　西	242	275	365	519	982	1156	1357	1525
甘　肃	225	185	317	468	678	724	775	834
青　海	39	58	68	89	112	111	159	156
宁　夏	140	142	167	163	282	319	465	512
新　疆	140	263	212	350	474	529	552	566

按年份各地区公共图书馆书刊文献外借册次

单位：万册次

地区	1995年	2000年	2005年	2010年	2015年	2016年	2017年	2018年
总计	**11814**	**16913**	**20269**	**26392**	**50896**	**54725**	**55091**	**58010**
北京	283	442	678	804	940	1026	1047	1203
天津	237	274	380	572	859	876	1058	1137
河北	379	673	469	493	972	1054	1416	1413
山西	204	207	272	282	547	650	810	961
内蒙古	239	233	243	312	574	705	780	830
辽宁	856	1119	1173	1456	1708	1795	1900	1914
吉林	332	387	794	412	748	737	766	757
黑龙江	500	527	789	479	688	647	794	929
上海	507	970	1028	1461	8681	8624	2792	2505
江苏	967	1269	1494	2542	4980	5088	5586	5956
浙江	550	1054	1233	2924	5727	6520	6982	7149
安徽	343	455	341	683	1481	1682	1899	2229
福建	517	779	729	1097	2465	2659	3351	3497
江西	383	543	723	562	1119	1302	1561	1584
山东	573	718	1379	1514	2331	2810	3031	3329
河南	517	695	647	915	1676	1862	2097	2271
湖北	543	769	927	1846	1816	1882	2136	2210
湖南	562	735	801	1059	1540	1701	1849	2275
广东	687	1192	2037	2267	4377	5219	6851	7213
广西	528	688	761	733	1155	1142	1183	1155
海南	49	64	28	86	222	247	243	223
重庆		435	472	706	949	1026	1223	1313
四川	691	564	651	924	1617	1751	1845	1785
贵州	133	189	118	222	476	493	551	615
云南	529	680	701	702	1072	973	958	1142
西藏		11	4	4	7	8	8	11
陕西	238	305	264	305	681	707	795	888
甘肃	173	153	261	345	588	619	662	662
青海	51	52	58	42	91	81	103	99
宁夏	125	265	212	182	302	295	363	345
新疆	91	251	175	317	440	486	381	345

按年份各地区公共图书馆财政拨款

单位:万元

地区	1995年	2000年	2005年	2010年	2015年	2016年	2017年	2018年
总计	**65829**	**139321**	**277848**	**583685**	**1270354**	**1415668**	**1722791**	**1754512**
北京	1683	8734	15554	32746	58565	59955	65390	76091
天津	1295	2751	10980	18500	37294	39120	51189	56947
河北	1827	2980	6717	10034	28569	30381	32945	37758
山西	1184	2150	4862	9838	22710	35281	38397	37935
内蒙古	1432	2452	5086	17898	38852	35753	42464	39714
辽宁	3737	6822	15446	31121	48542	50897	50929	52805
吉林	1707	3364	5861	12385	28732	30517	36298	31933
黑龙江	2088	3104	7752	13616	28784	33679	30198	28322
上海	5558	22870	30636	56345	85027	100740	211156	154282
江苏	3620	6729	16075	34240	82558	99159	112375	131931
浙江	2356	6509	20316	43536	94626	106823	124141	138967
安徽	1165	2054	5436	10008	24786	28176	32914	37970
福建	1778	3681	6579	14975	35015	37536	52259	53594
江西	1184	2022	3780	9726	24660	26095	28194	30253
山东	2814	6129	12039	22996	54919	58850	66482	68445
河南	1766	3591	5987	12252	33275	34813	41625	51314
湖北	1649	2896	6498	29240	47629	50865	67289	59781
湖南	1816	2550	5376	12154	29914	39260	46874	46738
广东	6110	11868	28592	58296	127501	156204	189105	206621
广西	1563	2851	5469	12191	32734	29939	45983	37156
海南	378	322	631	3373	9758	12639	15270	16011
重庆		1491	2957	7650	23778	27377	28656	30273
四川	2591	2877	7229	16955	64020	53607	54186	60482
贵州	746	1259	3401	5939	15290	18763	23913	25871
云南	2178	5134	6096	11763	24864	33464	34425	37120
西藏	72	111	336	1145	6932	6095	7665	6306
陕西	934	2038	3973	11547	25922	32442	33640	36487
甘肃	985	1752	4438	9648	22858	27324	30646	24827
青海	724	678	1237	3096	9340	12580	12178	11669
宁夏	408	786	1504	5067	12731	10483	12381	12120
新疆	1062	1476	3360	8089	21635	30234	29957	28263

按年份各地区公共图书馆总支出

单位：万元

地区	1995年	2000年	2005年	2010年	2015年	2016年	2017年	2018年
总计	**74080**	**157173**	**312571**	**643629**	**1340481**	**1451469**	**1692580**	**1876015**
北京	1851	5326	16840	26706	59616	61590	65118	74259
天津	2128	3074	7548	20119	35517	37285	53488	53025
河北	2044	3458	7208	11062	28024	30458	33234	37000
山西	1170	2270	5085	10787	23050	33899	38235	38156
内蒙古	1458	2536	4959	15124	39865	36627	37507	44126
辽宁	4392	7783	16225	32183	49577	51013	53537	52747
吉林	1835	3520	6295	12613	29390	30474	37538	32914
黑龙江	2139	3409	8602	13500	31318	34794	30724	28415
上海	7021	24425	36757	63728	93556	104749	133059	221557
江苏	4046	8400	20630	37964	86604	103891	111938	136250
浙江	3082	8500	22905	47316	100338	108932	129175	143649
安徽	1384	2641	5767	11788	26927	30155	35021	37629
福建	1710	3916	7446	15517	34971	41040	55251	54482
江西	1323	2343	4343	10432	25599	24551	29988	31080
山东	2968	6881	13242	23206	56509	60983	69331	66638
河南	2140	3902	6377	13452	32060	35681	42322	52348
湖北	2372	3952	8120	31444	50295	49833	58296	62461
湖南	2329	3399	6431	13378	30504	36364	44180	47505
广东	6807	14597	33777	61294	134518	156094	195714	202280
广西	1769	3077	6288	13369	35915	32947	45992	39978
海南	369	355	658	4320	9808	10830	17605	18571
重庆		2026	3856	9335	24115	27796	31118	31361
四川	3245	3462	8218	17841	59960	51872	55065	66352
贵州	810	1428	3497	6736	17210	18010	25116	28614
云南	2234	3928	6786	12632	27661	35625	35951	38999
西藏	61	110	336	689	5146	6262	6928	6037
陕西	951	2263	4405	11820	27944	34020	36020	39667
甘肃	1011	1799	4399	9592	25254	26657	30907	27939
青海	424	780	1315	3155	9074	10825	12440	15096
宁夏	430	783	1574	5786	12828	13422	14981	13959
新疆	1119	1677	3999	8890	26944	29828	30223	28480

按年份各地区公共图书馆新增藏量购置费

单位：万元

地　区	1995年	2000年	2005年	2010年	2015年	2016年	2017年	2018年
总　计	**16788**	**37141**	**59781**	**111093**	**197468**	**216020**	**236506**	**246475**
北　京	251	914	3413	4483	8392	8889	7364	10904
天　津	318	563	1527	3267	4870	4688	12399	9430
河　北	302	428	677	1524	4063	3636	5088	4754
山　西	131	292	385	1482	2466	4811	3103	3662
内蒙古	86	166	169	939	3209	3261	3489	7386
辽　宁	768	948	2027	5165	6801	5073	7008	5742
吉　林	250	459	777	1312	3877	3727	3406	3521
黑龙江	235	395	410	1584	2436	2256	2507	2213
上　海	2204	11210	10342	14950	19127	18595	16399	16829
江　苏	732	1780	3739	8279	15421	18287	18827	17566
浙　江	578	1577	3994	10908	17781	19658	21670	23273
安　徽	262	297	619	1454	4634	4818	3802	5410
福　建	311	716	1599	2801	6229	7781	8381	10053
江　西	99	302	646	1299	2624	3239	4168	3978
山　东	506	978	1868	4000	7665	10248	12023	10357
河　南	255	413	655	1449	4166	4342	5808	5500
湖　北	299	699	1296	1847	8752	8634	10579	11151
湖　南	207	415	900	1672	3933	4956	5380	6426
广　东	1186	2832	7394	12506	23670	29651	32870	33084
广　西	291	520	674	1863	5043	4537	5470	5117
海　南	59	41	92	874	873	656	1403	1381
重　庆		330	569	1626	3230	3958	4154	3796
四　川	431	485	1095	2129	4912	5201	6582	5739
贵　州	100	166	301	682	1446	1962	3769	2896
云　南	441	538	720	1700	2699	3001	2567	2697
西　藏	14	16	43	119	1176	265	370	473
陕　西	104	117	701	1527	3270	3749	4028	4728
甘　肃	170	289	594	1177	2382	2599	2929	2736
青　海	33	54	72	153	785	1298	544	660
宁　夏	41	68	136	501	1355	1068	1624	1596
新　疆	91	136	347	925	1480	3465	1657	1315

按年份各地区公共图书馆人均购书费

单位：元

地　区	1995年	2000年	2005年	2010年	2015年	2016年	2017年	2018年
全　国	**0.139**	**0.293**	**0.457**	**0.829**	**1.434**	**1.562**	**1.697**	**1.766**
北　京	0.201	0.661	2.219	2.286	3.866	4.091	3.392	5.062
天　津	0.338	0.562	1.464	2.525	3.148	3.001	7.964	6.045
河　北	0.047	0.063	0.099	0.212	0.547	0.487	0.677	0.629
山　西	0.043	0.089	0.115	0.415	0.673	1.306	0.838	0.985
内蒙古	0.039	0.070	0.071	0.380	1.278	1.294	1.380	2.915
辽　宁	0.188	0.224	0.480	1.181	1.552	1.159	1.604	1.317
吉　林	0.096	0.168	0.286	0.478	1.408	1.364	1.254	1.302
黑龙江	0.063	0.107	0.107	0.414	0.639	0.594	0.517	0.587
上　海	1.558	6.697	5.817	6.494	7.919	7.684	6.782	6.943
江　苏	0.104	0.239	0.500	1.052	1.933	2.286	2.345	2.182
浙　江	0.134	0.337	0.815	2.004	3.210	3.517	3.831	4.057
安　徽	0.044	0.050	0.101	0.244	0.754	0.778	0.608	0.855
福　建	0.096	0.206	0.452	0.759	1.623	2.009	2.143	2.551
江　西	0.024	0.073	0.150	0.291	0.575	0.705	0.902	0.856
山　东	0.058	0.108	0.202	0.418	0.778	1.030	1.202	1.031
河　南	0.028	0.045	0.070	0.154	0.439	0.456	0.608	0.573
湖　北	0.052	0.116	0.227	0.323	1.496	1.467	1.792	1.885
湖　南	0.032	0.064	0.142	0.254	0.580	0.726	0.784	0.931
广　东	0.173	0.328	0.804	1.199	2.182	2.696	2.943	2.916
广　西	0.064	0.116	0.145	0.405	1.051	0.938	1.120	1.039
海　南	0.081	0.052	0.111	1.008	0.538	0.716	1.515	1.479
重　庆		0.107	0.203	0.564	1.071	1.299	1.351	1.224
四　川	0.038	0.058	0.133	0.265	0.599	0.630	0.793	0.688
贵　州	0.029	0.047	0.081	0.196	0.410	0.552	1.053	0.804
云　南	0.111	0.125	0.162	0.370	0.569	0.629	0.535	0.558
西　藏	0.058	0.061	0.155	0.396	3.629	0.802	1.097	1.375
陕　西	0.030	0.032	0.188	0.409	0.862	0.983	1.050	1.224
甘　肃	0.070	0.113	0.229	0.460	0.916	0.996	1.115	1.038
青　海	0.069	0.104	0.133	0.271	1.334	2.188	0.909	1.095
宁　夏	0.080	0.121	0.228	0.796	2.029	1.582	2.381	2.320
新　疆	0.055	0.071	0.173	0.424	0.627	1.445	0.678	0.529

按年份各地区公共图书馆购书费支出占总支出的比重

单位：%

地区	1995年	2000年	2005年	2010年	2015年	2016年	2018年
全国	**22.7**	**23.6**	**19.1**	**17.3**	**14.7**	**14.0**	**13.1**
北京	13.6	17.2	20.3	16.8	14.1	11.3	14.7
天津	14.9	18.3	20.2	16.2	13.7	23.2	17.8
河北	14.8	12.4	9.4	13.8	14.5	15.3	12.8
山西	11.2	12.9	7.6	13.7	10.7	8.1	9.6
内蒙古	5.9	6.5	3.4	6.2	8.0	9.3	16.7
辽宁	17.5	12.2	12.5	16.0	13.7	13.1	10.9
吉林	13.6	13.0	12.3	10.4	13.2	9.1	10.7
黑龙江	11.0	11.6	4.8	11.7	7.8	8.2	7.8
上海	31.4	45.9	28.1	23.5	20.4	12.3	7.6
江苏	18.1	21.2	18.1	21.8	17.8	16.8	12.9
浙江	18.8	18.6	17.4	23.1	17.7	16.8	16.2
安徽	18.9	11.2	10.7	12.3	17.2	10.9	14.4
福建	18.2	18.3	21.5	18.0	17.8	15.2	18.5
江西	7.5	12.9	14.9	12.4	10.3	13.9	12.8
山东	17.0	14.2	14.1	17.2	13.6	17.3	15.5
河南	11.9	10.6	10.3	10.8	13.0	13.7	10.5
湖北	12.6	17.7	16.0	5.9	17.4	18.1	17.9
湖南	8.9	12.2	14.0	12.5	12.9	12.2	13.5
广东	17.4	19.4	21.9	20.4	17.6	16.8	16.4
广西	16.4	16.9	10.7	13.9	14.0	11.9	12.8
海南	16.0	11.5	14.0	20.2	8.9	8.0	7.4
重庆		16.3	14.8	17.4	13.4	13.4	12.1
四川	13.3	14.0	13.3	11.9	8.2	12.0	8.6
贵州	12.3	11.6	8.6	10.1	8.4	15.0	10.1
云南	19.7	13.7	10.6	13.5	9.8	7.1	6.9
西藏	23.0	14.5	12.8	17.2	22.8	5.3	7.8
陕西	10.9	5.2	15.9	12.9	11.7	11.2	11.9
甘肃	16.8	16.1	13.5	12.3	9.4	9.5	9.8
青海	7.8	6.9	5.5	4.8	8.7	4.4	4.4
宁夏	9.5	8.7	8.6	8.7	10.6	10.8	11.4
新疆	8.1	8.1	8.7	10.4	5.5	5.5	4.6

按年份各地区公共图书馆新购图书册数

单位：万册

地区	1995年	2000年	2005年	2010年	2015年	2016年	2017年	2018年
总计	**551**	**692**	**1535**	**2956**	**5151**	**6275**	**7034**	**6894**
北京	11	33	114	125	196	226	135	192
天津	12	17	35	74	102	110	166	223
河北	26	15	33	68	122	159	191	182
山西	7	12	17	45	81	126	70	127
内蒙古	7	11	8	67	68	154	145	129
辽宁	41	39	72	157	179	183	190	164
吉林	14	14	32	52	96	94	88	85
黑龙江	17	17	26	71	88	127	183	91
上海	44	67	100	176	242	151	222	184
江苏	41	57	106	259	478	584	796	622
浙江	33	54	142	337	643	711	753	673
安徽	9	11	23	61	191	228	176	289
福建	18	25	71	103	211	244	354	384
江西	9	15	26	65	91	127	207	104
山东	23	32	64	133	259	327	502	652
河南	16	21	30	95	124	160	202	251
湖北	23	28	43	60	185	296	284	359
湖南	19	24	54	80	134	273	172	209
广东	69	77	316	368	557	886	865	848
广西	16	20	26	56	149	132	128	173
海南	6	3	3	25	27	35	29	52
重庆		12	23	52	104	153	203	124
四川	25	21	47	95	211	202	257	191
贵州	5	8	7	27	61	58	141	87
云南	22	15	26	43	93	112	97	73
西藏			2	2	39	18	16	26
陕西	5	6	25	43	79	108	117	111
甘肃	7	7	12	26	55	61	94	47
青海	1	2	3	6	19	16	17	11
宁夏	2	3	5	31	33	27	37	55
新疆	6	5	15	32	93	58	64	45

按年份各地区公共图书馆阅览室座席数

单位：万个

地　区	1995年	2000年	2005年	2010年	2015年	2016年	2017年	2018年
总　计	**35.2**	**41.6**	**48.0**	**63.1**	**91.1**	**98.6**	**106.4**	**111.7**
北　京	0.5	0.8	1.1	1.3	1.5	1.7	1.8	1.6
天　津	0.5	0.7	1.0	0.9	1.5	1.5	1.7	1.9
河　北	1.4	1.8	2.0	2.2	3.3	3.8	4.1	4.3
山　西	0.9	1.1	1.2	1.6	2.7	3.2	3.4	3.7
内蒙古	1.2	1.3	1.4	1.7	2.6	2.8	3.2	3.1
辽　宁	1.7	2.0	2.3	3.0	3.5	3.8	3.8	4.0
吉　林	0.9	1.2	1.2	1.4	1.9	2.1	2.1	2.2
黑龙江	1.1	1.1	1.3	1.8	2.3	2.3	2.8	2.9
上　海	1.2	1.5	1.5	1.9	2.2	2.2	2.3	2.3
江　苏	1.8	2.2	2.5	3.9	5.1	5.4	6.5	7.0
浙　江	1.2	1.6	2.5	3.5	6.1	6.5	6.9	7.8
安　徽	0.9	0.8	1.0	1.6	3.3	3.6	4.0	4.3
福　建	1.3	1.3	1.7	2.5	3.2	3.3	3.7	4.0
江　西	1.6	1.6	1.7	2.2	3.1	3.5	3.6	3.7
山　东	1.4	2.0	2.7	3.7	5.6	6.1	6.3	6.4
河　南	1.2	1.6	1.7	2.4	4.2	4.9	5.0	5.4
湖　北	2.1	2.1	2.4	2.7	3.7	4.3	4.5	4.4
湖　南	2.2	2.5	2.3	3.0	3.3	3.6	3.8	4.0
广　东	2.6	3.0	4.0	5.9	9.0	9.4	9.5	10.0
广　西	1.8	2.0	1.8	2.5	2.8	2.9	3.3	3.3
海　南	0.3	0.3	0.3	0.4	0.6	0.6	0.6	0.7
重　庆		0.8	0.8	1.4	2.1	2.5	2.8	3.0
四　川	2.2	2.1	2.3	2.6	4.6	5.0	5.5	5.8
贵　州	0.8	1.0	1.1	1.2	2.0	2.1	2.5	2.5
云　南	1.5	1.9	1.9	2.1	2.6	2.7	3.1	3.2
西　藏					0.3	0.3	0.3	0.4
陕　西	0.9	0.9	1.3	1.4	2.0	2.2	2.4	2.6
甘　肃	0.7	0.8	1.0	1.3	1.9	2.0	2.2	2.3
青　海	0.2	0.2	0.2	0.3	0.4	0.4	0.4	0.5
宁　夏	0.4	0.4	0.5	0.5	0.9	0.9	1.2	1.2
新　疆	0.5	0.7	1.0	1.4	2.3	2.4	2.7	2.7

按年份各地区每万人公共图书馆建筑面积

单位：平方米

地　区	1995年	2000年	2005年	2010年	2015年	2016年	2018年
全　国	**34.3**	**47.3**	**51.8**	**67.2**	**94.7**	**109.0**	**114.4**
北　京	56.7	75.3	99.5	86.6	113.6	138.3	138.6
天　津	81.6	99.9	162.0	103.1	167.4	209.1	259.7
河　北	26.9	33.5	38.5	34.6	59.2	65.5	71.5
山　西	27.6	34.3	45.0	67.8	114.3	138.5	139.9
内蒙古	46.0	53.0	65.8	90.4	135.5	160.7	168.1
辽　宁	53.8	61.6	81.3	100.8	126.7	132.8	137.3
吉　林	35.5	39.6	50.1	53.3	98.9	105.9	106.5
黑龙江	33.6	36.6	48.2	65.0	76.6	86.2	89.0
上　海	85.8	132.6	137.2	160.9	173.2	177.4	180.7
江　苏	30.3	35.5	57.9	83.1	129.3	152.4	167.0
浙　江	34.8	57.7	83.7	106.7	171.7	190.4	208.8
安　徽	14.6	15.9	23.9	37.0	65.0	76.6	80.7
福　建	42.2	47.5	65.9	117.1	99.1	130.2	143.0
江　西	38.6	39.9	47.6	61.1	80.1	87.0	89.1
山　东	22.6	26.9	42.3	49.7	83.8	110.7	116.5
河　南	21.6	25.9	27.2	34.5	57.9	64.2	70.2
湖　北	35.1	39.3	49.9	57.3	91.9	125.8	116.8
湖　南	33.6	38.7	39.7	54.9	61.1	68.8	72.0
广　东	43.2	132.1	57.8	80.6	115.9	120.0	120.8
广　西	38.1	46.8	45.1	55.8	72.0	86.5	89.4
海　南	36.0	41.9	53.1	98.2	88.5	90.7	94.6
重　庆		37.5	47.2	70.8	97.6	110.6	116.7
四　川	22.6	27.3	34.2	42.1	68.5	75.6	79.2
贵　州	23.9	39.7	35.7	44.5	63.7	71.8	73.9
云　南	44.6	48.5	78.4	65.5	75.1	84.3	84.1
西　藏	52.1	61.1	104.7	89.6	156.2	165.2	170.0
陕　西	32.8	33.8	52.7	53.5	64.4	73.9	83.4
甘　肃	34.5	43.7	41.6	63.2	84.3	108.2	114.5
青　海	60.5	73.4	68.1	78.9	105.9	127.9	132.0
宁　夏	78.2	78.3	68.8	133.9	158.8	195.5	189.4
新　疆	43.1	44.7	54.7	82.0	100.6	113.3	113.1

	机构数(个)	从业人员(人)	专业技术人才	正高级职称	副高级职称	中级职称
总　计	**3176**	**57602**	**40708**	**863**	**5769**	**18622**
其中：少儿图书馆	123	2531	1825	44	294	795
按隶属关系分：						
中央	1	1444	1363	65	400	761
省区市	39	7537	6469	324	1310	2923
地市	376	15251	11685	329	1963	5446
县市区	2760	33370	21191	145	2096	9492
其中：县图书馆	1580	14868	9811	53	960	4458

续表 1

	在藏量中		电子图书(万册)			
	开架书刊	少儿文献		本馆自建	本馆外购	从其他机构免费共享
总　计	**51858.37**	**11465.75**	**80827.88**	**1977.69**	**51920.03**	**26930.15**
其中：少儿图书馆	2558.74	2292.91	2476.46	19.57	1787.97	668.92
按隶属关系分：						
中央	172.24	7.99	247.89	78.70	169.20	
省区市	5306.01	1120.29	9881.70	39.57	6275.35	3566.78
地市	15588.78	4099.68	24641.09	437.39	18601.29	5602.41
县市区	30791.33	6237.79	46057.20	1422.03	26874.20	17760.96
其中：县图书馆	9922.79	2064.76	17918.04	593.83	10540.59	6783.61

基本情况

总藏量(万册)	图书	盲文图书	古籍	善本	报刊	视听文献	缩微制品	其他
103716.17	**82081.99**	**104.36**	**2690.45**	**276.92**	**9542.98**	**1840.42**	**1526.37**	**6033.97**
4635.10	4143.20	3.28	44.60	6.97	217.23	133.36	2.91	93.79
3901.19	1472.13	0.31	195.47	28.71	1585.88	43.93	166.53	437.26
21123.07	13343.52	10.25	1351.79	168.70	2092.65	388.03	1291.84	2655.24
27358.89	23120.17	29.51	669.88	41.22	2241.43	658.78	12.73	655.90
51333.02	44146.17	64.29	473.31	38.30	3623.02	749.68	55.27	2285.57
18666.33	15344.56	30.46	226.10	21.14	1928.49	220.53	15.55	931.11

书架单层总长度(米)	本年新增藏量(万册)	本年新增电子图书(万册)	当年购买的报刊种类(种)	有效借书证数(个)	总流通人次(万人次)	书刊文献外借人次	书刊文献外借册次(万册次)	组织各类讲座次数(次)
14867625	**6893.69**	**6341.26**	**1129753**	**72628018**	**82031.55**	**25814.23**	**58009.52**	**79274**
387054	337.54	840.96	40525	4002905	3697.06	1212.86	3822.85	7972
	132.57	21.06	16679	4406071	545.85	37.16	64.99	506
2997662	652.80	577.01	153305	8851931	9059.53	1674.58	5207.62	4817
5422220	2034.20	2061.80	318600	27351646	25383.35	8007.39	17955.04	23514
6447743	4074.11	3681.39	641169	32018370	47042.82	16095.11	34781.87	50437
2701247	1233.68	1437.41	246476	9134490	15250.36	6525.30	11863.02	18412

续表 2

	为读者举办各种活动					开展基层培训辅导人次（万人次）
	参加人次（万人次）	举办展览（个）	参加人次（万人次）	举办培训班（个）	培训人次（万人次）	
总　计	**1481.94**	**33394**	**8742.64**	**66375**	**422.76**	**126.99**
其中：少儿图书馆	94.82	1396	385.73	4602	18.27	2.45
按隶属关系分：						
中央	6.29	24	79.78	1748	27.57	12.49
省区市	420.56	2116	1468.38	6195	36.61	10.28
地市	329.92	7500	3370.14	18649	125.09	19.53
县市区	725.17	23754	3824.34	39783	233.49	84.70
其中：县图书馆	263.94	11613	1451.95	15524	107.99	46.57

续表 3

	购书专项经费	上级补助收入	事业收入	经营收入	附属单位上缴收入	其他收入
总　计	**2148642**	**128339**	**316776**	**29682**	**620**	**271051**
其中：少儿图书馆	99482	2292	2800	103		9220
按隶属关系分：						
中央	185700		166993	9939		19420
省区市	567848	415	99453	8284		65287
地市	660528	11985	15093	4225		85612
县市区	734566	115939	35237	7234	620	100732
其中：县图书馆	177587	62852	11531	136	609	49655

本单位受训人次（万人次）	计算机（台）	供读者使用电子阅览室终端数	图书馆网站访问量（页次）	本年收入合计（千元）	财政补贴收入	免费开放资金	中央资金
40.19	**223521**	**146333**	**2049572257**	**18291586**	**17545118**	**1147089**	**411727**
2.10	8036	4555	38624056	832731	818316	66234	19058
0.27	3286	494	913557000	1061663	865311		
5.01	19098	8518	280136404	4242770	4069331	235860	21052
18.53	52166	31598	588922698	5352114	5235199	291006	103633
16.38	148971	105723	266956155	7635039	7375277	620223	287042
6.85	71508	51824	117057650	2478182	2353399	299106	169012

本年支出合计（千元）	基本支出	项目支出	经营支出	在支出合计中：工资福利支出	商品和服务支出	差旅费	劳务费
18760154	**9378785**	**8925308**	**15210**	**6773352**	**4322506**	**130941**	**383041**
815570	439047	365268	193	320882	232047	3753	17080
1044399	429629	613440	1330	295726	325954	2915	7340
4839711	1748112	3084413	7182	1314833	1257217	19703	54701
5264436	2688099	2507429	2800	1992631	1068080	24216	115664
7611608	4512945	2720026	3898	3170162	1671255	84107	205336
2514019	1678572	648986	616	1169737	446533	63254	52746

续表 4

	福利费	各种税金支出	对个人和家庭补助支出	抚恤金和生活补助	其他资本性支出	各种设备、交通工具、图书购置费
总　计	**55929**	**17482**	**803347**	**67275**	**5111730**	**3297794**
其中：少儿图书馆	2356	895	42161	3364	169553	145337
按隶属关系分：						
中央	143	872	68316	1944	242990	234898
省区市	11978	5000	139398	17634	1888981	709476
地市	15039	4334	274289	21779	1318872	1098490
县市区	28769	7276	321344	25918	1660887	1254930
其中：县图书馆	7286	1117	120271	12474	462640	358081

续表 5

	电子阅览室面积	实际拥有产权面积（万平方米）	阅览室座席数（个）	少儿阅览室座席数	盲人阅览室座席数	志愿者服务队伍数（个）
总　计	**63.54**	**908.12**	**1116769**	**270865**	**27259**	**8598**
其中：少儿图书馆	1.76	24.62	38989	27207	754	499
按隶属关系分：						
中央	0.11	27.81	5427	300	12	9
省区市	3.11	113.73	76847	10628	1040	1135
地市	14.55	243.49	299548	63143	5852	1490
县市区	45.78	523.10	734947	196794	20355	5964
其中：县图书馆	22.77	239.84	325292	96833	9904	2631

新增藏量购置费	新增数字资源购置费	资产总计（千元）	固定资产原值	实际使用公用房屋建筑面积（万平方米）	书库面积	阅览室面积	书刊阅览室面积
2046222	**418523**	**69863633**	**55023979**	**1595.98**	**318.47**	**458.36**	**339.94**
86717	20106	2172502	1766916	49.12	8.04	15.92	12.61
184199	36837	6415532	3726614	27.81	6.93	3.43	2.69
430779	101525	20643294	14872026	179.81	39.40	49.10	42.56
635542	178588	18025953	15266758	462.47	92.56	137.01	110.02
795702	101573	24778854	21158581	925.89	179.57	268.81	184.67
225640	26198	11063920	9716454	373.19	79.39	110.24	70.22

志愿者服务队伍人数（人）	图书馆延伸服务情况				文化创意产品情况		
	流动图书车数（辆）	流动服务书刊借阅人次（万人次）	流动图书馆车书刊借阅册次（万册次）	分馆数量（个）	文化创意产品种类（个）	文化创意产品销售收入（千元）	文化创意产品销售利润（千元）
409676	**2665**	**2423.58**	**4353.12**	**25430**	**3349**	**310233**	**43946**
25160	34	266.28	625.13	1208	29		
406				16	126	10010	6237
86598	24	110.17	212.21	1161	712	63843	37230
121558	395	812.42	1596.72	4124	493	703	277
201114	2246	1501.00	2544.18	20129	2018	235677	202
49226	1608	748.27	1150.57	6426	229	344	210

地区	机构数(个)	从业人员(人)	专业技术人才	正高级职称	副高级职称	中级职称	总藏量(万册)	图书
总计	**3176**	**57602**	**40708**	**863**	**5769**	**18622**	**103716.17**	**82081.99**
北京	23	1229	1018	13	88	372	2876.43	2639.96
天津	29	1047	902	18	141	371	1867.29	1662.13
河北	173	1921	1338	32	208	602	2717.47	2246.21
山西	128	1652	1055	17	95	445	1859.92	1482.94
内蒙古	117	1873	1558	10	362	620	1904.09	1609.05
辽宁	130	2588	1971	71	287	1105	4175.17	3396.69
吉林	66	1556	1272	53	288	540	2051.63	1711.55
黑龙江	109	1659	1348	111	394	597	2232.93	1827.59
上海	23	2110	1789	49	153	729	7894.21	3599.65
江苏	116	3529	2340	51	334	1071	9322.72	8171.23
浙江	103	3849	2106	58	285	989	8607.63	7612.89
安徽	126	1504	993	10	101	434	2909.68	2441.21
福建	91	1599	968	7	89	456	3744.99	3000.63
江西	113	1408	870	12	90	387	2522.12	2027.31
山东	154	2843	2325	58	396	1084	6212.90	5209.20
河南	160	2914	1667	20	178	700	3168.70	2633.49
湖北	115	2128	1662	23	199	874	3910.26	3258.72
湖南	140	2110	1503	10	142	762	3305.29	2734.03
广东	143	4542	2972	56	253	1445	9547.57	8120.99
广西	116	1675	1231	12	107	578	2749.94	2181.82
海南	24	319	234	1	6	94	551.29	493.90
重庆	43	1002	611	24	85	262	1807.94	1466.94
四川	204	2313	1388	9	122	600	3948.36	3221.60
贵州	98	1089	796	13	109	308	1467.02	1181.74
云南	151	1770	1563	16	464	741	2154.09	1654.91
西藏	81	200	111	2	13	14	221.06	185.30
陕西	111	2085	1303	12	83	569	1892.74	1583.54
甘肃	103	1434	882	10	85	394	1559.95	1179.59
青海	51	520	312	4	40	134	478.89	389.95
宁夏	27	597	426	10	52	200	732.30	529.04
新疆	107	1093	831	6	120	384	1420.40	1156.08

盲文图书	古籍		报刊	视听文献	缩微制品	其他	在藏量中		电子图书(万册)
		善本					开架书刊	少儿文献	
104.36	**2690.45**	**276.92**	**9542.98**	**1840.42**	**1526.37**	**6033.97**	**51858.37**	**11465.75**	**80827.88**
0.37	46.98	7.03	57.54	94.44	0.24	37.27	1583.15	346.04	1412.67
1.18	58.89	11.14	81.45	27.51	1.24	36.08	999.64	255.54	2039.57
4.98	58.02	2.60	235.32	52.83	8.09	117.00	1535.98	269.47	2033.67
3.75	75.48	10.97	234.50	30.27	1.91	34.84	958.34	165.96	1069.37
2.80	37.93	2.50	144.69	16.12	1.35	94.96	1034.73	140.37	1222.30
2.87	136.91	16.24	299.62	82.90	2.72	256.33	2350.36	535.05	1881.04
1.80	45.54	7.11	175.57	37.79	2.87	78.31	780.18	219.18	5081.74
1.75	43.42	2.37	254.65	43.84	31.97	31.46	1193.07	163.46	1068.30
1.65	200.30	19.46	395.31	137.72	1235.94	2325.31	2171.68	371.61	2892.61
6.38	342.44	27.58	540.79	136.53	5.80	125.93	4935.68	1043.87	7036.86
5.13	195.30	21.98	488.54	225.34	0.82	84.73	5188.39	1286.81	7787.14
8.04	62.78	4.42	178.30	46.56	1.08	179.75	1406.14	366.96	4812.40
2.55	47.34	3.64	265.89	76.10	2.61	352.41	1977.72	656.92	3194.52
3.75	77.21	8.19	283.69	21.50	0.91	111.50	1048.12	263.94	1586.88
7.51	140.58	24.62	519.28	59.61	4.52	279.71	3729.07	617.81	3953.15
9.25	110.19	8.41	344.81	36.34	1.24	42.64	1897.30	392.15	2162.42
4.74	97.08	8.44	366.98	63.51	37.38	86.59	1940.09	394.97	4316.55
5.44	116.94	8.87	325.43	64.33	1.93	62.63	1753.30	457.97	1844.50
5.07	79.33	5.26	529.32	274.36	2.78	540.80	5615.89	1784.28	6406.08
0.95	40.45	2.71	440.25	37.15	1.08	49.20	1167.90	261.63	2607.78
0.38	1.18	0.05	39.08	5.73	0.01	11.39	326.55	51.54	934.42
4.31	67.73	9.34	171.35	27.52	1.15	73.26	1092.95	250.59	1406.77
5.73	159.81	10.35	407.85	53.02	3.43	102.67	2059.29	391.99	3700.01
2.18	17.92	1.18	177.90	15.61	1.84	72.01	880.68	110.85	1707.44
2.40	90.38	6.08	310.33	22.37	0.99	75.13	1161.06	162.99	2794.02
0.45	2.64	0.12	14.55	1.06	0.50	17.00	42.05	10.86	57.71
3.19	58.96	5.96	185.55	21.18	0.41	43.11	952.85	143.17	3859.26
2.35	52.16	9.67	219.07	11.63	4.20	93.30	808.86	118.89	428.13
0.62	14.09	1.15	36.29	2.81	0.33	35.42	121.74	27.56	229.36
0.83	4.53	0.45	67.44	55.61	0.10	75.58	312.36	81.21	409.32
1.68	12.50	0.35	165.76	15.23	0.44	70.40	661.04	114.13	644.02

续表 1

地　区				书架单层总长度（米）	本年新购藏量（万册）	本年新增电子图书（万册）	当年购买的报刊种类（种）	有效借书证数（个）
	本馆自建	本馆外购	免费共享					
总　计	**1977.69**	**51920.03**	**26930.15**	**14867625**	**6893.69**	**6341.26**	**1129753**	**72628018**
北　京	24.72	715.46	672.50	292077	191.94	29.91	22865	1700638
天　津	1.73	1765.82	272.03	223639	222.74	286.99	24791	903501
河　北	74.55	1801.32	157.79	506031	182.10	293.04	33211	1637318
山　西	25.98	586.46	456.92	256668	127.30	51.78	20767	1337494
内蒙古	72.12	693.57	456.61	311226	128.99	105.56	24251	723502
辽　宁	16.80	1527.16	337.07	522957	164.36	116.21	46970	1511235
吉　林	99.01	3675.02	1307.71	265080	84.75	807.35	21393	1171887
黑龙江	13.82	381.95	672.54	411508	90.55	47.37	26929	748960
上　海	4.44	796.26	2091.91	550170	184.11	192.23	50804	2479234
江　苏	131.92	5282.36	1622.58	1382512	622.45	263.50	81397	14230991
浙　江	263.03	3940.94	3583.18	924258	672.88	547.75	87610	9573160
安　徽	50.47	4168.73	593.21	344378	289.03	323.76	32396	1991057
福　建	122.55	1993.18	1078.79	452376	384.07	129.12	36871	2586075
江　西	38.96	1187.11	360.81	238415	103.72	113.70	29652	1627397
山　东	31.76	3464.21	457.19	852662	651.63	517.94	55180	3644166
河　南	50.09	1596.58	515.76	430984	250.62	190.65	38050	1815036
湖　北	111.30	2297.37	1907.88	554253	358.52	429.42	39456	2116702
湖　南	238.24	976.78	629.48	821680	209.05	205.30	33455	2029708
广　东	45.87	4297.64	2062.57	1364314	847.53	281.92	95933	7468361
广　西	3.17	1872.36	732.24	486429	173.02	162.40	38038	1142618
海　南	21.40	713.09	199.93	85586	51.68	15.31	8603	289860
重　庆	75.54	992.06	339.17	417393	123.73	120.45	28961	1738221
四　川	65.23	2203.88	1430.89	1617691	191.08	245.30	50114	2406864
贵　州	88.50	1404.19	214.75	222978	86.59	381.18	25377	853673
云　南	13.42	1506.63	1273.96	519231	73.38	184.95	35046	564260
西　藏	0.12	7.71	49.88	32475	26.26	32.13	5596	13654
陕　西	120.36	639.89	3099.02	278779	110.89	76.82	24939	605755
甘　肃	17.98	325.43	84.73	164030	47.39	104.78	20709	459958
青　海	8.50	209.39	11.48	86150	10.92	25.09	33932	192691
宁　夏	0.10	225.60	183.62	110173	54.85	18.11	11731	273486
新　疆	67.34	502.70	73.98	141522	44.99	20.22	28047	384485

总流通人次（万人次）	书刊文献外借人次	书刊文献外借册次（万册次）	为读者举办各种活动					
			组织各类讲座次数（次）	参加人次（万人次）	举办展览（个）	参加人次（万人次）	举办培训班（个）	培训人次（万人次）
82031.55	**25814.23**	**58009.52**	**79274**	**1481.94**	**33394**	**8742.64**	**66375**	**422.76**
1903.34	466.34	1202.84	2790	17.52	610	241.65	1308	4.38
1226.49	388.50	1136.61	1869	17.79	646	198.74	574	3.67
2371.15	752.17	1412.84	3593	43.93	1014	302.04	1644	9.37
1620.40	506.59	961.27	2463	31.07	693	339.36	1090	20.99
1251.52	400.95	829.65	1153	16.83	689	91.28	550	3.93
2849.78	765.00	1913.90	2719	23.84	986	351.92	3164	8.38
812.41	416.31	757.35	949	10.19	501	90.88	493	3.95
1130.57	461.84	929.45	1259	16.74	822	165.83	1658	8.14
3036.03	621.60	2505.08	2221	32.19	459	158.80	1699	8.94
8114.41	2939.00	5956.21	4460	68.43	1886	376.30	3050	12.79
11874.64	2432.24	7148.54	5587	300.79	3818	875.36	10189	53.59
3340.87	1316.20	2229.14	3396	60.38	2028	360.04	3061	24.54
3354.93	1335.24	3497.17	2451	29.33	971	265.31	2395	19.89
1754.03	831.05	1584.30	1782	25.17	1459	268.72	1057	9.86
4577.86	1959.83	3328.72	6721	75.85	1912	280.03	5094	31.45
3360.15	1437.56	2270.69	4280	80.66	1470	188.72	1990	15.64
2577.44	1142.85	2210.26	2554	49.55	978	211.62	1343	16.63
2477.70	1019.81	2274.89	4408	182.33	1106	312.86	2721	23.77
10517.67	2161.40	7213.22	9996	179.89	3096	2045.43	9437	44.41
2384.60	593.73	1155.29	2021	36.50	1012	325.39	1733	11.21
578.26	81.91	223.16	291	5.46	111	35.85	1902	4.08
1604.00	570.48	1312.63	1556	21.66	1024	190.31	1293	9.40
2562.08	975.31	1784.91	2899	43.35	1297	345.79	1973	10.99
882.11	386.77	614.50	1343	13.76	647	61.43	768	5.24
1694.88	562.00	1142.38	1708	22.49	1134	227.03	1369	8.81
35.37	6.02	11.11	67	0.69	100	1.43	39	0.22
1524.89	469.23	887.65	1769	30.70	1287	136.33	1776	10.44
834.21	350.77	661.89	1307	20.27	537	83.09	453	4.26
156.19	58.54	99.08	242	3.45	176	13.25	213	1.24
511.85	179.87	345.07	215	2.72	231	22.90	173	1.43
565.87	188.00	344.75	699	12.11	670	95.20	418	3.56

续表 2

地　区	开展基层培训辅导人次（万人次）	本单位受训人次（万人次）	计算机（台）	供读者使用电子阅览室终端数	图书馆网站访问量（页次）	本年收入合计（千元）	财政补贴收入	免费开放资金
总　计	**126.99**	**40.19**	**223521**	**146333**	**2049572257**	**18291586**	**17545118**	**1147089**
北　京	2.12	0.94	4496	2210	15345097	778020	760905	26314
天　津	1.19	1.36	4341	2824	9331681	577496	569469	29839
河　北	3.54	0.85	8052	5639	10988062	380730	377576	44851
山　西	5.45	1.60	6887	4816	5781601	408947	379350	37794
内蒙古	1.63	0.41	7024	4814	14097140	401440	397143	29941
辽　宁	3.82	1.37	9638	5870	44911380	529648	528053	38001
吉　林	1.15	0.64	4666	2980	10607762	329514	319328	16360
黑龙江	4.29	0.33	6099	3929	16727736	285330	283218	21205
上　海	1.36	0.97	6285	2987	48996367	1628022	1542818	3658
江　苏	12.16	1.50	12027	6954	62745515	1356558	1319305	65648
浙　江	4.01	1.95	13082	8666	116707220	1441902	1389666	55760
安　徽	10.29	2.68	7999	5896	32865025	391530	379696	33457
福　建	1.20	1.06	8062	5191	55318529	576144	535941	41620
江　西	3.44	0.33	7021	4952	27498249	318262	302533	32729
山　东	4.58	0.76	11844	7947	49339918	694051	684453	62587
河　南	5.18	1.37	10339	7021	27585103	524712	513143	38903
湖　北	5.60	1.48	7569	4998	25352573	617853	597805	24310
湖　南	4.33	2.36	7371	4965	43185271	482683	467380	53133
广　东	5.86	2.93	17063	10847	159191714	2091531	2066206	130738
广　西	1.95	1.22	6776	4748	61362571	386439	371558	39999
海　南	0.42	0.21	1591	1061	11157175	169134	160111	10785
重　庆	3.28	0.19	4307	3220	44051530	322499	302727	29660
四　川	7.61	0.25	11906	8370	31006682	611694	604817	93504
贵　州	1.94	0.59	5410	3557	24918949	288751	258710	21937
云　南	2.66	0.54	7264	5191	162644485	387801	371195	36764
西　藏	0.08	0.02	1482	1035	7627	63446	63056	17020
陕　西	5.50	0.56	6130	4262	16410348	393229	364869	31370
甘　肃	4.86	0.22	5339	3616	2794727	260958	248265	32893
青　海	0.50	10.29	2190	1413	1195166	119273	116689	11715
宁　夏	0.68	0.72	2391	1733	3414017	125879	121195	6999
新　疆	3.85	0.22	5584	4127	476037	286447	282627	27595

中央资金	购书专项经费	上级补助收入	事业收入	经营收入	附属单位上缴收入	其他收入	本年支出合计(千元)	基本支出
411727	**2148642**	**128339**	**316776**	**29682**	**620**	**271051**	**18760154**	**9378785**
17517	101072	520	11734	290		4571	742588	373398
15969	77267	693	5003	375		1956	530252	325349
17798	40267	2212	581	45		316	369995	230546
14208	26750	1807		1167		26623	381562	149625
19304	15037	3441				856	441264	288455
2055	65829	140	878			577	527471	342584
8405	38548	30	100	103		9953	329140	187710
12900	19242	893	1129			90	284154	212501
984	214570	325	73995	2044		8840	2215574	634391
9657	155866	6001	6679	6378		18195	1362495	738689
910	222841	19473	8413	2232		22118	1436493	665595
13074	48303	7624	800			3410	376286	217885
7989	88641	5272	2534	3058		29339	544822	255104
9011	46853	8323	1441	10	11	5944	310804	195040
15972	82879	5019	633			3946	666382	416822
18700	42532		1766	776		9027	523483	314386
9769	79809	8818	1011			10219	624606	334428
17871	42218	5036	6277		100	3890	475050	288799
9250	273304	12421	3609	1		9294	2022803	936002
28494	44707	9464	737			4680	399777	191917
1860	10242	538				8485	185708	48147
16840	34611	1930	4549			13293	313613	171177
37440	59241	2874	1586			2417	663518	294794
13275	20864	3984	2440			23617	286142	152060
26426	21729	3036	2485	2022		9063	389993	265619
11960	5835	290	100				60373	33048
18840	33301	8780	9389	714		9477	396672	208117
12142	25597	5025	1819	523		5326	279392	161773
2540	3363	1481	95	5	5	998	150958	82476
2090	10120	1740				2944	139587	87175
18477	11504	1149			504	2167	284798	145544

续表 3

地区								
	项目支出	经营支出	在支出合计中：					
			工资福利支出	商品和服务支出	差旅费	劳务费	福利费	各种税金支出
总　计	**8925308**	**15210**	**6773352**	**4322506**	**130941**	**383041**	**55929**	**17482**
北　京	338749	290	282881	249688	794	10974	3671	1353
天　津	204671	98	194134	142409	506	3511	1912	522
河　北	131084	117	160674	79885	1782	9199	612	
山　西	223375	1167	115655	60712	1699	9481	939	1
内蒙古	148665		190802	94728	2754	4338	802	11
辽　宁	176166		259810	148738	1892	10741	449	493
吉　林	138793	103	130575	76176	2160	6793	70	26
黑龙江	65853	30	151706	63302	2046	2533	285	283
上　海	1578809	1628	452599	384388	2176	12502	6966	847
江　苏	605393	1827	538423	273063	8168	33186	2982	5264
浙　江	744464	1444	529208	337330	4626	57883	14718	950
安　徽	146882	130	140632	94839	2496	7728	1754	234
福　建	270728	1591	174263	128234	2082	26211	353	247
江　西	92933	60	118530	59751	3038	6793	1726	124
山　东	228151	14	313107	76870	2289	12807	567	186
河　南	189549	781	222325	74796	2390	11099	1381	21
湖　北	271990		251476	124389	2777	11761	2089	1566
湖　南	165780	701	199233	101654	3530	9874	1999	241
广　东	1058358	21	661643	525802	4794	48418	4927	2330
广　西	196312	5	150980	82982	4074	4067	1219	409
海　南	125149		33962	43285	1373	4944		9
重　庆	140593	22	113600	95353	9724	17136	583	313
四　川	312960		248179	269325	48165	18900	1888	81
贵　州	97129	280	102337	72710	2041	2429	503	207
云　南	117164	2063	223631	86615	3083	7795	847	37
西　藏	23078	9	22990	7779	406	226	3	
陕　西	174328	959	163342	60770	2476	6404	568	253
甘　肃	102683	480	109824	42939	2090	5424	1356	237
青　海	65759	10	57883	50925	428	1916	4	70
宁　夏	43761		59102	26820	559	3122	45	
新　疆	132559	50	104120	60295	1608	7506	568	295

对个人和家庭补助支出	抚恤金和生活补助	其他资本性支出	各种设备、交通工具、图书购置费	新增藏量购置费	新增数字资源购置费	资产总计(千元)	固定资产原值	实际使用公用房屋建筑面积(万平方米)
803347	**67275**	**5111730**	**3297794**	**2046222**	**418523**	**69863633**	**55023979.00**	**1595.98**
17751	1404	170038	140802	97982	11055	2701777	1925740.00	29.85
9611	727	150766	125622	73497	20804	1332007	1068566.00	40.52
21092	1608	79407	66921	42461	5075	1209160	827737.00	54.04
10221	954	129113	74601	30698	5917	1348520	1200310.00	52.00
33760	1496	107159	100411	57993	15865	4943790	4510482.00	42.60
20015	2964	73798	63469	43863	13559	2799783	2438968.00	59.83
34498	1887	77425	61107	30475	4739	907564	780016.00	28.80
25068	1629	32947	30733	18799	3328	952002	859852.00	33.60
12284	3031	1336326	218821	147373	20915	7204339	5076332.00	43.79
54313	2973	258702	218981	150991	24668	4352710	3593094.00	134.41
18628	2344	446236	297869	199106	33625	4183208	3388169.00	119.82
26699	2175	89119	74738	44126	9977	2568135	1919611.00	51.06
13680	1676	193884	158825	79760	20766	1496414	1211973.00	56.37
37076	1710	77684	68525	33686	6097	1329980	1193516.00	41.43
35327	4926	151875	132803	90329	13240	2279476	2006992.00	117.00
20276	2099	159293	143430	42619	12379	1808221	1577902.00	67.46
32431	1295	167506	127311	82436	29069	2570898	2219395.00	69.13
25709	1662	115808	97607	56625	7637	2015966	1742689.00	49.65
160413	6159	451581	393749	268978	61860	6445073	5742340.00	137.07
12847	2110	96922	73525	42378	8790	1225999	916206.00	44.03
551	14	29837	17360	10741	3066	310890	219889.00	8.84
11862	5932	65966	58215	27501	10463	839203	711534.00	36.19
18704	3753	89107	72338	52881	4512	1756431	1286259.00	66.07
14788	1916	42293	36212	20598	8362	1024046	487049.00	26.61
9437	1517	42807	37852	21109	5862	1094790	973210.00	40.64
866		7531	6308	4115	615	408782	345554.00	5.85
7644	1648	73822	65011	38134	9142	1253189	861033.00	32.23
25583	2667	71582	42669	20499	6857	1209634	905779.00	30.20
6121	1066	20911	12979	5924	677	219452	186731.00	7.96
6111	286	35364	23852	13801	2156	683577	588584.00	13.03
11665	1703	23931	20250	12545	609	973085	531853.00	28.13

地区					实际拥有产权面积（万平方米）	阅览室座席数（个）		
	书库面积	阅览室面积					少儿阅览室座席数	盲人阅览室座席数
			书刊阅览室面积	电子阅览室面积				
总　计	**318.47**	**458.36**	**339.94**	**63.54**	**908**	**1116769**	**270865**	**27259**
北　京	5.83	7.60	6.33	0.83	10	16433	3440	218
天　津	6.92	10.87	6.88	0.90	7	19038	3311	229
河　北	10.61	17.31	12.75	2.20	33	42995	9169	942
山　西	9.12	16.61	11.06	2.80	50	37112	7228	1170
内蒙古	6.31	12.47	9.08	2.33	19	30735	7319	793
辽　宁	9.97	16.51	12.39	2.30	30	39674	8031	820
吉　林	4.84	8.99	7.20	1.05	15	21943	4266	507
黑龙江	5.57	9.49	6.16	1.56	13	29202	6968	580
上　海	8.18	10.88	9.24	0.91	28	23099	4933	263
江　苏	19.47	35.94	25.56	3.18	63	70332	18021	1576
浙　江	22.27	32.72	27.16	3.68	49	78012	18734	1283
安　徽	9.17	16.23	12.06	2.34	35	42573	11561	1526
福　建	11.48	16.58	13.34	1.49	37	40262	10836	766
江　西	11.10	13.21	8.91	1.99	23	36961	11261	1716
山　东	22.97	27.81	20.56	3.61	49	63532	14578	2070
河　南	15.23	18.82	14.46	3.22	38	54392	14317	1379
湖　北	15.95	22.40	15.92	4.04	55	43952	10385	1074
湖　南	14.16	12.69	9.22	2.42	39	39726	12745	979
广　东	26.08	43.37	35.00	5.17	66	100006	22948	1357
广　西	12.22	11.16	8.18	1.78	24	33182	10040	602
海　南	2.10	3.37	2.61	0.37	7	6706	1966	86
重　庆	6.82	10.92	7.75	1.31	26	30010	7519	896
四　川	13.46	22.90	17.05	3.84	45	57766	13602	1454
贵　州	7.27	8.46	6.15	1.27	21	24820	5980	963
云　南	10.45	10.78	7.00	2.55	29	31618	7715	1143
西　藏	1.26	1.52	0.73	0.36	4	3745	468	41
陕　西	6.80	10.72	8.18	1.71	21	26064	6264	907
甘　肃	5.64	7.40	5.23	1.28	20	23372	6586	953
青　海	1.55	3.12	2.09	0.54	3	4884	1062	122
宁　夏	2.92	4.66	3.32	0.76	9	12266	1963	328
新　疆	5.83	9.42	5.68	1.65	13	26930	7349	504

志愿者服务队伍数（个）	志愿者服务队伍人数（人）	图书馆延伸服务情况				文化创意产品情况		
		流动图书车数（辆）	流动服务书刊借阅人次（万人次）	流动图书馆车书刊借阅册次（万册次）	分馆数量（个）	文化创意产品种类（个）	文化创意产品销售收入（千元）	文化创意产品销售利润（千元）
8598	**409676**	**2665.00**	**2423.58**	**4353**	**25430**	**3349**	**310233**	**43946**
88	22883	10.00	4.65	47	327	17		
79	5361	9.00	13.89	21	536	17		
364	15623	80.00	36.85	57	424	143	32	
242	11933	152.00	66.63	102	963	102		
110	2877	54.00	40.53	84	570	25		
339	35023	17.00	239.44	570	938	42		
116	6077	56.00	79.04	121	369	9		
160	7104	45.00	37.75	62	762	17		
296	17978	6.00	58.03	111	502	37		
335	25295	43.00	100.44	212	6057	301	63853	37075
923	34779	71.00	319.64	684	2150	1167	158125	1
178	7875	31.00	105.43	138	1235	53	1	
389	13257	25.00	40.50	101	938	33	44	10
211	27487	42.00	112.54	130	533	36		
434	18233	48.00	120.16	192	1579	87	5	1
388	9634	86.00	84.49	109	740	21		
887	11439	93.00	162.76	241	687	66		
728	18878	54.00	67.41	106	670	284	28	17
536	58497	427.00	190.18	385	1607	376		
212	12788	48.00	42.17	91	146	19		
51	1811	31.00	6.76	12	22	10		
119	5647	46.00	73.98	154	1303	50	45	5
306	11822	141.00	87.28	136	610	148	136	
184	3959	592.00	60.43	79	342	15	77550	200
249	4716	96.00	105.27	139	351	13	1	
47	666	77.00	1.58	3	6	1		
205	7691	101.00	57.49	75	582	51		
195	2937	61.00	36.41	62	179	54	403	400
20	243	51.00	15.60	27	20			
39	1497	14.00	39.24	75	89	5		
159	5260	58.00	17.02	25	177	24		

地　区	机构数（个）	从业人员（人）	专业技术人才	正高级职称	副高级职称	中级职称	总藏量（万册）	图书
总　计	**39**	**7537**	**6469**	**324**	**1310**	**2923**	**21123.07**	**13343.52**
北　京	1	345	327	11	40	147	879.62	734.36
天　津	2	323	301	10	69	143	815.74	720.61
河　北	1	215	144	9	46	64	331.62	267.52
山　西	1	234	219	10	32	72	307.85	184.14
内蒙古	1	163	157	3	52	49	385.38	294.88
辽　宁	1	238	201	16	47	92	703.30	571.20
吉　林	1	231	156	11	45	53	487.59	393.45
黑龙江	1	180	159	30	66	55	405.48	313.17
上　海	2	799	750	48	109	362	5735.39	1600.76
江　苏	1	524	371	22	95	200	1211.56	889.75
浙　江	1	220	207	10	46	116	705.11	514.80
安　徽	1	178	149	5	31	65	352.29	280.74
福　建	2	226	206	2	28	85	452.30	365.96
江　西	1	143	135	7	25	74	382.68	264.49
山　东	1	222	214	19	43	101	885.80	573.84
河　南	2	211	182	9	44	64	405.86	316.85
湖　北	1	299	283	12	55	107	838.24	684.68
湖　南	2	286	267	4	43	126	614.76	445.86
广　东	1	296	269	10	48	134	908.32	692.12
广　西	3	330	310	11	56	148	801.45	650.88
海　南	1	100	94	1	5	58	184.09	170.20
重　庆	2	321	240	16	37	108	476.21	332.73
四　川	1	298	173	2	31	70	555.45	388.17
贵　州	1	148	115	7	34	55	240.94	186.43
云　南	1	182	174	6	78	67	354.86	216.75
西　藏	1	50	30	1	10	7	52.15	41.42
陕　西	1	206	186	7	20	85	525.15	415.52
甘　肃	1	212	176	9	20	90	456.56	357.02
青　海	1	135	75	2	15	32	175.73	139.65
宁　夏	1	131	119	8	24	53	233.19	126.32
新　疆	1	91	80	6	16	41	258.42	209.30

图书馆基本情况

盲文图书	古籍	其中：善本	报刊	视听文献	缩微制品	其他	在藏量中：开架书刊	在藏量中：少儿文献	电子图书(万册)
10.25	**1351.79**	**168.70**	**2092.65**	**388.03**	**1291.84**	**2655.24**	**5306.01**	**1120.29**	**9881.70**
0.08	41.84	6.71	42.07	48.98	0.03	12.34	123.32	133.15	277.21
0.09	54.21	10.35	14.49	17.57	1.19	7.67	425.36	144.91	345.19
0.47	8.07	0.56	40.95	12.00	2.80	0.28	108.13	16.01	310.01
0.48	29.69	5.02	89.16	2.73	0.40	1.73	187.78	23.36	56.29
1.00	22.00	2.00	15.63	1.28	0.49	51.10	97.17	8.52	60.15
0.35	47.94	12.39	59.38	9.70	0.62	14.47	192.77	27.23	386.37
0.15	23.14	5.35	54.39	2.21	2.60	11.80	63.48	11.55	130.20
0.32	13.37	0.66	43.39	4.19	31.35		73.85	10.73	160.00
0.60	192.23	19.24	359.50	39.43	1235.93	2307.54	792.89	86.85	2080.46
0.30	160.00	14.00	114.00	30.33	4.21	13.28	90.00	15.00	147.16
0.50	82.24	15.01	95.27	12.38	0.39	0.04	145.95	4.56	320.57
0.08	35.51	3.27	34.35	1.08	0.47	0.15	57.00	13.82	110.38
0.31	25.21	2.07	46.53	13.15	1.45		170.70	106.33	333.20
0.02	37.76	3.98	40.13	1.25	0.14	38.92	132.41	11.18	145.81
0.26	75.36	20.00	129.64	7.96	0.73	98.29	459.39	45.54	104.78
0.08	50.66	3.00	35.25	2.76	0.24	0.09	107.20	51.77	330.42
0.43	46.18	5.87	67.95	27.97	3.52	7.94	209.71	47.95	864.36
0.98	62.14	5.00	70.13	32.57	0.46	3.60	274.83	142.10	379.97
0.19	44.01	3.25	148.60	20.67	2.54	0.38	324.80	30.56	0.80
0.12	26.65	1.65	103.15	18.99	0.17	1.62	97.37	22.38	1105.23
0.19	0.02	0.01	5.53	1.09		7.26	123.51	29.65	262.92
1.44	45.26	6.99	79.29	7.84	1.03	10.08	130.68	46.98	287.13
0.14	65.00	6.07	97.14	4.83	0.32	0.01	171.18	4.37	110.76
0.42	11.76	0.40	39.01	1.01	0.26	2.47	179.50	8.20	231.51
0.28	59.62	3.32	73.84	4.46	0.13	0.06	55.35	5.09	522.88
	1.10		8.09	0.04		1.50	7.90	1.05	1.53
0.30	32.84	4.37	62.07	6.86	0.03	7.85	157.33	28.12	359.18
0.59	31.76	6.78	62.99	4.10	0.23	0.47	244.13	11.82	68.78
0.09	11.48	1.00	22.20	0.47	0.05	1.89	37.80	1.87	9.45
0.03	3.52	0.12	19.96	50.14	0.08	33.16	64.55	10.38	247.80
	11.23	0.26	18.59		0.02	19.28		19.28	131.21

续表 1

地　区				书架单层总长度（米）	本年新购藏量（万册）	本年新增电子图书（万册）	当年购买的报刊种类（种）	有效借书证数（个）
	本馆自建	本馆外购	免费共享					
总　计	**39.57**	**6275.35**	**3566.78**	**2997662**	**652.80**	**577.01**	**153305**	**8851931**
北　京	0.56	173.65	103.00	95795	34.68	2.40	7318	530443
天　津	1.69	343.50		132838	70.94	10.45	8524	450209
河　北	0.01	310.00		71800	11.13		5059	347001
山　西	0.17	56.12		36505	6.05	0.69	3434	308239
内蒙古	0.07	56.01	4.07	85196	10.22	2.81	2259	44704
辽　宁	5.15	195.93	185.30	157878	27.70	23.04	5211	67403
吉　林		130.20		101196	16.32		4458	174046
黑龙江		160.00		55283	16.42	30.71	2331	170339
上　海		10.46	2070.00	335763	68.79	4.81	14167	857052
江　苏	9.84	137.32		260000	32.91	0.72	4779	794898
浙　江	0.52	320.05		128396	26.52	66.03	6591	92094
安　徽		60.19	50.20	60168	10.37		2917	228843
福　建	0.07	308.55	24.57	55413	22.69	9.83	5846	1186674
江　西	5.81	140.00		2200	2.91	5.00	4800	245108
山　东	0.56	104.23		154116	23.88	20.22	6161	29010
河　南	0.00	218.03	112.39	46016	8.76	14.07	2629	153409
湖　北		864.36		163732	37.50	45.23	10350	402500
湖　南	0.70	214.27	165.00	85965	25.03	40.00	3007	376989
广　东			0.80	262119	23.84		8406	619815
广　西	0.20	1030.68	74.35	149775	45.15	123.00	8003	408207
海　南	3.40	254.00	5.52	33947	19.20		2925	192652
重　庆	8.46	278.67		44901	23.46	22.81	4734	406482
四　川	0.01	99.60	11.16	40221	16.97	4.01	5856	134440
贵　州	0.66	230.00	0.85	62906	7.45	10.00	3100	86004
云　南	0.79	159.02	363.07	129035	10.71	114.00	3980	110117
西　藏		1.53		22708	1.87	0.00	1322	5589
陕　西		129.18	230.00	115656	18.00		4924	96334
甘　肃		68.78		6000	5.16	3.32	4165	153101
青　海		9.45		48060	2.16	8.45	1443	56704
宁　夏		81.30	166.49	44896	16.40	15.43	1800	69375
新　疆	0.91	130.30		9178	9.63		2806	54150

总流通人次(万人次)	书刊文献外借人次	书刊文献外借册次(万册次)	为读者举办各种活动					
			组织各类讲座次数(次)	参加人次(万人次)	举办展览(个)	参加人次(万人次)	举办培训班(个)	培训人次(万人次)
9059.53	**1674.58**	**5207.62**	**4817**	**420.56**	**2116**	**1468.38**	**6195**	**36.61**
508.53	42.31	208.75	156	2.00	90	68.16	27	0.11
265.02	96.17	340.85	176	1.53	78	131.09	38	0.25
227.00	33.28	127.00	300	3.80	26	3.16	33	0.33
120.86	62.66	148.92	186	3.40	61	15.00	16	0.36
63.11	42.21	126.94	36	1.19	12	0.59	2	0.15
370.56	24.92	139.03	69	0.86	105	228.99	570	0.98
135.22	32.27	136.23	75	1.16	33	12.25	12	0.63
221.02	39.01	88.15	108	2.01	136	72.94	396	1.15
372.15	179.01	672.07	156	5.91	74	53.23	129	1.96
327.17	156.14	229.09	104	2.96	92	47.76	314	0.18
1060.93	48.27	173.99	173	226.59	85	106.81	171	0.95
167.54	32.55	130.45	92	1.49	33	11.00	220	0.90
309.39	43.17	368.06	247	4.78	87	22.34	231	3.48
41.60	9.45	27.93	57	1.39	278	141.30	55	0.89
192.80	44.29	113.36	944	5.55	46	4.75	986	6.14
217.44	95.54	183.51	88	1.19	136	14.69	127	0.42
366.28	60.66	213.43	82	3.46	43	30.38	58	0.79
373.41	45.16	226.77	502	128.46	38	8.47	248	7.27
1241.75	153.40	353.56	89	2.05	333	200.87	29	0.29
547.78	109.16	194.39	399	5.98	72	147.53	238	1.92
366.56	30.88	120.51	84	2.25	25	20.01	1780	3.58
287.98	65.32	128.09	126	1.50	45	15.56	265	1.35
189.37	17.84	40.04	71	2.15	11	49.60	10	0.13
48.32	7.83	31.22	41	0.35	28	1.20	41	0.28
391.84	56.03	248.87	93	0.77	20	23.18	44	0.30
12.00	0.40	1.10	23	0.02			4	0.01
260.19	67.47	225.58	181	5.38	70	24.64	107	1.33
177.20	34.42	106.03	109	1.43	30	9.36	21	0.18
50.29	3.10	9.78	30	0.52	6	1.08	4	0.01
142.71	40.41	91.10	10	0.30	19	2.10	10	0.04
3.53	1.26	2.84	10	0.13	4	0.36	9	0.26

续表 2

地　区	开展基层培训辅导人次（万人次）	本单位受训人次（万人次）	计算机（台）	供读者使用电子阅览室终端数	图书馆网站访问量（页次）	本年收入合计（千元）	财政补贴收入	免费开放资金
总　计	**10.28**	**5.01**	**19098**	**8518**	**280136404**	**4242770**	**4069331**	**235860**
北　京	0.48	0.00	897	540	4456412	252954	241342	14202
天　津	0.53	0.08	1210	717	4225469	200888	193955	
河　北	0.25	0.09	550	153	1880000	67831	67730	16310
山　西	0.36	0.29	600	267	310680	79565	79565	14000
内蒙古	0.05	0.01	566	424	8237764	71551	71158	6000
辽　宁	0.10	0.63	732	404	20899264	107721	106522	28590
吉　林	0.22	0.01	792	405	1658579	77241	76275	2800
黑龙江	0.89	0.00	606	278	11510763	60276	59144	3885
上　海	0.98	0.33	2324	600	31634627	1012785	941533	
江　苏	0.07	0.05	1160	135	26233175	218344	210917	10000
浙　江	0.50	0.00	716	318	26199516	128605	120071	2100
安　徽	0.22	0.05	263	107	583166	81318	81318	3580
福　建	0.26	0.11	1101	557	26581170	86600	85714	10458
江　西	0.01	0.01	286	100	10752602	75178	75178	10000
山　东	0.08	0.02	589	300	1280737	88926	88290	4000
河　南	0.00	0.06	265	126	1600625	67287	66332	4800
湖　北	0.57	0.38	974	536	6950000	163609	162745	
湖　南	0.09	1.71	489	109	27471626	129850	128388	14400
广　东	0.02	0.42	932	207	1064488	232218	223221	3095
广　西	0.11	0.34	816	608	19339389	128692	125229	5810
海　南	0.04	0.07	232	106	7414811	86815	86815	7380
重　庆	0.38	0.01	381	172	10243719	107617	90203	2960
四　川	0.13	0.02	500	307	3141650	148552	147527	32830
贵　州	0.20	0.12	220	116	15949630	75320	54900	3500
云　南	0.09	0.06	400	208	1669564	74821	72008	2500
西　藏			127	60	1152	33455	33455	2500
陕　西	3.16	0.05	448	167	7597228	109831	106909	6570
甘　肃	0.30	0.03	405	164	1100000	72387	71651	13000
青　海	0.03	0.01	240	150	12000	44103	43602	5720
宁　夏	0.14	0.02	277	177	136598	52892	52846	1870
新　疆	0.06	0.04				105538	104788	3000

中央资金	购书专项经费	上级补助收入	事业收入	经营收入	附属单位上缴收入	其他收入	本年支出合计(千元)	基本支出
21052	**567848**	**415**	**99453**	**8284**		**65287**	**4839711**	**1748112**
14202	41428		11350			262	229377	124539
	43270	380	4839			1714	192727	171258
	10434					101	68268	27354
	5800						73261	29553
	6600					393	72422	30460
	20910		858			341	109179	47027
	12000			103		863	78429	27803
	5500		1094			38	62241	32158
	153240		62420	2044		6788	1635590	276057
	25478		2705			4722	218060	141614
	36000		4833	2232		1469	131477	70697
	8000						62649	34931
5350	14000	35	288			563	89948	44221
	20000						71609	29072
	11800		604			32	90875	49281
	4463			766		189	67268	36738
	40150					864	166227	64710
	12536		995			467	116002	52086
1100	2000		3059			5938	185210	100996
	20990		737			2726	150979	55848
	3700						86044	15505
400	12330		4525			12889	105669	58719
	12949		813			212	158263	39447
	5000					20420	80289	23223
	7500			2022		791	76378	31607
	2000						33782	14405
	10000			714		2208	117718	23450
	12000		333	403			86557	30781
	1200					501	71685	22156
	3370					46	48325	26553
	3200					750	103203	15863

续表 3

地区	项目支出	经营支出	在支出合计中：					
			工资福利支出	商品和服务支出	差旅费	劳务费	福利费	各种税金支出
总　计	**3084413**	**7182**	**1314833**	**1257217**	**19703**	**54701**	**11978**	**5000**
北　京	104838		79815	98841	593	869	1213	495
天　津	21469		73028	66482	240	417	1428	327
河　北	40914		24676	27610	822	3336	51	
山　西	43708		25709	15550	527	2267	394	
内蒙古	41962		26923	28707	408	263	50	
辽　宁	62151		32859	60350	605	3471		72
吉　林	50523	103	16289	37458	831	2233	12	
黑龙江	30083		23465	23341	713	213		276
上　海	1357904	1628	205911	206686	1701	7125	2527	847
江　苏	76446		127668	42801	366	3570	126	1163
浙　江	59336	1444	47913	36632	615	2751	2419	50
安　徽	27718		22328	19174	540	2053	949	233
福　建	45727		34190	27687	612	4383		160
江　西	42537		20049	11595	612	1877	230	
山　东	41594		39935	3152	35	1808	131	8
河　南	29764	766	30740	18503	284	1208	411	3
湖　北	101517		59620	52173	536	5185	513	588
湖　南	63815	101	37969	33391	320	1855		101
广　东	84214		84932	42385	359	963		64
广　西	95131		45265	36586	1118	937	11	326
海　南	70539		12578	28098	629	435		4
重　庆	46950		45874	32425	3445	2575	86	283
四　川	118816		39796	97076	897	264	274	
贵　州	57066		17861	51726	555			
云　南	42748	2023	28838	37169	414	749	9	
西　藏	19376		11601	5144	276		3	
陕　西	93554	714	27457	13559	189	30	253	
甘　肃	55373	403	22211	18191	649	1756	816	
青　海	49528		19348	39823	126	552		
宁　夏	21772		18948	14664	138	1229		
新　疆	87340		11037	30238	548	327	72	

对个人和家庭补助支出	抚恤金和生活补助	其他资本性支出	各种设备购置费	新增藏量购置费	新增数字资源购置费	资产总计(千元)	固定资产原　值	实际使用公用房屋建筑面积(万平方米)
139398	**17634**	**1888981**	**709476**	**430779**	**101525**	**20643294**	**14872026**	**179.81**
2409		48245	40665	33577	7088	1566682	952975	9.40
2211	321	51006	47593	35730	8192	740627	622457	12.78
2131	78	13851	13851	6985		217993	170727	5.06
2289	667	29713	26465	3840	2017	579308	503585	8.03
2105	818	14687	14687	5102	1498	342241	217717	3.50
1769	282	14200	14200	13589	185	1458357	1286715	10.32
8046	359	16636	16636	8940		197938	167035	6.30
3841	194	11594	11594	4000	1500	369729	336504	3.39
6911	2230	1208376	127480	92672	4900	4913430	3028479	13.40
8631	632	38959	34874	22845	7688	1192769	1080833	10.30
2939	1460	42504	39003	24740	12352	692777	577360	5.70
9369	514	11778	10203	6221	1779	273461	229212	3.69
3674	1127	24396	19710	9928	4580	277261	183354	4.22
18024	420	21940	21940	7396	2962	211333	159547	2.25
4719	54	14699	14417	11385	2988	510891	480753	6.08
3346	114	13912	10159	2953	1510	231285	199212	3.89
2845	159	51589	50648	27678	17144	1289983	1115296	10.23
8883	293	35657	31611	14976	991	246484	196295	4.40
13118	640	44775	25185	17508	365	1134196	1015629	9.03
4068	942	38678	32544	19540	4894	574902	344917	10.63
10		9363	7963	3700	2300	140953	84076	2.80
4601	3191	22769	21787	7351	6929	292650	243370	5.61
2379	100	19011	13137	12949		482578	136433	5.19
3197	299	5018	5018	5000		208976	83238	2.52
586	297	7500	7500	4106	3394	284352	251732	3.04
704		2000	2000	1466	534	82155	51976	1.79
598	57	12435	12435	10000	981	652701	361821	4.98
6106	1099	39644	15522	6885	3689	571780	307764	6.52
3467	749	9047	9047	4237		112562	87857	1.43
2893		11819	8422	2300	1065	355517	285832	3.32
3529	538	3180	3180	3180		437423	109325	

续表 4

地区	书库面积	阅览室面积	书刊阅览室面积	电子阅览室面积	实际拥有产权面积（万平方米）	阅览室座席数（个）	少儿阅览室座席数	盲人阅览室座席数
总　计	**39.40**	**49.10**	**42.56**	**3.11**	**113.73**	**76847**	**10628**	**1040**
北　京	1.22	2.67	2.49	0.18		3306	559	41
天　津	2.03	5.08	2.67	0.25	0.14	5017	586	16
河　北	1.12	0.93	0.86	0.07	5.06	3070	280	22
山　西	1.29	1.71	1.67	0.04	8.03	3437	212	212
内蒙古	0.58	1.56	1.28	0.28	3.50	1792	598	96
辽　宁	1.74	3.81	3.32	0.49	9.93	5862	196	80
吉　林	1.02	2.11	2.05	0.06	1.38	3308	120	8
黑龙江	0.34	1.21	1.13	0.08	3.05	2333	261	52
上　海	4.57	1.35	1.28	0.07	12.42	2280	472	10
江　苏	1.03	1.80	1.69	0.10	3.40	1840	415	10
浙　江	2.08	1.13	1.09	0.04	5.17	1800	38	42
安　徽	0.77	0.90	0.75	0.06	3.69	1659	278	36
福　建	0.78	0.96	0.73	0.07	4.20	1855	772	50
江　西	1.52	0.72	0.70	0.03		1411	160	20
山　东	1.36	1.14	0.96	0.10	4.54	1500	160	20
河　南	1.04	1.46	1.38	0.08	2.95	2078	932	4
湖　北	1.80	4.20	3.90	0.30	10.23	5293	750	24
湖　南	1.36	1.23	1.19	0.04	4.29	2826	974	24
广　东	1.88	1.53	1.49	0.04	0.90	7790	388	10
广　西	3.74	2.37	2.15	0.14	5.12	2842	500	26
海　南	0.57	1.95	1.67	0.05	2.50	1670	380	9
重　庆	1.07	1.47	1.05	0.08	0.60	2379	597	45
四　川	0.52	1.45	1.38	0.07	5.19	2958	198	8
贵　州	1.66	0.86	0.83	0.03	2.74	1092	95	30
云　南	0.75	0.82	0.75	0.08	3.04	1324	70	50
西　藏	0.42	0.34	0.26	0.00	2.97	300	45	
陕　西	1.03	1.72	1.62	0.10		1597	160	14
甘　肃	1.04	0.86	0.64	0.06	3.92	1576	150	30
青　海	0.22	0.45	0.35	0.04	1.43	1152	132	26
宁　夏	0.90	1.33	1.24	0.10	3.32	1500	150	25
新　疆								

志愿者服务队伍数（个）	志愿者服务队伍人数（人）	图书馆延伸服务情况				文化创意产品情况		
		流动图书车数（辆）	流动服务书刊借阅人次（万人次）	流动图书馆车书刊借阅册次（万册次）	分馆数量（个）	文化创意产品种类（个）	文化创意产品销售收入（千元）	文化创意产品销售利润（千元）
1135	**86598**	**24**	**110.17**	**212.21**	**1161**	**712**	**63843**	**37230**
57	7563		0.03	3.73	18			
2	2145	1	0.25	0.60	10			
7	3975	1	4.00	2.00	50	114	32	
41	1606				181	73		
1	421				56	10		
66	20000	3	2.06	6.73	159			
14	620		18.75	30.55	1	4		
4	103				79	13		
102	2004	1	4.21	7.24				
1	147		3.87	6.11	1	13	63153	36798
4	860				26	18		
6	335				7	7	1	
225	4705	2	4.19	31.93	241	21	44	10
12	22580	3	37.55	51.21	57			
35	2600		4.55	6.71	2			
29	1251	1	0.01	0.03	25	6		
1	293	1	3.84	8.45		33		
422	3925		0.54	0.84	60	257	28	17
2	1761				90			
5	2012	2	5.33	9.93	2	18		
25	400		0.46	1.55	2	10		
9	2678	2	8.92	24.69	24	9	45	5
26	3200	1	0.01	0.04	12	95	136	
3	320		3.00	5.00	2			
4	475				17	4	1	
1	49	1	0.00	0.01	5			
25	154	1	0.65	1.31	23			
3	358	1	1.22	3.66	4	7	403	400
2	48	1						
1	10	1	6.75	9.91	3			
		1			4			

地　区	机构数(个)	从业人员(人)	专业技术人才	正高级职称	副高级职称	中级职称	总藏量(万册)	图书
总　计	**376**	**15251**	**11685**	**329**	**1963**	**5446**	**27358.89**	**23120.17**
北　京								
天　津								
河　北	12	535	445	23	85	183	975.41	737.26
山　西	10	413	205	6	32	106	463.54	384.72
内蒙古	12	527	466	6	133	189	519.36	460.27
辽　宁	23	1152	941	48	155	491	2086.50	1671.48
吉　林	10	526	455	30	141	173	826.74	702.09
黑龙江	12	593	437	49	128	189	900.59	686.98
上　海								
江　苏	16	985	741	19	114	345	2570.63	2177.53
浙　江	14	1088	736	23	118	331	2403.23	2066.63
安　徽	21	508	353	4	40	158	937.97	769.67
福　建	13	609	297	4	37	161	1191.67	901.89
江　西	11	339	263	1	38	126	639.22	543.48
山　东	17	910	769	32	144	358	1695.02	1467.06
河　南	19	775	628	11	94	214	1136.19	952.66
湖　北	16	638	572	11	102	298	1335.56	1156.10
湖　南	17	589	424	5	63	221	925.09	826.57
广　东	27	1742	1466	36	151	748	4276.77	3835.33
广　西	15	583	409	1	38	209	716.64	591.24
海　南	4	65	47			15	132.56	117.65
重　庆								
四　川	22	608	433	4	60	214	1242.69	1034.22
贵　州	10	307	259	4	46	110	332.24	278.01
云　南	18	486	415	8	100	200	507.73	413.29
西　藏	6	52	31		2	6	63.60	61.64
陕　西	8	327	224	1	35	100	430.62	396.10
甘　肃	17	312	207	1	24	99	345.34	278.20
青　海	7	140	85	1	17	37	106.33	97.95
宁　夏	5	134	113	1	16	47	167.57	140.00
新　疆	14	308	264		50	118	430.08	372.13

公共图书馆基本情况

盲文图书	古籍	善本	报刊	视听文献	缩微制品	其他	在藏量中：开架书刊	在藏量中：少儿文献	电子图书(万册)
29.51	**669.88**	**41.22**	**2241.43**	**658.78**	**12.73**	**655.90**	**15588.78**	**4099.68**	**24641.09**
1.93	43.50	1.55	102.03	20.07	4.31	68.24	599.57	109.85	376.08
1.72	16.47	1.44	37.92	20.80		3.63	286.53	62.54	418.81
0.99	10.19	0.33	38.72	5.99	0.00	4.20	295.85	43.54	496.77
1.03	84.94	2.91	192.67	46.77	1.37	89.28	1392.73	285.93	1055.23
0.56	21.04	1.72	72.47	18.98	0.14	12.03	253.13	118.06	3323.55
0.56	29.54	1.71	135.61	33.40	0.05	15.00	475.23	65.66	403.36
1.28	127.94	9.91	204.59	58.55	1.05	0.97	1454.56	317.51	1502.62
1.27	58.50	4.24	133.23	128.73	0.01	16.13	1203.96	377.71	1384.64
1.98	15.14	0.73	54.92	18.16		80.09	521.77	137.08	1717.37
1.12	10.15	0.64	98.77	22.20	0.03	158.64	653.78	233.35	883.77
0.92	16.64	1.75	61.09	9.07	0.04	8.91	270.93	79.34	784.33
1.40	41.00	2.08	141.86	11.59	0.52	32.98	1120.26	219.46	1909.63
1.30	44.63	4.22	126.10	9.21	0.59	2.99	678.12	159.97	775.12
2.30	35.77	1.19	114.12	13.73	0.13	15.71	713.21	119.09	1683.88
1.07	15.41	0.56	60.04	18.34	0.58	4.14	626.52	139.27	584.30
2.91	22.66	1.09	198.42	156.24	0.02	64.11	2426.35	1139.56	2646.94
0.45	7.35	0.90	99.15	10.23	0.01	8.67	477.32	139.90	1185.02
0.15	0.58	0.01	11.85	2.41	0.01	0.06	101.02	11.58	48.50
2.23	46.55	2.07	118.40	32.47	0.08	10.97	658.36	146.47	1037.92
0.38	2.20	0.00	44.82	4.48		2.73	212.36	27.54	581.81
0.92	6.04	0.05	70.85	5.26	0.00	12.28	309.05	33.85	933.53
0.13	0.11	0.01	1.32	0.04		0.50	24.80	1.92	43.96
0.55	4.11	0.76	22.12	3.67		4.62	260.51	28.38	358.69
0.82	7.97	1.03	31.06	1.72	3.78	22.61	182.84	31.92	117.27
0.25	0.51	0.07	3.92	0.44	0.02	3.50	39.30	13.09	142.86
0.19	0.21	0.20	16.31	0.45	0.01	10.59	89.81	18.90	95.81
1.12	0.75	0.07	49.08	5.80		2.32	260.92	38.21	149.33

续表 1

地区				书架单层总长度(米)	本年新购藏量(万册)	本年新增电子图书(万册)	当年购买的报刊种类(种)	有效借书证数(个)
	本馆自建	本馆外购	免费共享					
总　计	**437.39**	**18601.29**	**5602.41**	**5422220**	**2034.20**	**2061.80**	**318600**	**27351646**
北　京								
天　津								
河　北	10.64	351.68	13.76	140849	55.42	9.83	9823	754051
山　西	21.61	121.22	275.97	84293	67.17	32.49	5851	742630
内蒙古	0.08	297.99	198.70	74542	45.28	60.05	6633	353493
辽　宁	10.97	964.75	79.51	218082	86.08	62.05	25484	856879
吉　林	12.14	3199.95	111.47	83134	32.72	690.33	9081	750958
黑龙江	13.37	32.37	357.62	252075	17.89	6.41	8099	293762
上　海								
江　苏	61.18	1315.23	126.21	613761	172.06	38.29	28691	8652087
浙　江	1.69	991.59	391.36	304377	171.68	82.64	21968	2390999
安　徽	6.83	1600.05	110.50	124564	96.44	64.44	12432	1005494
福　建	32.02	729.38	122.37	183592	119.32	51.44	12663	712375
江　西	8.34	615.48	160.51	48857	26.27	69.73	7590	655415
山　东	1.26	1785.56	122.82	316277	119.71	143.74	20240	1564931
河　南	0.35	590.37	184.40	176289	85.94	67.95	18750	803243
湖　北	6.84	428.70	1248.35	190967	193.62	63.85	11394	861737
湖　南	213.25	216.60	154.45	480418	97.50	25.61	10832	853449
广　东	2.35	2282.46	362.14	619313	395.45	106.24	42822	3467307
广　西	0.07	599.48	585.47	135183	70.67	13.09	12356	474007
海　南		45.50	3.00	20245	6.95	8.29	1888	54643
重　庆								
四　川	1.15	888.03	148.74	988080	39.32	41.92	14982	1057540
贵　州	0.03	496.38	85.40	30459	20.18	261.06	4440	168071
云　南	1.16	482.35	450.02	142351	19.93	39.43	7448	142946
西　藏		4.96	39.00	953	14.63	29.76	1294	5373
陕　西	0.33	151.36	207.00	63163	29.91	26.49	7352	235446
甘　肃	14.04	52.72	50.51	54799	21.18	49.60	6171	96180
青　海	0.70	133.66	8.50	9953	3.09	10.10	889	103388
宁　夏		95.81		22739	11.71	1.00	2368	115658
新　疆	17.01	127.68	4.64	42905	14.09	6.00	7059	179584

总流通人次(万人次)	书刊文献外借人次	书刊文献外借册次(万册次)	为读者举办各种活动：组织各类讲座次数(次)	参加人次(万人次)	举办展览(个)	参加人次(万人次)	举办培训班(个)	培训人次(万人次)
25383.35	**8007.39**	**17955.04**	**23514**	**329.92**	**7500**	**3370.14**	**18649**	**125.09**
1158.85	273.99	495.95	1168	9.57	195	230.42	417	1.15
720.31	163.50	367.55	872	9.72	92	226.80	618	15.56
586.59	118.35	242.26	358	4.89	170	33.73	115	1.20
1468.10	360.61	971.97	1133	11.62	323	65.44	1800	4.03
325.40	181.81	292.16	453	4.65	145	40.94	228	1.39
425.48	203.72	371.05	252	2.47	194	23.58	563	2.55
2899.59	1214.53	1972.29	1282	20.64	592	110.47	846	2.37
2375.76	632.45	1885.53	1811	22.69	960	206.04	3182	22.90
824.60	307.95	598.72	943	13.35	372	114.72	299	1.89
1233.63	551.29	1100.07	678	7.44	171	149.22	962	9.79
634.51	245.08	536.31	393	7.58	159	42.83	300	2.17
1986.99	622.09	1072.32	1636	20.00	544	141.09	1649	8.69
1533.27	463.94	712.96	2059	44.19	426	80.86	657	5.84
1045.01	435.68	928.95	753	16.44	193	81.28	492	10.01
700.33	206.34	582.06	1780	28.26	279	224.05	1031	6.70
3967.65	922.17	3730.09	4699	43.60	899	1239.83	3569	16.50
764.11	162.68	304.19	609	11.95	312	107.91	655	3.30
116.30	20.91	49.39	114	2.33	20	6.90	45	0.18
771.07	327.24	597.33	679	16.38	300	58.85	471	2.87
211.64	111.38	154.89	185	2.51	72	8.26	70	0.78
368.58	126.43	250.46	413	6.70	325	65.09	308	2.17
13.52	1.24	3.91	22	0.50	14	0.45	9	0.08
602.32	104.83	228.30	352	6.92	420	36.55	149	0.45
244.69	98.74	222.89	425	8.33	124	34.19	75	1.09
53.95	30.85	55.37	90	1.27	30	1.63	30	0.19
122.63	52.67	95.47	72	0.55	50	3.80	14	0.11
228.52	66.97	132.62	283	5.39	119	35.20	95	1.14

续表 2

地　区	开展基层培训辅导人　次（万人次）	本单位受训人次（万人次）	计算机（台）	供读者使用电子阅览室终端数	图书馆网站访问量（页次）	本年收入合　计（千元）	财政补贴收　入	免费开放资　金
总　计	**19.53**	**18.53**	**52166**	**31598**	**588922698**	**5352114**	**5235199**	**291006**
北　京								
天　津								
河　北	0.23	0.44	1730	1064	5477589	163248	163151	6434
山　西	0.23	0.52	1645	1046	3492538	147627	146414	4680
内蒙古	0.23	0.08	1775	1090	4427782	148312	148262	5455
辽　宁	0.33	0.37	3481	1896	22449763	264774	264774	4575
吉　林	0.28	0.53	1234	659	5307327	111432	105626	4250
黑龙江	0.19	0.22	1599	966	4314138	105643	105511	4300
上　海								
江　苏	4.52	0.53	3076	1649	10113008	573882	569644	28131
浙　江	0.58	0.33	2933	1723	72561979	450641	439154	8774
安　徽	0.62	0.16	2291	1600	25516788	160976	159894	11307
福　建	0.41	0.66	2909	1884	17403503	285453	254622	21506
江　西	0.75	0.08	1174	776	11601651	95252	92218	8161
山　东	0.44	0.23	3407	2067	26456561	301744	297656	22506
河　南	1.19	0.85	2903	1882	19727935	248433	244526	10217
湖　北	0.37	0.63	1877	1025	12206277	217349	212908	8328
湖　南	0.63	0.36	1675	1046	5551718	148356	142899	12400
广　东	3.15	0.86	6512	3716	139877493	1070954	1067716	71086
广　西	0.26	0.55	1677	1012	41013860	127838	125141	7460
海　南	0.04	0.06	445	236	715278	24443	18495	1145
重　庆								
四　川	1.05	0.07	2297	1434	7876567	175366	174130	12392
贵　州	0.17	0.24	767	431	5137313	85350	83366	3850
云　南	0.30	0.21	1642	1069	140560027	118566	113359	9818
西　藏	0.01	0.01	364	292	3190	11244	11244	2500
陕　西	0.25	0.12	873	487	2686150	92033	77786	4000
甘　肃	2.38	0.05	1093	719	936850	77012	72523	6130
青　海	0.15	10.25	497	376	604289	33233	32856	2785
宁　夏	0.10	0.06	688	427	2790296	28561	28023	1900
新　疆	0.69	0.08	1602	1026	112828	84392	83301	6916

中央资金	购书专项经费	上级补助收入	事业收入	经营收入	附属单位上缴收入	其他收入	本年支出合计(千元)	基本支出
103633	**660528**	**11985**	**15093**	**4225**		**85612**	**5264436**	**2688099**
3000	17776		80			17	148569	107480
2250	13325			1167		46	141349	27555
4620	5904					50	184080	94552
945	36597						262191	166035
2425	18908					5806	113212	74321
3300	7411	58	35			39	105290	84451
7349	60550		347			3891	569838	234832
350	67387	730	582			10175	449357	219005
5329	23471	19	60			1003	158422	83214
540	43181	958	1326	3058		25489	248170	94107
2600	12350	345	417			2272	86421	57005
11709	36823	1082	2			3004	271132	157454
5000	22732		50			3857	245839	109142
4071	19102	1063	20			3358	216200	123060
5555	14742	150	4823			484	157786	90785
2680	179496	2126	21			1091	1057611	480718
6040	14618	1628				1069	133442	58284
750	570					5948	23637	10996
8800	21646	259				977	173015	88138
2840	8255	1113				871	77496	54708
6800	7414	310				4897	119220	82038
1600	1317						11049	6624
3200	10519	901	7330			6016	82577	36997
4000	9767	485				4004	77769	41384
1600	615	326				51	35958	27024
900	1507	287				251	30880	23136
5380	4545	145				946	83926	55054

续表 3

地区	项目支出	经营支出	在支出合计中：					
			工资福利支出	商品和服务支出	差旅费	劳务费	福利费	各种税金支出
总计	**2507429**	**2800**	**1992631**	**1068080**	**24216**	**115664**	**15039**	**4334**
北京								
天津								
河北	41044	42	61387	33291	577	1137	364	
山西	108938	1167	21448	24654	472	4439	286	
内蒙古	89525		62174	39301	1004	1686	451	3
辽宁	96153		131808	65210	745	3922	112	421
吉林	38690		53133	21673	614	2129	56	10
黑龙江	20614		61654	21296	469	1416	244	4
上海								
江苏	325006		186836	86416	4561	15109	1002	365
浙江	230052		182411	110009	1735	21266	4885	15
安徽	72731		56371	46986	807	2797	299	1
福建	152471	1591	66810	52902	596	11468	195	67
江西	29414		31309	21133	747	2250	266	39
山东	113677		127175	36507	784	5760	332	120
河南	131569		81527	29205	804	6908	623	12
湖北	93082		88445	40553	939	3069	785	560
湖南	59844		65331	29796	990	2589	682	59
广东	555554		341744	233898	2141	6056	1372	2147
广西	73387		48830	24476	1058	1268	1140	23
海南	12536		8893	8801	129	3773		3
重庆								
四川	77577		76318	48435	1484	5001	518	3
贵州	21817		37227	9930	577	717	326	118
云南	37081		69271	23057	1129	2512	409	2
西藏	3377		5709	2359	28	155		
陕西	45573		31690	15884	622	2157	96	137
甘肃	32168		23226	12188	465	2102	191	225
青海	8934		21230	7255	127	1114		
宁夏	7744		16594	7119	203	769		
新疆	28871		34080	15746	409	4095	405	

对个人和家庭补助支出	抚恤金和生活补助	其他资本性支出	各种设备购置费	新增藏量购置费	新增数字资源购置费	资产总计（千元）	固定资产原值	实际使用公用房屋建筑面积（万平方米）
274289	**21779**	**1318872**	**1098490**	**635542**	**178588**	**18025953**	**15266758**	**462.47**
13461	940	31653	24952	14965	3220	442582	347129	16.76
2548	64	64618	20498	14579	1902	318602	285375	14.75
8497	344	69276	66300	41908	12516	808888	681616	14.45
9997	1761	46315	38241	22351	12276	947647	814222	25.14
13371	851	23821	22527	12701	4334	420761	368665	10.35
9895	732	10039	9238	7254	1147	315457	282906	13.39
18336	974	94667	81772	61120	9115	1579197	1078507	33.78
4426	139	119391	101958	57288	13731	1348092	991994	31.48
8434	511	41163	35719	19624	6390	1442779	1415088	19.84
5372	174	108914	86065	38306	13019	628572	516112	25.22
10285	312	18939	13185	9646	2010	244838	198827	12.22
13729	3479	64116	58582	38841	7285	957417	793429	39.99
9634	1035	95453	86974	21066	6057	1071548	931809	27.65
15116	493	62111	46281	33504	9391	626906	557841	24.36
7832	1094	41851	36663	24394	4448	361930	287652	15.19
86350	4039	245995	226121	145748	51766	3980253	3568118	58.38
5259	724	42750	27129	13589	2742	398495	354641	14.49
55		5692	2610	1736	500	81461	57047	1.72
6647	1665	28978	25095	15956	1075	488041	438286	14.71
6544	615	14906	12749	4279	5380	148249	120005	4.34
2871	730	17092	14551	7494	1133	292515	237498	11.79
162		381	326	326		60697	46254	1.92
526	47	31334	29421	13638	5931	265184	224719	5.92
7864	302	19422	16475	8787	1520	337834	312611	7.93
1679	229	3836	1908	658	585	55387	51291	2.62
1526	44	5602	3902	1447	625	172451	158617	3.87
3873	481	10557	9248	4337	490	230170	146499	10.21

地　区					实际拥有产权面积（万平方米）	阅览室座席数（个）		
	书库面积	阅览室面积	书刊阅览室面积	电子阅览室面积			少儿阅览室座席数	盲人阅览室座席数
总　计	**92.56**	**137.01**	**110.02**	**14.55**	**243.49**	**299548**	**63143**	**5852**
北　京								
天　津								
河　北	2.16	4.65	4.04	0.31	10.09	10602	1744	169
山　西	1.99	5.12	3.09	0.78	13.78	10506	1178	124
内蒙古	1.91	3.57	2.79	0.50	5.15	9298	1190	187
辽　宁	4.23	6.36	4.40	0.68	10.22	13705	2892	238
吉　林	1.65	3.05	2.31	0.23	6.35	7249	901	157
黑龙江	2.25	3.05	2.05	0.29	3.02	9138	1268	78
上　海								
江　苏	6.46	9.23	8.03	0.57	15.91	19754	4382	257
浙　江	5.18	8.74	7.36	0.66	10.42	17420	4851	233
安　徽	4.11	7.27	6.08	0.55	14.25	17133	3805	400
福　建	3.62	7.44	6.86	0.46	14.13	16203	3212	199
江　西	3.47	4.36	3.23	0.39	5.60	9524	2773	271
山　东	9.75	12.14	9.80	1.03	19.83	19258	4002	370
河　南	6.39	7.61	5.99	1.09	16.54	18297	3374	429
湖　北	6.91	7.95	5.46	1.59	15.52	12985	2681	265
湖　南	5.26	4.05	3.28	0.62	9.38	9747	2406	137
广　东	9.17	19.08	17.15	1.80	21.53	33688	8940	374
广　西	3.17	3.47	2.55	0.46	6.41	10152	3368	145
海　南	0.60	0.40	0.32	0.08	2.06	1443	430	15
重　庆								
四　川	3.52	4.44	3.73	0.47	11.77	13101	2959	353
贵　州	1.25	1.57	1.41	0.13	4.20	4548	632	194
云　南	3.17	3.31	2.26	0.63	7.78	8683	1560	417
西　藏	0.27	0.50	0.13	0.13	0.66	1529	206	41
陕　西	1.36	2.04	1.85	0.18	5.77	4892	676	114
甘　肃	1.77	2.92	2.55	0.30	5.77	7445	1616	411
青　海	0.49	1.34	0.99	0.17	0.89	1341	298	44
宁　夏	0.69	0.82	0.50	0.13	2.10	3586	519	53
新　疆	1.79	2.57	1.83	0.34	4.36	8321	1280	177

志愿者服务队伍数（个）	志愿者服务队伍人数（人）	图书馆延伸服务情况				文化创意产品情况		
		流动图书车数（辆）	流动服务书刊借阅人次（万人次）	流动图书馆车书刊借阅册次（万册次）	分馆数量（个）	文化创意产品种类（个）	文化创意产品销售收入（千元）	文化创意产品销售利润（千元）
1490	**121558**	**395**	**812.42**	**1596.72**	**4124**	**493**	**703**	**277**
40	4126	3	8.26	15.60	57	26		
66	6919	4	8.25	17.21	95	25		
21	1294	2	11.64	28.15	90			
74	8700	3	215.40	509.56	387	24		
28	3081	5	9.39	12.53	40	3		
22	4484	3	13.39	22.06	145	4		
93	12107	16	27.55	39.89	338	228	698	276
456	12070	16	77.09	165.52	360	22	5	1
52	4296	4	18.26	31.08	246	15		
51	2751	6	16.87	41.12	279	2		
22	913	4	30.45	22.38	110	10		
54	5380	10	35.54	49.50	313	52		
49	4156	12	28.58	35.68	97	3		
35	1484	15	64.67	108.60	254	16		
100	5823	3	18.65	29.79	250			
81	25631	237	92.35	222.21	676	27		
38	8396	5	8.54	34.46	45			
10	1177	12	2.66	4.52	5			
46	3572	11	23.65	41.08	95	7		
11	693	1	15.63	16.68	19			
81	1742		34.95	44.63	35			
4	52	1	0.30	1.27				
7	959	4	8.38	14.83	102	7		
17	541	1	6.83	19.14	15			
5	116	7	7.23	16.94	2			
7	174	3	24.17	48.48	32			
20	921	7	3.75	3.82	37	22		

地区	机构数(个)	从业人员(人)	专业技术人才	正高级职称	副高级职称	中级职称	总藏量(万册)	图书
总计	**2760**	**33370**	**21191**	**145**	**2096**	**9492**	**51333.02**	**44146.17**
北京	22	884	691	2	48	225	1996.82	1905.60
天津	27	724	601	8	72	228	1051.56	941.52
河北	160	1171	749		77	355	1410.44	1241.44
山西	117	1005	631	1	31	267	1088.54	914.08
内蒙古	104	1183	935	1	177	382	999.34	853.89
辽宁	106	1198	829	7	85	522	1385.37	1154.01
吉林	55	799	661	12	102	314	737.30	616.01
黑龙江	96	886	752	32	200	353	926.87	827.44
上海	21	1311	1039	1	44	367	2158.82	1998.88
江苏	99	2020	1228	10	125	526	5540.53	5103.95
浙江	88	2541	1163	25	121	542	5499.29	5031.46
安徽	104	818	491	1	30	211	1619.42	1390.80
福建	76	764	465	1	24	210	2101.01	1732.79
江西	101	926	472	4	27	187	1500.22	1219.34
山东	136	1711	1342	7	209	625	3632.08	3168.31
河南	139	1928	857		40	422	1626.66	1363.98
湖北	98	1191	807		42	469	1736.46	1417.94
湖南	121	1235	812	1	36	415	1765.44	1461.59
广东	115	2504	1237	10	54	563	4362.48	3593.54
广西	98	762	512		13	221	1231.84	939.70
海南	19	154	93		1	21	234.64	206.05
重庆	41	681	371	8	48	154	1331.73	1134.21
四川	181	1407	782	3	31	316	2150.22	1799.21
贵州	87	634	422	2	29	143	893.85	717.31
云南	132	1102	974	2	286	474	1291.51	1024.86
西藏	74	98	50	1	1	1	105.31	82.25
陕西	102	1552	893	4	28	384	936.97	771.92
甘肃	85	910	499		41	205	758.05	544.37
青海	43	245	152	1	8	65	196.83	152.35
宁夏	21	332	194	1	12	100	331.55	262.72
新疆	92	694	487		54	225	731.90	574.65

盲文图书	古籍	善本	报刊	视听文献	缩微制品	其他	在藏量中		电子图书（万册）
							开架书刊	少儿文献	
64.29	**473.31**	**38.30**	**3623.02**	**749.68**	**55.27**	**2285.57**	**30791.33**	**6237.79**	**46057.20**
0.29	5.15	0.32	15.47	45.46	0.22	24.93	1459.83	212.89	1135.46
1.09	4.67	0.79	66.96	9.94	0.05	28.41	574.29	110.64	1694.38
2.58	6.44	0.48	92.34	20.76	0.99	48.48	828.28	143.61	1347.57
1.56	29.32	4.52	107.42	6.74	1.51	29.48	484.03	80.06	594.27
0.81	5.74	0.17	90.34	8.85	0.86	39.66	641.70	88.30	665.38
1.49	4.04	0.94	47.57	26.43	0.74	152.59	764.86	221.89	439.44
1.08	1.37	0.04	48.72	16.60	0.13	54.48	463.57	89.56	1627.99
0.87	0.50		75.65	6.25	0.56	16.46	643.99	87.07	504.94
1.06	8.07	0.22	35.81	98.28	0.01	17.77	1378.79	284.77	812.15
4.80	54.51	3.67	222.20	47.64	0.54	111.69	3391.12	711.36	5387.08
3.36	54.57	2.74	260.04	84.24	0.43	68.56	3838.48	904.55	6081.94
5.98	12.14	0.42	89.04	27.32	0.61	99.51	827.37	216.06	2984.65
1.12	11.98	0.94	120.59	40.75	1.13	193.77	1153.24	317.24	1977.55
2.81	22.81	2.45	182.48	11.19	0.73	63.67	644.78	173.42	656.75
5.86	24.22	2.54	247.78	40.06	3.27	148.44	2149.42	352.81	1938.74
7.87	14.89	1.18	183.46	24.37	0.40	39.56	1111.98	180.41	1056.89
2.02	15.12	1.39	184.90	21.82	33.73	62.95	1017.18	227.93	1768.31
3.39	39.38	3.31	195.27	13.42	0.89	54.89	851.95	176.60	880.23
1.98	12.66	0.93	182.30	97.45	0.21	476.31	2864.75	614.16	3758.34
0.38	6.46	0.17	237.95	7.93	0.90	38.90	593.21	99.35	317.52
0.04	0.58	0.04	21.70	2.23		4.08	102.02	10.31	623.00
2.86	22.47	2.35	92.06	19.68	0.12	63.18	962.27	203.61	1119.64
3.37	48.26	2.21	192.32	15.72	3.04	91.69	1229.75	241.16	2551.32
1.38	3.96	0.78	94.07	10.12	1.58	66.81	488.82	75.11	894.12
1.21	24.72	2.72	165.64	12.65	0.86	62.79	796.66	124.04	1337.61
0.32	1.43	0.10	5.14	0.98	0.50	15.01	9.35	7.90	12.22
2.34	22.01	0.83	101.36	10.66	0.38	30.64	535.01	86.68	3141.40
0.93	12.43	1.86	125.02	5.81	0.19	70.22	381.89	75.15	242.08
0.27	2.11	0.07	10.17	1.90	0.27	30.03	44.64	12.60	77.05
0.62	0.80	0.13	31.17	5.01	0.01	31.84	158.00	51.93	65.71
0.56	0.51	0.02	98.08	9.43	0.42	48.80	400.13	56.64	363.48

续表 1

地　区	本馆自建	本馆外购	免费共享	书架单层总长度（米）	本年新购藏量（万册）	本年新增电子图书（万册）	当年购买的报刊种类（种）	有效借书证数（个）
总　计	**1422.03**	**26874.20**	**17760.96**	**6447743**	**4074.11**	**3681.39**	**641169**	**32018370**
北　京	24.16	541.81	569.50	196282	157.26	27.51	15547	1170195
天　津	0.04	1422.32	272.03	90801	151.81	276.54	16267	453292
河　北	63.90	1139.64	144.03	293382	115.55	283.21	18329	536266
山　西	4.20	409.13	180.95	135870	54.08	18.61	11482	286625
内蒙古	71.97	339.57	253.84	151488	73.49	42.71	15359	325305
辽　宁	0.69	366.49	72.27	146997	50.58	31.12	16275	586953
吉　林	86.87	344.87	1196.25	80750	35.70	117.02	7854	246883
黑龙江	0.45	189.58	314.91	104150	56.24	10.25	16499	284859
上　海	4.44	785.80	21.91	214407	115.32	187.42	36637	1622182
江　苏	60.91	3829.81	1496.37	508751	417.48	224.50	47927	4784006
浙　江	260.82	2629.31	3191.81	491485	474.68	399.08	59051	7090067
安　徽	43.64	2508.49	432.51	159646	182.22	259.32	17047	756720
福　建	90.45	955.25	931.85	213371	242.06	67.85	18362	687026
江　西	24.82	431.62	200.31	187358	74.55	38.97	17262	726874
山　东	29.95	1574.43	334.37	382269	508.04	353.97	28779	2050225
河　南	49.73	788.19	218.97	208679	155.92	108.64	16671	858384
湖　北	104.47	1004.32	659.53	199554	127.40	320.34	17712	852465
湖　南	24.28	545.92	310.03	255297	86.52	139.69	19616	799270
广　东	43.53	2015.18	1699.63	482882	428.25	175.68	44705	3381239
广　西	2.90	242.21	72.42	201471	57.20	26.31	17679	260404
海　南	18.00	413.59	191.41	31394	25.53	7.01	3790	42565
重　庆	67.08	713.39	339.17	372492	100.27	97.64	24227	1331739
四　川	64.08	1216.25	1270.99	589390	134.79	199.37	29276	1214884
贵　州	87.81	677.82	128.50	129613	58.96	110.12	17837	599598
云　南	11.47	865.26	460.87	247845	42.74	31.52	23618	311197
西　藏	0.12	1.22	10.88	8814	9.76	2.36	2980	2692
陕　西	120.03	359.35	2662.02	99960	62.99	50.33	12663	273975
甘　肃	3.94	203.93	34.22	103231	21.05	51.87	10373	210677
青　海	7.80	66.28	2.98	28137	5.66	6.54	31600	32599
宁　夏	0.10	48.49	17.13	42538	26.74	1.68	7563	88453
新　疆	49.41	244.73	69.34	89439	21.27	14.22	18182	150751

总流通人次（万人次）	书刊文献外借人次	书刊文献外借册次（万册次）	为读者举办各种活动					
			组织各类讲座次数（次）	参加人次（万人次）	举办展览（个）	参加人次（万人次）	举办培训班（个）	培训人次（万人次）
47042.82	**16095.11**	**34781.87**	**50437**	**725.17**	**23754**	**3824.34**	**39783**	**233.49**
1394.82	424.03	994.09	2634	15.52	520	173.49	1281	4.27
961.47	292.33	795.75	1693	16.26	568	67.65	536	3.41
985.29	444.91	789.89	2125	30.56	793	68.47	1194	7.89
779.23	280.44	444.81	1405	17.95	540	97.56	456	5.07
601.83	240.39	460.45	759	10.75	507	56.95	433	2.58
1011.11	379.47	802.91	1517	11.37	558	57.50	794	3.37
351.79	202.23	328.96	421	4.38	323	37.69	253	1.92
484.08	219.12	470.25	899	12.27	492	69.32	699	4.44
2663.88	442.58	1833.02	2065	26.27	385	105.58	1570	6.99
4887.66	1568.34	3754.83	3074	44.82	1202	218.07	1890	10.24
8437.96	1751.53	5089.03	3603	51.51	2773	562.52	6836	29.74
2348.73	975.70	1499.98	2361	45.54	1623	234.32	2542	21.75
1811.91	740.78	2029.04	1526	17.11	713	93.76	1202	6.62
1077.93	576.52	1020.05	1332	16.21	1022	84.59	702	6.80
2398.08	1293.45	2143.05	4141	50.31	1322	134.19	2459	16.62
1609.44	878.09	1374.23	2133	35.28	908	93.17	1206	9.38
1166.16	646.51	1067.88	1719	29.65	742	99.95	793	5.83
1403.96	768.31	1466.06	2126	25.61	789	80.33	1442	9.80
5308.27	1085.83	3129.57	5208	134.24	1864	604.73	5839	27.63
1072.71	321.89	656.72	1013	18.58	628	69.95	840	5.99
95.40	30.11	53.26	93	0.88	66	8.93	77	0.32
1316.02	505.16	1184.54	1430	20.17	979	174.75	1028	8.05
1601.64	630.23	1147.54	2149	24.82	986	237.35	1492	7.99
622.15	267.56	428.39	1117	10.90	547	51.96	657	4.18
934.47	379.54	643.04	1202	15.03	789	138.75	1017	6.35
9.85	4.38	6.10	22	0.17	86	0.98	26	0.13
662.38	296.93	433.77	1236	18.40	797	75.13	1520	8.66
412.32	217.60	332.97	773	10.51	383	39.55	357	2.98
51.96	24.59	33.93	122	1.66	140	10.55	179	1.04
246.52	86.79	158.50	133	1.87	162	17.00	149	1.29
333.82	119.77	209.29	406	6.59	547	59.63	314	2.16

续表 2

地区	开展基层培训辅导人次(万人次)	本单位受训人次(万人次)	计算机(台)	供读者使用电子阅览室终端数	图书馆网站访问量(页次)	本年收入合计(千元)	财政补贴收入	免费开放资金
总计	**84.70**	**16.38**	**148971**	**105723**	**266956155**	**7635039**	**7375277**	**620223**
北京	1.64	0.94	3599	1670	10888685	525066	519563	12112
天津	0.66	1.28	3131	2107	5106212	376608	375514	29839
河北	3.07	0.33	5772	4422	3630473	149651	146695	22107
山西	4.86	0.79	4642	3503	1978383	181755	153371	19114
内蒙古	1.34	0.32	4683	3300	1431594	181577	177723	18486
辽宁	3.39	0.37	5425	3570	1562353	157153	156757	4836
吉林	0.65	0.10	2640	1916	3641856	140841	137427	9310
黑龙江	3.21	0.12	3894	2685	902835	119411	118563	13020
上海	0.38	0.64	3961	2387	17361740	615237	601285	3658
江苏	7.58	0.92	7791	5170	26399332	564332	538744	27517
浙江	2.93	1.62	9433	6625	17945725	862656	830441	44886
安徽	9.44	2.48	5445	4189	6765071	149236	138484	18570
福建	0.54	0.28	4052	2750	11333856	204091	195605	9656
江西	2.68	0.24	5561	4076	5143996	147832	135137	14568
山东	4.07	0.51	7848	5580	21602620	303381	298507	36081
河南	3.99	0.46	7171	5013	6256543	208992	202285	23886
湖北	4.65	0.47	4718	3437	6196296	236895	222152	15982
湖南	3.61	0.29	5207	3810	10161927	204477	196093	26333
广东	2.69	1.65	9619	6924	18249733	788359	775269	56557
广西	1.58	0.33	4283	3128	1009322	129909	121188	26729
海南	0.35	0.07	914	719	3027086	57876	54801	2260
重庆	2.90	0.18	3926	3048	33807811	214882	212524	26700
四川	6.43	0.17	9109	6629	19988465	287776	283160	48282
贵州	1.57	0.23	4423	3010	3832006	128081	120444	14587
云南	2.27	0.28	5222	3914	20414894	194414	185828	24446
西藏	0.07	0.01	991	683	3285	18747	18357	12020
陕西	2.10	0.40	4809	3608	6126970	191365	180174	20800
甘肃	2.19	0.14	3841	2733	757877	111559	104091	13763
青海	0.32	0.04	1453	887	578877	41937	40231	3210
宁夏	0.44	0.65	1426	1129	487123	44426	40326	3229
新疆	3.11	0.10	3982	3101	363209	96517	94538	17679

中央资金	购书专项经费	上级补助收入	事业收入	经营收入	附属单位上缴收入	其他收入	本年支出合计(千元)	基本支出
287042	**734566**	**115939**	**35237**	**7234**	**620**	**100732**	**7611608**	**4512945**
3315	59644	520	384	290		4309	513211	248859
15969	33997	313	164	375		242	337525	154091
14798	12057	2212	501	45		198	153158	95712
11958	7625	1807				26577	166952	92517
14684	2533	3441				413	184762	163443
1110	8322	140	20			236	156101	129522
5980	7640	30	100			3284	137499	85586
9600	6331	835				13	116623	95892
984	61330	325	11575			2052	579984	358334
2308	69838	6001	3627	6378		9582	574597	362243
560	119454	18743	2998			10474	855659	375893
7745	16832	7605	740			2407	155215	99740
2099	31460	4279	920			3287	206704	116776
6411	14503	7978	1024	10	11	3672	152774	108963
4263	34256	3937	27			910	304375	210087
13700	15337		1716	10		4981	210376	168506
5698	20557	7755	991			5997	242179	146658
12316	14940	4886	459		100	2939	201262	145928
5470	91808	10295	529	1		2265	779982	354288
22454	9099	7836				885	115356	77785
1110	5972	538				2537	76027	21646
16440	22281	1930	24			404	207944	112458
28640	24646	2615	773			1228	332240	167209
10435	7609	2871	2440			2326	128357	74129
19626	6815	2726	2485			3375	194395	151974
10360	2518	290	100				15542	12019
15640	12782	7879	2059			1253	196377	147670
8142	3830	4540	1486	120		1322	115066	89608
940	1548	1155	95	5	5	446	43315	33296
1190	5243	1453				2647	60382	37486
13097	3759	1004			504	471	97669	74627

续表 3

地区	项目支出	经营支出	在支出合计中：					
			工资福利支出	商品和服务支出	差旅费	劳务费	福利费	各种税金支出
总计	**2720026**	**3898**	**3170162**	**1671255**	**84107**	**205336**	**28769**	**7276**
北京	233911	290	203066	150847	201	10105	2458	858
天津	183202	98	121106	75927	266	3094	484	195
河北	49126	75	74611	18984	383	4726	197	
山西	70729		68498	20508	700	2775	259	1
内蒙古	17178		101705	26720	1342	2389	301	8
辽宁	17862		95143	23178	542	3348	337	
吉林	49580		61153	17045	715	2431	2	16
黑龙江	15156	30	66587	18665	864	904	41	3
上海	220905		246688	177702	475	5377	4439	
江苏	203941	1827	223919	143846	3241	14507	1854	3736
浙江	455076		298884	190689	2276	33866	7414	885
安徽	46433	130	61933	28679	1149	2878	506	
福建	72530		73263	47645	874	10360	158	20
江西	20982	60	67172	27023	1679	2666	1230	85
山东	72880	14	145997	37211	1470	5239	104	58
河南	28216	15	110058	27088	1302	2983	347	6
湖北	77391		103411	31663	1302	3507	791	418
湖南	42121	600	95933	38467	2220	5430	1317	81
广东	418590	21	234967	249519	2294	41399	3555	119
广西	27794	5	56885	21920	1898	1862	68	60
海南	42074		12491	6386	615	736		2
重庆	93643	22	67726	62928	6279	14561	497	30
四川	116567		132065	123814	45784	13635	1096	78
贵州	18246	280	47249	11054	909	1712	177	89
云南	37335	40	125522	26389	1540	4534	429	35
西藏	325	9	5680	276	102	71		
陕西	35201	245	104195	31327	1665	4217	219	116
甘肃	15142	77	64387	12560	976	1566	349	12
青海	7297	10	17305	3847	175	250	4	70
宁夏	14245		23560	5037	218	1124	45	
新疆	16348	50	59003	14311	651	3084	91	295

对个人和家庭补助支出	抚恤金和生活补助	其他资本性支出	各种设备购置费	新增藏量购置费	新增数字资源购置费	资产总计（千元）	固定资产原值	实际使用公用房屋建筑面积（万平方米）
321344	**25918**	**1660887**	**1254930**	**795702**	**101573**	**24778854**	**21158581**	**925.89**
15342	1404	121793	100137	64405	3967	1135095	972765	20.45
7400	406	99760	78029	37767	12612	591380	446109	27.74
5500	590	33903	28118	20511	1855	548585	309881	32.22
5384	223	34782	27638	12279	1998	450610	411350	29.21
23158	334	23196	19424	10983	1851	3792661	3611149	24.64
8249	921	13283	11028	7923	1098	393779	338031	24.37
13081	677	36968	21944	8834	405	288865	244316	12.15
11332	703	11314	9901	7545	681	266816	240442	16.81
5373	801	127950	91341	54701	16015	2290909	2047853	30.39
27346	1367	125076	102335	67026	7865	1580744	1433754	90.33
11263	745	284341	156908	117078	7542	2142339	1818815	82.64
8896	1150	36178	28816	18281	1808	851895	275311	27.53
4634	375	60574	53050	31526	3167	590581	512507	26.93
8767	978	36805	33400	16644	1125	873809	835142	26.96
16879	1393	73060	59804	40103	2967	811168	732810	70.93
7296	950	49928	46297	18600	4812	505388	446881	35.92
14470	643	53806	30382	21254	2534	654009	546258	34.54
8994	275	38300	29333	17255	2198	1407552	1258742	30.05
60945	1480	160811	142443	105722	9729	1330624	1158593	69.66
3520	444	15494	13852	9249	1154	252602	216648	18.91
486	14	14782	6787	5305	266	88476	78766	4.32
7261	2741	43197	36428	20150	3534	546553	468164	30.58
9678	1988	41118	34106	23976	3437	785812	711540	46.17
5047	1002	22369	18445	11319	2982	666821	283806	19.75
5980	490	18215	15801	9509	1335	517923	483980	25.81
		5150	3982	2323	81	265930	247324	2.14
6520	1544	30053	23155	14496	2230	335304	274493	21.33
11613	1266	12516	10672	4827	1648	300020	285404	15.75
975	88	8028	2024	1029	92	51503	47583	3.91
1692	242	17943	11528	10054	466	155609	144135	5.83
4263	684	10194	7822	5028	119	305492	276029	17.92

续表 4

地区	书库面积	阅览室面积	书刊阅览室面积	电子阅览室面积	实际拥有产权面积（万平方米）	阅览室座席数（个）	少儿阅览室座席数	盲人阅览室座席数
总　计	**179.57**	**268.81**	**184.67**	**45.78**	**523.10**	**734947**	**196794**	**20355**
北　京	4.61	4.93	3.85	0.65	9.50	13127	2881	177
天　津	4.90	5.80	4.21	0.65	7.27	14021	2725	213
河　北	7.34	11.74	7.85	1.82	17.92	29323	7145	751
山　西	5.84	9.79	6.31	1.98	28.18	23169	5838	834
内蒙古	3.81	7.35	5.02	1.56	10.51	19645	5531	510
辽　宁	4.00	6.33	4.67	1.13	9.96	20107	4943	502
吉　林	2.17	3.83	2.83	0.76	7.27	11386	3245	342
黑龙江	2.99	5.23	2.98	1.19	6.67	17731	5439	450
上　海	3.61	9.53	7.96	0.84	15.84	20819	4461	253
江　苏	11.98	24.91	15.85	2.52	43.47	48738	13224	1309
浙　江	15.01	22.85	18.71	2.97	33.06	58792	13845	1008
安　徽	4.30	8.06	5.24	1.73	17.05	23781	7478	1090
福　建	7.08	8.19	5.74	0.95	18.26	22204	6852	517
江　西	6.11	8.13	4.98	1.57	17.28	26026	8328	1425
山　东	11.86	14.54	9.80	2.47	24.77	42774	10416	1680
河　南	7.81	9.76	7.09	2.05	18.10	34017	10011	946
湖　北	7.24	10.25	6.56	2.15	29.32	25674	6954	785
湖　南	7.55	7.42	4.75	1.76	25.22	27153	9365	818
广　东	15.04	22.77	16.36	3.34	43.92	58528	13620	973
广　西	5.32	5.31	3.48	1.19	12.39	20188	6172	431
海　南	0.93	1.02	0.61	0.24	2.91	3593	1156	62
重　庆	5.76	9.45	6.71	1.23	25.05	27631	6922	851
四　川	9.42	17.01	11.94	3.31	27.85	41707	10445	1093
贵　州	4.37	6.03	3.91	1.11	13.94	19180	5253	739
云　南	6.53	6.65	4.00	1.84	18.27	21611	6085	676
西　藏	0.57	0.68	0.33	0.23	0.59	1916	217	
陕　西	4.41	6.96	4.71	1.43	15.25	19575	5428	779
甘　肃	2.84	3.62	2.04	0.92	10.44	14351	4820	512
青　海	0.84	1.32	0.75	0.34	0.79	2391	632	52
宁　夏	1.33	2.51	1.58	0.54	3.87	7180	1294	250
新　疆	4.03	6.85	3.85	1.31	8.20	18609	6069	327

志愿者服务队伍数(个)	志愿者服务队伍人数(人)	图书馆延伸服务情况				文化创意产品情况		
		流动图书车数(辆)	流动服务书刊借阅人次(万人次)	流动图书馆车书刊借阅册次(万册次)	分馆数量(个)	文化创意产品种类(个)	文化创意产品销售收入(千元)	文化创意产品销售利润(千元)
5964	**201114**	**2246**	**1501.00**	**2544.18**	**20129**	**2018**	**235677**	**202**
31	15320	10	4.62	43.05	309	17		
77	3216	8	13.64	20.86	526	17		
317	7522	76	24.59	39.01	317	3		
135	3408	148	58.38	85.25	687	4		
88	1162	52	28.89	56.01	424	15		
199	6323	11	21.99	53.63	392	18		
74	2376	51	50.90	78.34	328	2		
134	2517	42	24.36	40.11	538			
194	15974	5	53.82	104.08	502	37		
241	13041	27	69.02	166.44	5718	60	2	1
463	21849	55	242.55	518.84	1764	1127	158120	
120	3244	27	87.17	106.89	982	31		
113	5801	17	19.43	28.08	418	10		
177	3994	35	44.55	56.75	366	26		
345	10253	38	80.07	135.36	1264	35	5	1
310	4227	73	55.90	73.70	618	12		
851	9662	77	94.25	124.05	433	17		
206	9130	51	48.23	75.09	360	27		
453	31105	190	97.83	162.91	841	349		
169	2380	41	28.31	46.59	99	1		
16	234	19	3.64	5.55	15			
110	2969	44	65.06	129.57	1279	41		
234	5050	129	63.62	95.00	503	46		
170	2946	591	41.80	57.21	321	15	77550	200
164	2499	96	70.33	94.74	299	9		
42	565	75	1.28	1.28	1	1		
173	6578	96	48.46	58.46	457	44		
175	2038	59	28.36	39.52	160	47		
13	79	43	8.37	10.43	18			
31	1313	10	8.32	16.17	54	5		
139	4339	50	13.27	21.25	136	2		

主要统计指标解释

1．**藏量**：指本馆已编目的古籍、图书、期刊和报纸的合订本、小册子、手稿，以及缩微制品、录像带、录音带、光盘等视听文献资料数量之和。

对同一书名，但分若干册（卷）的图书，按每一册（卷）作为一册统计。期刊和报纸均以每一合订本为一册统计。至填报本表时，尚未装订成册编目的期刊和报纸不应统计在内。

2．**图书**：指装订成册，不少于 49 页，并在“古籍”范围以外的纸介质图书。装订成册但不足 49 页的，按小册子统计到“其他”类中。

3．**盲文图书**：指供盲人读者阅读的图书。

4．**报刊**：指刊登当前事件的专题或综合新闻，每周至少出版一张并按年、月、日顺序或按编号排列的连续出版物。或者是同一刊名下，按顺序号或按年、月、日出版的定期或不定期的一种连续出版物。包括报纸和期刊。

5．**古籍、善本**：实际成书和出版年代在 1911 年（含 1911 年）以前的线装、卷轴装、经折装、蝴蝶装、包背装等书籍为古籍。其中清乾隆六十年即 1795 年（含 1795 年）以前的古籍为善本，1795 年至 1911 年间的具有历史文献性、学术资料性和印刷装帧艺术代表性的也归为善本。

6．**视听文献**：包括各类型声频文献（唱片、录音带、盒式磁带等）、视频文献（例如幻灯片、透明正片等）和声频与视频混合文献（例如有声电影、录像片等）。

7．**缩微文献**：指所有经过缩微处理制成缩微胶卷和缩微平片，使用时需要放大的文献资料。

8．**其他**：指馆藏文献资源中，不在以上任何一类文献中的内容。

9．**开架书刊**：指图书馆总藏量中已上架并可用于外借或馆内阅读的图书、报刊等。

10．**少儿文献**：是指供少儿阅读的文献，包括图书、绘本、画册、连环画等，不论其是否装订成册，或页数是否达到 49 页，均按 1 个“册/件”计算在内。“少儿文献”不纳入“总藏量”加总计算，在图书、报刊、视听文献、缩微制品中，涉及少儿文献的，仍然分别统计在内。

11．**电子图书**：指本馆通过购买方式取得当前使用权的电子图书，以及本馆自建或与其他机构合作建设的电子图书。

本馆自建电子图书：指本馆通过数字化加工、网络采集、依法保存等方式获得，并在本地存储和保管的电子图书。

本馆外购电子图书：指本馆付费获得使用权不少于 12 个月的电子图书。

从其他机构免费共享的电子图书：指其他机构通过 VPN 共享、本地镜像或硬存储等方式免费授权给本馆使用的电子图书。

12．**书架单层总长度**：指馆藏实际占用书架、书柜单层单面长度之和。

13．**本年度新购藏量**：是指本年度内，通过购买、征集、竞拍等各种方式新入藏的各类型文献资源总量（不包括电子图书）。

14．新增电子图书：指图书馆本年度通过自建、购买(获得使用权不少于12个月)的电子图书总量。

15．当年购买的报刊种类：指图书馆当年购买的期刊和报纸种类之和。其计量原则同图书。

16．有效借书证数：是指由本馆或本馆所在总分馆体系中其他图书馆发放，并在当年内在本馆、本馆下辖分馆或本馆派出各类馆外服务设施中使用过至少一次的借书证数。

17．总流通人次：指本年度内到图书馆场馆接受图书馆服务的总人次，包括借阅书刊、咨询问题，以及参加各类读者活动等。

18．书刊文献外借人次：指通过本馆或本馆所辖分馆以及本馆派出的馆外服务设施将本馆各类型文献资源借出阅读的读者人次。

19．书刊文献外借册次：指读者通过由本馆或本馆所辖分馆以及本馆派出的馆外服务设施借出阅读的本馆各类型文献册次。

20．组织各类讲座次数、参加人次：指由本馆举办或与外机构联合举办的各类讲座次数及参加这些讲座的人次。

21．举办展览个数、参观人次：指本馆举办或与外机构联合举办的在馆内或馆外展览的展览个数及参观人次。个数按展览的内容计算。同一内容的展览不论在哪些地点展出和展出时间多久，只计算一个。

22．举办训练班班次、培训人次：指本馆举办或与外机构联合举办的各种科普、文化、艺术等训练班，按截止到年底办完的班数及培训人数分别计算班次及培训人次。截止到年底未办完的班数和人数均在下一年度统计。

23．为少儿举办的专场活动：是指专门以少年儿童为受众组织的展览、讲座、读书、培训等活动，含亲子阅读类活动。

24．图书馆网站访问量：指本年度中图书馆网站中所有网页（含文件及动态网页）被访客浏览的总次数。图书馆网站指有独立域名的Web站点，其中包括cn和通用顶级域名下的Web站点。

25．计算机台数：指图书馆内列入固定资产管理并正在使用的计算机终端台数。

26．供读者使用的终端数：指图书馆内放置可供读者使用的计算机台数。

27．新增藏量购置费：指本馆本年购进图书、报刊、缩微制品、视听文献等藏品所用经费之和。

28．新增电子图书购置费：指图书馆本年度专门用于自建、购买电子图书的经费。

29．少儿阅览室座席数：指图书馆中专门提供给少年儿童使用的座位数。

30．盲人阅览室座席数：指图书馆中专门提供给盲人使用，并配置有专门的辅助阅读、视听设备的座位数。

31．流动服务书刊借阅人次/册次：是指图书馆利用流动服务方式开展书刊借阅服务的读者人次和册次。

32．分馆数量：是指在以本馆为中心馆的总分馆体系中，接受本馆统一管理，具有独立馆舍、一定数量的馆藏、专职管理人员的图书馆数量。总馆对分馆负有业务指导关系，并且总、分馆之间实现文献资源共建共享、通借通还。

（本统计资料由文化和旅游部财务司规划统计处提供）

2018 年全国高校图书馆统计数据

2018 年 1051 所高校图书馆在编职工人数统计表

序号	图书馆名称	在编职工(人)	序号	图书馆名称	在编职工(人)
1	吉林大学图书馆	341	36	兰州大学图书馆	108
2	武汉大学图书馆	247	37	福州大学图书馆	105
3	中山大学图书馆	229	38	江苏师范大学图书馆	105
4	上海交通大学图书馆	217	39	北京师范大学图书馆	102
5	山东大学图书馆	188	40	上海师范大学图书馆	101
6	复旦大学图书馆	175	41	河海大学图书馆	100
7	浙江大学图书馆	175	42	湖南师范大学图书馆	99
8	四川大学图书馆	174	43	暨南大学图书馆	98
9	华中科技大学图书馆	172	44	浙江师范大学图书馆	98
10	武汉理工大学图书馆	160	45	南京大学图书馆	97
11	郑州大学图书馆	150	46	南京农业大学图书馆	97
12	北京大学图书馆	144	47	深圳大学城图书馆	95
13	中南大学图书馆	144	48	福建师范大学图书馆	95
14	同济大学图书馆	137	49	河北师范大学图书馆	94
15	扬州大学图书馆	133	50	临沂大学图书馆	94
16	西北农林科技大学图书馆	132	51	大连理工大学图书馆	93
17	上海大学图书馆	132	52	云南大学图书馆	93
18	苏州大学图书馆	131	53	西南交通大学图书馆	93
19	西安交通大学图书馆	125	54	江西财经大学图书馆	93
20	东北师范大学图书馆	125	55	兰州理工大学图书馆	93
21	南开大学图书馆	122	56	长沙理工大学图书馆	93
22	深圳大学图书馆	122	57	中国农业大学图书馆	92
23	华东师范大学图书馆	121	58	宁波大学图书馆	92
24	东南大学图书馆	120	59	内蒙古师范大学图书馆	92
25	湖南大学图书馆	120	60	中南财经政法大学图书馆	91
26	清华大学图书馆	120	61	集美大学图书馆	91
27	天津大学图书馆	119	62	天津师范大学图书馆	91
28	华南理工大学图书馆	118	63	中国海洋大学图书馆	91
29	重庆大学图书馆	116	64	华中师范大学图书馆	90
30	九江学院图书馆	116	65	北京联合大学图书馆	90
31	江苏大学图书馆	115	66	浙江工业大学图书馆	90
32	中国人民大学图书馆	113	67	华南师范大学图书馆	88
33	三峡大学图书馆	113	68	宁夏大学图书馆	88
34	西南大学图书馆	110	69	华南农业大学图书馆	88
35	哈尔滨师范大学图书馆	109	70	华东理工大学图书馆	87

续表

序号	图书馆名称	在编职工(人)	序号	图书馆名称	在编职工(人)
71	南京师范大学图书馆	87	111	贵州大学图书馆	72
72	南京财经大学图书馆	87	112	广东工业大学图书馆	72
73	电子科技大学图书馆	86	113	广东海洋大学图书馆	72
74	江南大学图书馆	86	114	湖北工程学院图书馆	72
75	延边大学图书馆	86	115	南华大学图书馆	72
76	东北林业大学图书馆	85	116	武汉纺织大学图书馆	72
77	新疆大学图书馆	85	117	首都师范大学图书馆	71
78	温州大学图书馆	85	118	中国石油大学(华东)图书馆	71
79	广东外语外贸大学图书馆	84	119	中国药科大学图书馆	71
80	四川师范大学图书馆	83	120	井冈山大学图书馆	71
81	东北大学图书馆	82	121	青岛科技大学图书馆	71
82	长安大学图书馆	82	122	齐齐哈尔大学图书馆	71
83	北华大学图书馆	82	123	中国石油大学(华东)图书馆	71
84	南京航空航天大学图书馆	81	124	西北工业大学图书馆	70
85	广州大学图书馆	81	125	山西大学图书馆	70
86	内蒙古工业大学图书馆	81	126	中国科学技术大学图书馆	69
87	湘潭大学图书馆	81	127	广西大学图书馆	69
88	海南大学图书馆	80	128	东北财经大学图书馆	69
89	广西师范大学图书馆	80	129	山东师范大学图书馆	69
90	中南林业科技大学图书馆	80	130	西安科技大学图书馆	69
91	江汉大学图书馆	79	131	湖南工业大学图书馆	68
92	安徽大学图书馆	78	132	河南牧业经济学院图书馆	68
93	华北电力大学图书馆	77	133	湖北工业大学图书馆	67
94	安徽师范大学图书馆	77	134	淮阴师范学院图书馆	67
95	武汉科技大学图书馆	77	135	江西师范大学图书馆	67
96	云南师范大学图书馆	77	136	内蒙古民族大学图书馆	67
97	贵州师范大学图书馆	76	137	辽宁大学图书馆	66
98	南通大学图书馆	76	138	南京理工大学图书馆	66
99	安徽工业大学图书馆	75	139	河南财经政法大学图书馆	66
100	湖南科技大学图书馆	75	140	辽宁大学图书馆	66
101	湖南农业大学图书馆	75	141	上海中医药大学图书馆	66
102	华侨大学图书馆	75	142	大连海事大学图书馆	65
103	内蒙古大学图书馆	74	143	中国地质大学图书馆	65
104	太原理工大学图书馆	74	144	岭南师范学院图书馆	65
105	江苏科技大学图书馆	74	145	西北民族大学图书馆	65
106	陕西师范大学图书馆	73	146	西华师范大学图书馆	65
107	湖北大学图书馆	73	147	西南民族大学图书馆	65
108	山东农业大学图书馆	73	148	北京工业大学图书馆	64
109	西安建筑科技大学图书馆	73	149	河北工业大学图书馆	64
110	中原工学院图书馆	73	150	合肥工业大学图书馆	64

续表

序号	图书馆名称	在编职工（人）	序号	图书馆名称	在编职工（人）
151	西北大学图书馆	64	190	成都大学图书馆	56
152	南京工业大学图书馆	64	191	福建农林大学图书馆	56
153	重庆师范大学图书馆	64	192	闽南师范大学图书馆	56
154	西南财经大学图书馆	63	193	重庆工商大学图书馆	56
155	成都理工大学图书馆	63	194	中国政法大学图书馆	55
156	吉首大学图书馆	63	195	滨州学院图书馆	55
157	辽宁石油化工大学图书馆	63	196	常熟理工学院图书馆	55
158	郑州轻工业学院图书馆	63	197	东北石油大学图书馆	55
159	沈阳大学图书馆	62	198	广东财经大学图书馆	55
160	天津外国语大学图书馆	62	199	赣南师范大学图书馆	55
161	浙江工商大学图书馆	62	200	江西理工大学图书馆	55
162	淮北师范大学图书馆	61	201	辽宁科技大学图书馆	55
163	西安财经学院图书馆	61	202	大连大学图书馆	54
164	杭州师范大学图书馆	60	203	贵州民族大学图书馆	54
165	吉林农业大学图书馆	60	204	湖北民族大学图书馆	54
166	吉林师范大学图书馆	60	205	哈尔滨商业大学图书馆	54
167	石家庄学院图书馆	60	206	天津理工大学图书馆	54
168	西北师范大学图书馆	60	207	东华大学图书馆	53
169	中国民航大学图书馆	60	208	湖北第二师范学院图书馆	53
170	石河子大学图书馆	59	209	河北经贸大学图书馆	53
171	上海财经大学图书馆	59	210	黄冈师范学院图书馆	53
172	辽宁师范大学图书馆	59	211	韩山师范学院图书馆	53
173	沈阳师范大学图书馆	59	212	上海应用技术学院图书馆	53
174	邵阳学院图书馆	59	213	唐山学院图书馆	53
175	台州学院图书馆	59	214	温州医科大学图书馆	53
176	西华大学图书馆	59	215	西安工程大学图书馆	53
177	北京航空航天大学图书馆	58	216	成都中医药大学图书馆	52
178	北京邮电大学图书馆	58	217	福建工程学院图书馆	52
179	华中农业大学图书馆	58	218	南京林业大学图书馆	52
180	辽东学院图书馆	58	219	宜春学院图书馆	52
181	内蒙古财经大学图书馆	58	220	浙江财经大学图书馆	52
182	西南石油大学图书馆	58	221	浙江农林大学图书馆	52
183	重庆文理学院图书馆	58	222	北京林业大学图书馆	51
184	贵州财经大学图书馆	57	223	湖北师范大学图书馆	51
185	淮海工学院图书馆	57	224	荆楚理工学院图书馆	51
186	四川理工学院图书馆	57	225	沈阳理工大学图书馆	51
187	西安翻译学院图书馆	57	226	天津商业大学图书馆	51
188	深圳职业技术学院图书馆	57	227	东北农业大学图书馆	50
189	西安电子科技大学图书馆	56	228	东华理工大学图书馆	50

续表

序号	图书馆名称	在编职工(人)	序号	图书馆名称	在编职工(人)
229	广东金融学院图书馆	50	269	江苏理工学院图书馆	46
230	广东药科大学图书馆	50	270	江西科技师范大学图书馆	46
231	湖南商学院图书馆	50	271	嘉兴学院图书馆	46
232	兰州财经大学图书馆	50	272	兰州交通大学图书馆	46
233	内蒙古科技大学图书馆	50	273	沈阳药科大学图书馆	46
234	天津科技大学图书馆	50	274	西安理工大学图书馆	46
235	长春理工大学图书馆	50	275	西昌学院图书馆	46
236	永州职业技术学院图书馆	50	276	徐州工程学院图书馆	46
237	北京理工大学图书馆	49	277	中北大学图书馆	46
238	广东技术师范大学图书馆	49	278	常州工学院图书馆	45
239	华东政法大学图书馆	49	279	广西财经学院图书馆	45
240	湖南科技学院图书馆	49	280	河北北方学院图书馆	45
241	杭州电子科技大学图书馆	49	281	吉林财经大学图书馆	45
242	南京中医药大学图书馆	49	282	辽宁工程技术大学图书馆	45
243	陕西科技大学图书馆	49	283	苏州科技大学图书馆	45
244	沈阳音乐学院图书馆	49	284	西安外事学院图书馆	45
245	西安文理学院图书馆	49	285	盐城工学院图书馆	45
246	浙江理工大学图书馆	49	286	云南财经大学图书馆	45
247	四川农业大学图书馆	48	287	中央民族大学图书馆	44
248	包头师范学院图书馆	48	288	北京科技大学图书馆	44
249	湖北经济学院图书馆	48	289	安徽农业大学图书馆	44
250	南京信息工程大学图书馆	48	290	北方民族大学图书馆	44
251	四川外国语大学图书馆	48	291	广西师范学院图书馆	44
252	上海海事大学图书馆	48	292	河南工程学院图书馆	44
253	上海理工大学图书馆	48	293	昆明医学院图书馆	44
254	长春工业大学图书馆	48	294	南昌工程学院图书馆	44
255	重庆三峡学院图书馆	48	295	南京工程学院图书馆	44
256	保定学院图书馆	47	296	武昌首义学院图书馆	44
257	北京工商大学图书馆	47	297	延安大学图书馆	44
258	常州大学图书馆	47	298	盐城师范学院图书馆	44
259	湖南文理学院图书馆	47	299	北京信息科技大学图书馆	43
260	陕西学前师范学院图书馆	47	300	佛山科学技术学院图书馆	43
261	西北政法大学图书馆	47	301	湖州师范学院图书馆	43
262	西南科技大学图书馆	47	302	牡丹江师范学院图书馆	43
263	湘南学院图书馆	47	303	南京医科大学图书馆	43
264	浙江万里学院图书馆	47	304	咸阳师范学院图书馆	43
265	中南民族大学图书馆	47	305	忻州师范学院图书馆	43
266	吉林大学珠海学院图书馆	47	306	浙江传媒学院图书馆	43
267	安徽理工大学图书馆	46	307	浙江科技学院图书馆	43
268	桂林电子科技大学图书馆	46	308	西藏大学图书馆	42

续表

序号	图书馆名称	在编职工(人)	序号	图书馆名称	在编职工(人)
309	安徽中医药大学图书馆	42	349	广东石油化工学院图书馆	39
310	北京第二外国语学院图书馆	42	350	贵州工程应用技术学院图书馆	39
311	池州学院图书馆	42	351	青海师范大学图书馆	39
312	东北电力大学图书馆	42	352	四川工商学院图书馆	39
313	大连工业大学图书馆	42	353	韶关学院图书馆	39
314	大连海洋大学图书馆	42	354	宝鸡文理学院图书馆	38
315	河套学院图书馆	42	355	阜阳师范学院图书馆	38
316	闽江学院图书馆	42	356	江汉师范学院图书馆	38
317	南京晓庄学院图书馆	42	357	贺州学院图书馆	38
318	上海工程技术大学图书馆	42	358	江西农业大学图书馆	38
319	上海立信会计金融学院图书馆	42	359	遵义师范学院图书馆	38
320	绍兴文理学院图书馆	42	360	怀化学院图书馆	37
321	浙江海洋大学图书馆	42	361	海口经济学院图书馆	37
322	上海外国语大学图书馆	41	362	山西农业大学图书馆	37
323	楚雄师范学院图书馆	41	363	皖西学院图书馆	37
324	广西科技大学图书馆	41	364	西藏民族大学图书馆	37
325	华东交通大学图书馆	41	365	扬州市职业大学图书馆	37
326	海南热带海洋学院图书馆	41	366	成都信息工程大学图书馆	36
327	黄山学院图书馆	41	367	湖南财政经济学院图书馆	36
328	衡阳师范学院图书馆	41	368	喀什师范学院图书馆	36
329	内江师范学院图书馆	41	369	辽宁中医药大学图书馆	36
330	莆田学院图书馆	41	370	上饶师范学院图书馆	36
331	上海电力学院图书馆	41	371	陕西理工大学图书馆	36
332	西安工业大学图书馆	41	372	铜仁学院图书馆	36
333	西安外国语大学图书馆	41	373	武汉工商学院图书馆	36
334	苏州职业大学图书馆	41	374	渭南师范学院图书馆	36
335	湖北医药学院图书馆	40	375	天津职业大学图书馆	36
336	河西学院图书馆	40	376	鞍山师范学院图书馆	35
337	金陵科技学院图书馆	40	377	锦州医科大学图书馆	35
338	南阳师范学院图书馆	40	378	攀枝花学院图书馆	35
339	泉州师范学院图书馆	40	379	信阳农林学院图书馆	35
340	绥化学院图书馆	40	380	中国美术学院图书馆	35
341	沈阳工业大学图书馆	40	381	河南工学院图书馆	35
342	沈阳农业大学图书馆	40	382	大连职业技术学院图书馆	35
343	武汉工程大学图书馆	40	383	襄阳职业技术学院图书馆	35
344	武汉华夏理工学院图书馆	40	384	甘肃农业大学图书馆	34
345	云南农业大学图书馆	40	385	贵州师范学院图书馆	34
346	长江师范学院图书馆	40	386	吉林工商学院图书馆	34
347	湖南人文科技学院图书馆	40	387	吉林艺术学院图书馆	34
348	延安职业技术学院图书馆	40	388	济宁学院图书馆	34

续表

序号	图书馆名称	在编职工(人)	序号	图书馆名称	在编职工(人)
389	嘉应学院图书馆	34	429	青海民族大学图书馆	31
390	辽宁工业大学图书馆	34	430	上海电机学院图书馆	31
391	龙岩学院图书馆	34	431	西安医学院图书馆	31
392	首都医科大学图书馆	34	432	长春大学图书馆	31
393	沈阳航空航天大学图书馆	34	433	浙江越秀外国语学院图书馆	31
394	武汉东湖学院图书馆	34	434	达州职业技术学院图书馆	31
395	宜宾学院图书馆	34	435	广州番禺职业技术学院图书馆	31
396	中国刑事警察学院图书馆	34	436	广州工商学院图书馆	31
397	北京石油化工学院图书馆	33	437	许昌职业技术学院图书馆	31
398	大连交通大学图书馆	33	438	北京体育大学图书馆	30
399	大连医科大学图书馆	33	439	中央财经大学图书馆	30
400	湖南中医药大学图书馆	33	440	赣南医学院图书馆	30
401	江西中医药大学图书馆	33	441	贵阳学院图书馆	30
402	南昌理工学院图书馆	33	442	贵州医科大学图书馆	30
403	南方医科大学图书馆	33	443	河南城建学院图书馆	30
404	南京审计大学图书馆	33	444	湖南医药学院图书馆	30
405	南京艺术学院图书馆	33	445	景德镇陶瓷大学图书馆	30
406	三亚学院图书馆	33	446	江西科技学院图书馆	30
407	西交利物浦大学图书馆	33	447	上海对外经贸大学图书馆	30
408	长春师范大学图书馆	33	448	汕头大学图书馆	30
409	长春中医药大学图书馆	33	449	五邑大学图书馆	30
410	湖北职业技术学院图书馆	33	450	西安石油大学图书馆	30
411	北京服装学院图书馆	32	451	中国医科大学图书馆	30
412	福建医科大学图书馆	32	452	浙江中医药大学图书馆	30
413	湖南警察学院图书馆	32	453	武汉职业技术学院图书馆	30
414	宁夏医科大学图书馆	32	454	湖北中医药大学图书馆	29
415	首都经济贸易大学图书馆	32	455	淮南师范学院图书馆	29
416	沈阳工程学院图书馆	32	456	陇东学院图书馆	29
417	沈阳化工大学图书馆	32	457	牡丹江医学院图书馆	29
418	西安欧亚学院图书馆	32	458	宁波大红鹰学院图书馆	29
419	中国民用航空飞行学院图书馆	32	459	武昌工学院图书馆	29
420	遵义医科大学图书馆	32	460	武夷学院图书馆	29
421	顺德职业技术学院图书馆	32	461	长治学院图书馆	29
422	镇江市高等专科学校图书馆	32	462	中州大学图书馆	29
423	蚌埠学院图书馆	31	463	抚顺职业技术学院图书馆	29
424	白城师范学院图书馆	31	464	河南职业技术学院图书馆	29
425	川北医学院图书馆	31	465	漯河职业技术学院图书馆	29
426	大庆师范学院图书馆	31	466	广州中医药大学图书馆	28
427	凯里学院图书馆	31	467	湖北汽车工业学院图书馆	28
428	绵阳师范学院图书馆	31	468	合肥师范学院图书馆	28

续表

序号	图书馆名称	在编职工(人)	序号	图书馆名称	在编职工(人)
469	呼和浩特民族学院图书馆	28	509	中国石油大学(北京)图书馆	25
470	惠州学院图书馆	28	510	安徽科技学院图书馆	25
471	吉林体育学院图书馆	28	511	北京师范大学珠海分校图书馆	25
472	萍乡学院图书馆	28	512	福建江夏学院图书馆	25
473	商洛学院图书馆	28	513	贵州理工学院图书馆	25
474	湖北工业职业技术学院图书馆	28	514	晋中学院图书馆	25
475	哈尔滨职业技术学院图书馆	28	515	六盘水师范学院图书馆	25
476	河南工业职业技术学院图书馆	28	516	乐山师范学院图书馆	25
477	商洛职业技术学院图书馆	28	517	兰州文理学院图书馆	25
478	陕西工业职业技术学院图书馆	28	518	沈阳体育学院图书馆	25
479	武汉船舶职业技术学院图书馆	28	519	武汉科技大学城市学院图书馆	25
480	广州医科大学图书馆	27	520	西安邮电大学图书馆	25
481	湖南女子学院图书馆	27	521	云南大学滇池学院图书馆	25
482	南方科技大学图书馆	27	522	浙江外国语学院图书馆	25
483	曲靖师范学院图书馆	27	523	宝鸡职业技术学院图书馆	25
484	黔南民族师范学院图书馆	27	524	朝阳师范高等专科学校图书馆	25
485	宿迁学院图书馆	27	525	常州工程职业技术学院图书馆	25
486	沈阳建筑大学图书馆	27	526	河源职业技术学院图书馆	25
487	武汉体育学院图书馆	27	527	九江职业技术学院图书馆	25
488	西安体育学院图书馆	27	528	滁州学院图书馆	24
489	重庆医科大学图书馆	27	529	大连外国语学院图书馆	24
490	广东岭南职业技术学院图书馆	27	530	广东第二师范学院图书馆	24
491	四川工程职业技术学院图书馆	27	531	南通理工学院图书馆	24
492	温州职业技术学院图书馆	27	532	上海体育学院图书馆	24
493	咸宁职业技术学院图书馆	27	533	天水师范学院图书馆	24
494	北京理工大学珠海学院图书馆	26	534	西安航空学院图书馆	24
495	东北师范大学文学院图书馆	26	535	玉溪师范学院图书馆	24
496	吉林化工学院图书馆	26	536	长春光华学院图书馆	24
497	吉林农业科技学院图书馆	26	537	白城医学高等专科学校图书馆	24
498	江西服装学院图书馆	26	538	湖南工业职业技术学院图书馆	24
499	泸州医学院图书馆	26	539	江苏农牧科技职业学院图书馆	24
500	上海海洋大学图书馆	26	540	锦州师范高等专科学校图书馆	24
501	石家庄铁道大学图书馆	26	541	杨凌职业技术学院图书馆	24
502	梧州学院图书馆	26	542	长沙师范学校图书馆	24
503	西北大学现代学院图书馆	26	543	安徽工程大学图书馆	23
504	西京学院图书馆	26	544	安顺学院图书馆	23
505	包头轻工职业技术学院图书馆	26	545	成都体育学院图书馆	23
506	金华职业技术学院图书馆	26	546	甘肃政法学院图书馆	23
507	连云港职业技术学院图书馆	26	547	贵州中医药大学图书馆	23
508	四川交通职业技术学院图书馆	26	548	湖北警官学院图书馆	23

续表

序号	图书馆名称	在编职工(人)	序号	图书馆名称	在编职工(人)
549	杭州医学院图书馆	23	589	上海政法学院图书馆	21
550	宁波工程学院图书馆	23	590	山西工商学院图书馆	21
551	南昌职业学院图书馆	23	591	沈阳医学院图书馆	21
552	厦门理工学院图书馆	23	592	文华学院图书馆	21
553	通化师范学院图书馆	23	593	新余学院图书馆	21
554	西北工业大学明德学院图书馆	23	594	浙江水利水电学院图书馆	21
555	长春工业大学人文信息学院图书馆	23	595	东莞职业技术学院图书馆	21
556	成都工业职业技术学院图书馆	23	596	广东食品药品职业学院图书馆	21
557	鄂州职业大学图书馆	23	597	绵阳职业技术学院图书馆	21
558	呼和浩特职业技术学院图书馆	23	598	内江职业技术学院图书馆	21
559	海南软件职业技术学院图书馆	23	599	西安航空职业技术学院图书馆	21
560	江西旅游商贸职业学院图书馆	23	600	长春职业技术学院图书馆	21
561	宁波职业技术学院图书馆	23	601	重庆工业职业技术学院图书馆	21
562	盘锦职业技术学院图书馆	23	602	中国矿业大学(北京)图书馆	20
563	营口职业技术学院图书馆	23	603	甘肃民族师范学院图书馆	20
564	北京中医药大学图书馆	22	604	南昌大学科技学院图书馆	20
565	红河学院图书馆	22	605	上海健康医学院图书馆	20
566	宁德师范学院图书馆	22	606	陕西国际商贸学院图书馆	20
567	南京航空航天大学金城学院图书馆	22	607	西安交通大学城市学院图书馆	20
568	四川音乐学院图书馆	22	608	云南中医学院图书馆	20
569	上海第二工业大学图书馆	22	609	汉口学院图书馆	20
570	太原科技大学图书馆	22	610	广东轻工职业技术学院图书馆	20
571	长春建筑学院图书馆	22	611	广州城市职业学院图书馆	20
572	山东协和学院图书馆	22	612	广州航海学院图书馆	20
573	成都农业科技职业学院图书馆	22	613	南京工业职业技术学院图书馆	20
574	广安职业技术学院图书馆	22	614	通辽职业学院图书馆	20
575	湖北三峡职业技术学院图书馆	22	615	芜湖职业技术学院图书馆	20
576	鹤壁职业技术学院图书馆	22	616	北京电影学院图书馆	19
577	河南质量工程职业学院图书馆	22	617	广州大学华软软件学院图书馆	19
578	内蒙古化工职业学院图书馆	22	618	黑龙江工商学院图书馆	19
579	四川职业技术学院图书馆	22	619	吉林外国语大学图书馆	19
580	温州科技职业学院图书馆	22	620	南京森林警察学院图书馆	19
581	长春金融高等专科学校图书馆	22	621	四川民族学院图书馆	19
582	成都师范学院图书馆	21	622	上海建桥学院图书馆	19
583	桂林医学院图书馆	21	623	宿州学院图书馆	19
584	广西科技师范学院图书馆	21	624	天津音乐学院图书馆	19
585	河池学院图书馆	21	625	武汉晴川学院图书馆	19
586	哈尔滨金融学院图书馆	21	626	长春财经学院图书馆	19
587	合肥学院图书馆	21	627	浙江树人大学图书馆	19
588	四川文理学院图书馆	21	628	广东司法警官职业学院图书馆	19

续表

序号	图书馆名称	在编职工(人)	序号	图书馆名称	在编职工(人)
629	黄冈职业技术学院图书馆	19	669	广州商学院图书馆	17
630	南通科技职业学院图书馆	19	670	惠州经济职业技术学院图书馆	17
631	四川传媒学院图书馆	19	671	揭阳职业技术学院图书馆	17
632	咸阳职业技术学院图书馆	19	672	辽宁交通高等专科学校图书馆	17
633	鄂尔多斯应用技术学院图书馆	18	673	南京科技职业学院图书馆	17
634	广州美术学院图书馆	18	674	南京理工大学泰州科技学院图书馆	17
635	四川旅游学院图书馆	18	675	黔南民族医学高等专科学校图书馆	17
636	四川美术学院图书馆	18	676	衢州职业技术学院图书馆	17
637	上海师范大学天华学院图书馆	18	677	四川中医药高等专科学校图书馆	17
638	天津大学仁爱学院图书馆	18	678	厦门南洋职业学院图书馆	17
639	武汉音乐学院图书馆	18	679	云南交通职业技术学院图书馆	17
640	西安美术学院图书馆	18	680	浙江国际海运职业技术学院图书馆	17
641	兴义民族师范学院图书馆	18	681	浙江交通职业技术学院图书馆	17
642	右江民族医学院图书馆	18	682	成都工业学院图书馆	16
643	中国人民解放军空军预警学院图书馆	18	683	电子科技大学中山学院图书馆	16
644	成都航空职业技术学院图书馆	18	684	广东财经大学华商学院图书馆	16
645	成都职业技术学院图书馆	18	685	国际关系学院图书馆	16
646	福建船政交通职业学院图书馆	18	686	贵州商学院图书馆	16
647	邯郸职业技术学院图书馆	18	687	杭州师范大学钱江学院图书馆	16
648	黎明职业大学图书馆	18	688	昆明医科大学海源学院图书馆	16
649	闽西职业技术学院图书馆	18	689	南昌工学院图书馆	16
650	南京特殊教育职业技术学院图书馆	18	690	南京体育学院图书馆	16
651	内蒙古电子信息职业技术学院图书馆	18	691	厦门华夏学院图书馆	16
652	天津交通职业学院图书馆	18	692	武汉学院图书馆	16
653	新乡医学院三全学院图书馆	18	693	延安大学西安创新学院图书馆	16
654	浙江医药高等专科学校图书馆	18	694	榆林学院图书馆	16
655	中山职业技术学院图书馆	18	695	长春科技学院图书馆	16
656	北方工业大学图书馆	17	696	浙江财经大学东方学院图书馆	16
657	福州外语外贸学院图书馆	17	697	浙江理工大学科技与艺术学院图书馆	16
658	广东警官学院图书馆	17	698	中山大学新华学院图书馆	16
659	南昌航空大学科技学院图书馆	17	699	武汉传媒学院图书馆	16
660	普洱学院图书馆	17	700	成都艺术职业学院图书馆	16
661	汕头大学医学院图书馆	17	701	广东工程职业技术学院图书馆	16
662	陕西中医药大学图书馆	17	702	湖南高速铁路职业技术学院图书馆	16
663	泰州学院图书馆	17	703	九江职业大学图书馆	16
664	营口理工学院图书馆	17	704	江苏卫生健康职业学院图书馆	16
665	云南艺术学院图书馆	17	705	江西科技职业学院图书馆	16
666	佛山职业技术学院图书馆	17	706	辽宁农业职业技术学院图书馆	16
667	广东科学技术职业学院图书馆	17	707	连云港师范高等专科学校图书馆	16
668	甘肃工业职业技术学院图书馆	17	708	闽江师范高等专科学校图书馆	16

续表

序号	图书馆名称	在编职工(人)	序号	图书馆名称	在编职工(人)
709	南充职业技术学院图书馆	16	748	四川大学锦城学院图书馆	14
710	宁夏工商职业技术学院图书馆	16	749	四川警察学院图书馆	14
711	清远职业技术学院图书馆	16	750	天津体育学院图书馆	14
712	云南国土资源职业学院图书馆	16	751	西安工业大学北方信息工程学院图书馆	14
713	浙江工贸职业技术学院图书馆	16	752	中国人民解放军海军工程大学图书馆	14
714	浙江金融职业学院图书馆	16	753	浙江农林大学暨阳学院图书馆	14
715	浙江商业职业技术学院图书馆	16	754	中央戏剧学院图书馆	14
716	郑州电力职业技术学院图书馆	16	755	首钢工学院图书馆	14
717	广东理工学院图书馆	15	756	广东松山职业技术学院图书馆	14
718	吉林医药学院图书馆	15	757	广东邮电职业技术学院图书馆	14
719	吕梁学院图书馆	15	758	黑龙江生物科技职业学院图书馆	14
720	辽宁对外经贸学院图书馆	15	759	湖南生物机电职业技术学院图书馆	14
721	三江学院图书馆	15	760	海南外国语职业学院图书馆	14
722	陕西服装工程学院图书馆	15	761	湖南幼儿师范高等专科学校图书馆	14
723	天津美术学院图书馆	15	762	吉林铁道职业技术学院图书馆	14
724	天津商业大学宝德学院图书馆	15	763	江西工程学院图书馆	14
725	文山学院图书馆	15	764	丽江师范高等专科学校图书馆	14
726	西安培华学院图书馆	15	765	上海出版印刷高等专科学校图书馆(水丰路校区)	14
727	西安音乐学院图书馆	15	766	私立华联学院图书馆	14
728	安徽商贸职业技术学院图书馆	15	767	陕西交通职业技术学院图书馆	14
729	北京财贸职业学院图书馆	15	768	陕西职业技术学院图书馆	14
730	北京政法职业学院图书馆	15	769	泰州职业技术学院图书馆	14
731	恩施职业技术学院图书馆	15	770	武昌职业学院图书馆	14
732	湖南中医药高等专科学校图书馆	15	771	无锡职业技术学院图书馆	14
733	乐山职业技术学院图书馆	15	772	西安电力高等专科学校图书馆	14
734	泉州幼儿师范高等专科学校图书馆	15	773	百色学院图书馆	13
735	四川建筑职业技术学院图书馆	15	774	成都文理学院图书馆	13
736	四川水利职业技术学院图书馆	15	775	成都医学院图书馆	13
737	四川文轩职业学院图书馆	15	776	福建商学院图书馆	13
738	厦门城市职业学院图书馆	15	777	湖南信息学院图书馆	13
739	武汉铁路职业技术学院图书馆	15	778	衢州学院图书馆	13
740	西安职业技术学院图书馆	15	779	西安交通工程学院图书馆	13
741	宜春职业技术学院图书馆	15	780	西安科技大学高新学院图书馆	13
742	浙江经贸职业技术学院图书馆	15	781	西北师范大学知行学院图书馆	13
743	郑州旅游职业学院图书馆	15	782	浙江警察学院图书馆	13
744	北京农学院图书馆	14	783	中山大学南方学院图书馆	13
745	贵州警察学院图书馆	14	784	景德镇学院图书馆	13
746	江苏警官学院图书馆	14	785	长春大学旅游学院图书馆	13
747	江西经济管理干部学院图书馆	14	786	雅安职业技术学院图书馆	13

续表

序号	图书馆名称	在编职工(人)	序号	图书馆名称	在编职工(人)
787	成都纺织高等专科学校图书馆	13	827	广东水利电力职业技术学院图书馆	11
788	德宏师范高等专科学校图书馆	13	828	广东文理职业学院图书馆	11
789	广州城建职业学院图书馆	13	829	广西国际商务职业技术学院图书馆	11
790	黑龙江农业经济职业学院图书馆	13	830	广州南洋理工职业学院图书馆	11
791	湖州职业技术学院图书馆	13	831	赣州卫生健康职业学院图书馆	11
792	江西工业职业技术学院图书馆	13	832	广州卫生职业技术学院图书馆	11
793	江西交通职业技术学院图书馆	13	833	湖北水利水电职业技术学院图书馆	11
794	嘉兴职业技术学院图书馆	13	834	吉林司法警官职业学院图书馆	11
795	江阴职业技术学院图书馆	13	835	江西理工大学应用科学学院图书馆	11
796	克拉玛依职业技术学院图书馆	13	836	江西生物科技职业学院图书馆	11
797	民办南华工商学院图书馆	13	837	青海交通职业技术学院图书馆	11
798	宁波城市职业技术学院图书馆	13	838	四川幼儿师范高等专科学校图书馆	11
799	四川国际标榜职业学院图书馆	13	839	上海旅游高等专科学校图书馆	11
800	西安铁路职业技术学院图书馆	13	840	汕尾职业技术学院图书馆	11
801	漳州职业技术学院图书馆	13	841	陕西财经职业技术学院图书馆	11
802	华南理工大学广州学院图书馆	12	842	铜川职业技术学院图书馆	11
803	南昌大学共青学院图书馆	12	843	天津电子信息职业技术学院图书馆	11
804	成都理工大学工程技术学院图书馆	12	844	云南林业职业技术学院图书馆	11
805	北京工业职业技术学院图书馆	12	845	浙江旅游职业学院图书馆	11
806	广州科技职业技术学院图书馆	12	846	重庆电力高等专科学校图书馆	11
807	湖北工程学院新技术学院图书馆	12	847	北京舞蹈学院图书馆	10
808	湖北生态工程职业技术学院图书馆	12	848	华南农业大学珠江学院图书馆	10
809	惠州卫生职业技术学院图书馆	12	849	吉林动画学院图书馆	10
810	江苏食品药品职业技术学院图书馆	12	850	江苏第二师范学院图书馆	10
811	泉州经贸职业技术学院图书馆	12	851	上海科技大学图书馆	10
812	上海工商外国语职业学院图书馆	12	852	武汉体育学院体育科技学院图书馆	10
813	陕西青年职业学院图书馆	12	853	大庆医学高等专科学校图书馆	10
814	云南经济管理学院图书馆	12	854	广东理工职业学院图书馆	10
815	浙江纺织服装职业技术学院图书馆	12	855	甘肃畜牧工程职业技术学院图书馆	10
816	浙江机电职业技术学院图书馆	12	856	湖北工程职业学院图书馆	10
817	浙江建设职业技术学院图书馆	12	857	江西工程职业学院图书馆	10
818	广州大学松田学院图书馆	11	858	江西卫生职业学院图书馆	10
819	湖北美术学院图书馆	11	859	江西信息应用职业技术学院图书馆	10
820	辽宁警察学院图书馆	11	860	江西医学高等专科学校图书馆	10
821	茅台学院图书馆	11	861	泸州职业技术学院图书馆	10
822	南京中医药大学翰林学院图书馆	11	862	茂名职业技术学院图书馆	10
823	浙江大学宁波工学院图书馆	11	863	宁夏民族职业技术学院图书馆	10
824	北京教育学院图书馆	11	864	四川护理职业学院图书馆	10
825	北京青年政治学院图书馆	11	865	四川航天职业技术学院图书馆	10
826	广东创新科技职业学院图书馆	11	866	四川商务职业学院图书馆	10

续表

序号	图书馆名称	在编职工(人)	序号	图书馆名称	在编职工(人)
867	四川卫生康复职业学院图书馆	10	906	德宏职业学院图书馆	8
868	山西林业职业技术学院图书馆	10	907	福建华南女子职业学院图书馆	8
869	陕西铁路工程职业技术学院图书馆	10	908	阜阳职业技术学院图书馆	8
870	天津现代职业技术学院图书馆	10	909	广州铁路职业技术学院图书馆	8
871	宜宾职业技术学院图书馆	10	910	湖北国土资源职业学院图书馆	8
872	云南机电职业技术学院图书馆	10	911	湖北交通职业技术学院图书馆	8
873	玉溪农业职业技术学院图书馆	10	912	黑龙江民族职业学院图书馆	8
874	浙江同济科技职业学院图书馆	10	913	湖南现代物流职业技术学院图书馆	8
875	北京第二外国语学院中瑞酒店管理学院图书馆	9	914	吉林电子信息职业技术学院图书馆	8
876	武汉工程科技学院图书馆	9	915	江西财经职业学院图书馆	8
877	西安财经学院行知学院图书馆	9	916	江西工业贸易职业技术学院图书馆	8
878	安徽职业技术学院图书馆	9	917	江西制造职业技术学院图书馆	8
879	广东环境保护工程职业学院图书馆	9	918	昆明工业职业技术学院图书馆	8
880	广西工商职业技术学院图书馆	9	919	辽宁建筑职业技术学院图书馆	8
881	湖北城市建设职业技术学院图书馆	9	920	闽北职业技术学院图书馆	8
882	湖北中医药高等专科学校图书馆	9	921	宁夏司法警官职业学院图书馆	8
883	杭州职业技术学院图书馆	9	922	上海电子信息职业技术学院图书馆	8
884	吉安职业技术学院图书馆	9	923	上海震旦职业学院图书馆	8
885	江西水利职业学院图书馆	9	924	三亚航空旅游职业学院图书馆	8
886	健雄职业技术学院图书馆	9	925	松原职业技术学院图书馆	8
887	南宁师范大学师园学院图书馆	9	926	武汉警官职业学院图书馆	8
888	宁夏财经职业技术学院图书馆	9	927	武汉民政职业学院图书馆	8
889	四川工商职业技术学院图书馆	9	928	襄阳汽车职业技术学院图书馆	8
890	四川华新现代职业学院图书馆	9	929	盐城工业职业技术学院图书馆	8
891	上海东海职业技术学院图书馆	9	930	义乌工商职业技术学院图书馆	8
892	上海民航职业技术学院图书馆	9	931	正德职业技术学院图书馆	8
893	上饶幼儿师范高等专科学校图书馆	9	932	浙江工业职业技术学院图书馆	8
894	台州职业技术学院图书馆	9	933	浙江农业商贸职业学院图书馆	8
895	无锡工艺职业技术学院图书馆	9	934	浙江体育职业技术学院图书馆	8
896	云南司法警官职业学院图书馆	9	935	重庆城市管理职业学院图书馆	8
897	浙江东方职业技术学院图书馆	9	936	阿坝师范学院图书馆	7
898	周口职业技术学院图书馆	9	937	甘肃医学院图书馆	7
899	亳州学院图书馆	8	938	昆山杜克大学图书馆	7
900	福州理工学院图书馆	8	939	宁波教育学院图书馆	7
901	江西警察学院图书馆	8	940	上海商学院图书馆	7
902	南京大学金陵学院图书馆	8	941	天津医科大学临床医学院图书馆	7
903	四川工业科技学院图书馆	8	942	渤海船舶职业学院图书馆	7
904	苏州科技大学天平学院图书馆	8	943	保山中医药高等专科学校图书馆	7
905	云南师范大学文理学院图书馆	8	944	鄂尔多斯生态环境职业学院图书馆	7

续表

序号	图书馆名称	在编职工(人)	序号	图书馆名称	在编职工(人)
945	广东建设职业技术学院图书馆	7	985	四川财经职业学院图书馆	6
946	广东生态工程职业学院图书馆	7	986	四川托普信息技术职业学院图书馆	6
947	甘肃林业职业技术学院图书馆	7	987	四川艺术职业学院图书馆	6
948	广州体育职业技术学院图书馆	7	988	上海农林职业技术学院图书馆	6
949	广州现代信息工程职业技术学院图书馆	7	989	宜春幼儿师范高等专科学校图书馆	6
950	湖北生物科技职业学院图书馆	7	990	榆林职业技术学院图书馆	6
951	红河卫生职业学院图书馆	7	991	云南农业职业技术学院图书馆	6
952	河南交通职业技术学院图书馆	7	992	云南能源职业技术学院图书馆	6
953	江苏农林职业技术学院图书馆	7	993	浙江工商职业技术学院图书馆	6
954	江西机电职业技术学院图书馆	7	994	重庆水利电力职业技术学院图书馆	6
955	江西农业工程职业学院图书馆	7	995	广东技术师范大学天河学院图书馆	5
956	江西青年职业学院图书馆	7	996	哈尔滨广厦学院图书馆	5
957	江西外语外贸职业学院图书馆	7	997	天津理工大学中环信息学院图书馆	5
958	江西先锋软件职业技术学院图书馆	7	998	重庆警察学院图书馆	5
959	辽宁金融职业学院图书馆	7	999	安徽审计职业学院图书馆	5
960	青海卫生职业技术学院图书馆	7	1000	安徽医学高等专科学校图书馆	5
961	四川化工职业技术学院图书馆	7	1001	广东南方职业学院图书馆	5
962	四川司法警官职业学院图书馆	7	1002	广东文艺职业学院图书馆	5
963	四川邮电职业技术学院图书馆	7	1003	广东职业技术学院图书馆	5
964	上海工商职业技术学院图书馆	7	1004	甘肃交通职业技术学院图书馆	5
965	上海工艺美术职业学院图书馆	7	1005	赣西科技职业学院图书馆	5
966	陕西国防工业职业技术学院图书馆	7	1006	广州工程技术职业学院图书馆	5
967	陕西警官职业学院图书馆	7	1007	金华教育学院图书馆	5
968	天津滨海职业学院图书馆	7	1008	江西中医药高等专科学校图书馆	5
969	西安汽车科技职业学院图书馆	7	1009	辽源职业技术学院图书馆	5
970	益阳职业技术学院图书馆	7	1010	南京广播电视大学图书馆	5
971	浙江警官职业学院图书馆	7	1011	宁夏幼儿师范高等专科学校图书馆	5
972	浙江育英职业技术学院图书馆	7	1012	泉州工艺美术职业学院图书馆	5
973	中山火炬职业技术学院图书馆	7	1013	四川管理职业学院图书馆	5
974	赣南师范大学科技学院图书馆	6	1014	四川文化产业职业学院图书馆	5
975	中华女子学院图书馆	6	1015	四川现代职业学院图书馆	5
976	成都东软学院图书馆	6	1016	四川信息职业技术学院图书馆	5
977	安徽工商职业学院图书馆	6	1017	上海科学技术职业学院图书馆	5
978	川南幼儿师范高等专科学校图书馆	6	1018	上海思博职业技术学院图书馆	5
979	广东科贸职业学院图书馆	6	1019	三明职业技术学院图书馆	5
980	贵州电子信息职业技术学院图书馆	6	1020	长春汽车工业高等专科学校图书馆	5
981	广州松田职业学院图书馆	6	1021	绍兴文理学院元培学院图书馆	4
982	江苏航空职业技术学院图书馆	6	1022	长春教育学院图书馆	4
983	辽宁广告职业学院图书馆	6	1023	湖北大学知行学院图书馆	4
984	泉州理工职业学院图书馆	6	1024	福建体育职业技术学院图书馆	4

续表

序号	图书馆名称	在编职工(人)	序号	图书馆名称	在编职工(人)
1025	广东碧桂园职业学院图书馆	4	1039	江西艺术职业学院图书馆	3
1026	湖北财税职业学院图书馆	4	1040	宁夏大学新华学院图书馆	3
1027	景德镇陶瓷职业技术学院图书馆	4	1041	上海行健职业学院图书馆	3
1028	江西工商职业技术学院图书馆	4	1042	厦门兴才职业技术学院	3
1029	江西陶瓷工艺美术职业技术学院图书馆	4	1043	云南锡业职业技术学院图书馆	3
1030	陕西机电职业技术学院图书馆	4	1044	浙江特殊教育职业学院图书馆	3
1031	云南工贸职业技术学院图书馆	4	1045	江西中医药大学科技学院图书馆	2
1032	云南外事外语职业学院图书馆	4	1046	福州英华职业学院图书馆	2
1033	珠海艺术职业学院图书馆	4	1047	广东亚视演艺职业学院图书馆	2
1034	川北幼儿师范高等专科学校图书馆	3	1048	湖南体育职业技术学院图书馆	2
1035	福建艺术职业学院图书馆	3	1049	江西冶金职业技术学院图书馆	2
1036	广东行政职业学院图书馆	3	1050	武夷山职业学院图书馆	2
1037	江西工业工程职业技术学院图书馆	3	1051	民办四川天一学院图书馆	1
1038	江西新能源科技学院图书馆	3			

2018年1046所高校图书馆馆舍面积统计表

序号	图书馆名称	馆舍总面积(平方米)	序号	图书馆名称	馆舍总面积(平方米)
1	山东大学图书馆	143687.0	38	重庆大学图书馆	64876.0
2	中山大学图书馆	116660.0	39	华中科技大学图书馆	64581.0
3	吉林大学图书馆	103245.0	40	南通大学图书馆	64506.0
4	厦门大学图书馆	102858.0	41	山东师范大学图书馆	64400.0
5	贵州大学图书馆	88339.0	42	安徽大学图书馆	64045.0
6	浙江大学图书馆	86376.0	43	贵州民族大学图书馆	64000.0
7	郑州大学图书馆	84000.0	44	东北大学图书馆	63210.0
8	广东药科大学图书馆	82641.0	45	四川大学图书馆	63148.0
9	合肥工业大学图书馆	82614.2	46	广西大学图书馆	63106.0
10	华南师范大学图书馆	82000.0	47	浙江工业大学图书馆	62317.0
11	暨南大学图书馆	81762.5	48	上海交通大学图书馆	61696.0
12	苏州大学图书馆	80831.3	49	华侨大学图书馆	61637.0
13	福州大学图书馆	79652.0	50	贵州师范大学图书馆	61530.0
14	武汉大学图书馆	77389.0	51	安徽工业大学图书馆	61000.0
15	广西师范大学图书馆	77000.0	52	兰州大学图书馆	61000.0
16	扬州大学图书馆	76819.1	53	长沙理工大学图书馆	60562.0
17	上海大学图书馆	76815.9	54	中国矿业大学图书馆	60000.0
18	云南大学图书馆	76293.0	55	广东外语外贸大学图书馆	59574.9
19	广东工业大学图书馆	74004.0	56	延边大学图书馆	59530.0
20	武汉理工大学图书馆	73624.0	57	江西师范大学图书馆	59466.0
21	中南大学图书馆	73289.7	58	西南交通大学图书馆	59316.0
22	南京大学图书馆	73100.0	59	河海大学图书馆	59000.0
23	西南大学图书馆	72718.0	60	北京大学图书馆	58530.0
24	四川理工学院图书馆	72616.0	61	浙江工商大学图书馆	57800.0
25	临沂大学图书馆	71835.0	62	陕西师范大学图书馆	57758.0
26	杭州师范大学图书馆	71611.0	63	云南师范大学图书馆	57300.0
27	南开大学图书馆	71610.0	64	兰州理工大学图书馆	57000.0
28	清华大学图书馆	70647.0	65	河南财经政法大学图书馆	56266.0
29	同济大学图书馆	70620.0	66	北京理工大学图书馆	55699.0
30	福建农林大学图书馆	70011.2	67	福建师范大学图书馆	55571.0
31	天津大学图书馆	68700.0	68	河南牧业经济学院图书馆	55000.0
32	青岛科技大学图书馆	67457.0	69	中国人民大学图书馆	54985.0
33	电子科技大学图书馆	66974.0	70	九江学院图书馆	54800.0
34	东南大学图书馆	66900.0	71	石河子大学图书馆	54700.0
35	华南理工大学图书馆	66155.0	72	长安大学图书馆	54372.0
36	复旦大学图书馆	66137.0	73	武汉纺织大学图书馆	53826.6
37	大连理工大学图书馆	66000.0	74	江西科技师范大学图书馆	53756.0

续表

序号	图书馆名称	馆舍总面积(平方米)	序号	图书馆名称	馆舍总面积(平方米)
75	南京林业大学图书馆	53368.0	115	湖北大学图书馆	47251.0
76	南昌理工学院图书馆	53354.6	116	重庆工商大学图书馆	47251.0
77	广东财经大学图书馆	53185.0	117	南京理工大学泰州科技学院图书馆	46988.0
78	河北工业大学图书馆	53100.0	118	华东理工大学图书馆	46766.0
79	华东师范大学图书馆	53087.0	119	西北师范大学图书馆	46752.0
80	盐城工学院图书馆	53000.0	120	桂林电子科技大学图书馆	46600.0
81	贵州理工学院图书馆	52915.0	121	上海立信会计金融学院图书馆	46426.7
82	浙江师范大学图书馆	52819.7	122	上海海事大学图书馆	46426.0
83	西北大学图书馆	52661.0	123	呼和浩特职业技术学院图书馆	46263.0
84	北京邮电大学图书馆	52656.0	124	中南民族大学图书馆	46217.0
85	吉林大学珠海学院图书馆	52497.0	125	西北工业大学图书馆	46161.0
86	温州大学图书馆	52229.0	126	哈尔滨商业大学图书馆	46106.0
87	江南大学图书馆	52217.0	127	常熟理工学院图书馆	46000.0
88	西安电子科技大学图书馆	52200.0	128	天津理工大学图书馆	46000.0
89	广州大学图书馆	52000.0	129	遵义医科大学图书馆	45886.9
90	西安石油大学图书馆	51980.0	130	湖北工业大学图书馆	45874.9
91	宁波大学图书馆	51936.0	131	郑州轻工业学院图书馆	45706.0
92	西安理工大学图书馆	51655.0	132	河北师范大学图书馆	45300.0
93	深圳大学图书馆	51202.0	133	东北石油大学图书馆	45000.0
94	成都理工大学图书馆	51007.0	134	安徽理工大学图书馆	45000.0
95	广西财经学院图书馆	50543.0	135	遵义师范学院图书馆	44977.0
96	新疆大学图书馆	50000.0	136	海南热带海洋学院图书馆	44792.0
97	中国石油大学(华东)图书馆	50000.0	137	徐州工程学院图书馆	44701.0
98	西南财经大学图书馆	50000.0	138	南方医科大学图书馆	44661.0
99	兰州财经大学图书馆	49933.2	139	四川农业大学图书馆	44607.0
100	西北民族大学图书馆	49808.0	140	南京师范大学图书馆	44605.0
101	湖北经济学院图书馆	49635.0	141	三亚学院图书馆	44400.0
102	温州医科大学图书馆	49620.3	142	潍坊学院图书馆	44254.0
103	哈尔滨工程大学图书馆	49600.0	143	内蒙古大学图书馆	44000.0
104	苏州科技大学图书馆	49581.0	144	贵州财经大学图书馆	44000.0
105	兰州交通大学图书馆	49463.0	145	哈尔滨师范大学图书馆	44000.0
106	西南民族大学图书馆	49144.0	146	云南经济管理学院图书馆	43889.5
107	西安外国语大学图书馆	48589.2	147	绵阳师范学院图书馆	43753.4
108	湖北第二师范学院图书馆	48486.0	148	安徽科技学院图书馆	43564.0
109	安徽师范大学图书馆	48150.0	149	哈尔滨工业大学图书馆	43534.0
110	天津师范大学图书馆	48000.0	150	重庆师范大学图书馆	43085.0
111	武汉学院图书馆	47609.0	151	西安工业大学图书馆	43023.0
112	金华职业技术学院图书馆	47455.0	152	大连交通大学图书馆	43000.0
113	南京财经大学图书馆	47300.0	153	中国传媒大学图书馆	43000.0
114	江苏大学图书馆	47270.0	154	湖南农业大学图书馆	42828.0

续表

序号	图书馆名称	馆舍总面积(平方米)	序号	图书馆名称	馆舍总面积(平方米)
155	安徽农业大学图书馆	42546.0	195	湖北工程学院图书馆	39000.0
156	江西理工大学图书馆	42490.0	196	江苏农牧科技职业学院图书馆	38994.0
157	浙江传媒学院图书馆	42029.0	197	佛山科学技术学院图书馆	38916.0
158	中国海洋大学图书馆	42000.0	198	河南工业职业技术学院图书馆	38874.0
159	南京航空航天大学图书馆	42000.0	199	山东协和学院图书馆	38800.0
160	深圳职业技术学院图书馆	42000.0	200	东北师范大学图书馆	38675.0
161	石家庄学院图书馆	41906.0	201	山西大学图书馆	38505.7
162	中国科学技术大学图书馆	41783.0	202	南京工程学院图书馆	38500.0
163	东北林业大学图书馆	41765.0	203	东华理工大学图书馆	38329.0
164	东北电力大学图书馆	41700.0	204	邵阳学院图书馆	38000.0
165	合肥学院图书馆	41400.0	205	杭州电子科技大学图书馆	37813.0
166	中南林业科技大学图书馆	41196.5	206	西南政法大学图书馆	37684.0
167	广东创新科技职业学院图书馆	41173.7	207	湖南商学院图书馆	37614.7
168	金陵科技学院图书馆	41056.0	208	台州学院图书馆	37500.0
169	辽宁师范大学图书馆	41000.0	209	成都信息工程大学图书馆	37487.3
170	集美大学图书馆	40950.0	210	辽宁大学图书馆	37470.0
171	安徽中医药大学图书馆	40918.0	211	淮南师范学院图书馆	37300.0
172	北京师范大学图书馆	40911.2	212	湖南师范大学图书馆	37246.7
173	内蒙古科技大学图书馆	40800.0	213	湖南科技大学图书馆	37239.4
174	西安科技大学图书馆	40700.0	214	西南科技大学图书馆	37202.0
175	三峡大学图书馆	40548.8	215	华北电力大学图书馆	37063.0
176	上海师范大学图书馆	40371.5	216	福建工程学院图书馆	37000.0
177	湖州师范学院图书馆	40300.0	217	阜阳师范学院图书馆	37000.0
178	河西学院图书馆	40261.1	218	湖北中医药大学图书馆	37000.0
179	山西大同大学图书馆	40104.0	219	陇东学院图书馆	37000.0
180	福建商学院图书馆	40015.5	220	泰州学院图书馆	36800.0
181	深圳大学城图书馆	40000.0	221	湖南工业大学图书馆	36720.0
182	甘肃农业大学图书馆	40000.0	222	南京理工大学图书馆	36662.0
183	沈阳理工大学图书馆	39950.0	223	中央财经大学图书馆	36481.5
184	浙江建设职业技术学院图书馆	39910.0	224	延安大学图书馆	36448.0
185	淮阴师范学院图书馆	39900.0	225	西安交通大学图书馆	36394.0
186	常州工学院图书馆	39898.9	226	华东交通大学图书馆	36267.0
187	中南财经政法大学图书馆	39788.0	227	河北经贸大学图书馆	36059.0
188	芜湖职业技术学院图书馆	39426.7	228	浙江理工大学图书馆	36000.0
189	四川师范大学图书馆	39406.7	229	南阳师范学院图书馆	36000.0
190	华中师范大学图书馆	39375.0	230	哈尔滨金融学院图书馆	36000.0
191	济宁学院图书馆	39300.0	231	广州科技职业技术学院图书馆	36000.0
192	西南石油大学图书馆	39172.6	232	四川工商学院图书馆	35877.0
193	河南工学院图书馆	39106.3	233	中原工学院图书馆	35808.0
194	西安财经学院图书馆	39016.8	234	西北政法大学图书馆	35800.0

续表

序号	图书馆名称	馆舍总面积（平方米）	序号	图书馆名称	馆舍总面积（平方米）
235	海口经济学院图书馆	35787.2	275	嘉应学院图书馆	32940.0
236	河南工程学院图书馆	35671.5	276	北京师范大学珠海分校图书馆	32844.0
237	杭州师范大学钱江学院图书馆	35600.0	277	广东轻工职业技术学院图书馆	32790.8
238	湖北师范大学图书馆	35477.0	278	闽南师范大学图书馆	32779.0
239	长江师范学院图书馆	35264.0	279	黄冈师范学院图书馆	32762.0
240	浙江财经大学图书馆	35053.0	280	长春理工大学图书馆	32720.0
241	西京学院图书馆	34980.0	281	武夷学院图书馆	32600.0
242	广西科技大学图书馆	34723.0	282	安徽财经大学图书馆	32470.0
243	成都师范学院图书馆	34671.0	283	荆楚理工学院图书馆	32400.0
244	贵州医科大学图书馆	34643.1	284	武汉工商学院图书馆	32260.0
245	中北大学图书馆	34606.8	285	宝鸡文理学院图书馆	32200.0
246	陕西科技大学图书馆	34600.0	286	大连大学图书馆	32150.0
247	宿州学院图书馆	34600.0	287	西北农林科技大学图书馆	32104.3
248	西华大学图书馆	34576.0	288	成都文理学院图书馆	32099.0
249	宁夏大学图书馆	34551.0	289	南京农业大学图书馆	32000.0
250	东华大学图书馆	34266.0	290	内蒙古民族大学图书馆	32000.0
251	浙江树人大学图书馆	34242.5	291	南京工业大学图书馆	32000.0
252	南京晓庄学院图书馆	34090.0	292	韩山师范学院图书馆	32000.0
253	西华师范大学图书馆	34000.0	293	湘南学院图书馆	32000.0
254	中国民航大学图书馆	34000.0	294	沈阳航空航天大学图书馆	32000.0
255	江苏理工学院图书馆	33800.0	295	西安医学院图书馆	32000.0
256	长春科技学院图书馆	33800.0	296	文华学院图书馆	32000.0
257	上海财经大学图书馆	33712.0	297	连云港师范高等专科学校图书馆	32000.0
258	华南农业大学图书馆	33702.0	298	江汉师范学院图书馆	31913.5
259	广东科学技术职业学院图书馆	33656.0	299	内蒙古财经大学图书馆	31700.0
260	天津商业大学图书馆	33621.0	300	广州工商学院图书馆	31672.6
261	湖南大学图书馆	33497.9	301	岭南师范学院图书馆	31543.0
262	苏州职业大学图书馆	33443.0	302	北京交通大学图书馆	31516.9
263	北京联合大学图书馆	33404.0	303	内蒙古师范大学图书馆	31327.0
264	红河学院图书馆	33399.0	304	陕西理工大学图书馆	31240.0
265	南昌工程学院图书馆	33386.0	305	成都中医药大学图书馆	31200.0
266	广州中医药大学图书馆	33350.0	306	郑州旅游职业学院图书馆	31182.1
267	西安工程大学图书馆	33337.0	307	上海电机学院图书馆	31143.4
268	北华大学图书馆	33185.0	308	西安邮电大学图书馆	31125.0
269	辽宁石油化工大学图书馆	33078.3	309	许昌职业技术学院图书馆	31120.0
270	江西旅游商贸职业学院图书馆	33026.0	310	永州职业技术学院图书馆	31112.0
271	广东南方职业学院图书馆	33000.0	311	杭州医学院图书馆	31052.5
272	沈阳工业大学图书馆	33000.0	312	武汉工程科技学院图书馆	31020.6
273	江西科技学院图书馆	33000.0	313	吉林农业大学图书馆	31000.0
274	安徽工程大学图书馆	33000.0	314	上海建桥学院图书馆	31000.0

续表

序号	图书馆名称	馆舍总面积(平方米)	序号	图书馆名称	馆舍总面积(平方米)
315	广州番禺职业技术学院图书馆	30993.0	355	赤峰学院图书馆	29000.0
316	南昌职业学院图书馆	30990.6	356	甘肃民族师范学院图书馆	28879.3
317	黑龙江东方学院图书馆	30980.0	357	陕西国防工业职业技术学院图书馆	28876.0
318	大连外国语学院图书馆	30866.0	358	吉林师范大学图书馆	28858.0
319	江汉大学图书馆	30850.0	359	浙江越秀外国语学院图书馆	28814.0
320	南京信息工程大学图书馆	30712.0	360	南京航空航天大学金城学院图书馆	28700.0
321	宿迁学院图书馆	30704.0	361	浙江农林大学图书馆	28558.0
322	渭南师范学院图书馆	30681.0	362	重庆医科大学图书馆	28370.0
323	成都工业学院图书馆	30674.0	363	浙江农林大学暨阳学院图书馆	28332.0
324	南京大学金陵学院图书馆	30510.0	364	首都师范大学图书馆	28243.0
325	青海师范大学图书馆	30374.2	365	南京审计大学图书馆	28208.0
326	怀化学院图书馆	30359.2	366	河源职业技术学院图书馆	28180.0
327	广西科技师范学院图书馆	30330.1	367	广西师范学院图书馆	28093.0
328	上海应用技术学院图书馆	30300.0	368	唐山学院图书馆	28038.6
329	咸阳师范学院图书馆	30290.0	369	信阳农林学院图书馆	28000.0
330	晋中学院图书馆	30200.0	370	武汉职业技术学院图书馆	28000.0
331	沈阳农业大学图书馆	30149.0	371	广州城建职业学院图书馆	28000.0
332	南华大学图书馆	30000.0	372	广州医科大学图书馆	27992.0
333	绍兴文理学院元培学院图书馆	30000.0	373	襄阳职业技术学院图书馆	27800.0
334	铜仁学院图书馆	30000.0	374	宁波大红鹰学院图书馆	27800.0
335	武汉东湖学院图书馆	30000.0	375	长沙师范学校图书馆	27800.0
336	宜宾学院图书馆	30000.0	376	凯里学院图书馆	27703.0
337	南京中医药大学翰林学院图书馆	30000.0	377	华东政法大学图书馆	27564.0
338	浙江科技学院图书馆	29900.0	378	中国医科大学图书馆	27500.0
339	南京中医药大学图书馆	29800.0	379	河南城建学院图书馆	27457.0
340	西安交通工程学院图书馆	29736.0	380	泸州医学院图书馆	27400.9
341	湖南文理学院图书馆	29700.7	381	内蒙古工业大学图书馆	27374.7
342	广东岭南职业技术学院图书馆	29700.0	382	新余学院图书馆	27300.0
343	西安汽车科技职业学院图书馆	29644.0	383	兴义民族师范学院图书馆	27189.2
344	西藏大学图书馆	29463.7	384	兰州文理学院图书馆	27173.0
345	常州工程职业技术学院图书馆	29462.0	385	长春师范大学图书馆	27051.6
346	韶关学院图书馆	29426.0	386	长春财经学院图书馆	27017.0
347	云南财经大学图书馆	29337.4	387	吉安职业技术学院图书馆	27000.0
348	上海电力学院图书馆	29210.0	388	沈阳药科大学图书馆	27000.0
349	中山大学南方学院图书馆	29092.0	389	辽宁工程技术大学图书馆	27000.0
350	广东财经大学华商学院图书馆	29070.0	390	昆明医学院图书馆	27000.0
351	淮海工学院图书馆	29004.0	391	上海工程技术大学图书馆	27000.0
352	中国药科大学图书馆	29000.0	392	延安职业技术学院图书馆	27000.0
353	北京航空航天大学图书馆	29000.0	393	中州大学图书馆	27000.0
354	西安文理学院图书馆	29000.0	394	清远职业技术学院图书馆	27000.0

续表

序号	图书馆名称	馆舍总面积(平方米)	序号	图书馆名称	馆舍总面积(平方米)
395	武汉工程大学图书馆	26859.0	435	宁波工程学院图书馆	25000.0
396	云南艺术学院图书馆	26837.8	436	浙江财经大学东方学院图书馆	25000.0
397	沈阳师范大学图书馆	26800.0	437	三江学院图书馆	25000.0
398	广东第二师范学院图书馆	26789.0	438	北方民族大学图书馆	24961.0
399	吉林农业科技学院图书馆	26759.0	439	民办四川天一学院图书馆	24954.7
400	山西农业大学图书馆	26700.0	440	湖南中医药大学图书馆	24808.0
401	西昌学院图书馆	26684.0	441	内蒙古电子信息职业技术学院图书馆	24800.0
402	合肥师范学院图书馆	26599.0	442	江苏警官学院图书馆	24800.0
403	江苏科技大学图书馆	26578.0	443	新乡医学院三全学院图书馆	24741.0
404	广东海洋大学图书馆	26511.0	444	云南大学滇池学院图书馆	24716.0
405	江西财经大学图书馆	26439.0	445	连云港职业技术学院图书馆	24711.0
406	重庆文理学院图书馆	26417.0	446	福建船政交通职业学院图书馆	24650.0
407	赣南师范大学图书馆	26348.0	447	茅台学院图书馆	24639.0
408	天津科技大学图书馆	26326.0	448	福建医科大学图书馆	24622.0
409	吉林财经大学图书馆	26111.0	449	上海理工大学图书馆	24600.0
410	四川外国语大学图书馆	26000.0	450	山东农业大学图书馆	24597.3
411	湖南人文科技学院图书馆	26000.0	451	辽东学院图书馆	24548.5
412	辽宁工业大学图书馆	26000.0	452	浙江万里学院图书馆	24530.0
413	萍乡学院图书馆	26000.0	453	中国地质大学图书馆	24500.0
414	江西中医药大学图书馆	25896.0	454	中央民族大学图书馆	24500.0
415	北京科技大学图书馆	25892.0	455	五邑大学图书馆	24438.0
416	文山学院图书馆	25833.8	456	九江职业大学图书馆	24325.1
417	天水师范学院图书馆	25800.0	457	江西应用科技学院图书馆	24302.5
418	北京工商大学图书馆	25793.1	458	大连海事大学图书馆	24132.0
419	西安培华学院图书馆	25780.0	459	中国政法大学图书馆	24050.0
420	扬州市职业大学图书馆	25737.5	460	上饶师范学院图书馆	24010.0
421	辽宁科技大学图书馆	25600.0	461	齐齐哈尔大学图书馆	24000.0
422	河北北方学院图书馆	25535.3	462	湖北职业技术学院图书馆	24000.0
423	南宁学院图书馆	25535.1	463	鄂州职业大学图书馆	24000.0
424	淮北师范大学图书馆	25459.0	464	广东食品药品职业学院图书馆	24000.0
425	白城师范学院图书馆	25443.0	465	贵州商学院图书馆	24000.0
426	包头师范学院图书馆	25414.0	466	太原理工大学图书馆	23970.0
427	东北财经大学图书馆	25400.0	467	河池学院图书馆	23900.0
428	东北农业大学图书馆	25228.0	468	吉林医药学院图书馆	23800.0
429	宁德师范学院图书馆	25210.0	469	重庆工业职业技术学院图书馆	23732.0
430	西安翻译学院图书馆	25071.5	470	辽宁中医药大学图书馆	23704.0
431	浙江中医药大学图书馆	25033.0	471	湖北城市建设职业技术学院图书馆	23623.6
432	常州大学图书馆	25003.0	472	亳州学院图书馆	23500.0
433	陕西学前师范学院图书馆	25000.0	473	泉州师范学院图书馆	23395.0
434	沈阳化工大学图书馆	25000.0	474	西安工业大学北方信息工程学院图书馆	23370.0

续表

序号	图书馆名称	馆舍总面积(平方米)	序号	图书馆名称	馆舍总面积(平方米)
475	陕西中医药大学图书馆	23307.0	514	乐山职业技术学院图书馆	22000.0
476	镇江市高等专科学校图书馆	23304.0	515	四川大学锦城学院图书馆	22000.0
477	西安建筑科技大学图书馆	23286.4	516	广州大学华软软件学院图书馆	21931.7
478	武汉华夏理工学院图书馆	23278.0	517	广安职业技术学院图书馆	21900.0
479	福州外语外贸学院图书馆	23265.2	518	江西警察学院图书馆	21861.0
480	长春工业大学图书馆	23232.3	519	太原科技大学图书馆	21853.0
481	江西工程学院图书馆	23200.0	520	桂林医学院图书馆	21845.9
482	吕梁学院图书馆	23199.0	521	包头轻工职业技术学院图书馆	21800.0
483	莆田学院图书馆	23175.0	522	中国农业大学图书馆	21715.0
484	黑龙江工商学院图书馆	23035.6	523	贵阳学院图书馆	21700.0
485	四川职业技术学院图书馆	23000.0	524	湘潭大学图书馆	21633.0
486	湖北理工学院图书馆	23000.0	525	东莞职业技术学院图书馆	21630.0
487	广东警官学院图书馆	22931.0	526	重庆三峡学院图书馆	21431.0
488	浙江工业职业技术学院图书馆	22845.0	527	温州职业技术学院图书馆	21409.0
489	嘉兴学院图书馆	22816.0	528	辽宁对外经贸学院图书馆	21320.0
490	江西农业大学图书馆	22682.0	529	陕西国际商贸学院图书馆	21300.0
491	西北大学现代学院图书馆	22600.0	530	汕头大学图书馆	21245.0
492	佛山职业技术学院图书馆	22600.0	531	江西工业贸易职业技术学院图书馆	21200.0
493	乐山师范学院图书馆	22574.0	532	浙江大学宁波工学院图书馆	21159.0
494	上海外国语大学图书馆	22500.0	533	大连医科大学图书馆	21100.0
495	河南职业技术学院图书馆	22490.0	534	宜春幼儿师范高等专科学校图书馆	21000.0
496	锦州医科大学图书馆	22409.7	535	滨州学院图书馆	21000.0
497	民办南华工商学院图书馆	22362.5	536	广东石油化工学院图书馆	21000.0
498	湖南财政经济学院图书馆	22359.0	537	景德镇陶瓷大学图书馆	21000.0
499	天津外国语大学图书馆	22338.0	538	惠州学院图书馆	21000.0
500	普洱学院图书馆	22323.0	539	武汉铁路职业技术学院图书馆	21000.0
501	浙江经贸职业技术学院图书馆	22300.0	540	成都纺织高等专科学校图书馆	21000.0
502	湖南信息学院图书馆	22182.0	541	青海交通职业技术学院图书馆	21000.0
503	三明学院图书馆	22078.0	542	江苏师范大学图书馆	21000.0
504	广州美术学院图书馆	22024.0	543	河套学院图书馆	20936.3
505	青海民族大学图书馆	22021.0	544	泸州职业技术学院图书馆	20900.0
506	云南能源职业技术学院图书馆	22000.0	545	景德镇学院图书馆	20870.0
507	南京医科大学图书馆	22000.0	546	武汉生物工程学院图书馆	20800.0
508	湖北大学知行学院图书馆	22000.0	547	云南中医学院图书馆	20767.0
509	西交利物浦大学图书馆	22000.0	548	曲靖师范学院图书馆	20760.0
510	顺德职业技术学院图书馆	22000.0	549	宁波职业技术学院图书馆	20723.8
511	武昌工学院图书馆	22000.0	550	沈阳工程学院图书馆	20700.0
512	朝阳师范高等专科学校图书馆	22000.0	551	池州学院图书馆	20639.0
513	贵州中医药大学图书馆	22000.0	552	滁州学院图书馆	20601.0

续表

序号	图书馆名称	馆舍总面积(平方米)	序号	图书馆名称	馆舍总面积(平方米)
553	江西服装学院图书馆	20567.0	592	长春工业大学人文信息学院图书馆	19000.0
554	咸阳职业技术学院图书馆	20558.0	593	浙江理工大学科技与艺术学院图书馆	19000.0
555	蚌埠学院图书馆	20500.0	594	福建江夏学院图书馆	18950.0
556	仰恩大学图书馆	20500.0	595	四川建筑职业技术学院图书馆	18829.7
557	云南师范大学文理学院图书馆	20326.2	596	西安航空学院图书馆	18818.0
558	无锡职业技术学院图书馆	20316.0	597	云南农业大学图书馆	18765.8
559	牡丹江师范学院图书馆	20300.0	598	龙岩学院图书馆	18760.0
560	皖西学院图书馆	20300.0	599	通化师范学院图书馆	18600.0
561	长春光华学院图书馆	20200.0	600	无锡工艺职业技术学院图书馆	18529.0
562	云南国土资源职业学院图书馆	20200.0	601	攀枝花学院图书馆	18514.0
563	成都医学院图书馆	20195.0	602	鹤壁职业技术学院图书馆	18500.0
564	甘肃交通职业技术学院图书馆	20000.0	603	牡丹江医学院图书馆	18432.0
565	宁夏幼儿师范高等专科学校图书馆	20000.0	604	湖北民族大学图书馆	18385.6
566	抚顺职业技术学院图书馆	20000.0	605	中国刑事警察学院图书馆	18360.0
567	商洛职业技术学院图书馆	20000.0	606	昆明医科大学海源学院图书馆	18357.0
568	上海海洋大学图书馆	20000.0	607	广东培正学院图书馆	18330.0
569	长春建筑学院图书馆	20000.0	608	楚雄师范学院图书馆	18297.0
570	长春金融高等专科学校图书馆	20000.0	609	四川工程职业技术学院图书馆	18200.0
571	吉林外国语大学图书馆	20000.0	610	江西理工大学应用科学学院图书馆	18200.0
572	四川国际标榜职业学院图书馆	20000.0	611	黔南民族师范学院图书馆	18163.6
573	上海科技大学图书馆	20000.0	612	南通理工学院图书馆	18001.0
574	安徽医学高等专科学校图书馆	19911.8	613	湖北中医药高等专科学校图书馆	18000.0
575	浙江工商职业技术学院图书馆	19763.0	614	四川文化产业职业学院图书馆	18000.0
576	江苏食品药品职业技术学院图书馆	19663.0	615	湖南科技学院图书馆	18000.0
577	广东理工学院图书馆	19569.7	616	武昌首义学院图书馆	18000.0
578	四川民族学院图书馆	19564.4	617	厦门南洋职业学院图书馆	18000.0
579	贵州师范学院图书馆	19490.0	618	茂名职业技术学院图书馆	18000.0
580	上海第二工业大学图书馆	19400.0	619	中国石油大学(北京)图书馆	17996.0
581	四川幼儿师范高等专科学校图书馆	19376.0	620	南昌工学院图书馆	17956.8
582	甘肃林业职业技术学院图书馆	19374.2	621	九江职业技术学院图书馆	17807.0
583	沈阳大学图书馆	19300.0	622	中国民用航空飞行学院图书馆	17735.0
584	广州商学院图书馆	19278.8	623	北方工业大学图书馆	17680.0
585	辽宁交通高等专科学校图书馆	19270.0	624	北京师范大学—香港浸会大学联合国际学院图书馆	17679.0
586	宁夏医科大学图书馆	19189.0	625	江西中医药高等专科学校图书馆	17628.0
587	西安外事学院图书馆	19160.0	626	大连海洋大学图书馆	17511.0
588	德宏师范高等专科学校图书馆	19108.0	627	宜春学院图书馆	17500.0
589	大连职业技术学院图书馆	19100.0	628	浙江海洋大学图书馆	17500.0
590	安徽职业技术学院图书馆	19080.0	629	黄冈职业技术学院图书馆	17500.0
591	郑州财经学院图书馆	19026.1	630	湖北警官学院图书馆	17488.0

续表

序号	图书馆名称	馆舍总面积(平方米)	序号	图书馆名称	馆舍总面积(平方米)
631	贵州工程应用技术学院图书馆	17453.0	670	北京中医药大学图书馆	15750.0
632	浙江商业职业技术学院图书馆	17392.0	671	西安欧亚学院图书馆	15700.0
633	电子科技大学中山学院图书馆	17241.0	672	贺州学院图书馆	15680.0
634	湖南工业职业技术学院图书馆	17100.0	673	江苏农林职业技术学院图书馆	15650.0
635	湖北工业职业技术学院图书馆	17000.0	674	温州科技职业学院图书馆	15635.0
636	武汉船舶职业技术学院图书馆	17000.0	675	成都理工大学工程技术学院图书馆	15600.0
637	北京石油化工学院图书馆	16981.6	676	上海政法学院图书馆	15500.0
638	长春大学图书馆	16935.8	677	泉州理工职业学院图书馆	15446.0
639	上海对外经贸大学图书馆	16877.0	678	浙江水利水电学院图书馆	15404.0
640	南京艺术学院图书馆	16876.7	679	成都艺术职业学院图书馆	15400.0
641	阿坝师范学院图书馆	16802.5	680	克拉玛依职业技术学院图书馆	15400.0
642	湖北汽车工业学院图书馆	16800.0	681	云南交通职业技术学院图书馆	15380.0
643	南京科技职业学院图书馆	16764.0	682	江西先锋软件职业技术学院图书馆	15221.0
644	四川工业科技学院图书馆	16741.2	683	哈尔滨职业技术学院图书馆	15200.0
645	漳州职业技术学院图书馆	16676.0	684	辽宁警察学院图书馆	15146.7
646	江西工业工程职业技术学院图书馆	16600.0	685	黑龙江农业经济职业学院图书馆	15118.0
647	衡阳师范学院图书馆	16469.0	686	湖南女子学院图书馆	15036.9
648	哈尔滨广厦学院图书馆	16461.9	687	南京森林警察学院图书馆	15019.0
649	三亚航空旅游职业学院图书馆	16391.0	688	昆明工业职业技术学院图书馆	15000.0
650	大庆师范学院图书馆	16360.0	689	东北师范大学文学院图书馆	15000.0
651	福州理工学院图书馆	16232.0	690	江西经济管理干部学院图书馆	15000.0
652	长春汽车工业高等专科学校图书馆	16228.5	691	天津体育学院图书馆	15000.0
653	玉溪师范学院图书馆	16130.5	692	华南理工大学广州学院图书馆	15000.0
654	绥化学院图书馆	16100.0	693	沈阳体育学院图书馆	14878.0
655	保山中医药高等专科学校图书馆	16000.0	694	广州航海学院图书馆	14864.0
656	河南交通职业技术学院图书馆	16000.0	695	西藏民族大学图书馆	14821.0
657	厦门理工学院图书馆	16000.0	696	惠州经济职业技术学院图书馆	14800.0
658	四川音乐学院图书馆	16000.0	697	盐城工业职业技术学院图书馆	14785.0
659	广东工程职业技术学院图书馆	16000.0	698	四川美术学院图书馆	14781.2
660	北京农学院图书馆	16000.0	699	甘肃政法学院图书馆	14700.5
661	湖南生物机电职业技术学院图书馆	16000.0	700	成都大学图书馆	14684.0
662	泰州职业技术学院图书馆	16000.0	701	闽江学院图书馆	14653.0
663	襄阳汽车职业技术学院图书馆	15945.1	702	广东碧桂园职业学院图书馆	14624.7
664	上海出版印刷高等专科学校图书馆(水丰路校区)	15900.0	703	广东松山职业技术学院图书馆	14441.0
665	商洛学院图书馆	15860.0	704	北京第二外国语学院图书馆	14346.8
666	西北工业大学明德学院图书馆	15800.0	705	浙江金融职业学院图书馆	14300.0
667	湖北水利水电职业技术学院图书馆	15773.1	706	南昌大学共青学院图书馆	14250.0
668	赣南医学院图书馆	15761.7	707	广东金融学院图书馆	14100.0
669	六盘水师范学院图书馆	15750.0	708	浙江国际海运职业技术学院图书馆	14095.0

续表

序号	图书馆名称	馆舍总面积(平方米)	序号	图书馆名称	馆舍总面积(平方米)
709	忻州师范学院图书馆	14092.0	749	宁夏工商职业技术学院图书馆	12787.0
710	上海健康医学院图书馆	14090.0	750	广州南洋理工职业学院图书馆	12746.0
711	广东技术师范大学图书馆	14075.7	751	四川信息职业技术学院图书馆	12700.0
712	厦门华夏学院图书馆	14072.7	752	北京理工大学珠海学院图书馆	12700.0
713	广东水利电力职业技术学院图书馆	14063.0	753	石家庄铁道大学图书馆	12639.0
714	中国矿业大学(北京)图书馆	14062.0	754	宁夏民族职业技术学院图书馆	12560.0
715	嘉兴职业技术学院图书馆	14045.4	755	陕西警官职业学院图书馆	12518.0
716	四川托普信息技术职业学院图书馆	14042.0	756	内江师范学院图书馆	12500.0
717	武汉科技大学图书馆	14000.0	757	上海师范大学天华学院图书馆	12500.0
718	重庆城市管理职业学院图书馆	14000.0	758	陕西服装工程学院图书馆	12500.0
719	大连工业大学图书馆	14000.0	759	周口职业技术学院图书馆	12498.0
720	武汉科技大学城市学院图书馆	14000.0	760	北京财贸职业学院图书馆	12492.2
721	中国人民解放军海军工程大学图书馆	14000.0	761	衢州职业技术学院图书馆	12475.0
722	赣州卫生健康职业学院图书馆	14000.0	762	呼和浩特民族学院图书馆	12464.0
723	浙江旅游职业学院图书馆	14000.0	763	辽宁农业职业技术学院图书馆	12430.0
724	陕西铁路工程职业技术学院图书馆	13954.1	764	华东交通大学理工学院图书馆	12419.5
725	南昌航空大学科技学院图书馆	13932.0	765	甘肃工业职业技术学院图书馆	12403.8
726	中国美术学院图书馆	13900.0	766	健雄职业技术学院图书馆	12300.0
727	首都医科大学图书馆	13800.0	767	南通科技职业学院图书馆	12300.0
728	吉林化工学院图书馆	13800.0	768	南京广播电视大学图书馆	12272.0
729	四川工商职业技术学院图书馆	13630.0	769	天津大学仁爱学院图书馆	12256.0
730	成都航空职业技术学院图书馆	13600.0	770	川北医学院图书馆	12104.9
731	湖北三峡职业技术学院图书馆	13533.0	771	广东司法警官职业学院图书馆	12100.0
732	鞍山师范学院图书馆	13434.0	772	三明职业技术学院图书馆	12000.0
733	湖北工程学院新技术学院图书馆	13419.0	773	成都工业职业技术学院图书馆	12000.0
734	山西工商学院图书馆	13349.4	774	成都农业科技职业学院图书馆	12000.0
735	井冈山大学图书馆	13300.0	775	四川传媒学院图书馆	12000.0
736	杨凌职业技术学院图书馆	13125.0	776	武汉传媒学院图书馆	12000.0
737	天津医科大学临床医学院图书馆	13106.0	777	湖南高速铁路职业技术学院图书馆	12000.0
738	四川文理学院图书馆	13074.7	778	四川水利职业技术学院图书馆	12000.0
739	安顺学院图书馆	13073.9	779	四川警察学院图书馆	12000.0
740	丽江师范高等专科学校图书馆	13066.4	780	四川旅游学院图书馆	11998.2
741	南宁师范大学师园学院图书馆	13000.0	781	湖南医药学院图书馆	11901.4
742	湖北医药学院图书馆	13000.0	782	南京特殊教育职业技术学院图书馆	11862.7
743	陕西工业职业技术学院图书馆	13000.0	783	上海中医药大学图书馆	11854.0
744	西安科技大学高新学院图书馆	13000.0	784	江西工业职业技术学院图书馆	11844.0
745	江西交通职业技术学院图书馆	13000.0	785	台州职业技术学院图书馆	11836.0
746	湖州职业技术学院图书馆	12900.0	786	长春职业技术学院图书馆	11604.0
747	榆林学院图书馆	12800.0	787	上海体育学院图书馆	11537.0
748	江西科技职业学院图书馆	12800.0	788	中山职业技术学院图书馆	11500.0

续表

序号	图书馆名称	馆舍总面积(平方米)	序号	图书馆名称	馆舍总面积(平方米)
789	安徽商贸职业技术学院图书馆	11480.0	828	江苏卫生健康职业学院图书馆	9953.2
790	营口理工学院图书馆	11389.0	829	广东工贸职业技术学院图书馆	9920.0
791	四川航天职业技术学院图书馆	11278.5	830	广州卫生职业技术学院图书馆	9886.0
792	南京工业职业技术学院图书馆	11210.0	831	浙江纺织服装职业技术学院图书馆	9872.0
793	江西财经职业学院图书馆	11200.0	832	赣南师范大学科技学院图书馆	9843.0
794	义乌工商职业技术学院图书馆	11200.0	833	云南外事外语职业学院图书馆	9832.1
795	浙江交通职业技术学院图书馆	11130.0	834	四川现代职业学院图书馆	9800.0
796	红河卫生职业学院图书馆	11126.0	835	浙江机电职业技术学院图书馆	9728.5
797	中华女子学院图书馆	11000.0	836	贵州警察学院图书馆	9687.0
798	中国人民解放军空军预警学院图书馆	11000.0	837	长治学院图书馆	9636.0
799	四川邮电职业技术学院图书馆	10991.0	838	盘锦职业技术学院图书馆	9622.0
800	铜川职业技术学院图书馆	10827.0	839	北京信息科技大学图书馆	9525.0
801	北京政法职业学院图书馆	10800.0	840	福建华南女子职业学院图书馆	9490.0
802	南方科技大学图书馆	10727.0	841	揭阳职业技术学院图书馆	9487.0
803	湖南幼儿师范高等专科学校图书馆	10717.4	842	华南农业大学珠江学院图书馆	9356.0
804	沈阳医学院图书馆	10700.0	843	益阳职业技术学院图书馆	9335.0
805	广州城市职业学院图书馆	10611.0	844	百色学院图书馆	9310.0
806	闽江师范高等专科学校图书馆	10593.0	845	泉州幼儿师范高等专科学校图书馆	9235.0
807	浙江育英职业技术学院图书馆	10489.0	846	重庆警察学院图书馆	9233.0
808	惠州卫生职业技术学院图书馆	10485.0	847	上海商学院图书馆	9200.0
809	内江职业技术学院图书馆	10351.1	848	武汉体育学院图书馆	9200.0
810	咸宁职业技术学院图书馆	10345.0	849	长春大学旅游学院图书馆	9100.0
811	四川财经职业学院图书馆	10329.6	850	中山大学新华学院图书馆	9080.8
812	南昌大学科技学院图书馆	10300.0	851	浙江警官职业学院图书馆	9070.0
813	江苏第二师范学院图书馆	10300.0	852	四川管理职业学院图书馆	9000.0
814	成都东软学院图书馆	10290.0	853	闽西职业技术学院图书馆	9000.0
815	吉林动画学院图书馆	10256.0	854	江西陶瓷工艺美术职业技术学院图书馆	8927.0
816	黎明职业大学图书馆	10200.0	855	安徽审计职业学院图书馆	8800.0
817	湖北交通职业技术学院图书馆	10155.0	856	中央戏剧学院图书馆	8800.0
818	广东技术师范大学天河学院图书馆	10126.6	857	四川中医药高等专科学校图书馆	8553.0
819	泉州经贸职业技术学院图书馆	10097.0	858	天津美术学院图书馆	8520.0
820	营口职业技术学院图书馆	10004.5	859	赣西科技职业学院图书馆	8500.0
821	湖南现代物流职业技术学院图书馆	10000.0	860	黑龙江生物科技职业学院图书馆	8500.0
822	浙江外国语学院图书馆	10000.0	861	江西医学高等专科学校图书馆	8446.0
823	浙江医药高等专科学校图书馆	10000.0	862	吉林司法警官职业学院图书馆	8296.4
824	厦门城市职业学院图书馆	10000.0	863	安徽工商职业学院图书馆	8255.6
825	北京工业职业技术学院图书馆	10000.0	864	重庆电力高等专科学校图书馆	8150.0
826	广东文理职业学院图书馆	10000.0	865	宁波城市职业技术学院图书馆	8101.6
827	重庆水利电力职业技术学院图书馆	9997.0	866	湖北财税职业学院图书馆	8035.0

续表

序号	图书馆名称	馆舍总面积(平方米)	序号	图书馆名称	馆舍总面积(平方米)
867	成都体育学院图书馆	8033.0	905	川南幼儿师范高等专科学校图书馆	6870.1
868	江西外语外贸职业学院图书馆	8000.0	906	西安航空职业技术学院图书馆	6852.0
869	绵阳职业技术学院图书馆	8000.0	907	漯河职业技术学院图书馆	6848.0
870	黑龙江民族职业学院图书馆	7951.1	908	湖北生物科技职业学院图书馆	6700.0
871	广东科贸职业学院图书馆	7931.0	909	黄山学院图书馆	6596.0
872	广东环境保护工程职业学院图书馆	7898.7	910	天津滨海职业学院图书馆	6592.0
873	陕西交通职业技术学院图书馆	7898.0	911	上海东海职业技术学院图书馆	6509.0
874	德宏职业学院图书馆	7853.5	912	广州体育职业技术学院图书馆	6457.5
875	上海工商外国语职业学院图书馆	7852.0	913	首钢工学院图书馆	6400.0
876	江西制造职业技术学院图书馆	7839.5	914	浙江警察学院图书馆	6375.0
877	浙江农业商贸职业学院图书馆	7828.0	915	四川文轩职业学院图书馆	6369.8
878	天津电子信息职业技术学院图书馆	7815.0	916	西安体育学院图书馆	6351.0
879	上海电子信息职业技术学院图书馆	7800.0	917	西安美术学院图书馆	6152.0
880	北京工业大学图书馆	7744.0	918	广东舞蹈戏剧职业学院图书馆	6148.9
881	南充职业技术学院图书馆	7737.0	919	上海旅游高等专科学校图书馆	6130.0
882	成都职业技术学院图书馆	7704.0	920	江西机电职业技术学院图书馆	6057.1
883	中山火炬职业技术学院图书馆	7700.0	921	宜春职业技术学院图书馆	6054.0
884	辽宁建筑职业技术学院图书馆	7682.0	922	四川商务职业学院图书馆	6049.0
885	北京第二外国语学院中瑞酒店管理学院图书馆	7600.0	923	白城医学高等专科学校图书馆	6020.0
886	云南林业职业技术学院图书馆	7600.0	924	广西工商职业技术学院图书馆	6000.0
887	上海民航职业技术学院图书馆	7599.0	925	广州现代信息工程职业技术学院图书馆	6000.0
888	辽宁工程职业学院图书馆	7487.8	926	北京体育大学图书馆	6000.0
889	四川交通职业技术学院图书馆	7402.0	927	天津商业大学宝德学院图书馆	6000.0
890	上海农林职业技术学院图书馆	7386.0	928	雅安职业技术学院图书馆	6000.0
891	玉溪农业职业技术学院图书馆	7379.0	929	浙江同济科技职业学院图书馆	6000.0
892	达州职业技术学院图书馆	7372.0	930	国际关系学院图书馆	5925.0
893	渤海船舶职业学院图书馆	7344.0	931	云南锡业职业技术学院图书馆	5883.6
894	北京电影学院图书馆	7200.0	932	云南机电职业技术学院图书馆	5855.7
895	江苏航空职业技术学院图书馆	7136.0	933	湖北生态工程职业技术学院图书馆	5722.0
896	宝鸡职业技术学院图书馆	7100.0	934	海南软件职业技术学院图书馆	5719.0
897	北京服装学院图书馆	7042.0	935	广州大学松田学院图书馆	5648.0
898	西安铁路职业技术学院图书馆	7031.5	936	上海行健职业学院图书馆	5600.0
899	广西国际商务职业技术学院图书馆	7018.9	937	郑州电力职业技术学院图书馆	5548.1
900	杭州职业技术学院图书馆	7000.0	938	海南外国语职业学院图书馆	5528.0
901	四川司法警官职业学院图书馆	7000.0	939	正德职业技术学院图书馆	5419.0
902	泉州工艺美术职业学院图书馆	7000.0	940	吉林体育学院图书馆	5364.0
903	江西生物科技职业学院图书馆	7000.0	941	沈阳音乐学院图书馆	5350.0
904	松原职业技术学院图书馆	6900.0	942	湖北美术学院图书馆	5282.0

续表

序号	图书馆名称	馆舍总面积(平方米)	序号	图书馆名称	馆舍总面积(平方米)
943	浙江特殊教育职业学院图书馆	5256.0	983	广东理工职业学院图书馆	4000.0
944	广州工程技术职业学院图书馆	5247.0	984	天津理工大学中环信息学院图书馆	3929.4
945	上饶幼儿师范高等专科学校图书馆	5173.0	985	上海工艺美术职业学院图书馆	3900.0
946	湖北工程职业学院图书馆	5120.0	986	广州铁路职业技术学院图书馆	3777.0
947	广东文艺职业学院图书馆	5100.0	987	江西农业工程职业学院图书馆	3709.0
948	西安财经学院行知学院图书馆	5068.0	988	汕头大学医学院图书馆	3576.0
949	浙江工贸职业技术学院图书馆	5040.0	989	湖北国土资源职业学院图书馆	3500.0
950	天津现代职业技术学院图书馆	5037.0	990	宁波教育学院图书馆	3500.0
951	吉林工商学院图书馆	5028.0	991	四川护理职业学院图书馆	3392.0
952	西北师范大学知行学院图书馆	5019.0	992	陕西财经职业技术学院图书馆	3376.0
953	四川华新现代职业学院图书馆	5000.0	993	黔南民族医学高等专科学校图书馆	3296.0
954	右江民族医学院图书馆	5000.0	994	福建体育职业技术学院图书馆	3283.0
955	武汉体育学院体育科技学院图书馆	5000.0	995	私立华联学院图书馆	3280.0
956	南京体育学院图书馆	4932.5	996	吉林艺术学院图书馆	3263.0
957	广东建设职业技术学院图书馆	4900.0	997	延安大学西安创新学院图书馆	3250.0
958	武汉音乐学院图书馆	4870.1	998	北京教育学院图书馆	3220.0
959	广东行政职业学院图书馆	4790.0	999	大庆医学高等专科学校图书馆	3199.0
960	湖南中医药高等专科学校图书馆	4742.0	1000	江西工程职业学院图书馆	3140.0
961	武汉晴川学院图书馆	4725.0	1001	广东邮电职业技术学院图书馆	3106.5
962	北京青年政治学院图书馆	4618.7	1002	西安音乐学院图书馆	3048.0
963	锦州师范高等专科学校图书馆	4527.0	1003	厦门兴才职业技术学院	3041.0
964	西安电力高等专科学校图书馆	4463.0	1004	浙江体育职业技术学院图书馆	3000.0
965	四川艺术职业学院图书馆	4449.5	1005	川北幼儿师范高等专科学校图书馆	3000.0
966	吉林电子信息职业技术学院图书馆	4400.0	1006	宁夏大学新华学院图书馆	3000.0
967	江西信息应用职业技术学院图书馆	4390.0	1007	河南质量工程职业学院图书馆	3000.0
968	上海工商职业技术学院图书馆	4364.0	1008	四川化工职业技术学院图书馆	2765.0
969	西安交通大学城市学院图书馆	4347.0	1009	珠海艺术职业学院图书馆	2737.0
970	汕尾职业技术学院图书馆	4280.0	1010	闽北职业技术学院图书馆	2600.0
971	陕西青年职业学院图书馆	4227.0	1011	梧州学院图书馆	2600.0
972	江西水利职业学院图书馆	4174.0	1012	云南司法警官职业学院图书馆	2534.0
973	天津音乐学院图书馆	4138.8	1013	山西林业职业技术学院图书馆	2500.0
974	云南农业职业技术学院图书馆	4124.0	1014	陕西机电职业技术学院图书馆	2400.0
975	邯郸职业技术学院图书馆	4050.0	1015	上海震旦职业学院图书馆	2295.0
976	鄂尔多斯生态环境职业学院图书馆	4032.0	1016	广东亚视演艺职业学院图书馆	2278.0
977	恩施职业技术学院图书馆	4015.0	1017	江西工商职业技术学院图书馆	2274.0
978	浙江东方职业技术学院图书馆	4000.0	1018	北京舞蹈学院图书馆	2240.0
979	广东职业技术学院图书馆	4000.0	1019	武汉民政职业学院图书馆	2100.0
980	上海科学技术职业学院图书馆	4000.0	1020	四川卫生康复职业学院图书馆	2100.0
981	上海思博职业技术学院图书馆	4000.0	1021	武夷山职业学院图书馆	2015.9
982	福建艺术职业学院图书馆	4000.0	1022	辽源职业技术学院图书馆	2000.0

续表

序号	图书馆名称	馆舍总面积(平方米)	序号	图书馆名称	馆舍总面积(平方米)
1023	榆林职业技术学院图书馆	1980.0	1035	云南工贸职业技术学院图书馆	1357.0
1024	广州松田职业学院图书馆	1901.0	1036	宁夏司法警官职业学院图书馆	1200.0
1025	武汉警官职业学院图书馆	1900.0	1037	江西艺术职业学院图书馆	1066.7
1026	江西新能源科技学院图书馆	1900.0	1038	景德镇陶瓷职业技术学院图书馆	1020.0
1027	广东生态工程职业学院图书馆	1891.0	1039	金华教育学院图书馆	1000.0
1028	陕西职业技术学院图书馆	1800.0	1040	西安职业技术学院图书馆	950.0
1029	江西青年职业学院图书馆	1767.0	1041	泉州纺织服装职业学院图书馆	800.0
1030	阜阳职业技术学院图书馆	1620.0	1042	长春教育学院图书馆	759.0
1031	喀什师范学院图书馆	1500.0	1043	湖南体育职业技术学院图书馆	700.0
1032	江西中医药大学科技学院图书馆	1500.0	1044	武昌职业学院图书馆	652.0
1033	福州英华职业学院图书馆	1500.0	1045	江西卫生职业学院图书馆	500.0
1034	绍兴文理学院图书馆	1440.0	1046	昆山杜克大学图书馆	371.0

2018年1023所高校图书馆文献资源购置费统计表

序号	图书馆名称	文献资源购置费(元)	序号	图书馆名称	文献资源购置费(元)
1	中山大学图书馆	105567500.0	39	合肥工业大学图书馆	23221047.2
2	北京大学图书馆	64485727.0	40	北京交通大学图书馆	22982627.5
3	浙江大学图书馆	64171220.1	41	宁波大学图书馆	22916622.8
4	清华大学图书馆	61442540.2	42	深圳大学图书馆	22791000.5
5	中国人民大学图书馆	54759984.6	43	东北师范大学图书馆	22211171.3
6	华中科技大学图书馆	48842529.4	44	南方科技大学图书馆	21905504.5
7	山东大学图书馆	48473315.3	45	山西中医药大学图书馆	21620000.0
8	复旦大学图书馆	47479393.1	46	中国海洋大学图书馆	21473539.0
9	上海交通大学图书馆	42657654.3	47	河海大学图书馆	21221203.0
10	武汉大学图书馆	40568994.3	48	福州大学图书馆	21029696.1
11	北京师范大学图书馆	39626085.1	49	南开大学图书馆	20893615.1
12	四川大学图书馆	38269097.6	50	武汉理工大学图书馆	20825049.7
13	深圳大学城图书馆	35000000.0	51	北京理工大学图书馆	20671716.0
14	云南大学图书馆	34673229.2	52	贵州大学图书馆	20537200.0
15	同济大学图书馆	34577490.1	53	华东理工大学图书馆	20467954.2
16	香港中文大学图书馆	33382969.2	54	内蒙古大学图书馆	20024013.3
17	华东师范大学图书馆	33131936.0	55	中国农业大学图书馆	19990026.4
18	东南大学图书馆	32054681.4	56	北京科技大学图书馆	19614009.7
19	厦门大学图书馆	30735607.9	57	首都经济贸易大学图书馆	19559258.0
20	西安交通大学图书馆	30599933.2	58	西南财经大学图书馆	19442413.2
21	中南大学图书馆	29844127.2	59	南京农业大学图书馆	19351993.7
22	中国科学技术大学图书馆	29591711.2	60	北京工业大学图书馆	19315926.0
23	暨南大学图书馆	28636157.3	61	东华大学图书馆	19000000.0
24	大连理工大学图书馆	27688448.1	62	上海师范大学图书馆	18878360.0
25	首都师范大学图书馆	27300152.0	63	上海大学图书馆	18854522.8
26	天津大学图书馆	27009927.9	64	苏州大学图书馆	18185822.6
27	华南理工大学图书馆	26378189.0	65	北京航空航天大学图书馆	17970000.0
28	西南大学图书馆	26324000.0	66	西华师范大学图书馆	17928979.3
29	西北大学图书馆	25896859.6	67	陕西师范大学图书馆	17533930.2
30	郑州大学图书馆	25853478.0	68	南京航空航天大学图书馆	17344377.1
31	东北大学图书馆	25699098.0	69	中国矿业大学(北京)图书馆	17312848.0
32	电子科技大学图书馆	25299193.8	70	华中农业大学图书馆	17062628.0
33	西南交通大学图书馆	25140658.0	71	浙江师范大学图书馆	16829087.2
34	西北工业大学图书馆	25069974.0	72	江南大学图书馆	16821986.9
35	广州大学图书馆	24830025.4	73	北京联合大学图书馆	16751226.3
36	湖南大学图书馆	24496276.0	74	杭州师范大学图书馆	16645737.4
37	西交利物浦大学图书馆	23757122.0	75	华北电力大学图书馆	16216704.0
38	南京师范大学图书馆	23619965.2	76	广东外语外贸大学图书馆	15936669.5

续表

序号	图书馆名称	文献资源购置费(元)	序号	图书馆名称	文献资源购置费(元)
77	华侨大学图书馆	15925182.8	116	桂林电子科技大学图书馆	12500000.0
78	华南农业大学图书馆	15804218.8	117	广东药科大学图书馆	12494318.0
79	江西师范大学图书馆	15631391.0	118	西安外国语大学图书馆	12354357.0
80	福建师范大学图书馆	15587952.4	119	西安建筑科技大学图书馆	12350124.9
81	中国矿业大学图书馆	15553720.0	120	中国地质大学图书馆	12289857.0
82	哈尔滨工程大学图书馆	15500000.0	121	云南师范大学图书馆	12159818.0
83	华中师范大学图书馆	15470771.3	122	江西工程学院图书馆	12129441.4
84	广东工业大学图书馆	15380436.4	123	长安大学图书馆	12121923.6
85	安徽师范大学图书馆	15273699.0	124	广州医科大学图书馆	12084467.7
86	中南财经政法大学图书馆	15243644.0	125	上海对外经贸大学图书馆	12058315.7
87	福建农林大学图书馆	15238187.0	126	广西大学图书馆	12030222.0
88	浙江工业大学图书馆	15137824.8	127	北方民族大学图书馆	11976843.3
89	泉州师范学院图书馆	15014400.0	128	中南民族大学图书馆	11970956.6
90	扬州大学图书馆	14979470.0	129	南京工业大学图书馆	11879970.1
91	南京理工大学图书馆	14976896.4	130	四川农业大学图书馆	11868957.6
92	西南民族大学图书馆	14882101.1	131	四川外国语大学图书馆	11745504.3
93	西安电子科技大学图书馆	14881072.7	132	北京服装学院图书馆	11669186.0
94	海南大学图书馆	14838499.9	133	汕头大学图书馆	11624411.1
95	华南师范大学图书馆	14794147.0	134	成都理工大学图书馆	11500741.2
96	上海财经大学图书馆	14524031.5	135	河北工业大学图书馆	11490613.0
97	山西大学图书馆	14513409.8	136	南京医科大学图书馆	11463550.6
98	华东政法大学图书馆	14363421.0	137	北京林业大学图书馆	11462079.6
99	西北农林科技大学图书馆	14330405.3	138	南通大学图书馆	11360000.0
100	首都医科大学图书馆	14228377.0	139	安徽大学图书馆	11320356.8
101	浙江理工大学图书馆	14216149.6	140	合肥学院图书馆	11251223.8
102	广西科技大学图书馆	14099290.5	141	浙江农林大学图书馆	11149441.7
103	北京工商大学图书馆	14067384.0	142	中国石油大学(华东)图书馆	11138165.2
104	上海科技大学图书馆	14026826.8	143	温州医科大学图书馆	11103052.5
105	北京师范大学—香港浸会大学联合国际学院图书馆	13913866.0	144	西南科技大学图书馆	11058049.6
106	上海外国语大学图书馆	13754338.8	145	西南政法大学图书馆	10937380.4
107	上海理工大学图书馆	13344811.9	146	成都中医药大学图书馆	10787897.2
108	四川师范大学图书馆	13039896.5	147	上海工程技术大学图书馆	10687961.5
109	阜阳师范学院图书馆	13015002.9	148	中国药科大学图书馆	10669031.1
110	长沙理工大学图书馆	12952433.9	149	江汉大学图书馆	10634956.5
111	宁夏大学图书馆	12926392.9	150	上海健康医学院图书馆	10627094.2
112	江苏大学图书馆	12857069.2	151	中央财经大学图书馆	10625068.1
113	温州大学图书馆	12810769.1	152	南方医科大学图书馆	10548330.0
114	南京中医药大学图书馆	12539168.0	153	广东海洋大学图书馆	10507000.0
115	泸州医学院图书馆	12515270.0	154	广西师范大学图书馆	10501000.0

续表

序号	图书馆名称	文献资源购置费(元)	序号	图书馆名称	文献资源购置费(元)
155	河北师范大学图书馆	10429920.1	195	中国民用航空飞行学院图书馆	8285369.8
156	兰州理工大学图书馆	10427413.5	196	北方工业大学图书馆	8278385.6
157	上海海洋大学图书馆	10418731.7	197	西藏民族大学图书馆	8259365.8
158	北京邮电大学图书馆	10407781.0	198	江苏科技大学图书馆	8208543.2
159	山东农业大学图书馆	10399411.1	199	天津理工大学图书馆	8181160.8
160	西安科技大学图书馆	10374261.8	200	陕西科技大学图书馆	8166697.9
161	安徽理工大学图书馆	10371149.0	201	浙江工商大学图书馆	8106935.8
162	重庆工商大学图书馆	10239538.5	202	石家庄铁道大学图书馆	8056488.0
163	青岛科技大学图书馆	10232248.5	203	深圳职业技术学院图书馆	7926600.0
164	西南石油大学图书馆	10183309.8	204	兰州交通大学图书馆	7886202.5
165	苏州科技大学图书馆	10130695.8	205	上海中医药大学图书馆	7854786.0
166	郑州轻工业学院图书馆	10099540.7	206	云南财经大学图书馆	7695000.0
167	武汉科技大学图书馆	10087742.7	207	兰州文理学院图书馆	7612971.6
168	内蒙古师范大学图书馆	10041567.6	208	南京审计大学图书馆	7596505.9
169	杭州电子科技大学图书馆	9925530.6	209	福建医科大学图书馆	7544902.9
170	中国民航大学图书馆	9893627.3	210	安徽农业大学图书馆	7532908.0
171	南京林业大学图书馆	9740358.8	211	北京石油化工学院图书馆	7490000.0
172	四川理工学院图书馆	9672005.9	212	辽宁大学图书馆	7489207.8
173	广西财经学院图书馆	9610500.0	213	延边大学图书馆	7488543.9
174	中国医科大学图书馆	9542960.0	214	湖北大学图书馆	7480490.0
175	东北林业大学图书馆	9501374.0	215	甘肃农业大学图书馆	7460000.0
176	内蒙古工业大学图书馆	9340264.0	216	闽南师范大学图书馆	7429209.4
177	广州中医药大学图书馆	9248912.0	217	佛山科学技术学院图书馆	7424678.0
178	三峡大学图书馆	9218074.0	218	中原工学院图书馆	7414750.0
179	中国石油大学(北京)图书馆	9194608.0	219	石河子大学图书馆	7404527.0
180	江西理工大学图书馆	8972025.2	220	东北农业大学图书馆	7374346.9
181	天津科技大学图书馆	8940341.9	221	南京信息工程大学图书馆	7344209.8
182	安徽工业大学图书馆	8892500.0	222	西安理工大学图书馆	7313263.8
183	太原理工大学图书馆	8871754.0	223	东北财经大学图书馆	7305317.5
184	安徽财经大学图书馆	8826810.7	224	遵义医科大学图书馆	7283886.9
185	中南林业科技大学图书馆	8809569.1	225	中央民族大学图书馆	7230875.0
186	浙江财经大学图书馆	8736892.0	226	湖北工业大学图书馆	7204517.3
187	中国政法大学图书馆	8710000.0	227	上海海事大学图书馆	7151139.7
188	浙江海洋大学图书馆	8509291.7	228	广东石油化工学院图书馆	7103000.0
189	北京信息科技大学图书馆	8494409.7	229	南昌工程学院图书馆	7079894.3
190	厦门理工学院图书馆	8443498.0	230	国际关系学院图书馆	7079820.2
191	西北师范大学图书馆	8419654.7	231	上海电力学院图书馆	7073570.9
192	浙江农林大学暨阳学院图书馆	8382998.4	232	临沂大学图书馆	7022529.0
193	内蒙古科技大学图书馆	8378731.9	233	惠州学院图书馆	7017979.2
194	湖南农业大学图书馆	8290000.0	234	海南热带海洋学院图书馆	6995714.8

续表

序号	图书馆名称	文献资源购置费(元)	序号	图书馆名称	文献资源购置费(元)
235	绍兴文理学院图书馆	6986434.3	275	哈尔滨师范大学图书馆	6000891.1
236	西安邮电大学图书馆	6971682.9	276	江西农业大学图书馆	5990000.0
237	宝鸡文理学院图书馆	6962516.3	277	贵州师范大学图书馆	5954960.8
238	闽江学院图书馆	6961774.3	278	四川国际标榜职业学院图书馆	5947582.0
239	北京体育大学图书馆	6940000.0	279	华东交通大学图书馆	5918511.3
240	嘉兴学院图书馆	6811708.7	280	五邑大学图书馆	5886396.5
241	黄冈师范学院图书馆	6800000.0	281	井冈山大学图书馆	5874797.0
242	南京晓庄学院图书馆	6799990.5	282	韩山师范学院图书馆	5862396.1
243	集美大学图书馆	6777839.0	283	河西学院图书馆	5859012.7
244	长春师范大学图书馆	6769878.1	284	浙江传媒学院图书馆	5828484.3
245	岭南师范学院图书馆	6760231.1	285	南阳师范学院图书馆	5825114.0
246	贵州商学院图书馆	6739095.2	286	大连大学图书馆	5796025.1
247	福建工程学院图书馆	6694344.8	287	萍乡学院图书馆	5750000.0
248	四川美术学院图书馆	6674681.4	288	太原科技大学图书馆	5721513.4
249	湖北医药学院图书馆	6609267.0	289	西华大学图书馆	5704711.7
250	兰州财经大学图书馆	6511700.0	290	泰州学院图书馆	5682136.8
251	重庆医科大学图书馆	6499501.8	291	南宁学院图书馆	5652000.0
252	中北大学图书馆	6495183.1	292	江西中医药高等专科学校图书馆	5628000.0
253	淮阴师范学院图书馆	6484340.6	293	湖北美术学院图书馆	5623568.2
254	金陵科技学院图书馆	6440250.5	294	吉林农业大学图书馆	5623404.4
255	广州航海学院图书馆	6438774.0	295	沈阳师范大学图书馆	5607464.4
256	湖南商学院图书馆	6406200.0	296	遵义师范学院图书馆	5602294.5
257	大连医科大学图书馆	6349106.4	297	盐城工学院图书馆	5602157.8
258	天津商业大学图书馆	6315407.1	298	大连外国语学院图书馆	5600000.0
259	沈阳药科大学图书馆	6309268.8	299	咸阳师范学院图书馆	5589150.6
260	湖州师范学院图书馆	6255637.0	300	浙江中医药大学图书馆	5567435.3
261	西安工程大学图书馆	6219378.7	301	甘肃民族师范学院图书馆	5502289.2
262	上海应用技术学院图书馆	6211191.7	302	河南城建学院图书馆	5500000.0
263	安徽审计职业学院图书馆	6205060.3	303	川北医学院图书馆	5491895.6
264	贵州理工学院图书馆	6177800.0	304	贵阳学院图书馆	5479397.3
265	南京工程学院图书馆	6149802.8	305	成都医学院图书馆	5472733.4
266	江西科技师范大学图书馆	6134369.0	306	吉首大学图书馆	5437554.9
267	茅台学院图书馆	6134183.7	307	上海体育学院图书馆	5378811.3
268	上海商学院图书馆	6119800.0	308	辽宁科技大学图书馆	5363888.2
269	九江学院图书馆	6104674.8	309	百色学院图书馆	5353043.0
270	四川传媒学院图书馆	6100678.0	310	广州商学院图书馆	5348784.5
271	广西科技师范学院图书馆	6087779.0	311	广东财经大学华商学院图书馆	5330215.0
272	江苏理工学院图书馆	6043544.6	312	盐城师范学院图书馆	5310000.0
273	天水师范学院图书馆	6030000.0	313	常熟理工学院图书馆	5292264.3
274	赣南医学院图书馆	6001043.0	314	绍兴文理学院元培学院图书馆	5203021.5

续表

序号	图书馆名称	文献资源购置费(元)	序号	图书馆名称	文献资源购置费(元)
315	北京理工大学珠海学院图书馆	5170000.0	355	广东财经大学图书馆	4491745.0
316	长春理工大学图书馆	5166164.6	356	景德镇陶瓷大学图书馆	4471517.1
317	江西中医药大学图书馆	5150000.0	357	乐山师范学院图书馆	4430327.5
318	上海电机学院图书馆	5149055.9	358	沈阳航空航天大学图书馆	4410690.2
319	天津外国语大学图书馆	5148348.7	359	成都信息工程大学图书馆	4379986.9
320	重庆师范大学图书馆	5143932.0	360	河北北方学院图书馆	4370836.2
321	宁波工程学院图书馆	5134546.9	361	滨州学院图书馆	4360000.0
322	湖南中医药大学图书馆	5131415.0	362	宜春学院图书馆	4340844.1
323	中华女子学院图书馆	5131012.6	363	上海建桥学院图书馆	4340287.0
324	昆明医学院图书馆	5122314.0	364	三江学院图书馆	4328070.7
325	淮海工学院图书馆	5098061.0	365	上海政法学院图书馆	4306118.4
326	河套学院图书馆	5097824.1	366	西安外事学院图书馆	4297580.2
327	江西服装学院图书馆	5082565.1	367	上海第二工业大学图书馆	4279545.2
328	沈阳农业大学图书馆	5047995.9	368	吉林财经大学图书馆	4273228.9
329	北京师范大学珠海分校图书馆	5037643.7	369	四川大学锦城学院图书馆	4268430.3
330	成都大学图书馆	5018800.5	370	广东食品药品职业学院图书馆	4268000.0
331	莆田学院图书馆	5003362.8	371	三亚学院图书馆	4251447.0
332	宿州学院图书馆	4978400.0	372	皖西学院图书馆	4241900.0
333	广东金融学院图书馆	4972995.0	373	西安欧亚学院图书馆	4219551.8
334	吕梁学院图书馆	4958650.0	374	哈尔滨工业大学图书馆	4214668.0
335	成都文理学院图书馆	4938958.5	375	武汉工程大学图书馆	4199394.0
336	陇东学院图书馆	4929998.7	376	金华职业技术学院图书馆	4184000.0
337	浙江科技学院图书馆	4891874.0	377	齐齐哈尔大学图书馆	4183826.4
338	包头师范学院图书馆	4884000.0	378	贺州学院图书馆	4150000.0
339	南京财经大学图书馆	4871500.0	379	西安医学院图书馆	4147769.0
340	上饶师范学院图书馆	4797409.3	380	辽宁中医药大学图书馆	4145014.8
341	潍坊学院图书馆	4792980.6	381	忻州师范学院图书馆	4139402.7
342	延安大学图书馆	4781996.0	382	宜宾学院图书馆	4137116.5
343	武汉纺织大学图书馆	4757926.1	383	淮南师范学院图书馆	4074322.0
344	赣南师范大学图书馆	4751746.2	384	芜湖职业技术学院图书馆	4058080.0
345	贵州中医药大学图书馆	4751181.0	385	成都体育学院图书馆	4050816.5
346	贵州民族大学图书馆	4678379.0	386	四川中医药高等专科学校图书馆	4050000.0
347	内蒙古财经大学图书馆	4631500.0	387	重庆三峡学院图书馆	4025000.0
348	甘肃政法学院图书馆	4623964.0	388	东华理工大学图书馆	4019873.9
349	南昌理工学院图书馆	4614321.3	389	南京工业职业技术学院图书馆	4015635.9
350	西昌学院图书馆	4609153.2	390	武汉音乐学院图书馆	4000500.0
351	民办四川天一学院图书馆	4543162.6	391	台州学院图书馆	3999999.5
352	徐州工程学院图书馆	4526039.7	392	淮北师范大学图书馆	3997950.0
353	湖北师范大学图书馆	4499221.9	393	贵州医科大学图书馆	3985277.9
354	河南财经政法大学图书馆	4494810.0	394	青海师范大学图书馆	3982500.0

续表

序号	图书馆名称	文献资源购置费(元)	序号	图书馆名称	文献资源购置费(元)
395	锦州医科大学图书馆	3982000.0	435	嘉应学院图书馆	3433000.0
396	玉溪师范学院图书馆	3972500.0	436	中国美术学院图书馆	3432722.2
397	陕西理工大学图书馆	3953000.0	437	河池学院图书馆	3430000.0
398	武夷学院图书馆	3951017.3	438	梧州学院图书馆	3396957.2
399	广西师范学院图书馆	3934489.4	439	西北政法大学图书馆	3384655.7
400	广东轻工职业技术学院图书馆	3921491.6	440	沈阳工业大学图书馆	3375983.5
401	陕西服装工程学院图书馆	3913218.0	441	上海师范大学天华学院图书馆	3363351.2
402	南华大学图书馆	3908030.5	442	宁波大红鹰学院图书馆	3359991.0
403	河南工程学院图书馆	3891460.0	443	渭南师范学院图书馆	3358959.0
404	衡阳师范学院图书馆	3880549.2	444	辽宁对外经贸学院图书馆	3348571.7
405	广州番禺职业技术学院图书馆	3880187.3	445	内蒙古民族大学图书馆	3344400.0
406	陕西中医药大学图书馆	3879842.6	446	杨凌职业技术学院图书馆	3328331.6
407	东北电力大学图书馆	3838477.9	447	云南中医学院图书馆	3320826.4
408	陕西国际商贸学院图书馆	3803979.6	448	亳州学院图书馆	3318603.0
409	浙江工业职业技术学院图书馆	3801100.0	449	川南幼儿师范高等专科学校图书馆	3305554.8
410	北京农学院图书馆	3762366.0	450	江西科技学院图书馆	3290808.5
411	北京工业职业技术学院图书馆	3761180.6	451	南通理工学院图书馆	3283696.4
412	西安石油大学图书馆	3753842.0	452	成都工业学院图书馆	3281226.4
413	吉林师范大学图书馆	3733847.3	453	江苏第二师范学院图书馆	3275617.5
414	西安翻译学院图书馆	3715266.2	454	湖南财政经济学院图书馆	3268250.4
415	广东培正学院图书馆	3705518.9	455	文山学院图书馆	3260297.9
416	广西民族师范学院图书馆	3689904.0	456	湖北经济学院图书馆	3246700.0
417	广东第二师范学院图书馆	3661304.0	457	大连工业大学图书馆	3217385.0
418	哈尔滨商业大学图书馆	3644133.0	458	西京学院图书馆	3212942.4
419	成都师范学院图书馆	3639286.5	459	北京中医药大学图书馆	3210092.0
420	河北经贸大学图书馆	3620000.0	460	怀化学院图书馆	3203562.8
421	西安培华学院图书馆	3600276.4	461	榆林学院图书馆	3201160.0
422	济宁学院图书馆	3600000.0	462	武汉晴川学院图书馆	3176000.0
423	陕西学前师范学院图书馆	3599641.8	463	邵阳学院图书馆	3170000.0
424	长春中医药大学图书馆	3562943.9	464	苏州职业大学图书馆	3165920.1
425	辽宁石油化工大学图书馆	3551727.8	465	电子科技大学中山学院图书馆	3153843.4
426	湖南文理学院图书馆	3550000.0	466	沈阳音乐学院图书馆	3142889.2
427	湘南学院图书馆	3527000.0	467	吉林建筑工程学院图书馆	3142618.6
428	浙江万里学院图书馆	3512624.8	468	四川文轩职业学院图书馆	3139774.0
429	上海电子信息职业技术学院图书馆	3511263.9	469	赣南师范大学科技学院图书馆	3135400.0
430	西安工业大学图书馆	3498975.3	470	商洛学院图书馆	3113590.0
431	大连海事大学图书馆	3495000.0	471	滁州学院图书馆	3110582.0
432	沈阳医学院图书馆	3491055.0	472	通化师范学院图书馆	3072737.1
433	浙江越秀外国语学院图书馆	3458229.7	473	沈阳大学图书馆	3034200.0
434	四川旅游学院图书馆	3451846.0	474	景德镇学院图书馆	3025277.6

续表

序号	图书馆名称	文献资源购置费(元)	序号	图书馆名称	文献资源购置费(元)
475	南京艺术学院图书馆	3022568.6	515	东莞职业技术学院图书馆	2699998.8
476	四川音乐学院图书馆	3011917.9	516	宿迁学院图书馆	2696005.8
477	中州大学图书馆	3008057.5	517	吉林农业科技学院图书馆	2695431.2
478	郑州财经学院图书馆	3006737.2	518	东北石油大学图书馆	2660000.0
479	长治学院图书馆	3006180.5	519	江西旅游商贸职业学院图书馆	2642350.0
480	西安航空学院图书馆	3001157.2	520	浙江旅游职业学院图书馆	2630603.6
481	常州工学院图书馆	3000980.3	521	黄山学院图书馆	2620000.0
482	北华大学图书馆	3000000.0	522	凯里学院图书馆	2610618.6
483	石家庄学院图书馆	3000000.0	523	浙江机电职业技术学院图书馆	2601683.0
484	唐山学院图书馆	3000000.0	524	四川民族学院图书馆	2594119.9
485	绵阳师范学院图书馆	2997900.0	525	池州学院图书馆	2590690.8
486	新乡医学院三全学院图书馆	2976800.9	526	河南牧业经济学院图书馆	2590596.4
487	安徽科技学院图书馆	2971000.0	527	贵州师范学院图书馆	2590577.2
488	湖北第二师范学院图书馆	2964973.4	528	广州大学华软软件学院图书馆	2589191.3
489	湖南人文科技学院图书馆	2955284.8	529	成都理工大学工程技术学院图书馆	2574000.0
490	广东理工学院图书馆	2953038.2	530	广州科技职业技术学院图书馆	2552000.0
491	浙江金融职业学院图书馆	2949473.8	531	北京财贸职业学院图书馆	2549330.9
492	红河学院图书馆	2949000.0	532	福建中医药大学图书馆	2548847.3
493	韶关学院图书馆	2946499.8	533	辽东学院图书馆	2545810.7
494	湖北中医药大学图书馆	2935900.0	534	四川建筑职业技术学院图书馆	2526850.9
495	常州工程职业技术学院图书馆	2920000.0	535	福建江夏学院图书馆	2524632.6
496	西安财经学院图书馆	2904365.4	536	惠州经济职业技术学院图书馆	2521345.0
497	辽宁工程技术大学图书馆	2900671.3	537	四川警察学院图书馆	2510000.0
498	云南艺术学院图书馆	2871988.0	538	南昌工学院图书馆	2508660.9
499	成都工业职业技术学院图书馆	2857300.0	539	普洱学院图书馆	2500000.0
500	浙江工商职业技术学院图书馆	2811425.4	540	沈阳化工大学图书馆	2499311.0
501	宁夏医科大学图书馆	2800893.0	541	华南理工大学广州学院图书馆	2497500.0
502	海口经济学院图书馆	2788762.0	542	武昌首义学院图书馆	2486830.1
503	四川文理学院图书馆	2785333.8	543	广州美术学院图书馆	2479602.5
504	武汉工商学院图书馆	2778552.9	544	浙江警察学院图书馆	2457666.7
505	白城师范学院图书馆	2775276.0	545	福州外语外贸学院图书馆	2449939.5
506	浙江外国语学院图书馆	2775234.3	546	西安财经学院行知学院图书馆	2443403.9
507	牡丹江师范学院图书馆	2773000.0	547	乐山职业技术学院图书馆	2440000.0
508	攀枝花学院图书馆	2772249.1	548	恩施职业技术学院图书馆	2431950.9
509	四川职业技术学院图书馆	2761252.0	549	湖北民族大学图书馆	2420800.0
510	辽宁师范大学图书馆	2758331.6	550	铜仁学院图书馆	2418726.4
511	北京政法职业学院图书馆	2755490.0	551	内江师范学院图书馆	2417664.6
512	昆山杜克大学图书馆	2730612.7	552	长春工业大学图书馆	2410298.1
513	武汉体育学院图书馆	2720285.0	553	西安体育学院图书馆	2401638.7
514	黔南民族师范学院图书馆	2710179.8	554	哈尔滨金融学院图书馆	2400639.6

续表

序号	图书馆名称	文献资源购置费(元)	序号	图书馆名称	文献资源购置费(元)
555	吉林外国语大学图书馆	2399521.4	595	上海民航职业技术学院图书馆	2124790.2
556	浙江财经大学东方学院图书馆	2397414.0	596	四川工商学院图书馆	2118793.3
557	吉林医药学院图书馆	2394711.3	597	武汉学院图书馆	2113837.2
558	蚌埠学院图书馆	2390000.0	598	许昌职业技术学院图书馆	2110000.0
559	南京大学金陵学院图书馆	2386100.0	599	长江师范学院图书馆	2103598.4
560	无锡职业技术学院图书馆	2384500.0	600	长春建筑学院图书馆	2101220.1
561	河南工学院图书馆	2377100.0	601	天津商业大学宝德学院图书馆	2094878.3
562	安顺学院图书馆	2373124.5	602	鞍山师范学院图书馆	2093076.0
563	长春大学图书馆	2360000.0	603	四川卫生康复职业学院图书馆	2092400.0
564	湖北警官学院图书馆	2354042.0	604	安徽工程大学图书馆	2075718.6
565	漯河职业技术学院图书馆	2333000.0	605	新余学院图书馆	2073530.9
566	湖南女子学院图书馆	2329800.0	606	湖北汽车工业学院图书馆	2069500.0
567	楚雄师范学院图书馆	2319999.5	607	广州城市职业学院图书馆	2060000.0
568	桂林医学院图书馆	2315024.0	608	广东技术师范大学图书馆	2052455.4
569	中国刑事警察学院图书馆	2301726.9	609	广东技术师范大学天河学院图书馆	2051435.9
570	安徽商贸职业技术学院图书馆	2300400.0	610	广东行政职业学院图书馆	2035000.0
571	信阳农林学院图书馆	2300000.0	611	四川护理职业学院图书馆	2032000.0
572	河南职业技术学院图书馆	2293607.5	612	浙江水利水电学院图书馆	2029590.0
573	温州职业技术学院图书馆	2287816.3	613	长沙师范学校图书馆	2025000.0
574	江苏农林职业技术学院图书馆	2285935.3	614	天津师范大学图书馆	2020547.2
575	武汉东湖学院图书馆	2277919.1	615	广东水利电力职业技术学院图书馆	2015334.1
576	南京科技职业学院图书馆	2260355.8	616	长春汽车工业高等专科学校图书馆	2011000.0
577	陕西国防工业职业技术学院图书馆	2259877.0	617	中山大学南方学院图书馆	2000751.8
578	文华学院图书馆	2230573.7	618	新乡医学院图书馆	2000000.0
579	中国人民解放军海军工程大学图书馆	2226456.7	619	中山大学新华学院图书馆	1997058.5
580	广州工程技术职业学院图书馆	2225406.0	620	重庆文理学院图书馆	1994718.0
581	浙江建设职业技术学院图书馆	2224047.0	621	九江职业技术学院图书馆	1987432.0
582	江苏警官学院图书馆	2201000.0	622	江西应用科技学院图书馆	1983942.9
583	南京森林警察学院图书馆	2198189.3	623	无锡工艺职业技术学院图书馆	1978714.0
584	南充职业技术学院图书馆	2195069.8	624	西安航空职业技术学院图书馆	1975299.0
585	湖南信息学院图书馆	2190000.0	625	西安职业技术学院图书馆	1973298.7
586	福州理工学院图书馆	2185968.6	626	扬州市职业大学图书馆	1973074.7
587	西藏大学图书馆	2180000.0	627	浙江大学宁波工学院图书馆	1968580.4
588	哈尔滨职业技术学院图书馆	2169982.4	628	陕西工业职业技术学院图书馆	1961117.8
589	长春光华学院图书馆	2164321.6	629	大连交通大学图书馆	1958066.9
590	湖北工程学院图书馆	2164274.7	630	牡丹江医学院图书馆	1943000.0
591	龙岩学院图书馆	2157405.4	631	广州铁路职业技术学院图书馆	1940000.0
592	西安美术学院图书馆	2151271.5	632	西北大学现代学院图书馆	1933697.1
593	浙江医药高等专科学校图书馆	2135411.9	633	武昌工学院图书馆	1910858.3
594	成都航空职业技术学院图书馆	2129131.7	634	江西财经职业学院图书馆	1900000.0

续表

序号	图书馆名称	文献资源购置费(元)	序号	图书馆名称	文献资源购置费(元)
635	广东科学技术职业学院图书馆	1900000.0	675	广东警官学院图书馆	1594783.5
636	云南农业大学图书馆	1899121.6	676	长春科技学院图书馆	1588428.1
637	武汉生物工程学院图书馆	1896616.1	677	衢州职业技术学院图书馆	1585677.2
638	四川工业科技学院图书馆	1883949.0	678	郑州电力职业技术学院图书馆	1580370.4
639	天津音乐学院图书馆	1859706.0	679	泰州职业技术学院图书馆	1571387.6
640	重庆警察学院图书馆	1859029.3	680	浙江理工大学科技与艺术学院图书馆	1568628.7
641	四川工商职业技术学院图书馆	1838443.8	681	曲靖师范学院图书馆	1554000.0
642	南京理工大学泰州科技学院图书馆	1828604.2	682	宁德师范学院图书馆	1552466.2
643	四川交通职业技术学院图书馆	1813500.0	683	广东工贸职业技术学院图书馆	1550000.0
644	浙江纺织服装职业技术学院图书馆	1811082.0	684	中山职业技术学院图书馆	1546141.0
645	广东松山职业技术学院图书馆	1800646.6	685	江苏卫生健康职业学院图书馆	1545883.1
646	山西农业大学图书馆	1796966.5	686	上海工艺美术职业学院图书馆	1543000.0
647	沈阳工程学院图书馆	1792994.0	687	台州职业技术学院图书馆	1537967.4
648	江汉师范学院图书馆	1782071.4	688	广州城建职业学院图书馆	1536546.5
649	漳州职业技术学院图书馆	1776005.0	689	温州科技职业学院图书馆	1533465.3
650	苏州科技大学天平学院图书馆	1766330.6	690	安徽职业技术学院图书馆	1530000.0
651	湖州职业技术学院图书馆	1752752.4	691	广东文理职业学院图书馆	1524000.0
652	长春工业大学人文信息学院图书馆	1742631.5	692	江西医学高等专科学校图书馆	1518738.2
653	上海东海职业技术学院图书馆	1735168.2	693	茂名职业技术学院图书馆	1515000.0
654	宁波职业技术学院图书馆	1726740.9	694	浙江交通职业技术学院图书馆	1512324.8
655	西安文理学院图书馆	1723785.9	695	长春大学旅游学院图书馆	1507500.0
656	汕头大学医学院图书馆	1718429.8	696	哈尔滨广厦学院图书馆	1505000.0
657	闽江师范高等专科学校图书馆	1707869.6	697	武汉职业技术学院图书馆	1499471.5
658	达州职业技术学院图书馆	1698000.0	698	连云港师范高等专科学校图书馆	1487083.0
659	四川水利职业技术学院图书馆	1698000.0	699	黎明职业大学图书馆	1483000.0
660	吉林化工学院图书馆	1678000.0	700	南京航空航天大学金城学院图书馆	1480700.0
661	湖北城市建设职业技术学院图书馆	1673100.0	701	江西警察学院图书馆	1478504.4
662	云南大学滇池学院图书馆	1672560.1	702	西北师范大学知行学院图书馆	1478487.0
663	河源职业技术学院图书馆	1667000.0	703	浙江工贸职业技术学院图书馆	1467648.4
664	广西工商职业技术学院图书馆	1660000.0	704	湖南医药学院图书馆	1462900.0
665	大连职业技术学院图书馆	1656959.9	705	浙江经贸职业技术学院图书馆	1460044.7
666	湖南科技学院图书馆	1650236.2	706	营口理工学院图书馆	1459208.5
667	沈阳理工大学图书馆	1650000.0	707	呼和浩特职业技术学院图书馆	1451952.4
668	江西经济管理干部学院图书馆	1644850.0	708	景德镇陶瓷职业技术学院图书馆	1450881.2
669	衢州学院图书馆	1635000.0	709	辽宁警察学院图书馆	1444857.3
670	贵州警察学院图书馆	1632996.4	710	湖南警察学院图书馆	1442612.0
671	辽宁工业大学图书馆	1609001.8	711	华东交通大学理工学院图书馆	1423077.0
672	绥化学院图书馆	1602208.3	712	东北师范大学文学院图书馆	1411607.4
673	云南交通职业技术学院图书馆	1600000.0	713	广州南洋理工职业学院图书馆	1408464.5
674	宜宾职业技术学院图书馆	1598000.0	714	吉林大学珠海学院图书馆	1406796.8

序号	图书馆名称	文献资源购置费(元)	序号	图书馆名称	文献资源购置费(元)
715	安徽工商职业学院图书馆	1402400.0	754	沈阳建筑大学图书馆	1260482.0
716	浙江树人大学图书馆	1399307.0	755	鹤壁职业技术学院图书馆	1255520.0
717	阿坝师范学院图书馆	1396089.4	756	盐城工业职业技术学院图书馆	1251754.7
718	北京教育学院图书馆	1395929.4	757	江西生物科技职业学院图书馆	1248600.0
719	大连海洋大学图书馆	1389803.9	758	天津大学仁爱学院图书馆	1243170.0
720	清远职业技术学院图书馆	1388000.0	759	昆明工业职业技术学院图书馆	1238000.0
721	成都职业技术学院图书馆	1381200.0	760	广安职业技术学院图书馆	1235000.0
722	郑州旅游职业学院图书馆	1380000.0	761	保山中医药高等专科学校图书馆	1233500.0
723	吉林铁道职业技术学院图书馆	1373418.0	762	宜春职业技术学院图书馆	1231400.5
724	浙江同济科技职业学院图书馆	1372631.7	763	沈阳体育学院图书馆	1223324.2
725	合肥师范学院图书馆	1365932.6	764	盘锦职业技术学院图书馆	1210003.0
726	义乌工商职业技术学院图书馆	1365599.0	765	云南农业职业技术学院图书馆	1210000.0
727	吉林艺术学院图书馆	1365000.0	766	宁夏财经职业技术学院图书馆	1207150.0
728	四川管理职业学院图书馆	1364595.0	767	陕西职业技术学院图书馆	1200300.0
729	榆林职业技术学院图书馆	1361390.0	768	荆楚理工学院图书馆	1200000.0
730	大庆师范学院图书馆	1355297.4	769	江西科技职业学院图书馆	1200000.0
731	白城医学高等专科学校图书馆	1349217.5	770	江西外语外贸职业学院图书馆	1199675.0
732	福建船政交通职业学院图书馆	1335232.4	771	六盘水师范学院图书馆	1199524.8
733	广西国际商务职业技术学院图书馆	1330500.0	772	赣州卫生健康职业学院图书馆	1191190.0
734	广东理工职业学院图书馆	1325002.7	773	湖北交通职业技术学院图书馆	1190000.0
735	武汉科技大学城市学院图书馆	1314590.3	774	安徽医学高等专科学校图书馆	1186418.5
736	宁波城市职业技术学院图书馆	1312044.0	775	上海旅游高等专科学校图书馆	1171548.6
737	重庆水利电力职业技术学院图书馆	1308600.0	776	长春财经学院图书馆	1155450.5
738	江苏食品药品职业技术学院图书馆	1304982.0	777	吉林电子信息职业技术学院图书馆	1151412.1
739	仰恩大学图书馆	1304462.0	778	河南工业职业技术学院图书馆	1150000.0
740	广东碧桂园职业学院图书馆	1293888.0	779	中国人民解放军空军预警学院图书馆	1147974.0
741	内蒙古电子信息职业技术学院图书馆	1288322.4	780	杭州医学院图书馆	1146912.0
742	陕西警官职业学院图书馆	1286515.7	781	西安科技大学高新学院图书馆	1145489.3
743	吉林动画学院图书馆	1284096.6	782	江西工程职业学院图书馆	1140446.1
744	宁夏工商职业技术学院图书馆	1281497.0	783	广东司法警官职业学院图书馆	1140000.0
745	佛山职业技术学院图书馆	1280094.0	784	广东职业技术学院图书馆	1118000.0
746	成都东软学院图书馆	1280021.0	785	云南能源职业技术学院图书馆	1114000.0
747	厦门城市职业学院图书馆	1280000.0	786	西北工业大学明德学院图书馆	1110992.4
748	江苏师范大学图书馆	1273300.6	787	泉州幼儿师范高等专科学校图书馆	1104384.9
749	重庆工业职业技术学院图书馆	1270000.0	788	四川航天职业技术学院图书馆	1102275.6
750	杭州师范大学钱江学院图书馆	1270000.0	789	四川华新现代职业学院图书馆	1100543.9
751	福建商学院图书馆	1266358.5	790	天津美术学院图书馆	1095573.2
752	四川文化产业职业学院图书馆	1265222.0	791	上海出版印刷高等专科学校图书馆(水丰路校区)	1094999.5
753	成都纺织高等专科学校图书馆	1260661.4	792	甘肃林业职业技术学院图书馆	1080000.0

续表

序号	图书馆名称	文献资源购置费(元)	序号	图书馆名称	文献资源购置费(元)
793	广东岭南职业技术学院图书馆	1074000.0	832	健雄职业技术学院图书馆	914000.0
794	云南国土资源职业学院图书馆	1074000.0	833	成都农业科技职业学院图书馆	914000.0
795	西安汽车科技职业学院图书馆	1071653.8	834	黄冈职业技术学院图书馆	911412.0
796	呼和浩特民族学院图书馆	1070112.0	835	绵阳职业技术学院图书馆	910000.0
797	湖北职业技术学院图书馆	1070000.0	836	延安职业技术学院图书馆	909350.0
798	湖北三峡职业技术学院图书馆	1070000.0	837	北京舞蹈学院图书馆	900000.0
799	江西制造职业技术学院图书馆	1068365.0	838	上海思博职业技术学院图书馆	898000.0
800	甘肃工业职业技术学院图书馆	1060000.0	839	鲁迅美术学院图书馆	896100.9
801	湖南中医药高等专科学校图书馆	1045009.9	840	包头轻工职业技术学院图书馆	894700.0
802	宁夏司法警官职业学院图书馆	1045000.0	841	天津医科大学临床医学院图书馆	893600.0
803	广东建设职业技术学院图书馆	1040000.0	842	襄阳职业技术学院图书馆	892000.0
804	咸阳职业技术学院图书馆	1034222.5	843	江西工业工程职业技术学院图书馆	888403.4
805	珠海艺术职业学院图书馆	1031662.6	844	陕西铁路工程职业技术学院图书馆	887292.4
806	南京广播电视大学图书馆	1029600.0	845	湖南生物机电职业技术学院图书馆	882000.0
807	延安大学西安创新学院图书馆	1022706.0	846	西安铁路职业技术学院图书馆	879085.5
808	甘肃交通职业技术学院图书馆	1000000.0	847	泸州职业技术学院图书馆	877854.0
809	武汉铁路职业技术学院图书馆	999862.0	848	西安交通大学城市学院图书馆	875401.1
810	天津交通职业学院图书馆	999000.0	849	河南质量工程职业学院图书馆	859300.0
811	四川信息职业技术学院图书馆	995000.0	850	汕尾职业技术学院图书馆	855398.0
812	西安交通工程学院图书馆	991631.3	851	嘉兴职业技术学院图书馆	836728.0
813	吉林工商学院图书馆	986657.0	852	浙江育英职业技术学院图书馆	815272.9
814	陕西交通职业技术学院图书馆	981024.7	853	四川司法警官职业学院图书馆	801793.8
815	四川工程职业技术学院图书馆	970296.8	854	四川商务职业学院图书馆	800258.6
816	红河卫生职业学院图书馆	968986.7	855	广州卫生职业技术学院图书馆	800000.0
817	抚顺职业技术学院图书馆	963400.0	856	浙江国际海运职业技术学院图书馆	790430.8
818	江西水利职业学院图书馆	962900.0	857	武汉船舶职业技术学院图书馆	790000.0
819	吉安职业技术学院图书馆	961307.2	858	南通科技职业学院图书馆	790000.0
820	西安音乐学院图书馆	961032.9	859	鄂州职业大学图书馆	782815.0
821	云南林业职业技术学院图书馆	961000.0	860	永州职业技术学院图书馆	780000.0
822	青海交通职业技术学院图书馆	954001.0	861	咸宁职业技术学院图书馆	780000.0
823	海南软件职业技术学院图书馆	950000.0	862	宝鸡职业技术学院图书馆	777859.0
824	广东环境保护工程职业学院图书馆	946346.5	863	四川托普信息技术职业学院图书馆	769746.9
825	襄阳汽车职业技术学院图书馆	946182.0	864	浙江警官职业学院图书馆	769374.2
826	浙江东方职业技术学院图书馆	940777.9	865	江西工业贸易职业技术学院图书馆	768000.0
827	连云港职业技术学院图书馆	926675.8	866	黑龙江工商学院图书馆	767520.5
828	天津体育学院图书馆	925066.1	867	商洛职业技术学院图书馆	765258.0
829	青海卫生职业技术学院图书馆	922605.4	868	重庆城市管理职业学院图书馆	763300.0
830	厦门华夏学院图书馆	921863.3	869	西安工业大学北方信息工程学院图书馆	756700.0
831	四川化工职业技术学院图书馆	918000.0	870	福建华南女子职业学院图书馆	747781.1

续表

序号	图书馆名称	文献资源购置费(元)	序号	图书馆名称	文献资源购置费(元)
871	四川现代职业学院图书馆	744939.0	909	陕西青年职业学院图书馆	607715.7
872	赣西科技职业学院图书馆	741200.0	910	南京中医药大学翰林学院图书馆	604790.7
873	兴义民族师范学院图书馆	735152.2	911	闽西职业技术学院图书馆	600000.0
874	上海行健职业学院图书馆	730023.1	912	江西工商职业技术学院图书馆	595110.3
875	云南经济管理学院图书馆	728490.4	913	南宁师范大学师园学院图书馆	592916.0
876	武昌职业学院图书馆	726034.8	914	江阴职业技术学院图书馆	586000.0
877	雅安职业技术学院图书馆	725889.6	915	天津电子信息职业技术学院图书馆	584542.9
878	上海科学技术职业学院图书馆	722110.5	916	邯郸职业技术学院图书馆	578000.0
879	湖南现代物流职业技术学院图书馆	720000.0	917	江西交通职业技术学院图书馆	569000.0
880	浙江农业商贸职业学院图书馆	720000.0	918	吉林体育学院图书馆	566192.6
881	四川邮电职业技术学院图书馆	714474.0	919	吉林司法警官职业学院图书馆	564800.0
882	天津滨海职业学院图书馆	713098.2	920	上海农林职业技术学院图书馆	564060.0
883	江西先锋软件职业技术学院图书馆	713000.0	921	厦门南洋职业学院图书馆	562167.0
884	湖北生态工程职业技术学院图书馆	710000.0	922	武汉工程科技学院图书馆	560478.5
885	宁夏民族职业技术学院图书馆	709955.0	923	广东生态工程职业学院图书馆	557009.2
886	首钢工学院图书馆	709412.7	924	四川财经职业学院图书馆	546263.3
887	克拉玛依职业技术学院图书馆	708000.0	925	阜阳职业技术学院图书馆	539509.7
888	晋中学院图书馆	691386.0	926	闽北职业技术学院图书馆	538000.0
889	江苏航空职业技术学院图书馆	688010.9	927	九江职业大学图书馆	535600.0
890	内江职业技术学院图书馆	687350.0	928	内蒙古化工职业学院图书馆	525591.0
891	民办南华工商学院图书馆	684353.8	929	广州大学松田学院图书馆	524291.3
892	湖北财税职业学院图书馆	680095.6	930	广州体育职业技术学院图书馆	522988.0
893	江西陶瓷工艺美术职业技术学院图书馆	674046.8	931	辽宁农业职业技术学院图书馆	520000.0
894	宜春幼儿师范高等专科学校图书馆	671784.0	932	山西工商学院图书馆	519855.9
895	甘肃畜牧工程职业技术学院图书馆	670000.0	933	湖南幼儿师范高等专科学校图书馆	514234.6
896	四川幼儿师范高等专科学校图书馆	660000.0	934	江西工业职业技术学院图书馆	514000.0
897	江西青年职业学院图书馆	656254.8	935	福建体育职业技术学院图书馆	513558.8
898	长春职业技术学院图书馆	651677.0	936	镇江市高等专科学校图书馆	500000.0
899	湖南高速铁路职业技术学院图书馆	647000.0	937	海南外国语职业学院图书馆	500000.0
900	成都艺术职业学院图书馆	642798.9	938	浙江体育职业技术学院图书馆	490000.0
901	江西信息应用职业技术学院图书馆	640018.0	939	广东科贸职业学院图书馆	486000.0
902	湖北中医药高等专科学校图书馆	640000.0	940	重庆电力高等专科学校图书馆	485000.0
903	浙江特殊教育职业学院图书馆	636000.0	941	厦门兴才职业技术学院	475599.1
904	上海工商外国语职业学院图书馆	635405.5	942	广东邮电职业技术学院图书馆	473500.0
905	宁夏大学新华学院图书馆	634000.0	943	江西中医药大学科技学院图书馆	472682.3
906	湖北工业职业技术学院图书馆	623566.8	944	朝阳师范高等专科学校图书馆	472077.4
907	广东舞蹈戏剧职业学院图书馆	621700.0	945	江西卫生职业学院图书馆	470000.0
908	宁波教育学院图书馆	616757.3	946	天津现代职业技术学院图书馆	466200.0

续表

序号	图书馆名称	文献资源购置费(元)	序号	图书馆名称	文献资源购置费(元)
947	广东文艺职业学院图书馆	464000.0	986	辽宁建筑职业技术学院图书馆	239106.2
948	宁夏幼儿师范高等专科学校图书馆	453144.4	987	渤海船舶职业学院图书馆	237981.0
949	湖北生物科技职业学院图书馆	450000.0	988	湖北工程学院新技术学院图书馆	226212.1
950	江西理工大学应用科学学院图书馆	450000.0	989	川北幼儿师范高等专科学校图书馆	213000.0
951	湖北水利水电职业技术学院图书馆	440000.0	990	武汉警官职业学院图书馆	208044.0
952	辽源职业技术学院图书馆	431890.0	991	上海震旦职业学院图书馆	207381.5
953	湖北大学知行学院图书馆	430000.0	992	益阳职业技术学院图书馆	204543.5
954	陕西财经职业技术学院图书馆	428715.5	993	金华教育学院图书馆	198349.0
955	江西机电职业技术学院图书馆	423586.4	994	辽宁工程职业学院图书馆	191642.6
956	正德职业技术学院图书馆	420000.0	995	辽宁金融职业学院图书馆	190975.0
957	铜川职业技术学院图书馆	418726.5	996	南昌大学共青学院图书馆	189110.8
958	武汉民政职业学院图书馆	410000.0	997	昆明医科大学海源学院图书馆	175386.2
959	泉州经贸职业技术学院图书馆	405500.0	998	三明职业技术学院图书馆	155500.0
960	湖北国土资源职业学院图书馆	402500.0	999	华南农业大学珠江学院图书馆	154487.1
961	西北民族大学图书馆	399311.8	1000	江西艺术职业学院图书馆	150000.0
962	黑龙江民族职业学院图书馆	392483.9	1001	云南师范大学文理学院图书馆	142458.5
963	四川艺术职业学院图书馆	385028.0	1002	四川电影电视学院图书馆	140000.0
964	黑龙江生物科技职业学院图书馆	380020.5	1003	南昌大学科技学院图书馆	137963.0
965	营口职业技术学院图书馆	375291.0	1004	山西林业职业技术学院图书馆	130000.0
966	黑龙江农业经济职业学院图书馆	373113.6	1005	福建艺术职业学院图书馆	124970.6
967	江西冶金职业技术学院图书馆	370000.0	1006	玉溪农业职业技术学院图书馆	124595.0
968	广东创新科技职业学院图书馆	369902.7	1007	锦州师范高等专科学校图书馆	104689.0
969	丽江师范高等专科学校图书馆	366785.1	1008	长春教育学院图书馆	100329.0
970	大庆医学高等专科学校图书馆	357300.0	1009	江西新能源科技学院图书馆	100000.0
971	杭州职业技术学院图书馆	350000.0	1010	湖南体育职业技术学院图书馆	100000.0
972	北京第二外国语学院中瑞酒店管理学院图书馆	349830.0	1011	德宏职业学院图书馆	97797.7
973	辽宁交通高等专科学校图书馆	343099.0	1012	云南外事外语职业学院图书馆	80498.4
974	广东亚视演艺职业学院图书馆	335000.0	1013	惠州卫生职业技术学院图书馆	70474.7
975	江西农业工程职业学院图书馆	310319.0	1014	福州英华职业学院图书馆	70031.0
976	湖南工业职业技术学院图书馆	310000.0	1015	云南司法警官职业学院图书馆	66348.8
977	贵州工程应用技术学院图书馆	290000.0	1016	南昌航空大学科技学院图书馆	51000.2
978	武汉体育学院体育科技学院图书馆	290000.0	1017	广州现代信息工程职业技术学院图书馆	45236.1
979	武汉传媒学院图书馆	283616.5	1018	广州松田职业学院图书馆	40004.1
980	西安电力高等专科学校图书馆	273409.0	1019	松原职业技术学院图书馆	30346.4
981	湖北工程职业学院图书馆	266567.6	1020	广东南方职业学院图书馆	30000.0
982	揭阳职业技术学院图书馆	264747.6	1021	鄂尔多斯生态环境职业学院图书馆	22004.0
983	云南锡业职业技术学院图书馆	262257.5	1022	武夷山职业学院图书馆	17495.6
984	云南师范大学商学院图书馆	257814.3	1023	陕西机电职业技术学院图书馆	9857.2
985	私立华联学院图书馆	246598.1			

2018 年 1010 所高校图书馆纸质资源购置费统计表

序号	图书馆名称	购纸质资源(元)
1	中山大学图书馆	75411000.0
2	浙江大学图书馆	34698309.2
3	复旦大学图书馆	22246787.3
4	北京大学图书馆	20599876.7
5	武汉大学图书馆	19329045.1
6	清华大学图书馆	16907041.3
7	华中科技大学图书馆	16429835.5
8	北京师范大学图书馆	14371522.4
9	华东师范大学图书馆	13584150.9
10	中国人民大学图书馆	13352480.1
11	山东大学图书馆	13117722.4
12	宁波大学图书馆	12826194.8
13	东南大学图书馆	12675500.0
14	东北大学图书馆	11899913.0
15	江西工程学院图书馆	11831441.4
16	暨南大学图书馆	10921119.9
17	深圳大学城图书馆	10599945.1
18	重庆工商大学图书馆	10238038.5
19	上海交通大学图书馆	10145167.3
20	云南大学图书馆	10125053.2
21	西北工业大学图书馆	9961107.0
22	合肥工业大学图书馆	9526987.2
23	泸州医学院图书馆	9103470.0
24	厦门大学图书馆	9000715.5
25	中南大学图书馆	8953158.3
26	西交利物浦大学图书馆	8919299.0
27	中国农业大学图书馆	8860509.6
28	中国海洋大学图书馆	8800039.0
29	四川大学图书馆	8754640.1
30	西安外国语大学图书馆	8663737.0
31	武汉理工大学图书馆	8652760.9
32	北京师范大学一香港浸会大学联合国际学院图书馆	8577897.0
33	南开大学图书馆	8527870.6
34	西南交通大学图书馆	8486644.0
35	广州大学图书馆	8385527.6
36	华中师范大学图书馆	8366688.5
37	阜阳师范学院图书馆	8209702.9
38	华南理工大学图书馆	8200458.0
39	首都经济贸易大学图书馆	8171898.0
40	贵州大学图书馆	8037000.0
41	北京联合大学图书馆	7864166.3
42	河海大学图书馆	7816692.0
43	西安交通大学图书馆	7778044.6
44	天津大学图书馆	7756572.8
45	郑州大学图书馆	7747779.0
46	杭州师范大学图书馆	7481097.7
47	华东政法大学图书馆	7405581.0
48	四川外国语大学图书馆	7282176.3
49	上海师范大学图书馆	7104378.0
50	宁夏大学图书馆	6906392.9
51	东北师范大学图书馆	6827142.6
52	南京农业大学图书馆	6799801.8
53	广西财经学院图书馆	6720000.0
54	华侨大学图书馆	6711183.8
55	华南农业大学图书馆	6651087.9
56	内蒙古大学图书馆	6610352.3
57	西南大学图书馆	6593832.0
58	广东药科大学图书馆	6375126.5
59	电子科技大学图书馆	6357466.8
60	深圳大学图书馆	6336891.5
61	西南民族大学图书馆	6336381.1
62	苏州大学图书馆	6207710.0
63	西南财经大学图书馆	6194813.2
64	北京交通大学图书馆	6100264.5
65	广州航海学院图书馆	6073794.0
66	上海外国语大学图书馆	6051949.0
67	浙江师范大学图书馆	6043909.2
68	云南师范大学图书馆	6018000.0
69	湖南大学图书馆	5939976.0
70	广东外语外贸大学图书馆	5906539.3
71	南京师范大学图书馆	5895184.4
72	四川传媒学院图书馆	5891678.0
73	江南大学图书馆	5871067.1
74	中国政法大学图书馆	5868142.9

续表

序号	图书馆名称	购纸质资源(元)	序号	图书馆名称	购纸质资源(元)
75	安徽审计职业学院图书馆	5866060.3	115	西南政法大学图书馆	4786811.0
76	福州大学图书馆	5782725.1	116	陕西师范大学图书馆	4760282.8
77	北京科技大学图书馆	5649040.7	117	广州商学院图书馆	4758078.5
78	西华师范大学图书馆	5559475.3	118	广东石油化工学院图书馆	4753000.0
79	南京医科大学图书馆	5559420.4	119	华北电力大学图书馆	4731501.0
80	四川理工学院图书馆	5522120.9	120	福建农林大学图书馆	4722619.0
81	大连理工大学图书馆	5494138.3	121	绍兴文理学院元培学院图书馆	4661351.5
82	南京航空航天大学图书馆	5463142.0	122	江西理工大学图书馆	4650025.2
83	广西科技大学图书馆	5430063.7	123	湖州师范学院图书馆	4595459.0
84	福建师范大学图书馆	5427814.0	124	遵义医科大学图书馆	4566235.0
85	浙江农林大学图书馆	5415753.7	125	上海财经大学图书馆	4557321.6
86	萍乡学院图书馆	5400000.0	126	西藏民族大学图书馆	4555975.8
87	海南大学图书馆	5359699.9	127	民办四川天一学院图书馆	4543162.6
88	广东海洋大学图书馆	5350000.0	128	云南财经大学图书馆	4520000.0
89	贵州商学院图书馆	5299995.2	129	成都文理学院图书馆	4505958.5
90	四川美术学院图书馆	5286000.0	130	上海大学图书馆	4464332.8
91	浙江海洋大学图书馆	5256491.7	131	成都理工大学图书馆	4449828.2
92	湖北美术学院图书馆	5254568.2	132	北京航空航天大学图书馆	4390000.0
93	天津科技大学图书馆	5234287.9	133	韩山师范学院图书馆	4368739.1
94	长安大学图书馆	5213672.4	134	江西服装学院图书馆	4354565.1
95	中南财经政法大学图书馆	5210891.0	135	北方民族大学图书馆	4332994.3
96	江西中医药高等专科学校图书馆	5168000.0	136	中国石油大学(华东)图书馆	4303803.6
97	广东财经大学华商学院图书馆	5150215.0	137	南宁学院图书馆	4300000.0
98	广西科技师范学院图书馆	5127779.0	138	南京工业大学图书馆	4271371.0
99	西北大学图书馆	5071794.8	139	中国民用航空飞行学院图书馆	4270507.6
100	西安科技大学图书馆	5047738.0	140	南方科技大学图书馆	4269975.5
101	四川师范大学图书馆	5039853.5	141	温州医科大学图书馆	4262033.1
102	华东理工大学图书馆	5018593.0	142	西安电子科技大学图书馆	4239585.7
103	同济大学图书馆	4996785.8	143	上海对外经贸大学图书馆	4217456.7
104	南通大学图书馆	4960000.0	144	哈尔滨工业大学图书馆	4214668.0
105	湖北医药学院图书馆	4960000.0	145	武汉科技大学图书馆	4182410.7
106	合肥学院图书馆	4957423.8	146	南阳师范学院图书馆	4151784.0
107	四川农业大学图书馆	4957415.6	147	集美大学图书馆	4145819.9
108	南京中医药大学图书馆	4950000.0	148	中国民航大学图书馆	4106021.7
109	安徽师范大学图书馆	4930000.0	149	成都中医药大学图书馆	4104347.4
110	南京财经大学图书馆	4871000.0	150	南京林业大学图书馆	4082194.8
111	四川国际标榜职业学院图书馆	4845000.0	151	苏州科技大学图书馆	4077570.8
112	华南师范大学图书馆	4840000.0	152	中央财经大学图书馆	4076143.1
113	茅台学院图书馆	4838183.7	153	兰州财经大学图书馆	4074400.0
114	海南热带海洋学院图书馆	4834038.8	154	遵义师范学院图书馆	4065294.5

续表

序号	图书馆名称	购纸质资源(元)	序号	图书馆名称	购纸质资源(元)
155	内蒙古师范大学图书馆	4058077.6	195	黄冈师范学院图书馆	3600000.0
156	成都医学院图书馆	4052733.4	196	大连外国语学院图书馆	3600000.0
157	扬州大学图书馆	4046900.0	197	贵州中医药大学图书馆	3599081.0
158	绍兴文理学院图书馆	4023795.3	198	河北工业大学图书馆	3578513.0
159	南昌工程学院图书馆	4012394.3	199	四川大学锦城学院图书馆	3578318.3
160	上海工程技术大学图书馆	4007908.5	200	四川中医药高等专科学校图书馆	3550000.0
161	安徽大学图书馆	3998119.8	201	西北农林科技大学图书馆	3548813.8
162	北京理工大学珠海学院图书馆	3990000.0	202	中南民族大学图书馆	3540677.6
163	咸阳师范学院图书馆	3987350.6	203	江西农业大学图书馆	3520000.0
164	北京工商大学图书馆	3970000.0	204	佛山科学技术学院图书馆	3519678.0
165	中国药科大学图书馆	3965259.1	205	南京理工大学图书馆	3513746.4
166	南昌理工学院图书馆	3952871.3	206	广西师范大学图书馆	3500000.0
167	浙江理工大学图书馆	3915949.6	207	桂林电子科技大学图书馆	3500000.0
168	安徽理工大学图书馆	3913349.0	208	广东食品药品职业学院图书馆	3500000.0
169	南华大学图书馆	3908030.5	209	忻州师范学院图书馆	3496402.7
170	江西师范大学图书馆	3889951.0	210	大连海事大学图书馆	3495000.0
171	川北医学院图书馆	3886320.6	211	三亚学院图书馆	3492647.0
172	嘉兴学院图书馆	3881756.7	212	江苏大学图书馆	3476157.2
173	三江学院图书馆	3877618.7	213	浙江工业大学图书馆	3421366.8
174	哈尔滨工程大学图书馆	3872558.0	214	北京服装学院图书馆	3420242.0
175	浙江传媒学院图书馆	3840482.3	215	百色学院图书馆	3385643.0
176	浙江财经大学图书馆	3840000.0	216	兰州文理学院图书馆	3372971.6
177	河西学院图书馆	3829712.7	217	南京审计大学图书馆	3372605.9
178	河套学院图书馆	3818357.1	218	华中农业大学图书馆	3370676.6
179	贵州理工学院图书馆	3800000.0	219	北京师范大学珠海分校图书馆	3358666.7
180	吕梁学院图书馆	3794650.0	220	天津理工大学图书馆	3352119.8
181	长沙理工大学图书馆	3777996.9	221	四川旅游学院图书馆	3351620.0
182	西安建筑科技大学图书馆	3756401.3	222	嘉应学院图书馆	3335000.0
183	宝鸡文理学院图书馆	3755892.3	223	潍坊学院图书馆	3329980.6
184	石河子大学图书馆	3737129.0	224	惠州学院图书馆	3328347.2
185	石家庄铁道大学图书馆	3730488.0	225	金华职业技术学院图书馆	3321600.0
186	甘肃民族师范学院图书馆	3713789.2	226	闽南师范大学图书馆	3264005.4
187	贵州师范大学图书馆	3694166.1	227	川南幼儿师范高等专科学校图书馆	3245154.8
188	重庆医科大学图书馆	3692168.8	228	江苏科技大学图书馆	3237382.2
189	福建医科大学图书馆	3667554.9	229	北京信息科技大学图书馆	3231256.7
190	中国石油大学(北京)图书馆	3659905.0	230	中南林业科技大学图书馆	3228269.1
191	郑州轻工业学院图书馆	3651910.7	231	西安外事学院图书馆	3216480.2
192	西南科技大学图书馆	3650254.2	232	北京理工大学图书馆	3207566.6
193	厦门理工学院图书馆	3649300.0	233	杭州电子科技大学图书馆	3199470.6
194	首都师范大学图书馆	3608845.0	234	天津商业大学图书馆	3197725.1

续表

序号	图书馆名称	购纸质资源(元)	序号	图书馆名称	购纸质资源(元)
235	上海健康医学院图书馆	3197483.2	275	北京工业职业技术学院图书馆	2761180.6
236	上海建桥学院图书馆	3195287.0	276	贵州医科大学图书馆	2754113.9
237	上海师范大学天华学院图书馆	3182351.2	277	玉溪师范学院图书馆	2750000.0
238	浙江工业职业技术学院图书馆	3181100.0	278	西安翻译学院图书馆	2741236.2
239	武汉音乐学院图书馆	3180000.0	279	淮阴师范学院图书馆	2733491.6
240	兰州理工大学图书馆	3168694.5	280	中国美术学院图书馆	2732722.2
241	甘肃农业大学图书馆	3160000.0	281	中国科学技术大学图书馆	2710230.2
242	汕头大学图书馆	3137674.1	282	南京信息工程大学图书馆	2683206.3
243	上海理工大学图书馆	3134125.6	283	上海海洋大学图书馆	2680431.6
244	青岛科技大学图书馆	3128977.5	284	河北师范大学图书馆	2662027.1
245	广东培正学院图书馆	3117799.9	285	浙江农林大学暨阳学院图书馆	2652810.4
246	广州中医药大学图书馆	3100757.0	286	北京体育大学图书馆	2650000.0
247	福建工程学院图书馆	3092515.8	287	郑州财经学院图书馆	2646737.2
248	温州大学图书馆	3080667.5	288	云南艺术学院图书馆	2637988.0
249	南京晓庄学院图书馆	3077799.5	289	浙江越秀外国语学院图书馆	2625935.0
250	东华大学图书馆	3064147.9	290	金陵科技学院图书馆	2622550.5
251	内蒙古科技大学图书馆	3055631.9	291	湖南商学院图书馆	2608200.0
252	中国矿业大学图书馆	3055287.0	292	商洛学院图书馆	2592190.0
253	五邑大学图书馆	3049766.5	293	贵州师范学院图书馆	2590577.2
254	广州医科大学图书馆	3048780.7	294	北方工业大学图书馆	2581510.6
255	北京邮电大学图书馆	3047808.0	295	莆田学院图书馆	2576059.7
256	四川文轩职业学院图书馆	3039774.0	296	成都理工大学工程技术学院图书馆	2574000.0
257	深圳职业技术学院图书馆	3031000.0	297	江汉大学图书馆	2565826.5
258	九江学院图书馆	3020774.8	298	天津外国语大学图书馆	2562963.1
259	浙江工商大学图书馆	3019935.8	299	山东农业大学图书馆	2560000.0
260	兰州交通大学图书馆	2999994.5	300	广州番禺职业技术学院图书馆	2559187.3
261	赣南医学院图书馆	2979843.0	301	长春师范大学图书馆	2537038.1
262	武汉晴川学院图书馆	2976000.0	302	西安石油大学图书馆	2530319.9
263	沈阳音乐学院图书馆	2974189.2	303	福建江夏学院图书馆	2524632.6
264	中国矿业大学(北京)图书馆	2964754.0	304	陕西科技大学图书馆	2513172.5
265	首都医科大学图书馆	2960000.0	305	广东理工学院图书馆	2508038.2
266	芜湖职业技术学院图书馆	2958080.0	306	西京学院图书馆	2507942.4
267	岭南师范学院图书馆	2927323.8	307	陕西学前师范学院图书馆	2504631.8
268	西南石油大学图书馆	2923486.9	308	广州科技职业技术学院图书馆	2502000.0
269	南通理工学院图书馆	2883696.4	309	山西大学图书馆	2499795.8
270	西安培华学院图书馆	2874206.4	310	四川职业技术学院图书馆	2486252.0
271	宁波工程学院图书馆	2852671.9	311	昆山杜克大学图书馆	2476333.5
272	江苏理工学院图书馆	2835346.6	312	昆明医学院图书馆	2463822.0
273	北京石油化工学院图书馆	2800000.0	313	淮海工学院图书馆	2450631.0
274	湖北工业大学图书馆	2781217.3	314	天水师范学院图书馆	2450000.0

续表

序号	图书馆名称	购纸质资源(元)	序号	图书馆名称	购纸质资源(元)
315	南京工程学院图书馆	2415000.0	355	中北大学图书馆	2191912.7
316	西安理工大学图书馆	2411715.8	356	福州外语外贸学院图书馆	2187087.5
317	苏州职业大学图书馆	2387277.1	357	河池学院图书馆	2180000.0
318	南京大学金陵学院图书馆	2386100.0	358	西北政法大学图书馆	2175705.7
319	新乡医学院三全学院图书馆	2385300.9	359	上海电力学院图书馆	2173063.9
320	江苏第二师范学院图书馆	2384706.5	360	西安财经学院行知学院图书馆	2163803.9
321	南京艺术学院图书馆	2367868.6	361	北京林业大学图书馆	2160244.6
322	文山学院图书馆	2367067.9	362	浙江科技学院图书馆	2147174.0
323	哈尔滨师范大学图书馆	2366362.1	363	西北师范大学图书馆	2146454.7
324	湖南文理学院图书馆	2360000.0	364	台州学院图书馆	2134247.5
325	泰州学院图书馆	2334336.8	365	北京中医药大学图书馆	2130092.0
326	惠州经济职业技术学院图书馆	2331345.0	366	白城师范学院图书馆	2125276.0
327	中华女子学院图书馆	2328583.6	367	江西科技学院图书馆	2122511.5
328	延安大学图书馆	2311796.0	368	四川工商学院图书馆	2118793.3
329	上海商学院图书馆	2311000.0	369	上饶师范学院图书馆	2118209.3
330	武昌首义学院图书馆	2293980.1	370	红河学院图书馆	2114000.0
331	南京工业职业技术学院图书馆	2279971.9	371	井冈山大学图书馆	2113217.0
332	辽宁科技大学图书馆	2278350.6	372	宁波大红鹰学院图书馆	2108476.0
333	甘肃政法学院图书馆	2268074.0	373	陕西服装工程学院图书馆	2103218.0
334	华东交通大学图书馆	2266593.3	374	内蒙古财经大学图书馆	2100000.0
335	成都体育学院图书馆	2264916.5	375	河南城建学院图书馆	2100000.0
336	漯河职业技术学院图书馆	2263000.0	376	华南理工大学广州学院图书馆	2097500.0
337	香港中文大学图书馆	2257168.6	377	河南职业技术学院图书馆	2094607.5
338	成都师范学院图书馆	2252086.5	378	南昌工学院图书馆	2091160.9
339	贺州学院图书馆	2250000.0	379	安徽工程大学图书馆	2075718.6
340	成都工业学院图书馆	2244099.4	380	中州大学图书馆	2074259.5
341	浙江外国语学院图书馆	2243515.3	381	福州理工学院图书馆	2071468.6
342	黔南民族师范学院图书馆	2240179.8	382	宜春学院图书馆	2062744.1
343	中国地质大学图书馆	2238929.0	383	无锡职业技术学院图书馆	2057000.0
344	江西科技师范大学图书馆	2226228.0	384	四川建筑职业技术学院图书馆	2051279.8
345	常州工程职业技术学院图书馆	2220000.0	385	中央民族大学图书馆	2050879.0
346	沈阳医学院图书馆	2219173.0	386	盐城师范学院图书馆	2050000.0
347	电子科技大学中山学院图书馆	2213277.3	387	江西旅游商贸职业学院图书馆	2050000.0
348	辽宁大学图书馆	2213195.8	388	广西民族师范学院图书馆	2050000.0
349	普洱学院图书馆	2209000.0	389	梧州学院图书馆	2036991.2
350	浙江财经大学东方学院图书馆	2202756.0	390	宿迁学院图书馆	2036005.8
351	江西中医药大学图书馆	2200000.0	391	西安欧亚学院图书馆	2034341.8
352	宿州学院图书馆	2200000.0	392	常熟理工学院图书馆	2027558.3
353	上海电机学院图书馆	2199855.9	393	包头师范学院图书馆	2024000.0
354	湖北师范大学图书馆	2199221.9	394	四川音乐学院图书馆	2011367.9

续表

序号	图书馆名称	购纸质资源(元)	序号	图书馆名称	购纸质资源(元)
395	长春汽车工业高等专科学校图书馆	2011000.0	435	贵阳学院图书馆	1859232.3
396	滨州学院图书馆	2010000.0	436	哈尔滨职业技术学院图书馆	1853982.4
397	陕西理工大学图书馆	2008400.0	437	武汉东湖学院图书馆	1843419.1
398	重庆三峡学院图书馆	2000000.0	438	四川卫生康复职业学院图书馆	1842400.0
399	成都工业职业技术学院图书馆	2000000.0	439	河南牧业经济学院图书馆	1840596.4
400	太原科技大学图书馆	1998971.4	440	湖南中医药大学图书馆	1832915.0
401	池州学院图书馆	1998890.8	441	湖南农业大学图书馆	1830000.0
402	龙岩学院图书馆	1994419.9	442	武汉生物工程学院图书馆	1827616.1
403	长春中医药大学图书馆	1991943.9	443	天津师范大学图书馆	1823047.2
404	凯里学院图书馆	1976938.6	444	重庆师范大学图书馆	1821446.0
405	中原工学院图书馆	1972500.0	445	河南工学院图书馆	1820000.0
406	广东轻工职业技术学院图书馆	1971491.6	446	浙江旅游职业学院图书馆	1810603.6
407	东北财经大学图书馆	1970529.5	447	西昌学院图书馆	1809403.2
408	浙江大学宁波工学院图书馆	1968580.4	448	辽宁对外经贸学院图书馆	1800500.0
409	武汉工商学院图书馆	1966905.2	449	山西农业大学图书馆	1796966.5
410	闽江学院图书馆	1962758.3	450	渭南师范学院图书馆	1794959.0
411	东北林业大学图书馆	1960721.0	451	上海海事大学图书馆	1794665.7
412	淮南师范学院图书馆	1959972.0	452	上海中医药大学图书馆	1793940.0
413	国际关系学院图书馆	1948820.2	453	武汉学院图书馆	1792837.2
414	吉林财经大学图书馆	1945628.9	454	乐山师范学院图书馆	1791462.5
415	湖南信息学院图书馆	1940000.0	455	中山大学新华学院图书馆	1791058.5
416	三峡大学图书馆	1933295.0	456	湖南女子学院图书馆	1790000.0
417	西北大学现代学院图书馆	1933277.1	457	辽宁中医药大学图书馆	1789014.8
418	石家庄学院图书馆	1931000.0	458	浙江中医药大学图书馆	1787169.3
419	吉林农业大学图书馆	1913104.0	459	长江师范学院图书馆	1785498.4
420	文华学院图书馆	1910573.7	460	吉林外国语大学图书馆	1780610.4
421	云南中医学院图书馆	1900046.4	461	天津商业大学宝德学院图书馆	1779603.3
422	赣南师范大学图书馆	1896346.2	462	湖北第二师范学院图书馆	1766673.4
423	南充职业技术学院图书馆	1890269.8	463	陕西国防工业职业技术学院图书馆	1764627.0
424	乐山职业技术学院图书馆	1890000.0	464	安徽工业大学图书馆	1762700.0
425	广东工业大学图书馆	1889349.4	465	上海体育学院图书馆	1761621.3
426	四川护理职业学院图书馆	1888000.0	466	东华理工大学图书馆	1760462.9
427	西安医学院图书馆	1885702.0	467	安徽商贸职业技术学院图书馆	1752600.0
428	四川文理学院图书馆	1878325.8	468	武夷学院图书馆	1749677.3
429	长春建筑学院图书馆	1866720.1	469	中山大学南方学院图书馆	1746751.8
430	杨凌职业技术学院图书馆	1866331.6	470	苏州科技大学天平学院图书馆	1745211.6
431	上海政法学院图书馆	1865118.4	471	常州工学院图书馆	1740308.3
432	陕西国际商贸学院图书馆	1863529.6	472	贵州民族大学图书馆	1737316.0
433	四川民族学院图书馆	1863119.9	473	上海应用技术学院图书馆	1733510.1
434	浙江机电职业技术学院图书馆	1860840.0	474	吉林师范大学图书馆	1724318.3

续表

序号	图书馆名称	购纸质资源(元)	序号	图书馆名称	购纸质资源(元)
475	武汉纺织大学图书馆	1724242.1	515	牡丹江师范学院图书馆	1563800.0
476	上海第二工业大学图书馆	1716087.2	516	长春光华学院图书馆	1563521.6
477	福建中医药大学图书馆	1711547.3	517	辽宁石油化工大学图书馆	1559944.8
478	江西应用科技学院图书馆	1703042.9	518	浙江万里学院图书馆	1557124.8
479	济宁学院图书馆	1700000.0	519	大连工业大学图书馆	1554185.0
480	榆林学院图书馆	1700000.0	520	西安工业大学图书馆	1542175.3
481	陇东学院图书馆	1699998.7	521	中国医科大学图书馆	1541734.0
482	上海电子信息职业技术学院图书馆	1697863.9	522	广东水利电力职业技术学院图书馆	1537249.1
483	许昌职业技术学院图书馆	1690000.0	523	沈阳师范大学图书馆	1531114.4
484	北京工业大学图书馆	1689976.0	524	齐齐哈尔大学图书馆	1526019.4
485	西安邮电大学图书馆	1687964.4	525	广州美术学院图书馆	1525690.5
486	无锡工艺职业技术学院图书馆	1683714.0	526	广东文理职业学院图书馆	1524000.0
487	成都航空职业技术学院图书馆	1681331.7	527	广东金融学院图书馆	1522995.0
488	陕西中医药大学图书馆	1679642.6	528	四川工业科技学院图书馆	1521949.0
489	南京理工大学泰州科技学院图书馆	1678604.2	529	浙江建设职业技术学院图书馆	1515880.7
490	上海民航职业技术学院图书馆	1674990.2	530	西华大学图书馆	1514834.7
491	云南大学滇池学院图书馆	1670760.1	531	哈尔滨广厦学院图书馆	1505000.0
492	南京科技职业学院图书馆	1664265.8	532	广州工程技术职业学院图书馆	1502306.0
493	天津音乐学院图书馆	1662073.0	533	唐山学院图书馆	1500000.0
494	西安职业技术学院图书馆	1660298.7	534	湖北汽车工业学院图书馆	1500000.0
495	上海东海职业技术学院图书馆	1656168.2	535	西安工程大学图书馆	1494756.7
496	蚌埠学院图书馆	1650000.0	536	浙江金融职业学院图书馆	1492173.8
497	铜仁学院图书馆	1646658.4	537	东北石油大学图书馆	1490000.0
498	攀枝花学院图书馆	1643949.1	538	江汉师范学院图书馆	1482071.4
499	哈尔滨金融学院图书馆	1639444.6	539	武汉工程大学图书馆	1480000.0
500	河北北方学院图书馆	1627972.2	540	延边大学图书馆	1470597.9
501	湖北警官学院图书馆	1626542.0	541	吉林农业科技学院图书馆	1467701.2
502	浙江医药高等专科学校图书馆	1626279.9	542	辽宁师范大学图书馆	1467331.6
503	武昌工学院图书馆	1620358.3	543	广西师范学院图书馆	1454489.4
504	九江职业技术学院图书馆	1612432.0	544	景德镇陶瓷职业技术学院图书馆	1450881.2
505	景德镇学院图书馆	1606977.6	545	北京财贸职业学院图书馆	1449430.9
506	扬州市职业大学图书馆	1602629.7	546	西安美术学院图书馆	1447260.5
507	北京农学院图书馆	1600000.0	547	怀化学院图书馆	1443562.8
508	江苏农林职业技术学院图书馆	1599935.3	548	湖北大学图书馆	1435860.0
509	海口经济学院图书馆	1594762.0	549	宜宾学院图书馆	1435616.5
510	大连职业技术学院图书馆	1586959.9	550	湖北城市建设职业技术学院图书馆	1433100.0
511	郑州电力职业技术学院图书馆	1580370.4	551	长春大学旅游学院图书馆	1427500.0
512	景德镇陶瓷大学图书馆	1575597.1	552	华东交通大学理工学院图书馆	1423077.0
513	四川工商职业技术学院图书馆	1569443.8	553	通化师范学院图书馆	1422437.1
514	浙江理工大学科技与艺术学院图书馆	1568628.7	554	中国人民解放军海军工程大学图书馆	1418194.8

续表

序号	图书馆名称	购纸质资源(元)	序号	图书馆名称	购纸质资源(元)
555	湖州职业技术学院图书馆	1417406.4	595	安徽农业大学图书馆	1281000.0
556	长春科技学院图书馆	1413428.1	596	新余学院图书馆	1277550.9
557	江西财经职业学院图书馆	1400000.0	597	吉首大学图书馆	1276654.9
558	淮北师范大学图书馆	1400000.0	598	安顺学院图书馆	1276524.5
559	河南工程学院图书馆	1400000.0	599	湖南财政经济学院图书馆	1274540.4
560	广东第二师范学院图书馆	1400000.0	600	楚雄师范学院图书馆	1272244.4
561	漳州职业技术学院图书馆	1386305.0	601	宜宾职业技术学院图书馆	1270000.0
562	广东技术师范大学天河学院图书馆	1383435.9	602	福建商学院图书馆	1266288.5
563	达州职业技术学院图书馆	1380000.0	603	成都东软学院图书馆	1260000.0
564	广州大学华软软件学院图书馆	1378076.3	604	皖西学院图书馆	1250000.0
565	沈阳航空航天大学图书馆	1377690.2	605	长沙师范学校图书馆	1250000.0
566	西安航空学院图书馆	1373007.2	606	西安财经学院图书馆	1244355.4
567	信阳农林学院图书馆	1370000.0	607	广东警官学院图书馆	1238783.5
568	宁夏医科大学图书馆	1369721.0	608	徐州工程学院图书馆	1233634.7
569	衡阳师范学院图书馆	1365057.2	609	湖南人文科技学院图书馆	1231784.8
570	安徽财经大学图书馆	1362710.7	610	江苏警官学院图书馆	1227750.0
571	长治学院图书馆	1350980.5	611	西北师范大学知行学院图书馆	1218487.0
572	鞍山师范学院图书馆	1346476.0	612	广西工商职业技术学院图书馆	1200000.0
573	安徽科技学院图书馆	1346000.0	613	绵阳师范学院图书馆	1200000.0
574	吉林医药学院图书馆	1344708.3	614	江西科技职业学院图书馆	1200000.0
575	青海师范大学图书馆	1339500.0	615	四川水利职业技术学院图书馆	1200000.0
576	福建船政交通职业学院图书馆	1335232.4	616	台州职业技术学院图书馆	1196996.4
577	锦州医科大学图书馆	1331000.0	617	河源职业技术学院图书馆	1190000.0
578	南京航空航天大学金城学院图书馆	1330700.0	618	广州南洋理工职业学院图书馆	1188464.5
579	成都信息工程大学图书馆	1329986.9	619	武汉科技大学城市学院图书馆	1182194.8
580	广东松山职业技术学院图书馆	1326985.6	620	杭州师范大学钱江学院图书馆	1180199.2
581	江西医学高等专科学校图书馆	1323738.2	621	盐城工学院图书馆	1179332.8
582	西安体育学院图书馆	1320248.7	622	陕西工业职业技术学院图书馆	1179117.8
583	广州城市职业学院图书馆	1320000.0	623	浙江水利水电学院图书馆	1178000.0
584	茂名职业技术学院图书馆	1320000.0	624	吉林建筑工程学院图书馆	1172318.6
585	大连大学图书馆	1319211.1	625	云南交通职业技术学院图书馆	1170000.0
586	太原理工大学图书馆	1313645.0	626	长春大学图书馆	1160000.0
587	南京森林警察学院图书馆	1311189.3	627	武汉体育学院图书馆	1157385.0
588	江苏卫生健康职业学院图书馆	1305883.1	628	昆明工业职业技术学院图书馆	1156000.0
589	西安航空职业技术学院图书馆	1303599.0	629	沈阳工程学院图书馆	1151614.0
590	滁州学院图书馆	1301482.0	630	重庆水利电力职业技术学院图书馆	1150000.0
591	黄山学院图书馆	1300000.0	631	湖北经济学院图书馆	1137000.0
592	长春工业大学人文信息学院图书馆	1297631.5	632	中国刑事警察学院图书馆	1132618.9
593	广州城建职业学院图书馆	1296546.5	633	温州职业技术学院图书馆	1131416.3
594	成都职业技术学院图书馆	1294200.0	634	保山中医药高等专科学校图书馆	1130000.0

续表

序号	图书馆名称	购纸质资源(元)	序号	图书馆名称	购纸质资源(元)
635	沈阳农业大学图书馆	1118095.9	675	黎明职业大学图书馆	1000000.0
636	安徽职业技术学院图书馆	1110000.0	676	天津交通职业学院图书馆	999000.0
637	四川华新现代职业学院图书馆	1100543.9	677	阿坝师范学院图书馆	997089.4
638	邵阳学院图书馆	1100000.0	678	合肥师范学院图书馆	991032.6
639	广东碧桂园职业学院图书馆	1093888.0	679	大连医科大学图书馆	990406.4
640	泰州职业技术学院图书馆	1093423.6	680	浙江纺织服装职业技术学院图书馆	985752.2
641	赣州卫生健康职业学院图书馆	1093000.0	681	温州科技职业学院图书馆	979953.3
642	沈阳药科大学图书馆	1092750.8	682	义乌工商职业技术学院图书馆	979880.0
643	西安科技大学高新学院图书馆	1092549.3	683	广西国际商务职业技术学院图书馆	979000.0
644	甘肃林业职业技术学院图书馆	1080000.0	684	鹤壁职业技术学院图书馆	970520.0
645	清远职业技术学院图书馆	1078000.0	685	上海科技大学图书馆	969634.0
646	湖北工程学院图书馆	1073874.7	686	郑州旅游职业学院图书馆	960000.0
647	宁夏财经职业技术学院图书馆	1072150.0	687	海南软件职业技术学院图书馆	950000.0
648	宁夏工商职业技术学院图书馆	1071497.0	688	广东工贸职业技术学院图书馆	950000.0
649	上海出版印刷高等专科学校图书馆(水丰路校区)	1069999.5	689	牡丹江医学院图书馆	949985.0
650	四川管理职业学院图书馆	1064595.0	690	沈阳工业大学图书馆	948115.5
651	云南农业大学图书馆	1064321.6	691	襄阳汽车职业技术学院图书馆	946182.0
652	江西生物科技职业学院图书馆	1064000.0	692	宜春职业技术学院图书馆	942900.5
653	浙江交通职业技术学院图书馆	1061524.8	693	辽宁工业大学图书馆	940501.8
654	河北经贸大学图书馆	1060000.0	694	吉林电子信息职业技术学院图书馆	937412.1
655	浙江工商职业技术学院图书馆	1058237.4	695	四川航天职业技术学院图书馆	935695.6
656	东北电力大学图书馆	1056806.9	696	沈阳化工大学图书馆	931924.0
657	天津大学仁爱学院图书馆	1055170.0	697	吉林动画学院图书馆	931096.6
658	广东行政职业学院图书馆	1050000.0	698	湘南学院图书馆	920000.0
659	广东科学技术职业学院图书馆	1050000.0	699	仰恩大学图书馆	914462.0
660	江西经济管理干部学院图书馆	1050000.0	700	长春理工大学图书馆	909131.5
661	贵州警察学院图书馆	1047996.4	701	湖南警察学院图书馆	902600.0
662	江西外语外贸职业学院图书馆	1046775.0	702	白城医学高等专科学校图书馆	901217.5
663	宁夏司法警官职业学院图书馆	1045000.0	703	吉林铁道职业技术学院图书馆	900448.0
664	衢州学院图书馆	1045000.0	704	广安职业技术学院图书馆	900000.0
665	湖北交通职业技术学院图书馆	1040000.0	705	云南国土资源职业学院图书馆	896000.0
666	临沂大学图书馆	1035139.0	706	沈阳理工大学图书馆	895000.0
667	珠海艺术职业学院图书馆	1031662.6	707	浙江同济科技职业学院图书馆	893855.7
668	云南农业职业技术学院图书馆	1020000.0	708	大庆师范学院图书馆	879768.3
669	广东司法警官职业学院图书馆	1020000.0	709	沈阳大学图书馆	878000.0
670	宁波城市职业技术学院图书馆	1018544.0	710	长春财经学院图书馆	875150.5
671	浙江工贸职业技术学院图书馆	1015315.4	711	上海工艺美术职业学院图书馆	873000.0
672	四川交通职业技术学院图书馆	1015000.0	712	营口理工学院图书馆	868708.5
673	亳州学院图书馆	1010903.0	713	东北师范大学文学院图书馆	862307.4
674	四川警察学院图书馆	1010000.0	714	西安汽车科技职业学院图书馆	861403.8

续表

序号	图书馆名称	购纸质资源(元)	序号	图书馆名称	购纸质资源(元)
715	宁波职业技术学院图书馆	858920.9	754	成都大学图书馆	758245.8
716	江西警察学院图书馆	857814.4	755	西安工业大学北方信息工程学院图书馆	756700.0
717	辽东学院图书馆	849810.7	756	红河卫生职业学院图书馆	755986.7
718	西安交通工程学院图书馆	840861.3	757	江西制造职业技术学院图书馆	749690.0
719	佛山职业技术学院图书馆	840094.0	758	四川文化产业职业学院图书馆	745922.0
720	辽宁工程技术大学图书馆	837571.3	759	四川现代职业学院图书馆	744939.0
721	陕西警官职业学院图书馆	835315.7	760	北京教育学院图书馆	742149.4
722	上海旅游高等专科学校图书馆	830909.6	761	宁德师范学院图书馆	739766.2
723	南方医科大学图书馆	830000.0	762	北京政法职业学院图书馆	737103.0
724	吉林化工学院图书馆	830000.0	763	中国人民解放军空军预警学院图书馆	736491.0
725	陕西交通职业技术学院图书馆	825824.7	764	浙江东方职业技术学院图书馆	734835.9
726	内蒙古电子信息职业技术学院图书馆	825322.4	765	西安文理学院图书馆	731985.9
727	连云港师范高等专科学校图书馆	825000.0	766	重庆文理学院图书馆	731985.0
728	盘锦职业技术学院图书馆	820000.0	767	泉州幼儿师范高等专科学校图书馆	731934.9
729	南京广播电视大学图书馆	813000.0	768	永州职业技术学院图书馆	730000.0
730	安徽工商职业学院图书馆	810000.0	769	大连交通大学图书馆	728066.9
731	厦门华夏学院图书馆	808883.3	770	呼和浩特职业技术学院图书馆	723952.4
732	天津美术学院图书馆	808573.2	771	湖北三峡职业技术学院图书馆	720000.0
733	湖南中医药高等专科学校图书馆	802009.9	772	西北工业大学明德学院图书馆	719109.4
734	吉安职业技术学院图书馆	801327.2	773	福建华南女子职业学院图书馆	717781.1
735	河南工业职业技术学院图书馆	800000.0	774	四川托普信息技术职业学院图书馆	714746.9
736	东莞职业技术学院图书馆	799998.8	775	抚顺职业技术学院图书馆	713400.0
737	咸阳职业技术学院图书馆	799722.5	776	江西先锋软件职业技术学院图书馆	713000.0
738	泉州师范学院图书馆	797400.0	777	云南林业职业技术学院图书馆	700000.0
739	六盘水师范学院图书馆	795474.8	778	吉林艺术学院图书馆	696000.0
740	内蒙古民族大学图书馆	794400.0	779	成都纺织高等专科学校图书馆	693661.4
741	吉林大学珠海学院图书馆	789866.8	780	天津医科大学临床医学院图书馆	691200.0
742	安徽医学高等专科学校图书馆	786418.5	781	广东职业技术学院图书馆	690000.0
743	绥化学院图书馆	780658.5	782	黑龙江工商学院图书馆	687720.5
744	西藏大学图书馆	780000.0	783	沈阳体育学院图书馆	685224.2
745	厦门城市职业学院图书馆	780000.0	784	上海科学技术职业学院图书馆	682110.5
746	连云港职业技术学院图书馆	776675.8	785	盐城工业职业技术学院图书馆	679754.7
747	中山职业技术学院图书馆	776141.0	786	上海思博职业技术学院图书馆	678000.0
748	湖南科技学院图书馆	770236.2	787	江西工程职业学院图书馆	665446.1
749	广州铁路职业技术学院图书馆	770000.0	788	西安交通大学城市学院图书馆	662801.1
750	四川信息职业技术学院图书馆	770000.0	789	四川工程职业技术学院图书馆	661796.8
751	浙江育英职业技术学院图书馆	769924.1	790	韶关学院图书馆	661109.8
752	辽宁警察学院图书馆	765167.3	791	江西水利职业学院图书馆	660000.0
753	浙江经贸职业技术学院图书馆	762996.7	792	云南能源职业技术学院图书馆	660000.0

序号	图书馆名称	购纸质资源(元)	序号	图书馆名称	购纸质资源(元)
793	甘肃交通职业技术学院图书馆	660000.0	832	广东岭南职业技术学院图书馆	562000.0
794	襄阳职业技术学院图书馆	660000.0	833	宜春幼儿师范高等专科学校图书馆	560784.0
795	陕西职业技术学院图书馆	660000.0	834	武昌职业学院图书馆	560000.0
796	汕尾职业技术学院图书馆	657898.0	835	江西青年职业学院图书馆	558254.8
797	衢州职业技术学院图书馆	655214.2	836	民办南华工商学院图书馆	552116.0
798	曲靖师范学院图书馆	653000.0	837	湖北中医药大学图书馆	550000.0
799	荆楚理工学院图书馆	651700.0	838	四川司法警官职业学院图书馆	541793.8
800	湖北职业技术学院图书馆	650000.0	839	江西工业工程职业技术学院图书馆	540703.4
801	哈尔滨商业大学图书馆	649960.0	840	宝鸡职业技术学院图书馆	540059.0
802	吉林工商学院图书馆	646857.0	841	湖南生物机电职业技术学院图书馆	540000.0
803	鲁迅美术学院图书馆	646100.9	842	内江师范学院图书馆	536564.6
804	成都艺术职业学院图书馆	642798.9	843	江西工商职业技术学院图书馆	535110.3
805	闽江师范高等专科学校图书馆	641919.6	844	包头轻工职业技术学院图书馆	534700.0
806	东北农业大学图书馆	637112.0	845	广东生态工程职业学院图书馆	527009.2
807	上海工商外国语职业学院图书馆	635405.5	846	内蒙古工业大学图书馆	523264.0
808	湖南医药学院图书馆	634900.0	847	成都农业科技职业学院图书馆	520000.0
809	四川化工职业技术学院图书馆	630000.0	848	广东舞蹈戏剧职业学院图书馆	515500.0
810	江苏食品药品职业技术学院图书馆	624982.0	849	广东理工职业学院图书馆	511502.7
811	云南经济管理学院图书馆	624490.4	850	延安职业技术学院图书馆	509350.0
812	宁夏大学新华学院图书馆	624000.0	851	湖南高速铁路职业技术学院图书馆	509000.0
813	四川商务职业学院图书馆	623258.6	852	赣西科技职业学院图书馆	505200.0
814	青海卫生职业技术学院图书馆	622805.4	853	吉林司法警官职业学院图书馆	504800.0
815	天津滨海职业学院图书馆	616431.2	854	湖南幼儿师范高等专科学校图书馆	504234.6
816	南京中医药大学翰林学院图书馆	604790.7	855	呼和浩特民族学院图书馆	500000.0
817	广东建设职业技术学院图书馆	600000.0	856	武汉铁路职业技术学院图书馆	500000.0
818	闽西职业技术学院图书馆	600000.0	857	海南外国语职业学院图书馆	500000.0
819	长春工业大学图书馆	596401.2	858	湖北生态工程职业技术学院图书馆	500000.0
820	南宁师范大学师园学院图书馆	592916.0	859	广州卫生职业技术学院图书馆	500000.0
821	四川幼儿师范高等专科学校图书馆	590000.0	860	江苏航空职业技术学院图书馆	498010.9
822	克拉玛依职业技术学院图书馆	588000.0	861	天津体育学院图书馆	493666.1
823	雅安职业技术学院图书馆	587889.6	862	邯郸职业技术学院图书馆	490000.0
824	西安音乐学院图书馆	585632.9	863	浙江国际海运职业技术学院图书馆	489326.8
825	延安大学西安创新学院图书馆	584706.0	864	天津电子信息职业技术学院图书馆	487942.9
826	武汉船舶职业技术学院图书馆	580000.0	865	重庆警察学院图书馆	484829.3
827	泸州职业技术学院图书馆	578854.0	866	桂林医学院图书馆	484613.9
828	江西陶瓷工艺美术职业技术学院图书馆	574946.8	867	咸宁职业技术学院图书馆	480000.0
829	江西工业贸易职业技术学院图书馆	570000.0	868	嘉兴职业技术学院图书馆	480000.0
830	陕西青年职业学院图书馆	569465.7	869	武汉职业技术学院图书馆	479471.5
831	内江职业技术学院图书馆	563350.0	870	上海行健职业学院图书馆	475023.1

续表

序号	图书馆名称	购纸质资源(元)	序号	图书馆名称	购纸质资源(元)
871	绵阳职业技术学院图书馆	475000.0	911	汕头大学医学院图书馆	355383.8
872	健雄职业技术学院图书馆	474000.0	912	广州体育职业技术学院图书馆	352400.0
873	江西交通职业技术学院图书馆	469000.0	913	杭州职业技术学院图书馆	350000.0
874	湖北财税职业学院图书馆	462595.6	914	辽宁农业职业技术学院图书馆	350000.0
875	厦门南洋职业学院图书馆	462167.0	915	四川财经职业学院图书馆	349733.3
876	四川邮电职业技术学院图书馆	455174.0	916	广东创新科技职业学院图书馆	349102.7
877	江西信息应用职业技术学院图书馆	450018.0	917	厦门兴才职业技术学院	340599.1
878	镇江市高等专科学校图书馆	450000.0	918	闽北职业技术学院图书馆	338000.0
879	浙江特殊教育职业学院图书馆	450000.0	919	广东环境保护工程职业学院图书馆	336346.5
880	江阴职业技术学院图书馆	450000.0	920	黄冈职业技术学院图书馆	323412.0
881	江西理工大学应用科学学院图书馆	450000.0	921	浙江农业商贸职业学院图书馆	320000.0
882	甘肃畜牧工程职业技术学院图书馆	450000.0	922	湖北大学知行学院图书馆	320000.0
883	鄂州职业大学图书馆	448915.0	923	江西农业工程职业学院图书馆	310319.0
884	宁波教育学院图书馆	442557.3	924	大庆医学高等专科学校图书馆	309800.0
885	南通科技职业学院图书馆	440000.0	925	江西机电职业技术学院图书馆	306586.4
886	浙江警官职业学院图书馆	439374.2	926	泉州经贸职业技术学院图书馆	306000.0
887	河南质量工程职业学院图书馆	439300.0	927	湖北生物科技职业学院图书馆	300000.0
888	陕西铁路工程职业技术学院图书馆	426342.4	928	北京舞蹈学院图书馆	300000.0
889	江西工业职业技术学院图书馆	424000.0	929	首钢工学院图书馆	297412.7
890	湖北中医药高等专科学校图书馆	420000.0	930	兴义民族师范学院图书馆	293152.2
891	正德职业技术学院图书馆	420000.0	931	武汉体育学院体育科技学院图书馆	290000.0
892	甘肃工业职业技术学院图书馆	420000.0	932	四川艺术职业学院图书馆	285028.0
893	九江职业大学图书馆	420000.0	933	广东亚视演艺职业学院图书馆	285000.0
894	广东技术师范大学图书馆	419412.4	934	赣南师范大学科技学院图书馆	280000.0
895	青海交通职业技术学院图书馆	414001.0	935	西安铁路职业技术学院图书馆	278585.5
896	宁夏民族职业技术学院图书馆	409955.0	936	大连海洋大学图书馆	275959.9
897	重庆城市管理职业学院图书馆	401000.0	937	朝阳师范高等专科学校图书馆	272077.4
898	重庆工业职业技术学院图书馆	400000.0	938	铜川职业技术学院图书馆	271926.5
899	广州大学松田学院图书馆	399291.3	939	江西卫生职业学院图书馆	270000.0
900	西北民族大学图书馆	398821.0	940	广东文艺职业学院图书馆	264000.0
901	黑龙江民族职业学院图书馆	392483.9	941	吉林体育学院图书馆	259192.6
902	商洛职业技术学院图书馆	392458.0	942	云南师范大学商学院图书馆	257814.3
903	上海农林职业技术学院图书馆	386760.0	943	恩施职业技术学院图书馆	232248.0
904	杭州医学院图书馆	380000.0	944	湖北国土资源职业学院图书馆	230000.0
905	湖北工业职业技术学院图书馆	378566.8	945	陕西财经职业技术学院图书馆	228715.5
906	浙江体育职业技术学院图书馆	370000.0	946	私立华联学院图书馆	228598.1
907	丽江师范高等专科学校图书馆	366785.1	947	湖南工业职业技术学院图书馆	220000.0
908	长春职业技术学院图书馆	361677.0	948	江西冶金职业技术学院图书馆	220000.0
909	广东邮电职业技术学院图书馆	358500.0	949	晋中学院图书馆	213536.0
910	江西中医药大学科技学院图书馆	357082.3	950	福建体育职业技术学院图书馆	206558.8

续表

序号	图书馆名称	购纸质资源(元)	序号	图书馆名称	购纸质资源(元)
951	北京第二外国语学院中瑞酒店管理学院图书馆	206130.0	981	南昌大学科技学院图书馆	102963.0
952	重庆电力高等专科学校图书馆	205000.0	982	辽宁金融职业学院图书馆	101175.0
953	广东科贸职业学院图书馆	200000.0	983	德宏职业学院图书馆	97797.7
954	黑龙江农业经济职业学院图书馆	198113.6	984	北华大学图书馆	95200.0
955	内蒙古化工职业学院图书馆	196591.0	985	宁夏幼儿师范高等专科学校图书馆	88144.4
956	山西工商学院图书馆	189855.9	986	南昌大学共青学院图书馆	83110.8
957	天津现代职业技术学院图书馆	187400.0	987	川北幼儿师范高等专科学校图书馆	74800.0
958	湖北工程学院新技术学院图书馆	182149.9	988	惠州卫生职业技术学院图书馆	70474.7
959	昆明医科大学海源学院图书馆	175386.2	989	福州英华职业学院图书馆	70031.0
960	湖南现代物流职业技术学院图书馆	170000.0	990	长春教育学院图书馆	67329.0
961	西安电力高等专科学校图书馆	165409.0	991	云南司法警官职业学院图书馆	66348.8
962	辽源职业技术学院图书馆	164890.0	992	锦州师范高等专科学校图书馆	64689.0
963	益阳职业技术学院图书馆	154543.5	993	营口职业技术学院图书馆	60291.0
964	湖北民族大学图书馆	150000.0	994	辽宁建筑职业技术学院图书馆	53906.2
965	三明职业技术学院图书馆	150000.0	995	辽宁交通高等专科学校图书馆	51099.0
966	江西艺术职业学院图书馆	150000.0	996	南昌航空大学科技学院图书馆	51000.2
967	金华教育学院图书馆	143349.0	997	黑龙江生物科技职业学院图书馆	50020.5
968	云南师范大学文理学院图书馆	142458.5	998	江西新能源科技学院图书馆	50000.0
969	上海震旦职业学院图书馆	142381.5	999	山西林业职业技术学院图书馆	50000.0
970	武汉民政职业学院图书馆	140000.0	1000	云南锡业职业技术学院图书馆	49257.5
971	湖北水利水电职业技术学院图书馆	140000.0	1001	广州松田职业学院图书馆	40004.1
972	武汉警官职业学院图书馆	139403.0	1002	阜阳职业技术学院图书馆	39709.7
973	榆林职业技术学院图书馆	138090.0	1003	广州现代信息工程职业技术学院图书馆	35236.1
974	渤海船舶职业学院图书馆	127981.0	1004	云南外事外语职业学院图书馆	34498.4
975	福建艺术职业学院图书馆	124970.6	1005	松原职业技术学院图书馆	30346.4
976	玉溪农业职业技术学院图书馆	123995.0	1006	鄂尔多斯生态环境职业学院图书馆	22004.0
977	武汉传媒学院图书馆	123616.5	1007	辽宁工程职业学院图书馆	20842.6
978	武汉工程科技学院图书馆	120978.5	1008	武夷山职业学院图书馆	17303.6
979	湖北工程职业学院图书馆	117567.6	1009	揭阳职业技术学院图书馆	15747.6
980	华南农业大学珠江学院图书馆	108487.1	1010	陕西机电职业技术学院图书馆	9857.2

2018年959所高校图书馆电子资源购置费统计表

序号	图书馆名称	购电子资源(元)	序号	图书馆名称	购电子资源(元)
1	清华大学图书馆	42972830.0	39	深圳大学图书馆	16454109.0
2	北京大学图书馆	42371650.5	40	广州大学图书馆	16444497.8
3	中国人民大学图书馆	41367805.0	41	东华大学图书馆	15826999.8
4	山东大学图书馆	35355592.9	42	华东理工大学图书馆	15434089.2
5	上海交通大学图书馆	32378356.9	43	东北师范大学图书馆	15379060.0
6	华中科技大学图书馆	32355724.0	44	福州大学图书馆	15246971.0
7	香港中文大学图书馆	31125800.6	45	西北工业大学图书馆	15108067.0
8	中山大学图书馆	30156500.0	46	西交利物浦大学图书馆	14777823.0
9	同济大学图书馆	29564004.3	47	上海大学图书馆	14383050.0
10	四川大学图书馆	29422946.0	48	中国矿业大学(北京)图书馆	14348094.0
11	浙江大学图书馆	28572313.7	49	泉州师范学院图书馆	14217000.0
12	中国科学技术大学图书馆	26880000.0	50	北京科技大学图书馆	13964969.0
13	复旦大学图书馆	24913640.0	51	东北大学图书馆	13795935.0
14	北京师范大学图书馆	24756404.0	52	合肥工业大学图书馆	13694060.0
15	云南大学图书馆	24548176.0	53	华中农业大学图书馆	13691951.4
16	深圳大学城图书馆	24400054.9	54	北京航空航天大学图书馆	13580000.0
17	首都师范大学图书馆	23663443.0	55	广东工业大学图书馆	13491087.0
18	西安交通大学图书馆	22821888.6	56	内蒙古大学图书馆	13413661.0
19	大连理工大学图书馆	22194309.8	57	河海大学图书馆	13404511.0
20	厦门大学图书馆	21456130.0	58	西南财经大学图书馆	13227600.0
21	武汉大学图书馆	21003113.5	59	陕西师范大学图书馆	12763192.3
22	中南大学图书馆	20890968.9	60	中国海洋大学图书馆	12663500.0
23	西北大学图书馆	20786410.8	61	上海科技大学图书馆	12657192.8
24	西南大学图书馆	19709000.0	62	南京农业大学图书馆	12514691.9
25	华东师范大学图书馆	19544729.0	63	贵州大学图书馆	12500200.0
26	东南大学图书馆	19374500.0	64	中国矿业大学图书馆	12498433.0
27	天津大学图书馆	19153240.0	65	西华师范大学图书馆	12367298.0
28	电子科技大学图书馆	18910146.0	66	南开大学图书馆	12336000.4
29	湖南大学图书馆	18376931.0	67	武汉理工大学图书馆	12172288.8
30	华南理工大学图书馆	18177731.0	68	广西大学图书馆	12030222.0
31	郑州大学图书馆	18105699.0	69	山西大学图书馆	12013614.0
32	暨南大学图书馆	17715037.4	70	苏州大学图书馆	11976868.5
33	南京师范大学图书馆	17687522.5	71	南京航空航天大学图书馆	11881235.1
34	南方科技大学图书馆	17634956.0	72	上海师范大学图书馆	11773982.0
35	北京工业大学图书馆	17625450.0	73	江西师范大学图书馆	11740100.0
36	北京理工大学图书馆	17464149.4	74	浙江工业大学图书馆	11716458.0
37	北京交通大学图书馆	16868863.0	75	哈尔滨工程大学图书馆	11627442.0
38	西南交通大学图书馆	16593414.0	76	华北电力大学图书馆	11485203.0

续表

序号	图书馆名称	购电子资源(元)	序号	图书馆名称	购电子资源(元)
77	南京理工大学图书馆	11463150.0	117	江汉大学图书馆	8063400.0
78	首都经济贸易大学图书馆	11387360.0	118	四川师范大学图书馆	7983772.0
79	首都医科大学图书馆	11268377.0	119	中国医科大学图书馆	7937584.0
80	中国农业大学图书馆	11129516.0	120	河北工业大学图书馆	7887100.0
81	江南大学图书馆	10950919.9	121	上海对外经贸大学图书馆	7840859.0
82	扬州大学图书馆	10932570.0	122	山东农业大学图书馆	7839411.1
83	浙江师范大学图书馆	10785178.0	123	河北师范大学图书馆	7762793.0
84	西北农林科技大学图书馆	10781591.5	124	上海海洋大学图书馆	7730512.0
85	西安电子科技大学图书馆	10633627.0	125	上海外国语大学图书馆	7656683.0
86	福建农林大学图书馆	10514768.0	126	北方民族大学图书馆	7643849.0
87	安徽师范大学图书馆	10343699.0	127	南京工业大学图书馆	7608599.1
88	浙江理工大学图书馆	10300200.0	128	南京中医药大学图书馆	7589168.0
89	上海理工大学图书馆	10197523.0	129	太原理工大学图书馆	7558109.0
90	福建师范大学图书馆	10139301.0	130	东北林业大学图书馆	7540653.0
91	北京工商大学图书馆	10097384.0	131	安徽财经大学图书馆	7462500.0
92	宁波大学图书馆	10090428.0	132	上海健康医学院图书馆	7429611.0
93	中国地质大学图书馆	10050928.0	133	西南科技大学图书馆	7404913.0
94	中南财经政法大学图书馆	10032753.0	134	北京邮电大学图书馆	7359973.0
95	广东外语外贸大学图书馆	10030130.2	135	安徽大学图书馆	7322237.0
96	华南师范大学图书馆	9954147.0	136	三峡大学图书馆	7281979.0
97	上海财经大学图书馆	9941836.9	137	兰州理工大学图书馆	7258719.0
98	温州大学图书馆	9706782.3	138	西南石油大学图书馆	7253292.9
99	南方医科大学图书馆	9662355.0	139	安徽工业大学图书馆	7129800.0
100	海南大学图书馆	9478800.0	140	青岛科技大学图书馆	7103271.0
101	江苏大学图书馆	9380912.0	141	华中师范大学图书馆	7084082.8
102	北京林业大学图书馆	9301835.0	142	成都理工大学图书馆	7048913.0
103	华侨大学图书馆	9213999.0	143	广西师范大学图书馆	7000000.0
104	杭州师范大学图书馆	9164639.7	144	华东政法大学图书馆	6957840.0
105	华南农业大学图书馆	9153130.9	145	长安大学图书馆	6908051.2
106	广州医科大学图书馆	9027787.0	146	四川农业大学图书馆	6906542.0
107	长沙理工大学图书馆	9024437.0	147	中国石油大学(华东)图书馆	6830361.6
108	桂林电子科技大学图书馆	9000000.0	148	中国石油大学(华东)图书馆	6830361.6
109	北京联合大学图书馆	8882060.0	149	温州医科大学图书馆	6798382.0
110	内蒙古工业大学图书馆	8817000.0	150	常州大学图书馆	6739964.0
111	广西科技大学图书馆	8656614.2	151	东北农业大学图书馆	6733734.8
112	西安建筑科技大学图书馆	8586180.4	152	杭州电子科技大学图书馆	6724060.0
113	西南民族大学图书馆	8425720.0	153	中国药科大学图书馆	6703772.0
114	中南民族大学图书馆	8425279.0	154	成都中医药大学图书馆	6681800.0
115	汕头大学图书馆	8314675.0	155	上海工程技术大学图书馆	6680053.0
116	北京服装学院图书馆	8248944.0	156	中央财经大学图书馆	6528925.0

续表

序号	图书馆名称	购电子资源(元)	序号	图书馆名称	购电子资源(元)
157	安徽理工大学图书馆	6457800.0	196	中央民族大学图书馆	5169703.0
158	郑州轻工业学院图书馆	6447630.0	197	广东海洋大学图书馆	5157000.0
159	南通大学图书馆	6400000.0	198	国际关系学院图书馆	5130000.0
160	合肥学院图书馆	6293800.0	199	浙江工商大学图书馆	5086200.0
161	湖南农业大学图书馆	6290000.0	200	闽江学院图书馆	4998517.0
162	西北师范大学图书馆	6263200.0	201	江苏科技大学图书馆	4971161.0
163	安徽农业大学图书馆	6251908.0	202	西安理工大学图书馆	4901548.0
164	西南政法大学图书馆	6149069.4	203	上海电力学院图书馆	4900507.0
165	广州中医药大学图书馆	6148155.0	204	浙江财经大学图书馆	4876892.0
166	云南师范大学图书馆	6141818.0	205	深圳职业技术学院图书馆	4875600.0
167	广东药科大学图书馆	6119191.5	206	天津理工大学图书馆	4829041.0
168	上海中医药大学图书馆	6060846.0	207	兰州交通大学图书馆	4826208.0
169	苏州科技大学图书馆	6053124.9	208	阜阳师范学院图书馆	4805300.0
170	湖北大学图书馆	6044630.0	209	厦门理工学院图书馆	4794198.0
171	宁夏大学图书馆	6020000.0	210	西安工程大学图书馆	4723022.0
172	延边大学图书馆	6017946.0	211	北京石油化工学院图书馆	4690000.0
173	临沂大学图书馆	5987390.0	212	南京信息工程大学图书馆	4622574.0
174	内蒙古师范大学图书馆	5983490.0	213	河南财经政法大学图书馆	4494810.0
175	武汉科技大学图书馆	5905332.0	214	广东财经大学图书馆	4491745.0
176	南京医科大学图书馆	5894285.0	215	上海应用技术学院图书馆	4477681.6
177	中国民航大学图书馆	5787605.6	216	大连大学图书馆	4476814.0
178	浙江农林大学图书馆	5729388.0	217	四川外国语大学图书馆	4461828.0
179	浙江农林大学暨阳学院图书馆	5729388.0	218	盐城工学院图书馆	4422825.0
180	北方工业大学图书馆	5696875.0	219	湖北工业大学图书馆	4412500.0
181	南京林业大学图书馆	5658164.0	220	石家庄铁道大学图书馆	4326000.0
182	陕西科技大学图书馆	5637443.0	221	江西理工大学图书馆	4310000.0
183	中国石油大学(北京)图书馆	5534703.0	222	中北大学图书馆	4303270.4
184	中南林业科技大学图书馆	5461300.0	223	甘肃农业大学图书馆	4300000.0
185	中原工学院图书馆	5442250.0	224	成都大学图书馆	4260554.7
186	大连医科大学图书馆	5358700.0	225	兰州文理学院图书馆	4240000.0
187	上海海事大学图书馆	5341714.0	226	南京审计大学图书馆	4223900.0
188	西安科技大学图书馆	5326023.8	227	长春师范大学图书馆	4217340.0
189	内蒙古科技大学图书馆	5318100.0	228	长春理工大学图书馆	4202500.0
190	东北财经大学图书馆	5314788.0	229	闽南师范大学图书馆	4161630.0
191	北京师范大学—香港浸会大学联合国际学院图书馆	5312669.0	230	吉首大学图书馆	4160900.0
192	西安邮电大学图书馆	5283218.5	231	四川理工学院图书馆	4149885.0
193	辽宁大学图书馆	5273868.0	232	西华大学图书馆	4135277.0
194	北京信息科技大学图书馆	5263153.0	233	北京体育大学图书馆	4090000.0
195	沈阳药科大学图书馆	5216518.0	234	沈阳师范大学图书馆	4061350.0

序号	图书馆名称	购电子资源(元)	序号	图书馆名称	购电子资源(元)
235	中国民用航空飞行学院图书馆	4008380.5	275	云南财经大学图书馆	3170000.0
236	沈阳农业大学图书馆	3929900.0	276	西藏民族大学图书馆	3141300.0
237	江西科技师范大学图书馆	3908141.0	277	天津商业大学图书馆	3117682.0
238	佛山科学技术学院图书馆	3890000.0	278	辽宁科技大学图书馆	3084294.0
239	福建医科大学图书馆	3877348.0	279	九江学院图书馆	3082800.0
240	金陵科技学院图书馆	3817700.0	280	南昌工程学院图书馆	3067500.0
241	上海商学院图书馆	3808800.0	281	成都信息工程大学图书馆	3050000.0
242	岭南师范学院图书馆	3805907.2	282	武汉纺织大学图书馆	3033684.0
243	湖南商学院图书馆	3798000.0	283	沈阳航空航天大学图书馆	3023000.0
244	浙江中医药大学图书馆	3777438.0	284	赣南医学院图书馆	3018200.0
245	井冈山大学图书馆	3761580.0	285	皖西学院图书馆	2991900.0
246	淮阴师范学院图书馆	3750849.0	286	哈尔滨商业大学图书馆	2974173.0
247	南京工程学院图书馆	3734802.8	287	绍兴文理学院图书馆	2958239.0
248	南京晓庄学院图书馆	3722191.0	288	江西中医药大学图书馆	2950000.0
249	太原科技大学图书馆	3720242.0	289	上海电机学院图书馆	2949200.0
250	天津科技大学图书馆	3706054.0	290	嘉兴学院图书馆	2929952.0
251	吉林农业大学图书馆	3698496.0	291	北华大学图书馆	2904800.0
252	惠州学院图书馆	3689632.0	292	景德镇陶瓷大学图书馆	2895920.0
253	西安外国语大学图书馆	3689250.0	293	广西财经学院图书馆	2890500.0
254	石河子大学图书馆	3657398.0	294	包头师范学院图书馆	2860000.0
255	华东交通大学图书馆	3651918.0	295	赣南师范大学科技学院图书馆	2855400.0
256	哈尔滨师范大学图书馆	3634529.0	296	赣南师范大学图书馆	2855400.0
257	贵阳学院图书馆	3620165.0	297	中国政法大学图书馆	2837657.1
258	上海体育学院图书馆	3617190.0	298	五邑大学图书馆	2836630.0
259	福建工程学院图书馆	3601829.0	299	贵州民族大学图书馆	2828933.0
260	天水师范学院图书馆	3580000.0	300	重庆医科大学图书馆	2806833.0
261	泸州医学院图书馆	3411800.0	301	中华女子学院图书馆	2802429.0
262	广东金融学院图书馆	3410000.0	302	西昌学院图书馆	2799750.0
263	河南城建学院图书馆	3400000.0	303	东北电力大学图书馆	2781671.0
264	泰州学院图书馆	3347800.0	304	宿州学院图书馆	2778400.0
265	重庆师范大学图书馆	3322486.0	305	浙江科技学院图书馆	2744700.0
266	湖南中医药大学图书馆	3298500.0	306	河北北方学院图书馆	2742864.0
267	徐州工程学院图书馆	3292405.0	307	武汉工程大学图书馆	2719394.0
268	常熟理工学院图书馆	3264706.0	308	遵义医科大学图书馆	2717651.9
269	盐城师范学院图书馆	3250000.0	309	宜宾学院图书馆	2701500.0
270	陇东学院图书馆	3230000.0	310	上饶师范学院图书馆	2679200.0
271	浙江海洋大学图书馆	3222800.0	311	昆明医学院图书馆	2658492.0
272	江苏理工学院图书馆	3208198.0	312	齐齐哈尔大学图书馆	2657807.0
273	黄冈师范学院图书馆	3200000.0	313	锦州医科大学图书馆	2651000.0
274	宝鸡文理学院图书馆	3186700.0	314	淮海工学院图书馆	2647430.0

续表

序号	图书馆名称	购电子资源(元)	序号	图书馆名称	购电子资源(元)
315	青海师范大学图书馆	2643000.0	355	海南热带海洋学院图书馆	2161676.0
316	乐山师范学院图书馆	2638865.0	356	沈阳大学图书馆	2156200.0
317	集美大学图书馆	2630066.0	357	淮南师范学院图书馆	2114350.0
318	淮北师范大学图书馆	2597950.0	358	湖北经济学院图书馆	2109700.0
319	天津外国语大学图书馆	2578169.0	359	辽宁工程技术大学图书馆	2063100.0
320	上海第二工业大学图书馆	2563458.0	360	北京政法职业学院图书馆	2018387.0
321	内蒙古民族大学图书馆	2550000.0	361	吉林师范大学图书馆	2009529.0
322	河北经贸大学图书馆	2540000.0	362	河西学院图书馆	2001800.0
323	湘南学院图书馆	2537000.0	363	邵阳学院图书馆	2000000.0
324	内蒙古财经大学图书馆	2531500.0	364	重庆三峡学院图书馆	2000000.0
325	河南工程学院图书馆	2491460.0	365	大连外国语学院图书馆	2000000.0
326	广西师范学院图书馆	2480000.0	366	新乡医学院图书馆	2000000.0
327	江西农业大学图书馆	2470000.0	367	辽宁石油化工大学图书馆	1991783.0
328	延安大学图书馆	2469500.0	368	浙江传媒学院图书馆	1988002.0
329	衡阳师范学院图书馆	2445492.0	369	吉林建筑工程学院图书馆	1970000.0
330	上海政法学院图书馆	2441000.0	370	百色学院图书馆	1967400.0
331	沈阳工业大学图书馆	2427868.0	371	西安工业大学图书馆	1955700.0
332	莆田学院图书馆	2423741.0	372	浙江万里学院图书馆	1953200.0
333	兰州财经大学图书馆	2417300.0	373	广东轻工职业技术学院图书馆	1950000.0
334	湖北中医药大学图书馆	2385900.0	374	陕西理工大学图书馆	1943900.0
335	贵州理工学院图书馆	2377800.0	375	湖南财政经济学院图书馆	1943710.0
336	辽宁中医药大学图书馆	2356000.0	376	陕西国际商贸学院图书馆	1940000.0
337	甘肃政法学院图书馆	2355890.0	377	贺州学院图书馆	1900000.0
338	滨州学院图书馆	2350000.0	378	济宁学院图书馆	1900000.0
339	广东石油化工学院图书馆	2350000.0	379	东莞职业技术学院图书馆	1900000.0
340	吉林财经大学图书馆	2327600.0	380	内江师范学院图书馆	1880000.0
341	亳州学院图书馆	2307700.0	381	台州学院图书馆	1865752.0
342	湖北师范大学图书馆	2300000.0	382	桂林医学院图书馆	1828010.1
343	韶关学院图书馆	2285390.0	383	上海电子信息职业技术学院图书馆	1813400.0
344	宁波工程学院图书馆	2281875.0	384	陕西服装工程学院图书馆	1810000.0
345	宜春学院图书馆	2275500.0	385	滁州学院图书馆	1809100.0
346	湖北民族大学图书馆	2270000.0	386	长春工业大学图书馆	1803400.0
347	西安医学院图书馆	2261567.0	387	绵阳师范学院图书馆	1795300.0
348	广东第二师范学院图书馆	2261304.0	388	甘肃民族师范学院图书馆	1788500.0
349	贵州师范大学图书馆	2257400.0	389	成都体育学院图书馆	1785900.0
350	东华理工大学图书馆	2239411.0	390	怀化学院图书馆	1760000.0
351	武夷学院图书馆	2199840.0	391	浙江工商职业技术学院图书馆	1753188.0
352	陕西中医药大学图书馆	2199700.0	392	南京工业职业技术学院图书馆	1735664.0
353	西安欧亚学院图书馆	2179210.0	393	湖南人文科技学院图书馆	1723500.0
354	北京农学院图书馆	2162366.0	394	辽东学院图书馆	1696000.0

续表

序号	图书馆名称	购电子资源(元)	序号	图书馆名称	购电子资源(元)
395	北京师范大学珠海分校图书馆	1678977.0	435	南宁学院图书馆	1352000.0
396	南阳师范学院图书馆	1673330.0	436	广州番禺职业技术学院图书馆	1321000.0
397	大连工业大学图书馆	1663200.0	437	黄山学院图书馆	1320000.0
398	西安财经学院图书馆	1659000.0	438	重庆警察学院图书馆	1311200.0
399	湖州师范学院图书馆	1655678.0	439	茅台学院图书馆	1296000.0
400	长治学院图书馆	1655200.0	440	辽宁师范大学图书馆	1291000.0
401	通化师范学院图书馆	1650000.0	441	河套学院图书馆	1279467.0
402	湖北医药学院图书馆	1649267.0	442	江苏师范大学图书馆	1273005.0
403	广西民族师范学院图书馆	1639904.0	443	沈阳医学院图书馆	1271882.0
404	广东技术师范大学图书馆	1633043.0	444	重庆文理学院图书馆	1262733.0
405	西安航空学院图书馆	1626500.0	445	常州工学院图书馆	1260672.0
406	安徽科技学院图书馆	1625000.0	446	沈阳建筑大学图书馆	1260482.0
407	川北医学院图书馆	1603500.0	447	河池学院图书馆	1250000.0
408	咸阳师范学院图书馆	1600700.0	448	宁波大红鹰学院图书馆	1249715.0
409	长春中医药大学图书馆	1571000.0	449	大连交通大学图书馆	1230000.0
410	沈阳化工大学图书馆	1567264.0	450	贵州医科大学图书馆	1229164.0
411	渭南师范学院图书馆	1564000.0	451	吉林农业科技学院图书馆	1227430.0
412	武汉体育学院图书馆	1562900.0	452	榆林职业技术学院图书馆	1223300.0
413	辽宁对外经贸学院图书馆	1548071.7	453	西安石油大学图书馆	1222122.1
414	遵义师范学院图书馆	1537000.0	454	玉溪师范学院图书馆	1221700.0
415	唐山学院图书馆	1500000.0	455	广州大学华软软件学院图书馆	1211115.0
416	榆林学院图书馆	1500000.0	456	牡丹江师范学院图书馆	1209200.0
417	四川警察学院图书馆	1500000.0	457	西北政法大学图书馆	1203500.0
418	山西中医药大学图书馆	1500000.0	458	长春大学图书馆	1200000.0
419	韩山师范学院图书馆	1488657.0	459	湖北第二师范学院图书馆	1198300.0
420	杨凌职业技术学院图书馆	1462000.0	460	海口经济学院图书馆	1194000.0
421	潍坊学院图书馆	1460000.0	461	北京理工大学珠海学院图书馆	1180000.0
422	浙江金融职业学院图书馆	1457300.0	462	广州铁路职业技术学院图书馆	1170000.0
423	宁夏医科大学图书馆	1431172.0	463	东北石油大学图书馆	1170000.0
424	云南中医学院图书馆	1420780.0	464	中国刑事警察学院图书馆	1169108.0
425	成都医学院图书馆	1420000.0	465	江西科技学院图书馆	1167297.0
426	景德镇学院图书馆	1418300.0	466	吕梁学院图书馆	1164000.0
427	贵州商学院图书馆	1407200.0	467	温州职业技术学院图书馆	1156400.0
428	西藏大学图书馆	1400000.0	468	贵州中医药大学图书馆	1150000.0
429	浙江警察学院图书馆	1399871.0	469	上海建桥学院图书馆	1145000.0
430	浙江树人大学图书馆	1398307.0	470	攀枝花学院图书馆	1128300.0
431	成都师范学院图书馆	1387200.0	471	大连海洋大学图书馆	1113844.0
432	四川美术学院图书馆	1384000.0	472	湖南文理学院图书馆	1110000.0
433	汕头大学医学院图书馆	1363046.0	473	四川国际标榜职业学院图书馆	1102582.0
434	梧州学院图书馆	1359966.0	474	芜湖职业技术学院图书馆	1100000.0

续表

序号	图书馆名称	购电子资源(元)	序号	图书馆名称	购电子资源(元)
475	北京财贸职业学院图书馆	1099900.0	515	红河学院图书馆	835000.0
476	安顺学院图书馆	1095500.0	516	云南农业大学图书馆	834800.0
477	陕西学前师范学院图书馆	1095010.0	517	浙江越秀外国语学院图书馆	832294.8
478	湖北工程学院图书馆	1090400.0	518	湖南医药学院图书馆	828000.0
479	西安体育学院图书馆	1080980.0	519	浙江纺织服装职业技术学院图书馆	825329.8
480	北京中医药大学图书馆	1080000.0	520	绥化学院图书馆	821549.8
481	西安外事学院图书馆	1078000.0	521	武汉音乐学院图书馆	820500.0
482	石家庄学院图书馆	1069000.0	522	浙江旅游职业学院图书馆	815000.0
483	闽江师范高等专科学校图书馆	1065950.0	523	广东理工职业学院图书馆	813500.0
484	吉林医药学院图书馆	1050003.0	524	宁德师范学院图书馆	812700.0
485	楚雄师范学院图书馆	1047755.2	525	武汉工商学院图书馆	811647.7
486	成都工业学院图书馆	1037127.0	526	中国人民解放军海军工程大学图书馆	808261.9
487	武汉职业技术学院图书馆	1020000.0	527	四川交通职业技术学院图书馆	798500.0
488	四川音乐学院图书馆	1000000.0	528	新余学院图书馆	795980.0
489	北京工业职业技术学院图书馆	1000000.0	529	陕西工业职业技术学院图书馆	782000.0
490	牡丹江医学院图书馆	993015.0	530	苏州职业大学图书馆	778643.0
491	西安文理学院图书馆	990000.0	531	铜仁学院图书馆	770868.0
492	广东行政职业学院图书馆	985000.0	532	中山职业技术学院图书馆	770000.0
493	江苏警官学院图书馆	973250.0	533	广东食品药品职业学院图书馆	768000.0
494	西安翻译学院图书馆	972500.0	534	杭州医学院图书馆	766912.0
495	广西科技师范学院图书馆	960000.0	535	三亚学院图书馆	758800.0
496	广州美术学院图书馆	953494.0	536	沈阳理工大学图书馆	755000.0
497	电子科技大学中山学院图书馆	940566.1	537	河南牧业经济学院图书馆	750000.0
498	中州大学图书馆	933798.0	538	鞍山师范学院图书馆	746600.0
499	衢州职业技术学院图书馆	930463.0	539	长沙师范学校图书馆	745000.0
500	信阳农林学院图书馆	930000.0	540	哈尔滨金融学院图书馆	741195.0
501	四川文理学院图书馆	907008.0	541	浙江机电职业技术学院图书馆	740843.0
502	曲靖师范学院图书馆	900000.0	542	蚌埠学院图书馆	740000.0
503	文山学院图书馆	893230.0	543	广州城市职业学院图书馆	740000.0
504	江苏第二师范学院图书馆	890911.0	544	四川民族学院图书馆	731000.0
505	南京森林警察学院图书馆	887000.0	545	江西服装学院图书馆	728000.0
506	湖南科技学院图书馆	878000.0	546	呼和浩特职业技术学院图书馆	728000.0
507	重庆工业职业技术学院图书馆	870000.0	547	湖北警官学院图书馆	727500.0
508	宁波职业技术学院图书馆	867820.0	548	广州工程技术职业学院图书馆	723100.0
509	金华职业技术学院图书馆	862400.0	549	西安培华学院图书馆	718640.0
510	成都工业职业技术学院图书馆	857300.0	550	浙江建设职业技术学院图书馆	708166.3
511	广东科学技术职业学院图书馆	850000.0	551	西京学院图书馆	704000.0
512	浙江水利水电学院图书馆	849290.0	552	西安美术学院图书馆	702511.0
513	吉林化工学院图书馆	848000.0	553	中国美术学院图书馆	700000.0
514	福建中医药大学图书馆	837300.0	554	常州工程职业技术学院图书馆	700000.0

续表

序号	图书馆名称	购电子资源(元)	序号	图书馆名称	购电子资源(元)
555	浙江经贸职业技术学院图书馆	697048.0	595	贵州警察学院图书馆	585000.0
556	四川大学锦城学院图书馆	690112.0	596	盐城工业职业技术学院图书馆	572000.0
557	江苏农林职业技术学院图书馆	686000.0	597	呼和浩特民族学院图书馆	570107.0
558	江苏食品药品职业技术学院图书馆	680000.0	598	湖北汽车工业学院图书馆	569500.0
559	辽宁警察学院图书馆	679690.0	599	成都纺织高等专科学校图书馆	565800.0
560	西安航空职业技术学院图书馆	671500.0	600	河南工学院图书馆	557100.0
561	上海工艺美术职业学院图书馆	670000.0	601	温州科技职业学院图书馆	553512.0
562	吉林艺术学院图书馆	669000.0	602	湖南现代物流职业技术学院图书馆	550000.0
563	广东技术师范大学天河学院图书馆	668000.0	603	乐山职业技术学院图书馆	550000.0
564	辽宁工业大学图书馆	668000.0	604	东北师范大学文学院图书馆	549000.0
565	连云港师范高等专科学校图书馆	662083.0	605	荆楚理工学院图书馆	548300.0
566	南昌理工学院图书馆	661450.0	606	安徽商贸职业技术学院图书馆	547800.0
567	宿迁学院图书馆	660000.0	607	陕西职业技术学院图书馆	540000.0
568	南京艺术学院图书馆	654700.0	608	青海交通职业技术学院图书馆	540000.0
569	北京教育学院图书馆	653780.0	609	沈阳体育学院图书馆	538100.0
570	白城师范学院图书馆	650000.0	610	浙江外国语学院图书馆	528219.0
571	忻州师范学院图书馆	643000.0	611	商洛学院图书馆	521000.0
572	沈阳工程学院图书馆	641080.0	612	四川文化产业职业学院图书馆	519300.0
573	甘肃工业职业技术学院图书馆	640000.0	613	广东岭南职业技术学院图书馆	512000.0
574	凯里学院图书馆	632000.0	614	浙江医药高等专科学校图书馆	509132.0
575	江西警察学院图书馆	620690.0	615	江西财经职业学院图书馆	500000.0
576	浙江工业职业技术学院图书馆	620000.0	616	四川中医药高等专科学校图书馆	500000.0
577	吉林外国语大学图书馆	618140.0	617	厦门城市职业学院图书馆	500000.0
578	吉林大学珠海学院图书馆	616930.0	618	武汉铁路职业技术学院图书馆	499862.0
579	广东环境保护工程职业学院图书馆	610000.0	619	阜阳职业技术学院图书馆	499800.0
580	长春光华学院图书馆	600000.0	620	四川水利职业技术学院图书馆	498000.0
581	北京舞蹈学院图书馆	600000.0	621	陕西国防工业职业技术学院图书馆	495000.0
582	广东工贸职业技术学院图书馆	600000.0	622	湖南警察学院图书馆	490012.0
583	西安铁路职业技术学院图书馆	599200.0	623	湖南女子学院图书馆	487800.0
584	南京科技职业学院图书馆	596090.0	624	黎明职业大学图书馆	483000.0
585	江西经济管理干部学院图书馆	594850.0	625	浙江同济科技职业学院图书馆	478776.0
586	安徽工商职业学院图书馆	592400.0	626	广东水利电力职业技术学院图书馆	478085.0
587	江西旅游商贸职业学院图书馆	592350.0	627	泰州职业技术学院图书馆	477964.0
588	池州学院图书馆	591800.0	628	晋中学院图书馆	477850.0
589	新乡医学院三全学院图书馆	591500.0	629	河源职业技术学院图书馆	477000.0
590	广州商学院图书馆	590706.0	630	四川建筑职业技术学院图书馆	475571.1
591	营口理工学院图书馆	590000.0	631	江西工程职业学院图书馆	475000.0
592	衢州学院图书馆	590000.0	632	大庆师范学院图书馆	474689.2
593	黄冈职业技术学院图书馆	588000.0	633	广东松山职业技术学院图书馆	473661.0
594	广东培正学院图书馆	587719.0	634	吉林铁道职业技术学院图书馆	472970.0

续表

序号	图书馆名称	购电子资源(元)	序号	图书馆名称	购电子资源(元)
635	黔南民族师范学院图书馆	470000.0	675	阿坝师范学院图书馆	399000.0
636	内蒙古电子信息职业技术学院图书馆	463000.0	676	成都农业科技职业学院图书馆	394000.0
637	陕西铁路工程职业技术学院图书馆	460700.0	677	西北工业大学明德学院图书馆	391073.0
638	广西工商职业技术学院图书馆	460000.0	678	盘锦职业技术学院图书馆	390003.0
639	江西中医药高等专科学校图书馆	460000.0	679	仰恩大学图书馆	390000.0
640	云南能源职业技术学院图书馆	454000.0	680	漳州职业技术学院图书馆	389700.0
641	浙江工贸职业技术学院图书馆	452333.0	681	义乌工商职业技术学院图书馆	383719.0
642	陕西警官职业学院图书馆	450900.0	682	恩施职业技术学院图书馆	380671.1
643	三江学院图书馆	450452.0	683	九江职业技术学院图书馆	375000.0
644	上海民航职业技术学院图书馆	449800.0	684	西安音乐学院图书馆	375000.0
645	白城医学高等专科学校图书馆	448000.0	685	合肥师范学院图书馆	374900.0
646	浙江交通职业技术学院图书馆	448000.0	686	泉州幼儿师范高等专科学校图书馆	372450.0
647	成都航空职业技术学院图书馆	447800.0	687	商洛职业技术学院图书馆	372000.0
648	长春工业大学人文信息学院图书馆	445000.0	688	扬州市职业大学图书馆	370445.0
649	广东理工学院图书馆	445000.0	689	湖北美术学院图书馆	369000.0
650	兴义民族师范学院图书馆	442000.0	690	中国人民解放军空军预警学院图书馆	365800.0
651	健雄职业技术学院图书馆	440000.0	691	宁夏幼儿师范高等专科学校图书馆	365000.0
652	广东建设职业技术学院图书馆	440000.0	692	广州航海学院图书馆	364980.0
653	佛山职业技术学院图书馆	440000.0	693	四川工业科技学院图书馆	362000.0
654	武汉工程科技学院图书馆	439500.0	694	包头轻工职业技术学院图书馆	360000.0
655	延安大学西安创新学院图书馆	438000.0	695	郑州财经学院图书馆	360000.0
656	绵阳职业技术学院图书馆	435000.0	696	广东警官学院图书馆	356000.0
657	武汉东湖学院图书馆	434500.0	697	吉林动画学院图书馆	353000.0
658	成都文理学院图书馆	433000.0	698	广西国际商务职业技术学院图书馆	351500.0
659	天津体育学院图书馆	431400.0	699	萍乡学院图书馆	350000.0
660	云南交通职业技术学院图书馆	430000.0	700	河南工业职业技术学院图书馆	350000.0
661	广东职业技术学院图书馆	428000.0	701	湖北三峡职业技术学院图书馆	350000.0
662	安徽职业技术学院图书馆	420000.0	702	南通科技职业学院图书馆	350000.0
663	湖北职业技术学院图书馆	420000.0	703	江西工业工程职业技术学院图书馆	347700.0
664	许昌职业技术学院图书馆	420000.0	704	嘉兴职业技术学院图书馆	344428.0
665	河南质量工程职业学院图书馆	420000.0	705	湖南生物机电职业技术学院图书馆	342000.0
666	郑州旅游职业学院图书馆	420000.0	706	台州职业技术学院图书馆	340971.0
667	南昌工学院图书馆	417500.0	707	上海旅游高等专科学校图书馆	340639.0
668	首钢工学院图书馆	412000.0	708	甘肃交通职业技术学院图书馆	340000.0
669	六盘水师范学院图书馆	404050.0	709	吉林工商学院图书馆	339800.0
670	浙江农业商贸职业学院图书馆	400000.0	710	安徽审计职业学院图书馆	339000.0
671	安徽医学高等专科学校图书馆	400000.0	711	湖州职业技术学院图书馆	335346.0
672	延安职业技术学院图书馆	400000.0	712	广安职业技术学院图书馆	335000.0
673	南通理工学院图书馆	400000.0	713	鄂州职业大学图书馆	333900.0
674	华南理工大学广州学院图书馆	400000.0	714	浙江警官职业学院图书馆	330000.0

续表

序号	图书馆名称	购电子资源(元)	序号	图书馆名称	购电子资源(元)
715	山西工商学院图书馆	330000.0	755	广东科贸职业学院图书馆	286000.0
716	黑龙江生物科技职业学院图书馆	330000.0	756	鹤壁职业技术学院图书馆	285000.0
717	内蒙古化工职业学院图书馆	329000.0	757	江西应用科技学院图书馆	280500.0
718	宜宾职业技术学院图书馆	328000.0	758	长春财经学院图书馆	280000.0
719	无锡职业技术学院图书馆	327500.0	759	重庆电力高等专科学校图书馆	280000.0
720	重庆城市管理职业学院图书馆	325000.0	760	西安财经学院行知学院图书馆	279000.0
721	武汉学院图书馆	321000.0	761	天津现代职业技术学院图书馆	278800.0
722	文华学院图书馆	320000.0	762	四川职业技术学院图书馆	275000.0
723	江西制造职业技术学院图书馆	318675.0	763	武汉民政职业学院图书馆	270000.0
724	长江师范学院图书馆	318100.0	764	四川工商职业技术学院图书馆	269000.0
725	达州职业技术学院图书馆	318000.0	765	辽源职业技术学院图书馆	267000.0
726	哈尔滨职业技术学院图书馆	316000.0	766	福州外语外贸学院图书馆	262852.0
727	天津商业大学宝德学院图书馆	315275.0	767	云南林业职业技术学院图书馆	261000.0
728	营口职业技术学院图书馆	315000.0	768	四川司法警官职业学院图书馆	260000.0
729	西安职业技术学院图书馆	313000.0	769	四川邮电职业技术学院图书馆	259300.0
730	清远职业技术学院图书馆	310000.0	770	上海行健职业学院图书馆	255000.0
731	四川工程职业技术学院图书馆	308500.0	771	昆山杜克大学图书馆	254279.2
732	福建体育职业技术学院图书馆	307000.0	772	中山大学南方学院图书馆	254000.0
733	吉林体育学院图书馆	307000.0	773	抚顺职业技术学院图书馆	250000.0
734	南充职业技术学院图书馆	304800.0	774	四川卫生康复职业学院图书馆	250000.0
735	江西水利职业学院图书馆	302900.0	775	鲁迅美术学院图书馆	250000.0
736	浙江国际海运职业技术学院图书馆	301104.0	776	揭阳职业技术学院图书馆	249000.0
737	四川管理职业学院图书馆	300000.0	777	湖北工业职业技术学院图书馆	245000.0
738	江汉师范学院图书馆	300000.0	778	湖南中医药高等专科学校图书馆	243000.0
739	咸宁职业技术学院图书馆	300000.0	779	湖北城市建设职业技术学院图书馆	240000.0
740	广州卫生职业技术学院图书馆	300000.0	780	江苏卫生健康职业学院图书馆	240000.0
741	湖北水利水电职业技术学院图书馆	300000.0	781	广州城建职业学院图书馆	240000.0
742	宁夏民族职业技术学院图书馆	300000.0	782	宝鸡职业技术学院图书馆	236800.0
743	青海卫生职业技术学院图书馆	299800.0	783	赣西科技职业学院图书馆	236000.0
744	泸州职业技术学院图书馆	299000.0	784	武昌工学院图书馆	235500.0
745	江西工程学院图书馆	298000.0	785	长春建筑学院图书馆	234500.0
746	无锡工艺职业技术学院图书馆	295000.0	786	咸阳职业技术学院图书馆	234000.0
747	宁波城市职业技术学院图书馆	293500.0	787	云南艺术学院图书馆	233000.0
748	辽宁交通高等专科学校图书馆	292000.0	788	襄阳职业技术学院图书馆	232000.0
749	普洱学院图书馆	291000.0	789	四川信息职业技术学院图书馆	225000.0
750	贵州工程应用技术学院图书馆	290000.0	790	湖北中医药高等专科学校图书馆	220000.0
751	长春职业技术学院图书馆	290000.0	791	上海思博职业技术学院图书馆	220000.0
752	宜春职业技术学院图书馆	288500.0	792	广州南洋理工职业学院图书馆	220000.0
753	四川化工职业技术学院图书馆	288000.0	793	甘肃畜牧工程职业技术学院图书馆	220000.0
754	天津美术学院图书馆	287000.0	794	湖北财税职业学院图书馆	217500.0

续表

序号	图书馆名称	购电子资源(元)	序号	图书馆名称	购电子资源(元)
795	南京广播电视大学图书馆	216600.0	834	上海师范大学天华学院图书馆	181000.0
796	吉林电子信息职业技术学院图书馆	214000.0	835	云南国土资源职业学院图书馆	178000.0
797	红河卫生职业学院图书馆	213000.0	836	上海农林职业技术学院图书馆	177300.0
798	云南锡业职业技术学院图书馆	213000.0	837	四川商务职业学院图书馆	177000.0
799	西安交通大学城市学院图书馆	212000.0	838	长春科技学院图书馆	175000.0
800	西安汽车科技职业学院图书馆	210000.0	839	黑龙江农业经济职业学院图书馆	175000.0
801	武汉船舶职业技术学院图书馆	210000.0	840	宁波教育学院图书馆	174200.0
802	宁夏工商职业技术学院图书馆	210000.0	841	湖北国土资源职业学院图书馆	172500.0
803	湖北生态工程职业技术学院图书馆	210000.0	842	辽宁工程职业学院图书馆	170800.0
804	四川传媒学院图书馆	209000.0	843	广州体育职业技术学院图书馆	170588.0
805	中山大学新华学院图书馆	206000.0	844	辽宁农业职业技术学院图书馆	170000.0
806	浙江东方职业技术学院图书馆	205942.0	845	沈阳音乐学院图书馆	168700.0
807	天津医科大学临床医学院图书馆	202400.0	846	四川航天职业技术学院图书馆	166580.0
808	闽北职业技术学院图书馆	200000.0	847	武昌职业学院图书馆	166034.8
809	广东文艺职业学院图书馆	200000.0	848	武汉传媒学院图书馆	160000.0
810	广东碧桂园职业学院图书馆	200000.0	849	吉安职业技术学院图书馆	159980.0
811	朝阳师范高等专科学校图书馆	200000.0	850	重庆水利电力职业技术学院图书馆	158600.0
812	武汉晴川学院图书馆	200000.0	851	龙岩学院图书馆	157700.0
813	湖南信息学院图书馆	200000.0	852	陕西交通职业技术学院图书馆	155000.0
814	陕西财经职业技术学院图书馆	200000.0	853	江西外语外贸职业学院图书馆	152900.0
815	江西卫生职业学院图书馆	200000.0	854	湖北交通职业技术学院图书馆	150000.0
816	河南职业技术学院图书馆	199000.0	855	湖北生物科技职业学院图书馆	150000.0
817	江西工业贸易职业技术学院图书馆	198000.0	856	连云港职业技术学院图书馆	150000.0
818	天津音乐学院图书馆	197633.0	857	南京航空航天大学金城学院图书馆	150000.0
819	天津师范大学图书馆	197500.0	858	江西冶金职业技术学院图书馆	150000.0
820	汕尾职业技术学院图书馆	197500.0	859	南京理工大学泰州科技学院图书馆	150000.0
821	四川财经职业学院图书馆	196530.0	860	广东财经大学华商学院图书馆	150000.0
822	江西医学高等专科学校图书馆	195000.0	861	西安交通工程学院图书馆	150000.0
823	茂名职业技术学院图书馆	195000.0	862	湖北工程职业学院图书馆	149000.0
824	浙江财经大学东方学院图书馆	192658.0	863	铜川职业技术学院图书馆	146800.0
825	江苏航空职业技术学院图书馆	190000.0	864	四川护理职业学院图书馆	144000.0
826	云南农业职业技术学院图书馆	190000.0	865	北京第二外国语学院中瑞酒店管理学院图书馆	140000.0
827	惠州经济职业技术学院图书馆	190000.0	866	四川电影电视学院图书馆	140000.0
828	江西信息应用职业技术学院图书馆	190000.0	867	川北幼儿师范高等专科学校图书馆	138200.0
829	天津大学仁爱学院图书馆	188000.0	868	湖南高速铁路职业技术学院图书馆	138000.0
830	武昌首义学院图书馆	186025.0	869	雅安职业技术学院图书馆	138000.0
831	浙江特殊教育职业学院图书馆	186000.0	870	江阴职业技术学院图书馆	136000.0
832	辽宁建筑职业技术学院图书馆	185200.0	871	宁夏财经职业技术学院图书馆	135000.0
833	江西生物科技职业学院图书馆	184600.0	872	厦门兴才职业技术学院	135000.0

续表

序号	图书馆名称	购电子资源(元)	序号	图书馆名称	购电子资源(元)
873	武汉科技大学城市学院图书馆	132395.5	911	成都职业技术学院图书馆	87000.0
874	民办南华工商学院图书馆	132237.8	912	昆明工业职业技术学院图书馆	82000.0
875	广州大学松田学院图书馆	125000.0	913	长春大学旅游学院图书馆	80000.0
876	内江职业技术学院图书馆	124000.0	914	山西林业职业技术学院图书馆	80000.0
877	浙江体育职业技术学院图书馆	120000.0	915	黑龙江工商学院图书馆	79800.0
878	广东司法警官职业学院图书馆	120000.0	916	上海东海职业技术学院图书馆	79000.0
879	克拉玛依职业技术学院图书馆	120000.0	917	大连职业技术学院图书馆	70000.0
880	江西机电职业技术学院图书馆	117000.0	918	漯河职业技术学院图书馆	70000.0
881	江西中医药大学科技学院图书馆	115600.0	919	四川幼儿师范高等专科学校图书馆	70000.0
882	九江职业大学图书馆	115600.0	920	武汉生物工程学院图书馆	69000.0
883	广东邮电职业技术学院图书馆	115000.0	921	武汉警官职业学院图书馆	68641.0
884	福州理工学院图书馆	114500.0	922	上海震旦职业学院图书馆	65000.0
885	厦门华夏学院图书馆	112980.0	923	川南幼儿师范高等专科学校图书馆	60400.0
886	宜春幼儿师范高等专科学校图书馆	111000.0	924	江西工商职业技术学院图书馆	60000.0
887	渤海船舶职业学院图书馆	110000.0	925	吉林司法警官职业学院图书馆	60000.0
888	西安电力高等专科学校图书馆	108000.0	926	四川托普信息技术职业学院图书馆	55000.0
889	广东舞蹈戏剧职业学院图书馆	106200.0	927	金华教育学院图书馆	55000.0
890	南昌大学共青学院图书馆	106000.0	928	西安科技大学高新学院图书馆	52500.0
891	云南经济管理学院图书馆	104000.0	929	益阳职业技术学院图书馆	50000.0
892	保山中医药高等专科学校图书馆	103500.0	930	永州职业技术学院图书馆	50000.0
893	四川旅游学院图书馆	100226.0	931	镇江市高等专科学校图书馆	50000.0
894	四川艺术职业学院图书馆	100000.0	932	江西新能源科技学院图书馆	50000.0
895	湖南体育职业技术学院图书馆	100000.0	933	广东亚视演艺职业学院图书馆	50000.0
896	厦门南洋职业学院图书馆	100000.0	934	广州科技职业技术学院图书馆	50000.0
897	四川文轩职业学院图书馆	100000.0	935	大庆医学高等专科学校图书馆	47500.0
898	江西交通职业技术学院图书馆	100000.0	936	云南外事外语职业学院图书馆	46000.0
899	泉州经贸职业技术学院图书馆	99500.0	937	华南农业大学珠江学院图书馆	46000.0
900	江西陶瓷工艺美术职业技术学院图书馆	99100.0	938	浙江育英职业技术学院图书馆	45348.8
901	赣州卫生健康职业学院图书馆	98190.0	939	湖北工程学院新技术学院图书馆	44062.2
902	江西青年职业学院图书馆	98000.0	940	上海工商职业技术学院图书馆	44000.0
903	嘉应学院图书馆	98000.0	941	上海科学技术职业学院图书馆	40000.0
904	天津滨海职业学院图书馆	96667.0	942	锦州师范高等专科学校图书馆	40000.0
905	天津电子信息职业技术学院图书馆	96600.0	943	陕西青年职业学院图书馆	38000.0
906	湖南工业职业技术学院图书馆	90000.0	944	南昌大学科技学院图书馆	35000.0
907	江西工业职业技术学院图书馆	90000.0	945	长春教育学院图书馆	33000.0
908	杭州师范大学钱江学院图书馆	89800.8	946	福建华南女子职业学院图书馆	30000.0
909	辽宁金融职业学院图书馆	89800.0	947	广东生态工程职业学院图书馆	30000.0
910	邯郸职业技术学院图书馆	88000.0	948	广东南方职业学院图书馆	30000.0

续表

序号	图书馆名称	购电子资源(元)	序号	图书馆名称	购电子资源(元)
949	上海出版印刷高等专科学校图书馆（水丰路校区）	25000.0	955	广州现代信息工程职业技术学院图书馆	10000.0
950	苏州科技大学天平学院图书馆	21119.0	956	湖北大学知行学院图书馆	10000.0
951	广东创新科技职业学院图书馆	20800.0	957	宁夏大学新华学院图书馆	10000.0
952	成都东软学院图书馆	20021.0	958	湖南幼儿师范高等专科学校图书馆	10000.0
953	绍兴文理学院元培学院图书馆	20000.0	959	三明职业技术学院图书馆	5000.0
954	私立华联学院图书馆	18000.0			

2018年1025所高校图书馆年度总经费统计表

序号	图书馆名称	年度总经费(元)	序号	图书馆名称	年度总经费(元)
1	中山大学图书馆	111329001.6	39	西南交通大学图书馆	25959315.0
2	北京大学图书馆	98523876.1	40	郑州大学图书馆	25853478.0
3	复旦大学图书馆	93900940.3	41	广州大学图书馆	25450211.5
4	浙江大学图书馆	66137612.6	42	湖南大学图书馆	25149000.0
5	清华大学图书馆	61982212.2	43	深圳大学图书馆	24996917.4
6	中国人民大学图书馆	56417597.0	44	南京师范大学图书馆	24921099.2
7	华中科技大学图书馆	52481300.4	45	福建农林大学图书馆	24332191.4
8	武汉大学图书馆	51609374.3	46	合肥工业大学图书馆	24163990.6
9	山东大学图书馆	51231822.0	47	华南师范大学图书馆	24028867.0
10	上海交通大学图书馆	47211542.7	48	东北师范大学图书馆	24026384.1
11	北京师范大学图书馆	44373525.7	49	宁波大学图书馆	23954622.8
12	同济大学图书馆	43499256.3	50	西交利物浦大学图书馆	23907122.0
13	四川大学图书馆	42437620.0	51	南开大学图书馆	22661510.0
14	云南大学图书馆	37362599.7	52	西南民族大学图书馆	22377624.3
15	中南大学图书馆	36396441.1	53	南方科技大学图书馆	22258844.5
16	厦门大学图书馆	36294297.1	54	中南民族大学图书馆	22222538.7
17	深圳大学城图书馆	35160245.2	55	贵州大学图书馆	22033466.0
18	华东师范大学图书馆	34911073.0	56	河海大学图书馆	21853895.0
19	东南大学图书馆	33580888.9	57	山西中医药大学图书馆	21653000.0
20	西安交通大学图书馆	33445647.3	58	南阳师范学院图书馆	21387414.0
21	香港中文大学图书馆	33382969.2	59	华东理工大学图书馆	21357687.5
22	电子科技大学图书馆	32401809.8	60	福州大学图书馆	21029726.1
23	大连理工大学图书馆	32292708.8	61	西南财经大学图书馆	20952848.2
24	安徽师范大学图书馆	31444699.0	62	东华大学图书馆	20880000.0
25	中国科学技术大学图书馆	30046681.2	63	北京理工大学图书馆	20671716.0
26	华南理工大学图书馆	29314989.0	64	北京科技大学图书馆	20604664.4
27	首都师范大学图书馆	29022024.1	65	内蒙古大学图书馆	20459016.9
28	东北大学图书馆	28794098.0	66	北京联合大学图书馆	20197269.8
29	天津大学图书馆	28735227.9	67	中国农业大学图书馆	19999149.4
30	暨南大学图书馆	28636157.3	68	上海大学图书馆	19998336.2
31	北京工业大学图书馆	26860909.7	69	福建师范大学图书馆	19789201.3
32	中国海洋大学图书馆	26698418.0	70	上海师范大学图书馆	19670237.0
33	西北工业大学图书馆	26515960.7	71	首都经济贸易大学图书馆	19631258.0
34	南京农业大学图书馆	26495380.7	72	广东外语外贸大学图书馆	19495095.0
35	西北大学图书馆	26359691.4	73	江南大学图书馆	19357032.9
36	西南大学图书馆	26324000.0	74	哈尔滨工程大学图书馆	19353429.0
37	武汉理工大学图书馆	26012449.7	75	南京中医药大学图书馆	19256968.0
38	北京交通大学图书馆	26003628.7	76	苏州大学图书馆	19198760.5

续表

序号	图书馆名称	年度总经费(元)	序号	图书馆名称	年度总经费(元)
77	中国矿业大学(北京)图书馆	18612848.0	116	中国政法大学图书馆	14125545.7
78	西华师范大学图书馆	18571996.2	117	内蒙古师范大学图书馆	14122953.7
79	陕西师范大学图书馆	18554539.1	118	长安大学图书馆	14015828.5
80	茅台学院图书馆	18457299.7	119	上海理工大学图书馆	13858965.9
81	四川师范大学图书馆	18206654.4	120	江苏大学图书馆	13825515.1
82	北京航空航天大学图书馆	18080000.0	121	中国石油大学(华东)图书馆	13666659.2
83	华东政法大学图书馆	17917713.4	122	中国石油大学(华东)图书馆	13666659.2
84	江西师范大学图书馆	17911267.6	123	广东药科大学图书馆	13489001.0
85	华南农业大学图书馆	17858260.8	124	中国地质大学图书馆	13456304.0
86	浙江师范大学图书馆	17719718.3	125	长沙理工大学图书馆	13337151.7
87	南京航空航天大学图书馆	17401127.1	126	宁夏大学图书馆	13215726.9
88	上海财经大学图书馆	17216361.5	127	成都中医药大学图书馆	13207977.2
89	河北工业大学图书馆	17181343.0	128	云南师范大学图书馆	13147606.0
90	浙江工业大学图书馆	17124011.6	129	阜阳师范学院图书馆	13042518.0
91	华中农业大学图书馆	17062628.0	130	北方民族大学图书馆	13017243.3
92	华北电力大学图书馆	16859828.3	131	西安建筑科技大学图书馆	13014443.1
93	杭州师范大学图书馆	16753224.4	132	四川农业大学图书馆	12933957.6
94	西安电子科技大学图书馆	16727073.9	133	广西财经学院图书馆	12837500.0
95	温州大学图书馆	16546765.1	134	成都理工大学图书馆	12798400.0
96	北京师范大学一香港浸会大学联合国际学院图书馆	16520066.0	135	北京邮电大学图书馆	12682330.0
97	广东工业大学图书馆	16267207.5	136	泸州医学院图书馆	12672755.1
98	华中师范大学图书馆	15995052.0	137	西安外国语大学图书馆	12620016.5
99	华侨大学图书馆	15925182.8	138	民办四川天一学院图书馆	12574850.5
100	扬州大学图书馆	15822299.0	139	桂林电子科技大学图书馆	12500000.0
101	中国矿业大学图书馆	15553720.0	140	广州医科大学图书馆	12488960.9
102	首都医科大学图书馆	15545216.0	141	上海海洋大学图书馆	12486386.8
103	中南财经政法大学图书馆	15493801.9	142	浙江农林大学图书馆	12298095.7
104	西北农林科技大学图书馆	15222801.3	143	合肥学院图书馆	12254993.8
105	上海科技大学图书馆	15207326.8	144	江汉大学图书馆	12214637.1
106	上海外国语大学图书馆	15103771.8	145	江西工程学院图书馆	12178841.4
107	泉州师范学院图书馆	15014400.0	146	惠州学院图书馆	12173260.0
108	上海对外经贸大学图书馆	14995823.2	147	北京服装学院图书馆	12163213.0
109	南京理工大学图书馆	14995506.9	148	广西师范大学图书馆	12124000.0
110	海南大学图书馆	14838499.9	149	广西大学图书馆	12080222.0
111	北京工商大学图书馆	14703858.5	150	西藏民族大学图书馆	12034837.3
112	广西科技大学图书馆	14660389.5	151	深圳职业技术学院图书馆	11982100.0
113	山西大学图书馆	14513409.8	152	汕头大学图书馆	11902706.9
114	安徽财经大学图书馆	14226810.7	153	南京工业大学图书馆	11880003.6
115	浙江理工大学图书馆	14216149.6	154	四川外国语大学图书馆	11861504.3

续表

序号	图书馆名称	年度总经费(元)	序号	图书馆名称	年度总经费(元)
155	河北师范大学图书馆	11824107.8	195	三峡大学图书馆	9836073.9
156	温州医科大学图书馆	11771997.0	196	兰州文理学院图书馆	9807749.6
157	南通大学图书馆	11766314.2	197	南京林业大学图书馆	9740358.8
158	中央民族大学图书馆	11733510.0	198	江西理工大学图书馆	9720525.2
159	南京医科大学图书馆	11688018.0	199	中国医科大学图书馆	9630182.0
160	西南科技大学图书馆	11660926.1	200	浙江工商大学图书馆	9598963.2
161	广州中医药大学图书馆	11644358.9	201	江西服装学院图书馆	9543046.8
162	广东海洋大学图书馆	11594556.0	202	陕西科技大学图书馆	9357023.9
163	安徽大学图书馆	11590356.8	203	北方工业大学图书馆	9165793.3
164	北京林业大学图书馆	11542140.6	204	厦门理工学院图书馆	9151659.0
165	山东农业大学图书馆	11344252.6	205	北京信息科技大学图书馆	9140441.7
166	西南政法大学图书馆	11271697.4	206	天津理工大学图书馆	9042375.9
167	杭州电子科技大学图书馆	11220412.9	207	浙江海洋大学图书馆	9011291.7
168	中央财经大学图书馆	11110193.2	208	安徽工业大学图书馆	8992500.0
169	郑州轻工业学院图书馆	11104540.7	209	浙江财经大学图书馆	8978428.0
170	中国民用航空飞行学院图书馆	11013026.5	210	天津科技大学图书馆	8977637.9
171	南方医科大学图书馆	10999881.0	211	韩山师范学院图书馆	8958532.1
172	湖南文理学院图书馆	10925000.0	212	湖北工业大学图书馆	8746056.8
173	长春师范大学图书馆	10883478.1	213	江苏科技大学图书馆	8700555.2
174	兰州理工大学图书馆	10880233.9	214	武汉科技大学城市学院图书馆	8697901.5
175	上海工程技术大学图书馆	10855329.6	215	佛山科学技术学院图书馆	8536678.0
176	湖南农业大学图书馆	10800000.0	216	内蒙古科技大学图书馆	8498678.9
177	内蒙古工业大学图书馆	10755264.0	217	浙江农林大学暨阳学院图书馆	8482998.4
178	西安科技大学图书馆	10706561.8	218	石家庄铁道大学图书馆	8447408.0
179	中国药科大学图书馆	10700000.0	219	绍兴文理学院图书馆	8322690.9
180	苏州科技大学图书馆	10690344.6	220	南京信息工程大学图书馆	8321605.8
181	上海健康医学院图书馆	10681094.2	221	上海海事大学图书馆	8244264.3
182	西南石油大学图书馆	10602269.2	222	上海中医药大学图书馆	8189771.0
183	安徽理工大学图书馆	10522149.0	223	嘉兴学院图书馆	8142695.7
184	中国石油大学(北京)图书馆	10390317.0	224	福建医科大学图书馆	8112427.9
185	武汉科技大学图书馆	10362742.7	225	湖北大学图书馆	8094328.9
186	青岛科技大学图书馆	10359353.5	226	兰州财经大学图书馆	8089700.0
187	重庆工商大学图书馆	10324638.5	227	兰州交通大学图书馆	8051775.3
188	西安理工大学图书馆	10313143.4	228	河西学院图书馆	8048237.7
189	中南林业科技大学图书馆	10172439.1	229	南京审计大学图书馆	7996591.4
190	四川理工学院图书馆	10101805.8	230	云南财经大学图书馆	7934800.0
191	东北林业大学图书馆	10051374.0	231	闽南师范大学图书馆	7823823.4
192	太原理工大学图书馆	9944859.1	232	延边大学图书馆	7773543.9
193	中国民航大学图书馆	9941853.3	233	石河子大学图书馆	7748527.0
194	西北师范大学图书馆	9930036.7	234	福建工程学院图书馆	7742344.3

续表

序号	图书馆名称	年度总经费(元)	序号	图书馆名称	年度总经费(元)
235	闽江学院图书馆	7704321.4	275	淮阴师范学院图书馆	6740550.4
236	集美大学图书馆	7700136.4	276	南京工程学院图书馆	6715833.8
237	辽宁大学图书馆	7652424.3	277	贵州师范大学图书馆	6703742.4
238	岭南师范学院图书馆	7638600.8	278	西北政法大学图书馆	6702180.2
239	临沂大学图书馆	7614381.0	279	中北大学图书馆	6665183.1
240	东北农业大学图书馆	7574346.9	280	金陵科技学院图书馆	6649160.9
241	西华大学图书馆	7547357.3	281	包头师范学院图书馆	6644000.0
242	遵义医科大学图书馆	7539540.7	282	浙江中医药大学图书馆	6638022.7
243	安徽农业大学图书馆	7532908.0	283	重庆医科大学图书馆	6604785.3
244	中华女子学院图书馆	7508540.4	284	上海应用技术学院图书馆	6565558.7
245	中原工学院图书馆	7500000.0	285	常熟理工学院图书馆	6564433.9
246	北京石油化工学院图书馆	7490000.0	286	萍乡学院图书馆	6554000.0
247	黄冈师范学院图书馆	7479740.0	287	大连医科大学图书馆	6536878.9
248	东北财经大学图书馆	7465317.5	288	湖州师范学院图书馆	6442280.0
249	甘肃农业大学图书馆	7460000.0	289	湖南商学院图书馆	6406200.0
250	上海电力学院图书馆	7391974.9	290	上海建桥学院图书馆	6404287.0
251	宿州学院图书馆	7385900.0	291	四川国际标榜职业学院图书馆	6397582.0
252	四川美术学院图书馆	7360888.9	292	沈阳药科大学图书馆	6374768.8
253	西安邮电大学图书馆	7255092.9	293	吕梁学院图书馆	6374559.5
254	四川中医药高等专科学校图书馆	7250000.0	294	南京广播电视大学图书馆	6361600.0
255	云南能源职业技术学院图书馆	7214000.0	295	江西农业大学图书馆	6350000.0
256	广西科技师范学院图书馆	7207779.0	296	天津商业大学图书馆	6346466.1
257	芜湖职业技术学院图书馆	7186080.0	297	沈阳师范大学图书馆	6344052.4
258	贵州商学院图书馆	7134555.2	298	甘肃民族师范学院图书馆	6333450.2
259	国际关系学院图书馆	7128036.3	299	川北医学院图书馆	6305961.5
260	海南热带海洋学院图书馆	7124214.8	300	华东交通大学图书馆	6297697.3
261	广东石油化工学院图书馆	7103000.0	301	贵州理工学院图书馆	6278370.0
262	南昌工程学院图书馆	7079894.3	302	咸阳师范学院图书馆	6257780.6
263	河套学院图书馆	7078002.0	303	哈尔滨师范大学图书馆	6250891.1
264	九江学院图书馆	7064774.8	304	上海商学院图书馆	6219800.0
265	南宁学院图书馆	7044000.0	305	江苏理工学院图书馆	6211866.7
266	宝鸡文理学院图书馆	7038474.3	306	辽宁科技大学图书馆	6209488.2
267	西安工程大学图书馆	7023604.9	307	安徽审计职业学院图书馆	6205060.3
268	南京晓庄学院图书馆	7007990.5	308	井冈山大学图书馆	6185279.8
269	广州航海学院图书馆	6999027.0	309	新乡医学院三全学院图书馆	6175310.8
270	北京体育大学图书馆	6968476.0	310	赣南医学院图书馆	6173008.0
271	湖北医药学院图书馆	6963567.0	311	江西科技师范大学图书馆	6159534.0
272	云南艺术学院图书馆	6874452.0	312	五邑大学图书馆	6150746.5
273	四川传媒学院图书馆	6843678.0	313	江西中医药高等专科学校图书馆	6130000.0
274	潍坊学院图书馆	6779712.4	314	浙江传媒学院图书馆	6113313.3

续表

序号	图书馆名称	年度总经费(元)	序号	图书馆名称	年度总经费(元)
315	大连大学图书馆	6111927.8	355	浙江越秀外国语学院图书馆	5204858.1
316	天津师范大学图书馆	6064287.3	356	武汉纺织大学图书馆	5193116.1
317	天水师范学院图书馆	6030000.0	357	河北北方学院图书馆	5137060.9
318	天津外国语大学图书馆	6014087.3	358	北京师范大学珠海分校图书馆	5097206.9
319	大连外国语学院图书馆	6000000.0	359	淮北师范大学图书馆	5093029.0
320	盐城师范学院图书馆	5931443.0	360	西安医学院图书馆	5076884.0
321	贵阳学院图书馆	5912597.3	361	徐州工程学院图书馆	5069661.7
322	北京农学院图书馆	5912366.0	362	成都信息工程大学图书馆	5059986.9
323	遵义师范学院图书馆	5894094.5	363	沈阳农业大学图书馆	5047995.9
324	泰州学院图书馆	5857104.0	364	成都文理学院图书馆	5047525.5
325	吉首大学图书馆	5835554.9	365	成都大学图书馆	5018812.0
326	莆田学院图书馆	5807562.8	366	上饶师范学院图书馆	5017546.3
327	成都医学院图书馆	5795533.4	367	三江学院图书馆	4979425.7
328	上海电机学院图书馆	5721881.4	368	广东金融学院图书馆	4972995.0
329	太原科技大学图书馆	5721513.4	369	延安大学图书馆	4927384.0
330	湖北美术学院图书馆	5700085.2	370	沈阳航空航天大学图书馆	4904561.2
331	湖南中医药大学图书馆	5680053.0	371	陕西国际商贸学院图书馆	4896269.6
332	广州商学院图书馆	5668784.5	372	河南财经政法大学图书馆	4874810.0
333	重庆师范大学图书馆	5650062.0	373	辽宁石油化工大学图书馆	4851480.8
334	吉林农业大学图书馆	5638845.4	374	西昌学院图书馆	4845316.2
335	北京理工大学珠海学院图书馆	5603000.0	375	贵州民族大学图书馆	4836777.0
336	盐城工学院图书馆	5602157.8	376	贵州中医药大学图书馆	4829823.5
337	江西中医药大学图书馆	5600200.0	377	景德镇陶瓷大学图书馆	4827020.1
338	乐山师范学院图书馆	5595155.6	378	赣南师范大学图书馆	4816746.2
339	河南城建学院图书馆	5567200.0	379	南华大学图书馆	4797404.7
340	南京财经大学图书馆	5477774.0	380	四川旅游学院图书馆	4788293.0
341	陇东学院图书馆	5470248.7	381	亳州学院图书馆	4758603.0
342	南昌理工学院图书馆	5451439.4	382	甘肃政法学院图书馆	4751092.0
343	广东财经大学华商学院图书馆	5443510.0	383	湖北师范大学图书馆	4748222.3
344	百色学院图书馆	5439243.0	384	上海政法学院图书馆	4744028.6
345	浙江科技学院图书馆	5421394.0	385	南京工业职业技术学院图书馆	4723005.3
346	昆明医学院图书馆	5411377.0	386	四川大学锦城学院图书馆	4718250.3
347	台州学院图书馆	5407753.1	387	成都师范学院图书馆	4716686.5
348	上海体育学院图书馆	5378811.3	388	内蒙古财经大学图书馆	4661500.0
349	长春理工大学图书馆	5372194.3	389	宜春学院图书馆	4655814.1
350	龙岩学院图书馆	5318421.9	390	广州番禺职业技术学院图书馆	4652587.3
351	陕西学前师范学院图书馆	5273141.8	391	茂名职业技术学院图书馆	4634806.0
352	绍兴文理学院元培学院图书馆	5243821.5	392	皖西学院图书馆	4608560.0
353	宁波工程学院图书馆	5231826.9	393	金华职业技术学院图书馆	4584867.0
354	淮海工学院图书馆	5205938.0	394	三亚学院图书馆	4584447.0

续表

序号	图书馆名称	年度总经费(元)	序号	图书馆名称	年度总经费(元)
395	攀枝花学院图书馆	4569532.1	435	苏州职业大学图书馆	4004477.7
396	滨州学院图书馆	4546000.0	436	武汉音乐学院图书馆	4000500.0
397	湘南学院图书馆	4544000.0	437	陕西中医药大学图书馆	3981131.6
398	河池学院图书馆	4540000.0	438	海口经济学院图书馆	3969805.0
399	广东财经大学图书馆	4491745.0	439	广西师范学院图书馆	3965707.4
400	西安欧亚学院图书馆	4490346.8	440	陕西服装工程学院图书馆	3956206.0
401	福建商学院图书馆	4448358.5	441	武夷学院图书馆	3951017.3
402	东华理工大学图书馆	4409113.9	442	西安石油大学图书馆	3937100.0
403	辽宁中医药大学图书馆	4395014.8	443	济宁学院图书馆	3930000.0
404	广东培正学院图书馆	4384210.4	444	西安翻译学院图书馆	3895679.8
405	浙江工业职业技术学院图书馆	4370100.0	445	哈尔滨商业大学图书馆	3878633.0
406	武汉工程大学图书馆	4369694.0	446	北京工业职业技术学院图书馆	3878380.0
407	广东食品药品职业学院图书馆	4358000.0	447	中国美术学院图书馆	3863106.7
408	玉溪师范学院图书馆	4356760.0	448	黄山学院图书馆	3840958.8
409	西安外事学院图书馆	4355269.8	449	大连海事大学图书馆	3825000.0
410	广西民族师范学院图书馆	4339904.0	450	西安航空学院图书馆	3814543.9
411	上海电子信息职业技术学院图书馆	4339763.9	451	成都工业学院图书馆	3812817.6
412	淮南师范学院图书馆	4330596.0	452	武汉工商学院图书馆	3782128.9
413	吉林财经大学图书馆	4329959.4	453	长春中医药大学图书馆	3773971.7
414	衡阳师范学院图书馆	4318443.5	454	闽江师范高等专科学校图书馆	3765903.8
415	上海第二工业大学图书馆	4307545.2	455	浙江金融职业学院图书馆	3719473.8
416	吉林师范大学图书馆	4307048.9	456	内蒙古民族大学图书馆	3714400.0
417	怀化学院图书馆	4283562.8	457	辽宁对外经贸学院图书馆	3713716.7
418	宜宾学院图书馆	4256046.0	458	西安培华学院图书馆	3688533.6
419	齐齐哈尔大学图书馆	4248826.4	459	湖北第二师范学院图书馆	3686773.4
420	东北电力大学图书馆	4234277.9	460	韶关学院图书馆	3662162.3
421	哈尔滨工业大学图书馆	4214668.0	461	广东第二师范学院图书馆	3661304.0
422	青海师范大学图书馆	4202500.0	462	电子科技大学中山学院图书馆	3629597.0
423	忻州师范学院图书馆	4201402.7	463	四川管理职业学院图书馆	3625495.0
424	成都体育学院图书馆	4200859.0	464	昆山杜克大学图书馆	3616378.5
425	重庆三峡学院图书馆	4189000.0	465	沈阳工业大学图书馆	3545304.5
426	西安工业大学图书馆	4152215.2	466	常州工程职业技术学院图书馆	3543008.0
427	贺州学院图书馆	4150000.0	467	广州城市职业学院图书馆	3539965.0
428	贵州医科大学图书馆	4143684.3	468	浙江万里学院图书馆	3534863.8
429	河南工程学院图书馆	4142331.0	469	江苏第二师范学院图书馆	3528323.9
430	广东轻工职业技术学院图书馆	4081449.7	470	沈阳医学院图书馆	3518399.0
431	锦州医科大学图书馆	4080500.0	471	渭南师范学院图书馆	3515649.3
432	陕西理工大学图书馆	4061404.0	472	湖南女子学院图书馆	3487399.8
433	河北经贸大学图书馆	4016575.0	473	宁波大红鹰学院图书馆	3459991.0
434	大连工业大学图书馆	4008029.8	474	嘉应学院图书馆	3453000.0

续表

序号	图书馆名称	年度总经费(元)	序号	图书馆名称	年度总经费(元)
475	商洛学院图书馆	3438826.0	515	通化师范学院图书馆	3140737.1
476	四川音乐学院图书馆	3436151.7	516	赣南师范大学科技学院图书馆	3138900.0
477	江西科技学院图书馆	3428525.3	517	许昌职业技术学院图书馆	3133000.0
478	凯里学院图书馆	3426450.3	518	哈尔滨金融学院图书馆	3129039.6
479	川南幼儿师范高等专科学校图书馆	3415254.8	519	湖南人文科技学院图书馆	3115284.8
480	沈阳音乐学院图书馆	3406325.6	520	长治学院图书馆	3074111.0
481	长沙师范学校图书馆	3405640.0	521	绵阳师范学院图书馆	3070200.0
482	梧州学院图书馆	3396957.2	522	南京艺术学院图书馆	3037382.0
483	西安文理学院图书馆	3391585.9	523	南京大学金陵学院图书馆	3036045.0
484	西京学院图书馆	3391512.4	524	沈阳大学图书馆	3034200.0
485	杨凌职业技术学院图书馆	3384515.6	525	红河学院图书馆	3034000.0
486	湖南财政经济学院图书馆	3373810.1	526	郑州财经学院图书馆	3006737.2
487	上海师范大学天华学院图书馆	3363351.2	527	唐山学院图书馆	3000005.0
488	滁州学院图书馆	3362542.0	528	北华大学图书馆	3000000.0
489	南通理工学院图书馆	3359326.4	529	四川职业技术学院图书馆	2993569.8
490	浙江警察学院图书馆	3352066.7	530	安徽商贸职业技术学院图书馆	2959495.8
491	昆明医科大学海源学院图书馆	3341133.4	531	浙江财经大学东方学院图书馆	2952444.0
492	云南中医学院图书馆	3326075.4	532	宁夏医科大学图书馆	2948893.0
493	福建中医药大学图书馆	3323847.3	533	辽宁工程技术大学图书馆	2948343.3
494	景德镇学院图书馆	3312817.6	534	浙江水利水电学院图书馆	2926551.0
495	常州工学院图书馆	3311838.3	535	浙江工商职业技术学院图书馆	2925025.4
496	榆林学院图书馆	3311560.0	536	辽宁师范大学图书馆	2923910.6
497	四川文理学院图书馆	3275870.5	537	四川建筑职业技术学院图书馆	2919253.9
498	中州大学图书馆	3271157.5	538	武汉体育学院图书馆	2887253.0
499	石家庄学院图书馆	3264600.0	539	牡丹江师范学院图书馆	2883000.0
500	文山学院图书馆	3260297.9	540	北京政法职业学院图书馆	2878490.0
501	湖北中医药大学图书馆	3260217.2	541	成都工业职业技术学院图书馆	2875675.0
502	吉林建筑工程学院图书馆	3254318.6	542	北京财贸职业学院图书馆	2875130.9
503	湖北经济学院图书馆	3250000.0	543	内江师范学院图书馆	2851523.2
504	广东理工学院图书馆	3241738.2	544	广州美术学院图书馆	2848947.0
505	武汉晴川学院图书馆	3236000.0	545	宿迁学院图书馆	2833155.8
506	安徽科技学院图书馆	3225000.0	546	浙江外国语学院图书馆	2832403.3
507	江西旅游商贸职业学院图书馆	3222850.0	547	白城师范学院图书馆	2785276.0
508	邵阳学院图书馆	3210000.0	548	乐山职业技术学院图书馆	2780000.0
509	浙江机电职业技术学院图书馆	3186256.6	549	湖北民族大学图书馆	2770800.0
510	天津音乐学院图书馆	3168645.0	550	东北石油大学图书馆	2770000.0
511	东莞职业技术学院图书馆	3163757.3	551	黔南民族师范学院图书馆	2752999.8
512	四川文轩职业学院图书馆	3155774.0	552	普洱学院图书馆	2750000.0
513	西安财经学院图书馆	3153788.1	553	吉林农业科技学院图书馆	2733131.2
514	惠州经济职业技术学院图书馆	3151345.0	554	湖北警官学院图书馆	2731042.0

续表

序号	图书馆名称	年度总经费(元)	序号	图书馆名称	年度总经费(元)
555	南昌工学院图书馆	2730471.5	595	蚌埠学院图书馆	2451400.0
556	温州职业技术学院图书馆	2728375.3	596	四川工商学院图书馆	2448046.3
557	安顺学院图书馆	2716753.5	597	西安体育学院图书馆	2436150.7
558	福州外语外贸学院图书馆	2715089.5	598	西安美术学院图书馆	2427771.5
559	沈阳化工大学图书馆	2708111.0	599	长春光华学院图书馆	2424309.9
560	南京理工大学泰州科技学院图书馆	2699374.2	600	浙江经贸职业技术学院图书馆	2415544.7
561	义乌工商职业技术学院图书馆	2699183.9	601	四川护理职业学院图书馆	2412000.0
562	江苏农林职业技术学院图书馆	2675935.3	602	广东科学技术职业学院图书馆	2406599.0
563	恩施职业技术学院图书馆	2669532.9	603	浙江建设职业技术学院图书馆	2382047.0
564	四川民族学院图书馆	2663774.9	604	河南工学院图书馆	2377100.0
565	河南牧业经济学院图书馆	2663596.4	605	湖北工程学院图书馆	2375461.6
566	广州科技职业技术学院图书馆	2662000.0	606	武汉东湖学院图书馆	2365919.1
567	浙江旅游职业学院图书馆	2660692.6	607	桂林医学院图书馆	2358710.1
568	池州学院图书馆	2659490.8	608	黎明职业大学图书馆	2342000.0
569	铜仁学院图书馆	2658726.4	609	南京科技职业学院图书馆	2339244.3
570	贵州师范学院图书馆	2654577.2	610	漯河职业技术学院图书馆	2333000.0
571	宁波职业技术学院图书馆	2644240.9	611	广东技术师范大学图书馆	2328855.4
572	辽东学院图书馆	2625310.7	612	南京森林警察学院图书馆	2323951.8
573	湖北三峡职业技术学院图书馆	2622000.0	613	长春建筑学院图书馆	2319841.1
574	广州大学华软软件学院图书馆	2617651.3	614	武昌工学院图书馆	2312682.4
575	成都理工大学工程技术学院图书馆	2609000.0	615	哈尔滨职业技术学院图书馆	2309982.4
576	长春工业大学图书馆	2600000.1	616	嘉兴职业技术学院图书馆	2307897.8
577	无锡职业技术学院图书馆	2592500.0	617	陕西国防工业职业技术学院图书馆	2305344.6
578	四川警察学院图书馆	2571400.0	618	中国刑事警察学院图书馆	2301726.9
579	武昌首义学院图书馆	2563059.0	619	信阳农林学院图书馆	2300000.0
580	西藏大学图书馆	2550000.0	620	河南职业技术学院图书馆	2293607.5
581	长春工业大学人文信息学院图书馆	2537476.5	621	湖北汽车工业学院图书馆	2284500.0
582	楚雄师范学院图书馆	2536417.5	622	浙江医药高等专科学校图书馆	2278641.9
583	浙江大学宁波工学院图书馆	2528139.4	623	新乡医学院图书馆	2275000.0
584	福建江夏学院图书馆	2524632.6	624	长江师范学院图书馆	2243303.5
585	成都航空职业技术学院图书馆	2510269.2	625	福州理工学院图书馆	2243142.6
586	中国人民解放军海军工程大学图书馆	2508981.9	626	广州工程技术职业学院图书馆	2241406.0
587	吉林医药学院图书馆	2500036.8	627	江西应用科技学院图书馆	2238555.4
588	华南理工大学广州学院图书馆	2497500.0	628	湖南信息学院图书馆	2210000.0
589	吉林外国语大学图书馆	2495261.8	629	重庆文理学院图书馆	2209751.0
590	文华学院图书馆	2488836.8	630	苏州科技大学天平学院图书馆	2208773.0
591	西安财经学院行知学院图书馆	2479312.9	631	南充职业技术学院图书馆	2207069.8
592	吉林动画学院图书馆	2474348.6	632	扬州市职业大学图书馆	2204021.7
593	江苏警官学院图书馆	2465512.5	633	中山大学南方学院图书馆	2197616.0
594	长春大学图书馆	2460000.0	634	广东文理职业学院图书馆	2196320.0

续表

序号	图书馆名称	年度总经费(元)	序号	图书馆名称	年度总经费(元)
635	武汉学院图书馆	2189346.8	675	江汉师范学院图书馆	1941511.4
636	上海民航职业技术学院图书馆	2178790.2	676	西北大学现代学院图书馆	1933697.1
637	广东行政职业学院图书馆	2165000.0	677	达州职业技术学院图书馆	1918000.0
638	营口职业技术学院图书馆	2163291.0	678	浙江国际海运职业技术学院图书馆	1912044.5
639	天津商业大学宝德学院图书馆	2139533.8	679	四川工业科技学院图书馆	1908949.0
640	鞍山师范学院图书馆	2129872.0	680	漳州职业技术学院图书馆	1889725.0
641	长春科技学院图书馆	2128602.1	681	大庆师范学院图书馆	1884982.4
642	四川卫生康复职业学院图书馆	2118400.0	682	宜宾职业技术学院图书馆	1883000.0
643	武汉生物工程学院图书馆	2093350.2	683	湖南警察学院图书馆	1881412.0
644	无锡工艺职业技术学院图书馆	2089464.0	684	云南大学滇池学院图书馆	1877734.3
645	广东技术师范大学天河学院图书馆	2084435.9	685	辽宁工业大学图书馆	1867134.2
646	安徽工程大学图书馆	2075718.6	686	广东松山职业技术学院图书馆	1858906.6
647	新余学院图书馆	2073530.9	687	吉林化工学院图书馆	1858000.0
648	江西财经职业学院图书馆	2065000.0	688	西北民族大学图书馆	1857975.8
649	沈阳工程学院图书馆	2061794.0	689	浙江纺织服装职业技术学院图书馆	1857292.0
650	中山大学新华学院图书馆	2060552.0	690	广西工商职业技术学院图书馆	1840000.0
651	合肥师范学院图书馆	2051456.7	691	郑州电力职业技术学院图书馆	1833397.4
652	九江职业技术学院图书馆	2050303.9	692	长春大学旅游学院图书馆	1820500.0
653	四川水利职业技术学院图书馆	2048000.0	693	山西农业大学图书馆	1796966.5
654	广东水利电力职业技术学院图书馆	2044334.1	694	汕头大学医学院图书馆	1792610.6
655	湖州职业技术学院图书馆	2042752.4	695	四川文化产业职业学院图书馆	1784250.0
656	荆楚理工学院图书馆	2037300.0	696	湖北城市建设职业技术学院图书馆	1783100.0
657	陕西工业职业技术学院图书馆	2031117.8	697	上海东海职业技术学院图书馆	1771893.7
658	重庆警察学院图书馆	2022181.0	698	沈阳理工大学图书馆	1765000.0
659	吉林大学珠海学院图书馆	2016213.4	699	衢州学院图书馆	1755000.0
660	云南农业大学图书馆	2012920.8	700	南京航空航天大学金城学院图书馆	1748400.0
661	长春汽车工业高等专科学校图书馆	2011000.0	701	广东警官学院图书馆	1722243.2
662	河源职业技术学院图书馆	2007500.0	702	厦门城市职业学院图书馆	1715000.0
663	温州科技职业学院图书馆	1996465.3	703	清远职业技术学院图书馆	1694500.0
664	四川工商职业技术学院图书馆	1995343.8	704	大连职业技术学院图书馆	1693594.9
665	西安航空职业技术学院图书馆	1993100.0	705	广州南洋理工职业学院图书馆	1684639.5
666	广州铁路职业技术学院图书馆	1990000.0	706	咸阳职业技术学院图书馆	1681079.8
667	中山职业技术学院图书馆	1987567.3	707	中国人民解放军空军预警学院图书馆	1678049.0
668	西安职业技术学院图书馆	1985215.6	708	贵州警察学院图书馆	1673917.4
669	永州职业技术学院图书馆	1985000.0	709	江西经济管理干部学院图书馆	1673689.0
670	四川交通职业技术学院图书馆	1983500.0	710	江西警察学院图书馆	1673256.9
671	泰州职业技术学院图书馆	1963948.8	711	湖南科技学院图书馆	1670456.2
672	大连交通大学图书馆	1958066.9	712	广州城建职业学院图书馆	1670438.2
673	牡丹江医学院图书馆	1953980.0	713	宁德师范学院图书馆	1650213.2
674	成都东软学院图书馆	1947431.1	714	陕西警官职业学院图书馆	1638643.7

续表

序号	图书馆名称	年度总经费(元)	序号	图书馆名称	年度总经费(元)
715	上海工艺美术职业学院图书馆	1628000.0	755	长春财经学院图书馆	1427175.5
716	台州职业技术学院图书馆	1613324.4	756	华东交通大学理工学院图书馆	1423077.0
717	景德镇陶瓷职业技术学院图书馆	1612107.2	757	盘锦职业技术学院图书馆	1420003.0
718	江西医学高等专科学校图书馆	1603738.2	758	首钢工学院图书馆	1419727.7
719	云南交通职业技术学院图书馆	1603318.0	759	宁夏财经职业技术学院图书馆	1418200.0
720	绥化学院图书馆	1602208.3	760	上海旅游高等专科学校图书馆	1414862.6
721	东北师范大学文学院图书馆	1598741.4	761	福建船政交通职业学院图书馆	1414232.4
722	宜春职业技术学院图书馆	1594732.5	762	浙江树人大学图书馆	1399307.0
723	浙江理工大学科技与艺术学院图书馆	1588126.2	763	保山中医药高等专科学校图书馆	1397000.6
724	衢州职业技术学院图书馆	1585677.2	764	西安铁路职业技术学院图书馆	1393458.5
725	曲靖师范学院图书馆	1584402.0	765	宁波城市职业技术学院图书馆	1392044.0
726	白城医学高等专科学校图书馆	1582717.5	766	大连海洋大学图书馆	1389803.9
727	昆明工业职业技术学院图书馆	1575800.0	767	江苏食品药品职业技术学院图书馆	1386982.0
728	浙江交通职业技术学院图书馆	1567324.8	768	浙江同济科技职业学院图书馆	1385631.7
729	武汉职业技术学院图书馆	1562471.5	769	郑州旅游职业学院图书馆	1380000.0
730	成都职业技术学院图书馆	1561714.9	770	吉林铁道职业技术学院图书馆	1373418.0
731	广东工贸职业技术学院图书馆	1555000.0	771	吉林艺术学院图书馆	1365000.0
732	江苏卫生健康职业学院图书馆	1547883.1	772	榆林职业技术学院图书馆	1361390.0
733	西北师范大学知行学院图书馆	1543997.0	773	呼和浩特民族学院图书馆	1361112.0
734	安徽职业技术学院图书馆	1535000.0	774	广西国际商务职业技术学院图书馆	1357000.0
735	宁夏工商职业技术学院图书馆	1531497.0	775	云南林业职业技术学院图书馆	1340400.0
736	呼和浩特职业技术学院图书馆	1526952.4	776	天津大学仁爱学院图书馆	1339170.0
737	盐城工业职业技术学院图书馆	1526754.7	777	天津美术学院图书馆	1335898.2
738	武昌职业学院图书馆	1526034.8	778	内蒙古电子信息职业技术学院图书馆	1329086.4
739	广安职业技术学院图书馆	1525000.0	779	广东理工职业学院图书馆	1325002.7
740	辽宁交通高等专科学校图书馆	1523099.0	780	成都纺织高等专科学校图书馆	1324297.4
741	浙江工贸职业技术学院图书馆	1518220.1	781	江西生物科技职业学院图书馆	1313600.0
742	连云港师范高等专科学校图书馆	1517083.0	782	江西工程职业学院图书馆	1310446.1
743	营口理工学院图书馆	1509208.5	783	重庆水利电力职业技术学院图书馆	1308600.0
744	哈尔滨广厦学院图书馆	1505000.0	784	仰恩大学图书馆	1304462.0
745	陕西职业技术学院图书馆	1501850.0	785	泸州职业技术学院图书馆	1302354.0
746	四川航天职业技术学院图书馆	1493574.6	786	西安音乐学院图书馆	1299038.9
747	湖南医药学院图书馆	1492900.0	787	重庆工业职业技术学院图书馆	1295200.0
748	阿坝师范学院图书馆	1473489.3	788	广东碧桂园职业学院图书馆	1293888.0
749	北京教育学院图书馆	1469324.4	789	佛山职业技术学院图书馆	1280094.0
750	安徽医学高等专科学校图书馆	1461818.5	790	湖北交通职业技术学院图书馆	1280000.0
751	辽宁警察学院图书馆	1444857.3	791	西安交通工程学院图书馆	1279830.3
752	浙江警官职业学院图书馆	1440374.2	792	四川工程职业技术学院图书馆	1277296.8
753	西北工业大学明德学院图书馆	1431051.6	793	杭州师范大学钱江学院图书馆	1275800.0
754	安徽工商职业学院图书馆	1428400.0	794	江苏师范大学图书馆	1273300.6

续表

序号	图书馆名称	年度总经费(元)	序号	图书馆名称	年度总经费(元)
795	泉州幼儿师范高等专科学校图书馆	1261148.5	834	四川华新现代职业学院图书馆	1100543.9
796	沈阳建筑大学图书馆	1260482.0	835	广东建设职业技术学院图书馆	1100000.0
797	襄阳职业技术学院图书馆	1257000.0	836	西安汽车科技职业学院图书馆	1095653.8
798	武汉铁路职业技术学院图书馆	1256862.0	837	红河卫生职业学院图书馆	1086274.3
799	鹤壁职业技术学院图书馆	1255520.0	838	青海交通职业技术学院图书馆	1068001.0
800	杭州医学院图书馆	1251912.0	839	湖南中医药高等专科学校图书馆	1067509.9
801	江西制造职业技术学院图书馆	1244965.0	840	河南质量工程职业学院图书馆	1054838.0
802	沈阳体育学院图书馆	1242785.2	841	武汉民政职业学院图书馆	1054500.0
803	广东司法警官职业学院图书馆	1240000.0	842	黄冈职业技术学院图书馆	1051412.0
804	云南国土资源职业学院图书馆	1239000.0	843	南通科技职业学院图书馆	1040000.0
805	六盘水师范学院图书馆	1235679.4	844	绵阳职业技术学院图书馆	1025000.0
806	赣州卫生健康职业学院图书馆	1229690.0	845	吉林工商学院图书馆	1014856.0
807	江西青年职业学院图书馆	1229635.8	846	云南经济管理学院图书馆	1007600.4
808	上海出版印刷高等专科学校图书馆(水丰路校区)	1228199.5	847	天津交通职业学院图书馆	999000.0
809	广东岭南职业技术学院图书馆	1214000.0	848	四川信息职业技术学院图书馆	995000.0
810	陕西交通职业技术学院图书馆	1213637.7	849	健雄职业技术学院图书馆	994000.0
811	云南农业职业技术学院图书馆	1213000.0	850	四川化工职业技术学院图书馆	990000.0
812	襄阳汽车职业技术学院图书馆	1209682.0	851	重庆城市管理职业学院图书馆	989300.0
813	江西科技职业学院图书馆	1200120.0	852	江西水利职业学院图书馆	987700.0
814	河南工业职业技术学院图书馆	1200000.0	853	吉安职业技术学院图书馆	987363.1
815	江西外语外贸职业学院图书馆	1199675.0	854	福建华南女子职业学院图书馆	979299.7
816	成都农业科技职业学院图书馆	1190480.0	855	天津医科大学临床医学院图书馆	975082.5
817	珠海艺术职业学院图书馆	1189662.6	856	抚顺职业技术学院图书馆	963400.0
818	江西工业工程职业技术学院图书馆	1187730.7	857	山西工商学院图书馆	962646.1
819	吉林电子信息职业技术学院图书馆	1186126.1	858	上海思博职业技术学院图书馆	962100.0
820	西安科技大学高新学院图书馆	1175157.3	859	海南软件职业技术学院图书馆	959000.0
821	甘肃林业职业技术学院图书馆	1160000.0	860	宜春幼儿师范高等专科学校图书馆	952784.0
822	宁夏司法警官职业学院图书馆	1157000.0	861	汕尾职业技术学院图书馆	951148.0
823	甘肃工业职业技术学院图书馆	1150000.0	862	厦门华夏学院图书馆	949854.4
824	广东职业技术学院图书馆	1148000.0	863	包头轻工职业技术学院图书馆	949700.0
825	延安大学西安创新学院图书馆	1135498.0	864	青海卫生职业技术学院图书馆	946055.4
826	湖南生物机电职业技术学院图书馆	1132000.0	865	天津体育学院图书馆	943080.1
827	浙江东方职业技术学院图书馆	1131807.9	866	陕西铁路工程职业技术学院图书馆	931087.6
828	湖北职业技术学院图书馆	1131500.0	867	连云港职业技术学院图书馆	926675.8
829	宝鸡职业技术学院图书馆	1126376.0	868	鲁迅美术学院图书馆	925100.9
830	广东环境保护工程职业学院图书馆	1121946.6	869	广州卫生职业技术学院图书馆	922000.0
831	甘肃交通职业技术学院图书馆	1105000.0	870	延安职业技术学院图书馆	909350.0
832	北京舞蹈学院图书馆	1105000.0	871	江西理工大学应用科学学院图书馆	897000.0
833	广东文艺职业学院图书馆	1103600.0	872	西安交通大学城市学院图书馆	895528.5

续表

序号	图书馆名称	年度总经费(元)	序号	图书馆名称	年度总经费(元)
873	江西工业贸易职业技术学院图书馆	880508.0	910	天津滨海职业学院图书馆	722098.2
874	浙江农业商贸职业学院图书馆	880000.0	911	宁夏大学新华学院图书馆	712000.0
875	成都艺术职业学院图书馆	869738.1	912	江阴职业技术学院图书馆	711000.0
876	江西信息应用职业技术学院图书馆	846964.3	913	内江职业技术学院图书馆	710350.0
877	咸宁职业技术学院图书馆	845000.0	914	晋中学院图书馆	703386.0
878	四川商务职业学院图书馆	834758.6	915	湖南高速铁路职业技术学院图书馆	697000.0
879	江苏航空职业技术学院图书馆	833516.9	916	长春职业技术学院图书馆	695667.0
880	商洛职业技术学院图书馆	825259.0	917	湖北工业职业技术学院图书馆	693566.8
881	四川司法警官职业学院图书馆	820793.8	918	广州体育职业技术学院图书馆	686183.0
882	浙江育英职业技术学院图书馆	820272.9	919	江西陶瓷工艺美术职业技术学院图书馆	674046.8
883	赣西科技职业学院图书馆	812200.0	920	甘肃畜牧工程职业技术学院图书馆	670000.0
884	广东创新科技职业学院图书馆	812179.2	921	闽北职业技术学院图书馆	668000.0
885	民办南华工商学院图书馆	810011.6	922	广东生态工程职业学院图书馆	667009.2
886	江西交通职业技术学院图书馆	809674.0	923	贵州工程应用技术学院图书馆	666800.0
887	湖北生态工程职业技术学院图书馆	800008.0	924	四川幼儿师范高等专科学校图书馆	666000.0
888	湖南现代物流职业技术学院图书馆	797600.0	925	南京中医药大学翰林学院图书馆	650790.7
889	内蒙古化工职业学院图书馆	796583.0	926	上海工商外国语职业学院图书馆	650598.5
890	武汉船舶职业技术学院图书馆	790000.0	927	辽宁农业职业技术学院图书馆	650000.0
891	湖北财税职业学院图书馆	785043.6	928	湖北中医药高等专科学校图书馆	640000.0
892	鄂州职业大学图书馆	782815.0	929	湖北大学知行学院图书馆	640000.0
893	兴义民族师范学院图书馆	779652.2	930	闽西职业技术学院图书馆	633000.0
894	厦门南洋职业学院图书馆	779467.0	931	广东舞蹈戏剧职业学院图书馆	631500.0
895	四川托普信息技术职业学院图书馆	776711.9	932	南宁师范大学师园学院图书馆	626416.0
896	黑龙江工商学院图书馆	769794.5	933	陕西青年职业学院图书馆	624367.1
897	四川邮电职业技术学院图书馆	768124.0	934	上海农林职业技术学院图书馆	608060.0
898	上海科学技术职业学院图书馆	757110.5	935	吉林司法警官职业学院图书馆	599960.0
899	西安工业大学北方信息工程学院图书馆	756700.0	936	天津电子信息职业技术学院图书馆	597335.4
900	浙江体育职业技术学院图书馆	752000.0	937	江西工商职业技术学院图书馆	595110.3
901	上海行健职业学院图书馆	745023.1	938	吉林体育学院图书馆	590192.6
902	四川现代职业学院图书馆	744939.0	939	湖南幼儿师范高等专科学校图书馆	587234.6
903	黑龙江生物科技职业学院图书馆	741437.5	940	武汉工程科技学院图书馆	581716.5
904	浙江特殊教育职业学院图书馆	736000.0	941	邯郸职业技术学院图书馆	580000.0
905	宁波教育学院图书馆	734294.5	942	阜阳职业技术学院图书馆	579509.7
906	江西先锋软件职业技术学院图书馆	728000.0	943	九江职业大学图书馆	576600.0
907	克拉玛依职业技术学院图书馆	726000.0	944	重庆电力高等专科学校图书馆	571000.0
908	雅安职业技术学院图书馆	725889.6	945	铜川职业技术学院图书馆	568726.5
909	宁夏民族职业技术学院图书馆	723955.0	946	福建体育职业技术学院图书馆	547958.8

续表

序号	图书馆名称	年度总经费(元)	序号	图书馆名称	年度总经费(元)
947	四川财经职业学院图书馆	546263.3	984	西安电力高等专科学校图书馆	299409.0
948	江西工业职业技术学院图书馆	537000.0	985	揭阳职业技术学院图书馆	293397.6
949	广州大学松田学院图书馆	533041.3	986	辽宁建筑职业技术学院图书馆	277106.2
950	朝阳师范高等专科学校图书馆	529552.2	987	云南师范大学商学院图书馆	270900.3
951	黑龙江农业经济职业学院图书馆	528395.6	988	南昌大学共青学院图书馆	269110.8
952	湖北生物科技职业学院图书馆	520000.0	989	浙江商业职业技术学院图书馆	266757.8
953	武汉体育学院体育科技学院图书馆	517000.0	990	云南锡业职业技术学院图书馆	262257.5
954	湖南工业职业技术学院图书馆	513000.0	991	武汉警官职业学院图书馆	254420.0
955	江西中医药大学科技学院图书馆	512581.3	992	私立华联学院图书馆	250983.1
956	广东科贸职业学院图书馆	508000.0	993	渤海船舶职业学院图书馆	237981.0
957	江西卫生职业学院图书馆	502500.0	994	川北幼儿师范高等专科学校图书馆	237000.0
958	镇江市高等专科学校图书馆	500000.0	995	湖南体育职业技术学院图书馆	223000.0
959	海南外国语职业学院图书馆	500000.0	996	益阳职业技术学院图书馆	218543.5
960	陕西财经职业技术学院图书馆	487899.5	997	上海震旦职业学院图书馆	215353.5
961	江西机电职业技术学院图书馆	485450.1	998	华南农业大学珠江学院图书馆	200525.1
962	广东邮电职业技术学院图书馆	483500.0	999	金华教育学院图书馆	198349.0
963	厦门兴才职业技术学院	477599.1	1000	辽宁工程职业学院图书馆	191642.6
964	三明职业技术学院图书馆	472500.0	1001	辽宁金融职业学院图书馆	190975.0
965	天津现代职业技术学院图书馆	466200.0	1002	陕西机电职业技术学院图书馆	190621.1
966	宁夏幼儿师范高等专科学校图书馆	453144.4	1003	山西林业职业技术学院图书馆	190000.0
967	湖北水利水电职业技术学院图书馆	440000.0	1004	玉溪农业职业技术学院图书馆	182423.0
968	江西农业工程职业学院图书馆	436499.0	1005	四川电影电视学院图书馆	154125.0
969	泉州经贸职业技术学院图书馆	434100.0	1006	南昌大学科技学院图书馆	153898.0
970	辽源职业技术学院图书馆	431890.0	1007	江西艺术职业学院图书馆	150000.0
971	杭州职业技术学院图书馆	431000.0	1008	云南师范大学文理学院图书馆	142458.5
972	北京第二外国语学院中瑞酒店管理学院图书馆	423768.0	1009	锦州师范高等专科学校图书馆	134689.0
973	正德职业技术学院图书馆	420000.0	1010	云南司法警官职业学院图书馆	130103.8
974	湖北国土资源职业学院图书馆	419500.0	1011	福建艺术职业学院图书馆	124970.6
975	广东亚视演艺职业学院图书馆	410000.0	1012	德宏职业学院图书馆	108197.7
976	丽江师范高等专科学校图书馆	403785.1	1013	长春教育学院图书馆	100329.0
977	大庆医学高等专科学校图书馆	394300.0	1014	江西新能源科技学院图书馆	100000.0
978	黑龙江民族职业学院图书馆	392483.9	1015	云南外事外语职业学院图书馆	90598.4
979	四川艺术职业学院图书馆	385028.0	1016	惠州卫生职业技术学院图书馆	70474.7
980	湖北工程职业学院图书馆	382823.1	1017	福州英华职业学院图书馆	70031.0
981	江西冶金职业技术学院图书馆	380000.0	1018	南昌航空大学科技学院图书馆	66000.2
982	武汉传媒学院图书馆	366511.5	1019	青海民族大学图书馆	62000.0
983	湖北工程学院新技术学院图书馆	319733.1	1020	广东南方职业学院图书馆	60000.0

续表

序号	图书馆名称	年度总经费(元)	序号	图书馆名称	年度总经费(元)
1021	广州现代信息工程职业技术学院图书馆	46236.1	1024	武夷山职业学院图书馆	26495.6
1022	广州松田职业学院图书馆	41604.1	1025	鄂尔多斯生态环境职业学院图书馆	22004.0
1023	松原职业技术学院图书馆	31346.4			

2018 年国家图书馆馆情数据

类别		项目	数据
面积		总建筑面积	28 万平方米
		总馆南区	17 万平方米
		总馆北区	8 万平方米
		古籍馆	3 万平方米
机构	处级机构	处级机构总数	33 个
		职能部门	13 个
		业务部门	19 个
		后勤服务部门	1 个
	党支部	党支部总数	23 个
	科组	科组总数	115 个
人员结构	在编人员	在编人员总数	1440 人
		党员总数	799 人
	学历结构	博士	83 人
		硕士	754 人
		本科	450 人
		大专	79 人
		大专以下学历	74 人
	专业技术人员职称结构	专业技术人员	1360 人
		高级专业技术人员	463 人
		中级专业技术人员	760 人
		初级专业技术人员	137 人
	离退休人员	离退休人员总数	1132 人
		党员总数	450 人
经费		财政拨款总数	81961.10 万元
		购书经费	14000 万元
		事业经费	22281.57 万元
资产		资产总额	641553 万元
		固定资产总额	372661 万元
馆藏		馆藏文献总量	3901.19 万册(件)
		中文文献总量	2688.03 万册(件)
		外文文献总量	1213.16 万册(件)
		善本古籍总量	34.46 万册(件)
		普通古籍总量	162.99 万册(件)
		善本特藏(不含古籍)	96.83 万册(件)
		数字资源总量	1960.91TB(网络资源 209.98TB,自建资源 1390.41TB)
		外购数据库	254 个(中文数据库 128 个,外文数据库 126 个)

续表

<table>
<tr><th>类别</th><th colspan="2">项目</th><th>数据</th></tr>
<tr><td rowspan="23">服务</td><td rowspan="5">开馆时间</td><td>总馆南区</td><td>周一至周日 9:00—17:00</td></tr>
<tr><td>总馆北区</td><td>周一至周五 9:00—21:00
周六至周日 9:00—17:00</td></tr>
<tr><td>古籍馆</td><td>周一至周五 9:00—17:00</td></tr>
<tr><td>少年儿童馆</td><td>周一至周日 9:00—17:00</td></tr>
<tr><td>典籍博物馆</td><td>周二至周日 9:00—17:00</td></tr>
<tr><td colspan="2">阅览室</td><td>25 个,(总馆南区 14 个,总馆北区 9 个,古籍馆 2 个)</td></tr>
<tr><td colspan="2">阅览座位</td><td>5427 个,(总馆南区 2007 个,总馆北区 3320 个,古籍馆 100 个)</td></tr>
<tr><td colspan="2">到馆读者</td><td>545.85 万人次</td></tr>
<tr><td colspan="2">流通书刊</td><td>2549.95 万册次</td></tr>
<tr><td colspan="2">各类咨询</td><td>112.57 万件</td></tr>
<tr><td colspan="2">网站点击量</td><td>7.85 亿次</td></tr>
<tr><td colspan="2">手机门户点击量</td><td>1.28 亿次</td></tr>
<tr><td colspan="2">办理读者证卡</td><td>23.69 万个(实体证卡 18.20 万个,网络实名注册 5.50 万个)</td></tr>
<tr><td colspan="2">公益讲座</td><td>506 场,6.29 万人次</td></tr>
<tr><td colspan="2">公益展览</td><td>24 场,79.78 万人次</td></tr>
<tr><td colspan="2">公开课现场录制</td><td>26 场</td></tr>
<tr><td colspan="2">馆际互借</td><td>712 家文献信息单位</td></tr>
<tr><td colspan="2">国际互借</td><td>63 个国家和地区的 535 家图书馆</td></tr>
<tr><td colspan="2">部委分馆</td><td>17 家</td></tr>
<tr><td rowspan="3">全国图书馆联合编目中心</td><td>分中心</td><td>33 家</td></tr>
<tr><td>成员馆</td><td>2832 家</td></tr>
<tr><td>数据用户</td><td>3493 家</td></tr>
<tr><td rowspan="3">国际交流</td><td colspan="2">国际交换</td><td>117 个国家和地区的 552 家机构</td></tr>
<tr><td colspan="2">建立人员交流与合作关系(不含港澳台地区)</td><td>52 个国家图书馆</td></tr>
<tr><td colspan="2">国际图联相关机构任职人员</td><td>12 名</td></tr>
</table>

(国家图书馆)

2018年图书馆相关国家标准、行业标准统计

2018年发布图书馆相关国家标准

序号	标准名称	标准号	发布时间	实施时间	采标情况
1	信息与文献　叙词表及与其他词表的互操作　第2部分:与其他词表的互操作	GB/T 13190.2—2018	2018-06-07	2019-01-01	ISO 25964-2:2013
2	信息与文献　数字对象唯一标识符系统	GB/T 36369—2018	2018-06-07	2019-01-01	ISO 26324:2012
3	中国标准连续出版物号　第1部分:CN	GB/T 9999.1—2018	2018-06-07	2019-01-01	无
4	中国标准连续出版物号　第2部分:ISSN	GB/T 9999.2—2018	2018-03-15	2019-04-01	ISO 3297:2007
5	地方志索引编制规则	GB/T 36070—2018	2018-03-15	2018-10-01	无
6	中国机读馆藏格式	GB/T 36068—2018	2018-03-15	2018-10-01	无
7	信息与文献　引文数据库数据加工规则	GB/T 36067—2018	2018-03-15	2018-10-01	无
8	电子成像　办公文件扫描用测试标板　第3部分:较低解像力应用测试标板	GB/T 20493.3—2018	2018-12-28	2019-07-01	ISO 12653-3:2014
9	文献管理　采用PDF的工程文档格式　第1部分:PDF1.6(PDF/E-1)的使用	GB/T 37003.1—2018	2018-12-28	2019-07-01	ISO 24517-1:2008
10	中国少数民族文字古籍定级	GB/T 36748—2018	2018-09-17	2019-04-01	无
11	公共图书馆少年儿童服务规范	GB/T 36720—2018	2018-09-17	2019-04-01	无
12	图书馆视障人士服务规范	GB/T 36719—2018	2018-09-17	2019-04-01	无

2018年立项图书馆相关标准制修订计划项目及标准化研究项目

序号	标准计划项目名称	计划编号	分类	制定/修订	所属标委会
1	公共图书馆业务规范　第1部分：省级公共图书馆	20181917－T－357	推荐性国家标准	制定	全国图书馆标准化技术委员会
2	公共图书馆业务规范　第2部分：市级公共图书馆	20181918－T－357	推荐性国家标准	制定	全国图书馆标准化技术委员会
3	公共图书馆业务规范　第3部分：县级公共图书馆	20181919－T－357	推荐性国家标准	制定	全国图书馆标准化技术委员会
4	网络资源元数据规范　应用指南：政府信息	WH 2018－10	推荐性文化行业标准	制定	全国图书馆标准化技术委员会
5	图书馆古籍脱酸技术规范与质量要求	WH/Y 07—2018	文化行业标准化研究项目	—	全国图书馆标准化技术委员会
6	图书馆古籍纸张中纤维素与木质素含量的无损快速测定	WH/Y 08—2018	文化行业标准化研究项目	—	全国图书馆标准化技术委员会
7	县域公共图书馆总分馆标准规范体系建设研究	WH/Y 09—2018	文化行业标准化研究项目	—	全国图书馆标准化技术委员会
8	基本公共文化服务标准体系建设研究	WH/Y 10—2018	文化行业标准化研究项目	—	全国图书馆标准化技术委员会

（国家图书馆　田颖整理）

第六次全国县级以上公共图书馆评估定级上等级图书馆名单（共计 2522 个）

一级图书馆（969 个）

北京市（18 个）

首都图书馆
东城区第一图书馆
西城区第一图书馆
西城区第二图书馆
西城区青少年儿童图书馆
朝阳区图书馆
海淀区图书馆
丰台区图书馆
石景山区图书馆
房山区文化活动中心（房山区图书馆）
通州区图书馆
顺义区图书馆
昌平区图书馆
大兴区图书馆
平谷区图书馆
怀柔区图书馆
密云区图书馆
延庆区图书馆

天津市（14 个）

天津图书馆
天津市少年儿童图书馆
和平区图书馆
和平区少年儿童图书馆
河西区图书馆
河西区少年儿童图书馆
河东区图书馆
北辰区图书馆
西青区图书馆
津南区图书馆
滨海新区图书馆
武清区图书馆
泰达图书馆
空港经济区文化中心

河北省（29 个）

河北省图书馆
石家庄市图书馆
唐山市图书馆
秦皇岛图书馆
邯郸市图书馆
邢台市图书馆
沧州市图书馆
廊坊市图书馆
定州市图书馆
唐山市丰南区图书馆
乐亭县图书馆
遵化市图书馆
迁安市图书馆
涉县图书馆
鸡泽县图书馆
馆陶图书馆
武安市图书馆
威县图书馆
沙河市图书馆
涞水县图书馆
易县图书馆
涿州市图书馆
张北县图书馆
承德县图书馆
滦平县图书馆
泊头市图书馆
任丘图书馆
霸州图书馆
三河市图书馆

山西省（16 个）

山西省图书馆
朔州市图书馆
长治市图书馆
晋城市图书馆
太原市小店区图书馆
应县图书馆
汾阳市图书馆
灵石县图书馆
长治县图书馆
沁源县图书馆
古县图书馆
洪洞县图书馆
曲沃县图书馆
芮城县图书馆
临猗县图书馆
永济市图书馆

内蒙古自治区(22个)

内蒙古自治区图书馆
包头市图书馆
呼伦贝尔市图书馆
通辽市图书馆
赤峰市图书馆
鄂尔多斯市图书馆
包头市昆都仑区图书馆
包头市青山区图书馆
包头市九原区图书馆
土默特右旗图书馆
科右中旗图书馆
通辽市科尔沁区图书馆
开鲁县图书馆
库伦旗图书馆
赤峰市红山区民族少年儿童图书馆
宁城县图书馆
鄂尔多斯市东胜区图书馆
乌审旗图书馆
准格尔旗图书馆
鄂托克前旗图书馆
鄂托克旗图书馆
达拉特旗图书馆

辽宁省(35个)

辽宁省图书馆
沈阳市图书馆
沈阳市少年儿童图书馆
大连图书馆
大连市少年儿童图书馆
鞍山市图书馆
本溪市图书馆
锦州市图书馆
营口市图书馆
辽阳市图书馆
沈阳市和平区图书馆
沈阳市沈河区图书馆
沈阳市大东区图书馆
沈阳市皇姑区图书馆
沈阳市浑南区图书馆
沈阳市沈北新区图书馆
沈阳市皇姑区少年儿童图书馆
康平县图书馆
法库县图书馆
大连市甘井子区图书馆
大连市西岗区图书馆
大连市中山区图书馆(大连市中山区少年儿童图书馆)
大连市普兰店区图书馆
大连市旅顺口区图书馆
大连经济技术开发区图书馆
大连金州图书馆
瓦房店市图书馆
庄河市图书馆
海城市图书馆
鞍山市铁东区图书馆
桓仁满族自治县图书馆
北镇市图书馆
凌海市图书馆
营口市鲅鱼圈区图书馆
凌源市图书馆

吉林省(20个)

吉林省图书馆
长春市图书馆
吉林市图书馆
通化市图书馆
松原市图书馆
延边朝鲜族自治州图书馆
长春市朝阳区图书馆
长春市宽城区图书馆
长春市绿园区图书馆
长春市九台区图书馆
农安县图书馆
蛟河市图书馆
桦甸市图书馆
通化县图书馆
抚松县图书馆
乾安县图书馆
前郭尔罗斯蒙古族自治县图书馆
延吉市少年儿童图书馆
敦化市图书馆
龙井市图书馆

黑龙江省(19个)

齐齐哈尔市图书馆
牡丹江市图书馆
大庆市图书馆
哈尔滨市南岗区图书馆
哈尔滨市香坊区图书馆
哈尔滨市呼兰区图书馆
哈尔滨市阿城区图书馆
哈尔滨市双城区图书馆
尚志市图书馆
拜泉县图书馆
富裕县图书馆
肇源县图书馆
铁力市图书馆
伊春市西林区图书馆
嘉荫县图书馆
黑河市爱辉区图书馆
庆安县图书馆
绥棱县图书馆
望奎县图书馆

上海市(21个)

上海图书馆
上海少年儿童图书馆
浦东图书馆

黄浦区图书馆
黄浦区明复图书馆
静安区图书馆
徐汇区图书馆
长宁区图书馆
普陀区图书馆
虹口区图书馆
杨浦区图书馆
宝山区图书馆
闵行区图书馆
嘉定区图书馆
金山区图书馆
松江区图书馆
青浦区图书馆
奉贤区图书馆
崇明区图书馆
长宁区少年儿童图书馆
静安区闸北少年儿童图书馆

江苏省(100个)

南京图书馆
金陵图书馆
无锡市图书馆
徐州市图书馆
常州市图书馆
苏州图书馆
南通市图书馆
连云港市图书馆
连云港市少年儿童图书馆
淮安市图书馆
淮安市少儿图书馆
盐城市图书馆
扬州市图书馆
扬州市少年儿童图书馆
镇江市图书馆
泰州市图书馆
宿迁市图书馆
南京市玄武区少年儿童图书馆
南京市秦淮区图书馆
南京市建邺区图书馆
南京市鼓楼区图书馆
南京市浦口区图书馆
南京市栖霞区图书馆
南京市雨花台区图书馆
南京市江宁区图书馆
南京市六合区第一图书馆
南京市六合区第二图书馆
南京市溧水区图书馆
南京市溧水区儿童图书馆
南京市高淳区图书馆
无锡市锡山区图书馆
无锡市惠山区图书馆
无锡市滨湖区图书馆
无锡市梁溪区图书馆
无锡高新区(新吴区)图书馆
江阴市图书馆
宜兴市图书馆
徐州市铜山区图书馆
沛县图书馆
睢宁县图书馆
新沂市图书馆
邳州市图书馆
常州市武进区图书馆
常州市金坛区图书馆
溧阳市图书馆
常熟市图书馆
张家港市图书馆
张家港市少年儿童图书馆
昆山市图书馆
太仓市图书馆
苏州高新区图书馆
苏州市吴中区图书馆
苏州市相城区图书馆
苏州市姑苏区图书馆
苏州市吴江区图书馆
苏州工业园区独墅湖图书馆
南通市通州区图书馆
海安县图书馆
如东县图书馆
启东市图书馆
如皋市图书馆
海门市图书馆
连云港市连云区图书馆
连云港市海州区图书馆
连云港市赣榆区图书馆
东海县图书馆
灌云县图书馆
灌南县图书馆
淮安市淮安区图书馆
淮安市清江浦区图书馆
淮安市洪泽区图书馆
盱眙县图书馆
金湖县图书馆
盐城市盐都区图书馆
盐城市大丰区图书馆
响水县图书馆
滨海县图书馆
阜宁县图书馆
射阳县图书馆
建湖县图书馆
东台市图书馆
扬州市邗江区图书馆
扬州市江都区图书馆
宝应县图书馆
仪征市图书馆
高邮市图书馆
镇江市京口区图书馆
镇江市润州区图书馆
镇江市丹徒区图书馆
丹阳市图书馆
扬中市图书馆
句容市图书馆
泰州市海陵图书馆
泰州市姜堰区图书馆
兴化市图书馆
靖江市图书馆
泰兴市图书馆
宿迁市宿城区图书馆
沭阳县图书馆
泗阳县图书馆

浙江省(81个)

浙江图书馆
杭州图书馆
杭州少年儿童图书馆
宁波市图书馆
温州市图书馆
温州市少年儿童图书馆
湖州市图书馆
嘉兴市图书馆
绍兴图书馆
金华市少年儿童图书馆
舟山市图书馆
台州市图书馆
杭州市下城区图书馆
杭州市江干区图书馆
杭州市拱墅区图书馆
杭州市西湖区图书馆
杭州高新区(滨江)图书馆
杭州市萧山图书馆
杭州市余杭区图书馆
杭州市富阳区图书馆
桐庐县图书馆
淳安县图书馆
建德市图书馆
临安市图书馆
宁波市海曙区图书馆
宁波市江北区图书馆
宁波市镇海区图书馆
宁波市北仑区图书馆
宁波市鄞州区图书馆
余姚市图书馆
慈溪市图书馆
宁波市奉化区图书馆
宁海县图书馆
象山县图书馆
温州市鹿城区图书馆
温州市龙湾区图书馆
温州市瓯海区图书馆
温州市洞头区图书馆
乐清市图书馆
瑞安市图书馆
永嘉县图书馆
文成县图书馆
平阳县图书馆
泰顺县图书馆
苍南县图书馆
湖州市南浔区图书馆
德清县图书馆
长兴图书馆
嘉善县图书馆
平湖市图书馆
张元济图书馆
海宁市图书馆
桐乡市图书馆
绍兴市柯桥区图书馆
上虞图书馆
诸暨市图书馆
嵊州市图书馆
新昌县图书馆
金华市婺城区图书馆
兰溪市图书馆
东阳市图书馆
义乌市图书馆
永康市图书馆
浦江县图书馆
武义县图书馆
舟山市定海区图书馆
舟山市普陀区图书馆
岱山县图书馆
台州市椒江区图书馆
台州市黄岩区图书馆
台州市路桥区图书馆
临海市图书馆
温岭市图书馆
玉环县图书馆
天台县图书馆
仙居县图书馆
三门县图书馆
龙泉市图书馆
青田县图书馆
云和县图书馆
景宁畲族自治县图书馆

安徽省(41个)

合肥市图书馆
宿州市图书馆
马鞍山市图书馆
芜湖市图书馆
宣城市图书馆
铜陵市图书馆
安庆市图书馆
黄山市图书馆
肥东县图书馆
长丰县图书馆
泗县图书馆
五河县图书馆
颍上县图书馆
天长市图书馆
明光市图书馆
全椒县图书馆
凤阳县图书馆
定远县图书馆
金寨县图书馆
马鞍山市花山区图书馆
含山县图书馆
和县图书馆
当涂县图书馆
芜湖市镜湖区图书馆
无为县图书馆
芜湖县图书馆
繁昌县图书馆
南陵县图书馆
宁国市图书馆
绩溪县图书馆
铜陵市铜官区图书馆
铜陵市义安区图书馆
铜陵市郊区图书馆
枞阳县图书馆
青阳县图书馆
怀宁县图书馆
桐城市图书馆
太湖县图书馆
岳西县图书馆
黄山市屯溪区图书馆
休宁县图书馆

福建省(32个)

福建省少年儿童图书馆
厦门市图书馆
厦门市少年儿童图书馆
泉州市图书馆
三明市图书馆
福州市马尾区图书馆
福州市长乐区图书馆
福清市图书馆
闽侯县图书馆
厦门市思明区图书馆
厦门市湖里区图书馆
集美图书馆
厦门市集美区少年儿童图书馆
厦门市海沧区图书馆
厦门市同安区图书馆
厦门市翔安区图书馆
龙海市图书馆
泉州市鲤城区图书馆
石狮市图书馆
晋江市图书馆
南安市图书馆
南安市李成智公众图书馆
永春县图书馆
永安市图书馆
清流县图书馆
建宁县图书馆
将乐县图书馆
沙县图书馆
大田县图书馆
龙岩图书馆
上杭县图书馆
霞浦县图书馆

江西省(36个)

江西省图书馆
南昌市图书馆
赣州市图书馆
宜春市图书馆
吉安市图书馆
上饶市图书馆
抚州市图书馆
九江市图书馆
景德镇市图书馆
萍乡市图书馆
新余市图书馆
南昌市东湖区图书馆
南昌市青山湖区图书馆
进贤县图书馆
赣州市赣县区图书馆
赣州市章贡区图书馆
大余县图书馆
于都县图书馆
会昌县图书馆
宜丰县图书馆
靖安县图书馆
万载县图书馆
奉新县图书馆
吉安市青原区图书馆
吉安市新干县图书馆
吉安县图书馆
上饶市信州区图书馆
弋阳县图书馆
金溪县图书馆
崇仁县图书馆
庐山图书馆
修水县图书馆
湖口县图书馆
乐平市图书馆
分宜县图书馆
莲花县图书馆

山东省(79个)

山东省图书馆
济南市图书馆
青岛市图书馆
淄博市图书馆
枣庄市图书馆
东营市图书馆
烟台图书馆
潍坊市图书馆
济宁市图书馆
泰安市图书馆
威海市图书馆
日照市图书馆
莱芜市图书馆
临沂市图书馆
滨州市图书馆
菏泽市图书馆
济南市历下区图书馆
济南市槐荫区图书馆
济南市天桥区图书馆
济南市历城区图书馆
济南市长清区图书馆
济南市章丘区图书馆
平阴县图书馆
商河县图书馆
青岛市市南区图书馆
青岛市市北第一图书馆
青岛市李沧区图书馆
青岛市崂山区图书馆
青岛市黄岛区图书馆
青岛市城阳区图书馆
青岛市即墨区图书馆
胶州市图书馆
平度市图书馆
莱西市图书馆
淄博市张店区少儿图书馆
淄博市周村区图书馆
淄博市临淄区图书馆
桓台县图书馆
沂源县图书馆
滕州市图书馆
枣庄市山亭区图书馆
东营市河口区图书馆
广饶县图书馆
东营市垦利区图书馆
烟台市莱山区图书馆

烟台市牟平区图书馆
龙口市图书馆
招远市图书馆
莱州市图书馆
烟台经济技术开发区图书馆
济宁市兖州区图书馆
曲阜市图书馆
邹城市图书馆
金乡县图书馆
汶上县图书馆
泰安市泰山区图书馆
东平县图书馆
荣成市图书馆
威海市文登区图书馆
乳山市图书馆
潍坊市奎文区图书馆
潍坊市坊子区图书馆
青州市图书馆
诸城市图书馆
寿光市图书馆
高密市图书馆
安丘市图书馆
昌邑市图书馆
郯城县图书馆
沂水县图书馆
莒南县图书馆
临沭县图书馆
禹城市图书馆
齐河县图书馆
夏津县图书馆
茌平县图书馆
博兴县图书馆
邹平县图书馆
菏泽市牡丹区图书馆

河南省(47 个)

河南省少年儿童图书馆
郑州图书馆
开封市图书馆
洛阳市图书馆
焦作市图书馆
安阳市图书馆
鹤壁市图书馆
濮阳市图书馆
许昌市图书馆
许昌市少年儿童图书馆
南阳市图书馆
信阳市图书馆
济源市图书馆
郑州市上街区图书馆
荥阳市图书馆
巩义市图书馆
新郑市图书馆
郑州经济技术开发区图书馆
兰考县图书馆
偃师市图书馆
孟津县图书馆
新安县图书馆
汝阳县图书馆
洛阳市吉利区图书馆
洛阳市老城区图书馆
舞钢市图书馆
禹州市图书馆
长垣县图书馆
延津县图书馆
沁阳市图书馆
修武县图书馆
林州市图书馆
灵宝市图书馆
方城县图书馆
桐柏县图书馆
永城市图书馆
民权县图书馆
夏邑县图书馆
睢县图书馆
新县图书馆
商城县图书馆
淮滨县图书馆
信阳市平桥区公共图书馆
信阳市平桥区明港镇文化事业发展服务中心(信阳市平桥区明港图书馆)
汝南县图书馆
西平县图书馆
淮阳县图书馆

湖北省(45 个)

湖北省图书馆
武汉图书馆
武汉市少年儿童图书馆
黄石市图书馆
十堰市图书馆
襄阳市图书馆
宜昌市图书馆
荆州市图书馆
荆门市图书馆
鄂州市图书馆
孝感市图书馆
武汉市江岸区图书馆
武汉市江汉区图书馆
武汉市硚口区图书馆
武汉市汉阳区图书馆
武汉市青山区图书馆
武汉市洪山区图书馆
武汉市江夏区图书馆
武汉市东西湖区图书馆
大冶市图书馆
阳新县图书馆
宜城市图书馆
南漳县图书馆
谷城县图书馆
老河口市图书馆
当阳市图书馆
兴山县图书馆
秭归县图书馆
长阳土家族自治县图书馆
五峰土家族自治县图书馆
宜昌市夷陵区图书馆
宜昌市西陵区图书馆
京山市图书馆

应城市图书馆
团风县图书馆
红安县图书馆
麻城市图书馆
罗田县图书馆
蕲春县图书馆
黄梅县图书馆
嘉鱼县图书馆
来凤县图书馆
仙桃市图书馆
天门市图书馆
潜江市图书馆

湖南省(35个)

湖南图书馆
湖南省少年儿童图书馆
长沙市图书馆
长沙市芙蓉区图书馆
长沙市天心区图书馆
长沙市岳麓区图书馆
长沙市开福区图书馆
长沙市雨花区图书馆
长沙市望城区雷锋图书馆
长沙县图书馆
浏阳市图书馆
宁乡市图书馆
衡阳市图书馆
衡南县图书馆
衡东县荣桓图书馆
株洲市图书馆
炎陵县图书馆
茶陵县图书馆
醴陵市图书馆
湘乡市图书馆
韶山市图书馆
邵阳市松坡图书馆
隆回县魏源图书馆
岳阳市图书馆
临湘市图书馆
石门县图书馆
张家界市永定区图书馆
祁阳陶铸图书馆
宁远县图书馆
冷水江市图书馆
涟源市图书馆
双峰县图书馆
泸溪县图书馆
凤凰县图书馆
花垣县图书馆

广东省(73个)

广东省立中山图书馆
广州图书馆
广州少年儿童图书馆
深圳图书馆
深圳少年儿童图书馆
珠海市图书馆
汕头市图书馆
佛山市图书馆
河源市图书馆
梅州市剑英图书馆
惠州慈云图书馆
东莞图书馆
江门市五邑图书馆
茂名市图书馆
肇庆市图书馆
潮州市图书馆
广州市越秀区图书馆
广州市海珠区图书馆
广州市荔湾区图书馆
广州市天河区图书馆
广州市白云区图书馆
广州市黄埔区图书馆
广州市花都区图书馆
广州市番禺区图书馆
从化图书馆
广州市增城区图书馆
深圳市福田区图书馆
深圳市盐田区图书馆
深圳市南山图书馆
深圳市宝安区图书馆
深圳市龙岗区图书馆
深圳市光明新区图书馆
珠海市金湾区图书馆
珠海市斗门区图书馆
汕头市龙湖区图书馆
汕头市澄海区图书馆
佛山市禅城区图书馆
佛山市南海区图书馆
顺德图书馆
佛山市高明区图书馆
佛山市三水区图书馆
韶关市曲江区图书馆
河源市源城区图书馆
和平县图书馆
梅州市梅江区图书馆
梅州市梅县区图书馆
兴宁市图书馆
蕉岭县图书馆
大埔县图书馆
五华县图书馆
惠州市惠阳区图书馆
惠东县图书馆
博罗县图书馆
龙门县图书馆
江门市蓬江区图书馆
江门市新会区景堂图书馆
台山市图书馆
开平市图书馆
信宜市图书馆
高州市图书馆
肇庆市端州图书馆
肇庆市鼎湖区图书馆
四会市图书馆
肇庆市高要区图书馆
广宁县图书馆
德庆县图书馆
封开县图书馆
怀集县图书馆
英德市图书馆

连州市图书馆
罗定市图书馆
新兴县图书馆
揭阳市榕城区图书馆

广西壮族自治区(10个)

广西壮族自治区图书馆
柳州市图书馆
玉林市图书馆
广西壮族自治区桂林图书馆
北海市图书馆
北流市图书馆
南宁市图书馆
贵港市图书馆
来宾市兴宾区图书馆
南宁市少年儿童图书馆

海南省(1个)

保亭黎族苗族自治县图书馆

重庆市(35个)

重庆图书馆
北碚图书馆
城口县图书馆
重庆市少年儿童图书馆
渝北区图书馆
丰都县图书馆
万州区图书馆
巴南区图书馆
垫江县图书馆
黔江区图书馆
长寿区图书馆
忠县图书馆
涪陵区图书馆
江津区图书馆
重庆市开州区图书馆
涪陵区少年儿童图书馆
合川区图书馆
云阳县图书馆
渝中区图书馆
南川区图书馆
奉节县图书馆
大渡口区图书馆
大足区图书馆
巫山县图书馆
江北区图书馆
万盛经济技术开发区图书馆
巫溪县图书馆
沙坪坝区图书馆
重庆市潼南区图书馆
石柱土家族自治县图书馆
九龙坡区图书馆
铜梁区图书馆
秀山土家族苗族自治县图书馆
南岸区图书馆
璧山区图书馆

四川省(55个)

四川省图书馆
新都区图书馆
广汉市图书馆
成都图书馆
成都市温江区图书馆
什邡市图书馆
自贡市图书馆
成都市双流区图书馆
绵阳市安州区图书馆
攀枝花市图书馆
成都市郫都区图书馆
江油市图书馆
泸州市图书馆
都江堰市图书馆
北川羌族自治县图书馆
绵阳市图书馆
彭州市图书馆
三台县图书馆
南充市图书馆
邛崃市图书馆
剑阁县图书馆
邓小平图书馆
崇州市图书馆
旺苍县图书馆
达州市图书馆
金堂县图书馆
苍溪县图书馆
巴中市图书馆
大邑县图书馆
遂宁市安居区图书馆
成都市锦江区图书馆
蒲江县图书馆
射洪县图书馆
成都市青羊区图书馆
新津县图书馆
隆昌市图书馆
成都市金牛区图书馆
成都高新区文化指导服务中心
南部县图书馆
成都市武侯区图书馆
简阳市图书馆
眉山市东坡区图书馆
成都市成华区图书馆
米易县图书馆
仁寿县图书馆
成都市龙泉驿区图书馆
合江县图书馆
达州市达川区图书馆
成都市青白江区图书馆
叙永县图书馆
宣汉县图书馆

荥经县图书馆
汉源县图书馆
资阳市雁江区图书馆
安岳县图书馆

贵州省(11个)

贵阳市图书馆
遵义市图书馆
六盘水市图书馆
毕节市图书馆
都匀市图书馆
兴义市图书馆
贵阳市白云区图书馆
贵阳市乌当区图书馆
遵义市播州区图书馆
习水县图书馆
瓮安县图书馆

云南省(34个)

云南省图书馆
昆明市图书馆
曲靖市图书馆
玉溪市图书馆
楚雄彝族自治州图书馆
文山壮族苗族自治州图书馆
大理白族自治州图书馆
昆明市五华区图书馆
昆明市盘龙区图书馆
昆明市官渡区图书馆
昆明市西山区图书馆
安宁市图书馆
曲靖市麒麟区图书馆
宣威市图书馆
陆良县图书馆
师宗县图书馆
腾冲市图书馆
腾冲市和顺图书馆
施甸县图书馆
昌宁县图书馆
临沧市临翔区图书馆
楚雄市图书馆
双柏县图书馆
南华县图书馆
大姚县图书馆
永仁县图书馆
元谋县图书馆
武定县图书馆
禄丰县图书馆
开远市图书馆
弥勒市图书馆
石屏县图书馆
泸西县图书馆
红河锡都图书馆

陕西省(16个)

陕西省图书馆
咸阳图书馆
延安市图书馆
铜川图书馆
韩城市司马迁图书馆
西安市长安区图书馆
户县图书馆
蓝田县图书馆
彬县图书馆
渭南市华州区图书馆
榆林市星元图书楼
神木县图书馆
府谷县图书馆
吴起县图书馆
汉中市汉台区图书馆
山阳县图书馆

甘肃省(15个)

甘肃省图书馆
兰州市图书馆
嘉峪关市图书馆
金昌市图书馆
白银市图书馆
天水市图书馆
兰州市西固区图书馆
甘州区图书馆
高台县图书馆
华亭县图书馆
肃州区图书馆
敦煌市图书馆
镇原县图书馆
通渭县图书馆
陇西县图书馆

宁夏回族自治区(8个)

宁夏图书馆
银川市图书馆
吴忠市图书馆
贺兰县图书馆
平罗县图书馆
青铜峡市图书馆
同心县图书馆
中宁县图书馆

新疆维吾尔自治区(18 个)

乌鲁木齐市图书馆
克拉玛依市图书馆
哈密市图书馆
昌吉回族自治州图书馆
和田地区图书馆
塔城地区图书馆
克拉玛依区图书馆
克拉玛依市独山子区图书馆
阜康市图书馆
呼图壁县图书馆
吉木萨尔县图书馆
库尔勒市图书馆
焉耆回族自治县图书馆
和静县东归图书馆
拜城县图书馆
莎车县图书馆
乌苏市图书馆
沙湾县图书馆

新疆生产建设兵团(3 个)

第八师石河子市图书馆
第十师北屯市图书馆
第八师 121 团图书馆

二级图书馆(519 个)

天津市(3 个)

红桥区图书馆
东丽区图书馆
宝坻区图书馆

河北省(27 个)

保定市图书馆
滦南县图书馆
定兴县图书馆
辛集市图书馆
秦皇岛市抚宁区图书馆
高碑店市图书馆
石家庄市藁城区图书馆
昌黎县图书馆
张家口市下花园区图书馆
石家庄市鹿泉区图书馆
卢龙县图书馆
张家口市宣化区图书馆
平山县图书馆
临漳县图书馆
平泉县图书馆
赵县图书馆
邢台县图书馆
宽城满族自治县图书馆
晋州市图书馆
南和县图书馆
围场县图书馆
新乐市图书馆
宁晋县图书馆
吴桥县图书馆
唐山市曹妃甸区图书馆
清河县图书馆
香河县图书馆

山西省(9 个)

阳泉市图书馆
山阴县图书馆
孝义市图书馆
朔州市朔城区图书馆
原平市图书馆
平顺县图书馆
朔州市平鲁区图书馆
晋中市榆次区图书馆
侯马市图书馆

内蒙古自治区(21 个)

呼和浩特市图书馆
达茂旗图书馆
五原县图书馆
乌兰察布市图书馆
奈曼旗图书馆
乌拉特前旗图书馆
巴彦淖尔市图书馆
扎鲁特旗图书馆
乌拉特中旗图书馆
阿拉善盟图书馆
巴林右旗图书馆
杭锦后旗图书馆
满洲里市图书馆
太仆寺旗图书馆
乌海市海勃湾区图书馆
呼和浩特市新城区图书馆
伊金霍洛旗图书馆
乌海市乌达区图书馆
呼和浩特市赛罕区图书馆
杭锦旗图书馆
包头市东河区图书馆

辽宁省(4 个)

盘锦市图书馆
长海县图书馆
北票市图书馆
沈阳市于洪区图书馆

吉林省(8 个)

长春市双阳区图书馆
磐石市图书馆
汪清县图书馆
德惠市图书馆
白山市江源区图书馆
梅河口市图书馆
吉林市龙潭区图书馆
长白朝鲜族自治县图书馆

黑龙江省(17 个)

黑龙江省图书馆
佳木斯市图书馆
双鸭山市图书馆

伊春市图书馆
鹤岗市图书馆
哈尔滨市道里区图书馆
依安县图书馆
甘南县图书馆
宁安市图书馆
东宁市图书馆
绥芬河市图书馆
同江市图书馆
肇州县图书馆
伊春市友好区图书馆
伊春市金山屯区图书馆
海伦市图书馆
兰西县图书馆

江苏省(6个)

丰县图书馆
如皋市少年儿童图书馆
淮安市淮阴区图书馆
涟水县图书馆
盐城市亭湖区图书馆
宿迁市宿豫区图书馆

浙江省(4个)

绍兴市越城区图书馆
江山市图书馆
开化县图书馆
缙云县图书馆

安徽省(23个)

安徽省图书馆
合肥市少年儿童图书馆
肥西县图书馆
庐江县图书馆
亳州市谯城区图书馆
蒙城县图书馆
涡阳县图书馆
利辛县图书馆
固镇县图书馆
界首市图书馆
临泉县图书馆
来安县图书馆
舒城县图书馆
马鞍山市雨山区图书馆
宣城市宣州区图书馆
郎溪县图书馆
泾县图书馆
广德县图书馆
东至县图书馆
潜山县图书馆
望江县图书馆
宿松县图书馆
歙县图书馆

福建省(27个)

福建省图书馆
三明市少儿图书馆
莆田市图书馆
宁德市图书馆
平潭综合实验区图书馆
福州市台江区图书馆
福州市仓山区图书馆
福州市晋安区图书馆
连江县图书馆
闽清县图书馆
永泰县图书馆
漳浦县图书馆
长泰县图书馆
泉州市泉港区图书馆
惠安县图书馆
安溪县沼涛图书馆
德化县图书馆
宁化县图书馆
泰宁县图书馆
明溪县图书馆
尤溪县图书馆
南平市建阳区图书馆
邵武市图书馆
建瓯市图书馆
长汀县图书馆
福安市图书馆
福鼎市图书馆

江西省(33个)

鹰潭市图书馆
南昌市青云谱区图书馆
南昌县图书馆
安义县图书馆
赣州市安远县图书馆
赣州市南康区图书馆
赣州市上犹县图书馆
全南县图书馆
石城县图书馆
龙南县图书馆
宁都县图书馆
兴国县图书馆
定南县图书馆
上高县图书馆
樟树市图书馆
遂川县图书馆
万安县图书馆
安福县图书馆
井冈山市图书馆
万年县图书馆
鄱阳县图书馆
德兴市图书馆
余干县图书馆
抚州市宜黄县图书馆

黎川县图书馆
南城县图书馆
南丰县图书馆
都昌县图书馆
德安县图书馆
瑞昌市图书馆
永修县图书馆
新余市渝水区图书馆
芦溪县图书馆

山东省(46 个)

济南市市中区图书馆
济阳县图书馆
淄博市淄川区图书馆
淄博市博山区图书馆
高青县图书馆
枣庄市市中区图书馆
枣庄市峄城区图书馆
枣庄市台儿庄区图书馆
东营市东营区图书馆
利津县图书馆
烟台市福山区图书馆
海阳市图书馆
临朐县图书馆
泗水县图书馆
微山县图书馆
嘉祥县图书馆
新泰市图书馆
肥城市图书馆
宁阳县图书馆
日照市东港区图书馆
莒县图书馆
五莲县图书馆
莱芜市钢城区图书馆
临沂市兰山区图书馆
临沂市罗庄区图书馆
临沂市河东区图书馆
兰陵县图书馆
沂南县图书馆
平邑县图书馆
费县图书馆
蒙阴县图书馆
德州市德城区图书馆
临邑县图书馆
平原县图书馆
武城县图书馆
庆云县图书馆
临清市图书馆
高唐县图书馆
惠民县图书馆
无棣县图书馆
滨州市沾化区图书馆
曹县图书馆
菏泽市定陶区图书馆
巨野县图书馆
单县图书馆
郓城县图书馆

河南省(33 个)

洛阳市少年儿童图书馆
平顶山市图书馆
新乡市图书馆
安阳市少年儿童图书馆
三门峡市图书馆
周口市图书馆
中牟县图书馆
郑州市中原区图书馆
郑州市金水区图书馆
郑州市惠济区图书馆
杞县图书馆
栾川县图书馆
嵩县图书馆
洛阳市涧西区图书馆
洛阳市洛龙区图书馆
洛阳市西工区文化馆(西工区图书馆)
温县图书馆
滑县图书馆
淇县图书馆
清丰县图书馆
南乐县图书馆
义马市图书馆
长葛市图书馆
许昌市建安区图书馆
漯河市郾城区图书馆
邓州市图书馆
唐河县图书馆
淅川县图书馆
固始县图书馆
罗山县图书馆
信阳市浉河区图书馆
泌阳县图书馆
平舆县图书馆

湖北省(35 个)

襄阳市少年儿童图书馆
黄冈市图书馆
随州市图书馆
武汉市武昌区图书馆
武汉市蔡甸区图书馆
武汉市黄陂区图书馆
武汉市新洲区图书馆
武汉市汉南区图书馆
十堰市郧阳区图书馆
竹溪县图书馆
枣阳市图书馆
保康县图书馆
襄阳市襄州区图书馆
宜都市图书馆
枝江市图书馆
远安县图书馆
宜昌市猇亭区图书馆
松滋市图书馆
公安县图书馆
石首市图书馆
钟祥市图书馆

孝感市孝南区图书馆
汉川市图书馆
云梦县图书馆
黄冈市黄州区图书馆
英山县图书馆
浠水县图书馆
蕲春县少儿图书馆(蕲春李时珍中医药图书馆)
武穴市图书馆
咸宁市咸安区图书馆
赤壁市图书馆
崇阳县图书馆
利川市图书馆
巴东县图书馆
咸丰县图书馆

湖南省(32个)

衡阳市少年儿童图书馆
祁东县图书馆
攸县图书馆
湘潭市图书馆
湘潭县图书馆
湘潭市岳塘区图书馆
邵东县图书馆
平江县图书馆
湘阴县图书馆
汨罗市图书馆
常德市图书馆
常德市鼎城区图书馆
汉寿县图书馆
临澧县图书馆
澧县图书馆
津市市图书馆
慈利县图书馆
桑植县图书馆
益阳市图书馆
桃江县图书馆
益阳市赫山区图书馆
益阳市资阳区图书馆
沅江市图书馆
郴州市图书馆
资兴市图书馆
桂阳县图书馆
临武县图书馆
永州市图书馆
麻阳苗族自治县图书馆
怀化市鹤城区少年儿童图书馆
新化县图书馆
湘西土家族苗族自治州图书馆

广东省(15个)

清远市图书馆
广州市南沙区图书馆
汕头市金平区图书馆
乳源瑶族自治县图书馆
紫金县图书馆
丰顺县图书馆
汕尾市海丰县图书馆
阳春市图书馆
雷州市图书馆
化州市图书馆
清远市清城区图书馆
阳山县图书馆
普宁市图书馆
揭西县图书馆
郁南县图书馆

广西壮族自治区(16个)

梧州市图书馆
钦州市图书馆
百色市图书馆
来宾市图书馆
南宁市兴宁区图书馆
南宁市青秀区图书馆
南宁市邕宁区图书馆
横县图书馆
柳州市城中区图书馆
柳州市鱼峰区图书馆
鹿寨县图书馆
灵山县图书馆
浦北县图书馆
容县图书馆
南丹县图书馆
象州县图书馆

海南省(3个)

海南省图书馆
三亚市图书馆
昌江黎族自治县图书馆

重庆市(3个)

重庆市荣昌区图书馆
武隆区图书馆
彭水苗族土家族自治县图书馆

四川省(46个)

广元市图书馆
内江市图书馆
乐山市图书馆
宜宾市图书馆
雅安市图书馆
资阳市图书馆
盐边县图书馆
泸州市龙马潭区图书馆
泸州市纳溪区图书馆

泸县图书馆
德阳市旌阳区图书馆
绵竹市图书馆
中江县图书馆
绵阳市涪城区图书馆
梓潼县图书馆
平武县图书馆
盐亭县图书馆
朝天区图书馆
青川县图书馆
大英县图书馆
资中县图书馆
威远县图书馆
乐山市五通桥区图书馆
峨眉山市图书馆
犍为县图书馆
南充市高坪区图书馆
阆中市图书馆
仪陇县图书馆
蓬安县图书馆
青神县图书馆
广安区图书馆
岳池县图书馆
武胜县图书馆
邻水县图书馆
万源市图书馆
大竹县图书馆
渠县图书馆
天全县图书馆
巴中市巴州区图书馆
平昌县图书馆
通江县图书馆
南江县图书馆
汶川县图书馆
茂县图书馆
西昌市图书馆
宁南县图书馆

贵州省(19 个)

贵州省图书馆
仁怀市图书馆
福泉市图书馆
开阳县图书馆
湄潭县图书馆
六盘水市六枝特区图书馆
安顺市平坝区图书馆
关岭自治县图书馆
普定县图书馆
黔西县图书馆
大方县图书馆
铜仁市碧江区图书馆
德江县图书馆
松桃苗族自治县图书馆
印江土家族苗族自治县图书馆
惠水县图书馆
龙里县图书馆
贞丰县图书馆
安龙县图书馆

云南省(16 个)

丽江市图书馆
普洱市图书馆
富源县图书馆
玉溪市红塔区图书馆
保山市隆阳区图书馆
巧家县图书馆
绥江县图书馆
玉龙纳西族自治县图书馆
宁蒗彝族自治县图书馆
景谷傣族彝族自治县图书馆
牟定县图书馆
姚安县图书馆
建水县图书馆
砚山县图书馆
马关县图书馆
泸水市图书馆

西藏自治区(1 个)

西藏图书馆

陕西省(15 个)

西安图书馆
宝鸡市图书馆
渭南市图书馆
西安市高陵区图书馆
宝鸡市陈仓区图书馆
兴平市图书馆
乾县图书馆
旬邑县图书馆
三原县图书馆
渭南市临渭区图书馆
定边县图书馆
铜川市耀州区图书馆
安康市汉滨区少年儿童图书馆
白河县图书馆
柞水县图书馆

甘肃省(17 个)

平凉市图书馆
兰州市安宁区图书馆
榆中县图书馆
永昌县图书馆
天水市麦积区图书馆
凉州区图书馆

民乐县图书馆
崇信县图书馆
静宁县图书馆
瓜州县图书馆
玉门市图书馆
环县图书馆
定西市安定区图书馆
武都区图书馆
康县图书馆
成县图书馆
临潭县图书馆

青海省(3个)

海南藏族自治州图书馆
海西蒙古族藏族自治州图书馆
大通回族土族自治县图书馆

宁夏回族自治区(14个)

石嘴山市图书馆
中卫市图书馆
银川市兴庆区图书馆
银川市金凤区图书馆
银川市西夏区图书馆
永宁县图书馆
灵武市图书馆
石嘴山市大武口区图书馆
石嘴山市惠农区图书馆
盐池县图书馆
吴忠市红寺堡区图书馆
隆德县图书馆
彭阳县图书馆
海原县图书馆

新疆维吾尔自治区(18个)

巴音郭楞蒙古自治州图书馆
伊犁哈萨克自治州图书馆
乌鲁木齐市米东区图书馆
克拉玛依市白碱滩区图书馆
吐鲁番市高昌区图书馆
昌吉市图书馆
奇台县图书馆
尉犁县图书馆
博湖县图书馆
温宿县图书馆
沙雅县图书馆
喀什市图书馆
奎屯市图书馆
特克斯县图书馆
伊宁县图书馆
托里县图书馆
裕民县图书馆
青河县图书馆

新疆生产建设兵团(5个)

第八师一三四团图书馆
第八师一四二团图书馆
第八师一四八团图书馆
第八师石河子市北泉镇图书馆
第十二师三坪农场图书馆

三级图书馆(1034 个)

天津市(10 个)

南开区图书馆
南开区少年儿童图书馆
河北区图书馆
河北区少年儿童图书馆
红桥区少年儿童图书馆
西青区少年儿童图书馆
蓟州区图书馆
静海区图书馆
静海区少儿图书馆
宁河区图书馆

河北省(61 个)

承德市图书馆
石家庄矿区图书馆
石家庄市裕华区图书阅览中心
井陉县图书馆
正定县图书馆
行唐县图书馆
灵寿县图书馆
高邑县图书馆
深泽县图书馆
元氏县图书馆
唐山市丰润区图书馆
滦县图书馆
玉田县图书馆
秦皇岛市海港区图书馆
秦皇岛市山海关区图书馆
青龙满族自治县图书馆
邯郸市邯山区图书馆
邯郸市丛台区图书馆
邯郸市复兴区图书馆
邯郸市峰峰矿区图书馆
邯郸市永年区图书馆
大名县图书馆
邱县图书馆
广平县图书馆
曲周县图书馆
临城县图书馆
内丘县图书馆
柏乡县图书馆
隆尧县图书馆
任县图书馆
新河县图书馆
广宗县图书馆
临西县图书馆
保定市清苑区图书馆
阜平县图书馆
唐县图书馆
望都县图书馆
蠡县图书馆
安国市图书馆
张家口市万全区图书馆
沽源县图书馆
阳原县图书馆
怀来县图书馆
承德市营子区图书馆
兴隆县图书馆
丰宁满族自治县图书馆
青县图书馆
肃宁县图书馆
南皮县图书馆
献县图书馆
黄骅市图书馆
廊坊市安次区图书馆
廊坊市广阳区公共图书馆
固安县图书馆
大城县图书馆
文安县图书馆
大厂回族自治县图书馆
衡水市冀州区图书馆
枣强县李玉霞图书馆
故城县图书馆
景县图书馆

山西省(61 个)

吕梁市图书馆
太原市尖草坪区图书馆
太原市万柏林区图书馆
太原市迎泽区图书馆
清徐县图书馆
古交市图书馆
阳曲县图书馆
大同市城区图书馆
大同市南郊区图书馆
大同市新荣区图书馆
大同县图书馆
保德县图书馆
繁峙县图书馆
和顺县图书馆
河曲县图书馆
静乐县图书馆
宁武县图书馆
五寨县图书馆
交城县图书馆
柳林县图书馆
石楼县图书馆
文水县图书馆
中阳县图书馆
平遥县图书馆
祁县图书馆
寿阳县图书馆
太谷县图书馆
昔阳县图书馆
榆社县图书馆
左权县图书馆
介休市图书馆
平定县图书馆
阳泉市城区图书馆

阳泉市郊区图书馆
盂县图书馆
壶关图书馆
屯留县图书馆
黎城县人民图书馆
潞城市图书馆
沁县人民图书馆
武乡县图书馆
长治市郊区图书馆
长子县图书馆
襄垣县图书馆
沁水县赵树理图书馆
陵川县人民图书馆
泽州县图书馆
安泽县图书馆
大宁县图书馆
霍州市图书馆
临汾市尧都区图书馆
蒲县图书馆
隰县图书馆
襄汾县图书馆
河津市图书馆
绛县图书馆
闻喜县图书馆
夏县图书馆
新绛县图书馆
垣曲县图书馆
运城市盐湖区图书馆

内蒙古自治区(47个)

乌海市图书馆
呼和浩特市回民区图书馆
呼和浩特市玉泉区图书馆
土默特左旗图书馆
托克托县图书馆
和林格尔县图书馆
武川县图书馆
清水河县图书馆
固阳县图书馆
呼伦贝尔市海拉尔区图书馆
莫力达瓦达斡尔族自治旗图书馆
鄂伦春自治旗图书馆
鄂温克旗图书馆
陈巴尔虎旗图书馆
新巴尔虎左旗图书馆
扎兰屯市图书馆
额尔古纳市图书馆
根河市图书馆
扎赉诺尔图书馆
扎赉特旗图书馆
突泉县图书馆
科尔沁左翼中旗图书馆
科尔沁左翼后旗图书馆
霍林郭勒市图书馆
赤峰市红山区图书馆
克什克腾旗图书馆
翁牛特旗图书馆
锡林浩特市图书馆
阿巴嘎旗图书馆
苏尼特左旗图书馆
苏尼特右旗图书馆
东乌珠穆沁旗图书馆
西乌珠穆沁旗图书馆
镶黄旗图书馆
正镶白旗图书馆
多伦县图书馆
乌拉盖管理区图书馆
化德县图书馆
商都县图书馆
察哈尔右翼后旗图书馆
巴彦淖尔市临河区图书馆
磴口县图书馆
乌拉特后旗图书馆
乌海市海南区图书馆
阿拉善左旗图书馆
阿拉善右旗文化图书馆
额济纳旗图书馆

辽宁省(42个)

丹东市图书馆
丹东市少年儿童图书馆
锦州市少儿图书馆
阜新市图书馆
辽阳市少年儿童图书馆
铁岭市图书馆
铁岭市少年儿童图书馆
朝阳市图书馆
盘锦市少年儿童图书馆
沈阳市苏家屯区图书馆
沈阳市辽中区图书馆
新民市图书馆
台安县图书馆
岫岩满族自治县图书馆
鞍山市铁西区图书馆
鞍山市立山区图书馆
鞍山市千山区图书馆
新宾满族自治县图书馆
清原满族自治县图书馆
本溪满族自治县图书馆
丹东市振安区图书馆
凤城市图书馆
宽甸满族自治县图书馆
黑山县图书馆
义县图书馆
营口市西市区图书馆
营口市老边区图书馆
阜新蒙古族自治县图书馆
彰武县图书馆
灯塔市图书馆
辽阳市宏伟区图书馆
辽阳市弓长岭区图书馆
西丰县图书馆
调兵山市图书馆
朝阳市双塔区儿童图书馆
建平县图书馆
喀左县图书馆
盘锦市大洼区图书馆
葫芦岛市连山区图书馆
兴城市图书馆
绥中县图书馆
建昌县图书馆

吉林省(21个)

四平市图书馆
辽源市图书馆
白城市图书馆
长春市二道区图书馆
吉林市船营区图书馆
吉林市丰满区图书馆
双辽市图书馆
梨树县图书馆
伊通满族自治县图书馆
东辽县图书馆
通化市二道江区图书馆
集安市图书馆
辉南县图书馆
柳河县图书馆
长岭县图书馆
白城市少年儿童图书馆
镇赉县图书馆
通榆县图书馆
图们市图书馆
和龙市图书馆
安图县图书馆

黑龙江省(58个)

牡丹江市朝鲜族图书馆
鸡西市图书馆
七台河市图书馆
大兴安岭地区图书馆
哈尔滨市平房区图书馆
五常市图书馆
宾县图书馆
延寿县图书馆
木兰县图书馆
通河县图书馆
方正县图书馆
齐齐哈尔市龙沙区图书馆
齐齐哈尔市铁锋区图书馆
讷河市图书馆
克山县图书馆
龙江县图书馆
泰来县图书馆
海林市图书馆
穆棱市图书馆
林口县图书馆
富锦市图书馆
桦南县图书馆
汤原县图书馆
桦川县图书馆
抚远市图书馆
大庆市大同区图书馆
林甸县图书馆
杜尔伯特蒙古族自治县图书馆
密山市图书馆
虎林市图书馆
鸡东县图书馆
集贤县图书馆
饶河县图书馆
伊春市乌伊岭区图书馆
伊春市汤旺河区图书馆
伊春市新青区图书馆
伊春市红星区图书馆
伊春市五营区图书馆
伊春市伊春区图书馆
伊春市翠峦区图书馆
伊春市美溪区图书馆
伊春市南岔区图书馆
伊春市带岭区图书馆
勃利县图书馆
绥滨县图书馆
萝北县图书馆
北安市图书馆
嫩江县图书馆
五大连池市图书馆
孙吴县图书馆
绥化市北林区图书馆
绥化市北林区少年儿童图书馆
肇东市图书馆
安达市图书馆
明水县图书馆
青冈县图书馆
呼玛县图书馆
漠河县图书馆

上海市(1个)

浦东新区新川沙图书馆

浙江省(10个)

金华市图书馆
衢州市图书馆
磐安县图书馆
衢州市柯城区图书馆
衢州市衢江区图书馆
龙游县图书馆
常山县图书馆
嵊泗县图书馆
遂昌县图书馆
松阳县图书馆

安徽省(26个)

淮北市图书馆
蚌埠市图书馆
阜阳市图书馆
淮南市少年儿童图书馆
滁州市图书馆
池州市图书馆

巢湖市图书馆
淮北市相山区图书馆
淮北市杜集区图书馆
濉溪县图书馆
宿州市埇桥区图书馆
砀山县图书馆
阜南县图书馆
太和县图书馆
凤台县图书馆
寿县图书馆
霍山县图书馆
旌德县图书馆
石台县图书馆
安庆市迎江区公共文化服务中心(区图书馆)
安庆市大观区图书馆
安庆市宜秀区图书馆
黄山市黄山区图书馆
黄山市徽州区图书馆
黟县图书馆
祁门县图书馆

福建省(17 个)

诏安县图书馆
南靖县图书馆
武夷山市图书馆
顺昌县图书馆
浦城县图书馆
光泽县图书馆
松溪县图书馆
政和县图书馆
龙岩市永定区图书馆
武平县图书馆
连城县图书馆
漳平市图书馆
宁德市蕉城区图书馆
寿宁县图书馆
周宁县图书馆
柘荣县图书馆
古田县图书馆

江西省(34 个)

南昌市湾里区图书馆
瑞金市图书馆
寻乌县图书馆
崇义县图书馆
信丰县图书馆
丰城市图书馆
铜鼓县图书馆
乐安县图书馆
广昌县图书馆
资溪县图书馆
吉安市吉州区图书馆
吉水县图书馆
泰和县图书馆
永新县图书馆
永丰县图书馆
峡江县图书馆
景德镇市昌江区图书馆
景德镇市珠山区图书馆
浮梁县图书馆
九江市濂溪区图书馆
九江县图书馆(九江市柴桑区图书馆)
武宁县图书馆
庐山市图书馆
浔阳区图书馆
彭泽县图书馆
共青城市图书馆
铅山县图书馆
横峰县图书馆
婺源县图书馆
玉山县图书馆
鹰潭市月湖区图书馆
贵溪市图书馆
萍乡市湘东区图书馆
上栗县图书馆

山东省(17 个)

德州市图书馆
聊城市海源阁图书馆
烟台市芝罘区图书馆
莱阳市图书馆
栖霞市图书馆
蓬莱市图书馆
长岛县图书馆
济宁市任城区图书馆
乐陵市图书馆
宁津县图书馆
阳谷县图书馆
东阿县图书馆
滨州市滨城区图书馆
阳信县图书馆
成武县图书馆
东明县图书馆
鄄城县图书馆

河南省(65 个)

河南省图书馆
登封市图书馆
郑州市二七区图书馆
郑州市高新区图书馆
郑州市管城回族区图书馆
通许县图书馆
尉氏县图书馆
开封市祥符区图书馆
伊川县图书馆
宜阳县图书馆
洛宁县图书馆
洛阳市瀍河回族区人民文化馆(洛阳市瀍河回族区图书馆)
平顶山市少年儿童图书馆
叶县图书馆

宝丰县图书馆
郏县图书馆
鲁山县图书馆
汝州市图书馆
平顶山市卫东区图书馆
封丘县图书馆
获嘉县图书馆
原阳县图书馆
卫辉市图书馆
新乡市牧野区图书馆
孟州市图书馆
焦作市解放区图书馆
汤阴县图书馆
内黄县图书馆
浚县图书馆
鹤壁市鹤山区图书馆
濮阳县图书馆
台前县图书馆
卢氏县图书馆
渑池县图书馆
三门峡市湖滨区公共图书馆
三门峡市陕州区图书馆
鄢陵县图书馆
临颍县图书馆
舞阳县图书馆
社旗县图书馆
南召县图书馆
内乡县图书馆
西峡县图书馆
镇平县图书馆
柘城县图书馆
宁陵县图书馆
虞城县图书馆
商丘市梁园区图书馆
光山县图书馆
潢川县图书馆
新野图书馆
新蔡县图书馆
正阳县图书馆
遂平县图书馆
上蔡县图书馆
确山县图书馆
驻马店市驿城区图书馆
西华县图书馆
沈丘县图书馆
商水县图书馆
项城市图书馆
鹿邑县图书馆
郸城县图书馆
扶沟县图书馆
周口市川汇区图书馆

湖北省(26个)

十堰市少年儿童图书馆
恩施土家族苗族自治州图书馆
黄石市下陆区图书馆
黄石市铁山区图书馆
丹江口市图书馆
郧西县图书馆
房县图书馆
竹山县图书馆
荆州市荆州区图书馆
江陵县图书馆
监利县图书馆
洪湖市图书馆
荆门市荆门高新区·掇刀区图书馆
安陆市图书馆
大悟县图书馆
孝昌县图书馆
通城县图书馆
通山县图书馆
随县图书馆
广水市图书馆
随州市曾都区图书馆
恩施市图书馆
建始县图书馆
宣恩县图书馆
鹤峰县图书馆
神农架林区图书馆

湖南省(63个)

衡阳县图书馆
衡山县图书馆
常宁市图书馆
耒阳市图书馆
衡阳市南岳区图书馆
衡阳市雁峰区图书馆
衡阳市石鼓区图书馆
衡阳市珠晖区图书馆
衡阳市蒸湘区图书馆
株洲市少年儿童图书馆
株洲县图书馆
湘潭市少年儿童图书馆
邵阳市少年儿童图书馆
新邵县图书馆
洞口县图书馆
绥宁县图书馆
武冈市图书馆
新宁县图书馆
邵阳县图书馆
邵阳市大祥区图书馆
邵阳市双清区图书馆
邵阳市北塔区图书馆
岳阳县图书馆
华容县图书馆
岳阳市岳阳楼区图书馆
岳阳市云溪区图书馆
岳阳市君山区图书馆
岳阳市屈原管理区图书馆
桃源县图书馆
安乡县图书馆
张家界市武陵源区图书馆
安化县图书馆
南县图书馆
郴州市苏仙区图书馆
宜章县图书馆
永兴县图书馆
嘉禾县图书馆
汝城县图书馆
桂东县图书馆
安仁县图书馆
永州市冷水滩区图书馆
永州市零陵区图书馆

东安县图书馆
双牌县图书馆
道县图书馆
江华瑶族自治县图书馆
新田县图书馆
怀化市图书馆
沅陵县图书馆
辰溪县图书馆
溆浦县图书馆
新晃侗族自治县图书馆
芷江侗族自治县图书馆
怀化市鹤城区图书馆
中方县图书馆
洪江市图书馆
怀化市洪江区图书馆
会同县图书馆
靖州苗族侗族自治县图书馆
通道侗族自治县图书馆
娄底市娄星区图书馆
永顺县图书馆
龙山县图书馆

广东省(38 个)

韶关市图书馆
汕尾市图书馆
阳江市图书馆
湛江市图书馆
湛江市少年儿童图书馆
揭阳市图书馆
云浮市图书馆
汕头市濠江区图书馆
汕头市潮阳区图书馆
汕头市南澳县图书馆
韶关市浈江区图书馆
乐昌市图书馆
南雄市图书馆
仁化县图书馆
始兴县图书馆
翁源县图书馆
新丰县图书馆
连平县图书馆
梅州市梅县区松口图书馆
江门市江海区图书馆
阳江市阳东区图书馆
阳西县图书馆
廉江市图书馆
吴川市图书馆
遂溪县图书馆
茂名市茂南区图书馆
茂名市电白区图书馆
佛冈县图书馆
清远市清新区图书馆
连山壮族瑶族自治县图书馆
连南瑶族自治县图书馆
潮州市湘桥区图书馆
潮州市潮安区图书馆
饶平县图书馆
揭阳市揭东区图书馆
惠来县图书馆
云浮市云城区图书馆
云浮市云安区图书馆

广西壮族自治区(64 个)

北海市少年儿童图书馆
防城港市图书馆
贺州市图书馆
崇左市图书馆
南宁市江南区图书馆
南宁市西乡塘区图书馆
南宁市良庆区图书馆
南宁市武鸣区图书馆
隆安县图书馆
马山县图书馆
上林县图书馆
宾阳县图书馆
柳州市柳江区图书馆
柳城县图书馆
融水苗族自治县图书馆
桂林市临桂区图书馆
阳朔县图书馆
灵川县图书馆
全州县图书馆
兴安县图书馆
永福县图书馆
龙胜各族自治县图书馆
荔浦县图书馆
恭城瑶族自治县图书馆
苍梧县图书馆
藤县图书馆
蒙山县图书馆
合浦县图书馆
防城区图书馆
东兴市图书馆
上思县图书馆
贵港市港北区图书馆
桂平市图书馆
平南县图书馆
玉林市玉州区图书馆
玉林市福绵区图书馆
陆川县图书馆
博白县图书馆
兴业县图书馆
百色市右江区图书馆
靖西市图书馆
田阳县图书馆
田东县图书馆
那坡县图书馆
凌云县图书馆
乐业县图书馆
田林县图书馆
西林县图书馆
隆林各族自治县图书馆
昭平县图书馆
钟山县图书馆
富川瑶族自治县图书馆
罗城仫佬族自治县图书馆
都安瑶族自治县图书馆
合山市图书馆
忻城县图书馆
武宣县图书馆

金秀瑶族自治县图书馆
宁明县图书馆
大新县图书馆
凭祥市图书馆
龙州县图书馆
天等县图书馆
扶绥县图书馆

海南省(12个)

海口图书馆
万宁市图书馆
澄迈县图书馆
儋州市图书馆
东方市图书馆
白沙黎族自治县图书馆
琼海市图书馆
定安县图书馆
陵水黎族自治县图书馆
文昌市图书馆
屯昌县图书馆
琼中黎族苗族自治县图书馆

重庆市(4个)

永川区图书馆
重庆市梁平区图书馆
酉阳土家族苗族自治县图书馆
綦江区图书馆

四川省(42个)

德阳市图书馆
乐山市沙湾区沫若图书馆
兴文县图书馆
眉山市图书馆
井研县图书馆
屏山县图书馆
阿坝藏族羌族自治州图书馆
夹江县图书馆
达州市通川区图书馆
甘孜藏族自治州图书馆
沐川县图书馆
开江县图书馆
凉山彝族自治州图书馆
峨边彝族自治县图书馆
雅安市雨城区图书馆
富顺县图书馆
眉山市彭山区图书馆
雅安市名山区图书馆
荣县图书馆
洪雅县图书馆
石棉县图书馆
古蔺县图书馆
丹棱县图书馆
芦山县图书馆
罗江县图书馆
宜宾市南溪区图书馆
宝兴县图书馆
绵阳市游仙区图书馆
宜宾县图书馆
巴中市恩阳区图书馆
广元市利州区文化中心(区图书馆)
江安县图书馆
乐至县图书馆
高县图书馆
阿坝州红原县图书馆
遂宁市船山区图书馆
筠连县图书馆
甘孜县图书馆
蓬溪县图书馆
珙县图书馆
炉霍县图书馆
乐山市金口河区图书馆

贵州省(43个)

清镇市图书馆
余庆县图书馆
铜仁市万山区图书馆
赤水市图书馆
桐梓县图书馆
石阡县图书馆
安顺市图书馆
绥阳县图书馆
沿河土家族自治县图书馆
凯里市图书馆
盘县图书馆
思南县图书馆
黔南布依族苗族自治州图书馆
水城县图书馆
丹寨县图书馆
贵阳市花溪区图书馆
紫云县图书馆
麻江县图书馆
息烽县图书馆
毕节市七星关区图书馆
黄平县图书馆
修文县图书馆
纳雍县图书馆
三穗县图书馆
凤冈县图书馆
赫章县图书馆
天柱县图书馆
正安县图书馆
金沙县图书馆
黎平县图书馆
务川仡佬族苗族自治县图书馆
江口县图书馆
镇远县图书馆

锦屏县图书馆
榕江县图书馆
雷山县图书馆
贵定县图书馆
长顺县图书馆
荔波县民族图书馆
册亨县图书馆
普安县图书馆
晴隆县民族图书馆
威宁彝族回族苗族自治县图书馆

云南省(91个)

曲靖市少年儿童图书馆
保山市图书馆
昭通市图书馆
临沧市图书馆
红河哈尼族彝族自治州图书馆
西双版纳傣族自治州图书馆
德宏傣族景颇族自治州图书馆
怒江傈僳族自治州图书馆
迪庆藏族自治州图书馆
昆明市呈贡区图书馆
昆明市东川区图书馆
昆明市晋宁区图书馆
富民县图书馆
宜良县图书馆
嵩明县图书馆
石林彝族自治县民族图书馆
寻甸回族彝族自治县图书馆
禄劝彝族苗族自治县图书馆
马龙县图书馆
罗平县图书馆
沾益区图书馆
会泽县图书馆
玉溪市江川区图书馆
澄江县图书馆
通海县图书馆
华宁县图书馆
易门县图书馆
峨山彝族自治县图书馆
新平彝族傣族自治县民族图书馆
元江哈尼族彝族傣族自治县图书馆
龙陵县图书馆
昭阳区图书馆
鲁甸县图书馆
盐津县图书馆
大关县图书馆
永善县图书馆
镇雄县图书馆
彝良县图书馆
威信县图书馆
水富县图书馆
丽江市古城区图书馆
永胜县图书馆
华坪县图书馆
普洱市思茅区图书馆
宁洱哈尼族彝族自治县图书馆
墨江哈尼族自治县图书馆
景东彝族自治县图书馆
镇沅彝族哈尼族拉祜族自治县图书馆
江城哈尼族彝族自治县图书馆
孟连傣族拉祜族佤族自治县图书馆
澜沧拉祜族自治县图书馆
西盟佤族自治县图书馆
凤庆县图书馆
云县图书馆
永德县图书馆
镇康县图书馆
双江拉祜族佤族布朗族傣族自治县图书馆
耿马傣族佤族自治县图书馆
沧源佤族自治县图书馆
元阳县图书馆
红河县图书馆
绿春县图书馆
屏边苗族自治县图书馆
金平苗族瑶族傣族自治县图书馆
麻栗坡图书馆
丘北县图书馆
广南县图书馆
富宁县图书馆
景洪市图书馆
勐腊县图书馆
祥云县图书馆
弥渡县图书馆
永平县图书馆
云龙县图书馆
洱源县图书馆
剑川县图书馆
鹤庆县图书馆
漾濞彝族自治县图书馆
南涧彝族自治县图书馆
巍山彝族回族自治县图书馆
芒市图书馆
瑞丽市图书馆
瑞丽畹町经济开发区图书馆
梁河县图书馆
盈江县图书馆
陇川县图书馆
福贡县图书馆
贡山独龙族怒族自治县图书馆
兰坪白族普米族自治县图书馆
德钦县图书馆
维西傈僳族自治县图书馆

西藏自治区(2个)

昌都市图书馆
林芝市图书馆

陕西省(58 个)

安康市图书馆
西安市灞桥区图书馆
西安市临潼区图书馆
西安市阎良区图书馆
宝鸡市金台区图书馆
宝鸡市渭滨区图书馆
凤翔县图书馆
扶风县图书馆
凤县图书馆
麟游县图书馆
陇县图书馆
眉县图书馆
岐山县图书馆
千阳县图书馆
太白县图书馆
泾阳县图书馆
长武县图书馆
永寿县图书馆
礼泉县靳宝善图书馆
华阴市图书馆
澄城县图书馆
大荔县图书馆
富平县图书馆
蒲城县图书馆
潼关县图书馆
佳县国桢图书馆
米脂县斌丞图书馆
绥德县子洲图书馆
延安市安塞区图书馆
黄陵县轩辕图书馆
富县图书馆
延川县图书馆
宜川县图书馆
志丹县图书馆
子长县图书馆
铜川市王益区少儿图书馆
铜川市印台区图书馆
宜君县图书馆
城固县图书馆
南郑县图书馆
洋县图书馆
勉县图书馆
略阳县图书馆
佛坪县图书馆
留坝县图书馆
西乡县图书馆
镇巴县图书馆
汉阴县图书馆
岚皋县图书馆
平利县图书馆
宁陕县图书馆
石泉县图书馆
旬阳县图书馆
紫阳县图书馆
商洛市商州区少儿图书馆
丹凤县图书馆
洛南县图书馆
杨陵区图书馆

甘肃省(42 个)

嘉峪关市少儿图书馆
定西市图书馆
临夏回族自治州图书馆
甘南藏族自治州图书馆
皋兰县图书馆
金川区图书馆
白银市白银区少儿图书馆
白银市平川区图书馆
靖远县图书馆
会宁县图书馆
景泰县图书馆
天水市秦州区图书馆
秦安县图书馆
武山县图书馆
张家川县图书馆
民勤县图书馆
天祝藏族自治县图书馆
肃南裕固族自治县图书馆
临泽县图书馆
山丹培黎图书馆
泾川县图书馆
灵台县图书馆
庄浪县图书馆
金塔县图书馆
肃北蒙古族自治县图书馆
阿克塞哈萨克族自治县图书馆
西峰区少儿图书馆
庆城县图书馆
华池县图书馆
合水县图书馆
正宁县图书馆
宁县图书馆
渭源县图书馆
临洮县图书馆
漳县图书馆
岷县图书馆
宕昌县图书馆
两当县图书馆
康乐县图书馆
永靖县图书馆
舟曲县图书馆
迭部县图书馆

青海省(14 个)

青海省图书馆
海北藏族自治州图书馆
湟中县图书馆
湟源县图书馆
民和回族土族自治县图书馆
门源回族自治县图书馆
刚察县图书馆
同仁县图书馆
尖扎县文化图书馆
河南蒙古族自治县图书馆
班玛县图书馆
称多县图书馆

格尔木市图书馆
天峻县图书馆

宁夏回族自治区(3个)

固原市原州区图书馆
西吉县图书馆
泾源县图书馆

新疆维吾尔自治区(55个)

吐鲁番市图书馆
博尔塔拉蒙古自治州图书馆
阿克苏地区图书馆
克孜勒苏柯尔克孜自治州图书馆
喀什地区图书馆
阿勒泰地区图书馆
水磨沟区图书馆
鄯善县图书馆
巴里坤哈萨克自治县图书馆
伊吾县图书馆
哈密市伊州区图书馆
玛纳斯县图书馆
木垒哈萨克自治县图书馆
阿拉山口市群众文化体育管理中心(图书馆)
博乐市图书馆
精河县图书馆
温泉县图书馆
若羌县图书馆
和硕县图书馆
阿克苏市图书馆
库车县图书馆
新和县图书馆
乌什县图书馆
阿克苏阿瓦提图书馆
柯坪县图书馆
阿图什市图书馆
疏附县图书馆
喀什英吉沙县图书馆
泽普县图书馆
叶城县图书馆
麦盖提县人民图书馆
岳普湖县图书馆
伽师县图书馆
巴楚县图书馆
和田市图书馆
墨玉县图书馆
皮山县图书馆
策勒县图书馆
于田县图书馆
民丰县图书馆
伊宁市图书馆
察布查尔锡伯自治县图书馆
霍城县图书馆
巩留县图书馆
新源县图书馆
昭苏县图书馆
尼勒克县图书馆
塔城市图书馆
额敏县图书馆
和布克赛尔蒙古自治县图书馆
阿勒泰市图书馆
布尔津县图书馆
福海县图书馆
哈巴河县图书馆
吉木乃县图书馆

新疆生产建设兵团(7个)

一师十三团图书馆
八师一三三团图书馆
八师一四四团图书馆
八师石河子市东城街道图书馆
八师石河子市向阳街道办事处图书馆
八师石河子市新城街道市民服务中心图书馆
十二师二二一团图书馆

2018年图书馆界获得各类基金资助项目统计

2018年国家社会科学基金资助项目

项目名称	负责人	工作单位	项目类别	预期成果	批准号
图书馆公共文化服务平衡性充分性发展的法律问题研究	赵　媛	四川大学	重点项目	研究报告	18ATQ001
民国时期革命历史文献整理与研究	马　静	国家图书馆	重点项目	研究报告	18ATQ002
面向国家发展与安全决策的情报服务创新研究	杨建林	南京大学	重点项目	研究报告　论文集	18ATQ003
创新驱动的中国特色新型智库知识服务发展机制研究	申　静	北京大学	重点项目	专著　论文集	18ATQ004
大数据时代政府数据治理体系建构研究	夏义堃	武汉大学	重点项目	研究报告　论文集	18ATQ005
学术出版体制机制创新研究	方　卿	武汉大学	重点项目	论文集　研究报告	18ATQ006
开放科学环境下的科学数据开放共享机制与对策研究	盛小平	华南师范大学	重点项目	论文集　研究报告	18ATQ007
国家大数据战略下档案管理理论与实践创新研究	李泽锋	郑州航空工业管理学院	重点项目	论文集　研究报告	18ATQ008
基于全地区样本的国家档案馆公共服务能力评估体系研究	傅荣校	浙江大学	重点项目	专著　研究报告	18ATQ009
1930年代“民族复兴”话语下的全国读书运动研究	刘　平	湖南大学	一般项目	专著	18BTQ001
近代图书馆学汉译文献整理与研究	翟桂荣	河南大学	一般项目	专著	18BTQ002
精准扶贫中的知识转移与图书馆社会职能研究	郎玉林	绥化学院	一般项目	专著	18BTQ003
民国时期图书馆馆长群体研究	王一心	南京师范大学	一般项目	专著	18BTQ004
民国时期图书馆与乡村社会教育研究	任家乐	成都大学	一般项目	专著　论文集	18BTQ005
生态博物馆理念嵌入民族村寨文化遗产保护研究	杜韵红	云南民族大学	一般项目	研究报告	18BTQ006
数字中国背景下数字贫困消减行动研究	闫　慧	中国人民大学	一般项目	研究报告	18BTQ007
我国台湾地区图书出版与阅读文化的历史变迁研究(1895—2015)	王念祖	闽江学院	一般项目	专著　论文集	18BTQ008
边疆治理视阈中的西部民族地区图书馆精准服务研究	牛　勇	兰州大学	一般项目	研究报告	18BTQ009
儿童中文阅读分级标准体系研究	袁曦临	东南大学	一般项目	论文集　电脑软件	18BTQ010
公共数字文化服务的社会教育功能及实现路径研究	李桂霞	哈尔滨学院	一般项目	论文集　研究报告	18BTQ011
公共文化服务供给政社合作模式及动力机制研究	陆和建	安徽大学	一般项目	专著　论文集	18BTQ012
公共文化服务均等化背景下城乡流动儿童阅读环境和阅读行为研究	王素芳	浙江大学	一般项目	专著	18BTQ013

续表

项目名称	负责人	工作单位	项目类别	预期成果	批准号
面向新型职业农民的农村公共图书馆精准信息服务机制研究	陈昊琳	东北师范大学	一般项目	研究报告	18BTQ014
文化自信视野下青少年优秀传统文化阅读推广研究	汪全莉	湘潭大学	一般项目	专著	18BTQ015
武陵山民族聚居区图书馆阅读推广助力文化精准扶贫研究	王月娥	吉首大学	一般项目	论文集　研究报告	18BTQ016
大学图书馆能动型学习空间内涵与服务模式研究	王　宇	沈阳师范大学	一般项目	论文集	18BTQ017
高校图书馆吸引专业志愿服务的制度基础及管理机制研究	王　琼	北京师范大学	一般项目	论文集　其他	18BTQ018
公共图书馆影响力评价之体系构建与实证研究	唐　琼	中山大学	一般项目	研究报告	18BTQ019
基于人工智能的公共图书馆空间再造与效能提升研究	王筱雯	辽宁省图书馆	一般项目	专著　研究报告	18BTQ020
价值网视阈下图书开放获取权益分享机制研究	马小琪	黑龙江大学	一般项目	专著	18BTQ021
媒介融合视阈下图书馆员职业能力发展模型及建设体系研究	王瑞珍	河南师范大学	一般项目	专著　研究报告	18BTQ022
我国公共文化服务机构的著作权问题及其对策研究	杨利华	中国政法大学	一般项目	专著　研究报告	18BTQ023
小康社会视阈下西藏图书馆学前教育服务实现机制与功能研究	马凌云	西藏民族大学	一般项目	研究报告	18BTQ024
《资本论》汉英术语知识库建设与应用研究	张凌云	天津图书馆	一般项目	论文集　电脑软件	18BTQ025
开放共享背景下图书馆书目元数据组织模式的演变与发展研究	黄毕惠	四川大学	一般项目	专著	18BTQ026
面向数字人文研究的图书馆开放数据体系构建与服务模式设计研究	张　磊	上海图书馆（上海科学技术情报研究所）	一般项目	论文集　研究报告	18BTQ027
图书馆智慧空间的理论构建与实践应用研究	许　鑫	华东师范大学	一般项目	论文集　研究报告	18BTQ028
智慧社会建设背景下图书馆跨界合作服务模式研究	李　健	西南大学	一般项目	研究报告	18BTQ029
智慧社会驱动的图书馆信息生态研究	吕莉媛	哈尔滨师范大学	一般项目	研究报告	18BTQ030
多源异构数据融合的图书馆用户画像研究	杨代庆	中国科学技术信息研究所	一般项目	研究报告	18BTQ031
互联网知识付费业态下图书馆知识服务优化机制及对策研究	姚　伟	天津科技大学	一般项目	专著	18BTQ032
基于大数据深度融合的移动图书馆用户画像情境化推荐模型研究	刘海鸥	燕山大学	一般项目	专著　论文集	18BTQ033
新媒体时代下我国图书馆政府舆情信息服务研究	艾新革	广州大学	一般项目	论文集　研究报告	18BTQ034
濒危非物质文化遗产的青海土族“道拉”的传承与数字化保护研究	刘晓建	青海大学	一般项目	研究报告	18BTQ035

续表

项目名称	负责人	工作单位	项目类别	预期成果	批准号
藏文古籍写本序跋辑录与文献学研究	史桂玲	中国民族图书馆	一般项目	工具书　专著	18BTQ036
海内外现存建阳刻本书目调查与研究	陈旭东	福建师范大学	一般项目	工具书　论文集	18BTQ037
韩国汉籍中的清人佚诗遗文的搜集、整理与研究	陈　俐	南通大学	一般项目	专著　论文集	18BTQ038
清代写本《智观巴·贡却乎丹巴绕杰传之喜脱雷鸣》翻译与研究	贡保吉	兰州大学	一般项目	专著	18BTQ039
上海图书馆藏顾廷龙先生友朋信札整理与研究	丁小明	华东师范大学	一般项目	专著　其他	18BTQ040
西北丝路途经地旧志编纂与刊行问题研究	负有强	宁夏社会科学院	一般项目	专著	18BTQ041
延安时期中共中央机关报数字化保存与挖掘利用研究	贾翠玲	延安大学	一般项目	研究报告　其他	18BTQ042
“间岛问题”文献史料收集、整理与研究	金泰国	延边大学	一般项目	研究报告	18BTQ043
濒危青海民间演唱词传承资源库建设	郭占龙	青海师范大学	一般项目	专著　电脑软件	18BTQ044
广西京族口述历史资料收集整理与其有声数据库建设	韦　江	广西壮族自治区图书馆	一般项目	研究报告 电脑软件	18BTQ045
蒙元以来中央政府授予藏传佛教喇嘛的“遗留性史料”搜集与整理研究	额尔敦巴特尔	内蒙古自治区图书馆	一般项目	专著	18BTQ046
宋辽金佛寺壁画的文献考察	马新广	山西师范大学	一般项目	专著	18BTQ047
越南与中国南海地名考证及历史地理信息平台建设研究	许盘清	三江学院	一般项目	专著　电脑软件	18BTQ048
基于区块链的新媒体舆情信息追溯及生态治理研究	赵　丹	东北电力大学	一般项目	论文集　研究报告	18BTQ049
基于信息级联的网络意见偏差及引导机制研究	魏建良	浙江工商大学	一般项目	论文集　研究报告	18BTQ050
军民融合战略下情报学理论体系的创新与发展研究	卢胜军	军事科学院	一般项目	专著　研究报告	18BTQ051
社会突发事件应急管理中的情报介入与融合研究	刘建准	天津工业大学	一般项目	论文集　专著	18BTQ052
中国青少年期刊融合发展研究	吴　燕	南京大学	一般项目	专著　研究报告	18BTQ053
总体国家安全观视阈下的科技情报服务创新研究	李　辉	北京市科学技术情报研究所	一般项目	研究报告	18BTQ054
大数据环境下智慧城市信息安全困境及应对策略研究	邹　凯	湘潭大学	一般项目	论文集	18BTQ055
面向出版流程的学术期刊质量控制研究	杨丹丹	武汉大学	一般项目	专著	18BTQ056
面向我国特色新型智库的信息支撑模式研究	杨　峰	广东财经大学	一般项目	研究报告	18BTQ057
面向智库建设的图书馆知识服务模式和创新路径研究	黄务兰	常州大学	一般项目	论文集　研究报告	18BTQ058
全球OA科技期刊出版大数据监测模型研究	黄金霞	中国科学院	一般项目	研究报告　论文集	18BTQ059
新时代中国特色新型智库的知识服务研究	周　刚	苏州科技大学	一般项目	专著	18BTQ060
移动图书馆用户信息交互行为中的情感体验研究	赵　杨	武汉大学	一般项目	专著　论文集	18BTQ061
大数据环境下农业科学数据监管机制构建研究	陆丽娜	东北农业大学	一般项目	专著	18BTQ062

续表

项目名称	负责人	工作单位	项目类别	预期成果	批准号
基于典籍的中华传统文化知识表达体系自动构建方法研究	何　琳	南京农业大学	一般项目	研究报告 电脑软件	18BTQ063
基于科学与技术交叉模型的创新前沿识别方法与应用研究	唐小利	北京协和医学院	一般项目	专著　研究报告	18BTQ064
基于深度学习的学科领域网络学术情报发现研究	王　娟	广东外语外贸大学	一般项目	专著　其他	18BTQ065
基于文本挖掘和机器学习的情境感知推荐方法研究	史海燕	河北大学	一般项目	论文集　研究报告	18BTQ066
技术创新路径识别与预测的多元关系融合方法研究	张　娴	中国科学院成都文献情报中心	一般项目	研究报告	18BTQ067
面向语义信息关联的网站信息偶遇机理的实证研究	刘春茂	天津师范大学	一般项目	论文集　研究报告	18BTQ068
面向知识流分析的中文文本主题生成模型构建及应用研究	马秀峰	曲阜师范大学	一般项目	论文集　研究报告	18BTQ069
社会科学科研数据的管理服务研究	王丹丹	河南科技大学	一般项目	研究报告	18BTQ070
用户参与的网络动态信息组织模式研究	王　娜	郑州大学	一般项目	研究报告	18BTQ071
中文学术领域命名实体的知识图谱构建研究	王瑞云	山西大学	一般项目	论文集　研究报告	18BTQ072
大数据环境下杰出人才画像构建与人才评价研究	孔　捷	南京理工大学	一般项目	论文集　研究报告	18BTQ073
负责任计量视角下科学评价方法与指标优化研究	宋丽萍	天津师范大学	一般项目	论文集　研究报告	18BTQ074
基于用户行为动机的 ALTMETRICS 评价模型构建与实证研究	余以胜	华南师范大学	一般项目	论文集　研究报告	18BTQ075
基于知识发现的科研人员老龄化现象、演化规律及成因分析	徐　健	中山大学	一般项目	专著	18BTQ076
科学数据集的自组织模式和质量评价研究	杨　波	南京农业大学	一般项目	研究报告	18BTQ077
融合多维信息计量指标的人文社会科学代表性学术专著评价方法与实现机制研究	姜春林	大连理工大学	一般项目	论文集　研究报告	18BTQ078
生命周期视角下论文学术影响的形成机理及测度模型研究	韩瑞珍	湖北第二师范学院	一般项目	研究报告	18BTQ079
我国“五计学”融合与图书情报学的方法创新研究	邱均平	杭州电子科技大学	一般项目	论文集　研究报告	18BTQ080
虚拟学术社区中科研人员合作机制研究	谭春辉	华中师范大学	一般项目	论文集　研究报告	18BTQ081
中国学者国际影响力评价研究	徐佳宁	江苏师范大学	一般项目	论文集	18BTQ082
基于区块链的网络文件信任保障机制及应用架构研究	付永贵	山西财经大学	一般项目	专著　论文集	18BTQ083
新型国家安全观下的个人数据保护研究	相丽玲	山西大学	一般项目	论文集　研究报告	18BTQ084
大数据驱动下学术新媒体知识聚合及创新服务研究	张向先	吉林大学	一般项目	专著　论文集	18BTQ085

续表

项目名称	负责人	工作单位	项目类别	预期成果	批准号
大众创新背景下产品用户虚拟社区的知识创新机理及其应用研究	李旭光	华中师范大学	一般项目	论文集　研究报告	18BTQ086
科技成果转化的知识服务体系建设研究	刘成华	成都信息工程大学	一般项目	研究报告	18BTQ087
认知视角下基于多源融合的个性化微阅读推荐模型研究	武慧娟	东北电力大学	一般项目	论文集　研究报告	18BTQ088
融合多源异构数据的科研人员画像构建及其应用研究	窦永香	西安电子科技大学	一般项目	论文集　研究报告	18BTQ089
学习型搜索中用户交互行为与学习效果关系研究	刘　畅	北京大学	一般项目	研究报告	18BTQ090
20 世纪以来欧美档案思想研究	曲春梅	山东大学	一般项目	专著	18BTQ091
大数据背景下档案数据管理理论重构、技术选优与实践创新研究	于英香	上海大学	一般项目	专著	18BTQ092
档案大数据战略及实现路径研究	向立文	湘潭大学	一般项目	专著	18BTQ093
非物质文化遗产档案资源建设政策引导策略研究	王巧玲	北京联合大学	一般项目	研究报告	18BTQ094
基于国家认同视阈的家族档案研究	张全海	中国人民大学	一般项目	专著	18BTQ095
近代文书档案改革与行政效率的互动研究(1860—1949)	李章程	湖州师范学院	一般项目	专著	18BTQ096
社交媒体视阈下档案公共服务及其实现机制研究	罗宝勇	南昌大学	一般项目	研究报告	18BTQ097
数字时代档案文献编纂与成果利用研究	宋雪雁	吉林大学	一般项目	论文集	18BTQ098
文化自信背景下国家档案精品走出去策略研究	王小云	福建师范大学	一般项目	专著	18BTQ099
新时代民生档案资源共享促进国民幸福指数提升的策略研究	谢小红	湖南第一师范学院	一般项目	研究报告	18BTQ100
新时代少数民族民间档案文化遗产保护传承研究	饶　圆	广西民族大学	一般项目	专著	18BTQ101
总体国家安全观下档案风险治理研究	朱兰兰	郑州航空工业管理学院	一般项目	研究报告	18BTQ102
中国古代图书馆的历史记忆功能及其机制研究	王瑛琦	哈尔滨理工大学	青年项目	专著	18CTQ001
中国近代读书会及其文化现象研究	凌冬梅	嘉兴学院	青年项目	专著	18CTQ002
公共数字文化服务供给的不平衡不充分问题及对策研究	完颜邓邓	湘潭大学	青年项目	论文集	18CTQ003
公共图书馆低幼儿童服务理论、模式与保障研究	张　丽	北京语言大学	青年项目	研究报告	18CTQ004
哈佛大学馆藏中国相关古地图的整理、编目与研究	陈　熙	复旦大学	青年项目	工具书	18CTQ005
技术赋能视阈下人文学者的数字学术需求及其图书馆服务策略研究	肖　鹏	中山大学	青年项目	论文集　电脑软件	18CTQ006
藏族书信文献整理与研究	南吉多杰	青海民族大学	青年项目	专著	18CTQ007
黑水城出土数术文献整理研究	王　巍	北方民族大学	青年项目	专著	18CTQ008

续表

项目名称	负责人	工作单位	项目类别	预期成果	批准号
仡佬族家谱抢救性搜集与整理研究	宋汉瑞	贵州师范学院	青年项目	专著	18CTQ009
法兰西学院汉学研究所馆藏汉籍整理与研究	刘　蕊	中山大学	青年项目	专著	18CTQ010
基于方志类典籍的地标农产品挖掘与组织研究	朱锁玲	南京农业大学	青年项目	研究报告	18CTQ011
近百年来古籍版本图录研究	赵　嘉	河北大学	青年项目	专著	18CTQ012
琉球汉籍诗文整理与研究	张明明	扬州大学	青年项目	专著	18CTQ013
清代西南方志纂刊与流通问题研究	毛丽娟	云南师范大学	青年项目	其他　专著	18CTQ014
日本足利学校藏宋刊本《周易注疏》整理与研究	谢炳军	北京师范大学	青年项目	专著	18CTQ015
绥远地区同业公会史料收集、整理与研究(1918—1949)	张宪功	内蒙古民族大学	青年项目	专著	18CTQ016
西北书院与学术文化传承研究	马培洁	西北民族大学	青年项目	专著	18CTQ017
新出土碑志所见唐东都乡里村坊资料整理与研究	宋　婷	西华师范大学	青年项目	专著	18CTQ018
创新驱动的产业技术竞争情报服务模式研究	陈　思	南京大学	青年项目	论文集　研究报告	18CTQ019
基于形式概念分析的突发事件应急案例知识描述、增值与服务研究	高俊峰	北华大学	青年项目	专著	18CTQ020
面向应急管理的情报工程服务机制建设研究	李　阳	南京大学	青年项目	论文集　研究报告	18CTQ021
数描客体与 WSR 融合视阈下情报分析模型的构建与应用研究	谢　笑	安徽大学	青年项目	论文集　研究报告	18CTQ022
我国中小企业间竞争情报共享机制与实证研究	支凤稳	河北大学	青年项目	论文集　研究报告	18CTQ023
基于语义增强的医学学术出版创新融合研究	孙月萍	北京协和医学院	青年项目	研究报告 电脑软件	18CTQ024
开放数据环境下社会信息公平问题及治理策略研究	罗　博	华中师范大学	青年项目	专著　其他	18CTQ025
大数据环境下多源信息语义互联研究	付　苓	首都图书馆	青年项目	研究报告	18CTQ026
基于引文内容挖掘的科学创新扩散模型研究	翟羽佳	天津师范大学	青年项目	论文集	18CTQ027
基于图模型的农业领域多源知识迁移研究	吴　蕾	中国农业科学院	青年项目	研究报告　其他	18CTQ028
学术新媒体信息流转的驱动机制与价值增值研究	李宇佳	河北经贸大学	青年项目	研究报告	18CTQ029
移动互联环境下融入实时情境的个性化信息动态推荐机制研究	龙　飞	长沙学院	青年项目	专著　论文集	18CTQ030
大数据环境下移动社交网络用户持续性信息行为研究	李　力	杭州电子科技大学	青年项目	论文集　研究报告	18CTQ031
社会化商务情境下用户交互行为情感体验的影响机理研究	古婷骅	广东科学技术职业学院	青年项目	研究报告	18CTQ032
网络知识社区用户交互内容的组织与传播研究	杨艳妮	三峡大学	青年项目	论文集　研究报告	18CTQ033
在线学术社交网络用户信息行为规律与效用研究	张耀坤	南昌航空大学	青年项目	论文集　研究报告	18CTQ034
“互联网＋”时代的档案潜在用户研究	王向女	上海大学	青年项目	研究报告	18CTQ035
创新扩散理论视阈下档案信息资源自媒体传播研究	邢变变	郑州大学	青年项目	研究报告	18CTQ036

续表

项目名称	负责人	工作单位	项目类别	预期成果	批准号
基于多元数字技术的网络空间参与式归档研究	周文泓	四川大学	青年项目	研究报告	18CTQ037
基于风险评估模型的濒危档案文献遗产等级保护体系研究	李姗姗	西北大学	青年项目	专著　研究报告	18CTQ038
基于过程管理的历史档案开发利用众包模式研究	陈　建	山东大学	青年项目	专著	18CTQ039
基于云计算的政府网站网页在线归档与开发利用研究	黄新平	清华大学	青年项目	专著　电脑软件	18CTQ040
面向社会记忆构建的档案资源检索研究	房小可	北京联合大学	青年项目	论文集　研究报告	18CTQ041

2018年国家社会科学基金重大项目

项目名称	首席专家	责任单位	项目批准号
图书馆阅读推广理论与实践研究	范并思	华东师范大学	18ZDA324
构建中国话语权的评价科学理论、方法与应用体系研究	赵蓉英	武汉大学	18ZDA325
人文社科专题数据库建设规范化管理研究	孙建军	南京大学	18ZDA326
方志物产知识库构建及深度利用研究	包　平	南京农业大学	18ZDA327

2018年国家社会科学基金西部项目

项目名称	负责人	工作单位	预期成果	批准号
近代以来甘肃图书馆事业发展史研究	陈　军	甘肃省图书馆	专著	18XTQ001
“一带一路”中国—东盟传统医药文献资源战略保障体系研究	黄　刚	广西中医药大学	专著　论文集	18XTQ002
广西儒学文献的整理与研究	孙先英	广西大学文学院	专著　工具书	18XTQ003
简牍数学文献集成及校释	周序林	西南民族大学文学与新闻传播学院	专著	18XTQ004
敦煌类书与相关传世文献比较研究	高天霞	河西学院	专著	18XTQ005
贵州珍稀地方文学文献整理研究	秦　越	黔南民族师范学院	专著	18XTQ006
存世宁夏旧方志数字化整理研究	张玉梅	宁夏社会科学院	研究报告　其他	18XTQ007
西北古代书法教育史料整理与研究	米文佐	兰州城市学院	研究报告　专著	18XTQ008
保安族文献资料数据库的建设研究	马福兰	青海师范大学成教学院	研究报告　软件	18XTQ009
开放政府数据的风险识别、评估及防控体系研究	赵润娣	西北师范大学图书馆	研究报告　论文集	18XTQ010

2018年国家社会科学基金后期资助项目

项目名称	申请人	工作单位	项目批准号
经部要籍编辑思想研究	吴　平	华中农业大学	18FTQ001
尉缭子集校集注	许富宏	南通大学	18FTQ002
清代古籍刻工研究	郑　幸	上海大学	18FTQ003
逻辑图书馆学研究	金胜勇	河北大学	18FTQ004
面向国家安全的情报研究	石　进	南京大学	18FTQ005
敦煌针灸文献研究	王杏林	浙江师范大学	18FTQ006
《陈氏礼记集说补正》整理与研究	张　琪	浙江大学	18FTQ007
韩非子书录考论	龚　敏	上海财经大学	18FTQ008

2018年国家自然科学基金资助项目

项目名称	项目负责人	依托单位	项目类别	项目批准号
个体调节定向与信息瀑布演进交互作用机制研究	朱　鹏	南京理工大学	面上项目	71874082
信息致贫的微观机理与信息减贫的宏观制度关联研究	周文杰	西北师范大学	面上项目	71874141
跨纬度引文分析方法研究	赵　星	华东师范大学	面上项目	71874056
不同推荐方式对移动阅读用户行为决策的影响与神经机制研究	张李义	武汉大学	面上项目	71874126
基于大规模开放科学知识图谱的学科新兴趋势探测研究	王晓光	武汉大学	面上项目	71874129
引文扩散理论及实证研究	孙建军	南京大学	面上项目	71874077
基于深度学习的政务新媒体互动内容摘要自动生成与情感分析模型研究	胡吉明	武汉大学	面上项目	71874125
社会连接和认知负荷视角下网络用户从众信息行为研究	查先进	武汉大学	面上项目	71874124
社会学习视角下在线实践社区用户持续贡献、搜寻与重用知识的优化机制研究	张薇薇	南京信息工程大学	青年科学基金项目	71804072
解释水平视角下社交媒体用户信息搜寻失败及干预机制研究	张晋朝	武汉大学	青年科学基金项目	71804136
结合情境数据的替代计量指标多元化内涵识别与表征研究	余后强	南京理工大学	青年科学基金项目	71804067
基于标签语义挖掘的城市画像计算与应用模型研究	叶光辉	华中师范大学	青年科学基金项目	71804055
基于学术异质网络表示学习的知识群落发现	毛　进	武汉大学	青年科学基金项目	71804135
移动学术社区科研用户微知识持续协作行为及协同创新机制研究	李立睿	西南大学	青年科学基金项目	71804153
基于网络生态的知识付费行为及安全治理模式研究	郭　宇	吉林大学	青年科学基金项目	71804057

2018年教育部人文社会科学研究规划基金、青年基金项目

项目名称	项目类别	项目批准号	申请人	学校名称
高校图书馆创客空间知识服务模式与实证研究	规划基金项目	18YJA870007	刘敏榕	福州大学
移动环境下知识付费用户行为发现与知识推荐研究	规划基金项目	18YJA870013	王　俊	湖北工业大学
以学科信息需求匹配为视角的高校图书馆数据服务设计与路径探索研究	规划基金项目	18YJA870019	郑红京	湖南工学院
基于前景理论的信息搜索过程建模与预测研究	规划基金项目	18YJA870002	陈　静	华中师范大学
社交媒体环境下主体因素与信息行为关系的双向视角研究	规划基金项目	18YJA870017	张云秋	吉林大学
“互联网＋”环境下全民阅读生态系统的构建研究	规划基金项目	18YJA870011	彭奇志	江南大学
基于区块链的隐私泄露风险评估与溯源方法研究	规划基金项目	18YJA870021	朱　鹏	南京理工大学
大数据时代突发事件网络舆情传播规律及监控研究	规划基金项目	18YJA870001	查敦林	南京邮电大学
“互联网＋”背景下新创企业竞争情报危机预警研究	规划基金项目	18YJA870014	王克平	山东理工大学
“双核”能力：档案(学)专业人才培养与评价研究	规划基金项目	18YJA870012	王广宇	深圳信息职业技术学院
交互式环境下基于深度神经网络的专利新奇度评价技术研究	规划基金项目	18YJA870020	周俏丽	沈阳航空航天大学
民国时期中医医案书目汇考与文献研究	规划基金项目	18YJA870003	陈　婷	首都医科大学
图书馆驱动小微企业科技创新运行模式与实证研究	规划基金项目	18YJA870006	李大玲	天津工业大学
《清代人物生卒年表》补正研究	规划基金项目	18YJA870008	鲁小俊	武汉大学
在线健康社区用户知识共享行为的间歇性中辍现象研究：基于信息生态链的分析视角	规划基金项目	18YJA870016	张　敏	武汉大学
基于深度学习的公共服务政策精准推送研究	规划基金项目	18YJA870004	胡吉明	武汉大学
高校智慧图书馆数据服务空间再造研究	规划基金项目	18YJA870005	康存辉	武汉纺织大学
纸质档案文献修复中生物材料应用研究	规划基金项目	18YJA870009	罗茂斌	云南大学
“互联网＋政务”背景下电子文件单套制管理的体系框架与实现路径研究	规划基金项目	18YJA870018	章燕华	浙江大学
基于级联效应的网络舆论扭曲与干预策略研究	规划基金项目	18YJA870010	梦　非	浙江警察学院
智慧校园环境下图书馆用户画像及其应用研究	规划基金项目	18YJA870015	杨传斌	浙江师范大学
大数据环境下基于排序学习的高精度检索模型研究	青年基金项目	18YJC870004	程　凡	安徽大学
大数据时代高校数字档案馆信息服务模式研究	青年基金项目	18YJC870010	金　畅	北京联合大学
基于多数据源集成的新兴产业技术机会识别与预测研究	青年基金项目	18YJC870014	马婷婷	北京物资学院
学术信息网络中的核心边缘结构测度研究	青年基金项目	18YJC870011	李盛庆	常熟理工学院
基于信息生态链的学术电子书产业链信息协同机制研究	青年基金项目	18YJC870021	肖　钠	福建商学院
晚清民国时期黔桂地区旱涝灾害史料收集、整理和数据库建设研究	青年基金项目	18YJC870008	黄素云	广西师范学院
学术社交网络中基于动态精准画像的个性化推荐研究	青年基金项目	18YJC870025	岳　峰	合肥工业大学
新媒体背景下群体性事件研判与预警机制研究	青年基金项目	18YJC870020	吴尤可	华侨大学
替代计量数据质量评估体系的构建与实证研究	青年基金项目	18YJC870023	余厚强	南京理工大学

续表

项目名称	项目类别	项目批准号	申请人	学校名称
面向智能信息检索的古籍知识图谱构建方法研究	青年基金项目	18YJC870006	顾　磊	南京邮电大学
基于政策组合异构网络的政策组合演进分析研究	青年基金项目	18YJC870022	杨　超	清华大学
南京国民政府时期公文制度的演化路径研究	青年基金项目	18YJC870024	袁晓川	山东大学
清代浦镗《十三经注疏正误》整理与研究	青年基金项目	18YJC870019	王晓静	山东大学
日藏《玉烛宝典》四种旧写本整理与研究	青年基金项目	18YJC870029	朱新林	山东大学
明清民国时期晋商私家藏书史料整理与研究	青年基金项目	18YJC870013	卢厚杰	山西财经大学
任务复杂性情境下的用户社交与协同信息搜寻行为机制研究	青年基金项目	18YJC870018	孙晓宁	山西财经大学
科学知识扩散结构、路径与驱动因素研究	青年基金项目	18YJC870002	陈柏彤	上海大学
基于科技文献多源数据融合及多特征项共现分析技术的科研动态识别监测方法研究	青年基金项目	18YJC870015	庞弘燊	深圳大学
新疆农村少数民族地区信息化需求与服务研究	青年基金项目	18YJC870003	陈　敏	石河子大学
近代书院藏书的流转与当代传承研究	青年基金项目	18YJC870030	邹桂香	苏州大学
基于复杂语义关系的词汇共现机理研究	青年基金项目	18YJC870026	赵一鸣	武汉大学
军民融合创新主体匹配机制与协同治理研究	青年基金项目	18YJC870028	周　磊	武汉纺织大学
科研人员线上线下合作的迁移与融合研究	青年基金项目	18YJC870012	刘先红	武汉科技大学
基于深度学习的局部引文推荐方法研究	青年基金项目	18YJC870001	蔡晓妍	西北工业大学
面向科学文献内容的知识单元语义关联研究	青年基金项目	18YJC870016	曲佳彬	烟台大学
乡村振兴战略背景下西南边疆民族地区农村图书馆服务创新研究	青年基金项目	18YJC870009	黄体杨	云南大学
大数据环境下基于多维隐私顾虑的移动电商用户精准服务推荐研究	青年基金项目	18YJC870007	郭飞鹏	浙江工商大学
学术图书开放获取运行保障体系研究	青年基金项目	18YJC870017	任红娟	郑州航空工业管理学院
引用内容分析视角下科学家的学术传承研究	青年基金项目	18YJC870027	赵　勇	中国农业大学
越南古代汉文医学文献整理研究	青年基金项目	18YJC870005	程文文	重庆师范大学

2018 年教育部人文社会科学研究西部和边疆地区项目

项目名称	项目类别	项目批准号	申请人	学校名称
基于 GIS 和语义发掘的藏医高原病古籍文献诊疗知识可视化发现研究	青年基金项目	18XJC870004	俞　佳	成都中医药大学
南海西沙群岛水下文物遗址数字孪生系统构建及其应用模式研究	青年基金项目	18XJC870002	王　佳	广西师范学院
网络口碑行为中情感体验的影响因素、唤醒机制及反馈研究	青年基金项目	18XJC870003	杨　晶	西安石油大学
中缅边境地区跨境民族日常信息行为及信息服务策略研究	青年基金项目	18XJC870001	舒宝淇	云南大学

（国家图书馆　马祥涛整理）

2018 年国内图书馆学专业硕士、博士学位授予单位名录

2018 年国内图书馆学专业硕士学位授予单位名录

序号	单位名称	序号	单位名称
1	北京大学信息管理系	27	南昌大学管理学院
2	中国人民大学信息资源管理学院	28	兰州大学管理学院
3	北京师范大学政府管理学院	29	西安电子科技大学经济管理学院
4	中国农业大学图书馆	30	西北大学公共管理学院
5	北京协和医学院医学信息研究所	31	山西大学经济与管理学院
6	中国科学院文献情报中心	32	山东大学管理学院
7	中国科学院研究生院	33	曲阜师范大学信息技术与传播学院
8	中国科学技术信息研究所	34	河北大学管理学院
9	中国中医科学院中医药信息研究所	35	郑州大学信息管理系
10	南开大学商学院	36	河南科技大学图书馆
11	天津师范大学管理学院	37	安徽大学管理学院
12	吉林大学管理学院	38	四川大学公共管理学院
13	东北师范大学传媒科学学院	39	中国科学院成都文献情报中心
14	黑龙江大学信息管理学院	40	贵州财经大学信息学院
15	辽宁师范大学管理学院	41	西南大学计算机信息与科学学院
16	辽宁大学历史文化学院	42	云南大学情报与档案学院
17	复旦大学文献信息中心	43	湘潭大学管理学院
18	上海大学图书情报档案系	44	武汉大学信息管理学院
19	第二军医大学训练部	45	华中师范大学信息管理学院
20	国防大学政治学院军事信息与网络舆论系	46	第四军医大学图书馆
21	南京大学信息管理学院	47	福建师范大学社会历史学院(社会发展学院)
22	东南大学情报科学技术研究所	48	中山大学资讯管理学院
23	南京理工大学经济管理学院	49	华南师范大学经济管理学院
24	南京农业大学信息科学技术学院	50	广西民族大学管理学院
25	苏州大学社会学院	51	华东师范大学工商管理学院
26	江苏大学科技信息研究所	52	郑州航空工业管理学院信息科学学院

2018年国内图书馆学专业博士学位授予单位名录

序号	单位名称	序号	单位名称
1	北京大学信息管理系	6	国防大学政治学院军事信息与网络舆论系
2	中国人民大学信息资源管理学院	7	南京大学信息管理学院
3	中国科学院文献情报中心	8	吉林大学管理学院
4	武汉大学信息管理学院	9	中山大学资讯管理学院
5	南开大学商学院		

（国家图书馆　杨凡整理）

年度大事记

2018 年中国图书馆事业大事记

1 月

1 月 1 日，《中华人民共和国公共图书馆法》正式实施。

1 月 5 日，中国图书馆学会阅读推广委员会在河南许昌市图书馆组织召开“扫码看书，百城共读”实施推进研讨座谈会。

1 月 8 日，上海市图书馆行业协会第三届第一次会员大会暨换届大会在上海图书馆召开。

1 月 9 日，第六次全国县级以上公共图书馆评估工作汇报会在北京召开。

1 月 12—13 日，北京地区高校图书馆文献资源保障体系（BALIS）十周年建设研讨会在北京怀柔召开。

1 月 19 日，山东省图书馆学会 2018 年秘书长联席会在临沂召开。

1 月 22 日，2018 年全省图书馆馆长会暨四川省图书馆学会年会在四川省图书馆召开。

1 月 22—24 日，由中国图书馆学会主办的《中华人民共和国公共图书馆法》研修班在四川省图书馆举办。

1 月 23 日，江西省图书馆学会第六次会员代表大会暨 2017 江西图书馆年会在南昌召开。

1 月 30—31 日，由中国图书馆学会公共图书馆分会主办的第一届公共图书馆创新创意案例终评会暨新时代公共图书馆创新发展专题研讨会在上海图书馆召开。

1 月 31 日，由中国文献影像技术协会、全国文献影像技术标准化技术委员会主办的“中国文影协、全国文影标 2017 年年会”在国家图书馆召开。

2 月

2 月 14 日，三沙市图书馆暨海南省图书馆三沙分馆在三沙市永兴岛正式开馆，成为中国最南端的公共图书馆，也是海南最年轻的县级公共图书馆。

3 月

3 月 8—9 日，湘鄂赣皖四省公共图书馆联盟 2018 年工作会议在湖北省图书馆召开。

3 月 9 日，川南地区图书馆地方资源共建共享平台发布会在四川自贡市图书馆召开。

3 月 9 日，国家公共文化服务体系示范区（项目）创建工作领导小组办公室发布《关于公示第四批国家公共文化服务体系示范区（项目）创建资格名单的公告》。

3 月 14—15 日，江苏省图书馆学会七届四次理事会议暨学术交流研讨会在扬州召开。

3 月 20 日，2018 年江西省公共图书馆馆长联席会在九江召开。

3 月 20—23 日，全国省级及副省级市公共图书馆参考咨询工作培训在重庆图书馆举办。

3 月 23 日，2018 年黑龙江省地市图书馆馆长工作会议在哈尔滨召开。

3 月 27 日，2018 年全国公共文化巡讲暨广西数字图书馆建设培训班在桂林开班。

3 月 27 日—4 月 27 日，由国家古籍保护中心主办、辽宁省图书馆承办的第七期全国古籍修复技术与工作管理研修班在沈阳举办。

3 月 28—31 日，由中国图书馆学会主办，中国图书馆学会阅读推广委员会、合肥市图书馆、合肥市图书馆学会共同承办的中国图书馆学会阅读推广委员会 2018 年工作会议暨第十二届全民阅读论坛在安徽合肥举办。

3 月 29 日，民国时期文献保护工作座谈会在国家图书馆举行。

3 月 30 日—4 月 1 日，由中国图书馆学会学术研究委员会主办，中国图书馆学会学术研究委员会用户研究与服务专业委员会、广东省科技图书馆（广东省科技信息与发展战略研究所）和《图书情报工作》杂志社共同承办的 2018 年全国图书馆新型服务能力建设学术研讨会在广东省科学院图书馆召开。

3 月 31 日，中国图书馆学会阅读推广委员会图书评论与阅读推广专业委员会 2018 年工作会议在安徽全椒县图书馆召开。

4 月

4 月 1—4 日，全国公共数字文化网络信息安全培训班在中央文化管理干部学院举办。

4 月 2 日，第二十八届浙江省市级公共图书馆馆长联席会议在杭州召开。

4 月 3 日，由 CALIS 管理中心、图书馆、出版社共同推动的馆社融合战略合作联盟正式启动。

4 月 10—12 日，由中国图书馆学会主办，中国图书馆学会未成年人图书馆分会、江西省图书馆学会、南昌市图书馆承办的“2018 全国少年儿童阅读年”系列活动启动仪式暨“阅读推广人”培育行动（第十期）在南昌举办。

4 月 10—13 日，中国图书馆学会公共图书馆分会图书馆扶贫工作委员会 2018 年工作会议在云南曲靖举行。

4 月 15—21 日，由文化和旅游部公共文化司主办，中国图书馆学会承办，山西省图书馆学会、晋中市图书馆协办的“全国基层文化队伍示范性培训——第七期全国县级图书馆馆长培训班”在晋中举办。

4 月 23 日，在第 23 个世界读书日到来之际，“第十三届文津图书奖发布暨国图公开课特别活动”在国家图书馆举行。国家图书馆馆长、党委书记韩永进，文化和旅游部公共文化司副司长陈彬斌，国家图书馆常务副馆长陈力等领导出席颁奖仪式。此次文津图书奖收到有效参评图书 1874 种，最终评选出获奖图书 9 种、推荐图书 51 种。

5 月

5 月 6—21 日，吉林省公共图书馆馆长及馆员能力素质提升班在华南师范大学举办。

5 月 10—11 日，由中国图书馆学会高职院校图书馆分会、安徽省高等学校图书情报工作委员会高职高专专业委员会、同方知网（北京）技术有限公司联合发起“中国高职图书馆发展论坛（2018）”在安徽合肥召开，主题为“新时代・新目标・新作为”。

5 月 11—14 日，由中国图书馆学会学术研究委员会主办，学术研究委员会图书馆史研究专业委员会、河南师范大学图书馆等承办的第三届图书馆史学术研讨会在河南新乡举行。

5 月 12—13 日，第三届中国四库学高层论坛在杭州举办。

5 月 15 日，由国家古籍保护中心主办、甘肃省古籍保护中心承办的第二十期全国古籍修复技术培训班在甘肃省图书馆开班。

5 月 19—31 日，国家图书馆联合全国 18 家图书馆共同发起以“科技创新　强国富民”为主题的移动阅读推广活动。

5 月 21 日，CALIS 管理中心联合北京大学图书馆、上海交通大学图书馆、中国人民大学图书馆和深圳大学图书馆共同成立 CALIS 新一代图书馆服务平台建设联盟。

5 月 23 日，由陕西省高校图工委主办的高校图书馆与“双一流”建设馆长论坛在西北农林科技大学举行。

5 月 28 日，由中国国家图书馆、中国图书馆学会、四川省委宣传部主办的丝绸之路国际图书馆联盟成立暨“阅读・城市・文化”学术研讨会在四川省图书馆举办。

5 月 28 日，教育部发布《关于印发〈中小学图书馆（室）规程〉的通知》。

5 月 29 日，中国标准化研究院主办的“新时代　新数据　新驱动——第二届标准大数据服务发展研讨会”在北京召开。

5 月 31 日—6 月 1 日，2018 年中国图书馆年会——中国图书馆学会年会・中国图书馆展览会在河北廊坊召开，主题为“图书馆与社会：共享　效能　法治”。

6 月

6 月 1 日，由国家古籍保护中心主办、广西壮族自治区古籍保护中心承办的第七期全国少数民族古籍修复技术培训班在广西壮族自治区图书馆结业。

6 月 2 日，京津冀图书馆联盟工作会议在天津图书馆召开。

6 月 3—5 日，由全国图书馆文献缩微复制中心主办的 2018 年全国公共图书馆技术部主任会议在北京召开。

6 月 5 日，由国家古籍保护中心主办、首都图书馆承办的“第二十一期全国古籍普查登记目录审校人员培训班”在首都图书馆开班。

6 月 6—9 日，2018 中国高校图书馆发展论坛在昆明举办。此次论坛由中国图书馆学会高等学校图书馆分会、中国高等教育文献保障系统（CALIS）管理中心和北京大学图书馆主办，云南师范大学图书馆承办，中国教育装备采购网协办。论坛主题为“新起点，新机遇，新使命——大学图书馆助力‘双一流’建设策略及实践”。

6月7—8日，由上海图书馆、国家图书馆出版社、上海师范大学共同主办的“回眸与展望：2018民国时期文献整理与研究国际研讨会”在上海召开。

6月9日，青海省首家数字图书馆建成开放。

6月11—14日，CALIS全国高校医学图书馆2018年学术年会暨两岸三地医学图书馆馆长论坛在湖北十堰举行。

6月18日，由国家古籍保护中心主办的第二期全国西文古籍修复技术研修班开班仪式在中山大学图书馆举行。

6月19日，“新时代，新发展：服务、效能、法制”中国图书馆事业发展高层论坛在南京大学信息管理学院召开。

6月21—22日，由河北省图书馆学会、北京市图书馆协会、天津市图书馆学会、藏书报等单位联合发起主办的京津冀地方文献资源建设发展论坛在河北省图书馆举行。

6月23日，2018年湘鄂赣皖四省巡讲首场讲座“平上去入——四省方言研究探讨”在湖南图书馆开讲。

6月26日，日本永青文库汉籍捐赠仪式在中国国家图书馆举行，这是中日和平友好条约缔结40周年的重要纪念活动。

6月26—29日，中国图书馆学会专业图书馆分会2018年学术年会在甘肃敦煌举办，主题为“知识服务2018：融通创新，协同发展”。

6月26—30日，2018少儿图书馆馆际交流合作行动在河南举行。

6月27—28日，2018年中国图书馆学会秘书长联席会议暨《中国图书馆年鉴》编纂工作会议在吉林延边召开。

6月27—29日，2018年全国高校图书馆信息素养教育研讨会在沈阳师范大学举行，主题为“从信息素养教育到创新素养教育”。

6月28—29日，由中国图书馆学会公共图书馆分会主办的新时代公共图书馆服务与建设创新研讨会在福建晋江召开。

7月

7月9日，由国家古籍保护中心主办、河南省古籍保护中心等承办的第四期全国传拓技术培训班在郑州开班。

7月10日，数字图书馆推广工程·全国图书馆参考咨询协作网业务培训班在甘肃省图书馆开班。

7月10—12日，由文化和旅游部公共文化司指导，中国图书馆学会主办的2018年图书馆信息组织和资源建设研修班在国家图书馆举办。

7月12日，由中国图书馆学会阅读推广委员会主办的首届“图书馆与民族文献阅读推广”学术论坛在湖北恩施举行。

7月15日，由中国图书馆学会学术研究委员会主办的2018全国图书馆文献资源建设研讨会在江苏苏州举行。

7月18日，西藏日喀则市图书馆正式面向社会大众开放。

7月20日，为纪念中国共产党成立97周年、马克思200周年诞辰，由上海图书馆历史文献中心主办的中共一大代表暨馆藏革命家族谱特展开展。

7月23—27日，在文化和旅游部公共文化司、文化产业司的支持下，国家图书馆、辽宁省图书馆共同主办的全国图书馆文化创意产品开发联盟年会暨图书馆文化创意产品开发培训班在辽宁省图书馆举行。

7月24日，由中央统战部、文化和旅游部指导，国家古籍保护中心、中国道教协会联合主办的第二期全国道教古籍保护管理研修班在北京白云观中国道教学院开班。

8月

8月5—11日，由文化和旅游部公共文化司主办，中国图书馆学会承办的全国基层文化队伍示范性培训——第八期全国县级图书馆馆长培训班在新疆克拉玛依市举办。

8月6—10日，由中国图书馆学会主办的2018年图书馆员在职专业培训在武汉大学信息管理学院举办。

8月9日，由广东省委宣传部、广东省文化厅、中国图书馆学会主办，中国图书馆学会阅读推广委员会、广东图书馆学会承办的“公共图书馆在全民阅读中的领读与创新”峰会在广东省立中山图书馆举行。

8月16—17日，由清华大学图书馆、香港大学图书馆、山西大学图书馆、山西省图书馆、《中国学术期刊（光盘版）》电子杂志社有限公司5家单位联合主办，同方知网（北京）技术有限公司、山西同方知网数字出版技术有限公司承办的2018数字出版与数字图书馆融合发展国际研讨会在山西太原举办。

8月23日，以“学术信息开放与共享：出版商与图书馆的共同责任”为主题的第十届中国图书馆馆长与国际出版社高层对话论坛在北京举行。

9月

9月7日，刘季平与中国图书馆事业改革发展座谈会在国家图书馆召开。

9月13日，第三届古籍保护学科建设研讨会在中山大学举行。

9月15日，2018长三角地区阅读马拉松大赛在江浙沪皖21个赛场同时开赛。

9月17—20日，由全国图书馆文献缩微复制中心主办，中国文献影像技术协会、吉林省图书馆和延边朝鲜族自治州图书馆联合承办的2018年全国公共图书馆缩微技术培训班在延吉举办。

9月18—19日，全国图书馆联合编目中心2018年度工作会议在陕西省西安市召开。

9月18—19日，由文化和旅游部公共文化司主办，中国图书馆学会和德清县人民政府承办的学习贯彻《中华人民共和国公共图书馆法》培训班暨中国图书馆学会第六届百县馆长论坛在浙江德清召开。

9月18—21日，由中国图书馆学会医学图书馆分会主办、军事科学院图书馆承办的中国图书馆学会医学图书馆分会第26届学术研讨会暨2018年学术年会在安徽池州召开。

9月18—21日，由湘鄂赣皖四省公共图书馆联盟主办，湖南图书馆、湖南省图书馆学会承办的湘鄂赣皖四省公共图书馆联盟培训班在韶山举办。

9月19日，由国家古籍保护中心主办，复旦大学图书馆承办的第三期全国古籍保护工作管理人员研修班开班。

9月20日，首都图书馆与中国图书馆学会学术研究委员会地方文献研究专业委员会联合主办的国际“城市记忆”学术研讨会开幕。

9月25—27日，由中国图书馆学会主办、成都图书馆承办的第30届全国十五城市公共图书馆工作研讨会在成都举行，主题为“图书馆服务品牌建设与创新发展”。

9月26日，“大馆藏、大发现、大服务”新时代图书馆平台建设研讨暨CALIS图书馆系统云平台发布会在深圳大学图书馆召开。

9月28日，国家图书馆（国家古籍保护中心）联合14家单位在线发布古籍数字资源超过1万部，免费服务大众阅览和学术研究。

9月28日，由北京市文联、北京市摄影家协会主办的“北京记忆——纪念改革开放40周年图片展”在首都图书馆举行。

9月28日，上海图书馆（上海科学技术情报研究所）、南京图书馆、江苏省科学技术情报研究所、浙江图书馆、浙江省科技信息研究院、安徽省图书馆、安徽省科学技术情报研究所在上海举行长三角图情服务高质量发展战略合作联席会议暨签约仪式。

10月

10月9日，京津冀图书馆联盟文化帮扶对接会在河北石家庄召开。

10月10—12日，由中国图书馆学会公共图书馆分会、辽宁省图书馆学会主办的区域协作与图书馆可持续发展研讨会暨辽宁省图书馆学会2018年学术年会在辽宁沈阳召开。

10月11日，地方文献保护与整理出版研讨会在广州举行。

10月11—12日，由中国图书馆学会主办的西部公共图书馆2018年学术研讨会在四川省达州市召开，主题为“智慧·智能·智造——图书馆科技与区域合作”。

10月16日，由国家古籍保护中心主办，山东省古籍保护中心、山东省尼山书院承办的第三期中华优秀传统文化推广培训班开班仪式在尼山书院举行。

10月16—18日，由中国图书馆学会主办，青岛市图书馆和青岛市图书馆学会承办的智慧图书馆建设与服务研讨班在青岛市图书馆举办。

10月16—20日，由江苏、陕西两省文化厅共同主办，陕西省图书馆、苏州市文广新局承办，苏州图书馆协办的苏陕对口协作——公共图书馆服务创新研修班在苏州举办。

10月17日，复旦大学图书馆百年馆庆暨“面向未来的研究型图书馆”国际学术研讨会在复旦大学举行。

10月17—19日，以“图书馆，让社会更智慧更包容”为主题的第九届上海国际图书馆论坛（SILF

2018）在上海图书馆召开，来自全球 23 个国家和地区的 269 位代表出席论坛。

10 月 18—19 日，第十五次全国民族地区图书馆学术研讨会在青海西宁举办，以“新时代民族地区图书馆事业的科学发展”为主题。研讨会由中国图书馆学会学术研究委员会、民族文化宫、中国民族图书馆主办，中国图书馆学会学术研究委员会少数民族图书馆专业委员会、青海省图书馆学会、青海省图书馆承办。

10 月 20 日，由浙江杭州市文化广电新闻出版局主办的首届中国—中东欧国家图书馆联盟馆长论坛在杭州图书馆举行。来自文化和旅游部、国际图书馆协会联合会（IFLA）以及中东欧 16 国图书馆馆长和代表，中国 29 家省、市级公共图书馆的馆长等共 160 余人出席论坛。

10 月 20 日，全国首届图书馆杯主题海报创意设计大赛现场总评在东莞图书馆举行。

10 月 22 日，由大学数字图书馆国际合作计划东北地区中心主办的“2018‘双一流’背景下高校图书馆资源建设与知识服务”学术研讨会在东北师范大学图书馆召开。

10 月 22—25 日，由国家科技图书文献中心主办的 2018 年数字资源长期保存全国学术研讨会在北京举办，主题为“面向新型数字内容资源的长期保存研究与实践”。

10 月 23 日，中文文献资源共建共享合作会议理事会第十二次会议在北京大学英杰交流中心举行。

10 月 23—24 日，由文化和旅游部公共服务司指导，国家图书馆、中国图书馆学会主办，陕西省图书馆、陕西省图书馆学会承办的 2018“全国图书馆未成年人服务提升计划”巡讲在陕西省图书馆举办。

10 月 24 日，首届“一带一路”非中艺术交流展暨非中文化论坛在国家图书馆举行。

10 月 24 日，“纪念北京大学图书馆建馆 120 周年·用户导向的信息服务国际学术研讨会”开幕式在北京大学英杰交流中心举行。

10 月 26 日，由甘肃省图书馆、甘肃省图书馆学会、北京雷速科技有限公司、北京碧虚文化有限公司联合举办的图书馆转型发展与服务创新学术报告会在甘肃省图书馆报告厅举行。

10 月 26 日，由浙江绍兴图书馆发起的全国电视图书馆联盟在绍兴市成立，联盟旨在推动全国各地电视图书馆的密切合作和资源共享。

10 月 26 日，由中国图书馆学会未成年人图书馆分会、《图书馆报》主办，福建省少年儿童图书馆承办的 2018 全国少儿阅读峰会在福建省少年儿童图书馆举办。

10 月 26—28 日，以“中小型公共图书馆的服务与创新”为主题的全国中小型公共图书馆联合会 2018 年研讨会在山东日照召开。

10 月 28—30 日，2018 长三角地区高校图书馆联盟馆长论坛在江南大学图书馆举行，主题为“创新驱动发展　智慧引领未来”。

10 月 29 日，由京津冀三地文化行政主管部门联合主办，天津图书馆、首都图书馆、河北省图书馆、天津市少年儿童图书馆共同承办的第二届京津冀图书馆“守望青春，我与图书馆故事”阅读推广交流展示活动在天津图书馆文化中心馆举办。

10 月 30 日，由河北省图书馆学会承办的川吉苏冀桂五省（区）图书馆学会第十六届学术研讨会在河北邢台召开。

10 月 31 日，“民国时期文献保护计划”宣传推广活动（福州站）在福建福州市图书馆启动。

11 月

11 月 1 日，由国家图书馆主办，山西太原市图书馆、太原图书馆学会承办的全国副省级以上公共图书馆决策咨询服务培训班在太原市图书馆举办。来自全国各地 120 余位专家和代表参加培训。

11 月 1—2 日，浙江省图书馆学会第九次会员代表大会在温州乐清隆重召开。

11 月 4—10 日，由文化和旅游部公共服务司主办，中国图书馆学会承办，广东图书馆学会和肇庆市图书馆协办的全国基层文化队伍示范性培训——第九期全国县级图书馆馆长培训班在广东肇庆举办。

11 月 7—8 日，由中国图书馆学会公共图书馆分会、江苏省图书馆学会主办，南京图书馆、《新世纪图书馆》编辑部、同方知网（北京）技术有限公司承办的新时代公共图书馆服务与建设创新研讨会在南京召开。

11 月 12 日，由国家古籍保护中心主办、天津图书馆承办的《中华古籍总目·分省卷》编纂研修班在天津图书馆开班。

11 月 12—15 日，2018 年第六届中国机构知识库学术研讨会在兰州召开。此次会议由中国机构知识库推进工作组主办，中国科学院文献情报中心、中国科学院兰州文献情报中心、中国图书馆学会专业图书馆分会承办，主题为“机构知识库——从仓储迈向开放创新和开放科学”。

11月12—15日，由中国图书馆学会主办，云南省图书馆和云南省图书馆学会承办的“阅读推广人”培育行动（第十二期）在云南昆明举办。

11月15—17日，由国家古籍保护中心、中山大学资讯管理学院、中山大学图书馆共同主办的第一届文献保护与修复研究生论坛暨古籍保护人才培养模式研讨会在中山大学资讯管理学院召开。

11月16日，由中国图书馆学会未成年人图书馆分会、武汉市文化局联合主办，武汉市少年儿童图书馆、国家图书馆少儿馆共同协办的公共图书馆儿童阅读服务学术研讨会在武汉举办，主题为“儿童阅读新时代”。

11月21—24日，由中国图书馆学会主办，中国图书馆学会学术研究委员会信息组织专业委员会承办，洛阳市图书馆协办的第五届全国文献编目工作研讨会在河南洛阳召开。

11月23日，由全民阅读活动组织协调办公室、江苏省新闻出版局指导，中国图书馆学会、韬奋基金会、中国书刊发行业协会、中国新华书店协会、中国出版集团公司、中共盱眙县委主办的2018全国出版界图书馆界全民阅读年会在江苏盱眙举办。

11月26日，2018区域科技竞争力评价研讨会召开，这是上海科技情报事业创立暨上海科学技术情报研究所创建60周年系列活动之一。

11月27日，长三角地区图情服务高质量发展上海图书馆—盐城市图书馆战略合作启动仪式在上海图书馆举办。

11月27日，由中国图书馆学会公共图书馆分会主办、武汉图书馆和武汉市图书馆学会承办的“智慧图书馆”发展论坛暨公共图书馆分会工作会议在武汉图书馆召开。

11月28日，由中国图书馆学会主办，苏州图书馆、苏州市图书馆学会承办，江苏省图书馆学会协办的社会力量参与图书馆建设研讨班在苏州举办。

11月28日，中国高等教育文献保障系统（CALIS）管理中心在北京大学举办“融合开放·共建共赢——2018年度CLSP开发者联盟成立暨第一次会议”。

11月28—30日，以“依法办馆创新发展”为主题的福建省图书馆学会2018年学术年会在厦门市图书馆集美新馆举办。

12月

12月1日，2018－2022年教育部高等学校图书情报工作指导委员会成立暨第一次工作会议在北京召开。

12月2—6日，由文化和旅游部全国公共文化发展中心主办，全国文化信息资源共享工程四川省分中心承办，凉山州支中心协办的中西部贫困地区公共数字文化服务培训班在四川西昌举办。

12月4—5日，为纪念CALIS项目启动建设20周年，CALIS管理中心在北京大学召开“从共建共享走向融合开放”学术研讨会暨2018年度CALIS年会。

12月5—7日，以“新时代　新使命　新发展”为主题的广东图书馆学会2018年学术年会暨第一届全国灰色文献年会在东莞图书馆召开。

12月6日，广西图书馆学会2018年年会暨第36次科学讨论会在广西壮族自治区图书馆召开，主题为“新时代　新作为　新发展”。

12月6—7日，中国图书馆学会阅读推广委员会推荐书目专业委员会2018年工作会议在江苏昆山市图书馆召开。

12月6—7日，2018年湖北省图书馆学会年会在五峰土家族自治县召开，主题为“法治环境下的图书馆建设与服务”。

12月6—7日，黑龙江省图书馆学会第十一次会员代表大会在省图书馆召开。

12月7日，以“新时代·新使命·新服务”为主题的图书馆学理论研究学术研讨会在辽宁师范大学图书馆召开。

12月11日，广州纪录片研究展示中心在广州图书馆揭幕。该中心是集纪录片收藏、研究、展示和整理的公共文化机构，同时也是纪录片服务平台。

12月12日，“中国历代绘画大系”之《先秦汉唐画全集》《明画全集》《清画全集》首发式暨捐赠仪式在国家图书馆举行。

12月14日，中国古籍保护协会少数民族古籍保护专业委员会成立会议暨《西南彝志》捐赠仪式在云南省图书馆举行。

12月14—15日，上海市图书馆学会2018年学术年会在华东师范大学召开。

12月18日，深圳少年儿童图书馆家庭教育馆开馆。

12月18日，由中共中央党校（国家行政学院）

图书和文化馆承办的全国数字图书馆建设与服务联席会议第十九次会议在中共安徽省委党校（安徽行政学院）召开，主题为“数字图书馆建设与服务联席会议十年：回顾与展望”。

12 月 19 日，“高文有典　美行如圭——郑振铎诞辰一百二十周年纪念展”在国家典籍博物馆开展。

12 月 20—21 日，2018 年江西省图书馆年会暨图书馆阅读推广培训会在南昌召开，主题为“馆员的力量：共享、效能、法治、育人”。

12 月 21 日，由四川省图书馆主办、资阳市图书馆承办的 2018 年度四川省公共图书馆少儿及视障服务工作会在资阳召开。

12 月 21 日，由全民阅读促进委员会 · 中小型公共图书馆联合会、北京市图书馆协会、首都图书馆主办的 2018 图书馆空间再造与功能重组研讨会在北京举办。

12 月 21 日，为纪念中国学科馆员制度创立 20 周年，由清华大学图书馆、中国科学院文献情报中心《图书情报工作》杂志社共同主办的“学科服务创新与深化”高层论坛（2018）在清华大学图书馆召开。

12 月 23 日，2018－2022 教育部高等学校图书情报工作指导委员会高职高专院校分委员会成立暨第一次工作会议在武汉职业技术学院召开。

12 月 28 日，由中国图书馆学会主办，中国图书馆学会阅读推广委员会和宁波市图书馆承办的 2018 年“书香城市（区县级）”论坛在宁波召开。

（国家图书馆　罗欢）

综合索引

C

D

E

F

G

H

J

K

L

M

N

O

P

Q

R

S

T

W

X

Y

Z

（佛山科学技术学院　衡中青编制）